PAGINA 26

ON THE ROAD

UNA GUIDA COMPLETA
Recensioni approfondite, elenchi dettagliati e consigli della gente del posto

ESPERIENZE IMPERDIBILI PAGINA SEGUENTE

PAGINA 515

GUIDA PRATICA

INDISPENSABILE E FACILE DA CONSULTARE
Come muoversi, trovare una stanza, viaggiare sicuri, comunicare

EDIZIONE SCRITTA E AGGIORNATA DA

Anthony Ham

Stuart Butler, John Noble, Zora O'Neill, Josephine Quintero
Miles Roddis, Brendan Sainsbury

› Spagna centrale e meridionale

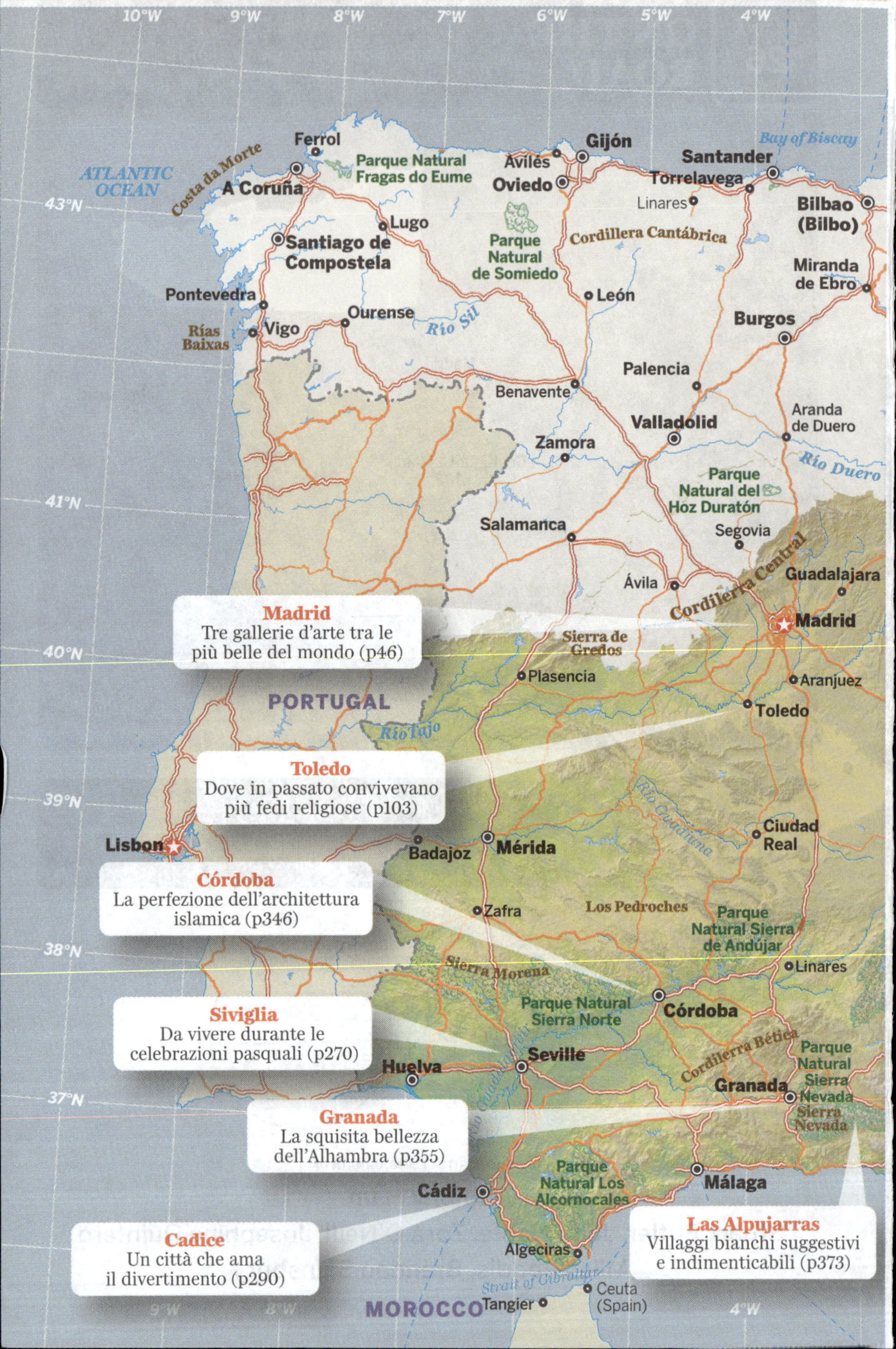

2°W
FRANCE
Nîmes
Montpellier
Biarritz
San Sebastián
Pamplona (Iruña)
Logroño
Pyrenees
ANDORRA
Andorra la Vella
Perpignan
Figueras
Girona
Golfe du Lion
Costa Brava
Río Ter
Parc Natural del Montseny
Río Segre
Zaragoza
Lleida
Barcelona
Río Ebro
Costa Daurada
Golfo de Valencia
Costa del Azahar
Teruel
Cuenca
Río Júcar
Río Turia
Menorca
Palma de Mallorca
Valencia
Splendidi esempi di architettura moderna (p139)
Mallorca
Balearic Islands (Islas Baleares)
Ibiza
Río Cabriel
Albacete
Minorca
Alcune tra le più belle spiagge del Mediterraneo (p242)
Parque Natural Sierras de Cazorla, Segura y las Villas
Alicante (Alicant)
Formentera
Costa Blanca
Elche (Elx)
Río Segura
MEDITERRANEAN SEA
Murcia
Cartagena
ALTITUDINE
2700m
2400m
2100m
1500m
1200m
900m
600m
300m
0
Costa Cálida
Almería
Parque Natural de Cabo de Gata-Níjar
ALGERIA
0 100 km
0 80 miles

TOP 16

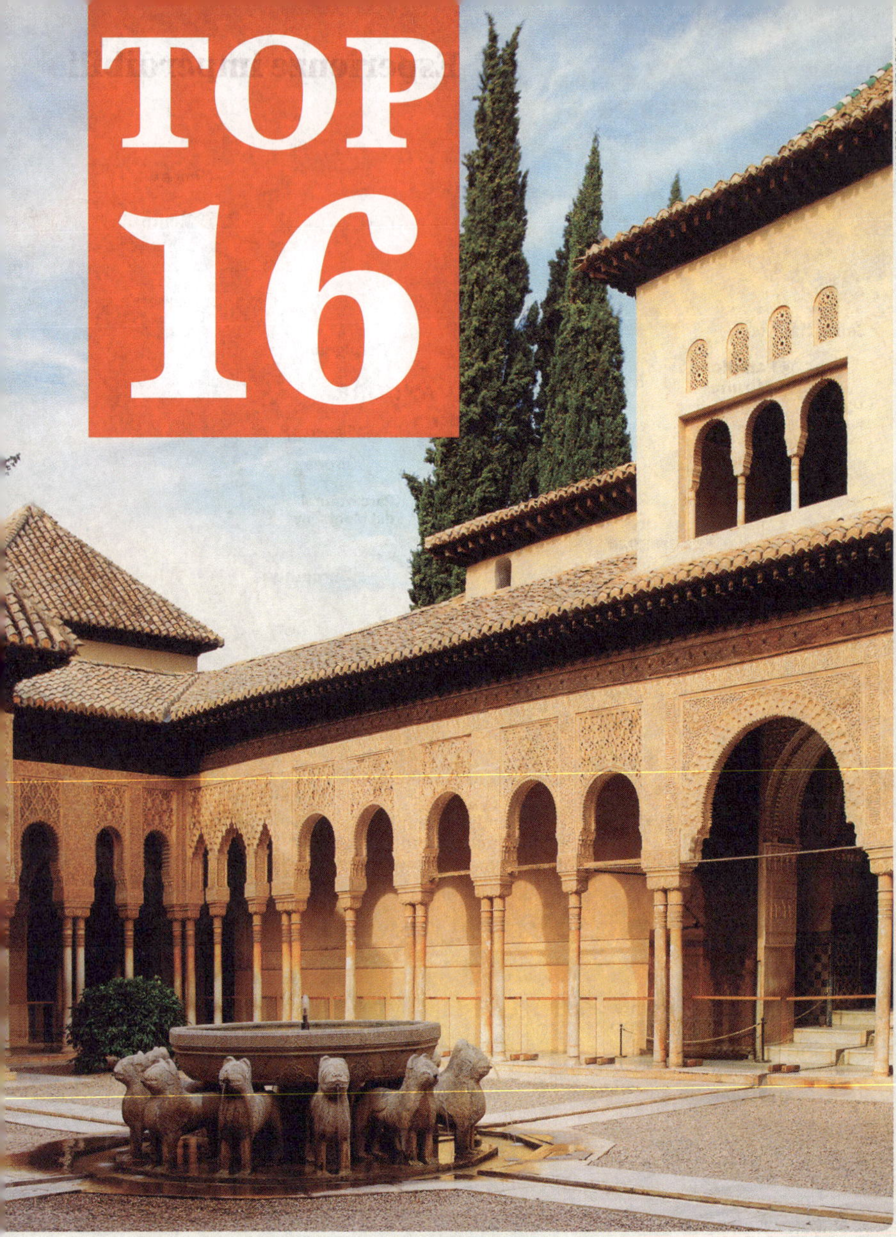

SHAUN EGAN/PHOTOLIBRARY

L'Alhambra

1 Il complesso dell'Alhambra (p355) a Granada è un edificio di mirabile perfezione architettonica: una delle espressioni più raffinate di arte islamica del mondo, nonché simbolo di 800 anni di dominio moresco nella regione detta un tempo Al-Andalus. La fortezza rossa dell'Alhambra, sullo sfondo delle vette innevate della Sierra Nevada, domina il profilo della città; al suo interno, le proporzioni dei giardini Generalife bilanciano gli squisiti dettagli del Palacio Nazaríes. In breve, è il monumento più bello di tutta la Spagna.

JEAN-PIERRE LESCOURRET

La Mezquita

2 La straordinaria Mezquita (moschea; p347) di Córdoba, eretta nel 785, è senza dubbio la più bella tra le moschee d'Europa e non sfigura certo di fronte a quelle del mondo islamico. La sua importanza nella regione moresca di Al-Andalus era tale che ogni califfo ha voluto lasciarvi il proprio segno: i contributi più notevoli sono gli archi e le cupole del cortile reale per la preghiera, del X secolo. A parte l'intrusione di una cattedrale cristiana nel cuore della Mezquita, imposta nel XVI secolo, si tratta di una delle testimonianze più preziose dell'architettura moresca.

La vita notturna di Madrid

3 Madrid non è certo l'unica città europea con una vita notturna vivace (p76), ma pochi altri luoghi possono vantare la stessa intensità e lo stesso chiasso per le strade. Come disse Hemingway, 'Nessuno va a dormire a Madrid prima di aver ucciso la notte'. In tutta la città ci sono minuscoli bar, piccole discoteche, locali di musica dal vivo, cocktail bar e mega club frequentati dalle celebrità, ma è a Huertas, Malasaña, Chueca e La Latina che capirete davvero di cosa stiamo parlando. Bar Why Not? (v. lettura p65)

KRZYSZTOF DYDYNSKI

Pasqua a Siviglia

4 Cercate le radici cristiane medievali della Spagna e unitevi alla folla per la spettacolare celebrazione della Semana Santa a Siviglia (p270). Le confraternite religiose sfilano per la città con elaborati *pasos* (figure) di Cristo e della Vergine Maria, tra le acclamazioni dei fedeli; la processione più prestigiosa è la *madrugada* ('le prime ore del mattino') del Venerdì Santo. Per chi la vede per la prima volta sarà un'esperienza indimenticabile, un'affascinante combinazione di sfarzo, solennità e fede religiosa. In tutte le città della Spagna si tengono delle processioni per Pasqua, ma nessuna è paragonabile a quella di Siviglia.

RICHARD ROSS

Ciudad de las Artes y las Ciencias

5 Creata da Santiago Calatrava, uno dei maggiori architetti spagnoli, la Città delle Arti e della Scienza di Valencia (p139) ha contribuito a trasformare la terza città della Spagna in ordine di grandezza in uno dei centri più vivaci e interessanti del paese. Il complesso di edifici contemporanei, audace e di grande impatto visivo, comprende un teatro di ultima generazione (Palau de les Arts Reina Sofía), un acquario (Oceanogràfic), un planetario (Hemisfèric) e un museo della scienza (Museo de las Ciencias Príncipe Felipe).

GREG ELMS

Spiagge di Minorca

6 In un periodo in cui il Mediterraneo spagnolo è diventato sinonimo di turismo di massa, Minorca riesce a essere diversa. Risparmiata dai peggiori effetti collaterali dello sfruttamento edilizio, gran parte dell'isola è una Riserva della Biosfera dell'UNESCO, con 216 km di costa e di spiagge che si sottraggono a ogni descrizione. Alcuni sostengono che raggiungerle dal mare sia più emozionante, ma anche arrivarci dall'entroterra è magnifico. Tra le più belle citiamo Cala Macarelleta e Cala en Turqueta (p242).

GUY MOBERLY

Tre culture a Toledo

7 Sede simbolica della Chiesa cattolica spagnola e dell'esercito, il nucleo medievale di Toledo (p103) è una straordinaria fetta di patrimonio mondiale. Nota come la città delle tre culture, dove convivevano musulmani, ebrei e cattolici, resta ancora oggi un affascinante labirinto con chiese, ex moschee e sinagoghe. La cattedrale è una delle più imponenti di tutta la Spagna. Essendo tanto vicina a Madrid, spesso Toledo è invasa dai turisti che la visitano in giornata, ma, se vi fermerete per la notte, potrete scoprire la vera anima della città.

CHRISTOPHER GROENHOUT

ALFREDO MAIQUEZ

Sierra Nevada e Las Alpujarras

8 Dominata dal Mulhacén (3479 m), la vetta più alta della Spagna continentale, la Sierra Nevada (p370) costituisce lo splendido sfondo della città di Granada. Lo sci invernale e le escursioni estive si accompagnano all'esplorazione degli affascinanti villaggi delle Alpujarras (p373), un'interessante schiera di *pueblos blancos* (villaggi bianchi) andalusi. Tra gli ultimi avamposti dell'insediamento moresco in suolo spagnolo, i villaggi delle Alpujarras assomigliano alle oasi del Nord Africa, immersi come sono nel verde e nei profondi burroni che rendono famosa la regione.

Madrid e il triangolo d'oro dell'arte

9 Madrid non potrà vantare pietre miliari dal punto di vista architettonico, ma compensa ampiamente con una straordinaria serie di gallerie d'arte. Il pezzo forte è il Museo del Prado (p46), che ospita opere di Goya, Velázquez, El Greco e di altri grandi maestri europei; a poca distanza a piedi ci sono anche il Centro de Arte Reina Sofía (p43), dove si ammirano *Guernica* di Picasso e i lavori di Dalí e di Miró, e il Museo Thyssen-Bornemisza (p49), con tutti i grandi nomi dell'arte. Museo del Prado (p46)

GUY MOBERLY

PAUL BERNHARDT

Flamenco in Andalusia

10 Evocativi e malinconici, i timbri passionali del flamenco (p509) sono nati in Andalusia ed è proprio qui, nella Spagna del sud, che avrete la possibilità di ascoltare il meglio che questo genere musicale ha da offrire. Il cuore della regione del flamenco si trova lungo l'asse che collega Siviglia, Cadice e Jerez de la Frontera: il flamenco riscalda la vita notturna di tutte e tre le città, ma Siviglia ha una scelta di locali particolarmente varia. Il fascino magnetico degli spettacoli rimarrà a lungo impresso nella vostra memoria.

Las Fallas

11 La festa più chiassosa di Spagna è anche una delle più spettacolari. Si svolge ogni anno a Valencia, nel mese di marzo: Las Fallas (v. lettura p148) è una fiesta esplosiva di fuochi d'artificio, musica e falò che illuminano il cielo per una settimana. La festa, che vanta profonde radici culturali e grande inventiva, vede i quartieri di Valencia gareggiare l'uno contro l'altro con sculture di legno e cartapesta alle quali, al culmine dei festeggiamenti, viene dato fuoco.

HANNAH LEVY

DAVID TOMLINSON

Pernottare in un bel parador

12 Potrete fare sonni da re nella catena statale dei *paradores* (p516) spagnoli, che offrono strutture riconvertite e sempre estremamente confortevoli, ricavate da ex castelli, palazzi, monasteri o conventi. In tutto il paese se ne trovano 86: considerate le esperienze di pernottamento più suggestive di tutta l'Europa, molte strutture vantano posizioni di pregio (per esempio, all'interno dell'Alhambra a Granada) e i prezzi sono più ragionevoli di quanto non ci si aspetti, soprattutto prenotando in rete e con largo anticipo. Parador de Ronda (p340)

Cabo de Gata

13 Cabo de Gata (p389), un tratto selvaggio di costa protetta a est di Almería, è una leggenda per gli spagnoli. Per gran parte dell'anno le spiagge, incastonate tra imponenti scogliere, sono quasi deserte e offrono discreti punti di immersione e apprezzabili sentieri escursionistici. Cabo de Gata era una sorta di oasi, un rassicurante rifugio nella costa andalusa quando nessun straniero aveva mai sentito parlare della Costa del Sol. La cosa migliore, poi, è che non vedrete nemmeno un resort turistico. Playa de Mónsul (p390)

MAN/IMAGEBROKER

KRZYSZTOF DYDYNSKI

Il miglior jamón

14 Il *jamón* (prosciutto; p476) è una costante nel panorama gastronomico spagnolo: se c'è un piatto nazionale è certamente questo, ben più della paella. Praticamente tutti i bar e i ristoranti hanno sempre almeno un *jamón* esposto alla lama del coltello, incastonato nell'apposita struttura detta *jamónera*. Le sottili fette del miglior *jamón* (noto come *jamón ibérico de bellota*, benché ve ne siano di molti tipi diversi) incarnano la semplicità culinaria e la nostra idea di paradiso gastronomico spagnolo.

Le atmosfere informali di Cadice

15 A Cadice (p290) regna l'atmosfera rilassata di chi vive alla giornata, un'aria che rende molto piacevole il centro settecentesco in lieve decadenza. Durante l'estate, la gente del posto ama intrattenersi di notte nelle piazzette della città vecchia e nei bar del lungomare, mentre il Carnevale di Cadice è famoso in tutto il paese per il suo fervore festoso. Anche la città in sé ha un suo charme: affascinanti monumenti storici, vicoli serpeggianti intonacati di bianco, punti panoramici e una piazza della cattedrale bella come qualunque altra piazza spagnola, ma resa più piacevole dalla fresca brezza salmastra.

PAUL BERNHARDT

Formentera

16 Molto più tranquilla della vicina Ibiza, da cui spesso, in estate, molti turisti festaioli effettuano gite in giornata per rilassarsi, questo gioiello delle Baleari (p224) offre belle spiagge sabbiose e sentieri per escursioni anche in bicicletta. Nel paesaggio, a tratti aspro e spoglio, si alternano scogliere frastagliate e dune di sabbia.

Estremità orientale dell'isola di Formentera (Isole Baleari), dove si trova il Far de la Mola (p226)

JON DAVISON

destinazione Spagna

Passionale, sofisticata e profondamente dedita alla bella vita, la Spagna è allo stesso tempo uno stereotipo vivente e un paese più vario di quanto abbiate mai immaginato.

Una terra epica

I variegati panorami della Spagna toccano l'anima di ogni visitatore. I Pirenei e i Picos de Europa non hanno nulla da invidiare alle catene montuose del continente, mentre la Sierra Nevada, incappucciata dalla neve, si erge in maniera improbabile dalle pianure riarse dell'Andalusia; entrambe sono destinazioni di prim'ordine per chi ama l'escursionismo. Le bellissime, selvagge scogliere atlantiche del nord-ovest della Spagna fanno da sfondo ad alcune delle strade più spettacolari d'Europa, anche se le deliziose baie del Mediterraneo sono sempre la destinazione estiva prediletta dai viaggiatori continentali; malgrado anni di sfruttamento edilizio, ne restano ancora numerosi angoli incontaminati. E ovunque andiate, paesini di una bellezza senza tempo si abbarbicano sulle colline, si accoccolano nelle valli e si aggrappano sui promontori costieri, come minuscoli ma duraturi avamposti della vecchia Spagna. Cercate di trascorrere più tempo possibile in posti come questi.

Una festa per il palato

Il cibo e il vino sono una passione a livello nazionale, in Spagna, e a ragione. Sì, ci sono paella, tapas, *jamón* e olio d'oliva in abbondanza, ma non sono altro che i protagonisti più noti di una cucina che continua a conquistare il mondo. I punti fondamentali della cucina spagnola sono apparentemente semplici: grande varietà, tradizioni forti tramandate di generazione in generazione e un'innata disponibilità a sperimentare. Potrete gustare il pasto migliore che abbiate mai assaggiato, che sia semplicemente con qualche tapas in un bar nostrano, dove tutti urlano, oppure con i piatti preparati da un famoso chef negli ambienti raffinati di un ristorante premiato da qualche stella Michelin. In ogni caso, la varietà delle esperienze gastronomiche che vi attendono in Spagna è davvero stupefacente.

L'arte imita la vita

La storia della Spagna è raccontata con una creatività infinita attraverso la sua arte e la sua architettura. Le suggestive rovine romane battute dal vento, le cattedrali di rara bellezza e i gioielli incomparabili di architettura islamica parlano di un paese dove le grandi civiltà della storia sono sbocciate e poi sfiorite lasciando dietro di sé un proprio segno inconfondibile. In epoche più recenti, quale altro paese ha saputo produrre spiriti ribelli e incontenibilmente creativi come Salvador Dalí, Pablo Picasso e Antoni Gaudí, ed esporli pubblicamente? Qui i grandi monumenti del passato coesistono accanto a creazioni architettoniche talmente audaci da convincere chiunque che il futuro della Spagna sarà originale quanto il suo passato. A parte tutto, questo è un paese che vive molto nel presente. Forse lo percepirete durante una passeggiata dopo la mezzanotte, in una strada del centro affollata di gente che è uscita per divertirsi. O quando vi lascerete incantare dalle movenze sensuali di un ballerino di flamenco. In qualsiasi momento vi capiti, ammetterete senza esitazioni che sì, la Spagna è proprio questa.

in breve

Moneta

» Euro (€)

Lingua

» Spagnolo (castigliano). Anche catalano, basco e gallego (galiziano).

Quando andare

Alta stagione
(giu-agosto, festività pubbliche)

» Sistemazioni spesso al completo, i prezzi aumentano del 50%.

» Bassa stagione in alcune regioni interne della Spagna.

» Caldo, secco e soleggiato; più umido sulle aree costiere.

Stagioni intermedie
(marzo-mag, set e ott)

» Un buon periodo per viaggiare, con clima mite e poca gente.

» Le festività locali possono far salire i prezzi.

Bassa stagione
(nov-feb)

» Freddo nelle aree centrali; piogge nel nord e nord-ovest.

» Temperature miti in Andalusia e sulla costa mediterranea.

» Alta stagione nelle stazioni sciistiche.

Budget giornaliero

Meno di

€70

» Camerate: €15-20

» Doppie negli *hostales:* €45-60

» Supermercati e *menú del día* a pranzo

» Ingressi pomeridiani gratuiti a musei e gallerie

Medio

€70-150

» Albergo di fascia media: €60-120

» Pranzo e/o cena in ristorante locale

» Noleggio auto: da €25 al giorno

Più di €150

» Albergo di fascia elevata: €120 e oltre (€200 a Madrid e Barcellona)

» Pranzo e cena in ristoranti di buon livello

» Pernottamenti in *paradores*

Banche

» Sportelli bancomat ovunque. Carte di credito accettate in quasi tutti gli alberghi, i ristoranti e i negozi.

Documenti

» Per i cittadini italiani (e UE in generale) e svizzeri è sufficiente la carta d'identità valida per l'espatrio.

Telefoni cellulari

» SIM card locali ampiamente disponibili, da utilizzare con cellulari europei (sistemi GSM 900/1800 e 3G 2100).

Trasporti

» Le principali città sono spesso collegate da treni veloci (come la nuova tratta Madrid-Valencia).

Siti web

» **Fiestas.net** (www.fiestas.net) Manifestazioni in tutto il paese.

» **Lonely Planet Italia** (www.lonelyplanetitalia.it/spagna/) Informazioni sulla vostra meta, prenotazioni alberghiere, forum dei viaggiatori e altro ancora.

» **Renfe** (Red Nacional de los Ferrocarriles Españoles; www.renfe.es) La rete ferroviaria spagnola.

» **Tour Spain** (www.tourspain.org) Cultura, cibo e link ad alberghi e trasporti.

» **Turespaña** (www.spain.info, anche in italiano) Il sito dell'Ente del Turismo spagnolo.

Tassi di cambio

Regno Unito	UK£1	€1,18
Svizzera	Sfr1	€0,77

Per i tassi di cambio aggiornati consultate www.xe.com/ucc/full/ o www.uic.it.

Numeri utili

Non esistono prefissi telefonici in Spagna.

Prefisso d'accesso internazionale	☎00
Prefisso nazionale	☎34
Prefisso di uscita internazionale	☎00(+39 per l'Italia, +41 per la Svizzera)
Informazioni elenco internazionale	☎11825
Centralino	☎1009
Informazioni elenco nazionale	☎11818
Emergenze	☎112

Arrivo in Spagna

» **Aeroporto Barajas, Madrid (p92)**

Metro e autobus – €2; ogni 5-10 minuti dalle 6.05 alle 2; 30-40 minuti per raggiungere il centro

Taxi – da €25 a €35; 20 minuti per il centro

Chiamare a casa

Accedere a internet in Spagna è relativamente facile, visto che alcuni caffè, molti alberghi e anche alcune sistemazioni economiche mettono a disposizione degli ospiti la connessione wireless gratuita. Tenete presente tuttavia che se un albergo reclamizza la connessione wi-fi in camera, la velocità di connessione può variare considerevolmente da stanza a stanza, per cui quando prenotate chiedete esplicitamente una camera con connessione veloce. Gli internet bar di buona qualità sono sempre più rari; molti *locutorios* (call center privati) hanno qualche terminal sul retro. Le telefonate via internet, per esempio con Skype, sono il modo più economico per chiamare a casa. Le carte telefoniche sono una buona alternativa: i *locutorios* ne hanno un'ampia scelta. Acquistando una SIM card prepagata per il vostro telefono cellulare risparmierete molto rispetto alle tariffe roaming, spesso esorbitanti.

qualcosa di nuovo

Per questa nuova edizione di Spagna, i nostri autori sono andati a caccia di cambiamenti, di trasformazioni, di luoghi 'caldi' e di nuove vibrazioni. Ecco alcune delle novità che preferiamo; per indicazioni e consigli v. lonelyplanetitalia.it/spagna.

Museo Thyssen a Malaga

1 Ad aprile 2011 è stato inaugurato il nuovo Museo Carmen Thyssen: la collezione comprende tutti i generi pittorici dell'Ottocento in Spagna (in particolare andalusi). Trovate informazioni aggiornate sul sito www.carmenthyssenmalaga.org.

Siviglia più verde

2 Con l'inaugurazione di un nuovo sistema metropolitano e molte vie ormai pedonalizzate, Siviglia, rispetto a un tempo, è più facile da girare a piedi e anche i monumenti non sono più rivestiti da una patina di sporco (v. lettura p279).

Nuovo museo del flamenco, Siviglia

3 Il Museo del Baile Flamenco a Siviglia ha riempito di cimeli un palazzo del XVII secolo, dove adesso si respira il vero spirito di questa musica. Pensato dalla famosa ballerina di flamenco Cristina Hoyos, nata a Siviglia, propone anche corsi (p268).

Museo Teatro Romano, Cartagena

4 Disegnato dall'architetto Rafael Moneo, vincitore del premio Pritzker, questo museo appena inaugurato incorpora in maniera ingegnosa numerosi reperti archeologici, comprese varie gallerie di sculture e oggetti d'epoca romana, e il teatro, recentemente restaurato (p250).

La Conservera Centro de Arte Contemporáneo, Ceutí

5 Si tratta di un nuovo, grande centro per le arti ospitato in un ex conservificio, che serve da vetrina per artisti e scultori spagnoli e internazionali (v. lettura p256).

Boutique Benidorm

6 Benidorm ha acquisito un tocco di classe. Villa Venecia, una struttura a cinque stelle, è la quintessenza del lusso e vi ricorderà il motivo per cui in origine molti visitatori prediligevano questa località (p176).

Il treno veloce per Valencia

7 La Spagna continua a ridurre le distanze all'interno dei suoi confini. Con il servizio AVE tra Madrid e Valencia, inaugurato nel dicembre 2010, i tempi di percorrenza tra la capitale e il Mediterraneo si sono ridotti ad appena 95 minuti (p547).

Real Casino de Murcia, Murcia

8 Riaperto dal re Juan Carlos nel novembre 2009, lo splendente casinò ottocentesco di Murcia è un'elaborata fusione di culture e paesi, che comprende anche un patio in stile moresco e una splendida sala da ballo (p246).

Gli alberghi di Mérida

9 Mérida può finalmente vantare due alberghi i cui elevati standard forniscono un adeguato contrappunto agli antichi siti romani della città: l'economico La Flor de al-Andalus e l'Adealba (p421), un boutique hotel.

se vi piace...

Arte

La tradizione artistica spagnola è una delle più ricche e originali d'Europa, e vanta maestri famosi e noti a tutti, come Goya, Velázquez, Picasso e Dalí. Il sostegno finanziario alle arti da parte della monarchia assicura la presenza di opere di altri grandi pittori europei nei vari musei del paese, tutti di straordinario livello.

Museo del Prado, Madrid Semplicemente una delle collezioni migliori del mondo (p46)

Centro de Arte Reina Sofía, Madrid *Guernica* di Picasso, ma anche Dalí e Miró (p43)

Museo-Thyssen-Bornemisza, Madrid Opere di tutti i più grandi maestri europei (p49)

Museo Picasso Málaga Oltre 200 lavori di Picasso, il figlio prediletto di Málaga (p326)

Museo de Bellas Artes, Valencia Una stupefacente pinacoteca con opere di grandi artisti come El Greco, Goya e Velázquez (p144)

Architettura islamica

Per quasi sette secoli gran parte della Spagna è stata governata da una serie di califfi e di imperi musulmani che hanno lasciato i più begli esemplari di architettura islamica esistenti sul suolo europeo. Le splendide vestigia si trovano nel cuore moresco dell'Andalusia, e in particolare a Granada, Córdoba e Siviglia.

Alhambra, Granada Un monumento straordinario alla stravaganza di al-Andalus (p355)

Mezquita, Córdoba La perfezione in pietra, nell'ex Grande Moschea di Córdoba (p347)

Albayzín, Granada Come una bianca medina nordafricana sul fianco della collina (p365)

Alcázar, Siviglia Dettagli squisiti in un insieme perfettamente proporzionato (p266)

Giralda, Siviglia L'ex minareto svetta sul profilo moresco di Siviglia (p265)

Alcazaba, Málaga Un palazzo fortificato dell'XI secolo (p327)

Passato romano

La Spagna, o Hispania com'era detta all'epoca, fu per circa cinque secoli una parte fondamentale dell'Impero Romano, di cui restano ancora molti siti straordinari. Nelle nuove città sorte sopra le rovine romane si nota un curioso accostamento tra le antichità e il clamore della Spagna moderna; le rovine abbandonate al loro destino nelle aree rurali parlano ancora in modo eloquente di questo lontano passato.

Mérida Il sito romano più esteso di tutto il paese (p418)

Itálica La città romana più antica dell'Iberia, con un bell'anfiteatro (v. lettura p282)

Baelo Claudia, Bolonia Una città romana intatta, da dove si ammira l'Africa (p315)

Cartagena La Nuova Cartagine di Asdrubale divenne uno dei più importanti avamposti romani: oggi a ricordarcelo c'è uno spettacolare museo di antichità romane, progettato da Rafel Moneo (p250)

OLIVER STREWE

» Teatro Romano di Mérida (p418)

Spiagge

Ogni anno si recano in Spagna 50 milioni di turisti stranieri, di cui gran parte (insieme a una buona percentuale di spagnoli) vi giunge durante l'estate per distendersi al sole sulle spiagge del Mediterraneo. Molte spiagge spagnole sono, di conseguenza, spaventosamente affollate. Ma sapendo dove cercare, i lidi incontaminati che hanno reso famose le coste della Spagna sono ancora una buona possibilità.

Cabo de Gata, Almería Una bellezza selvaggia che ricorda la costa andalusa di un tempo (p389)

Costa de la Luz, Andalusia Lunghi tratti di sabbia lungo una bellissima costa (p311)

Minorca Le Baleari com'erano prima del turismo di massa, per scoprire cosa l'abbia scatenato (v. lettura p209)

Vita notturna

Tra i simboli più duraturi e accessibili della bella vita spagnola ci sono le notti, che sembrano non finire mai. Dai cocktail bar sofisticati ai *chiringuitos* in spiaggia, dai nightclub dove si balla fino all'alba alle *terrazas* all'aperto per le sere estive, dove la notte non appartiene solo ai giovani, le serate spagnole sono un fenomeno a sé, incontenibile e inebriante. Anche i paesini più piccoli hanno i loro punti di riferimento per la *marcha* (azione) notturna, ma nei posti che seguono la vita notturna spagnola assume toni da leggenda.

Ibiza Il club after-dark d'Europa, la capitale del chill-out (p216)

Madrid Bar, nightclub, musica dal vivo e notti infinite (p76 e p81)

Valencia Le notti del Barrio del Carmen, famose in tutta la Spagna (p154)

Cucina tipica

La cucina spagnola ha conquistato il mondo, con i suoi chef famosi e la combinazione vincente di paella, tapas e *jamón*. Ma assaggiare la cucina spagnola nel suo paese d'origine è tutta un'altra cosa. La Spagna è ossessionata dalla gastronomia, e tiene d'occhio i suoi chef con un pubblico sempre disposto a provare qualcosa di nuovo, ma dubbioso ogni volta che si devia troppo da una delle tradizioni culinarie più ricche d'Europa. Per ulteriori informazioni v. p473.

Paella a Valencia Il luogo di origine della paella, dove si gusta la versione più autentica (p151)

Tapas a La Latina, Madrid Le tapas migliori di tutta la Spagna (p72), almeno così si dice

Crostacei alle Baleari Una delle specialità tipiche è la *caldereta de llagosta*, che potrete provare, tra l'altro, a Formentera (p226)

Gazpacho Una versione andalusa di questa zuppa estiva è senza pomodoro (p480)

Pesce fritto A Malaga si prepara una *fritura malagueña* con acciughe, seppie e pesce vario (p331)

Se vi piace... il flamenco
Siviglia, in Andalusia, è il posto migliore per il flamenco dal vivo (p277)

Vino

I vini spagnoli hanno conquistato una schiera di seguaci internazionali e in molte parti del paese non troverete altro che vini locali: la gente qui non vede la necessità di bere altro, semplicemente. La Rioja è la regina delle zone vinicole della Spagna, ma non è l'unica ad aver raggiunto la fama mondiale. Per ulteriori informazioni sui vini spagnoli v. p482.

Bodegas di Sherry, El Puerto de Santa María Una delle capitali mondiali dello sherry (p297)

Zalacaín, Madrid Tre stelle Michelin, 35.000 bottiglie e 800 diverse varietà di vino (p76)

I DO di Maiorca Due vini coltivati nel sud-est dell'isola hanno la denominazione d'origine. Il Binissalem è sia bianco sia rosato (p223)

Camminare

Quando vi sentite logorati dalla frenesia della vita moderna, sappiate che la natura selvaggia e quasi incontaminata dista appena una corsa in autobus o in treno. I panorami quasi continentali nella loro varietà rendono la Spagna una delle destinazioni europee per eccellenza per quanto riguarda l'escursionismo. Una splendida rete di parchi nazionali e altre aree protette vantano una sorprendente ricchezza faunistica.

Serra de Tramuntana Ottimo escursionismo alle Baleari (p203)

Sierra Nevada Fauna e splendidi panorami all'ombra della vetta più alta di Spagna (p370)

Sierra de Grazalema Villaggi bianchi e montagne a picco in Andalusia (p308)

Flamenco

Forse non è la ragione ultima per cui si viene in Spagna, ma gli amanti di questo tipo di ballo avranno molte occasioni per indulgere al piacere degli occhi e delle orecchie che un'esibizione regala.

Festival Flamenco Caja Madrid Anche fuori dall'Andalusia si possono ascoltare i migliori interpreti del genere, come in questo festival madrileno a febbraio (p61)

Casa Anselma, Siviglia *Sevillana* e *soleá*: tutte le anime del flamenco in questo locale della tradizione (p277)

El Lagá Tio Parrilla, Jerez Qui il ritmo è sempre incalzante e termina in un'irresistibile *bulería* (p306)

Festival della chitarra, Córdoba Interpreti di primo piano si esibiscono a fine giugno nei giardini dell'Alcázar (p350)

Museo del Baile Flamenco, Siviglia Tre piani espositivi, seminari e l'indispensabile gift shop in un museo nuovissimo (p268)

mese per mese

Il meglio

1. **Semana Santa,** marzo o aprile
2. **Las Fallas,** marzo
3. **Bienal de Flamenco,** settembre
4. **Carnaval,** febbraio o marzo
5. **Feria de Abril,** aprile

Gennaio

In gennaio fervono le attività nelle stazioni sciistiche della Sierra Nevada, vicino a Granada. Le scuole sono chiuse per le feste fino all'8 gennaio, quindi prenotate con largo anticipo.

Tre re

Il Día de los Reyes Magos (il giorno dei tre Re Magi, l'Epifania), o Reyes, il 6 gennaio, è il giorno più importante nel calendario dei bambini spagnoli. La sera prima tre politici locali si vestono da magi e distribuiscono dolci durante la Cabalgata de Reyes nel centro di molte cittadine.

Febbraio

Spesso è il mese più freddo dell'anno in Spagna, con temperature sotto lo zero soprattutto al nord e nelle regioni interne, come Madrid.

La vida es un Carnaval

Il divertente e chiassoso Carnaval, che si conclude il martedì grasso, 47 giorni prima di Pasqua, prevede travestimenti, parate e feste. Si festeggia in grande stile a Cadice (p294) e Badajoz (p424).

Fiera dell'Arte Contemporanea

Una delle maggiori celebrazioni d'arte contemporanea a livello europeo è la Feria Internacional de Arte Contemporánea (Arco; p61) che si tiene a Madrid e che richiama galleristi ed espositori da ogni parte del mondo. Un entusiasmante contrasto con gli antichi capolavori in mostra tutto l'anno nella capitale.

Marzo

Con l'arrivo della primavera, la Spagna comincia a scrollarsi di dosso i malumori invernali (se ve ne fossero), il clima si scalda a poco a poco e gli spagnoli cominciano a sognare l'estate.

Las Fallas

Lo straordinario festival di Las Fallas, dal 15 al 19 marzo, consiste di notti intere di danze e bevute, giochi pirotecnici di prima qualità e processioni. Il palcoscenico principale è quello di Valencia (v. lettura p148) e le festività culminano con il rituale falò in strada delle figure di cartapesta.

Aprile

Il clou della primavera: fiorisce la flora selvatica, si celebra la Pasqua e ci sono le vacanze scolastiche. Dovrete prenotare le sistemazioni in anticipo, ma è il periodo migliore.

Semana Santa

La Pasqua prevede processioni di *pasos* (immagini sacre), penitenti incappucciati e grandi folle. Si celebra con grande fasto a Siviglia (p270), ma anche a Malaga (p330), Córdoba (p350), Cuenca (p127) e Lorca (p255).

Los Empalaos

Il Giovedì Santo a Villanueva de la Vera, nel nord-est dell'Estremadura, si mette in scena una straordinaria manifestazione di abnegazione pasquale: la devozione e le sofferenze autoinflitte dei penitenti a piedi nudi lascia senza fiato tutti i visitatori. V. lettura p398 per saperne di più.

Moros y Cristianos

Le parate multicolori e le finte battaglie tra 'eserciti' cristiani e musulmani che si tengono a fine aprile ad Alcoy (v. lettura p188), vicino ad Alicante, rendono questa manifestazione una delle più spettacolari tra quelle che hanno luogo nelle province di Valencia e Alicante.

Feria de Abril

Questa festa lunga una settimana (p271), che si tiene a Siviglia nella seconda metà di aprile, è la più importante in Andalusia. I *sevillanos* girano a cavallo e in carrozze elaborate durante il giorno e, agghindati nei loro costumi tradizionali più sfarzosi, ballano fino a notte fonda.

Fiera del formaggio

L'ultimo weekend di aprile la medievale Trujillo, nell'Estremadura, ospita un festival dai sapori pungenti, la Feria del Queso (p413), che vede protagonisti gli aromi dei formaggi prodotti in ogni angolo della Spagna. Talvolta si tiene i primi di maggio.

Romería de la Virgen

L'ultima domenica di aprile, centinaia di migliaia di persone compiono un pellegrinaggio di massa fino al Santuario de la Virgen de la Cabeza, vicino ad Andújar, nella provincia di Jaén. Una piccola statua della vergine viene portata in processione tra il giubilo degli astanti.

Maggio

È un periodo splendido per visitare la Spagna: maggio vede la campagna coperta di fiori selvatici e il clima si fa quasi estivo. A Jerez de la Frontera, la Feria del Caballo è una delle festività più iconiche del paese e dovrete prenotare l'albergo con settimane, se non mesi, di anticipo.

Feria del Caballo

Questa pittoresca fiera equestre si tiene nella capitale andalusa del cavallo, Jerez de la Frontera (p303): la Feria del Caballo è una delle feste più allegre e stravaganti dell'Andalusia e prevede parate, mostre equestri, corride e molta musica e danze.

World music a Cáceres

Per tre giorni Cáceres viene conquistata dal festival World of Music, Arts and Dance (Womad; p407). Artisti di tutto il mondo si esibiscono nelle piazze medievali della città.

Si aprono i cortili di Córdoba

Molti bei cortili privati di Córdoba vengono aperti al pubblico per due settimane in occasione del Concurso de Patios Cordobeses (p350). È una rara occasione per ammirare un lato altrimenti nascosto della città: i cortili pitturati di fresco si riempiono di fiori.

Pirati musulmani

Sóller, nella parte settentrionale di Maiorca, viene invasa da pirati musulmani all'inizio di maggio. La 'battaglia' tra la gente del posto e gli invasori (v. lettura p206), nota come Es Firó, ripropone un assalto tristemente famoso, ma fallito, sferrato alla città nel XVI secolo.

Fiesta de San Isidro

La più importante fiesta di Madrid (p62) celebra il santo patrono della città con corride, parate, concerti e molto altro. I madrileni indossano i loro costumi tradizionali e il calendario di alcuni eventi, come le corride, si protrae anche per un mese.

Giugno

Nel sud del paese il clima si riscalda mentre i resort costieri si preparano per l'invasione estiva.

Romería del Rocío

Questo pellegrinaggio festoso intrapreso da un milione di persone per raggiungere il santuario della Virgin in El Rocío (p286) si svolge durante il settimo weekend dopo Pasqua, ovvero quello della Pentecoste. Si tratta dell'espressione più curiosa e affascinante della tradizione cattolica andalusa.

Falò e giochi pirotecnici

La vigilia della Fiesta de San Juan (24 giugno; Dia de Sant Joan) si festeggia con falò e fuochi artificiali di mezz'estate, soprattutto sulla costa mediterranea, tra cui Ciutadella, Minorca (p237), dove si fa sfoggio di abilità nell'equitazione con grandi parate.

Luglio

Le temperature in Andalusia e nell'interno possono farsi torride, ma è il momento ideale per andare in spiaggia.

Festival Internacional de Guitarra

Il contributo di Córdoba al nutrito calendario spagnolo di eventi musicali è questo bel festival internazionale di chitarra (p350) che offre dal flamenco alla classica al rock, al blues e oltre. Gli spettacoli più importanti si svolgono di sera nei giardini dell'Alcázar.

Día de la Virgen del Carmen

Verso il 16 luglio in molte città costiere, soprattutto in alcune parti dell'Andalusia, l'immagine della patrona dei pescatori viene messa in mare o condotta in processione con una flotta di piccole barche.

Festival Internacional de Benicàssim

In Spagna abbondano i festival musicali all'aperto, che, soprattutto in estate, richiamano grandi nomi spagnoli e stranieri. Questo festival, che si tiene nella città valenciana di Benicàssim (p164), è uno dei migliori e dei più originali.

Agosto

Spagnoli provenienti da ogni parte del paese convergono insieme a molti europei nei resort costieri del Mediterraneo. Ma le regioni meridionali della Spagna non offrono soltanto sole e mare.

Festival de Teatro Clásico

Lo straordinario teatro romano di Mérida, in Estremadura (p420), diventa il palcoscenico per i classici degli antichi greci e latini, ma anche per qualche autore più 'recente' come Shakespeare. Le rappresentazioni si tengono quasi tutte le sere in luglio e agosto.

Altri pirati islamici

Nella zona nord-occidentale di Maiorca, Pollença (p207) diventa teatro di furiose battaglie simulate tra i pirati musulmani invasori e la gente del posto durante le Festes de la Patrona. Il pomeriggio di processioni e combattimenti per le vie della città è preceduto da festeggiamenti notturni.

La Tomatina

Il grande festival di lancio di pomodori di Buñol (v. lettura p159), che si tiene alla fine di agosto, dev'essere la festa più 'macchiata' di tutto il paese. In appena un'ora, migliaia di persone si lanciano a vicenda circa 100 tonnellate di pomodori!

Grazie alla Vergine

A Morella la gente si ritrova ogni sei anni (la prossima volta sarà nel 2012) per i Sexenni, nove giorni di esuberanti festività barocche (p169) in cui si rende grazie alla Vergine Maria per aver salvato Morella dalla peste del 1672.

Settembre

È il mese in cui la Spagna torna al lavoro dopo un'estate apparentemente interminabile. Numerosi festival sfruttano il clima che in genere rimane caldo fino alla fine di settembre.

Bienal de Flamenco

Ci sono festival di flamenco in tutta la Spagna per tutto l'anno, ma il più prestigioso di tutti è quello che si tiene a Siviglia (p271) negli anni pari (e a Málaga in quelli dispari), e che richiama i grandi nomi del settore.

Fiesta de la Virgen de Guadalupe

La graziosa cittadina di Guadalupe, in Estremadura, celebra la sua Vergine Maria (p416). Una statua viene portata in processione la sera del 6 settembre e di nuovo l'8, che è anche giorno di festa in tutta la regione dell'Estremadura.

Feria de Pedro Romero

Celebrare Pedro Romero, una delle leggende della tauromachia, è una buona scusa per la gente di Ronda per allestire una settimana di festeggiamenti (p339). Tra gli eventi figurano un festival di flamenco, un insolito programma di corride e molti festeggiamenti notturni.

Romani e cartaginesi

Nella seconda metà del mese, la gente del posto si maschera per ricostruire antiche battaglie durante il festival Carthagineses y Romanos, a Cartagena (p252). Si tratta di una delle rievocazioni storiche più originali di tutta la Spagna.

Ottobre

L'autunno può essere un bel periodo per visitare la Spagna, con temperature generalmente medie in tutto il paese.

Día de la Comunidad

Il 9 ottobre gli abitanti di Valencia celebrano con una grande festa cittadina una ricorrenza molto lontana nel tempo: la liberazione dal dominio musulmano nel 1238 (p150).

Novembre

Un periodo tranquillo sul calendario delle festività: novembre è un mese freddo in tutto il paese. In genere è in questo mese che si apre la stagione sciistica sulla Sierra Nevada.

Festival Jazz Madrid

Uno dei due festival che la capitale dedica ogni anno al jazz (l'altro si tiene in primavera). Si tratta di un evento sempre più prestigioso (p63) che si svolge nei famosi jazz club e nei teatri della città.

itinerari

Che abbiate sei giorni o 60, questi itinerari forniscono un punto di partenza per il viaggio di una vita. Cercate altre ispirazioni? Per ulteriori suggerimenti approfittate dei forum di viaggiatori su lonelyplanetitalia.it/forum.

Un mese

Il Gran Tour

Cominciate questo itinerario da **Tarragona**, per ammirare le splendide rovine romane, poi fate rotta verso **Peñíscola** per rilassarvi sulla spiaggia e a **Valencia**, per immergervi nella sua animata vita notturna e visitare l'avveniristica Ciudad de las Artes y las Ciencias. Addentratevi poi nella Castiglia-La Mancia, facendo una sosta nell'aspra **Cuenca**. Tappa seguente la maestosa capitale spagnola, **Madrid**, per apprezzare la sua atmosfera vivace e i suoi musei, e quindi **Toledo**, un autentico gioiello medievale. La strada attraversa le pianure e gli uliveti della Mancia prima di aggredire, come Don Chisciotte, i mulini a vento di **Consuegra**. Lo splendido villaggio di **Almagro**, terra natale del regista Pedro Almodóvar, ha un fascino intrigante; da qui imboccate l'A4 per raggiungere **Jaén** e la sua meravigliosa cattedrale. **Baeza** e **Úbeda** sono deliziose gemme rinascimentali, mentre a due passi sono i fasti islamici di **Granada** e **Córdoba**. La perla dell'Andalusia, **Siviglia**, merita assolutamente una visita. Se volete prolungare il viaggio alla volta dell'Africa, recatevi a **Cadice** e poi alla graziosa **Tarifa**, dove potrete imbarcarvi per il Marocco e una nuova avventura.

Un mese

Avventura andalusa

Cominciate l'itinerario a **Málaga**, di cui non dovete perdere l'eccellente Museo Picasso. Dirigetevi a nord verso la strabiliante architettura mudéjar di **Antequera**, poi a est verso **Granada**, la prima delle tre città dell'Andalusia a essere stata dichiarata Patrimonio dell'Umanità dall'UNESCO (le altre due sono Siviglia e Córdoba). A Granada ammirate l'incomparabile Alhambra, lasciatevi incantare dalla dorata Capilla Real e attardatevi nel medievale quartiere islamico di Albayzín. Una deviazione verso sud e poi a est vi porterà nelle suggestive e remote vallate di **Las Alpujarras**, con i loro panorami montani e i villaggi simili a quelli berberi; esplorateli a piedi se ne avete il tempo e l'energia. Verso sud-est, **Almería** è una delle cittadine provinciali più piacevoli della Spagna, mentre **Cabo de Gata** è un tratto particolarmente spettacolare della costa mediterranea, un antidoto a un litorale altrimenti ipersfruttato.

Facendo ritorno nel cuore dell'Andalusia, passando da Granada, raggiungete **Córdoba**, sede della magnifica Mezquita e di un'incantata *judería* (quartiere ebraico). La vostra tappa successiva, **Siviglia**, è il cuore dell'Andalusia, con la sua splendida architettura (in particolare l'Alcázar e la cattedrale), le ottime tapas e il sensuale flamenco. Troverete ancora flamenco, ma anche gli splendidi cavalli andalusi, a **Jerez de la Frontera**, mentre la divertente **Cadice** è anche l'insediamento più antico d'Europa; se vi trovate qui per il Carnaval capirete perché ci è piaciuta così tanto. I villaggi collinari della regione danno il meglio di sé con **Arcos de la Frontera**, un paese in collina che corrisponde perfettamente allo stereotipo dei *pueblos blancos* (villaggi bianchi) dell'Andalusia. Dopo una sosta in queste zone, vagate per le tranquille strade rurali attraversando i graziosi villaggi a calce bianchi e i sentieri montani del **Parque Natural Sierra de Grazalema** per poi raggiungere **Ronda**, dalla spettacolare ubicazione, dove un pernottamento nel suo sontuoso parador a picco sul canyon El Tajo costituirà una delle esperienze più indimenticabili del vostro viaggio. **Vejer de la Frontera** è un'altra cittadina collinare per eccellenza, mentre la sabbia delle spiagge atlantiche di **Costa de la Luz** sono tra le migliori del paese. Concludete il viaggio a **Tarifa**, la città più meridionale della Spagna, il posto ideale per osservare le balene, dedicarsi al windsurf e, ovviamente, rilassarsi in spiaggia.

Due settimane

L'estremo ovest

Da **Madrid** puntate verso ovest e fate tappa a **Plasencia**. Costellata di eleganti edifici, chiese e conventi, questa città fu per secoli il centro principale della regione e costituisce un'ottima base di partenza per esplorare le valli situate a nord-est. Da Plasencia, proseguendo verso sud potrete visitare il paradiso dell'avifauna che è il **Parque Nacional de Monfragüe**. Ritornate sulla strada principale e spingetevi a sud-est fino all'affascinante **Guadalupe**, una destinazione collinare meta di pellegrinaggi, dominata dal complesso monastico dedicato alla Nostra Signora di Guadalupe. Da questa città alcune strade di campagna proseguono in direzione ovest fino al borgo medievale di **Trujillo**, un dedalo di vicoli, chiese ed edifici rinascimentali più recenti, eretti grazie all'oro dei conquistadores. Pochi chilometri più a ovest si trova **Cáceres**, gioiello medievale dalle case color ocra, la cui vita notturna è animata da una nutrita popolazione studentesca. Proseguendo verso sud incontrerete prima **Mérida**, che vanta le rovine romane più imponenti del paese, e poi, dopo aver attraversato una zona di aride pianure, la bianca cittadina di **Zafra**, che anticipa l'Andalusia come atmosfere e come collocazione geografica. A questo punto, piuttosto che addentrarvi nell'Andalusia, fate una deviazione verso ovest per visitare la collinare **Jerez de los Caballeros**, per poi proseguire verso sud-ovest fino a raggiungere la magica **Siviglia**.

Due settimane

Da Madrid a El Maestrazgo

Fuggite da **Madrid** e iniziate questa avventura in maniera non conformista con una notte o due a **Toledo**, che dà il meglio di sé quando i gitanti se ne sono andati, consentendo a chi resta di percepire le leggende sussurrate del suo passato multiconfessionale. Discostatevi ancora dalle consuetudini e prendete la strada verso sud per **Orgaz**, e poi effettuate una deviazione verso sud-est per **Consuegra** e **Almagro**, una tappa incantevole per una notte o due. Da Almagro, il percorso vi porta a est verso le lagune del **Parque Natural de las Lagunas de Ruidera**, per poi piegare di nuovo a nord-ovest ed entrare nei territori di Don Chisciotte, con una visita a **Campo de Criptana**, **El Toboso** e **Mota del Cuervo**. La strada continua a est fino a **Belmonte** e il suo castello; se volete dormire in un maniero proseguite per **Alarcón**.

Completate il giro a sud-est fino ad **Alcalá del Júcar**, sul bellissimo Río Júcar, che potrete seguire a ovest prima di tornare a nord e visitare **Cuenca** e le sue case sospese. Un bell'itinerario lungo il fiume vi conduce a nord sulla CM2105 fino al territorio collinare di Serranía de Cuenca e poi a est, fino alla cittadina color ocra di origini musulmane, **Albarracín** - ci sono pochi villaggi più belli di questo, in Spagna, con le mura che si snodano lungo la spettacolare cornice degli alti crinali che circondano il paese. La tappa successiva è **Teruel**, notevole per l'architettura mudéjar della città vecchia e lontana dagli itinerari turistici più battuti; se riuscite a esserci per la Fiesta Medieval, nel mese di febbraio, soffrirete un po' il freddo, ma capirete anche l'essenza del fascino di questo posto. La costante di lasciarsi alle spalle le strade più battute continua mentre procederete a est, oltre i villaggi degli altopiani di El Maestrazgo, compresa **Cantavieja** con la sua ubicazione spettacolare e la tranquilla **Mirambel**, dove vi sembrerà di aver raggiunto uno degli angoli più isolati dell'entroterra spagnolo. Entrando nella regione di Valencia (ma restando nel Maestrazgo), il nostro percorso vi condurrà alla graziosa città di **Morella** e infine sulla costa, a **Peñíscola**.

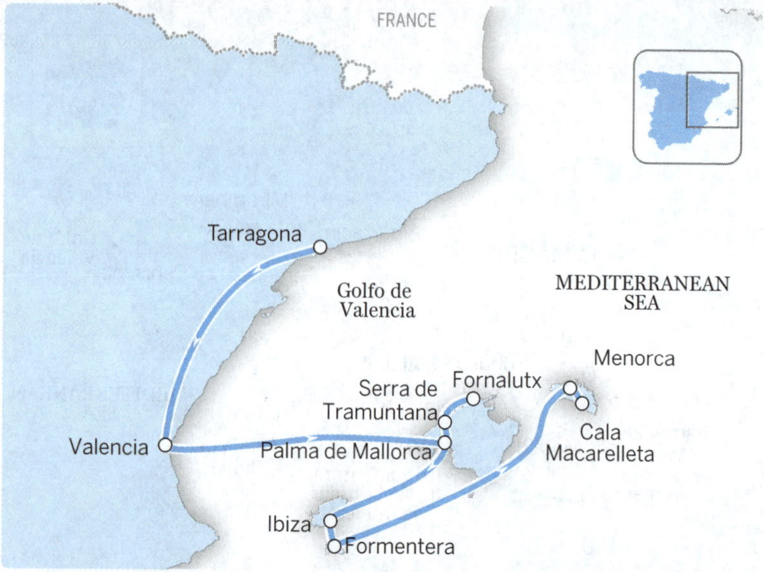

Due settimane

Da Tarragona alle Baleari

Partite da **Tarragona**, dove si trovano i siti romani più importanti del paese. Continuando lungo la costa verso sud, giungete a **Valencia** dove, dopo aver ammirato la straordinaria Ciudad de las Artes y las Ciencias, potrete cenare con una paella in riva al mare e rimanere in piedi fino a tardi nel Barrio del Carmen. Molti traghetti collegano la città alle isole Baleari. Potreste trascorrere intere settimane a esplorare l'arcipelago: dipende, ovviamente, da quanto tempo vi fermerete a oziare sulle splendide spiagge. Iniziate, come fanno molti vacanzieri, dalla graziosa **Palma di Maiorca**, fermandovi ad ammirare la sua stupefacente cattedrale. Prima di lasciare l'isola, prevedete un po' di tempo per abbandonare la ressa e dedicarvi all'escursionismo nella **Serra de Tramuntana**, esplorando i villaggi della costa nord-occidentale di Maiorca, come **Fornalutx**, e il bel panorama costiero a Cap de Formentor. Prendete un traghetto per **Ibiza** e tuffatevi nella sua vita notturna, famosa in tutto il mondo, prima di cambiare di nuovo isola e raggiungere la piccola **Formentera**, dove potrete camminare nel parco naturale Ses Salines o fare immersioni. L'ultima isola dell'arcipelago, **Minorca**, è anche la più tranquilla: vale la pena di fermarsi per qualche giorno di assoluto riposo nelle meravigliose spiagge della costa meridionale.

Attività all'aperto

Le mete per i drogati di adrenalina

Tarifa (p314), il centro per eccellenza del windsurf e del kitesurf
Grazalema (p309), per provare l'ebbrezza del parapendio
Las Alpujarras (p373), per villaggi innevati circondati da piste da sci e sentieri escursionistici
Sierra Nevada (p371), in mountain bike lungo sentieri del parco nazionale
Minorca (p241), per percorrere a piedi il Camí de Cavalls lungo la costa
El Rocío (p285), safari, equitazione e birdwatching nel parco nazionale più famoso di Spagna

Pochi paesi europei possono vantare la varietà paesaggistica della Spagna. Il suo lunghissimo litorale presenta scenari che spaziano dalle coste mediterranee disseminate di uliveti alle aspre catene montuose, come l'imponente Sierra Nevada in Andalusia. Si tratta di ambienti che non possono che appassionare chi desidera praticare le attività all'aperto, e offrono possibilità in grado di soddisfare tutti, a prescindere dall'età e dalla forma fisica.

La Spagna è famosa per gli splendidi sentieri escursionistici che attraversano i suoi monti e le sue colline, come quelli della Sierra Nevada, percorribili anche in mountain bike, e in particolare Las Alpujarras, che vantano una fitta rete di sentieri per le escursioni.

Una volta tolti gli scarponi da trekking, le spiagge della Spagna offrono fantastiche opportunità per dedicarsi agli sport acquatici, che si tratti di misurarsi con le onde a tubo di Mundaka o di praticare le immersioni in Catalogna.

E chi ama le attività all'aria aperta può praticare lo sci, andare in bicicletta e fare rafting nelle acque impetuose dei fiumi, ma anche camminare nei parchi nazionali, che offrono alcune delle migliori opportunità di tutta l'Europa occidentale per osservare la fauna locale.

Escursionismo

La Spagna è una delle destinazioni europee più amate dagli appassionati di escursionismo, ai quali offre una vasta gamma di opportunità, tra cui le scarpinate per raggiungere la vetta più alta della Spagna continentale, Mulhacén (3479 m; p370) situata sopra Granada, o i sentieri che ripercorrono le orme di Carlo V in Estremadura (p399).

Quando andare

La Spagna comprende diverse fasce climatiche, quindi è possibile praticare l'escursionismo in ogni mese dell'anno. In Andalusia le condizioni migliori si registrano da marzo a giugno e da settembre a ottobre; in piena estate il caldo è insopportabile, mentre in inverno quasi tutti i sentieri rimangono aperti, tranne quelli che si inoltrano in alta montagna. Se preferite l'escursionismo estivo dovreste seguire l'esempio degli spagnoli e dirigetevi verso la parte settentrionale del paese. I Paesi Baschi, le Asturie, la Cantabria e la Galizia costituiscono le mete ideali per gli escursionisti da giugno a settembre. Luglio e agosto, d'altra parte, sono i mesi più indicati per esplorare le vette della Sierra Nevada. Dal momento che agosto è il mese di maggiore affollamento, se avete intenzione di visitare i parchi nazionali più rinomati e di pernottare nei *refugios* (rifugi di montagna), vi conviene prenotare con un buon anticipo.

Le località più belle

La meta più conosciuta è certamente la catena dei Pirenei, che separa la Spagna dalla Francia e merita indubbiamente la propria fama.

Anche la Spagna meridionale, tuttavia, può vantare località altrettanto gratificanti, se pure meno note: sono le zone di Els Ports (p167), la Sierra de Cazorla (p384), nella regione di Valencia, e la Sierra de Grazalema (p308), in Andalusia.

A chi ama visitare pittoreschi paesini di montagna consigliamo di dirigersi verso Las Alpujarras (p373), nelle vicinanze del Parque Nacional Sierra Nevada, in Andalusia.

Alcuni splendidi itinerari escursionistici si trovano anche lungo il litorale spagnolo, perfino in zone affollate come la costa meridionale (provate Cabo de Gata, p389) e Maiorca (p202).

Informazioni

Per una panoramica dettagliata sui percorsi escursionistici, sia quelli presentati in questo capitolo sia altri, procuratevi la guida della Lonely Planet *Hiking in Spain*. Le guide escursionistiche dedicate a regioni specifiche sono pubblicate da **Cicerone Press** (www.cicerone.co.uk). **La Tienda Verde** (www.tiendaverde.es; Calle de Maudes 23 e 38, Madrid) e la **Librería Desnivel** (www.libre riadesnivel.com, in spagnolo; Plaza de Matute 6, Madrid) vendono guide e cartine (in Spagna le migliori sono le Prames e le Adrados). Nel sito www.andarines .com, in lingua spagnola, trovate un'esauriente descrizione dei sentieri escursionistici e numerosi link utili per libri, negozi di articoli sportivi e associazioni alpinistiche spagnole.

ARRAMPICATA SU ROCCIA

Se una scarpinata su e giù per i monti non dovesse accendere in voi particolari entusiasmi, la Spagna offre numerose opportunità per praticare l'arrampicata su per le pareti rocciose delle sue montagne.

Per una panoramica generale sull'arrampicata su roccia in Spagna collegatevi ai siti **Rockfax** (www. rock fax.com) e **Climb Europe** (www. climb-europe.com) e verificate le informazioni relative a questo paese. Entrambi i siti forniscono dettagliate descrizioni delle pareti dove potersi dedicare al meglio a questa attività. Rockfax inoltre pubblica varie guide specifiche comprendenti anche la Spagna.

Parchi nazionali e riserve naturali

Gran parte dei territori più spettacolari e rilevanti della Spagna dal punto di vista ecologico – circa 40.000 kmq, o l'8% dell'intero paese, considerando anche le riserve di caccia nazionali – è sottoposto a una qualche forma di tutela ufficiale. Quasi tutte queste zone sono almeno parzialmente aperte agli escursionisti e ad altri appassionati di vita all'aria aperta, ma vigono norme diverse per quanto riguarda accesso e conservazione.

I *parques nacionales* (parchi nazionali) sono aree di eccezionale importanza e tra le aree protette del paese sono quelle sottoposte ai controlli più rigidi. La Spagna

I PARCHI MIGLIORI

PARCO	CARATTERISTICHE	ATTIVITÀ	PERIODO MIGLIORE	PAG.
Parque Nacional de Doñana	paradiso faunistico e avifaunistico nel delta del Guadalquivir	tour in 4X4, escursioni, safari faunistici, equitazione	tutto l'anno	285
Parque Nacional e Reserva de la Biosfera Sierra Nevada	la catena più alta dell'entroterra spagnolo, con stambecchi, 60 piante endemiche e le belle valli Alpujarras sulle pendici sud	escursioni, arrampicata su roccia, mountain bike, sci, equitazione	tutto l'anno, a seconda dall'attività	370
Parque Natural de Las Sierras de Cazorla	abbondante fauna, 2300 specie di piante e splendidi panorami montani	escursioni, auto, mountain bike, osservazione degli animali, gite in 4x4	apr-ott	384
Áreas Naturales Serra de Tramuntana	spettacolare catena montuosa a Maiorca	escursioni, birdwatching	fine feb-inizio ott	202
Parque Nacional de Monfragüe	bellissimi esemplari di uccelli da preda	birdwatching	marzo-ott	404
Parque Natural Sierra de Grazalema	bella area montana verde con ricca avifauna	escursioni, speleologia, canyoning, birdwatching, parapendio, arrampicata su roccia	set-giu	308
Parque Nacional del Archipielago de Cabrera	colonie di uccelli marini, flora mediterranea	nuoto, birdwatching, escursioni in barca	marzo-giu e sett-ott	210
Parque Natural de Cabo de Gata-Níjar	spiagge sabbiose, scogliere di origine vulcanica, fenicotteri e vegetazione semidesertica	nuoto, birdwatching, escursionismo, equitazione, immersioni, snorkelling	tutto l'anno	390

conta 14 parchi nazionali, nove nel continente, quattro alle Isole Canarie e uno alle Baleari. Le centinaia di altre zone sotto tutela rientrano in almeno 16 classificazioni diverse e variano in dimensioni, dalle rocce di 100 mq al largo delle Baleari ai 2140 kmq del Parque Natural de Cazorla, in Andalusia.

Altre attività

Scalate una montagna e piombate giù dalle pendici su un paio di sci, arrampicatevi su un dirupo e poi sorvolatelo con un deltaplano, immergetevi sotto le onde con un corso per sub oppure sfioratele in superficie con una tavola da surf o un kayak. Se non vi piace camminare, la Spagna ha comunque molte altre soluzioni se volete bruciare qualche caloria.

Bicicletta

La Spagna offre numerose opportunità per praticare il ciclismo, dalla facile pedalata per tutta la famiglia a ben più impegnative spedizioni della durata di due settimane. Fatta eccezione per le grandi città (dove andare in bicicletta può risultare spesso snervante), la Spagna rappresenta il paese ideale da esplorare sulle due ruote: gli automobilisti locali sono infatti abituati a condividere le strade con gruppi di ciclisti in maglia e pantaloni in lycra. L'eccellente rete di strade secondarie, di solito dotate di ampi margini laterali, sono perfette per il cicloturismo.

Informazioni

Un sito web indispensabile per chi conosce lo spagnolo è www.amigosdelciclismo.com, che fornisce informazioni utili sulle restrizioni, sulle leggi di recente approvazione e sulle norme di circolazione e riporta i recapiti di centinaia di associazioni ciclistiche sparse in tutto il paese, esaurienti elenchi di guide turistiche e minuziose descrizioni di splendidi itinerari divisi per regione. In commercio troverete molte guide cicloturistiche, per la maggior parte in spagnolo: *España en Bici* di Paco Tortosa e María del Mar Fornés, fornisce una buona panoramica sulle possibilità offerte dal paese, ma purtroppo non è facilmente reperibile. *Cycle Touring in Spain: Eight Detailed Routes* di Harry Dowdell è un testo molto utile per organizzare una vacanza in bicicletta in Spagna, nonché un prezioso compagno di viaggio; un'altra risorsa molto preziosa e consigliabile *The Trailrider Guide – Spain: Single Track Mountain Biking in Spain* di Nathan James e Linsey Stroud.

Per informazioni sull'acquisto e il trasporto di biciclette in Spagna v. p546. Bike Spain (p59) a Madrid è uno dei migliori operatori turistici specializzati in viaggi a pedali.

DOVE PEDALARE

Ogni regione spagnola offre strade sterrate (chiamate BTT in spagnolo, da *bici todo terreno*, che significa mountain bike), sentieri e itinerari turistici. Gli appassionati della mountain bike possono affrontare qualsiasi sierra (catena montuosa) e fare uso della rete di *pistas forestales* (sentieri forestali). Un'escursione fuoristrada altamente raccomandata ma piuttosto impegnativa vi porta attraverso le nevi della Sierra Nevada (p370). Tra gli itinerari classici a lunga percorrenza vi è sicuramente il Camino de Santiago, la Ruta de la Plata (v. lettura p410) e i 600 km del Camino del Cid, che segue le orme dell'eroe epico spagnolo, da Burgos a Valencia. Per tutti questi itinerari esistono guide in spagnolo, reperibili nelle librerie e anche in rete. In italiano potete procurarvi *Guida al cammino di Santiago de Compostela in bicicletta* di M. Castagna e R. Latini (Terre di Mezzo, Milano 2007).

Sci e snowboard

In inverno gli appassionati dello sci, famiglia reale compresa, si recano regolarmente sui tratti pirenaici dell'Aragona e della Catalogna. Al di fuori dei periodi di alta stagione (corrispondenti ai primi giorni di dicembre, al periodo natalizio compreso tra il 20 dicembre e il 6 gennaio, al Carnevale e alla Semana Santa), le stazioni sciistiche più prestigiose sono relativamente tranquille, economiche e calde in confronto a quelle situate sulle Alpi. La stagione dura da dicembre ad aprile, anche se i mesi più belli sono quelli di gennaio e di febbraio, quando ci sono maggiori probabilità di trovare la neve. In ogni modo, negli ultimi anni le precipitazioni nevose sono state alquanto imprevedibili.

Le località più belle

Il sud del paese ospita il secondo grande comprensorio sciistico della Spagna, che è anche il più meridionale d'Europa: la Sierra Nevada (p370), situata nei pressi di Granada, vanta 80 km di piste che presentano le condizioni migliori nel mese di marzo; queste piste sono particolarmente indicate per le famiglie e gli sciatori inesperti o di medio livello.

Informazioni

Se non volete portarvi dietro l'attrezzatura potrete noleggiarla presso le stazioni sciistiche, dove si trovano anche scuole di sci. Gli skipass per gli adulti costano da €35 a €40 e per i bambini da €25 a €30; per il noleggio dell'attrezzatura si spendono invece approssimativamente circa €20 al giorno. Se preferite prenotare in anticipo, le agenzie di viaggi spagnole offrono spesso vantaggiosi pacchetti della durata di uno o più giorni, con pernottamento incluso. Un'ottima fonte di informazioni sullo sci e sullo snowboard in Spagna (e nel resto d'Europa) è www.skisnowboardeurope.com.

Sport acquatici

Immersioni e snorkelling

Se volete godervi il meglio di tutto ciò che la Spagna ha da offrire dovrete guardare sotto la superficie, un'espressione che in questo caso va intesa in senso letterale! Immergendovi nel mare in qualunque punto degli oltre 5000 km di litorale del paese scoprirete una Spagna completamente nuova, che pullula di creature marine e offre la possibilità di

DELTAPLANO E PARAPENDIO

Non è l'attività in cui tutti si cimentano durante le vacanze estive, ma se desiderate provare l'ebbrezza del volo in *ala delta* (deltaplano) o in *parapente* (parapendio) in Spagna troverete numerose associazioni e agenzie specializzate. La **Real Federación Aeronáutica España** (www.rfae.org, in spagnolo) è in grado di fornire numerose informazioni sulle scuole abilitate e sulle manifestazioni relative a questi sport.

ammirare relitti di navi, precipizi di roccia e lunghe caverne. I numerosi centri di immersioni situati lungo la costa del Mediterraneo si rivolgono a una clientela internazionale e hanno personale che parla prevalentemente inglese; molti propongono immersioni singole e multiple, danno l'opportunità di noleggiare le attrezzature e di seguire corsi per il rilascio del brevetto.

Gli operatori della Costa del Sol (p334) propongono immersioni in siti quali la parete La Herradura, il relitto del *Motril* e la caverna di Cerro Gordo. Anche l'arcipelago delle Baleari è una meta molto apprezzata dagli appassionati di immersioni e di snorkelling e dispone di strutture di ottimo livello.

Buceo en España di Paco Nadal fornisce numerose informazioni utili su ogni provincia della Spagna, descrivendo i fondali oceanici e i centri di immersioni che propongono attività e noleggiano attrezzature.

Surf

In molte regioni della costa spagnola la possibilità di cavalcare le onde rappresenta un grande richiamo sia per i principianti sia per i surfisti più esperti. La costa settentrionale della Spagna vanta le onde migliori dell'Europa continentale (anche se non tutti sono d'accordo su tale affermazione). Tuttavia, anche il Sud regala delle emozioni.

Le coste sud-occidentali dell'Andalusia sono battute da potenti beach break invernali, e nei giorni feriali la zona di Conil de la Frontera (situata poco a nord-ovest di Cabo de Trafalgar, p312) è spesso quasi deserta. Per non parlare poi di Cadice (p290), meta di molti appassionati di surf.

Informazioni

In estate su tutto il litorale spagnolo è sufficiente indossare la muta con le maniche e i pantaloni corti (o, nei Paesi Baschi, anche soltanto i pantaloncini da surf), fatta eccezione per la Galizia, dove arrivano le fredde correnti delle Canarie ed è quindi necessario disporre di una muta leggera completa.

Nelle località in cui viene praticato il surf si trovano numerosi negozi che noleggiano tavole e mute. Se siete un principiante e prendete lezioni in una scuola di surf, chiedete al vostro istruttore di spiegarvi le regole e di tenervi alla larga dai surfisti più esperti.

In Spagna esiste un buon numero di ottime guide dedicate al surf. Provate quella in lingua inglese scritta da Stuart Butler dal titolo *Big Blue Surf Guide: Spain,* oppure *Guida del surf in Spagna. Tecniche, spiagge, informazioni turistiche e pratiche per surfisti* redatta da José Pellón (FBE, Trezzano sul Naviglio 2005), o ancora la straordinaria *Stormrider Guide: Europe – the Continent* di Low Pressure.

Windsurf e kitesurf

Quasi tutta la costa mediterranea della Spagna vanta condizioni particolarmente indicate per dedicarsi al windsurf e al kitesurf.

Le località più belle

La zona migliore quanto a condizioni di vento per praticare questi sport è quella di Tarifa (p314), dove i venti sono talmente forti e costanti che si sente spesso dire che l'elevato tasso di suicidi registrato in passato in questa città fosse dovuto all'effetto che avevano sull'equilibrio psichico degli abitanti. Che sia vero o no, una cosa è indiscutibile: i 10 km di spiagge di sabbia bianca e le condizioni perfette per tutto l'arco dell'anno hanno contribuito a rendere questa cittadina la capitale europea del windsurf. Tarifa pullula di negozi di windsurf e di kitesurf, di scuole di windsurf e di surfisti, ma il vento che richiama così tanti appassionati di questo sport non la rende certo il posto ideale per i principianti.

Se non riuscite a spingervi fino a Tarifa, un'alternativa degna di nota è Oliva, una località balneare frequentata soprattutto da famiglie, situata nei pressi di Valencia.

Informazioni

Un'ottima guida al windsurf e al kitesurf in Spagna e nel resto d'Europa è quella pubbli-

LE SPIAGGE MIGLIORI

Con 4964 km di costa (comprese le isole al largo) e una varietà infinita di baie di ciottoli, di tratti di spiaggia sabbiosi e di calette nascoste, qualsiasi discussione su quali siano le spiagge più belle della Spagna porterà inevitabilmente a delle divergenze d'opinione.

» **Benidorm** (p175), il re dei resort costieri per pacchetti vacanze, non incontra i gusti di tutti, ma con oltre due milioni di visitatori all'anno deve avere qualcosa di positivo.

» **La costa nord di Minorca** (p240), aspra, rocciosa e costellata di cale pittoresche, vi mostra le Isole Baleari com'erano prima dell'arrivo del turismo.

» **Cabo de Gata** (p389) è l'angolo mediterraneo più remoto dell'Andalusia.

» **Zahara de los Atunes** (p313) vanta un castello in rovina e un tratto di spiaggia tranquilla lungo 12 km, sicuramente la migliore nel gruppo delle spiagge atlantiche dell'Andalusia.

cata da Stoked Publications, dal titolo *The Kite and Windsurfing Guide: Europe*. Ai neofiti consigliamo il manuale *Il kitesurf. Corso pratico illustrato* di C. Kraus, R. Mocellin e S. Panetta (Mursia, Milano 2002). Il sito in lingua spagnola www.windsurfesp.com fornisce dettagliate descrizioni dei vari punti della Spagna dove frequentare questi sport, delle relative condizioni climatiche e delle scuole.

Kayak, canoa e rafting

Vantando la bellezza di 1800 tra fiumi e ruscelli, la Spagna offre innumerevoli opportunità di cimentarsi con le rapide e le onde spumeggianti. Dal momento che la maggior parte dei fiumi è sbarrata da dighe per la produzione di energia idroelettrica, in tutte le regioni della Spagna esistono bacini artificiali dove chi non ha troppe pretese può noleggiare un kayak e una canoa.

In generale, il periodo migliore per dedicarsi al kayak, al rafting, alla canoa e all'hydrospeed sono i mesi di maggio e di giugno. Interessanti mete per il kayak sono le gole della Garganta del Chorro (p337) e il Parque Natural Sierra de Grazalema (p308). Anche l'isola di Formentera, nelle Baleari, offre l'opportunità di cimentarsi con le pagaie, sia in mare sia in acqua dolce.

White Water Pyrenees di Patrick Santal si rivolge agli appassionati di kayak, canoa e rafting, passando in rassegna 85 fiumi francesi e spagnoli.

primo piano

Madrid

Gallerie ✓✓✓
Vita notturna ✓✓✓
Cibo ✓✓

Il miglio d'oro dell'arte

Madrid è una delle più ricche città d'arte a livello mondiale. Le pinacoteche di alto livello sparse per la città vivono all'ombra del Museo del Prado, del Centro de Arte Reina Sofía e del Museo Thyssen-Bornemisza. Questi tre musei messi insieme, situati a breve distanza a piedi l'uno dall'altro, costituiscono un inestimabile, prestigioso patrimonio artistico e un viaggio affascinante nell'anima della Spagna.

p28

Le ore piccole

Nightclub che non si animano davvero prima delle 3 del mattino. Cocktail bar sofisticati dove si bevono mojito accanto alle celebrità del momento. Una scena musicale dal vivo che inizia dal flamenco per procedere con il jazz e toccare ogni altro genere immaginabile. In questa città, che ha più bar di qualsiasi altra al mondo, le notti sono materia di leggenda e riflettono la passione che ogni *madrileño* mette nel divertirsi.

La tavola spagnola

Si può girare tutta la Spagna per provare il meglio delle cucine regionali, oppure più semplicemente si può venire a Madrid. La cucina tradizionale madrilena non è entusiasmante, ma è qui che la gastronomia di ogni angolo del paese trova la sua massima espressione. E nel quartiere di La Latina troverete la miglior concentrazione di tapas bar di tutta la Spagna.

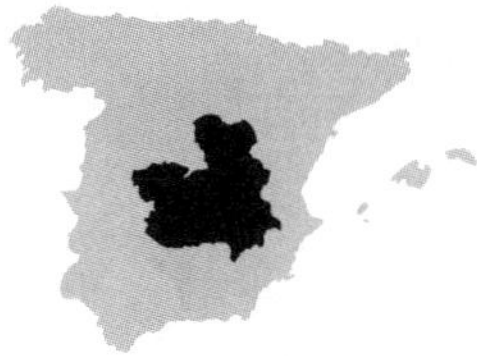

Castiglia-La Mancia

Storia ✓✓
Letteratura ✓✓✓
Villaggi e castelli ✓

Città delle tre fedi

Nel Medioevo, Toledo era una delle città più cosmopolite della Spagna, come dimostrano una splendida moschea, interessanti siti ebraici e una cattedrale di grande forza evocativa, abbellita da opere di El Greco e Velázquez.

Mulini a vento

Il percorso di Don Chisciotte attraverso la Castiglia-La Mancia offre la rara opportunità di seguire le tracce di una delle figure più eccentriche della letteratura. I mulini a vento e le vaste pianure rievocano il romanzo di Cervantes a tal punto che vi sembrerà di sentire i passi di Sancho Panza al vostro fianco.

Graziosi villaggi

Negli orizzonti deserti della Mancia, i graziosi villaggi e le cittadine sembrano spesso delle oasi. Cuenca, Almagro, Sigüenza e Alcalá del Júcar sono i nostri preferiti, mentre i castelli sono semplicemente magnifici.

p102

Valencia

Fiestas ✓✓✓
Cucina ✓
Spiagge ✓✓

Tori, fuoco e cavalieri

La festa più chiassosa di Valencia è Las Fallas, nel mese di marzo. Ma quasi ogni *pueblo* ha la sua fiesta, con fuochi artificiali, spesso corride e, nel sud, con i fasti e i costumi elaborati delle parate di Moros y Cristianos.

Riso e ricchezze del mare

La paella è stata preparata per la prima volta su un fuoco di Valencia. Ovunque troverete piatti di riso (o di *fideuá,* un'alternativa con pasta corta) arricchiti dal pesce, dai frutti di mare del Mediterraneo e dalle verdure fresche che crescono in questa fertile striscia costiera.

Spiagge e baie rocciose

Dalle piccole baie alle ampie spiagge che spaziano per chilometri, dalle strette cale rocciose alle distese sabbiose di Denia o di Benidorm, troverete sempre il posto giusto dove stendere il vostro telo da mare.

p137

Isole Baleari

Spiagge ✓✓
A piedi e in bicicletta ✓✓
Vita notturna ✓✓

Spiagge

Sabbia bianca, sabbia nera, ciottoli o insenature rocciose, ciascuna delle isole offre una grande varietà di spiagge: in genere le rive meridionali presentano sabbia fine, mentre il nord ha coste più accidentate.

All'aria aperta

Sport acquatici, vela, windsurf e immersioni o semplicemente sguazzare sulle rive dei maggiori resort costieri. Splendidi trekking nella Tramontana, il nord selvaggio e aspro di Maiorca, e camminate più facili sulle colline di Minorca. Tutte le isole offrono anche piste ciclabili.

Nel cuore della notte

Non sono solo le mega discoteche di Ibiza che pulsano di vita fino all'alba. Nella stagione giusta Ciutadella, a Minorca, attira nottambuli da tutta l'isola, Palma di Maiorca richiama la gente del posto, mentre i piccoli bar con musica della minuscola Formentera hanno un fascino tutto loro.

p192

Murcia

Storia ✓✓
Feste ✓✓
Cibo ✓

Romani e cartaginesi

La zona intorno a Cartagena è uno degli angoli della Penisola Iberica che vanta l'insediamento più antico: grazie a un bel museo inaugurato di recente capirete meglio il passato del luogo.

Settimana santa e antiche battaglie

Lorca costituisce una buona alternativa, spesso meno affollata, all'Andalusia se volete assistere alle celebrazioni della Semana Santa. La festa che si tiene in settembre e ricorda la battaglia tra romani e cartaginesi ha il sapore dell'epica.

Il granaio spagnolo

La Murcia viene definita spesso la *huerta* (l'orto) della Spagna e i prodotti freschi dei vasti terreni agricoli della regione trovano sempre la strada per le tavole dei ristoranti locali. Proprio per questo è sbagliato sottovalutare l'esperienza delle tapas nella città di Murcia.

p244

Andalusia

Architettura ✓✓✓
Feste ✓✓✓
Parchi nazionali ✓✓

Il glorioso Al-Andalus

Pochi siti dichiarati Patrimonio dell'Umanità dell'UNESCO sono belli quanto l'Alhambra di Granada e la Mezquita di Córdoba. Tuttavia sono soltanto i due esemplari più squisiti tra i molti che testimoniano la perizia architettonica di sette secoli di dominio moresco.

Fiestas e ferias

In Andalusia perdurano molte irresistibili passioni e tutte trovano piena espressione nel calendario locale di manifestazioni, fiestas e ferias. Si va dalle processioni della Semana Santa ai festival di flamenco.

Aree incontaminate

L'Andalusia è coperta da una rete di sentieri escursionistici che consentono di lasciarsi facilmente alle spalle il clamore delle città. Lungo la strada passerete per innumerevoli *pueblos blancos* ed entrerete nel regno di alcune specie faunistiche tipiche della Spagna.

p257

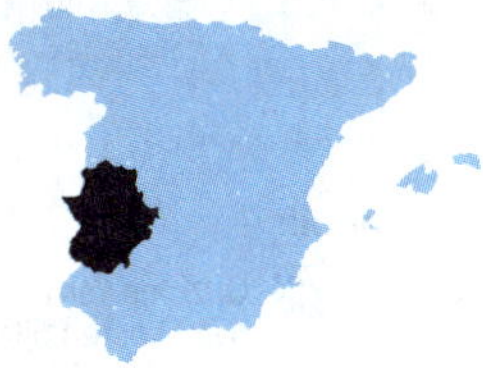

Estremadura

Città medievali ✓✓
Siti romani ✓✓
Angoli dimenticati ✓

Ambientazioni medievali

La Spagna è piena di antiche cittadine splendidamente conservate che risalgono al Medioevo, e Cáceres e Trujillo sono sicuramente tra le migliori. Vagare senza meta tra i loro vicoli acciottolati sarà un ritorno nel loro epico passato.

Mérida romana

Un bellissimo teatro e il più lungo ponte d'epoca romana, un entusiasmante museo e una schiera di altre gloriose rovine: benvenuti a Emerita Augusta, oggi nota come Mérida, il sito romano più bello di tutta la Spagna.

Via dai sentieri battuti

L'Estremadura è la regione spagnola meno frequentata dai turisti, il che significa che qui troverete alcuni degli angoli meno affollati e meno sfruttati del paese. Da Zafra, a sud, a La Vera, Las Hurdes e la Sierra de Gata, a nord, questa è la Spagna del tempo che fu.

p395

Attenzione a questi simboli:

TOP Raccomandato dai nostri autori

Opzione verde o ecosostenibile

FREE Non è richiesto alcun pagamento

V. l'indice analitico per l'elenco completo delle località

On the Road

Madrid

Include »

I migliori ristoranti

» Restaurante Sobrino de Botín (p69)
» Estado Puro (p73)
» Sula Madrid (p74)
» La Musa (p74)
» Mercado de San Miguel (p69)

I migliori hotel

» Hotel Meninas (p63)
» Hotel Óscar (p67)
» Hotel Urban (p66)
» Cat's Hostel (p66)
» Hotel Abalú (p68)

Perché andare?

Nessuna città al mondo è più vivace di Madrid, un luogo accattivante la cui energia allo stato puro trasmette un semplice messaggio: questa città sa veramente come si vive.

Certo, Madrid non possiede il prestigio di Parigi, la storia monumentale di Roma o la reputazione di città alla moda di altre capitali. Tuttavia, è una città i cui impulsi contraddittori e variegati ne fanno la perfetta espressione del paese più passionale d'Europa.

Questa città è diventata il centro più importante della Spagna in fatto di stile, e le sue innumerevoli attrattive spaziano da straordinarie gallerie d'arte a una sfrenata vita notturna, da un eccezionale panorama di musica live a una serie di ristoranti e di tapas bar di alto livello e a una popolazione che ha elevato il piacere di godersi la vita a una forma d'arte. Ciò non significa che le altre città spagnole non possiedano alcuni di questi elementi, ma solo che Madrid ne è ricchissima.

Quando andare

Madrid

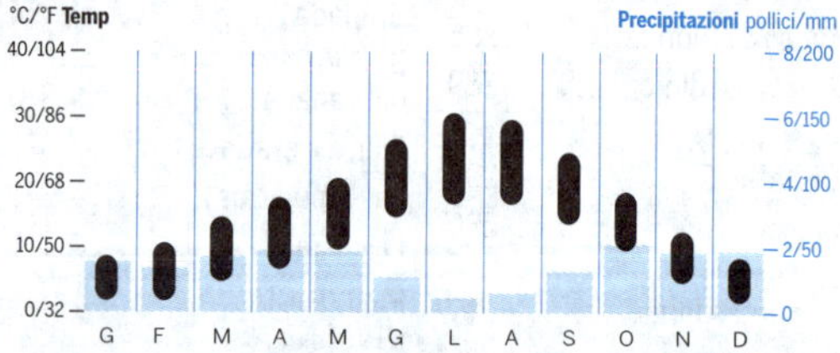

Febbraio Cinque giorni di flamenco di alto livello durante il Festival Flamenco Caja Madrid

Maggio Per le due più grandi fiestas: la Fiesta de la Comunidad de Madrid e la Fiesta de San Isidro

Settembre Madrid si risveglia dal torpore estivo con il suo (di solito) gradevole clima autunnale

Madrid barocca

Nei testi di architettura di tutto il mondo, il contributo della capitale spagnola va sotto il nome di *barroco madrileño* (barocco madrileno). Le sue creazioni sono in gran parte attribuite a Juan de Herrera (1530-97), forse la più grande personalità del Rinascimento spagnolo, che fuse le linee severe dello stile rinascimentale con un approccio pacato alla sua fase successiva, il più voluttuoso e ornamentale barocco. Tra gli edifici di maggior rilievo di Madrid figurano quelli di Plaza Mayor, il vecchio *ayuntamiento* (municipio) in Plaza de la Villa e il Convento de la Encarnación.

I BARRIOS DI MADRID IN BREVE

Los Austrias, Sol e Centro formano il quartiere più antico di Madrid, dove sorgono alcuni dei monumenti più grandiosi della capitale e dove si trovano anche numerosi bar, ristoranti e alberghi. Immediatamente accanto, il quartiere di **La Latina e Lavapiés** è caratterizzato da vie medievali, fantastici tapas bar, locali e ristoranti. Ancora verso est, la zona di **Huertas e Atocha** è dove si concentra la vita notturna di Madrid ed è sede del Centro de Arte Reina Sofía.

Ai piedi della collina, e distante anni luce, il **Paseo del Prado e El Retiro** è l'angolo più verde del centro di Madrid, con straordinarie gallerie d'arte lungo il Paseo e il Parque del Buen Retiro, che risale la collina verso est. **Salamanca** è un quartiere esclusivo, dove vive la classe più agiata della città e zona dello shopping di lusso di Madrid, mentre **Malasaña e Chueca** sono due *barrios* metropolitani con una vita notturna eclettica, bei negozi e una notevole scelta di ristoranti; Chueca è anche il riferimento della comunità gay di Madrid.

Verso nord, **Chamberí e Argüelles** sono *barrios* residenziali in cui si coglie l'atmosfera caratteristica della città lontano dalle folle dei turisti, mentre **Madrid Nord** offre ristoranti di classe ed è la sede della società calcistica del Real Madrid.

Le migliori gallerie d'arte di Madrid

» **Museo del Prado** (p46) Una delle più grandi gallerie d'arte del mondo, dove spiccano i capolavori di Goya e Velázquez.

» **Centro de Arte Reina Sofía** (p43) Straordinaria galleria d'arte dove si può ammirare la celebre *Guernica* di Picasso.

» **Museo Thyssen-Bornemisza** (p49) Galleria d'arte privata, con opere di grandi maestri di ogni epoca.

» **Real Academia de Bellas Artes de San Fernando** (p40) Goya, Picasso, Velázquez, Rubens...

» **Ermita de San Antonio de la Florida** (p57) Splendidi affreschi di Goya nel loro ambiente originale.

NON PERDETEVI

La Latina, il labirinto di strade medievali a sud-ovest di Plaza Mayor, è considerato uno dei migliori luoghi di tutta la Spagna dove gustare ottime tapas. Si parte da Calle de la Cava Baja e si termina con un mojito in Plaza de la Paja.

In breve

» Popolazione: 3,6 milioni (città), 6,2 milioni (Comunidad)

» Superficie: 505 kmq (città), 7995 kmq (Comunidad)

» Numero di visitatori (2009): 7,2 milioni

» Reddito annuo: €22.870

Pianificate il viaggio

» Prenotate un albergo su lonelyplanetitalia.it.

» Evitate le code e prenotate online i biglietti per il Museo del Prado (www.museodelprado.es).

» Non mischiatevi alla folla, ma prenotate i biglietti in anticipo per veder giocare il Real Madrid (p87).

Siti utili

» Turismo a Madrid città (www.esmadrid.com)

» Turismo nella regione di Madrid (www.turismomadrid.es)

» Guida in inglese sugli eventi in programma in città (www.in-madrid.com)

Il meglio di Madrid

1 Le figure straordinariamente vive dei capolavori di Velázquez e di Goya esposti nel celebre **Museo del Prado** (p46)

2 Una visita domenicale alla ricerca di tesori nascosti nel **mercatino delle pulci di El Rastro** (p40), seguita da una passeggiata tra la folla che anima il **Parque del Buen Retiro** (p50)

3 Una *caña* (birra piccola) o un calice di vino spagnolo nella suggestiva atmosfera di **Plaza de Santa Ana** (p43)

4 Un **giro di tapas** (p70) nel *barrio* (quartiere) medievale di La Latina

5 Un *chocolate con churros* (bastoncini di pasta fritti e immersi nella cioccolata calda) verso l'alba alla **Chocolatería de San Ginés** (p77)

6 Un pellegrinaggio sportivo per vedere le stelle del Real Madrid giocare all'**Estadio Santiago Bernabéu** (p87)

7 Ballare tutta la notte in una delle **discoteche** (p81) famose in tutto il mondo

8 Il succulento maialino da latte arrosto al **Café de la Iberia** (p99) di Chinchón

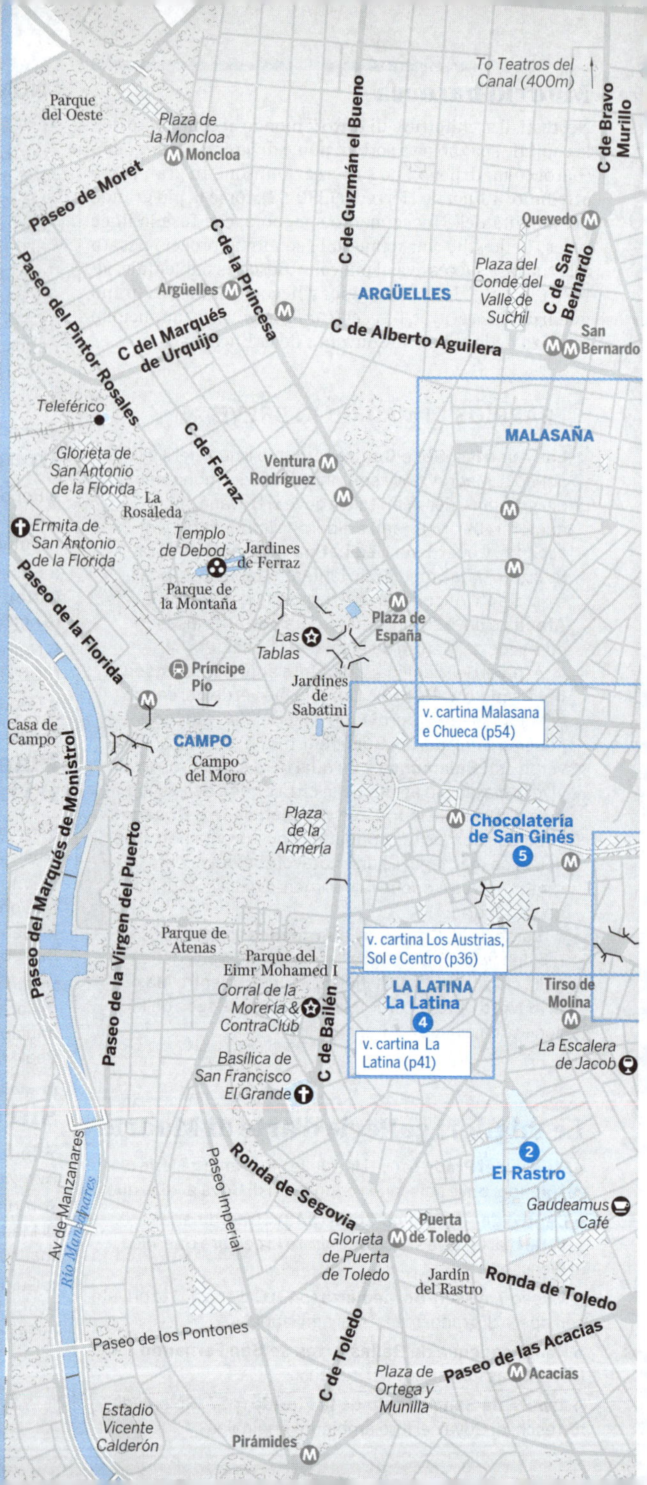

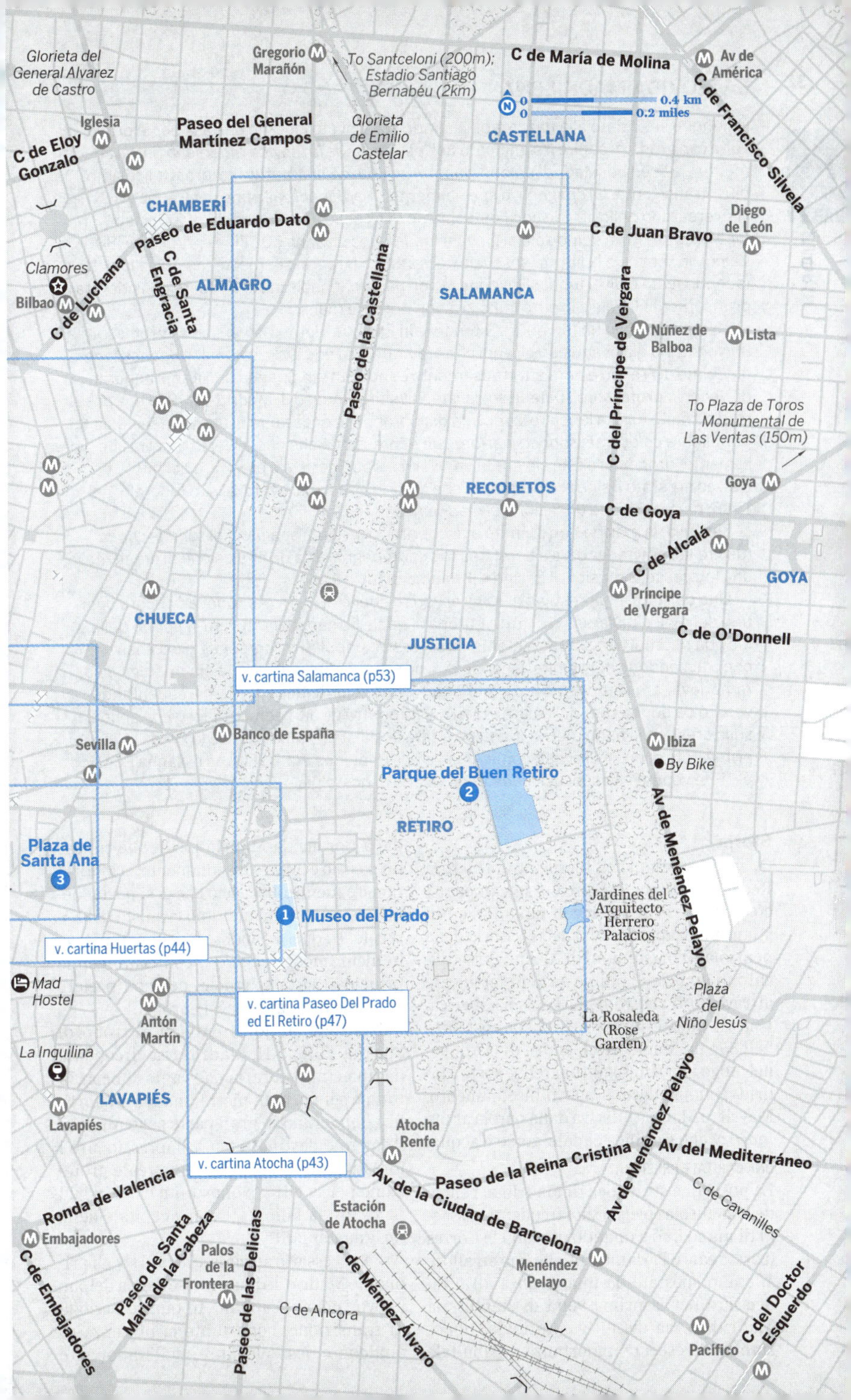

Glorieta del General Alvarez de Castro
Gregorio Marañón
To Santceloni (200m); Estadio Santiago Bernabéu (2km)
C de María de Molina
Av de América
0.4 km
0.2 miles
CASTELLANA
C de Francisco Silvela
Iglesia
C de Eloy Gonzalo
Paseo del General Martínez Campos
Glorieta de Emilio Castelar
CHAMBERÍ
Paseo de Eduardo Dato
C de Juan Bravo
Diego de León
Clamores
Bilbao
C de Luchana
C de Santa Engracia
ALMAGRO
SALAMANCA
Paseo de la Castellana
C del Príncipe de Vergara
Núñez de Balboa
Lista
To Plaza de Toros Monumental de Las Ventas (150m)
RECOLETOS
Goya
C de Goya
C de Alcalá
GOYA
Príncipe de Vergara
CHUECA
JUSTICIA
C de O'Donnell
v. cartina Salamanca (p53)
Banco de España
Sevilla
Ibiza
By Bike
Parque del Buen Retiro
2
RETIRO
Av de Menéndez Pelayo
Plaza de Santa Ana
3
1
Museo del Prado
Jardines del Arquitecto Herrero Palacios
v. cartina Huertas (p44)
Mad Hostel
Antón Martín
v. cartina Paseo Del Prado ed El Retiro (p47)
La Rosaleda (Rose Garden)
Plaza del Niño Jesús
La Inquilina
LAVAPIÉS
Lavapiés
Atocha Renfe
Av de Menéndez Pelayo
Av del Mediterráneo
v. cartina Atocha (p43)
Paseo de la Reina Cristina
Ronda de Valencia
Av de la Ciudad de Barcelona
C de Cavanilles
Estación de Atocha
Embajadores
C de Embajadores
Paseo de Santa María de la Cabeza
Palos de la Frontera
Paseo de las Delicias
C de Ancora
C de Méndez Álvaro
Menéndez Pelayo
C del Doctor Esquerdo
Pacífico

LA MOVIDA MADRILENA

Chiunque si sia dato alla pazza gioia quando si è trovato lontano da casa per la prima volta è in grado di capire il significato dell'espressione *la movida madrileña* (letteralmente, 'la scena di Madrid'). Dopo i lunghi anni bui della dittatura e del cattolicesimo più intransigente, gli spagnoli, e specialmente i *madrileños*, alla fine degli anni '70 si riversarono nelle strade con l'entusiasmo di ex collegiali. La caduta di tutti i tabù fece scoprire in un colpo solo ai giovani *madrileños* gli anni '60, '70 e i primi anni '80. L'alcol, le droghe e la libertà sessuale non erano più repressi, trascorrere tutta la notte facendo festa e divertendosi divenne la norma, la cannabis iniziò a essere considerata praticamente legale e la città imparò a non dormire mai.

La movida trovò un fervente sostenitore in Enrique Tierno Galván, un ex professore universitario già avanti con gli anni che era stato una figura di spicco dell'opposizione al regime di Franco ed era affettuosamente conosciuto in Spagna con il soprannome di 'vecchio professore'. Di fede socialista, divenne sindaco di Madrid nel 1979 e, a parere di molti, fu lui a lanciare *la movida* dichiarando in occasione di una manifestazione pubblica '*a colocarse y ponerse al loro*', un'espressione che può essere tradotta liberamente 'drogatevi e fate ciò che vi va'. Non ci si può certo sorprendere del fatto che Galván sia stato il sindaco più amato che Madrid abbia mai avuto; al suo funerale, nel 1986, parteciparono un milione di *madrileños*.

Tuttavia, *la movida* non si limitò a riscoprire l'arte tutta spagnola di *salir de copas* (uscire la sera per andare a bere), ma fu accompagnata da un'esplosione di creatività che interessò la musica, il design e il cinema di tutto il paese.

Uno dei nomi più prestigiosi tra gli artisti fu quello di Pedro Almodóvar, ancora oggi uno dei registi più creativi di tutta Europa, il quale ha saputo catturare lo spirito della *movida* nei suoi film smodatamente trasgressivi, popolati da personaggi eccessivi che trascendono ogni limite. Quando non era impegnato nell'attività cinematografica, Almodóvar era sempre pronto a immergersi nello spirito della *movida*, frequentando vestito da donna i bar della città invasi dal fumo. Tra gli altri nomi della *movida* ancora sulla cresta dell'onda merita di essere citata la stilista Agatha Ruiz de la Prada. Alle prime note di brani di artisti come Alaska, Los Rebeldes, Radio Futura o Nacha Pop potrete vedere gli occhi dei *madrileños* velarsi di nostalgia.

Storia

Quando i cristiani dell'Iberia intrapresero la Reconquista (nel 722 circa) – la campagna condotta per diversi secoli dalle forze cristiane per riappropriarsi del territorio della penisola – i musulmani di Al-Andalus edificarono una catena di postazioni fortificate attraverso il centro della Penisola Iberica. Una di queste fortezze fu fatta costruire nell'854 da Maometto I, emiro di Córdoba, nel luogo in cui in seguito sarebbe sorta Madrid. Il nome dato al nuovo insediamento, Mayrit (o Magerit), deriva dalla parola araba *majira*, che significa canale, corso d'acqua.

UNA CAPITALE PREZIOSA?

La posizione strategica di Madrid al centro della penisola spiega i suoi frequenti passaggi di mano fino a quando nel 1309 le Cortes (corte reale e Parlamento), che fino ad allora si erano spostate da una località all'altra, decisero per la prima volta di stabilirsi a Madrid in via definitiva. Tuttavia, nonostante la crescente importanza attribuitale dalla Corona, la Madrid medievale rimase un piccolo e misero insediamento: 'a Madrid non c'è niente oltre a ciò che ci si porta dietro', osservava un anonimo cronista del XV secolo. In quel periodo, Madrid non poteva in alcun modo reggere il confronto con le principali città spagnole, per non parlare di quelle degli altri paesi europei.

Nel 1556, anno in cui salì al trono di Spagna Filippo II, Madrid era circondata da una cinta muraria che vantava ben 130 torri e sei porte in pietra, ma queste fortificazioni erano in gran parte costruite con il fango e destinate più a impressionare i forestieri che a costituire una reale protezione per la città. Nonostante ciò, Madrid fu scelta da Filippo II come capitale della Spagna nel 1561.

Fu necessario attendere alcuni secoli prima che Madrid si dimostrasse degna del suo nuovo ruolo di capitale. In questo periodo di transizione, nonostante la presenza di qualche chiesa elegante, dell'imponente

Alcázar e di un certo numero di residenze nobiliari, la città consisteva per la maggior parte di case imbiancate a calce dall'aspetto alquanto precario. In quell'epoca, il monumentale Paseo del Prado, che oggi contribuisce in maniera determinante a esaltare la grandiosità della capitale, non era altro che un ruscello.

Nel corso del XVII secolo, l'età d'oro della Spagna, Madrid iniziò ad assumere l'aspetto di una vera capitale e, con una popolazione di 175.000 abitanti, divenne per grandezza la quinta città europea dopo Londra, Parigi, Costantinopoli e Napoli.

Carlo III (regno 1759-88) garantì a Madrid e alla Spagna un periodo di relativo buon governo. Dopo avere ripulito a fondo la città, il re fece ultimare i lavori del Palacio Real, inaugurò il Real Jardín Botánico e realizzò numerose altre opere pubbliche, al punto da essere soprannominato il miglior 'sindaco' che Madrid avesse mai avuto.

I *madrileños* (gli abitanti di Madrid) non gradirono affatto l'invasione di Napoleone e la successiva occupazione della Spagna avvenuta nel 1805, e il 2 maggio 1808 attaccarono le truppe francesi circondando il Palacio Real e la piazza, in seguito battezzata Plaza del Dos de Mayo. Questa sfortunata ribellione fu ben presto repressa da Murat, cognato di Napoleone e suo più valente generale.

LE GUERRE, FRANCO E IL TERRORISMO

La capitale spagnola continuò a essere al centro di disordini e turbolenze. Dopo le guerre carliste combattute nel XIX secolo, dal 1936 al 1939 Madrid venne assediata per ben due anni e mezzo dalle truppe nazionaliste del generale Francisco Franco, e la città venne sottoposta a pesanti bombardamenti a cadenza regolare provenienti dalla Casa de Campo, al punto che la Gran Vía venne ribattezzata 'Viale Howitzer'.

Dopo la morte di Francisco Franco, avvenuta nel 1975, e il passaggio del paese alla democrazia, Madrid si trasformò nell'icona della nuova Spagna e i giovani della città diedero libero sfogo a un'energia a lungo repressa. Questa ventata di vitalità assunse la sua forma più pittoresca negli anni della *movida* (v. lettura p32), un periodo di interminabili festeggiamenti e baldorie che travolse la capitale spagnola in una frenetica espressione di creatività e di libertà di pensiero che in un certo senso non è ancora terminato.

L'11 marzo 2004, tre giorni prima delle elezioni nazionali, Madrid fu scossa dall'esplosione di 10 bombe collocate su quattro treni per pendolari diretti alla stazione ferroviaria di Atocha nell'ora di punta. Il bilancio degli attentati (poi rivendicati da gruppi di estremisti islamici) fu di 191 vittime e di 1755 feriti, molti dei quali in maniera grave. Madrid rimase in stato di shock, e almeno per 24 ore quella che si distingueva come una città animata e vivace cadde in un silenzio irreale. Circa 36 ore dopo gli attentati oltre tre milioni di *madrileños* si riversarono nelle strade per dimostrare di non cedere alla violenza terroristica, prendendo parte alla dimostrazione più imponente della storia della capitale spagnola. Nonostante questo terribile trauma, la massiccia dimostrazione di sdegno e di orgoglio ha dato inizio a un profondo processo di risanamento. Se visitate Madrid oggi troverete una città tornata alla completa normalità.

Negli anni seguenti, Madrid è giunta vicinissima alla qualificazione per le Olimpiadi estive, arrivando terza dopo Londra e Parigi in vista dell'edizione del 2012 e seconda dopo Rio de Janeiro per il 2016. Il Comune deve ancora decidere se parteciperà un'altra volta alle qualificazioni, ma molti *madrileños* sperano nella fortuna della terza volta. E, naturalmente, Madrid è stata teatro di una delle più imponenti celebrazioni della storia spagnola moderna, quando la squadra della nazionale di calcio è tornata in patria con la vittoria riportata nella Coppa del Mondo, nel luglio del 2010.

Che cosa vedere

A Madrid hanno sede tre delle gallerie d'arte più preziose del mondo – se mai esistesse il chilometro d'oro delle belle arti, assommerebbe il fascino incantevole del Museo del Prado, del Centro de Arte Reina Sofía e del Museo Thyssen-Bornemisza. Al di fuori dei musei, inoltre, c'è una magica miscela di architettura straordinaria e di quell'atmosfera di allegria e di gioia di vivere che si respira nelle sue belle plazas, le cui *terrazas* (caffè con tavoli all'aperto) offrono la possibilità di ammirare in prima fila lo spettacolo della capitale e della incessante vivacità che anima le sue strade. A tutto ciò si aggiungono alcuni notevoli parchi cittadini (in particolare il Parque del Buen Retiro) e quartieri come Chueca, Malasaña e Salamanca, ciascuno con una propria identità, e presto vi domanderete come mai avete deciso di trascorrere così poco tempo in città.

MADRID IN DUE GIORNI

Iniziate da **Plaza Mayor**, con la sua splendida architettura, le deliziose *terrazas* (caffè o bar con tavoli all'aperto) e l'affascinante e interminabile spettacolo del viavai della gente. Percorrete poi Calle Mayor, attraversando l'incantevole **Plaza de la Villa**, in direzione del **Palacio Real**. Non c'è un luogo migliore per una pausa di **Plaza de Oriente**. Tornate quindi indietro verso la **Puerta del Sol** e raggiungete **Plaza de Santa Ana**, il posto ideale per una lunga pausa pranzo. Dopo avere mangiato dedicate un po' di tempo alla cultura, scendendo lungo la collina in direzione del leggendario **Museo del Prado**, una delle più prestigiose gallerie d'arte del mondo. In previsione di una lunga serata movimentata, rilassatevi nel verde e nella pace del **Parque del Buen Retiro** prima di lasciarvi tentare da uno degli eccellenti ristoranti di **Chueca** o di **Malasaña**, a cui potrebbe fare seguito un bel concerto di jazz.

Il secondo giorno lo dedicherete a tutto ciò che non siete riusciti a includere nel primo. Scegliete tra il **Centro de Arte Reina Sofía** e il **Museo Thyssen-Bornemisza**, poi fate una breve corsa in metropolitana per andare ad ammirare i meravigliosi affreschi di Goya nell'**Ermita de San Antonio de la Florida**. Terminate la giornata con un giro di tapas a **La Latina** e con un drink al **Museo Chicote**.

LOS AUSTRIAS, SOL E CENTRO

In questi *barrios* ebbe inizio la storia di Madrid. Dal momento che erano la sede del potere della Corona, in questi quartieri la Spagna imperiale ostentava tutto il suo splendore e la chiesa cattolica spagnola concentrava il massimo della sua devozione: immaginate giganteschi palazzi, sontuose residenze private, antiche chiese e maestosi conventi immersi nel frastuono e nel traffico della Madrid moderna.

Qui la città presenta il suo aspetto più movimentato e variegato: il labirinto di strade che scendono dal fianco della collina di Madrid de Los Austrias (che prende il nome dalla dinastia degli Asburgo, che regnò sul trono di Spagna dal 1517 al 1700); le animate vie commerciali attorno a Plaza de la Puerta del Sol (più comunemente nota come Puerta del Sol); e la monumentale Gran Vía, che segna il confine settentrionale del centro di Madrid. Altri *barrios* sono caratterizzati da tratti unici e distintivi, ma Los Austrias, Sol e Centro riassumono tutte le personalità di Madrid. Inoltre, questa è la zona in cui il mondo dei *madrileños* viene più facilmente a contatto con i viaggiatori e i residenti stranieri, attirati dalla piacevole atmosfera della capitale spagnola.

Plaza Mayor — PIAZZA

(cartina p36; Ⓜ Sol) Progettata nel 1619 da Juan Gómez de Mora, la stupenda Plaza Mayor è una tappa irrinunciabile di qualsiasi visita a Madrid. La magnificenza dei suoi edifici coesiste armoniosamente con l'atmosfera vivace creata dai tavoli all'aperto delle *terrazas* e dagli studenti che nelle giornate di sole si siedono sull'acciottolato.

La prima cerimonia ufficiale svoltasi nella plaza fu la beatificazione di san Isidro Labrador, santo patrono di Madrid. Da allora fino al 1878, qui si tennero regolarmente corride con 50.000 spettatori, ma all'epoca dell'Inquisizione spagnola Plaza Mayor fu anche testimone di autodafé (la condanna al rogo per eresia). Nel 1790 la piazza fu gravemente danneggiata da un incendio, ma dopo la sua ricostruzione divenne sede di un importante mercato e cuore della vita cittadina. Oggi, tra gli edifici tinteggiati uniformemente di ocra e ingentiliti da balconi in ferro battuto è possibile ammirare gli affreschi di squisita fattura che decorano la **Real Casa de la Panadería** (Casa del Forno Reale) del XVII secolo; gli affreschi attuali furono aggiunti nel 1992.

Palacio Real — PALAZZO REALE

(www.patrimonionacional.es; Calle de Bailén; interi/bambini, studenti e anziani UE €10/3,50, interi senza visita guidata €8, cittadini UE ingresso libero mer; ⌚9-18 lun-sab, 9-15 dom e festivi apr-set; Ⓜ Ópera) Il sontuoso Palacio Real spagnolo è un autentico scrigno prezioso, ma solo occasionalmente viene utilizzato per le cerimonie reali; la famiglia reale si trasferì alcuni anni fa nel più modesto Palacio de la Zarzuela.

Quando nel giorno di Natale del 1734 l'Alcázar venne distrutto da un incendio, Filippo V, il primo sovrano della dinastia borbonica a regnare sulla Spagna, fece costruire un palazzo che avrebbe dovuto offuscare per magnificenza tutti gli altri palazzi reali d'Europa. Filippo morì prima del completamento del palazzo, e questa sarebbe la ragione per cui questo colossale edificio in stile barocco italiano dispone di sole 2800 sale, appena un quarto rispetto a quanto prevedeva il progetto originale.

La visita guidata ufficiale conduce attraverso 50 sale del palazzo, in cui sono esposti alcuni capolavori di Goya, 215 orologi ornati da elaborate decorazioni e cinque violini Stradivari, tuttora utilizzati in occasione di concerti e feste da ballo. Lo **scalone principale** è un'imponente espressione del potere imperiale e dà accesso alle sale degli alabardieri e al sontuoso **Salón del Trono**, caratterizzato da tappezzerie di velluto cremisi e da uno straordinario soffitto affrescato dal Tiepolo. Subito dopo si raggiunge il **Salón de Gasparini**, ammirevole per lo squisito soffitto decorato a stucco e per le pareti scintillanti di preziose sete ricamate.

MADRID CARD

Se avete intenzione di dedicarvi con una certa intensità alle visite turistiche e di utilizzare frequentemente i mezzi di trasporto pubblico, può valere la pena di prendere in considerazione l'acquisto della **Madrid Card** (☎91 588 29 00, 91 360 47 72; www.madridcard.com). Questa tessera prevede l'ingresso gratuito a oltre 40 musei di Madrid e dei dintorni (tra cui il Museo del Prado, il Museo Thyssen-Bornemisza, il Centro de Arte Reina Sofía, l'Estadio Santiago Bernabéu e il Palacio Real), permette di partecipare gratuitamente ai tour a piedi del programma Descubre Madrid e consente di usufruire di sconti sui mezzi pubblici, sull'autobus turistico Madrid Visión e in alcuni negozi e ristoranti. La Madrid Card è disponibile per uno/due/tre giorni (€47/60/74). Oltre a questa tessera, esiste anche una versione più economica (€31/35/39), che prevede solo la visita ai luoghi di interesse culturale. La Madrid Card può essere acquistata online, per telefono, recandosi di persona negli uffici turistici di Plaza Mayor e al Terminal 4 dell'aeroporto di Barajas, e in alcune tabaccherie e alberghi – sul sito web troverete l'elenco dei principali punti vendita.

Uscendo dal corpo principale del palazzo si può visitare la **Farmacia Real**, situata all'estremità meridionale del patio conosciuto come **Plaza de la Armería** (o Plaza de Armas). Sul lato occidentale della piazza si trova l'**Armería Real**, che custodisce una splendida collezione di armi e di armature risalenti quasi tutte al XVI e XVII secolo.

Plaza de Oriente — PIAZZA PUBBLICA

(cartina p36; Ⓜ Ópera) Un palazzo reale che un tempo aspirava a diventare la Versailles spagnola. Sofisticati caffè su cui si affacciano appartamenti che costano quanto residenze reali. Il **Teatro Real**, il teatro dell'opera di Madrid e uno dei templi della cultura spagnola. Alcuni dei tramonti più incantevoli di Madrid. Benvenuti in Plaza de Oriente, splendido monumento vivente che celebra le glorie della Madrid imperiale.

Al centro della plaza, dominata dal palazzo, si erge una **statua equestre di Filippo IV** progettata da Velázquez. Se vi siete chiesti in che modo la pesante statua bronzea del cavaliere in groppa al suo cavallo che si impenna possa tenersi in equilibrio, la risposta è semplice: le zampe posteriori dell'animale sono massicce, mentre quelle anteriori sono cave, un accorgimento ideato da Galileo Galilei.

A poca distanza potrete ammirare una ventina di statue di marmo raffiguranti per lo più antichi sovrani; secondo una leggenda locale, di notte le statue scenderebbero dai loro piedestalli per sgranchirsi le gambe.

Gli adiacenti **Jardines Cabo Naval** sono un luogo ideale per ammirare il tramonto.

Campo del Moro e Jardines de Sabatini — GIARDINI PUBBLICI

Come tutte le grandi regge, anche il Palacio Real è immerso in una suggestiva cornice di splendidi e lussureggianti giardini. Verso nord si aprono i **Jardines de Sabatini** (⌚9-21 mag-set; Ⓜ Ópera), progettati secondo lo stile francese formale. Direttamente alle spalle del palazzo ci sono le fontane del **Campo del Moro** (Paseo de la Virgen del Puerto; ⌚10-20 lun-sab, 9-20 dom e festivi apr-set; Ⓜ Príncipe Pío), così chiamato perché in questo punto si accampò l'esercito musulmano nel XII secolo prima di sferrare l'attacco all'Alcázar. Oggi questo parco è reso piacevole dalla presenza di numerosi sentieri ombreggiati, da una pagoda dal tetto di paglia e da bellissime vedute del palazzo reale.

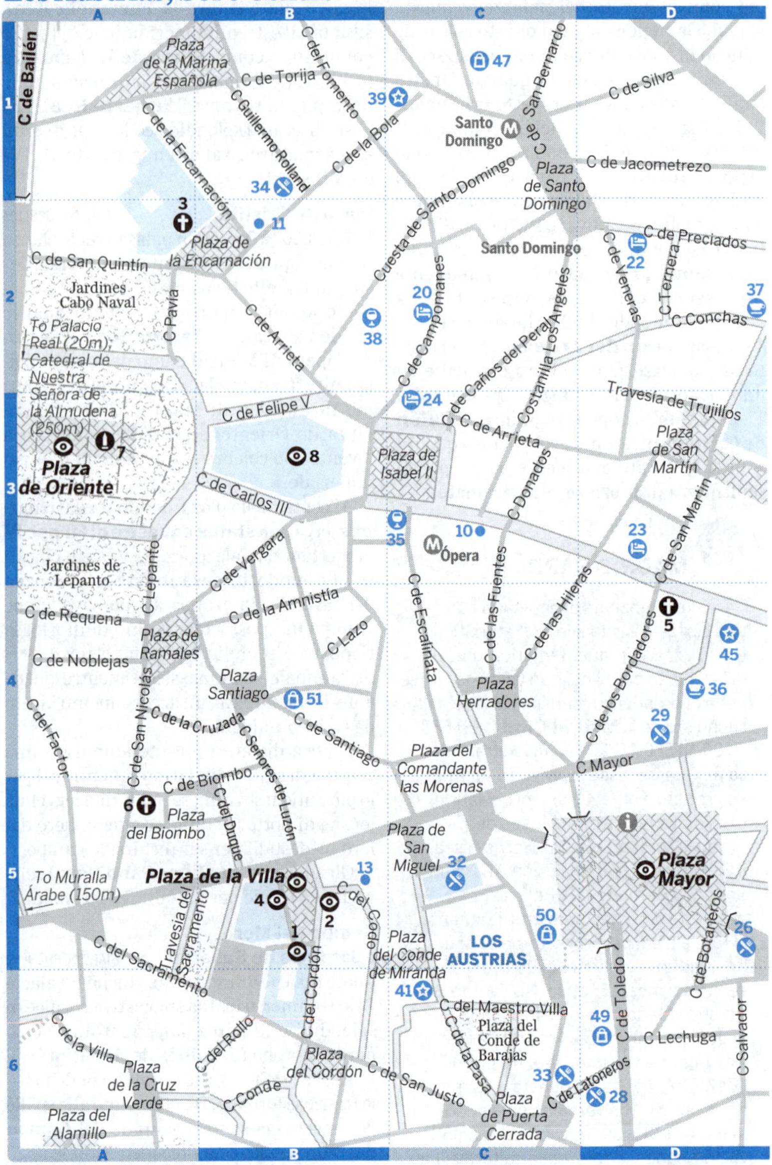

Catedral de Nuestra Señora de la Almudena

CATTEDRALE, VISTA

(Calle de Bailén; ⌚9-20.30; Ⓜ Ópera) Parigi ha Notre-Dame e Roma ha la Basilica di San Pietro. In effetti, quasi tutte le grandi città europee vantano una cattedrale importante, il monumento simbolo del loro antico e glorioso passato cristiano. Nel caso di Madrid la situazione è diversa. La sua Catedral de Nuestra Señora de la Almudena, a sud del Palacio Real, è un grande edificio ricco più di ornamenti che di fascino, il cui soffitto moderno dipinto a colori vivaci non comunica il senso di solennità che

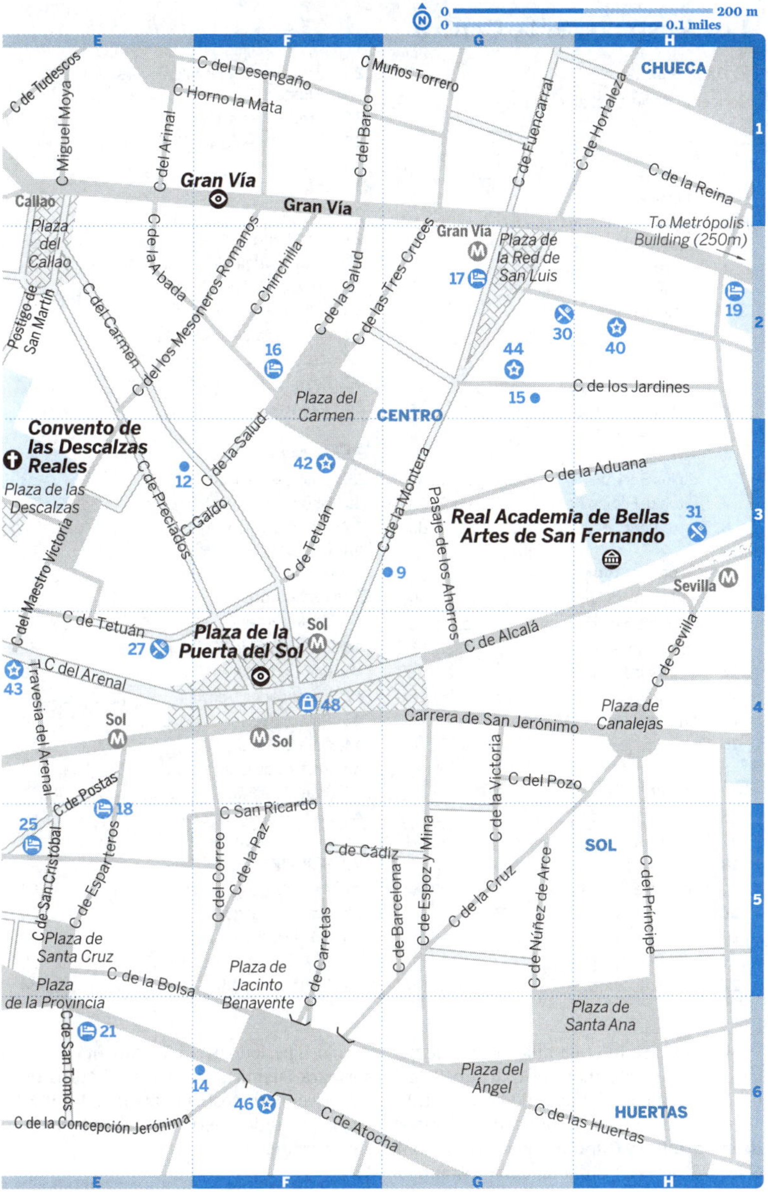

contraddistingue le grandi cattedrali del resto del mondo.

Carlo I espresse per la prima volta l'intenzione di fare erigere qui una cattedrale nel 1518, ma i lavori vennero sempre rimandati e furono avviati solo negli anni '80 del XIX secolo. Nel frattempo subentrarono altre priorità, e la cattedrale venne terminata solo nel 1992.

Date queste premesse, non ci si può certo stupire del fatto che il candido interno in stile neogotico non occupi il primo posto nella classifica dei luoghi più amati dai *madrileños*.

Los Austrias, Sol e Centro

Si può salire in cima alla cattedrale per ammirare un bel panorama dall'alto. Salendo, si transita per il museo della cattedrale; seguite i cartelli che conducono al **Museo de la Catedral y Cúpola** (interi/bambini €6/4; ⏲10-14.30 lun-sab), sulla facciata settentrionale che guarda verso il Palacio Real.

Muralla Árabe CINTA MURARIA
(Mura Arabe; Ⓜ Ópera) Dietro l'abside della cattedrale e lungo Cuesta de la Vega si estende un breve tratto della cosiddetta Muralla Árabe, le fortificazioni erette in epoca medievale dai primi governanti musulmani di Madrid. Una parte risale al IX secolo, il periodo in cui fu costruita la prima fortezza islamica, mentre altri tratti delle mura vennero costruiti tra il XII e il XIII secolo, quando la città era ormai tornata in mani cristiane.

Plaza de la Villa PIAZZA PUBBLICA
(cartina p36; Ⓜ Ópera) Sebbene altre piazze della città siano sicuramente più grandiose, l'incantevole Plaza de la Villa è una delle più graziose di Madrid. Circondata su tre lati da splendidi edifici ben conservati in stile *barroco madrileño* (una piacevole combinazione di mattoni, pietra a vista e ferro battuto) del XVII secolo, fu la

sede permanente dell'amministrazione comunale di Madrid dal Medioevo fino a non molto tempo fa, quando il consiglio comunale della città venne trasferito nel maestoso Palacio de Comunicaciones in Plaza de la Cibeles.

Sul lato occidentale della piazza sorge l'antico **ayuntamiento** (municipio) del XVII secolo, un edificio in stile barocco asburgico dotato delle caratteristiche guglie herreriane rivestite di piastrelle di ardesia. Di ispirazione gotica è invece la **Casa de los Lujanes**, situata sul lato opposto della piazza, nella cui torre di mattoni pare fu imprigionato il re di Francia Francesco I, catturato durante la battaglia di Pavia (1525). Di grande interesse è anche la **Casa de Cisneros**, costruita nel 1537 in stile plateresco (barocco spagnolo del XV e XVI secolo) e rimaneggiata secondo le linee del tardo Rinascimento.

Convento de las Descalzas Reales — CONVENTO

(cartina p36; www.patrimonionacional.es; Plaza de las Descalzas 3; interi/bambini €5/2,50, biglietto cumulativo con il Convento de la Encarnación €6/3,40, mer ingresso libero per i cittadini UE; ⏲10.30-12.45 e 16-17.45 mar-gio e sab, 10.30-12.45 ven, 11-13.45 dom; Ⓜ Ópera o Sol) Le severe mura in stile plateresco del Convento de las Descalzas Reales non consentono di immaginare che dietro la facciata si celi una sontuosa roccaforte della fede. Fondato nel 1559 da Giovanna d'Austria, figlia del re di Spagna Carlo I rimasta vedova, questo convento divenne ben presto uno dei monasteri più ricchi del paese grazie ai lasciti dei nobili amici di Giovanna. Nel corso della visita guidata (obbligatoria) avrete l'opportunità di vedere uno scalone decorato con incantevoli affreschi rinascimentali, una serie di splendidi arazzi ispirati alle opere di Rubens e un straordinario dipinto intitolato *Sant'Orsola e le undicimila vergini*. Nel convento, in cui vivono una trentina di suore, ci sono 33 splendide cappelle.

Convento de la Encarnación — CONVENTO

(cartina p36; Plaza de la Encarnación; interi/bambini €3,60/2, biglietto cumulativo con il Convento de las Descalzas Reales €6/3,40, mer ingresso libero per i cittadini UE; ⏲10.30-12.45 e 16-17.45 mar-gio e sab, 10.30-12.45 ven, 11-13.45 dom; Ⓜ Ópera) Fondato dall'imperatrice Margherita d'Austria, il Convento de la Encarnación occupa una residenza del XVII secolo in stile *barroco madrileño* ed è ancora abitato dalle suore dell'ordine agostiniano (Agustinas Recoletas). All'interno è possibile ammirare una notevole collezione di dipinti e sculture del XVII e del XVIII secolo e una raccolta di preziosi reliquiari in oro e argento. Tra questi, il più famoso contiene il sangue di san Pantaleone, che secondo la tradizione si liquefa ogni anno il 27 luglio, richiamando folle di fedeli e di curiosi.

Iglesia de San Nicolás de los Servitas — CHIESA

(cartina p36; Plaza de San Nicolás 6; ⏲8-13.30 e 17.30-20.30 lun, 8-9.30 e 18.30-20.30 mar-sab, 9.30-14 e 18.30-21 dom e festivi; Ⓜ Ópera) Considerata la chiesa più antica della capitale, la Iglesia de San Nicolás de los Servitas potrebbe essere stata costruita nel luogo in cui sorgeva la seconda moschea dell'antica Magerit di epoca musulmana, e costituisce una delle pochissime testimonianze della Madrid medievale, nonostante la chiesa odierna risalga in gran parte al XV secolo (tranne la torre campanaria in stile mudéjar del XII secolo, restaurata di recente).

Iglesia de San Ginés — CHIESA

(cartina p36; Calle del Arenal 13; Ⓜ Sol o Ópera) Situata a nord di Plaza Mayor, la Iglesia de San Ginés è una delle chiese più antiche di Madrid, in quanto occupa questo sito, sotto varie forme, almeno a partire dal XIV secolo. L'edificio attuale fu eretto nel 1645, ma venne ampiamente ricostruito in seguito a un incendio scoppiato nel 1824. All'interno della chiesa sono custoditi alcuni pregevoli

LE PIAZZE PIÙ BELLE

» **Plaza Mayor** (p34) – elegante punto di incontro nel centro di Madrid.

» **Plaza de Oriente** (p35) – glorioso fulcro della Madrid imperiale.

» **Plaza de Santa Ana** (p43) – cuore pulsante della vita culturale di Huertas.

» **Plaza de la Villa** (p38) – piccola piazza circondata da splendidi esempi di architettura locale.

» **Plaza de la Paja** (p42) – l'atmosfera raccolta della vecchia Madrid.

» **Plaza de la Puerta del Sol** (p40) – trafficato crocevia nel centro della capitale.

» **Plaza de la Cibeles** (p51) – monumento al culto dell'eccesso e della sontuosità di Madrid.

dipinti, tra cui quello intitolato *La cacciata dei mercanti dal tempio* (1614) di El Greco, esposto dietro un vetro posto a 6 mm dalla tela per evitare i riflessi. Purtroppo, la chiesa è aperta al pubblico unicamente durante le funzioni religiose; gli orari sono esposti sulla porta esterna.

Plaza de la Puerta del Sol PIAZZA PUBBLICA
(cartina p36; Ⓜ Sol) Questa piazza, ufficialmente riconosciuta come il centro della Spagna, è un grazioso semicerchio circondato da eleganti facciate e spesso molto affollato, ma è soprattutto un importante crocevia. La gente che passa in questa piazza è sempre diretta da qualche parte a piedi, con la metropolitana (in questo punto si incrociano tre linee) o in autobus (molti mezzi fanno capolinea a poca distanza). Agli albori della storia di Madrid, la **Puerta del Sol** costituiva l'accesso orientale alla città. Plaza de la Puerta del Sol vive il suo momento di massimo splendore nella notte di san Silvestro, quando l'intera Madrid si dà appuntamento in questa piazza in attesa che, allo scoccare della mezzanotte, l'orologio che segna l'ora ufficiale spagnola dia il via a un turbinio di festeggiamenti, mentre il resto del paese segue l'avvenimento in TV. Non mancate di dare un'occhiata alla statua dell'orso che annusa un *madroño* (pianta di corbezzolo), che rappresenta il simbolo della città.

Real Academia de Bellas Artes de San Fernando GALLERIA D'ARTE
(cartina p36; http://rabasf.insde.es, in spagnolo; Calle de Alcalá 13; interi/anziani e under 18 €3/gratuito; ⌚9-17 mar-sab, 9-14.30 dom e lun set-giu, orario variabile lug e agosto; Ⓜ Sevilla) In qualsiasi altra città, la Real Academia de Bellas Artes de San Fernando sarebbe segnalata come uno dei luoghi di maggiore interesse turistico, ma a Madrid passa in secondo piano rispetto a musei come il Prado, il Thyssen-Bornemisza o il Reina Sofía. Fondato da Ferdinando VI nel XVIII secolo, questo centro accademico di formazione per artisti (studiarono qui anche Picasso e Dalí) custodisce al suo interno una collezione di opere di alcuni grandi artisti molto famosi, tra i quali figurano in particolare Zurbarán, El Greco, Rubens, Tintoretto, Goya, Sorolla e Juan Gris, per non menzionare un paio di ritratti minori di Velázquez e alcuni disegni di Picasso.

Gran Vía VIALE
È difficile immaginare Madrid senza la Gran Vía, l'imponente viale che attraversa il centro città salendo da Plaza de España per poi ridiscendere fino a Calle de Alcalá, ma in effetti questa importante arteria cittadina esiste solo dal 1910, quando fu realizzata radendo al suolo un intricato dedalo di antiche viuzze. In un punto elevato della via, situato più o meno a un terzo del suo percorso, sorge l'**Edificio Telefónica** (cartina p54), un imponente palazzo eretto negli anni '20 che per molto tempo mantenne il primato di costruzione più alta della città. Durante la guerra civile, il viale fu ribattezzato 'Viale Howitzer', dal nome dei cannoni con cui regolarmente veniva preso di mira dalle forze franchiste stanziate nella Casa de Campo. All'estremità meridionale della Gran Vía si staglia la sagoma dello straordinario **Edificio Metrópolis**, eretto nel 1905 su progetto francese, la cui cupola è sormontata dalla statua di una vittoria alata.

LA LATINA E LAVAPIÉS

La Latina riunisce in sé alcuni degli aspetti migliori di Madrid: la migliore scelta di tapas bar della capitale e un dedalo di vicoli medievali su cui si affacciano chiese eleganti. Il cuore del *barrio* è costituito dalla zona compresa tra Calle de la Cava Baja e la bella Plaza de la Paja.

Lavapiés è invece un mondo completamente diverso rispetto alla sofisticata Madrid moderna. Si tratta infatti di uno dei *barrios* più antichi e legati alla tradizione di tutta la città, ma allo stesso tempo è quello che registra la popolazione di immigrati più numerosa rispetto a qualsiasi altro *barrio* del centro di Madrid. Crogiolo culturale bizzarro e alternativo, Lavapiés non è senza problemi, e il *barrio* gode di una reputazione ambivalente: ha un suo stile peculiare e anticonformista, ma è anche zona off limits, a seconda dei punti di vista.

El Rastro MERCATO DELLE PULCI
(⌚8-15 dom; Ⓜ La Latina) Una visita la domenica mattina a El Rastro, il più grande mercato delle pulci di tutta Europa, è considerata una tappa d'obbligo a Madrid. El Rastro ('la macchia') deve il suo nome al sangue che un tempo colava lungo queste vie dai macelli, situati in alto sulla collina. Da mezzo millennio è un mercato all'aperto.

La bolgia ha inizio in Plaza de Cascorro, vicino alla fermata della metropolitana di La Latina, e si può trascorrere facilmente l'intera mattinata curiosando lungo Calle

La Latina

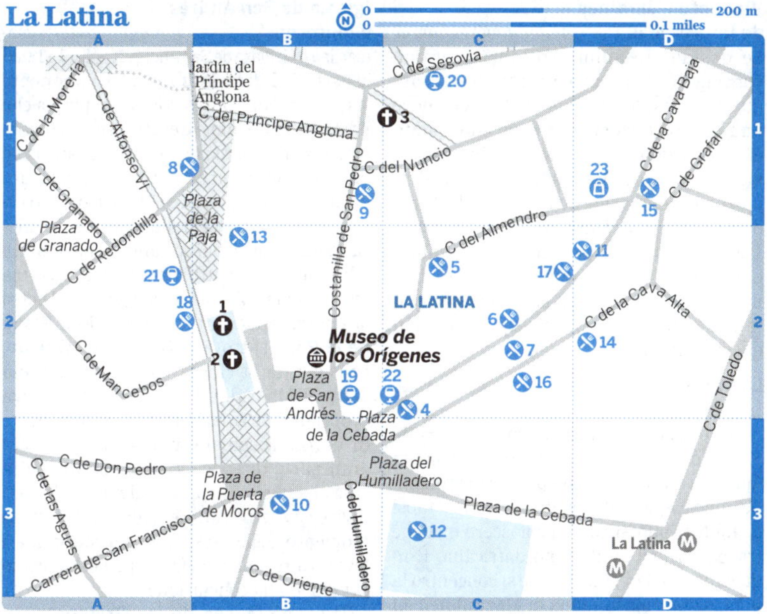

La Latina

Da non perdere

Museo de los Orígenes B2

Che cosa vedere

1 Capilla del Obispo B2
2 Iglesia de San Andrés B2
3 Iglesia de San Pedro El Viejo C1

Pasti

4 Alma de Ibérico C2
5 Almendro 13 .... C2
6 Casa Lucas C2
7 Casa Lucio C2
8 El Estragón A1
9 Ene Restaurante B1
10 Juanalaloca B3
11 La Chata D2
12 Mercado de la Cebada C3
13 Naïa Restaurante B2
14 Nunc est Bibendum D2
15 Posada de la Villa D1
16 Taberna Matritum C2
17 Txacolina C2
18 Viva La Vida A2

Locali

19 Bonanno B2
20 Café del Nuncio C1
21 Delic A2
22 Taberna Tempranillo C2

Shopping

23 Helena Rohner D1

de la Ribera de Curtidores e il labirinto di vie che si diramano da qui. Le bancarelle traboccano di vestiti economici, valigie, oggetti di antiquariato, vecchie fotografie di Madrid, vecchi dischi di flamenco, portafogli dai marchi contraffatti, magliette con scritte di dubbio gusto, articoli per la casa e prodotti di elettronica di ogni genere, ma ogni dieci oggetti di paccottiglia è possibile scovare qualche rarità degna di essere presa in considerazione. Per molti *madrileños*, il meglio di El Rastro arriva quando le bancarelle chiudono e la folla si riversa nei bar del circondario per sorseggiare un *aperitivo* a base di vermouth e tapas, trasformando l'intero *barrio* in una grande festa domenicale spontanea.

Un'avvertenza d'obbligo: anche i borseggiatori adorano trascorrere la domenica mattina a El Rastro.

Viaducto e Jardines de las Vistillas
VIADOTTO, GIARDINI

Se desiderate ammirare un panorama veramente incantevole verso ovest, fate quattro passi lungo Calle de Segovia, dove un *viaducto* (viadotto) offre un buon punto di osservazione. Anche i tavoli all'aperto dei vicini Jardines de las Vistillas sono un altro luogo ideale, con una bella vista sulla Sierra de Guadarrama. Durante la guerra civile, Las Vistillas venne pesantemente bombardata dalle truppe nazionaliste stanziate nella Casa de Campo, a loro volta prese di mira da un bunker repubblicano situato in questo punto.

La Morería
QUARTIERE ARABO

In passato, la zona che dal *viaducto* si estende in direzione sud-est verso la Iglesia de San Andrés costituiva il cuore della *morería* (quartiere arabo). Con un pizzico di immaginazione in questo labirinto di vicoli tortuosi e ripidi si può ancora riconoscere qualche traccia di una medina nordafricana. È in questo quartiere, infatti, che si concentrò la popolazione musulmana di Magerit nell'XI secolo, in seguito alla riconquista cristiana della città.

Basílica de San Francisco El Grande
CHIESA

(Plaza de San Francisco 1; interi/anziani e bambini €3/2; ⏲messa 8-10.30 lun-sab, museo 10.30-12.30 e 16-18 lun-sab; Ⓜ La Latina o Puerta de Toledo) Una delle chiese più grandi della città, la Basílica de San Francisco El Grande domina il profilo della zona meridionale di La Latina. La sua bella cupola sontuosamente affrescata è, secondo alcune stime, la più grande di tutta la Spagna e la quarta al mondo, con un'altezza di 56 m e un diametro di 33 m. La basilica barocca è caratterizzata da alcuni elementi di grande pregio, tra cui le cupole e i soffitti delle cappelle affrescati da Francisco Bayeu. Qui si può ammirare anche il capolavoro di Goya intitolato *San Bernardino da Siena predica di fronte ad Alfonso V di Aragona*, conservato nella Capilla de San Bernardino. Secondo una leggenda, la basilica sarebbe stata eretta nel punto in cui nel 1217 san Francesco d'Assisi aveva costruito una cappella.

L'ingresso alla basilica è libero durante le messe, ma in quegli orari non è consentito l'accesso al museo, e le luci nella Capilla de San Bernardino non vengono accese per illuminare l'opera di Goya.

Iglesia de San Andrés e dintorni
CHIESA, MUSEO

(cartina p41; Plaza de San Andrés 1; ⏲8-13 e 18-20 lun-sab, 8-13 dom; Ⓜ La Latina) L'imponente Iglesia de San Andrés domina la piazza che porta lo stesso nome e costituisce un incantevole sfondo per la baldoria spontanea che ogni domenica pomeriggio segue la chiusura del mercato delle pulci di El Rastro. Distrutta durante la guerra civile spagnola, la chiesa venne riportata al suo antico splendore, e l'illuminazione notturna ne offre oggi una visione particolarmente suggestiva. Dietro la chiesa, affacciata sulla deliziosa **Plaza de la Paja**, si trova la **Capilla del Obispo**, considerata la chiesa rinascimentale più bella di Madrid, sebbene non appartenga propriamente a quel periodo. Non mancate di dare un'occhiata ai soffitti a volta, in gran parte di epoca gotica, alle tombe in stile plateresco e ai pregevoli *reredos* (pareti divisorie dietro l'altare) rinascimentali. Al momento della stesura di questa guida i lavori di restauro della cappella si stavano avviando alla conclusione.

Il vicino **Museo de los Orígenes** (cartina p41; ☎91 366 74 15; www.munimadrid.es/museosanisidro, in spagnolo; Plaza de San Andrés 2; ingresso libero; ⏲10-20 mar-ven, 10-14 sab e dom; Ⓜ La Latina) sorge nel luogo in cui sarebbe morto san Isidro Labrador (santo patrono di Madrid) nel 1172. Al suo interno sono esposti reperti archeologici di epoca romana, cartine, modelli in scala, dipinti e fotografie di Madrid che ne ricostruiscono la storia attraverso i secoli. Particolarmente degno di nota è il grande plastico realizzato sulla famosa cartina di Madrid disegnata da Pedro Teixeira nel 1656. Sono in programma importanti opere di restauro, perciò aspettatevi qualche disguido.

Iglesia de San Pedro El Viejo
CHIESA

(cartina p41; Costanilla de San Pedro; Ⓜ La Latina) Con la sua torre campanaria in evidente stile mudéjar, la Iglesia de San Pedro El Viejo è una delle poche finestre rimaste aperte sul mondo della Madrid medievale. Questa chiesa fu costruita nel luogo in cui sorgeva l'antica Mezquita de la Morería (moschea del quartiere arabo).

HUERTAS E ATOCHA

Il quartiere di Huertas è noto soprattutto per la sua scatenata vita notturna, che sembra non avere mai soste. Sebbene questa fama sia assolutamente meritata, tuttavia a Huertas non mancano attrattive forse meno appariscenti, ma comunque di grande valore. Durante la vostra visita godetevi la massima espressione della sofisticata cultura europea nei caffè della splendida Plaza de Santa Ana, poi scendete lungo la collina attraverso il Barrio de las Letras fino a raggiungere il Centro de Arte Reina Sofía, una delle gallerie d'arte contemporanea più belle d'Europa. Sull'altro lato di Plaza del Emperador Carlos V rispetto alla galleria d'arte, la Antigua Estación de Atocha segna l'inizio del quartiere di Atocha.

Plaza de Santa Ana PIAZZA PUBBLICA
(cartina p44; Ⓜ Sol, Sevilla o Antón Martín) Delizioso insieme di architettura elegante ed energia irresistibile, Plaza de Santa Ana è una vera gemma. La mancanza di un passato degno di nota – la piazza fu infatti realizzata nel 1810 durante il regno di Giuseppe Bonaparte, per dare respiro a quello che fino ad allora era stato uno dei *barrios* più claustrofobici della città – è più che compensata dal suo ruolo come fulcro della vita intellettuale del *barrio*, dominata dal Teatro Español e circondata da locali in cui si suona musica dal vivo.

Barrio de las Letras QUARTIERE LETTERARIO
La zona che digrada giù dalla collina a est di Plaza de Santa Ana è spesso chiamata Barrio de las Letras (Quartiere delle Lettere), per via dei numerosi scrittori che vissero qui durante l'età d'oro della Spagna, nel XVI e XVII secolo. Miguel de Cervantes Saavedra (1547-1616), l'autore del *Don Chisciotte*, trascorse buona parte della sua vita adulta a Madrid, e visse e morì in **Calle de Cervantes 2** (cartina p44; Ⓜ Antón Martín); una targa (risalente al 1834) è stata posta sopra la porta. Purtroppo, l'edificio originale venne abbattuto agli inizi del XIX secolo. Quando Cervantes morì, il suo corpo venne sepolto dietro l'angolo, presso il **Convento de las Trinitarias** (cartina p44; Calle de Lope de Vega 16; Ⓜ Antón Martín), segnalato con un'altra targa. Il convento, in cui vive ancora oggi una comunità di suore di clausura, è chiuso al pubblico, il che risparmia non pochi imbarazzi alle autorità cittadine: infatti, nessuno conosce con certezza il punto del convento in cui si trovano le ossa di Cervantes. Ogni anno viene celebrata una messa in suo suffragio il 23 aprile, anniversario della sua morte. Un altro importante punto di riferimento letterario è la **Casa de Lope de Vega** (cartina p44; Calle de Cervantes 11; ingresso libero; ⌚visite guidate ogni 30 min 10-14 mar-sab; Ⓜ Antón Martín), la casa dove visse Lope de Vega (1562-1635), il primo drammaturgo spagnolo. Questo edificio è oggi un museo dedicato alla vita e alle opere del celebre autore.

Antigua Estación de Atocha GIARDINO
(Vecchia Stazione Ferroviaria di Atocha; cartina p43; Plaza del Emperador Carlos V; Ⓜ Atocha Renfe) La Antigua Estación de Atocha è un'imponente costruzione in vetro e ferro battuto edificata nel XIX secolo. Conservata con estrema cura e trasformata nel 1992 in un sorprendente giardino tropicale con oltre 500 specie di piante, questa vecchia stazione oggi assomiglia di più a una serra lussureggiante che a un importante nodo ferroviario, pur non avendo perso il fascino tipico delle grandiose stazioni europee del passato.

Centro de Arte Reina Sofía GALLERIA D'ARTE
(cartina p43; www.museoreinasofia.es; Calle de Santa Isabel 52; interi/studenti, under 18 e over 65 €6/gratuito, ingresso libero dom, 19-21 lun e mer-ven, 14.30-21 sab, audioguide interi/studenti €4/3; ⌚10-21 lun e mer-sab, 10-14.30 dom; Ⓜ Atocha) Sede del celebre dipinto *Guernica* di Picasso, con ogni probabilità il capolavoro più famoso di tutta la Spagna, e delle opere di altri importanti artisti spagnoli,

Atocha

◉ Da non perdere
Antigua Estación de Atocha B2
Centro de Arte Reina Sofía A2

Pasti
1 El Brillante A2

Divertimenti
2 Kapital A1

Huertas

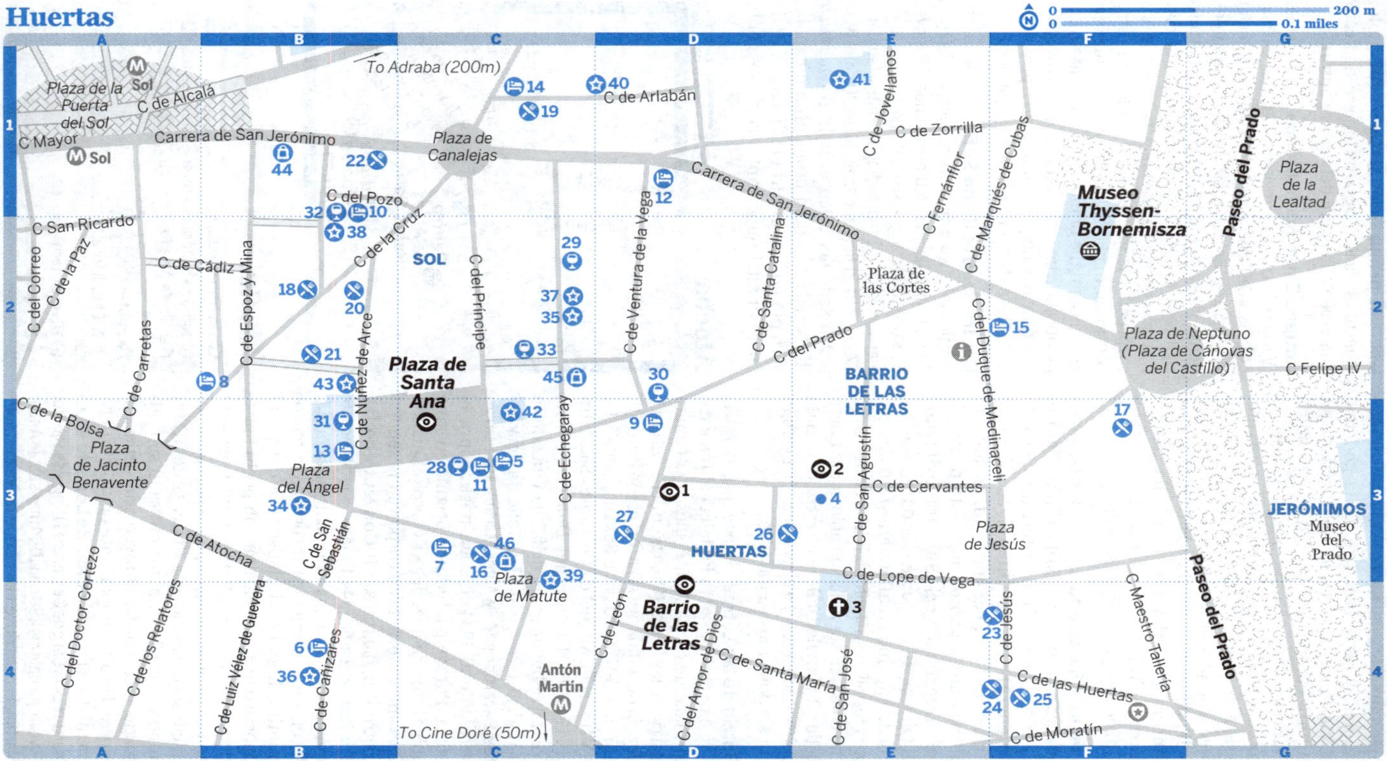
200 m
0.1 miles
To Adraba (200m)
To Cine Doré (50m)
Plaza de la Puerta del Sol
Sol
C de Alcalá
C Mayor
Carrera de San Jerónimo
Plaza de Canalejas
C de Arlabán
C de Jovellanos
C de Zorrilla
C Fernánflor
C de Marqués de Cubas
Museo Thyssen-Bornemisza
Paseo del Prado
Plaza de la Lealtad
C San Ricardo
C del Correo
C de la Paz
C de Cádiz
C de Espoz y Mina
C del Pozo
C de la Cruz
SOL
C del Príncipe
C de Ventura de la Vega
C de Santa Catalina
Plaza de las Cortes
C del Prado
C del Duque de Medinaceli
Plaza de Neptuno (Plaza de Cánovas del Castillo)
C Felipe IV
C de Carretas
C de Núñez de Arce
Plaza de Santa Ana
C de Echegaray
BARRIO DE LAS LETRAS
C de la Bolsa
Plaza de Jacinto Benavente
Plaza del Ángel
C de San Sebastián
C de Atocha
C de Cervantes
C de San Agustín
HUERTAS
C de Lope de Vega
Plaza de Jesús
JERÓNIMOS
Museo del Prado
C Maestro Tallería
C del Doctor Cortezo
C de los Relatores
C de Luiz Vélez de Guevera
C de Cañizares
Plaza de Matute
C de León
Barrio de las Letras
C del Amor de Dios
C de Santa María
C de San José
C de Jesús
C de las Huertas
C de Moratín
Antón Martín

Huertas

Da non perdere

	Barrio de las Letras	D4
	Museo Thyssen-Bornemisza	F2
	Plaza de Santa Ana	C3

Che cosa vedere

1	Calle de Cervantes 2	D3
2	Casa de Lope de Vega	E3
3	Convento de las Trinitarias	E4

Attività, corsi e tour

	Fundación Conservatorio Casa Patas	(v. 36)
4	Seg City Tours	E3

Pernottamento

5	Alicia Room Mate	C3
6	Cat's Hostel	B4
7	Chic & Basic Colours	C3
	Hostal Adria Santa Ana	(v. 8)
8	Hostal Adriano	B2
9	Hostal Sardinero	D3
10	Hotel El Pasaje	B1
11	Hotel Miau	C3
12	Hotel Urban	D1
13	Me by Melía	B3
14	Quo	C1
15	Westin Palace	F2

Pasti

16	Casa Alberto	C3
17	Estado Puro	F3
18	La Casa del Abuelo	B2
19	La Finca de Susana	C1
20	La Trucha	B2
21	Las Bravas	B2
22	Lhardy	B1
23	Los Gatos	F4
24	Maceiras	F4
25	Maceiras	F4
26	Sidrería Vasca Zeraín	D3
27	Vinos Gonzalez	D3

Locali

28	Cervecería Alemana	C3
	El Imperfecto	(v. 39)
29	La Venencia	C2
30	Ølsen	D2
31	Penthouse	B3
32	Taberna Alhambra	B1
33	Viva Madrid	C2

Divertimenti

34	Café Central	B3
35	Cardamomo	C2
36	Casa Patas	B4
37	La Boca del Lobo	C2
38	La Central Bullfight Ticket Office	B2
39	Populart	C3
40	Stella	D1
41	Teatro de la Zarzuela	E1
42	Teatro Español	C3
43	Villa Rosa	B2

Shopping

44	Gil	B1
45	María Cabello	C2
46	México	C3

il Centro de Arte Reina Sofía è la principale collezione di arte contemporanea di Madrid e comprende per la maggior parte opere realizzate tra gli inizi del XX secolo e gli anni '80 (se desiderate ammirare opere più recenti, visitate il Museo Municipal de Arte Contemporáneo).

Oltre a *Guernica*, che da sola vale il prezzo del biglietto, non mancate di osservare gli schizzi preparatori dell'artista nelle sale attorno alla sala n. 206. Se lo stile cubista di Picasso ha catturato la vostra immaginazione, potrebbero interessarvi anche le opere del madrileno Juan Gris (1887-1927) o quelle di Georges Braque (1882-1963).

L'opera di Joan Miró (1893-1983) è caratterizzata da colori primari spesso vivaci, ma osservate anche alcune delle sue sculture altrettanto originali; i suoi dipinti furono presi a simbolo delle Olimpiadi di Barcellona del 1992.

Nel Reina Sofía sono esposte anche una ventina di tele di Salvador Dalí, la più celebre delle quali è forse l'opera surrealista intitolata *El Gran Masturbador* (1929).

Il Centro de Arte Reina Sofía permette di conoscere anche artisti spagnoli del XX secolo meno noti; tra questi ricordiamo: Miquel Barceló (nato nel 1957), l'artista *madrileño* José Gutiérrez Solana (1886-1945), il celebre pittore basco Ignazio Zuloaga (1870-1945), Benjamin Palencia (1894-1980), i cui dipinti catturano l'essenza della Spagna turbolenta degli anni '30, il pittore originario di Barcellona Antoni Tàpies (nato nel 1923), la pop art di Eduardo Arroyo (nato nel 1937), i pittori astratti come Eusebio Sempere (1923-85) e i membri del gruppo Equipo 57

I CAPOLAVORI NEL CENTRO DE ARTE REINA SOFÍA

» **Guernica** (Pablo Picasso; sala n. 206)
» **Naturaleza Muerta** (Pablo Picasso; 1912)
» **El Gran Masturbador** (Salvador Dalí; 1929)
» **Muchacha en la Ventana** (Salvador Dalí; 1925)
» **Monumento Imperial a la Mujer Niña** (Salvador Dalí; 1929)
» **Pastorale** (Joan Miró; 1923-24)
» **Danseuse Espagnole** (Joan Miró; 1928)
» **L'atelier aux Sculptures** (Miquel Barceló; 1993)
» **Los Cuatro Dictadores** (Eduardo Arroyo; 1963)
» **Retrato de Josette** (Juan Gris; 1916)
» **Cartes et Dés** (Georges Braque; 1914)
» **El Peine del Viento I** (Eduardo Chillida; 1962)
» **Homenaje a Mallarmé** (Jorge Oteiza; 1958)
» **Pintura** (Antoni Tàpies; 1955)
» **Otoños** (Pablo Palazuelo; 1952)

(fondato nel 1957 da alcuni artisti spagnoli in esilio a Parigi), tra cui Pablo Palazuelo (1916-2007). Nonostante sia più noto come poeta e commediografo, l'opera pittorica di Federico García Lorca (1898-1936) è qui rappresentata da alcuni schizzi.

Tra gli scultori, osservate in particolare Pablo Gargallo (1881-1934), le cui opere in bronzo comprendono un busto di Picasso, e i famosi scultori baschi Jorge Oteiza (1908-2003) ed Eduardo Chillida (1924-2002).

PASEO DEL PRADO ED EL RETIRO

Se siete già scesi dalla collina di Huertas avrete l'impressione di esservi lasciati alle spalle la confusione per ritrovarvi in una fresca oasi verdeggiante ricca di proposte culturali. Il Museo del Prado e il Museo Thyssen-Bornemisza sono tra i musei più ricchi di opere d'arte del mondo, e nelle vie tranquille ed eleganti alle spalle del Prado si trovano altre gallerie e spazi espositivi di notevole interesse. Risalendo la collina verso est si raggiungono gli imponenti giardini dello splendido Parque del Buen Retiro.

Museo del Prado MUSEO

(cartina p47; www.museodelprado.es; Paseo del Prado; interi/under 18 e anziani cittadini UE over 65 €8/gratuito, ingresso libero 18-20 mar-sab e 17-20 dom, audioguide €3,50; ⌚9-20 mar-dom; Ⓜ Banco de España) Benvenuti in una delle più importanti gallerie d'arte del mondo. Gli oltre 7000 dipinti che compongono la collezione del Museo del Prado (di cui ne sono attualmente esposti solo 1500) permettono di ripercorrere l'evoluzione dello spirito spagnolo nel corso dei secoli: grandioso e solenne nei dipinti della famiglia reale di Velázquez, cupo e tumultuoso nelle *pinturas negras* di Goya, ma anche aperto al resto del mondo, come dimostrano le sofisticate opere d'arte provenienti da ogni parte d'Europa. Cercate di trascorrere quanto più tempo possibile al Prado o, ancora meglio, prevedete di fare un paio di visite – potrebbe essere un po' pesante e impegnativo osservare tutti i capolavori esposti qui in una sola volta.

Nel Prado si può entrare dalla Puerta de los Jerónimos a est o dalla Puerta de Goya a nord, ma prima si deve acquistare il biglietto presso la biglietteria situata all'estremità settentrionale dell'edificio. I curatori del Prado stanno riorganizzando la collezione (i lavori finiranno nel 2012), e i numeri di alcune sale subiranno dei cambiamenti. L'unico modo sicuro per trovare ciò che state cercando è procurarsi il 'Plan' gratuito presso la biglietteria o lo sportello informazioni, appena superato l'ingresso, dove è elencata la posizione di 50 delle opere più famose del Prado e vengono forniti i numeri attuali delle sale di tutti i principali artisti.

L'ala occidentale del Prado (Edificio Villanueva) venne completata nel 1785 come Palacio de Villanueva, in stile neoclassico. In origine destinato a casa delle scienze, in seguito fu utilizzato, piuttosto ignominiosamente, come caserma della cavalleria per le truppe di Napoleone durante la loro occu-

Paseo Del Prado ed El Retiro

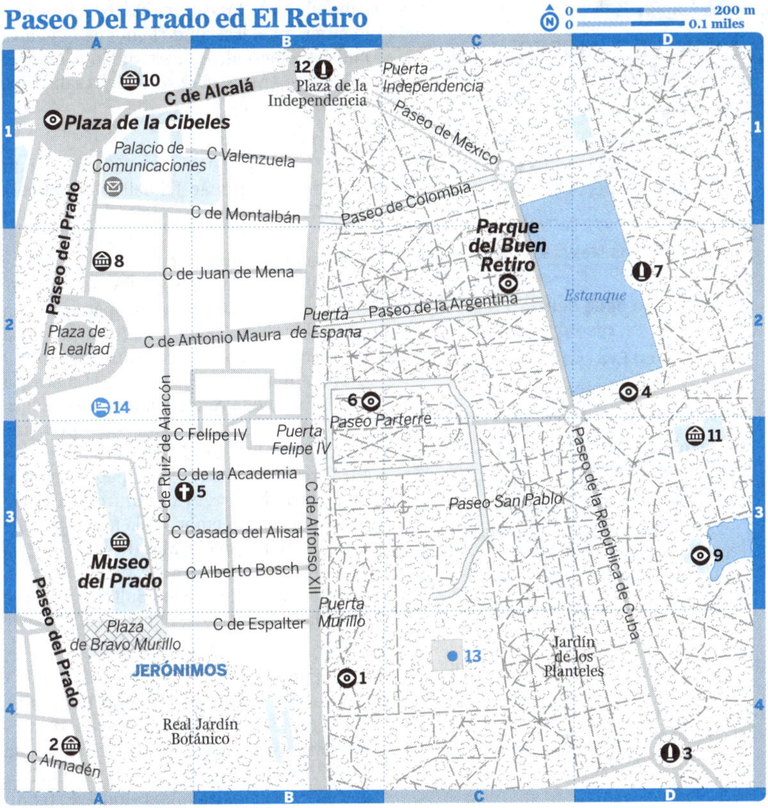

Paseo del Prado ed El Retiro

Da non perdere

Museo del Prado A3
Parque del Buen Retiro C2
Plaza de la Cibeles A1

Che cosa vedere

1 Bosque del Recuerdo B4
2 Caixa Forum A4
Casa de América .... (v. 10)
3 El Ángel Caído D4
4 Fuente Egipcia D2
5 Iglesia de San Jerónimo el Real A3
6 L'albero più vecchio di Madrid B2
7 Monumento ad Alfonso XII D2
8 Museo Naval A2
9 Palacio de Cristal D3
10 Palacio de Linares A1
11 Palacio de Velázquez D3
12 Puerta de Alcalá B1

Attività, corsi e tour

13 Polideportivo La Chopera C4

Pernottamento

14 Hotel Ritz A2

pazione di Madrid, tra il 1808 e il 1813. Nel 1814 il re Ferdinando VII decise di utilizzare il palazzo come museo, e cinque anni più tardi venne inaugurato il Museo del Prado, con 311 opere di pittori spagnoli.

In netto contrasto, l'ala orientale (Edificio Jerónimos) fa parte dello straordinario ampliamento moderno del Prado, inaugurato nel 2007. Destinata alle esposizioni di arte contemporanea, ha uno splendido chiostro

DA VEDERE

DIPINTI NEL MUSEO DEL PRADO

- » **Las Meninas** (Velázquez)
- » **La Rendición de Breda** (Velázquez)
- » **La Maja Desnuda e La Maja Vestida** (Goya)
- » **El Tres de Mayo** (Goya)
- » **Las Pinturas Negras** (I Dipinti Neri, Goya)
- » **Il giardino delle delizie** (*El Jardín de las Delicias*, Hieronymus Bosch)
- » **Adamo ed Eva** (Adán y Eva, Dürer)
- » **Il Lavatoio** (Tintoretto)
- » **La Trinidad** (El Greco)
- » **Davide e Golia** (*David Vencedor de Goliath*, Caravaggio)
- » **El Sueño de Jacob** (Ribera)
- » **Le tre Grazie** (*Las Tres Gracias*, Rubens)
- » **Artemisa** (Rembrandt)

al secondo piano; questa ala comprende anche un'ottima libreria e un caffè. Edificato nel 1672 in granito locale, fino a poco tempo fa il chiostro era annesso all'adiacente Iglesia de San Jerónimo El Real.

Goya

I capolavori di Francisco José de Goya y Lucientes sono esposti su tutti e tre i piani del Prado. Nelle sale n. 64 e 65 potrete ammirare i dipinti *El Dos de Mayo* e *El Tres de Mayo* – tra i più emblematici di tutta l'opera dell'artista presente a Madrid – che raffigurano con straordinaria immediatezza la rivolta antifrancese scoppiata a Madrid nel 1808 e la successiva esecuzione degli insorti. Nelle sale successive, le n. 66 e 67, sono esposti alcuni dipinti tra i più cupi e inquietanti del grande pittore; si tratta delle cosiddette *Pinturas Negras*, così chiamate in parte a causa delle loro tonalità dominanti nere e marroni, ma soprattutto per l'aspetto deforme e animalesco dei personaggi rappresentati.

Al primo piano troverete altre opere di Goya nelle sale n. 32, 34 e fino alla 38; tra queste, nella sala n. 36 si possono ammirare altre due tra le opere a olio più note e seducenti di Goya: *La Maja Vestida* e *La Maja Desnuda*. Questi ritratti di una donna sconosciuta, ritenuta da molti la Duquesa de Alba (che pare fosse l'amante di Goya), sono identici, ma nel secondo la donna è ritratta nuda. Ci sono altre opere di Goya esposte nel museo, tra cui *El Parasol* nella sala n. 85, all'ultimo piano.

Velázquez

Diego Rodriguez de Silva y Velázquez è un altro dei grandi maestri dell'arte spagnola a conferire grande prestigio al museo. Tra le sue numerose tele, *Las Meninas* è probabilmente quella per cui la maggior parte dei visitatori viene appositamente al Prado. Completata nel 1656, questa opera porta in realtà il titolo di *La Família de Felipe IV* (La famiglia di Filippo IV). Nessun altro dipinto rivela in maniera così evidente la maestria dell'artista nella resa della luce e dei colori.

Le sale che circondano *Las Meninas* (soprattutto le n. 14, 15, 16 e 18) contengono altre pregevoli opere di Velázquez. Non mancate, in particolare, di ammirare i magnifici ritratti dei vari membri della famiglia reale – Filippo II, Filippo IV, Margherita d'Austria (che appare anche ritratta da bambina in *Las Meninas*), Il principe Baltasar Carlos e Isabella di Francia – talmente realistici che sembrano quasi uscire dalle tele.

Altri artisti

Dopo avere catturato l'essenza del Prado, siete ora liberi di selezionare le opere straordinariamente diverse che rimangono da vedere. Se i pittori spagnoli hanno stimolato la vostra curiosità, Bartolomé Esteban Murillo, José de Ribera e le figure austere di Francisco de Zurbarán non potranno mancare nel vostro itinerario di visita. Di esecuzione perfetta sono le opere vivide e quasi surreali del maestro del XVI secolo El Greco, uno spagnolo d'adozione le cui figure caratteristiche sono esili e tormentate.

Un'altra alternativa è la straordinaria collezione di opere d'arte fiamminghe presenti al Prado. Le figure opulente e i paffuti cherubini di Pieter Paul Rubens (1577-1640) rappresentano un gioioso contrappunto all'atmosfera cupa che pervade molti altri dipinti di artisti fiamminghi. I suoi capolavori sono *Las Tres Gracias* e l'*Adoración de los Reyes Magos*. Altre opere notevoli a breve distanza comprendono *Il Trionfo della Morte* di Pieter Bruegel, la *Artemisa* di Rembrandt e alcuni pregevoli dipinti di Anton Van Dyck.

In nessun caso rinunciate ad ammirare lo splendido e bizzarro *Il Giardino delle Delizie* di Hieronymus Bosch (circa 1450-1516). Nonostante vari tentativi, nessuno finora è stato in grado di fornire una spiegazione definitiva per questa opera che sembra rimandare a uno stato di allucinazione. Senza dubbio, si tratta dell'opera principale della collezione di questo eccezionale artista, ma tutti i suoi lavori meritano un attento esame, specialmente *I Sette Peccati Capitali*. Più ci si avvicina, più si viene colti dalla sensazione che mentre dipingeva doveva probabilmente essere sotto l'effetto di qualche droga potente.

E poi ci sono i dipinti di Dürer, Raffaello, Tiziano, Tintoretto, Sorolla, Gainsborough, Fra Angelico, Tiepolo...

Museo Thyssen-Bornemisza

GALLERIA D'ARTE

(cartina p44; www.museothyssen.org; Paseo del Prado 8; interi/under 12 €8/gratuito, audioguide €5; ⌚10-19 mar-dom; Ⓜ Banco de España) Una delle più straordinarie collezioni private di arte prevalentemente europea al mondo, il Museo Thyssen-Bornemisza è a buon diritto un membro del 'Triangolo d'Oro' dell'arte di Madrid. Se nel Museo del Prado o nel Centro de Arte Reina Sofía si ha la possibilità di studiare in maniera approfondita tutta l'opera di un particolare artista, il Thyssen è un luogo in cui ci si immerge in un'atmosfera di stili artistici così ampia da mozzare il fiato. La maggior parte dei grandi nomi dell'arte è qui rappresentata, a volte solo con un dipinto, ma il dono dei Thyssen a Madrid e al pubblico degli appassionati d'arte è quello di averli tutti raggruppati all'interno di un unico complesso. Non sorprende che spesso questo museo finisca per essere la galleria d'arte di Madrid preferita da molti visitatori.

Secondo piano

Il secondo piano, dedicato all'arte medievale, include alcuni tesori tra i dipinti e i trittici sacri prevalentemente del XIII e del XIV secolo, per la maggior parte di artisti italiani, tedeschi e fiamminghi. A meno che non abbiate una conoscenza specialistica di questo genere di pittura, vi consigliamo di fermarvi nella sala n. 5, dove troverete un'opera di Piero della Francesca (1410-92) e il *Ritratto di Enrico VIII* di Holbein il Giovane (1497-1543), immediatamente riconoscibile, prima di proseguire nella sala n. 10, che contiene la *Strage degli Innocenti*, di Lucas Van Valckenborch, un dipinto del 1586 pervaso da una profonda drammaticità. La sala n. 11 è dedicata a El Greco (di cui sono esposte tre tele) e ai suoi contemporanei veneziani Tintoretto e Tiziano, mentre Caravaggio e lo spagnolo José de Ribera sono i protagonisti assoluti della sala n. 12. I due dipinti di Murillo e Zurbarán conferiscono un ulteriore tocco spagnolo alle due sale successive, ma anche le straordinarie vedute di Venezia dipinte da Canaletto (1697-1768) sono capolavori da non perdere.

Il meglio del secondo piano si trova nell'ampliamento (dalla sala A alla sala H) costruito per ospitare la collezione di Carmen Thyssen-Bornemisza. Nella sala C si possono ammirare dipinti di Canaletto, Constable e Van Gogh, mentre la straordinaria sala H comprende opere di Monet, Sisley, Renoir, Pissarro e Degas.

Prima di scendere al piano inferiore, fate una deviazione nelle sale n. 19, 20 e 21, che lasceranno incantati gli appassionati dei maestri fiamminghi e olandesi del XVII secolo Anton van Dyck, Jan Brueghel il Vecchio, Rubens e Rembrandt (con una sola opera).

Primo piano

Anche se tutto quanto finora descritto vi ha colpito, è il primo piano ciò che rende il Thyssen davvero unico. C'è un capolavoro di Gainsborough nella sala n. 28 e uno di Goya nella sala n. 31, ma se finora vi siete limitati a dare un'occhiata superficiale e magari un po' frettolosa alle opere esposte, nella sala n. 32 dovrete assolutamente indugiare su ogni singolo dipinto, a cominciare dallo straordinario capolavoro *Les Vessenots* di Van Gogh, per passare poi all'*Amazzone* di Manet, a *Disgelo a Véthueil* di Monet, a *Donna con parasole in giardino* di Renoir e all'atmosfera inconfondibilmente parigina di *Rue Saint-Honoré di pomeriggio* di Pissarro. Anche la sala n. 33 è speciale, con tele di Cézanne, Gauguin, Toulouse-Lautrec e Degas, ma i grandi nomi proseguono anche nelle sale n. 34 (Picasso, Matisse e Modigliani) e n. 35 (Edvard Munch e Egon Schiele).

Nell'ampliamento del primo piano (le sale dalla I alla P) i nomi parlano da sé. La sala K contiene opere di Monet, Pissaro, Sorolla, e Sisley, mentre la sala L è dominata dai lavori di Gauguin (compresa la celebre *Mata Mua*), Degas e Toulouse-Lautrec. Le sale M (Munch), N (Kandinsky), O (Matisse e Georges Braque) e P (Picasso, Matisse, Edward Hopper e Juan Gris) arricchiscono questo strepitoso viaggio attraverso le opere dei grandi maestri. In direzione delle scale si incontra l'opera di Edward Hopper intitolata *Hotel Room*.

Piano terra

Al piano terra, la panoramica dell'arte del XX secolo iniziata nell'ala nuova del primo piano prosegue con una splendida collezione di dipinti che spaziano dal cubismo alla pop art.

Nella sala n. 41 è proposto un piacevole connubio dei tre grandi protagonisti del cubismo, Picasso, Georges Braque e il madrileno Juan Gris, accanto a diversi altri artisti contemporanei. Kandinsky è l'artista principale della sala n. 43, mentre nella sala n. 44 c'è una delle prime opere di Salvador Dalí accanto a Max Ernst e Paul Klee. Picasso appare nuovamente nella sala n. 45, un'altra delle sale più pregevoli della galleria – i suoi tesori comprendono opere di Marc Chagall e l'allucinante quadro di Dalí intitolato *Sogno causato dal volo di un'ape intorno a una melagrana un attimo prima del risveglio*.

La sala n. 46 non è da meno e vanta l'opera *Paesaggio catalano con chitarra* di Joan Miró, la follia di *Brown and Silver I* di Jackson Pollock e il semplice ma piacevole *Green on Maroon* di Mark Rothko. Nelle sale n. 47 e 48 il Thyssen fa crescere la tensione progressivamente fino a culminare nelle straordinarie opere di Francis Bacon, Roy Lichtenstein, Henry Moore e Lucian Freud, il nipote berlinese di Sigmund Freud.

Parque del Buen Retiro GIARDINI PUBBLICI
(cartina p47; ⏲6-24 mag-set, 6-23 ott-apr; Ⓜ Retiro, Príncipe de Vergara, Ibiza o Atocha) Gli splendidi giardini di El Retiro sono disseminati di monumenti di marmo, prati all'inglese, alcuni edifici dalle linee eleganti e una folta vegetazione. È un luogo tranquillo che invita alla meditazione durante i giorni feriali, mentre si anima nei fine settimana. Per farla breve, è uno dei luoghi da noi preferiti a Madrid.

Realizzato nel XVII secolo per volere di Filippo IV come luogo riservato a re, regine e membri della corte, il parco venne aperto al pubblico nel 1868 e da allora, quando il tempo è bello e nei fine settimana in particolare, i *madrileños* si riversano qui da tutta la città per passeggiare, sedersi all'ombra a leggere i giornali della domenica, fare un giro in barca o bere qualcosa di fresco nelle numerose *terrazas*.

Il fulcro della vita animata di El Retiro è il suo lago artificiale (*estanque*), dominato dalla massiccia struttura decorativa del **mausoleo di Alfonso XII** sul lato orientale, custodito da leoni di marmo.

Sul lato meridionale del lago, la bizzarra struttura decorata con le sfingi è la **Fuente Egipcia** (Fontana Egizia); secondo una leggenda, un favoloso tesoro sarebbe stato sepolto nel parco da Filippo IV verso la metà del XVIII secolo. Nascosto tra gli alberi a sud del lago, il **Palacio de Cristal**, una magnifica struttura in metallo e vetro, con ogni probabilità è uno dei più bei monumenti architettonici di El Retiro. Venne costruito nel 1887 come giardino d'inverno per custodire fiori esotici e oggi viene utilizzato come spazio espositivo per mostre temporanee organizzate dal Centro de Arte Reina Sofía. Immediatamente a nord, anche il **Palacio de Velázquez**, del 1883, veniva un tempo utilizzato per allestire esposizioni temporanee.

All'estremità meridionale del parco, vicino a **La Rosaleda** (Roseto) con oltre 4000 rose, c'è una statua di **El Ángel Caído** (L'Angelo Caduto, ossia Lucifero), una delle poche statue raffiguranti il diavolo esistenti al mondo. Stranamente, si trova a 666 m sopra il livello del mare...

A ovest di questo punto si trova il commovente **Bosque del Recuerdo** (Bosco della Memoria), un sobrio monumento dedicato alle 191 vittime dell'attentato ai treni dell'11 marzo del 2004. Per ciascuna vittima è stato piantato un olivo o un cipresso. Verso nord, immediatamente all'interno della Puerta de Felipe IV, si erge quello che viene considerato **l'albero più vecchio di Madrid**, una conifera messicana (*ahuehuete*) piantata nel 1633.

Nell'angolo nord-orientale del parco si trova la **Ermita de San Isidro**, una piccola cappella di campagna degna di nota per essere uno dei pochi edifici – per quanto modesto – di architettura romanica di Madrid. Quando fu costruita questa cappella, Madrid era un piccolo villaggio situato a oltre 2 km di distanza.

Real Jardín Botánico ORTO BOTANICO
(cartina p47; ☎91 420 30 17; Plaza de Bravo Murillo 2; interi/bambini/ridotti €2,50/gratuito/1,25; ⏲10-21 mag-agosto; Ⓜ Atocha) Con le sue aiuole fiorite perfettamente curate e i suoi vialetti ben tenuti, il Real Jardín Botánico è un luogo dall'atmosfera decisamente più raccolta rispetto a quella di El Retiro. Realizzato nel 1755 sulle sponde del Río Manzanares, questo giardino venne trasferito in questo luogo nel 1781 per volere di Carlo III. Oggi vanta un patrimonio di migliaia di specie botaniche.

FREE **Caixa Forum** CENTRO MULTIMEDIALE
(cartina p47; www.fundacio.lacaixa.es, in spagnolo; Paseo del Prado 36; ⌚10-20; Ⓜ Atocha) Lo straordinario Caixa Forum, inaugurato agli inizi del 2008, è una delle più esaltanti innovazioni architettoniche realizzate a Madrid in anni recenti. Si tratta di un edificio in mattoni che sembra lievitare dal terreno, sormontato da una struttura in ferro arrugginito di grande effetto. Sulla parete adiacente è stato realizzato il *jardín colgante* (giardino pensile), una lussureggiante struttura verticale ricoperta di vegetazione che raggiunge l'altezza di quasi quattro piani. Al suo interno si trovano quattro piani di esposizione e spazi destinati a esibizioni artistiche caratterizzati da soffitti altissimi e dalla massiccia presenza di elementi in acciaio. Le esposizioni spaziano dalla fotografia alle mostre multimediali e alle retrospettive di importanti pittori contemporanei.

Plaza de la Cibeles ROTATORIA
(cartina p47; Ⓜ Banco de España) Di tutte le grandi rotatorie stradali che scandiscono l'elegante viale del Paseo del Prado, Plaza de la Cibeles è quella che riesce a evocare con maggiore immediatezza lo splendore della Madrid imperiale.

Il suo principale motivo di interesse è costituito dal magnifico **Palacio de Comunicaciones**. Completato nel 1917 da Antonio Palacios, il più prolifico architetto madrileno della belle époque, questo edificio riesce a far coesistere elementi dello stile monumentale nordamericano in voga in quell'epoca con particolari gotici e rinascimentali. Ha la funzione di municipio (*ayuntamiento*) di Madrid, con l'ufficio della posta centrale che ne occupa l'angolo sud-occidentale. Tra gli altri edifici degni di nota che sorgono sul perimetro della plaza figurano il **Palacio de Linares**, la **Casa de América**, il **Palacio de Buenavista**, la **Casa de las Siete Chimeneas** e la sede nazionale del **Banco de España**. Le vedute in direzione est verso la **Puerta de Alcalá** o in direzione ovest verso l'**edificio Metrópolis** sono tra le più suggestive di tutta Madrid.

La spettacolare fontana dedicata alla dea Cibele al centro della plaza è una delle più belle della città, ed è particolarmente amata dai suoi abitanti fin da quando, nel 1780, venne realizzata in questo luogo da Ventura Rodríguez. Carlo III cercò di farla trasferire nei giardini della Granja de San Ildefonso, situata vicino a Segovia, ma i *madrileños* dimostrarono il loro dissenso in maniera talmente clamorosa da indurre il re ad abbandonare l'idea. La fontana di Cibele è anche il luogo in cui si radunano tradizionalmente i giocatori e i tifosi del Real Madrid per festeggiare le vittorie più importanti della loro squadra.

FREE **Museo Naval** MUSEO NAVALE
(cartina p47; www.museonavalmadrid.com, in spagnolo; Paseo del Prado 5; ⌚10-14 mar-dom; Ⓜ Banco de España) Un isolato a sud di Plaza de la Cibeles, questo museo affascinerà non soltanto chi ama il mare e la navigazione, ma anche chi semplicemente è curioso di conoscere come doveva essere l'Armada spagnola. Qui sono esposti modelli straordinari di navi, che vanno dagli esordi della storia marittima della Spagna fino al XX secolo. Un grande interesse storico hanno anche le antiche mappe, e in particolare quella del mondo allora conosciuto, realizzata nel 1500 da Juan de la Cosa. L'accuratezza dell'Europa e dell'Africa è straordinaria, ed è ritenuta la prima mappa su cui compaiono le Americhe (per quanto tracciate più seguendo la fantasia che la realtà).

Iglesia de San Jerónimo el Real CHIESA
(cartina p47; Calle de Ruiz de Alarcón 19; ⌚10-13 e 17-20.30 lun-sab ott-giu, orario variabile lug-set; Ⓜ Atocha o Banco de España) Per tradizione, questa cappella situata dietro il Museo del Prado è da sempre legata alla famiglia reale di Spagna, e nel 1975, dopo la morte di Francisco Franco, qui venne incoronato re Juan Carlos I. L'interno, in parte sobrio e in parte fastoso secondo il finto stile

I MIGLIORI MUSEI DI ARTE SPAGNOLA

» **Museo del Prado** (p46) – Goya, Velázquez, Zurbarán...

» **Centro de Arte Reina Sofía** (p43) – Picasso, Dalí, Miró...

» **Real Academia de Bellas Artes de San Fernando** (p40) – Goya, Velázquez, Picasso, Juan Gris

» **Ermita de San Antonio de la Florida** (p57) – Goya

» **Museo Sorolla** (p58) – Joaquín Sorolla

» **Museo Municipal de Arte Contemporáneo de Madrid** (p57) – artisti contemporanei isabellino, è in realtà una ricostruzione del XIX secolo che ha preso ispirazione dalla Iglesia de San Juan de los Reyes di Toledo; la cappella originale venne in gran parte distrutta durante la guerra peninsulare.

Puerta de Alcalá PORTA MONUMENTALE
(cartina p47; Plaza de la Independencia; Ⓜ Retiro) La prima porta trionfale a portare questo nome venne eretta nel 1599, ma Carlo III ne fu stranamente deluso; nel 1764 la fece demolire e al suo posto fece costruire la porta che si può vedere oggi. Due volte l'anno, in autunno e in primavera, le automobili che affollano normalmente questa rotatoria cedono il passo a greggi di pecore che vengono trasferite dagli alpeggi estivi ai pascoli invernali (e viceversa) secondo un antico rituale.

SALAMANCA

Il *barrio* di Salamanca è considerato il quartiere più esclusivo di Madrid ed è caratterizzato da una maestosa e raffinata eleganza. Questo quartiere è il posto ideale per indossare i propri abiti migliori e farsi vedere in giro (soprattutto lungo Calle de Serrano o Calle de José Ortega y Gasset), per entrare nei negozi con aria pretenziosa resistendo alla tentazione di chiedere i prezzi, oppure per fare una passeggiata tra i suoi splendidi musei e gli incantevoli parchi che costituiscono il simbolo di una civiltà giunta al culmine della propria raffinatezza.

Museo Arqueológico Nacional MUSEO ARCHEOLOGICO
(cartina p53; http://man.mcu.es, in spagnolo; Calle de Serrano 13; ingresso libero fino al completamento dei lavori di restauro; ⌚9.30-20 mar-sab, 9.30-15 dom e festivi; Ⓜ Serrano) Dietro la sua facciata imponente, lo straordinario Museo Archeologico Nazionale custodisce una vastissima raccolta di reperti. Questa grande collezione comprende magnifici mosaici provenienti dagli scavi di ville romane situate in tutta la Spagna; complessi oggetti realizzati a mano di epoca musulmana e mudéjar; sculture come la Dama de Ibiza e la Dama de Elche; esempi di stili architettonici gotici e romanici; e una ricostruzione parziale delle pitture rupestri preistoriche di Altamira (in Cantabria).

Purtroppo, fino al 2012 (ma più probabilmente fino al 2013), sarà esposta solo una piccola parte delle ricchezze del museo, in quanto l'edificio è soggetto a importanti (e necessarie) opere di ristrutturazione.

Museo Lázaro Galdiano MUSEO PRIVATO
(www.flg.es, in spagnolo; Calle de Serrano 122; interi/studenti €4/3, ingresso libero dom; ⌚10-16.30 mer-lun; Ⓜ Gregorio Marañón) Ospitato all'interno di un imponente palazzo di pietra in stile italiano costruito nei primi anni del XX secolo, il Museo Lázaro Galdiano custodisce circa 13.000 opere e *objets d'art*. Oltre ad alcuni pregevoli lavori di artisti come Bosch, Zurbarán, Goya, Claudio Coello, El Greco e Constable, in questo museo potrete

Salamanca

Da non perdere
Museo Arqueológico Nacional ... B5
Museo de la Escultura Abstracta ... C1

Che cosa vedere
1 Museo de Cera ... A4

Attività, corsi e tour
2 International House ... A3

Pernottamento
3 Hesperia Hermosilla ... C4
4 Petit Palace Art Gallery ... C5

Pasti
5 Biotza ... C5
6 El Lateral ... D3
7 La Colonial de Goya ... D5
8 La Galette ... C6
9 Las Tortillas de Gabino ... A1
Mantequería Bravo ... (v. 20)
10 Mercado de la Paz ... C3
11 Restaurante Estay ... D4
12 Sergi Arola Gastro ... A2
13 Sula Madrid ... D5

Locali
14 Café-Restaurante El Espejo ... A5
15 Gran Café de Gijón ... A6
16 Serrano 41 ... C3

Shopping
17 Agatha Ruiz de la Prada ... C3
18 Camper ... C5
19 Gallery ... D5
20 Mantequería Bravo ... C3

ammirare un grande numero di oggetti del tutto singolari.

Nella sala n. 14, il genio di Goya è celebrato con un collage di elementi tratti dalle sue opere più famose, tra cui *La Maja* e gli affreschi dell'Ermita de San Antonio de la Florida.

Museo de la Escultura Abstracta GALLERIA ALL'APERTO

(cartina p53; www.munimadrid.es/museoairelibre/; Ⓜ Rubén Darío) Questa affascinante collezione d'arte all'aperto comprende 17 opere astratte del celebre artista basco Eduardo Chillida e del maestro catalano Joan Miró,

Salamanca

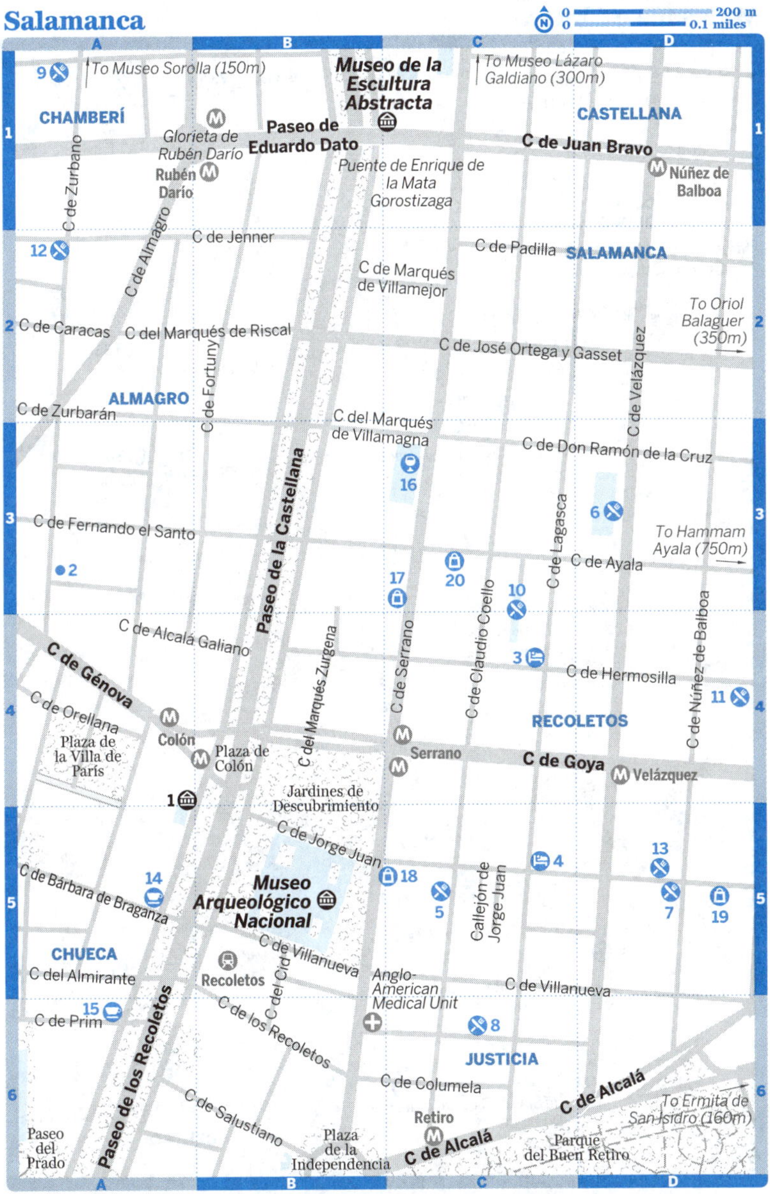

oltre a lavori di Eusebio Sempere e di Alberto Sánchez, uno degli scultori spagnoli di maggior rilievo del XX secolo. Le sculture sono collocate sotto il cavalcavia situato nel punto in cui il Paseo de Eduardo Dato incrocia il Paseo de la Castellana, ma in qualche modo lo smog del traffico e gli escrementi dei piccioni riescono quasi ad esaltarne la bellezza. Tutte le sculture tranne una si trovano sul lato orientale del Paseo de la Castellana.

MALASAÑA E CHUECA

I *barrios* centrali di Malasaña e Chueca sono particolarmente rappresentativi di

Malasaña e Chueca

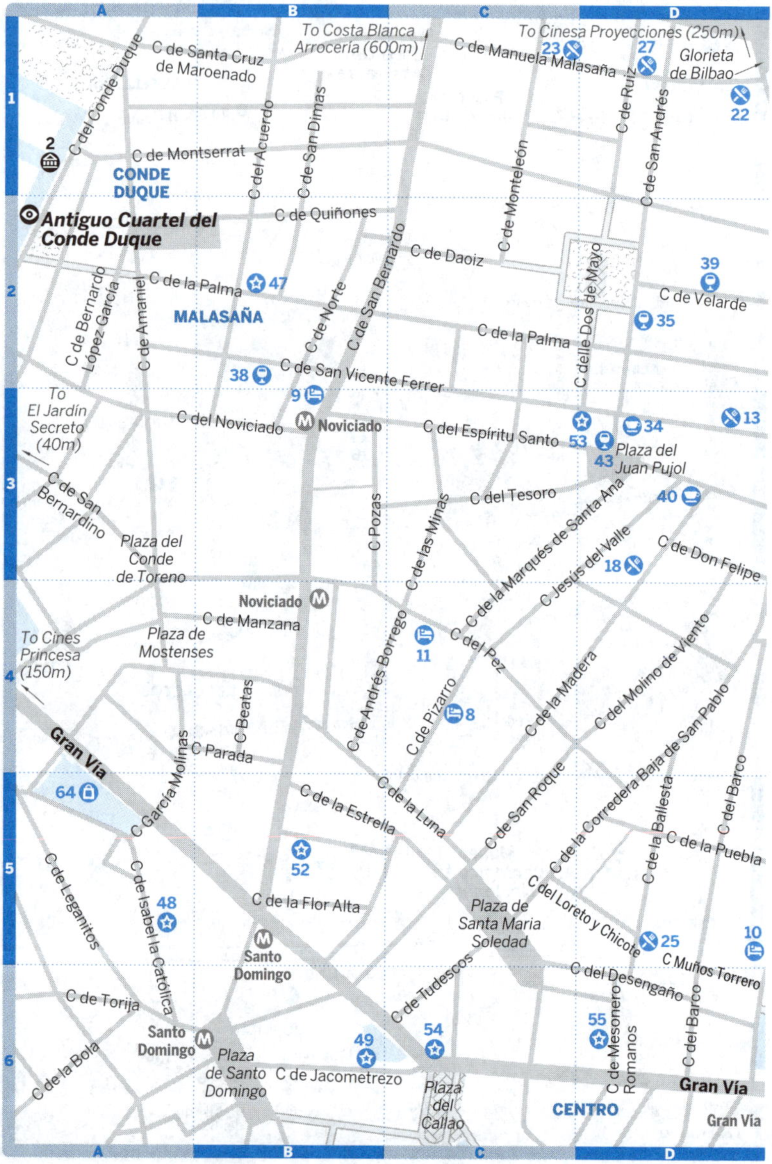

una Madrid più intima e personale. Certo, anche in questa zona non mancano musei interessanti ed edifici molto pregevoli dal punto di vista architettonico, tuttavia in questi *barrios* ciò che conta è più il fare che l'osservare, è il vivere dinamicamente le stesse esperienze dei *madrileños* piuttosto che spuntare una voce dopo l'altra da un elenco di luoghi di interesse che, per quanto stupendi, restano pur sempre qualcosa di statico. Sebbene queste attrattive abbiano dato un contributo determinante alla fama della capitale, non si può negare che la rappresentino solo in parte. In questi quartieri

Malasaña e Chueca

Da non perdere

Antiguo Cuartel del Conde Duque ... A2
Museo de Historia ... E3
Sociedad General de Autores y Editores ... G3

Che cosa vedere

1 Casa de las Siete Chimeneas ... G6
2 Museo Municipal de Arte Contemporáneo ... A1
3 Palacio de Buenavista ... H6
4 Telefónica Building ... E6

Attività, corsi e tour

5 Apunto – Centro Cultural del Gusto ... G4
6 Spa Relajarse ... G4

Pernottamento

7 Albergue Juvenil ... F1
8 Antigua Posada del Pez ... C4
9 Flat 5 Madrid ... B3
10 Hostal La Zona ... D5
11 Hotel Abalú ... C4
12 Hotel Óscar ... F6

Pasti

13 A Dos Velas ... D3
14 Baco y Beto ... F5
15 Bazaar ... G5
16 Bocaito ... G6
17 Bodega de la Ardosa ... E4
18 Casa Julio ... D3
19 El Original ... G6
20 Fresc Co ... G1
21 Gastromaquia ... F5
22 La Isla del Tesoro ... D1
23 La Musa ... C1
24 La Paella de la Reina ... G6
25 La Tasquita de Enfrente ... D5
26 Le Cabrera ... H4
27 Nina ... D1
28 Poncelet ... H2

Locali

29 Areia ... F3
30 Bar Cock ... F6
31 Café Acuarela ... F4
32 Café Belén ... G4
33 Café Comercial ... E1
Café La Troje ... (v. 14)
34 Café Manuela ... D3
35 Café Pepe Botella ... D2
36 Club 54 Studio ... F6
37 Del Diego ... F6
38 Kabokla ... B2
39 La Vía Láctea ... D2
Le Cabrera ... (v. 26)
Liquid Madrid ... (v. 36)
40 Lolina Vintage Café ... D3
41 Mamá Inés ... E5
42 Museo Chicote ... F6
43 Ojalá Awareness Club ... D3
44 Splash Óscar ... F6
45 Stromboli ... F3

Divertimenti

46 Black & White ... G5
47 Café La Palma ... B2
48 Cool ... A5
49 El Berlín Jazz Club ... B6
50 El Junco Jazz Club ... G2
51 La Enana Marrón ... F3
52 Morocco ... B5
53 Nasti Club ... D3
54 Sala Bash/Ohm ... C6
55 Sala Flamingo ... D6
56 Tupperware ... E2
57 Why Not? ... F5

Shopping

58 A Different Life ... F4
59 Diedro ... F1
60 Librería Berkana ... F4
61 Mercado de Fuencarral ... E4
62 Patrimonio Comunal Olivarero ... G3
63 Reserva y Cata ... H4
64 Salvador Bachiller ... A5

ricchi di personalità avrete l'opportunità di approfondire la vostra conoscenza di Madrid e dei madrileni frequentando i loro rinomati locali notturni, i loro negozi e i loro ristoranti. Malasaña è più semplice e con meno pretese, mentre a Chueca, in quanto centro della cultura gay di Madrid, si respira un'atmosfera più trendy ed esuberante.

Museo de Historia MUSEO

(cartina p54; www.munimadrid.es/museomunicipal, in spagnolo; Calle de Fuencarral 78; M Tribunal)
Lo splendido Museo de Historia (che in precedenza si chiamava Museo Municipal) vanta un elaborato ingresso in stile barocco, realizzato nel 1721 da Pedro de Ribera e restaurato di recente. L'interno è dominato

da dipinti e da vari oggetti che consentono di ripercorrere le tappe salienti della storia di Madrid; il pezzo forte della collezione è costituito dal capolavoro di Goya *Allegoria della città di Madrid*. Non mancate di dare un'occhiata anche al grande plastico al piano terra, che raffigura l'aspetto che doveva avere Madrid negli anni '30 del XIX secolo. Purtroppo, durante la nostra visita il museo era chiuso per importanti lavori di restauro, ma la sua riapertura era prevista in un futuro molto prossimo.

Sociedad General de Autores y Editores ARCHITETTURA MODERNISTA
(cartina p54; Calle de Fernando VI 4; M Alonso Martínez) L'edificio pieno di volute e di riccioli leziosi che ospita la Sociedad General de Autores y Editores è quello che a Madrid evoca maggiormente l'opera di Antoni Gaudí. Si tratta di una compiaciuta e gioiosa ode al Modernismo, unica nel suo genere in città. L'edificio è molto più interessante visto dall'esterno: meglio così, dal momento che viene aperto al pubblico soltanto il primo lunedì di ottobre (Giornata Internazionale dell'Architettura) e in occasione dei festeggiamenti della Noche en Blanco.

Antiguo Cuartel del Conde Duque EX CASERMA
(cartina p54; Calle del Conde Duque 9; M Plaza de España, Ventura Rodríguez o San Bernardo) Il limite occidentale del quartiere di Malasaña è dominato da questa poderosa e vecchia caserma che, dietro la sua facciata lunga ben 228 m, ospita gli archivi di stato, le biblioteche e l'Hemeroteca Municipal (la maggiore collezione di quotidiani e di riviste presente in Spagna). All'interno di questo edificio ha sede anche il **Museo Municipal de Arte Contemporáneo de Madrid** (cartina p54; www.munimadrid.es/museoartecontemporaneo, in spagnolo; ingresso libero; ⏲10-14 e 17.30-21 mar-sab, 10.30-14.30 dom), che espone una collezione di dipinti, sculture, fotografie e arte grafica di artisti contemporanei spagnoli e stranieri.

CHAMBERÍ E ARGÜELLES

I quartieri di Chamberí e di Argüelles non sono famosi per i loro monumenti o per le attrattive culturali, sebbene ci siano anche qui alcuni musei interessanti, quanto piuttosto per i posti notevoli in cui fermarsi a mangiare, a bere qualcosa e ad ascoltare musica dal vivo. Chamberí e, in misura minore, Argüelles oggi sono due quartieri piuttosto agiati, tuttavia la loro atmosfera è molto meno pretenziosa di quella di Salamanca, perciò qui è probabilmente più facile che altrove cogliere l'essenza più autentica di Madrid come la vivono i *madrileños*, lontano dalle folle dei turisti.

Ermita de San Antonio de la Florida CHIESA, GALLERIA
(Glorieta de San Antonio de la Florida 5; ⏲9.30-20 mar-ven, 10-14 sab e dom set-giu, orario variabile lug e agosto; M Príncipe Pío) I soffitti affrescati della Ermita de San Antonio de la Florida sono uno dei più affascinanti tesori nascosti di Madrid. Conosciuta anche con il nome di Panteón de Goya, la più meridionale delle due cappelle offre la rara opportunità di ammirare un'opera di Goya nel suo contesto originale, come fu eseguita dal maestro nel 1798 su richiesta di Carlo IV.

Gli affreschi della cupola raffigurano il miracolo di sant'Antonio che risuscita un giovane dalla tomba affinché possa discolpare il padre, accusato ingiustamente di averlo assassinato. Intorno alle figure principali si può vedere una tipica folla madrilena.

Il pittore è sepolto di fronte all'altare. Le sue spoglie (tranne la testa, misteriosamente mancante) furono traslate in questo edificio nel 1919 da Bordeaux (in Francia), dove Goya era morto in esilio volontario nel 1828.

FREE **Templo de Debod** TEMPIO EGIZIO
(www.munimadrid.es/templodebod, in spagnolo; Paseo del Pintor Rosales; ⏲10-14 e 18-20 mar-ven, 10-14 sab e dom apr-set; M Ventura Rodríguez) Incredibile ma vero: questo autentico tempio egizio del IV secolo a.C. sorge nel cuore di Madrid, più precisamente nel Parque de la Montaña. Il Templo de Debod fu salvato dall'innalzamento delle acque del Lago Nasser determinato dalla costruzione della diga di Assuan: dopo essere stato smontato pietra per pietra, fu spedito in Spagna nel 1968. Dai giardini circostanti è possibile ammirare un panorama incantevole sul Palacio Real.

Museo de América MUSEO COLONIALE
(http://museodeamerica.mcu.es, in spagnolo; Avenida de los Reyes Católicos 6; interi/bambini €3/gratuito, dom ingresso libero; ⏲9.30-15 mar, mer, ven e sab, 9.30-15 e 16-19 gio, 10-15 dom e festivi; M Moncloa) Tra il 1492 e gli inizi del XX secolo i viaggi verso il Nuovo Mondo e gli scambi commerciali con le colonie americane contribuirono in maniera determinante allo sviluppo economico e culturale della Spagna. Il Museo de América ospita una collezione rappresentativa di ceramiche, statue, gioielli, strumenti per

cacciare e pescare e armi, insieme ad altri oggetti portati in patria dai colonizzatori. In genere, l'attenzione dei visitatori tende a focalizzarsi sulla collezione di tesori colombiani risalenti al II secolo d.C. e su un paio di teste mummificate.

Museo Sorolla GALLERIA D'ARTE
(http://museosorolla.mcu.es, in spagnolo; Paseo del General Martínez Campos 37; interi/under 18 e anziani €3/gratuito, dom ingresso libero; ⏲9.30-20 mar-sab, 9.30-18 mer, 10-15 dom e festivi; Ⓜ Iglesia o Gregorio Marañón) L'artista valenciano Joaquín Sorolla immortalò nelle sue tele la luminosità tipicamente mediterranea della costa della regione di Valencia. La sua residenza madrilena, oggi trasformata in museo, ospita la più vasta collezione delle sue opere. Al piano terra si entra in un fresco *patio cordobés*, il tipico cortile andaluso, dal quale si accede a una sala in cui è raccolta una collezione di disegni di Sorolla. Le decorazioni al primo piano sono quasi interamente opera dell'artista stesso, il quale utilizzava le tre stanze separate come studi. Nella seconda stanza sono esposte raffigurazioni delle spiagge valenciane, mentre al piano superiore viene illustrata la carriera artistica di Sorolla attraverso un percorso che si sviluppa attraverso quattro sale adiacenti.

FUORI DAL CENTRO

Casa de Campo PARCO
(Ⓜ Batán) Questo parco di 1700 ettari, lasciati in parte incolti, si estende a ovest del Río Manzanares. Sebbene la capitale spagnola vanti altri parchi più graziosi e centrali, questo è talmente vasto da richiamare ogni fine settimana quasi mezzo milione di *madrileños* che affollano i suoi viottoli e sentieri in bicicletta, a piedi e per fare un picnic.

All'interno della Casa de Campo si trovano lo **Zoo Aquarium de Madrid** (www.zoomadrid.com; interi/3-7 anni e anziani €18,65/15,10; ⏲orario variabile; Ⓜ Casa de Campo), dove vivono circa 3000 animali, e il **Parque de Atracciones** (www.parquedeatracciones.es, in spagnolo; ingresso €10,60, con accesso illimitato alle attrazioni interi/under 7 €29/22; ⏲orario variabile; Ⓜ Batan), un parco dei divertimenti di buon livello che piacerà sicuramente ai bambini. Tenete presente che sia lo zoo sia il parco osservano orari di apertura variabili.

Un mezzo divertente per raggiungere la Casa de Campo è il **teleférico** (cabinovia; www.teleferico.com, in spagnolo; interi sola andata/andata e ritorno €3,50/5, 3-7 anni sola andata/andata e ritorno €3,55/5,15; ⏲orario variabile; Ⓜ Argüelles), che parte dal Paseo del Pintor Rosales, all'angolo di Calle del Marqués de Urquijo, e termina su un'altura nel centro del parco.

Attività

Madrid non è la città più attrezzata d'Europa per chi ama circolare in bicicletta, ma una pedalata nella Casa de Campo o nel Parque del Buen Retiro è un modo fantastico di trascorrere un pomeriggio.

Ci sono numerose palestre pubbliche disseminate per tutta Madrid. In genere fanno pagare solo da €3,50 a €7 per l'accesso di una giornata. I centri benessere privati sono più costosi (da €10 a €15), ma di solito sono anche meno affollati.

Madrid Xanadú CENTRO SCIISTICO
(www.madridsnowzone.com, in spagnolo; Calle Puerto de Navacerrada, Arroyomolinos; interi/bambini 1 ora €19/16, skypass giornaliero €33/30, noleggio attrezzatura €36/50 all'ora/giorno; ⏲10-24 ven e sab) Il più grande centro sciistico al coperto d'Europa è aperto tutto l'anno e mantenuto alla temperatura costante – decisamente bassa – di -2°C. All'interno del complesso si trovano anche un grandissimo centro commerciale, diverse sale cinematografiche, una pista per i go-kart e un parco dei divertimenti. Madrid Xanadú si trova circa 23 km a ovest di Madrid, nei pressi della A5. Per arrivare qui, prendete l'autobus n. 528 o 534 dall'Intercambiador de Príncipe Pío.

Hammam Medina Mayrit HAMMAM
(cartina p36; www.medinamayrit.com; Calle de Atocha 14; ⏲10-24; Ⓜ Sol) Un tradizionale bagno arabo; è necessaria la prenotazione.

Hammam Ayala HAMMAM
(www.hammamayala.com, in spagnolo; Calle de Ayala 126; ⏲10-20 mar e gio, 13-22 mer, ven e sab, 13-20 dom; Ⓜ Manuel Becerra) Un altro bagno in stile arabo.

Spa Relajarse CENTRO TERMALE
(cartina p54; www.sparelajarse.es, in spagnolo; Calle de Barquillo 43; ⏲11-23 lun-sab, 13-21 dom; Ⓜ Chueca)

By Bike NOLEGGIO BICICLETTE
(www.bybike.info; Avenida de Menédez Pelayo 35; €4/20 all'ora/giorno; ⏲10-21 lun-ven e 9.30-21.30 sab e dom giu-set; Ⓜ Ibiza) In posizione ideale per il Parque del Buen Retiro.

DITE LA VOSTRA

Hai scoperto un fantastico ristorante che desideri segnalare al mondo? I nostri suggerimenti non ti convincono? O semplicemente vuoi parlare del tuo viaggio più recente?

Indipendentemente dai tuoi motivi, consulta lonelyplanetitalia.it, dove potrai esporre la tua opinione, porre domande o intervenire sul forum, scrivere il tuo diario di viaggio, oppure condividere fotografie. Che cosa aspetti? Di' la tua.

Bike Spain NOLEGGIO BICICLETTE
(cartina p36; www.bikespain.info; Plaza de la Villa 1 (Calle del Codo); mezza giornata/giornata intera/fine settimana €10/15/30; ⏲10-14 e 16-19 lun-ven; Ⓜ Ópera) Organizza anche escursioni in bicicletta.

Trixi.com NOLEGGIO BICICLETTE
(cartina p36; www.trixi.com; Calle de los Jardines 12; 4/8/24 ore €8/12/15, casco €2,50; ⏲10-14 e 16-20 lun-ven, 10-20 sab e dom marzo-ott; Ⓜ Gran Vía)

Polideportivo La Chopera CENTRO SPORTIVO
(cartina p47; Parque del Buen Retiro; 1/10 sessioni €4,35/37; ⏲9-21 lun-sab, 9-15 dom, agosto chiuso; Ⓜ Atocha) Uno dei migliori centri sportivi di Madrid, nell'angolo sud-occidentale del Parque del Buen Retiro; offre un nuovo centro per allenamenti.

Casa de Campo PISCINA
(Avenida Ángel; ingresso €4, 50; ⏲11.30-21 mag-set; Ⓜ Batán) Con piscina all'aperto e al coperto.

Canal de Isabel II PISCINA
(Avenida de Filipinas 54; ingresso €4; ⏲11-20 giu-inizi di set; Ⓜ Ríos Rosas o Canal) Se il caldo afoso delle interminabili estati madrilene minaccia di sopraffarvi, cercate un po' di ristoro in questa grande piscina all'aperto, situata nella parte settentrionale di Madrid.

Corsi

A Madrid troverete numerose scuole di lingua spagnola di vario livello. In teoria, i cittadini di paesi non appartenenti all'Unione Europea che desiderano studiare in un'università o in una scuola di lingue in Spagna dovrebbero farsi rilasciare un visto per motivi di studio. Tra le scuole di lingue segnaliamo le seguenti:

Academia Inhispania LINGUE
(cartina p36; www.inhispania.com; Calle de la Montera 10-12; Ⓜ Sol)

Academia Madrid Plus LINGUE
(cartina p36; www.madridplus.es; 6° piano, Calle del Arenal 21; Ⓜ Ópera)

International House LINGUE
(cartina p53; www.ihmadrid.es; Calle de Zurbano 8; Ⓜ Alonso Martínez)

Universidad Complutense LINGUE
(www.ucm.es/info/cextran/Index.htm; Secretaria de los Cursos para Extranjeros, Facultad de Filologia [Edificio A] Universidad Complutense, Cuidad Universitaria; Ⓜ Cuidad Universitaria)

Altri corsi:

Fundación Conservatorio Casa Patas FLAMENCO
(cartina p44; www.conservatorioflamenco.org, in spagnolo; Calle de Cañizares 10; Ⓜ Antón Martín o Tirso de Molina) Il posto migliore per imparare a ballare le *sevillanas* (una danza popolare con ampi movimenti vorticosi delle braccia) o a strimpellare la chitarra.

Alambique CUCINA
(cartina p36; www.alambique.com; Plaza de la Encarnación 2; Ⓜ Ópera o Santo Domingo) I costi delle lezioni partono da circa €50; vengono organizzati anche alcuni corsi in lingua inglese.

Apunto – Centro Cultural del Gusto CUCINA
(cartina p54; www.apuntolibreria.com, in spagnolo; Calle de Pelayo 60; Ⓜ Chueca) Le lezioni dedicate a una vasta gamma di stili culinari partono da €25.

Tour

Per chi ha poco tempo a disposizione e desidera vedere il più possibile, una visita guidata può essere il modo ideale per conoscere la città.

Descubre Madrid A PIEDI
(Scopri Madrid; ☎91 588 29 06; www.esmadrid.com/descubremadrid; tour a piedi interi/ridotti €3,90/3,12, in autobus €6,45/5,05, in bicicletta €3,90/3,12 più €6 per noleggio biciclette) L'ufficio turistico di Madrid propone 20 itinerari con guida a piedi, in bicicletta e in autobus.

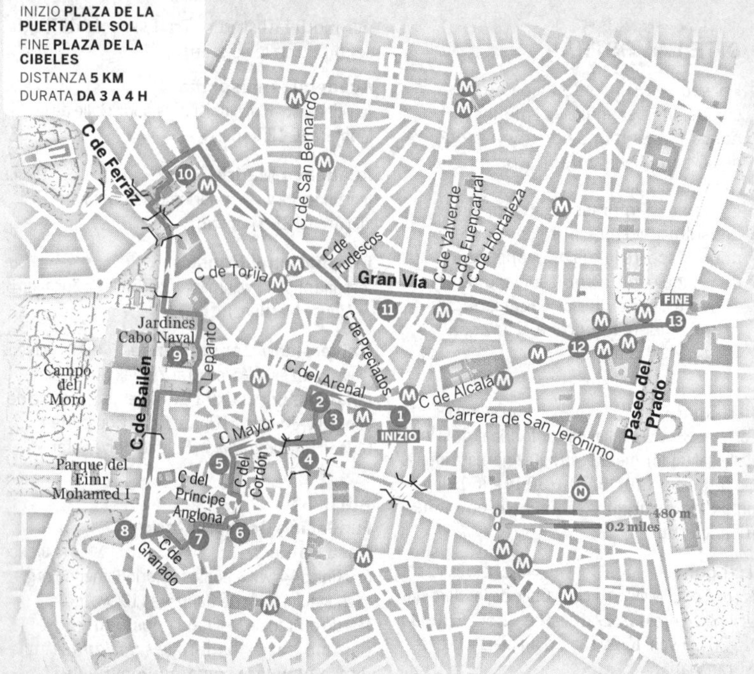

Itinerario a piedi

Madrid storica

Iniziate la vostra esplorazione dal cuore geografico della Spagna, ❶ **Plaza de la Puerta del Sol**, poi dirigetevi verso nord-ovest lungo Calle del Arenal fino alla ❷ **Iglesia de San Ginés**, uno dei luoghi di culto cristiani più antichi di Madrid. Alle sue spalle c'è la magnifica ❸ **Chocolatería de San Ginés**, vera mecca per gli appassionati del *chocolate con churros* (frittelle dolci di forma allungata servite con cioccolata calda).

Proseguite per Calle Mayor, attraversatela e raggiungete ❹ **Plaza Mayor**, dirigetevi quindi verso ovest e scendete la collina in direzione della storica ❺ **Plaza de la Villa**, dove si trovano alcuni degli edifici più antichi della città.

Imboccate la via che scende sulla sinistra della Casa de Cisneros; una volta in fondo attraversate Calle del Sacramento, quindi scendete le scale e proseguite lungo l'acciottolata Calle del Cordón per sbucare infine in Calle de Segovia. Quasi di fronte a voi si erge il campanile in stile mudéjar della ❻ **Iglesia de San Pedro El Viejo**, del XV secolo; proseguite lungo Costanilla de San Pedro, soffermandovi lungo il percorso nell'incantevole ❼ **Plaza de la Paja**.

Da qui inoltratevi lungo il dedalo di vicoli della Morería fino a Calle de Bailén e alle splendide e costose *terrazas* (caffè con tavoli all'aperto) ai margini dei ❽ **Jardines de las Vistillas**. Dopo avere sorseggiato una *cerveza* (birra) , seguite Calle de Bailén oltre la cattedrale e il palazzo reale fino all'elegantissima ❾ **Plaza de Oriente**.

Portatevi sul lato ovest della piazza e percorrete il prolungamento di Calle de Bailén, che immette in **Plaza de España**, circondata da edifici monumentali. Il lato orientale di Plaza de España segna l'inizio della ⓫ **Gran Vía**, ampio viale realizzato negli anni '10 e '20 del Novecento secondo lo stile del grande urbanista francese Haussmann, radendo al suolo i vecchi quartieri fatiscenti dell'area. Salite e ridiscendete la collina oltre le eleganti facciate fino alla splendida cupola dell'⓬ **Edificio Metrópolis**, nel punto in cui la Gran Vía incrocia Calle de Alcalá. Scendete verso ⓭ **Plaza de la Cibeles**, la rotatoria più amata di Madrid.

Wellington Society A PIEDI
(☎609 143 203; www.wellsoc.org; tour a partire da €60) Alcuni itinerari storici bizzarri, infarciti di aneddoti e condotti dall'inimitabile Stephen Drake-Jones. Tra le varie possibilità figurano 'Corride', 'I luoghi di Hemingway a Madrid' e 'Curiosità e aneddoti di Madrid antica'.

Letango Tours A PIEDI
(☎91 369 47 52; www.letango.com; giorni feriali/fine settimana €95/135) Itinerari a piedi attraverso la città, compresi tapas tour, con ulteriori escursioni a San Lorenzo El Escorial, Segovia e Toledo.

Insider's Madrid A PIEDI
(☎91 447 38 66; www.insidersmadrid.com; tour a partire da €55) Tour studiati su misura che comprendono itinerari a piedi, tapas, flamenco e corride.

Madrid Bike Tours IN BICICLETTA
(☎680 581 782; www.madridbiketours.com; tour di 4 ore €55) Il londinese Mike Chandler organizza visite guidate di Madrid della durata di due ore.

Bike Spain IN BICICLETTA
(cartina p36; ☎91 559 06 53; www.bikespain.info; Plaza de la Villa 1 (Calle del Codo); tour €35; ⏲10-14 e 16-19 lun-ven, 10-14 sab e dom; Ⓜ Ópera) Tour guidati in inglese in bicicletta.

Seg City Tours IN SEGWAY
(cartina p44; ☎91 127 43 93; www.segcity.es; Calle de Cervantes 22; tour di 2/4 ore a partire da €36/60; Ⓜ Antón Martín) Operatore autorizzato dalla Segway che utilizza l'ultimo modello Segway i2 PT.

Madrid Vision IN AUTOBUS
(www.madridvision.es; biglietto per 1/2 giorni interi €16/19, 7-16 anni e over 65 €7,50/10, under 7 gratuito; ⏲9.30-24 21 giu-20 set, 10-17 21 dic-20 marzo, 10-18.30 resto dell'anno) Tour in autobus scoperti su cui si può salire e scendere a piacimento lungo un itinerario prestabilito. Le informazioni sono disponibili presso gli uffici turistici e in alcuni alberghi; il biglietto si può acquistare a bordo dell'autobus.

Adventurous Appetites TOUR GASTRONOMICO
(☎639 331 073; www.adventurousappetites.com; tour di 4 ore €50; ⏲20-24 lun-sab) Tapas tour in inglese per il centro di Madrid. Il costo comprende il primo drink, ma il cibo è escluso.

Alambique TOUR GASTRONOMICO
(cartina p36; ☎91 547 42 20; www.alambique.com; tour di 3½ ore a partire da €50; Plaza de la Encarnación 2; Ⓜ Ópera o Santo Domingo) I tour denominati 'Foodies Walking Tour' fermano alle panetterie tradizionali e al Mercado de San Miguel; possono essere prolungati e comprendere il pranzo e una lezione di cucina.

Feste ed eventi

I madrileni amano divertirsi, e ogni scusa è buona per una fiesta. Per informazioni sulle festività nazionali, v. p8, ma durante il vostro soggiorno nella capitale non lasciatevi sfuggire gli eventi indicati di seguito. Maggiori informazioni si trovano online sul sito www.esmadrid.com.

Febbraio

Festival Flamenco Caja Madrid FLAMENCO
Cinque giorni dedicati interamente al flamenco in uno dei teatri della città – le date non sono fisse; tra i grandi nomi che hanno partecipato a questa manifestazione in anni recenti figurano Enrique Morente, Carmen Linares e Diego El Cigala.

Arco ARTE CONTEMPORANEA
(Feria Internacional de Arte Contemporánea; www.arco.ifema.es, in spagnolo) Una delle maggiori manifestazioni di arte contemporanea di tutta Europa, Arco richiama galleristi ed espositori da ogni parte del mondo al centro esposizioni del Parque Ferial Juan Carlos I, nelle immediate vicinanze dell'aeroporto di Barajas. Si tiene verso la metà di febbraio.

Marzo

Jazz es Primavera JAZZ
(www.sanjuanevangelista.org) Tre settimane di musica nei principali jazz club della città. A volte questa manifestazione prosegue anche nel mese di aprile.

La Noche de los Teatros TEATRO DI STRADA
Nella 'Notte dei Teatri', le strade di Madrid si trasformano in palcoscenici per ogni genere di spettacolo, in particolare la commedia e le opere per bambini. Di solito si svolge l'ultimo sabato di marzo.

Maggio e giugno

Fiesta de la Comunidad de Madrid FESTA DELLA CITTÀ
Il 2 maggio 1808 le truppe di Napoleone soffocarono una rivolta del popolo di Madrid. La commemorazione di questo evento

MADRID PER I BAMBINI

Madrid offre numerose opportunità di divertimento per i bambini. Un buon punto di partenza è la **Casa de Campo** (p58), dove ci sono alcune piscine, lo Zoo Aquarium de Madrid e il Parque de Atracciones, che dispone di una 'Zona Infantil' con attrazioni particolarmente indicate per i più piccini. Per raggiungere la Casa de Campo, prendete il *teleférico*, una delle funivie più orizzontali del mondo, che effettua un percorso di 2,5 km partendo dalla collina di La Rosaleda.

Un'altra possibilità è costituita da **Faunia** (www.faunia.es, in spagnolo; Avenida de las Comunidades 28; interi/under 12 €24,90/19,10; ⌚orario variabile; Ⓜ Valdebernardo), un moderno parco a tema dedicato agli animali e dotato di alcune sezioni come 'la giungla amazzonica' e 'l'ecosistema polare'. Faunia è situato a est della M-40, a circa 7 km dal centro città.

Il **Museo del Ferrocarril** (Museo della Ferrovia; www.museodelferrocarril.org; Paseo de las Delicias 61; interi/bambini €4,50/3; ⌚10-15 mar-dom sett-lug; Ⓜ Delicias) espone carrozze ferroviarie d'epoca, vecchie locomotive e altro ancora, mentre il **Museo Naval** (p51), a ingresso libero, eserciterà un grande richiamo sugli appassionati di imbarcazioni.

Il **Museo de Cera** (cartina p53; www.museoceramadrid.com; Paseo de los Recoletos 41; interi/under 10 €16/12; ⌚10-14.30 e 16.30-20.30 lun-ven, 10-20.30 sab e dom; Ⓜ Colón) è la modesta risposta di Madrid a Madame Tussaud (a Londra), con più di 450 statue di cera di personaggi famosi.

Altre opportunità di divertimento potrebbero essere una partita del Real Madrid all'**Estadio Santiago Bernabéu** (p87), una rilassante passeggiata nel verde del **Parque del Buen Retiro** (p50), dove nei mesi estivi si può assistere a uno spettacolo di burattini e fare un giro in barca, oppure sciare a **Madrid Xanadú** (p58).

storico è diventata un'opportunità per festeggiare. La ricorrenza viene celebrata con particolare intensità nei bar di Malasaña.

Fiesta de San Isidro SANTO PATRONO

Attorno al 15 di maggio al santo patrono di Madrid viene dedicata un'intera settimana di processioni, feste e corride. In ogni angolo della città si tengono concerti gratuiti, e la settimana segna l'inaugurazione ufficiale della stagione delle corride della capitale.

Festimad MUSICA INDIE

(www.festimad.es, in spagnolo) Gruppi musicali provenienti da ogni angolo del paese, e anche dall'estero, convergono a Móstoles o Leganés (sulla rete ferroviaria MetroSur) per due giorni di immersione nella musica indie. Sebbene in genere si svolga in maggio, a volte Festimad ha luogo anche in aprile o in giugno.

Fiesta de Otoño en Primavera MUSICA, TEATRO

(www.esmadrid.com) La 'Festa d'Autunno in Primavera' prevede un fitto calendario di eventi musicali e teatrali.

Suma Flamenca FLAMENCO

(www.madrid.org/sumaflamenca, www.teatrosdelcanal.org) Un altro festival del flamenco molto suggestivo, che richiama alcuni dei nomi più celebri di questo genere nel Teatros del Canal in giugno.

Día del Orgullo de Gays, Lesbianas y Transexuales GAY PRIDE

(www.orgullogay.org, in spagnolo, www.gaypridemadrid.com) La pittoresca parata del Gay Pride, l'ultimo sabato di giugno, parte nelle prime ore della sera dalla Puerta de Alcalá, si snoda per le vie della città in un'esplosione di musica e di vitalità e termina alla Puerta del Sol.

Luglio e agosto

Veranos de la Villa CULTURA

(www.esmadrid.com/veranosdelavilla/) Il comune di Madrid organizza 'Estati in Città', una serie di eventi culturali, spettacoli e mostre nei mesi di luglio e agosto.

Feste Estive FESTE DI QUARTIERE

Di breve durata ma divertenti, le feste che si tengono durante l'estate in diversi quartieri (nel periodo che va dalla metà di agosto a settembre) – come la festa di San Cayetano, a Lavapiés, e quella di San Lorenzo e La Paloma, a La Latina – costituiscono eccellenti occasioni per divertirsi spendendo poco.

Settembre–novembre

La Noche en Blanco NOTTE BIANCA
In occasione della Notte Bianca di settembre, Madrid rimane sveglia tutta la notte con un'incredibile quantità di concerti in tutta la città e festeggiamenti in ben 120 locali.

Festival Jazz Madrid JAZZ
(www.esmadrid.com/festivaljazzmadrid/) Madrid ama troppo la musica jazz per limitarsi a un unico festival (Jazz es Primavera è l'altro evento). Questo festival che si tiene in novembre con ogni probabilità è più prestigioso, e richiama nella capitale gruppi provenienti da ogni parte del paese per tenere una serie di concerti in varie sedi sparse in tutta la città.

Pernottamento

Madrid dispone di alloggi di buon livello in ogni fascia di prezzo, in grado di soddisfare le esigenze più disparate. La scelta della zona in cui pernottare rivestirà un ruolo molto importante nella vostra esperienza di viaggio a Madrid. A Los Austrias, Sol e Centro vi troverete nel cuore della trafficata zona del centro storico, mentre La Latina (il *barrio* migliore per le tapas), Lavapiés e Huertas (quartiere ideale per gli amanti della vita notturna) sono più indicati per chi ama le serate madrilene e desidera non dover fare troppa strada per tornare in albergo a notte fonda. Gli alberghi situati lungo il Paseo del Prado rappresentano la soluzione ideale per chi intende trascorrere molto tempo nelle gallerie d'arte, mentre il tranquillo e lussuoso quartiere di Salamanca costituisce la meta più ambita dagli appassionati dello shopping. Non si deve per forza essere gay per decidere di pernottare a Chueca, ma se lo siete non potrete fare a meno di amare questo quartiere, mentre Malasaña è un altro *barrio* del centro con numerosi bar e ristoranti di alto livello.

LOS AUSTRIAS, SOL E CENTRO

TOP **Hotel Meninas** BOUTIQUE HOTEL €€
(cartina p36; ☎91 541 28 05; www.hotelmeninas.com; Calle de Campomanes 7; singole/doppie a partire da €109/129; ❄📶; Ⓜ Ópera) Questo è quel genere di posti in cui sembra che un interior designer abbia dato libero sfogo alla sua fantasia per creare un capolavoro di lusso minimalista. I colori di base sono il nero, il bianco e il grigio, con pavimenti in legno scuro e qualche chiazza di colore fucsia e giallo-verde. Ogni camera è dotata di TV a schermo piatto, oltre che di bagni modernissimi e punti di accesso a internet (in alcune camere c'è persino un portatile), tutti elementi che completano alla perfezione l'effetto generale creato dalle linee pulite e dai particolari all'avanguardia.

Hostal Madrid HOSTAL, APPARTAMENTI €
(cartina p36; ☎91 522 00 60; www.hostal-madrid.info; 2° piano, Calle de Esparteros 6; singole €40-60, doppie €50-78, appartamenti €60-150 per notte, €1200-2100 al mese; Ⓜ Sol) I 19 ottimi appartamenti di questo *hostal* (albergo economico) hanno dimensioni diverse, da 33 metri quadrati a 200 metri quadrati, e ciascuno è dotato di cucina completamente attrezzata, zona soggiorno, bagno e, in alcuni casi, un'ampia terrazza con una bella vista sui tetti. Le camere doppie sono confortevoli e abbastanza spaziose, e il servizio è estremamente cordiale.

Hotel Plaza Mayor HOTEL €€
(cartina p36; ☎91 360 06 06; www.h-plazamayor.com; Calle de Atocha 2; singole €50-70, doppie €60-130; ❄; Ⓜ Sol o Tirso de Molina) Situato dall'altro lato rispetto a Plaza Mayor, questo albergo offre arredi molto eleganti ed è impreziosito dagli incantevoli elementi originali dell'edificio risalente a un secolo e mezzo fa; anche il personale è estremamente gentile e disponibile. Le camere sono molto gradevoli, alcune arredate con sfumature chiare e mobili in ferro battuto. Le camere di design dell'ultimo piano dispongono di deliziose terrazzine dalle quali potrete ammirare un incantevole panorama sui tetti del centro di Madrid.

Los Amigos Sol Backpackers' Hostel OSTELLO €
(cartina p36; ☎91 559 24 72; www.losamigoshostel.com; Calle de Arenal 26, 4° piano; letti in camerata con prima colazione €17-20; @; Ⓜ Ópera o Sol) Se siete arrivati a Madrid con il desiderio di cercare compagnia e di fare nuove conoscenze, questo potrebbe essere il posto che fa per voi – molti studenti pernottano qui, il personale è efficiente (e parla inglese) e le camere in stile camerata (con armadietti con serratura gratuiti) sono luminose. Le tariffe comprendono la prima colazione, e c'è anche una cucina a disposizione degli ospiti. Un flusso costante di visitatori affezionati è la migliore referenza che possiamo fornire.

Hotel de Las Letras HOTEL €€
(cartina p36; ☎91 523 79 80; www.hoteldelasletras.com; Gran Vía 11; doppie a partire da €100; Ⓜ Gran Vía) L'ultima moda tra i nuovi alberghi

di Madrid è costituita dalla presenza di un bar sul tetto dal quale è possibile ammirare un incantevole panorama sulla città. A inaugurare questa tendenza è stato l'Hotel de las Letras, che non dispone solo di un bar meraviglioso, ma è anche un albergo eccellente sotto tutti gli aspetti. Ogni camera è arredata in uno stile diverso, e sulle pareti sono riportate citazioni letterarie di scrittori famosi.

Mario Room Mate BOUTIQUE HOTEL €€
(cartina p36; ☎91 548 85 48; www.room-matehoteles.com; Calle de Campomanes 4; singole €90-120, doppie €100-140; ❄📶; Ⓜ Ópera) Entrando in questo elegante boutique hotel si prova quasi l'impressione di varcare la soglia della discoteca più alla moda di Madrid – personale vestito tutto di nero, pareti nere e fasci di luci rosse nella lobby. Le camere potrebbero risultare un po' piccole, ma hanno alti soffitti e mobili lineari, tonalità chiare in contrasto con colori tenui e superfici scure; alcune sono semplicemente bianche, altre hanno chiazze di colore e buffi dipinti murali. Primo albergo a inaugurare la catena Room Mate, il Mario si autodefinisce 'intimo, elegante e sereno', e noi concordiamo con questa descrizione.

Hostal Luis XV HOSTAL €
(cartina p36; ☎91 522 10 21; www.hrluisxv.net, in spagnolo; 8° piano, Calle de la Montera 47; singole/doppie a partire da €45/59; Ⓜ Gran Vía) Questo posto a gestione familiare vale più di quanto costa, grazie alla vista spledida, alle camere spaziose e all'attenzione ai particolari. Le camere affacciate sull'esterno dispongono di balconi dai quali potrete ammirare panorami veramente incantevoli (soprattutto dalla camera tripla n. 820); se soggiornate in questa struttura non vorrete più andare via.

Hostal Acapulco HOSTAL €
(cartina p36; ☎91 531 19 45; www.hostalacapulco.com; Calle de la Salud 13, 4° piano; singole/doppie €52/62; ❄📶; Ⓜ Gran Vía) Con pavimenti in marmo, bagni rinnovati di recente, finestre con i doppi vetri e letti molto comodi, questo piccolo e impeccabile *hostal* si colloca leggermente al di sopra di molte altre strutture simili presenti a Madrid. Le camere che si affacciano sulla strada sono inondate di luce naturale e dispongono di balconi con vista sulla soleggiata Plaza del Carmen.

Petit Palace Posada del Peine BOUTIQUE HOTEL €€
(cartina p36; ☎91 523 81 51; www.hthoteles.com; Calle de Postas 17; doppie a partire da €130; ❄📶; Ⓜ Sol) Questo albergo veramente notevole, ospitato in uno splendido edificio storico costruito nel 1610, abbina una posizione fantastica (a soli 50 m da Plaza Mayor) a moderne camere hi-tech. I bagni sono pulitissimi e attrezzati con finiture magnifiche, mentre le zone comuni conservano molti dettagli architettonici d'epoca. L'unico neo di questa struttura è costituito dal fatto che alcune camere sono un po' piccole.

Hotel Preciados BUSINESS HOTEL €€
(cartina p36; ☎91 454 44 00; www.preciadoshotel.com; Calle de Preciados 37; doppie a partire da €125; ❄📶; Ⓜ Santo Domingo o Callao) In questo albergo si respira un'atmosfera più raffinata rispetto a quella di molti altri alberghi della capitale frequentati da una clientela in viaggio per affari, e riscuote commenti entusiastici per la qualità del servizio. L'illuminazione soffusa, i paralumi e le ampie vetrate personalizzano le camere e creano un ambiente intimo e piacevolmente raccolto.

Hostel Metropol OSTELLO €
(cartina p36; ☎91 521 29 35; www.metropolhostel.com; Calle de la Montera 47, 1° piano; letti in camerata €16-21, singole/doppie €45/60; @; Ⓜ Gran Vía) Questo posto informale è molto frequentato da una clientela di giovani viaggiatori che vengono qui non per le sue camere (che sono molto semplici e dall'aspetto piuttosto anonimo), ma perché il Metropol offre qualcosa di speciale e difficile da trovare in altri ostelli: un'atmosfera accogliente e molto divertente.

LA LATINA E LAVAPIÉS

Mad Hostel OSTELLO €
(☎91 506 48 40; www.madhostel.com; Calle de Cabeza 24; letti in camerata a partire da €15; ❄@; Ⓜ Antón Martín) Gestito dagli stessi proprietari del Cat's Hostel, il Mad Hostel è pervaso dalla stessa atmosfera giovane e animata. Il patio del primo piano – dotato di soffitto apribile – è un posto meraviglioso per rilassarsi, mentre le camerate con quattro-otto posti letto sono un po' piccole, ma nuove e pulite. Sul tetto c'è una piccola palestra con attrezzatura all'avanguardia.

HUERTAS E ATOCHA

TOP **Alicia Room Mate** BOUTIQUE HOTEL €€
(cartina p44; ☎91 389 60 95; www.room-matehoteles.com; Calle del Prado 2; doppie €105-165, suite a partire da €200; ❄📶; Ⓜ Sol o Antón Martín) Una delle proprietà assolutamente particolari della catena di alberghi di design Room Mate, l'Hotel Alicia si affaccia su Pla-

Madrid da scoprire

Museo del Prado »

Linee della metropolitana »

» Monumento equestre di Filippo III e Casa de la Panaderia, Plaza Mayor (p34)

Madrid
Museo del Prado

PIANO DI ATTACCO

Iniziate al primo piano con *Las Meninas* **1** di Velázquez. Vale da solo il prezzo del biglietto ed è una bella introduzione all'età d'oro dell'arte spagnola del XVII secolo; vicino ammirerete altri dipinti di Velázquez e opere di Zurbarán e Murillo. Sempre al primo piano, cercate *La Maja Vestida* e *La Maja Desnuda* **2** di Goya, e nelle sale vicine altre opere realizzate da Goya agli esordi della sua carriera. Al piano terra, all'estremità meridionale del Prado, l'ira di Goya è evidente nei caustici *El Dos de Mayo* e *El Tres de Mayo* **3**, mentre il tormento dei suoi anni successivi trova espressione nelle sale adiacenti con le sue Pinturas Negras **4**. Al piano terra, l'opera suggestiva di Hieronymus Bosch *Il giardino delle delizie* **5** è uno dei capolavori più preziosi del Prado. Tornando al primo piano, *L'adorazione dei pastori* **6** di El Greco è un'opera straordinaria, così come *Las Tres Gracias* **7** di Peter Paul Rubens, al centro della raccolta di maestri fiamminghi (questo dipinto potrebbe essere stato spostato al secondo piano). Una deviazione al secondo piano comprende alcune opere meno note del Goya. Terminate con l'Edificio de los Jerónimos **8** e con la visita dei chiostri e del bel negozio di libri.

VISITATE ANCHE:

Il vicino Museo Thyssen-Bornemisza e il Centro de Arte Reina Sofía. Con il Prado, formano uno straordinario trio di gallerie d'arte.

CONSIGLI UTILI

» **Prenotate online**
Acquistate il biglietto online (www.museodelprado.es), risparmiate €1 ed evitate le code.

» **Orario migliore di visita**
Quanto prima possibile dopo l'apertura.

» **Visite gratuite**
Il sito www.museodelprado.es/coleccion/que-ver/ offre visite autonome della durata da 1 a 3 ore.

PETER BARRITT/ALAMY

Las Tres Gracias (Rubens)
Tardo capolavoro di Rubens, *Le tre Grazie* è una straordinaria espressione dell'interesse del Maestro per la sensualità; sono ritratte Aglaia, Euphrosyne e Thalia, le figlie di Zeus.

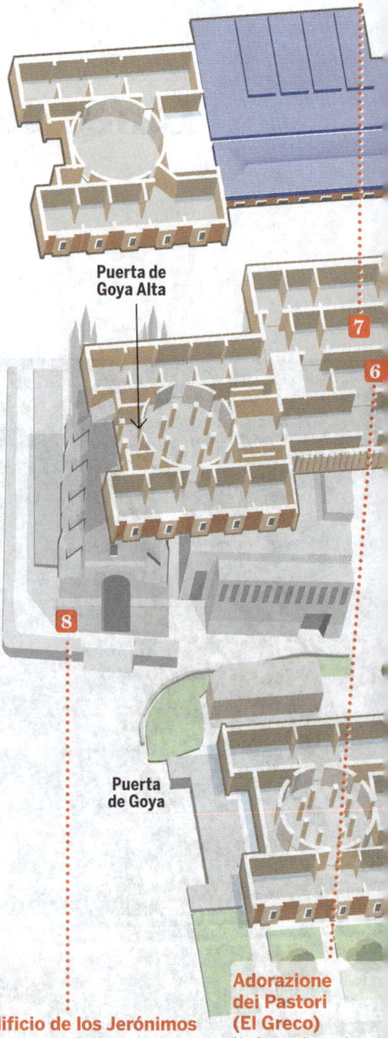

Edificio de los Jerónimos
Inaugurato nel 2007, questo ampliamento ospita mostre a rotazione di capolavori tenuti in magazzino per decenni per mancanza di spazio; al secondo piano c'è uno straordinario chiostro in granito risalente al 1672.

Adorazione dei Pastori (El Greco)
Un dipinto di grande intensità. L'interpretazior di El Greco delle forme contorte dei corpi costituirà la caratteristica di molte delle sue opere più tarde

RICHARD NEBESKY

Las Meninas (Velázquez)

Questo capolavoro ritrae Velázquez e la infanta Margarita, con le immagini del re e della regina che, secondo alcuni esperti, appaiono riflesse negli specchi alle spalle di Velázquez.

GIANNI DAGLI ORTI/ALAMY

La Maja Vestida e La Maja Desnuda (Goya)

Queste opere enigmatiche scandalizzarono la società di Madrid degli inizi del XIX secolo, alimentando la curiosità per l'identità della donna e attirando le ire dell'Inquisizione spagnola (qui è riprodotta La Maja Vestida).

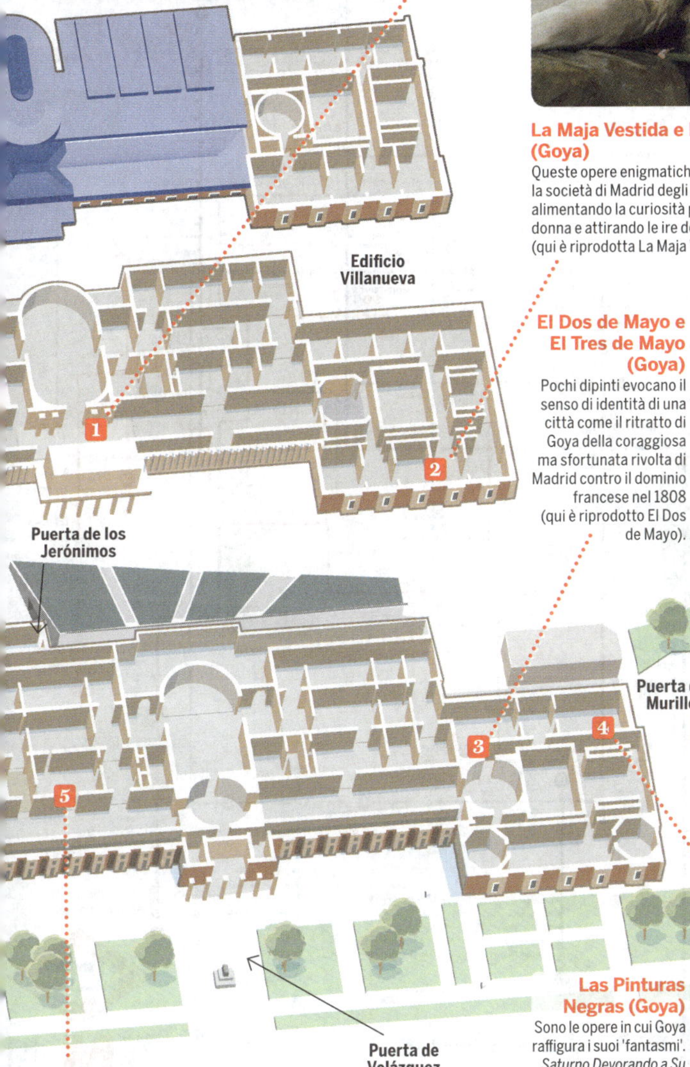

RICHARD NEBESKY

El Dos de Mayo e El Tres de Mayo (Goya)

Pochi dipinti evocano il senso di identità di una città come il ritratto di Goya della coraggiosa ma sfortunata rivolta di Madrid contro il dominio francese nel 1808 (qui è riprodotto El Dos de Mayo).

Il giardino delle delizie (Bosch)

Dipinto fantastico sotto forma di trittico, questo capolavoro mostra il giardino dell'Eden e ciò che il Prado descrive come 'la cupa area confinante dell'Inferno' con particolari squisitamente grotteschi.

PETER BARRITT/ALAMY

Las Pinturas Negras (Goya)

Sono le opere in cui Goya raffigura i suoi 'fantasmi'. *Saturno Devorando a Su Hijo* evoca una massa contorta di umanità torturata, mentre *La Romería de San Isidro* e *El Akelarre* sono davvero sconvolgenti.

Metropolitana di Madrid

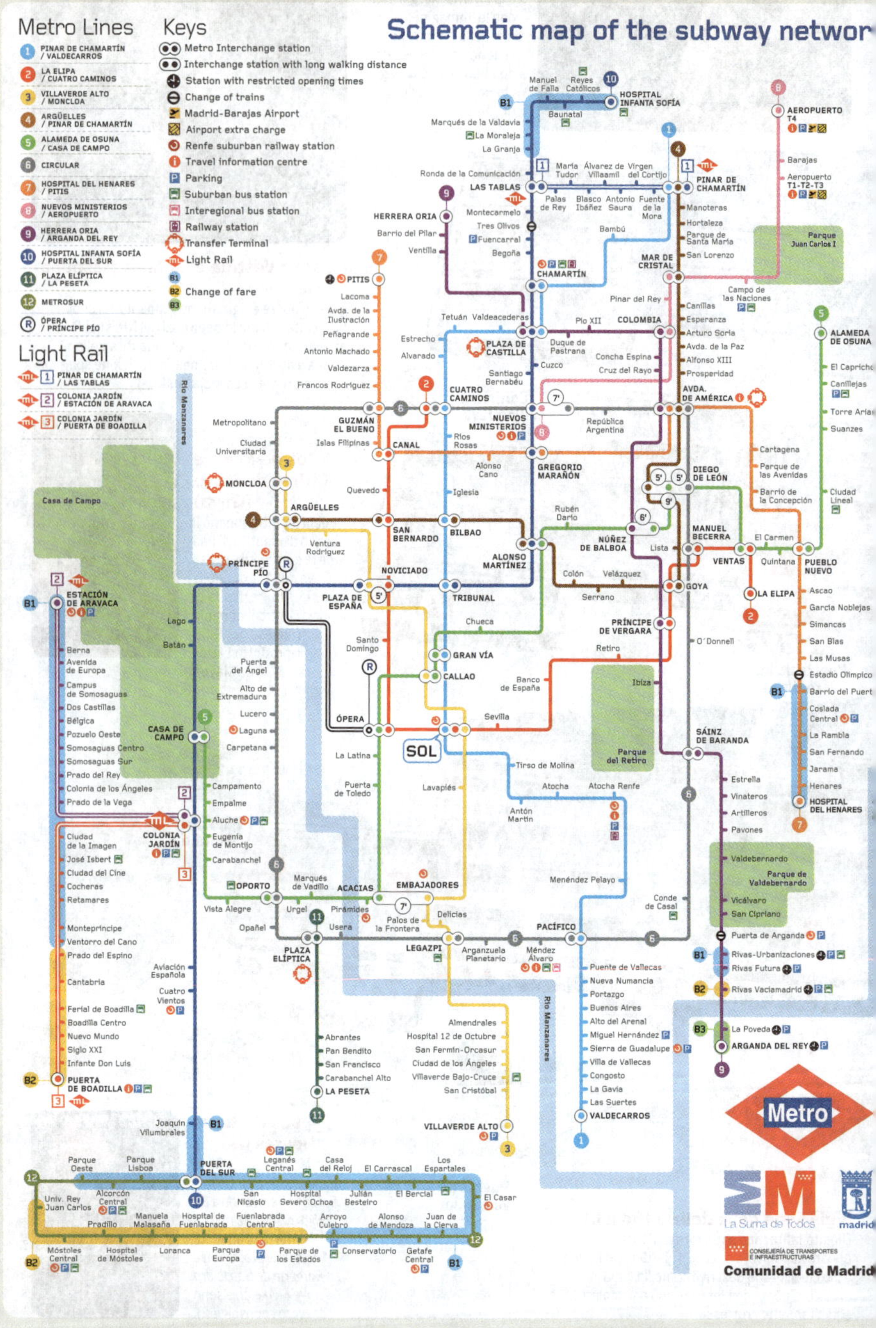

za de Santa Ana con le sue camere belle e spaziose. Lo stile (opera di Pascua Ortega) è leggermente meno marcato rispetto a quello di altri alberghi della catena, ma l'aspetto supermoderno resta sempre lo stesso, il bar al piano terra è di tendenza, e il servizio è giovane ed entusiasta.

TOP **Quo** BOUTIQUE HOTEL €€
(cartina p44; ☎91 532 90 49; www.hotelesquo.com; Calle de Sevilla 4; doppie €90-217; ❄📶; Ⓜ Sevilla) Il Quo è stato uno dei primi boutique hotel a essere inaugurati a Madrid ed è ancora meritatamente rinomato. Le camere hanno mobili di design in stile minimalista, alti soffitti e grandi finestre che lasciano entrare molta luce. L'abbinamento di colori alterna il rosso e il nero, con superfici chiare che creano un perfetto contrasto e conferiscono un look decisamente contemporaneo. Siamo rimasti molto colpiti anche dai bagni, con porte in vetro, ripiani in vetro e lavandini in acciaio inossidabile. Tutte le camere sono dotate di TV a schermo piatto, fotografie in bianco e nero di Madrid, pavimenti in legno scuro e comode poltrone; le camere al settimo piano offrono una vasca con idromassaggio e una terrazza privata da cui si gode di una vista magnifica sui tetti del centro di Madrid.

MADRID GAY-FRIENDLY

Madrid è una delle città più gay-friendly d'Europa. Il cuore pulsante della Madrid omosessuale è il *barrio* (quartiere) urbano di Chueca, dove i gay madrileni non sono semplicemente usciti allo scoperto, ma hanno addirittura abbattuto i muri del pregiudizio. Il quartiere, in ogni caso, è comunemente frequentato da un mix di gay ed eterosessuali. Per i gay e le lesbiche il periodo migliore per visitare la città è intorno all'ultimo sabato di giugno, quando si svolge la parata del Gay Pride (p61).

Chueca è caratterizzato da un'elevata concentrazione di bar, ristoranti e negozi gay-friendly. La **Librería Berkana** (cartina p54; ☎91 522 55 99; www.libreriaberkana.com, in spagnolo; Calle de Hortaleza 64; ⏲10.30-21 lun-ven, 11.30-21 sab, 12-14 e 17-21 dom; Ⓜ Chueca) funge anche da centro informazioni ufficioso per i gay di Madrid; al suo interno troverete la pubblicazione quindicinale *Shanguide*, piena di indirizzi e di inserzioni pubblicitarie, oltre a libri, riviste e video. **A Different Life** (cartina p54; www.adifferentlife.es, in spagnolo; Calle de Pelayo 30; ⏲11-22 lun-ven, 11-24 sab, 11-15 e 17-22 dom; Ⓜ Chueca) è un'altra libreria che si rivolge espressamente a una clientela di gay e lesbiche.

Un altro luogo di ritrovo frequentato dalla comunità gay di Madrid è il tranquillo **Mamá Inés** (cartina p54; www.mamaines.com, in spagnolo; Calle de Hortaleza 22; ⏲10-14 dom-gio, 10-3 ven e sab; Ⓜ Gran Vía o Chueca), un caffè che costituisce un'importante fonte di gossip sulla movimentata vita notturna della capitale. Il **Café Acuarela** (cartina p54; Calle de Gravina 10; ⏲11-2 dom-gio, 11-3 ven e sab; Ⓜ Chueca) è un altro punto di ritrovo dei gay di Madrid, con le sue luci soffuse e una gigantesca statua di un angelo nudo di guardia alla porta. Se desiderate trascorrere una serata tranquilla potete anche scegliere l'atmosfera sofisticata del **Café La Troje** (cartina p54; Calle de Pelayo 26; ⏲14-2; Ⓜ Chueca).

Due dei più frequentati locali notturni di Chueca sono il **Club 54 Studio** (cartina p54; www.studio54madrid.com, in spagnolo; Calle de Barbieri 7; ⏲23.30-3.30 gio-sab; Ⓜ Chueca), che prende a modello il famoso Studio 54 di New York, e il **Liquid Madrid** (cartina p54; www.liquid.es; Calle de Barbieri 7; ⏲9-3 lun-gio, 9-3.30 ven e sab; Ⓜ Chueca). Per divertirsi fino a tarda notte, il **Why Not?** (cartina p54; Calle de San Bartolomé 7; ⏲22.30-6; ingresso €10; Ⓜ Chueca) è il genere di locale che non lascia nulla all'immaginazione (la sua clientela mista, gay ed etero, non ha nessun problema ad abbandonarsi alle effusioni) ed è affollatissimo quasi tutte le sere. Il sottofondo musicale è un mix di pop e dei successi più recenti.

Altri locali noti e frequentati prevalentemente da gay sono il **Sala Bash/Ohm** (cartina p54; Plaza del Callao 4; ⏲24-6 ven e sab; Ⓜ Callao), il **Black & White** (cartina p54; www.discoblack-white.net; Calle de la Libertad 34; ⏲22-5.30 dom-gio, 22-6 ven e sab; Ⓜ Chueca) e il **Cool** (p82), soprattutto le serate del sabato.

Se siete alla ricerca di una sistemazione, vi consigliamo caldamente l'eccellente **Hostal La Zona** (p68), che si rivolge soprattutto a una clientela omosessuale.

Hotel Urban HOTEL DI LUSSO €€€
(cartina p44; ☎917877770; www.derbyhotels.com; Carrera de San Jerónimo 34; doppie/suite a partire da €190/250; ❄📶🏊; Ⓜ Sevilla) L'imponente edificio in vetro dell'Hotel Urban rappresenta il massimo dell'eleganza e del design. Con le sue linee pulite, le opere d'arte moderna e gli oggetti di antiquariato provenienti da ogni parte del mondo, costituisce una meravigliosa alternativa al fascino più classico degli alberghi a cinque stelle di Madrid dalla fama più consolidata. Ai toni scuri dei pavimenti in legno e delle pareti fa da contrappunto una grande luminosità, mentre i bagni dispongono di funzionali impianti di design – i lavandini sono semplicemente sublimi. La piscina sul tetto è la migliore di Madrid, e la sontuosa terrazza è un posto ideale in cui trascorrere una romantica serata estiva a lume di candela.

Chic & Basic Colors OSTELLO €€
(cartina p44; ☎91 429 69 35; www.chicandbasic.com; Calle de las Huertas 14, 2° piano; singole/doppie/appartamenti a partire da €62/78/96; ❄📶🏊; Ⓜ Antón Martín) È tutto un turbinio di colori in questo grazioso e piccolo ostello. Le camere sono bianche e di stile minimalista, con accesso gratuito a internet, TV a schermo piatto, pavimenti in legno scuro e colori coordinati con sfumature diverse in ogni camera. Offre un ambiente molto confortevole, moderno e informale. Le tariffe delle camere aumentano di €10 il venerdì e il sabato. Nello stesso edificio ci sono anche appartamenti.

Cat's Hostel OSTELLO €
(cartina p44; ☎91 369 28 07; www.catshostel.com; Calle de Cañizares 6; letti in camerata/doppie a partire da €15/42; ❄@; Ⓜ Antón Martín) Parte di un palazzo del XVII secolo, il cortile interno di questo ostello è il più grazioso di tutta Madrid: splendide piastrelle andaluse, una fontana, uno spettacolare soffitto in vetro e straordinarie decorazioni in stile arabo, il tutto circondato sui quattro lati da un balcone aperto. C'è un bar nel seminterrato molto trendy con connessione gratuita a internet dove vengono organizzate fiestas, spesso con musica dal vivo.

Hostal Adriano HOSTAL €
(cartina p44; ☎91 521 13 39; www.hostaladriano.com; Calle de la Cruz 26, 4° piano; singole/doppie €53/65; Ⓜ Sol) Non c'è niente di meglio di questo allegro e luminoso *hostal*, stretto tra le strade che segnano il confine tra i quartieri di Sol e Huertas. Quasi tutte le camere sono piuttosto spaziose, e ciascuna è caratterizzata da un colore diverso.

Hostal Sardinero HOSTAL €
(cartina p44; ☎91 429 57 56; www.hostalsardinero.com; Calle del Prado 16; singole/doppie a partire da €42/50; ❄; Ⓜ Sol o Antón Martín) Il cambio di gestione ha portato qui più che una semplice mano di pittura fresca, nuovi materassi e nuove TV. Alle camere allegre, dotate di alti soffitti, aria condizionata, cassetta di sicurezza, asciugacapelli e bagno rimodernato, si aggiunge l'allegria contagiosa di Nieves e Jimmy, che offrono un servizio attento senza essere invadente.

Hostal Adria Santa Ana HOSTAL €€
(cartina p44; ☎91 521 13 39; www.hostaladriasantaana.com; Calle de la Cruz 26, 4° piano; singole/doppie €60/70; Ⓜ Sol) Gestito dagli stessi proprietari dell'Hostal Adriano, questa struttura si trova sullo stesso piano, ma si colloca un gradino più in alto per quanto riguarda le tariffe, l'eleganza e il lusso. Mettendo i due *hostales* insieme si ottiene una combinazione fantastica.

Me by Melía HOTEL €€€
(cartina p44; ☎91 701 60 00; www.me-by-melia.com; Plaza de Santa Ana 14; doppie senza/con vista sulla plaza a partire da €182/230; Ⓜ Sol o Antón Martín) Un tempo noto con il nome di Gran Victoria Hotel e residenza madrilena di molti toreri famosi, questo albergo audace sta rapidamente diventando un punto di riferimento completamente diverso. Affacciato sull'estremità occidentale di Plaza de Santa Ana, il Me by Melía, dotato di tutti i comfort, è un albergo di lusso arredato in uno stile minimalista in cui dominano il bianco e le linee curve. Vale decisamente la pena di pagare un supplemento per avere una camera con vista.

Hotel Miau BOUTIQUE HOTEL €€
(cartina p44; ☎91 369 71 20; www.hotelmiau.com; Calle del Príncipe 26; singole/doppie con prima colazione €85/95; ❄@; Ⓜ Sol o Antón Martín) Se desiderate soggiornare a due passi dalla vita notturna di Huertas, o non riuscite ad allontanarvi dalla bellissima Plaza de Santa Ana, l'Hotel Miau è senza dubbio il posto che fa per voi. Tonalità chiare, macchie di colore ed eleganti opere d'arte moderna decorano le camere, che sono spaziose e ben attrezzate. Può essere rumoroso, ma se scegliete Huertas...

Hotel El Pasaje HOTEL €€
(cartina p44; ☎91 521 29 95; www.elpasajehs.com; Calle del Pozo 4; doppie con prima colazione

€91-113; MSol) Se desiderate una posizione ideale a Huertas, l'Hotel El Pasaje è imbattibile. Si trova in un vicolo tranquillo quasi del tutto privo di bar, ma situato immediatamente girato l'angolo rispetto a Plaza de la Puerta del Sol, un fatto che garantisce una posizione molto centrale, ma anche la certezza di riposare tranquillamente, almeno secondo gli standard di Huertas. L'ambiente è raccolto e moderno (fatta eccezione per i copriletto dall'aspetto decisamente vissuto), e le camere dispongono di bei bagni, minibar e spazio sufficiente per posare la valigia sul pavimento senza inciamparci.

PASEO DEL PRADO ED EL RETIRO

Hotel Ritz HOTEL DI LUSSO €€€
(cartina p47; ☎91 701 67 67; www.ritzmadrid.com; Plaza de la Lealtad 5; doppie a partire da €280, suite €1100-5000; ❄📶; MBanco de España) Il leggendario Hotel Ritz incarna l'essenza dell'esclusività. Situato in uno degli edifici più lussuosi di Madrid, il suo stile classico e il servizio impeccabile non hanno rivali. Non c'è da stupirsi che si tratti dell'albergo preferito da presidenti, re e celebrità. Gli spazi comuni sono principeschi e traboccano di oggetti di antiquariato, mentre le camere sono molto spaziose, opulente e straordinariamente confortevoli.

Westin Palace HOTEL DI LUSSO €€€
(cartina p44; ☎91 360 80 00; www.westinpalacemadrid.com; Plaza de las Cortes 7; doppie a partire da €215, suite a partire da €650; ❄📶; MBanco de España o Antón Martín) Un altro classico di Madrid, questo palazzo un tempo appartenuto al Duque de Lerma fu trasformato in albergo nel 1911, diventando il secondo albergo di lusso della Spagna. Da allora ha sempre cercato di competere con il suo rivale situato nella parte opposta di Plaza de Neptuno, il Ritz, come un innamorato ingiustamente rifiutato. Sebbene il suo nome non goda del fascino e del prestigio internazionale del Ritz, non viene chiamato Palace a caso, e per lo sfarzo e l'eleganza che lo contraddistinguono merita senz'altro questo titolo.

SALAMANCA

TOP **Petit Palace Art Gallery** ART HOTEL €€
(cartina p53; ☎91 435 54 11; www.hthoteles.com; Calle de Jorge Juan 17; doppie €120-220; ❄📶; MSerrano) All'interno di un edificio signorile del XIX secolo nel quartiere di Salamanca, questo incantevole hotel di design combina le strutture hi-tech con un ambiente artistico, caratterizzato da numerose opere d'arte originali disposte negli spazi comuni e persino in alcune delle camere. Docce con idromassaggio, computer portatili e cyclette in molte camere sono solo alcuni degli extra presenti nell'albergo, e la sua posizione è ideale per godere del meglio di Salamanca.

Hesperia Hermosilla HOTEL €€
(cartina p53; ☎91 246 88 00; www.hesperia.com; Calle de Hermosilla 23; doppie a partire da €84; ❄📶; MSerrano) Se lo shopping nei raffinati negozi di Salamanca costituisce una delle priorità del vostro soggiorno madrileno, oppure se preferite soggiornare in una zona tranquilla ed esclusiva, lontano dal trambusto che caratterizza il centro di Madrid, questo albergo moderno di sobria eleganza costituisce un'ottima scelta. L'arredo è vagamente minimalista, soprattutto nelle zone comuni, e le camere sono dotate di TV a schermo piatto LCD e di numerosi altri comfort piuttosto rari nelle strutture di questa categoria di prezzi.

MALASAÑA E CHUECA

TOP **Hotel Óscar** BOUTIQUE HOTEL €€
(cartina p54; ☎91 701 11 73; www.room-matehoteles.com; Plaza de Vázquez de Mella 12; doppie €90-200, suite €150-280; ❄📶🏊; MGran Vía) Semplicemente favoloso. Le camere di design dell'Hotel Óscar sono caratterizzate da uno stile estremamente sofisticato. Alcune sono decorate con dipinti murali che occupano tutta la parete, l'illuminazione è sempre molto particolare e l'accostamento dei colori è dominato da rosa, giallo-verde e arancione, oppure da un abbinamento di bianco e nero più minimalista. La facciata – con appese migliaia di bottiglie di Coca-Cola – è un riferimento caratteristico del panorama locale; ci sono anche un bel tapas bar a livello strada e una terrazza sul tetto.

TOP **Antigua Posada del Pez** HOTEL €€
(cartina p54; ☎91 531 42 96; www.antiguaposadadelpez.com; Calle de Pizarro 16; singole €40-120, doppie €50-150; MNoviciado) Se solo tutte le strutture ricettive fossero così valide... All'interno di un edificio storico di Malasaña si trovano queste camere eleganti e dalle linee modernissime, con bagni di design. Qui siete anche sulla collina a pochi passi da Calle del Pez, una delle vie più animate di Malasaña. È una scelta estremamente conveniente, anche quando le tariffe salgono.

Hotel Abalú BOUTIQUE HOTEL €€
(cartina p54; ☎915314744; www.hotelabalu.com; Calle del Pez 19; singole/doppie/suite a partire da €74/90/140; ❄📶; Ⓜ Noviciado) Il raffinato boutique hotel di Malasaña è un'oasi di stile nell'atmosfera di altri tempi del *barrio*. Ogni camera è caratterizzata da un design diverso, frutto della creatività di Luis Delgado, dal chintz retrò allo Zen e dal barocco al bianco assoluto, passando per tutte le soluzioni estetiche intermedie. Alcune suite sono dotate di vasca con idromassaggio e di TV con impianto home theatre. Soggiornando in questo albergo sarete a pochi passi dalla Gran Vía, ma a distanza di sicurezza dalla ressa dei turisti.

Hostal La Zona HOSTAL €
(cartina p54; ☎915219904; www.hostallazona.com; Calle de Valverde 7, 1° piano; singole/doppie €50/60; ❄📶; Ⓜ Gran Vía) Frequentato da un clientela prevalentemente gay, l'elegante Hostal La Zona è caratterizzato da mattoni a vista, da colonne di legno e da un accostamento di colori tenui e pacati. Abbiamo molto apprezzato il riguardo prestato nei confronti di chi desidera dormire fino a tardi – la prima colazione (compresa nella tariffa della camera) viene servita dalle 9 alle 12, un fatto che consente di rendere il giusto onore alla vita notturna di Madrid. Tra gli altri punti a favore di questa struttura figurano l'accesso gratuito a internet, il personale estremamente disponibile e l'aria condizionata/riscaldamento in tutte le camere.

Albergue Juvenil OSTELLO €
(cartina p54; ☎91 593 96 88; www.ajmadrid.es; Calle de Mejía Lequerica 21; letti in camerata con prima colazione €19-25; ❄@📶; Ⓜ Bilbao o Alonso Martínez) Se siete alla ricerca di una sistemazione in stile camerata, dovrete avere una ragione molto valida per non scegliere questo ostello a Madrid. Inaugurato nel 2007, l'Albergue Juvenil dispone di camere pulitissime, tutte dotate al massimo di sei posti letto (ogni camerata ha il proprio bagno privato), e di strutture supermoderne, tra cui un tavolo da biliardo, una palestra, l'accesso per le sedie a rotelle, il collegamento gratuito a internet, una lavanderia e una sala TV/DVD con una scelta di film.

Flat 5 Madrid HOSTAL €
(cartina p54; ☎91 127 24 00; www.flat5madrid.com; Calle de San Bernardo 55, 5° piano; doppie senza bagno €40-60, con bagno €60-100; ❄📶; Ⓜ Noviciado) A differenza di molti altri *hostales* di Madrid, dove il fascino dipende dal grado di usura dell'arredo, il Flat 5 Madrid ha un aspetto fresco con linee pulite e colori brillanti, e offre TV a schermo piatto, wi-fi gratuito, aria condizionata e riscaldamento e vasi di fiori sui davanzali. Persino le camere che si affacciano sul patio offrono la vista parziale sui tetti. Se le camere e i bagni fossero un po' più grandi, potremmo prendere in considerazione l'idea di trasferirci qui.

FUORI DAL CENTRO

Hotel Puerta América HOTEL DI DESIGN €€
(☎91 744 54 00; www.hotelpuertamerica.com; Avenida de América 41; doppie/suite a partire da €117/235; P❄📶; Ⓜ Cartagena) Considerando la posizione non proprio felice dell'albergo, a metà strada tra la città e l'aeroporto, i proprietari si sono sentiti in dovere di realizzare qualcosa di veramente speciale. La loro idea? Rivolgersi ad alcuni dei più grandi nomi dell'architettura innovativa mondiale affidando a ognuno di essi il design di un piano dell'albergo. Il risultato? Una straordinaria commistione di stili, dal minimalismo contemporaneo alle linee chic in voga negli anni '80, fino ai bagni di colore rosso vivo che ricordano il boudoir di una star del cinema. Persino il bar ('un tempio alla liturgia del piacere'), il ristorante, la facciata, i giardini, l'illuminazione esterna e il garage sono ciascuno opera di un architetto diverso (tra cui Jean Nouvel, Ron Arad, David Chipperfield, Sir Norman Foster e Zaha Hadid).

Pasti

Dopo essere rimasta fedele per secoli alla sua cucina locale tutt'altro che esaltante (aiutata in questo, bisogna ammetterlo, dalla gente del posto, che non sentiva la necessità di alternative gastronomiche), Madrid è finalmente diventata una capitale culinaria degna di questo nome.

Nei ristoranti di Madrid troverete una scelta vastissima, soprattutto grazie alla ricca varietà di specialità regionali spagnole provenienti da tutti gli angoli del paese. Non esiste un solo *barrio* in città in cui non siano presenti ristoranti di qualità. I locali di Malasaña, Chueca e Huertas spaziano dalle gloriose *tabernas* (taverne) d'epoca ai ristoranti più sofisticati, passando per tutte le categorie intermedie di prezzi. Se preferite un'atmosfera dall'eleganza più classica, Salamanca e la parte più settentrionale di Madrid sono in genere quartieri costosi ma di altissimo livello, ideali per festeggiare un'occasione speciale o per riuscire a vedere qualche membro della famiglia reale o qualche personaggio celebre. Nei *barrios* centrali di Los Austrias, Sol e Centro si trovano invece ristoranti di tutti i generi. Ovunque ci sono splendidi tapas bar, ma La Latina è indubbiamente il quartiere migliore per questo genere di locali.

LOS AUSTRIAS, SOL E CENTRO

TOP Mercado de San Miguel
TAPAS, GASTRONOMIA €€

(cartina p36; www.casinodemadrid.es; Plaza de San Miguel; pasti €15-35; ⏲10-24 dom-mer, 10-2 gio-sab; Ⓜ Sol) Uno dei più vecchi e più interessanti mercati di Madrid, il Mercado de San Miguel è stato sottoposto a importanti opere di rinnovo, e oggi si autodefinisce un 'centro culturale della gastronomia'. All'interno delle pareti in vetro degli inizi del XX secolo, questo mercato si è trasformato in uno spazio invitante in cui sono disposti tavolini (riuscire a trovare un posto libero è difficile) dove si possono gustare specialità fresche o ottimi drink. Oltre all'angolo del pesce fresco, in molti bar si possono ordinare eccezionali tapas.

TOP Restaurante Sobrino de Botín
CARNE ARROSTO €€

(cartina p36; ☎91 366 42 17; www.botin.es; Calle de los Cuchilleros 17; pasti €40-45; Ⓜ La Latina o Sol) Non capita tutti i giorni di consumare un pasto nel ristorante più antico del mondo (1725), che viene anche nominato in numerosi romanzi ambientati a Madrid, in particolare in *Fiesta* di Ernest Hemingway. Il segreto della sua fama duratura sono il suo eccellente *cochinillo* (maialino da latte; €22,90) e il *cordero asado* (agnello arrosto; €22,90), entrambi cotti nel forno a legna. Mangiare nella cantina con il soffitto a volta è un'esperienza veramente indimenticabile.

La Terraza del Casino
NOUVELLE CUISINE SPAGNOLA €€€

(cartina p36; ☎91 521 87 00; www.casinodemadrid.es; Calle de Alcalá 15; pasti €100-140; ⏲pranzo e cena lun-ven, cena sab; Ⓜ Sevilla) In alto nell'edificio del celebre Casino de Madrid, questo tempio della haute cuisine è supervisionato, purtroppo da lontano, da Ferran Adriá (il più famoso chef-celebrità della Spagna) e affidato per lo più alle mani esperte del suo assistente Paco Roncero. Tutto verte sulla sperimentazione culinaria, e ogni nuova idea che emerge dal laboratorio e dalla cucina dà vita a un

SPECIALITÀ MADRILENE – E DOVE ASSAGGIARLE

Cocido a la Madrileña (carne e stufato di ceci)

Taberna La Bola

Lhardy (p73)

Arrosto di agnello o di maialino da latte

Restaurante Sobrino de Botín

Posada de la Villa

Tortilla de patatas (omelette di patate e cipolle)

Juanalaloca (v. lettura p70)

Bodega de La Ardosa (v. lettura p71)

Estado Puro (p73)

Las Tortillas de Gabino (p76)

Croquetas

Casa Julio (p71)

Casa Labra (v. lettura p70)

Casa Alberto (p73)

Baco y Beto (v. lettura p71)

Las Tortillas de Gabino (p76)

Patatas bravas (patate arrosto con salsa piccante di pomodoro)

Las Bravas (v. lettura p70)

Le Cabrera (v. lettura p71)

Bodega de la Ardosa (v. lettura p71)

Huevos rotos (uova fritte con patate e jamón)

Almendro 13 (v. lettura p70)

Casa Lucio

Riso e paella

Costa Blanca Arrocería (p76)

La Paella de la Reina (p75)

Chocolate con churros

Chocolatería de San Ginés (p77)

Chocolatería Valor (p77)

El Brillante (p73)

UN GIRO DI TAPAS A MADRID

La Latina

La culla delle tapas di Madrid è La Latina, in particolare Calle de la Cava Baja e le vie adiacenti. **Almendro 13** (cartina p41; Calle del Almendro 13; pasti €15-20; ⓂLa Latina) è celebre per le sue tapas che puntano più sulla qualità che sulle rivisitazioni particolarmente elaborate; tra le specialità della casa figurano carni salate, formaggi, tortillas e *huevos rotos* (letteralmente, 'uova rotte'). Situata in Calle de la Cava Baja, **Txacolina** (cartina p41; Calle de la Cava Baja 26; pasti €15-20; ⏲pranzo e cena sab, cena lun e mer-ven; ⓂLa Latina) propone 'alta cucina basca in miniatura', ma in realtà i suoi *pintxos* (tapas basche) sono tra i più sostanziosi e abbondanti che si possano trovare a Madrid; innaffiate il tutto con uno *txacoli*, un intenso vino bianco basco. Situati nella stessa via, **Casa Lucas** (cartina p41; Calle de la Cava Baja 30; pasti €20-30; ⏲pranzo e cena gio-mar, cena mer; ⓂLa Latina) e **La Chata** (cartina p41; Calle de la Cava Baja 24; pasti €25-30; ⏲pranzo e cena gio-lun, cena mer; ⓂLa Latina) sono altri due locali che godono di una grande popolarità. A poca distanza, **Juanalaloca** (cartina p41; Plaza de la Puerta de Moros 4; pasti €25-35; ⏲pranzo e cena mar-dom, cena lun; ⓂLa Latina) prepara una squisita *tortilla de patatas* (omelette di patate e cipolle), mentre la **Taberna Matritum** (cartina p41; Calle de la Cava Alta 17; pasti €25-30; ⏲pranzo e cena gio-dom, cena lun-mer; ⓂLa Latina) serve gustose tapas e dessert preparati dal maestro cioccolatiere Oriol Balaguer.

Los Austrias, Sol e Centro

L'esperienza delle tapas di La Latina si trasmette ai vicini quartieri di Los Austrias, Sol e Centro con **Amaya** (cartina p36; Plaza de la Provincia 3; pasti €25-30; ⏲12-17 e 20-fino a tardi mar-sab, 12-17 dom; ⓂSol), che combina i tipici sapori tradizionale spagnoli con alcuni tocchi sorprendenti. Famoso per il suo *bacalao* (baccalà), **Casa Labra** (cartina p36; Calle de Tetuán 11; pasti €15-20; ⏲11-15.30 e 18-23; ⓂSol) è in attività dal 1860 ed era tra i locali prediletti dal poeta Federico García Lorca. Va comunque detto che molti *madrileños* (residenti di Madrid) preferiscono gustare il *bacalao* solo a **Casa Revuelta** (cartina p36; Calle de Latoneros 3; pasti €15-20; ⏲10.30-16 e 19-23 lun e mer-sab, 10.30-16 dom, chiuso agosto; ⓂLa Latina o Sol), giustificandosi con il fatto che il proprietario trascorre tutte le mattine a estrarre meticolosamente ogni spina dal pesce.

Huertas

A Huertas, **La Casa del Abuelo** (cartina p44; Calle de la Victoria 12; pasti €15-25; ⏲8.30-24; ⓂSol) è un locale che gode di meritata fama per i suoi *gambas a la plancha* (gamberi alla griglia) e *gambas al ajillo* (gamberi sfrigolanti serviti in piattini di ceramica pieni di aglio), che potrete accompagnare con un *chato* (bicchierino) del forte vino rosso dolce della casa; qui possono arrivare a cucinare oltre 200 kg di gamberi in una giornata buona. Il posto migliore per gustare le *patatas bravas* (patate fritte ricoperte di salsa di pomodoro piccante) è **Las Bravas** (cartina p44; Callejón de Álvarez Gato 3; pasti €15; ⓂSol), mentre **La Trucha** (cartina p44; Calle de Núñez de Arce 6; pasti €20-25; ⏲pranzo e cena mar-

menu diverso. Forse non mangerete qui spesso, ma venire qui anche solo una volta vi manderà in estasi.

Cervecería 100 Montaditos BOCADILLOS **€**
(cartina p36; www.cerveceria100montaditos.com; Calle Mayor 22; pasti €5-10; ⓂSol) Questo bar, che fa parte di una catena presente in tutta la città, serve non meno di 100 diverse varietà di mini-*bocadillos* (panini imbottiti) preparati con tutte le principali specialità spagnole, quali chorizo, *jamón*, tortilla, una grande quantità di formaggi e frutti di mare. Ciascun panino costa tra €1 e €2, e quattro panini soddisferanno la maggior parte degli appetiti. Per ordinare bisogna compilare un foglietto e portarlo al bancone – in breve tempo si viene chiamati per nome a ritirare il proprio piatto.

La Gloria de Montera
TRADIZIONALE, FUSION **€€**
(cartina p36; Calle del Caballero de Gracia 10; pasti €25-30; ⓂGran Vía) La Gloria de Montera abbina un arredamento di gran classe a prezzi molto ragionevoli. Sebbene la cucina

sab; Ⓜ Sol) dispone di un bancone traboccante di invitanti tapas andaluse; il suo menu è costituito da ben 95 voci. Un'altra buona scelta ai piedi della collina di Huertas è **Los Gatos** (cartina p44; Calle de Jesús 2; pasti €25-30; ⏲12-1; Ⓜ Antón Martín) con un arredo eclettico e ottimi canapé.

Paseo del Prado e Salamanca

Lungo il Paseo del Prado c'è solo un'opzione per le tapas, ed è una delle migliori di Madrid: **Estado Puro** (p73). A Salamanca, **Biotza** (cartina p53; Calle de Claudio Coello 27; ⏲9-24 lun-sab; Ⓜ Serrano) propone creativi *pintxos* baschi in un ambiente elegante, mentre **La Colonial de Goya** (cartina p53; Calle de Jorge Juan 34; pasti €30-35; ⏲13-24 lun-sab; Ⓜ Velázquez) serve una scelta incredibile di *pintxos*, che comprende addirittura 63 varietà di canapé. Ottimi sono anche il **Restaurante Estay** (cartina p53; Calle de Hermosilla 46; pasti €20-30; ⏲8-24.30 lun-sab; Ⓜ Velázquez) e **El Lateral** (cartina p53; www.cadenalateral.es; Calle de Velázquez 57; pasti €20-30; ⏲13-24; Ⓜ Velázquez o Nuñez de Balboa).

Chueca

Chueca è un altro ottimo *barrio* (quartiere) in cui andare a caccia di tapas. Non andatevene senza avere fatto un salto da **Bocaito** (cartina p54; Calle de la Libertad 4-6; pasti €20-25; ⏲pranzo e cena lun-ven, cena sab; Ⓜ Chueca), uno dei locali preferiti dal regista Pedro Almodóvar, dove potrete gustare il gustoso *jamón* (prosciutto) andaluso e squisite specialità a base di frutti di mare. La **Bodega de La Ardosa** (cartina p54; Calle de Colón 13; pasti €15-25; ⏲8.30-1; Ⓜ Tribunal) è molto conosciuta per i suoi *salmorejo*, *croquetas*, *patatas bravas* e *tortilla de patatas*, mentre **Casa Julio** (cartina p54; Calle de la Madera 37; pasti €10-15; ⏲pranzo e cena lun-sab; Ⓜ Tribunal) è pubblicizzato come il posto in cui si possono assaporare le migliori *croquetas* di Madrid. Non rimarrete delusi neppure da **Le Cabrera** (cartina p54; www.lecabrera.com, in spagnolo; Calle de Bárbara de Braganza; pasti €25-35; ⏲pranzo e cena mar-sab; Ⓜ Colón o Alonso Martínez), da **Baco y Beto** (cartina p54; www.bacoybeto.com, in spagnolo; Calle de Pelayo 24; pasti €20-25; ⏲pranzo e cena ven e sab, cena lun-gio; Ⓜ Chueca) e da **Gastromaquia** (cartina p54; Calle de Pelayo 8; pasti €15-20; ⏲pranzo e cena mar-gio e sab, pranzo lun, cena ven; Ⓜ Chueca).

Chamberí

Sagaretxe (Calle de Eloy Gonzalo 26; pasti €15-25; ⏲12-17 e 19-1; Ⓜ Iglesia) è da lungo tempo uno dei migliori *pintxos* bar baschi di Madrid, con scelte invitanti allineate sul bancone; il *surtido de pintxos* (una selezione di 8/12 tapas) costa €14/20. La **Bodega de La Ardosa** (Calle de Santa Engracia 70; pasti €10-15; ⏲9-15 e 18-22.30 gio-mar; Ⓜ Iglesia) è un altro tipico locale da *barrio* con una lussuosa facciata rivestita di piastrelle (i fori delle pallottole risalgono alla guerra civile spagnola), vermouth alla spina e tra le migliori *patatas bravas* della città.

non sia particolarmente creativa, i sapori sono freschi e l'ambiente è raffinato, e inoltre potrete avere una buona introduzione alla cucina spagnola senza spendere cifre eccessive. Dal momento che questo ristorante non accetta prenotazioni, andateci presto o preparatevi a una lunga attesa.

Taberna La Bola SPAGNOLO TIPICO **€€**
(cartina p36; ☎91 547 69 30; www.labola.es; Calle de la Bola 5; pasti €30-35; ⏲pranzo e cena lun-sab, pranzo dom, chiuso agosto; Ⓜ Santo Domingo) In qualsiasi classifica dei ristoranti tradizionali madrileni più amati dai buongustai locali, la Taberna La Bola (che gode di una grande popolarità sin dal 1870 ed è gestita dalla sesta generazione della famiglia Verdasco) si colloca sempre in ottima posizione. Non possiamo che essere d'accordo, e se avete intenzione di assaggiare il *cocido a la madrileña* (€19) mentre vi trovate a Madrid, questo è il posto giusto. Il locale è animato e rumoroso, e molto aderente allo spirito della città. Vengono servite anche altre specialità tipiche di Ma-

drid, come *callos* (trippa) e *sopa castellana* (zuppa all'aglio).

LA LATINA E LAVAPIÉS

TOP Naïa Restaurante FUSION €€
(cartina p41; ☎91 366 27 83; www.naiarestaurante.com, in spagnolo; Plaza de la Paja 3; pasti €30-35; ⊙pranzo e cena mar-dom; Ⓜ La Latina) Situato nell'incantevole Plaza de la Paja, il Naïa Restaurante è un locale ricco di fascino, con un laboratorio di cucina diretto da Carlos López Reyes dove vengono preparati deliziosi piatti spagnoli moderni, e al piano terra una lounge dall'atmosfera piacevolmente rilassata. La cucina pone l'accento sugli ingredienti naturali, sui cibi genuini e sui sapori esaltanti.

Viva La Vida VEGETARIANO €
(cartina p41; www.vivalavida.vg; Costanilla de San Andrés 16; buffet €2,10 per 100 g; ⊙12-24; ✎; Ⓜ La Latina) Il pezzo forte di questo negozio di alimenti biologici è costituito da un invitante buffet vegetariano che comprende piatti caldi e freddi sempre molto gustosi. Situato all'estremità di Plaza de la Paja e caratterizzato da un'atmosfera piacevolmente informale, il Viva la Vida è un posto veramente fantastico a ogni ora del giorno, specialmente al di fuori dei normali orari dei pasti spagnoli, quando lo stomaco inizia a borbottare.

El Estragón VEGETARIANO €€
(cartina p41; ☎91 365 89 82; Plaza de la Paja 10; pasti €20-25; ✎; Ⓜ La Latina) Locale delizioso per chi desidera concedersi crêpes o altre specialità vegetariane, El Estragón è sicuramente uno dei migliori ristoranti vegetariani di Madrid, anche se i vegani più rigorosi non apprezzeranno l'uso del burro. A parte questo, non abbiamo ancora sentito una sola critica, e il *menu del día* (menu del giorno a prezzo fisso; a partire da €8) è uno dei più convenienti di Madrid.

Casa Lucio SPAGNOLO TIPICO €€
(cartina p41; ☎91 365 32 52; www.casalucio.es, in spagnolo; Calle de la Cava Baja 35; pasti €45-50; ⊙pranzo e cena dom-ven, cena sab, chiuso agosto; Ⓜ La Latina) Questo ristorante stupisce da tempo immemorabile i *madrileños* con il suo tocco delicato, gli ingredienti di qualità e la cucina casalinga locale – immaginate un'abbondanza di frutti di mare, carne arrosto e uova (una specialità del locale). Casa Lucio richiama una clientela di alto livello, sempre molto elegante; in particolare in questo ristorante sono stati ospiti il re di Spagna, l'ex presidente degli Stati Uniti Bill Clinton e Penélope Cruz.

Posada de la Villa SPAGNOLO TIPICO €€€
(cartina p41; ☎91 366 18 60; Calle de la Cava Baja 9; pasti €50-55; ⊙pranzo e cena lun-sab, pranzo dom, chiuso agosto; Ⓜ La Latina) Questa *posada* (locanda) del XVII secolo splendidamente restaurata è considerata un'istituzione locale. L'atmosfera è formale, l'arredo è austero e tradizionale (con molto legno massiccio e pareti in mattoni a vista) e la cucina propone soprattutto specialità locali – arrosti di carne, *cocido* (stufato di carne e ceci), *callos* e *sopa de ajo*.

Nunc est Bibendum SPAGNOLO, INTERNAZIONALE €€
(cartina p41; ☎91 366 52 10; Calle de la Cava Alta 13; pasti €30-35; ⊙pranzo e cena lun-sab, pranzo dom; Ⓜ La Latina) Il Nunc est Bibendum abbina un ambiente di classe dalle linee pulite a un menu molto eterogeneo che sfugge a qualsiasi classificazione – a volte si basa sulla cucina basca, a volte sui sapori provenienti dal sud o dalla Francia – ma è sempre ottimo. La lista dei vini è accuratamente selezionata e comprende alcune varietà spagnole meno conosciute.

Ene Restaurante TAPAS, FUSION €€
(cartina p41; ☎91 366 25 91; www.enerestaurante.com; Calle del Nuncio 19; pasti €35-40; Ⓜ La Latina) Situato di fronte alla Iglesia de San Pedro El Viejo, una delle chiese più antiche di Madrid, l'Ene Restaurante è tutt'altro che un locale vecchio stile. Il design è d'avanguardia con una predominanza delle tinte rosse e viola, mentre giovani camerieri si muovono su un gradevole sottofondo di musica lounge. La cucina è fusion spagnola e asiatica, ma comprende anche un vasto assortimento di *pintxos* (tapas basche). I lettini al piano terra sono un posto ideale per rilassarsi sorseggiando un cocktail dopo cena, oppure addirittura per consumare un pasto, ma tenete presente che sono sempre prenotati con largo anticipo.

HUERTAS E ATOCHA

TOP Vinos Gonzalez TAPAS, GASTRONOMIA €€
(cartina p44; Calle de León 12; pasti €20-25; ⊙9-24 mar-gio, 9-1 ven e sab; Ⓜ Antón Martín) Se cercate un negozio di gastronomia in cui acquistare un gustoso spuntino da mangiare seduti a un tavolo, il Vinos Gonzalez è sicuramente il posto che fa per voi. Qui troverete un invitante assortimento di formaggi, affettati

e altre prelibatezze tipicamente spagnole, e dal martedì al venerdì viene proposto un buffet all-you-can-eat (€10) dalle 13 alle 16.

TOP Casa Alberto SPAGNOLO TIPICO €€
(cartina p44; ☎91 429 93 56; www.casaalberto.es, in spagnolo; Calle de las Huertas 18; pasti €25-30; ⏲12-1.30 mar-sab, 12-16 dom; Ⓜ Antón Martín) Una tra le vecchie *tabernas* più suggestive di Madrid, Casa Alberto è in attività dal 1827 e occupa un edificio in cui si dice che Cervantes abbia scritto una delle sue opere. Il segreto del suo successo sta nel vermouth alla spina, nelle ottime tapas e negli eccellenti pasti serviti ai tavoli; segnaliamo in particolare il *rabo de toro* (coda di toro). Come coglierete già dalle antiche decorazioni e dai rivestimenti in legno, le *raciones* (generose porzioni di tapas) non prevedono alcuna fantasiosa innovazione che oggi può caratterizzare le tapas spagnole, e il *jamón*, il formaggio Manchego e le *croquetas* qui sono temi ricorrenti.

Maceiras GALIZIANO €€
(cartina p44; ☎91 429 15 84; Calle de las Huertas 66; pasti €20-30; Ⓜ Antón Martín) Le tapas galiziane (a base di polpo, peperoni verdi e molto altro) non hanno mai avuto un sapore così buono quanto in questo bar piacevolmente rustico situato alla base della collina di Huertas, soprattutto se innaffiate da un Ribeiro bianco frizzante. I semplici tavoli in legno, una clientela affezionata e la posizione comoda creano una gradevole atmosfera. C'è un'altra filiale del locale dietro l'angolo, in Calle de Jesús 7, che osserva lo stesso orario di apertura.

Sidrería Vasca Zeraín BASCO €€
(cartina p44; ☎91 429 79 09; Calle Quevedo 3; pasti €35-40; ⏲pranzo e cena lun-sab, chiuso agosto; Ⓜ Antón Martín) Situato nel cuore del Barrio de las Letras, questo sofisticato ristorante basco è uno dei migliori della zona in cui assaggiare la cucina regionale basca. Tra le specialità della casa figurano il sidro, il *bacalao* (baccalà) e squisite bistecche, arricchite da qualche tocco di creatività (il segreto sta nella salsa). Consigliamo caldamente il Menú Sidrería (menu della Casa del Sidro; €36,50).

Lhardy MADRILEÑO TIPICO €€€
(cartina p44; ☎91 521 33 85; www.lhardy.com; Carrera de San Jerónimo 8; pasti €60-70; ⏲pranzo e cena lun-sab, pranzo dom, chiuso agosto; Ⓜ Sol o Sevilla) Considerato una vera e propria pietra miliare del panorama gastronomico madrileno (sin dal 1839), il Lhardy è un locale molto elegante che offre tapas da gourmet con servizio da asporto. Al piano superiore c'è un ristorante esclusivo che serve le specialità della casa, come *callos*, *cocido*, fagiano al succo d'uva e soufflé al limone. I prezzi sono elevati ma la qualità e il servizio sono impeccabili, e tutti i personaggi celebri di Madrid sono venuti a mangiare qui almeno una volta.

El Brillante BOCADILLOS, CHURROS €
(cartina p43; Calle del Doctor Drumén 7; bocadillos €4,50-6,50, raciones €6-10; ⏲6.30-00.30; Ⓜ Atocha) Situato nei pressi del Centro de Arte Reina Sofía, questo bar-ristorante arioso ed essenziale è considerato una vera istituzione di Madrid per i suoi *bocadillos* (in particolare il *bocadillo de calamares*) e altri spuntini. Gode di meritata fama anche per il suo famoso *chocolate con churros* e per le *porras* (frittelle dalla forma allungata).

La Finca de Susana SPAGNOLO, MEDITERRANEO €€
(cartina p44; www.lafinca-restaurant.com; Calle de Arlabán 4; pasti €20-25; Ⓜ Sevilla) Difficilmente si può trovare una migliore combinazione di prezzo, cucina di qualità e atmosfera di gran classe nel quartiere di Huertas. La sala da pranzo dalle luci soffuse è piena di piante e la cucina, a volte innovativa e a volte tradizionale, richiama in questo locale una clientela giovane e alla moda. Non vengono accettate prenotazioni.

PASEO DEL PRADO ED EL RETIRO

Estado Puro TAPAS €€
(cartina p44; ☎91 330 24 00; www.tapasenestadopuro.com, in spagnolo; Plaza de Cánovas del Castillo 4; tapas €1,95-9,50; ⏲11-1 mar-sab, 11-16 dom; Ⓜ Banco de España o Atocha) Quasi tutti i locali in cui ci si ferma a mangiare lungo il Paseo del Prado e nei dintorni si rivolgono unicamente ai turisti oppure sono templi esclusivi della cucina di classe, ma questo posto si distingue da tutti gli altri. Un tapas bar elegante ma informale, l'Estado Puro serve fantastiche tapas, molte delle quali si ispirano al famosissimo ristorante catalano El Bulli, come per esempio la *tortilla española siglo XXI* (omelette spagnola del XXI secolo, servita in un bicchiere). La cucina è diretta da Paco Roncero, il capo chef di La Terraza del Casino, che ha imparato il mestiere dal maestro-chef Ferran Adrià. La maggior parte delle tapas presenta variazioni spettacolari su temi legati alla tradizione spagnola. Si può scegliere tra una

caratteristica zona all'interno del locale e i tavoli all'aperto (spesso riservati e con prezzi più elevati).

SALAMANCA

TOP Sula Madrid FUSION SPAGNOLO €€€
(cartina p53; ☎91 781 61 97; www.sula.es; Calle de Jorge Juan 33; pasti €60-70; ⌚pranzo e cena lun-sab; Ⓜ Velázquez) Un tempio della gastronomia che abbina una cucina straordinaria a una raffinatezza lineare, il Sula Madrid – un locale che riunisce un negozio di prodotti gastronomici da gourmet, un tapas bar ultrachic e un ristorante di qualità elevata – è uno dei ristoranti di alto livello più rinomati di Madrid. È quel genere di posti in cui le celebrità di Madrid chiamano per nome i camerieri, e la cordialità prosegue in cucina, dove l'enfant prodige del panorama culinario Quique Dacosta (votato miglior chef di Spagna nel 2005) propone un ventaglio di specialità mediterranee – alcune tradizionali, altre con qualche tocco più creativo – che non riuscirete a trovare altrove. I tocchi di design di Amaya Arzuaga (nei quali predomina il nero) contribuiscono a rendere questo locale uno degli ambienti più alla moda di Madrid.

La Galette VEGETARIANO, EUROPEO €€
(cartina p53; ☎91 576 06 41; Calle del Conde de Aranda 11; pasti €30-35; ⌚pranzo e cena lun-sab, pranzo dom; 🌿; Ⓜ Retiro) Questo incantevole ristorantino offre una sala da pranzo intima con tovaglie a quadri e una cucina descritta dal proprietario come 'vegetariana barocca'. La cucina è una vera e propria rivelazione: una miscela di creatività con una solida base di cucina casalinga tradizionale. Le *croquetas de manzana* (crocchette di mele) sono una specialità della casa, ma tutto è buono qui. L'unico aspetto negativo è costituito dai tavoli, che sono un po' troppo vicini tra loro.

MALASAÑA E CHUECA

TOP La Musa FUSION SPAGNOLO €€
(cartina p54; ☎91 448 75 58; www.lamusa.com.es; Calle de Manuela Malasaña 18; pasti €25-30; ⌚9-1.30; Ⓜ San Bernardo) Accogliente e rumoroso, meta prediletta dei giovani trendy di Madrid senza particolari pretese, il ristorante La Musa sfoggia interni di design, musica lounge di sottofondo e una cucina (prima colazione, pranzo o cena) sempre divertente e saporita. Il menu si divide in tre tipi di tapas – calde, fredde e alla griglia; tra le varietà calde c'è il fantastico *jabalí con ali-oli de miel y sobrasada* (cinghiale con maionese di miele e sobrasada). Dal momento che questo locale non accetta prenotazioni, cercate di farvi largo fino al bar, inserite il vostro nome nella lista d'attesa e lasciatevi coinvolgere dalla vivace atmosfera di Malasaña, che qui dà il meglio di sé.

Bazaar NOUVELLE CUISINE SPAGNOLA €€
(cartina p54; www.restaurantbazaar.com; Calle de la Libertad 21; pasti €20-25; Ⓜ Chueca) La popolarità di cui il Bazaar gode tra la gente ricca e famosa di Madrid non mostra segni di cedimento. Il suo interno di design originale dominato dal bianco presenta un'illuminazione teatrale e attira una clientela che sembra appena uscita dalle pagine della rivista *¡Hola!*, tuttavia le innovative proposte della cucina vengono offerte a prezzi molto ragionevoli. Dal momento che questo locale non accetta prenotazioni, per trovare un tavolo libero cercate di arrivare presto o preparatevi ad aspettare, anche se siete ricchi e famosi.

Nina FUSION MEDITERRANEO €€
(cartina p54; ☎91 591 00 46; Calle de Manuela Malasaña 10; pasti €30-40; Ⓜ Bilbao) Sofisticato, intimo e sempre frequentatissimo, il Nina ha un lungo menu (disponibile in inglese) di nouvelle cuisine mediterranea che fa sempre centro. Noi apprezziamo l'arredo, con mattoni a vista e luci soffuse, e amiamo praticamente tutto ciò che compare sul menu, ma adoriamo soprattutto la bistecca di struzzo alla griglia glassata con miele e sobrasada con crosta di salmone e lamponi. Ciò di cui non siamo convinti è la politica del locale, che prevede due turni di servizio (alle 21.15 e alle 23.30), il che inevitabilmente significa che il personale può iniziare a ronzarvi intorno quando sta quasi per esaurirsi il tempo a vostra disposizione. Il brunch del fine settimana (€21,90, dalle 12 alle 17.30 il sabato e la domenica) è ottimo.

La Tasquita de Enfrente TRADIZIONALE, FUSION €€€
(cartina p54; ☎91 532 54 49; www.latasquitadeenfrente.com, in spagnolo; Calle de la Ballesta 6; pasti €70; Ⓜ Gran Vía) Per avere successo sul palcoscenico internazionale, i celebri chef spagnoli devono spingere la sperimentazione a nuovi livelli, ma per avere successo in patria, invece, in genere devono mantenersi molto fedeli alle ricette tradizionali prima

di imboccare nuove direzioni. E qui sta il successo – è difficile esagerare il grado di popolarità di questo locale tra la gente nota nella scena gastronomica di Madrid – dello chef Juanjo López. Il suo menu stagionale non cessa mai di stupire (durante la nostra visita stava preparando una vellutata di piselli con caviale e hamburger con foie gras e tartufi), ma propone anche semplici piatti tipici spagnoli, come i calamari con le fave, ottenendo sempre un risultato straordinario. Se fosse per voi la prima volta, la nostra scelta cadrebbe sul suo *menu degustación* (€48) e il *menú de Juanjo* (€65). È indispensabile la prenotazione.

A Dos Velas SPAGNOLO, INTERNAZIONALE €€
(cartina p54; ☎91 446 18 63; www.adosvelas.net, in spagnolo; Calle de San Vicente Ferrer 16; pasti €20-30; ⏲pranzo e cena lun-sab; Ⓜ Tribunal) Qui la cucina è sempre creativa, con sapori mediterranei occasionalmente combinati con qualche aroma indiano o persino argentino. La zona pranzo con luci soffuse e mattoni a vista è incantevole, e il servizio è attento senza essere invadente.

La Isla del Tesoro VEGETARIANO €€
(cartina p54; ☎91 593 14 40; www.isladeltesoro.net; Calle de Manuela Malasaña 3; pasti €30-40; 🖉; Ⓜ Bilbao) La Isla del Tesoro trabocca di dettagli insoliti di grande fascino, con la sala da pranzo che sembra la realizzazione di un giardino segreto. La sua cucina è un successo assicurato e assomma in sé un vasto ventaglio di influenze; l'hamburger della giungla è tipico di un menu pieno di sorprese. Nei giorni feriali, il *menú del día* (€10) a pranzo è più vario rispetto a quello di molti altri locali di Madrid. L'unica nostra critica? I camerieri sono cordiali, ma nel fine settimana spesso sono troppo ansiosi di sgomberare il vostro tavolo per i clienti successivi.

El Original SPAGNOLO TIPICO €€
(cartina p54; ☎91 522 90 69; www.eloriginal.es, in spagnolo; Calle de las Infantas 44; pasti €25-30; ⏲pranzo e cena lun-sab; Ⓜ Chueca o Banco de España) Con i migliori ingredienti e gli ottimi piatti presi a prestito da tutte le tradizioni regionali della Spagna, ci si potrebbe aspettare che El Original si erga a bastione della tradizione. In effetti, questo ristorante definisce la propria cucina come 'spagnola classica'. Tuttavia, il tema classico svanisce quando, entrando nel ristorante, si trovano alberi che crescono nella sua elegante sala da pranzo.

DOVE FARE LA SPESA

Alcuni dei migliori mercati di prodotti alimentari in città:

Mercado de la Cebada (cartina p41; Plaza de la Cebada; ⏲9-14 e 17.30-20.30 lun-ven, 9-14.30 sab; Ⓜ La Latina) Sono previsti importanti lavori di rinnovamento.

Mercado de la Paz (cartina p53; nei pressi di Calle de Ayala; ⏲9-20 lun-sab; Ⓜ Serrano)

Tra gli altri negozi specializzati in prodotti alimentari figurano **Mantequería Bravo** (p90) e **Alma de Ibérico** (cartina p41; www.julianbecerro.com, in spagnolo; Calle de la Cava Baja 41; ⏲10-22; Ⓜ La Latina). Se siete alla ricerca di formaggi spagnoli e altri prodotti caseari di produzione europea, **Poncelet** (cartina p54; ☎91 308 02 21; www.poncelet.es; Calle de Argensola 27; ⏲10.30-20.30 lun-sab; Ⓜ Alonso Martínez) è il posto che fa per voi.

La Paella de la Reina RISO €€
(cartina p54; ☎91 531 18 85; www.lapaelladelareina.com, in spagnolo; Calle de la Reina 39; pasti €25-30; Ⓜ Banco de España) Madrid non è famosa per la sua paella (Valencia è sovrana assoluta a questo riguardo), ma i *valencianos* che non possono gustarla a casa pare che frequentino La Paella de la Reina. Come ogni ristorante di paella che si rispetti, ci vogliono due persone per ordinare una porzione ma, una volta soddisfatto questo requisito, avrete un'ampia possibilità di scelta. La tipica paella di Valencia si prepara con fagioli, pollo e coniglio, ma qui vengono proposte anche molte varietà a base di pesce, tra cui l'*arroz negro* (riso nero con inchiostro di calamaro).

Fresc Co BUFFET €
(cartina p54; www.frescco.com; Calle de Sagasta 30; pasti a partire da €8,95; ⏲12-17 e 20-23.30; Ⓜ Alonso Martínez) Se non avete voglia di decifrare ancora una volta un menu spagnolo, o se desiderate comporre voi stessi la vostra insalata, il Fresc Co è l'antidoto giusto: conveniente e, appunto, fresco secondo la formula all-you-can-eat. Viene proposto un ricco buffet di insalate, zuppe, pasta e pizza, e i prezzi comprendono una bevanda. Spesso a pranzo si formano code in attesa fuori della porta.

CHAMBERÍ E ARGÜELLES

TOP Sergi Arola Gastro NOUVELLE CUISINE SPAGNOLA €€€
(cartina p53; ☎91 310 21 69; www.sergiarola.es; Calle de Zurbano 31; pasti €95-235; ⏲pranzo e cena lun-ven, cena sab; Ⓜ Alonso Martínez) Sergi Arola, giovane assistente catalano del celebre chef Ferran Adrià, ha inaugurato il proprio tempio personale dedicato a tutto ciò che esiste di innovativo nella gastronomia spagnola. Per avere il privilegio di consumare un pasto qui bisogna pagare: il pezzo forte, il Menú Gastro, costa €160 senza vino e tasse; il menu 'Basico', invece, comprende sette specialità della casa per €105. Ma si viene qui per provare il massimo in fatto di gastronomia; il Gastro è quel genere di locali in cui creatività, presentazione e sapori sono tutto. E che sapori...

Las Tortillas de Gabino SPAGNOLO TIPICO €€
(cartina p53; ☎91 319 75 05; www.lastortillasdegabino.com, in spagnolo; Calle de Rafael Calvo 20; pasti €35-40; ⏲pranzo e cena lun-ven, cena sab; Ⓜ Iglesia) Deve essere davvero coraggioso quello chef spagnolo che si trastulla con la classica *tortilla de patatas*, ma qui i risultati sono una delizia – tortilla con molluschi, con polpo e in ogni genere di combinazione sorprendente. Questo posto ottiene anche commenti estasiati per le sue *croquetas*. Il servizio è ottimo e la sala da pranzo, elegante e piena di luce, completa questa gradevole esperienza gastronomica. Si consiglia caldamente la prenotazione.

Costa Blanca Arrocería RISO €€
(☎91 448 58 32; Calle de Bravo Murillo 3; pasti €20-30; Ⓜ Quevedo) Anche se non avete in programma di andare a Chamberí, vale la pena di attraversare la città per raggiungere questo bar-ristorante informale, che serve ottimi piatti a base di riso, tra cui la paella. La qualità è elevata e i prezzi (circa €11 per persona) sono tra i più economici della città. Iniziate con *almejas a la marinera* (piccoli molluschi) e proseguite con una *paella de marisco* (paella di pesce) per gustare un ottimo pasto completo in tema. Come sempre in questo genere di locali, un'ordinazione vale per due commensali.

MADRID NORD

TOP Santceloni CATALANO €€€
(☎91 210 88 40; www.restaurantesantceloni.com; Paseo de la Castellana 57; pasti a partire da €125, menús a prezzo fisso €132-165; ⏲pranzo e cena lun-ven, cena sab; Ⓜ Gregorio Marañón) Premiato dalla guida Michelin, il Santceloni è uno dei migliori ristoranti di Madrid, con un arredo di lusso progettato dal celebre interior designer Pascual Ortega, e specialità della nouvelle cuisine create dal grande chef catalano Santi Santamaría. La responsabilità della cucina è passata al suo assistente Óscar Velasco, ma la qualità non è per nulla calata, e le espressioni fiorite di Santamaría fanno ancora la loro regolare apparizione. Ogni piatto è una vera opera d'arte e il menu cambia con le stagioni, ma vi consigliamo di assaggiare uno dei *menús gastronómicos* a prezzo fisso per gustare al meglio la portata dei sapori sorprendenti di questo ristorante.

Zalacaín BASCO, NAVARRESE €€€
(☎91 561 48 40; www.restaurantezalacain.com; Calle de Álvarez de Baena 4; pasti €90-100; ⏲pranzo e cena lun-ven, cena sab, chiuso in agosto; Ⓜ Gregorio Marañón) Mentre la maggior parte degli altri ottimi ristoranti si concentra sull'innovazione, lo Zalacaín è una roccaforte della tradizione, con un'aria di raffinatezza e una fedele clientela spagnola costituita da gente ricca e famosa. Tutti coloro che sono qualcuno a Madrid, dal re in giù, hanno mangiato almeno una volta qui dopo l'inaugurazione di questo locale, avvenuta nel 1973; è stato il primo ristorante in Spagna a ricevere tre stelle Michelin. Gli zampetti di maiale con ripieno di funghi e agnello sono una specialità della casa, oltre all'insalata di aragosta. La lista dei vini è probabilmente una delle migliori della città (la cantina contiene circa 35.000 bottiglie di 800 etichette differenti). È assolutamente indispensabile indossare un abito adeguato all'ambiente (per gli uomini sono d'obbligo giacca e cravatta).

Locali

Per farsi un'idea di quanto i *madrileños* amino andare fuori a divertirsi, considerate un semplice dato statistico: Madrid ha più bar di qualsiasi altra città al mondo – più precisamente, sei bar ogni 100 abitanti.

LOS AUSTRIAS, SOL E CENTRO

Vecchie taverne e tanti fantastici localini nascosti sono allineati fianco a fianco lungo le vie del centro di Madrid. Come regola generale, più ci si allontana da Plaza Mayor più i prezzi tendono a scendere e i turisti a diradarsi.

TOP **Chocolatería de San Ginés** CAFFÈ CON CHURROS
(cartina p36; Pasadizo de San Ginés 5; ⏲9.30-7; Ⓜ Sol) Probabilmente il locale più famoso di Madrid per il *chocolate con churros*, questa vera e propria istituzione è frequentatissima in particolare tra le 3 e le 6 del mattino, quando la gente uscita dai locali notturni e dalle discoteche viene a concedersi una sosta ristoratrice prima di tornare a casa. Locali come questo si trovano solo a Madrid.

Café del Real BAR-CAFFÈ
(cartina p36; Plaza de Isabel II 2; ⏲9-1 lun-gio, 9-3 ven e sab; Ⓜ Ópera) Al Café del Real, uno dei bar-caffè più graziosi del centro di Madrid, vengono serviti una ricca scelta di caffè creativi e qualche cocktail, con musica rilassante di sottofondo. I tavoli migliori si trovano al piano superiore, dove i soffitti bassi, le travi in legno e le poltrone in pelle creano l'ambiente ideale per trascorrere un gradevole pomeriggio in compagnia.

Chocolatería Valor CAFFÈ CON CHURROS
(cartina p36; Postigo de San Martín; ⏲9-22.30 dom, 8-22.30 lun-gio, 8-1 ven, 9-1 sab; Ⓜ Callao) Sarà una tradizione madrilena ordinare un *chocolate con churros* all'alba sulla via di casa all'uscita dalla discoteca, ma per chiunque preferisca un orario più ragionevole, questa è con ogni probabilità la migliore *chocolatería* della città. I tipici *churros* sono solo un accompagnamento all'incredibile varietà di cioccolata in cui inzupparli.

El 44 Bar BAR
(cartina p36; Cuesta de Santo Domingo 8; ⏲20-2.30 mar-sab; Ⓜ Ópera o Santo Domingo) Un bar intimo e nascosto lungo una via tranquilla che conduce verso il Teatro dell'Opera, l'El 44 Bar è tra i nostri preferiti tra i piccoli bar del centro. I cocktail hanno prezzi ragionevoli (da €5 a €7) e sono molto particolari (comprendono anche *caipipretas*, una specialità di Lisbona basata sulla caipirinha e il rum scuro). La musica prevede successi degli anni '70 e '80 con qualche divagazione nel lounge (i Gotan Project sembrano essere particolarmente apprezzati), jazz brasiliano e deep house, e il ritmo aumenta a mano a mano che la notte avanza.

LA LATINA E LAVAPIÉS

Quasi ogni sera (e la domenica pomeriggio), gruppi allegri di *madrileños* fanno il giro dei bar di La Latina, un *barrio* molto amato dai giovani sofisticati e di buon gusto di 20-30 anni che decretano il successo dei locali migliori (dove non ci si riesce letteralmente a muovere per il grande affollamento) e la chiusura di quelli meno interessanti. La domenica la clientela è più eterogenea, in quanto si aggiunge anche tanta gente proveniente da El Rastro. Le zone più animate sono Calle de la Cava Baja (dove la linea di demarcazione tra i locali in cui si va a bere qualcosa e i tapas bar è decisamente sfumata), l'estremità occidentale di Calle del Almendro e Plaza de la Paja. A Lavapiés, invece, l'ambiente è completamente diverso: trattandosi di un quartiere operaio e multiculturale, è pieno di bar originali e ricchi di personalità che richiamano una clientela alternativa e spesso bohémienne. Lavapiés non piace a tutti, ma a noi sicuramente sì.

TOP **Delic** BAR-CAFFÈ
(cartina p41; Costanilla de San Andrés 14; ⏲11-2 ven-dom e mar-gio, 19-2 lun; Ⓜ La Latina) Potremmo parlare per ore di questo bar-caffè dalla tradizione ormai consolidata, ma ci limiteremo a dire l'essenziale: sorseggiare un eccellente mojito (€8) – ma anche tre – in una calda serata estiva a uno dei tavoli all'aperto del Delic, in una delle piazze più graziose di Madrid, è senza dubbio uno dei grandi piaceri della vita. A causa delle restrizioni introdotte per il rilascio delle licenze di mescita degli alcolici, i tavoli all'aperto devono essere liberati due ore prima della chiusura dei locali, ma l'intimo interno è quasi altrettanto suggestivo.

I COCKTAIL BAR DI CHUECA

Chueca vanta la più ricca concentrazione di tutta Madrid di sofisticati cocktail bar, molto amati dalle più note celebrità della capitale. Oltre al **Museo Chicote** c'è **Del Diego** (cartina p54; Calle de la Reina 16; ⏲20-3; Ⓜ Gran Vía), che offre una scelta di ben 75 cocktail in un ambiente da caffè del Vecchio Mondo con un pizzico di stile newyorchese. Altri locali che consigliamo caldamente sono il **Bar Cock** (cartina p54; Calle de la Reina 16; ⏲20-3; Ⓜ Gran Vía), vecchio stile, **Le Cabrera** (cartina p54; www.lecabrera.com, in spagnolo; Calle de Bárbara de Braganza 2; ⏲16-2.30 lun-sab; Ⓜ Colón o Alonso Martínez), estremamente chic, e **Stromboli** (cartina p54; Calle de Hortaleza 96; ⏲18-3 lun-sab; Ⓜ Chueca o Tribunal).

TOP Gaudeamus Café CAFFÈ
(www.gaudeamuscafe.com, in spagnolo; Calle de Tribulete 14, 4° piano; ⌚15-24 lun-ven, 18-24 sab; Ⓜ Lavapiés) Un ambiente vivace e luminoso, abbellito da poster in stile pop art di Audrey Hepburn e James Bond. Una grande terrazza affacciata sui tetti di Lavapiés. Una posizione strepitosa sopra una chiesa in rovina. Con queste premesse, è quasi inutile precisare che il Gaudeamus Café serve ottimi tè, caffè e spuntini.

La Escalera de Jacob COCKTAIL BAR
(Calle de Lavapiés 11; ⌚18-2; Ⓜ Antón Martín o Tirso de Molina) Con prestigiatori, cantastorie, un teatro per bambini (il sabato e la domenica alle 12) e musica jazz e di altri generi dal vivo, 'La Scala di Jacob' è uno dei bar più originali di Madrid. Indipendentemente da quello che c'è in programma, vale la pena di fare una tappa qui per i cocktail creativi che non troverete altrove – il *fray aguacate* (Frangelico, vodka, miele, avocado e vaniglia) dovrebbe darvi l'idea di quanto sono innovativi.

Bonanno WINE BAR
(cartina p41; Plaza del Humilladero 4; ⌚12-2; Ⓜ La Latina) Se la vita notturna di Madrid inizia troppo tardi per i vostri gusti, il Bonanno potrebbe rivelarsi il posto giusto per voi. Si è fatto un nome come cocktail bar, ma molta gente ci viene per sorseggiare gli ottimi vini, e di solito è frequentato da giovani professionisti *madrileños* già a partire dalle prime ore della serata. Se volete assicurarvi un posto al bar, preparatevi a farvi largo tra i numerosi aficionados che lo affollano ogni sera.

Café del Nuncio BAR-CAFFÈ
(cartina p41; Calle de Segovia 9; ⌚12-2 dom-gio, 12-3 ven e sab; Ⓜ La Latina) Il Café del Nuncio si trova lungo una scalinata che conduce in Calle de Segovia. Si può scegliere se sorseggiare un drink all'interno, in un ambiente molto accogliente distribuito su diversi livelli, oppure, nella bella stagione, accomodarsi a un tavolo all'aperto, che un cliente locale ha paragonato a un angolo di Roma. Durante il giorno è un caffè vecchio stile, ma di notte si trasforma in uno dei migliori bar del *barrio*.

La Inquilina BAR
(Calle del Ave María 39; ⌚19-1.30 mar-gio, 19-2.30 ven e sab, 13-1 dom; Ⓜ Lavapiés) Questo locale ha tutte le carte in regola per essere il nostro bar preferito di Lavapiés, vuoi per l'atmosfera trendy ma piacevolmente informale, vuoi per il suo spirito di comunità profondamente radicato nel tessuto sociale di Lavapiés. Alle pareti sono appese pregevoli opere d'arte di artisti emergenti locali. Potrete bere qualcosa al bancone oppure accomodarvi a un tavolo situato sul retro. Un angolo di raffinatezza in un *barrio* non particolarmente conosciuto per questa caratteristica.

Taberna Tempranillo WINE BAR
(cartina p41; Calle de la Cava Baja 38; ⌚13-15.30 e 20-24 mar-dom, 20-24 lun; Ⓜ La Latina) Potreste venire qui per le ottime tapas, ma noi raccomandiamo la Taberna Tempranillo soprattutto per i suoi vini, il cui assortimento fa impallidire la maggior parte degli altri bar spagnoli. Non è un locale da frequentare a tarda ora, ma è sempre molto affollato all'inizio della serata e la domenica, quando chiude El Rastro.

HUERTAS E ATOCHA

Huertas prende vita al calar della sera e conserva la sua animazione fino all'alba. In questo quartiere troverete bar ovunque, da Sol fino alle vie che si snodano dietro al Paseo del Prado, anche se i locali più vivaci sono concentrati in Plaza de Santa Ana e lungo Calle de las Huertas.

TOP Penthouse BAR SUL TETTO
(cartina p44; Plaza de Santa Ana 14, 7° piano; ⌚21-1.30 lun-gio, 21-2.30 ven e sab, 17-1.30 dom; Ⓜ Antón Martín o Sol) In alto sopra Plaza de Santa Ana, questo esclusivo cocktail bar sul tetto (al settimo piano) offre una vista straordinaria di Madrid dall'alto. Con le sue zone relax disseminate di cuscini, il sottofondo musicale proposto da DJ e una politica dell'abbigliamento capace di distinguere la gente di classe dagli utimi arrivati, il Penthouse si rivolge a una clientela sofisticata, anche se i buttafuori sono meno rigorosi quando non c'è molta gente. Se soffrite di vertigini, potete recarvi al **Midnight Rose**, un locale altrettanto lussuoso al piano terra.

TOP La Venencia SHERRY BAR
(cartina p44; Calle de Echegaray 7; ⌚13-15.30 e 19.30-1.30; Ⓜ Sol) I bar specializzati in sherry dovrebbero essere tutti come questo: un ambiente dall'atmosfera piuttosto retrò, bevande che vengono spillate direttamente dalle botti di legno e senza quell'attività frenetica per cui Huertas è famosa. La Venencia è ormai un classico del *barrio*, e serve un ottimo sherry prodotto a Sanlúcar

e *manzanilla* di Jeréz. Niente musica, niente decorazioni vistose, ma solo voi, il vostro *fino* (sherry) e i vostri amici.

El Imperfecto BAR
(cartina p44; Plaza de Matute 2; ⌚15-2 dom-gio, 15-3 ven e sab; Ⓜ Antón Martín) Nonostante il nome, l'Imperfetto è il nostro bar ideale a Huertas, con musica jazz dal vivo quasi tutti i martedì alle 21 e una lista delle bevande lunga quanto un sassofono, che va da cocktail (€6,50) e liquori a frappè, tè e caffè dagli aromi insoliti.

Taberna Alhambra FLAMENCO BAR
(cartina p44; www.tabernaalhambra.es, in spagnolo; Calle de la Victoria 9; ⌚11-1.30 dom-gio, 11-2.30 ven e sab; Ⓜ Sol) Sebbene i bar situati tra Sol e Huertas si assomiglino un po' tutti, questa vecchia *taberna* ha qualcosa che la contraddistingue. La sensazionale facciata e le raffinate piastrelle della sala interna sono belle, l'ambiente è tutt'altro che soffocante e l'atmosfera è animata, informale e alla moda. Serve tapas, e in tarda serata a volte la sala risuona dei ritmi vibranti del flamenco.

Cervecería Alemana BIRRERIA
(cartina p44; Plaza de Santa Ana 6; ⌚11-00.30 dom-gio, 11-2 ven e sab, chiuso agosto; Ⓜ Antón Martín o Sol) Se avete a disposizione solo il tempo di fermarvi in uno dei bar di Plaza de Santa Ana, vi consigliamo di optare per questa classica *cervecería* (birreria), rinomata per le sue birre ghiacciate e schiumose. La sala interna è gradevole, ma nelle serate estive vi consigliamo di occupare un tavolo all'aperto nella piazza (un'impresa tutt'altro che facile). L'Alemana era uno dei locali preferiti da Ernest Hemingway, e da allora non sono cambiati né il vecchio bancone in legno né i papillon dei camerieri.

Viva Madrid BAR
(cartina p44; www.barvivamadrid.com; Calle de Manuel Fernández y González 7; ⌚13-2; Ⓜ Antón Martín o Sol) La facciata rivestita di piastrelle del Viva Madrid è una delle più riconoscibili di Madrid ed è un riferimento fondamentale della vita notturna di Huertas. È affollatissimo nei fine settimana per gli ottimi mojitos e per l'atmosfera allegra e informale.

Ølsen VODKA BAR
(cartina p44; www.olsenmadrid.com; Calle del Prado 15; ⌚13-16 e 20-2 mar-dom; Ⓜ Antón Martín) Questo bar elegante e dalle linee pulite all'insegna del minimalismo nordico inizia ad animarsi quando chiude il ristorante scandinavo situato sul retro. Siamo certi che le oltre 80 varietà di vodka siano sufficienti per soddisfare quasi tutti i gusti. Anche se il giorno successivo il solo pensiero della vodka vi farà venire la nausea, non dimenticate che a Madrid l'unica cosa che conta è vivere la notte.

MALASAÑA E CHUECA

Frequentare i bar di Malasaña e di Chueca equivale a fare un viaggio nel variegato passato di Madrid. Nei dintorni della Glorieta de Bilbao e lungo il Paseo de los Recoletos troverete vecchi caffè letterari dall'aspetto solenne, caratterizzati da sontuosi ambienti della fine del XIX secolo. A Malasaña, i *rockers* nostalgici che rimpiangono la Madrid edonistica degli anni '70 e '80 troveranno molti bar dove poter dare libero sfogo ai loro ricordi. Allo stesso tempo, però, in questi due *barrios* (specialmente a Chueca, quartiere prediletto dai gay), e anche più a ovest in Conde Duque, si può trovare una Madrid più moderna, con locali dagli ambienti piacevolmente rilassati e cocktail bar eleganti e sofisticati.

TOP **Museo Chicote** COCKTAIL BAR
(cartina p54; www.museo-chicote.com; Gran Vía 12; ⌚18-3 lun-gio, 18-3.30 ven e sab; Ⓜ Gran Vía) Si dice che il fondatore di questa vera e propria istituzione di Madrid abbia inventato oltre cento cocktail, apprezzati da personaggi come Hemingway, Ava Gardner, Grace Kelly, Sophia Loren e Frank Sinatra. Ancora oggi è frequentato dalle star del cinema e dai personaggi più in vista della società madrilena, e dà il meglio di sé dopo mezzanotte, quando emerge una piacevole atmosfera da lounge bar, le coppie si accomodano sulle panche curve e alcuni dei migliori DJ della città si occupano del sottofondo musicale. L'interno anni '30 è un ulteriore elemento che sottolinea il fascino del locale.

TOP **Café Comercial** CAFFÈ LETTERARIO
(cartina p54; Glorieta de Bilbao 7; ⌚7.30-24 lun-gio, 7.30-2 ven, 8.30-2 sab, 9-24 dom; Ⓜ Bilbao) Con le sue pesanti poltrone di pelle, la profusione di marmo e i suoi camerieri vecchio stile, questa vecchia gloria madrilena combatte con orgoglio e determinazione la sua battaglia contro il progresso. A Madrid, il Café Comercial è il locale più simile ai caffè intellettuali della Rive Gauche parigina, sebbene oggi la sua clientela sia diventata più eterogenea e comprenda gente di tutti i tipi.

Splash Óscar BAR SUL TETTO
(cartina p54; Plaza de Vázquez de Mella 12; ⌚16.30-00.30; Ⓜ Gran Vía) Un altro locale tranquillo in una straordinaria terrazza sul tetto (che condivide gli spazi con una piccola piscina) dell'Hotel Óscar, lo Splash offre un angolo di relax e una magnifica vista sul profilo urbano di Madrid; è diventato il bar preferito dalle celebrità.

Kabokla BAR BRASILIANO
(cartina p54; www.kabokla.es, in spagnolo; Calle de San Vicente Ferrer 55; ⌚22-1 mar-gio, 18-3 ven, 14.30-18.30 e 22.30-3.30 sab, 14.30-22 dom; Ⓜ Noviciado) Gestito da brasiliani e dedicato al mondo brasiliano, il Kabokla è un posto fantastico. A volte la sera gruppi brasiliani suonano dal vivo a partire dalle 22 circa (dalle percussioni al samba e a cover band che suonano la musica di Chico Buarque). Quando non c'è musica dal vivo, sono i DJ a far ballare la gente. Qui servono anche le migliori caipirinhas di Madrid; inoltre, vengono organizzate lezioni di samba e di capoeira al di fuori degli orari di apertura.

El Jardín Secreto BAR-CAFFÈ
(Calle de Conde Duque 2; ⌚17.30-00.30 dom-gio e dom, 18.30-2.30 ven e sab; Ⓜ Plaza de España) 'Il Giardino Segreto', situato in un *barrio* che è ancora tutto da scoprire, è un locale dall'atmosfera raccolta e piacevolmente romantica. Alla luce delle candele spagnole di design, con tende in organza indiana, questo locale serve cioccolata proveniente dai Caraibi. Offre il meglio di sé nelle serate estive, ma l'atmosfera è sempre gradevole. È frequentato da un'affezionata clientela composta in prevalenza da giovani professionisti.

Café Belén CHILL-OUT BAR
(cartina p54; Calle de Belén 5; ⌚15.30-3; Ⓜ Chueca) Il Café Belén è un locale elegante e alla moda sotto tutti gli aspetti, grazie alla sua rilassante musica lounge, alle luci soffuse, all'ottimo assortimento delle bevande (particolarmente buoni sono i mojitos) e alla sua clientela, estremamente raffinata e informale al tempo stesso. In sostanza, è uno dei nostri locali preferiti a Chueca.

La Vía Láctea BAR-NIGHTCLUB
(cartina p54; Calle de Velarde 18; ⌚21-3; Ⓜ Tribunal) Un altro animato e importante luogo di culto all'epoca della *movida*, La Vía Láctea continua a essere una delle mete preferite di Malasaña di una clientela eterogenea e informale, che sembra avere nostalgia degli anni '80; la musica abbraccia vari generi, dal rock al pop, dal garage al rockabilly e all'indie. La lista delle bevande è notevole, e il momento clou del locale è il sabato a notte inoltrata. Durante i fine settimana preparatevi a fare lunghe code per entrare.

Café-Restaurante El Espejo CAFFÈ LETTERARIO
(cartina p53; Paseo de los Recoletos 31; ⌚11-2 dom-gio, 11-3 ven e sab; Ⓜ Colón) Un tempo ritrovo di scrittori e intellettuali, questo tesoro architettonico fonde lo stile modernista con quello art déco, e l'interno potrebbe risultare un po' soffocante, con tutti gli specchi, i lampadari e i camerieri con papillon che rimandano a un tempo passato. L'ambiente è tranquillo e raffinato al punto giusto, e il nostro angolo preferito si trova accanto all'elegante padiglione in vetro che si affaccia su Paseo de los Recoletos.

Café Pepe Botella CAFFÈ-BAR
(cartina p54; Calle de San Andrés 12; ⌚12-2; Ⓜ Bilbao o Tribunal) Il Pepe Botella ha trovato la formula giusta del successo. Posto consigliabile sia attorno a mezzanotte sia nel pomeriggio, quando il collegamento wi-fi attira un esercito di clienti con computer portatile al seguito, è un bar di classe con panche ricoperte di velluto verde, tavoli dal ripiano in marmo e vecchie fotografie e specchi che decorano le pareti. La sua eleganza sbiadita conferisce a questo locale un fascino che lo rende uno dei bar più frequentati del *barrio*.

Areia BAR, NIGHTCLUB
(cartina p54; www.areiachillout.com, in spagnolo; Calle de Hortaleza 92; ⌚13-3; Ⓜ Chueca o Alonso Martínez) Durante il giorno lounge bar di tendenza (cuscini, musica rilassante e angolini scuri e appartati, ideali per conversare o addirittura per scambiarsi qualche tranquilla effusione), la sera l'Areia si trasforma in un posto divertente, quando intervengono noti DJ (a partire dalle 23 dalla domenica al mercoledì, a partire dalle 21 il resto della settimana) che propongono musica deep e chill house, nu jazz, bossa ed elettronica. È un ambiente allo stesso tempo alla moda, allegro e pacato.

Gran Café de Gijón CAFFÈ LETTERARIO
(cartina p53; Paseo de los Recoletos 21; ⌚7-1.30; Ⓜ Chueca o Banco de España) Questo grazioso caffè tradizionale serve pasti e caffè sin dal 1888, e da molto tempo è uno dei locali preferiti dai membri della classe colta di Madrid, che vengono qui a bere qualcosa o a mangiare – tutte le grandi figure spagnole del XX secolo sono passate da qui per un

caffè e per le *tertulias* (dibattiti letterari). Vi ritroverete tra intellettuali, conservatori nostalgici del franchismo e giovani *madrileños* che desiderano sorseggiare un drink in un'atmosfera tranquilla.

Ojalá Awareness Club CHILL-OUT BAR
(cartina p54; Calle de San Andrés 1; ⌚8.30-1 dom-mer, 8.30-2 gio-sab; Ⓜ Tribunal) L'Ojalá è un locale davvero particolare. Lo adoriamo soprattutto per i suoi drink (tra cui spicca il daiquiri), perfetti a qualsiasi ora del giorno. L'accostamento di colori giallo-verde, l'illuminazione originale e l'atmosfera da caffè trendy contribuiscono a renderlo un locale davvero alla moda; inoltre, il pavimento cosparso di sabbia e i cuscini disseminati al piano terra creano le premesse per un forma di relax completamente nuova.

Café Manuela CAFFÈ
(cartina p54; Calle de San Vicente Ferrer 29; ⌚16-2 lun-ven, 12-3 sab, 12-2 dom; Ⓜ Tribunal) Imbattersi in questo locale ben restaurato che riporta agli anni '50 lungo una delle vie più popolari di Malasaña è come scoprire un tesoro nascosto. Venire qui nel cuore della notte è una piacevole sorpresa. Come in molti altri caffè di Madrid, troverete uno spazio sorprendente e multiforme in cui vengono serviti cocktail e deliziosi frappè; nel caso in cui annoiaste, potrete partecipare a giochi da tavolo sui tavoli di marmo.

Lolina Vintage Café CAFFÈ
(cartina p54; Calle del Espíritu Santo 9; ⌚10-1 dom-mar, 10-2 mer-sab; Ⓜ Tribunal) Nella rosa delle nostre recenti scoperte più apprezzate a Malasaña, il Lolina Vintage Café sembra avere catturato l'essenza del *barrio* in uno spazio angusto. Con un'atmosfera retrò in cui nulla è lasciato al caso (comode poltrone e divani vecchio stile, specchi dorati e carta da parati anni '70), questo locale conferma che il nuovo quartiere di Malasaña non è dissimile da quello del passato, ma è molto più sofisticato.

☆ Divertimenti

Tutte le pubblicazioni e i siti web indicati di seguito offrono l'elenco completo e aggiornato del programma di eventi e spettacoli nei teatri, nei cinema e nelle sale da concerto della capitale:

EsMadrid Magazine (www.esmadrid.com) Rubrica mensile a cura dell'ufficio turistico sui concerti e su altri spettacoli; è disponibile presso gli uffici turistici, alcuni alberghi e online.

Guía del Ocio (www.guiadelocio.com, in spagnolo) Rivista settimanale solo in spagnolo in vendita a €1 in tutte le edicole.

In Madrid (www.in-madrid.com) Il mensile in inglese dedicato alla comunità dei residenti stranieri viene distribuito gratuitamente (verificate sul sito dove è possibile procurarselo) e dispone di molte informazioni su che cosa fare e vedere in città.

La Netro (http://madrid.lanetro.com, in spagnolo) Esauriente guida online sugli eventi e le manifestazioni in programma a Madrid.

Metropoli (www.elmundo.es/metropolis, in spagnolo) Rivista supplemento del venerdì di *El Mundo* con una panoramica sul calendario degli eventi in programma nella settimana in corso.

On Madrid (www.elpais.com, in spagnolo) Anche *El País* ha il proprio supplemento del venerdì con gli eventi della settimana in corso.

What's on When (www.whatsonwhen.com) La pagina dedicata a Madrid tratta gli eventi più importanti in campo sportivo e culturale, e fornisce alcune indicazioni su come procurarsi i biglietti.

Locali notturni

Non esiste alcun *barrio* di Madrid che non abbia almeno un buon locale notturno o una discoteca, ma le discoteche che godono di maggiore popolarità sono situate quasi tutte in centro. Non aspettatevi che le *discotecas* siano animate prima dell'1; anzi, alcune rimangono addirittura semideserte fino alle 3, ora in cui chiudono i bar.

Il prezzo dell'ingresso varia notevolmente a seconda dell'ora in cui ci andate, del modo in cui si è vestiti e del numero di persone già presenti all'interno. Il prezzo standard è €10, che di solito comprende la prima consumazione, anche se nelle discoteche più grandi e nei locali alla moda si spende qualche euro di più. Tenete presente che nei locali che offrono l'ingresso gratuito pagherete di più per le consumazioni, perciò non vale davvero la pena di programmare la propria serata andando alla ricerca dei locali più economici.

LOS AUSTRIAS, SOL E CENTRO

TOP **Teatro Joy Eslava** DISCOTECA
(cartina p36; www.joy-eslava.com; Calle del Arenal 11; ingresso €12-15; ⌚23.30-6; Ⓜ Sol) Le uniche cose certe di questa vecchia di-

scoteca madrilena (ospitata in un grandioso teatro del XIX secolo) sono il pubblico sempre numerosissimo e il fatto che è sempre aperta (la direzione sostiene che questo locale ha aperto tutti i giorni da ben 29 anni). La musica e la folla sono eterogenee, ma le code sono lunghe e comprendono invariabilmente gente del posto e turisti, e anche qualche *famoso*.

Cool DISCOTECA

(cartina p54; www.fsmgroup.es; Calle de Isabel la Católica 6; ingresso a partire da €10; ⌚23-6 gio-sab; Ⓜ Santo Domingo) 'Cool' di nome, e 'cool' di fatto. Uno dei locali più animati della città, il Cool è stato progettato da Phillipe Starck con bianche linee morbide ed è arredato con discrete poltrone da lounge disposte in angoli bui; la pulsante pista da ballo è frequentata soprattutto da bella gente che indossa abiti alla moda, e per entrare ci si deve assoggettare a una severa selezione all'ingresso. Il giovedì viene dedicato alle 'Sunflower Dance Sessions' (house music e folla molto fashion), il venerdì c'è 'Stardust' (musica elettronica e techno), mentre il sabato viene chiamato 'Royal', con new house e una clientela in prevalenza gay. Questo locale si anima veramente soltanto verso le 3 di notte.

Charada DISCOTECA

(cartina p36; www.charadaclubdebaile.com, in spagnolo; Calle de la Bola 13; ingresso €10-15; ⌚24-6 gio-sab; Ⓜ Santo Domingo) Il Charada ha investito la scena notturna di Madrid come una tempesta nel 2009, e da allora non si è mai voltato indietro. Il suo arredo rimanda a un ambiente chic di New York (senza alcun accenno alla sua vita precedente come bordello), i cocktail sono molto originali, la clientela è agiata e spesso famosa, e ospita alcuni dei migliori DJ di musica house della città. Secondo la nostra opinione, le 'Future Disco Jams' (disco-funk) del giovedì sono le serate più indovinate.

Palacio Gaviria DISCOTECA

(cartina p36; www.palaciogaviria.com; Calle del Arenal 9; ingresso €10-15; ⌚24-6; Ⓜ Sol) Un palazzo restaurato di recente è stato trasformato in una delle discoteche più alla moda di Madrid. Il Palacio Gaviria appartiene a quel genere di locali frequentati da un pubblico giovane e chiassoso, più che disposto ad affrontare lunghe code all'ingresso. La serata del giovedì è dedicata agli studenti stranieri e alla musica house – le relazioni internazionali non sono mai state così divertenti.

HUERTAS E ATOCHA

TOP **Adraba** DISCOTECA

(www.fsmgroup.es, in spagnolo; Calle de Alcalá 20; ingresso €15-18; ⌚24-6 mer-dom; Ⓜ Sevilla) Questa discoteca fa parte della storia. È stato uno dei locali più famosi della *movida madrileña* finché non venne distrutto da un incendio (in cui morirono 81 clienti) nel 1983. Finalmente è stato inaugurato con un gran battage pubblicitario nel 2010 e si è rapidamente riappropriato di uno dei primi posti nella classifica delle discoteche più frequentate della città. L'arredo di design è straordinario e le misure di sicurezza molto rigorose, e una clientela sofisticata viene qui a ballare cinque sere la settimana. Il giovedì sera è chiamato 'Vanité', con il sottotitolo di 'The Most Fashion Night' ('La serata più alla moda'), ed è dedicato al glamour e a sonorità da lounge-bar, mentre il venerdì e il sabato si possono ascoltare i motivi di successo degli ultimi trent'anni. Ad anticipare e concludere il lungo fine settimana dell'Adraba ci sono le serate del mercoledì ('Fever', con musica dagli anni '70 agli anni '90) e della domenica ('Queen's Club', una festa per l'élite, con conseguente rigorosa selezione all'ingresso). Indipendentemente dalla serata, i DJ del locale sono tra i migliori di Madrid.

Kapital DISCOTECA

(cartina p43; www.grupo-kapital.com, in spagnolo; Calle de Atocha 125; ingresso €20; ⌚18-22 e 24-6 gio-dom; Ⓜ Atocha) Una delle più famose megadiscoteche di Madrid, questo imponente locale di sette piani è in grado di soddisfare tutti i gusti: da cocktail bar e dance music a karaoke, salsa, hip hop e spazi più rilassati per R&B e soul, oltre a una sezione dedicata alla musica 'Made in Spain'. Il posto è talmente grande che qui è rappresentata una sezione trasversale della società madrilena (i VIP e i tifosi del Real Madrid amano molto questo posto) senza mai venire necessariamente a contatto.

Stella DISCOTECA

(cartina p44; www.theroomclub.com; Calle de Arlabán 7; ingresso €13-15; ⌚12.30-6am gio-sab; Ⓜ Sevilla) Se venite qui dopo le 3 di notte, semplicemente non troverete posto, visto che chi è dentro non uscirà prima dell'alba. I DJ sono tra i migliori di Madrid, e le immagini vi renderanno strabici se non sarete già rimasti colpiti dalla musica in questo posto elettrizzante. Il giovedì e il sabato sera ('Mondo', con musica elettronica) vengono affidati a DJ del posto ed esterni, mentre il venerdì ('The Room') di solito è riservato ad Ángel García, uno dei celebri DJ che garantiscono il successo delle notti madrilene.

SALAMANCA

Serrano 41 DISCOTECA

(cartina p53; ☎91 578 18 65; www.serrano41.com, in spagnolo; Calle de Serrano 41; ingresso €10; ⏲23-5.30 mer-dom; Ⓜ Serrano) Se i toreri, le star del Real Madrid e altre celebrità non decidono di uscire da Salamanca, con ogni probabilità li troverete qui. Motivi ballabili pop e house dominano le serate più animate del venerdì e del sabato, il funk risuona la domenica e il giovedì è la serata della musica indie. Come potete ben immaginare, il servizio d'ordine alla porta è quanto mai severo.

MALASAÑA E CHUECA

Per maggiori informazioni sui locali notturni di Chueca, v. lettura p65.

Morocco DISCOTECA

(cartina p54; www.morocco-madrid.com, in spagnolo; Calle del Marqués de Leganés 7; ingresso €10; ⏲24-6 ven e sab; Ⓜ Santo Domingo o Noviciado) Di proprietà dell'appariscente Alaska, uno dei personaggi musicali di maggior spicco della *movida*, il Morocco è caratterizzato da un arredamento talmente kitsch da diventare cool e propone un mix di stili musicali incentrato prevalentemente sui motivi spagnoli e internazionali degli anni '80, ma anche la musica elettronica è un tema ricorrente. I buttafuori a volte si arrabbiano con troppa facilità, ma dopo tutto il loro non è certo il mestiere più simpatico del mondo.

Nasti Club DISCOTECA

(cartina p54; www.nasti.es, in spagnolo; Calle de San Vicente Ferrer 33; ingresso libero-€10; ⏲23-5.30 gio-sab; Ⓜ Tribunal) È difficile immaginare un ingresso più sconcertante di quello del Nasti Club, ricoperto di graffiti e dall'aspetto di un edificio abbandonato. La sua peculiarità, giustamente, è un approccio rude che rimanda agli anni '70 (pop, rock e punk), sia in termini di musica sia di arredo. Ma il locale non è sgradevole come vorrebbe apparire, e i clienti vanno dai nostalgici alternativi degli anni '70 a persone assolutamente rispettabili. Soprattutto, è un locale con le idee chiare e, come si legge nella sua stessa presentazione, *non* è di Barcellona, *non* suona musica elettronica, chi viene qui *è* cool e nessuno sentirà parlare dei numeri live messi in scena qui finché non diventano famosi due anni dopo. Hanno detto davvero tutto. Molto tipico di Malasaña.

Sala Flamingo DISCOTECA

(cartina p54; Calle de Mesonero Romanos 13; ingresso €10; ⏲24-5.30 gio, ven e sab; Ⓜ Callao o Gran Vía) Da molti anni uno dei posti più 'in' di Madrid, il Sala Flamingo è famoso soprattutto per la serata del venerdì chiamata 'OchoyMedia', una miscela di musica indie rock ed elettronica che crea un proprio genere, *rockotrónica* – questa è la serata in cui le celebrità locali fanno la loro apparizione. Per un ritmo e una clientela completamente diversi, 'Darkhole' il sabato è tutto nero e gotico, mentre il giovedì è dedicato a 'Playback', dove sembra che l'unico requisito richiesto sia vestirsi in modo trasandato.

Tupperware BAR-DISCOTECA

(cartina p54; Corredera Alta de San Pablo 26; ⏲21-3; Ⓜ Tribunal) Un locale della vecchia guardia di Malasaña e primo candidato al titolo di bar che meglio riesce a cogliere lo spirito *rockero* permanente del quartiere, il Tupperware attira una folla di trentenni e predilige la musica indie rock con un po' di soul e classici degli anni '60 e '70. L'ambiente è volutamente kitsch (con gigantesche palle a specchi al soffitto e TV in plastica con diorami animati allineate dietro al bancone). In ogni caso, la gente del posto pronuncia il nome 'Tapper-uorri'.

Cinema

Cine Doré CINEMA

(Calle de Santa Isabel 3; ⏲mar-dom; Ⓜ Antón Martín) La cineteca nazionale propone una fantastica rassegna di film classici e d'avanguardia per soli €2,50.

Cinesa Proyecciones CINEMA

(☎902 33 32 31; www.cinesa.es, in spagnolo; Calle de Fuencarral 136; Ⓜ Bilbao o Quevedo) Meraviglioso esterno in stile art déco; all'interno è un cinema moderno.

La Enana Marrón CINEMA

(cartina p54; www.laenanamarron.org; Travesía de San Mateo 8; Ⓜ Alonso Martínez) Questo imbattibile cinematografo alternativo propone documentari, film d'animazione, successi internazionali e vecchi film.

Cines Princesa CINEMA

(www.cinesrenoir.com, in spagnolo; Calle de la Princesa 3; Ⓜ Plaza de España) In questa sala vengono proiettati film in versione originale di tutti i generi, dai grandi successi di Hollywood ai film d'autore.

Yelmo Cineplex Ideal CINEMA

(cartina p36; www.yelmocines.es, in spagnolo; Calle del Doctor Cortezo 6; Ⓜ Sol o Tirso de Molina)

Situato nelle immediate vicinanze di Plaza Mayor; offre un'ampia scelta di film di vario genere.

Teatro e danza

Il calendario teatrale di Madrid è nutrito durante tutto l'arco dell'anno. La maggior parte degli spettacoli è in spagnolo, ma chi non conosce questa lingua potrà comunque apprezzare i musical o la *zarzuela*, versione spagnola della rappresentazione teatrale basata su musica e danza. Il costo dei biglietti per ogni genere di spettacolo è compreso tra €10 e €50 circa.

Compañía Nacional de Danza COMPAGNIA DI DANZA
(☎91 354 50 53; http://cndanza.mcu.es) Questa dinamica compagnia di danza diretta da Nacho Duato si esibisce in tutto il mondo e si è guadagnata elogi per la tecnica innovativa e lo stile meraviglioso delle sue esibizioni. Costituita prevalentemente da ballerini provenienti da diversi paesi, questa compagnia propone un repertorio originale di opere contemporanee ed è considerata tra i migliori corpi di ballo del mondo. Quando si trova in città, un evento che peraltro non accade molto di frequente, la Compañía Nacional de Danza si esibisce in diversi teatri, tra cui il Teatro de la Zarzuela.

Ballet Nacional de España COMPAGNIA DI BALLETTO
(☎91 517 99 99; balletnacional.mcu.es) Una compagnia di danza classica nota per il suo eccezionale repertorio estremamente vario, che comprende sia il balletto classico sia le danze tradizionali spagnole, come il flamenco e la *zarzuela*. Quando è a Madrid, di solito sale sul palcoscenico del Teatro Real o del Teatro de la Zarzuela.

Teatro de la Zarzuela TEATRO
(cartina p44; ☎91 524 54 00; teatrodelazarzuela.mcu.es; Calle de Jovellanos 4; Ⓜ Banco de España) Questo teatro, costruito nel 1856, è senza alcun dubbio il luogo migliore per assistere alla *zarzuela*. Ospita anche concerti di musica classica e operistica, oltre agli spettacoli di danza d'avanguardia della Compañía Nacional de Danza.

Teatro Español TEATRO
(cartina p44; ☎91 360 14 84; www.esmadrid.com/teatroespanol; Calle del Príncipe 25; Ⓜ Sevilla, Sol o Antón Martín) Costruito nel XVI secolo, questo teatro è considerato ancora oggi una delle sale migliori per assistere alle rappresentazioni delle opere più note dei migliori drammaturghi spagnoli, a partire da Lope de Vega per arrivare agli autori più recenti.

Teatros del Canal TEATRO
(☎91 308 99 99; www.teatrosdelcanal.org, in spagnolo; Calle de Cea Bermúdez 1; Ⓜ Canal) Un complesso teatrale d'avanguardia inaugurato nel 2009, il Teatros del Canal mette in scena spettacoli teatrali di rilievo, oltre a musical e spettacoli di danza. È anche la sala principale in cui si svolge il festival Suma Flamenca (p62) in giugno.

Musica live

FLAMENCO

Madrid non è certo la patria spirituale del flamenco, e i grandi nomi di questo genere si troveranno senz'altro più a proprio agio nelle caratteristiche taverne del flamenco in Andalusia, ma la capitale rimane comunque uno dei principali palcoscenici di tutta la Spagna per assistere a esibizioni di flamenco.

A parte alcune eccezioni, assistere a spettacoli di flamenco a Madrid è piuttosto costoso, al punto che nei *tablaos* (ristoranti in cui si assiste anche a spettacoli di flamenco) dovrete mettere in preventivo di spendere una cifra compresa tra €25 e €35 solo per assistere allo spettacolo. Di solito, il prezzo dell'ingresso include la prima consumazione, mentre i pasti dovranno essere pagati a parte (fino a €50 per persona), ma, in tutta sincerità, solo in rari casi la qualità della cucina è all'altezza del conto. Per questo motivo, vi suggeriamo di cenare altrove e di recarvi in questi locali solo per assistere allo spettacolo (dopo avere acquistato i biglietti in anticipo); tenete presente, però, che in questo modo non avrete diritto ai posti più vicini al palco. L'altro elemento importante da tenere in considerazione è che la maggior parte di questi spettacoli viene organizzata a uso e consumo dei turisti. Con questo non vogliamo dire che non siano di qualità elevata– al contrario, spesso si tratta di esibizioni magnifiche e di grande impatto – ma soltanto che a volte mancano dell'emozione intensa e genuina del vero flamenco.

TOP **Corral de la Morería** FLAMENCO
(☎91 365 84 46; www.corraldelamoreria.com; Calle de la Morería 17; ingresso €27-37; ⏲20.30-2.30, spettacoli 22 e 24 dom-ven, 19, 22 e 24 sab; Ⓜ Ópera) Uno dei più prestigiosi palcoscenici di flamenco di tutta Madrid, questo teatro propone da 50 anni spettacoli di alto livello quasi tutte le sere. La

zona del palco ha un aspetto semplice e autentico, e i tavoli sono raggruppati vicino al palco. Consigliamo di stare alla larga dal ristorante, che è troppo costoso (€43), mentre gli spettacoli hanno un rapporto qualità-prezzo più equo. Quando erano a Madrid, le grandi celebrità internazionali (tra cui Marlene Dietrich, Marlon Brando, Muhammad Ali e Omar Sharif) hanno sempre assistito agli spettacoli di flamenco in questo posto.

Las Carboneras FLAMENCO
(cartina p36; ☎91 542 86 77; www.tablaolascarboneras.com, in spagnolo; Plaza del Conde de Miranda 1; ingresso €30-35; ⊙spettacoli 22.30 lun-gio, 20.30 e 23 ven e sab; Ⓜ Sol o La Latina) Come la maggior parte dei *tablaos* disseminati in ogni parte della capitale, Las Carboneras è frequentato più dai turisti stranieri che dai madrileni, ma la qualità degli spettacoli è comunque molto elevata. Pur non trattandosi del posto ideale per chi è alla ricerca della spontaneità e di forti emozioni, questo locale offre comunque un'eccellente introduzione al mondo del flamenco ed è uno dei pochi posti su cui gli aficionados del genere non sembrano sollevare critiche.

Las Tablas FLAMENCO
(☎91 542 05 20; www.lastablasmadrid.com; Plaza de España 9; ingresso €24; ⊙spettacoli 22.30 dom-gio, 20 e 22 ven e sab; Ⓜ Plaza de España) Las Tablas si è rapidamente guadagnato una buona reputazione per i suoi spettacoli di flamenco di ottima qualità. Quasi ogni sera questo locale ospita esibizioni di flamenco classico che fanno grande sfoggio di profonde voci di gola e di movenze piene di passione e di tormento. Antonia Moya e Marisol Navarro, fari luminosi nel mondo del flamenco, si esibiscono qui con regolarità.

Casa Patas FLAMENCO
(cartina p44; ☎91 369 04 96; www.casapatas.com, in spagnolo; Calle de Cañizares 10; ingresso €30-35; ⊙spettacoli 22.30 lun-gio, 21 e 24 ven e sab; Ⓜ Antón Martín o Tirso de Molina) Uno dei principali palcoscenici di flamenco di Madrid, questo *tablao* offre sempre una qualità impeccabile che costituisce un'ottima introduzione a questo tipo di arte. Non è certo il luogo più cordiale della città, soprattutto se venite qui solo per lo spettacolo, e con ogni probabilità vi ritroverete ammassati in poco spazio, ma nessuno potrà lamentarsi dell'alto livello delle esibizioni.

MUSICA CLASSICA E OPERA LIRICA

Auditorio Nacional de Música AUDITORIUM MUSICALE
(☎91 337 01 40; www.auditorionacional.mcu.es; Calle del Príncipe de Vergara 146; Ⓜ Cruz del Rayo) Vero e proprio tempio della musica classica, questa sala moderna propone un calendario molto vario di concerti, spesso interpretati dalla Orquesta Sinfoníca de Madrid (www.osm.es) diretta da maestri provenienti da ogni parte del mondo.

Teatro Real OPERA LIRICA
(cartina p36; ☎902 24 48 48; www.teatro-real.com; Plaza de Oriente; Ⓜ Ópera) Dal punto di vista della tecnologia il Teatro Real, il più grande palcoscenico della capitale per l'opera lirica e il balletto, è all'avanguardia come qualsiasi altro teatro d'Europa. I posti più economici (€15) sono in genere molto lontani dal palcoscenico, ma l'acustica è eccellente in qualsiasi punto della sala. Tenete presente che per i posti migliori non si spendono meno di €127.

JAZZ

Negli anni '20 Madrid era una delle capitali europee del jazz. Sebbene si sia dovuto attendere parecchio tempo, oggi la città è tornata a essere uno dei luoghi di maggior prestigio d'Europa per quanto riguarda il jazz dal vivo. Per entrare nella maggior parte dei locali che propongono questo tipo di musica dovrete pagare circa €10, ma tenete presente che per i concerti di particolare richiamo il costo del biglietto può superare i €20.

TOP **Café Central** JAZZ CLUB
(cartina p44; ☎91 369 41 43; www.cafecentralmadrid.com, in spagnolo; Plaza del Ángel 10; ingresso €10-15; ⊙13-2.30 dom-gio, 13.30-3.30 ven e sab; Ⓜ Antón Martín o Sol) Generalmente giudicato tra i migliori jazz club del mondo dalle principali riviste del settore, questo splendido bar art déco ha ospitato quasi 9000 esibizioni ed è ancora una garanzia di successo. Grandi nomi internazionali, come Chano Domínguez, Tal Farlow e Wynton Marsalis, si sono esibiti qui, e oggi potrete ascoltare ogni genere di jazz, dal jazz latino al fusion, dal tango al jazz classico. Gli artisti di solito suonano qui per una settimana prima di recarsi altrove, perciò non dovrebbe essere un problema procurarsi i biglietti, tranne nei fine settimana; gli spettacoli hanno inizio alle 22 e i biglietti vengono messi in vendita un'ora prima.

FREE **Populart** JAZZ CLUB

(cartina p44; ☎91 429 84 07; www.populart.es, in spagnolo; Calle de las Huertas 22; ⌚18-2.30 dom-ven, 18-3.30 ven e sab; Ⓜ Antón Martín o Sol) Uno dei locali di jazz classico di Madrid, questo club offre un'atmosfera tranquilla e propone musica di alto livello – soprattutto jazz, ma di tanto in tanto anche blues, swing e persino flamenco. Per darvi un'idea della qualità della musica proposta qui, pensate a nomi come Compay Segundo, Sonny Fortune e la Canal Street Jazz Band. Gli spettacoli iniziano alle 22.15, ma se volete trovare un posto a sedere dovete arrivare molto prima.

El Berlín Jazz Club JAZZ CLUB

(cartina p54; ☎91 521 57 52; www.cafeberlin.es, in spagnolo; Calle de Jacometrezo 4; ingresso €6-10; ⌚19-2.30 mar-dom; Ⓜ Callao o Santo Domingo) L'El Berlín è considerato una delle principali roccaforti jazz di Madrid sin dagli anni '50 e riscuote commenti entusiastici da parte dei grandi appassionati del genere, che lo considerano il jazz club più autentico della città. Qui si suona solo jazz classico, senza quegli spettacoli fusion che si ascoltano altrove. L'interno art déco esalta il fascino del locale, e sul palco si esibiscono alcuni dei jazzisti di maggior richiamo a livello mondiale. Lo spettacolo principale inizia alle 23.30 il venerdì e il sabato, con altre esibizioni nel corso di tutta la settimana.

FREE **El Junco Jazz Club** JAZZ CLUB

(cartina p54; ☎91 319 20 81; Plaza de Santa Bárbara 10; ⌚23-6; Ⓜ Alonso Martínez) L'El Junco si è fatto un nome nel panorama della vita notturna di Madrid richiamando non solo gli appassionati di jazz, ma anche gli amanti delle discoteche. Il suo segreto consiste nelle esibizioni di jazz dal vivo di alto livello (che vedono per protagonisti musicisti provenienti sia dalla Spagna sia da altre parti del mondo) che hanno inizio ogni sera alle 23.30, seguite poi da DJ che propongono funk, soul, nu jazz, blues e ritmi groove molto innovativi. Ci sono anche jam session alle 23.30 di jazz (martedì) e blues (domenica).

ALTRI GENERI DI MUSICA LIVE

TOP **Costello Café & Niteclub** MUSICA LIVE

(cartina p36; www.costelloclub.com; Calle del Caballero de Gracia 10; ingresso €5-10; ⌚18-1 dom-mer, 18-2.30 gio-sab; Ⓜ Gran Vía) Molto alla moda. Il Costello Café & Niteclub offre un'atmosfera seducente con una miscela innovativa di pop, rock e fusion in un ambiente in stile Warhol. Ogni sera della settimana (tranne la domenica) suonano musica dal vivo alle 21.30, e la serata (dal giovedì al sabato) prosegue poi con musica proposta da DJ, del posto o stranieri, che vi faranno ballare fino all'ora di chiusura. Anche quando non c'è alcun evento in programma, questo posto originale attira una clientela sofisticata, che di solito comprende anche qualche celebrità locale.

TOP **Sala El Sol** MUSICA LIVE

(cartina p36; ☎91 532 64 90; www.elsolmad.com, in spagnolo; Calle de los Jardines 3; ingresso €8-25; ⌚23-5.30 mar-sab lug-set; Ⓜ Gran Vía) Questa vera e propria istituzione è tra le più amate di Madrid. La Sala El Sol fu inaugurata nel 1979, proprio in tempo per *la movida*, e si fece notare rapidamente come uno dei palcoscenici principali per tutte le icone del tempo, come Nacha Pop e Alaska y los Pegamoides. *La movida* è svanita ormai nella storia, ma l'El Sol, un locale bellissimo, è ancora molto in voga e risuona delle note del rock and roll e dei ricordi degli anni '70 e '80 (ma hanno successo anche il soul e il funk). Gli orari variano molto – la maggior parte dei concerti ha inizio alle 23 circa, ma a volte potrebbero essere anticipati alle 22. Consultate il sito web (che consente anche la prenotazione online) per tenervi aggiornati sugli eventi in programma.

ContraClub MUSICA LIVE

(☎91 365 55 45; www.contraclub.es, in spagnolo; Calle de Bailén 16; ingresso €6-12; ⌚22-6 mer-sab; Ⓜ La Latina) Il ContraClub è un incrocio tra una sala in cui si suona musica dal vivo e un locale notturno, in cui si assiste a spettacoli di flamenco dal vivo il mercoledì e a un mix eclettico di altri generi musicali sempre dal vivo (jazz, blues, world music e rock) dal giovedì alla domenica; dopo le esibizioni dal vivo (che hanno inizio alle 22.30), il DJ propone ritmi ugualmente eclettici (indie, pop, funk e soul).

Café La Palma MUSICA LIVE

(cartina p54; ☎91 522 50 31; www.cafelapalma.com, in spagnolo; Calle de la Palma 62; ingresso libero-€12; ⌚16.30-3; Ⓜ Noviciado) È incredibile la varietà di generi musicali che il Café La Palma riesce a proporre nel labirinto delle sue sale. Gli spettacoli dal vivo in cui si esibiscono gruppi locali emergenti si tengono sul retro, mentre nella parte anteriore del locale sono all'opera i DJ. Ci sono sempre due spettacoli alle 22 e alle 24 dal giovedì al sabato, ma talvolta si tengono concerti anche altre sere della settimana. Ogni serata è un po' diversa dalle altre.

Clamores MUSICA LIVE

(☎91 445 79 38; www.clamores.es, in spagnolo; Calle de Alburquerque 14; ingresso €5-15; ⊙18-3; ⓂBilbao) Quello che una volta era un classico jazz café si è trasformato in uno dei locali di musica dal vivo più eclettici di Madrid. Sebbene il jazz sia ancora molto importante, il Clamores ospita regolarmente anche esibizioni di world music, flamenco, soul fusion, cantautori, pop e rock. Tenete presente che gli spettacoli dal vivo iniziano già alle 21.

FREE **Honky Tonk** ROCK LIVE

(☎91 445 61 91; www.clubhonky.com, in spagnolo; Calle de Covarrubias 24; ⊙21-5; ⓂAlonso Martínez) Nonostante il suo nome, l'Honky Tonk è un locale veramente fantastico per ascoltare il rock and roll locale, sebbene nella maggior parte dei casi si tratti di un mix che include anche un pizzico di country o di blues. L'atmosfera è divertente ma, dal momento che il locale (in attività dagli anni '80) ha una capienza piuttosto limitata e si riempie sempre velocemente, vi consigliamo caldamente di arrivare presto.

La Boca del Lobo MUSICA LIVE

(cartina p44; ☎91 429 70 13; www.labocadellobo.com, in spagnolo; Calle de Echegaray 11; ingresso libero-€10; ⊙21-3; ⓂSevilla) Rinomato soprattutto per i suoi coinvolgenti concerti di musica rock e alternativa, La Boca del Lobo (La Bocca del Lupo) è un locale buio come suggerisce il suo nome. In tempi recenti ha ampliato la propria offerta musicale, che ora include quasi tutti i generi musicali – roots, reggae, jazz, soul, ska, flamenco, funk e fusion. In tutta questa varietà ci sono alcuni punti fermi: il mercoledì è dedicato alle jam session di roots e groove (alle 23), mentre la domenica sera è riservata alla musica soul. I concerti hanno inizio tra le 21.30 e le 23 (verificate sul sito web) quasi tutte le sere, e poi i DJ subentrano fino all'ora di chiusura.

Sport

CALCIO

Sede della società sportiva del **Real Madrid**, l'Estadio Santiago Bernabéu è il tempio del calcio della capitale spagnola ed è uno degli stadi più prestigiosi del mondo; per gli amanti di questo sport, assistere a una partita disputata in questo impianto equivale a una sorta di pellegrinaggio. Quando i giocatori entrano in campo, il boato degli 80.000 tifosi *madrileños* in trepida attesa è un'esperienza estremamente emozionante. Se avete la fortuna di trovarvi in città in occasione di una vittoria importante del Real Madrid, dirigetevi verso Plaza de la Cibeles per prendere parte ai folli festeggiamenti destinati a durare tutta la notte.

Dedicato alla memoria dello storico presidente del club, l'**Estadio Santiago Bernabéu** (☎91 398 43 00; www.realmadrid.com; Avenida de Concha Espina 1; visite interi/under 14 €15/10; ⊙10-19 lun-dom; ⓂSantiago Bernabéu) rappresenta la mecca per i *madridistas* (i tifosi del Real Madrid) sparsi in ogni parte del mondo. Se desiderate visitare lo stadio per conto vostro, acquistate il biglietto allo sportello n. 10 (situato vicino al Cancello n. 7). La visita comprende la straordinaria **Exposición de Trofeos** (Esposizione dei Trofei), la tribuna presidenziale, la sala stampa, gli spogliatoi e il tunnel da cui escono i giocatori, e arriva perfino al campo di gioco. Nei giorni in cui vengono disputate le partite, le visite si interrompono cinque ore prima dell'inizio previsto per l'incontro, mentre l'Exposición de Trofeos è aperta fino a due ore prima della partita.

Il prezzo dei biglietti per assistere alle partite del Real Madrid parte da circa €40 e può arrivare alle stelle in occasione degli incontri più importanti del campionato e delle partite di coppa. A meno che non si prenoti il biglietto tramite un'agenzia, è necessario presentarsi alla biglietteria del Cancello n. 42 in Avenida de Concha Espina nei primi giorni della settimana in cui è in calendario una partita. Il numero telefonico da chiamare per prenotare i biglietti (che dovranno poi essere ritirati al Cancello n. 42) è ☎902 32 43 24, abilitato a ricevere chiamate solo dalla Spagna. Se prenotate dall'estero e non siete fortunati online, potete provare a rivolgervi a **Localidades Galicia** (cartina p36; ☎91 531 91 31; www.bullfightticketsmadrid.com; Plaza del Carmen 1; ⊙9.30-13 e 16.30-19 lun-sab, 9.30-13 dom; ⓂSol). Ci sono anche numerosi siti web che vendono i biglietti delle partite del Real Madrid, tra cui www.madrid-tickets.net, www.madrid-tickets.com e www.ticket-finders.com.

L'altra grande squadra di calcio della città, l'**Atlético de Madrid**, ha vissuto per lungo tempo all'ombra della sua più illustre rivale, ma questo non le ha impedito di conquistarsi un posto di primo piano nella storia del calcio spagnolo; nel 2010, infatti, ha vinto l'Europa League. Sede di questa squadra di prima divisione, l'**Esta-**

dio Vicente Calderón (☎91 366 47 07; www.clubatleticodemadrid.com; Paseo de la Virgin del Puerto; Ⓜ Pirámides) non è grande come lo stadio del Real Madrid (il Vicente Calderón ha posti a sedere per soli 60.000 spettatori), ma compensa le dimensioni inferiori con il grande calore e l'incontenibile entusiasmo dei tifosi. Per assistere a una partita dell'Atlético de Madrid, provate a telefonare ai numeri ☎91 366 47 07 o ☎902 530 500, ma avrete più probabilità di procurarvi un biglietto recandovi direttamente allo stadio qualche giorno prima della partita.

CORRIDA

Dalla Fiesta de San Isidro, che cade verso la metà di maggio, fino alla fine di ottobre i più grandi toreri spagnoli si esibiscono nella **Plaza de Toros Monumental de Las Ventas** (☎91 356 22 00; www.las-ventas.com, in spagnolo; Calle de Alcalá 237; Ⓜ Ventas), una delle arene da corrida più grandi del mondo. Las Ventas ha una grandiosa facciata esterna in stile mudéjar e racchiude una grande arena interna che ricorda il Colosseo, ricoperta di sabbia e delimitata dalle tribune. Durante le sei settimane della principale stagione potrete assistere a *corridas* quasi tutti i giorni.

Il prezzo dei biglietti per le *corridas* varia a seconda che i posti siano al *sol* (sole) o in *sombra* (ombra). I biglietti più economici (circa €5) si riferiscono ai posti in piedi al *sol*, ma in una rovente giornata estiva non vi pentirete sicuramente di avere speso €4 in più per un posto in *sombra*. I posti migliori in assoluto – in prima fila all'ombra – sono riservati ai VIP e costano oltre €100.

La prevendita inizia qualche giorno prima della corrida presso la **biglietteria** (⏲10-14 e 17-20) della Plaza de Toros Monumental de Las Ventas. Alcune agenzie iniziano a vendere i biglietti con maggiore anticipo, applicando però un supplemento del 20% per il servizio; tra le agenzie segnaliamo **Localidades Galicia** (cartina p36; ☎91 531 91 31; www.bullfightticketsmadrid.com; Plaza del Carmen 1; ⏲9.30-13 e 16.30-19 lun-sab, 9.30-13 dom; Ⓜ Sol). Si possono acquistare i biglietti anche presso la **biglietteria delle corride La Central** (cartina p44; ☎91 531 33 66; Calle de la Victoria).

Per maggiori informazioni sul più controverso spettacolo della Spagna, v. p506.

Shopping

Desiderate cambiare il vostro look in modo da avere lo stile casual ma sofisticato degli spagnoli? Siete stanchi delle solite cartoline con i tori e dei pacchiani poster che ritraggono ballerine di flamenco? Siete convinti che i vostri raffinati amici abbiano gusti che si spingono ben oltre un abito da flamenco a pois? A Madrid troverete tutto questo. La capitale è una città fantastica in cui fare acquisti, e i *madrileños* sono veri maestri di questa arte.

La stagione di punta dello shopping coincide con *las rebajas*, gli annuali saldi invernali ed estivi, in occasione dei quali quasi tutta la merce viene venduta a prezzi notevolmente scontati. I saldi invernali hanno inizio intorno al 7 gennaio, subito dopo l'Epifania, e durano fino a febbraio inoltrato, mentre i saldi estivi cominciano nei primi giorni di luglio e si protraggono fino quasi alla fine di agosto.

Tutti i negozi possono (e quasi tutti in genere lo fanno) restare aperti la prima domenica del mese e tutti i giorni nel mese di dicembre.

LOS AUSTRIAS, SOL E CENTRO

TOP Antigua Casa Talavera CERAMICHE TRADIZIONALI
(cartina p36; Calle de Isabel la Católica 2; ⏲10-13.30 e 17-20 lun-ven, 10-13.30 sab; Ⓜ Santo Domingo) Dietro la straordinaria facciata rivestita di piastrelle di questo vecchio negozio meraviglioso si cela un vero tesoro di ceramiche artigianali provenienti da ogni parte della Spagna. Non si tratta di oggetti di produzione industriale realizzati per il mercato turistico, ma delle opere di piccoli produttori artigianali andalusi e di Toledo specializzati in articoli di vario genere, dalle piastrelle decorative agli oggetti utili (come piatti, caraffe e altri accessori per la casa).

TOP El Arco Artesanía SOUVENIR CONTEMPORANEI
(cartina p36; www.elarcoartesania.com; Plaza Mayor 9; ⏲11-21; Ⓜ Sol o La Latina) Questo negozio originale, situato nell'angolo sud-occidentale di Plaza Mayor, propone uno straordinario assortimento di articoli da regalo di produzione artigianale, tra cui oggetti in pietra e in vetro, gioielli e accessori per la casa. Sebbene la scelta e la varietà siano pressoché infinite, siamo rimasti particolarmente colpiti dalle splendide statuine di cartapesta.

El Flamenco Vive FLAMENCO
(cartina p36; www.elflamencovive.es; Calle Conde de Lemos 7; ⏲10-14 e 17-21 lun-sab; Ⓜ Ópera) Questo vero e proprio tempio del flamenco vende ogni sorta di oggetti legati alla più famosa delle danze tradizionali spagnole,

tra cui chitarre, testi delle canzoni, CD a prezzi ragionevoli, costumi da ballo a pois con volant, scarpe, bigiotteria in plastica coloratissima e una ricca letteratura sul flamenco. Si tratta del tipico negozio che riesce ad affascinare sia i semplici curiosi che si avvicinano per la prima volta al flamenco, sia i veri conoscitori di questo affascinante genere artistico.

Casa de Diego VENTAGLI SPAGNOLI

(cartina p36; www.casadediego.com; Plaza de la Puerta del Sol 12; ⌚9.30-20 lun-sab; Ⓜ Sol) Questo negozio storico, in attività dal 1858 circa, vende e ripara ventagli spagnoli, scialli, ombrelli e bastoni da passeggio. Il servizio è vecchio stile e il personale non è sempre affabile, ma i ventagli sono vere e proprie opere d'arte.

Salvador Bachiller PELLE

(cartina p54; www.salvadorbachiller.com; Gran Vía 65; ⌚10-21.30 lun-sab; Ⓜ Plaza de España o Santo Domingo) L'eleganza e la qualità elevata delle borsette, dei portafogli, delle valigie e degli altri accessori in vendita da Salvador Bachiller sono un punto di riferimento per gli appassionati dello shopping. Si tratta di una manifattura in pelle con un'impronta tipicamente spagnola – i colori sono audaci rosa, gialli e verdi brillanti. Troppo vistoso? Cambierete sicuramente idea una volta entrati.

Casa Hernanz ESPADRILLAS

(cartina p36; Calle de Toledo 18; ⌚9-13.30 e 16.30-20 lun-ven, 10-14 sab; Ⓜ La Latina o Sol) Le comode *alpargatas* (espadrillas) dalla suola in corda, le tipiche calzature estive spagnole, vengono indossate da tutti qui, dal re di Spagna in giù, e voi potrete acquistarne un paio in questo semplice laboratorio, che realizza scarpe fatte a mano da ben cinque generazioni; potrete addirittura ordinarle su misura. I prezzi variano da €5 a €40, e non appena le temperature si fanno più miti davanti al negozio si forma sempre una lunga coda.

LA LATINA E LAVAPIÉS

TOP **El Rastro** MERCATO DELLE PULCI

(Calle de la Ribera de Curtidores; ⌚8-15 dom; Ⓜ La Latina, Puerta de Toledo o Tirso de Molina) El Rastro è un'istituzione a Madrid. Potrete facilmente passare un'intera mattinata facendovi strada a fatica lungo Calle de la Ribera de Curtidores e attraverso il labirinto di strade che ospitano questo mercato delle pulci ogni domenica mattina. Capi di abbigliamento economici, valigie, vecchi dischi di flamenco, vecchie fotografie di Madrid, portafogli dal marchio contraffatto, magliette con scritte di dubbio gusto, articoli per la casa e prodotti di elettronica di ogni genere sono gli articoli più diffusi sulle bancarelle, ma per ogni dieci oggetti di paccottiglia è possibile scovare qualche rarità degna di essere presa in considerazione (un capolavoro andato perduto, una macchina per scrivere Underwood).

Un'avvertenza d'obbligo: anche i borseggiatori adorano trascorrere la domenica mattina a El Rastro, perciò tenete sempre stretti gli effetti personali e non tenete gli oggetti di valore in tasche facilmente accessibili.

Helena Rohner GIOIELLI

(cartina p41; www.helenarohner.com; Calle del Almendro 4; ⌚9-20.30 lun-ven, 12-14.30 e 15.30-20 sab, 12-15 dom; Ⓜ La Latina o Tirso de Molina) Una delle più creative designer di gioielli di tutta Europa, Helena Rohner ha una grande boutique a La Latina. Lavorando argento, pietre, porcellana, legno e vetro di Murano realizza pezzi di grande creatività, e i suoi lavori sono sempre presenti alle sfilate di moda di Parigi. Citando le sue stesse parole, questa designer cerca di ricreare 'la magia di Firenze, la vitalità di Londra e la luminosità di Madrid'. Di recente ha anche diversificato la sua attività creando accessori per la casa.

HUERTAS E ATOCHA

TOP **Gil** SCIALLI SPAGNOLI

(cartina p44; Carrera de San Jerónimo 2; ⌚9.30-13.30 e 16.30-20 lun-sab; Ⓜ Sol) Sebbene oggi non se ne vedano più molti in giro, gli splendidi *mantones* e *mantoncillos* (scialli tradizionali spagnoli, ricchi di frange e di ricami, indossati dalle donne nelle grandi occasioni) e le delicate *mantillas* (veli) possono costituire regali veramente magnifici e tipicamente spagnoli. Gil vende anche *abanicos* (ventagli spagnoli). All'interno di questo buio negozio, che risale al 1880, ancora oggi i commessi servono i clienti da dietro un lungo bancone; il servizio non è cambiato nel corso degli anni, il che non guasta.

María Cabello VINI

(cartina p44; Calle de Echegaray 19; ⌚9.30-14.30 e 17.30-21 lun-ven, 10-14.30 e 18.30-21.30 sab; Ⓜ Sevilla o Antón Martín) Tutti i negozi che vendono vino dovrebbero essere come questo: un negozio d'angolo a gestione familiare che conosce bene i propri vini e in cui l'arredo è cambiato di poco dal

1913, con scaffali di legno e persino un affresco sbiadito sul soffitto. Qui troverete una grandissima scelta di vini (soprattutto spagnoli, ma anche qualche varietà straniera), con circa 500 etichette esposte o nascoste nel retro.

SALAMANCA

TOP Agatha Ruiz de la Prada ABBIGLIAMENTO

(cartina p53; www.agatharuizdelaprada.com; Calle de Serrano 27; ⏲10-20.30 lun-sab; Ⓜ Serrano) Vedere per credere: questa boutique è un'esplosione di rosa, giallo e arancione dovunque ci si volti. Divertente ed esuberante, ma non solo per giovanissimi: è anche una firma dell'alta moda seria e molto originale. Agatha Ruiz de la Prada è una stilista ormai diventata tra le icone più longeve di quell'esplosione di creatività nata negli anni '80 e nota come *la movida madrileña*.

Gallery MODA UOMO

(cartina p53; www.gallerymadrid.com; Calle de Jorge Juan 38; ⏲10.30-20.30 lun-sab; Ⓜ Príncipe de Vergara o Velázquez) Questa straordinaria esposizione di capi di abbigliamento e accessori per uomo (scarpe, borse, cinture e così via) rappresenta la quintessenza della nuova Madrid: elegante, attenta alle griffe e concentrata sul look giusto. Uno dei negozi per uomo più trendy della capitale, curato dall'interior designer Tomas Alia.

Oriol Balaguer CIOCCOLATO

(www.oriolbalaguer.com; Calle de José Ortega y Gasset 44; ⏲9-21 lun-sab, 9-14.30 dom; Ⓜ Nuñez de Balboa) Il maestro pasticcere catalano Oriol Balaguer vanta un curriculum formidabile, dal momento che ha lavorato con Ferran Adrià e nel 2001 si è aggiudicato il premio per Il Miglior Dessert del Mondo. La sua attesissima boutique del cioccolato, inaugurata a Madrid nel marzo del 2008, può essere considerata una via di mezzo tra una piccola galleria d'arte e una boutique di alta moda, se non fosse che è interamente dedicata a una squisita collezione di cioccolato e di dolci al cioccolato. Dopo essere stati qui non riuscirete più ad accontentarvi del cioccolato comune.

Camper SCARPE

(cartina p53; www.camper.es; Calle de Serrano 24; ⏲10-20.30 lun-sab; Ⓜ Serrano) Sebbene la moda spagnola non sia tutta haute couture, questo marchio originario di Maiorca ha imposto le sue originali calzature in tutto il mondo e ha negozi in tutta Madrid. La sua linea deriva dalle scarpe da bowling con un tocco chic, e i modelli sono allegri e divertenti, oltre che molto comodi. Ci sono altri punti vendita sparsi per tutta la città: consultate il sito web per conoscere i vari indirizzi.

Mantequería Bravo SPECIALITÀ GASTRONOMICHE, VINI

(cartina p53; Calle de Ayala 24; ⏲9.30-14.30 e 17.30-20.30 lun-ven, 9.30-14.30 sab; Ⓜ Serrano) Dietro una splendida facciata antica si nasconde un vero e proprio paradiso dei buongustai, traboccante di formaggi locali, salsicce, vini e molte varietà di caffè. Questi prodotti alimentari rappresentano un'ottima scelta per un regalo da portare a casa, ma sono talmente squisiti che farete molta fatica a resistere alla tentazione di mangiarveli prima. Nel 2007 la Mantequería Bravo è stata insignita del premio di miglior negozio di gastronomia di Madrid – un fatto che la dice lunga sulla qualità dei suoi prodotti.

MALASAÑA E CHUECA

TOP Mercado de Fuencarral ABBIGLIAMENTO

(cartina p54; www.mdf.es, in spagnolo; Calle de Fuencarral 45; ⏲11-21 lun-sab; Ⓜ Tribunal) Molto popolare tra i frequentatori di locali alternativi di Madrid, il Mercado de Fuencarral è ancora di gran moda con il suo snobismo al contrario. I suoi negozi (con nomi come Fuck, Ugly Shop e Black Kiss) sono divertenti, trasandati e di tendenza, e traboccano di magliette sdrucite, articoli in pelle nera e borchie argentate. È un punto di riferimento molto noto a Madrid, e quando nel 2008 è stata minacciata la sua chiusura è quasi scoppiata una rivolta.

Patrimonio Comunal Olivarero OLIO D'OLIVA

(cartina p54; Calle de Mejía Lequerica 1; ⏲10-14 e 17-20 lun-ven, 10-14 sab; Ⓜ Alonso Martínez) Il Patrimonio Comunal Olivarero è perfetto per conoscere l'essenza delle varietà dell'olio d'oliva spagnolo. In questo negozio troverete esclusivamente olio extra-vergine proveniente da ogni parte della Spagna; l'assortimento delle diverse varietà è talmente vasto che non vi rimarrà che l'imbarazzo della scelta. Il personale è molto competente e saprà consigliarvi al meglio, soprattutto se parlate un po' lo spagnolo.

CHAMBERÍ E ARGÜELLES

Diedro ABBIGLIAMENTO, ACCESSORI

(cartina p54; www.diedro.com; Calle de Sagasta 17; ⏲10-22 lun-sab, 12-22 dom; Ⓜ Bilbao o Alonso Martínez) Uno dei negozi di articoli da regalo più innovativi di Madrid, Diedro propone gioielli di design, oltre a capi di abbigliamento, articoli di cancelleria e accessori per la casa. Si tratta di uno spazio meraviglioso disposto su tre piani che abbraccia praticamente tutti i gusti, pur tenendo d'occhio la linea di design. Tra i marchi più importanti presenti qui figurano Calvin Klein, Pandora, Guess, Bodum e Alessi.

MADRID NORD

Tienda Real Madrid ARTICOLI DA CALCIO

(Cancello 57, Estadio Santiago Bernabéu, Avenida de Concha Espina 1; ⏲10-20.30; Ⓜ Santiago Bernabéu) Il negozio della società sportiva del Real Madrid vende magliette, poster, berretti e ogni articolo possibile e immaginabile con il logo della squadra. Dalla vetrina del negozio si può vedere lo stadio.

Informazioni

Accessi a internet

Nell'era del wi-fi e dei turisti che non si separano dai loro computer portatili, la maggior parte dei migliori internet bar di Madrid è stata un po' accantonata. Troverete moltissimi piccoli *locutorios* (negozietti che vendono schede telefoniche e offrono un servizio economico di telefonate a pagamento) sparsi per tutta la città, molti dotati di qualche computer sul retro, ma non li abbiamo segnalati perché aprono e chiudono i battenti con monotona regolarità. Nella zona del centro, le opzioni migliori sono le seguenti:

Centro de Turismo de Madrid (p91) Connessione gratuita a internet fino a 15 minuti presso la filiale di Plaza Mayor, o accesso illimitato e gratuito presso la filiale di Plaza de Colón.

Café Comercial (Glorieta de Bilbao 7; €1 per 50 min; ⏲7.30-24 lun, 7.30-1 mar-gio, 7.30-2 ven, 8.30-2 sab, 9-24 dom; Ⓜ Bilbao) Uno dei più imponenti e vecchi caffè di Madrid, con possibilità di accesso a internet al piano superiore.

Assistenza sanitaria

Anglo-American Medical Unit (Unidad Medica; ☎91 435 18 23; www.unidadmedica.com; Calle del Conde de Aranda 1; ⏲9-20 lun-ven, 10-13 sab per emergenze; Ⓜ Retiro) Clinica privata con personale che parla sia spagnolo sia inglese. Una visita medica costa circa €125.

Farmacia Mayor (☎91 366; Calle Mayor 13; ⏲24 h su 24; Ⓜ Sol)

Farmacia Velázquez 70 (☎91 575 60 28; Calle de Velázquez 70; ⏲24 h su 24; Ⓜ Velázquez)

Hospital General Gregorio Marañón (☎91 586 80 00; www.hggm.es, in spagnolo; Calle del Doctor Esquerdo 46; Ⓜ Sáinz de Baranda o O'Donnell) Uno dei principali ospedali pubblici della città.

Emergenze

Emergenze (☎112)

Policía Nacional (☎091)

Servicio de Atención al Turista Extranjero (Servizio di Assistenza ai Turisti Stranieri; ☎91 548 85 37/80 08; www.esmadrid.com/satemadrid; Calle de Leganitos 19; ⏲9-22; Ⓜ Plaza de España o Santo Domingo) Questo ufficio è il posto migliore per denunciare un furto o altri reati, bloccare la carta di credito, contattare l'ambasciata e altre questioni simili.

Teléfono de la Víctima (☎902 180 995) Linea telefonica per le vittime di violenze sessuali o razziali.

Informazioni turistiche

Centro de Turismo de Madrid (cartina p36; ☎91 588 16 36 51; www.esmadrid.com; Plaza Mayor 27; ⏲9.30-20.30; Ⓜ Sol) Eccellente ufficio turistico della città, con un ufficio più piccolo sotto Plaza de Colón e diversi punti di informazioni in Plaza de la Cibeles, in Plaza de Callao, fuori dal Centro de Arte Reina Sofía e presso il terminal T4 dell'aeroporto di Barajas.

Informazioni telefoniche, Municipio (☎010 o 91 540 40 10, solo in spagnolo) Si occupa di tutto, dai mezzi di trasporto pubblico agli spettacoli.

Informazioni telefoniche regionali, Comunidad de Madrid (☎012, solo in spagnolo)

Ufficio turistico regionale (cartina p44; ☎91 429 49 51, 902 10 00 07; www.turismomadrid.es; Calle del Duque de Medinaceli 2; ⏲8-20 lun-sab, 9-14 dom; Ⓜ Banco de España) Ci sono altri uffici all'aeroporto di Barajas (T1 e T4) e nelle stazioni ferroviarie di Chamartín e di Atocha.

Internet

EsMadrid.com (www.esmadrid.com) Bellissimo sito web dell'*ayuntamiento*, con informazioni sugli eventi in programma.

In Madrid (www.in-madrid.com) Si rivolge alla comunità di residenti stranieri di Madrid con il programma degli eventi, commenti sulla vita notturna, articoli, un forum, rubriche varie e alcune utili informazioni pratiche.

Le Cool (www.lecool.com) Aggiornamenti settimanali sul programma degli eventi di Madrid; sottolinea in particolare le alternative d'avanguardia e meno tradizionali.

Lonely Planet (www.lonelyplanet.com) Un panorama generale di Madrid con centinaia di

NON VI BASTA?

Per consigli su come pianificare il viaggio, suggerimenti degli autori, commenti di altri viaggiatori e indicazioni della gente del posto, rivolgetevi a **Lonely Planet** (www.lonelyplanetitalia.it/spagna/madrid).

link utili, tra cui Thorn Tree, il bollettino di bordo online di Lonely Planet.

Turismo Madrid (www.turismomadrid.es) Portale dell'ufficio turistico regionale della Comunidad de Madrid, interessante soprattutto per le località fuori città ma ancora entro i confini della Comunidad de Madrid.

Vive Madrid (www.guiavivemadrid.com) Un sito a gestione privata che offre alcune informazioni abbastanza utili sui bar, i ristoranti, gli alberghi e i mezzi di trasporto, oltre a un servizio di prenotazione.

Media

I quotidiani europei sono disponibili nelle edicole del centro di Madrid.

ABC (www.abc.es, in spagnolo) Quotidiano in lingua spagnola con tendenza politica di destra.

El Mundo (www.elmundo.es, in spagnolo) Quotidiano in lingua spagnola con tendenza politica di centro-destra.

El País (www.elpais.com, in spagnolo) Quotidiano in lingua spagnola con tendenza politica di centro-sinistra; è il giornale a maggiore tiratura di tutta la Spagna.

InMadrid (www.in-madrid.com) Mensile gratuito in lingua inglese disponibile in alcuni alberghi, bar e uffici turistici; ha articoli e rubriche su Madrid.

International Herald Tribune (www.iht.com) Comprende un supplemento quotidiano di otto pagine con articoli tratti da *El País* e tradotti in inglese (www.elpais.com/misc/herald/herald.pdf).

Madriz (www.madriz.com) Rivista semestrale bilingue su Madrid.

Marca (www.marca.com, in spagnolo) Quotidiano sportivo in lingua spagnola.

Pericoli e contrattempi

Madrid in generale è una città sicura ma, come in quasi tutte le grandi città europee, si deve fare molta attenzione ai borseggiatori, soprattutto nelle zone del centro, sulla metropolitana e nelle principali zone di interesse turistico. Siate particolarmente cauti nelle zone della città maggiormente frequentate dai turisti, in particolare in Plaza Mayor e nelle vie circostanti, presso la Puerta del Sol, El Rastro e il Museo del Prado. I truffatori sono numerosi e di solito operano in gruppi composti da due o più persone (a volte uno di loro è una bella donna che ha il compito di distrarre le vittime di sesso maschile). Mentre un truffatore attira la vostra attenzione, il suo complice provvede ad alleggerire le vostre tasche. Non è però il caso di farne un'ossessione: tenete presente che la stragrande maggioranza dei viaggiatori visita Madrid senza incappare in alcun evento spiacevole.

Più inquietante che realmente pericolosa, la centrale Calle de la Montera è da parecchio tempo frequentata da prostitute, sfruttatori e personaggi equivoci di vario genere, sebbene la strada sia stata di recente trasformata in isola pedonale e dotata di telecamere a circuito chiuso e di una stazione di polizia.

Il *barrio* di Lavapiés è un crogiolo multiculturale piuttosto malfamato. Personalmente ci piace molto, ma anche in questa zona non mancano i problemi, in particolare i reati legati al mondo della droga, che pur essendo occasionali sono comunque persistenti. Meglio evitare di andarci di sera da soli.

Posta

Posta centrale (www.correos.es; Paseo del Prado 1; Ⓜ Banco de España)

ℹ Per/da Madrid

Aereo

L'**aeroporto di Barajas** (Aeropuerto de Barajas; ☎902 40 47 04; www.aena.es) si trova 15 km a nord-est di Madrid. Con una media annua di 52 milioni di passeggeri, questo aeroporto è per dimensioni il quarto d'Europa, dopo gli scali di Londra (Heathrow), Parigi (Charles de Gaulle) e Francoforte.

Anche se tutte le compagnie aeree effettuano il check-in (*facturación*) nelle aree partenze dell'aeroporto, alcune consentono di farlo anche presso la stazione della metropolitana, nonché stazione di collegamento dei trasporti di Madrid, di Nuevos Ministerios; per maggiori informazioni, rivolgetevi alla vostra compagnia aerea.

La lista completa delle compagnie aeree con voli regolari per Madrid (e quale dei quattro terminal di Madrid utilizzano) è disponibile nella sezione Madrid-Barajas del sito web www.aena.es; cliccate su 'Airlines'. Di seguito segnaliamo le principali compagnie aeree:

Aer Lingus (☎902 502 737; www.aerlingus.com)

Air Berlin (☎902 320 737; www.airberlin.com)

Air Europa (☎902 401 501; www.aireuropa.com)

Air France (☎902 207 090; www.airfrance.com)

Alitalia (☎902 100 323; www.alitalia.it)

American Airlines (☎902 887 300; www.aa.com)

Andalus (☎902 887 300; www.andalus.es)

Austrian Airlines ☎902 551 257; www.aua.com)

British Airways (☎902 111 333; www.britishairways.com)

Continental Airlines (☎900 961 266; www.continental.com)

EasyJet (☎807 260 026; www.easyjet.com)

Emirates (www.emirates.com)

German Wings (☎807 070 025; www.germanwings.com)

Iberia (☎902 400 500; www.iberia.es)

KLM (☎902 222 747; www.klm.com)

Lufthansa (☎902 883 882; www.lufthansa.com)

Qatar Airways (☎902 627 070; www.qatarairways.com)

Royal Air Maroc (☎902 210 010; www.royalairmaroc.com)

Ryanair (☎807 220 032; www.ryanair.com)

Spanair (☎902 131 415; www.spanair.com)

Swiss International Airlines (☎901 116 712; www.swiss.com)

TAP Air Portugal (☎901 116 718; www.flytap.com)

Thai Airways (☎91 782 05 21; www.thaiairways.com)

Turkish Airlines (☎902 124 440; www.turkishairlines.com)

Vueling (☎807 200 200; www.vueling.com)

Autobus

Situata immediatamente a sud della tangenziale M-30, la **Estación Sur de Autobuses** (☎91 468 42 00; www.estaciondeautobuses.com, in spagnolo; Calle de Méndez Álvaro 83; Ⓜ Méndez Álvaro) è la principale stazione degli autobus della città; qui fanno capo i mezzi che servono la maggior parte delle destinazioni situate a sud della capitale e molte località in altre parti del paese. Quasi tutte le compagnie di autobus dispongono di una biglietteria in questa stazione, anche se i loro mezzi partono da un'altra stazione.

Principali compagnie di autobus:

ALSA (☎902 422 242; www.alsa.es)

Avanzabus (☎902 020 052; www.avanzabus.com)

Automobile e motocicletta

La città è circondata da due tangenziali principali: la M-40 corre più esternamente, mentre la M-30 è più interna. Ci sono anche altre due tangenziali solo parziali, la M-45 e la M-50, più distante. La R-5 e la R-3 fanno parte di una serie di strade a pedaggio costruite allo scopo di alleggerire gli ingorghi del traffico stradale.

Le più note compagnie di autonoleggio dispongono di agenzie in tutti i quartieri di Madrid. Avis, Budget, Hertz ed Europcar hanno sportelli all'aeroporto, e alcune hanno filiali nelle stazioni ferroviarie di Atocha e di Chamartín. Principali compagnie di autonoleggio:

Avis (☎902 180 854; www.avis.es; Gran Vía 60; Ⓜ Santo Domingo o Plaza de España)

Europcar (☎902 105 055; www.europcar.es; Calle de San Leonardo de Dios 8; Ⓜ Plaza de España)

Hertz (☎902 402 405; www.hertz.es; Edificio de España, Plaza de España 18; Ⓜ Plaza de España)

National/Atesa (☎902 100 101; www.atesa.es; parcheggio sotterraneo, Plaza de España; Ⓜ Plaza de España)

Pepecar (☎807 414 243; www.pepecar.com; parcheggio sotterraneo, Plaza de España; Ⓜ Plaza de España)

Treno

Madrid dispone di due stazioni ferroviarie principali. La più grande delle due è **Puerta de Atocha** (cartina p43; Ⓜ Atocha Renfe), all'estremità meridionale del centro cittadino. La **stazione ferroviaria di Chamartín** (Ⓜ Chamartín) si trova invece nella parte settentrionale della città. Gran parte del traffico ferroviario con destinazioni in Spagna parte dalla stazione di Atocha, in particolare i treni diretti verso le località situate nella parte meridionale del paese, mentre i treni internazionali arrivano e partono dalla stazione di Chamartín. Per le prenotazioni, rivolgetevi a **Renfe** (☎902 24 02 02; www.renfe.es), con uffici in entrambe le stazioni ferroviarie.

I servizi di Tren de Alta Velocidad Española (AVE) collegano Madrid a Siviglia (via Córdoba), Valladolid (via Segovia), Toledo, Valencia, Málaga e Barcellona (via Saragozza e Tarragona). La maggior parte dei treni ad alta velocità opera dalla stazione di Puerta de Atocha di Madrid. La linea Madrid–Segovia/Valladolid parte dalla stazione di Chamartín.

ℹ Trasporti urbani

Madrid è ben servita da un'eccellente metropolitana in continua espansione e da un'estesa rete di autobus. Inoltre, è possibile spostarsi rapidamente da nord a sud per mezzo dei *cercanías* (treni locali) che collegano le stazioni ferroviarie di Chamartín e di Atocha. Anche i taxi rappresentano una buona alternativa a prezzi ragionevoli.

Per/dall'aeroporto

Metropolitana (www.metromadrid.es, in spagnolo; ingressi dai terminal T2 e T4) La linea n. 8 della metropolitana collega l'aeroporto di Barajas alla stazione di snodo dei trasporti pubblici di Nuevos Ministerios, alla quale fanno capo anche le linee n. 10 e 6, ed effettua servizio dalle 6.05 alle 2. Un biglietto di corsa semplice costa €1 (il carnet Metrobús da 10 corse costa €9); tenete presente, però, che dovrete pagare un supplemento di €1 se viaggiate per/dall'aeroporto, da aggiungere alle tariffe indicate sopra. Una corsa fino a Nuevos Ministerios richiede circa 15 minuti, e circa 25 minuti dal terminal T4.

Autobus Dai terminal T1, T2 e T3 si può prendere l'autobus n. 200 per/dall'Intercambiador de Avenida de América (stazione di collegamento dei trasporti situata in Avenida de América), mentre dal terminal T4 si prende l'autobus n. 204. Le tariffe sono le stesse dei biglietti per la metropolitana. C'è anche un servizio di autobus gratuito che collega tra loro i quattro terminal.

AeroCITY (☎91 747 75 70; www.aerocity.com; €5-19 a persona) Minibus privati che effettuano un servizio porta a porta tra il centro di Madrid e l'aeroporto.

Taxi Una corsa in taxi fino in centro costa in totale circa €25 (fino a €35 dal terminal T4), a seconda delle condizioni del traffico e della destinazione che si deve raggiungere; tenete presente che, se desiderate raggiungere l'aeroporto, oltre alla cifra indicata dal tassametro dovrete pagare un supplemento di €5,50.

Autobus

Gli autobus **Empresa Municipal de Transportes de Madrid** (EMT; ☎902 50 78 50; www.emtmadrid.es, in spagnolo) effettuano un regolare servizio di linea lungo la maggior parte dei percorsi urbani tra le 6.30 circa e le 23.30. I 26 autobus notturni *búhos* (gufi) sono in servizio dalle 24 alle 6 e fanno capolinea in Plaza de la Cibeles.

Cercanías

I *cercanías* sono treni regionali a breve percorrenza gestiti da **Renfe** (www.renfe.es/cercanias, in spagnolo) che servono alcune località situate nei dintorni di Madrid, tra cui El Escorial, Alcalá de Henares, Aranjuez e altri centri minori entro i confini della Comunidad de Madrid. Il prezzo dei biglietti di questi treni è compreso tra €1,25 e €4,25, a seconda della distanza percorsa. In ambito cittadino, sono mezzi di trasporto comodi per spostarsi velocemente da nord a sud tra le due stazioni ferroviarie di Chamartín e di Atocha (con fermate intermedie a Nuevos Ministerios e Sol).

Metropolitana

La moderna **metropolitana** (☎902 444 403; www.metromadrid.es) di Madrid, la seconda più grande d'Europa, è un mezzo di trasporto veloce, efficiente e sicuro che permette di spostarsi comodamente in tutta la città, e in molti casi si rivela più agevole rispetto alla complessa rete degli autobus. Ci sono 11 linee, ciascuna contraddistinta da un colore, che attraversano il centro di Madrid, oltre a un moderno sistema suburbano in direzione sud denominato MetroSur; ci sono inoltre alcune linee dirette a est verso i grandi centri urbani di Pozuelo e Boadilla del Monte. Le cartine a colori con la rete della metropolitana sono disponibili in tutte le stazioni. I treni sono in funzione dalle 6.05 alle 2. Un biglietto di corsa semplice costa €1; il carnet Metrobús da 10 corse costa €9.

Taxi

Si può prendere un taxi nei parcheggi situati in tutta la città oppure semplicemente facendo un cenno al conducente lungo la strada. La tariffa alla partenza è di €2,05 tutti i giorni dalle 6 alle 22, mentre è di €2,20 dalle 22 alle 6 dalla domenica al venerdì e di €3,10 a partire dalle 22 del sabato fino alle 6 della domenica. Una corsa costa una cifra compresa tra €0,98 e €1,18 a chilometro, a seconda dell'ora. Sono previsti diversi supplementi, di solito esposti all'interno del taxi, tra cui €5,50 per/dall'aeroporto, €2,95 dal posteggio dei taxi alla stazione ferroviaria e a quella degli autobus, e €2,95 per/dal Parque Ferial Juan Carlos I. Per il bagaglio non è previsto alcun supplemento.

Di seguito segnaliamo alcune compagnie di taxi:

Radio-Teléfono Taxi (☎91 547 82 00, 91 547 82 00; www.radiotelefono-taxi.com)

Tele-Taxi (☎91 371 21 31, 902 501 130)

DINTORNI DI MADRID

La Comunidad de Madrid non è grande, ma offre la possibilità di effettuare molte escursioni piacevoli che consentono di fuggire dalla confusione della vita di città senza doversi allontanare troppo. Il grandioso complesso di San Lorenzo de El Escorial e l'incantevole Aranjuez presidiano rispettivamente l'accesso occidentale e quello meridionale della capitale. Anch'esso verso sud, lo splendido villaggio di Chinchón è un'altra meta da non perdere, mentre Alcalá de Henares è una straordinaria cittadina universitaria situata a est di Madrid. Verso nord, la Sierra de Guadarrama e la Sierra Pobre sono punteggiate di villaggi pittoreschi e offrono numerose opportunità per praticare lo sci.

San Lorenzo de El Escorial

POP. 17.100 / ALT. 1032 M

L'imponente complesso del palazzo-monastero di San Lorenzo de El Escorial è un luogo solenne che si erge sulle pendici delle montagne che circondano Madrid a nord e a ovest. Un tempo residenza reale, oggi El Escorial è una graziosa cittadina ricca di negozi assai pittoreschi, ristoranti e alberghi frequentati soprattutto nel fine settimana da folle di *madrileños*. Il clima fresco e corroborante della cittadina continua ad attirare gli abitanti di Madrid fin da quando venne ordinata la costruzione del complesso da Filippo II, nel XVI secolo. La maggior parte dei visitatori arriva qui con una gita in giornata da Madrid.

Storia

Dopo la decisiva vittoria di Filippo II contro i francesi nella battaglia di san Quintino, combattuta il 10 agosto 1557, giorno di san Lorenzo, il re ordinò la costruzione di un complesso dedicato al santo sopra il piccolo centro abitato di El Escorial. Diversi villaggi vennero rasi al suolo per fare posto al grandioso complesso che comprendeva un monastero, un palazzo reale e un mausoleo per i genitori di Filippo, Carlo I e Isabella. Il complesso venne costruito sotto lo sguardo vigile dell'architetto Juan de Herrera, una figura di spicco del Rinascimento spagnolo.

Il palazzo-monastero divenne un importante centro culturale grazie alla presenza di una straordinaria biblioteca, di una ricca collezione di opere d'arte e persino di un laboratorio, nel quale gli scienziati del tempo conducevano esperimenti di alchimia. Filippo II vi morì il 13 settembre 1598.

Nel 1854 i monaci dell'ordine geronimita, che occupavano il monastero fin dalla sua fondazione, furono obbligati ad abbandonarlo durante una delle campagne di confisca delle proprietà religiose promosse dallo sta-

Comunidad de Madrid

0 — 40 km
0 — 20 miles

to spagnolo nel XIX secolo, solo per essere sostituiti 30 anni più tardi dagli agostiniani.

Che cosa vedere

L'ingresso principale al **Real Monasterio de San Lorenzo** (www.patrimonionacional.es; ingresso €8, mer ingresso libero per i cittadini UE; 10-18 apr-set, 10-17 ott-marzo, chiuso lun) si trova lungo la facciata occidentale. Sopra il portale vigila la statua di san Lorenzo che impugna una simbolica graticola, strumento del suo martirio (venne infatti arrostito vivo). Superando questo ingresso si accede al **Patio de los Reyes**, che ospita le statue dei sei re di Giuda.

Di fronte si erge la sagoma austera della **basilica**. Una volta all'interno, sollevate lo sguardo verso l'insolita volta piatta situata nei pressi degli scranni del coro. Dopo avere raggiunto il corpo centrale della chiesa, girate sulla sinistra per ammirare una statua del Cristo crocifisso in marmo bianco di Carrara scolpita da Benvenuto Cellini (1576).

Il resto del piano terra ospita vari tesori d'arte, tra cui alcuni arazzi e un dipinto di El Greco – pur essendo molto imponente, fu una ben magra consolazione rispetto al sogno di El Greco di decorare l'intero complesso. Successivamente si scende al piano inferiore verso l'angolo nord-orientale del complesso e si attraversano il **Museo de Arquitectura** e il **Museo de Pintura**. Il primo illustra (in spagnolo) la storia della costruzione del complesso, mentre il secondo custodisce opere d'arte spagnole, italiane e fiamminghe del XVI e del XVII secolo.

A questo punto si risale al piano superiore verso la galleria che si sviluppa attorno alla parte orientale del complesso, nota con il nome di **Palacio de Felipe II** o **Palacio de los Austrias**. Da questa galleria si scende al **Panteón de los Reyes** (Cripta dei Re), del XVII secolo, dove sono sepolti quasi tutti i sovrani di Spagna da Carlo I in poi. Ritornando per un breve tratto sui vostri passi, vi ritroverete nel **Panteón de los Infantes** (Cripta dei Principi).

Una scalinata conduce dal **Patio de los Evangelistas** alle **Salas Capitulares**, situate nell'angolo sud-orientale del monastero. Queste sale ariose e luminose, dai soffitti riccamente affrescati, custodiscono preziose opere di El Greco, Tiziano, Tintoretto, José de Ribera e Hieronymus Bosch (che gli spagnoli chiamano El Bosco).

Immediatamente a sud del monastero si trova la **Huerta de los Frailes** (Giardino dei Frati; 10-19 apr-set), dove potrete fare una bella passeggiata, mentre nel **Jardín del Príncipe** (10-19 apr-set), che scende verso il centro abitato di El Escorial (e la stazione ferroviaria), si trova la **Casita del Príncipe** (visite guidate interi/studenti €3,60/2; 10-13 e 16-18.30 mar-dom), una piccola perla neoclassica costruita nel 1772 da Juan de Villanueva su volere di Carlo III per il suo erede, Carlo IV.

Informazioni

Ufficio turistico (91 890 53 13; www.sanlorenzoturismo.org; Calle de Grimaldi 2; 10-14 e 15-18 mar-sab, 10-14 dom)

Per/da San Lorenzo de El Escorial

Ogni 15 minuti (ogni 30 minuti nei fine settimana) gli autobus **Herranz** (91 890 41 00) n. 661 e 664 partono alla volta di El Escorial (€3,35, 1 h) dalla pensilina n. 30 dell'Intercambiador de Autobuses de Moncloa.

San Lorenzo de El Escorial si trova 59 km a nord-ovest di Madrid ed è raggiungibile in circa 40 minuti di automobile. Per arrivarci, percorrete la statale A6 fino alla M-600, quindi seguite i cartelli fino a El Escorial.

Ogni giorno alcune decine di treni *cercanías* della linea C8 di **Renfe** (902 24 02 02; www.renfe.es) partono dalle stazioni ferroviarie madrilene di Atocha o di Chamartín e raggiungono El Escorial (€1,25, 1 h).

A sud di Madrid

Warner Brothers Movie World

PARCO A TEMA

(902 024 100; www.parquewarner.com; San Martín de la Vega; interi/bambini €38/29; orario variabile) Non sarà Disney World, ma questo parco a tema cinematografico, 25 km a sud del centro di Madrid, offre molte attrazioni interessanti. I bambini saranno felici di trovarsi faccia a faccia con Tom e Jerry, mentre gli appassionati di cinema, rimasti giovani nel cuore, non potranno fare a meno di emozionarsi davanti alle ricostruzioni di set cinematografici del Far West o di famose serie televisive di Hollywood, come *Police Academy*. Si accede al parco tramite Hollywood Boulevard, un viale del tutto simile al Sunset Boulevard di Los Angeles; una volta entrati, si può scegliere tra una serie di sezioni diverse, tra cui Cartoon World, Old West, Hollywood Boulevard e Super Heroes (dove si trovano Superman,

Batman e i personaggi di Gotham City), per terminare nei Warner Brothers Movie World Studios. Qui le star del grande schermo sembrano prendere vita e famosi personaggi dei cartoni animati a grandezza naturale passeggiano tranquilli nei vialetti; è anche possibile salire sulle montagne russe per aumentare il divertimento. All'interno del parco ci sono anche ristoranti e negozi. Dal momento che gli orari di apertura sono piuttosto complessi e soggetti a variazioni, vi consigliamo di verificarli prima di mettervi in viaggio.

Per raggiungere il Warner Brothers Movie World con i mezzi di trasporto pubblico, prendete uno dei treni *cercanías* della linea C3 per Aranjuez che partono dalla stazione ferroviaria di Atocha, quindi cambiate treno a Pinto e proseguite con la linea 3a fino alla stazione di Parque de Ocio.

ARANJUEZ

POP. 49.100

Aranjuez fu fondata come luogo di villeggiatura e di svago per la famiglia reale, lontano dalla folla di Madrid, e ancora oggi è considerata una località di evasione dallo stress della vita cittadina. Il palazzo è particolarmente sontuoso, ma gli elementi che colpiscono maggiormente sono l'aria fresca e gli ampi giardini.

Che cosa vedere

Palacio Real PALAZZO

(www.patrimonionacional.es; interi/bambini, anziani UE e studenti €5/2,55, mer ingresso libero per i cittadini UE, accesso libero ai giardini; ⏲palazzo 10-18.15 mar-dom apr-set, giardini 8-20.30 metà giu-metà agosto) Il Palazzo Reale, che in origine era uno degli innumerevoli modesti palazzi estivi di Filippo II, acquisì una propria identità dopo che numerosi sovrani, ispirati dal Palazzo di Versailles, decisero di investirvi ingenti somme di denaro. Nel XVIII secolo questo palazzo era diventato un grandioso complesso dall'aspetto e dalle simmetrie aggraziate, e contava oltre 300 sale caratterizzate da un'incredibile profusione di decorazioni. Tra i sovrani che abitarono qui, quelli che vi lasciarono il segno più profondo furono Carlo III e Isabella II.

La visita guidata obbligatoria (in spagnolo) fornisce informazioni sulla storia dell'edificio e sulle opere d'arte che vi sono conservate, e una passeggiata nei lussureggianti **giardini** vi porterà attraverso una mescolanza di specie endemiche ed esotiche, nate dalle sementi portate in patria dai botanici e dagli esploratori spagnoli inviati nelle colonie spagnole di tutto il mondo. All'interno dell'ombreggiato perimetro dei giardini, che si estende a qualche chilometro di distanza dal palazzo, troverete la **Casa de Marinos**, sede del **Museo de Falúas** (ingresso €3; ⏲10-16 ott-marzo, 10-18.15 apr-set), al cui interno è esposta una collezione di imbarcazioni reali d'epoca da diporto. Anche la neoclassica **Casa del Labrador** (interi/bambini, anziani o studenti €5/2,50; ⏲10-18 mar-dom apr-set), del XVIII secolo, merita di essere visitata. Proseguendo verso Chinchón si incontra il **Jardín del Príncipe**, un prolungamento dei vasti giardini. Il **Chiquitren** (www.arantour.com; interi/bambini €5/3; ⏲10-20 mar-dom marzo-set) è un piccolo treno che segue un percorso ad anello attraverso la cittadina e ferma davanti a tutti i principali luoghi di interesse turistico.

Pasti

Casa José CUCINA LOCALE €€€

(☎91 891 14 88; www.casajose.es; Calle de Abastos 32; pasti €50-60; ⏲pranzo e cena mar-sab, pranzo dom) L'elegante e tranquillo Casa José si è aggiudicato con orgoglio una stella Michelin, e nei fine settimana è sempre gremitissimo di *madrileños* che dimostrano di apprezzare molto i suoi eccellenti piatti a base di carne e le sue invitanti specialità locali.

Pabelete TAPAS €€

(Calle de Stuart 108; pasti €25-30; ⏲pranzo e cena mer-lun) Questo informale tapas bar va sempre forte sin dal 1946 e ha una clientela fedele che si estende ben oltre i confini di Aranjuez. Il suo asso nella manica sono le *croquetas*, ma anche i calamari ripieni sono molto apprezzati. Qui potrete gustare la cucina tradizionale preparata al meglio, senza troppe elaborazioni.

Informazioni

Ufficio turistico (☎91 891 04 27; www.aranjuez.es, in spagnolo; Antigua Carretera de Andalucía; ⏲10-20.30 mag-ott)

Per/da Aranjuez

Se arrivate in automobile da Madrid, imboccate la N-IV in direzione sud fino alla M-305, che conduce nel centro della cittadina.

La **compagnia di autobus AISA** (☎902 198 788; www.aisa-grupo.com, in spagnolo) garantisce un servizio (linea n. 423) per Aranjuez dalla Estación Sur di Madrid con partenza all'incirca ogni 15 minuti. Il viaggio richiede 45 minuti e costa €3,35.

IL TRENO DELLE FRAGOLE

Per andare da Madrid ad Aranjuez si può prendere un treno normale, ma nulla è più romantico di un viaggio sul **Tren de la Fresa** (Treno delle Fragole; ☎902 240 202, 902 228 822; www.museodelferrocarril.org, in spagnolo; andata e ritorno interi/bambini €26/18; ⏲mag-ott). Inaugurato nel 1985 per commemorare la costruzione della linea ferroviaria Madrid–Aranjuez – la prima di Madrid e la terza della Spagna, inaugurata degli anni '50 del XIX secolo– il Treno delle Fragole consente di fare un salto indietro nel tempo, all'epoca in cui i sovrani spagnoli in estate sfuggivano al caldo della capitale trasferendosi nel palazzo reale di Aranjuez.

Il viaggio inizia alle 10 il sabato e la domenica nel periodo compreso tra gli inizi di maggio e la fine di ottobre, quando una locomotiva a vapore d'epoca Mikado 141F-2413 esce dal Museo del Ferrocarril di Madrid (v. lettura p62) trainando quattro carrozze passeggeri risalenti ai primi anni del XX secolo, dotate di balconi vecchio stile a entrambe le estremità. Durante i 50 minuti del viaggio, il personale vestito in costumi d'epoca distribuisce assaggi di fragole di produzione locale – uno degli scopi del treno originale era quello di permettere alla famiglia reale di assaggiare il raccolto estivo di fragole dei frutteti di Aranjuez. Una volta arrivati ad Aranjuez, il prezzo del biglietto include una visita guidata del Palacio Real, del Museo de Falúas e di altri luoghi interessanti di Aranjuez, e vengono offerti altri assaggi di fragole. Il treno riparte da Aranjuez per il viaggio di ritorno a Madrid alle 18.25.

I treni *cercanías* della linea C3 con destinazione Aranjuez partono dalla stazione ferroviaria di Atocha, a Madrid, ogni 15 o 20 minuti. Il tragitto di 45 minuti costa €3,20.

CHINCHÓN

POP. 5100

Chinchón è situata a soli 45 km da Madrid, ma sembra appartenere a un altro mondo. Sebbene nel corso del tempo questa località si sia estesa ben oltre i suoi confini originali, una visita al suo centro antico è come ritornare indietro a un'epoca ormai lontana. Vale la pena di trattenersi qui per la notte per riuscire immergersi totalmente in questa atmosfera – e un'altra esperienza da non perdere è fermarsi a mangiare in uno dei ristoranti in stile *méson* (taverna) che circondano la piazza centrale.

Che cosa vedere

Il cuore della cittadina è costituito dalla sua eccezionale **Plaza Mayor**, una piazza dalla forma quasi circolare circondata da balconi curvi su più livelli – a nostro avviso si tratta di una delle *plazas mayores* più suggestive di tutta la Spagna. In estate questa plaza viene trasformata in arena per le corride, mentre a Pasqua fa da cornice a una solenne rappresentazione della Passione.

I monumenti storici di Chinchón possono essere visitati in breve tempo, ma non mancate di dare una rapida occhiata alla **Iglesia de la Asunción** del XVI secolo, che domina Plaza Mayor, e al **Castillo de los Condes**, un castello costruito alla fine del XVI secolo in stile rinascimentale fuori dalla cittadina, in direzione sud. Il castello venne abbandonato nel corso del XVIII secolo e infine utilizzato come distilleria di liquori. Rivolgetevi all'ufficio turistico per sapere se i due edifici sono aperti al pubblico.

Feste e manifestazioni

Fiesta Mayor FESTA DI VILLAGGIO

La plaza principale della cittadina viene trasformata in un'arena per le corride durante la fiesta annuale, che si svolge dal 12 al 18 agosto.

Pernottamento

Hostal Chinchón HOSTAL €

(☎91 893 53 98; www.hostalchinchon.com, in spagnolo; Calle Grande 16; singole/doppie €40/48; ❄) Gli spazi comuni di questo hostal sono più graziosi delle camere che, pur essendo pulite, sono un po' piccole e trascurate nei particolari. La sorpresa più gradita di questa struttura è costituita dalla piscina sul tetto, dalla quale è possibile ammirare un incantevole scorcio su Plaza Mayor.

Parador Nacional PARADOR €€

(☎91 894 08 36; www.parador.es; Avenida Generalísimo 1; doppie a partire da €137) Ospitato all'interno dell'antico Convento de Agustinos (convento agostiniano), il Parador Nacional è uno degli edifici storici più importanti della cittadina e, in termini di lusso, difficilmente trova rivali. Merita una sosta anche solo per concedersi un pasto o un caffè (per avere modo così di dare una sbirciatina all'ambiente), anche se non si ha in programma di pernottare qui.

Pasti

A Chinchón troverete un gran numero di ristoranti tradizionali specializzati in *cordero asado* (agnello arrosto). Se preferite qualcosa di più leggero, non c'è niente di meglio di un assaggio di tapas accompagnate da qualcosa da bere in uno dei locali che si affacciano sulla soleggiata Plaza Mayor.

Mesón Cuevas del Vino CUCINA LOCALE €€
(☎91 894 02 06; www.cuevasdelvino.com; Calle Benito Hortelano 13; pasti €35-40; ⏲pranzo e cena mer-sab e lun, pranzo dom) In questo ristorante, caratterizzato dalla presenza di grandi otri di pelle di capra pieni di vino, di botti ricoperte delle firme di personaggi famosi e di cantine sotterranee particolarmente caratteristiche, farete sicuramente un pranzo o una cena memorabili a base di deliziosi piatti casalinghi.

Café de la Iberia CARNE ARROSTO €€
(☎91 894 08 47; www.cafedelaiberia.com; Plaza Mayor 17; pasti €35-40) Il Café de la Iberia è senza dubbio la nostra preferita tra le *mesones* situate lungo il perimetro di Plaza Mayor. Qui troverete una cucina davvero eccellente, personale attento e premuroso e una sala da pranzo ricca di atmosfera – potrete accomodarvi nel cortile interno pieno di luce (dove pare che sia stato anche Goya) oppure sul balcone. La specialità della casa è il succulento *cochinillo asado* (maialino da latte arrosto).

Informazioni

Ufficio turistico (☎91 893 53 23; www.ciudad-chinchon.com; Plaza Mayor 6; ⏲10-19)

Per/da Chinchón

La Veloz (☎91 409 76 02) gestisce un servizio di autobus con partenze ogni mezz'ora (autobus n. 337) per Chinchón (€3,35, 50 min). Gli autobus partono da Avenida del Mediterráneo, 100 m a est di Plaza del Conde de Casal.

Situata 45 km a sud-est di Madrid, Chinchón può essere raggiunta facilmente in automobile: sarà sufficiente percorrere l'autostrada N-IV fino al raccordo con la M-404, che vi porterà direttamente a Chinchón.

Alcalá de Henares

POP. 199.500

Situata a est di Madrid, Alcalá de Henares riserva moltissime sorprese. Infatti, vanta edifici storici in pietra arenaria quasi a ogni angolo, ai quali si aggiungono alcune belle piazze inondate di sole e una leggendaria università; si tratta di un luogo magnifico per una fuga di qualche ora dal caos della capitale.

Che cosa vedere

FREE **Università** UNIVERSITÀ
(☎91 883 43 84; 6 visite guidate gratuite al giorno lun-ven, 11 al giorno sab e dom; ⏲9-21) Fondata nel 1486 dal cardinale Cisneros, questa università è una delle principali sedi del sapere di tutto il paese. La visita guidata vi consentirà di ammirare la **cappella** in stile mudéjar e il magnifico auditorium **Paraninfo**, dove ogni anno il re e la regina di Spagna assegnano il prestigioso premio letterario Cervantes.

FREE **Museo Casa Natal de Miguel de Cervantes** MUSEO
(www.museo-casa-natal-cervantes.org; Calle Mayor 48; ⏲10-18 mar-dom) La cittadina è particolarmente cara agli spagnoli in quanto ha dato i natali alla figura più importante della storia della letteratura spagnola, Miguel de Cervantes Saavedra. L'edificio che molti ritengono sia stata la casa natale di Cervantes, situato lungo la bella Calle Mayor, caratterizzata da un suggestivo porticato, è stato ristrutturato e convertito in un museo molto interessante.

Pasti

Barataría TAPAS €€
(☎91 888 59 25; Calle de los Cerrajeros 18; pasti €25-35; ⏲pranzo e cena lun-sab, pranzo dom) Un wine bar, tapas bar e ristorante, tutto nel medesimo ambiente, il Barataría è un locale gradevole in cui fermarsi a consumare un pasto, indipendentemente dal vostro umore del momento. La carne alla griglia (e in particolare una specialità locale, le costolette con il miele) è protagonista indiscussa del menu.

Hostería del Estudiante CASTIGLIANO €€
(☎91 888 03 30; Calle de los Colegios 3; menús €40-50) Situato nel *parador*, questo ristorante ricco di atmosfera offre una meravigliosa cucina castigliana nell'ambiente di classe della sua sala da pranzo, decorata

con reperti provenienti dall'illustre passato storico della città.

Informazioni

Ufficio turistico (☎91 881 06 34; www.turismoalcala.com, in spagnolo; Plaza de los Santos Niños; ⊙10-14 e 17-19.30 giu-set)

Per/da Alcalá de Henares

Alcalá de Henares si trova 35 km a est di Madrid; seguite la A2 in direzione di Saragozza.

Madrid è collegata ad Alcalá de Henares da un servizio regolare di autobus, in partenza ogni 5-15 minuti dall'Intercambiador de Avenida de América. Il tragitto richiede circa un'ora (€2,99).

Ogni giorno, diversi treni *cercanías* delle linee C2 e C7 (€1,25) coprono il percorso di 50 minuti fino ad Alcalá de Henares.

Sierra de Guadarrama

A nord di Madrid si estende la Sierra de Guadarrama, una meta sciistica molto frequentata in cui si trovano diverse località veramente incantevoli. A **Manzanares El Real** si può esplorare il piccolo **Castillo de los Mendoza** (Manzanares El Real; ingresso con visita guidata €2,50; ⊙10-14 e 15-18 mar-dom apr-set, 10-17 mar-dom ott-marzo) del XV secolo, un castello da favola con torri rotonde agli angoli e un patio interno in stile gotico.

Cercedilla costituisce una base molto comoda per gli escursionisti e gli appassionati di mountain bike. Tra le montagne si snodano numerosi sentieri ben segnalati; il più noto è senza dubbio la **Cuerda Larga** o **Cuerda Castellana**, un itinerario tra i boschi che tocca 55 vette e che si snoda tra il **Puerto de Somosierra**, a nord, e il **Puerto de la Cruz Verde**, a sud-ovest. Alcune piccole località sciistiche, tra cui **Valdesqui** (www.valdesqui.es, in spagnolo; Puerto de Cotos; skylift giornaliero/pomeridiano €36/21; ⊙9-16) e **Navacerrada** (www.puertonavacerrada.com, in spagnolo; skylift €25-30; ⊙9.30-17), ospitano durante il fine settimana gli sciatori provenienti dalla città.

Dalla stazione ferroviaria di Chamartín, a Madrid, potrete raggiungere Puerto de Navacerrada con i treni *cercanías* della linea C8B (€1,85, 2 h con cambio di treno a Cercedilla, 4 al giorno). In alternativa, è possibile prendere l'autobus n. 691, che effettua partenze regolari dalla pensilina n. 14 dell'Intercambiador de Autobuses de Moncloa di Madrid (€2,75, 1 h).

Informazioni

Centro de Información Valle de la Fuenfría (☎91 852 22 13; Carretera de las Dehesas; ⊙10-18) Situato 2 km fuori da Cercedilla, lungo la M-614.

Ufficio turistico di Navacerrada (☎91 856 03 08; www.navacerrada.es, in spagnolo)

Per/dalla Sierra de Guadarrama

Per raggiungere la Sierra de Guadarrama da Madrid, prendete l'autostrada A-6 fino a Cercedilla.

L'autobus n. 724 effettua servizio regolare tra Manzanares El Real e Madrid, con partenza da Plaza de Castilla (€2,90, 45 min). Dall'Intercambiador de Autobuses de Moncloa di Madrid parte l'autobus n. 691 diretto a Navacerrada (€3,70, 1 h), mentre l'autobus n. 684 raggiunge Cercedilla (€3,70, 1 h).

Dalla stazione ferroviaria di Chamartín si possono raggiungere Puerto de Navacerrada (linea C8B dei treni *cercanías*; €6, 2 h con cambio di treno a Cercedilla, 4 al giorno) e Cercedilla (linea C2 dei treni *cercanías*; €3,20, 1 h e 20 min, 15 al giorno).

Palacio Real de El Pardo

Costruito nel XV secolo e rimaneggiato nel XVII secolo, questo sontuoso **palazzo** (www.patrimonionacional.es; Calle de Manuel Alonso; ingresso con visita guidata €4; ⊙10.30-17.45 lun-sab, 9.30-13.30 dom apr-set) era la residenza preferita di Francisco Franco. Immerso in giardini rigogliosi (che chiudono un'ora dopo il palazzo), il Palacio Real de El Pardo è sempre affollato ogni domenica da famiglie madrilene desiderose di respirare un po' di aria fresca e di concedersi un pranzo sostanzioso. Tra le opere d'arte esposte all'interno meritano di essere citati gli arazzi, in particolare quelli eseguiti sui cartoni di Goya.

Se arrivate in automobile da Madrid, percorrete la M-40 fino al raccordo con la C601, che conduce direttamente a El Pardo. Questo tragitto di 13 km può essere percorso in soli 15 minuti. In alternativa, si può prendere l'autobus n. 601 (€1,40, 25 min), che parte ogni 5-10 minuti dall'Intercambiador de Autobuses de Moncloa di Madrid.

Buitrago e la Sierra Pobre

La 'Sierra Povera' è una versione più modesta della sua più famosa vicina che si eleva verso ovest, la Sierra de Guadarrama. Molto frequentata dagli escursionisti e da chi ama ammirare il paesaggio allo stato naturale, senza folle di gitanti, la sonnolenta Sierra Pobre, a differenza delle più note località vicine, non possiede ancora un'industria turistica sviluppata. Ed è proprio questo il motivo per cui la apprezziamo di più.

Dirigetevi innanzi tutto verso **Buitrago**, la cittadina più grande della zona, dove potrete fare una passeggiata lungo un tratto dell'antica **cinta muraria della città**, dare un'occhiata all'interno della **Iglesia de Santa María del Castillo**, costruita nel XV secolo in stile romanico e mudéjar, e nel piccolo **Museo Picasso** (Plaza Picasso 1; ingresso libero; ⏲11-13.45 e 16-18 mar, gio e ven, 11-13.45 mer, 10-14 e 16-19 sab, 10-14 dom), al cui interno sono custodite alcune opere donate dall'artista al suo barbiere, Eugenio Arias.

Nella sierra sono disseminati diversi borghi; alcuni, come **Puebla de la Sierra** ed **El Atazar**, costituiscono piacevoli mete di passeggiate e sono i punti di partenza di sentieri che si inerpicano tra le montagne.

Pasti

El Arco CUCINA LOCALE €€

(☎91 868 09 11; Calle Arco 6; pasti €35-45; ⏲pranzo ven-dom metà sett-metà giu, pranzo e cena mar-sab e pranzo dom metà giu-metà set) Miglior ristorante della regione, l'El Arco è situato a Villavieja del Lozoya, a poca distanza da Buitrago, ed è rinomato per la sua fresca cucina creativa preparata con ingredienti locali e per le specialità tradizionali della Spagna settentrionale. Anche i dessert e la lista dei vini sono di tutto rispetto.

Informazioni

Ufficio turistico di Buitrago (☎91 868 16 15; ⏲9-15 lug-set)

Per/da Buitrago e la Sierra Pobre

Arrivando in automobile da Madrid, seguite la statale N-I fino a Buitrago.

Gli autobus (linea n. 191) partono ogni ora da Plaza de la Castilla, a Madrid, diretti a Buitrago (€4,90, 1 h 30 min).

Castiglia-La Mancia (Castilla-La Mancha)

Include »

I migliori ristoranti

» Manolo de la Osa (p128)
» Alfileritos 24 (p111)
» El Corregidor (p118)

I migliori alberghi

» Casa de Cisneros (p110)
» La Casa del Rector (p117)
» Posada de San José (p127)

Perché andare?

La regione di Castiglia-La Mancia è caratterizzata da un paesaggio dal fascino fiabesco: pianure ondulate di terra color henné, punteggiate da macchie di ulivi, campi di grano e vigneti che si estendono verso un orizzonte apparentemente irraggiungibile. La bellezza di questa regione è accresciuta dalla presenza di solitari mulini a vento e di numerosi castelli, per la maggior parte in rovina. Non mancano alcuni tranquilli tratti montani, come i Montes de Toledo e le vallate nei dintorni di Alcalá del Júcar.

La città più nota della regione è Toledo, capitale spirituale della Spagna e vero e proprio museo a cielo aperto caratterizzato da edifici di epoca medievale e attrattive culturali. Un'altra cittadina bellissima è Cuenca, che sembra sempre sul punto di precipitare dal cocuzzolo su cui è arroccata.

Questa è anche la regione in cui viene coltivato lo zafferano, nonché il principale centro di produzione del formaggio manchego, che accompagna ottimamente i vini locali: il più grande vigneto spagnolo si trova proprio in questa zona.

Quando andare

Toledo

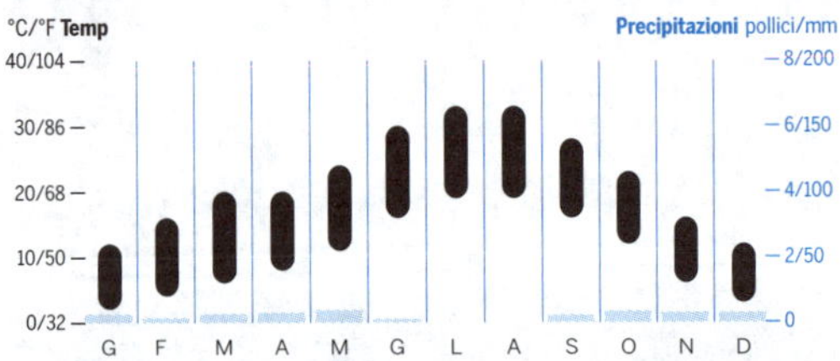

Marzo-Aprile Per ammirare lo spettacolo della campagna tappezzata da variopinti fiori di campo.

Maggio Per passeggiare lungo le stradine medievali di Toledo e Cuenca prima della torrida estate.

Settembre-Ottobre Per attraversare a piedi i parchi naturali e i pittoreschi villaggi della regione.

Toledo

POP. 82.300 / ALT. 655 M

Toledo può essere considerata l'equivalente spagnolo di una piccola Roma. Per visitare tutti i luoghi di interesse turistico della città è sufficiente un paio di scarpe comode e robuste. Sebbene il suo labirinto di stradine strette, plazas e cortili interni ricordi le *medina* (città vecchie) di Damasco, del Cairo o della marocchina Fès, la presenza di elementi relativi a diverse culture (romana, ebraica, musulmana) determina una seducente combinazione di diversi edifici

Il meglio di Castiglia-La Mancia

1 Una passeggiata nel labirinto di strade medievali di **Toledo** (p103) per visitarne i musei e i monumenti

2 La bellezza incontaminata del **Parque Natural de las Lagunas de Ruidera** (p118), con i suoi laghi dalle cristalline acque turchesi

3 L'immagine che meglio di ogni altra evoca la figura di Don Chisciotte: i mulini a vento che dominano **Consuegra** (p120)

4 Un momento di relax con una birra in un bar lungo il fiume, sotto la 'cascata' di case e il castello di **Alcalá del Júcar** (p122)

5 Lo straordinario Museo de Arte Abstracto Español, ospitato in una delle spettacolari case pensili di **Cuenca** (p124)

6 Un salto indietro nel tempo alla scoperta degli scavi romani di **Valeria** (p126), ancora poco conosciuti

7 Una visita agli affascinanti **castillos** (p113) della provincia per sentirsi re o regine

8 Il perfetto connubio tra i vini locali e il formaggio **manchego** (p114)

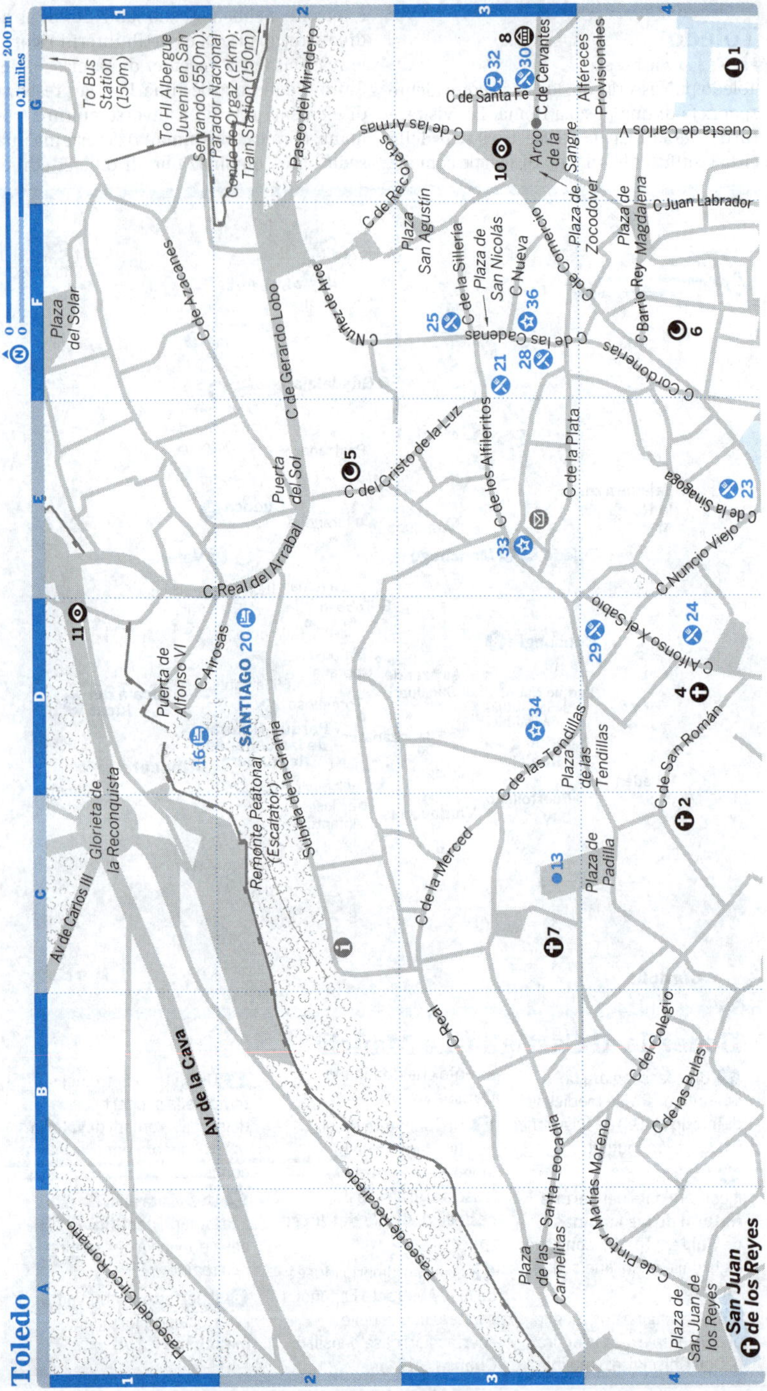
Toledo
0 200 m
0 0.1 miles
To Bus Station (150m)
To HI Albergue Juvenil en San Servando (550m); Parador Nacional Conde de Orgaz (2km); Train Station (150m)
Paseo del Miradero
C de Gerardo Lobo
Puerta del Sol
C Real del Arrabal
C de Azacanes
Plaza del Solar
Puerta de Alfonso VI
C Airosas
SANTIAGO
Glorieta de la Reconquista
Av de Carlos III
Remonte Peatonal (Escalator)
Subida de la Granja
Av de la Cava
Paseo del Circo Romano
Paseo de Recaredo
C Real
C de la Merced
C de las Tendillas
Plaza de las Tendillas
Plaza de Padilla
C de San Román
C Alfonso X el Sabio
C Nuncio Viejo
C de la Sinagoga
C de la Plata
C de los Alfileritos
C del Cristo de la Luz
C Núñez de Arce
C de Recoletos
C de las Armas
Plaza San Agustín
C de la Sillería
Plaza de San Nicolás
C Nueva
C de las Cadenas
C de Comercio
Plaza de Zocodover
Arco de la Sangre
C de Santa Fe
C de Cervantes
Alféreces Provisionales
Cuesta de Carlos V
C Juan Labrador
Plaza de Barrio Rey
C Magdalena
C Cordonerías
C del Colegio
C de las Bulas
Matías Moreno
C de Pintor
Santa Leocadia
Plaza de las Carmelitas
Plaza de San Juan de los Reyes
San Juan de los Reyes
1 2 3 4 5 6 7 8 10 11 13 16 20 21 23 24 25 28 29 30 32 33 34 36
A B C D E F G

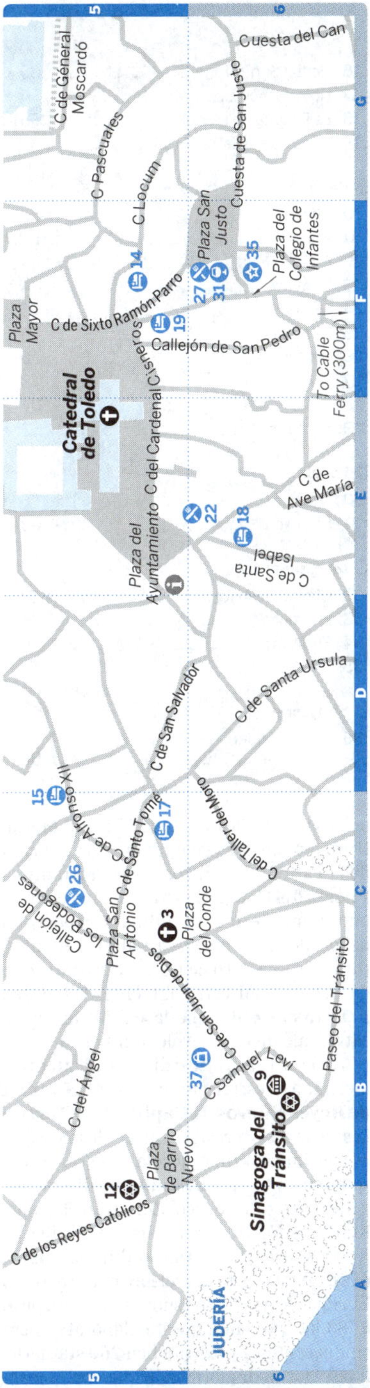

religiosi, come sinagoghe, chiese e moschee. Aggiungendo a tutto questo la posizione elevata sopra il Río Tajo, non stupisce sapere che Toledo è una tra le città più visitate di tutta la Spagna.

Il fascino di Toledo può essere notevolmente limitato dai gruppi di turisti dei viaggi organizzati che affollano regolarmente le sue strade. Se vi è possibile, cercate di rimanere fino al tramonto, quando la città torna nelle mani dei suoi abitanti e nelle vie si diffonde un'atmosfera suggestiva, che sembra provenire da un'altra dimensione.

Storia

Dopo che i nobili visigoti portarono il loro regno al declino, i musulmani riuscirono a conquistare Toledo in modo piuttosto agevole nel 711. La città si sviluppò rapidamente fino a diventare la capitale di una *taifa* (piccolo regno) araba indipendente e il centro culturale e artistico per eccellenza di tutta la Spagna.

Alfonso VI conquistò Toledo nel 1085, e poco tempo dopo il papa la riconobbe come sede principale della chiesa spagnola. In un primo tempo, i cristiani, gli ebrei e i musulmani di Toledo convissero in un buon clima di tolleranza. Tuttavia, nel 1492 i musulmani e gli ebrei di Spagna furono costretti a convertirsi al cristianesimo o a fuggire, un fatto che si rivelò una vera tragedia per questa città dalle molte fedi.

Nel XVI secolo Carlo V prese in considerazione la possibilità di scegliere Toledo come capitale permanente, ma il suo successore, Filippo II, accantonò questa idea con il suo definitivo trasferimento a Madrid e la città conobbe un nuovo periodo di declino.

Durante i primi mesi della guerra civile spagnola (1936-39), le milizie nazionaliste e alcuni civili furono assediati all'interno dell'Alcázar.

Nel 1986 l'UNESCO ha inserito Toledo nell'elenco dei siti Patrimonio dell'Umanità.

Che cosa vedere

Gran parte dei luoghi di interesse turistico di Toledo è concentrata nel centro storico, a poca distanza l'uno dall'altro. In Plaza del Ayuntamiento si trovano sia l'ufficio turistico sia la cattedrale, e la piazza è il punto di partenza ideale per una visita della città.

Catedral de Toledo CATTEDRALE
(Plaza del Ayuntamiento; interi/bambini €7/gratuito; ⊙10.30-18.30 lun-sab, 14-18.30 dom) La cattedrale di Toledo domina il panorama

Toledo

della città, riflettendone il valore storico di cuore pulsante del cattolicesimo spagnolo.

Fin dai primissimi tempi dell'occupazione dei visigoti, il luogo in cui oggi sorge la cattedrale è stato il centro della vita religiosa della città. Durante il dominio musulmano in questa zona sorgeva la moschea centrale di Toledo, distrutta nel 1085. La costruzione della cattedrale risale al XIII secolo. Caratterizzata da una struttura essenzialmente gotica, la cattedrale di Toledo denota una serie di elementi provenienti da stili diversi, tra cui quello mudéjar e quello rinascimentale spagnolo.

La navata centrale della cattedrale è dominata dal **coro**, i cui stalli sono un trionfo di scultura e di intaglio ligneo. Il livello inferiore, risalente al XV secolo, raffigura la conquista di Granada.

Di fronte si trova la **Capilla Mayor**, un'opera d'arte particolarmente notevole risalente al 1498. Il capolavoro è costituito dal *retablo* (pala d'altare) in stile gotico fiammingo, che rappresenta alcune scene della vita di Cristo e della Vergine Maria. Il più antico tra i magnifici vetri istoriati della cattedrale è il rosone sovrastante la **Puerta del Reloj**. Dietro l'altare maggiore si può ammirare uno straordinario capolavoro dello stile *churrigueresco* (stile dell'architettura barocca settecentesca caratterizzato da decorazioni estremamente elaborate), il **Transparente**, che lascia filtrare nella cattedrale una gradevole luminosità.

Tra le altre attrattive di questa cattedrale meritano di essere citate la dorata **Capilla de Reyes Nuevos**, la **Capilla de la Torre** e la **sacristía** (sacrestia). Quest'ultima ospita al suo interno una piccola galleria in cui sono custoditi preziosi dipinti di maestri del calibro di El Greco, Zurbarán, Tiziano, Rubens e Velázquez, mentre la Capilla de Reyes Nuevos vanta la straordinaria **Custodia de Arfe**, opera del celebre maestro orafo Enrique de Arfe. Con i suoi 18 kg di oro puro e 183 kg d'argento, questa elaborata opera cinquecentesca presenta ben 260 statuette, il cui giorno di gloria coincide con la festa del Corpus Domini (p108), quando viene fatta sfilare nelle strade di Toledo.

La **sala capitular** (sala capitolare) vanta un notevole *artesonado* (soffitto ligneo in stile mudéjar) risalente a cinque secoli fa e alcuni affreschi di carattere sacro di epoca rinascimentale.

Sinagoga del Tránsito SINAGOGA
(www.museosefardi.net, in spagnolo; Calle Samuel Leví; interi/bambini €2,40/1,20, audioguida €3; ⌚10-21 mar-sab, 10-14 dom; ♿) Questa magnifica sinagoga fu costruita nel 1355 grazie a un permesso speciale concesso da Pedro I (la costruzione di sinagoghe era severamente proibita nella Spagna cristiana). Quella che un tempo era la *judería* (quartiere ebraico) di Toledo in passato ospitava ben 11 sinagoghe. La maggior parte degli ebrei residenti a Toledo fu bruscamente espulsa nel 1492. Dal 1492 al 1877 questo edificio venne adibito a diverse funzioni: priorato, eremo e caserma militare. Oggi questa sinagoga ospita il **Museo Sefardi**, aperto negli stessi orari della sinagoga. L'ampia sala principale di preghiera è stata mirabilmente restaurata, e le decorazioni mudéjar e l'elaborato soffitto in legno intagliato sono davvero sorprendenti. Le esposizioni offrono l'opportunità di gettare uno sguardo all'interno della cultura degli ebrei spagnoli e comprendono reperti archeologici, un giardino della memoria, costumi tradizionali e oggetti di uso cerimoniale.

Sinagoga de Santa María La Blanca SINAGOGA
(Calle de los Reyes Católicos 4; ingresso €2,30; ⌚10-18) Questa più modesta sinagoga è caratterizzata da archi a forma di ferro di cavallo allineati lungo le cinque navate, un elemento distintivo dell'architettura almohade. Originariamente gli archi superiori si aprivano sulle sale dedicate alla preghiera delle donne, mentre gli uomini pregavano nello spazio sottostante.

San Juan de los Reyes MONASTERO FRANCESCANO
(Plaza de San Juan de los Reyes 2; ingresso €2,30; ⌚10-18) A nord delle sinagoghe si trovano il monastero francescano (risalente all'inizio del XVII secolo) e la chiesa di San Juan de los Reyes, degna di nota soprattutto per i suoi incantevoli chiostri, che racchiudono un giardino classico impreziosito da rose, aranci e da una fontana.

Provocatoriamente costruito nel cuore del quartiere ebraico, il monastero fu fondato da Isabella e Ferdinando per dimostrare la supremazia della fede cattolica in Spagna. I re cattolici avevano stabilito in un primo tempo di essere sepolti all'interno di questa chiesa, ma quando nel 1492 riuscirono a conquistare l'ambitissima Granada optarono per la Capilla Real, che era stata realizzata appositamente.

In ogni parte della chiesa e del chiostro è presente lo stemma di Isabella e Ferdinando. All'esterno delle mura sono appese le catene dei prigionieri cristiani liberati a Granada. Il prevalente stile gotico tardo-fiammingo viene enfatizzato dalla sontuosa ornamentazione isabellina e controbilanciato da decorazioni mudéjar, come il magnifico soffitto ligneo del chiostro superiore.

Alcázar FORTEZZA
Nel punto più alto della città si staglia l'inquietante mole dell'Alcázar. Nel X secolo Abd ar-Rahman III fece costruire in questa zona una *al-qasr* (fortezza), che in seguito venne rimaneggiata dai cristiani. Alonso Covarrubias ed Herrera la ricostruirono come residenza reale per Carlo I, ma, dopo il definitivo trasferimento della corte a Madrid, questa fortezza divenne una sorta di cattedrale nel deserto e infine la sede dell'Academia de la Infantería (Accademia Militare).

Nel 1936 l'Alcázar subì gravissimi danni durante l'assedio delle forze repubblicane alle truppe nazionaliste, ma Franco lo fece ricostruire, trasformandolo in un museo militare. All'epoca delle ricerche effettuate per questa guida il museo era chiuso per ampie opere di restauro; non è ancora prevista una data di fine lavori.

Mezquita del Cristo de la Luz MOSCHEA
(Cuesta de Carmelitas Descalzos 10; ingresso €1,90; ⌚14-20 ven, 10-14 e 15-20 sab e dom) Sui pendii settentrionali della città sorge questa moschea, splendida nonostante la sua semplicissima struttura, dove le testimonianze architettoniche lasciate dai conquistatori musulmani di Toledo sono ancora evidenti.

i SCALA MOBILE

La **remonte peatonal** (scala mobile; ⌚7-22 lun-ven, 8-2 sab, 8-22 dom), che inizia nei pressi di Puerta de Alfonso VI e termina nelle vicinanze del Monasterio de Santo Domingo El Antiguo, è il modo migliore per evitare la ripida salita che porta al quartiere storico della città.

DA VEDERE

PANORAMI

Se desiderate godervi uno splendido panorama della città, oltrepassate il Puente de Alcántara e portatevi sull'altra sponda del Río Tajo. In alternativa, salite a bordo del **traghetto** (⏲10-13.30 e 15-18) gratuito che parte nelle vicinanze dell'Hotel El Diamantista e che vi porterà sulla sponda opposta. Chi desidera fare una gradevole passeggiata lungo il fiume può dirigersi a ovest lungo la riva che dal traghetto arriva fino al Puente de San Martín, un delizioso tratto erboso molto frequentato da pescatori e da patiti dello jogging, al di sopra del quale si staglia una suggestiva veduta della città. Potrete ammirare altri panorami, soggetti ideali per belle fotografie, dall'alto del campanile della **Iglesia San Ildefonso** (Plaza Juan de Mariana 1; ingresso €1,90; ⏲10-18.45).

Costruita nel X secolo, la Mezquita del Cristo de la Luz venne in seguito convertita in chiesa (un fatto che spiega la presenza di affreschi di carattere sacro), ma le volte e gli archi originali sono giunti fino ai giorni nostri. La stretta e ripida Calle del Cristo de la Luz continua attraverso la porta dal nome arabo di Bab al-Mardum.

Plaza de Zocodover PIAZZA PRINCIPALE

Questa piazza molto animata è fiancheggiata da caffè che costituiscono eccellenti punti di osservazione del viavai della gente che passa.

Dal 1465 al 1960 circa, Plaza de Zocodover ha ospitato il mercato cittadino del martedì, prendendo il posto dell'arabo *souq ad-dawab* (mercato del bestiame), da cui trae il suo nome. Per secoli i *toledanos* hanno affollato questa piazza per assistere alle corride o alle pubbliche esecuzioni di condanne al rogo che venivano decretate dall'Inquisizione.

Il lato meridionale della piazza risale al XVII secolo – al contrario del McDonald's situato nelle sue immediate vicinanze.

FREE **Museo de Santa Cruz** MUSEO CIVICO

(Calle de Cervantes 3; ⏲10-18.30 lun-sab, 10-14 dom) Situato a pochi passi da Plaza de Zocodover, il Museo de Santa Cruz fu costruito nel XVI secolo con un'accattivante commistione degli stili gotico e rinascimentale spagnolo. I chiostri e i soffitti in legno intagliato sono straordinari, così come le esposizioni di ceramiche spagnole allestite al piano superiore. La galleria al piano terra ospita diversi dipinti di El Greco (non mancate di ammirare l'*Asunción de la Virgen* e la stupenda *La Veronica*), un quadro attribuito a Goya (*Cristo Crucificado*) e il bellissimo *Arazzo degli Astrolabi*.

Corsi

Università di Castiglia-La Mancia SPAGNOLO

(www.uclm.es/fundacion/esto) L'Università di Castiglia-La Mancia gestisce un programma ESTO (spagnolo a Toledo) che prevede diversi corsi di lingua. Per avere ulteriori informazioni in merito vi consigliamo di visitare il sito.

Feste e manifestazioni

A Toledo si svolgono numerose feste annuali che meritano di essere prese in considerazione.

Festa del Corpus Domini CORPUS DOMINI

È una delle più belle celebrazioni di questa festività di tutta la Spagna; viene celebrata il giovedì della nona settimana dopo la Pasqua. I festeggiamenti durano diversi giorni in un crescendo che comprende una solenne processione, nel corso della quale viene esposta la meravigliosa *Custodia de Arfe* (v. p106).

Semana Santa SETTIMANA SANTA

La Settimana Santa è caratterizzata da numerosi giorni di processioni solenni che hanno come protagonisti i membri delle *cofradías* (confraternite), alcune delle quali si svolgono intorno a mezzanotte.

Festa dell'Assunzione ASSUNZIONE

In occasione di questa festa, che cade il 15 agosto, è possibile bere l'acqua del pozzo della cattedrale, che si ritiene abbia virtù miracolose – le interminabili file di persone in paziente attesa di bere un sorso d'acqua da un *botijo* (brocca) di terracotta possono essere altrettanto sorprendenti.

Pernottamento

L'ampio ventaglio di strutture ricettive di Toledo non è sufficiente a soddisfare tutte le richieste, soprattutto nel periodo compreso tra luglio e settembre. Se desiderate evitare giri senza fine nelle strade acciottolate della città tirandovi dietro le valigie, vi consigliamo di prenotare con un buon anticipo.

INIZIO **PLAZA DE ZOCODOVER**
FINE **SAN JUAN DE LOS REYES**
DISTANZA **2 KM**
DURATA **MINIMO 3 H**

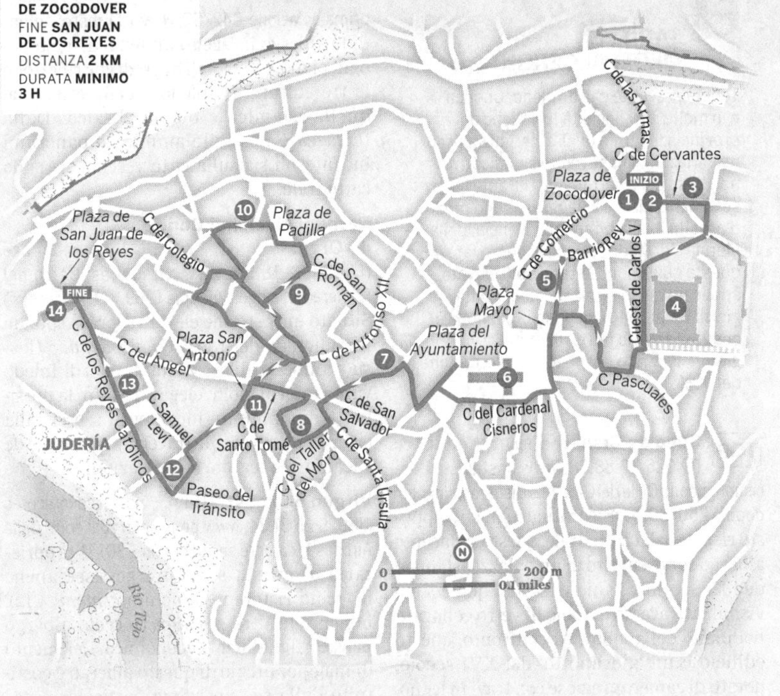

Itinerario a piedi

Un affascinante viaggio nella storia

Fate scorta di cerotti e partite alla scoperta di Toledo a piedi, seguendo un percorso che può essere completato in tre ore o anche durare tutto il giorno.

Partite dalla centrale 1 **Plaza de Zocodover**, passate sotto l'2 **Arco de la Sangre** sul lato orientale della piazza e raggiungete il 3 **Museo de Santa Cruz** sulla sinistra. Sul colle che si erge a sud si trova il principale simbolo di Toledo, l'4 **Alcázar**, da dove potrete ammirare un bel panorama sul Río Tajo. Scendendo in direzione ovest il colle punteggiato dalle guglie delle chiese, passerete nei pressi delle rovine di una moschea, la 5 **Mezquita de las Tornerías**, prima di raggiungere la 6 **Catedral de Toledo**, sede spirituale della Spagna cattolica. Dirigetevi a nord-ovest verso il 7 **Centro Cultural San Marcos**, ospitato nella secentesca chiesa di San Marco, il cui soffitto affrescato offre il giusto contrappunto alle mostre temporanee di arte contemporanea allestite al suo interno. A sud-ovest da qui si trova il 8 **Taller del Moro**, risalente al XIV secolo. Sebbene il museo sia chiuso per restauri, l'edificio, in stile mudéjar, è molto interessante per la sua classica architettura araba.

Dirigetevi a nord-est verso la 9 **Iglesia de San Román**, un edificio caratterizzato da una suggestiva commistione degli stili mudéjar e rinascimentale, che oggi ospita il Museo de los Concilios y Cultura Visigoda, con una collezione di manufatti visigoti. Nei pressi si trova il 10 **Monasterio de Santo Domingo El Antiguo**.

Scendendo la collina, la splendida 11 **Iglesia de Santo Tomé** è imperdibile per gli appassionati di El Greco. Da qui è possibile accedere al cuore dell'antico quartiere ebraico di Toledo. Non perdetevi la 12 **Sinagoga del Tránsito** e la 13 **Sinagoga de Santa María La Blanca**, che acquisiscono un'intensità particolare per chi continua lungo Calle de los Reyes Católicos fino alla meravigliosa 14 **San Juan de los Reyes**. I re cattolici spagnoli avevano stabilito che questa chiesa avrebbe rappresentato l'apice della loro parabola umana, per cui costituisce il punto più appropriato per terminare la vostra passeggiata.

TARIFFE DEGLI ALBERGHI

Tenete presente che a Toledo, Cuenca e in molte altre località turistiche della provincia le tariffe degli alberghi subiscono variazioni anche molto significative nel corso della settimana. Durante i fine settimana, città e villaggi vengono presi d'assalto dagli abitanti di Valencia, della Murcia e di Madrid. Quelle che trovate in questa guida sono le tariffe più elevate applicate nel fine settimana; durante i giorni feriali, però, quando la clientela è costituita per lo più da commessi viaggiatori, le tariffe possono scendere anche del 30%.

TOP **Casa de Cisneros** BOUTIQUE HOTEL €€
(925 22 88 28; www.hostal-casa-de-cisneros.com; Calle del Cardenal Cisneros; singole/doppie €50/80;) Situato sul lato opposto rispetto alla cattedrale, questo seducente albergo sorge sul sito di un palazzo islamico dell'XI secolo, alcune parti del quale sono visibili attraverso un oblò di vetro collocato nel piano della lobby. Al confronto, questo edificio è un 'giovanotto' del XVI secolo, dotato di camere graziose con travi in legno, muri con pietra a vista e bagni straordinariamente alla moda.

Hostal Santo Tomé HOTEL ECONOMICO €
(925 22 17 12; www.hostalsantotome.com; Calle de Santo Tomé 13; singole/doppie €42/55; P) Questo *hostal* dall'eccellente rapporto qualità-prezzo, situato sopra un negozio di souvenir, dispone di camere più grandi rispetto a quelle della maggior parte delle strutture ricettive di Toledo, con pavimenti e mobili in legno chiaro e bagni veramente eleganti, dove troverete alcuni dettagli molto apprezzabili come il lucido da scarpe e l'asciugacapelli. Il parcheggio costa €10.

Hostal del Cardenal HOTEL STORICO €€
(925 22 49 00; www.hostaldelcardenal.com; Paseo de Recaredo 24; singole/doppie €77/113; P) In questa splendida villa settecentesca troverete pareti, archi e colonne dipinti in un morbido color ocra. Nonostante il loro stile grandioso, le camere sono molto accoglienti, con mobili scuri, tessuti lussuosi e pavimenti in parquet. Molte camere si affacciano su un incantevole giardino terrazzato.

La Posada de Manolo BOUTIQUE HOTEL €€
(925 28 22 50; www.laposadademanolo.com; Calle de Sixto Ramón Parro 8; singole/doppie con prima colazione €42/66;) Questo splendido albergo ha scelto un tema diverso per ogni piano, con mobili e arredi che riflettono le tre culture di Toledo: quella cristiana, quella islamica e quella ebraica. Dalla terrazza è possibile ammirare panorami incantevoli sia sulla città vecchia sia sulla cattedrale.

Parador Nacional Conde de Orgaz PARADOR €€€
(925 22 18 50; www.parador.es; Cerro del Emperador; singole/doppie €159/171; P) Situato in posizione elevata sopra la sponda meridionale del Río Tajo, il *parador* (lussuoso albergo di proprietà statale) di Toledo vanta interni molto eleganti e offre la possibilità di ammirare incantevoli scorci sulla città. Per arrivarci, attraversate il Puente de Alcántara e seguite le indicazioni.

Virgen de la Estrella HOTEL ECONOMICO €
(925 25 31 34; www.pensionarrabal.com; Calle Airosas 1; camere senza bagno €30) Il proprietario di questa struttura gestisce anche il vicino ristorante omonimo (*menú* €12), nonché un'altra *pensión* (piccolo albergo privato) ugualmente economica. L'elemento di maggior pregio di questo albergo è costituito dalla sua posizione particolarmente tranquilla e gradevole di fronte alla chiesa di Santiago – tranne quando suonano le campane.

Hotel Eurico ALBERGHETTO €€
(925 28 41 78; www.hoteleurico.com; Calle de Santa Isabel 3; singole/doppie €59/89;) Offre camere gradevoli disposte intorno a un grazioso giardino.

Hostal Alfonso XII ALBERGHETTO €€
(925 25 25 09; www.hostal-alfonso12.com; Calle de Alfonso XII; camere €65;) Cottage del XVIII secolo dall'aspetto vagamente kitsch.

HI Albergue Juvenil en San Servando OSTELLO DELLA GIOVENTÙ €
(925 22 45 54; ralberguesto@jccm.es; Subida del Hospital; letti in camerata under/over 26 €9,50/12; @) Buon ostello della gioventù ospitato all'interno di un castello.

Pasti

La città pullula di ristoranti. Troverete un'ottima scelta di locali in Calle Alfonso X el Sabio e nelle vie pedonali circostanti, tra cui Calle de los Alfileritos e Calle de la Sillería. Evitate i ristoranti con terrazza dai prezzi esagerati di Plaza de Zocodover, oltre a quelli che propongono diversi tipi di paella con un manifesto a colori vivaci all'esterno, poiché in genere offrono una cucina piuttosto anonima, basata in molti casi su una produzione su vasta scala.

Alfileritos 24 MODERNO INTERNAZIONALE €€
(www.alfileritos24.com; Calle de los Alfileritos 24; pasti €25-35; 🚭) Questo locale riesce a far convivere armoniosamente colonne, travi a vista e soffitti con le volte a botte del XIV secolo con pregevoli opere d'arte moderna e sale da pranzo luminose distribuite su quattro piani. Il menu rivela la predilezione per una cucina innovativa, proponendo piatti come tartare di tonno rosso con alghe e guacamole, e 'zuppa' di fragole con gelato al pepe di Szechuan.

Aurelio RAFFINATO TRADIZIONALE €€
(☎925 22 13 92; Plaza del Ayuntamiento 4; pasti €35-45; ⊙pranzo e cena mar-dom, pranzo solo lun) I tre locali che portano questo nome sono considerati tra i ristoranti esclusivi migliori di Toledo (gli altri due si trovano in Calle de la Sinagoga 1 e 6). Il menu comprende specialità a base di cacciagione e di prodotti freschi e piatti tradizionali preparati con stile. Si consiglia la prenotazione.

Madre Tierra VEGETARIANO €€
(☎925 21 34 24; www.restaurantemadretierra.com; Bajanda de la Tripería 2; pasti €25-35; ⊙pranzo e cena mer-dom, pranzo lun; 🚭✍) Un locale ampio con archi di mattoni a vista, arredi in morbido color ocra e luci soffuse. L'atmosfera romantica è perfetta per gustare piatti vegetariani di ispirazone indiana, asiatica e mediterranea, tra cui sushi, moussaka, pastas, *pakoras* (verdure con una pastella di spezie) e insalate. Si consiglia la prenotazione.

La Abadía PIATTI LEGGERI €€
(www.abadiatoledo.com; Plaza de San Nicolás 3; pasti €25-30; ✍) Ospitato all'interno di un suggestivo palazzo cinquecentesco, questo bar-ristorante ricco di atmosfera costituisce la meta ideale per le coppie di innamorati. Al suo interno troverete un labirinto di sale dalle pareti in pietra e mattoni con archi, nicchie e luci soffuse. Il menu comprende piatti leggeri come *verduras a la parrilla* (verdure fresche grigliate) – perfette per chi non ha molto appetito.

Palacios CASALINGO TRADIZIONALE €
(Calle Alfonso X el Sabio 3; menú €13,90, pasti €14-18) Un locale senza pretese, dove vetri istoriati, travi a vista e un efficiente servizio vecchia maniera si combinano con una semplice cucina tradizionale. Se avete molto appetito vi consigliamo di ordinare come antipasto una scodella strapiena di *judías con perdiz* (fagioli bianchi con pernice).

Mille Grazie ITALIANO €
(Calle de las Cadenas 2; pizze a partire da €7,50, piatti di pasta a partire da €8,50; pranzo e cena lun-sab, pranzo dom; ✍) Nonostante la preoccupante presenza nel menu di una pizza hawaiana (con ananas), lo chef del Mille Grazie è veramente italiano e i piatti sono buoni e molto gustosi. Assaggiate i *panzotti Mille Grazie* (pasta fresca simile ai ravioli ripiena di noci e spinaci).

Santa Fe CUCINA CASALINGA €
(Calle de Santa Fe 6; menú €10,50) Qui mangerete meglio e spenderete la metà rispetto ai ristoranti della vicina Plaza de Zocodover. Provate la paella fatta in casa.

La Naviera PESCE €€
(Calle de la Campana 8; pasti €20-25; ⊙pranzo e cena mar-sab) La clientela si precipita al La Naviera con la rapidità con cui i gabbiani scendono sul mare per gustare i migliori piatti a base di pesce di Toledo.

Kumera RAFFINATO MODERNO €
(Calle Alfonso X el Sabio 2; pasti €18-25) Offre un menu molto vario e innovativo e tavoli sul marciapiede.

Locali e divertimenti

Toledo dispone di un numero di bar e di discoteche più che sufficiente per garantire il divertimento a coloro che preferiscono non andare a dormire troppo presto. Oltre ai locali elencati di seguito, nel cortile alberato subito fuori Plaza de Magdalena troverete

PAZZI PER LE MANDORLE

Non amate particolarmente il marzapane? Fareste meglio a ripensarci. Probabilmente non ne avete mai mangiato uno così buono. Toledo è famosa per questa meravigliosa creazione a base di mandorle, venduta praticamente in tutti i negozi. Il marzapane **Santo Tomé** è molto rinomato, e in città potrete trovarlo in diverse rivendite, una delle quali si trova in **Plaza de Zocodover**. Il marzapane viene realizzato anche dalle monache del posto, e i loro dolcetti sono venduti in quasi tutti i conventi.

EL GRECO A TOLEDO

Per fortuna El Greco decise di cambiare il suo nome impronunciabile, Domenikos Theotokopoulos. Nato a Creta nel 1541, si trasferì a Venezia nel 1567 per studiare alla bottega dei grandi maestri del Rinascimento.

El Greco giunse in Spagna nel 1577 e si stabilì a Toledo, dove trovò numerosi mecenati disposti a sostenere la sua attività artistica. Il pittore amava la compagnia dei potenti del tempo e, a quanto pare, aveva un'altissima opinione di sé, tanto che giunse ad affermare: 'Com'è vero che vengo pagato meno del valore del mio sublime lavoro, così il mio nome passerà ai posteri come quello di uno dei più grandi geni della pittura spagnola'.

Arrogante ed eccentrico, El Greco amava vivere nel lusso e prese dimora in un sontuoso palazzo in Paseo del Tránsito. Tuttavia, con il declino di Toledo peggiorò anche la situazione finanziaria dell'artista. Sebbene le opere degli ultimi anni siano tra le migliori di tutta la sua produzione, El Greco si trovò più volte nell'impossibilità di pagare l'affitto. Morì nel 1614, lasciando i suoi lavori sparsi in vari luoghi della città, dove molti sono rimasti fino a oggi.

La **Iglesia de Santo Tomé** (www.santotome.org; Plaza del Conde; ingresso €2,30; ⌚10-18) ospita il massimo capolavoro di El Greco, *El Entierro del Conde de Orgaz* (La sepoltura del conte di Orgaz). Secondo una celebre leggenda, alla sepoltura del conte, avvenuta nel 1322, avrebbero preso parte anche sant'Agostino e santo Stefano, scesi per l'occasione dal paradiso. L'opera di El Greco rievoca questo evento, raffigurando accanto ai protagonisti celesti anche l'artista, suo figlio e Cervantes.

Uno dei conventi più antichi di Toledo è il **Monasterio de Santo Domingo El Antiguo** (Plaza de Santo Domingo el Antiguo; ingresso €2; ⌚11-13.30 e 16-19 lun-sab, 16-19 dom), costruito nell'XI secolo, al cui interno è possibile ammirare alcune delle prime opere commissionate a El Greco (anche se la maggior parte sono copie). Attraverso una grata di ferro si può vedere la cripta che custodisce la bara in legno del pittore.

Altri luoghi di Toledo dove è possibile ammirare le opere di El Greco sono il Museo de Santa Cruz e la *sacristía* della cattedrale.

una serie di bar i cui tavolini all'aperto sono un richiamo irresistibile nelle serate estive. Se siete interessati a trovare bar frequentati da studenti, fate un giro nelle vie situate nei dintorni di Plaza de San Nicolás.

Enebro BAR
(Plaza San Justo 9; ⌚8-24 lun-ven, 12-1 sab e dom) Per iniziare la serata non c'è niente di meglio che sorseggiare un drink sotto gli alberi in questa graziosa piazza, da accompagnare alle generose tapas offerte dalla casa con la musica di Jimi Hendrix (o di un altro artista del suo calibro) in sottofondo.

Círculo de Arte CONCERTI
(www.circuloartetoledo.org; Plaza de San Vicente 2) Tra i numerosi locali di Toledo che ospitano spettacoli musicali pieni di ritmo vale la pena di citare questo posto di classe, ospitato in una cappella sconsacrata, che propone un programma regolare di concerti e produzioni teatrali.

El Último MUSICA LIVE
(Plaza del Colegio de Infantes 4; ⌚17.30-fino a tardi) All'interno di un edificio cinquecentesco, El Último è un 'covo' che ospita regolarmente esibizioni dal vivo di musicisti jazz, blues e soul.

El Ambigú MUSICA LIVE
(Calle de las Tendillas 8; ⌚20-fino a tardi) Questo locale propone musica jazz e blues in un intimo interno parzialmente piastrellato e caratterizzato dalla presenza di archi e di opere d'arte.

La Tabernita BAR
(Calle de Santa Fe 10) Piccolo bar rilassante.

Pícaro CAFFÈ-TEATRO
(www.picarocafeteatro.com; Calle de las Cadenas 6) Locale rilassato che ospita spettacoli teatrali e di altro genere.

Shopping

Per secoli Toledo è stata rinomata per l'alta qualità delle sue spade, che troverete in vendita pressoché ovunque. Molto richiesti sono anche gli oggetti in oro e in argento dalle raffinate decorazioni *damasquinadas* (damascate), tipiche della tradizione artistica araba. Un punto vendita particolarmente affidabile è quello di **Pedro Maldonado Gonzalez** (Calle de San Juan de Dios 10).

Informazioni

Per informazioni sulle visite guidate ufficiali della città consultate il sito www.alficen.com.

Centro Locutorio Santo Tomé (Calle de Santo Tomé 1; €2 l'ora; 11-22.30) Accesso a internet.

Ufficio turistico principale (925 25 40 30; www.toledoturismo.com; Plaza del Ayuntamiento; 10.30-14.30 lun, 10.30-14.30 e 16.30-19 mar-dom).

Ufficio turistico provinciale (925 25 93 00; www.diputoledo.es; Subida de la Granja; 10-17 lun-sab, 10-15 dom)

Per/da Toledo

Da Toledo è possibile raggiungere quasi tutte le località principali della Spagna, anche se è necessario ritornare fino a Madrid.

AUTOBUS Dalla **stazione degli autobus** (Avenida de Castilla La Mancha) di Toledo partono autobus diretti a Madrid ogni mezz'ora dalle 6 alle 22 tutti i giorni (corse meno frequenti la domenica). Sono disponibili sia autobus diretti (€5,25, 1 h) in partenza ogni ora, sia altri autobus (1 h 30 min) che fermano in tutti i paesi che incontrano lungo la strada. Nei giorni feriali e la domenica da Toledo partono autobus per Albacete (€14,35, 2 h 45 min) e Cuenca (€11,40, 2 h 15 min).

TRENO Costruita nel 1920, la **stazione ferroviaria** (Paseo de la Rosa) costituisce una gradevole introduzione alla città. Il servizio di treni ad alta velocità AVE prevede corse più o meno ogni ora per Madrid (€9,90, 30 min).

Trasporti locali

AUTOBUS Una rete di autobus molto comodi assicura i collegamenti tra Plaza de Zocodover, la stazione degli autobus (autobus n. 5) e la stazione ferroviaria (autobus n. 61 e n. 62; €0,95).

AUTOMOBILE E MOTOCICLETTA Il parcheggio sotterraneo più vicino al centro si trova in Calle de Santa Ursula.

TAXI I posteggi dei taxi sono situati a sud di Plaza de Zocodover e presso la stazione degli autobus. In alternativa, è possibile richiedere un taxi telefonando al 925 25 50 50.

Dintorni di Toledo

I dintorni di Toledo sono ricchi di attrattive, tra cui figurano diversi resti di epoca romana e alcuni tra i più suggestivi castelli del paese; il modo migliore per esplorarli è in automobile.

CARRANQUE

Dal 1983 un team di archeologi effettua scavi a **Carranque** (interi/bambini €4/gratuito; 10-21 mar-dom) in quelle che si ritengono essere le fondamenta di una basilica romana risalente alla fine del IV secolo, che sarebbe perciò il più antico edificio cristiano di tutta la Spagna. Altri punti degni di nota situati all'interno di questo sito sono i pochi resti di alcune ville romane e di fontane-tempio e quel che rimane di un monastero del XII secolo in cui si trovano alcuni preziosi mosaici, tutti oggetto di scavi. Il biglietto comprende anche l'ingresso a un piccolo centro didattico e museo.

CASTELLI

La zona circostante Toledo è ricca di castelli giunti fino ai giorni nostri in vario stato di conservazione, la maggior parte dei quali può essere raggiunta solo in automobile.

Circa 20 km a sud-est di Toledo, lungo la CM42, sorgono le spettacolari rovine del castello arabo di **Almonacid de Toledo**. Secondo alcune leggende in questo castello avrebbe vissuto per qualche tempo El Cid; purtroppo, queste solitarie rovine versano in uno stato di completo abbandono da molto tempo. Qualche chilometro più avanti lungo la strada si incontra un castello più piccolo situato nel villaggio di **Mascaraque**. Proseguite poi fino a Mora, dove sorge il **Castillo Peñas Negras**, a 3 km dalla cittadina, eretto nel XII secolo nel luogo in cui sorgeva una necropoli preistorica, dove attualmente sono in corso imponenti scavi archeologici; seguite il sentiero di sabbia per arrivare al castello che offre una veduta spettacolare sulle pianure circostanti. Proseguendo si arriva alla graziosa cittadina di **Orgaz**, dove si trova un bel **castello** (ogni secondo mer del mese apr-nov) del XV secolo, giunto ai giorni nostri in buono stato di conservazione.

Circa 30 km a sud-ovest di Toledo, nella vallata del Río Torcón si ergono le maestose rovine del **Castillo de Montalbán**, che si ritiene sia stato costruito dai cavalieri templari nel XII secolo. Sebbene questo castello sia aperto solo sporadicamente, c'è ben poco che impedisca di girovagare nei suoi dintorni a qualsiasi ora del giorno o della notte.

La cittadina di **Escalona**, situata 52 km a nord-ovest di Toledo sulla N403, ospita le rovine di un castello di origine araba, adagiato in un'incantevole posizione sulle sponde del Río Alberche.

CASTIGLIA-LA MANCIA OCCIDENTALE

Ammantata in alcune parti da fitte foreste e caratterizzata da un'affascinante combinazione di ampie pianure e di spettacolari montagne, la parte occidentale di questa regione riserva sempre ai viaggiatori molte piacevoli sorprese.

Talavera de la Reina

POP 88.900

Talavera de la Reina, con le sue mura antiche e le facciate degli edifici decorate da ceramiche secondo lo stile portoghese, è pervasa da un fascino tranquillo. Invasa dalla dinastia musulmana degli Almoravidi nel XII secolo, nel 1809 fu teatro di una battaglia di fondamentale importanza tra le forze del duca di Wellington e le truppe francesi.

Oggi Talavera offre una rassicurante atmosfera provinciale, e da molto tempo gode di una meritata fama per la produzione delle ceramiche che adornano molti edifici della città. L'esempio più rappresentativo è costituito dalla facciata blu e dorata del **Teatro Victoria**, situato a pochi passi da Plaza del Padre Juan de Mariana.

All'interno delle antiche mura cittadine si trova il **Museo Ruiz de Luna** (Calle de San Agustín el Viejo; ingresso €1; ⏲10-14 e 16-18.30 mar-sab, 10-14 dom), dove è esposta una collezione molto interessante di ceramiche locali realizzate tra il XVI e il XX secolo. Se desiderate acquistare ceramiche di produzione moderna, vi consigliamo di visitare i laboratori e i negozi allineati lungo la strada diretta a nord, in direzione dell'autostrada A5.

L'**ufficio turistico** (www.talavera.org/turismo; Ronda del Cañello; ⏲10.30-13.30 e 16-18 lun-sab, 10.30-12.30 dom) ospita al suo interno anche un'interessante galleria che espone ceramiche.

La stazione degli autobus si trova nel centro cittadino. A Talavera de la Reina fermano i numerosi autobus che collegano Madrid a Badajoz; dalla città partono tutti i giorni fino a nove autobus diretti a Toledo (€6,30, 1 h 15 min).

IL MANCHEGO DELLA MANCIA

Per i novizi il più famoso prodotto caseario spagnolo rappresenta una specie di enigma. Vi basterà sbirciare dietro un qualsiasi bancone dei formaggi per accorgervi che oltre alle grandi forme di *queso*, variabili per dimensioni, etichette e prezzi, non vi è traccia di formaggi francesi o italiani, tanto per citarne alcuni. Il motivo è semplice. Se è vero che nelle grandi città e nelle località turistiche è facile trovare formaggi di importazione, le molte varietà di manchego sono più che sufficienti per soddisfare la maggior parte degli aficionados del *queso*.

Per molti visitatori il primo incontro con il manchego è rappresentato dai triangolini di tapas che vengono spesso serviti gratuitamente quando si ordina qualcosa da bere. In genere si tratta di *semi curado* (semi-stagionato), più raramente del più costoso e saporito *curado* (stagionato); il primo viene fatto stagionare per un periodo di circa tre-quattro mesi, il secondo ha invece una stagionatura di sei-otto mesi. Per ottenere la *denominacíon* (marchio) manchego, il formaggio deve essere realizzato utilizzando esclusivamente il latte di pecore di razza manchega, evolutasi nel corso di centinaia di anni.

Il casaro artigiano Alfonso Alvárez Valera sostiene che il miglior *queso* è quello ottenuto dall'impiego di latte non pastorizzato, che impedisce al formaggio di diventare gommoso. Presso l'azienda casearia **Artequeso** (☎925 14 51 92; www.artequeso.com; Finca La Prudenciana, Tembleque), da quattro generazioni in mano alla famiglia Valera, si producono 40.000 forme di formaggio l'anno secondo una rigida tradizione artigianale. Recentemente i Valera hanno iniziato a lavorare anche formaggi diversi dal manchego, come il formaggio di capra con vino o paprika e formaggi ottenuti da una miscela di latte di pecora, di capra e vaccino. È possibile visitare Artequeso e assaggiare i vari formaggi (esclusivamente su appuntamento). Il periodo migliore è quello compreso tra marzo e giugno, il culmine della stagione casearia.

Dintorni di Talavera de la Reina

OROPESA

Il delizioso villaggio di Oropesa, 34 km a ovest di Talavera, costituisce un posto molto interessante in cui pernottare. Dopo avere sorseggiato una *cerveza* (birra) in uno dei bar dell'incantevole Plaza del Navarro, salite a piedi fino al trecentesco **castello** (www.e-oropesa.com; interi/bambini €2,50/gratuito; ⏲10-14 e 16-19 mar-dom; 🚼), arroccato in cima alla collina. Guardando verso nord, la vista spazia sulle sconfinate pianure circostanti fino all'imponente Sierra de Gredos. Questo castello ospita mostre d'arte durante tutto l'arco dell'anoo, oltre a concerti nei mesi di luglio e agosto.

Dalla parte opposta si trova un palazzo del XIV secolo che ospita il secondo **parador** (☎925 43 00 00; www.parador.es; singole/doppie €105/135; P ❄ 📶) più antico della Spagna, che è riuscito a conservare un esaltante fascino carico di storia, senza l'eccessiva enfasi posta sulla conservazione del patrimonio culturale che caratterizza la maggior parte dei *paradores* spagnoli. Le camere sono ampie e lussuose, con pesanti tende in broccato e pezzi di antiquariato. Nella lobby potrete leggere le lodi sperticate espresse da Somerset Maugham su questa struttura; chiedete anche di vedere gli alloggi in cui dormiva San Pedro de Alcántara, nascosti nei recessi della struttura originaria del palazzo.

Poco sotto il castello si trova **La Hostería** (☎925 43 08 75; www.lahosteriadeoropesa.com; Plaza del Palacio 5; singole/doppie con prima colazione €50/65; P ❄), che dispone di camere graziose con soffitti dalle travi a vista arredate ciascuna in modo diverso e di un ristorante molto frequentato (pasti €20), con tavoli all'aperto sistemati in un cortile adornato di festoni.

Ogni giorno da Talavera de la Reina partono tre o quattro autobus diretti a Oropesa.

EL PUENTE DEL ARZOBISPO

A breve distanza dal Río Tajo, a soli 14 km a sud di Oropesa si trova El Puente del Arzobispo, un altro famoso centro di produzione di ceramiche, che ospita un gran numero di saloni d'esposizione. Il ponte dai molti archi da cui la cittadina prende il nome fu costruito nel XIV secolo.

Montes de Toledo

ALT. 1400 M

Gli spettacolari Montes de Toledo iniziano in corrispondenza delle basse colline situate a sud di Toledo, elevandosi poi in direzione ovest verso l'Estremadura. Esplorando queste colline vi ritroverete nel cuore di una delle campagne meno popolate dell'entroterra della Spagna. Lunghi tratti delle strade di questa regione sono fiancheggiati da chiazze di terra rossa, sulle quali si incrociano ordinati filari di ulivi, o da campi simili a soffici strati di velluto verde che in primavera si ricoprono di fiammeggianti fiori selvatici.

Undici km prima di raggiungere Navahermosa incontrerete un sentiero che scende verso sud fino all'**Embalse del Torcón**, una località affacciata sulle sponde di un lago molto frequentata da chi desidera fare un picnic. Una volta superata Navahermosa troverete numerose strade che si diramano verso sud. Alcune delle zone ammantate dai boschi più fitti offrono splendide vedute e, fatta eccezione per qualche minuscolo *pueblo* (villaggio), visitando questa zona incontrerete più capre che persone. Un itinerario piuttosto lungo, che costituisce un gradevole assaggio della zona, inizia all'altezza di Los Navalmorales. Imboccate la CM4155 in direzione di Los Navalucillos e proseguite verso sud superando villaggi apparentemente deserti, fino a quando non raggiungerete un incrocio a T situato dopo il Km 48. Girando a destra (verso ovest), continuerete per 35 km seguendo una strada serpeggiante fino alle estremità settentrionali del grande **Embalse de Cijara**, parte di una serie di bacini alimentati dal Río Guadiana, che sotto l'aspetto amministrativo rientrano nella regione dell'Estremadura. Proseguite quindi verso nord alla volta di **Puerto de San Vicente**, dirigendovi a ovest verso la EX102 e l'ultimo tratto pieno di curve che conduce a Guadalupe.

CASTIGLIA-LA MANCIA MERIDIONALE

Secondo molti, questa zona incarna meglio di qualsiasi altra il carattere della regione della Mancia, grazie alla presenza di pianure che si estendono a perdita d'occhio, punteggiate qua e là da case coloniche e dai tipici mulini a vento. La zona sud-orientale di questa regione è invece soprendentemente verdeggiante e rigogliosa, con fiumi, parchi naturali e alcuni dei villaggi più incantevoli della provincia.

Ciudad Real

POP. 74.000

Sebbene in passato sia stata la controparte reale di Toledo, Ciudad Real è oggi una cittadina piuttosto ordinaria e dedita al lavoro. In ogni caso il centro possiede un certo fascino, con le sue strade pedonali piene di negozi e la caratteristica Plaza Mayor, con la sua torre con il carillon (coronata da un Cupido), la sgargiante facciata neogotica del municipio e la moderna fontana strutturata su più livelli.

Che cosa vedere

Puerta de Toledo PORTA DELLA CITTÀ

Arrivando da nord, entrerete in Ciudad Real dalla Puerta de Toledo (1328), l'ultima porta rimasta delle otto fatte costruire in stile mudéjar da Alfonso X.

FREE **Museo del Quijote** MUSEO

(Ronda de Alarcos 1; 10-14 e 18-21 lun-sab, 10-14 dom) Gli appassionati di Don Chisciotte dovrebbero assolutamente visitare il Museo del Quijote, che ospita esposizioni audiovisive e una biblioteca dedicata a Cervantes comprendente centinaia di volumi del Don Quijote, tra cui alcuni scritti in esperanto e in braille e altri risalenti al 1724. La conoscenza dello spagnolo potrà esservi utile.

Iglesia de San Pedro CHIESA

(Calle Ramón y Cajal General Rey; 11-12 e 20-20.30 lun-ven, 11-12 e 19-19.30 sab, 9-13 dom) Tra le poche chiese degne di nota di Ciudad Real, quella che colpisce maggiormente l'attenzione è la trecentesca Iglesia de San Pedro, un edificio in stile gotico con la facciata suddivisa in tre parti, con tre navate dalle volte a forma di stella e una rilucente pala d'altare in alabastro risalente al XV secolo.

Pernottamento e pasti

I ristoranti di Plaza Mayor sono un buon posto per bere qualcosa, mentre la cucina è in genere del tutto mediocre. I bar e i ristoranti migliori si trovano in Avenida del Torreón del Alcázar e nelle vie circostanti, nonché nella parallela Calle de los Hidalgos. Coloro che preferiscono cucinare i pasti da sé possono dirigersi verso il grande **mercado** (Calle de las Postas) coperto.

Hostal Plaza ALBERGHETTO €

(926 25 43 35; Plaza de Agustín Salido 2; singole/doppie €35/50;) Situato in una piazza graziosa e tranquilla, questo albergo confortevole offre camere eleganti e un animato bar-caffetteria dove viene servita la prima colazione.

Hotel Silken Alfonso X HOTEL CLASSICO €€

(926 22 42 81; www.hotelalfonsox.com; Calle de Carlos Vázquez 8; singole/doppie €60/75; P) Albergo molto esclusivo, la cui antica facciata si combina molto bene con l'interno rimesso a nuovo. Le moderne camere dispongono di pavimenti ricoperti di moquette, decorazioni alla moda e splendenti bagni in marmo. Il ristorante propone un valido *menú* (pasto a prezzo fisso) nei giorni feriali a €15. Il parcheggio costa €12,85.

La Casuca CASALINGO TRADIZIONALE €

(Calle de Palma 10; pasti €15) È qui che viene a mangiare la gente del posto. Situato di fronte a un chiassoso tapas bar, questo ristorante alla buona serve piatti locali affidabili ed economici.

El Ventero TAPAS BAR €

(Plaza Mayor 8) Accomodatevi nella piazza per godervi lo 'spettacolo' dell'orologio con il carillon (che si tiene generalmente alle 12, alle 13, alle 14, alle 18 e alle 20), nel corso del quale Don Chisciotte, Sancho Panza e Cervantes fanno un simpatico giro su una piccola piattaforma rotante. Se ordinate qualcosa da bere vi verranno offerte anche delle gustose tapas.

Locali

Troverete diversi locali, discoteche e bar molto accoglienti, tra cui l'**Australian Pub** (Avenida del Torreón del Alcázar 4; 11-fino a tardi) e l'adiacente **Baston Pub** (15.30-fino a tardi ven e sab), nell'animata Avenida del Torreón del Alcázar, un viale che fiancheggia un parco. Calle de los Hidalgos è un'altra strada piena di vitalità, dove è possibile fare il giro dei bar.

Informazioni

Ufficio turistico municipale (926 21 64 86; www.ayto-ciudadreal.es; Plaza Mayor 1; 10-14 e 17-19 mar-sab, 10-14 dom) Fornisce informazioni sulle principali attrattive, sugli alberghi e sui ristoranti della città.

Ufficio turistico provinciale (926 20 00 37; www.turismocastillalamancha.com; Calle de Alarcos 21; 10-14 e 16-19 lun-sab, 10-14 dom) Offre utili informazioni sia sulla città sia sulla provincia.

Per/da Ciudad Real

AUTOBUS La **stazione degli autobus** (Carretera Calzada) si trova a sud-ovest del centro. Ogni giorno partono fino a tre autobus diretti ad Albacete (€13,95, 2 h 45 min) e Toledo (€8,35, 1 h 30 min), e cinque per Madrid (€11,45, 2 h 30 min).

TRENO La **stazione ferroviaria** (Av Europa) si trova a est del centro cittadino. La maggior parte dei treni che collegano Madrid con l'Andalusia ferma a Ciudad Real. Da qui partono regolarmente treni diretti verso numerose destinazioni, tra cui Madrid (€21,15, 1 h), Valencia (€38,90, 5 h, 2 al giorno) e, in direzione sud-est, Almagro (€2,20, 15 min).

Trasporti locali

L'autobus locale n. 5 passa sia dalla stazione ferroviaria sia da quella degli autobus, per poi proseguire verso il centro; quando lasciate la città, prendetelo in Plaza del Pilar.

Provincia di Ciudad Real

ALMAGRO

POP. 9100

Il 'gioiello della corona' di Almagro è costituito dalla straordinaria Plaza Mayor, che vanta ondulati tetti di tegole, tozze colonne e portici dal colore verde bottiglia piuttosto sbiadito. Sebbene presenti un aspetto vagamente orientale, questa piazza cinquecentesca ha origini germaniche che risalgono al regno di Carlo V, quando molti ricchi banchieri e mercanti si trasferirono in questa città. Almagro è un posto veramente incantevole da esplorare a piedi, con le sue strade acciottolate relativamente sgombre di traffico fiancheggiate da palazzi e chiese rinascimentali, e negozi che vendono formaggi locali, ricami e cestini.

Che cosa vedere

Corral de Comedias TEATRO

(www.corraldecomedias.com; Plaza Mayor 18; interi/bambini con audioguida in inglese €3/gratuito; ⌚10-12 e 17-20 lun-ven, 10-13 e 17-19 sab e dom; 🚸) Sulla plaza si affaccia il più antico teatro di Spagna: si tratta del secentesco Corral de Comedias, un suggestivo tributo all'età dell'oro del teatro spagnolo, dotato di file di balconate in legno che si affacciano sul palcoscenico originale, completo di camerini. Viene utilizzato ancora oggi per gli spettacoli.

Museo Nacional de Teatro MUSEO DEL TEATRO

(http://museoteatro.mcu.es; Calle de Gran Maestre 2; ingresso €2,50; ⌚10-14 e 16-19 mar-ven, 11-14 e 16-18 sab, 11-14 dom) Il teatro è opportunamente integrato dal Museo Nacional de Teatro, situato sul lato opposto della piazza, dove si trova un'esposizione dedicata al teatro spagnolo a partire dal XVIII secolo ospitata all'interno di sale che circondano un magnifico cortile del XIII secolo.

Museo de Encale MUSEO DEL RICAMO

(Callejon del Villar; ingresso €1,50; ⌚10-14 e 17-20 mar-ven, 10-14 e 17-19 sab, 11-14 dom) Almagro è famosa anche per i suoi ricami. Il Museo de Encale custodisce al suo interno alcuni mirabili pizzi e ricami, che sono esposti in spazi ben illuminati disposti su tre piani.

Feste e manifestazioni

Festival Internacional de Teatro Clásico FESTIVAL DEL TEATRO

(www.festivaldealmagro.com, in spagnolo) In luglio il Corral de Comedias ospita per un mese un festival internazionale del teatro, che vede la partecipazione di compagnie teatrali di livello mondiale che propongono per lo più testi classici.

Pernottamento

Durante il festival teatrale in programma nel mese di luglio e nella Semana Santa le tariffe degli alberghi di Almagro vengono aumentate addirittura del 50%.

TOP **La Casa del Rector** HOTEL DI DESIGN **€€**

(☎926 26 12 58; www.lacasadelrector.com; singole/doppie a partire da €85/100; ❄@📶) Questo splendido albergo offre un'ampia scelta di camere, da quelle più sontuose arredate con una profusione di mobili antichi a quelle più moderne impreziosite da elementi di design, con grandi vasche con idromassaggio private e straordinarie opere d'arte. Tra le strutture a disposizione degli ospiti figura un'elegante spa.

Retiro del Maestre HOTEL CLASSICO **€€**

(☎926 26 11 85; www.retirodelmaestre.com, in spagnolo; Calle San Bartolomé 5; singole/doppie con prima colazione €70/87; P❄@📶) Se desiderate concedervi un trattamento a cinque stelle e godervi lo stile del posto vi consigliamo di dirigervi verso questa struttura, che peraltro non è chiassosa come talvolta lo sono i grandi alberghi. Le camere sono spaziose e tinteggiate nelle calde tonalità del giallo e del blu; se possibile cercate di farvene assegnare una al piano superiore, con balcone privato.

Parador PARADOR €€€
(☎926 86 01 00; www.parador.es; Ronda de San Francisco 31; singole/doppie €125/154; P ❄ 📶) Ospitato all'interno di un sontuoso convento ricoperto di edera situato in un tranquillo angolo di Almagro, questo *parador* è pervaso da un fascino lussuoso e vagamente retrò, nonostante le travi a vista dipinte a colori vivaci delle camere, che stonano un po' con il resto della struttura.

Hostal Rural San Bartolomé ALBERGHETTO €€
(☎926 26 10 73; www.hostalsanbartolome.com; Calle San Bartolomé 12; singole/doppie €53/64; ❄) Suggestivo e confortevole.

Pasti

Nei dintorni di Plaza Mayor ci sono numerosi caffè e bar che servono le classiche specialità spagnole, compresi piatti di carne o pesce, a prezzi sorprendentemente ragionevoli.

TOP **El Corregidor** MANCHEGO RAFFINATO €€
(☎926 86 06 48; Calle de Jerónimo Ceballos 2; menú €30, pasti €35-40; ⊙chiuso lun) Il ristorante migliore di Almagro offre numerosi e animati bar che fiancheggiano un verdeggiante cortile e sfoggia un arredamento che, pur presentando un'eterogenea commistione di stili, in qualche modo riesce a funzionare. Il ristorante al piano superiore propone eccellenti specialità della cucina della Mancia; date un'occhiata alla parete su cui sono esposti i riconoscimenti ottenuti in campo culinario. Si consiglia la prenotazione.

Bar Las Nieves TAPAS BAR €
(Plaza Mayor 52; tapas a partire da €2,50, paella €5) Uno dei migliori locali di Plaza Mayor; dispone di posti a sedere sulla piazza; serve pasti leggeri e gustosi e la domenica è disponibile la paella.

Meson Cepa Vieja CASALINGO TRADIZIONALE €
(Ronda de Santo Domingo 77; pasti €14-18) Questo locale illuminato da luci vivaci è di gran lunga preferibile per la sua eccellente cucina piuttosto che per l'atmosfera romantica. Propone un menu semplice ed economico. Provate l'eccellente *pisto con huevo* (peperoni fritti con pomodori e aglio serviti con un uovo fritto sopra), ma evitate il vino della casa.

Informazioni

Ufficio turistico (☎926 86 07 17; www.ciudad-almagro.com, in spagnolo; Plaza Mayor 1; ⊙10-14 e 17-20 mar-ven, 10-14 e 17-19 sab, 11-14 dom) Fornisce una cartina e informazioni sulle principali attrattive, sui ristoranti e sugli alberghi della città.

Per/da Almagro

Ogni giorno partono due treni per Madrid (€13,28, 2 h 45 min); se dovete raggiungere le destinazioni situate a sud, è necessario cambiare a Ciudad Real. Almagro è collegata a Ciudad Real (€2,50, 30 min, fino a 5 corse al giorno dal lunedì al sabato) anche da alcuni autobus.

CASTILLO DE CALATRAVA

FREE **Castillo de Calatrava** (Calatrava La Nueva; ⊙10-14 e 16-19 mar-dom) Situato circa 30 km a sud di Almagro, offre magnifici panorami su tutta l'omonima sierra. In epoca medievale il complesso ospitò una base dell'ordine cavalleresco che controllava questa zona di frontiera durante la Reconquista.

PARQUE NATURAL DE LAS LAGUNAS DE RUIDERA

Questa 'striscia' comprendente 14 piccoli laghi è circondata da un lussureggiante terreno boschivo adibito a parco, con campeggi, aree per il picnic e alberghi e ristoranti situati in posizione appartata. Visitato da un numero relativamente ridotto di viaggiatori stranieri, questo parco gode di grande popolarità soprattutto tra i *madrileños*, che vengono qui per rilassarsi dallo stress della vita quotidiana.

L'**Hotel Albamanjon** (☎926 69 90 48; www.albamanjon.net; Laguna de San Pedro 16; doppie/suite €117/170; ❄) è un'ottima sistemazione. Dispone di una suite all'interno di un mulino a vento, dalla quale è possibile ammirare un fantastico panorama sulle acque turchesi di un lago che merita il tragitto su una barca a remi necessario per raggiungerla. Tutte le camere dispongono di terrazze private, e all'interno della struttura troverete un ristorante eccellente. L'albergo dispone anche di un'area per la balneazione con un pontile e un noleggio di pedalò e canoe. Chi preferisce rimanere sulla terraferma può noleggiare una mountain bike. **La Vega** (www.restaurantelavega.com; Calle San Pedro 7, Lagunas de Ruidera; pasti a partire da €15) vanta una posizione ugualmente splendida sulle sponde di uno dei laghi più grandi; dispone di un'ampia terrazza e di una spiaggetta. Aspettatevi di gustare buoni piatti alla griglia, in particolare di carne, che sono la specialità della casa.

Il **Camping Los Batanes** (☎926 69 90 76; www.losbatanes.com; piazzole per persona/

VALE IL VIAGGIO

I VINI DI VALDEPEÑAS

Situata a metà strada tra Madrid e Córdoba, la grande e altrimenti anonima città di Valdepeñas offre ai viaggiatori affaticati un eccellente (oltre che unico) motivo per concedersi una pausa durante il viaggio. Valdepeñas è infatti circondata da quella che alcuni esperti ritengono essere la più vasta distesa di vigneti del mondo, anche se gli intenditori di vino più esigenti sostengono che non sempre la quantità va di pari passo con la qualità. In questa affermazione non manca un fondo di verità, in quanto Valdepeñas ha sempre soddisfatto le esigenze del mercato di largo consumo, al contrario di La Rioja, che si rivolge a un mercato di qualità.

Detto questo, va comunque ricordato che le cose stanno cambiando. Sebbene oggi sia ancora molto facile trovare i vini di Valdepeñas venduti sfusi piuttosto che imbottigliati e serviti nei migliori ristoranti spagnoli, alcune bodegas (cantine) locali hanno iniziato a concentrare la loro attenzione su una produzione di alta qualità. La maggior parte di queste cantine organizza visite guidate e degustazioni solo su appuntamento e a pagamento. Se desiderate ulteriori informazioni in merito, visitate i siti web delle aziende.

Bodegas Arúspide (926 34 70 75; www.aruspide.com; Calle Franci Morales 102; visite guidate €4,50) propone visite guidate e una degustazione di due o più vini.

Bodega de las Estrellas (650 552976; www.labodegadelasestrellas.com; Calle Unión 82; visite guidate €6, visite guidate con pasto a partire da €17) produce un vino biologico e offre una visita guidata con possibilità di degustazione che include anche un pasto nella bodega.

tenda/automobile €6,60/6/6,60, bungalow per 4 persone €85;), immerso nel verde, è situato sulle sponde della Laguna Redondilla. Durante i mesi estivi viene organizzato un programma di divertimenti per i bambini.

L'**ufficio turistico** (926 52 81 16; www.lagunasruidera.com; Avenida Castilla la Mancha, Ruidera; 10-14 e 16-18 mer-sab, 10-14 dom) dispone di un gran numero di opuscoli in carta patinata sulle strutture ricettive situate nei dintorni e sulle attività che è possibile praticare, tra cui il noleggio di barche a remi, kayak e mountain bike.

VILLANUEVA DE LOS INFANTES

POP. 6400

Villanueva de los Infantes è una cittadina di provincia attraente e vivace. Non mancate di visitare **Plaza Mayor**, una bella piazza su cui si affacciano suggestivi edifici color ocra con balconi in legno e pietra e una serie di bar e di ristoranti molto animati.

Così come Almagro, anche Villanueva ospita numerose antiche residenze nobiliari. Sulla piazza sorge la quattrocentesca **Iglesia de San Andrés**, al cui interno è sepolto il poeta Francisco de Quevedo, vissuto nel XVI secolo.

L'**Hospedería El Buscón Quevedo** (926 36 17 88; www.hosteriasreales.com; Calle Frailes 1; singole/doppie €60/75;) è ospitata all'interno di un ex convento domenicano del XVI secolo. Dispone di confortevoli camere arredate in stile regency con mobili in ferro battuto e di magnifiche zone comuni impreziosite da arazzi originali e dipinti a olio. Tenete comunque presente che l'ambiente può apparire alquanto austero. Vengono messe a disposizione alcune biciclette a noleggio.

L'**ufficio turistico** (926 36 13 21; www.infantes.org, in spagnolo; Plaza Mayor; 10-14 e 17-20 lun-sab, 10-14 dom) organizza visite guidate a piedi della cittadina.

Villanueva è collegata a Ciudad Real da tre autobus al giorno che effettuano servizio dal lunedì al venerdì (€6,45, 1 h 30 min).

A sud-est verso Albacete

Le ampie pianure spazzate dal vento della parte sud-orientale di Castiglia-La Mancia hanno l'ingiusta reputazione di essere prive di attrattive di particolare interesse. In realtà, questo panorama pianeggiante possiede una drammaticità del tutto speciale, con i suoi elaborati motivi astratti e i suoi colori accesi. Una volta usciti dalla statale vi troverete all'improvviso in una terra punteggiata da antichi mulini a vento, con tranquilli villaggi e il nostro cavaliere 'svitato' preferito, Don Chisciotte.

CONSUEGRA

Questo è esattamente il posto in cui gli 'avvistatori di mulini a vento' alle prime armi dovrebbero recarsi: infatti, da questa cittadina è possibile ammirare il tipico profilo di una dozzina di *molinos de vientos* (mulini a vento) che fiancheggiano il duecentesco **castello** (interi/bambini €2/gratuito; ⌚9-18 lun-ven, 10.30-14 e 15.30-18 sab e dom; 👪). Un tempo Consuegra apparteneva ai Cavalieri di Malta; alcune sale del castello sono state ristrutturate per consentire ai visitatori di rendersi conto della vita che conducevano questi cavalieri.

L'**ufficio turistico** (☎925 47 57 31; www.consuegra.es, in spagnolo; ⌚9-14 e 16.30-19 lun-ven, a partire da 10.30 sab e dom) è ospitato all'interno del mulino Bolero (ogni mulino ha un suo nome), che è il primo che incontrerete lungo la strada serpeggiante partendo dal centro abitato. Se doveste decidere di pernottare a Consuegra, il personale dell'ufficio turistico vi fornirà consigli utili in merito alle *casas rurales* (sistemazioni in villaggi o fattorie) dei dintorni. Una scala conduce agli ingranaggi originali del mulino.

Nei giorni feriali partono autobus regolari (tre nei fine settimana) che collegano Consuegra a Toledo (€4,80, 1 h), e fino a sette autobus raggiungono tutti i giorni Madrid (€7,60, 2 h).

CAMPO DE CRIPTANA E DINTORNI

Il punto più elevato di questa cittadina è occupato da 10 mulini a vento, la cui vicinanza alle case circostanti costituisce un interessante elemento di contrasto rispetto a Consuegra. Nel complesso si tratta di una cittadina piacevole, anche se piuttosto ordinaria.

Se doveste decidere di fermarvi per la notte, l'incantevole **Hospedería Casa de la Torrecilla** (☎926 58 91 30; www.casadelatorrecilla.com; Calle Cardenal Monescillo 17; singole/doppie €37/54; ❄) offre un cortile interno decorato a colori vivaci e ricoperto di piastrelle. Ospitato all'interno di una residenza nobiliare costruita nei primi anni del XX secolo, dispone di camere spaziose e ricche di atmosfera con i pavimenti in parquet. Il ristorante dell'albergo offre la possibilità di scegliere tra quattro *menús*, il cui costo varia tra i €28 e i €34.

L' **ufficio turistico** (☎926 56 22 31; www.campodecriptana.info; ⌚10-14 e 17-19 mar-sab, 10-14 dom) si trova in un basso edificio di fronte al mulino Inca Garcilaso.

Sebbene Campo de Criptana sia servita da un treno e da un autobus regionale che passano a orari irregolari, per quanto riguarda i trasporti troverete un'offerta migliore ad Alcázar de San Juan, situata a 8 km di distanza. Ogni giorno tra le due cittadine effettuano servizio circa quattro autobus (nessuno la domenica).

Altri sette mulini a vento ingentiliscono l'orizzonte in direzione di **Mota del Cuervo**, 29 km a nord-est di Campo de Criptana, all'altezza dell'incrocio con la N301.

EL TOBOSO

Questa cittadina dimostra di avere fatto veramente tesoro dell'eredità culturale basata su Don Chisciotte. Ovunque guardiate, vedrete un bar o un ristorante dedicato al celebre personaggio, per non parlare dei diversi piccoli musei che approfondiscono la sua figura. Che siate o meno appassionati di Don Chisciotte, non tarderete a scoprire che l'attrattiva più gradevole di El Toboso è la **Casa-Museo de Dulcinea** (Calle Don Quijote 1; ingresso €1; ⌚10-14 e 16.30-19.30 mar-sab, 10-14 dom), risalente al XVI secolo. Pare che si tratti della dimora di Doña Ana, la *señorita* che ispirò la Dulcinea di Cervantes, oggetto dell'amore platonico di Don Chisciotte.

C'è anche un piccolo **ufficio turistico** (☎925 56 82 26; www.turismocastillalamancha.com; Calle Daoíz y Velarde 3; ⌚10-14 e 16-19 mar-sab, 10-14 dom). Ogni giorno partono tre autobus diretti per Madrid (€7,50, 2 h).

BELMONTE

Situata 25 km a nord-est di Mota del Cuervo, Belmonte possiede uno dei **castelli** (interi/bambini €2/gratuito; ⌚10-13.30 e 17-20 mar-dom) castigliani quattrocenteschi meglio conservati. È questo l'aspetto che i castelli *dovrebbero* avere, con torrette, ampi tratti di mura integre e una posizione elevata in grado di dominare il villaggio. Un tempo in questo castello dimorò l'imperatrice francese Eugénie, dopo che suo marito Napoleone III perse il trono di Francia, nel 1871. Merita una visita anche l'**Iglesia Colegial de San Bartolomé** (Colegiata; ⌚11-14 e 16-20 mar-sab, 16-20 dom), una magnifica chiesa in arenaria dorata che custodisce al suo interno una pregevole pala d'altare.

Il **Palacio Buenavista Hospedería** (☎967 18 75 80; www.palaciobuenavista.es; Calle José Antonio González 2; singole/doppie/suite con prima colazione a partire da €47/75/94; P ❄ 📶) è un boutique hotel di gran classe ospitato all'interno di un palazzo del XVII secolo situato accanto alla Colegiata. Le camere, molto eleganti (alcune offrono la vista sul castello), sono disposte intorno a un sontuoso patio centrale sormontato da un lucernaio. Nella struttura si trova anche un eccellente ristorante (*menú* tradizionale €22).

Da Belmonte partono autobus diretti ad Alcázar de San Juan (€2,50, 30 min) e Cuenca (€5,15, 1 h 15 min).

Albacete

POP. 169.700

Questa cittadina di provincia dall'aria alquanto malconcia non è certo tra le attrattive principali di questa zona, ma è un utile snodo dei trasporti e il posto ideale in cui concedersi una pausa durante il viaggio tra le pianure centrali della Spagna e la costa mediterranea.

Se vi trovate a passare da Albacete date un'occhiata alla graziosa **cattedrale**, caratterizzata da quattro colonne ioniche. In un caldo pomeriggio estivo, il verdeggiante **Parque de Abelardo Sánchez** (Calle de Tesifonte Gallego) vi offrirà un po' di sollievo. Si tratta di uno dei molti spazi verdi cittadini, che hanno contribuito a collocarla tra le 10 città meno inquinate d'Europa (tra quelle con una popolazione superiore ai 100.000 abitanti). Il parco ospita il **Museo Provincial** (ingresso €1,20; ⌚10-14 e 16.30-19 lun-sab, 10-14 dom), che vanta esposizioni ben documentate comprendenti reperti archeologici, tra i quali spicca una famosa collezione di bambole snodate fatte di ambra e avorio scoperte nella necropoli romana di Ontur.

Se desiderate pernottare ad Albacete, l'**Hotel Altozano** (☎967 21 04 62; www.hotelaltozano.es; Plaza del Altozano 7; singole/doppie €50/85; P❄📶👪) si trova in ottima posizione su una graziosa piazza principale. Ristrutturato nel 2009, offre camere moderne con TV satellitare. Il parcheggio costa €15; i bambini di età inferiore ai nove anni non pagano.

In città troverete molti ristoranti di buon livello: dirigetevi verso la zona subito a nord del parcheggio principale (che comprende Calle Nueva e Calle Tejaras), dove troverete menu per tutte le tasche. **El Callejón** (Calle de Guzmán El Bueno 18; pasti €20-25) serve piatti tipici della regione della Mancia in un interno ispirato al tema *taurino*.

Il personale dell'**ufficio turistico** (☎967 58 05 22; www.turismocastillalamancha.com; Calle del Tinte 2; ⌚10-14 e 16.30-18.30 lun-sab, 10-15 dom) dovrebbe riuscire a suscitare più entusiasmo per questa città di quanto non ci sentiamo di fare noi.

La stazione degli autobus e quella ferroviaria si trovano l'una accanto all'altra alla periferia nord-orientale di Albacete. Entrambe servono quasi tutte le principali

SULLE ORME DI DON CHISCIOTTE

Una delle attrattive che rendono affascinante un viaggio in Castiglia-La Mancia risiede nella possibilità di andare alla scoperta dei luoghi reali in cui Miguel de Cervantes fece muovere il suo eroe picaresco. Oggi (al contrario di quanto avveniva in un recente passato) non è nemmeno più necessario consultare tante cartine, in quanto per celebrare il quarto centenario di questo romanzo epico nel 2007 è stato creato l'itinerario di Don Chisciotte, un percorso lungo 250 km dotato di indicazioni che segnalano la strada giusta, tra sentieri, vie per la transumanza e percorsi storici che attraversano tutta la regione.

Tra le numerose attrattive che incontrerete lungo questo percorso, le più note sono senza dubbio i *molinos de vientos* (mulini a vento), i 'mostruosi giganti' che ossessionarono Don Chisciotte al punto da convincerlo a combatterli.

Sebbene i più belli siano quelli di Consuegra, nel romanzo di Cervantes sono menzionati specificamente i mulini a vento di **Campo de Criptana** (p120) e di **Mota del Cuervo** (p120). Lungo questo itinerario vi imbatterete anche nel castello di **Belmonte** (p120) e in **El Toboso** (p120), dove il cavaliere vide l'incantevole Dulcinea.

All'inizio del 2010 è stato avviato un ambizioso progetto che ha lo scopo di pubblicare il capolavoro di Cervantes su Twitter. Per trascrivere l'intera opera saranno necessari circa 8200 'tweets' (ciascuno di soli 140 caratteri). Chiamato Twijote, questo progetto senza scopo di lucro si avvale della collaborazione di volontari sparsi in tutto il mondo.

città del paese. I treni diretti a Madrid (€33, 3 h) partono ogni ora.

Dintorni di Albacete

Situata poco fuori del tracciato dell'autostrada N430 diretta a Valencia, una fortezza restaurata domina **Chinchilla de Monte Aragón**, un villaggio di case imbiancate a calce con una bella Plaza Mayor fiancheggiata da bar e ristoranti. Circa 60 km più avanti, un castello eretto dai musulmani con una torretta squadrata si erge sulla cittadina di **Almansa**. Entrambe queste località sono servite da un autobus proveniente da Albacete.

ALCALÁ DEL JÚCAR E DINTORNI

Situata a nord-est di Albacete, la profonda gola piena di alberi scavata dal Río Júcar permette di compiere una deviazione sorprendente. Situata più o meno a metà del percorso seguito dalla CM3201, la splendida cittadina di **Alcalá del Júcar** compare alla vista mentre si scende lungo una strada dalle curve strettissime. Edificato nel XII secolo, il suo **castello** (ingresso €2; ⏲11-14 e 16-20), che domina le case abbarbicate sui ripidi fianchi della gola dello Júcar, costituisce un inconfondibile punto di riferimento. Nella parte bassa della cittadina ci sono un fiume, un ponte di epoca romana e una piazza verdeggiante, luogo di incontro della gente del posto.

Tra i diversi alberghi dalle tariffe accessibili figurano l'**Hotel Pelayo** (☎967 47 30 99; Avenida Constitución 4; singole/doppie con prima colazione €45/55; ❄), dotato di camere spaziose e moderne, e l'**Hostal Rambla** (☎967 47 40 64; Paseo Los Robles 2; singole/doppie con prima colazione €40/50; ❄📶). Entrambi dispongono di ristoranti interni; quello dell'Hostal Rambla (pasti da €15 a €25) è particolarmente consigliabile, specialmente per le carni cotte alla griglia, che vengono servite con peperoni verdi e patate.

La Asomada (☎652 182440; Calle de la Asomada 107; ✎) piacerà senz'altro agli ecologisti. Pilar Escusa, il proprietario di questo ristorante situato in cima al villaggio all'interno di una grotta che un tempo ospitava una bodega, utilizza prodotti biologici e prepara deliziosi piatti stagionali. È indispensabile prenotare.

UNA GROTTA BIZZARRA

Dimenticate le stalagmiti, le incisioni rupestri e gli autobus dei turisti dei viaggi organizzati, in quanto la **Cuevas y Mirador del Diablo** (San Lorenzo 7; ingresso €3; 👪) di Alcalá è una grotta decisamente insolita. Il primo sentore lo si avverte quando si vede il proprietario Juan José Martinez Garcia, dotato di un paio di irresistibili baffi alla Salvador Dalí, che raccoglie i soldi del biglietto di ingresso; in effetti, è proprio cresciuto nella città natale del maestro, Cadaqués.

La vera avventura comincia con una galleria lunga 70 m, che a quanto pare risale all'epoca del dominio musulmano, quando veniva utilizzata come stalla per gli animali. Guardando attraverso la feritoia sulla vostra sinistra vi troverete di fronte una vista sorprendente, un ambiente che sembra evocare una discoteca, con tanto di luci stroboscopiche e musica. Proseguendo raggiungerete un bar (Juan ha 10 figli, quindi il personale non manca). Dopo il drink che vi verrà offerto gratuitamente potrete visitare un museo davvero straordinario, un vero e proprio paradiso dei collezionisti, con macchine fotografiche d'epoca, biglietti della lotteria, attrezzi agricoli, una lepre impagliata (in abiti da cacciatore), registratori di cassa, radio, macchine per cucire, ritagli di giornale e poesie scritte dallo stesso Juan.

Infine, dopo avere affrontato diverse rampe di scale, raggiungerete un favoloso mirador (punto panoramico) situato su un lato della grotta. Più avanti troverete un altro passaggio (170 m) seguito da un secondo bar (gestito da altri figli di Juan) con capre, cinghiali, volpi, tassi e gatti selvatici impagliati in mostra tra antichi strumenti agricoli e pareti tappezzate di fotografie di Juan con la sua famiglia, gli amici e turisti dall'aria piuttosto impacciata. Juan possiede anche un gorilla imbalsamato, attualmente esposto (come se fosse King Kong) nella sua seconda struttura, un **Museo del Cine** (museo del cinema) in rapida espansione, situato sul lato opposto della strada.

Un luogo così eccentrico sembra molto appropriato nel cuore della Mancia: da parte nostra, siamo assolutamente convinti che Cervantes avrebbe approvato.

VALE IL VIAGGIO

LA NASCITA DEL MONDO

Fatevi scattare una fotografia davanti al **Nacimiento del Río Mundo** (Nascita del Fiume Mondo; ⌚10-tramonto; 👪), mandatela a casa e i vostri familiari penseranno che abbiate fatto un salto in giornata alle Cascate del Niagara. Per raggiungere queste sorprendenti cascate, seguite per circa 8 km le indicazioni che iniziano poco prima di Riópar, superate il divertente cartello che dice 'attenti agli *amfibos* (rane)', fino a quando non raggiungerete l'ingresso e il parcheggio. Dopo avere percorso a piedi un breve tratto di foresta costituita soprattutto da conifere, si arriva alla base delle cascate, dove l'acqua manda abbondanti spruzzi e quindi scola via attraverso numerosi stagni rocciosi. Nei dintorni ci sono anche due punti panoramici, il primo dei quali è situato alla base delle cascate e consente di ammirare scorci (che vi faranno venire il torcicollo) della spettacolare cascata sovrastante. La salita fino al secondo mirador è faticosa, ma ne vale davvero la pena. A circa 800 m sul livello del mare, l'acqua fuoriesce dalle rocce situate sopra la piattaforma, talmente vicino che potrete quasi toccarla, per poi fare uno spettacolare salto di circa 24 m (che vi coprirà di spruzzi). Queste cascate sono circondate da una fitta boscaglia che si estende su un orizzonte roccioso: tutti gli scettici che dicono che la Mancia è piatta e noiosa dovrebbero visitare questa zona.

Il piccolo **ufficio turistico** (☎967 47 30 90; www.turismocastillalamancha.com; La Rambla; ⌚10.30-14.30 e 16-19 ven e sab, 10.30-14.30 dom) fornisce numerose informazioni sulle *casas rurales*, sulle sistemazioni in grotta e sulle attività che si possono praticare in questa zona; distribuisce anche alcune cartine che indicano una serie di itinerari escursionistici che si snodano nei dintorni.

Se desiderate ritornare ad Albacete percorrendo una strada alternativa, vi consigliamo di percorrere la stradina secondaria che si inoltra nella gola, dove potrete vedere alcune case scavate nella parete del dirupo. I villaggi più pittoreschi si trovano all'estremità occidentale, dove la gola diventa più stretta. Nel minuscolo **Cubas** c'è una chiesa molto suggestiva con piastrelle di ceramica e una cupola, scavata anch'essa nella parete della gola, mentre **Alcozarejos** è un villaggio noto soprattutto per la pesca alla trota.

SIERRA DE ALCARAZ

Distese lungo la fascia meridionale della provincia di Albacete, le fresche e verdeggianti cime della Sierra de Alcaraz, collegate tra loro da piccoli appezzamenti di terreno coltivati intensivamente e punteggiate da villaggi, costituiscono un'eccellente 'via di fuga' dalle polverose pianure che si estendono nei dintorni di Albacete. Pastori a dorso di mulo sorvegliano le loro piccole greggi di pecore che pascolano negli angoli più remoti della sierra.

La campagna più bella si trova lungo il tracciato della CM412, e in particolare tra **Puerto de las Crucetas** (1300 m) e **Elche de la Sierra**, ma vale pena di dare un'occhiata anche alla graziosa **Vianos**. La scelta più ampia di strutture ricettive si trova a **Riópar**, una cittadina immersa nel verde che vanta l'eccellente **Camping Río Mundo** (www.campingriomundo.com; piazzole per persona/tenda/automobile €5,50/6,85/6,85; 🏊), dove potrete ritirare un opuscolo che illustra numerosi itinerari percorribili sia a piedi sia in bicicletta. Il campeggio si trova 6 km a est della cittadina.

In ogni caso, la località più graziosa dei dintorni è **Alcaraz**, un sonnolento villaggio situato sulla cima di una collina, che vanta una suggestiva Plaza Mayor e un reticolo di strette stradine acciottolate. Nel punto più elevato di questo villaggio, dal quale è possibile ammirare panorami incantevoli, sorge il moderno complesso di **Los Rosales** (☎967 38 01 28; www.losrosalesalcaraz.com; Calle Granada; camere €48; 🅿), che dispone di camere ben tenute e arredate in modo molto confortevole. Poco più in basso, sul fianco della collina si trova un magnifico edificio prevalentemente del XVI secolo che ospita il **Mirador Sierra de Alcaraz** (☎967 38 00 17; www.alcarazmirador.com; Calle Padre Pareja; doppie/suite €65/69; ❄), il cui cortile centrale in stile moresco risale addirittura al IX secolo. Le camere dispongono di soffitti con travi a vista, testiere dei letti in legno, pesanti tende e mobili d'epoca. La sontuosa suite ha un ottimo rapporto qualità-prezzo.

CASTIGLIA-LA MANCIA NORD-ORIENTALE

Questa regione è caratterizzata da un entroterra ricco di montagne scoscese e di rigogliose vallate punteggiate da graziosi villaggi rimasti praticamente intatti nel tempo. In questa zona si trovano anche alcune delle cittadine e dei *pueblos* più affascinanti di tutto il paese.

Cuenca

POP. 53.000

Inserita dall'UNESCO nella lista dei siti Patrimonio dell'Umanità, Cuenca è una delle più incantevoli città spagnole; il suo centro storico costituisce una sorta di palcoscenico composto da suggestivi edifici medievali. I più significativi sono le *casas colgadas*, ovvero le case pensili arroccate sulle profonde gole che circondano la città. Come in molte altre località spagnole, la città nuova circostante presenta un aspetto moderno non particolarmente attraente, ma sulla collina è tutto un altro mondo.

Che cosa vedere e fare

Cuenca ha una struttura compatta che la rende facilmente visitabile a piedi. Nella città vecchia, situata sulla stretta collina che si erge alla periferia nord-orientale della città tra gole scavate dal Río Júcar e dal Río Huécar, si trovano tutte le attrattive turistiche di maggior interesse. Ai piedi della collina su cui è situata la città vecchia sorge la parte nuova di Cuenca, che si estende verso sud.

TOP Museo de Arte Abstracto Español MUSEO DI ARTE ASTRATTA
(www.march.es; interi/bambini €3/gratuito; 11-14 e 16-18 mar-ven, 11-14 e 16-20 sab, 11-14.30 dom) Anche se una passeggiata nel centro storico di Cuenca può dare l'impressione di essere piombati nel bel mezzo di un museo medievale, questa cittadina offre molto di più della sola storia antica. Questo splendido museo di arte contemporanea è uno dei molti spazi espositivi dedicati all'arte e alla scultura moderna. Ospitato all'interno di una delle *casas colgadas*, è anche il più famoso. Costruito da Fernando Zóbel per raccogliere le opere degli artisti che, come lui, facevano parte della cosiddetta 'generazione astratta' (anni '50 e '60), questo museo in continua evoluzione organizza regolarmente esposizioni temporanee dedicate alle opere di Chillida, Tápies e Millares. Non mancate di ammirare gli straordinari paesaggi di Eusebio Sempere (1924-85), che riescono a catturare con incredibile immediatezza le colorate pianure a motivi geometrici della Mancia.

Casas Colgadas CASE PENSILI
L'elemento più appariscente della Cuenca medievale è senz'altro costituito dalle *casas colgadas*, edifici suggestivi che si protendono in precario equilibrio sulla stretta gola scavata dal Río Huécar. Costruite nel XVI secolo, queste case dotate di balconi in legno disposti su più livelli sembrano emergere dalla roccia come un'estensione dei dirupi. Le più belle tra quelle restaurate ospitano oggi un ristorante esclusivo e il museo di arte astratta, che sfruttano entrambi in maniera egregia quelli che un tempo erano angusti spazi abitabili. Se desiderate ammirare gli scorci più suggestivi sulle *casas colgadas*, attraversate il pedonale **Puente de San Pablo**, oppure raggiungete a piedi l'estremità settentrionale della città vecchia, dove si trova un **mirador**.

FREE Fundación Antonio Pérez MUSEO DI ARTE CONTEMPORANEA
(www.dipucuenca.es; Ronda de Julián Romero 20; 11-21 lun-dom) Dispone di gallerie distribuite su quattro piani all'interno di quello che un tempo era il convento di San Clemente. Nella sua collezione di dipinti e di sculture astratte spiccano opere di artisti spagnoli e stranieri.

Museo de Cuenca MUSEO
(Calle del Obispo Valero 6; interi/bambini €1,20/gratuito; 10-14 e 16-19 mar-sab, 11-14 dom) Possiede una collezione straordinariamente ben allestita e documentata (in spagnolo) che parte da una serie di reperti risalenti all'Età del Bronzo per arrivare a oggetti del XVIII secolo. La sala 7 è particolarmente suggestiva grazie alla presenza di diverse statue di epoca romana (tra cui quella dell'Imperatore Augusto), colonne e frontoni scoperti nella vicina Segóbriga (p131).

FREE Espacio Torner GALLERIA D'ARTE
(Iglesia San Pablo, Calle de Hoz de Huécar; 11-14 e 16-18 mar-sab, 11-14.30 dom) Un altro spazio espositivo i cui interni sembrano avere 500 anni di meno rispetto alla struttura esterna. Situato accanto al *parador*, ha in mostra dipinti e sculture astratte di Gustavo Torner, uno dei tanti artisti astratti che negli anni '60 decisero di stabilirsi a Cuenca. Gli

Cuenca

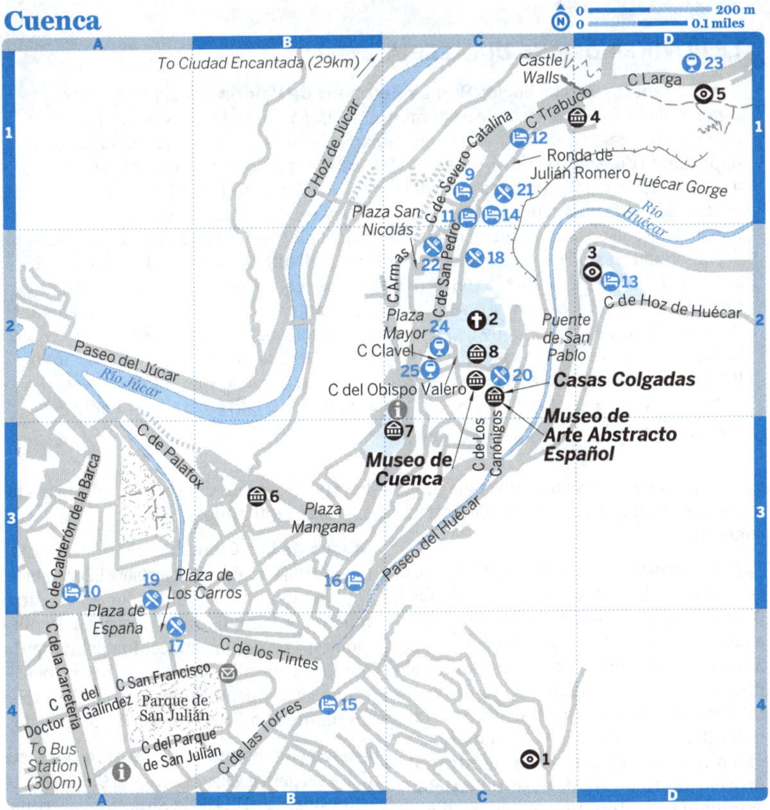

Cuenca

Da non perdere

Casas Colgadas C2
Museo de Arte Abstracto Español C2
Museo de Cuenca C2

Che cosa vedere

1 Ars Natura C4
2 Catedral C2
3 Espacio Torner D2
4 Fundación Antonio Pérez D1
5 Mirador D1
6 Museo de la Semana Santa B3
7 Museo de Las Ciencias C3
8 Museo Diocesano C2

Pernottamento

9 Hospedería de Cuenca C1
10 Hostal Cánovas A3
11 Hostal San Pedro C1
12 Leonor de Aquitania Hotel C1
13 Parador D2
14 Posada de San José C1
15 Posada de San Julián B4
16 Posada Huécar B3

Pasti

17 American Piccolo A4
Comedor Posada de San José .... (v. 14)
18 El Ajibe C2
19 La Bodeguilla de Basilio A3
Manolo de la Osa .... (v. 1)
20 Mesón Casas Colgadas C2
21 Restaurante Figón del Huécar C1
22 Restaurante San Nicolás C2

Locali

23 Bar Café del Castillo D1
24 Bar La Tinaja C2
25 Lolita Lounge Bar C2

VALE IL VIAGGIO

LE ROVINE ROMANE DI VALERIA

L'affascinante sito archeologico **Ruinas Romanas de Valeria** (www.granvaleria.com; ingresso libero; ⌚8-15 lun-sab; 👪) è situato subito fuori del villaggio di Valeria, 34 km a sud di Cuenca. Sconosciuto alla maggior parte dei turisti, questo sito offre la rara opportunità di visitare i resti di una città romana di ragguardevoli dimensioni senza essere disturbati dalle scolaresche o dai turisti dei viaggi organizzati. Il sito si trova in una splendida posizione, tra prati coperti di fiori selvatici e gole spettacolari. Sul fianco della collina ci sono anche i ruderi di un castello medievale, al di sotto del quale di estendono i resti di un foro (il meglio conservato di tutta la Spagna) risalente all'82 a.C. e di una basilica, quattro cisterne (utilizzate per conservare l'acqua), strade urbane e i resti ben conservati di un'ampia e stravagante fontana con 12 cannelle, lunga più di 80 m. Da segnalare infine una originale *casa colgada*, in cui risulta evidente che il piano superiore venne costruito per aderire perfettamente al fianco della roccia, mentre più in basso sono visibili i piani inferiori. Lo spettacolo delle gole che circondano il sito è assolutamente magnifico, ed è molto probabile che ben poco sia cambiato negli ultimi 2000 anni.

alti soffitti a volta, insieme agli spazi molto ampi, creano un effetto di grande potenza suggestiva.

Ars Natura EDUCAZIONE ECOLOGICA
(www.centroarsnatura.es; Calle Río Gritos 5, Cerro Molina; interi/bambini €3/gratuito; ⌚10-14 e 16-19 mar-dom; 👪) Inaugurato nel maggio 2010, questo straordinario centro didattico dispone di diverse sale che ospitano mostre interattive dedicate ai temi più svariati: dalla flora e fauna locali a dimostrazioni video sull'arte di intrecciare cesti. L'approccio pratico alle diverse tematiche – cambiamento climatico, geologia locale, studi sull'impatto ambientale e tutto ciò che riguarda la sostenibilità – fa di questo museo il luogo ideale in cui condurre bambini e studenti. Al momento le informazioni sono solamente in spagnolo, ma presto dovrebbe essere disponibile anche una traduzione in inglese.

Museo de la Semana Santa MUSEO DELLA PASQUA
(Calle Andrés de Cabrera; interi/bambini €3/gratuito; ⌚11-14 e 16.30-19.30 mer-sab; 👪) Questo museo è la seconda cosa migliore che possiate fare per apprezzare al meglio la Semana Santa, a parte il viverla in prima persona. Su due piani sono distribuite installazioni audiovisive che consentono di vedere le processioni delle confraternite locali, con il sottofondo di una musica adeguatamente austera. Tra le attrattive più interessanti figurano la collezione di costumi e un documentario della durata di 20 minuti (in spagnolo), nel quale gli abitanti di Cuenca spiegano le ragioni della loro passione per questo rito religioso che si svolge ogni anno.

Museo de Las Ciencias MUSEO DELLE SCIENZE
(Plaza de la Merced; interi/bambini €1,20/gratuito; ⌚10-14 e 16-19 mar-sab, 10-14 dom; 👪) Un altro museo per famiglie, la cui eterogenea collezione spazia da una 'macchina del tempo' a numerose installazioni interattive che piaceranno sicuramente ai più piccoli. C'è anche un **planetario** (interi/bambini €1,20/gratuito).

Museo Diocesano MUSEO DI ARTE SACRA
(Calle del Obispo Valero 3; ingresso €1,80; ⌚11-14 e 16-18 mar-sab, 11-14 dom) Situato opportunamente vicino alla cattedrale, ospita al suo interno una collezione di arazzi riccamente ricamati, sculture, tappeti e dipinti, tra i quali spiccano due tele di El Greco. Il pezzo più prezioso di questo museo è un dittico bizantino del XIV secolo. Resta un mistero come abbia fatto un pezzo del genere a finire a Cuenca.

Catedral CATTEDRALE
(interi/bambini €2,50/gratuito, audioguida €0,50; ⌚9-14 e 16-19) La facciata principale della cattedrale di Cuenca non può essere sicuramente considerata la più bella di tutta la Spagna, trattandosi di uno sgraziato pastiche di gotico cinquecentesco e di restauro novecentesco. Costruita nel luogo in cui precedentemente sorgeva una moschea, vanta comunque splendide vetrate istoriate, risultato di un concorso tra artisti locali tenutosi nel 1990. I motivi astratti si fondono in maniera molto armoniosa con l'architettura gotica e con le alte volte a ventaglio.

Feste e manifestazioni

Semana Santa SETTIMANA SANTA
Le celebrazioni della Semana Santa di Cuenca godono di una grandissima fama in tutta la Spagna, in particolare per le solenni processioni che attraversano silenziosamente le strade della città vecchia.

Semana de Música Religiosa de Cuenca MUSICA SACRA
Molto rinomata a livello internazionale è anche questa rassegna dedicata alla musica sacra, in programma di solito nel mese di marzo o di aprile, che attira artisti e spettatori da ogni parte del mondo.

Pernottamento

A parte il possibile svantaggio di dover trascinare pesanti bagagli sulla collina, la suggestiva città vecchia rappresenta senza dubbio il posto migliore di Cuenca. Molte delle sistemazioni offrono vedute incantevoli, pertanto vi consigliamo di chiedere sempre che vi venga assegnata una camera con *una vista*. Detto questo, anche nella parte nuova della città non mancano strutture ricettive di buon livello.

TOP **Posada de San José** HOTEL STORICO €€
(969 21 13 00; www.posadasanjose.com; Ronda de Julián Romero 4; singole/doppie senza bagno €30/43, doppie con/senza vista €94/82) Di proprietà di Antonio e della sua moglie canadese Jennifer, questa struttura ricettiva ospitata in un edificio del XVII secolo un tempo adibito a scuola per coristi conserva uno straordinario fascino monastico, esaltato dal labirinto di camere, dal portale cadente, dai pavimenti irregolari e dalle piastrelle originali. Le camere più economiche sono state ricavate nelle celle dei monaci, mentre le doppie, più costose, uniscono al comfort casalingo il fascino sontuoso di un mondo che non c'è più. Molte camere sono dotate di un balcone dal quale si piò ammirare una veduta mozzafiato sulla gola. Vi raccomandiamo il ristorante; i proprietari affittano anche diversi **appartamenti** indipendenti, arredati con gusto e perfettamente accessoriati (app. €160-180).

Hostal San Pedro HOTEL ECONOMICO €
(969 23 45 43, 628 407601; www.hostalsanpedro.es; Calle de San Pedro 34; singole/doppie €35/60) Questo *hostal*, situato in posizione eccellente, offre camere a tariffe ottime tinteggiate in un delicato color crema, arredate con rustici mobili di legno e letti con testiere in ferro battuto; i bagni sono moderni e pulitissimi. I proprietari vivono da un'altra parte, pertanto vi consigliamo di telefonare in anticipo.

Hotel Cueva del Fraile BOUTIQUE HOTEL €€
(969 21 15 71; www.hotelcuevadelfraile.com; Hoz del Huécar; singole/doppie €88/118; P) Questo ex convento del XVI secolo situato a 5 km da Cuenca è stato recentemente convertito in un albergo elegante e molto accogliente, dotato di camere tinteggiate in colori caldi e di eccellenti servizi, tra cui campi da tennis, un minigolf e mountain bike a noleggio.

Posada Huécar ALBERGHETTO €
(969 21 42 01; www.posadahuecar.com; Paseo del Huécar 3; singole/doppie €35/48; P @) Qui potrete immergervi nel lusso senza spendere troppo. Situata esattamente tra il centro storico e la città nuova, questa allegra struttura dispone di camere spaziose con piastrelle di terracotta, mobili rustici e incantevoli panorami sul fiume. Gli ospiti possono noleggiare biciclette (€4 per due ore). I giovani proprietari gestiscono anche una scuola di spagnolo molto frequentata, e di conseguenza l'albergo ospita spesso gruppi di studenti stranieri. Il parcheggio costa €9.

Hospedería de Cuenca BOUTIQUE HOTEL €€
(969 23 91 17; Calle de San Pedro 27; doppie/suite con prima colazione €95/125) Ubicata in una residenza storica un tempo abitata da una famiglia aristocratica, l'Hospederia de Cuenca è stata ristrutturata dal punto di vista estetico utilizzando un sontuoso schema cromatico, con scuri borgogna e blu pavone che creano lo sfondo ideale a un arredamento tradizionale, che comprende letti a baldacchino, acqueforti originali e soffitti con travi a vista. I fiori freschi in ogni camera aggiungono un tocco gradevole.

Parador PARADOR €€€
(969 23 23 20; www.parador.es; Calle de Hoz de Huécar; doppie €143; P) Questo maestoso ex convento consente di ammirare splendidi scorci sulle *casas colgadas*. Le camere, rinnovate dal punto di vista estetico, sono pervase da un'atmosfera lussuosa, mentre le zone comuni hanno un inebriante sapore storico, esaltato da arazzi di grandi dimensioni e pezzi di antiquariato.

Posada de San Julián HOTEL ECONOMICO €
(969 21 17 04; Calle de las Torres 1; singole/doppie €20/36) Scendendo la collina su

cui si trova il centro storico incontrerete questo splendido edificio del XVI secolo dotato di soffitti alti, colonne originali, scale scricchiolanti e camere ricche di atmosfera con grosse travi a vista, alcune delle quali con balcone. In questa struttura a gestione familiare il nonno pela patate tutto il giorno per l'animato ristorante situato al piano terra (*menú* €10).

Leonor de Aquitania Hotel HOTEL STORICO €€

(☎969 23 10 00; www.hotelleonordeaquitania.com; Calle de San Pedro 60; singole/doppie con prima colazione €85/108; ❄) Ospitato all'interno di un edificio del XVIII secolo, non dimostra i suoi anni e dispone di un ristorante interno davvero eccellente.

Hostal Cánovas HOTEL ECONOMICO €

(☎969 21 39 73; www.hostalcanovas.net; Calle Fray Luis de León 38; singole/doppie €45/60; ❄) Questo *hostal* allegro e accogliente nella città nuova dispone di camere spaziose tinteggiate in colori caldi.

Pasti

Potrete accomodarvi in uno dei bar di Plaza Mayor (nel centro storico) o di Plaza de España (nella zona nuova della città) per un drink e un giro di ottime tapas prima di cena. Troverete una buona scelta di ristoranti sia nelle vicinanze di Plaza Mayor sia nei dintorni di Plaza de España, con la differenza che nel quartiere storico i prezzi sono più elevati.

TOP **La Bodeguilla de Basilio** TAPAS BAR €

(Calle Fray Luis de León 3; raciones €10-13; ⏲pranzo e cena lun-sab, pranzo dom) Se desiderate cenare qui cercate di arrivare con un buon appetito, dal momento che ordinando da bere vi troverete di fronte un bel vassoio di tapas e non solo qualche assaggino di formaggio. Tra le specialità tipiche offerte dalla casa figurano una combinazione di uova di quaglia, prosciutto, patatine fritte, cuori di lattuga e zucchine. Come si può facilmente immaginare questo locale si riempie in fretta, per cui vi consigliamo di recarvi nel ristorante sul retro, dove potrete assaporare gli stessi piatti in porzioni più abbondanti (che però dovrete pagare). Se vi siete stufati di chiacchierare potrete sempre ammirare le pareti ricoperte da un'affascinante accozzaglia di cianfrusaglie, dalle fotografie d'epoca di Cuenca ad attrezzi agricoli.

TOP **Manolo de la Osa** RAFFINATO TRADIZIONALE €€

(☎969 21 95 12; Calle Río Gritos 5, Cerro Molina; pasti €40-50) Sulla scia del successo del suo ristorante più importante, Las Rejas (che si trova nella vicina Las Pedroñeras), il famoso chef Manuel de la Osa ha aperto questo eccellente ristorante all'interno di Ars Natura. Osa crea piatti unici, come l'insalata di pernice con fagioli di Lima e funghi geloni, utilizzando ingredienti locali tradizionali. L'arredo è opportunamente elegante. È indispensabile prenotare.

Comedor Posada de San José SPAGNOLO INTERNAZIONALE €

(Ronda de Julián Romero 4; pasti €12; ⏲19-22 mar-dom) Il proprietario canadese di questa posada ci ha fornito ragionevoli garanzie che i viaggiatori stranieri potranno consumare i pasti agli orari a cui sono abituati. Le proposte gastronomiche sono semplici e gustose, e spaziano dall'affidabile classico delle uova con patatine fritte (fatte in casa) al *solomillo de cerdo a la sidra* (lombata di maiale al sidro). Tra i dolci figurano le fragole con la panna.

Mesón Casas Colgadas RAFFINATO TRADIZIONALE €€

(☎969 22 35 52; Calle de Los Canónigos 3; pasti €25-35, menú €27) In questo locale, ospitato all'interno di una delle caratteristiche *casas colgadas*, l'orgoglio e la gioia culinaria di Cuenca (comprendenti alcune portate irresistibili come lo stufato di cervo) coesistono con una posizione veramente splendida. Si consiglia di prenotare.

American Piccolo INTERNAZIONALE €

(Plaza de Los Carros 4; pasti €15; ⏲gio-mar; 👪) Vi siete stancati di mangiare soltanto piatti a base di carne? Questo ristorante indipendente è sempre affollato di giovani coppie che desiderano cenare fuori senza spendere troppo e apprezzano il suo invitante menu che offre specialità delle cucine tex-mex, italiana e argentina. La cucina è accettabile, anche se non eccezionale, e vanta oltre 125 piatti e un'ardita lista dei vini comprendente numerose bottiglie di importazione.

Restaurante Figón del Huécar RAFFINATO TRADIZIONALE €€

(☎969 24 00 62; Ronda de Julián Romero 6; pasti €30-35) Questo ristorante molto elegante è specializzato in piatti della cucina castigliana, oltre che in piatti più insoliti, come il merluzzo con patate in salsa di mango. Si consiglia la prenotazione.

L'ORO IN UN PIATTO

Lo zafferano è considerato una delle spezie più sensuali del mondo, e il colore intenso, l'aroma e la delicatezza che lo caratterizzano sono accentuati da una profusione di sfumature. È anche tra le spezie più costose, un fatto assai poco sorprendente, se si pensa che per produrre un solo chilo di zafferano sono necessari circa 160.000 fiori.

La Spagna è il paese leader nel mercato europeo dello zafferano, e la Mancia è la regione in cui fin dai tempi dell'occupazione araba vengono coltivati i fiori, soprattutto nei dintorni di Cuenca e di Albacete. Se visitate questa regione nel mese di ottobre, i campi circostanti vi appariranno come un sontuoso manto di fiori viola.

Lo zafferano viene impiegato nelle cucine di tutto il mondo. Tra i piatti tipici realizzati con questo ingrediente figurano il risotto alla milanese per l'Italia; la bouillabaisse (zuppa di pesce) per la Francia; la saffron cake ('torta allo zafferano') per l'Inghilterra; e le *lusserkatter* (dolcetti allo zafferano) per la Svezia. Per quanto riguarda la Spagna, lo zafferano viene utilizzato in molte specialità, la più famosa delle quali è la tradizionalissima paella.

El Ajibe RAFFINATO TRADIZIONALE €€
(☎969 24 00 62; Calle de San Pedro 12; pasti €25-30) Ristorante elegante che serve specialità classiche e tradizionali, come il cosciotto di agnello arrosto con crema alla senape. Prenotate in anticipo.

Restaurante San Nicolás CASTIGLIANO-MANCHEGO €€
(☎969 24 05 19; Calle de San Pedro 15; menú €16, pasti €25-35) Un altro ottimo ristorante per chi desidera gustare specialità culinarie castigliane e della Mancia, con una particolare attenzione per i piatti a base di *bacalao* (baccalà) e cacciagione. Si consiglia la prenotazione.

Locali

Se desiderate concedervi una serata vivace a base di numerose *copas* vi consigliamo di unirvi ai giovani di età inferiore ai 25 anni che si riuniscono abitualmente in Calle de Severo Catalina (città vecchia) o in Plaza de España (città nuova). Se preferite qualcosa di più sofisticato dirigetevi invece verso Plaza Mayor.

Lolita Lounge Bar BAR ALLA MODA
(Calle Clavel 7; ⏲18-4 gio e ven, 12-4 sab e dom) Nuovo ed elegante bar arredato con una profusione di acciaio, ardesia grigia e nero scolpito (il soffitto). Cocktail, birre di importazione e un'ottima musica attraggono una clientela raffinata ed elegante.

Bar La Tinaja TAPAS BAR
(Calle del Obispo Valero 4) Situato in posizione eccezionale accanto alla cattedrale, questo locale è sempre strapieno di abitanti del posto dall'aria un po' burbera, che lo frequentano regolarmente per assaporare le delizionse tapas che vengono offerte gratuitamente con ogni bevanda. Serve anche buoni piatti di pasta (€5,50).

Bar Café del Castillo CAFFÈ
(Calle Larga 13; ⏲chiuso dom) Situato in posizione molto comoda e dotato di una grande terrazza, questo animato locale è il posto ideale per gustare a tarda ora un caffè, disponibile in una decina di varietà diverse.

Divertimenti

Se state cercando di migliorare la vostra tecnica di ballo, dirigetevi verso i disco-pub situati lungo **Calle del Doctor Galíndez**, vicino a Plaza de España. Non esistono molte differenze tra loro, ma non pensate neanche di andarci prima di mezzanotte. Chi ama uscire presto può recarsi nella vicina **Calle San Francisco**, dove nei fine settimana a partire dalle 21 circa regna un'atmosfera festaiola prediscoteca.

Informazioni

La Repro 11 (Calle Fray Luis de León 16; accesso a internet €1,20 l'ora; ⏲10-14 e 17-20 lun-sab)

Ufficio turistico principale (www.aytocuenca.org, in spagnolo; Plaza Mayor; ⏲9-21 lun-sab, 9-14.30 dom) Distribuisce un pratico opuscolo gratuito: *7 Paseos por Cuenca* (sette itinerari a piedi per ammirare tutte le attrattive della città).

Ufficio turistico (Plaza Hispanidad; ⏲10-14 e 17-20 lun-gio, 10-20 ven-dom) Un ufficio un po' più piccolo nella città nuova.

Per/da Cuenca

La stazione ferroviaria e quella degli autobus si trovano più o meno l'una di fronte all'altra a sud-ovest di Calle de Fermin Caballero.

AUTOBUS Ogni giorno partono fino a sette autobus per Madrid (€13,48, 2 h) e diversi autobus regolari per Toledo (€11,40, 2 h 15 min).

TRENO Ogni giorno partono sei treni (quattro nei fine settimana) per la stazione Atocha di Madrid (€11,75, 2 h 30 min) e quattro per Valencia (€12,95, 3 h 15 min).

Trasporti locali

Gli autobus locali n. 1 e n. 2 fanno la spola tra la città nuova e Plaza Mayor (€0,70, ogni 30 min) effettuando numerose fermate, tra cui una fuori dalla stazione ferroviaria. Il parcheggio sotterraneo più vicino alla città nuova e al centro storico si trova in Paseo del Huécar.

Dintorni di Cuenca

SERRANÍA DE CUENCA

Situata a nord e a est di Cuenca, la Serranía de Cuenca è un territorio fertile e ammantato di boschi, con montagne scoscese e ampi campi verdeggianti. Il Río Júcar e il Río Huécar, provenienti dalle alture dell'entroterra, scorrono attraverso Cuenca e proseguono il loro corso tra paesaggi che meritano di essere esplorati da chi dispone di un'automobile.

Se siete diretti a Guadalajara, potete prendere la graziosa CM210, una strada secondaria che attraversa **Priego**, un'incantevole cittadina di epoca romana situata in una vallata che offre alcune interessanti attrattive, tra cui diverse chiese medievali, archi romani e torri moresche. Seguendo le indicazioni proseguite fino al **Monasterio San Miguel de las Victorias**, costruito per commemorare la battaglia navale di Lepanto (1571) e attualmente oggetto di ampi lavori di restauro. Potrete visitare la graziosa cappella che custodisce suggestivi affreschi originali. Se ciò non fosse sufficiente a emozionarvi, sicuramente non resterete indifferenti di fronte alla veduta mozzafiato del canyon.

Da Cuenca, percorrendo la CM2105 per circa 30 km potrete arrivare anche fino alla straordinaria **Ciudad Encantada** (Città Incantata; interi/bambini €3/gratuito; ⏲10-tramonto; 👪). Le rocce calcaree circondate da pinete sono state soggette a fenomeni di erosione naturale, che hanno conferito loro forme estremamente fantasiose. Il percorso ad anello all'ombra, percorribile in 40 minuti, consente di raggiungere il 'museo di roccia' all'aperto ed è il posto ideale per concedersi una pausa nel corso del viaggio. Durante i fine settimana questo posto è sempre affollato di *madrileños*, e ci sono diversi locali e ristoranti (dai prezzi decisamente alti).

La CM2105 prosegue in direzione nord attraversando il pittoresco villaggio di **Uña**, le limpide acque dell'**Embalse de el Tobar** e passando accanto alla **Reserva Natural de El Hosquillo**, un parco naturale protetto in cui gli orsi bruni vivono in piena libertà fin dall'inizio degli anni '70, periodo in cui avvenne la loro reintroduzione. Proseguite fino al **Nacimiento del Río Cuervo** (17 km), la sorgente del Río Cuervo, dove troverete un paio di belle cascate. Partendo da questa zona, potreste fare un giro in direzione di **Beteta** (29 km) e Hoz de Beteta, la gola omonima, circondata da maestosi dirupi e crinali. Circa 8 km prima di Beteta, cercate sulla destra il bivio per la **Fuente de los Tilos**. Qui si trova un bel *paseo botánico* (sentiero botanico; due ore e 40 minuti), un percorso ad anello di 2 km che si snoda sopra il Rio Guadiela.

Beteta vanta un'incantevole Plaza Mayor abbellita da porticati ed edifici metà in legno e metà in muratura. Nella cittadina si trovano un paio di *casas rurales*; in alternativa, rivolgetevi al confortevole **Hotel Caserío de Vadillos** (☎969 31 32 39; www.caseriovadillos.com; Puente de Vadillos; singole/doppie €45/55), nella vicina Puente de Vadillos, circondato da giardini lussureggianti. Tre chilometri dopo Beteta incontrerete la **Laguna de El Tobar**, un grazioso laghetto delimitato da un sentiero e situato subito dopo il piccolo

LA STRADA DEL VIMINI

Se state viaggiando lungo le strade che si snodano nella regione della Serranía de Cuenca, non mancate di dare un'occhiata alle cataste piramidali di canne marroni e rossastre che si innalzano per circa 3 m nei campi circostanti. Otto cittadine della Serranía, tra cui Priego e Beteta, si trovano lungo il percorso della **Ruta del Mimbre** (strada del vimini), così chiamata in quanto questa è la più importante zona del paese per la produzione di canne di salice, impiegate in tutta la Spagna per la realizzazione di ceste e di altri oggetti in vimini.

villaggio omonimo. Potrete fare ritorno a Cuenca lungo la CM210, una tranquilla strada rurale che attraversa una serie di villaggi tradizionali.

ALARCÓN

Circa 100 km a sud di Cuenca sorge l'affascinante villaggio medievale di Alarcón. Per entrare nel villaggio dovrete percorrere una stretta via che serpeggia attraverso tre archi difensivi medievali.

Alarcón è famoso per il **castello** islamico a pianta triangolare, che oggi ospita un sontuoso **parador** (☎969 33 03 15; www.parador.es; doppie €222; P ❄ 📶), dal fascino antico, dotato di camere estremamente confortevoli dalle pareti con pietre e mattoni a vista e tessuti e mobili di grande bellezza. Un'alternativa è offerta dalla **Meson Don Julián** (☎969 33 03 00; Plaza Autonomo 1, singole/doppie €40/50), situata sull'altro lato della strada, che offre graziose camere rustiche con frigobar e balcone; i minuscoli bagni sono attrezzati con sofisticate docce a getto. Il miglior ristorante del villaggio è **La Cabaña de Alarcón** (Álvaro de Lara 21; pasti €20; pranzo e cena lun-sab, pranzo dom; 🚭), caratterizzato da ampie vetrate, pareti tinteggiate di rosa scuro e opere di arte contemporanea; serve piatti locali preparati con cura.

All'**ufficio turistico** (☎969 33 03 01; Calle Posadas 6; 🕙10-14 e 17-19 mer-sab, 10-14 dom) troverete una cartina che riporta i sentieri escursionistici che si snodano nei dintorni del villaggio e oltre. Se l'ufficio turistico fosse chiuso, 150 m più a sud ci sono alcuni tabelloni sui quali sono indicati i percorsi escursionistici.

SEGÓBRIGA

Queste **rovine** (www.segobrigaconsocio.ua.es; interi/bambini €4/gratuito; 🕙9-21 mar-dom) potrebbero risalire al V secolo a.C. Le strutture meglio conservate di questo sito sono un **teatro romano** e un **anfiteatro** situati ai margini della città antica, che si affacciano sulla vallata. Tra gli altri ruderi figurano la facciata di una basilica visigota e un tratto dell'acquedotto, che contribuiva a mantenere la città verdeggiante in quello che, per il resto, è praticamente un deserto. Il prezzo del biglietto comprende l'ingresso a un piccolo museo che ospita alcuni reperti interessanti, tra cui una piccola Venere in osso di pregevole fattura e alcune sculture a grandezza naturale risalenti a un periodo compreso tra il I e il III secolo d.C.

Il sito di Segóbrica si trova nei pressi di Saelices, 2 km a sud dell'autostrada A3 che collega Madrid ad Albacete. Per raggiungerlo da Cuenca, percorrete la N400 in direzione ovest per 55 km e poi svoltare a sud lungo la CM202.

Guadalajara

POP. 69.600

Nonostante il suo nome romantico, Guadalajara è una città moderna e alquanto trascurata, di interesse più storico che estetico.

Nel periodo d'oro del dominio musulmano, Guadalajara (che trae il suo nome dall'arabo *wad al-hijaara*, che significa 'fiume di pietra') era il centro principale di un vasto territorio della Spagna settentrionale assoggettato dagli arabi, mentre Madrid era poco più di un semplice avamposto militare. Nel 1085 Alfonso VI riuscì finalmente a impadronirsi di Guadalajara, mentre la Reconquista procedeva lentamente verso sud. Durante la guerra di successione spagnola (1702-13), l'occupazione napoleonica e la guerra civile la città venne saccheggiata più volte.

Tra le scarse testimonianze dei giorni gloriosi di Guadalajara vale la pena di visitare il **Palacio de los Duques del Infantado** (interi/bambini €2/gratuito; 🕙10-14 e 16-19 mar-sab, 10-14 dom), ampiamente restaurato, dove la famiglia Mendoza teneva la corte. La sua notevole facciata rappresenta un capolavoro dell'arte gotica mudéjar, e il cortile riccamente decorato è davvero incantevole.

Guadalajara è comodamente raggiungibile con un'escursione in giornata da Madrid, tuttavia, se non doveste riuscire a fare ritorno nella capitale, potete rivolgervi all'**Hotel Pax** (☎949 24 80 60; www.hotusa.com; Avenida de Venezuela 15; singole/doppie €55/60; P ❄ 🏊), un albergo molto elegante dotato di camere confortevoli tinteggiate in colori pastello.

L'**ufficio turistico** (☎949 21 16 26; Plaza de los Caídos 6; 🕙10-14 e 16-19.30 lun-sab, 10-14 dom) si trova di fronte al *palacio*.

La **stazione degli autobus** (Calle del Dos de Mayo) è situata a breve distanza dal *palacio*. Da Guadalajara partono diversi autobus regolari per Madrid (€4,75, 50 min) e altri autobus per Sigüenza (€6,30, 1 h 30 min).

Dalla **stazione ferroviaria**, situata 2 km a nord della città, partono treni ad alta velocità AVE per Madrid (€18,40, 30 min) dalle 5 alle 23.30, oltre a un numero nettamente inferiore di treni ordinari (€15, 50 min).

Pastrana

POP. 1080

Pastrana è una cittadina che non dovreste mancare di vedere, con il suo aspetto intatto, un'atmosfera vagamente toscana e tortuose strade acciottolate sulle quali si affacciano suggestivi edifici in pietra color miele. Situata lungo il tracciato della CM200 42 km a sud di Guadalajara, Pastrana ha il suo cuore e la sua anima in **Plaza de la Hora**, una grande piazza disseminata di acacie e dominata dal poderoso **Palacio Ducal**; il mercoledì mattina ospita un vivace mercato. Fu proprio a Pastrana che la principessa di Éboli, Ana Mendoza de la Cerda, cieca da un occhio, fu confinata nel 1581 per la sua storia d'amore con il segretario del re di Spagna Filippo II. È possibile vedere la finestra con inferriate del suo appartamento, dove morì 10 anni più tardi, e anche prendere parte a una visita guidata (solo in spagnolo; €2) rivolgendosi all'**ufficio turistico** (☎949 37 06 72; www.pastrana.org, in spagnolo; Plaza de la Hora 5; ⏲10-14 e 16-19 mar-ven, 10-14 e 16-20 sab, 10-14 dom).

Dalla piazza, percorrendo Calle Mayor raggiungerete in breve tempo l'imponente **Iglesia de Nuestra Señora de la Asunción** (Colegiata). Al suo interno è ospitato un **museo** (interi/bambini €2,50/gratuito; ⏲10-14 e 16-19 mar-ven, 10-14 e 16-20 sab, 10-14 dom), piccolo ma interessante, che custodisce i gioielli della principessa, alcuni raffinati arazzi del XV secolo e persino un dipinto di El Greco.

L'**Hotel Palaterna** (☎949 37 01 27; www.hotelpalaterna.com; Plaza de los Cuatro Caños; singole/doppie €55/70; ❄) è un bell'albergo moderno affacciato su una piccola piazza con una fontana zampillante. Le camere sono tinteggiate in colori freddi, in gradevole contrasto con i mobili di legno scuro. È accessibile anche ai disabili su sedia a rotelle.

La **Hostelería Real de Pastrana** (☎949 37 10 60; www.hosteriasreales.com; Carretera C200 Pastrana-Zorita, singole/doppie a partire da €53/106; P❄@) può essere considerata a tutti gli effetti un *parador*: vanta un ambiente veramente splendido, dipinti a olio originali, un gran numero di pezzi di antiquariato disseminati ovunque e camere in stile classico dotate di dettagli d'epoca e mobili sfarzosi. Il ristorante è specializzato in piatti locali, tra cui l'antipasto *gachas manchegas* (una specie di porridge accompagnato da carne di maiale fritta – più gustosa di quanto potrebbe sembrare!). Nell'edificio adiacente ha sede un museo di arte sacra. Se tutto questo non riuscisse a suscitare il vostro interesse, avrete bisogno di un mezzo di trasporto, in quanto Pastrana si trova a 2 km di distanza.

A Pastrana troverete un gran numero di bar e di ristoranti. Non perdetevi il locale migliore della città, **Casa Seco** (Calle Mayor 36; tapas a partire da €2), letteralmente tappezzato di sbiaditi poster di corride e gestito da una splendida signora che tiene sotto controllo i suoi clienti con la coppola in testa. In fondo alla strada c'è il **Café de Ruy** (Calle Mayor 1; pasti a partire da €15), il miglior ristorante della zona, gestito da una giovane e dinamica coppia di *madrileños*. I piatti vengono realizzati con ingredienti locali. Il fascino del posto è arricchito da tè, caffè e cocktail fantasiosi e da una musica rilassante.

Al mattino di ogni giorno feriale da Pastrana partono due autobus diretti a Madrid (€5,20, 1 h 30 min) che fermano anche a Guadalajara.

Dintorni di Pastrana

Circa 20 km a nord-est di Pastrana si trova il principale lago della zona, l'**Embalse de Entrepeñas**, dove la possibilità di nuotare attira più dei panorami che è possibile ammirare dalle sue bianche sponde. Da questo lago è possibile percorrere la CM204 in direzione nord fino a **Cifuentes**, una cittadina che vanta un suggestivo castello del XIV secolo.

Un itinerario alternativo, anche se più lungo, per raggiungere il lago passa da Guadalajara: da questa città è possibile imboccare la A2 in direzione nord-est e uscire a **Torija**, una cittadina con un castello piuttosto sorprendente situato in Plaza de la Villa, la piazza principale in classico stile castigliano. Da qui proseguite lungo la CM2011 fino a **Brihuega**, un villaggio verdeggiante che conserva alcuni tratti delle sue mura medievali. La strada a est lungo il Río Tajuña è una delle più suggestive in questa parte di Castiglia-La Mancia.

Sigüenza

POP. 5020

Tranquilla, ricca di storia e ancora popolata dai fantasmi di un passato turbolento, Sigüenza merita certamente una visita. Questa cittadina sorge su una collinetta delimitata dal Río Henares e vanta un castello, una cattedrale e diversi ristoranti di ottimo livello situati in stradine tortuose, lungo le quali si affacciano edifici medievali color miele. Iniziate la visita dalla splendida Plaza Mayor, risalente al XVI secolo.

Storia

In origine sede di un insediamento celtibero, Segontia (come la città si chiamava in passato) divenne un importante avamposto romano e, in seguito, visigoto. Dall'VIII secolo al 1120 circa rimase nelle mani dei visigoti. Alla fine la città venne ceduta ai castigliani, che fecero di Sigüenza e dei suoi immediati dintorni una vasta proprietà della Chiesa. Il declino di Sigüenza fu lungo e doloroso, in quanto si trovò più volte lungo la strada di eserciti che avanzavano, prima durante la guerra di successione spagnola e poi durante la guerra civile.

Che cosa vedere

Catedral CATTEDRALE
(9.30-14 e 16-20 mar-sab, 12-17.30 dom) Nel cuore della città vecchia spicca il vero gioiello della città, la *catedral*. Iniziati nel 1130 in stile romanico, i lavori per la costruzione di questa cattedrale continuarono per ben quattro secoli, mentre la chiesa si espandeva e veniva decorata. Pur essendo prevalentemente gotico, l'edificio che si può ammirare oggi comprende anche elementi di altri stili architettonici, dal plateresco al rinascimentale e al mudéjar. In seguito ai gravi danni subiti durante la guerra civile, la chiesa è stata sottoposta a un ampio restauro. Osservando l'alta torre di fronte a Plaza Mayor vedrete che la feritoia sulla cima è ricoperta da numerosi fori di proiettili, probabilmente sparati contro un cecchino.

L'oscura (e molto fredda) **navata** presenta belle finestre dai vetri istoriati, tra cui spicca un magnifico rosone, e una notevole pala d'altare quattrocentesca situata lungo la parete meridionale. Per entrare nelle cappelle, nella sacrestia e nel chiostro gotico è necessario prendere parte a una **visita guidata** (€4 per persona; 11, 12, 16.30 e 17.30 mar-sab) solo in lingua spagnola. L'elemento di maggiore interesse di queste visite è costituito dalla **Capilla Mayor**, al cui interno è custodita una statua marmorea adagiata (detta *El Doncel*) di Don Martín Vázquez de Arce, che morì combattendo contro i musulmani nella fase finale della Reconquista. Particolarmente bella è anche la **Sacristía de las Cabezas**, che vanta un soffitto ornato da centinaia di teste scolpite da Covarrubias. La **Capilla del Espíritu Santo** ha uno splendido ingresso che riesce a far coesistere armoniosamente gli stili plateresco, mudéjar e gotico; al suo interno potrete ammirare una notevole cupola e una straordinaria *Anunciación* di El Greco.

Museo Diocesano de Arte ARTE SACRA
(ingresso €3; 11-14 e 16-19 mar-dom) Sul lato opposto della piazza rispetto alla cattedrale si trova questo museo al cui interno è esposta una notevole collezione di oggetti di arte sacra provenienti da Sigüenza e dalla zona circostante, tra cui una serie di pale d'altare per la maggior parte risalenti al XV secolo.

Castillo CASTELLO
Calle Mayor procede verso sud, risalendo la collina dalla cattedrale fino a raggiungere un magnifico castello costruito dai romani e in seguito trasformato in *alcázar* (fortezza) arabo, palazzo reale, manicomio e caserma. Praticamente distrutto durante la guerra civile, fu ricostruito all'epoca di Franco per essere adibito a *parador* (v. p133).

Pernottamento

Dal momento che Sigüenza è un luogo molto frequentato dai *madrileños* durante i fine settimana, le camere disponibili si esauriscono sempre molto velocemente.

Hotel El Doncel HOTEL MODERNO €€
(949 39 00 01; www.eldoncel.com, in spagnolo; Paseo de la Alameda 3; singole/doppie €62/78;) I colori caldi, i graziosi faretti, il minibar, i piumini e i cuscini sofficissimi sono tutti merito di una sofisticata modernizzazione di questa struttura situata di fronte all'ufficio turistico. Tenete presente che nei giorni feriali le tariffe calano sensibilmente.

Hospedería Porta Coeli HOTEL STORICO €€
(949 39 18 75; Calle Mayor 50; singole/doppie €57/74;) All'interno di un sontuoso edificio storico, l'Hospedería Porta Coeli sfoggia luminose piastrelle e pareti tinteggiate con colori molto delicati che contribuiscono a conferire un aspetto fresco e luminoso alle camere, piuttosto grandi. Il ristorante (pasti €20; aperto solo nei fine settimana) serve piatti leggeri ma gustosi, come le crêpes ai funghi con salsa cremosa al formaggio.

Parador PARADOR €€€
(949 39 01 00; www.parador.es; Plaza del Castillo; singole/doppie a partire da €114/124; P) Il *parador* di Sigüenza offre ai propri ospiti

Sigüenza

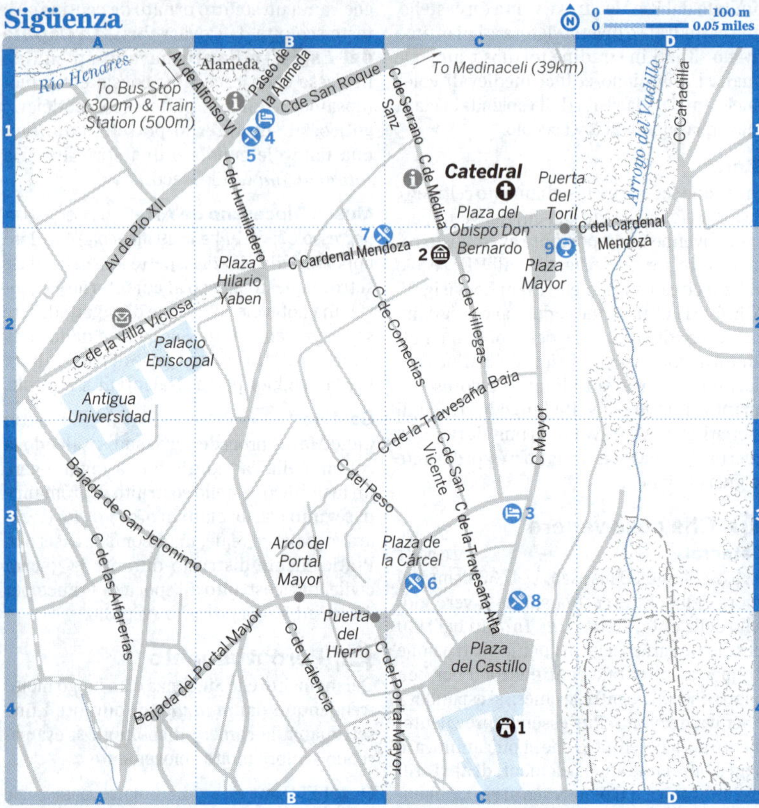

la consueta combinazione di lusso, servizio sollecito e mobili d'epoca. Situato nel castello che domina la cittadina, che risale al XII secolo, era praticamente in rovina quando negli anni '70 venne sottoposto ad ampi lavori di restauro. Il cortile è il luogo ideale in cui trascorrere un po' di tempo. Il *menú* del ristorante costa la ragionevole cifra di €31.

Pasti e locali

A Sigüenza trovare un locale in cui sia possibile consumare i pasti ai vostri normali orari potrebbe rivelarsi molto problematico. Infatti, molti ristoranti non aprono prima delle 22 (la gente del posto ha l'abitudine di cenare tardi), e quasi tutti quelli situati nel centro storico si rivolgono soprattutto ai madrileni che trascorrono qui il fine settimana e rimangono chiusi per diversi giorni nel corso della settimana. Paseo de la Alameda (la strada che costeggia il parco) offre una limitata scelta di ristoranti aperti tutti i giorni che servono piatti semplici ma sostanziosi.

Gurugú de la Plazuela FUNGHI €€

(Plaza de la Cárcel; piatti di funghi €12-18, pasti €20-25; ⏲pranzo e cena gio-sab, pranzo dom; 🖉) Affacciato su una piccola piazza ricca di atmosfera, questo ristorante ha come specialità i funghi; nel menu ne sono presenti ben 16 varietà, preparati nei modi più disparati. Tra gli altri piatti figura anche il *rabo de toro al vino* (coda di manzo in salsa di vino). Il locale ospita regolarmente mostre d'arte e di fotografia.

Cafe-Bar Alameda TAPAS BAR €

(Paseo de la Alameda 2; spuntini €5-10; ⏲10-24) In questo bar di quartiere potrete unirvi alla gente del posto che gioca a carte. Il bancone è sempre strapieno di tapas tentatrici e di *pintxos* (tapas basche), tra le quali segnaliamo per i più coraggiosi *caracoles*

Sigüenza

Da non perdere

Catedral C1

Che cosa vedere

1 Castillo C4
2 Museo Diocesano de Arte C2

Pernottamento

3 Hospedería Porta Coeli C3
4 Hotel El Doncel B1
Parador .... (v. 1)

Pasti

5 Cafe-Bar Alameda B1
6 Gurugú de la Plazuela C3
7 La Flor de Brijhuega B2
8 Taberna Seguntina C3

Locali

9 Los Soportales C2

(lumache) e *orejas* (orecchie di maiale), oltre a specialità più consuete, come le tortillas ripiene di pancetta e formaggio.

Taberna Seguntina MANCHEGO TRADIZIONALE **€€**
(www.latabernaseguntina.es; Calle Mayor 43; pasti €20-25; ⏲20-23 mer-ven, 13.30-20.30 sab e dom) Situato a breve distanza dal castello, questo ristorante propone un menu tradizionale che comprende alcuni classici piatti locali, tra cui il maialino da latte, l'agnello arrosto e il fagiano.

Los Soportales TAPAS BAR **€**
(Plaza Mayor 3; tapas €2-4) Situato in ottima posizione sotto gli archi, dispone di tavoli sulla piazza e serve gratuitamente alcune tapas con ogni bevanda ordinata.

La Flor de Brijhuega NEGOZIO DI FORMAGGI **€**
(Calle del Cardenal Mendoza 2) Favoloso negozio di formaggi specializzato in *quesos artesanos* (formaggio artigianale) di produzione locale.

Informazioni

Locotorio Sigüenza (Calle del Humilladero 21; accesso a internet €1,80 l'ora; ⏲10-22 lun-sab, 10-20 dom)
Ufficio turistico principale (www.siguenza.es, in spagnolo; Paseo de la Alameda; ⏲10-14 e 17-19 lun-gio, 10-14 e 17-20 ven e sab, 10-14 dom) Si trova all'interno dell'incantevole Ermita del Humilladero.
Ufficio turistico (Calle de Medina 9; ⏲10-14 e 17-19 lun-gio e sab, 10-14 e 17-20 ven, 10-14 dom) Questo ufficio più piccolo si trova pochi passi giù dalla collina rispetto alla cattedrale.

Per/da Sigüenza

Sigüenza è servita da un numero relativamente ridotto di autobus, per la maggior parte diretti verso le località situate nei dintorni, tra cui Guadalajara. Gli autobus fermano in Avenida de Alfonso VI. Fino a 10 treni regionali raggiungono ogni giorno la stazione Chamartín di Madrid (€10,80, 1 h 30 min), alcuni dei quali proseguono fino a Soria.

Dintorni di Sigüenza

IMÓN

POP. 40

Situato 7 km a nord-ovest di Sigüenza, questo minuscolo borgo è un'autentica gemma grazie alla presenza di numerose attrattive di grande richiamo, tra cui ristoranti raffinati (frequentati dai *madrileños* che si riversano in questa zona durante i fine settimana), uno splendido albergo, una spa e parecchie opportunità per gli appassionati di escursionismo e di birdwatching.

TOP **Salinas de Imón** (☎949 39 73 11; www.salinasdeimon.com; Real 49; camere a partire da €85; ❄📶🏊) Ospitato in un edificio in pietra risalente alla metà del XVII secolo, dispone di 13 camere, restaurate prestando grande cura ai dettagli e rispetto per le radici storiche del posto. Al contrario, i lussuosi bagni e la spa non hanno nulla di storico. È disponibile una vasta gamma di trattamenti, tra cui massaggi (ayurvedici, sportivi, psicosensitivi e aromaterapici) e riflessologia. Il giardino è appartato e incantevole, con prati, pergolati e una piscina. Un commento nel libro degli ospiti dice tutto: 'Mi è piaciuto così tanto che lo dirò alla mia amica Dorothy', scrive Vicente con fare adorabile. È disponibile anche la cena.

Se desiderate concedervi una tranquilla passeggiata, seguite in direzione nord il sentiero di Don Chisciotte alla fine della strada principale (Calle Cervantes). Questo gradevole sentiero che si inoltra per 4,5 km nei campi consente di raggiungere un magnifico castello quattrocentesco, **La Riba de Santiuste**, arroccato su una roccia che domina l'omonimo villaggio in parte abbandonato. Pur essendo parzialmente in rovina, questo castello merita di essere esplorato.

ATIENZA

POP. 420

Circa 10 km a nord-ovest di Imón sorge Atienza, un incantevole villaggio medievale circondato da mura e con le rovine di un altro castello. In Plaza D Bruno Pascual Ruilopez, la piazza principale risalente al XVI secolo e un tempo sede del mercato, si trova la romanica **Iglesia San Juan Bautista**, che custodisce al suo interno un imponente organo e un sontuoso *retablo* dorato. Se desiderate trovare un bar e un paio di grandi negozi di antiquariato e di souvenir, dirigetevi verso l'adiacente Plaza de España. Ad Atienza ci sono numerose chiese, per la maggior parte romaniche, che meritano una visita, e tre piccoli **musei** (ciascun museo €1,50; ⏲10.30-13.30 e 16.30-18.30) ospitati all'interno dell'Iglesia de San Gil, dell'Iglesia de San Bartolomé e della Santísima Trinidad.

La migliore sistemazione della cittadina è l'**Antiguo Palacio de Atienza** (☎949 39 91 80; www.palaciodeatienza.com; Callejuelas de San Gil 47; camere €80-120; ❄📶🏊), un suggestivo palazzo dotato di camere dalle pareti in pietra grigia e travi a vista. Le variazioni delle tariffe sono giustificate dalle dimensioni delle camere e dall'eventuale presenza di una vasca con idromassaggio. I balconi si affacciano sui prati e su una piscina.

El Mirador (☎949 39 90 38; Calle Barruelo; doppie con/senza bagno €48/35; Ⓟ), situato in un edificio imbiancato a calce alla periferia della cittadina, è l'albergo più economico di Atienza, con camere piccole e arredate in maniera molto semplice. Il suo eccellente ristorante (pasti €25) propone piatti creativi, oltre ai classici *cordero* (agnello) e *cabrito* (capretto), che potrete assaporare ammirando uno splendido panorama.

Al mattino presto, da Atienza partono un paio di autobus diretti a Guadalajara, Madrid e Sigüenza.

Valencia e la Costa Blanca

Include »

I migliori ristoranti

» Tridente (p153)
» Desierto de las Palmas (p163)
» Piripi (p182)
» Rincón de Capis (p185)
» Canela y Clavo (p186)

I migliori alberghi

» Ad Hoc (p150)
» Hotel Chamarel (p172)
» Villa Venecia (p176)
» Hostal Les Monges Palace (p181)
» Cases Noves (p188)

Perché andare?

Ogni anno ben 5,5 milioni di turisti trascorrono le loro vacanze nella Comunidad Valenciana (regione di Valencia); nella maggior parte dei casi soggiornano nelle località balneari della Costa Blanca (Costa Bianca), a sud, che vanta splendide spiagge e una vivace vita notturna, oppure in quelle, più tranquille, della Costa del Azahar (Costa della Zagara), a nord. I visitatori più intraprendenti noleggiano una bicicletta o un'automobile e si lasciano alle spalle la turistica zona del litorale per esplorare l'entroterra, dove li attendono montagne, colline sormontate da castelli e borghi sonnolenti, molti dei quali risalgono all'epoca araba.

Il capoluogo della regione è la gradevole e dinamica Valencia, terza città della Spagna, che rappresenta una destinazione fantastica per un breve soggiorno, durante il quale potrete scoprire musei interessanti, fantastici ristoranti e la straordinaria architettura contemporanea della Città delle Arti e delle Scienze.

Quando andare?

Valencia

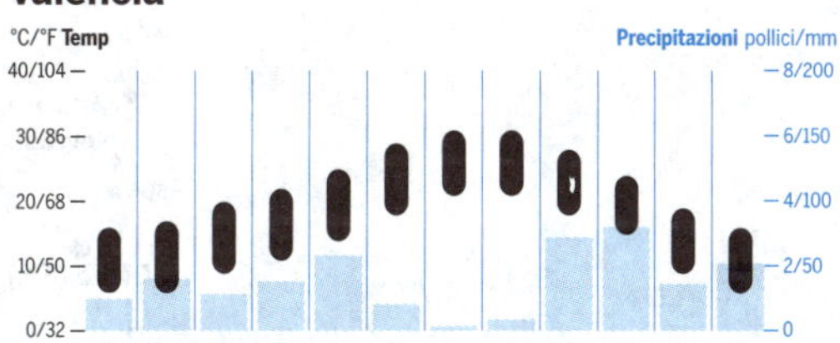

15–19 Marzo Las Fallas, scatenata festa primaverile che richiama circa due milioni di visitatori

22–24 Aprile In occasione della Fiesta de Moros y Cristianos di Alcoy, che commemora la Reconquista

Agosto e settembre I mesi migliori per visitare il Maestrazgo, una zona che richiama molti escursionisti

Il meglio di Valencia e la Costa Blanca

❶ I fuochi d'artificio e le notti insonni di **Las Fallas** (p148), la festa di primavera più sfrenata d'Europa

❷ Una gita sul tram che viaggia lungo lo spettacolare tratto di litorale tra Alicante e Benidorm sulla **Costa Blanca** (p170)

❸ Il **Festival Internacional de Benicàssim** (p164), un festival di musica internazionale all'aperto

❹ L'ardito stile architettonico della **Ciudad de las Artes y las Ciencias** (p139), a Valencia

❺ Il primo sguardo da lontano sulla fortezza medievale di **Morella** (p168)

❻ Un salto nella savana e in Madagascar al **Bioparc** (p142) di Valencia, uno zoo di concezione moderna

❼ Una gita sul lago di **La Albufera** (p158) al tramonto

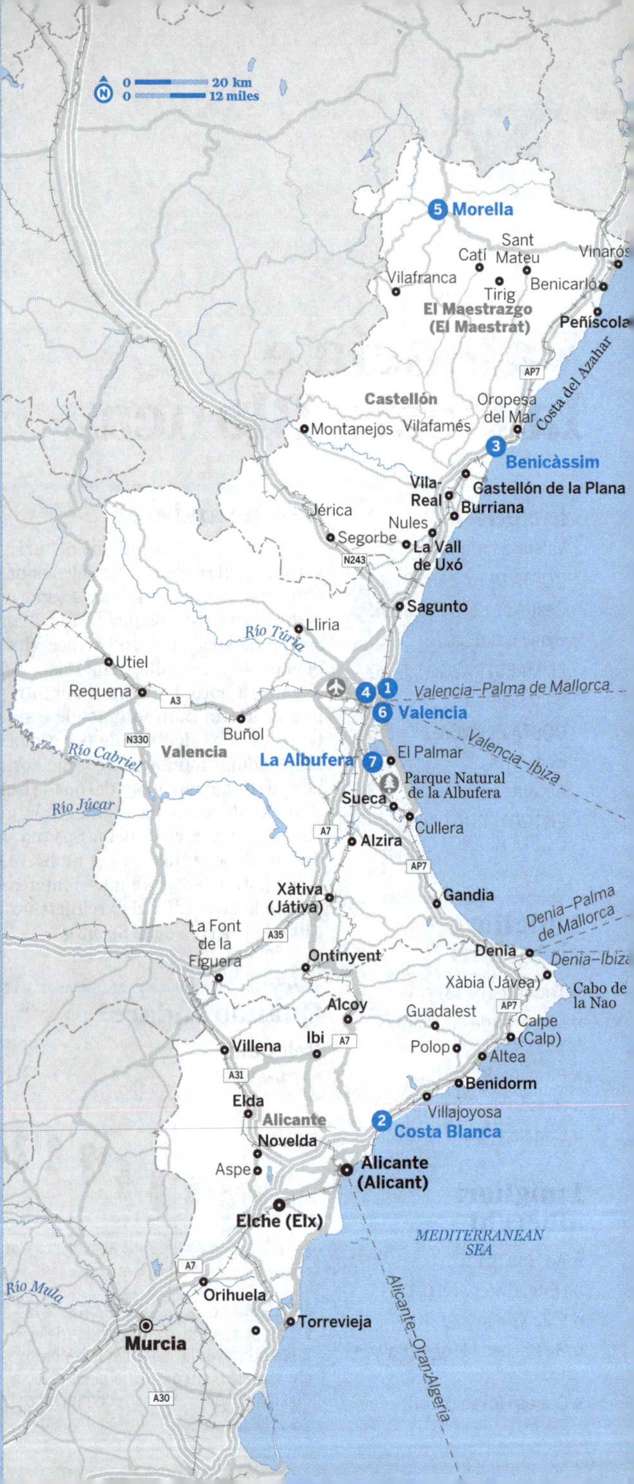

Valencia città

POP. 814.000

Terza città della Spagna per dimensioni, Valencia ha vissuto per anni all'ombra di Madrid, la capitale politica della Spagna, e di Barcellona, il principale centro culturale ed economico del paese. Oggi, però, la situazione è profondamente cambiata. Infatti, negli ultimi anni il profilo della città è stato radicalmente trasformato da una serie di meravigliosi edifici, come il Palacio de Congresos, progettato da sir Norman Foster; Veles i Vents, la splendida struttura concepita da David Chipperfield accanto al porto interno; e la Ciudad de las Artes y las Ciencas, un'opera di dimensioni ben più grandiose, ideata da Santiago Calatrava, un architetto valenciano diventato famoso a livello mondiale.

Meta sempre più popolare per brevi visite, Valencia è la città che ha dato i natali alla paella. Nel complesso si tratta di una città vivace, accogliente e caotica al punto giusto, che vanta due prestigiosi musei d'arte, un centro storico facilmente accessibile, il complesso culturale e scientifico più moderno d'Europa e una vita notturna tra le più effervescenti della Spagna.

Storia

'Valentia' fu fondata sulle rive del Río Turia nel 138 a.C. da un gruppo di legionari romani in congedo. In seguito gli arabi trasformarono Valencia in un fiorente centro agricolo e industriale, dando impulso alla produzione della ceramica, della carta, della seta e della lavorazione della pelle, ed estendendo ulteriormente la rete dei canali di irrigazione nella fertile zona agricola che si estendeva nell'interno.

Il dominio musulmano venne interrotto per un breve periodo nel 1094 grazie alle vittoriose imprese del leggendario cavaliere castigliano El Cid. Tuttavia, i cristiani dovettero attendere quasi un secolo e mezzo prima di riuscire a conquistare definitivamente la città nel 1238, con Jaime I.

Valencia conobbe un periodo di grande prosperità tra il XV e il XVI secolo, quando divenne uno dei principali porti mercantili del Mediterraneo. In seguito per Valencia si aprì una fase di graduale declino, da cui la città si risollevò nel XIX secolo con l'industrializzazione e lo sviluppo della lucrosa attività di esportazione degli agrumi nell'Europa del nord.

Che cosa vedere e fare

CIUDAD DE LAS ARTES Y LAS CIENCIAS

La bellissima **Ciudad de las Artes y las Ciencias** (cartina p140; ☎ prenotazioni 902 10 00 31 o online; www.cac.es; biglietto cumulativo per tutte e 3 le attrazioni interi/bambini €31,50/24) si estende su una superficie di 350.000 mq, un tempo occupata dal letto del Río Turia. La Ciudad è in massima parte opera dell'architetto valenciano Santiago Calatrava che, tra molte altre entusiasmanti creazioni in tutto il mondo, ha progettato anche il terminal dei trasporti per il nuovo World Trade Center di New York e il Ponte della Costituzione a Venezia.

Per raggiungere la Ciudad de las Artes y las Ciencias prendete l'autobus n. 35 da Plaza del Ayuntamiento, oppure il n. 95 da Torres de Serranos o da Plaza de América.

Oceanogràfic ACQUARIO

(cartina p140; interi/bambini €24/18; ⌚10-18 o 20). Gli acquari sono probabilmente la parte più interessante del complesso, soprattutto per chi viaggia con bambini. Contengono complessivamente l'acqua di 15 piscine olimpioniche, e comprendono un ambiente polare, un delfinario, una vasca in cui è riprodotto l'habitat del Mar Rosso e un'altra con un paesaggio marino mediterraneo, oltre a un paio di vasche attraversate da gallerie, una delle quali lunga 70 m, dove i pesci nuotano intorno ai visitatori.

TRA CATALANO E CASTIGLIANO

Le amministrazioni comunali stanno sostituendo con sempre maggiore frequenza i nomi della vie in spagnolo castigliano con l'equivalente valenciano/catalano. Sebbene non vi siano differenze sostanziali tra le due forme linguistiche, questa pratica potrebbe ingenerare comunque una certa confusione nei visitatori. In questa guida abbiamo deciso di adottare la versione valenciana nei casi in cui essa sia chiaramente dominante, ma, dal momento che il castigliano è la lingua compresa da tutta la gente del posto, nonché la più diffusa, abbiamo scelto di utilizzarlo nella maggioranza dei casi.

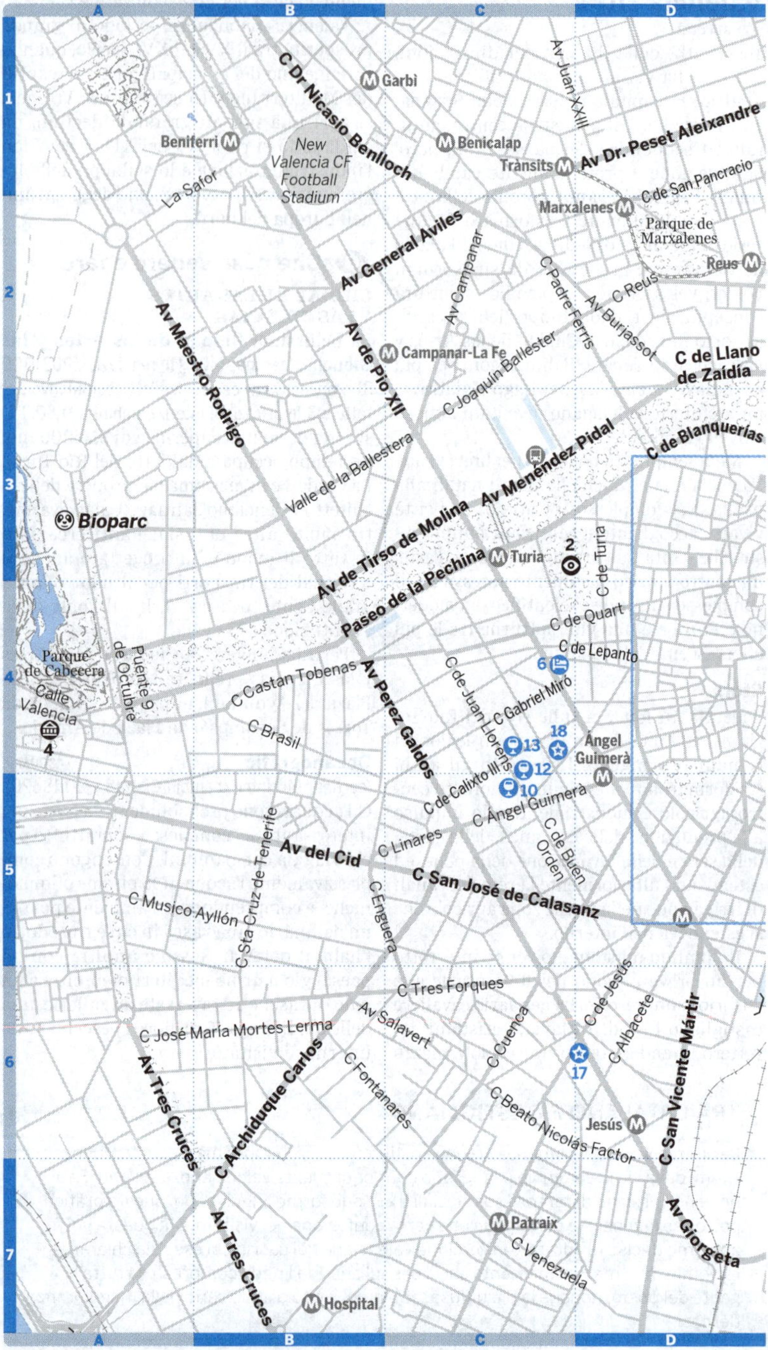

VALENCIA E LA COSTA BLANCA

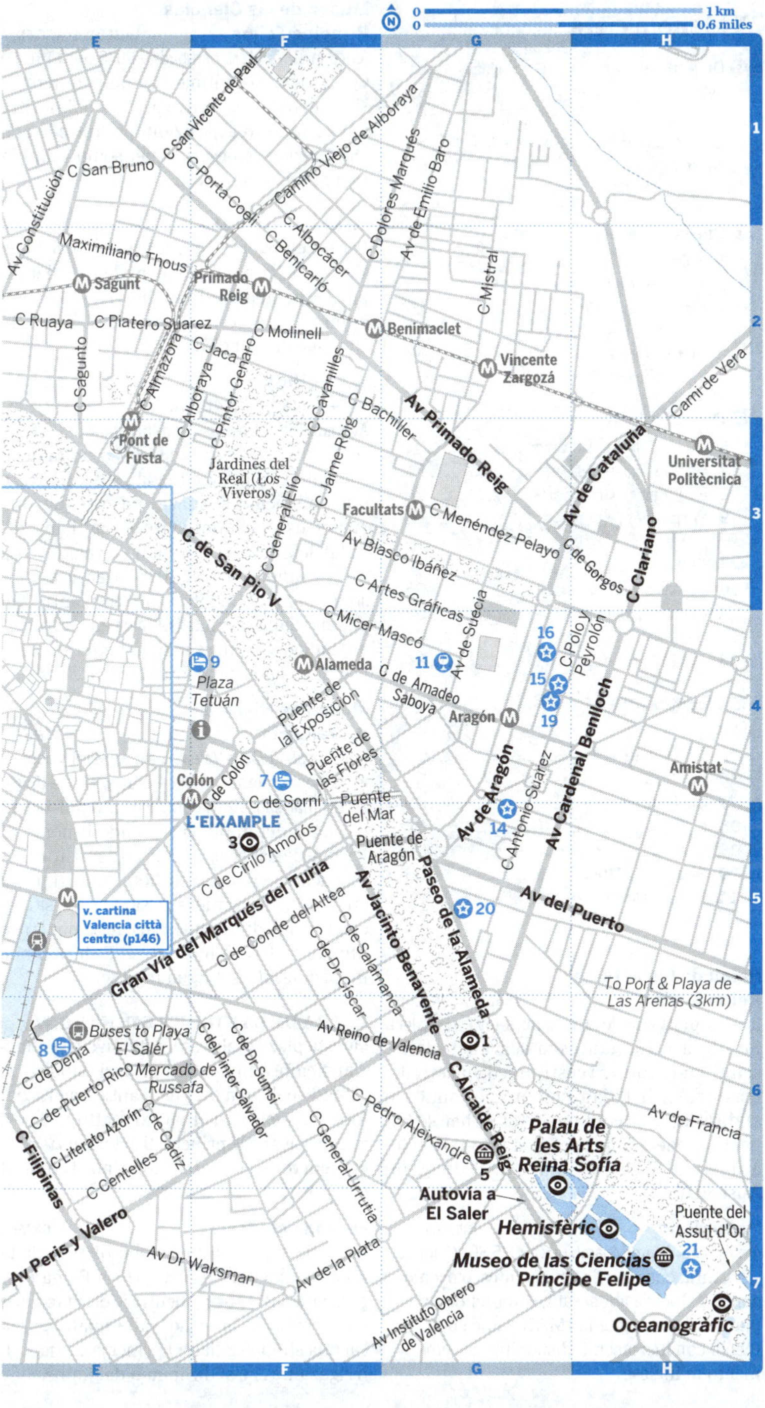

0 1 km
0 0.6 miles
E
F
G
H
1
2
3
4
5
6
7
C San Vicente de Paúl
C San Bruno
Av Constitución
C Porta Coeli
Camino Viejo de Alboraya
C Dolores Marqués
Av de Emilio Baró
C Albocácer
C Benicarló
Maximiliano Thous
Sagunt
Primado Reig
C Mistral
C Ruaya
C Piatero Suarez
C Molinell
Benimaclet
Vincente Zargozá
Cami de Vera
C Sagunto
C Almazora
C Jaca
C Pintor Genaro
C Cavanilles
C Bachiller
Av Primado Reig
C Alboraya
C Pintor Genaro
Pont de Fusta
C Jaime Roig
Jardines del Real (Los Viveros)
Universitat Politècnica
Av de Cataluña
C General Elío
Facultats
C Menéndez Pelayo
C de San Pio V
Av Blasco Ibáñez
C de Gorgos
C Clariano
C Artes Gráficas
C Micer Mascó
Av de Suecia
16
C Polo y Peyrolón
9
Plaza Tetuán
Alameda
11
C de Amadeo Saboya
15
19
Puente de la Exposición
Aragón
Av Cardenal Benlloch
Puente de las Flores
Colón
C de Colón
7
C de Sorní
Puente del Mar
Av de Aragón
C Antonio Suarez
Amistat
14
L'EIXAMPLE
3
Puente de Aragón
C de Cirilo Amorós
Paseo de la Alameda
Av Jacinto Benavente
Gran Vía del Marqués del Turia
C de Conde del Altea
C de Salamanca
C de Dr Gíscar
20
Av del Puerto
v. cartina Valencia città centro (p146)
To Port & Playa de Las Arenas (3km)
Buses to Playa El Saler
8
C de Denia
C del Pintor Salvador
C de Dr Sumsi
Av Reino de Valencia
1
C de Puerto Rico
Mercado de Russafa
C Alcalde Reig
C Pedro Aleixandre
C Literato Azorín
C de Cádiz
C General Urrutia
Av de Francia
C Filipinas
C Centelles
Palau de les Arts Reina Sofía
5
Autovía a El Saler
Hemisfèric
Puente del Assut d'Or
Av Peris y Valero
21
Av Dr Waksman
Av de la Plata
Museo de las Ciencias Príncipe Felipe
Av Instituto Obrero de Valencia
Oceanogràfic

Valencia città

Palau de les Arts Reina Sofía
SALA DA CONCERTO

(cartina p140; www.lesarts.com; Autovía a El Saler) Simile a un gigantesco scarabeo dalla scintillante corazza costituita da piastrelle traslucide, il Palau comprende quattro auditorium che contano in totale ben 4400 posti a sedere, una capienza inferiore solo a quella dell'Opera House di Sydney, in Australia.

Hemisfèric
CINEMA IMAX

(cartina p140; interi/bambini €7,50/5,80) Questa struttura, che ricorda un gigantesco occhio con la palpebra abbassata, comprende un planetario, un cinema IMAX e uno spettacolo con luci laser. È disponibile il commento in inglese.

Museo de las Ciencias Príncipe Felipe
MUSEO DELLA SCIENZA

(cartina p140; interi/bambini €7,50/6; 10-19 o 21) Questo museo multimediale propone moltissime attività interattive per i bambini, oltre a macchine ed esposizioni per tutte le età. Ogni sezione è descritta per sommi capi in un opuscolo in inglese.

VALENCIA OVEST

Per raggiungere le due attrattive turistiche situate nella parte occidentale di Valencia potete prendere gli autobus n. 7, 81 o 95, oppure la metropolitana scendendo alla stazione di Nou d'Octubre.

TOP Bioparc
BIOPARCO

(cartina p140; www.bioparcvalencia.es; Avenida Pio Baroja 3; interi/bambini €21/15,50; 10-tramonto) Il termine 'zoo' sembra decisamente antiquato e inadatto per indicare questo splendido spazio all'avanguardia, rispettoso dell'ambiente e dagli intenti didattici, dove gli animali selvaggi si aggirano apparentemente – niente paura, solo apparentemente – liberi, mentre voi passate dalla savana all'Africa equatoriale e al Madagascar, dove vi sgambetteranno tra le gambe lemuri dai grandi occhi.

Museo de Historia de Valencia
MUSEO

(cartina p140; Calle Valencia 42; www.mhv.com.es in spagnolo; interi/bambini €2/1; 10-14 e 16.30-20.30 mar-sab, 10-15 dom) Situato sul tratto del letto del fiume che prende il nome di Parque de Cabecera, il Museo de Historia de Valencia ripercorre oltre 2000 anni di storia cittadina in maniera assai interessante, con l'ausilio di documentari, testimonianze filmate e attività interattive. È disponibile un pieghevole in lingua inglese.

PLAZA DE LA VIRGEN E DINTORNI

Questa plaza molto animata, su cui si affacciano caffè e imponenti palazzi pubblici, si estende nell'area occupata anticamente dal foro di Valencia, nel punto esatto in cui si intersecavano le principali arterie cittadine che correvano in direzione nord-sud ed est-ovest.

Fontana centrale
FONTANA

La bella figura in posizione distesa della fontana al centro di Plaza de la Reina rappresenta il Río Turia, mentre le otto fanciulle che recano le brocche dalle quali sgorga l'acqua simboleggiano i principali canali di irrigazione che si diramano dal fiume.

Catedral CATTEDRALE
(cartina p146; interi/bambini con audioguida €4/2,70; ⌚10-17.30 o 18.30 lun-sab, 14-17.30 dom) La cattedrale di Valencia può essere considerata una sorta di compendio della storia della città dal punto di vista architettonico. La Puerta del Palau, che si apre nel lato orientale dell'edificio, è infatti romanica; la cupola, la torre campanaria e la Puerta de los Apóstoles, che si apre in Plaza de la Virgen, sono in stile gotico; il presbiterio e il portale principale in Plaza de la Reina sono barocchi.

Non mancate di ammirare gli affreschi di scuola italiana sopra la pala dell'altare maggiore, riportati alla luce solo di recente. Nella **Capilla del Santo Cáliz** in vistoso stile gotico, situata sulla destra rispetto all'ingresso principale, è custodito quello che, secondo la tradizione, sarebbe il **Santo Graal**, il calice usato da Cristo durante l'Ultima Cena. La cappella successiva che si incontra procedendo verso nord è **La Capilla de San Francisco de Borja**, che vanta un paio di opere di Goya di particolare bellezza.

Sulla sinistra del portale principale c'è l'ingresso al **Campanile Miguelete** (cartina p146; interi/bambini €2/1; ⌚10-19), al cui interno sale una scala a chiocciola di 207 gradini; una volta saliti in cima potrete ammirare uno splendido panorama a 360° sulla città.

Da oltre un millennio il **Tribunal de las Aguas** (Tribunale delle Acque) si riunisce ogni giovedì a mezzogiorno in punto all'esterno della cattedrale, davanti alla Puerta de los Apóstoles, per dirimere in valenciano tutte le controversie tra gli agricoltori locali sui problemi riguardanti l'irrigazione.

La Almoina SITO ARCHEOLOGICO
(cartina p146; interi/bambini €2/1; ⌚10-14 e 16.30-20.30 mar-sab, 10-15 dom) Nella piazza vicina, attraverso un vetro è possibile vedere resti romani, visigoti e islamici che brillano sotto un leggero strato d'acqua. Per vedere questa zona sotterranea è possibile partecipare a visite guidate, che partono all'incirca ogni mezz'ora. Telefonate in anticipo per prenotarne una con commento in inglese.

Cripta de la Cárcel de San Vicente Mártir SPETTACOLO MULTIMEDIALE
(cartina p146; ☎96 394 14 17; Plaza del Arzobispo 1; interi/bambini €2/1; ⌚10-14 e 16.30-20.30 mar-sab, 9.30-14 dom). La cripta di questa cappella visigota, in cui pare che nel IV secolo fu imprigionato il martire San Vicente, non è particolarmente interessante, ma vale comunque la pena di assistere allo spettacolo multimediale che illustra la storia di Valencia, nonché la vita e la morte del santo. Al momento della prenotazione, che è possibile effettuare per telefono o sul posto, potrete richiedere il commento in inglese.

Nuestra Señora de los Desamparados CHIESA
(cartina p146; ⌚7-14 e 16.30-21) Sopra l'altare è collocata una statua assai venerata della Vergine, patrona della città. Se doveste

VALENCIA PER I BAMBINI

Le spiagge rappresentano naturalmente la principale attrattiva per chi viaggia con i bambini. La più vicina è quella formata da due arenili, Malvarrosa e Las Arenas ('le sabbie'), raggiungibile abbastanza rapidamente dal centro in autobus o in tram. Un giro a bordo del **tram ad alta velocità** sarà sicuramente un'esperienza emozionante per i visitatori più giovani.

Nell'intero arco dell'anno potrete portare i bambini nel grande parco creato su un tratto di 9 km del letto del Río Turia, il cui corso è stato deviato. Questa zona offre svariate aree giochi, la più originale delle quali è indubbiamente il gigantesco **Gulliver**, nei Jardines del Turia, su cui i bambini possono arrampicarsi.

Nel più tranquillo **Jardín Botánico** potrete giocare a nascondino tra gli alberi, osservare le piante grasse e le rane nella fontana e giocare con i gatti che popolano il giardino.

Tra i vari settori della **Ciudad de las Artes y las Ciencias**, l'**Oceanogràfic**, con oltre 45.000 specie animali e vegetali, ha qualcosa da offrire ai visitatori di tutte le età. Invece il museo della scienza, discretamente documentato in inglese, si rivolge maggiormente ai ragazzi dai 12 anni in su (abbiamo visto dei bambini delle elementari rompere, in maniera involontaria, alcune attrazioni interattive), mentre il cinema IMAX offre spettacoli emozionanti per tutti. Tuttavia, poiché nessuna di queste attrazioni è gratuita, informatevi sui biglietti per le famiglie e su quelli cumulativi.

INGRESSO GRATUITO

Il sabato e la domenica l'ingresso ai seguenti musei e luoghi di interesse turistico è gratuito.

» Museo Nacional de Cerámica
» Museo Fallero
» Museo de Historia de Valencia
» La Almoina
» Torres de Serranos
» Cripta de la Cárcel de San Vicente Mártir

trovarvi sul posto quando la chiesa è chiusa, potrete dare un'occhiata al suo interno attraverso le inferriate sul lato meridionale dell'edificio, rivolto verso la cattedrale, consumate nel corso dei secoli da migliaia di pellegrini.

Palau de la Generalitat PALAZZO
(cartina p146) Realizzato nel XV secolo e più volte rimaneggiato nel corso dei secoli, questo bell'edificio gotico è la sede del governo regionale di Valencia. Un tempo era sormontato da un'unica torre in stile rinascimentale. La seconda fu aggiunta soltanto negli anni '50.

PLAZA DEL MERCADO

In Plaza del Mercado si trovano, l'uno di fronte all'altro, due straordinari edifici, considerati entrambi veri e propri capolavori della loro epoca.

FREE **La Lonja** EDIFICIO STORICO
(cartina p146; ⏲10-14 e 16.30-20.30 lun-sab, 10-15 dom) Riconosciuto dall'UNESCO Patrimonio dell'Umanità, questo splendido edificio risalente alla fine del XV secolo era un tempo la sede della borsa della seta e delle merci di Valencia. Entrate nella vasta sala sorretta con colonne tortili e salite al Consulado del Mar, al primo piano, dove potrete ammirare un pregevole soffitto a cassettoni.

Mercado Central MERCATO MODERNISTA
(cartina p146; ⏲7.30-14.30 lun-sab) Il mercato coperto di Valencia è un fantastico edificio modernista (1928), che di recente è stato restaurato e riportato al suo originario splendore. Sempre animatissimo, ospita oltre 900 banchetti che sono un vero e proprio tripudio di colori e profumi. Non perdetevi le sezioni pesce, frutti di mare e frattaglie.

VALENCIA CENTRO

TOP **Instituto Valenciano de Arte Moderno (IVAM)** GALLERIA D'ARTE CONTEMPORANEA
(cartina p146; www.ivam.es; Calle Guillem de Castro 118; interi/bambini €2/1; ⏲10-20 o 21 mar-dom) L'IVAM ospita mostre temporanee di alto livello e una notevole collezione permanente di arte spagnola del XX secolo; una sala intera è dedicata alle creazioni astratte in metallo dello scultore catalano Julio Gonzalez.

FREE **Museo de Bellas Artes** MUSEO DI BELLE ARTI
(cartina p146; Calle San Pío V 9; ⏲10-20 mar-dom) Ospitato all'interno di una struttura ampia e luminosa, il Museo de Bellas Artes di Valencia è considerato uno dei musei più interessanti di tutta la Spagna. Tra i pezzi più notevoli della raccolta figurano il grandioso *Mosaico delle nove muse*, di epoca romana, e una serie di magnifiche pale d'altare tardo-medievali, nonché opere di grandi maestri del passato, tra cui El Greco, Goya, Velázquez, Murillo e Ribalta, e di artisti della scuola di impressionisti valenciani come Sorolla e Pinazo.

Palacio del Marqués de Dos Aguas PALAZZO
(cartina p146; Calle Poeta Querol 2) Una coppia di cariatidi in sfarzoso stile rococò è posta all'ingresso principale di questo magnifico palazzo, sede del **Museo Nacional de Cerámica** (cartina p146; interi/bambini €3/1,50, ⏲10-14 e 16-20 mar-sab, 10-14 dom), che espone una collezione di ceramiche provenienti da ogni parte del mondo, e in particolare dai rinomati centri di produzione di Manises, Alcora e Paterna.

Torres de Serranos TORRI
(cartina p146; Plaza de los Fueros; interi/bambini € 2/1 ⏲10-14 e 16.30-20.30 mar-sab, 10-15 dom) Queste due poderose porte in pietra sormontate da torri gemelle sono tutto ciò che rimane delle antiche mura che un tempo cingevano la città. In passato principale via d'uscita dalla città in direzione di Barcellona e della parte settentrionale della regione, le trecentesche Torres de Serranos si affacciano su quello che un tempo era il letto del Río Turia.

FREE **Torres de Quart** TORRI
(cartina p146; Calle Guillem de Castro ⏲10-14 e 16.30-20.30 mar-sab, 10-15 dom) Potete anche salire sulla sommità delle quattrocentesche Torres de Quart, rivolte in direzione di Madrid e del punto in cui tramonta il sole.

Alzando lo sguardo, vedrete i fori provocati dalle cannonate dei francesi durante l'invasione napoleonica del XIX secolo.

Estación del Norte STAZIONE FERROVIARIA
(cartina p146; Calle Xàtiva) Splendida stazione in stile modernista inaugurata nel 1917. L'atrio principale è decorato da dipinti murali e mosaici, tra i quali spiccano quelli in cui si augura 'buon viaggio' in tutte le principali lingue europee.

Museo del Patriarca MUSEO DI BELLE ARTI
(cartina p146; Calle la Nave 1; ingresso €2; ⌚11-13.30) Gli appassionati di arte sacra non devono assolutamente perdersi questo interessantissimo museo, che dedica particolare spazio ai dipinti spagnoli e del rinascimento fiammingo, con svariate tele di Juan de Juanes, El Greco e Ribalta.

Museo Fallero MUSEO DELLE FALLAS
(cartina p140; Plaza Monteolivete 4; interi/bambini €2/1; ⌚10-14 e 16.30-20 mar-sab, 10-15 dom) Tutti gli anni durante la celebrazione delle Fallas il voto popolare decreta che venga risparmiato dalle fiamme soltanto uno delle migliaia di *ninots*, figure di dimensioni quasi naturali poste alla base di ogni *falla* (enormi statue di cartapesta e polistirolo). Questo museo custodisce i *ninots* salvati dalle fiamme nel corso degli anni.

Mercado de Colón MERCATO MODERNISTA
(cartina p140; Calle Cirilo Amorós) Questo magnifico edificio modernista, oggi colonizzato da boutique e caffè, ospitava un tempo un mercato, che si teneva nel XIX secolo per la borghesia (o per meglio dire i suoi servitori) in ascesa del nuovo sobborgo chiamato L'Eixample.

Plaza Redonda PIAZZETTA
(cartina p146) Un complesso intervento di restauro ha rimesso a nuovo questa piccola piazza dalla pianta circolare, dove un tempo c'era il mattatoio del mercato. Intorno a essa si susseguono banchetti che vendono chincaglieria, bottoni e nastri, indumenti e articoli di artigianato locale, tra cui ceramiche.

FREE **Museo de Prehistoria e Museo de Etnología** MUSEO
(cartina p146; Calle Corona 36; ⌚10-20 o 21 mar-dom) Questi due musei condividono la stessa struttura, che viene comunemente chiamata La Beneficencia. Il primo ospita reperti del periodo paleolitico e manufatti romani e iberici, mentre nel secondo sono esposte fotografie e oggetti di uso quotidiano che documentano il passato più recente della città.

FREE **Museo Taurino** MUSEO DELLA CORRIDA
(cartina p146; Pasaje Doctor Serra 10; ⌚10-20 mar-dom) Piccolo museo con una collezione di cimeli legati alla corrida. Si trova proprio accanto alla Plaza de Toros; dopo avere visitato il museo, potrete calpestare la sabbia dell'arena e sognare.

L'Iber (Museo de Soldaditos de Plomo) SOLDATINI GIOCATTOLO
(cartina p146; Calle Caballeros 20-22; ingresso €4; ⌚11-14 e 16-19 mer-dom) L'Iber si vanta di possedere la collezione di soldatini più grande del mondo. Il plastico che ricostruisce la battaglia di Almansa (1707), largo 4,7 m e profondo 2,8 m, è animato da oltre 9000 figurine, e le vetrine sono piene zeppe di soldatini disposti in schiere ordinate.

Baños del Almirante BAGNI PUBBLICI
(cartina p146; Calle Baños del Almirante 3-5; ⌚10-14 e 18-20 mar-sab, 10-14 dom) Questi bagni in stile arabo costruiti nel 1313 furono utilizzati in modo continuativo come bagni pubblici sino al 1959. La presentazione audiovisiva è veramente interessante, e ogni mezz'ora è possibile ascoltare il commento in inglese.

Iglesia de Santa Catalina CHIESA
(cartina p146) Lo splendido campanile barocco del XVII secolo di questa chiesa è uno dei punti di riferimento più noti della città.

PARCHI E GIARDINI

Jardines del Turia AREA VERDE
(cartina p146) Realizzato nel vecchio letto del Río Turia, questo polmone verde lungo 9 km comprende campi da gioco, piste ciclabili, percorsi per il jogging e per passeggiate, fontane, prati e aree giochi per i bambini. A est del Palau de la Música potrete vedere i bambini arrampicarsi come tanti lillipuziani su un gigantesco e paziente **Gulliver**.

Jardín Botánico GIARDINI BOTANICI
(cartina p140; Calle Quart 80; ingresso €1; ⌚10-tramonto mar-dom) Realizzato nel 1802, è il più antico orto botanico della Spagna. Alberi e piante ormai maturi e un vasto giardino di cactus ne fanno il posto ideale per concedersi un po' di relax all'ombra, in compagnia della colonia di gatti che lo popola.

Jardines del Real PARCO
(cartina p140) Scendendo il letto del fiume si incontrano i Giardini Reali, un altro posto assai gradevole in cui fare una passeggiata. Chiamati comunemente Los Viveros, questi giardini appartenevano un tempo a un palazzo.

Valencia città centro

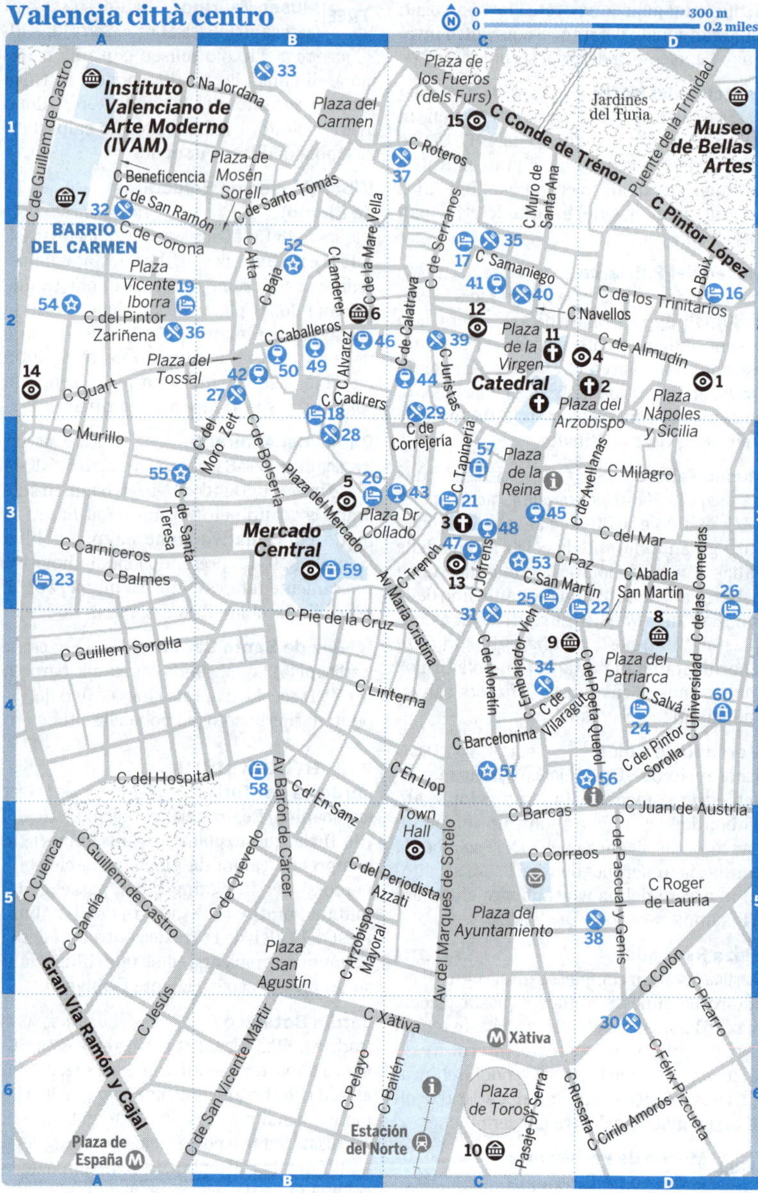

Parque de Cabecera PARCO
(cartina p140; Paseo de la Pechina) Questo parco pubblico che si estende all'estremità occidentale del letto del fiume ha un laghetto dove è possibile noleggiare pedalò a forma di cigno. Dalla sommità della collinetta artificiale si può ammirare un panorama speciale di Valencia.

SPIAGGE

Playa de la Malvarrosa prosegue in **Playa de las Arenas**. Lungo entrambe queste

Valencia città centro

Da non perdere
Catedral ... C2
Instituto Valenciano de Arte Moderno (IVAM) ... A1
Mercado Central ... B3
Museo de Bellas Artes ... D1

Che cosa vedere
1 Baños del Almirante ... D2
2 Cripta de la Cárcel de San Vicente Mártir ... D2
3 Iglesia de Santa Catalina ... C3
4 La Almoina ... D2
5 La Lonja ... B3
6 L'Iber (Museo de Soldaditos de Plomo) ... B2
7 Museo de Prehistoria (La Beneficencia) ... A1
8 Museo del Patriarca ... D4
9 Museo Nacional de Cerámica ... C4
10 Museo Taurino ... C6
11 Nuestra Señora de los Desamparados ... C2
Palacio del Marqués de Dos Aguas ... (v. 9)
12 Palau de la Generalitat ... C2
13 Plaza Redonda ... C3
14 Torres de Quart ... A2
15 Torres de Serranos ... C1

Pernottamento
16 Ad Hoc ... D2
17 Center Valencia ... C2
18 Hilux Hostal ... B2
19 Hôme Backpackers ... A2
20 Hôme Youth Hostel ... B3
21 Hostal Antigua Morellana ... C3
22 Hotel SH Inglés ... D3
23 Indigo Youth Hostel ... A3
24 Pensión París ... D4
25 Petit Palace Bristol ... C3
26 Red Nest Hostel ... D3

Pasti
27 Bar Pilar ... B2
28 Carosel ... B3
29 Espai Visor ... C2
30 Fresc Co ... D6
31 Ginger Loft Café ... C4
32 La Lluna ... A1
33 La Tastaolletes ... B1
34 La Utielana ... C4
35 Las Cuevas ... C2
36 L'Hamadríada ... A2
37 Mattilda ... C1
38 Palacio de la Bellota ... D5
39 Pepita Pulgarcita ... C2
40 Seu-Xerea ... C2

Locali
41 Café de las Horas ... C2
42 Café Infanta ... B2
43 Café Lisboa ... C3
44 Café-Bar Negrito ... C2
45 Finnegan's ... C3
46 Fox Congo ... B2
47 Horchatería de Santa Catalina ... C3
48 Horchatería el Siglo ... C3
49 Johnny Maracas ... B2
50 Sant Jaume ... B2

Divertimenti
51 Filmoteca ... C4
52 Jimmy Glass ... B2
53 La Claca ... C3
54 Music Box ... A2
55 Radio City ... A3
56 Teatro Principal ... D4
Teatro Rialto ... (v. 51)

Shopping
57 Kanda Books ... C3
58 Librería Patagonia ... B4
59 Mercado Central ... B3
60 Valencia Club de Fútbol Shop ... D4

spiagge corre il **Paseo Marítimo**, su cui si affacciano molti ristoranti. Alle loro spalle, a un isolato di distanza, ci sono bar e discoteche che rendono questa zona assai animata, soprattutto nei mesi estivi.

Playa El Salér, orlata da una pineta, si trova 10 km più a sud. Gli autobus **Autocares Herca** (☎96 349 12 50; www.autocaresherca.com, in spagnolo) fanno la spola ogni ora (in estate ogni 30 minuti) tra Valencia e Perelló, passando dal villaggio di El Salér. Questi mezzi (contraddistinti dalla scritta 'Herca') fermano all'incrocio tra Gran Vía de las Germanias e Calle Sueca, accanto a Plaza de Cánovas e di fronte alla Ciudad de las Artes y Las Ciencias.

Tour
Noleggiate una carrozza trainata da cavalli in Plaza de la Reina e girovagate per il Centro Histórico, guardando dall'alto in basso i pedoni. Un giro di 40 minuti costa

€30 per un numero massimo di cinque passeggeri.

Valencia Guías IN BICICLETTA

(☎96 385 17 40; www.valenciaguias.com; Paseo de la Pechina 32) Questa agenzia offre tutti i giorni escursioni guidate in bicicletta di tre ore e mezzo in inglese (€25 noleggio incluso; minimo due persone). Vengono organizzate anche visite a piedi della città della durata di due ore sia in spagnolo sia in inglese (interi/bambini €15/7,50), con partenza ogni sabato alle 10 dall'ufficio turistico situato in Plaza de la Reina.

Art Valencia A PIEDI

(☎96 310 61 93; www.artvalencia.com) Itinerari a piedi di due ore (€14) in inglese e spagnolo con partenza il venerdì alle 11 dall'ufficio turistico di Plaza de la Reina.

Feste e manifestazioni

Febbraio

Valencia Escena Oberta TEATRO DI STRADA

(www.festivalveo.com, in spagnolo) Questa manifestazione prevede 10 giorni di teatro di strada, ballo e arte contemporanea con esibizioni di straordinari artisti spagnoli e di altri paesi europei.

Marzo e aprile

Las Fallas SFILATE, FUOCHI D'ARTIFICIO

V. lettura in questa pagina.

Semana Santa SETTIMANA SANTA

Durante la settimana di Pasqua nel quartiere di La Malvarrosa, lungo la costa, hanno luogo solenni processioni.

Fiesta de San Vicente Ferrer CORTEI, RAPPRESENTAZIONI SACRE

La prima domenica dopo Pasqua in tutta la città si tengono pittoreschi cortei e rappresentazioni sacre.

Maggio

Fiesta de la Virgen PROCESSIONE

La seconda domenica di maggio la statua della Virgen de los Desamparados (santa patrona di Valencia), circondata da fedeli che sgomitano per toccarla, viene trasportata in processione lungo un breve tragitto attraverso Plaza de la Virgen fino alla cattedrale.

Danza Valencia DANZA CONTEMPORANEA

Compagnie di danza contemporanea spagnole e internazionali si esibiscono a Valencia in occasione di questa manifestazione in programma per due settimane tra la fine di aprile e l'inizio di maggio.

LAS FALLAS

Las Fallas de San José è una scatenata festa animata da musica, balli, falò e fuochi d'artificio, che dura alcuni giorni e prevede festeggiamenti che si protraggono per tutta la notte. Se vi trovate in Spagna nel periodo compreso tra il 12 e il 19 marzo (insieme ad altri due milioni di turisti) non dovete assolutamente perdervela.

Le *fallas* sono gigantesche sculture di cartapesta montate su legno (purtroppo con una percentuale sempre maggiore di polistirolo, dannoso per l'ambiente), realizzate da gruppi di artisti locali. Nel 2009 il costo complessivo di tutte le *fallas* superò i 10 milioni di euro; quelle più elaborate costavano €900.000. Ogni quartiere si occupa con passione della propria *falla*, e quando al mattino del 16 marzo la città si sveglia dopo il *plantà* (l'allestimento notturno delle *fallas*), nelle vie di Valencia si possono vedere più di 350 statue. Alte fino a 15 m, queste coloratissime figure sono in genere caricature di personaggi del mondo dello spettacolo o di politici, ma anche rappresentazioni grottesche di vicende locali.

I festeggiamenti si susseguono 24 ore su 24 con feste nelle strade e nelle piazze, gare gastronomiche di paella, sfilate, concerti all'aperto, corride e fuochi d'artificio gratuiti tutte le sere. Valencia si considera la capitale mondiale degli spettacoli pirotecnici, e dal 1° al 19 marzo ogni giorno alle 14 si tiene la *mascletà*, un'assordante esibizione di botti ed esplosioni che dura più di cinque minuti e fa tremare le finestre degli edifici di Plaza del Ayuntamiento.

Al termine della festa la gente vota la *falla* più bella, che viene collocata nel Museo Fallero.

L'ultimo giorno, allo scoccare della mezzanotte, tutte le altre *fallas* vengono bruciate su un rogo, mentre sullo sfondo esplodono ancora i fuochi d'artificio.

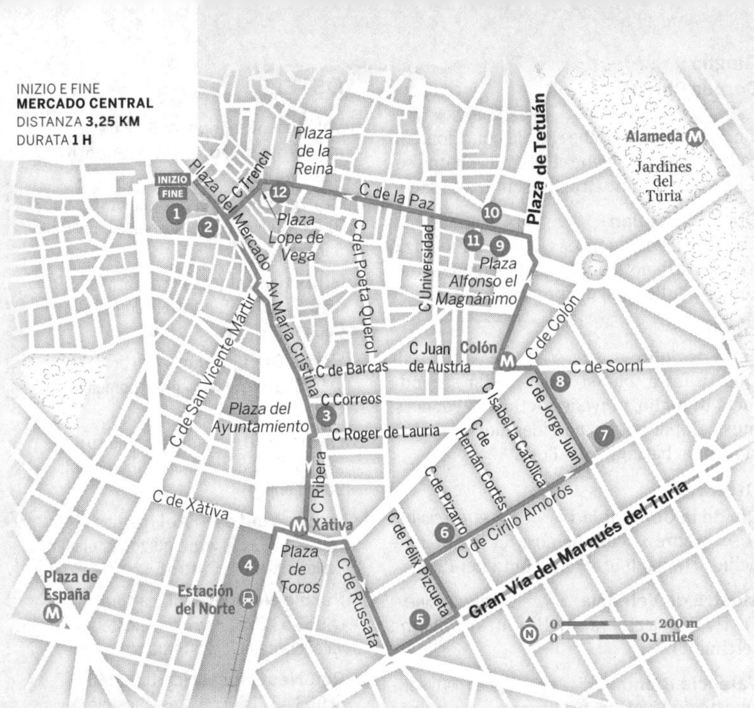

Itinerario a piedi

Passeggiata modernista

Questo itinerario tocca i principali edifici modernisti di Valencia.

Dopo avere fatto un giro nell'animatissimo 1 **Mercado Central**, osservate la facciata decorata da elaborati stucchi dell'edificio al n. 1 di 2 **Calle Ramilletes**, all'angolo con Plaza del Mercado. Seguite Avenida María Cristina fino a Plaza del Ayuntamiento, rallegrata da numerosi banchetti di fiorai, dove sorge il magnifico edificio della 3 **Posta Centrale**, sempre in stile modernista. Entrate per ammirare la bellissima cupola di vetro piombato. Sul lato opposto della piazza si trova il Municipio, in stile neoclassico.

Giunti alla fine di Calle Ribera, fate una breve deviazione verso la 4 **Estación del Norte**, per vedere la biglietteria modernista di legno scuro. Imboccate Calle Russafa, poi svoltate a sinistra diretti a 5 **Casa Ortega** (Gran Vía 9), abbellita da un'elaborata decorazione floreale. Girate a sinistra in Calle Félix Pizcueta, e poi prendete la prima a destra, fermandovi a 6 **Casa Ferrer** (Calle Cirilo Amorós 29), decorata con rose di stucco e piastrelle di ceramica. Proseguite verso nord giungendo al magnifico 7 **Mercado de Colón**, dove potrete concedervi una pausa e bere qualcosa, poi continuate in direzione ovest verso la 8 **Casa del Dragón** (Calle Jorge Juan 3), così chiamata per il motivo a forma di draghi con cui è decorata.

Attraversate Calle Colón, svoltate a destra in Calle Poeta Quintana passando accanto alla statua equestre di un altezzoso Jaime I e raggiungete Calle de la Paz. Nel XIX secolo l'9 **Hotel Vincci Palace**, oggi ristrutturato e ammodernato, portava il nome di Palace Hotel ed era l'albergo più lussuoso di Valencia. Sia questo edificio sia quello al n. **31** hanno elaborati *miradores* (bovindi d'angolo), mentre il 11 **Red Nest Hostel** (n. 36) ha delicate ringhiere in ferro.

Arrivati alla fine di Calle de la Paz, proseguite diritto – magari facendo una sosta per bere un'*horchata* alla 12 **Horchatería Santa Catalina**. Poi, in Plaza Lope de Vega, svoltate a sinistra in Calle Trench per fare ritorno al Mercado Central.

Giugno

Corpus Christi PROCESSIONE, RAPPRESENTAZIONI SACRE

Questa ricorrenza, che cade la nona domenica dopo Pasqua, viene celebrata con una solenne processione e rappresentazioni sacre.

Día de San Juan FALÒ SULLA SPIAGGIA

Dal 23 al 24 di giugno si festeggia il solstizio d'estate, e di notte migliaia di persone si raccolgono sulle spiagge intorno a grandi falò.

Luglio

Feria de Julio FESTA

Questa festa, che si svolge nella seconda metà di luglio, prevede spettacoli, concorsi musicali per bande, corride, fuochi d'artificio e una 'battaglia dei fiori'.

Ottobre

Día de la Comunidad FESTA REGIONALE

Il 9 ottobre si commemora la liberazione della città dagli arabi avvenuta nel 1238.

Mostra de Valencia FESTIVAL DEL CINEMA

Festival del cinema della durata di una settimana.

Valencia Bienial ARTI VISIVE

Questo festival, in programma a ottobre-novembre negli anni dispari, prevede l'allestimento di mostre in tutti i quartieri della città.

Pernottamento

Dal momento che Valencia è un attivo centro economico e finanziario, i grandi alberghi registrano sempre un notevole calo della clientela sia nei fine settimana sia durante la stagione estiva, motivo per cui in questi periodi la maggior parte di queste strutture offre tariffe molto ridotte.

TOP **Ad Hoc** HOTEL €€

(cartina p146; ☎96 391 91 40; www.adhocteles.com; Calle Boix 4; singole €65-101, doppie €76-125; ❄📶) Situato nel cuore del centro storico, l'Ad Hoc è un albergo molto accogliente ed elegante, che offre anche un fantastico piccolo **ristorante** (dal lunedì al venerdì e pranzo il sabato). L'edificio di fine Ottocento che lo ospita è stato restituito al suo antico splendore grazie a una sapiente opera di ristrutturazione, che ha riportato alla luce i soffitti originali, gli antichi mattoni e le massicce travi di legno.

Chill Art Jardín Botánico BOUTIQUE HOTEL €€

(cartina p140; ☎96 315 40 12; www.hoteljardinbotanico.com; Calle Doctor Peset Cervera 6; singole €94-133, doppie €94-149; ❄📶) Accogliente e sofisticato, questo albergo dall'atmosfera molto intima – ha solo 16 camere – è arredato con grande gusto. Il salone è illuminato dalle candele, e ogni camera è abbellita da opere d'arte originali. Non a caso l'Instituto Valenciano de Arte Moderno (IVAM), situato a pochi passi di distanza, sceglie regolarmente questa struttura per i suoi ospiti.

OSTELLI

Valencia offre molti ostelli allegri, moderni e con un ottimo rapporto qualità-prezzo.

Center Valencia (cartina p146; ☎963 91 49 15; www.center-valencia.com; Calle Samaniego 18)

Hilux Hostal (cartina p146; ☎963 91 46 91; www.feetuphostels.com; Calle Cadirers 11)

Hôme Backpackers (cartina p146; ☎963 91 37 97; www.likeathome.net; Calle Santa Cristina)

Hôme Youth Hostel (cartina p146; ☎963 91 62 29; www.likeathome.net; Calle Lonja 4)

Indigo Youth Hostel (cartina p146; ☎963 15 39 88; www.indigohostel.com; Calle Guillem de Castro 64)

Purple Nest Hostel (cartina p140; ☎963 53 25 61; www.nesthostels valencia.com; Plaza Tetuan 5)

Red Nest Hostel (cartina p146; ☎963 42 71 68; www.nesthostels valencia.com; Calle Paz 36)

TOP **Petit Palace Bristol** BOUTIQUE HOTEL €€

(cartina p146; ☎96 394 51 00; www.hthoteles.com; Calle Abadía San Martín 3; camere €60-130; ❄@📶) Delizioso boutique hotel dal raffinato stile minimalista ospitato all'interno di una dimora del XIX secolo completamente ristrutturata. Qui potrete gustare deliziose prime colazioni a buffet. Vi consigliamo di spendere €10 di più per pernottare in una delle doppie superior all'ultimo piano, dotate di un'ampia terrazza di legno da cui si ammira un bel panorama sulla città. Le biciclette sono a disposizione degli ospiti gratuitamente.

Petit Palace Germánias BOUTIQUE HOTEL €€

(cartina p140; ☎96 351 36 38; www.hthotels.com; Calle Sueca 14; camere €65-120; ❄@📶) Sotto la stessa gestione del Petit Palace Bristol e altrettanto ricco di fascino, è un boutique hotel in attività da meno tempo e situato leggermente più lontano dal centro. Gli ospiti possono utilizzare gratuitamente le biciclette.

Neptuno HOTEL €€€
(☎96 356 77 77; www.hotelneptunovalencia.com; Paseo de Neptuno 2; singole €115-135, doppie €128-148; ❄📶) Affacciato sul porto turistico e sulla spiaggia di Las Arenas, il Neptuno è un albergo molto moderno e raffinato che rappresenta la scelta ideale per coloro che desiderano alternare le visite di musei e monumenti con la vita da spiaggia. Il suo ristorante, il Tridente, è uno dei migliori di Valencia.

Hospes Palau de la Mar HOTEL €€€
(cartina p140; ☎96 316 28 84; www.hospes.es; Calle Navarro Reverter 14; doppie €115-175; ❄🏊📶) Creato dalla fusione di due eleganti residenze del XIX secolo (a cui sono state aggiunte 18 camere moderne ma molto simili tra loro disposte intorno a un tranquillo giardino interno), questo boutique hotel, dominato dai colori nero, bianco, grigio scuro e beige, è un posto dallo stile moderno e sofisticato. Offre una sauna, vasche con idromassaggio e una minuscola piscina.

Hostal Antigua Morellana HOSTAL €
(cartina p146; ☎96 391 57 73; www.hostalam.com; Calle En Bou 2; singole €45-55, doppie €55-65; ❄) L'Hostal Antigua Morellana è un'accogliente struttura a gestione familiare di 18 camere situata nei pressi del mercato centrale. Ospitato in una *posada* (una locanda in cui alloggiavano i mercanti più ricchi che vendevano i loro prodotti al vicino mercato alimentare) del XVIII secolo ristrutturata, offre camere accoglienti di discrete dimensioni, dotate quasi tutte di balcone.

Pensión París PENSIÓN €
(cartina p146; ☎96 352 67 66; www.pensionparis.com; 1° e 3° piano, Calle Salvá 12; singole €23, doppie €34-42) Accogliente struttura a gestione familiare che dispone di camere pulitissime, la maggior parte delle quali con bagno nel corridoio e alcune con bagno privato. Situata in una via particolarmente tranquilla, è l'antitesi degli ostelli caotici e affollati.

SH Inglés HOTEL €€
(cartina p146; ☎96 351 64 26; www.hotelinglesvalencia.com; Calle Marqués de Dos Aguas 6; camere €90; ❄@📶) Ospitato in un palazzo settecentesco ristrutturato con eleganza e sottoposto a molte modifiche, l'Hotel Inglés mette a disposizione dei propri ospiti 63 camere, tutte dotate di pavimenti di parquet, testate dei letti di legno scuro verniciato e grandi scrivanie con ripiano di vetro. Il suo gradevole caffè e alcune camere si affacciano sullo sfarzoso ingresso principale in stile rococò del Palacio del Marqués de Dos Aguas.

> **APPARTAMENTI**
>
> Se siete alla ricerca di una sistemazione indipendente in cui soggiornare per uno o più giorni, consultate i seguenti siti web:
> www.roomsdeluxe.com
> www.valenciaflats.com
> www.accommodation-valencia.com

Acta Atarazanas HOTEL €€
(☎96 320 30 10; www.actahoteles.com; Plaza Tribunal de las Aguas 5; camere €60-100; ❄📶) Nelle camere le pareti e i tessuti color crema contrastano con il legno scuro verniciato. Davvero lussuosi i bagni: potrete lavarvi in una profonda vasca con idromassaggio, oppure nella doccia dotata di un enorme soffione. Dalla ventilata terrazza all'ultimo piano si ammira un magnifico panorama che abbraccia la città e il mare. L'Acta Atarazanas si trova vicino alla spiaggia e al porto.

Pasti

Valencia è il capoluogo della Huerta, una fertile pianura agricola costiera che ogni giorno rifornisce la città di frutta e verdura freschissime.

CENTRO HISTÓRICO

TOP **Carosel** MEDITERRANEO €€
(cartina p146; ☎96 113 28 73; Calle Taula de Canvis 6; menu a pranzo/cena €15/22; ⏲pranzo e cena mar-sab, pranzo dom) Jordi, ex-chef del Seu-Xerea, e la sua compagna Carol gestiscono questo incantevole ristorantino dall'arredo minimalista, con un gradevole contrasto tra il bianco candido e il marrone scuro. A ora di pranzo, dopo un buon tris di antipasti presentati in modo gradevole su un unico vassoio, viene servito un piatto di riso cotto al punto giusto, a cui fa seguito un ampio assortimento di dessert. Il *menú* serale è strutturato allo stesso modo, ma è tutto più abbondante. Caldamente consigliato.

Bar Pilar TAPAS €

(cartina p146; ☎96 391 04 97; Calle del Moro Zeit 13; ⊙12-24) Il Bar Pilar è un locale piccolo e alla buona in cui si possono gustare invitanti tapas e *clóchinas* (una varietà locale di mitili, piccoli e succulenti), disponibili tra maggio e agosto. Nel resto dell'anno serve *mejillones*, cozze molto più grosse ma meno buone. Chiedete un *entero*, cioè un vassoio ricolmo di *mejillones* in un brodo speziato che si può raccogliere con un guscio vuoto. Al bancone il galateo richiede che i gusci vuoti vengano gettati nel recipiente di plastica posto ai vostri piedi.

Seu-Xerea FUSION, MEDITERRANEO €€

(cartina p146; ☎96 392 40 00; www.seuxerea.com; Calle Conde Almodóvar 4; portate principali €16-19, menú €22-50; ⊙pranzo e cena lun-ven, cena sab) Questo accogliente ristorante è stato recensito in termini molto positivi in quasi tutti gli articoli dei giornali e delle pubblicazioni in lingua inglese di Valencia. Il suo menu à la carte è creativo e viene rinnovato regolarmente, proponendo sia piatti della cucina internazionale sia specialità tipicamente spagnole. I vini, selezionati dal proprietario, sommelier qualificato, sono tutti di ottima qualità.

L'Hamadríada MEDITERRANEO €€

(cartina p146; ☎96 326 08 91; www.hamadriada.com, in spagnolo; Plaza Vicente Iborra; menú a pranzo €13, menú €18-22, portate principali €12,50-16; ⊙pranzo dom-mar, pranzo e cena mer-sab) All'Hamadríada (Ninfa dei Boschi), un locale assai apprezzato dalla gente del posto, lavora personale preparato e molto attento a soddisfare le esigenze della clientela. Ospitato all'interno di uno stretto edificio rettangolare di colore bianco situato in un piccolo vicolo cieco, questo ristorante propone all'ora di pranzo un innovativo *menú* comprendente piatti di riso cucinati con maestria e grigliate preparate con carne e verdure di prima qualità.

Mattilda MEDITERRANEO €€

(cartina p146; ☎96 392 31 68; Calle Roteros 21; menú €11-13, portate principali €11-17; ⊙pranzo lun e mar, pranzo e cena mer-sab) Uno stile moderno semplice ed elegante caratterizza l'arredo di questo locale, gestito da una simpatica squadra capitanata da Francisco Borell. Offre un servizio attento, una fantasiosa selezione di piatti à la carte e un *menú* a pranzo dal rapporto qualità-prezzo particolarmente buono.

Ginger Loft Café BAR, CAFFÈ €

(cartina p146; ☎96 352 32 43; www.thegingerloft.com; Calle de Vitoria 4; portate principali €7,50, menú €12; ⊙pranzo e cena mar-ven e dom, cena sab) Lo scozzese Mike e il suo socio peruviano-giapponese Santiago gestiscono questo delizioso piccolo locale, dove troverete vini selezionati provenienti da tutta la regione valenciana, un'intera pagina del menu dedicata a invitanti cocktail e il più ampio assortimento di bottiglie di gin che abbiate mai visto. Potrete fare uno spuntino scegliendo dalla vasta gamma di prosciutti e formaggi spagnoli, oppure ordinare una delle portate principali internazionali proposte.

La Tastaolletes VEGETARIANO €

(cartina p146; ☎96 392 18 62; www.latastaolletes.com, in spagnolo; Calle Salvador Giner 6; tapas e insalate €6-9,50, portate principali €8-11; ⊙pranzo e cena mar-sab, pranzo dom; ✎) La Tastaolletes propone un fantasioso assortimento di tapas e portate principali vegetariane. Si tratta di un locale gradevolmente informale, che consigliamo per l'atmosfera accogliente e per il cibo genuino e preparato con ingredienti di qualità. Le insalate sono abbondanti e i dessert (tra cui il cheesecake con frutta cotta) assolutamente divini.

Espai Visor VEGETARIANO €€

(cartina p146; ☎96 392 23 99; www.espaivisor.com; Calle de Correjería 40; menú €18, portate principali €12 circa; ⊙cena mar-sab; ✎) Il piccolo Espai Visor, sia ristorante sia galleria di fotografie, spicca in una città in cui sono presenti pochi locali vegetariani. I piatti sono illustrati in modo invitante (e ciò non ci sorprende, dal momento che il proprietario Pep Benlloch è un fotografo professionista) e il menu è innovativo. C'è anche la connessione wi-fi gratuita.

Palacio de la Bellota FRUTTI DI MARE €€€

(cartina p146; ☎96 351 53 61; www.palaciodelabellota.es; Calle de Mosén Femades 7; ⊙lun-sab) Lungo questa via pedonale troverete alcuni ottimi ristoranti specializzati in frutti di mare. Uno di questi è il Palacio de la Bellota, dove troverete freschi frutti di mare pescati nel Mediterraneo e un eccellente assortimento di pesce, ma anche molti prosciutti appesi al soffitto. Potrete consumare i pasti all'interno oppure nel dehors sulla strada.

La Lluna VEGETARIANO €

(cartina p146; ☎96 392 21 46; Calle San Ramón 23; pasti €15 circa; ⊙lun-sab; ✎) La Lluna è un accogliente locale dalle pareti rivestite di piastrelle scompagnate, frequentato da

LA CUCINA DI VALENCIA

L'*arroz* (riso) è l'ingrediente base di molti piatti della cucina valenciana, tra cui la celeberrima paella, nata proprio a Valencia. Altre specialità meno note, sempre a base di riso, sono l'*arroz a banda* (cotto nel brodo di pesce); l'*arroz negro* (al nero di seppia); e l'*arroz al horno* (al forno). La *fideuá*, invece, è una paella preparata con la pasta al posto del riso.

Tra le altre specialità regionali figura l'*horchata*, una bevanda dolce dall'aspetto lattiginoso ottenuta dalla spremitura delle *chufas* (tubercoli del cipero dolce), nella quale si intingono dolci dalla forma allungata chiamati *fartons*. Poi c'è l'*Agua de Valencia*, che, a dispetto del nome, con l'acqua non ha niente a che vedere. Si tratta di un cocktail simile al Buck's Fizz, preparato miscelando *cava* (spumante), succo d'arancia, gin e vodka.

una clientela di habitué, che serve da oltre 25 anni una cucina vegetariana di qualità a prezzi ragionevoli (tra cui un *menú* da quattro portate a pranzo dall'eccezionale rapporto qualità-prezzo, ovvero soli €7,20).

Fresc Co ALL-YOU-CAN-EAT €
(cartina p146; ☎96 310 63 88; Calle Felix Pizcueta 6; pranzi all-you-can-eat a meno di €10) Il buffet del Fresc Co propone un ampio assortimento di insalate preparate con verdure fresche, alle quali si aggiungono piatti di pasta e pizze. Dotato di pareti con mattoni a vista dalle calde tonalità, è un locale gradevole e dall'ottimo rapporto qualità-prezzo, anche se una volta terminato il dessert non si viene propriamente incoraggiati a trattenersi. In città ci sono altre tre filiali di questa catena.

La Utielana VALENCIANO €
(cartina p146; ☎96 352 94 14; Plaza Picadero dos Aguas 3; menú €10, portate principali €15; ⏲pranzo e cena lun-ven, pranzo sab) Situato in posizione appartata nei pressi di Calle Prócida e non facile da trovare, La Utielana merita sicuramente il tempo che si impiega per individuarlo. Si tratta di un tipico ristorante valenciano sempre molto affollato, grazie ai suoi piatti genuini e al suo eccezionale rapporto qualità-prezzo. Dal momento che non si accettano prenotazioni, cercate di arrivare presto. Se dovete aspettare, prendete un biglietto numerato dall'apposito distributore.

Las Cuevas TAPAS €
(cartina p146; ☎96 391 71 96; Plaza Cisneros 2; tapas €4,50-11; ⏲pranzo e cena lun-ven, cena sab) Aperto di recente in un nuovo edificio, è un grande locale con molte nicchie e angoli. Il bancone è stracolmo di tapas appena fatte.

Pepita Pulgarcita TAPAS €€
(cartina p146; ☎96 391 46 08; Calle Caballeros 19; tapas €6-11,50; ⏲13-1.30 mar-dom, 19-1.30 lun) Con il suo ampio assortimento di vini e le sue tapas raffinate, fantasiose e presentate con gusto, il minuscolo Pepita Pulgarcita è il posto ideale per fare uno spuntino, consumare un pasto completo o bere semplicemente una *copa*.

LAS ARENAS

Nel fine settimana gli abitanti di Valencia prendono letteralmente d'assalto Las Arenas, una zona situata immediatamente a nord del porto, dove c'è una lunga successione di ristoranti affacciati sulla spiaggia che servono tutti la tradizionale paella in un menu da tre portate a meno di €20.

TOP **Tridente** FUSION GOURMET €€€
(☎96 371 03 66; Paseo Neptuno; menú €45-65, portate principali €22-30; ⏲pranzo e cena mar-sab, pranzo dom) Iniziate con un aperitivo servito nell'ampio dehors affacciato sulla spiaggia, quindi trasferitevi nella sala interna del Tridente, il ristorante dell'albergo Neptuno, dove i raggi del sole filtrati dalle finestre scaldano il raffinato arredamento color crema. Il menu à la carte è molto ampio, mentre i *menú* del giorno vengono 'declamati' dal maître, in grado di esprimersi in buon inglese. Con i loro accostamenti di colori e l'abbinamento di sapori dolci e salati, i piatti di questo locale sono creativi, presentati con grande senso estetico e serviti in porzioni generose.

Lonja del Pescado PESCE €
(☎96 355 35 35; Calle Eugenia Viñes 243; pasti €20 circa; ⏲pranzo sab e dom, cena mar-dom marzo-ott, pranzo sab e dom, cena ven e sab nov-feb) Situato a un isolato di distanza dalla spiaggia di Malvarrosa, questo animato locale decisamente alla buona – si tratta di una semplice struttura metallica abbellita da qualche decorazione – offre pesce fresco dal rapporto qualità-prezzo davvero imbattibile. Quando entrate prendete un modulo per l'ordinazione e compilatelo una volta seduti al vostro tavolo.

La Pepica PESCE, FRUTTI DI MARE €€
(☎96 371 03 66; Paseo Neptuno 6; pasti €25 circa; ⊙pranzo e cena lun-sab, pranzo dom) Più costoso rispetto agli altri ristoranti di pesce situati nei dintorni, La Pepica è rinomato per i suoi piatti di riso e i suoi frutti di mare ed è stato frequentato in passato da personaggi illustri, tra cui Ernest Hemingway. Tra una portata e l'altra, date un'occhiata alle fotografie e ai riconoscimenti che tappezzano le pareti.

Locali

Animata com'è da una numerosa popolazione studentesca, Valencia ha la fama – più che giustificata – di essere una delle città più vivaci della Spagna per quanto riguarda la vita notturna.

Il Barrio del Carmen ospita la scelta migliore di locali alternativi e alla moda, ma anche i dintorni dell'università meritano di essere presi in considerazione; in particolare, lungo Avenida de Aragón e Avenida Blasco Ibáñez e nelle vie circostanti troverete numerosi bar e *discotecas* aperti fin oltre l'alba.

Altre zone interessanti sono quella del Mercado de Abastos e, in estate, il nuovo quartiere del porto e Malvarrosa.

CENTRO HISTÓRICO

El Carmé offre locali di ogni genere, che vanno da bar dall'arredamento di tendenza a luoghi di ritrovo per appassionati di thrash-metal. Nel fine settimana Calle Caballeros, la strada principale di questo quartiere, si riempie di gente alla ricerca de *la marcha* (il movimento). Su **Plaza del Tossal** si affacciano alcuni bar sofisticati, e in **Calle Caballeros** ci sono un paio di bar frequentati da bella gente.

Cafe-Bar Negrito CAFFÈ
(cartina p146; Plaza del Negrito, El Carmé) Ristrutturato di recente, questo locale è un tradizionale luogo di ritrovo di intellettuali con simpatie di sinistra.

Café Lisboa CAFFÈ
(cartina p146; Plaza del Doctor Collado 9, El Carmé) Anche questo è un locale animato, frequentato soprattutto da studenti. Dispone di un grande dehors, e nella bacheca ci sono annunci di appartamenti in condivisione e lezioni di lingua.

Café Infanta CAFFÈ
(cartina p146; Plaza del Tossal) Numerosi cimeli relativi al mondo del cinema caratterizzano l'interno di questo caffè; il dehors è una postazione ideale per osservare la gente.

TOP **Sant Jaume** CAFFÈ
(cartina p146; Plaza del Tossal) Ricavato in una farmacia, offre al primo piano numerosi angolini tranquilli e stretti corridoi.

Johnny Maracas SALSA BAR
(cartina p146; 39 Calle Caballeros) Un bel locale di salsa con acquari sistemati sul bancone.

Fox Congo BAR
(cartina p146; 35 Calle Caballeros) Questo locale ha un elegante bar in alabastro e pareti rivestite di pelle e di alluminio. È anche un ottimo posto in cui recarsi per ballare.

Due accoglienti bar caratterizzati ognuno da una personalità peculiare sono i seguenti:

Café de las Horas COCKTAIL BAR
(cartina p146; Calle Conde de Almodóvar 1) Offre un elaborato stile barocco, arazzi, musica di tutti i generi, candelabri e una lunga lista di cocktail esotici.

Finnegan's BAR
(cartina p146; Plaza de la Reina) Tra i vari pub irlandesi presenti a Valencia, il Finnegan's è quello da maggior tempo in attività. Si tratta inoltre di un noto luogo di ritrovo di parlanti inglesi.

Nel cuore della città si trovano due locali tradizionali in cui è possibile assaggiare l'*horchata*: l'**Horchatería de Santa Catalina** (cartina p146) e l'**Horchatería el Siglo** (cartina p146), situate l'una di fronte all'altra in Plaza Santa Catalina e in perenne concorrenza tra loro.

ALTRE ZONE

Vicino al Mercado de Abastos, immediatamente a ovest del centro, **Calle Juan Lloréns** e le vie circostanti fanno parte di un'altra zona dove i bar abbondano.

Café Carioca MUSIC BAR
(cartina p140; Calle Juan Lloréns 52) Simile a una grotta e con originali pareti a mosaico, il Café Carioca ha tre bar. Il ritmo della musica si fa più intenso a mano a mano che la notte avanza; aspettatevi musica dance, hip hop, soul e house – e preparatevi a scatenarvi sulla pista.

Peatonal MUSIC BAR
(cartina p140; Calle Juan Lloréns 39) Come il Café Carioca, situato proprio davanti, anche il Peatonal è un locale in attività da molto tempo in una zona dove i bar aprono a chiudono i battenti molto in fretta. Propone musica disco e musica spagnola pop e commerciale,

MANOLO EL DEL BOMBO

Se, in occasione degli ultimi mondiali di calcio, avete guardato una partita in cui giocava la Spagna – oppure qualsiasi incontro di calcio internazionale a cui ha preso parte anche la squadra iberica – avrete probabilmente notato un uomo con un grosso cappello che percuoteva con energia un'enorme grancassa per incitare i tifosi. Questo signore è Manolo il Tamburo, uno degli abitanti più famosi di Valencia.

Quando non suona la grancassa negli stadi, Manolo gestisce un bar situato all'ombra del vecchio stadio Mestalla, dove si allena il Valencia. Il suo **bar** (cartina p140; www.manoloeldelbombo.com, in spagnolo; Plaza del Valencia Club de Fútbol 5; ⌚12-22 mar-dom), luogo di pellegrinaggio per tutti i tifosi che si rispettino, è tappezzato di fotografie, ricordi e cimeli, e appeso al soffitto c'è anche il leggendario tamburo del proprietario.

e il giovedì c'è un DJ. Fino all'una di notte si possono bere due bevande al prezzo di una.

Tango y Truco BAR
(cartina p140; Calle Calixto III 10) Poster e fotografie di Maradona, Eva Perón e altre celebrità argentine e internazionali tappezzano le pareti di questo accogliente locale, un pezzetto di Buenos Aires nel centro di Valencia.

☆ Divertimenti

La migliore delle guide online agli eventi in programma a Valencia si trova all'indirizzo www.thisisvalencia.com. *La Turia* è una dettagliata guida in spagnolo che esce ogni settimana, in vendita nei chioschi e presso le edicole, mentre *Hello Valencia* (in spagnolo e in inglese) e *24-7 Valencia* (in inglese) sono mensili gratuiti. Entrambi sono disponibili presso gli uffici turistici e in alcuni bar e locali.

Nella maggior parte dei locali è previsto un costo di ingresso (da €10 a €20), ma molti posti offrono tessere sconto.

Locali notturni e discoteche

Terraza Umbracle LOUNGE BAR
(cartina p140; ⌚24-6.30 gio-sab metà mag-metà ott) Situato all'estremità meridionale del viale dell'Umbracle, all'interno della Ciudad de las Artes y de las Sciencia, è un locale sofisticato in cui trascorrere una calda serata estiva. Godetevi la brezza serale sotto le stelle sulla terrazza, poi scendete al **M.Y.A.**, una delle migliori discoteche della città, dotata di uno straordinario impianto sonoro. La tariffa di ingresso (€20 compresa la prima consumazione) consente di accedere a entrambi i locali.

Radio City CLUB
(cartina p146; www.radiocityvalencia.com, in spagnolo; Calle Santa Teresa 19; ⌚22-3.30) Il Radio City, che non è soltanto una discoteca, ma anche un piccolo centro culturale, è un posto sempre animato che sa come richiamare la gente proponendo attività come cinema, flamenco (alle 23 il martedì) e musica per ballare di vario tipo. Qui potrete procurarvi un volantino del Music Box, il locale sotto la stessa gestione aperto di recente.

Music Box CLUB
(cartina p146; Calle Pintor Zariñena 16; ⌚24-7 mar-sab) Sotto la stessa gestione del Radio City, il Music Box è un locale più piccolo che propone musica assai varia in grado di soddisfare tutti i gusti. L'ingresso è gratuito fatta eccezione per il venerdì e il sabato dopo le 3, quando è previsto un costo di ingresso di €10.

Mosquito MUSIC BAR
(cartina p140; Calle Polo y Peyrolón 11) I DJ di questo minuscolo locale alternano i ritmi classici del soul e del R&B alle sonorità più vivaci dell'hip hop. Non importa quanti bicchieri avete bevuto, al Mosquito saprete sempre dove vi trovate grazie alla zanzara gigante di cartapesta appesa sopra il bar dalla forma circolare.

Dub Club CLUB
(cartina p140; Calle Jesús 91; ⌚gio-dom) 'Qui si fa musica, non rumore' è il motto di questo eccezionale locale con un bar lungo e stretto comunicante con la pista da ballo sempre piena di gente. E in effetti il Dub Club propone un'eccellente scelta musicale, che comprende, tra gli altri generi, jazz dal vivo, reggae, dub, drum 'n' bass, funk e breakbeat.

Bananas DISCOTECA
(www.bananasworldmusic.com, in spagnolo; Carretera Valencia–Alicante, El Romani; ⌚a partire dalle 24 ven e sab) In questa discoteca – probabilmente la più grande che vi sia mai capitato di vedere – migliaia di persone ballano al ritmo della musica techno con un tocco di house. Per raggiungere il Bananas

non dovrete preoccuparvi di cercare un taxi, in quanto si può prendere il treno speciale che parte dall'Estación del Norte all'1.15 di notte e poi tornare con quello delle 6.15 dopo avere ballato tutta la notte. Un avvertimento: al Bananas a volte circola molta droga.

Caribbean's DANCE BAR
(cartina p140; Calle Bélgica 5; ⏱mar-sab) In questo piccolo dance bar situato in un seminterrato, di solito molto affollato, vengono offerti drink (provate il mojito) a prezzi molto ragionevoli e si può ascoltare un mix di musica house, hip hop e R&B. La serata del mercoledì è dedicata agli studenti.

La Claca CLUB
(cartina p146; www.laclaca.com, in spagnolo; Calle San Vicente Mártir 3; ⏱19-3.30) Situato in posizione centrale e assai frequentato, questo locale ha tutte le sere DJ che propongono musica funk, hip hop e indie. Inoltre, la domenica a partire dalle 20.30 ospita alcuni dei migliori spettacoli di flamenco della città.

Musica dal vivo

Black Note JAZZ DAL VIVO
(cartina p140; Calle Polo y Peyrolón 15) Il più attivo locale di jazz della città propone musica dal vivo dal lunedì al giovedì e buona musica registrata, sempre jazz, ma anche blues e soul, il venerdì e il sabato. L'ingresso, che comprende la prima consumazione, costa da €6 a €15, a seconda di chi si esibisce.

Jimmy Glass JAZZ BAR
(cartina p146; www.jimmyglassjazz.net, in spagnolo; Calle Baja 28) Al Jimmy Glass è possibile ascoltare jazz scelto dalla vasta collezione di CD del proprietario e di quando in quando anche musica dal vivo. È tutto ciò che un jazz bar dovrebbe essere: buio, fumoso e con maxi dosi di fantasiosi cocktail.

El Loco MUSICA LIVE
(cartina p140; www.lococlub.org, in spagnolo; Calle Erudito Orellena 12) Questo locale in attività da molto tempo gode di grande popolarità; dal mercoledì al sabato è possibile assistere a esibizioni di gruppi e solisti.

Calcio

La squadra di calcio più importante della città è il **Valencia Club de Fútbol** (www.valenciacf.com). Nel suo negozio (p157) è possibile acquistare sciarpe, berretti di lana, magliette e gadget di vario genere.

L'altra squadra di calcio professionistica della città è il **Levante** (www.levanteud.com), molto meno forte del Valencia, che entra ed esce dalla serie A spagnola di continuo. Se ce la fate, cercate di assistere a una partita di questa squadra: i suoi giocatori, appena promossi e in un periodo particolarmente felice al momento della stesura di questa guida, hanno bisogno del massimo sostegno.

Cinema

Filmoteca CINEMA D'ESSAI
(cartina p146; www.ivac-lafilmoteca.es, in spagnolo; Plaza del Ayuntamiento; ingresso €1,50) Situato al quarto piano dell'edificio del Teatro Rialto, questo cinema proietta film classici e d'autore in lingua originale e, incredibile a dirsi, in più di 20 anni di attività non ha mai aumentato il prezzo di ingresso!

Babel CINEMA D'ESSAI
(cartina p140; www.cinesalbatrosbabel.com, in spagnolo; Calle Vicente Sancho Tello 10) Cinema multisala che proietta esclusivamente film non doppiati. Il lunedì il biglietto è scontato.

Teatro e opera lirica

Teatro Principal TEATRO
(cartina p146; ☎96 353 92 00; Calle Barcas 15) Il più importante teatro cittadino.

Palau de la Música SALA DA CONCERTI
(cartina p140; ☎96 337 50 20; www.palaudevalencia.com, in spagnolo; Paseo de la Alameda 30) Ospita soprattutto concerti di musica classica.

Palau de les Arts Reina Sofía TEATRO LIRICO
(cartina p140; ☎902 10 00 31; www.lesarts.com; Autovía a El Saler) Dotato di quattro sale, è un magnifico teatro dedicato quasi esclusivamente alla lirica.

Shopping

Librería Patagonia LIBRERIA DI VIAGGI
(cartina p146; www.libreriapatagonia.com, in spagnolo; Calle Hospital 1) Eccellente libreria di viaggi con alcune guide in inglese e numerosi titoli Lonely Planet. È anche un'agenzia di viaggi.

Mercado Central MERCATO ALIMENTARE
(cartina p146; Plaza del Mercado; ⏱7.30-14.30 lun-sab) Una visita allo splendido mercato coperto di Valencia è una tappa obbligata, anche soltanto per curiosare tra le sue bancarelle.

Kanda Books LIBRI USATI
(cartina p146; www.kandabooks.es; Calle Tapinería 18) Simpatica libreria di libri usati con molti titoli in lingua inglese.

Valencia Club de Fútbol Shop (cartina p146; Calle Pintor Sorolla 24) Souvenir, sciarpe e berretti della squadra di calcio più importante della città.

Informazioni

Per avere informazioni turistiche telefonate al ☎902 12 32 12 da qualunque località della regione (tenete però presente che la tariffa è piuttosto elevata).

Restobar Rivendel (Calle del Hospital 18; accesso a internet €2 l'ora, wi-fi gratuito; ⊙8.30-24 lun-sab, fino alle 16 dom) Un bel bar con accesso a internet.

Ufficio turistico regionale (☎96 398 64 22; www.comunitatvalenciana.com; Calle Paz 48; ⊙9-20 lun-sab, 10-14 dom)

Ufficio turistico Turismo Valencia (VLC) (cartina p146; ☎96 315 39 31; www.turisvalencia.es; Plaza de la Reina 19; ⊙9-19 lun-sab, 10-14 dom) L'ufficio turistico di Valencia ha anche altre filiali, tra cui una alla stazione ferroviaria e una all'aeroporto, nel terminal degli arrivi.

Per/da Valencia

Aereo

L'**Aeropuerto de Manises** (☎96 159 85 00) si trova 10 km a ovest del centro e può essere raggiunto percorrendo la A3 in direzione ovest verso Madrid. Lo scalo è servito dalle linee 3 e 5 della metropolitana.

Voli economici raggiungono le principali destinazioni europee, tra cui Parigi, Milano, Ginevra, Amsterdam, Bruxelles, Dublino e Londra.

Autobus

La **stazione degli autobus** (☎96 346 62 66) si trova in Avenida Menéndez Pidal, lungo il letto ormai prosciugato del Río Turia. L'autobus n. 8 fa la spola tra la stazione degli autobus e Plaza del Ayuntamiento.

Avanza (www.avanzabus.com) ha autobus che effettuano servizio ogni ora per/da Madrid (da €18 a €27, 4 h).

ALSA (www.alsa.es) ha autobus che effettuano fino a 10 corse al giorno per/da Barcellona (da €26 a €30, 4 h 30 min) e oltre 10 per Alicante (€21, 2 h 30 min); la maggior parte degli autobus ferma anche a Benidorm (€14,50, 1 h 45 min).

Imbarcazioni

Acciona Trasmediterránea (www.acciona-trasmediterranea.es) gestisce traghetti che trasportano automobili e passeggeri fino a Ibiza, Maiorca e Minorca.

Treno

Dall'Estación del Norte partono treni diretti a numerose destinazioni. Tra le principali figurano le seguenti:

DESTINAZIONE	TARIFFA (€)	DURATA (ORE)	AL GIORNO
Alicante	29	1¾	8
Barcellona	39-43	da 3 a 3½	almeno 12
Madrid	47,50	3¾	fino a 10
Madrid*	€75 circa	1½	fino a 12

* Treno ad altà velocità AVE

Ogni mezz'ora ci sono treni per Castellón (€4,50, fino a 1 h) via Sagunto (€3, 30 min).

Trasporti urbani

Valencia dispone di una rete integrata di trasporti urbani che comprende autobus, tram e metropolitana.

Gli uffici di Turismo Valencia (VLC) vendono la **Valencia Tourist Card** (€10/16/20 per 1/2/3 giorni), che consente di viaggiare liberamente sui mezzi urbani e di ottenere sconti per l'ingresso a determinati luoghi di interesse turistico, oltre che presso alcuni negozi e ristoranti convenzionati.

Per/dall'aeroporto

Le linee della metropolitana 3 e 5 assicurano i collegamenti tra l'aeroporto, il centro cittadino e il porto. Una corsa in taxi fino in centro costa circa €17 (per le corse che partono dall'aeroporto è previsto un supplemento di €2,50 oltre all'importo indicato dal tassametro).

Automobile e motocicletta

Cercare parcheggio a Valencia costituisce un problema tutt'altro che trascurabile. Due ampi parcheggi sotterranei si trovano sotto Plaza de la Reina e Plaza Alfonso el Magnánimo, mentre il più capiente in assoluto è situato vicino alla stazione ferroviaria e si estende da Calle Xàtiva alla Gran Vía.

Tra le compagnie di autonoleggio più affidabili situate all'interno dell'aeroporto figurano le seguenti, che di solito applicano tariffe inferiori rispetto a quelle delle compagnie più note:

Javea Cars (☎96 579 3312; www.javeacars.com)

Solmar (☎96 153 90 42; www.solmar.es)

Victoria Cars (☎96 583 02 54; www.victoriacars.com).

Noleggio biciclette

Do You Bike (☎96 315 55 51; www.doyoubike.com; Plaza Horno San Nicolás)

Orange Bikes (☎96 391 75 51; www.orangebikes.net; Calle Editor Manuel Aguilar 1)

Solution Bike (☎96 110 36 95; www.solutionbike.com; Calle Embajador Vich 11)

Valencia Guías (☎96 385 17 40; www.valenciaguias.com; Paseo de la Pechina 32)

Trasporti pubblici

La maggior parte degli autobus effettua servizio fino alle 22 circa; dopo questo orario è disponibile un servizio notturno gestito da sette linee principali in servizio fino all'1 di notte circa. Acquistate una **Móbilis**, una carta ricaricabile (€2) in vendita presso le principali stazioni della metropolitana, in quasi tutte le tabaccherie e in alcune edicole

Il tram ad alta velocità rappresenta un mezzo di trasporto molto piacevole per raggiungere la zona del porto. È possibile salire a bordo al Pont de Fusta oppure a Benimaclet, dove incrocia la metropolitana.

Le linee della **metropolitana** (www.metrovalencia.es) attraversano la città raggiungendo i quartieri periferici. Le stazioni più vicine al centro sono quelle di Ángel Guimerá, Xàtiva (per la stazione ferroviaria), Colón e Pont de Fusta.

Taxi

Per chiamare un taxi potete rivolgervi a **Radio-Taxi** (☎96 370 33 33) oppure a **Valencia Taxi** (☎96 357 13 13).

BIKE SHARING A VALENCIA

Per spostarvi in città potrete utilizzare il praticissimo **sistema di bike sharing** (☎902 006598; www.valenbisi.es), introdotto di recente. È sufficiente inserire la carta di credito in uno dei 275 punti per ottenere l'emissione di una tessera (€10) valida per una settimana, che volendo può essere ricaricata. La prima mezz'ora di qualsiasi tragitto è gratuita. Potrete montare in sella e spostarvi in città, e poi lasciare la bicicletta presso una qualsiasi delle numerose stazioni presenti in vari punti di Valencia.

Dintorni di Valencia città

LA ALBUFERA

Circa 15 km a sud di Valencia si estende la vasta laguna di acqua dolce di La Albufera, separata dal mare da una sottile striscia di dune di sabbia e di pinete chiamata La Devesa. Il lago e le zone circostanti costituiscono un importante terreno di riproduzione e una riserva protetta per diverse specie di uccelli migratori ed endemici. Molti appassionati di birdwatching frequentano il **Parque Natural de la Albufera**, dove nidificano regolarmente circa 90 specie ornitologiche, mentre altre 250 vi stazionano temporaneamente nel corso delle migrazioni annuali.

In questa zona è spesso possibile ammirare tramonti davvero spettacolari. Si può fare un'escursione in barca nella laguna accordandosi con i pescatori locali, che utilizzano caratteristiche imbarcazioni dal fondo piatto, ideali per pescare pesci e anguille e per navigare in queste acque poco profonde.

Circondata da vastissime risaie, La Albufera è considerata la patria della paella. Nei villaggi di **El Palmar** e **El Perellonet** ci sono moltissimi ristoranti (spesso gestiti da ex pescatori o da pescatori part-time) specializzati in questo e in altri piatti a base di riso e pesce.

Gli autobus Autocares Herca diretti a Playa El Salér fermano anche a La Albufera, proseguendo poi per El Palmar (6 corse al giorno) o El Perello (corse ogni ora od ogni 30 minuti), due località situate più avanti lungo la costa.

SAGUNTO

POP. 66,100

Situata 25 km a nord di Valencia, Sagunto (Sagunt in valenciano) è considerata una meta turistica di grande interesse, soprattutto in virtù della sua incantevole collina coronata da un castello, dalla quale si ammira uno spettacolare panorama su tutto il centro abitato, sulla costa e sulla verde distesa degli aranceti. Dal momento che la visita richiede soltanto qualche ora, per esplorare Sagunto si può programmare un'escursione in giornata o di mezza giornata con partenza da Valencia.

In un lontano passato Sagunto era una florida comunità di iberi, che avviò proficui scambi commerciali con i greci e i fenici. Nel 219 a.C. Annibale pose la città sotto assedio e la distrusse, provocando l'inizio della seconda guerra punica tra Cartagine e Roma. Alla fine la vittoria arrise ai romani, che ricostruirono la città e la ribattezzarono con il nome di Sagunto.

L'**ufficio turistico** (☎96 265 58 59; Plaza Cronista Chabret; ⏲9-14 e 16-18.30 lun-ven, 9-14 sab e dom) dista circa 15 minuti a piedi dalla stazione ferroviaria. Camminando in salita per altri 10 minuti nella piccola *judería*, l'antico quartiere ebraico, raggiungerete il **teatro romano**. Sebbene il 'restauro' moderno sia piuttosto discutibile, per fortuna l'acustica di questo luogo è rimasta eccezionale. Il teatro romano è la sede principale del **festival delle arti**, una vivace manifestazione all'aperto della durata di tre settimane che si tiene a Sagunto nel mese di agosto.

In alto, le antiche mura di pietra del **castello** (ingresso libero; ⌚10-tramonto mar-sab, 10-14 dom) cingono la parte superiore della collina per quasi un chilometro. Ognuna delle sette parti che costituiscono questo complesso – quasi del tutto in rovina – risale a un periodo diverso della lunga storia di Sagunto.

Valencia e Sagunto sono collegate tra loro da treni frequenti (sola andata/andata e ritorno €2,90/4,70), mentre gli autobus **AVSA** (☎96 267 14 16) effettuano servizio (€2,30, corse ogni 30 minuti) con partenza dalla stazione degli autobus di Valencia.

SEGORBE

POP. 9250 / ALT. 395 M

Situata 33 km a nord-ovest di Sagunto e a 56 km da Valencia, Segorbe vanta una notevole **cattedrale** barocca; all'interno del suo chiostro, caratterizzato da un raffinato stile gotico, è ospitato un interessante **museo di arte sacra** (interi/bambini €3/2; ⌚11-13.30 e 17-19 mar-dom), in cui sono custodite una scultura di Donatello raffigurante la Madonna con il Bambino e diverse pale d'altare dai colori vivaci.

TOP **Museo del Aceite** (☎96 471 20 45; Plaza Belluga 3; interi/bambini €2/gratuito; ⌚11-13.30 e 17-20) Allestito in un ex frantoio, questo museo, di cui consigliamo caldamente la visita, è un omaggio multimediale della cittadina al prodotto principale della zona. Il negozio del museo è il posto ideale per acquistare prosciutti, salumi, vini e, naturalmente, olio extravergine d'oliva di produzione locale. Sopra il museo ci sono sei begli **appartamenti** (www.labelluga.com, in spagnolo) arredati che possono essere affittati su base giornaliera.

All'estremità occidentale della città vecchia si ergono due **torri** (visite guidate interi/under 12 €2/gratuito; ⌚12 mar-dom) a pianta cilindrica: la **Torre de la Carcel**, che per un certo periodo fu utilizzata come prigione della cittadina, e la vicina **Torre del Verdugo**, dove risiedeva il boia.

L'**acquedotto medievale**, di cui è possibile osservare una sezione giunta fino ai giorni nostri in buone condizioni, convogliava l'acqua nella cittadina dalla sorgente chiamata **La Esperanza**, tuttora esistente.

Segorbe è famosa per la sua **Entrada de Toros y Caballos** (Entrata di Tori e Cavalli), che si svolge in una delle due prime settimane di settembre tutti i giorni alle 14 in punto. Nel corso di questa manifestazione alcuni abili cavallerizzi fanno correre i tori lungo Calle Colón tra due file di spettatori. All'eccitante spettacolo è dedicato il **Centro de Interpretación de la**

LA TOMATINA

Buñol? Vi farà vedere rosso.

Tutti gli anni, l'ultimo o il penultimo mercoledì di agosto, a Buñol, un anonimo centro industriale situato circa 40 km a ovest di Valencia, si svolge una delle feste più insolite e divertenti di tutta la Spagna: la Tomatina, una gigantesca battaglia dei pomodori che richiama in questa cittadina di soli 9000 abitanti oltre 40.000 visitatori.

Il giorno stabilito, alle 11 in punto viene lanciato un razzo e oltre 100 tonnellate di pomodori maturi e succosi vengono scaricati dai camion e distribuiti alla folla in attesa. Da quel momento, per un'ora esatta, fino a quando non viene lanciato un secondo razzo, si scatena una folle e divertentissima battaglia con i pomodori. Dopo essere stati bombardati dalla testa ai piedi di pomodori maturi, preparatevi a essere lavati con i potenti getti d'acqua delle autopompe dei vigili del fuoco.

Questa follia collettiva ha come teatro la piazza principale della cittadina e Calle del Cid. Di solito coloro che partecipano alla Tomatina arrivano in treno da Valencia il mattino della festa e fanno ritorno a casa nel pomeriggio. Se desiderate prendere parte alla Tomatina, non dimenticate di portare con voi un cambio di abiti e magari un paio di occhiali per proteggervi gli occhi.

Se invece preferite assistere allo spettacolo senza sporcarvi i vestiti, potrete seguirlo comodamente da casa su Canal 9, l'emittente televisiva locale di Valencia. Per maggiori informazioni consultate il sito www.latomatina.es.

Entrada de Toros y Caballos (interi/bambini €2/gratuito), interessante e con spiegazioni in più lingue. Si trova all'interno dello stesso stabile dell'**ufficio turistico** (☎964 71 32 54; Calle Marcelino Blasco 3; ⏱9-14 e 16-18 o 17-19 lun-sab, 10.30-13.30 dom).

REQUENA

POP. 21.950 / ALT. 690 M

Al centro della cittadina di Requena, situata 65 km a ovest di Valencia, si erge La Villa, il nucleo medievale costituito da un dedalo di stradine tortuose e vicoli ciechi. In passato Requena traeva la propria ricchezza soprattutto dalla seta, come dimostra il fatto che erano presenti ben 800 telai, che rendevano questo piccolo centro il quarto produttore di tutta la Spagna di questo prezioso tessuto. Oggi Requena è invece attiva soprattutto nel campo della zootecnia e in quello della produzione vinicola; durante il vostro soggiorno potrete gustare saporite salsicce e carni accompagnate da robusti vini rossi e *cavas* (il corrispondente spagnolo dello spumante).

Nel primo o secondo fine settimana di febbraio a Requena si tiene la **Muestra del Embutido** (Mostra dell'insaccato), nel corso della quale vengono serviti circa 10.000 kg di salsicce e 25.000 porzioni di maiale arrosto. Tra la fine di agosto e l'inizio di settembre si svolge la **Fiesta de la Vendimia**, che celebra con 12 giorni di baldoria la conclusione della vendemmia.

Che cosa vedere

Entrate nel centro storico di Requena dal lato settentrionale, attraverso la **Torre del Homenaje**, costruita dai musulmani ma notevolmente rimaneggiata nel XV secolo. All'interno della cinta muraria di Requena si trovano le chiese gotiche di **Santa María** e **San Salvador**, entrambe dotate di portali magnifici benché consunti, e alcuni imponenti residenze nobiliari, tra cui la **Casa-Museo del Arte Mayor de la Seda** (Casa della Corporazione della Seta).

Museo del Vino MUSEO DEL VINO

(Calle Somera) Questo museo dedicato al prodotto principe della regione di Requena, che ha origini assai lontane, è stato riaperto di recente. Gli oggetti esposti spaziano dalle anfore iberiche del V secolo a.C. (che dimostrano come il vino venisse fatto fermentare anche in quei tempi) ai torchi manuali e automatici. Vale la pena di visitare il museo per l'allestimento assai curato, ma anche per la sede, il quattrocentesco Palacio del Cid, situato nel centro storico.

Plaza de la Villa PIAZZA

Chiamata anche Plaza Albornoz, questa piazza si estende al di sopra di una rete di cunicoli un tempo utilizzati come magazzini e, durante le guerre, come rifugi. Le **visite guidate** (interi/bambini €4/3; ⏱3-6 volte al giorno mar-dom) partono dall'ingresso sul lato orientale della piazza, che si apre nel centro storico. Per conoscere gli orari rivolgetevi all'ufficio turistico.

FREE **Ferevin** SHOWROOM DI VINI

(www.ferevin.com, in spagnolo; Cuesta de las Carnicerías; ⏱11-14 mar-dom più 17-19 sab) Utilizzato come showroom dall'associazione dei produttori vinicoli di Utiel-Requena, il Ferevin propone un vasto assortimento dei migliori vini della regione; vengono offerte degustazioni gratuite dedicate ogni settimana a una bodega diversa.

Museo Municipal MUSEO

(Calle Carmen; interi/bambini €4/3; ⏱11-14 mar-dom) Questo museo custodisce al suo interno una ricca collezione di costumi tradizionali, ricostruzioni di ambienti di una tipica abitazione borghese di città e di dimore rurali, oltre a oggetti che illustrano il passato di Requena, quando questa cittadina costituiva uno dei centri di tessitura della seta più importanti di tutta la Spagna.

Museo de Arte Contemporáneo MUSEO

(☎96 230 30 32; Cuesta del Ángel 2; interi/bambini €4/3; ⏱11-14 e 18-21 mar-sab, 11-14 dom) Il Museo di Arte Contemporanea di Requena espone tele di artisti prevalentemente spagnoli, tra cui Picasso, Miró, Sempere, Tàpies e Dalí.

Pernottamento e pasti

Sulla piazza principale della città vecchia si affacciano due strutture ricettive di ottimo livello, ciascuna dotata di un buon ristorante.

TOP **Mesón del Vino** BAR, RISTORANTE €

(☎96 230 00 01; Avenida Arrabal 11; ⏱pranzo e cena mer-dom, pranzo lun) Situato lungo la via principale, questo accogliente locale rivestito di piastrelle dal pavimento al soffitto è il posto ideale sia per bere qualcosa sia per concedersi un pasto completo. Una grande testa di toro impagliata accoglie

Viva la Spagna!

Madrid - uccidere la notte »
Architettura avveniristica »
Tour dei pueblos blancos »
Grande arte »
Teterías e hammam »
Parchi nazionali e riserve naturali »
Sinfonia di archi »

» Edifici e guglie della città vecchia, Toledo (p103)

Madrid – uccidere la notte

Un itinerario che dura tutta la notte

Le notti della capitale sono lunghe e chiassose, e ciò che scrisse Hemingway negli anni '30 è valido ancora oggi: 'Nessuno va a dormire a Madrid finché non si è uccisa la notte'.

BRUCE BI

» Iniziate nel tardo pomeriggio con un drink al **Café Comercial** (p79), uno dei più sontuosi e vecchi caffè di Madrid.

» Proseguite con qualcosa di più forte, vale a dire un mojito al **Café Belén** (p80), il massimo del cool a Chueca.

» Fate un salto in uno dei bar più famosi d'Europa, il **Museo Chicote** (p79), con cocktail creativi, buona musica rilassante e molte celebrità.

» A poca distanza, il **Costello Café & Niteclub** (p86) unisce lo stile di New York con l'irresistibile animazione di Madrid.

» È arrivato il momento del jazz dal vivo al **Café Central** (p85), un locale art déco tra i più prestigiosi d'Europa per la musica live.

» Avrete solo il tempo necessario per un bicchierino nell'ambiente suggestivo e senza tempo del **La Venencia** (p78), prima della chiusura.

» Resistete all'impulso di indugiare nella vicina Plaza de Santa Ana e salite ad ammirare la città dall'alto del sofisticato **Penthouse** (p78).

» È ora di andare a ballare, e il **Kapital** (p82) è uno dei più grandi e migliori mega nightclub di Madrid.

» Nuovo sulla scena ma già entrato nella leggenda, l'**Adraba** (p82) offre la possibilità di ballare fino all'alba.

» La notte a Madrid non è completa senza un *chocolate con churros* (strisce di pasta fritte e inzuppate nella cioccolata calda) alle prime luci del giorno alla **Chocolatería de San Ginés** (p77).

1. Mercado de San Miguel (p69)
2. Via di Malasaña (p79)

Architettura avveniristica

Emblema della moderna Valencia, le imponenti strutture della Ciudad de las Artes y las Ciencias (Città delle Arti e delle Scienze; p139) sorgono dall'ex letto del fiume su un'area lunga circa 2 km.

Palau de les Arts

1 Un armadillo? Il casco di un personaggio di *Guerre Stellari*? Il carapace di una gigantesca creatura aliena? No. Si tratta semplicemente del secondo teatro d'opera più grande del mondo dopo quello di Sydney, dalla superficie interamente rivestita di bianchi *trencadis*, frammenti di piastrelle.

L'Umbracle

2 Leggere strutture di cemento che ricordano fronde di palma disegnano ampi archi su questa passeggiata di 320 m, dove in estate i *valencianos* più alla moda sorseggiano cocktail prima di scendere nella discoteca sottostante.

Oceanogràfic

3 Pesci e altre creature provenienti dai sette mari popolano il più grande acquario d'Europa, con vasche attraversate da gallerie.

Hemisfèric

4 Vista dall'esterno, l'audace struttura dell'Hemisfèric sembra un enorme occhio con la palpebra semichiusa adagiato su un lago. L'edificio ospita un cinema IMAX e un planetario.

Restaurante Submarino

5 Per un'esperienza gastronomica davvero insolita venite in questo locale, dove potrete consumare un pasto osservando un migliaio di pesci argentei che nuotano lentamente attorno a voi.

DAVID TOMLINSON

1

KRZYSZTOF DYDYNSKI

2

1. Palau de les Arts Reina Sofía (p142)
2. L'Umbracle

Tour dei pueblos blancos

Un giorno in automobile oppure due-tre giorni in bicicletta

Situati lungo l'antica linea che separava il mondo cristiano da quello musulmano, i 'villaggi bianchi' dell'Andalusia sono immersi nella storia; questo itinerario – percorribile sia in automobile sia in bicicletta – ne comprende alcuni, più o meno famosi.

DIANA MAYFIELD

1

2

DAVID TOMLINSON

» Partite da **Ronda** (p338), principale *pueblo blanco* dell'Andalusia.

» Raggiungete **Setenil** (p311), un villaggio situato nelle grotte delle falesie sopra il Fiume Trejo, dove vi fermerete per gustare qualche tapas mattutina e fare un giro nei dintorni.

» Proseguite a nord fino a **Torre Alháquime**, rimasto in mano ai mori 150 anni di più rispetto al suo vicino, Olvera. Oggi questo abitato è piacevolmente sonnolento e ben lontano dai percorsi più battuti.

» Dopo altri 4 km si incontra **Olvera** (p310), famosa per la sua bella chiesa rinascimentale e l'imponente castello nasride.

1. Grazalema (p308)
2. Ronda (p338)

» Facendo una deviazione verso la Vía Verde de la Sierra, i ciclisti possono pedalare in campagna fino a **Puerto Serrano** (p310), un villaggio di un bianco abbagliante situato all'estremità occidentale del percorso.

» Percorrendo la strada asfaltata in direzione sud-est incontrerete **Algodonales**, un villaggio famoso per i voli in deltaplano, la fabbrica di chitarre e numerose specie di uccelli.

» A sud s'intravede **Zahara de la Sierra** (p309), appollaiata su un lago scintillante e assai più fotografata di re Juan Carlos I.

» Con una passeggiata in salita raggiungerete il quartier generale del parco, **Grazalema** (p308), luogo ideale in cui fermarsi a gustare un'abbondante cena montana. Da questo villaggio, il percorso fino a Ronda è quasi tutto in discesa.

Grande arte

Prendete un grande pittore di Siviglia (Murillo) e un prodigioso genio di Málaga (Picasso), aggiungete qualche mosaico romano, un pizzico di Velázquez e un appassionato di corride chiamato Goya. Risultato: una gloriosa epoca artistica che ha esercitato una profonda influenza sulla cultura spagnola ed europea.

Il ruolo dominante della Spagna nel campo delle arti s'impose nel XVI secolo durante il cosiddetto Siglo de Oro (Secolo d'Oro), quando l'Andalusia divenne il fulcro di un'Europa affamata di potere e di esplorazioni. Se nel corso del XVIII secolo la sfera d'influenza politica del paese iniziò a declinare, l'arte iberica riuscì invece a conservare la sua preminenza, con l'Andalusia in prima fila, dove Velázquez e Murillo passarono il testimone al cubismo e allo sperimentalismo rivoluzionario di Picasso.

Il Prado di Madrid (p46) è tuttora l'indiscussa cattedrale dell'arte spagnola, ma va detto che anche le città andaluse svolgono un importante ruolo di supporto in ambito culturale.

ISTANTANEE DI GENI

» Siviglia – illustrando diverse epoche artistiche, il **Museo de Bellas Artes** (p268) rende omaggio a un suo figlio di grande talento, Murillo.

» Málaga – il luogo natale di Picasso ripercorre i primi anni della sua carriera artistica con un paio di **musei** di alto livello (p326).

» Ronda – il museo della corrida espone numerose stampe e schizzi di **Goya** (p339).

» Cadice – la sezione dedicata alle belle arti del **Museo de Cádiz** (p293) ospita dipinti di Zubarán e l'opera che costò la vita a Murillo.

1. Museo de Bellas Artes (p268), Siviglia
2. Casa Natal de Picasso (p326), Málaga

Teterías e hammam

Anche se il Saraceno ha ormai esalato l'ultimo respiro cinque secoli fa, in molte città andaluse sono sopravvissute le raffinate abitudini degli antichi sovrani di Al-Andalus, come si nota nelle buie e suggestive *teterías* e nei sontuosi *hammam*, dove potrete trascorrere pigre serate negli ombrosi bagni moreschi, ornati da morbidi cuscini, arcate a stucco e scintillanti lanterne.

Tetería Almedina

1 In questo locale di Almería (p388), potrete assaporare miscele aromatiche di tè provenienti da ogni parte del mondo. Vi consigliamo il tè alla menta marocchino oppure il chai indiano, che vi verranno serviti con un vassoio di raffinati dolci arabi.

Hammam Andalusi

2 Località spesso sottovalutata, Jerez vanta ancora molte testimonianze della tradizione moresca, tra cui l'Hammam Andalusi (p303) e il suo insolito 'bagno al cioccolato'.

La Tetería

3 Pochi sanno che Málaga rimase in mano ai mori molto più a lungo di Granada, per cui le sue *teterías* possono affermare a pieno diritto di essere altrettanto autentiche. A La Tetería (p332), un locale dal nome assai poco fantasioso situato nei pressi del Museu Picasso Málaga, troverete ottime miscele di tè e torte.

Hammam de Al-Andalus

4 Se gli *hammam* marocchini somigliano spesso a tornei di wrestling, in Andalusia gli ambienti sono più rilassanti. Tra tutti, vi consigliamo l'Hammam de Al-Andalus (p361), a cui far seguire una tazza di tè alla menta.

Tetería Nazarí

5 Questa sala da tè di Granada (p366) gode di una notevole popolarità tra gli studenti e i bohémien, che si accomodano negli angolini bui passandosi furtivamente le onnipresenti *shisha* (pipe ad acqua).

JERÓNIMO ALBA/ALAMY

1

2

ANDREAS VON EINSIEDEL/HAMMAMANDALUSI.COM

1. Tè in una *tetería* **2.** Hammam Andalusi (p303)

Parchi nazionali e riserve naturali

I parchi e le riserve dell'Andalusia offrono una piacevole alternativa all'arte, alla cultura e alla storia, e sono un'importante difesa contro lo sviluppo urbanistico indiscriminato che ha deturpato buona parte della costa mediterranea spagnola.

Parque Nacional Sierra Nevada

1 Gli appassionati di alpinismo possono compiere facili escursioni sui monti Veleta e Mulhacén (p371), le vette più alte dell'entroterra spagnolo. In alternativa, si può sciare, andare in bicicletta e a cavallo, oppure organizzare trekking dai punti di accesso al parco, Pradollano (p371) e Capileira (p374).

Parque Natural de Cabo de Gata-Níjar

2 Vi ricordate com'era la Spagna prima dell'avvento del turismo di massa? No? Allora venite sul litorale poco frequentato di Almería (p390) per esplorarne le spiagge deserte e i sonnolenti villaggi di pescatori.

Parque Natural Sierra de Grazalema

3 La riserva più bella dell'Andalusia (p308) comprende favolosi sentieri e vette impervie.

Parque Natural Sierra de Aracena y Picos de Aroche

4 Gli ecosistemi della *dehesa* nella parte settentrionale di Huelva sono la roccaforte dei deliziosi prosciutti prodotti nei pascoli di querce di questo parco, uno dei meno conosciuti di tutta l'Andalusia (p289).

Parque Nacional de Doñana

5 Sito Patrimonio dell'Umanità dell'UNESCO per la presenza di una delle rare paludi europee, questo parco (p285) comprende un territorio di 542 kmq caratterizzato da numerose specie di uccelli, grandi dune di sabbia lungo la costa e diversi ecosistemi basati sulla presenza dell'acqua.

1. Sierra Nevada (p371) 2. Cabo de Gata-Níjar (p390)

Sinfonia di archi

Arco a ferro di cavallo, arco trilobato, arco catenario, arco rampante, arco romanico semicircolare – gli spagnoli hanno dato un ruolo di primo piano all'arco trasformandolo nell'elemento più creativo dell'architettura del loro paese.

1. La Mezquita (p347)

La Mezquita, Córdoba

1 All'interno della prima moschea omayyade in Spagna, l'uso dell'arco a ferro di cavallo tipico dell'architettura islamica viene sdoganato. Gli archi trilobati e l'alternarsi di pietre colorate creano un effetto straordinario.

Sinagoga de Santa María La Blanca, Toledo

2 Come La Mezquita, questa sinagoga del XIII secolo è un tripudio di archi a ferro di cavallo, che sottolineano la maestria degli architetti mudéjar nell'adattare gli elementi tipici dell'architettura araba a contesti diversi. Le finestre circolari sono perfettamente allineate con il punto centrale di ogni arco.

1

una clientela eterogenea, che spazia dagli intellettuali locali agli operai.

Mesón La Villa RISTORANTE €€
(☎96 230 21 32; Plaza Albornoz 13; portate principali €8-14,50) Se non riuscite a visitare i sotterranei di Requena, vi consigliamo di cenare in questo locale e di chiedere al personale di farvi vedere le cantine (ingresso €1), che vennero utilizzate per qualche tempo dal locale tribunale dell'Inquisizione (fate caso allo stemma papale che campeggia sulla facciata) per interrogare gli eretici.

Hôtel La Villa HOTEL €
(☎96 230 03 74; www.hotellavillarestaurante.com, in spagnolo; Plaza Albornoz 8; singole/doppie €36/55; ❄) Fino a poco tempo fa questo albergo era una abitazione privata, mentre oggi dispone di 18 camere graziose e di un paio di suite, tutte arredate in un gradevole stile rustico.

Hôtel Doña Anita HOTEL €€
(☎96 230 53 47; www.tubal.net, in spagnolo; Plaza Albornoz 15; singole/doppie €48/75) Situato sul lato opposto della piazza all'interno di un edificio nuovo nonostante l'aspetto antico, il Doña Anita offre un soggiorno all'insegna del lusso. Vengono organizzate degustazioni di vino e visite alle bodegas nell'area di Requena-Utiel.

Informazioni

L'**ufficio turistico** (☎96 230 38 51; www.requena.es; Calle García Montés; ⏲9.30-14 mar-dom più 16-19 sab e dom) si trova sotto l'ingresso principale della città vecchia. Chiedete una copia dell'opuscolo *Sensaciones por Descubrir*, disponibile anche in versione inglese, un'utile guida alla visita di La Villa.

Per/da Requena

Ogni giorno passano da Requena fino a 12 autobus (€4,50, 1 h) e sette treni (€4,40, 1 h 30 min) per/da Valencia.

PER/DA VALENCIA

La linea ferroviaria Valencia–Barcellona corre lungo la costa, e i treni regionali fermano in tutte le città principali. Da Valencia ci sono treni ogni mezz'ora per Castellón de la Plana. Almeno sei treni al giorno fermano alle stazioni di Benicàssim, Oropesa, Benicarló/Peñíscola e Vinaròs.

COSTA DEL AZAHAR

Tutta la Costa del Azahar (Costa della Zagara) è coltivata ad agrumi, la cui profumata fioritura conferisce il nome alla regione. Lungo tutto il litorale si susseguono – non sempre in maniera armoniosa – località balneari che possono essere gradevoli per coloro che sono soprattutto alla ricerca di sole e di mare. Invece, l'entroterra montuoso e in particlare le terre selvagge e scarsamente popolate del Maestrazgo rappresentano la meta ideale per gli appassionati di escursionismo e per quanti apprezzano la solitudine e la sostanziosa cucina delle regioni montane.

Castellón de la Plana

POP. 180.000

La periferia di Castellón de la Plana è brutta, disordinata e punteggiata di strutture industriali, mentre il suo incantevole centro costituisce una vera e propria sorpresa per chi si addentra nel cuore di questa città commerciale. Plaza Mayor e Plaza Santa Clara, che si apre immediatamente a sud della precedente, costituiscono il fulcro della zona di maggior interesse turistico.

Che cosa vedere

Circa 4 km a est del centro si trova El Grau de Castellón, un porto attraverso il quale transitano i prodotti della regione destinati all'esportazione e che ospita la flotta locale di pescherecci. Le spiagge di Castellón iniziano a nord del porto.

FREE **Museo de Bellas Artes** MUSEO DI BELLE ARTI
(Avenida Hermanos Bou 28; ⏲10-20 lun-sab, 10-14 dom) Questo museo è ospitato all'interno di uno splendido edificio moderno; al suo interno particolare attenzione meritano l'ampia sezione dedicata alla ceramica, importante settore dell'economia locale, due croci d'argento finemente cesellate e dieci magnifici dipinti di Zurbarán.

Gallerie GALLERIE D'ARTE
Castellón vanta altre due gallerie d'arte situate all'interno di edifici veramente notevoli, in cui vengono allestite mostre temporanee. L'**Espai d'Art Contemporani** (Calle Prim) si trova in uno stupefacente edificio moderno, mentre la **Llotja del Cánem** (Calle Caballeros 1), che sorge all'ombra della cattedrale ed è stata sottoposta di recente a

un meticoloso restauro, riporta a nuova vita quello che un tempo era l'antico commercio della canapa.

Concatedral de Santa María CATTEDRALE
In Plaza Mayor, sulla quale si affacciano il municipio costruito all'inizio del XVIII secolo e l'animato mercato coperto, si erge l'imponente sagoma di **El Fadrí** (1604), un campanile ottagonale diventato il simbolo della città. Accanto sorge la Concatedral de Santa María, una chiesa praticamente distrutta durante la guerra civile, che in seguito venne restaurata e riportata al suo aspetto originale.

Pernottamento e pasti

Hotel Intur Castellón HOTEL €€
(964 22 50 00; www.intur.com, in spagnolo; Calle Herrero 20; camere €60-75;) L'aspetto severo dell'edificio in cui si trova questo albergo potrebbe facilmente ingannare, in quanto l'ambiente interno è invece molto accogliente e l'atrio centrale – sul quale si affacciano le sue 120 camere – è ampio e luminoso. Durante i fine settimana e nei mesi estivi vengono applicate tariffe particolarmente convenienti.

La Casita de Gredos RISTORANTE €€
(964 22 09 33; Calle Gracia 26; menú €21, portate principali €10-19; pranzo lun-sab, cena ven e sab) Con un invitante *menú* che cambia ogni giorno e fantasiosi piatti a base di carne e di pesce preparati con ingredienti freschi e di provenienza locale, questo accogliente ristorante, che si trova all'interno di una struttura lunga e bassa, è rinomato per i suoi piatti a base di *bacalao* (baccalà) e per la sua lista di ottimi vini. È indispensabile prenotare.

Julivert CAFFÈ, RISTORANTE €
(964 23 52 72; Calle Caballeros 41; menú €10; pranzo lun-gio, pranzo e cena ven e sab;) Questo minuscolo locale propone un buon *menú* da tre portate che termina con un dolce casalingo. È sempre previsto un piatto vegetariano.

La Cambra dels Vins SPECIALITÀ GASTRONOMICHE
(Calle Caballeros 24; lun-ven e sab mattina) Propone una buon assortimento di vini spagnoli attentamente selezionati e di whisky al malto, oltre a prodotti esotici sia in scatola sia in vasetto particolarmente indicati per i picnic.

Carnicería Charcutería Miguel SPECIALITÀ GASTRONOMICHE
(73 Calle Navarra) Scrigno di vini, miele, paté e formaggi stagionati (piuttosto rari in Spagna).

Locali

Casa Ripo ENOTECA
(www.casaripo.com, in spagnolo; Calle Ximénez 11; lun-sab) Passeggiando per Castellón vi sarete probabilmente imbattuti nelle sculture del noto artista Juan Ripollés, che mostrano figure dalle labbra carnose e dai fianchi larghi. Questa raffinata enoteca, che serve ottimi spuntini e tapas da annaffiare con vini provenienti da una buona lista, ha un aspetto troppo elegante per un bohémien dichiarato come Ripollés. Ma sulle pareti, come prova, ci sono gli originali disegni e tele dell'artista.

Informazioni

Ufficio turistico principale (964 35 86 88; Plaza María Agustina 5; 9-19 lun-ven, 10-14 sab) Distribuisce un opuscolo gratuito dal titolo *A Cultural Experience in Castellón de la Plana*.

Per/da Castellón de la Plana

La stazione degli autobus e quella ferroviaria di Castellón, situate nello stesso luogo, si trovano circa 1 km a nord-ovest del centro. Gli autobus a lunga percorrenza fanno capo alla **stazione degli autobus** (964 24 07 78). Per raggiungere Valencia e le località turistiche situate a nord è preferibile affidarsi ai treni, più veloci e frequenti. Fa eccezione Benicàssim, servita da frequenti autobus che partono da Plaza Fadrell.

In un futuro non troppo lontano verrà ultimato l'**aeroporto di Castellón** (www.aerocas.com in spagnolo), la cui realizzazione si è protratta a lungo; lo scalo verrà raggiunto da voli provenienti da diverse destinazioni europee.

Dintorni di Castellón de la Plana

VILAFAMÉS

POP. 2000

Il motivo principale per venire in questo piccolo centro collinare situato 26 km a nord di Castellón è il suo eccellente **Museo de Arte Contemporáneo** (Calle Diputació 20; interi/bambini €2/gratuito; 10-13.30 e 16-19 mar-dom), ospitato all'interno del quattrocentesco Palacio de la Bailía, che da solo merita una visita. Nel museo è esposta una collezione assai varia e di altissimo livello di dipinti e sculture di artisti contemporanei.

Il villaggio è costituito da un suggestivo agglomerato di case imbiancate a calce e di edifici pubblici in pietra color ruggine. Da Plaza de la Sangre una ripida scalinata consente di raggiungere le rovine di un **castello** diroccato, dal quale è possibile ammirare un panorama veramente sensazionale.

L'Antic Portal (☎964 32 93 84; www.hotelvilafames.com in spagnolo; Calle de la Fuente 6; camere €70-80; ❄📶) offre 11 camere arredate in un gradevole stile contemporaneo e dotate tutte di un piccolo balcone. L'albergo è stato ricavato nell'involucro di un antico edificio (una delle pareti è formata da un pezzo di roccia originale). I proprietari sono gli stessi del vicino **Hotel El Rullo** (☎964 32 93 84; Calle de la Fuente 2; singole/doppie €22/42), un modesto albergo a gestione familiare dotato di camere più economiche e semplici, che propone anche un conveniente *menú*.

L'**ufficio turistico** (☎964 32 99 70; Plaza del Ayuntamiento 2) si trova accanto al municipio.

MONTANEJOS

POP. 600 / ALT. 460 M

Una strada panoramica spettacolare, la CV20, che da Castellón risale le gole del Río Mijares, consente di raggiungere questa località di villeggiatura molto frequentata, centro termale e base per dedicarsi all'arrampicata su roccia nel cuore della Sierra de Espadán. Circondato da frastagliate cime ammantate di pini, nei mesi estivi Montanejos richiama numerosi visitatori, attirati dalla frizzante aria di montagna e dalle acque a 25°C della **Fuente de los Baños**, una sorgente naturale situata 1 km a nord.

Presso il **Balneario** (stabilimento termale; www.balneario.com/montanejos, in spagnolo), alimentato dalle acque della Fuente de los Baños, sono disponibili trattamenti per la cura di svariati disturbi.

L'agenzia **Geoextrem.com** (www.geoextrem.com, in spagnolo) organizza emozionanti attività all'aria aperta, tra cui kayak, canyoning, arrampicate su roccia e speleologia. Aperta tutto l'anno, questa agenzia dispone di una sede estiva a Fuente de los Baños.

La maggior parte degli alberghi di Montanejos rimane aperta solo durante la stagione estiva e nei fine settimana. Fa eccezione l'**Hotel Rosaleda del Mijares** (☎964 13 10 79; www.hotelesrosaleda.com; Carretera Tales 28; singole con prima colazione €56-70, doppie €72-140; ⏲feb-metà dic; ❄🏊), che propone un sostanzioso *menú* (€15) servito nella grande sala da pranzo. Le 81 camere di questa struttura sono belle, confortevoli e dotate di letti spaziosi. L'albergo, che dispone anche di una piscina e di una palestra, offre una serie di pacchetti per i soggiorni termali.

L'**ufficio turistico** (☎964 13 11 53; www.montanejos.com, in spagnolo; Carretera Tales) si trova all'interno del *balneario*.

GRUTA DE SAN JOSÉ

La **Gruta de San José** (in valenciano: Coves de Sant Josep; www.riosubterraneo.com, in spagnolo; interi/bambini €9,50/4,50; ⏲11-13.15 e 15.30-17.45 o 18.30) è una tortuosa cavità scavata dagli agenti naturali nella roccia carsica. Situata ai margini di La Vall d'Uixó, 35 km a sud-ovest di Castellón, questa grotta si insinua nelle viscere della collina per 2,75 km. Il primo tratto di 800 m si percorre in barca e poi si prosegue a piedi.

Benicàssim

POP. 18.100

Ampia appena un paio di isolati, Benicàssim si estende per ben 6 km lungo la costa. Era una nota località di villeggiatura già nel XIX secolo, quando le famiglie agiate di Valencia vi fecero costruire le loro residenze estive. Anche oggi più del 75% dei turisti che la frequentano è costituito da spagnoli, e molti abitanti di Madrid, Valencia e della vicina Castellón de la Plana vi possiedono un appartamento per le vacanze.

Che cosa vedere e fare

L'attrattiva principale di Benicàssim è costituita dai 6 km della sua larga spiaggia. L'estremità nord-orientale del lungomare è costeggiata da **Las Villas**, le case di villeggiatura dalle elaborate decorazioni – non di rado decisamente frivole – fatte costruire dalle famiglie più facoltose di Valencia tra la fine del XIX e l'inizio del XX secolo. Queste splendide residenze sono descritte in un opuscolo, *The Las Villas Path*, disponibile presso l'ufficio turistico.

TOP Desierto de las Palmas COLLINE INTERNE

Percorrendo la CV147, una tortuosa strada che sale nell'interno, dopo circa 6 km si raggiunge questa catena che si erge nell'entroterra, caratterizzata da un clima più fresco rispetto alla costa e di tanto in tanto avvolta dalla nebbia. Al centro di questi rilievi sorge un monastero carmelitano (1697), vicino al quale c'è un ottimo ristorante. Nonostante il suo nome, questa zona non è affatto un deserto (per i monaci dei secoli scorsi il termine 'desierto' significava infatti 'luogo di ritiro mistico'), bensì una verde riserva naturale molto frequentata dagli appassionati di attività all'aria aperta. Dal **Monte Bartolo** (728 m), la sua cima più elevata, si può ammirare un panorama di grande bellezza.

Cercate di programmare la vostra visita in modo da pranzare al Restaurante Desierto de las Palmas.

Aquarama PARCO ACQUATICO
(www.aquarama.net, in spagnolo; interi/bambini mezza giornata €9,30/13, giornata intera €13,50/19,50; ⏲11-19 metà giu-agosto) Questo grande parco acquatico si trova immediatamente a sud della cittadina, lungo una diramazione della N340.

Feste e manifestazioni

Festival Internacional de Benicàssim MUSICA
(FIB; www.fiberfib.com) Tutti gli anni, tra la fine di luglio e l'inizio di agosto migliaia di appassionati si danno appuntamento a Benicàssim per assistere a questa manifestazione della durata di quattro giorni, considerata da molti una delle kermesse musicali all'aperto più importanti di tutta l'Europa. Lily Allen, Charlotte Gainsbourg, Dizzee Rascal e i Vampire Weekend sono alcuni degli artisti che hanno partecipato all'edizione del 2010.

Pernottamento

Hotel Avenida HOTEL €€
(☎964 30 00 47; www.hotelecoavenida.com; Avenida Castellón 2; doppie €37-77; ⏲metà feb-set; ❄@🏊📶) Situato nei pressi della via principale del centro storico, questo bell'albergo a gestione familiare dispone di una piscina, di una vasca con idromassaggio e di un cortile ombreggiato. Le camere sono ampie, il parcheggio è gratuito e il rapporto qualità-prezzo davvero ottimo. L'ingresso si trova in Calle Quatro Caminos.

TOP **Hotel Voramar** HOTEL SULLA SPIAGGIA €€
(☎964 30 01 50; www.voramar.net, in spagnolo; Paseo Marítimo Pilar Coloma 1; camere con prima colazione €90-144; ❄@📶) Gestito dalla stessa famiglia da ben quattro generazioni e adibito a ospedale durante la guerra civile, questo vecchio albergo ha più personalità di quasi tutti gli alberghi moderni di Benicàssim ed è l'unico che si affacci direttamente sulla spiaggia. Vanta anche un **ristorante** di ottimo livello con grandi vetrate rivolte verso il mare.

Da tutti e cinque i campeggi di Benicàssim è possibile raggiungere agevolmente a piedi le spiagge.

Camping Azahar CAMPEGGIO €
(www.campingazahar.es, in spagnolo; per persona/tenda/automobile €4,25/14,45/4,20; ⏲tutto l'anno; 🏊📶) Questo campeggio dispone di ampie piazzole situate all'ombra di vecchi alberi di gelso. Al suo interno troverete un ristorante, una grande piscina e servizi igienici molto puliti.

Pasti

Lungo Calle de Santo Tomás e Calle Castellón, la via principale del centro storico, troverete numerosi ristoranti economici.

Restaurante Desierto de las Palmas RISTORANTE DI MONTAGNA €€
(☎964 30 09 47; portate principali €15-24; ⏲pranzo e cena tutti giorni giu-set, pranzo mer-lun ott-mag) Rinomato per i suoi piatti di riso e di pesce, questo ristorante esercita un grande richiamo sulle famiglie. Animato, rumoroso e profondamente spagnolo, è situato su uno sperone roccioso vicino al monastero carmelitano sulle alture alle spalle di Benicàssim e offre una vista mozzafiato dalle sue ampie finestre.

Torreón RISTORANTE €€
(☎964 30 03 42; Avenida Ferrandis Salvador 2; portate principali €12-15) Affacciato sulla cinquecentesca Torre San Vicente, dalla quale ha tratto il suo nome, questo caffè-ristorante è il posto ideale per godersi la brezza marina mentre si sorseggia un drink, si fa uno spuntino o si gusta un pasto completo. In quest'ultimo caso vi consigliamo di prenotare in anticipo per avere un tavolo sulla terrazza più piccola e meno affollata.

La Manduca BAR-RISTORANTE €€
(☎964 30 17 18; Calle Santo Tomás 69; portate principali €10,50-17) Bar e ristorante dallo stile contemporaneo che si allunga tra due vie. Offre un ampio assortimento di antipasti, pizze e specialità locali di mare.

Locali

Nei mesi estivi e nel fine settimana Benicàssim è animatissima. C'è una grande concentrazione di bar all'estremità orientale di Calle de los Dolores, nel centro storico. La discoteca più grande della cittadina è **Magic** (☎617 30 02 76), di fronte all'Aquarama.

Informazioni

Ufficio turistico principale (☎964 30 09 62; www.benicassim.org; Calle Santo Tomás 74; ⏱9-14 e 16-19) Si trova nel centro storico, a 1 km dalla costa.

Per/da Benicàssim

Ogni 30 minuti (ogni 15 minuti in estate) da Benicàssim partono autobus diretti a Castellón, dove è possibile trovare numerose coincidenze con i treni.

Oropesa del Mar

Da Benicàssim è possibile raggiungere Oropesa (in valenciano Orpesa) percorrendo una stretta strada assai panoramica che si snoda lungo il litorale roccioso. Le due località sono anche collegate dalla **Via Verde**, un sentiero di 6 km riservato esclusivamente a ciclisti e pedoni. Inaugurato di recente, il sentiero corre lungo una vecchia linea ferroviaria e offre vedute altrettanto belle.

Oropesa si sta espandendo rapidamente verso nord e non sempre in modo gradevole, andando a inglobare il vasto insediamento turistico di **Marina d'Or**.

Naturhiscope (☎964 31 30 26; Plaza de la Iglesia; ingresso €1,50; ⏱10-14 e 16-19 lun-sab) ospita al suo interno una mostra fotografica e una collezione di oggetti di uso quotidiano che consentono di interpretare l'evoluzione storica della città e il suo rapporto con il mare in un contesto high-tech. Questa esposizione è considerata da alcuni molto stimolante, mentre altri la ritengono semplicemente una trovata pretenziosa.

Sempre nel centro storico hanno sede due piccoli musei gestiti entrambi da eccentrici collezionisti. Il **Museo del Naipe** (Museo delle Carte da Gioco; ☎626 564749; Calle Hospital 1; ingresso €2; ⏱10-13.30 e 18-20) custodisce una raccolta di oltre 5000 mazzi di carte diversi e altri cimeli provenienti da ogni parte del mondo, che vengono descritti con coinvolgente entusiasmo. Per visitare questo museo fuori dagli orari di apertura è sufficiente bussare, in quanto il proprietario vive al piano superiore.

Invece Luis Elvira ha messo insieme una raccolta veramente unica di ingranaggi, graticole, scudi e altri oggetti metallici nel suo **Museo del Hierro** (Museo del Ferro; ☎964 31 07 51; Calle Ramón y Cajal 12; ingresso €3; ⏱10-14 lun-ven).

Il principale **ufficio turistico** (☎964 31 23 20; www.oropesadelmar.es, in spagnolo; Plaza París; ⏱9.30-14 e 16.30-18.30 o 17-20) si trova accanto a Playa de la Concha.

Peñíscola

POP. 7900

Arroccato su un promontorio roccioso a picco sul mare, l'antico centro storico di Peñíscola è delimitato da una cerchia di fortificazioni che cingono case imbiancate a calce e vicoli acciottolati. Assai pittoresca – e altrettanto commerciale – questa cittadina ha decine di negozi di souvenir e di ceramiche. In netto contrasto, i moderni palazzoni che si ergono lungo la costa che si estende a nord sono per lo più anonimi e privi di qualsiasi attrattiva. In ogni caso, il **Paseo Marítimo** è un luogo molto piacevole per una passeggiata, e la spiaggia è una magnifica distesa sabbiosa che si estende per oltre 5 km fino a quella della vicina Benicarló.

Che cosa vedere e fare

Castello CASTELLO
(interi/bambini €3,50/gratuito; ⏱9.30-17.30 o 21.30) Questo imponente castello fu costruito nel XIV secolo dai Cavalieri Templari su fondamenta arabe, e in seguito divenne dimora di Pedro de Luna ('Papa Luna', l'antipapa Benedetto XIII).

TOP **La Casa del Ayer** CASA STORICA
(www.lacasadelayer.es, in spagnolo; Calle Jaime Sanz Roca 20; interi/bambini €2/1,50; ⏱10.30-13.30 e 16-19 ven-mer) Residenza dell'inizio dell'Ottocento amorevolmente restaurata e riarredata, in cui ogni pezzo è stato raccolto da Regina del Val e dal suo compagno Felix. Dopo la vivace introduzione di Regina potrete visitare liberamente le varie stanze, e poi fare un salto al negozio sottostante dove sono in vendita prodotti locali.

Sierra de Irta PARCO NATURALE
Nei mesi estivi per fuggire dalla calca dei turisti è possibile recarsi nella Sierra de Irta, a sud di Peñíscola, che è sia un parco naturale sia un'area marina protetta. La Sierra, uno dei pochi tratti di costa incontaminati della Comunidad Valenciana, può essere esplorata al meglio a piedi o in mountain bike. È possibile seguire i 26 km del sentiero ad anello PR V-194, oppure uno o più degli altri percorsi più brevi. Presso l'ufficio turistico è disponile l'opuscolo gratuito *Paths Through Irta*.

Pernottamento e pasti

A Peñíscola ci sono due ottime alternative ai palazzoni di cemento che si susseguono lungo la strada. Dal momento che si tratta di strutture piccole, vi consigliamo di prenotare con un buon anticipo.

Hotel-Restaurante Simó HOTEL €€
(☎964 48 06 20; www.restaurantesimo.es, in spagnolo; Calle Porteta 5; singole €40-55, doppie €55-75; ⏲chiuso gen) Situato ai piedi del castello accanto al mare, il Simó ha un **ristorante** (portate principali €13-25) dal quale è possibile ammirare una vista veramente spettacolare della baia. Un panorama altrettanto bello si gode da sette delle sue nove camere, che sono semplici ma relativamente spaziose.

Hostería del Mar HOTEL €€
(☎964 48 06 00; www.hosteriadelmar.net; Avenida Papa Luna 18; singole €53-107, doppie €73-142; ❄@≋ᯤ) Un tempo questo albergo a quattro stelle a gestione familiare era l'unica struttura ricettiva situata sul lungomare, e ancora oggi dimostra di avere molto più carattere della maggior parte degli anonimi alberghi a più piani situati nelle vicinanze. Quasi tutte le camere dispongono di un balcone affacciato sulla spiaggia e c'è persino un casinò, nel caso vi venisse voglia di tentare la fortuna e cercare i recuperare i soldi spesi per la camera.

Chiki Bar Restaurante PENSIÓN €
(☎605 280295; Calle Mayor 3-5; camere €40-50) Situato nella parte alta del centro storico, il Chiki Bar dispone di sette camere moderne, pulitissime e con vista. Tenete però presente che per dormire potreste avere bisogno dei tappi per le orecchie, poiché questo edificio si trova accanto a una chiesa parrocchiale le cui campane rintoccano allo scoccare di ogni ora. Da marzo a ottobre è aperto anche un gradevole **ristorante** (portate principali a partire da €9; ⏲chiuso mar), che propone un *menú* da tre portate dall'eccellente rapporto qualità-prezzo (€11). Telefonate per conoscere gli orari di apertura, che sono variabili.

Casa Jaime PESCE €€
(☎964 48 00 30; Avenida Papa Luna 5; portate principali €15,75-27,50; ⏲tutti i giorni metà giu-metà set, chiuso mer e a cena metà set-metà giu) In questo ristorante potrete scegliere se accomodarvi nell'ampio dehors all'esterno oppure nell'intima sala da pranzo, da dove potrete vedere all'opera in cucina mamma e papà (un ex pescatore che ha imparato il mestiere cucinando per l'equipaggio della sua barca). Il locale è rinomato per il *suquet de peix* (zuppa di pesce; €23,50, minimo due persone) e altri piatti a base di riso e di pesce.

Hogar del Pescador PESCE €€
(☎964 48 95 88; Plaza Lonja Vieja; pesce a partire da €10) Questo locale, che durante il giorno è un luogo di ritrovo dei pescatori, serve piatti di pesce dall'eccellente rapporto qualità-prezzo. Per esempio, un piatto veramente eccezionale da dividere in due è la *mariscada* (piatto assortito di crostacei e frutti di mare; €35), che può essere seguito da un *combinado degustación* (€21), uno splendido vassoio di pesce e crostacei assortiti.

ℹ Informazioni

Ufficio turistico principale (☎964 48 02 08; www.peniscola.es; ⏲9.30-13.30 e 16-19 lun-sab, 10-13 dom) In questo ufficio, situato all'estremità meridionale del Paseo Marítimo, potrete richiedere l'opuscolo *The Old City*.

ℹ Per/da Peñíscola e trasporti locali

Durante tutto l'arco dell'anno ci sono autobus che assicurano i collegamenti almeno ogni 30 minuti tra Peñíscola, Benicarló e Vinaròs. Inoltre, da luglio a metà settembre è disponibile una corsa ogni ora per la stazione ferroviaria di Peñíscola/Benicarló.

IL RE DEI GAMBERONI

I *langostinos* (scampi) che arrivano al mercato del pesce all'ingrosso di Vinaròs (dove ogni anno se ne vendono circa 15 tonnellate) hanno alle spalle un viaggio lungo e faticoso. Le uova si schiudono nel letto sabbioso del delta del Río Ebro, a nord, dove la bassa salinità che caratterizza le acque dell'estuario contribuisce a dare a questi scampi un sapore delicato e una consistenza morbida e succulenta. Giunti a maturità, i *langostinos* lasciano questo posto relativamente comodo per farsi strada tra i promontori rocciosi, lottando contro le forti correnti e le onde, per poi essere raccolti dalle reti dei pescatori e messi in vendita, terminando il loro viaggio nel vostro piatto dopo essere stati fritti, grigliati o semplicemente bolliti.

La loro delicatezza e le loro presunte qualità afrodisiache sono talmente apprezzate che i *langostinos* sono diventati il simbolo turistico ufficiale della città.

Vinarós

POP. 28.300

A differenza dei paesi vicini, tutti votati al turismo, Vinaròs è una cittadina industriale dall'aspetto decisamente poco gradevole, le cui uniche attrattive sono costituite dall'operoso porto di pescatori, famoso per i suoi *langostinos* (scampi), e dal suo splendido lungomare, chiuso di recente al traffico, che molte località turistiche meglio attrezzate dovrebbero invidiare.

L'**Iglesia Arciprestal** (Plaza del Ayuntamiento) è una massiccia chiesa barocca fortificata dotata di un alto campanile e di un portale riccamente decorato con colonnine tortili. Di fronte si trova **Casa Giner** (1914), un edificio in stile modernista decorato da motivi floreali e con bei *miradores* (bovindo). Occupato oggi da un negozio della catena Benetton, in passato questo palazzo ospitava una *paquetería* e *mercería* (negozio di stoffe e confezioni), come risulta dalla scritta sulle sue vetrate.

Da questo punto la pedonale Calle Mayor conduce a un altro edificio modernista, il **mercato coperto**, che all'epoca della stesura di questa guida era oggetto di un radicale intervento di rinnovo, e raggiunge la passeggiata lungomare e le spiagge.

Il calendario di Vinaròs prevede tutti gli anni due grandi feste. Quaranta giorni prima della Quaresima, nella cittadina ha luogo il carnevale più grande e scatenato di tutta la Spagna, che culmina con tre giorni di baldoria e sfilate in maschera. Dal 10 al 13 agosto la **Fiesta del Langostino** celebra il prodotto ittico principale di Vinaròs, con degustazioni sul mare e tanti divertimenti all'aperto.

Per quanto riguarda i pasti potrete recarvi in uno dei numerosi ristoranti affacciati sul lungomare, la maggior parte dei quali è specializzata in piatti a base di pesce.

Il piccolo **Bar Puerto** (☎964 45 56 72; Calle Costa Borrás 60; portate principali €9,50-16, piatti assortiti €8,50-12) è un locale accogliente e piacevolmente informale, sempre ben rifornito di *langostinos* freschi provenienti dal mercato del porto, che prepara un ottimo assortimento di tapas e portate principali di pesce.

Se siete alla ricerca di un ristorante più elegante, provate **La Cuina** (☎964 45 47 36; Paseo Blasco Ibañez 12; menú €18-37, portate principali €14-22; ⌚chiuso a cena dom), uno degli invitanti locali situati lungo la passeggiata lungomare, con tavoli preparati con tovaglie e tovaglioli candidi. Per apprezzare appieno la bontà del pesce fresco del Mediterraneo ordinate il *menú degustación* (€37; minimo due persone), composto da sei portate a base di pesce e frutti di mare.

L'**ufficio turistico** (☎964 45 33 34; www.turisme.vinaros.es; Plaza Jovellar 2; ⌚10-14 e 17-19 mar-sab, 11-14 dom ott-mag) si trova dietro l'angolo dell'Iglesia Arciprestal.

EL MAESTRAZGO

El Maestrazgo (in valenciano El Maestrat) è un territorio montuoso che si estende nella parte nord-occidentale della regione di Valencia e nell'Aragona sud-orientale, un mondo lontano anni luce dalle località balneari della costa, disseminato di antichi *pueblos* (villaggi) arroccati su crinali e affioramenti rocciosi. Uno di questi villaggi, Sant Mateu, fu scelto nel XIV secolo come sede del maestro (da cui il nome El Maestrazgo) dell'ordine cavalleresco di Montesa.

Il Maestrazgo rappresenta una destinazione di grande interesse per gli appassionati di trekking. *La Tinença de Benifassà* e *Els Ports*, due eccellenti cartine in scala 1:30.000, concepite per gli escursionisti e disponibili presso l'ufficio turistico di Morella e altrove, coprono quasi tutta la zona.

Sant Mateu

POP. 2200 / ALT. 325 M

Percorrendo la CV132 in direzione sud dalla N232, dopo 5 km si arriva a Sant Mateu, l'antico capoluogo del Maestrazgo. I suoi imponenti palazzi dalle facciate riccamente decorate ricordano l'illustre passato di questa cittadina, che prosperava grazie al redditizio commercio della lana.

In Plaza Mayor, delimitata da portici e caffè con tavoli all'aperto, ci sono indicazioni per raggiungere i quattro piccoli **musei municipali** (ciascun museo interi/bambini €1,50/gratuito; ⌚10-12 e 16-18 mar-dom): il **Museo Paleontológico**; il **Museo Arciprestal** di arte sacra (ospitato nella Casa Abadía, accanto al campanile della parrocchia); il **Museo les Presons**, situato nell'ex prigione cittadina; e il **Museo Histórico Municipal**, al quale si accede attraverso l'ufficio turistico.

Dal villaggio hanno inizio tre sentieri segnalati che seguono un percorso ad anello e che si snodano sulle colline circostanti, percorribili a piedi in un tempo compreso tra due ore e mezzo e cinque ore. Se siete interessati a percorrerli, chiedete all'ufficio turistico l'opuscolo gratuito *Senderos de Sant Mateu* (in spagnolo).

Gestito dalla stessa famiglia da ben tre generazioni (come potrete notare dando un'occhiata alle fotografie di famiglia appese alle pareti della sala da pranzo), l'**Hotel-Restaurante La Perdi** (☎964 41 60 82; laperdicb@hotmail.com; Calle Historiador Betí 9; singole/doppie €24/36) è un albergo dal buon rapporto qualità-prezzo che offre cinque camere moderne e confortevoli e comprende anche un **ristorante** (portate principali €6-14,50), che propone un economico *menú* (€9). In genere è necessario prenotare le camere in anticipo.

Seguendo le indicazioni, da Plaza Mayor potrete raggiungere l'**Ermita de la Mare de Déu dels Àngels**, che sorge sul fianco roccioso di un'altura; in automobile dovrete percorrere 2,5 km, mentre a piedi il tragitto è assai più breve. Fino all'epoca della guerra civile l'Ermita era un monastero (date un'occhiata alla splendida cappella barocca), mentre oggi ospita un eccellente **ristorante** (☎626 525219; menú €21-35; ⏲pranzo mer-dom, cena sab), dal quale è possibile ammirare uno splendido panorama sulla pianura circostante.

L'**ufficio turistico** (☎964 41 66 58; www.santmateu.com, in spagnolo; Calle Historiador Betí 10; ⏲10-14 e 16-18 mar-sab, 10-14 dom) si trova all'interno del **Palacio Borrull**, un massiccio edificio del XV secolo situato negli immediati pressi di Plaza Mayor.

Per/da Sant Mateu

Nei giorni feriali gli autobus **Autos Mediterráneo** (☎964 22 00 54) assicurano i collegamenti tra Sant Mateu e le seguenti destinazioni:

Vinaròs €2,50, 35 min, 4 corse al giorno
Castellón €4,80, 1 h 30 min, 3 corse al giorno
Morella €3, 45 min, 2 corse al giorno

Il sabato è attivo un servizio da Castellón a Morella via Sant Mateu. La fermata degli autobus è in Plaza Llaurador, 100 m a est dell'Hotel Restaurante Montesa.

Dintorni di Sant Mateu

FREE **Museo de Valltorta** (☎964 76 10 25; ⏲10-14 e 16-19 o 17-20 mar-dom) È un museo ben allestito situato a Tirig, 10 km a sud-ovest di Sant Mateu. È dedicato al ricco patrimonio di pitture rupestri del Maestrazgo ed è stato inserito dall'UNESCO tra i luoghi Patrimonio dell'Umanità. Da qui quattro volte al giorno partono passeggiate guidate dirette alle formazioni rocciose sulla sommità del dirupo, durante le quali potrete vedere le pitture ormai molto sbiadite.

Morella

POP. 2800 / ALT. 1000 M

Il centro principale del Maestrazgo è Morella, una splendida cittadina fortificata di origine medievale. Arroccata in cima a una collina e dominata da un castello, Morella è delimitata da una cinta muraria lunga oltre 2 km. È l'antico capoluogo di Els Ports, i 'passi montani', una selvaggia regione che offre panorami di notevole bellezza da apprezzare in automobile oppure con escursioni a piedi e in bicicletta. Il clima di Morella è rigido in inverno e fresco in estate.

Che cosa vedere e fare

Morella è costituita da un labirinto compatto e gradevolmente disordinato di vie, vicoli e ripide scalinate. Da Puerta San Miguel a Puerta de los Estudios corre la via principale, su cui si affacciano negozi che vendono miele di montagna, profumi, formaggi, sottaceti, paté, salsicce e prosciutti.

Castello CASTELLO
(interi/bambini €2/1,50; ⏲11-17 o 19) Sebbene versi in cattive condizioni, il castello di Morella merita l'impegnativa salita che occorre affrontare per apprezzare dall'alto la vista del borgo e della campagna circostante. Alla sua base si trovano la chiesa e il chiostro, piuttosto spogli, del **Convento de San Francisco**, che in futuro verrà convertito in un *parador*.

Basílica de Santa María la Mayor CHIESA
(Plaza Arciprestal; ⏲11-14 e 16-18 o 19) Questa imponente basilica gotica presenta due portali riccamente scolpiti sulla facciata meridionale. All'interno, una scalinata in pietra policroma dagli elaborati bassorilievi sale al coro, anch'esso assai ornato, dove potrete ammirare una pala d'altare dorata movimentata da cherubini. Il tesoro della basilica è custodito nel **Museo Arciprestal** (ingresso €1,50).

Museo Tiempo de Dinosaurios MUSEO DEI DINOSAURI
(interi/bambini €2/1,50; ⏲11-14 e 16-18 o 19) Situato di fronte all'ufficio turistico, questo

museo custodisce ossa di dinosauro e fossili (le isolate colline del Maestrazgo si sono rivelate una ricca miniera per i paleontologi), e propone un interessante documentario didattico (in spagnolo).

Museo del Sexenni MUSEO DELLA FIESTA
(interi/bambini €2/1,50; ⏲11-14 e 16-18 Pasqua-ottobre) Ospitato all'interno dell'ex chiesa di Sant Nicolau, questo museo espone una raccolta di modellini, fotografie e oggetti relativi alla Fiesta del Sexenni, la più importante ricorrenza di Morella.

Alla periferia del centro abitato si ergono le arcate di un **acquedotto**, una bella struttura risalente al XIII secolo.

Feste e manifestazioni

Sexenni FESTA CITTADINA
La manifestazione più importante di Morella è il Sexenni, una festa in onore della Virgen de Vallivana che viene celebrata ininterrottamente dal 1673 ogni sei anni nel mese di agosto (la prossima edizione avrà luogo nel 2012). Anche se non riuscite ad assistervi, la visita del Museo del Sexenni vi consentirà di farvi un'idea della suggestiva atmosfera di questa importante ricorrenza, in cui vengono lanciate tonnellate di coriandoli e si realizzano elaborate composizioni di carta pesta.

Festival de Música Barroca MUSICA
Sempre ad agosto, Morella ospita ogni anno un festival di musica barocca, che vede protagonista il gigantesco organo della Basílica de Santa María la Mayor.

Pernottamento e pasti

Hotel El Cid HOTEL €
(☎964 16 01 25; www.hotelelcidmorella.com; Puerta San Mateu 3; singole/doppie €33/57; 📶) Situato accanto alle mura, l'Hotel El Cid dispone di camere moderne e arredate con gusto (le n. 204 e 304, alle stesse tariffe, hanno anche un salottino). La maggior parte delle camere è dotata di balcone, da cui si ammira un magnifico panorama sulla campagna circostante. Questa struttura offre anche un bar-ristorante molto frequentato.

Hotel del Pastor HOTEL €€
(☎964 16 10 16; www.hoteldelpastor.com; Calle San Julián 12; con prima colazione singole €48-55, doppie €59-73) Questo albergo mette a disposizione 12 camere distribuite su quattro piani (non c'è l'ascensore, ma si tratta dell'unico inconveniente di questa valida sistemazione) e arredate in stile tradizionale con tonalità ocra e abbondanza di legno lucidato. Tutti i bagni hanno il lavandino e la vasca di marmo e grandi specchi.

Daluan FUSION CONTEMPORANEO €€
(964 16 00 71; www.daluan.es, in spagnolo; Callejón Cárcel 4; portate principali €12-15; menú a pranzo €14, menú €26-30; ⏲pranzo dom-mer, pranzo e cena ven e sab) Gestito da Avelino Ramón, un insegnante di cucina di professione, e da sua moglie Jovita, il Daluan presenta un piccolo ambiente interno dallo stile gradevolmente contemporaneo. Anche il dehors, affacciato su un vicolo tranquillo, è assai accogliente. Il servizio è gentile e il menu, particolarmente ricco di fantasia, cambia continuamente a seconda della stagione. In estate propone un *menú* di tapas da 12 portate con uno straordinario rapporto qualità-prezzo (€25).

Restaurante Casa Roque CUCINA DI MONTAGNA €€
(☎964 16 03 36; Cuesta San Juan 1; portate principali €22-28; ⏲pranzo e cena mar-sab, pranzo dom) Ospitato all'interno di una grande residenza del XVII secolo, il Casa Roque propone un *menú* per i giorni feriali molto conveniente (€11) e sostanziosi *menús* di montagna (€22 e €28) che comprendono i tipici piatti di Els Ports, come il *conejo al Maestrazgo con caracoles* (coniglio con lumache cotto al forno in un gustoso sugo insaporito da erbe aromatiche).

Casa Masoveret SPECIALITÀ GASTRONOMICHE €
(www.casamasoveret.com, in spagnolo; Segura Barreda 9) In questo locale molto accogliente potrete accomodarvi su una panca di legno e sorseggiare un bicchiere di buon vino accompagnato da un *bocadillo* farcito o da tapas a base di formaggi e prosciutti di montagna. I prodotti di gastronomia esposti sugli scaffali sono anche in vendita.

Mesón del Pastor CUCINA DI MONTAGNA €€
(☎964 16 02 49; www.hoteldelpastor.com, in spagnolo; Cuesta Jovaní 5-7; portate principali €7-14, menu €14-24; ⏲pranzo gio-mar, cena sab) In questo ristorante potrete gustare una sostanziosa cucina di montagna, caratterizzata in inverno da dense zuppe, coniglio, succulente salsicce, pernici, cinghiale e capra. Le pareti della sala da pranzo sono tappezzate di trofei e diplomi.

Informazioni

L'**ufficio turistico** (☎964 17 30 32; www.morella.net; Plaza San Miguel 3; ⏲10-14 e 16-18 o 19 lun-sab, 10-14 dom tutti i giorni apr-ott, chiuso lun nov-mar) si trova dietro le Torres de San

Miguel, due torri gemelle del XIV secolo che si ergono ai lati della principale porta di accesso alla cittadina.

Per/da Morella e trasporti locali

Il migliore punto di accesso a Morella è Castellón, che può contare su buoni collegamenti ferroviari. Nei giorni feriali da Morella passano ogni giorno due autobus **Autos Mediterráneo** (☎964 22 00 54) per/dalla stazione ferroviaria di Castellón (€9, 2 h 15 min); il sabato è prevista soltanto una corsa.

Vilafranca

POP. 2600

Un tempo anche Vilafranca, situata 36 km a sud di Morella, divenne ricca grazie alla lana. Oggi le pecore non ricoprono più un ruolo così importante nell'economia locale, ma a testimonianza di questa attività è rimasto il fitto reticolo di muretti a secco che attraversano la campagna (si stima che la loro lunghezza complessiva raggiunga ben 1000 km). Ai muretti a secco e alle altre strutture in pietra, come ovili, capanni e case, è dedicato l'interessantissimo **Museo de Pedra en Sec** (Museo della Pietra a Secco; ☎964 44 14 32; ⏲10-13.30 e 16-19 gio-sab, 10.30-13.30 dom). Anche se le spiegazioni sono unicamente in *valenciano*, non dovreste avere difficoltà a capire, dal momento che il museo è molto visivo.

Le chiavi del museo sono disponibili presso l'ufficio turistico situato di fronte. Dopo la visita, per sgranchirvi le gambe e consolidare quanto appreso al museo, fate una delle tre passeggiate di un'ora nella campagna circostante ascoltando il commento in inglese dell'audioguida.

COSTA BLANCA

La lunga striscia di sabbia della Costa Blanca è una delle regioni più visitate d'Europa. Questo tratto di litorale spagnolo non è indicato per coloro che nel pieno dell'estate desiderano crogiolarsi in lidi appartati – costoro farebbero meglio a optare per altre località di mare, oppure dirigersi nei villaggi e nelle cittadine tradizionali dell'interno, che conoscono a malapena il turismo – ma costituisce senza dubbio l'ideale per chi ama le belle spiagge, la tintarella e una vacanza all'insegna della vita sociale.

La Costa Blanca non è sempre e soltanto sinonimo di palazzi di cemento e alberghi che si rivolgono alle comitive di turisti dei viaggi organizzati. Anche se i vecchi borghi di pescatori sono stati inglobati da tempo dallo sviluppo degli insediamenti turistici, nei centri più antichi della costa, come Xàbia (Jávea) e Altea, sopravvive ancora qualche quartiere caratteristico.

Nei mesi di luglio e agosto le probabilità di trovare una sistemazione in questa zona senza avere prenotato in anticipo sono decisamente scarse. Durante la bassa stagione i pochi alberghi che rimangono aperti applicano tariffe nettamente inferiori rispetto a quelle estive.

Quasi tutti gli autobus che collegano Valencia ad Alicante percorrono l'autostrada e fermano soltanto a Benidorm. Tuttavia, alcuni autobus sostano anche in altre località costiere che incontrano lungo il percorso. Un nuovo servizio di tram segue la strada panoramica tra Alicante e Benidorm, da dove parte un treno a scartamento ridotto diretto verso nord che raggiunge Denia. Entrambi questi mezzi fermano nei *pueblos* situati lungo il loro percorso. I treni Renfe assicurano i collegamenti tra Valencia e Gandia.

La guida *Inland Trips from the Costa Blanca*, di Derek Workman, descrive in maniera interessante e particolareggiata 20 itinerari nell'interno della Costa Blanca percorribili in automobile in un giorno.

Gandia

POP. 80.000

Situata 67 km a sud di Valencia, Gandia è costituita in realtà da due centri distinti. L'abitato principale, un florido centro commerciale, è il luogo di origine di un ramo della dinastia Borja, passata alla storia con il nome Borgia.

Che cosa vedere e fare

Palacio Ducal de los Borja PALAZZO
(www.palauducal.com; Calle Duc Alfons el Vell 1; visita guidata interi/bambini €6/5; ⏲10-13.30 e 16-19.30 lun-sab) Questo magnifico palazzo quattrocentesco fu la dimora del Duque Francisco de Borja. Tra gli elementi di maggiore spicco dell'edificio figurano i soffitti finemente intagliati in stile *artesonado* e le straordinarie decorazioni in ceramica – fate caso al pavimento con l'efficace rappresentazione della *mapa universal* (atlante universale). Ogni 30 minuti circa partono visite guidate in spagnolo (è disponibile anche un opuscolo in inglese).

Playa de Gandia SPIAGGIA
Playa de Gandia, a 4 km di distanza dalla città, è una spiaggia ampia e lunga di sabbia fine, che ogni giorno viene ripulita e battuta con cura da numerosi trattori. Si tratta di una località frequentata soprattutto da turisti spagnoli, e offre una buona vita notturna in estate e nei fine settimana.

Pernottamento e pasti

Hotel Riviera HOTEL €€
(☎96 284 50 42; www.hotelesrh.com; Paseo Neptuno 28; mezza pensione €39-90 per persona;) Vale assolutamente la pena di spendere qualche spicciolo in più per usufruire del trattamento di mezza pensione offerto da questo albergo di 72 camere situato nelle immediate vicinanze della spiaggia. Si tratta di uno degli alberghi più vecchi di Denia, ma nel corso degli anni è stato completamente rinnovato. Spendendo €5,50 in più per persona potrete soggiornare in una delle otto camere che si affacciano sulla parte anteriore dell'edificio e che offrono una splendida vista sul mare.

Hostal El Nido HOSTAL €€
(☎96 284 46 40; www.hostalelnido.com, in spagnolo; Calle Alcoy 22; singole €35-50, doppie €45-69;) Le 10 camere (dotate di ventilatori in estate) sono allegre come i proprietari di questa semplice struttura, situata a un isolato di distanza dalla spiaggia. Da giugno a settembre mette a disposizione dei suoi clienti anche un piccolo bar.

Lungo il Paseo Marítimo Neptuno troverete numerosi posti in cui consumare i pasti. All'estremità del porto e lungo Calle Verge sono situati alcuni del locali in attività da maggior tempo.

Restaurante Emilio TRADIZIONALE €€
(☎96 284 07 61; www.restauranteemilio.es, in spagnolo; Bloque F-5, Avenida Vicente Calderón; portate principali €15-22; ⏲chiuso mer eccetto lug-metà set) Nonostante i numerosi riconoscimenti ottenuti in campo gastronomico, Emilio, sua moglie e i loro tre figli sono riusciti a conservare un'atmosfera piacevolmente familiare in questo ottimo ristorante. Situato in posizione arretrata rispetto alla spiaggia, è arredato in maniera tradizionale

Arrop CUCINA GOURMET €€€
(☎96 295 07 68; www.arrop.com, in spagnolo; Calle Sant Joan de Ribera 20; menú €20-45, portate principali €26-30; ⏲chiuso dom e a cena mar) Straordinario ristorante situato nel centro abitato principale, nell'interno. Scegliete il *menú Ricard Camarena* (€69) e date carta bianca allo chef, che propone una rivisitazione innovativa e interessante della cucina tradizionale valenciana.

Locali

Durante i mesi estivi e i fine settimana Playa de Gandia offre una vivace vita notturna, grazie ai numerosi bar concentrati intorno a Plaza del Castell, a meno di 300 m dalla spiaggia. Quando questi locali chiudono ci si può dirigere verso una delle discoteche aperte fino all'alba, come **Bacarrá** (Calle Legazpi 7), situata a due isolati dalla spiaggia, oppure **La Diva** (Cami Vell de Valencia), più all'interno.

Informazioni

Ufficio turistico di Playa de Gandia (☎96 284 24 07; www.gandiaturismo.com; Paseo de Neptuna 45; ⏲9.30-14 e 16-19.30 lun-ven, 9.30-13.30 sab e dom)

Ufficio turistico cittadino (☎96 287 77 88; ⏲orari simili) Si trova di fronte alla stazione degli autobus/ferroviaria.

Per/da Gandia e trasporti locali

Ogni 30 minuti (ogni ora nei fine settimana) un treno collega Gandia a Valencia (€4,40, 1 h). La stazione degli autobus/ferroviaria si trova di fronte all'ufficio turistico, accanto al quale fermano gli autobus La Marina Gandiense, che ogni 20 minuti partono per Playa de Gandia.

Denia

POP. 44.500

Principale porto passeggeri della Comunidad Valenciana, la cittadina di Denia è uno dei punti di accesso alle Isole Baleari (da qui la traversata per raggiungere l'arcipelago è la più breve). A nord ci sono le belle spiagge sabbiose di La Marina, mentre a sud si estende la costa frastagliata di Las Rotas, con insenature rocciose meno frequentate.

Che cosa vedere e fare

Castello PANORAMA
(ingresso libero; ⏲10-13.30 e 17-tramonto) Da Plaza de la Constitución parte una scalinata che sale alle rovine del castello di Denia, da dove si ammira un incantevole panorama della cittadina e della costa.

Mundo Marino GITE IN BARCA
(www.mundomarino.es) Se desiderate respirare un po' di brezza marina rivolgetevi all'agenzia Mundo Marino, che organizza **gite in barca** (interi/bambini €15/7,50; 45 min) per/da Xàbia, alcune delle quali proseguono per Calpe (€30/15) e Altea (€35/17,50).

Tururac ATTIVITÀ ALL'APERTO
(www.tururac.com; Plaza Oculista Buigues 2) Se desiderate cimentarvi in attività più impegnative rivolgetevi a Tururac, a una cinquantina di metri dall'ufficio turistico, che organizza svariate attività, tra cui speleologia, canyoning ed escursioni in mountain bike.

Chi preferisce essere indipendente può percorrere in bicicletta il perimetro del Parc Natural del Montgó, seguendo un sentiero ad anello che corre per 26 km lontano dal traffico tra Denia e Xàbia. È possibile fare ritorno a Denia a bordo di un'imbarcazione di Mundo Marino.

Pernottamento

TOP **Hotel Chamarel** BOUTIQUE HOTEL €€
(☎96 643 50 07; www.hotelchamarel.com; Calle Cavallers 13; singole/doppie con prima colazione a partire da €75/85; ❄📶) Arredato con gusto con mobili d'epoca, questo incantevole albergo gestito da una coppia di esperti viaggiatori è ospitato all'interno di una bella residenza borghese del XIX secolo. Le sue 15 camere si affacciano su un patio centrale silenzioso e ombreggiato. L'ampio salone interno, dotato di un grande bancone del bar con il ripiano in marmo, è anch'esso un ambiente molto rilassante. L'intera struttura viene utilizzata anche come vetrina per i dipinti dell'artista e proprietaria Mila Vidallach, le cui tele decorano le camere da letto e le zone comuni. Se possibile, cercate di farvi assegnare la camera n. 201, in stile orientale, ispirata ai principi del feng shui. Il parcheggio costa €12.

Posada del Mar HOTEL €€€
(☎96 643 29 66; www.laposadadelmar.com; Plaza Drassanes 2; singole/doppie con prima colazione a partire da €110/120; P❄@📶) Questo albergo ristrutturato con molta cura è ospitato all'interno di un edificio del XIII secolo, che un tempo era sede del posto di dogana di Denia. Tutte le sue 25 camere sono arredate in stile marinaresco in maniera differente l'una dall'altra; sono molto luminose, grazie alle grandi finestre affacciate sul porto. Il parcheggio costa €16.

Costa Blanca HOTEL €€
(☎96 578 03 36; www.hotelcostablanca.com, in spagnolo; Calle Pintor Llorens 3; singole/doppie a partire da €42/59; ❄@📶) Situato nelle immediate vicinanze della stazione ferroviaria, il Costa Blanca è una struttura dall'ottimo rapporto qualità-prezzo, fatta eccezione per l'alta stagione estiva, quando le tariffe subiscono un forte aumento, arrivando fino a €92. Le camere sono confortevoli e arredate con molto buon gusto, c'è un piccolo bar ben fornito e il porto si trova a pochi passi di distanza.

Pasti

Denia vanta una lunga fila di ristoranti invitanti e adatti a tutte le tasche, che dall'Explanada Cervantes e da Calle Bellavista, di fronte al porto, si estende fino a Plaza del Raset. Molti di questi locali sono nati come semplici bar per i pescatori che rifornivano il vecchio mercato del pesce situato dalla parte opposta della strada. Tapas bar altrettanto allettanti si affacciano su Calle Lepanto, una via pedonale che corre in direzione ovest dall'Hotel Chamarel.

Sal de Mar SPECIALITÀ GASTRONOMICHE €€
(☎96 642 77 66; menú €20-40, portate principali €17-23; ⏲mer-lun) Lo chef Federico Guajardo gestisce il raffinato ristorante dell'Hotel Posada del Mar, che consigliamo caldamente, dove potrete sia consumare un pasto completo sia semplicemente *tapear* (mangiare tapas), accomodandovi nell'intima sala all'interno oppure nel dehors nella bella stagione.

El Raset RISO, PESCE €€
(☎96 578 50 40; Calle Bellavista 7; menú €22, portate principali €17-24) A El Raset, rinomato per i suoi squisiti piatti di riso, potrete mangiare seduti nell'ampia terrazza oppure nella sala interna, rinfrescata dall'aria condizionata. Il suo eccellente *menú* da quattro portate, proposto all'ora di pranzo, inizia con un assortimento di tapas simili a piccoli cannelloni ripieni di frutti di mare. I piatti sono presentati con grande cura e il servizio è cortese e attento.

Asador del Puerto GRILL €€
(☎96 642 34 82; Plaza del Raset 10-11; menú €27-38,50, portate principali €19-24) Consigliamo questo locale sia per la carne, cotta in un forno a legna, sia per il pesce. Non mancate di assaggiare il *cochinillo* (maialino da latte; €23,50) arrostito alla perfezione, croccante fuori e tenero e succulento dentro.

Informazioni

L'**ufficio turistico** (☎96 642 23 67; www.denia.net; Calle Manuel Lattur 1; ⏲9.30-14 e 17-20) si trova nei pressi del lungomare, a pochi passi dalla stazione ferroviaria e dal terminal dei traghetti.

Per/da Denia

Dalla stazione ferroviaria di Denia partono ogni ora treni che seguono un percorso molto panoramico in direzione sud e raggiungono Benidorm (€3,30, 1 h 15 min), da dove parte un tram in coincidenza diretto ad Alicante.

Balearia Lines (☎902 160180; www.balearia.com) gestisce i traghetti per le Isole Baleari, in particolare per/da Maiorca e Ibiza.

Xàbia

POP. 31.600

La popolazione di questa cittadina è costituita per un terzo da stranieri e per oltre due terzi da turisti non spagnoli (un negozio su due sembra essere un'agenzia immobiliare). Per questo motivo, Xàbia (in castigliano Jávea) non è il posto migliore per immergersi nella cultura locale. Detto questo, si tratta di una località tranquilla e adatta alle famiglie, che vale la pena di visitare all'inizio della stagione, quando il sole splende ma l'affluenza turistica è ancora relativamente contenuta.

Xàbia è suddivisa in tre parti: il piccolo centro storico, situato 2 km verso l'entroterra; El Puerto, immediatamente a est; e la zona balneare di El Arenal, un paio di chilometri a sud del porto.

Attività

Oltre a prendere il sole e rilassarsi sull'ampia spiaggia di El Arenal, vale la pena di fare una breve passeggiata nel centro storico. L'ufficio turistico distribuisce un cofanetto intitolato *Xàbia: Nature Areas Network*, contenente cinque opuscoli, ciascuno dedicato a un itinerario segnalato che si snoda nei dintorni, tra cui l'ascesa al Montgó, l'altura che domina la cittadina. Durante tutto l'anno l'ufficio turistico organizza almeno due volte la settimana visite guidate a piedi gratuite; troverete maggiori informazioni nell'opuscolo *Rutas Senderismo* distribuito dall'ufficio.

Pernottamento

Hotel Miramar HOTEL €€
(☎/fax 96 579 01 02; www.hotelmiramar.com.es; Plaza Almirante Bastarreche 12; singole €30-40, doppie €55-70; ❄📶) Situato all'interno di un imponente edificio che sorge direttamente sul mare accanto al porto, questo albergo a gestione familiare offre 26 camere accoglienti, otto delle quali dotate di balcone (per soggiornare in una di quelle affacciate sulla baia bisogna pagare un supplemento compreso tra €10 e €15.) Ci sono anche un bar e un ristorante.

Pensión la Marina PENSIÓN €
(☎96 579 31 39; www.lamarinapension.com; Av Marina Española 8; camere €40-60; 📶) Questo piccolo posto gestito da inglesi dispone di otto camere e di un paio di sistemazioni per famiglie, tutte dotate di ventilatori a soffitto. Il suo principale punto di forza è rappresentato dalla posizione, a pochi passi dalla passeggiata pedonale. All'ora di cena non è necessario cercare lontano, in quanto il ristorante al piano terra, che propone una buona cucina mediterranea, applica il 20% di sconto agli ospiti della *pensión*.

Parador de Jávea PARADOR €€€
(☎96 579 02 00; www.paradores.es; Avenida del Mediterráneo 233; doppie €113-206) Da un punto di vista puramente architettonico, il *parador* di Xàbia – un tempo considerato moderno – non è particolarmente attraente, tuttavia si trova in eccellente posizione su un promontorio affacciato sulla baia di El Arenal e dispone di tutti i comfort che ci si aspetta di trovare in una struttura di questo tipo.

Pasti e locali

Nel centro storico di Xàbia si trovano diversi invitanti tapas bar, mentre Avenida de la Marina Española, la passeggiata che corre a sud del porto, è costeggiata da bar e ristoranti. A El Arenal, lungo il Paseo Marítimo, che corre lungo la spiaggia, si susseguono altri caffè e ristoranti.

Amarre 152 SPAGNOLO MODERNO €€
(☎96 579 06 29; Port de la Fontana; pasti €30 circa) In fondo a una parte isolata di El Arenal si trova questo delizioso locale (per arrivarci, contate i moli fino a raggiungere il numero 152), dotato di una sala interna arredata con eleganza e di una piccola terrazza affacciata sul molo. I piatti a base di riso sono eccellenti e il pesce è freschissimo.

El Posito MEDITERRANEO €€
(☎96 579 30 63; Plaza Almirante Bastarreche 11; menú €14, pasti €25 circa) Situato nello stesso stabile dell'ufficio turistico del porto, un bell'edificio di colore bianco e azzurro in

passato circolo sociale dei pescatori, l'El Posito propone un *menú* dall'ottimo rapporto qualità-prezzo e un buon assortimento di tapas e sandwich. Potrete anche andarci semplicemente per fare una sosta sorseggiando una bevanda seduti nel suo dehors, particolarmente ampio.

Bar Imperial TAPAS
(☎96 646 11 81; Plaza de Baix 2) Vale veramente la pena di fare un salto in questo locale pieno di atmosfera situato nel centro storico, che serve sia tapas sia pasti completi.

La Rebotica TAPAS
(☎96 646 13 18; Calle San Bartolomeo 6) Anche a La Rebotica, nella città vecchia, potrete consumare un pasto completo o fare uno spuntino a base di tapas.

Temptacions TAPAS BAR €
(☎96 579 29 20; Plaza de la Iglesia 10) Davvero invitante – come suggerisce il suo nome – questo intimo locale è stato ricavato da due vecchie residenze (delle quali sono sopravvissute sole le arcate delle porte, che si possono vedere all'interno); è un buon posto per le tapas o per bere qualcosa.

El Tropezón Valencian CUCINA REGIONALE €€
(☎96 579 13 16; Calle Tossal de Dalt 3) Questo locale, aperto abbastanza di recente, è ospitato in un edificio tradizionale ristrutturato. Propone una cucina regionale che potrete gustare in un ambiente intimo, con pareti di pietra a vista e travi di legno.

Informazioni

Connections (Calle Cristo del Mar 29, El Puerto; €2,50 l'ora; 9.30-14 e 17-19 lun-sab) Accesso a internet.

Uffici turistici (www.xabia.org; 9-13.30 e 16-19.30 o 16.30-20 lun-ven, 10-13.30 sab) El Arenal (☎96 646 06 05; Carretera Cabo de la Nao); Città vecchia (☎96 579 43 56; Plaza de la Iglesia); Porto (☎96 579 07 36; Plaza Almirante Bastareche 11; anche sab pomeriggio e dom mattina)

Per/da Xàbia e trasporti locali

Ogni giorno da Xàbia partono almeno cinque autobus diretti sia a Valencia (€10) sia ad Alicante (€8,50). Questi autobus fermano in Avenida Óndara, in prossimità della Rotonda del Olivo, la piazza al cui centro campeggia un grande ulivo.

Se avete intenzione di noleggiare una bicicletta potete rivolgervi a **Xàbia's Bike Centre** (www.xabiasbike.com, in spagnolo; Avenida Lepanto 21; a partire da €7/42 al giorno/settimana), situato nella zona del porto.

Calpe

POP. 29.650

La stazione balneare di Calpe (in valenciano Calp) è dominata dal Peñon de Ifach, un enorme promontorio roccioso a picco sul mare che ricorda la Rocca di Gibilterra.

Ai lati del Peñon si estendono due ampie spiagge: Playa Arenal, a sud, alle cui spalle sorge il centro storico, e Playa Levante, a nord, lungo la quale si estende la parte più moderna della cittadina.

Dall'**Aula de Naturaleza** (Centro naturalistico) del Peñon sale un sentiero piuttosto impegnativo (per percorrerlo tutto calcolate di impiegare circa due ore e mezzo tra andata e ritorno), che sale fino alla vetta (332 m), dove al termine di una buia galleria è possibile ammirare un magnifico panorama sul mare. Nei mesi di luglio e agosto l'accesso al Peñon viene limitato: gli escursionisti vengono fatti partire in gruppi di 20 ogni 15 minuti, per cui potrebbe capitarvi di dover aspettare un po'.

Pernottamento

Hostal Terra de Mar BOUTIQUE HOSTAL €€
(☎629 665124; www.hostalterrademar.com, in spagnolo; Calle Paternina 31; singole/doppie con prima colazione €70/95; ❄) Al vostro arrivo in questo elegante hostal sarete accolti da un enorme dipinto murale che ritrae mani ornate di braccialetti da cui svolazzano petali di rosa, mentre la reception è abbellita da fiori freschi. Ogni piano è caratterizzato da un proprio stile (salendo le scale passerete dal Giappone al Marocco, dall'Africa a Parigi). Le tariffe applicate in bassa stagione per le 12 camere (singole/doppie con prima colazione €35/55 da ottobre a maggio) sono davvero interessanti.

Hotel Esmeralda HOTEL €€
(☎96 583 61 01; www.rocaesmeralda.com; Calle Ponent 1; camere €84-195; ❄@) Situato all'estremità settentrionale di Playa Levante, il gigantesco Esmeralda non è solo un albergo ma anche un complesso ricreativo, è ciò lo rende una sistemazione ideale per le famiglie che viaggiano con bambini. Questa struttura mette a disposizione di coloro che non amano particolarmente il mare tre piscine all'aperto, una piscina coperta e riscaldata, una palestra, un paio di ristoranti e un caffè.

Pensión Centrica PENSIÓN ECONOMICA €
(☎96 583 55 28; mjpiffet@hotmail.com; Plaza de Ifach 5; singole/doppie semplici €13/28) A pochi passi da Avenida Gabriel Miró, questo posto a gestione francese dispone di 13 camere ben tenute, con ventilatori a soffitto e bagni nel corridoio. Offre un'atmosfera accogliente che ricorda quella degli ostelli e mette a disposizione degli ospiti un frigorifero e un forno a microonde. C'è anche un grosso iguana...

Pasti

Nei dintorni di Plaza de la Constitución e lungo Avenida de Gabriel Miró, la via principale, ci sono moltissimi bar e ristoranti; nella zona del porto troverete alcuni validi ristoranti di pesce.

Los Zapatos MODERNO EUROPEO €€
(☎96 583 15 07; www.restauranteloszapatos.com; Calle Santa María 7; menú €16, portate principali €14,50-23; ⏲gio-lun) Caldamente consigliato dalla gente del posto, questo ristorante a gestione tedesca propone un menu à la carte breve e specializzato e una selezionata carta dei vini in cui figurano per lo più etichette spagnole. In stagione prepara un invitante *menú caza y pescado* (menu caccia e pesca) che prevede piatti a base di cinghiale e di pesce fresco.

La Cambra SPAGNOLO €€
(☎96 583 06 05; Calle Delfín 2; portate principali €15-21; ⏲pranzo lun-gio, pranzo e cena ven e sab) Piacevolmente arredato con maioliche e mobili antichi, La Cambra è un ristorante specializzato in piatti a base di riso (€12 circa); propone anche un ampio assortimento di specialità della cucina basca e valenciana à la carte.

Informazioni

Librería Europa (www.libreria-europa-calpe.com; Calle Oscar Esplá 2) Questa libreria dispone di un buon assortimento di titoli sia in inglese sia in altre lingue.

Ufficio turistico principale (☎96 583 85 32; www.calpe.es; Plaza del Mosquit; ⏲9-14.30 e 16-19.30 lun-ven, 10-13.30 sab) L'ufficio turistico principale si trova nella città vecchia.

Per/da Calpe

AUTOBUS Alcuni autobus assicurano i collegamenti tra Calpe, Alicante (€6,50, 1 h 30 min, 9 corse al giorno) e Valencia (€12, 3 h 30 min, 6 corse al giorno). La **stazione degli autobus** (Avenida de la Generalitat Valenciana) si trova nei pressi della tangenziale.

TRENO Tutti i giorni da Calpe partono treni a scartamento ridotto in direzione nord fino a Denia (€2,25, 40 min) e in direzione sud per Benidorm (€2, 30 min), in coincidenza con il tram per Alicante.

Altea

POP. 11.900

Altea non potrebbe essere più diversa dalla vicina Benidorm, da cui è separata dalla massiccia Sierra Helada. Molto più tranquilla, offre spiagge per lo più ricoperte di ciottoli e le case imbiancate a calce della città vecchia, abbarbicata sulla cima di una collina che domina il mare, che contribuiscono a renderla uno dei *pueblos* più pittoreschi di tutta la Comunidad Valenciana. Invece, la parte moderna, che si estende lungo la costa, presenta numerose analogie con molte altre località di villeggiatura del litorale.

Aparthotel & Restaurante Venus Albir (☎96 686 48 20; www.venusalbir.com; Plaza Venus, Albir-Alfaz del Pi; doppie €47-90, triple €63-120; ❄📶🏊), situato ad Albir, il proseguimento di Altea verso sud, è una struttura che si distingue per il rispetto dell'ambiente. Mette a disposizione 24 appartamenti molto confortevoli e dotati di cucinino e di balcone, e propone massaggi e altre attività rilassanti. Il suo **ristorante** (portate principali €13,50-23), aperto a tutti, utilizza soltanto ingredienti rigorosamente biologici. All'ora di pranzo viene proposto un *menú* da quattro portate con un ottimo rapporto qualità-prezzo (€14,50, compreso un paio di bicchieri di vino); il piccolo negozio vende gli stessi prodotti biologici che vengono usati in cucina.

Nei pressi di Plaza de la Iglesia, nella città vecchia, e soprattutto lungo Calle Major, troverete numerosi ristorantini, molti dei quali, tranne che nel periodo di maggiore afflusso turistico in estate, aprono solo di sera.

L'**ufficio turistico** (☎96 584 41 14; Calle San Pedro 9; ⏲10-14 e 17-19.30 o 20 lun-ven, 10-13 sab) si trova proprio di fronte alla spiaggia.

Benidorm

POP. 73.950

È sin troppo facile snobbare Benidorm: un'importante collana di guide turistiche nelle sue pagine non cita nemmeno questa città della Costa Blanca, che nelle notti estive risente della chiassosa presenza delle orde di turisti provenienti dai paesi dell'Europa settentrionale. Tuttavia, se da un lato è impossibile negare che Benidorm si sia ormai votata da tempo al turismo di massa e dei viaggi organizzati, dall'altro questa città è riuscita comunque a conservare una certa dignità. In particolare, il suo lungomare è veramente magnifico, così come Playa del Levante e la più lunga Playa del Poniente, le due spiagge che si incontrano sotto Plaza del Castillo, dove la terraferma si protende nella baia come la prua di una nave.

Se nei mesi invernali la metà dei visitatori è costituita da persone di età superiore ai 60 anni provenienti in massima parte dall'Europa settentrionale, in estate Benidorm viene presa letteralmente d'assalto da turisti di tutte le età.

Che cosa vedere e fare

Terra Mítica PARCO A TEMA
(www.terramiticapark.com; interi/bambini €35/26,50; ⏲10 fino almeno alle 20 metà marzo-set) Questo parco rappresenta la risposta della Costa Blanca a Disneyland. Si tratta del più grande parco tematico della Spagna, un luogo dove trascorrere una giornata all'insegna del divertimento e quindi ideale per chi viaggia con i bambini. Ispirato al tema del Mediterraneo, offre moltissime attrazioni ad alto contenuto adrenalinico, tanti divertimenti e zone dedicate all'antico Egitto, alla Grecia, a Roma, all'Iberia e alle isole. Poiché gli orari di apertura seguono una schema complesso, è bene verificarli in anticipo al di fuori dell'alta stagione.

Terra Natura e Aqua Natura PARCO A TEMA
(www.terranatura.com; interi/bambini €25/20; ⏲10-tramonto) In perenne concorrenza con Terra Mítica, Terra Natura è un altro grande parco tematico in cui oltre 1500 animali vivono in ambienti molto simili al loro habitat di origine. Il complesso comprende anche un divertente **parco acquatico** (⏲giu-metà set; supplemento €6) e, per i più intraprendenti, l'opportunità di nuotare con gli squali (per la verità di dimensioni piuttosto ridotte e innocui).

Aqualandia PARCO ACQUATICO
(www.aqualandia.net, in spagnolo; interi/bambini €27/20; ⏲10-tramonto metà mag-metà ott) Aqualandia è il più grande parco acquatico di tutta l'Europa. Accanto si trova **Mundomar** (☎96 586 01 00; www.mundomar.es, in spagnolo; interi/bambini €24/18; ⏲10-tramonto), che comprende un parco marino e uno zoo con pappagalli, delfini, leoni marini e addirittura pipistrelli. Entrambi i parchi (biglietto cumulativo interi/bambini €35/25) meritano una visita di un'intera giornata.

Excursiones Marítimas Benidorm GITE IN BARCA
(www.excursionesmaritimasbenidorm.es, in spagnolo) Questa agenzia organizza gite che partono ogni ora (andata e ritorno interi/bambini €12,50/10) per Isla de Benidorm; inoltre, effettua un'escursione lungo la costa fino a Calpe (€20/13) e un'uscita della durata di un'intera giornata per l'isola di Tabarca (p184) al costo di €25/16.

Sierra Helada ESCURSIONISMO
Se i ritmi frenetici di Benidorm dovessero stancarvi, procuratevi presso l'ufficio turistico una copia gratuita di *Routes Across Sierra Helada* e fate una camminata sulle colline che si ergono nell'interno, subito a nord del Rincón de Loix, dove potrete ammirare splendidi scorci della baia.

Pernottamento

TOP **Villa Venecia** BOUTIQUE HOTEL €€€
(☎96 585 54 66; www.hotelvillavenecia.com; Plaza San Jaime 1; camere a partire da €185; ❄📶🏊) New entry nel panorama alberghiero di Benidorm, il Villa Venecia è un albergo a cinque stelle situato di fronte alla chiesa della città vecchia, in posizione dominante rispetto alle affollate spiagge sottostanti. Mette a disposizione dei suoi ospiti 25 camere, dotate tutte di una straordinaria vista sul mare, modernissime vasche da

LA FABBRICA DI CIOCCOLATO

Anche se non vi chiamate Charlie e magari avete superato abbondantemente i 12 anni, apprezzerete molto la visita del **Museo de Chocolate** (Museo del Cioccolato; www.valor.es; Calle Pianista Gonzalo Soriano 13; ingresso libero; ⏲10-13 e 16-19 lun-ven, 10-13 sab) di Villajoyosa, 14 km a sud di Benidorm. Il museo, vetrina della ditta Valor, il maggiore produttore spagnolo di cioccolato, è dedicato a tutto ciò che attiene al cacao, al cioccolato e alla trasformazione del primo nel secondo. La visita del museo, in cui c'è anche una galleria di sculture di cioccolato, comprende anche la visita della fabbrica e del negozio, dove occorre una straordinaria forza di volontà per resistere alle tentazioni. Si effettuano visite guidate allo scoccare di ogni ora.

bagno, docce con getti potenti, grandi TV a schermo piatto e macchine per il caffè Nespresso. Mentre vi rilassate ai bordi della minuscola piscina sul tetto, magari dopo essere stati alla spa e al centro benessere, avrete l'impressione di trovarvi lontanissimi da Benidorm. Il bar e l'eccellente ristorante Llum de Mar sono aperti anche a chi non soggiorna nella struttura.

Hotel La Santa Faç HOTEL €€
(☎96 585 40 63; www.santafazhotel.com, in spagnolo; Calle Santa Faç 18; singole €35-50, doppie €55-85; ⊙mag-ott; ❄📶) In attività da molto tempo, questo albergo situato tra due vie del centro storico è accogliente e ricco di personalità. Tutte le camere sono dotate di un balcone, e la struttura dispone anche di un bar ben fornito e con un tavolo da biliardo.

Hotel Colón HOTEL €€
(☎96 585 04 12; www.hotelcolon.net; Paseo de Colón 3; singole €43-69, doppie €55-96; ⊙apr-ott; ❄📶) Situato in posizione molto comoda, nel punto in cui la città vecchia incontra Playa del Poniente, il Colón offre in bassa stagione un rapporto qualità-prezzo davvero eccellente. Il trattamento di mezza pensione costa soltanto €4 in più del semplice pernottamento con prima colazione, ma non aspettatevi una cucina eccezionale. Le camere rivolte verso ovest consentono di ammirare un incantevole panorama su Playa del Poniente.

Hotel Iris HOTEL ECONOMICO €
(☎96 586 52 51; www.iris-hotel.net; Calle Palma 47; singole €25-50, doppie €25-65; ❄@📶) L'Iris è un albergo accogliente ed economico situato in una via piuttosto tranquilla. Le camere sono dotate di aria condizionata o di ventilatori, e la maggior parte di esse dispone anche di un piccolo balcone. Al piano terra c'è un bar dall'atmosfera piacevolmente intima, dove è possibile accedere a internet. Se va bene per il sindaco di Benidorm, che pernotta qui durante la festa della città, andrà bene anche per voi...!

Gran Hotel Bali HOTEL €€
(☎96 681 52 00; www.granhotelbali.com; Calle Luis Prendes; mezza pensione €46,50-95 per persona; ❄@📶🏊) Con i suoi 186 m di altezza, questo mastodontico complesso che ricorda più una città dell'era spaziale che un albergo, è l'hotel più alto d'Europa. Simile a un gigantesco coltello argenteo che fende il cielo, non incontrerà sicuramente il gusto di tutti, tuttavia con i suoi 23 ascensori (non mancate di fare un giro su uno dei due ascensori esterni), le sue 776 camere e un paio di ristoranti in grado di accogliere fino a 1000 persone, il Gran Hotel Bali è senz'altro eccezionale sotto molti punti di vista.

> **SISTEMAZIONI SCONTATE**
>
> Dal momento che la stragrande maggioranza dei turisti che viene a Benidorm acquista un pacchetto, le strutture ricettive possono essere costose per i viaggiatori indipendenti. Per trovare sistemazioni con sconti interessanti prenotate online sul sito **Benidorm Spotlight** (www.benidorm-spotlight.com).

Pasti

La maggiore concentrazione di ristoranti specializzati in cucina spagnola e di tapas bar di Benidorm si trova nel tratto di Calle Santo Domingo situato nei pressi di Plaza de la Constitución.

TOP **La Cava Aragonesa** TAPAS BAR €
(Plaza de la Constitución) Che splendida scelta di tapas, invitanti canapè, 20 assortimenti diversi di affettati e formaggi, il tutto disposto con grande cura sul bancone e accompagnato da cartellini sia in spagnolo sia in inglese! Molto buoni anche i vini serviti al calice – una discreta dose di spumante catalano standard costa appena €1. Sotto la stessa gestione è il **ristorante** (☎96 680 12 06; menú €10-13, portate principali €10-18) adiacente, dove potrete scegliere tra 20 diversi taglieri di legno con portate miste e oltre 600 etichette di vini.

Llum de Mar MODERNO MEDITERRANEO €€
(☎96 585 54 66; Plaza San Jaime 1; piatti a base di riso €12,50-15,50, portate principali €18-22) Luce del Mare (questo è il significato del suo nome), il ristorante dell'albergo Villa Venecia, è un locale dall'atmosfera intima aperto anche a chi non soggiorna nell'albergo. Propone fantastici piatti à la carte, che potrete gustare ammirando un ampio panorama marino attraverso grandi finestre panoramiche. È indispensabile prenotare, dal momento che può ospitare soltanto 30 persone.

Ulía PESCE, RISO €€€
(☎96 585 68 28; Calle Vicente Llorca Alós 15; ⊙pranzo e cena mar-sab, cena dom) Questo ampio locale affacciato su Playa del Poniente è, a detta della gente del posto, il posto mi-

BENIDORM DA RECORD

» Nel 2009 a Benidorm sono stati registrati quasi 10 milioni di pernottamenti.

» Tutti gli anni arrivano in città circa cinque milioni di visitatori, di cui più di un milione sono britannici.

» Benidorm è seconda soltanto a New York per numero di grattacieli, vantandone ben 155.

» I suoi 127 alberghi (senza prendere neppure in considerazione i condomini) offrono quasi 40.000 posti letto. In Europa, soltanto Londra e Parigi ne hanno un numero maggiore.

» La spiaggia si estende per ben 6 km.

gliore per i piatti di riso e pesce (provate i *chopitos frescos*, croccanti seppioline fritte). I camerieri sono gentili e si danno un gran da fare. Lo consigliamo anche per la selezione dei vini, tutti esposti, e per la vista sulla spiaggia e sul mare.

Restaurante Marisquería Club Naútico MEDITERRANEO €€
(☎96 585 54 25; Paseo de Colón; menú €24, portate principali €10-19) In questo elegante ristorante situato vicino al porto potrete prendere qualche tapa al bar, consumare un pasto completo seduti nell'ampia terrazza, oppure semplicemente sorseggiare un drink osservando il porticciolo di Benidorm.

Casa de la Portuguesa MEDITERRANEO €€
(☎96 585 89 58; Calle San Vicente 39; portate principali €10-16) Pur trattandosi di un locale a gestione familiare dai prezzi assai ragionevoli, è molto apprezzato dalle personalità cittadine per i suoi eccezionali piatti a base di riso e di pesce fresco. Nei mesi estivi è possibile consumare i pasti seduti a uno dei tavoli sistemati nella stretta via antistante.

La Rana SPAGNOLO €€
(☎96 586 81 20; Costero del Barco 6; portate principali €5,50-17,50) Uno dei ristoranti più vecchi di Benidorm (con ogni probabilità l'attuale registratore di cassa è lo stesso che venne utilizzato il giorno dell'inaugurazione), La Rana (fate caso alle centinaia di rane di tutte le dimensioni esposte in una vetrina) è uno di quei posti dove il tempo sembra essersi fermato (l'atmosfera è quella di 20-30 anni fa). A gestione familiare, serve le specialità tipiche della cucina spagnola, preparate con ingredienti freschissimi presi dal grande frigorifero situato davanti ai vostri occhi. Si trova in posizione appartata in un vicolo acciottolato, ma merita di essere cercato.

Locali e divertimenti

Se desiderate bere qualcosa in un ambiente sofisticato in questa città che in genere difetta di classe, vi consigliamo di prendere posto su uno degli sgabelli del **Fratelli** (Calle Doctor Orts Llorca; ⌚13-5), un elegante cocktail bar che ama definirsi 'Bar Fashion'.

All'estremità occidentale di Playa del Levante la musica fuoriesce da tre **bar sulla spiaggia** (⌚10-17), che hanno tutti megadiscoteche in Avenida de la Comunidad Valenciana, in periferia, che, al pari di altri grossi locali notturni simili, aprono tutti i giorni nei mesi di luglio e agosto, e soltanto il fine settimana nel resto dell'anno.

Ku (www.kubenidorm.es), davanti alla spiaggia, offre un'atmosfera esotica con riproduzioni di statue hindu e buddhiste, e offre sul retro un bella zona in cui rilassarsi. Il vicino **KM** (www.kmdisco.com) propone musica molto varia fino alle 18, quando si ascolta soltanto musica house. Il **Beach Club Penelope** (www.penelopebeach.com, in spagnolo), accanto al KM, è uno dei locali della catena Penelope, presente in tutta Europa. Tutti questi posti sono molto tranquilli nelle ore diurne, ma al calar della notte diventano animatissimi.

Informazioni

Ufficio turistico principale (☎96 585 13 11; Avenida Martínez Alejos 16; ⌚9-21 lun-ven, 10-15 sab) Altri chioschi di informazioni turistiche si trovano presso la stazione degli autobus, in Avenida de Europa e in Rincòn de Loix.

Vic Center (Calle Lepanto 9; €2 l'ora; ⌚9.30-23) Accesso a internet.

Per/da Benidorm

AUTOBUS Dalla stazione degli autobus di Benidorm (servita dagli autobus locali n. 41 e n. 47) partono gli autobus **ALSA** (☎96 680 39 55; www.alsa.es) diretti alle seguenti destinazioni:

Alicante €4, 1 h, corse frequenti

Aeroporto di Alicante €8, 50 min, ogni ora

Valencia €15, 1 h 45 min, 12 corse al giorno

Aeroporto di Valencia €17,50, 2 h 15 min, 2 corse al giorno

TRAM E TRENO È possibile prendere il tram diretto a sud per Alicante (€4,40, 1 h, ogni 30 min), oppure il piccolo treno per Denia (€3,30, 1 h 15 min, ogni h).

Trasporti locali

AUTOBUS L'autobus n. 1 serve Terra Mítica, Terra Natura, Mundomar e Aqualandia (un poco più oltre).

BICICLETTE A NOLEGGIO All'epoca della stesura di questa guida, a Benidorm stava per essere introdotto un sistema di bike sharing. In alternativa, rivolgetevi a **Marco Polo** (☎96 586 33 99; Avenida de Europa 5; mezza giornata/giornata intera a partire da €5/9).

TAXI ☎96 586 18 18.

Alicante

POP 335.000

Seconda città della regione per dimensioni, dopo Valencia, Alicante (in valenciano Alacant) non si limita a vivere di solo turismo. Si tratta infatti di una città molto dinamica e gradevole, in cui se si può vale la pena di fermarsi almeno una notte, in modo da vivere la sua esplosiva vita notturna tipicamente spagnola. Il centro storico, un quartiere di strette vie denominato El Barrio, si estende intorno alla Catedral de San Nicolás.

Che cosa vedere e fare

FREE Castillo de Santa Bárbara CASTELLO

(⏲10-22) È possibile ammirare un ampio panorama della città da questo castello del XVI secolo, che ospita il **Museo de la Ciudad de Alicante (MUSA)**, un nuovo museo dedicato alla storia di Alicante. Un ascensore, raggiungibile attraverso un ponte pedonale situato di fronte a Playa del Postiguet, sale lungo le viscere della montagna fino in cima. È possibile scendere facendo una gradevole passeggiata attraverso il Parque de la Ereta, percorrendo Calle San Rafael e giungendo in Plaza del Carmen.

TOP Museo de Arte Contemporáneo de Alicante (MACA) MUSEO

(Plaza Sta María 3; ingresso libero) Questo splendido museo è stato riaperto a marzo del 2011, dopo diversi anni di chiusura a causa di lavori di ristrutturazione e ampliamento della sua sede, la Casa de la Asegurada, un notevole edificio secentesco. Il MACA ospita una collezione di altissimo interesse di artisti spagnoli del XX secolo, tra cui figurano Dalí, Miró, Chillida, Sempere, Tàpies e Picasso.

Museo Arqueológico Provincial (MARQ) MUSEO ARCHEOLOGICO

(www.marqalicante.com; Plaza Doctor Gómez Ulla; interi/bambini €3/gratuito; ⏲10-19 mar-sab, 10-14 dom) Consigliamo vivamente la visita del MARC, caratterizzato da un approccio molto visuale e tecnologico (ma le spiegazioni in inglese sono scarse). Si può raggiunge agevolmente a piedi dal centro o con gli autobus n. 2, 6, 9, 20 o 23.

FREE Museu de Fogueres MUSEO ETNOLOGICO

(in spagnolo: Museo de las Hogueras; Rambla de Méndez Núñez 29; ⏲10-14 e 17-20 o 18-21 mar-sab, 10-14 dom) Al centro di questo museo è la Fiesta de Sant Joan, la festa più importante per gli *alicantinos*, illustrata con l'ausilio di fotografie, costumi, *ninots* (piccoli fantocci risparmiati alle fiamme) e di un'interessantissima presentazione audiovisiva.

FREE Museo de Bellas Artes Gravina (MUBAG) MUSEO

(Calle Gravina 13-15; ⏲10-14 e 16-20 o 17-21 lun-sab, 10-14 dom) Il museo di belle arti di Alicante, con tele dal Medioevo agli anni '20 del Novecento, è ospitato nel Palacio de Gravina, un'imponente residenza settecentesca. Probabilmente, più che per i dipinti merita di essere visitato proprio per la sua sede e per l'allestimento.

Panoramis COMPLESSO COMMERCIALE E RICREATIVO

Concentrazione di negozi, ristoranti e bar alla moda sulla strada rialzata occidentale. Per arrivarci camminate accanto al porto lungo Paseo Explanada de España, chiuso al traffico, oppure seguendo la passeggiata lungomare (separata dal mare da una strada molto trafficata).

Basílica de Santa María CHIESA

(⏲10-12.30 e 18-20.30) Lo stile dell'appariscente facciata settecentesca e dell'altare maggiore, dorato e riccamente decorato, contrastano nettamente con la semplicità della navata gotica.

Kon Tiki GITA IN BARCA

(☎96 521 63 96) Questa agenzia organizza una gita di 45 minuti (andata e ritorno €16) alla famosa Isla de Tabarca (p184).

Icarus SCULTURA

La scultrice Esperanza d'Ors è l'autrice di questa splendida scultura bronzea collocata nella zona del lungomare che raffigura un Icaro dalla testa minuscola che esce dall'acqua trasportando una tavola da surf.

Alicante

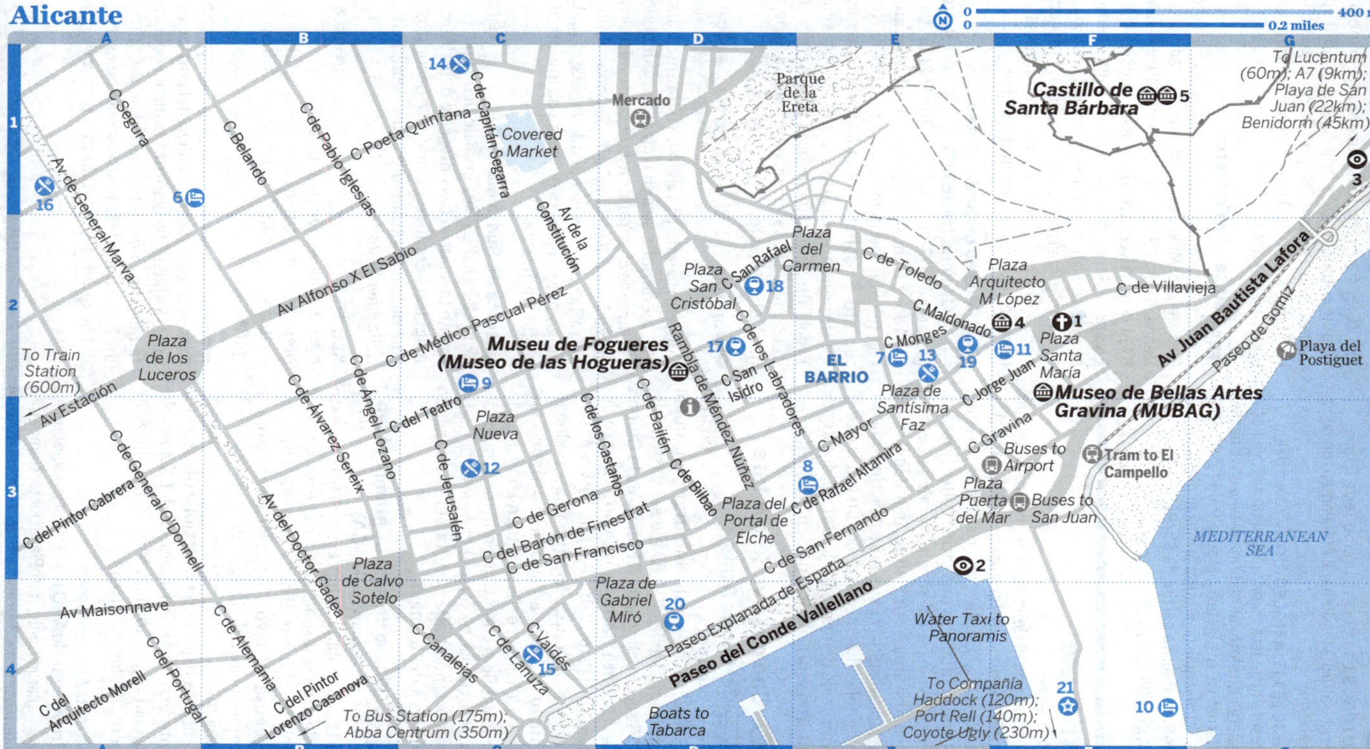
0 400 m
0 0.2 miles
Castillo de Santa Bárbara 5
To Lucentum (60m); A7 (9km); Playa de San Juan (22km); Benidorm (45km)
3
Parque de la Ereta
Mercado
Covered Market
C Segura
C Belando
C de Pablo Iglesias
C Poeta Quintana
C de Capitán Segarra
Av de General Marva
Av de la Constitución
Av Alfonso X El Sabio
Plaza del Carmen
Plaza San Cristóbal
C San Rafael
C de Toledo
Plaza Arquitecto M López
C de Villavieja
Av Juan Bautista Lafora
Paseo de Gomiz
Playa del Postiguet
C Maldonado
C Monges
Plaza Santa María
C Jorge Juan
Museo de Bellas Artes Gravina (MUBAG)
Plaza de los Luceros
To Train Station (600m)
Av Estación
C de Médico Pascual Pérez
Museu de Fogueres (Museo de las Hogueras)
Rambla de Méndez Núñez
C de los Labradores
C San Isidro
EL BARRIO
Plaza de Santísima Faz
C Mayor
C Gravina
Buses to Airport
Tram to El Campello
Plaza Puerta del Mar
Buses to San Juan
C del Teatro
Plaza Nueva
C de Ángel Lozano
C de Álvarez Sereix
C de Jerusalén
C de los Castaños
C de Bailén
C de Bilbao
Plaza del Portal de Elche
C de Rafael Altamira
C de Gerona
C del Barón de Finestrat
C de San Francisco
C de San Fernando
C del Pintor Cabrera
C de General O'Donnell
Av del Doctor Gadea
Plaza de Calvo Sotelo
Plaza de Gabriel Miró
Paseo Explanada de España
Paseo del Conde Vallellano
MEDITERRANEAN SEA
Water Taxi to Panoramis
To Compañía Haddock (120m); Port Rell (140m); Coyote Ugly (230m)
Av Maisonnave
C de Alemania
C del Portugal
C del Arquitecto Morell
C del Pintor Lorenzo Casanova
C Canalejas
C de Lanuza
C Valdés
To Bus Station (175m); Abba Centrum (350m)
Boats to Tabarca
1
2
4
6
7
8
9
10
11
12
13
14
15
16
17
18
19
20
21

Alicante

Spiagge SPIAGGE
Immediatamente a nord del porto si estende la sabbiosa **Playa del Postiguet**. Una spiaggia più ampia e di solito meno affollata è **Playa de San Juan**, facilmente raggiungibile con il tram.

Feste e manifestazioni

Fiesta de Sant Joan SOLSTIZIO D'ESTATE
L'evento più importante del calendario di Alicante è la Fiesta de Sant Joan, che si svolge intorno al 24 giugno. Si tratta della versione alicantina di Las Fallas (v. lettura p148), con fuochi d'artificio e grotteschi fantocci di cartapesta (in valenciano *fogueres*, in castigliano *hogueras*) che vengono dati alle fiamme in falò accesi in tutta la città.

Pernottamento

Hotel Amérigo HOTEL €€€
(96 514 65 70; www.hospes.es; Calle de Rafael Altamira 7; camere a partire da €122;) Ricavato all'interno di un convento domenicano, l'Amérigo è una gloriosa struttura a cinque stelle che riesce a far coesistere in maniera armoniosa lo stile tradizionale con elementi ultramoderni. Durante il vostro soggiorno potrete gustate la cucina del **Monastrell**, il suo ristorante da intenditori, godervi la vista dalla fantastica piscina sul tetto oppure allenarvi nella palestra, sempre che riusciate a strapparvi dai comfort della vostra magnifica camera.

TOP **Hostal Les Monges Palace** HOSTAL €
(96 521 50 46; www.lesmonges.net; Calle San Agustín 4; singole €30-44, doppie €45-59;) I suoi tortuosi corridoi, le belle piastrelle, i mosaici e i mobili d'epoca fanno di questo hostal una sistemazione davvero gradevole e ricca di personalità. Ogni camera è arredata in modo diverso dalle altre e il personale della reception è particolarmente gentile. Se desiderate coccolarvi, chiedete che vi venga assegnata una delle due camere dotate di sauna e di vasca con idromassaggio (€98). Non perdetevi il piccolo dipinto originale di Dalí accanto al bancone della reception.

Guest House Antonio BOUTIQUE HOSTAL €
(650 718353; www.guesthousealicante.com; Calle Segura 20; singole €35-40, doppie €45-50;) Questa guesthouse è una magnifica sistemazione economica. Dispone di otto camere, tutte arredate con gusto e dotate di cassaforte, frigorifero di dimensioni standard e del necessario per preparare le bevande in maniera autonoma senza costi supplementari. Ottimo il rapporto qualità-prezzo dei cinque appartamenti (da €70 a €80), due dei quali con cortile privato, che hanno un cucinino e una lavatrice. Antonio gestisce anche altri due appartamenti, uno dei quali si trova nei pressi, mentre l'altro è vicino alla stazione degli autobus.

Abba Centrum HOTEL €€
(96 513 04 40; www.abbahoteles.com, in spagnolo; Calle del Pintor Lorenzo Casanova 31; camere €77,50-125;) L'Abba Centrum è una sistemazione davvero interessante situata accanto alla stazione degli autobus e a pochi passi da quella ferroviaria. Rivolgendosi soprattutto a coloro che viaggiano per lavoro, nei fine settimana e ad agosto applica tariffe particolarmente convenienti, che possono scendere fino a €65 a camera. Gli ospiti possono utilizzare gratuitamente la piccola palestra, la sauna e l'hammam. Il parcheggio costa €13.

Hotel Spa Porta Maris & Suites del Mar HOTEL, APPARTAMENTI €€€
(96 514 70 21; www.hotelspaportamaris.com; Plaza Puerta del Mar 3; camere €100-150;) Ognuna delle 142 camere e delle 39 suite di questa struttura a quattro stelle dispone di un balcone affacciato sulla spiaggia o sul porticciolo. Le piscine, la palestra e il centro benessere faranno la gioia di quanti amano tenersi in forma.

Hostal La Milagrosa HOSTAL €
(965216918; www.hostallamilagrosa.com; Calle Villavieja 8; singole/doppie €20/40, con bagno €35/50;) Situato in centro, questo hostal è una valida sistemazione economica che offre camere semplici, una piccola cucina a disposizione degli ospiti, una lavatrice e una terrazza sul tetto. Sono disponibili anche tre appartamenti (€60) in grado di ospitare fino a sei persone (€20 per ogni persona in più).

Hotel San Remo HOTEL €
(96 520 95 00; www.hotelsanremo.net; Calle Navas 30; singole €35-40, doppie €45-55;) Questo accogliente albergo a gestione familiare mette a disposizione 27 camere molto pulite e ben tenute, ma un po' piccole. Non viene servita la prima colazione, ma vicino alla reception c'è una macchinetta automatica per il caffè.

Pasti

TOP **Piripi** CUCINA VALENCIANA €€
(96 522 79 40; Avenida Oscar Esplá 30; portate principali €12-26) Le specialità di questo ristorante assai rinomato sono i piatti a base di riso, frutti di mare e pesce, che arrivano freschi tutti i giorni dai mercati all'ingrosso di Denia e Santa Pola. Molto ampio l'assortimento delle tapas (abbiamo contato 10 diversi tipi di salami e salsicce disposti sul bancone, mentre uno dei simpatici camerieri era impegnato a tagliare senza sosta fette sottilissime di prosciutto di prima scelta). Tutti i giorni viene proposta una diversa specialità valenciana.

El Trellat CREATIVO MODERNO €
(965 20 62 75; Calle de Capitán Segarra 19; menú a pranzo €10, menú a cena €10-25; pranzo lun-sab, cena ven e sab) Situato nei pressi del mercato coperto, l'El Trellat è un locale piccolo e accogliente che propone *menús* estremamente fantasiosi e flessibili: il primo piatto si prende da un buffet self service, e poi si può scegliere da un ampio assortimento di portate principali molto originali. Molto validi sono anche i dessert, e ciò non ci stupisce, poiché Manuel, lo chef/proprietario, in passato ha lavorato nella più importante pasticceria di Alicante.

Tabulé VEGETARIANO €
(96 513 34 45; Avenida Pérez Galdós 52; menú €18; pranzo tutti i giorni, cena mer-sab;) In questo ristorante vegetariano, che propone un *menú* del giorno comprendente anche una bevanda e il caffè, il servizio è veloce e gentile. La cucina non è certo ripetitiva, in quanto i piatti proposti, fantasiosi e originali, cambiano ogni settimana.

One One MEDITERRANEO €€
(96 520 63 99; Calle Valdés 9; pasti €25 circa; M ar-sab) Aiuterà parlare un po' di spagnolo in questo posto meravigliosamente eccentrico, un autentico bistrò dalle pareti interamente tappezzate da poster e fotografie, frequentato da una clientela di habitué, e se avete un po' di dimestichezza con la lingua potrete anche chiedere all'esuberante gestore di raccontarvi dei suoi viaggi in Perú. Dal momento che non c'è il menu, ascoltate con molta attenzione quando Bartólome elenca i piatti.

Cantina Villahelmy FUSION €€
(965 21 25 29; Calle Mayor 37; portate principali €8-17; pranzo e cena mar-sab, pranzo dom) Una parete in pietra grezza e un'altra tinteggiata in arancione vivo e blu scuro, decorate con scheletri, insetti raccapriccianti e fregi di figure classiche. Pervaso da un'atmosfera piacevolmente intima e molto frequentato, questo originale locale propone numerosi spuntini, ottime insalate e un menu comprendente piatti assai vari, che spaziano dal cuscus al polpo.

Bíomenú VEGETARIANO €
(96 521 31 44; Calle Navas 17; portate principali €4,60-7, insalate €15; 9.30-16.30 lun-sab;) Questo locale ultraeconomico è un

ristorante vegetariano (potrete riempire il vostro piatto scegliendo dal bancone delle insalate a peso), oltre che negozio di prodotti biologici.

Se avete intenzione di fare la spesa, recatevi nel grande **mercato coperto** (Avenida Alfonso X El Sabio), una struttura in stile liberty disposta su due piani.

Locali

A **La Bohemia** (Calle Villavieja 1; ⌚8-13 e a partire dalle 17 mar-dom; 📶) sarete accolti dal mattino, all'ora della prima colazione, fino a tardi. Addentratevi nella zona relax sul retro, dove le nicchie scavate nella roccia naturale sono illuminate da candele. Ogni venerdì e sabato si ascolta musica dal vivo.

Per bere qualcosa la sera potrete scegliere tra i numerosi bar situati nel **centro storico**, nella zona della Catedral de San Nicolás. Un posto simpatico in cui iniziare la serata è il **Desdén Café Bar** (Calle de los Labradores 22), che apre presto, mentre il **Desafinado** (Santo Tomas 6) è un animato dance bar con DJ, dove è anche possibile ascoltare buona musica jazz. Non molto lontano c'è lo **Z Club** (Calle Coloma; ⌚Ⓜar-dom), una discoteca elegante. Evitate di presentarvi prima delle 3, perché rischiereste di trovare il locale vuoto.

In alternativa, recatevi sul lungomare. Lungo **Paseo del Puerto**, molto tranquillo di giorno, ci sono numerosi bar, caffè e discoteche, disposti su due livelli. Qui potreste subire il richiamo del **Semiramis**, raggiungibile con una breve traversata in traghetto nelle acque del porto. Se non riconoscete il **Compañía Haddock** per il frastuono, lo farete sicuramente per l'immagine del compagno di Tintin che fuma la pipa. Sopra questo locale c'è il **Port Rell**, così affollato che nelle serate di maggiore affluenza si ha l'impressione che il pavimento debba crollare. Un paio di porte più avanti troverete il **Coyote Ugly**, che in genere è assai animato e di tanto in tanto propone musica dal vivo.

Divertimenti

Casinò CASINÒ
(⌚16-4 lun-sab) Inaugurato di recente, l'appariscente casinò di Alicante offre innumerevoli opportunità di scialacquare il vostro denaro.

Informazioni

Ufficio turistico municipale (www.alicanteturismo.com) Ci sono filiali sia alla stazione degli autobus sia presso quella ferroviaria.

Ufficio turistico regionale (☎96 520 00 00; Rambla de Méndez Núñez 23; ⌚9-20 lun-sab, 10-14 dom)

Xplorer Cyber Café (Calle de San Vicente 46; €1,20 l'ora; ⌚9-24)

Per/da Alicante

Principale porta di accesso alla Costa Blanca, l'**aeroporto di El Altet** si trova circa 12 km a sud-ovest del centro. È servito da voli di compagnie low-cost e da voli charter e di linea provenienti da ogni parte d'Europa.

AUTOBUS Dalla stazione degli autobus partono autobus diretti a svariate destinazioni, tra cui:

DESTINAZIONE	TARIFFA (€)	DURATA (ORE)	FREQUENZA GIORNALIERA
Benidorm	4	1	frequenti
Madrid	27,50	5¼	almeno 10
Murcia	5,50	1	almeno 7
Valencia	21	2½	almeno 10

TRENO Dalla **Estación de Madrid della Renfe** (Avenida de Salamanca), la stazione ferroviaria principale di Alicante, partono treni per diverse destinazioni, tra cui:

Barcellona €55, 5 h, 8 al giorno

Madrid €45, 3 h 45 min, 7 al giorno

Murcia €4,50, 1 h 15 min, ogni ora; via Orihuela ed Elche

Valencia €29, 1 h 45 min, 8 tutti i giorni; via Villena e Xàtiva

TRAM (www.fgvalicante.com) La linea del tram 1 per Benidorm (€4,40, 1 h, ogni 30 min), che segue la costa in alcuni tratti, consente di ammirare un panorama veramente stupendo. Potrete salire sul tram alla fermata del Mercado, accanto al mercato coperto, oppure presso il Puerto Plaza del Mar, cambiando a La Isleta o Lucentum.

Trasporti locali

AUTOBUS PER L'AEROPORTO. L'autobus C-6 (€2,60, 30 min, ogni 20 min) fa la spola tra Plaza Puerta del Mar e l'aeroporto, passando dal lato settentrionale della stazione degli autobus

AUTONOLEGGIO Tra le compagnie di autonoleggio più affidabili ed economiche con una sede all'interno dello scalo aeroportuale segnaliamo:

Javea Cars (www.javeacars.com)

Solmar (www.solmar.es)

Victoria Cars (www.victoriacars.com)

TAXI ☎96 525 25 11.

TAXI D'ACQUA Il **Buquebus** (sola andata/andata e ritorno €2/2,50; ⌚19-2 lun-ven, 12-2 sab e dom giu-set) è un taxi d'acqua che effettua traversate della durata di 10 minuti dal Paseo del Puerto al Panoramis.

Isla de Tabarca

Situata circa 20 km a sud di Alicante in linea retta, Isla de Tabarca costituisce la meta di una piacevole escursione che si può effettuare in giornata. Bella la gita in barca e interessante l'isola, che in estate esercita un grande richiamo. Gran parte delle acque che lambiscono questa piccola isola lunga 1800 m e larga 400 m sono protette e inaccessibili, tuttavia al di fuori di queste zone è possibile dedicarsi allo snorkelling e all'osservazione dei pesci e dei magnifici fondali, per cui non dimenticate di portare con voi il telo da mare, la maschera e il boccaglio.

In estate Isla de Tabarca è collegata ogni giorno ad Alicante, Benidorm e Torrevieja, mentre nel resto dell'anno i servizi sono meno frequenti.

Torrevieja

POP. 101.800

Adagiata su un'ampia pianura costiera e incastonata tra due lagune (una dalle acque rosa e l'altra con acque color smeraldo), Torrevieja vanta alcune belle spiagge. La produzione di sale marino continua a essere un settore importante dell'economia locale.

Che cosa vedere e fare

Via Verde ESCURSIONISMO, BICICLETTA

La Via Verde è un sentiero di 6 km percorribile sia a piedi sia in bicicletta che segue una vecchia linea ferroviaria che veniva utilizzata oltre 50 anni fa. È una bella gita da compiersi in mezza giornata, camminando o pedalando sulle sponde della laguna e attraverso le saline.

Gita in giornata a Tabarca GITA IN BARCA

(www.maritimastorrevieja.com; andata e ritorno €21, under 8 gratuito; metà marzo–metà nov) Immediatamente a sud dell'ufficio turistico ci sono un grande **parcheggio** e il molo da cui i battelli di Marítimas Torrevieja partono per Isla de Tabarca.

FREE **Museo del Mar y de la Sal** MUSEO DEL SALE

(Calle Patricio Pérez 10; 10-13.30 e 17-21 mar-sab, 10-13.30 dom) Il sale è ancora molto importante per i *torreviejenses*, come ci ricorda questo interessante museo in cui sono esposti, in maniera piuttosto disordinata, oggetti e cianfrusaglie di ogni genere.

FREE **Centro de Interpretación de la Industria Salinera** CENTRO DIDATTICO

(Avenida de la Estación; 8.30-14 lun-ven) Questo centro è improntato a un approccio più didattico rispetto al Museo del Sale, senza peraltro risultare noioso. È ospitato all'interno della ex stazione ferroviaria di Torrevieja.

Aquópolis PARCO ACQUATICO

(www.aquopolis.es/torrevieja; Av Delfina Viudes; interi/bambini €22/17; 11-18 giu-metà set) Divertente parco acquatico situato in periferia.

FREE **El Delfín** SOTTOMARINO

(17-22 mer-dom giu-set, 9-14 ott-mag) Questo sottomarino della marina spagnola in disarmo può essere visitato.

Pernottamento

Hotel Masa Internacional HOTEL €€

(96 692 15 37; www.hotelmasa.com; Avenida Alfredo Nobel 150; singole €60-93, doppie €83-111;) Questo elegante albergo arroccato in cima a una scogliera si trova 3,5 km a nord-est di Torrevieja. Si tratta di un'ottima sistemazione, anche per il fatto che si trova lontano dalla confusione del centro. Le camere affacciate sul mare hanno le stesse tariffe delle altre. Il parcheggio costa €6.

Hotel Madrid HOTEL €€

(96 571 00 38; www.ansahotel.com, in spagnolo; Calle Villa Madrid 15; con prima colazione singole €46-60, doppie €67-92; @) Il Madrid è un accogliente albergo a gestione familiare dotato di 40 camere confortevoli e piuttosto spaziose; una è accessibile ai viaggiatori disabili. All'ultimo piano c'è una vasca con idromassaggio e sul lato opposto della strada è situata la piscina dell'albergo. I clienti possono noleggiare una bicicletta a soli €6 al giorno.

Hotel Cano HOTEL €

(96 670 09 58; www.hotelcano.com; all'angolo tra Calle Zoa e Calle Antonio Machado; singole €30-43, doppie €40-60;) Situato cinque isolati a ovest della stazione degli autobus, l'Hotel Cano dispone di 57 camere moderne e ben tenute, di cui molte con balcone. Quelle nella nuova ala sono arredate con mobili moderni e gradevoli.

Pasti

Molti dei ristoranti situati nella zona del lungomare servono pasti a prezzi modici e menu internazionali. In Plaza Isabel II potrete accomodarvi nel patio di un ristorante e gustare un'ottima grigliata di pesce fresco.

Rincón de Capis CUCINA GOURMET €€
(☎96 570 85 00; Calle San Gabriel 5; portate principali €15-20; ⏱pranzo mer-lun, cena ven e sab) Quattro fratelli e due dei loro suoceri gestiscono questo splendido locale, dove è possibile ordinare à la carte nella sala al primo piano, caratterizzata da un tipico stile *torreviejense*, scegliere il *menú* (€12) all'ora di pranzo, oppure concedersi il fantasioso *menú de degustación* da otto portate (€50 o €60 compresi i vini da abbinare ai piatti).

Mesón de la Costa MEDITERRANEO €€
(☎96 670 35 98; www.elmesondelacosta.com, in spagnolo; Calle Ramón y Cajal 23; pasti €20) Dal basso soffitto con travi di legno pendono invitanti prosciutti. All'ingresso verrete accolti da vassoi e zuppiere colmi di leccornie varie, tra cui pollo, lumache e verdure alla griglia, mentre il pesce fresco adagiato su ghiaccio e la frutta sono visibili dietro il vetro del frigorifero. A un isolato dalla passeggiata, il Mesón de la Costa è un ristorante spagnolo autentico che si pregia di utilizzare ingredienti di prima qualità.

Restaurante Vegetariano VEGETARIANO €
(☎96 670 66 83; Calle Pedro Lorca 13; insalate €5,50-9,50, portate principali €10; ⏱mar-dom; 🖉) Situato a un isolato dalla spiaggia, questo piccolo ristorante gestito da una coppia ispano-australiana propone insalate, sandwich, pizze, pasta, pâté e buone portate principali.

Mercado de Abastos MERCATO
(Plaza Isabel II) Il mercato coperto di Torrevieja è il posto ideale per fare la spesa.

ℹ Informazioni

L'**ufficio turistico principale** (☎96 570 34 33; Plaza de Capdepont; ⏱8.30-20.30 lun-ven, 10-14 sab) si trova nei pressi del lungomare.

ℹ Per/da Torrevieja

Dalla **stazione degli autobus** (Calle Antonio Machado) di Torrevieja partono ogni giorno otto autobus Autocares Costa Azul diretti a Cartagena (€4,20, 1 h 30 min) e Alicante (€3,65, 1 h).

ENTROTERRA DELLA COSTA BLANCA

Un'autostrada segna il confine tra la costa vacanziera e l'entroterra. Allontanandovi dal litorale e dirigendovi a ovest della AP7 vi ritroverete in una Spagna completamente diversa e molto più autentica. Il mezzo di trasporto più comodo per visitare questa regione è senza dubbio l'automobile.

Xàtiva

POP. 28.600

Situata a 50 km da Valencia, Xàtiva (in castigliano Játiva) è una meta facilmente raggiunbile in giornata. Alla base dei rilievi della Serra Vernissa, questa cittadina ha un piccolo centro storico dominato da un imponente castello.

Xàtiva è stata la sede della prima cartiera d'Europa, creata dai musulmani. La cittadina è famosa anche per avere dato i natali a Callisto III e ad Alessandro VI, i pontefici della famiglia Borgia. Il periodo di maggiore splendore di Xàtiva ebbe termine nel 1707, quando le truppe di Filippo V diedero alle fiamme gran parte della città.

Che cosa vedere e fare

I luoghi più interessanti di Xàtiva sono concentrati nella parte più elevata del centro abitato, a sud di Alameda. Se siete interessati a visitarli, chiedete l'opuscolo *Xàtiva: Monumental Town* all'ufficio turistico.

Museo del Almudín MUSEO
(Calle Corretgería 46; interi/bambini €2,20/1,10; ⏱10-14 e 16-18 mar-ven, 10-14 sab e dom; solo al mattino metà giu-metà set) I pezzi più interessanti di questo museo, tra cui figurano un paio di pregevoli ritratti di Ribera, sono custoditi al penultimo piano. Non perdetevi il ritratto di Filippo V, appeso capovolto in segno di disprezzo nei confronti del sovrano, colpevole di avere devastato con le fiamme la città.

Colegiata Basílica CHIESA
(⏱10.30-13) Questa basilica cinquecentesca colpisce soprattutto per la sua imponenza, ma per il resto non riveste particolare interesse. All'esterno si notano due belle statue raffiguranti i due pontefici della dinastia Borgia originari di Xàtiva; all'interno, due cappelle laterali custodiscono ritratti di sacerdoti assassinati dalla fazione repubblicana durante la guerra civile spagnola.

Castello CASTELLO (interi/bambini €2,10/1,10; ⏲10-18 o 19 mar-dom) La salita al castello è lunga, ma dall'alto si ammira un panorama veramente spettacolare. Lungo il percorso vedrete sulla vostra sinistra la settecentesca **Ermita de San José** e sulla destra la bella **Iglesia de Sant Feliu** (1269), in stile romanico, la chiesa più antica di Xàtiva. In alternativa, potete prendere il trenino turistico (€4 andata e ritorno) che sale al castello partendo dall'ufficio turistico alle 12.30 e alle 17.30 (alle 16.30 metà settembre-metà giu), oppure un **taxi** (☎96 227 16 81), e poi fare ritorno a piedi.

Pernottamento e pasti

Hostería Mont Sant HOTEL RURALE €€ (☎96 227 50 81; www.mont-sant.com; singole €90, doppie a partire da €102; ❄📶🏊) Questo albergo, circondato da palme e aranceti, vanta una posizione davvero incantevole lungo la strada che conduce al castello. Mette a disposizione camere nell'edificio principale, ricavato da una fattoria, e spaziosi bungalow di legno. C'è anche uno splendido ristorante, suddiviso in intime nicchie. Potrete sorseggiare l'aperitivo serale osservando il tramonto e la pianura sottostante dal mirador.

Hotel Huerto Virgen de las Nieves HOTEL €€ (☎96 228 70 58; www.huertodelavirgendelasnieves.com, in spagnolo; Avenida Ribera 6; singole 60-80, doppie €65-85; ❄@📶🏊) I mattoni, il legno e i pavimenti acciottolati creano un'atmosfera calda e intima in questo piccolo albergo (ha solo nove camere) affacciato su un giardino appartato ombreggiato da palme e cipressi. Le camere sono ampie (ma i bagni, anche se bene attrezzati, sono piuttosto angusti) e il loro arredamento abbina mobili tradizionali a vivaci opere d'arte contemporanea.

Casa la Abuela MEDITERRANEO CLASSICO €€ (☎96 228 10 85; Calle de la Reina 17; portate principali €12-19, menú €15-20) Rinomata per i suoi piatti a base di riso, la 'casa della nonna' propone anche ottime specialità di carne, come la tenerissima *media paletilla de cordero confitada a bajo temperatura*, mezza spalla di agnello cotta per ore a bassa temperatura.

TOP **Canela y Clavo** MODERNO MEDITERRANEO €€ (☎96 228 24 26; www.canelayclavo.com; Alameda Jaume I 64; portate principali €11-19) Tra i ristoranti situati lungo la via principale di Xàtiva, un viale alberato, spicca questo moderno locale con camerieri vestiti di nero. Propone portate principali particolarmente fantasiose, un *menú* da quattro portate dall'ottimo rapporto qualità-prezzo a pranzo (€16) e un assortimento di tapas altrettanto originale da gustare nel bar, moderno e luminoso.

Informazioni

Ufficio turistico (☎96 227 33 46; www.xativaturismo.com, in spagnolo; Alameda Jaime I 50; ⏲10-14.30 mar-dom metà giu-metà set, 10-13.30 e 16-18 mar-ven, 10-13.30 sab e dom nel resto dell'anno) Si trova lungo Alameda, l'ombreggiata via principale di Xàtiva.

Per/da Xàtiva

Il treno rappresenta indubbiamente il mezzo di trasporto migliore per raggiungere Xàtiva. Corse frequenti collegano Xàtiva a Valencia (€3,45, 40 min, ogni 30 min), e nella cittadina ferma anche la maggior parte dei treni che effettuano servizio tra Valencia e Madrid. Inoltre, da Xàtiva è possibile raggiungere anche Alicante (€10-21,50, 1 h 30 min, 6 al giorno).

Villena

POP. 35.200

Situata lungo la N330 tra Alicante e Albacete, Villena è la più bella delle cittadine che punteggiano la Val de Vinalopó.

Plaza de Santiago si apre nel cuore del centro storico. Il **Palacio Municipal** (Plaza de Santiago 2), un imponente palazzo del XVI secolo, ospita il **Museo Arqueológico** (ingresso libero; ⏲10-14 mar-dom), il cui fiore all'occhiello è una raccolta di 60 manufatti d'oro, il cui peso supera i 10 kg, risalenti al 1000 a.C. circa, rinvenuti per caso nel letto di un fiume inaridito. Arroccato in alto sopra la cittadina, il **Castillo de la Atalaya**, risalente al XII secolo, la sera viene illuminato in maniera assai suggestiva. Dal martedì alla domenica, ogni mattina vengono effettuate visite guidate gratuite in spagnolo con un riassunto in inglese.

L'**Hotel Restaurante Salvadora** (☎96 580 09 50; www.hotelsalvadora.com, in spagnolo; all'angolo tra Calle Luis García e Calle Jacinto Benavente; singole/doppie €49/68; ❄📶) è l'unico albergo presente nella cittadina, e dispone di camere semplici ma pulite ed economiche. La struttura comprende anche un bar molto frequentato che offre un'ampia scelta di tapas e un buon **ristorante** (portate principali €8-15, menú degustación da quattro portate €25), dove potrete gustare un fantastico *triguico picao* (€6,50), la specialità locale, un sostanzioso piatto a base di frumento, fagioli, maiale e rape.

L'**ufficio turistico** (☎96 615 02 36; www.turismovillena.com; Plaza de Santiago 5; ⏲10-14 lun-ven, 10.30-13.30 sab e dom) si trova nella piazza principale.

Elda

POP. 55.200

Elda contende a Elche il titolo di maggiore centro calzaturiero della Spagna. Chi ha la passione delle scarpe non deve perdersi il **Museo del Calzado** (Museo della Calzatura; www.museocalzado.com; Avenida Chapí 32; interi/bambini €2,40/1,20; ⏲10-14 e 16-20 mar-sab, 11-14 dom set-giu, 10-14 mar-ven agosto). Sopra il piano ammezzato, oltre a presse, macchine per cucire e complessi utensili, potrete vedere una vastissima collezione di calzature di ogni genere ed epoca: stivali, scarpe provenienti da ogni parte del mondo e modelli originali quasi impossibili da indossare, oltre alle calzature donate da toreri, ballerini di flamenco, re Juan Carlos, la regina Sofia, Rafa Nadal, Fernando Alonso e altri personaggi famosi.

Novelda

POP. 27.150

Un tempo Novelda era una cittadina molto ricca grazie al commercio dello zafferano. Situata a soli 25 km da Alicante, vanta numerosi edifici in stile modernista.

FREE **Casa-Museo Modernista** (☎96 560 02 37; Calle Mayor 24; ⏲visite guidate all'ora esatta 9-14 e 16-19) Completata nel 1903, è una splendida residenza borghese con vetrate istoriate, morbide linee in legno, mobili d'epoca e una bellissima scala a chiocciola in ferro battuto.

L'**ufficio turistico** (☎96 560 92 28; www.novelda.es; Calle Mayor 6; ⏲9-14 e 16.30-18 lun-ven, 10-14 sab) di Novelda si trova all'interno del Centro Cultural, a sua volta ospitato in un altro incantevole edificio modernista. Non mancate di ammirare la facciata di **Casa Bonmati** (Plaza de España 9) e di fare una breve deviazione per visitare il magnifico **Santuario de Santa María Magdalena** (⏲10-14 e 17-20), considerato da molti l'equivalente della ben più famosa Sagrada Família di Gaudí a Barcellona dal punto di vista della perizia artistica, pur essendo di dimensioni decisamente più ridotte.

Alcoy

POP. 61.500 / ALT. 565 M

Anche Alcoy (in valenciano Alcoi), una cittadina industriale situata 54 km a nord di Alicante, possiede molti interessanti edifici modernisti che ha saputo valorizzare molto bene. Per visitarli chiedete all'ufficio turistico l'opuscolo *Modernism in Alcoy*.

Iniziate la visita della cittadina da **Explora** (Calle Tints; interi/bambini €3/1,50; ⏲10-14 e 16-19 mar-sab, 11-14 dom), un nuovo museo high-tech dedicato ad Alcoy, di cui ripercorre la storia dall'epoca preistorica a quella industriale, con sezioni sul Modernismo e le fiestas dei Moros y Cristianos.

Tra il 22 e il 24 aprile Alcoy celebra **Moros y Cristianos** (v. lettura p188), un'esuberante festa a cui è dedicato il **Museo Alcoyano de la Fiesta** (Calle Sant Miquel 60-62; interi/bambini €3/1,50; ⏲10-14 e 16-19 mar-sab, 11-14 dom), in cui sono esposti cartelloni, strumenti musicali, costumi scintillanti e un emozionante ed evocativo documentario della durata di 20 minuti che consente di apprezzare la suggestiva manifestazione in tutta la sua vivacità.

Molto suggestiva è anche la visita del **Refugio de Cervantes** (Calle Els Alsamora 1; interi/bambini €2/1; ⏲10-14 e 16-19 mar-sab, 11-14 dom), un rifugio sotterraneo costituito da diverse gallerie, al cui interno è stato creato un piccolo museo ben documentato e ben allestito. Si tratta di uno degli oltre 25 rifugi aerei scavati sotto Alcoy durante la guerra civile spagnola.

Un tempo l'edificio che oggi ospita il modernissimo **Hotel AC Ciutat d'Alcoi** (☎96 533 36 06; www.ac-hotels.com; Calle Colón 1; camere €60-107; ❄@🛜) veniva utilizzato come sottostazione dell'energia elettrica, anche se non lo si direbbe. I mobili neri e color noce contrastano gradevolmente con il bianco delle lenzuola inamidate. All'interno di questa struttura troverete anche un ottimo ristorante, **La Llum** (☎96 533 45 40; menú €22,50, portate principali €10,50-16; ⏲lun-sab). Il parcheggio costa €10,50.

Pochi passi a ovest di Plaza de España si trova il **Plaça de Dins**, un locale dall'atmosfera più intima, che nelle calde serate estive è sempre affollato di clienti che vengono qui a cenare o a bere qualcosa.

L'**ufficio turistico** (☎96 553 71 55; www.alcoiturisme.com; Calle San Lorenzo 2; ⏲10-14 e 16-18 lun-ven, 11-14 sab e dom) si trova nei pressi di Plaza de España, la piazza principale.

Guadalest

POP. 230

Ogni anno la minuscola Guadalest è visitata da oltre due milioni di persone, che la raggiungono in autobus dalle località di villeggiatura della Costa Blanca. Tuttavia, se riuscite ad arrivare presto o se vi trattenete dopo la partenza dell'ultima corriera, avrete il paese quasi tutto per voi.

Guadalest richiama un numero così grande di turisti in quanto è un borgo assai grazioso e privo di traffico, situato allo sbocco di una galleria naturale e dominato dal **Castillo de San José**.

A Guadalest ci sono nove piccoli musei dedicati ad argomenti vari; noi consigliamo la visita di due di essi.

FREE **Museo Etnológico** (è gradita un'offerta; ⌚10-18.30 tutti i giorni giu-ott, dom-ven nov-mag) È un piccolo e interessante museo che rievoca la vita che si conduceva a Guadalest prima dell'arrivo delle comitive di turisti dei viaggi organizzati.

Segnaliamo poi l'originalissimo **Museo de Saleros y Pimenteros** (www.museodesalerosypimenteros.es, in spagnolo; interi/bambini €3/gratuito; ⌚10.30-19.30), situato accanto all'ufficio turistico, con vetrine stracolme di salini e pepiere (ce ne sono più di 20.000) di ogni forma e tema immaginabile.

Sofía, nata e cresciuta a Guadalest, e suo marito Toni gestiscono **Cases Noves** (☎076 01 01 71; www.casesnoves.es; singole con prima colazione €45-55, doppie €75-85; ❄@📶), un delizioso e accogliente B&B ospitato in un grande edificio ristrutturato con gusto. Entrambi conoscono bene i dintorni e saranno lieti di darvi consigli e suggerimenti sui luoghi di interesse turistico di Guadalest e sulle splendide opportunità per compiere escursioni a piedi e in bicicletta sulle colline dei dintorni (presso la struttura è anche possibile noleggiare biciclette). In ogni camera ci sono docce con getti potenti, casseforti, lettori di DVD e fiori freschi. Per la prima colazione vengono serviti frutta fresca, succhi e un buon caffè. Potrete rilassarvi nella sala da lettura, nella sala TV con oltre 300 film, o nell'attigua sala da musica con altrettanti CD. In inverno potrete riscaldarvi davanti al caminetto, mentre in estate è possibile godersi la magnifica terrazza da cui si vede il paese illuminato di notte e il mare in lontananza.

Elche

POP. 233.250

Situata 23 km a sud-ovest di Alicante, Elche (in valenciano Elx) è un sito dichiarato per ben due volte Patrimonio dell'Umanità dall'UNESCO: la prima per i *Misteri d'Elx*, la sacra rappresentazione che si tiene ogni anno, e la seconda per i suoi vasti palmeti, i più estesi d'Europa, che furono originariamente piantati dai fenici e in seguito ampliati dagli arabi. Il sistema di irrigazione

MOROS Y CRISTIANOS

Oltre 80 tra paesi e cittadine situati a sud di Valencia celebrano la Fiesta de Moros y Cristianos (Festa dei Mori e Cristiani), che commemora la Reconquista, cioè la liberazione della regione dal dominio arabo.

La più famosa e importante di queste celebrazioni ha luogo ad Alcoy dal 22 al 24 aprile di ogni anno: in questa occasione centinaia di persone indossano costumi tradizionali riccamente decorati, che rappresentano diverse 'fazioni' (soldati musulmani, soldati cristiani, schiavi, membri delle corporazioni dei mestieri, banditori, araldi, musicisti), e sfilano nelle vie della cittadina dando luogo a pittoresche processioni e inscenando finte battaglie.

I diversi cortei convergono poi verso la piazza principale di Alcoy, dove viene eretta una grande fortezza in legno. Si tratta di uno spettacolo veramente straordinario sia dal punto di vista sonoro sia visivo: soldati con armature scintillanti, guerrieri musulmani vestiti con tuniche bianche che brandiscono scimitarre e scudi, arabi con turbanti, donne di malaffare dagli abiti succinti, il tutto accompagnato da fanfare, spari a salve, fuochi d'artificio e cascate di coriandoli che cadono sulla folla.

Ogni città ha la propria variante della festa. Per esempio, a Villena si tengono sfilate a mezzanotte (dal 5 al 9 settembre), mentre a La Vila Joiosa, una località situata nei pressi di Benidorm, viene rievocato l'approdo delle navi musulmane sulla spiaggia (dal 24 al 31 luglio).

introdotto dai musulmani trasformò questa zona in una florida regione agricola, che produce ancora oggi agrumi, fichi, mandorle, datteri e l'85% dei melograni spagnoli.

L'abitato è diviso in due parti dal Río Vinalopó, un piccolo fiume che è stato incanalato. Sebbene i suoi quartieri periferici siano tetri e anonimi, il cuore di Elche è verde e arioso, con parchi, zone alberate e giardini pubblici. I punti di maggiore interesse turistico sono segnalati in maniera accurata e in inglese.

Che cosa vedere e fare

Le oltre 200.000 palme (tutte piantate circa 250 anni fa) – alcune delle quali cresciute in modo un po' disordinato, ma per lo più ben tenute e potate con cura – rendono il cuore di questa laboriosa cittadina industriale un'autentica oasi. Un **percorso a piedi** segnalato di 2,5 km (presso l'ufficio turistico è disponibile l'opuscolo *Historic Palm Groves Route*) che parte dal Museu del Palmerar vi consentirà di visitare agevolmente i palmeti.

Huerto del Cura GIARDINI
(Porta de la Morera 49; interi/bambini €5/2,50, audioguida €2; 10-tramonto) Situato di fronte all'albergo omonimo, è un incantevole giardino privato con prati ben curati, aiuole fiorite, piante grasse e, naturalmente, file di palme.

Museu del Palmerar MUSEO DELLE PALME
(Porta de la Morera 12; interi/bambini €1/0,50; 10-13.30 e 16.30-20 mar-sab, 10.30-13.30 dom) Ospitato all'interno di un'ex fattoria, questo museo fornisce spiegazioni esaurienti sulla palma da dattero e sulle foglie di colore chiaro che vengono intrecciate per essere utilizzate durante le celebrazioni della Domenica delle Palme in ogni parte della Spagna. Al termine della visita vi consigliamo di fare una passeggiata nel palmeto e nel frutteto adiacenti, luoghi incantevoli in cui crescono i tipici alberi da frutto della *huerta*, percorsi da gorgoglianti canali di irrigazione.

Museo Arqueológico y de Historia de Elche MUSEO ARCHEOLOGICO
(MAHE; Diagonal del Palau 7; interi/bambini €3/1; 10-13,30 e 16.30-20 mar-sab, 10.30-13.30 dom) Con esaurienti spiegazioni in spagnolo e in inglese, questo museo ripercorre la storia di Elche con l'ausilio di manufatti, schermi interattivi e gigantesche animazioni create al computer.

Centro de Visitantes SHOW AUDIOVISIVO
(ingresso libero; 10-19 lun-sab, 10-14 dom) Se desiderate dare uno sguardo di insieme alla città, vi consigliamo di fare un salto al Centro de Visitantes. Ogni mezz'ora, in questo edificio in stile arabo, situato nel parco dietro l'ufficio turistico, viene proiettata un'interessante presentazione audiovisiva della durata di 10 minuti.

Baños Árabes BAGNI ARABI
(96 545 28 87; Passeig de les Eres de Santa Lucía 13; interi/bambini €1/0,50; 10-13.30 e 16.30-20 mar-sab, 10.30-13.30 dom) In questi bagni, costruiti nel XII secolo, è possibile assistere a un'altra interessante presentazione audiovisiva, con il commento anche in inglese.

Basílica de Santa María CHIESA
(7-13 e 17.30-21) Questa imponente chiesa barocca è il luogo in cui si tengono le sacre rappresentazioni dei *Misteri d'Elx*. Salendo sul **campanile** (interi/bambini €2/1; 11-18 o 19) è possibile ammirare un panorama a 360° sui palmeti.

Alcúdia SITO ARCHEOLOGICO
Questo sito ben documentato si trova 3,5 km a sud del centro cittadino. È qui che fu riportata alla luce la Dama de Elche, un capolavoro dell'arte iberica, oggi conservata al Museo Arqueológico Nacional di Madrid (v. p52). Vi consigliamo di visitare anche l'interessantissimo museo del sito, il **Museo Arqueológico** (www.laalcudia.ua.es, in spagnolo; interi/bambini €3/1; 10-17 o 20 mar-sab, 10-15 dom), in cui sono esposti i numerosi reperti provenienti dall'insediamento, che fu abitato in modo continuativo dal Neolitico alla tara età visigota.

Pernottamento

Hotel Huerto del Cura HOTEL €€
(96 661 00 11; www.huertodelcura.com; Porta de la Morera 14; camere lun-gio €112, ven-dom €102-132; P ✻ @ ≋) Costituito da eleganti bungalow immersi in un lussuregiante giardino ombreggiato da palme, è un posto adatto per le famiglie, essendo dotato di un'area giochi, di una grande piscina e del servizio di babysitting. Se desiderate completare al meglio il vostro soggiorno nell'albergo lussuoso più vecchio di Elche, concedetevi una buona cena all'**Els Capellans**, il suo rinomato ristorante. Il parcheggio costa €12.

Pensión Faro PENSIÓN €
(96 546 62 63; Camí dels Magros 24; singole/doppie molto semplici €15/30) Questo posto accogliente a gestione familiare è un piccolo

MISTERI D'ELX

I *Misteri d'Elx*, una rappresentazione sacra in due atti risalente all'epoca medievale, vengono rappresentati ogni anno a Elche nella Basílica de Santa María.

Secondo una leggenda, moltissimi anni fa sul litorale di Elche venne trovata una cesta contenente una statua della Madonna e la *Consueta*, la musica e il libretto di una sacra rappresentazione che descrive la morte, l'assunzione in cielo e l'incoronazione della Vergine Maria.

La storia è questa: rendendosi conto che la morte è vicina, la Vergine chiede a Dio di vedere per l'ultima volta gli apostoli, che giungono da luoghi lontani. In loro compagnia Maria muore serenamente. Una volta giunta in Paradiso, la Madonna viene incoronata Regina del Cielo e della Terra al suono della musica, dello scampanio delle campane, delle grida festose della gente e – non dimentichiamo che siamo nella regione di Valencia – di spettacolari fuochi d'artificio.

I due atti della sacra rappresentazione, *La Vespra* (la vigilia della morte) e *La Festa* (la celebrazione dell'assunzione e dell'incoronazione), vengono rappresentati dagli stessi abitanti di Elche che recitano in valenciano il 14 e il 15 agosto (con prove pubbliche in programma nei tre giorni precedenti).

È possibile assistere a una presentazione multimediale dei Misteri d'Elx – con tanto di apostoli virtuali – al **Museu de la Festa** (☎96 545 34 64; Carrer Major de la Vila 25; interi/bambini €3/1; ⏲10-13.30 e 16.30-20 mar-sab, 10.30-13.30 dom), situato circa un isolato a ovest della basilica. La presentazione dura 35 minuti e viene ripetuta più volte al giorno, anche con un commento in inglese.

gioiello, con le sue nove camere semplici e pulitissime, dotate di ventilatore a soffitto e con bagni nel corridoio. Si trova a ovest del Río Vinalopó ed è raggiungibile agevolmente a piedi dal centro storico.

Pasti

In Carrer Mare de Déu del Carmé (Calle Nuestra Señora del Carmen) troverete diversi ristoranti simpatici ed economici, che nelle serate estive dispongono anche di tavoli all'aperto.

Restaurante Dátil de Oro MEDITERRANEO €€
(☎96 545 34 15; www.datildeoro.com, in spagnolo; portate principali €12-20, menú €16-25) Situato all'interno del parco comunale, il Dattero d'Oro è un grande ristorante che può ospitare al suo interno circa 800 commensali, ma non per questo la cucina è ordinaria, poiché che si tratta di uno dei posti migliori della città in cui gustare le specialità locali, tra cui l'*arroz con crosta* (riso ricoperto da un croccante strato di uova). Vengono serviti dessert preparati con datteri, come il budino di datteri e il gelato al dattero.

El Granaíno SPAGNOLO €€
(☎96 666 40 80; Calle Josep María Buck 40; portate principali €18 circa; ⏲lun-sab) La facciata ricoperta di piastrelle di questo rinomato ristorante a conduzione familiare in attività da molto tempo richiama la cucina tipicamente spagnola che viene servita all'interno, dove troverete un lunghissimo bancone e una bodega con oltre 7000 bottiglie.

Informazioni

L'**ufficio turistico** (☎96 665 81 96; www.turismedelx.com; ⏲9-19 lun-ven, 10-19 sab, 10-14 dom) si trova nell'angolo sud-orientale del Parque Municipal.

Per/da Elche e trasporti locali

La stazione ferroviaria e quella degli autobus si trovano l'una accanto all'altra in Avenida de la Libertad (anche nota come Avenida del Ferrocarril).

AUTOBUS

Alicante €1,90, 35 min, ogni 30 min

Valencia €11,75, 2 h 30 min, da 4 a 6 corse al giorno

Murcia €3,95, 45 min, da 4 a 6 corse al giorno

BIKE SHARING A ELCHE

Per utilizzare il **sistema di bike sharing** (www.bicielx.es, in spagnolo; €3 al giorno), introdotto di recente, è sufficiente rivolgersi al chiosco presso la stazione degli autobus. La bicicletta è il mezzo ideale per esplorare i palmeti e visitare Alcudia.

TRENO Elche si trova sulla linea ferroviaria Alicante–Murcia, servita ogni giorno da circa 20 treni diretti ad Alicante (€2,10) o a Murcia (€2,95) che fermano anche a Orihuela (€2,10).

Orihuela

POP. 86.200

Situato sulle sponde del Río Segura, alle pendici di una brulla montagna rocciosa, il centro storico di Orihuela merita decisamente una deviazione per ammirare i suoi edifici gotici, rinascimentali e, soprattutto, barocchi.

Che cosa vedere

Museo de la Muralla MUSEO
(☎96 530 46 98; Calle del Río; ingresso libero; ⏲10-14 e 16-19 o 17-20 mar-sab, 10-14 dom) Per accedere a questo museo si deve passare attraverso l'ingresso principale dell'Universidad Miguel Hernandez. Una visita guidata in spagnolo della durata di 20 minuti (è disponibile un opuscolo in inglese) vi condurrà attraverso i vasti resti sotterranei della cinta muraria cittadina, le terme, gli edifici residenziali di epoca araba e un palazzo in stile gotico.

Convento de Santo Domingo CONVENTO
(Calle Adolfo Claravana; ⏲9.30-13.30 e 16-19 o 17-20 mar-sab, 10-14 dom) Questo convento cinquecentesco vanta due notevoli chiostri rinascimentali e un refettorio con una decorazione in maiolica del XVIII secolo.

Catedral de San Salvador CHIESA
(Calle Doctor Sarget; ⏲10.30-14 e 16-18.30 mar-ven, 10.30-14 sab) Tra gli splendidi edifici sacri di Orihuela merita di essere segnalata anche questa cattedrale in stile gotico catalano, edificata nel XIV secolo, con tre portali finemente scolpiti e un piccolo chiostro di grande bellezza.

Iglesia de las Santas Justa y Rufina CHIESA
(Plaza Salesas 1; ⏲come la cattedrale) Degni di nota sono la facciata rinascimentale e il campanile gotico abbellito da doccioni.

Palacio Episcopal PALAZZO, MUSEO
(Calle Ramón y Cajal) Al momento della stesura della guida era in corso un intervento di ristrutturazione degli ambienti interni di questo palazzo dalla sobria facciata barocca destinato a ospitare il **Museo Diocesano**, la cui ricca collezione comprende la *Tentazione di San Tommaso* di Velázquez.

Altri due edifici che meritano di essere segnalati sono l'**Iglesia de Santiago Apóstol** (Plaza de Santiago 2), risalente in gran parte al XIV secolo, e il **castello**, in rovina, il cui primo nucleo venne costruito dai musulmani.

Pernottamento e pasti

Hotel Melia Palacio de Tudemir HOTEL €€
(☎96 673 80 10; www.solmelia.com; Calle Alfonso XIII 1; camere €89; ❄) 'Palazzo' è il termine più appropriato per descrivere questo edificio del XVIII secolo restaurato con molta cura. All'interno di questa struttura troverete un gradevole caffè (aperto dalle 8 alle 24) che serve un ampio assortimento di buone tapas e un ristorante (*menús* €16, portate principali da €18 a €21; aperto solo a pranzo), il migliore tra i pochi ristoranti esistenti a Orihuela.

Hostal Rey Teodomiro HOSTAL €
(☎/fax 96 674 33 48; 1° piano, Avenida Rey Teodomiro 10; singole/doppie €32/53,50; ❄) Situata nella parte moderna della città e in posizione comoda per raggiungere la stazione ferroviaria e quella degli autobus, questa struttura economica dall'eccellente rapporto qualità-prezzo dispone di 23 camere tutte dotate di aria condizionata. Quelle che si affacciano sulla piazza erbosa sono dotate di balcone.

Barra Restaurante Joaquín MEDITERRANEO €€
(☎96 674 34 15; Avenida Rey Teodomiro 18; portate principali €15-21; ⏲chiuso dom e a cena mer) In questo locale vengono servite specialità alla griglia, arrosto o accompagnate da una semplice salsa *meunière*. Il locale è rinomato per l'ottima qualità e la freschezza della carne, del pesce e dei frutti di mare, che vengono presentati in modo semplice, senza salse elaborate. È possibile consumare i pasti nell'ambiente conviviale del bar o nella più formale sala ristorante situata sul retro.

Informazioni

L'**ufficio turistico** (☎96 530 46 45; www.orihuelaturistica.es, in spagnolo) si trova in Plaza Marqués de Rafal.

Per/da Orihuela

La stazione ferroviaria e quella degli autobus sono entrambe ospitate all'interno dell'Intermodal, una luminosa struttura situata all'estremità di Avenida de Teodomiro. Orihuela si trova lungo la linea ferroviaria Alicante–Murcia, percorsa da treni frequenti in entrambe le direzioni che passano per Elche.

Isole Baleari

Include »

I migliori ristoranti

» Cas Ferrer de Sa Font (p239)
» Mesón El Gallo (p235)
» Simply Fosh (p199)
» Restaurant Es Mirador (p215)
» Comidas Bar San Juan (p214)

I migliori hotel

» Es Petit Hotel (p203)
» Hotel Casal d'Artà (p209)
» Casa Alberti (p231)
» Fornalutx Petit Hotel (p206)
» Hotel Born (p198)

Perché andare?

'Venite a scoprire le fantastiche escursioni a piedi e in bicicletta della Tramuntana e della costa settentrionale', è il richiamo che vi sentirete rivolgere da Maiorca. Minorca farà invece leva sul ricco patrimonio di siti preistorici e di fortezze costruite dagli antichi conquistatori, mentre Ibiza, a meno che non stia ancora dormendo dopo una notte di divertimento sfrenato, punterà tutto sulle grandi discoteche, le boutique di lusso e l'atmosfera trendy. La piccola Formentera, invece, decanterà il fascino delle sue stradine di campagna e delle spiagge di sabbia bianca.

Tutte e quattro le isole protesteranno, e a ragione, per la cattiva pubblicità che ricevono. 'Sì', ammetteranno le due sorelle maggiori, 'ci sono posti in cui il turismo di massa dà il peggio di sé'. 'Voi, però', sosterranno tutte e quattro, 'dovete venirci incontro a metà strada'. Sfruttate quindi i trasporti pubblici o noleggiate un'automobile e andate alla scoperta di tutte le insenature, i villaggi, le spiagge, gli agrumeti e le sterminate coltivazioni di ulivi e mandorli.

Quando andare

Palma di Maiorca

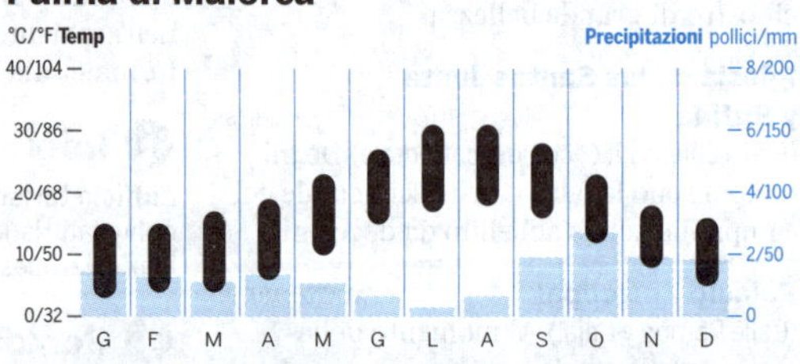

Marzo e aprile Per esplorare la Serra de Tramuntana di Maiorca, un tappeto di fiori primaverili

Da giugno a settembre Di giorno in spiaggia e di sera in discoteca, a Ibiza ci si diverte a tutte le ore

Luglio e agosto Rievocazioni storiche al chiarore delle torce nei due antichi forti di Maó, a Minorca

Per/dalle Isole Baleari e trasporti locali

AEREO

In estate a Palma di Maiorca e Ibiza atterrano numerosissimi voli charter e di linea provenienti da tutta Europa. Tra le principali compagnie aeree con voli dalla Spagna continentale figurano **Iberia** (www.iberia.es), **Air Europa** (www.aireuropa.com), **Spanair** (www.spanair.com), **Air Berlin** (www.airberlin.com) e **Vueling** (www.vueling.com).

Le tariffe per i collegamenti tra le isole, distanti tra loro meno di 30 minuti di volo, sono estremamente variabili. Un viaggio in aereo da Palma di Maiorca a Maó o Ibiza può costare da €30 a €170.

IMBARCAZIONI

Troverete tariffe e offerte sul sito internet **Direct Ferries** (www.directferries.es).

Le Isole Baleari sono servite da:

Acciona Trasmediterránea (902 454645; www.trasmediterranea.es)

Baleària (902 160180; www.balearia.com)

Cala Ratjada Tours (902 100444; www.calaratjadatours.es, in spagnolo)

Iscomar (902 119128; www.iscomar.com)

Rotte dei traghetti per/dalla Spagna continentale:

Ibiza (Ibiza città) Per/da Barcellona (Acciona Trasmediterránea, Baleària), Valencia (Acciona Trasmediterránea).

Ibiza (Sant Antoni) Per/da Denia e Barcellona (Baleària), Valencia (Acciona Trasmediterránea, Baleària).

Maiorca (Palma di Maiorca) Per/da Barcellona e Valencia (Acciona Trasmediterránea, Baleària), Denia (Baleària).

Minorca (Maó) Per/da Barcellona e Valencia (Acciona Trasmediterránea, Baleària).

Rotte dei traghetti tra le isole:

Ibiza (Ibiza città) Per/da Palma di Maiorca (Acciona Trasmediterránea, Baleària).

Il meglio delle Isole Baleari

1. Lo splendore della cattedrale gotica di **Palma di Maiorca** (p237)
2. Un'escursione nella **Serra de Tramuntana** (p202), a Maiorca
3. Le fantastiche discoteche di **Ibiza** (p219),famose in tutto il Mediterraneo
4. Le feste al tramonto al Blue Bar di **Platja de Migjorn** (p228), a Formentera
5. I villaggi nella parte nord-occidentale di Maiorca, tra cui **Fornalutx** (p206)
6. Le acque turchesi che lambiscono il promontorio di **Cap de Formentor** (p208)
7. Un tuffo nella preistoria visitando la Naveta des Tudons e altri antichi monumenti nei pressi di **Ciutadella** (p236)
8. Un bagno nelle limpide acque di Minorca a **Cala Macarelleta** e **Cala en Turqueta** (p242)
9. Lo spettacolare percorso di 12 km che si inerpica fino a **Sa Calobra** (p207)

SITI WEB

Per informazioni sulle Isole Baleari visitate questi siti:

www.illesbalears.es Sito turistico ufficiale per tutte e quattro le isole.

www.platgesdebalears.com Tutto sulle spiagge delle Baleari.

www.balearsculturaltour.com Artigianato, eventi culturali, bellezze paesaggistiche e molto altro.

Maiorca (Cala Ratjada) Per/da Ciutadella (Cala Ratjada Tours).

Maiorca (Palma di Maiorca) Per/da Ibiza città (Acciona Trasmediterránea e Baleària) e Maó (Acciona Trasmediterránea, Baleària).

Maiorca (Port d'Alcúdia) Per/da Ciutadella (Iscomar).

Minorca (Ciutadella) Per/da Cala Ratjada (Cala Ratjada Tours) e Port d'Alcúdia (Iscomar).

Minorca (Maó) Per/da Palma di Maiorca (Acciona Trasmediterránea, Baleària).

Per informazioni sui traghetti tra Ibiza e Formentera, v. p228.

MAIORCA (MALLORCA)

Il primo volo charter atterrò su una piccola pista di Maiorca, la più grande delle Isole Baleari con una superficie di 3620 kmq, nel 1950. Oggi sono circa 10 milioni i visitatori che ogni anno giungono qui in cerca di sole, spiagge e mare, prendendo di gran lunga il sopravvento sui circa 845.000 abitanti dell'isola (la metà dei quali risiede nel capoluogo, Palma di Maiorca).

Maiorca, però, ha molte cose da offrire oltre le sue spiagge. Palma di Maiorca (spesso chiamata semplicemente Palma), la città principale dell'isola, è una località deliziosa e con uno spirito molto insulare: gli abitanti di Maiorca, che chiamano la loro isola *Sa Roqueta* (La Roccetta), usano l'espressione *part forana* (la parte esterna) per indicare tutto ciò che si trova al di fuori di Palma. La zona nord-occidentale, dominata dalle montagne della Serra de Tramuntana, è una bella regione caratterizzata da uliveti, pinete e villaggi dalle tonalità ocra, con una spettacolare costa frastagliata.

Quasi tutte le spiagge più belle di Maiorca si trovano sulla costa settentrionale e su quella orientale. Sebbene molte siano assediate dall'inarrestabile sviluppo delle strutture turistiche, si riesce ancora a scovare qualche eccezione. Belle spiagge si incontrano anche lungo la costa meridionale.

Trasporti locali

AUTOBUS Quasi tutte le località dell'isola sono raggiungibili in autobus da Palma. Gli autobus partono tutti dalla **stazione degli autobus** (Carrer d'Eusebi Estada) o dalle sue immediate vicinanze. Per informazioni rivolgetevi a **Transport de les Illes Balears** (TIB; ☎971 17 77 77; http://tib.caib.es, in spagnolo). Tra le destinazioni che si possono raggiungere da Palma ci sono Cala Ratjada (€6), Ca'n Picafort (€4,25), Port de Pollença (€4,55) e Port d'Andratx (€3,60).

AUTOMOBILE E MOTOCICLETTA Automobili e biciclette a noleggio, e talvolta anche scooter, si trovano facilmente anche nelle località più piccole. Nella sola Palma ci sono oltre 30 agenzie. Le grandi compagnie hanno le loro sedi all'aeroporto e lungo Passeig Marítim, ma ci sono anche molti altri operatori più economici, tra i quali uno dei più convenienti è **Hasso** (☎902 203012; www.hasso-rentacar.com).

IMBARCAZIONI Palma di Maiorca e le principali spiagge e località di villeggiatura dell'isola sono collegate da battelli e taxi d'acqua. Nell'opuscolo *Excursions En Barca*, distribuito dagli uffici turistici e disponibile anche in inglese, troverete informazioni sulla maggior parte dei servizi disponibili.

TAXI Per spostarsi sull'isola si può anche usare il taxi, che però è costoso. Le tariffe sono affisse nelle zone centrali di molte località. Per andare dall'aeroporto a Cala Ratjada si spendono circa €90; per il tragitto da Palma a Sóller il costo è di €34.

TRENO Da Plaça d'Espanya, a Palma di Maiorca, partono due linee ferroviarie. La più famosa e divertente è quella del vecchio treno per Sóller. L'altra, una normale linea ferroviaria, attraversa l'entroterra fino a Inca (€1,80, 40 min, ogni 30 min), dove si dirama in due direzioni: una per Sa Pobla (€2,40, 1 h, ogni h) e un'altra per Manacor (€2,40, 1 h 15 min, ogni h).

SITI WEB – MAIORCA

www.informamallorca.net Sito turistico ufficiale di Maiorca.

www.abc-mallorca.com Sito privato con ottime informazioni.

www.mallorcahotelguide.com Sito dell'associazione degli albergatori di Maiorca.

http://tib.caib.es Gli orari di tutti gli autobus dell'isola (in spagnolo).

Maiorca (Mallorca)

Palma di Maiorca (Palma de Mallorca)

POP. 401.000

Palma di Maiorca è l'unica vera città dell'isola. Il centro storico è un incantevole mosaico di viali alberati e vicoli acciottolati, chiese gotiche e palazzi barocchi, corti private e bar di design.

Che cosa vedere

CENTRO

Il centro di Palma si distingue soprattutto per gli eleganti cortili, chiamati *patis*, dei numerosi palazzi e residenze nobiliari. Sono per la maggior parte di proprietà privata, ma spesso si riesce a dare un'occhiata sbirciando tra le inferriate.

Catedral CATTEDRALE

(La Seu; Carrer del Palau Reial 9; interi/bambini €4/3; ⏲10-17.15 lun-ven, 10-15 sab) La grande cattedrale di Palma viene spesso paragonata a un'enorme nave ormeggiata alla periferia della città. I lavori di costruzione sul sito in cui sorgeva la moschea principale furono avviati nel 1300 e completati solo nel 1601. L'imponente edificio è in gran parte in stile gotico, a eccezione della facciata principale (ricostruita dopo il terremoto del 1851) e di alcune parti dell'interno (rimaneggiate in stile modernista da Antoni Gaudí agli inizi del XX secolo).

Vi si accede attraverso un **museo** che, nelle sue tre sale, custodisce una collezione d'arte sacra e preziosi oggetti d'oro e d'argento. All'interno la cattedrale è mozzafiato, con vari ordini di colonne affusolate che sostengono la volta altissima e incorniciano tre livelli di elaborate vetrate istoriate. Appesa al soffitto di fronte all'altare principale spicca una sinuosa e leggiadra scultura in ferro battuto, una delle creazioni più eccentriche di Gaudí. Per una

Palma di Maiorca

volta, però, non è Gaudí al centro della scena, bensì il maggiore artista contemporaneo dell'isola, Miquel Barceló, che ha rivisitato la **Capella del Santíssim i Sant Pere**, in fondo alla navata meridionale, con un'interpretazione onirico-fantastica in ceramica della moltiplicazione dei pani e dei pesci.

Palau de l'Almudaina PALAZZO

(Carrer del Palau Reial; interi/bambini €3,20/2,30, audioguida €2,50; ⌚10-17.45 lun-ven, 10-13.15 sab) Nata come fortezza islamica e trasformata in residenza dai sovrani di Maiorca alla fine del XIII secolo, questa imponente costruzione viene ancora oggi utilizzata di tanto in tanto per gli impegni ufficiali quando il re Juan Carlos è in città. In tutti gli altri periodi è possibile visitare le grandi e austere sale con le pareti in pietra, la cappella con un raro ingresso romanico e gli appartamenti al piano superiore, decorati con arazzi fiamminghi e mobili d'epoca.

Museu Diocesà MUSEO DIOCESANO

(Carrer del Mirador 5; interi/bambini €3/2; ⌚10-14 lun-sab) Uscendo dalla cattedrale, fate il giro sul lato orientale e troverete il Palau Episcopal (Palazzo Vescovile), che al suo interno custodisce una ricca collezione. Dopo l'affollamento della cattedrale, il museo rappresenta una tranquilla e interessante escursione nella storia dell'arte cristiana di Maiorca. I reperti, provenienti da tutta l'isola, sono esposti con cura e ben illuminati.

Es Baluard MUSEO

(Museu d'Art Modern i Contemporani; www.esbaluard.org, in spagnolo; Porta de Santa Catalina 10; mostra permanente interi/bambini €6/4,50, mostre temporanee €4/3; ⌚10-20 mar-dom) Questo moderno complesso di recente costruzione si trova all'interno delle imponenti fortificazioni rinascimentali affacciate sul mare. Un vivace gioco di luci, superfici e prospettive è la cornice perfetta per le opere che vi sono esposte. Si va dai paesaggisti catalani (e

Palma di Maiorca (Palma de Mallorca)

Da non perdere

Catedral ... C4
Es Baluard ... A3
Museu Diocesà ... C4
Palau de l'Almudaina ... B4

Che cosa vedere

1 Banys Àrabs ... C4
2 Basílica de Sant Francesc ... D3
3 Can Marquès ... C4
4 Casa-Museu Joaquim Torrents Lladó ... C4
5 Església de Santa Eulàlia ... C3
6 La Llotja ... B4
7 Museo de Muñecas ... C4
8 Museu d'Art Espanyol Contemporani ... D2
9 Museu de Mallorca ... C4
10 Palau March ... C4

Pernottamento

11 Hostal Brondo ... C3
12 Hotel Born ... B2
13 Hotel Dalt Murada ... C4
14 Hotel Palacio Ca Sa Galesa ... C4
15 Hotel San Lorenzo ... A3
16 Hotel Santa Clara ... C4
17 Misión de San Miguel ... C2

Pasti

18 13% ... B3
19 Bon Lloc ... B3
20 Ca'n Eduardo ... A4
21 La Bodeguilla ... B3
22 Mercat de l'Olivar ... D2
23 Simply Fosh ... C2
24 Taberna El Burladero ... B2

Locali

25 Abaco ... B4
26 Café Cappuccino ... C4
27 Ca'n Joan de S'Aigo ... D3
28 Jazz Voyeur Club ... B3
29 Neo Cultural ... B4

Shopping

30 Camper ... B2
31 Vidrierias Gordiola ... C3

non solo) che hanno lavorato a Maiorca tra il XIX e il XX secolo alle mostre temporanee dedicate ai grandi del XX secolo, da Oskar Kokoschka ad Amedeo Modigliani. Dai bastioni e dal caffè del museo si può ammirare una vista splendida.

Palau March MUSEO

(www.fundbmarch.es; Carrer de Palau Reial 18; interi/bambini €3,60/ingresso libero; ⏲10-18 lun-ven, 10-14 sab) Questo sontuoso palazzo, che fu tra le tante residenze della ricchissima famiglia March, ospita una mostra all'aperto con sculture di grandi artisti del XX secolo, come Henry Moore, Auguste Rodin, Barbara Hepworth ed Eduardo Chillida. All'interno si trovano un grande presepe napoletano del XIX secolo, con personaggi popolari particolarmente espressivi, e alcune stampe di Salvador Dalí.

FREE Museu d'Art Espanyol Contemporani MUSEO

(Museu Fundació Juan March; www.march.es/arte/palma; Carrer de Sant Miquel 11; ⏲10-18.30 lun-ven, 10.30-14 sab) In questo palazzo del XVIII secolo è allestita una mostra permanente con circa 70 opere della Fundación Juan March, che può essere considerata un autentico annuario di artisti, prevalentemente del XX secolo, del calibro di Picasso, Miró, Juan Gris (esponente di spicco del cubismo), Dalí e dello scultore Julio González.

Can Marquès CASA STORICA

(Carrer de Ca'n Angluda 2A; interi/bambini €6/5; ⏲10-15 lun-ven, 11-14 sab) Questa antica residenza con arredi di pregio, l'unica di questo genere aperta al pubblico a Palma, conserva ancora elementi risalenti al XIV secolo. Offre un interessante spaccato dello stile di vita dei ceti abbienti agli nizi del XX secolo. L'edificio presenta tratti gotici e barocchi, ma anche influenze moderniste.

Basílica de Sant Francesc CHIESA

(Plaça de Sant Francesc 7; ingresso €1; ⏲9.30-12.30 e 15.30-18 lun-sab, 9.30-12.30 dom) La costruzione della Basílica de Sant Francesc, una delle chiese più antiche di Palma, ebbe inizio nel 1281 in stile gotico, mentre la facciata barocca fu aggiunta nel 1700. Vi si accede attraverso un bel chiostro trapezoidale disposto su due livelli. All'interno si trovano la **tomba** di Ramon Llull, un erudito spagnolo del XIII secolo, e il **monumento** a lui dedicato.

Casa-Museu Joaquim Torrents Lladó CASA STORICA

(Carrer de la Portella 9; interi/bambini €4/2,50; ⏲10.30-14.30 mar-sab) Mantenuta in gran parte nel suo stato originale, questa casa-museo custodisce ed espone molte delle opere dell'artista catalano di cui porta il nome (1946-93), che ne era il proprietario. È un bell'edificio con una veranda di legno affacciata su un cortile.

Banys Àrabs BAGNI
(Carrer de Serra 7; interi/bambini €12/gratuito; ⏲9-19.30) I modesti resti dei bagni arabi sono tra le poche testimonianze della dominazione musulmana sull'isola. Si sono conservate solo due piccole camere sotterranee, una delle quali presenta un tetto a cupola sorretto da dodici colonne con alcuni capitelli recuperati dalla demolizione di antichi edifici romani.

Museu de Mallorca MUSEO
(Carrer de la Portella 5) Merita senz'altro di essere visitato, ma purtroppo resterà chiuso per lavori di restauro almeno fino al 2012.

La Llotja MUSEO
(Plaça de la Llotja; ⏲11-13.45 e 17-20.45 mar-sab, 11-13.45 dom) Questo splendido edificio gotico di fronte al lungomare, nato come sede della borsa valori dei commercianti, viene oggi utilizzato per l'allestimento di mostre temporanee.

Museo de Muñecas MUSEO
(Carrer del Palau Reial 27; interi/bambini €3,50/2,50; ⏲10-18 mar-dom) Situato vicino alla cattedrale, è un negozio-museo delle bambole.

Església de Santa Eulàlia CHIESA
(Plaça de Santa Eulàlia 2; ⏲11-13 e 18-19.45 lun-ven) Alta e slanciata, questa chiesa gotica con un enorme altare barocco a isola è tra le più antiche della città.

PALMA OCCIDENTALE

Castell de Bellver CASTELLO
(interi/bambini €2,50/1; ⏲8.30-20.30 lun-sab, 10-18.30 dom) Situato a sud del Poble Espanyol, questo insolito castello trecentesco dalla pianta circolare (con una particolare torre rotonda) domina un bel parco. In luglio vi si svolge un festival di musica classica.

Fundació Pilar i Joan Miró MUSEO
(http://miro.palmademallorca.es; Carrer de Saridakis 29; interi/bambini €6/3; ⏲10-19 mar-sab, 10-15 dom) Si trova in Cala Major (circa 4 km a sud-ovest del centro) in un moderno complesso che sorge al posto di quello che fu il laboratorio di Joan Miró. Vi sono esposte a rotazione le opere che erano conservate qui al momento della sua morte. Si può raggiunge con l'autobus n. 3 o 46 da Plaça d'Espanya.

Poble Espanyol RIPRODUZIONI DI MONUMENTI
(Carrer del Poble Espanyol 55; interi/bambini €8/5; ⏲9-19.30) Copia dell'omonimo villaggio di Barcellona, qui troverete riproduzioni di monumenti famosi e altri edifici rappresentativi dei vari stili architettonici spagnoli, ma anche tantissimi negozi di souvenir.

Pernottamento

In città *ci sono* alberghi economici, e in linea di massima, se siete alla ricerca di un'alternativa ai soliti (ma convenienti) alberghi per i turisti dei viaggi organizzati, finirete per spendere parecchio di più.

TOP **Hotel Santa Clara** BOUTIQUE HOTEL €€€
(☎971 72 92 31; www.santaclarahotel.es; Carrer de Sant Alonso 16; singole/doppie a partire da 155/210; ❄@📶) Raffinatezza e pregio storico si incontrano in questa antica residenza trasformata in albergo con grande rispetto, in cui i toni tenui del grigio e del crema e gli acciai lucidi si fondono armoniosamente con le accoglienti pareti in pietra, gli spazi ampi e gli alti soffitti della struttura originale. Ci sono inoltre una piccola terrazza rivestita di legno sul tetto, ideale per prendere il sole o sorseggiare un aperitivo, e una spa a uso gratuito per gli ospiti dell'albergo.

Misión de San Miguel BOUTIQUE HOTEL €€€
(☎971 21 48 48; www.urbanrustichotels.com; Carrer de Can Maçanet 1; camere a partire da €150; ❄@📶) Si trova in una stradina laterale di Carrer Oms. Ha 32 camere spaziose e tranquille, con buoni materassi e docce ad ampio getto. Su ordinazione, il ristorante serve una favolosa prima colazione (€11), e il patio offre un'atmosfera romantica e rilassante.

Hotel Born HOTEL STORICO €€
(☎971 71 29 42; www.hotelborn.com; Carrer de Sant Jaume 3; singole con prima colazione €52, doppie con prima colazione €76-97; ❄@📶) Questa ottima sistemazione nel cuore della città si trova in un palazzo del XVIII secolo. Le camere uniscono storia ed eleganza a tutti i comfort moderni. Le migliori sono quelle con vista sul patio ombreggiato dalle palme.

Hotel San Lorenzo HOTEL STORICO €€€
(☎971 72 82 00; www.hotelsanlorenzo.com; Carrer de Sant Llorenç 14; singole/doppie a partire da €145/155; ❄📶🏊) Situato nel cuore del

centro storico, occupa un palazzo del XVII secolo splendidamente restaurato. Dispone di un magnifico cortile nel tipico stile locale, di un bar privato, di una sala ristorante e di un grazioso giardinetto con piscina.

Hostal Corona HOTEL CLASSICO €
(☎971 73 19 35; www.hostal-corona.com; Carrer de Josep Villalonga 22; singole €30, doppie €45-60) Con le sue palme e le tante piante, il rigoglioso giardino nel cortile interno di questo piccolo albergo (realizzato riadattando una villa privata) dà l'impressione di trovarsi lontani da tutto e da tutti. Le camere sono semplici, con arredi in legno e vecchi pavimenti di piastrelle. Di sera il cortile diventa un bar dall'atmosfera rilassante. La fermata degli autobus più vicina è in Avinguda de Joan Miró 24 (servita dall'autobus n. 3 o 46 proveniente da Plaça d'Espanya).

Hotel Dalt Murada HOTEL STORICO €€€
(☎971 42 53 00; www.daltmurada.com; Carrer de la Almudaina 6; doppie a partire da €148) Raccolta intorno a un cortile medievale, questa antica residenza è stata accuratamente restaurata e trasformata in uno splendido albergo con 14 camere, arredate con pezzi d'antiquariato e opere d'arte appartenenti quasi tutti all'affabile famiglia che detiene la proprietà e la gestione dell'albergo. La suite nell'attico, in stile decisamente contemporaneo, gode di una vista impareggiabile sulla cattedrale.

Hostal Brondo GESTIONE FAMILIARE €€
(☎971 71 90 43; www.hostalbrondo.net; Carrer de Ca'n Brondo 1; doppie con bagno €70, singole/doppie senza bagno €40/55; 🛜) Salendo le scale che partono dal cortile si accede a un accogliente salottino affacciato sulla stretta via sottostante. Sei delle 10 camere (la n. 6 ha due balconi con veranda) hanno il bagno privato, tutte hanno il soffitto alto e ciascuna è arredata con uno stile diverso, da quello tipicamente locale a quello vagamente marocchino.

Hotel Palacio Ca Sa Galesa HOTEL STORICO €€€
(☎971 71 54 00; www.palaciocasagalesa.com; Carrer del Miramar 8; singole/doppie €261/332; ❄@🛜🏊) Benvenuti nell'albergo di maggior classe della città. Ricavato in un incantevole palazzo del XVI secolo, si sviluppa intorno a un gradevole giardino con patio. Le camere eleganti, ciascuna con il nome di un compositore famoso, sono pervase da un'atmosfera nobile e arredate con mobili antichi, opere d'arte e copriletto di seta. Ci sono biciclette a disposizione gratuita degli ospiti.

TROVARE POSTO IN ALBERGO

In piena estate (all'incirca da fine giugno a metà settembre) l'afflusso turistico nelle Baleari è enorme. Solo a Palma di Maiorca arrivano e partono circa 40 voli al giorno. Dei milioni di turisti in arrivo la maggior parte ha già una prenotazione alberghiera compresa nel pacchetto di viaggio, e per i viaggiatori indipendenti può quindi essere difficile trovare posti liberi. Se arrivate in questo periodo, prenotate almeno per le prime notti, per evitare di partire con il piede sbagliato. Le tariffe alberghiere indicate in questo capitolo sono quelle massime che si registrano in alta stagione nei mesi di luglio e agosto. Nei periodi in cui la domanda non è così alta le tariffe sono quasi sempre notevolmente inferiori. Consultando i siti internet degli alberghi si possono trovare offerte speciali e promozionali.

Pasti

Nel dedalo di strade tra Plaça de la Reina e il porto troverete moltissimi ristoranti e bar tra cui scegliere. La zona balneare di El Molinar, nei dintorni di Es Portixol, offre vivaci ristoranti di pesce e bar dall'atmosfera informale.

TOP **Simply Fosh** INTERNAZIONALE €€
(☎971 72 01 14; www.simplyfosh.com; Carrer de la Missió 7A; portate principali €14-26, menúes a cena €52; ⏲lun-sab) Il ristorante di Marc Fosh, chef britannico da una stella Michelin, offre una cucina da veri intenditori. La stessa eccellente qualità si ritrova ovunque, anche nel tagliere dei formaggi, che propone una selezione delle migliori varietà spagnole. L'ambiente, interamente declinato nei toni del bianco, del nero e del marrone, con piante verdi su ogni tavolo, è altrettanto gradevole.

La Bodeguilla SPAGNOLO €€
(☎971 71 82 74; www.la-bodeguilla.com; Carrer de Sant Jaume 3; portate principali €17,50-19,50; ⏲lun-sab) È un ristorante da gourmet che propone originali interpretazioni di piatti provenienti da tutta la Spagna (come il *cochinillo*, la porchetta di Segovia, e il *lechazo*, l'agnello arrosto con rosmarino tipico di Córdoba).

Bon Lloc VEGETARIANO €
(☎971 71 86 17; www.bonllocrestaurant.com, in spagnolo; Carrer de Sant Feliu 7; menúes €13,50; ⌚pranzo lun-sab; ✎) Questo ristorante vegetariano al 100%, dove tutti gli ingredienti sono biologici, è luminoso, aperto e arioso. Non vi troverete di fronte a nessuna scelta difficile, ma solo a un buon *menú* da quattro portate. È molto frequentato, perciò prenotate in anticipo.

Ca n'Eduardo PESCE €€€
(☎971 72 11 82; www.caneduardo.com, in spagnolo; Es Mollet; portate principali €22,50-28,50) Quale posto migliore per gustare del buone pesce, se non qui, proprio sopra il mercato ittico? Con il suo ambiente luminoso e contemporaneo e le ampie vetrate affacciate sul porto di pesca, si fa apprezzare per la sua ottima cucina sin dagli anni '40.

13% TAPAS BAR €
(☎971 42 51 87; www.13porciento.com; Carrer de Sant Feliu 13A; pasti circa €15; ✎) Situato nella zona più tranquilla della città vecchia, questo rustico locale a forma di 'L' è un wine e tapas bar. Gli ingredienti sono in gran parte biologici, e ci sono molti piatti vegetariani. I vini sono esposti sugli scaffali alle pareti, con l'indicazione dei prezzi sia per il consumo al bar sia per l'asporto.

Taberna El Burladero TAPAS BAR €
(☎971 71 34 59; Carrer de la Concepció 3B; www.tabernaelburladero.com; tapas €3,50-4,50, piatti €5,50-12,50; ⌚lun-sab) Non fate caso alle immagini trite e ritrite di arene e matador che rivestono le pareti e cercate di ignorare la testa di toro imbalsamata che vi scruta dall'alto. A dispetto delle apparenze, questo locale ultramoderno serve deliziose e fantasiose tapas a prezzi molto convenienti.

Mercat de l'Olivar MERCATO ALIMENTARE €
Il mercato cittadino è il posto giusto per fare la spesa.

Locali e divertimenti

La vita notturna si concentra maggiormente nella parte vecchia della città. In particolare, lungo le strette vie tra Plaça de la Reina e Plaça de la Drassana troverete un'infinità di bar, pub e bodegas. Fate un giro anche nei quartieri di Santa Catalina (soprattutto in Carrer de Sant Magí) ed Es Molinar. Circa 2 km a ovest della città vecchia, lungo Passeig Marítim (chiamato anche Avinguda de Gabriel Roca) e oltre, si concentrano moltissime taverne, locali con ragazze immagine e discoteche: El Garito, King Kamehameha e Tito's sono i posti più famosi. Per legge, i locali notturni dovrebbero chiudere all'1 dalla domenica al giovedì e alle 3 il venerdì e il sabato, ma molto spesso non è così.

S'Arenal e Magaluf, le località balneari rispettivamente a est e a ovest di Palma, pullulano di bar e discoteche sempre molto affollate da turisti.

Il mensile gratuito *Vamos 365* (www.vamosmallorca365.com) contiene tutte le informazioni sulla vita notturna di Palma.

TOP **Puro Beach** BAR DI DESIGN
(www.purobeach.com; ⌚11-2 apr-ott) Questo lounge bar dall'atmosfera rilassata, soprattutto al tramonto, occupa interamente un piccolo promontorio con un bar arredato interamente in bianco, che è perfetto per sorseggiare un aperitivo serale, ascoltare la musica dei DJ e gustare la cucina fusion. Per entrare nello spirito monocromatico del locale ed enfatizzare l'abbronzatura, vestitevi anche voi di bianco. Si trova due minuti di cammino a est di Cala Estancia (che a sua volta è immediatamente a est di Ca'n Pastilla).

Ca'n Joan de S'Aigo CAFFÈ
(Carrer de Can Sanç 10; ⌚8-21 mer-lun) Risalente al 1700, è il locale per eccellenza dove gustare una cioccolata calda (€1,40). La specialità di questa caffetteria piena di antichità e il *quart*, una torta di soffice pan di Spagna, che piace molto ai bambini, servita con gelato al gusto di mandorla.

Café Cappuccino CAFFÈ
(www.grupocappuccino.com; Carrer del Conquistador 13) Qui spenderete un po' di più per la solita tazzina di caffè, ma che caffè! E che classe! Per non parlare delle proposte per la prima colazione (da €7 a €13), da quelle leggerissime ad altre più ricche e sostanziose. È uno dei circa dieci locali alla moda che fanno parte della catena Cappuccino, nata a Maiorca.

Abaco BAR DI DESIGN
(www.bar-abaco.com, in spagnolo; Carrer de Sant Joan 1; ⌚a partire dalle 21) Dietro le antiche porte di legno si apre il bar dei vostri sogni. Ha un patio nello stile tipico di Maiorca e un cortile illuminato dalla luce delle candele pieno di elaborate composizioni floreali, cascate di frutta fresca e originali opere d'arte.

Jazz Voyeur Club MUSIC BAR
(www.jazzvoyeur.com; Carrer dels Apuntadors 5; ⌚a partire dalle 22) Localino non più grande

del salotto di casa vostra, il Voyeur ospita tutte le sere jazz band che si esibiscono dal vivo. Ci sono candele rosse sui tavoli e comode poltroncine tutto intorno. Arrivate presto se volete trovare posto.

Neo Cultural COCKTAIL BAR
(☎971 72 89 94; Carrer Boteria 8; ⊙a partire dalle 19) Al Neo Cultural vale la pena di andare non solo per la cena o le tapas (tapas da €4,50 a €9,50; *menúes* da €16,50 a €18,50), ma soprattutto per il ricchissimo assortimento di cocktail e per la bravura dei barman, che tra una shakerata e l'altra creano deliziosi mix.

El Garito MUSIC BAR
(www.garitocafe.com; Dàrsena de Can Barberà; ⊙19-4.30) DJ e gruppi musicali che suonano dal jazz rock alla disco alla musica elettronica riscaldano l'atmosfera a partire dalle 22 circa. Di solito l'ingresso è gratuito.

King Kamehameha DISCOTECA
(Passeig Marítim 29) Una folla di giovani provenienti da tutto il mondo balla scatenata al ritmo pulsante della musica elettronica più recente.

Tito's DISCOTECA
(Passeig Marítim 33) Altro locale molto frequentato, in bassa stagione (da ottobre a maggio) è aperto solo dal giovedì alla domenica.

Shopping

Camper CALZATURE
(Avinguda de Jaume III 16) Le originali calzature eco-chic della Camper, la più nota tra le rinomate marche di Maiorca, sono ormai di moda in tutto il mondo.

Vidrierias Gordiola CRISTALLERIA
(Carrer de la Victoria 8; ⊙chiuso sab pomeriggio) Dai vetrai più famosi di Maiorca troverete di tutto, dai classici calici e vasi tradizionali alle opere d'arte decisamente moderne.

Informazioni

Azul Cybercafé (Carrer de la Soledat 4; accesso a internet €2,90 l'ora; ⊙9-13.30 e 15-19 lun-ven, 12-16 sab)

Ufficio turistico Consell de Mallorca (☎971 71 22 16; www.infomallorca.net; Plaça de la Reina 2; ⊙8-20 lun-ven, 9-14 sab) Fornisce informazioni su tutta l'isola. Per conoscere gli eventi culturali e sportivi in programma, consultate il suo trimestrale gratuito *On Anar*, disponibile anche in inglese.

Ufficio turistico dell'aeroporto (☎971 78 95 56; ⊙8-20 lun-sab, 9-13.30 dom) Informazioni turistiche.

Ufficio turistico municipale (☎902 10 23 65; Casal Solleric, Passeig d'es Born 27; ⊙9-20 lun-sab) Ha una sede anche alla stazione ferroviaria.

Visit Palma (www.visit-palma.com) Sito internet dell'associazione degli albergatori di Palma.

VALE IL VIAGGIO

IN TRENO FINO A SÓLLER

Il lento viaggio in treno da Palma di Maiorca verso nord fino a Sóller è anche un delizioso viaggio nel passato. Dal 1912 un treno con vagoni in legno percorre la ferrovia a scartamento ridotto che si snoda per 27 km partendo da Plaça de l'Estació (sola andata/andata e ritorno €10/17, 1 h 15 min, fino a 7 al giorno). Il percorso attraversa paesaggi rurali sempre diversi che diventano particolarmente suggestivi a nord, quando si attraversa la Serra de Alfàbia, dove si aprono favolosi scorci di Sóller e del mare nell'ultimo tratto che scende verso la cittadina.

Trasporti locali

L'aeroporto di Sant Joan è situato circa 10 km a est di Palma. Per informazioni sui collegamenti in treno e in autobus con altre località dell'isola, v. p201.

PER/DALL'AEROPORTO L'autobus n. 1 effettua servizio ogni 15 minuti tra l'aeroporto di Sant Joan e Plaça d'Espanya, nel centro di Palma, proseguendo fino al terminal dei traghetti. Una corsa in taxi costa tra €15 e €20.

AUTOBUS EMT (☎971 21 44 44; www.emtpalma.es) ha 25 linee locali che servono Palma e dintorni. I biglietti di corsa semplice costano €1,10, ma si possono acquistare anche carnet da 10 corse al costo di €8. Per raggiungere le spiagge di S'Arenal, prendete l'autobus n. 15 in Plaça d'Espanya.

TAXI Per prenotare un taxi telefonate al ☎971 75 54 40.

Costa sud-occidentale

La Badia de Palma è costeggiata da un'autostrada che si dirige verso la costa sud-occidentale di Maiorca. Lungo il suo percorso tocca le località di villeggiatura di **Cala Major**, **Ses Illetes** (una serie di incantevoli spiaggette), **Palma Nova** e **Magaluf** (belle spiagge lunghe e masse di turisti britannici), che sono essenzialmente un prolungamento dell'area urbana di Palma. Da **Andratx** (che merita una sosta per assaporare l'atmosfera di una cittadina dell'entroterra, che si accende soprattutto al tramonto, quando la gente si siede per un drink ai tavoli all'aperto di Plaça d'Espanya e di Plaça des Pou) la strada si dirama in due direzioni: da una parte conduce a Port d'Andratx, dall'altra a Sant Elm.

PORT D'ANDRATX

Port d'Andratx è una cittadina situata tra basse colline intorno a una stretta baia, dove si radunano i diportisti e si trovano alcune scuole di immersione.

A 200 m dal porto, l'**Hostal-Residencia Catalina Vera** (☎971 67 19 18; www.hostalcatalinavera.es; Carrer Isaac Peral 63; singole/doppie €44/68) è una bella guesthouse con le camere disposte intorno a un ameno giardino interno. Le doppie migliori hanno il balcone, e le tariffe sono rimaste invariate da anni.

A un paio di isolati dal lungomare si trova il **Restaurante La Gallega** (☎971 67 13 38; Carrer Isaac Peral 52; pasti €30; ⏲mar-dom, chiuso nov), un ristorante di pesce molto rinomato a livello locale ma in gran parte disertato dagli stranieri, maggiormente attratti dai locali più costosi lungo la spiaggia.

SANT ELM

La piccola località balneare di Sant Elm è molto frequentata da coloro che effettuano gite in giornata da Palma. L'ultimo tratto di strada per chi arriva in automobile da Andratx passando per l'anonimo villaggio di **S'Arracó** è uno spettacolare percorso che si inerpica tra colline verdeggianti. Se preferite affrontarlo a piedi, prendete uno degli autobus che effettuano servizio regolarmente da Palma ad Andratx (€4, 30 min, 20 corse al giorno).

La spiaggia sabbiosa di Sant Elm è piacevole, ma può essere molto affollata. Nelle acque antistanti c'è un isolotto roccioso, che i più allenati potranno raggiungere a nuoto. Più a nord si trova un porticciolo dal quale si può partire per un'**escursione in battello dal fondo trasparente**, oppure per un'**uscita in barca** (€10, cinque al giorno da febbraio a novembre) di 15 minuti fino all'imponente e disabitata **Illa Sa Dragonera**, attraversata da una fitta rete di sentieri escursionistici.

I sentieri si estendono dal villaggio in direzione nord-ovest fino a **La Trapa**, un ex monastero, e a **Cala d'En Basset**, una spiaggia di ciottoli. In entrambi i casi calcolate un'ora di cammino per la sola andata.

UN POSTO AL SOLE O IN CAMPAGNA

Ormai da tempo molti turisti che visitano le Isole Baleari scelgono di pernottare in appartamenti, monolocali, bungalow o villette in affitto. Particolarmente richieste sono le sistemazioni in campagna: spesso si tratta di case rurali riadattate con gusto e raffinatezza, immerse nella quiete e quasi sempre dotate di piscina. Sotto questo punto di vista si distingue soprattutto Maiorca, che offre alcune strutture particolarmente graziose circondate da paesaggi bucolici. In questo capitolo ne segnaliamo alcune, ma nella guida *Mallorca*, edita da Lonely Planet, ne troverete molte altre. Potete anche consultare i seguenti siti internet:

» www.fincas4you.com
» www.fincasinmallorca.com
» www.mallorca.co.uk
» www.rusticrent.com
» www.topfincas.com

Costa nord-occidentale e Serra de Tramuntana

Dominata dalla frastagliata Serra de Tramuntana, la costa nord-occidentale di Maiorca e il suo entroterra costituiscono 'l'altra Maiorca'. Qui non ci sono luoghi di villeggiatura con spiagge sabbiose, la costa è rocciosa e in gran parte inaccessibile, e i villaggi sono stati costruiti per lo più con la pietra locale. Le montagne dell'interno sono amatissime dagli escursionisti per i magnifici paesaggi con pinete, uliveti e campi che in primavera si ammantano di fiori selvatici. Particolarmente bella in estate, per le escursioni è una meta tranquilla e praticabile quasi tutto l'anno.

La strada principale che attraversa le montagne (la Ma10) corre grossomodo parallela alla costa tra Andratx e Pollença. È un percorso suggestivo e spettacolare da fare in automobile, ma molto amato anche dai ciclisti, soprattutto in estate, quando lo sfondo dei monti avvolti nelle tonalità più cupe del marrone, del grigio e del verde si accende del giallo dei canneti, del rosso vivo dei papaveri e dei colori sgargianti delle tute dei ciclisti. Lungo il percorso si incontrano numerosi mirador dove ci si può fermare ad ammirare il panorama.

ESTELLENCS

POP. 390

Estellencs è un grazioso villaggio di edifici in pietra sparsi sulle pendici delle colline ai piedi del **Puig Galatzó** (1025 m). È spesso il punto di partenza per escursioni a piedi e in bicicletta. Un accidentato percorso di 1 km circa scende fino a una piccola baia dalle acque cristalline.

Nonostante l'aspetto un po' disordinato dell'edificio in pietra e del giardino poco curato, l'albergo a gestione familiare **Petit Hotel Sa Plana** (☎971 61 86 66; www.saplana.com; Carrer de Eusebi Pascual; singole €75, doppie €90-110; ❄📶🏊) è particolarmente accogliente. Le cinque camere sono tutte diverse tra loro e arredate con buon gusto con mobili d'epoca.

BANYALBUFAR

POP. 600

Otto chilometri a nord-est di Estellencs sorge Banyalbufar, un altro villaggio situato in alto rispetto alla costa. Circondato da ripidi terrazzamenti scavati nel fianco delle colline e sostenuti da muretti in pietra, Banyalbufar ha diversi bar e caffè e tre alberghi.

Le quattro camere nell'incantevole edificio in pietra del **Ca Madò Paula** (☎971 14 87 17; www.camadopaula.com; Carrer de la Constitució 11; doppie fino a €110; ❄@📶) sono arredate in modo semplice e con qualche dettaglio antico, e due offrono la vista sul mare. La piccola sala da pranzo sembra quella di una casa abitata da una nonnina del posto.

L'autobus che collega Palma con Estellencs passa per Banyalbufar da quattro a nove volte al giorno.

VALLDEMOSSA

POP. 2000

Valldemossa è una graziosa cittadina con strade alberate, case antiche e moderne ville mozzafiato. Qui, tra il 1838 e il 1839, il cagionevole compositore Fryderyc Chopin e la sua compagna, la scrittrice George Sand, trascorsero 'l'inverno del loro scontento'.

Che cosa vedere e fare

Real Cartuja de Valldemossa MONASTERO
(interi/bambini €8,50/4; ⌚9.30-16.30 lun-sab, 10-13 dom) I due celebri amanti soggiornarono in questo grande monastero, che era stato trasformato in una residenza in affitto dopo l'espulsione dei monaci nel 1835. La loro permanenza non fu del tutto felice, e più tardi Sand scrisse *Un Hiver à Mallorque* (Un inverno a Maiorca), che, se non altro, l'ha resa perennemente impopolare tra gli abitanti dell'isola.

Al monastero, un bel complesso con gradevoli giardini e belle vedute, arrivano ogni giorno autobus carichi di turisti. Negli appartamenti occupati dalla coppia potrete vedere il pianoforte di Chopin (che, a causa di un ritardo nella spedizione, arrivò solo tre settimane prima della partenza della coppia), la sua maschera mortuaria e diversi manoscritti originali. L'ingresso comprende un recital di pianoforte della durata di 15 minuti (fino a otto volte al giorno) e l'accesso all'adiacente **Palau del Rei Sanxo** (Palazzo del Re Sancho), del XIV secolo, e al **museo** locale.

Costa Nord SPETTACOLO MULTIMEDIALE
(Avenida de Palma 6; interi/bambini €5/gratuito; ⌚9.30-17 lun-ven, 9-13.30 sab e dom) Dopo una ricostruzione della storia di Valldemossa, illustrata con una proiezione di 15 minuti su tre schermi accompagnata dalla voce narrante di Michael Douglas (che è proprietario di una villa vicino a Port de Valldemossa), potrete mettere alla prova le vostre abilità marinaresche con un viaggio virtuale a bordo del *Nixe*, lo yacht dell'arciduca Luis Salvador.

Camino del Archiduque TOUR A PIEDI
Per sgranchirvi le gambe, invece, seguite questo percorso ad anello di tre ore e mezzo che parte da Valldemossa e offre spettacolari vedute della costa e del mare.

Port de Valldemossa TOUR A PIEDI/IN AUTO
Da Valldemossa parte una tortuosa strada di 7 km che scende fino a questa insenatura rocciosa dove è presente soltanto una decina di edifici.

Pernottamento e pasti

TOP **Es Petit Hotel** BOUTIQUE HOTEL €€€
(☎971 61 24 79; www.espetithotel-valldemossa.com; Carrer d'Uetam 1; doppie a partire da €125; ❄) Questa accogliente casa di famiglia (tuttora abitata dai proprietari) è stata trasformata in un grazioso boutique hotel. Nel giardino ombreggiato o sulla terrazza con vista sulla campagna, con scarse tracce di presenza umana, vi sembrerà di essere lontanissimi dal pellegrinaggio di visitatori

diretti al Cartuja che sfila in continuazione davanti alla porta di ingresso (che a volte, nei periodi di maggiore affollamento, viene chiusa a chiave per tenere a bada le orde di turisti!). Tutto rivela una grande attenzione per i dettagli e il comfort; il buffet della prima colazione è ricco e vario.

Restaurant Es Port SPAGNOLO €€
(☎971 61 61 94; pasti €30-35; ⊙feb-nov) È un rinomato ristorante affacciato sul mare a Port de Valldemossa.

Per/da Valldemossa

L'autobus n. 210 in servizio da Palma a Valldemossa effettua da cinque a 12 corse al giorno.

MIRAMAR E CAN MARROIG

Miramar (www.sonmarroig.com, in spagnolo; interi/bambini €4/gratuito; ⊙9-16.45), 5 km a nord di Valldemossa sulla strada per Deià, è una delle antiche residenze dell'arciduca Luis Salvador d'Asburgo, che la fece costruire sul sito di un monastero duecentesco, del quale si è conservata solo una piccola parte del chiostro.

Can Marroig (ingresso €4; ⊙9.30-19.30 lun-sab), 2 km più avanti, è un'altra delle dimore dell'arciduca. Nel complesso più ricca e sontuosa, è una bella villa dalla pianta irregolare, piena di mobili e oggetti d'epoca, e offre vedute da sogno. Scendendo per 3 km verso la costa si raggiunge la **Foradada**, una roccia con un foro in alto attraverso il quale si vede il mare.

IL NORD-OVEST IN AUTOBUS

Da aprile a ottobre due autobus al giorno partono contemporaneamente da Ca'n Picafort e da Port de Sóller alle 9 e alle 15. Sono pochissimi i passeggeri che se ne servono per coprire l'intero tragitto, mentre sono molto utilizzati dagli escursionisti. Di seguito sono indicati i tempi di percorrenza per le varie tratte.

Port de Sóller–Sóller 10 min

Sóller–Monasteri de Lluc 1 h

Monasteri de Lluc–Cala Sant Vicenç 30 min

Cala Sant Vicenç–Port de Pollença 15 min

Port de Pollença–Alcúdia 15 min

Alcúdia–Port d'Alcúdia 15 min

Port d'Alcúdia–Ca'n Picafort 30 min

DEIÀ

POP. 750

Deià è forse il villaggio più noto di Maiorca. Con le sue case in pietra adagiate ai piedi di ripidi pendii terrazzati coltivati a orti, vigneti e frutteti, offre un quadro davvero idilliaco.

Una tale bellezza ha sempre esercitato un richiamo irresistibile, tanto che in passato Deià era una sorta di seconda casa per una colonia internazionale di scrittori, attori e musicisti. Il residente più famoso fu il poeta inglese Robert Graves, che morì qui nel 1985 e oggi è sepolto nel cimitero sulla collina.

Che cosa vedere e fare

La Ma10 passa per il centro del villaggio, dove diventa la via principale. In paese ci sono diversi laboratori e gallerie d'arte che vendono costose opere di produzione locale.

Casa Robert Graves EDIFICIO STORICO
(www.fundaciorobertgraves.com; Ca N'Alluny; interi/bambini €5/2,50; ⊙10-16.15 lun-ven, 10-14 sab) Trasferitosi a Deià nel 1929, Graves vi fece costruire una casa. Situata a cinque minuti di cammino dal villaggio lungo la strada per Sóller, la Casa Robert Graves è un affascinante tributo allo scrittore ed è tuttora arredata come se fosse ancora abitata. Iniziate con l'interessante presentazione audiovisiva e poi passate a visitare la casa e il bel giardino.

Cala Deià SPIAGGIA
È una spiaggia di ghiaia molto frequentata, con un paio di bar-ristoranti aperti in estate. Per arrivarci a piedi dal villaggio, seguendo un ripido sentiero, si impiega circa mezz'ora. Si può raggiungere anche in automobile (3 km dal centro di Deià), ma trovare un parcheggio (€5 al giorno) può essere un'impresa ardua.

Sentiero costiero di Deià PASSEGGIATA
Tutta questa zona è attraversata da sentieri molto belli, come questa piacevole passeggiata che porta al grazioso villaggio di **Lluc Alcari** (tre ore andata e ritorno). Un'altra possibilità è seguire la vecchia mulattiera tra Deià e Sóller (due ore in ciascuna direzione).

Chiesa parrocchiale CHIESA
Le ripide stradine acciottolate del villaggio conducono alla chiesa parrocchiale, con annesso un **museo**.

Pernottamento

Hostal Miramar GESTIONE FAMILIARE €€
(☎971 63 90 84; www.pensionmiramar.com; Carrer de Ca'n Oliver; camere con prima colazione con/senza bagno €84/75; ⏲marzo-metà nov) Immerso nella rigogliosa vegetazione sopra la via principale, con vedute che spaziano fino alla chiesa di Deià e al mare, questo edificio in pietra del XIX secolo è un rifugio ombreggiato con nove camere e gradevoli giardini. Nel corso degli anni ha ospitato diversi artisti, come si capisce dalle tele che ricoprono le pareti nella sala della prima colazione.

S'Hotel des Puig HOTEL €€€
(☎971 63 94 09; www.hoteldespuig.com; Carrer des Puig 4; singole/doppie con prima colazione €90/145; ⏲feb-nov; ❄📶🏊) Le otto camere di questa perla incastonata nel cuore della città vecchia riflettono un gusto sobrio e moderno racchiuso tra antiche pareti in pietra. Alle spalle dell'albergo, in cima alla collina, ci sono una fresca piscina e una terrazza tranquilla.

Hotel Costa d'Or HOTEL €€€
(☎971 63 90 25; www.hoposa.com; singole/doppie con prima colazione a partire da €99/171; ⏲apr-ott; ❄@📶🏊) Situato in posizione isolata lungo la costa, 3 km a nord di Deià nel villaggio di Lluc Alcari, ha camere di design in un edificio in pietra sullo sfondo delle alture boscose che sovrastano il Mediterraneo. Le camere con vista sul mare sono decisamente più costose, ma lo stesso panorama si può ammirare anche dal ristorante, dalla terrazza e dalla piscina. Con una passeggiata di 15 minuti si raggiunge una piccola spiaggia di ciottoli lambita da acque cristalline.

Pasti

El Barrigón de Xelini TAPAS €
(Avinguda del Arxiduc Lluís Salvador 19; pasti €20; ⏲mar-dom) Non si sa mai che cosa aspettarsi in questo locale, anche se le tapas, che potrete gustare in oltre 50 varianti provenienti da tutta la Spagna, sono il vero piatto forte. Un'altra specialità sono le portate principali a base di agnello. Nei fine settimana estivi suonano musica jazz dal vivo.

Sebastian MEDITERRANEO €€
(☎971 63 94 17; Carrer de Felip Bauzà 2; portate principali €23-27; ⏲cena gio-mar) Con le pareti in pietra e le sue fresche tovaglie bianche, il Sebastian offre un ambiente elegante in cui cenare. Il menu è essenziale e raffinato, con tre portate principali di pesce e tre piatti di carne a scelta, accompagnati da delicate salse o purè.

VALE IL VIAGGIO

LA RUTA DE PEDRA EN SEC

Per attraversare la Serra de Tramuntana da Port d'Andratx a Pollença è necessaria una settimana di cammino, per la maggior parte lungo antiche mulattiere spesso acciottolate. Il percorso corrisponde all'itinerario GR221, non ancora completato, che si estende per 135 km ed è chiamato anche Ruta de Pedra en Sec (Via della Pietra a Secco). Il nome si riferisce all'antica tecnica edilizia diffusa un tempo in tutta l'isola per la costruzione di terrazzamenti, case, muri e altro senza l'impiego di malta, come vi capiterà di vedere spesso su queste montagne. Una volta completato, l'itinerario sarà costituito da otto tratti, con un *refugi* (rifugio) alla fine di ciascuno. Una guida dettagliata del sentiero attualmente percorribile è *GR221: Mallorca's Dry Stone Way*, di Charles Davis, ma potete anche visitare il sito www.conselldemallorca.net/mediambient/pedra.

Informazioni

Deià Mallorca (www.deia.info) Per informazioni su Deià consultate questo sito internet.

SÓLLER

POP. 13.950

Avvolta in tonalità ocra, la cittadina di Sóller è adagiata tra gli agrumeti di un'ampia vallata; alle sue spalle si ergono le pareti rocciose della Serra de Tramuntana. Costituisce una buona base da cui partire alla scoperta del nord-ovest dell'isola, sia a piedi sia in automobile.

La piazza centrale, Plaça de la Constitució, si trova 100 m a valle della stazione ferroviaria, che ospita anche due interessanti **mostre d'arte** (⏲10-18.30) di maestri spagnoli: la Sala Picasso (ceramiche) e la Sala Miró (stampe). Tutto intorno alla piazza ci sono bar e ristoranti, il municipio e la grande **Església de San Bartolomé** (⏲11-13.15 e 15-17.15 lun-gio, 11-13.15 ven e sab), prevalentemente in stile barocco, ma con la facciata modernista progettata da un allievo di Antoni Gaudí, che ha anche realizzato l'esterno, in stile modernista ancora più marcato, del **Banco de Sóller** (l'attuale Banco de Santander), situato proprio accanto alla chiesa.

Con una camminata di 1 km a ovest della piazza si raggiunge il **Jardí Botànic** (www.jardibotanicdesoller.org; interi/bambini €5/gratuito; ⏲10-18 mar-sab, 10-14 dom), un tranquillo giardino botanico in cui si possono osservare fiori e piante endemici.

Fate un giro su uno dei vecchi **tram** (€4) in legno aperti sui lati che raggiungono **Port de Sóller**, situato sulla costa a 2 km dalla cittadina; partono dalla stazione ferroviaria ogni 30 minuti tra le 7 e le 20.30.

La zona di Sóller è piena di boutique hotel ricavati in edifici storici e case di campagna, in buona parte elencati nel sito internet www.sollernet.com. Proprio accanto alla stazione ferroviaria si trova l'**Hotel El Guía** (☎971 63 02 27; www.sollernet.com/elguia; Carrer del Castanyer 2; singole/doppie €53/84), un albergo a gestione familiare in cui è facile incontrare altri escursionisti. Le camere, semplici e luminose, hanno arredi e dettagli in legno e bagni moderni; c'è anche un buon ristorante.

Ricavato in un'ex officina per carri, **Ca's Carreter** (☎971 63 51 33; Carrer del Cetre 9; menúes €12, portate principali circa €16; ⏲pranzo e cena mar-sab, pranzo dom) è un locale accogliente che serve piatti molto semplici della cucina di Maiorca a base di pesce fresco pescato sul posto e altri ingredienti locali.

Tra i 40 gusti di gelato di produzione propria della **Sa Fabrica de Gelats** (www.gelatsoller.com; Plaça del Mercat), sono particolarmente buoni quelli preparati con succo fresco di limone e arancia. Si possono ordinare per asporto o gustare in tutta tranquillità nella quiete del patio.

L'**ufficio turistico** (☎971 63 80 08; www.sollernet.com; ⏲9.45-14 e 15.15-17 lun-ven, 9.15-15 sab) di Sóller ha sede in un vecchio vagone ferroviario accanto alla stazione. Andateci per prendere l'opuscolo *Sóller Bon Dia Senderismo*, utile per pianificare le escursioni nella vallata e oltre. La guida *Walking in Spain* edita da Lonely Planet descrive tre splendide escursioni in giornata con partenza da Sóller.

L'ETERNA BATTAGLIA TRA MORI E CRISTIANI

Ogni anno, nel secondo fine settimana di maggio Sóller subisce una pittoresca invasione di pirati mori. La rappresentazione **Es Firó**, che vede la partecipazione di oltre 1000 persone del posto, è una finta battaglia tra *pagesos* (abitanti locali) e *moros* (mori). Questa versione locale di **Moros i Cristians** (Mori e Cristiani) celebra la vittoriosa resistenza degli abitanti di Sóller contro un'invasione di mori avvenuta l'11 maggio 1561. Travestiti da pirati con la scimitarra sguainata contro cristiani armati soltanto di bastoni, i figuranti mettono in scena una serie di finti scontri al suono di tamburi e tromboni.

BINIARAIX E FORNALUTX

Da Sóller, con una piacevole pedalata o passeggiata a piedi di 2 km lungo strette stradine percorribili anche in automobile si raggiunge il villaggio di Biniaraix. Da qui parte una strada che risale il Barranc de Biniaraix, un'escursione classica che segue in parte un vecchio percorso di pellegrinaggio da Sóller al Monestir de Lluc.

Salendo in direzione nord, la strada panoramica, stretta e tortuosa, raggiunge Fornalutx attraversando terrazzamenti coltivati ad agrumeti.

Fornalutx è un grazioso villaggio caratterizzato da case in pietra con imposte di colore verde, sgargianti fioriere e giardini molto ben curati, molti dei quali appartengono a stranieri che risiedono qui.

Il **Fornalutx Petit Hotel** (☎971 63 19 97; www.fornalutxpetithotel.com; Carrer de l'Alba 22; singole/doppie €80/145; ⏲metà feb-metà nov; ❄@📶🏊), ricavato dal pregevole restauro di un ex convento situato subito sotto la piazza centrale, non è solo un boutique hotel, ma anche una galleria d'arte. Ciascuna delle sue otto camere prende il nome da un diverso pittore locale contemporaneo, le cui tele sono esposte all'interno e sono tutte in vendita. L'ex cappella, trasformata in suite (€240), è particolarmente bella. Ci sono sauna e vasca riscaldata a uso gratuito e una magnifica terrazza con vedute sulla verde vallata sottostante. Se avete voglia di scambiare racconti di viaggio, la coppia di proprietari ha trascorso tre anni viaggiando in barca a vela in tutto il mondo.

Potrete gustare un pasto da re al **Ca N'Antuna** (☎971 63 30 68; Carrer de Arbona Colom 14; portate principali circa €15; ⏲pranzo e cena mar-sab, dom a pranzo), il ristorante situato sopra il villaggio, circa 500 m a nord-est lungo la Ma2121, proprio come ha fatto una volta la regina Sofía di Spagna. È rinomato a livello locale soprattutto per i suoi piatti di carne, come la *lechona asada* (arrosto di maiale) e il *conejo con cebolla* (coniglio con le cipolle).

SA CALOBRA

I 12 km di strada tra la Ma10 e il porticciolo di Sa Calobra offrono panorami spettacolari. La strada, che si insinua tra insolite formazioni rocciose, costeggia stretti costoni montani scendendo fino alla costa con una serie infinita di tornanti. A Sa Calobra non sarete soli: intere colonne di autobus e flotte di imbarcazioni da diporto fanno scendere qui un esercito di visitatori. Attraversando una breve galleria nella roccia si raggiunge una piccola insenatura con magnifiche spiaggette (spesso affollate) e, più oltre, una spettacolare gola scavata dal **Torrent de Pareis**.

Da Port de Sóller partono bellissime gite in barca che, passando ai piedi delle scogliere e in alcuni casi facendo tappa a Cala Tuent, raggiungono Sa Calobra.

MONESTIR DE LLUC

Secondo una leggenda, nel XIII secolo un pastorello e un monaco, dopo essersi imbattuti in una statuetta della Madonna lungo un ruscello, la portarono nella chiesa del paese. Il giorno seguente la statuetta era sparita, per ricomparire poi in riva al corso d'acqua. Lo stesso fatto si ripeté altre due volte, e fu così che gli abitanti del villaggio decisero di costruire una cappella che custodisse la piccola statua nel luogo in cui era stata trovata.

Poco tempo dopo sul posto fu istituito un monastero, che da allora è visitato da migliaia di pellegrini ogni anno, che vengono qui per rendere omaggio alla statua della Vergine di Lluc, chiamata *La Moreneta* (La Moretta). Il famoso coro locale *Els Blauets* esegue i suoi canti nel monastero dal lunedì al venerdì alle 11.15 e alle 16.45 e la domenica alle 11. Fondato quasi 500 anni fa, il coro prende il suo nome dal colore delle vesti dei cantori.

L'attuale **monastero** (www.lluc.net; ingresso libero; ⌚8.30-20) è un complesso grandissimo e austero risalente al XVIII secolo. Dal cortile centrale si accede alla **Basílica de la Mare de Déu**, al cui interno, nel deambulatorio dietro l'altare maggiore, è custodita la statua della Madonna. C'è anche un **museo** (ingresso €4; ⌚10-14 dom-ven) che espone reperti archeologici locali e una modesta collezione d'arte.

La grande foresteria del monastero, il **Santuari de Lluc** (☎971 87 15 25; singole/doppie €35/40), ospita spesso scolaresche, escursionisti e pellegrini. Le camere al piano terra sono buie, e sarebbe preferibile evitarle. Ricordate che dovrete farvi il letto da soli. La foresteria dispone anche di alcuni appartamenti con angolo cottura (€48), ma nei dintorni del convento ci sono diversi bar e ristoranti.

VALE IL VIAGGIO

CALA TUENT

Se disponete di un mezzo di trasporto sarete in grado di sfuggire alla calca di Sa Calobra. Circa 2 km prima del porticciolo svoltate a ovest per raggiungere Cala Tuent, una tranquilla caletta con spiaggia di ciottoli e acque color smeraldo all'ombra del Puig Major.

POLLENÇA

POP. 17.260

La tappa successiva del pellegrinaggio a Maiorca è questa bella cittadina dell'entroterra. I fedeli salgono il **Calvari** (Calvario), 365 gradini di pietra che portano alla cappella in cima all'altura, da dove si apre un panorama per il quale vale la pena di affrontare la salita. In centro, invece, Plaça Major è perfetta per rilassarsi ai tavoli all'aperto dei suoi tanti caffè e ristoranti (tra cui lo storico Club Pollença, che ha recentemente festeggiato il suo primo secolo di vita).

Se vi trovate da queste parti il 2 agosto, non preoccupatevi se doveste assistere allo sbarco di una banda di bucanieri. Si tratta solo delle **Festes de la Patrona**, i festeggiamenti in ricordo della cacciata degli invasori musulmani nel 1550.

A sud della cittadina ha inizio una strada di 1,5 km, percorribile preferibilmente a piedi, che sale fino al **Santuari de la Mare de Déu des Puig** (☎971 18 41 32; doppie €22), un ex monastero dove si può pernottare nelle rudimentali celle utilizzate in passato dai monaci. È obbligatorio prenotare. Se non vi attira l'idea di un'esperienza ascetica, vale comunque la pena di salire fin quassù per il fantastico panorama a 360 gradi.

Il **Restaurant Eu Centro** (☎971 53 50 82; Carrer del Temple 3; portate principali €9-13; ⌚gio-mar), immediatamente a nord di Plaça Major, serve piatti della cucina di Maiorca e tapas, con specialità come *tumbet* ('lasagne' di verdure) e *frit mallorquí* (frattaglie di agnello con frittura di verdure).

CALA SANT VICENÇ

Costituita da quattro favolose insenature, questa tranquilla località balneare offre un magnifico quadro paesaggistico. È vero che è piena di turisti inglesi e tedeschi, ma l'impatto della loro presenza è minimo rispetto alle grandi spiagge situate più a sud-est. E poi il mare è così limpido che si ha quasi l'impressione di poter vedere il centro del mondo.

Situato a una certa distanza dalla strada tra Cala Molins e Cala Carbo, l'**Hostal los Pinos** (☎971 53 12 10; www.hostal-lospinos.com; singole/doppie con prima colazione €44/70; ⏲mag-metà ott; ☒) dispone di due candide villette immerse nel verde delle colline. Le doppie superior, con zona notte e zona giorno separate, offrono parzialmente la vista sul mare e sono dotate di balcone. Tranquillo e rilassante, l'Hostal los Pinos dista dalla spiaggia solo il tempo di una breve passeggiata.

PORT DE POLLENÇA

Situata sul versante settentrionale della Badia de Pollença, questa località è molto frequentata dalle famiglie inglesi per brevi viaggi tutto compreso. Lungo le spiagge si possono noleggiare tavole da windsurf e imbarcazioni da diporto. A sud del centro abitato la costa diventa rocciosa e le spiagge sono meno invitanti.

CAP DE FORMENTOR

Da Port de Pollença parte una bella strada panoramica che risale il promontorio roccioso. Fermatevi al **Mirador de Sa Creueta** (232 m), a 3 km da Port de Pollença, per ammirare lo splendido panorama. A metà strada lungo il promontorio si trova lo storico **Hotel Formentor**, un gioiello costruito prima della seconda guerra mondiale, non lontano dall'ombreggiata spiaggia di **Platja de Formentor** (o Platja del Pi). Percorrendo altri 11 km di strada panoramica si raggiunge il faro che sorge sulla punta più settentrionale dell'isola di Maiorca.

Badia d'Alcúdia

Le lunghe spiagge di questa baia si estendono lungo tutta la costa nord-orientale di Maiorca, da Port d'Alcúdia a Ca'n Picafort.

ALCÚDIA

POP. 19.100

Incuneata tra la Badia de Pollença e la Badia d'Alcúdia, l'animata Alcúdia era anticamente un insediamento romano. Sono ancora visibili i resti di un teatro romano, mentre il centro storico è tuttora parzialmente circondato da mura medievali, in buona parte ricostruite. Fate una passeggiata tra le rovine romane di **Pollentia** (www.pollentia.net; interi/bambini €3/2; ⏲9.30-20 mar-dom), subito all'esterno delle mura. Vale la pena di dare un'occhiata anche al bel centro storico.

La **Fonda Llabres** (☎971 54 50 00; www.fondallabres.com; Plaça de sa Constitució 6; singole/doppie €30/36; ❄) è una sistemazione economica ma confortevole. Ricavata in un paio di edifici (uno era una centrale telefonica) proprio nel centro della cittadina, ha anche camere meno costose senza bagno.

L'autobus n. 351 proveniente da Palma (€4,60, 1 h) passa per Alcúdia una volta ogni ora.

PORT D'ALCÚDIA

Un bel tratto di costa sabbiosa forma un arco che piega a sud partendo dal grande porto, da dove tutti i giorni partono gite in barca con varie destinazioni, tra cui **Platja de Formentor**. Nelle vicinanze, la bella penisola di **Cap des Pinar** è l'ideale per escursioni a piedi e in bicicletta.

Il **Parc Natural de S'Albufera** (⏲9-17), che tutela una zona acquitrinosa immediatamente a sud di Port d'Alcúdia, è un paradiso per gli appassionati di birdwatching, con oltre 300 specie di uccelli identificate fino a oggi. Allontanandosi dalla Ma12, con una bella passeggiata di 1 km lungo i canali e su passerelle di legno si raggiunge il centro visitatori. Da lì partono tre brevi itinerari segnalati, lunghi circa 750 m ciascuno, tutti dotati di rifugi e di piattaforme per l'osservazione dell'avifauna.

Le 17 camere doppie del grazioso e accogliente **Hostal Vista Alegre** (☎971 54 73 47; www.hvista-alegre.com; Passeig Marítim 10; singole/doppie €20/35; ❄) sono rivolte verso l'entroterra e hanno l'aria condizionata (€5 in più). Fanno eccezione tre grandi camere triple, affacciate sul porto e dotate di un piccolo balcone: non hanno l'aria condizionata – che peraltro non serve, con la brezza che soffia dal mare.

CA'N PICAFORT E DINTORNI

Versione in miniatura di Port d'Alcúdia, Ca'n Picafort è una cittadina di frontiera del turismo organizzato. È forse un po' fredda e anonima, ma le spiagge sono abbastanza gradevoli. Circa 5 km più a sud lungo la costa si trova la Son Serra de Marina, la cui estremità sud-orientale è occupata da una bella spiaggia lunga 2 km, molto apprezzata dagli appassionati di windsurf.

A sud di Ca'n Picafort, all'altezza del Km 17,7 della Ma12 ma un po' discosto dalla strada, Can Sol è un vecchio complesso agricolo da dove partono tre sentieri segnalati (da 2 km a 3,5 km sola andata) che raggiungono il parco naturale **Son Real** (⌚10-16), dove c'è la necropoli più grande di Maiorca. All'interno dell'edificio principale è allestita una **mostra multimediale** (interi/bambini €5/2,50) che illustra in modo molto interessante la vita rurale dell'isola e che vale davvero la pena di vedere.

DA VEDERE

TOP FIVE – SPIAGGE DI MAIORCA

» **Platja de Formentor** (p208)
» **Cala Llombards** (p210)
» **Cala Sant Vicenç** (p208)
» **Cala Deià** (p204)
» **Es Trenc** (p210)

Costa orientale

Molte delle belle spiagge lungo la costa orientale di Maiorca si sono arrese al turismo di massa. La metà settentrionale di questo tratto di costa è tutto un susseguirsi di palazzi di cemento non dissimili dai peggiori eccessi edilizi della Costa del Sol, nella Spagna continentale. Più a sud la costa è caratterizzata da insenature e porti, che fortunatamente le hanno evitato di condividere lo stesso destino.

ARTÀ

POP. 7400

La tranquilla Artà, situata nell'entroterra, è dominata da una fortezza trecentesca e dall'**Església de San Salvador**, da dove si può ammirare un magnifico panorama che spazia dai tetti della cittadina fino alla campagna e al mare.

Tra le scogliere sul mare 11 km a sud-est di Artà, vicino alla Ma4042, si trovano le **Coves d'Artà** (www.cuevasdearta.com; ingresso €10,50; ⌚10-17), belle come le Coves del Drac di Porto Cristo, ma meno frequentate dai turisti. Ci sono visite guidate ogni 30 minuti.

TOP **Hotel Casal d'Artà** (☎971 82 91 63; www.casaldarta.de; Carrer de Rafael Blanes 19; singole/doppie con prima colazione €55/91; ❄📶) È una splendida residenza d'epoca nel cuore della cittadina. Troverete frutta fresca al vostro arrivo in camera e fiori freschi sul tavolo della prima colazione. C'è anche una terrazza sul tetto con tantissimi fiori, una fontana zampillante e impareggiabili vedute del villaggio e, in parte, del mare. Accanto alla reception c'è un piccolo honesty bar (lasciate i soldi nel salvadanaio a forma di maialino). Se possibile, fatevi assegnare la camera n. 4 o la n. 8: hanno entrambe sontuose vasche da bagno incassate in una piccola alcova.

CALA RATJADA

POP. 6000

Le vie principali di questa località balneare, brulicante di turisti ma non brutta, sono piene zeppe di negozi di souvenir, mentre le belle spiagge sono una distesa di corpi abbronzati. Scegliete preferibilmente le spiagge fuori città, come **Cala Mesquida**.

Nell'entroterra, a 3 km dalla costa, il **Castell de Capdepera** (interi/bambini €3/gratuito, audioguide €2; ⌚9-17), perfettamente conservato, si erge alle spalle dell'omonimo villaggio. Si può fare il giro dei camminamenti in cima alle mura e visitare il piccolo museo dedicato all'arte di intrecciare ceste con i filamenti degli alberi di palma, che un tempo costituiva la principale fonte di reddito del villaggio. Parcheggiate all'inizio dell'ultimo tratto in salita e proseguite a piedi.

Si può prenotare una sistemazione tramite il sito internet dell'associazione degli albergatori locali, **First Sun Mallorca** (www.firstsunmallorca.com).

L'autobus n. 411 collega Palma di Maiorca con Cala Ratjada (€10, 1 h 45 min, 5 corse al giorno) passando per Artà. In estate ci sono traghetti per Ciutadella, a Minorca (v. p228).

COVES DEL DRAC E PORTO CRISTO

Particolarmente spettacolari e visitate da molti turisti, queste **grotte** (Grotte del Drago; www.cuevasdeldrach.com; interi/bambini €11,50/gratuito; ⌚10-17) si trovano nella parte meridionale della cittadina. Con una camminata di 1 km strizzati tra la folla, le visite guidate in più lingue vi condurranno a un grande anfiteatro con un lago, dove potrete assistere a un breve concerto di musica classica. Le visite partono allo scoccare di ogni ora e durano altrettanto. Non sono accettate le carte di credito.

PORTOCOLOM

Tranquillo villaggio davanti a un ampio porto naturale, Portocolom è riuscito a resistere con dignità all'assalto dei turisti. Nel raggio di un paio di chilometri si trovano alcune belle spiagge, tra cui **Cala Marçal**, in una baia incontaminata.

L'**Hostal Porto Colom** (☎971 82 53 23; www.hostalportocolom.com; Carrer d'en Cristòfol Colom 5; singole/doppie €55/90, portate principali €15-20; ❄), è situato direttamente sul lungomare ed è dotato di camere ariose con pavimenti in parquet, letti grandi e confortevoli e arredi dai colori solari. Al piano terra ci sono un buon ristorante e un lounge bar.

Gli autobus n. 490 e 491 effettuano servizio tutti i giorni per/da Palma via Felanitx (€5,50, 1 h 45 min, 8 corse al giorno).

DA CALA D'OR A CALA MONDRAGÓ

Un tempo pittoresco villaggio di pescatori, Cala d'Or è oggi una pretenziosa e costosa località balneare. L'elegante porticciolo è pieno di enormi yacht tirati a lucido, mentre le colline circostanti sono disseminate di ville bianche che risplendono al sole.

Immediatamente a sud di Cala d'Or (ma in pratica unito dall'espansione edilizia) sorge il più piccolo e tranquillo **Portopetro**. Sviluppatosi intorno a una baia punteggiata di barche e circondato da complessi residenziali, ha diversi bar e ristoranti nella zona del porto e un paio di belle spiagge nelle vicinanze.

Due chilometri a sud di Portopetro, Cala Mondragó è una delle insenature più belle della costa orientale. Riparata da imponenti scogliere rocciose e orlata di pinete, ha tre spiagge sabbiose collegate da stradine costiere percorribili a piedi.

Con i suoi cinque piani, l'**Hotel Playa Mondragó** (☎971 65 77 52; www.playamondrago.com; Cala Mondragó; singole/doppie con prima colazione €63/96; ⏲Pasqua-ott; ❄📶🏊) è a meno di 50 m dalla spiaggia più facilmente accessibile. È una sistemazione tranquilla, con le camere migliori dotate di balcone e belle vedute sul mare.

CALA FIGUERA

La pesca è ancora oggi l'attività maggiormente praticata dagli abitanti di Cala Figuera, le cui imbarcazioni prendono il largo dalla sinuosa baia alle prime luci all'alba, quando i turisti stanno ancora smaltendo nel sonno le mangiate e le bevute della sera precedente. Probabilmente ciò che ha mantenuto inalterata questa comunità è il fatto che la spiaggia più vicina, la bella **Cala Santanyí**, a sud-ovest, disti alcuni chilometri in automobile.

Ancora più graziosa è **Cala Llombards**, che si può raggiungere a piedi (scendendo un'infinità di gradini) da Cala Santanyí, oppure in automobile passando per Santanyí (seguite le indicazioni per Llombards e poi per Cala Llombards).

A soli 300 m dal porto di Cala Figuera, l'**Hostal Mar Blau** (☎971 64 52 27; www.marblau.eu; singole €29-37, doppie €38-46; ⏲apr-ott; ❄📶) è un albergo accogliente e particolarmente conveniente. Le camere (le più costose hanno l'aria condizionata e il frigorifero) sono impeccabili. Se desiderate una sistemazione più indipendente, optate per gli appartamenti perfettamente attrezzati (da €46 a €80, minimo tre giorni), alcuni con vista sul mare.

L'autobus n. 502 effettua servizio da Palma (€6,50, 1 h 45 min) via Colònia de Sant Jordi due volte al giorno.

COLÒNIA DE SANT JORDI

La località balneare di Colònia de Sant Jordi, sulla costa sud-orientale, non ha nulla di particolarmente attraente. Nelle vicinanze ci sono però alcune belle spiagge, in particolare **Ses Arenes** ed **Es Trenc** (con un tratto riservato ai nudisti), entrambe situate qualche chilometro più avanti in direzione di Palma.

Nel 1809 sull'isola di Cabrera, situata a 18 km dalla costa e un tempo sede di una prigione, morirono oltre 5000 soldati francesi, abbandonati dagli spagnoli alla fine della guerra peninsulare. Insieme agli isolotti circostanti, Cabrera fa parte del **Parc Nacional Arxipèlag de Cabrera**.

Excursions A Cabrera (☎971 64 90 34; www.excursionsacabrera.com, in spagnolo; interi/bambini €38/20; ⏲apr-ott) organizza escursioni in barca sull'isola della durata di un giorno, mentre **Marcabrera** (☎622 574806; www.marcabrera.com; interi/bambini €38/30) offre uscite in motoscafo nell'arcipelago: durano due ore, comprese le soste sulle isole.

Entroterra

A est della Serra de Tramuntana, l'entroterra di Maiorca è costituito da un territorio fertile e prevalentemente pianeggiante. Occupato da terreni agricoli in parte abbandonati e da centri rurali quasi sempre piuttosto insignificanti, l'interno segue ancora i ritmi tradizionali e custodisce alcuni tesori tutti da scoprire.

Molti dei centri abitati principali dell'entroterra sono famosi per i loro prodotti artigianali. **Binissalem** è un centro importante dell'industria vinicola dell'isola (che produce piccole quantità di vini bianchi e rossi, in qualche caso di ottima qualità), mentre **Felanitx** è il cuore di un'altra zona vinicola, oltre a essere rinomato per le ceramiche. A **Inca**, in cui si concentra buona parte della produzione spagnola di pelletterie e calzature, troverete moltissimi outlet e negozi: fate un giro nella Gran Via de Colom e in Avinguda del General Luque. Industriale e malinconica, **Manacor** è famosa per la produzione di mobili e di perle: il famoso marchio Majorica ha un grande negozio proprio alle porte della cittadina, lungo la strada che arriva da Palma. Qui, inoltre, è nato il grande tennista Rafael Nadal.

Appena 6 km a est di Felanitx, in cima a un monte alto 510 m, il **Santuari de Sant Salvador** sembra una fortezza che domina il paesaggio circostante. I monaci se ne sono andati da tempo, ma al **Petit Hotel San Salvador** (☎971 51 52 60; www.santsalvadorhotel.com; singole/doppie €45/68, cena a buffet €15) le loro celle sono state trasformate in camere linde e semplici, tutte con bagno privato e straordinarie vedute panoramiche. L'albergo ha anche un grazioso caffè (da non confondere con gli anonimi locali all'interno del monastero stesso).

IBIZA

Per molti Ibiza (Eivissa in catalano) è sinonimo di divertimento senza sosta nelle più grandi discoteche del Mediterraneo. L'isola, però, ha anche un altro volto. I greci chiamavano Ibiza e Formentera le Islas Pitiusas (Isole dei Pini). Il paesaggio è aspro e roccioso; oltre ai robusti pini, gli alberi più diffusi sono gli ulivi, i fichi e i mandorli, anche se, a sorpresa, circa metà dell'isola (in particolare il nord-est, relativamente incontaminato) è tuttora ricoperta da fitti boschi.

Nel 1956 sull'isola circolavano appena 12 automobili, ma negli anni '60 i primi hippy europei iniziarono a scoprire la bellezza delle sue spiagge. Dichiarata Patrimonio dell'Umanità sia per l'architettura di Ibiza città sia per il ricco ecosistema marino, l'isola cedette ben presto alle lusinghe del turismo di massa. Oggi la popolazione ammonta a 117.700 abitanti, mentre sono milioni (l'aeroporto registra ogni anno il passaggio di oltre quattro milioni di passeggeri) i turisti che ogni anno visitano S'Illa Blanca (L'Isola Bianca).

Terra di origine dei rave, Ibiza vanta alcune delle discoteche più famose (o famigerate) della Spagna e moltissimi altri locali, ma la presenza di sentieri escursionistici lungo la costa, di boschi e addirittura di qualche spiaggia tranquilla (se non addirittura deserta) offre anche la possibilità di allontanarsi dal trambusto del divertimento più sfrenato.

Trasporti locali

PER/DALL'AEROPORTO L'autobus n. 9 per l'aeroporto parte da Sant Antoni ogni ora e mezzo; l'autobus n. 10 da Ibiza città effettua una corsa ogni 20 minuti e l'autobus n. 24 da Es Canar via Santa Eulària una corsa ogni due ore.

AUTOBUS I biglietti non costano mai più di €3, anche per i tragitti più lunghi. Gli uffici turistici distribuiscono gratuitamente *Ibiza's Public Transport Guide*, una guida con informazioni sui percorsi e sugli orari degli autobus in tutta l'isola. Si può anche consultare il sito internet www.eivissabus.info.

AUTOMOBILE E MOTOCICLETTA Le principali compagnie internazionali di autonoleggio hanno sportelli all'aeroporto e in città, ma in tutta l'isola sono presenti anche autonoleggi locali (spesso più economici). A Ibiza città si concentrano soprattutto nei pressi di Carrer de Felipe II e Carrer de Carles III, immediatamente a ovest del porto.

SITI WEB – IBIZA

www.ibiza.travel Sito turistico ufficiale di Ibiza.

www.eivissaweb.com Motore di ricerca plurilingue per Ibiza.

www.ibiza-online.com Motore di ricerca per informazioni di carattere generale.

www.ibizahotelsguide.com Sito ufficiale dell'associazione degli albergatori di Ibiza.

www.ibizaholidays.com, www.ibiza-spotlight.com Utili per la ricerca di sistemazioni e per informazioni di carattere generale.

www.casasruralesibiza.com, www.ibizaruralvillas.com Ville e case di campagna (entrambi i siti sono in spagnolo).

Ibiza città

POP. 44.800

Il capoluogo di Ibiza è una località incantevole, vivace e con un bellissimo centro storico. Vi si trovano inoltre alcuni dei migliori locali notturni di tutta l'isola.

Che cosa vedere

D'ALT VILA E DINTORNI

Da Sa Penya si sale verso D'Alt Vila, la parte vecchia della città, cinta da mura e dichiarata Patrimonio dell'Umanità dall'UNESCO. I romani furono i primi a fortificare questa altura, le cui attuali mura furono fatte costruire da Filippo II nel XVI secolo per difendersi dalle aggressioni dei francesi e dei turchi.

Bastioni MURA CITTADINE

Da Plaça de Sa Font a Sa Penya parte una salita che conduce al **Portal de ses Taules**, l'ingresso principale della città vecchia. Sopra il portale è affissa una targa commemorativa con lo stemma di Filippo II e un'iscrizione che registra nell'anno 1585 la conclusione dei lavori di costruzione delle fortificazioni, costituite da sette bastioni per l'artiglieria collegati tra loro da grosse mura difensive alte fino a 22 m. È possibile percorrere a piedi l'intero perimetro di queste imponenti mura rinascimentali, progettate per resistere al fuoco dell'artiglieria pesante, ammirando splendide vedute lungo il percorso.

Catedral CATTEDRALE

La cattedrale di Ibiza è un'elegante fusione di vari stili: la struttura originale gotico-catalana risale al XIV secolo, mentre la sacrestia fu aggiunta nel 1592 e nel XVIII secolo fu eseguito un vasto restauro in stile barocco. Al suo interno si trova il **Museu Diocesà** (ingresso €1,50; ⌚9.30-13.30 mar-dom, chiuso dic-feb), che espone oggetti di arte sacra raccolti nel corso dei secoli.

Baluardi TORRI FORTIFICATE

(interi/bambini €2/1,50; ⌚10-14 e 18-20 mar-sab, 10-14 dom) Nel **Baluard de Sant Jaume** è allestita una mostra militare, con corazze che, volendo, avrete la possibilità di indossare (sentirete che peso!) e palle di cannone che si può provare a sollevare. Un'altra mostra, all'interno del **Baluard de Sant Pere**, che si incontra proseguendo verso nord, illustra le tattiche di combattimento con l'artiglieria, mostra come si carica un cannone e spiega come furono costruite le mura cittadine.

Centre d'Interpretació Madina Yabisa MUSEO

(Carrer Major 2; interi/bambini €2/1,50; ⌚10-14 e 18-20 mar-sab, 10-14 dom) In questo piccolo museo è esposta la riproduzione della città musulmana di Madina Yabisa (Ibiza città) in epoca medievale, prima che l'isola fosse conquistata dai cristiani nel 1235. Questo viaggio indietro nel tempo si compie attraverso oggetti, supporti audiovisivi e mappe. Il centro ha sede in quella che, a partire dal XVI secolo, fu la Casa de la Cúria (tribunale), le cui mura incorporano tratti della cinta muraria originaria di epoca islamica. Gran parte della mostra si basa sugli scavi effettuati lungo Carrer de Santa Maria a partire dal 2000.

FREE **Necròpolis del Puig des Molins** NECROPOLI
(Carrer de la Via Romana 31; ⏲10-14 e 18-20 mar-sab, 10-14 dom) Le tombe più antiche di questa necropoli risalgono al VII secolo a.C. e all'epoca fenicia. Seguendo il sentiero che la costeggia, si può guardare all'interno delle grotte sepolcrali, scavate nel fianco della collina con orientamento da nord a sud. È inoltre possibile entrare in una serie di *hypogea* (tombe sotterranee) comunicanti. Il museo del sito espone reperti, come amuleti e statuine di terracotta, rinvenuti all'interno delle oltre 3000 tombe scavate nella collina. All'epoca della stesura di questa guida sia il museo sia il sito erano chiusi per lavori di restauro.

Museu Arqueològic MUSEO
(Plaça de la Catedral 3; interi/bambini €2,40/gratuito; ⏲10-14 e 18-20 mar-sab, 10-14 dom) Custodisce un'importante collezione di manufatti di epoca fenicia e cartaginese, ma anche qualche reperto del periodo romano e di quello musulmano.

FREE **Museu d'Art Contemporani** MUSEO
(Ronda de Narcís Puget; ⏲10-13.30 e 16-18 mar-ven, 10-13.30 sab e dom) La sede abituale del museo è un'ex polveriera e armeria del XVIII secolo, attualmente in corso di restauro. Parte della collezione è perciò esposta alla **Casa Consistorial** (Municipio), in Plaça d'Espanya.

FREE **Museu Puget** MUSEO
(Carrer de Sant Ciriac 18; ⏲10-13.30 e 17-20 mar-ven, 10-13.30 sab e dom) Questo edificio storico, con un tipico cortile tardo-gotico e una scalinata che conduce al piano superiore, custodisce ed espone 130 dipinti dell'artista Narcís Puget Viñas (1874-1960), originario di Ibiza, e di suo figlio Narcís Puget Riquer (1916-83).

SA PENYA

Nella zona del porto c'è sempre qualcosa da fare. Se vi piace starvene a osservare il viavai della gente, questo è il posto che fa per voi: potrete vedere una concentrazione di esibizionisti e personaggi curiosi tra le più alte di tutta la Spagna.

Sa Penya è piena zeppa di **negozi di abbigliamento** originali e stravaganti. Ai cosiddetti **mercati hippy**, le cui bancarelle affollano Carrer d'Enmig e le vie adiacenti, si trova in vendita davvero di tutto.

Pernottamento

Hotel Mirador de Dalt Vila BOUTIQUE HOTEL €€€
(☎971 30 30 45; www.hotelmiradoribiza.com; Plaça d'Espanya 4; singole €305, doppie a partire da €450; ⏲Pasqua-dic; ❄@📶🏊) Questo palazzo dal tenue color salmone è la residenza della famiglia Fajarnés. Le sue 13 camere sono arredate con gusto squisito. Le aree comuni sono decorate con dipinti e pregevoli opere d'arte, tutti appartenenti alla collezione privata della famiglia. La piscina termale è dotata di impianto per il nuoto controcorrente per chi vuole tenersi in allenamento, e il ristorante è da veri gourmet.

Hotel La Ventana HOTEL STORICO €€€
(☎971 30 35 37; www.laventanaibiza.com; Carrer de Sa Carrossa 13; doppie a partire da €165; ❄📶) Questo incantevole palazzo del XV secolo si affaccia su una piccola piazza alberata nella città vecchia. Alcune camere sono dotate di eleganti letti a baldacchino e zanzariere. La terrazza all'ultimo piano, i giardini curatissimi e il ristorante conferiscono al La Ventana un tocco in più.

Hostal La Marina VISTA SUL PORTO €€
(☎971 31 01 72; www.hostal-lamarina.com; Carrer de Barcelona 7; camere €68-125; ❄) Con affaccio sia sul lungomare sia su Carrer de Barcelona con tutti i suoi locali, questo edificio di metà Ottocento offre camere di vario genere, tutte dai colori allegri e vivaci. Qualche singola e alcune doppie sono rivolte verso la strada (e sono quindi più rumorose), ma in alternativa si possono scegliere le doppie (più costose) o gli attici con terrazza e vista panoramica sul porto e/o sulla città. I proprietari gestiscono anche altri alberghi nella stessa via.

Hostal-Residencia Parque ALBERGHETTO €€
(☎971 30 13 58; www.hostalparque.com; Carrer de Vicent Cuervo 3; singole €80, doppie €110-170) Le doppie migliori sono quelle che si affacciano sulla bella Plaça des Parc sopra l'omonimo

Ibiza città

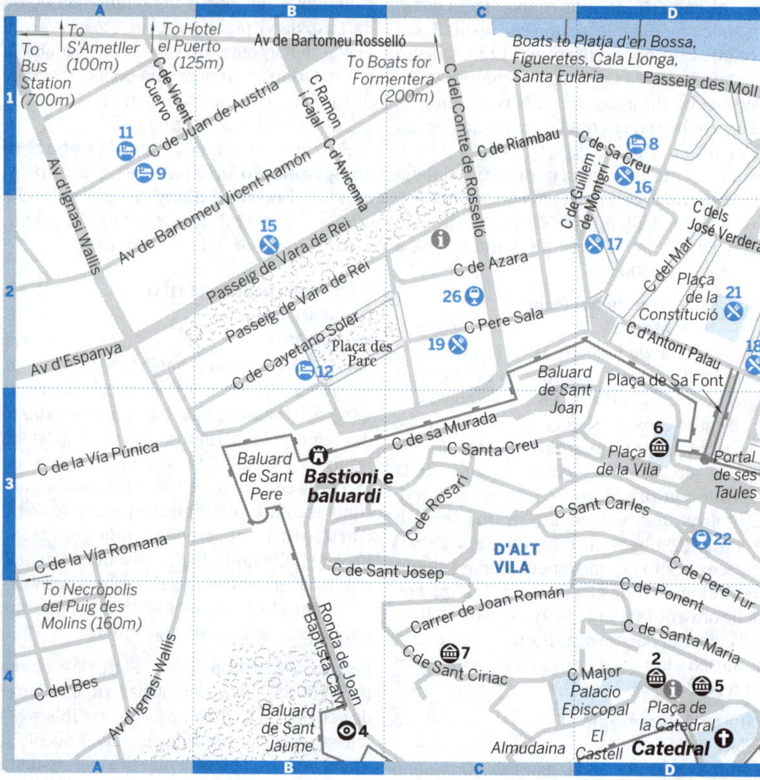

caffè. Le doppie sono confortevoli, mentre le singole sono anguste. Le camere più belle sono quelle all'ultimo piano (da €130 a €170), dotate di terrazza privata con vista sulla città vecchia.

Hotel El Puerto HOTEL, APPARTAMENTI €€
(☎971 31 38 12; www.ibizaelpuerto.com; Carrer de Carles III 22; singole/doppie €90/140; ❄@☎≋) Dispone di oltre 90 camere e di quasi altrettanti appartamenti (€150 per due persone). Situato proprio all'ingresso della città vecchia, è comodo per chi deve prendere il traghetto per/da Formentera. Le camere sono piuttosto semplici, ma alcune sono spaziose; inoltre, c'è la piscina.

Hostal Las Nieves HOTEL €€
(☎971 19 03 19; www.hostalibiza.com; Carrer de Juan de Austria 18; doppie con bagno €75, singole/doppie senza bagno €30/60) Il Las Nieves, uno dei tanti semplici *hostales* della zona di El Pratet, offre camere piuttosto spartane, alcune delle quali, però, hanno il balcone affacciato sulla via sottostante, sempre piena di gente. Ha la stessa gestione anche l'**Hostal Juanito** (doppie €50), senza terrazze, situato sull'altro lato della strada al n. 19.

Casa de Huéspedes Navarro HOTEL ECONOMICO €
(☎971 31 07 71; Carrer de Sa Creu 20; singole/doppie senza bagno €28/55; ⏲mag-ott) In posizione centralissima, è una struttura semplice con otto camere in cima a una lunga scalinata. Le camere sulla parte anteriore dell'edificio si affacciano sul porto, mentre quelle verso l'interno sono piuttosto buie (ma fresche in estate). C'è una soleggiata terrazza sul tetto e i bagni sono in comune, ma impeccabili.

Pasti

TOP Comidas Bar San Juan MEDITERRANEO €
(☎971 31 16 03; Carrer de Guillem de Montgri 8; pasti €15-20; ⏲lun-sab) Ristorante a gestione familiare con due piccole sale, il San Juan è

semplice, ma con un eccezionale rapporto qualità-prezzo, con piatti di pesce a circa €10 e molte portate principali in porzioni piccole a non più di €6. Non accetta prenotazioni, perciò cercate di arrivare presto.

Restaurant Es Mirador CUCINA GOURMET €€
(☎971 30 30 45; Plaça d'Espanya 4; menú €45, portate principali €26-30; ⏲Pasqua-dic) In questo ristorante dall'ambiente riservato (prenotate in anticipo), con il soffitto a volta dipinto e tele originali appese alle pareti, mangerete magnificamente. Il servizio è discreto e cortese, e i piatti sono fantasiosi, colorati e presentati in maniera deliziosa. Concedetevi il tempo per un aperitivo nel bar, altrettanto accogliente, dove sotto i vostri piedi potrete ammirare un'esposizione di reperti antichi rinvenuti in mare.

Can Costa CUCINA DI IBIZA €
(☎971 31 08 65; Carrer de Sa Creu 19; menú €10, portate principali €6,50-12,50; ⏲lun-sab) Tra tanti locali appariscenti e pretenziosi, è un piacere incontrare questo semplice ristorante spagnolo, con tovaglie di plastica a quadretti e fiori finti, la nonna che si dà da fare in cucina e il papà che prende le ordinazioni con un canovaccio sulla spalla. Cominciate con il denso e delizioso *potaje de la casa* (minestra della casa), scegliete tra i secondi molto convenienti (e abbondanti) e terminate con un dolce fatto in casa, come il *flan de coco* (budino al cocco), preparato con molte uova.

Ca n'Alfredo CUCINA DI IBIZA €€
(☎971 31 12 74; Passeig de Vara de Rei 16; menú €30, portate principali €18-30; ⏲pranzo e cena mar-sab, dom solo pranzo) La gente del posto affolla questo locale fin dal 1934. È ottimo per gustare pesce freschissimo e altre specialità dell'isola, così buone che è indispensabile prenotare in anticipo. Assaggiate i *filetes de gallo de San Pedro en salsa de almendras* (filetti di pesce San Pietro in salsa di mandorle).

S'Ametller CUCINA DI IBIZA €€
(☎971 31 17 80; www.restaurantsametller.com; Carrer de Pere Francesc 12; menú €19,50, pasti €30-35; ⏲pranzo lun-gio, pranzo e cena ven e sab) 'Il Mandorlo' propone una cucina locale a base di ingredienti freschi di mercato. Il *menú* del giorno (come dessert scegliete il *flaó* della casa, una sorta di cheesecake alla menta tipico delle Baleari) è fantasioso e molto conveniente. Per darvi un'idea della qualità della sua cucina, il S'Ametller organizza anche dei corsi, tra cui uno che svela i segreti per preparare un ottimo *flaó*.

La Scala INTERNAZIONALE €€
(☎971 30 03 83; www.la-scala.com; Plaça de sa Carrossa 7; pasti €40; ⏲cena mer-dom) In un ambiente a lume di candela vengono serviti piatti internazionali in chiave centroeuropea. Particolarmente degne di nota sono le portate a base di carne. Gli interni sono abbastanza gradevoli, ma ancora più invitante è il bel dehors fiorito.

La Brasa GRIGLIATE €€
(☎971 30 12 02; Carrer Pere Sala 3; menú €10,50, portate principali €15-20) Le specialità del La Brasa sono il pesce e la carne di qualità cotti alla brace. Un altro punto a suo favore è il giardino all'ombra del pergolato, con palme, banani e un trionfo di buganvillea.

Croissant Show CAFFÈ €
(☎971 31 76 65; Plaça de la Constitució; ⏲6-23) Situato di fronte al mercato alimentare, è il posto dove tutti vanno per lo straordinario

Ibiza città

Da non perdere

Catedral ... D4
Bastioni e baluardi ... B3
Sa Penya ... E2

Che cosa vedere

1 Casa Consistorial ... E4
2 Centre d'Interpretació Madina Yabisa ... D4
3 Scavi ... E4
4 Mostra militare ... B4
5 Museu Arqueològic ... D4
6 Museu d'Art Contemporani ... D3
7 Museu Puget ... C4

Pernottamento

8 Casa de Huéspedes Navarro ... D1
9 Hostal Juanito ... A1
10 Hostal La Marina ... E1
11 Hostal Las Nieves ... A1
12 Hostal-Residencia Parque ... B2
13 Hotel La Ventana ... E3
14 Hotel Mirador de Dalt Vila ... E4

Pasti

15 Ca n'Alfredo ... B2
16 Can Costa ... D1
17 Comidas Bar San Juan ... D2
18 Croissant Show ... D2
19 La Brasa ... C2
20 La Scala ... E3
21 Mercat de Verdures ... D2
Restaurant Es Mirador ... (v. 14)

Locali

22 Anfora ... D3
23 Angelo ... E3
24 Lola's Club ... E3
Lolita ... (v. 24)
25 Soap ... E3
26 Teatro Pereyra ... C2
27 Zoo Ibiza ... E1

assortimento di pasticcini e altre delizie con cui fare colazione dopo una nottata di divertimenti. Da vedere.

Mercat de Verdures MERCATO ALIMENTARE €
(Plaça de la Constitució; 7-19 lun-sab) Per acquistare frutta e verdura fresche recatevi in questo mercato all'aperto davanti all'ingresso di D'Alt Vila.

Locali e divertimenti

Sa Penya è il centro della vita notturna. Decine di locali tengono sveglia la zona del porto dal tramonto fino alle prime luci dell'alba. In alternativa, a Platja d'en Bossa troverete diversi locali dove spiaggia e mare incontrano musica, sangria e drink. Dopo la chiusura potrete proseguire la serata in una delle famosissime discoteche dell'isola.

Il **Discobus** (www.discobus.es; €3; 24-6 giu-sett) effettua servizio tra le discoteche, i bar e gli alberghi principali di Ibiza città, Platja d'en Bossa, Sant Rafel, Es Canar, Santa Eulària e Sant Antoni.

Bar

Carrer de Barcelona, parallela al porto, è una via piena di bar sempre in fermento. Quasi tutti hanno tavoli alti all'esterno e musica a tutto volume. I procacciatori di clienti si danno molto da fare per 'invitare' i passanti a bere in questo o in quel locale, talvolta attirandoli con l'offerta di biglietti scontati per qualche discoteca. Da maggio a settembre tutti i bar sono aperti ogni giorno dalla prima serata fino alle 3 o alle 4 del mattino. I bar di Carrer de Garijo Cipriano sono un po' più discreti.

KM5 CHILL-OUT BAR
(www.km5-lounge.com; Carretera de Sant Josep Km 5,6; 20-4 mag-sett) Questo bar, che prende il nome dalla sua posizione lungo la strada statale, è il posto giusto per una serata glamour. Situato fuori città, in direzione di Sant Josep, ha un giardino in cui si può ballare aspettando di proseguire la serata in discoteca. Con cuscini e tende sparsi ovunque, va bene anche per rilassarsi in tranquillità.

Teatro Pereyra MUSIC BAR
(971 30 44 32; www.teatropereyra.com; Carrer del Comte de Rosselló 3; 8-4) Lontano dalla confusione del lungomare, questo locale di grande atmosfera, caratterizzato da arredi in legno e ferro, era il foyer del teatro del 1893 che si trova sul retro, ormai da tempo abbandonato. È molto affollato tutte le sere, con una clientela più eterogenea rispetto a quella solita del 'prediscoteca', e propone sempre musica dal vivo. Durante il giorno è un bel posto per bere o mangiare qualcosa.

Lola's Club DISCO BAR
(C Alfonso XII 10; 1-6) Chiunque abbia conosciuto Ibiza negli anni '80 conserverà

qualche bel ricordo del Lola's Club, uno dei primi locali dell'isola. Oggi è una piccola discoteca ancora in voga, ma con una clientela prevalentemente gay. Il **Lolita** (⏲19-3), un localino divertente proprio lì accanto, è perfetto per un drink prima di iniziare la serata al Lola's.

Blu MUSIC BAR
(www.blu-ibiza.com; Carrer de Navarra 27, Figueretes; ⏲22-4) Ex locale di spogliarelli, il Blu collabora con alcuni dei migliori promoter dell'isola per portare bravi DJ sulla sua pista da ballo. Ha prezzi economici: in genere l'ingresso costa €15 (compresa una consumazione). Si trova a Figueretes, un isolato a sud di Avinguda d'Espanya, in fondo a Carrer del País Basc.

Bora Bora Beach Club BAR SULLA SPIAGGIA
(⏲12-4 mag-sett) Nella zona di Platja d'en Bossa, a circa 2 km dalla città vecchia, il Bora Bora è *il* locale per eccellenza: un lungo bar sulla spiaggia dove gli amanti del sole e del divertimento si riprendono dai postumi della serata precedente e si preparano a quella successiva. L'ingresso è gratuito e l'ambiente rilassante, con musica soft che si diffonde sulla spiaggia. Si riempie a partire da mezzanotte. È situato nei pressi di Carrer del Fumarell.

Zoo Ibiza BAR
(www.zooibiza.com; Plaça d'Antoni Riquer) Locale molto frequentato in Carrer de Barcelona.

Locali gay-friendly

La comunità gay si ritrova nei pressi dell'estremità orientale di Sa Penya, in particolare nell'ultimo tratto di Carrer de la Mare de Déu e nei dintorni di Carrer de Santa Llúcia. Spesso le grandi discoteche organizzano serate speciali gay-friendly. Visitate il sito internet www.gayibiza.net.

Anfora GAY CLUB
(Carrer Sant Carles 7; www.disco-anfora.com; ingresso €12-17; ⏲apr-ott) Questa discoteca a D'Alt Villa, molto frequentata dai gay, ma aperta a tutti, sembra scavata nella roccia.

Angelo GAY BAR
(Carrer de Santa Llúcia 12) All'ombra delle mura della città vecchia, l'Angelo è un gay bar su più piani sempre molto affollato. L'atmosfera è distesa e la clientela non è solo gay. Nelle vicinanze ci sono altri bar dello stesso genere, tra cui il più raffinato **Soap**.

DA VEDERE

TOP FIVE– SPIAGGE DI IBIZA

» **Cala Benirràs** (p221)
» **Cala Mastella** (p220)
» **Cala de Boix** (p220)
» **Cala Xarraca** (p221)
» **Cala Codolars** (p223)

ℹ Informazioni

Uffici turistici Ibiza città (☎971 39 92 32; www.eivissa.es; Plaça de la Catedral; ⏲10-14 e 17-21 lun-sab, 10-14 dom); per tutta l'isola (☎971 30 19 00; www.ibiza.travel; Passeig de Vara de Rei 1; ⏲9-20 lun-sab, 9-15 dom); porto (Carrer Antoni Riquer 2; ⏲9.30-18 lun-sab, 10-13 dom) Presentandosi con il passaporto o un altro documento d'identità si possono prendere in prestito gratuitamente audioguide della città.

ℹ Per/da Ibiza città

AEREO All'aeroporto di Ibiza (Aeroport d'Eivissa), situato solo 7 km a sud-ovest della città, atterrano voli diretti provenienti dalla Spagna continentale e da molte città britanniche ed europee.

AUTOBUS In attesa dell'apertura della nuova autostazione in Avenida de la Pau (a nord-ovest del centro), che dovrebbe essere aperta nel 2012, gli autobus per le altre destinazioni dell'isola partono da Avenida d'Isidor Macabich.

IMBARCAZIONI I traghetti per Formentera partono da un apposito terminal situato 300 m a nord del centro.

Aquabus Opera un traghetto ogni ora (sola andata/andata e ritorno €3,50/6) per/da Playa d'en Bossa e Figueretes, in servizio da maggio a ottobre.

Cruceros Santa Eulalia (www.ferrysantaeulalia.com) Offre collegamenti per Cala Llonga, Santa Eulària d'es Riu ed Es Canar fino a sei volte al giorno (€13 andata e ritorno) da maggio a metà ottobre.

ℹ IBIZA IN BICICLETTA

Gli uffici turistici distribuiscono un eccellente opuscolo gratuito che descrive 23 itinerari ciclabili in tutta l'isola. Dai più facili ai più impegnativi, di durata variabile tra 45 minuti e otto ore, per una pedalata in tutta tranquillità o per una vera impresa sportiva, ce n'è per tutti i gusti.

Trasporti locali

L'autobus n. 10 (€3, ogni 20 min) effettua servizio dall'aeroporto alla zona del porto passando per Platja d'en Bossa. C'è anche un **servizio taxi per l'aeroporto** (971 39 84 83; circa €15).

Dintorni di Ibiza città

Platja de ses Salines e, oltre il promontorio, **Platja d'es Cavallet**, sulla punta più meridionale dell'isola, sono le spiagge migliori tra quelle più vicine a Ibiza città. Questa zona deve il suo nome (Ses Salines) alle saline che si trovavano qui fin dall'epoca cartaginese e che costituirono un'importante attività economica fino all'avvento del turismo.

Al di là delle dune si estende una baia ricurva con un'ampia spiaggia sabbiosa interrotta da qualche scoglio. Dotata di diversi bar all'aperto, questa spiaggia è sempre molto affollata. **Sa Trinxa**, all'estremità orientale della spiaggia, è il locale più trendy di Ses Salines. Serve spuntini, insalate e frullati di frutta (ma anche bevande alcoliche), e quando entrano in azione i DJ (dalle 14) l'atmosfera si scalda rapidamente.

Platja d'es Cavallet, la baia successiva proseguendo verso est, è una spiaggia per nudisti che si può raggiungere anche in automobile.

L'autobus n. 11 effettua da otto a 10 corse al giorno da Ibiza città a Ses Salines. Una corsa in taxi costa circa €15.

Costa orientale

Da Ibiza città una trafficata strada statale (C733) che si estende verso nord permette di raggiungere rapidamente Santa Eulària d'es Riu, sulla costa orientale. Più scenografica, ma più lenta, è la strada costiera che passa per Cala Llonga, che si inoltra tra colline e uliveti, con deviazioni per diverse spiagge che si trovano lungo il tragitto. Si imbocca prendendo il bivio per Jesús, un paio di chilometri a nord-ovest di Ibiza città.

Cala Llonga si trova in una bella baia e offre una graziosa spiaggia di sabbia protetta da alte scogliere, ma il centro abitato è dominato dai palazzoni dei grandi alberghi.

SANTA EULÀRIA D'ES RIU

POP. 31.300

La terza città dell'isola per dimensioni è una fiorente località con un paio di spiagge dai fondali bassi, adatte ai bambini, un grande porto e moltissime strutture alberghiere sorte nel XX secolo.

Che cosa vedere

Lontano anni luce dalle spiagge, in cima a un'altura, sorge **Puig de Missa**, il nucleo della città originaria. Oltre alla bella chiesa cinquecentesca, la **Església de Santa Eulària**, troverete anche il **Museu Barrau** (9.30-13.30 mar-sab), una mostra dedicata all'artista locale Laureà Barrau allestita in un edificio bianco con le imposte di colore azzurro, e il **Museu Etnogràfic** (971 33 28 45; interi/bambini €3/gratuito; 10-14 lun-sab, 11-13.30 dom), che espone attrezzi agricoli e utensili di uso domestico.

Pernottamento e pasti

Il lungomare di Santa Eulària è costellato di alberghi moderni e appartamenti, ma un paio di isolati verso l'interno si trova anche qualche *hostal* più economico.

Quasi tutti i ristoranti e i caffè sul lungomare sono dozzinali e troppo costosi. Quattro isolati più indietro, però, lungo Carrer de Sant Vicent, ci sono molti buoni ristoranti.

Ca's Català HOTEL €€
(971 33 10 06; www.cascatala.com; Carrer del Sol; singole €55, doppie €80-118;) Questo simpatico albergo gestito da inglesi sembra una villa privata. Le sue 12 camere, particolarmente grandi, si affacciano quasi tutte su un giardino interno con piscina e bar. Quasi tutte sono dotate di ventilatore a soffitto, e alcune hanno l'aria condizionata. Le doppie, tutte con letto a baldacchino, sono tinteggiate di un bel bianco candido.

Hostal-Residencia Sa Rota HOTEL €€
(971 33 00 22; www.ibiza-hotels.com/sarota; Carrer de Sant Vincent 59; singole/doppie €45/75;) Conveniente *hostal* aperto tutto l'anno, il Sa Rota ha camere ampie e luminose (soprattutto le doppie), dotate di bagni moderni con vasca o doccia. Il caffè al piano terra ha un rilassante dehors ombreggiato da un pergolato di edera.

El Naranjo PESCE €€
(971 33 03 24; Carrer de Sant Josep 31; menú €15, portate principali €19-23; cena mar-dom) Qui potrete gustare il pesce, sempre fresco e succulento, in un giardino ombreggiato. Con un'ottima cucina spagnola, 'L'Arancio' è apprezzato soprattutto dalla gente del posto alla ricerca di un locale diverso dal solito.

Divertimenti

Guarana CLUB
(www.guaranaibiza.com; Passeig Marítim; 20-6) Situato proprio sul porticciolo, è

LE DISCOTECHE DI IBIZA

Dalla fine di maggio alla fine di settembre la parte occidentale dell'isola è tutta un unico, grande festeggiamento dal tramonto all'alba e dall'alba al tramonto. Gli imprenditori dell'isola hanno creato una serie incredibile di discoteche, enormi templi della musica a tutto volume in cui ogni sera si riversano migliaia di seguaci del divertimento allo stato puro.

Nel 2009 l'International Dance Music Awards ha inserito due discoteche di Ibiza, il Pacha e lo Space, nella top five mondiale.

I locali più grandi sono aperti tutte le sere dall'1 alle 6 del mattino, e ciascuno offre qualcosa di diverso. Vi si svolgono regolarmente serate a tema, feste in costume e schiuma party. Qualcuno si spinge anche oltre, con cubiste (e cubisti), spettacoli di spogliarello e persino scene di sesso dal vivo al culmine della serata.

Il divertimento a Ibiza non è a buon mercato. L'ingresso può costare da €25 a €60 (a cui vanno si devono aggiungere da €10 a €15 per un drink o un cocktail). Se fate un giro nella zona dei locali notturni di Sa Penya potreste riuscire a procurarvi uno dei volantini che danno diritto all'ingresso scontato, che vengono distribuiti dai promoter delle discoteche (sempre che abbiate il look giusto).

Nelle discoteche principali si esibiscono diversi gruppi di DJ. Tra i più noti a Ibiza ci sono i **Manumission** (www.manumission.com), famosi per i loro spettacoli sexy, con una popolare performance mattutina allo Space almeno una volta la settimana.

Space CLUB

(www.space-ibiza.es; ⌚giu-metà ott) In grado di ospitare ben 40 DJ e di accogliere fino a 12.000 persone, lo Space, a Platja d'en Bossa, non poteva avere un nome più appropriato. Il divertimento inizia già a metà pomeriggio, e durante il giorno ci sono imbarcazioni che effettuano corse regolari tra Platja d'en Bossa e Ibiza città (€6 andata e ritorno).

Pacha CLUB

(www.pacha.com; ⌚tutte le sere giu-sett, ven e sab ott-mag) In attività sin dal 1973 sul lato settentrionale del porto di Ibiza città, comprende 15 bar e diversi locali da ballo in grado di accogliere 3000 persone. La pista principale, un mare di colori, sfere a specchi e drappeggi appesi al soffitto, vibra al ritmo della musica deep techno. Sulla terrazza la musica è più soft e rilassante.

Amnesia CLUB

(www.amnesia.es; ⌚inizio giu-sett) Situata a 4 km dalla città sulla strada per Sant Rafel, dispone di un impianto audio che vi farà letteralmente tremare. Un'enorme veranda piena di palme e bar circonda la pista da ballo centrale, dove si scatena una massa di instancabili ventenni. Poiché l'ambiente si riscalda parecchio, di tanto in tanto viene messo in funzione un impianto che diffonde aria gelida.

Es Paradis CLUB

(www.esparadis.com; Carrer de Salvador Espriu 2, Sant Antoni; ⌚metà mag-sett) Ha un impianto audio altrettanto potente e un'atmosfera da locale all'aperto (è senza tetto, ma in estate non piove mai). È una delle megadiscoteche più belle dell'isola, con marmi, fontane, tanto verde e una piramide di vetro. All'ingresso si formano a volte code interminabili, perciò cercate di arrivare presto. È famosa per i suoi acqua party, durante i quali la pista viene inondata.

Privilege CLUB

(www.privilegeibiza.com) A 1 km dall'Amnesia, questa discoteca con 20 bar, una piscina interna e una capacità di 10.000 persone sostiene di essere la più grande del mondo. La pista da ballo principale, sotto un tetto a cupola, è un'enorme sala che pulsa al ritmo della musica scelta dal DJ in una cabina sospesa sopra la piscina.

un bel locale lontano dal solito circuito Ibiza–Sant Rafel–Sant Antoni.

Informazioni

Ufficio turistico (☎971 33 07 28; www.santaeulariadesriu.com; Carrer Marià Riquer Wallis 4; ⌚9.30-13.30 e 17-19.30 lun-ven, 9.30-13 sab) Negli immediati pressi della via principale.

Per/da Santa Eulària d'Es Riu

Santa Eulària è collegata con Ibiza città, Sant Antoni e le spiagge a nord da regolari autobus di linea.

DA SANTA EULÀRIA A S'AIGUA BLANCA

Che cosa vedere e fare

Sant Carles de Peralta VILLAGGIO

Questo villaggio tranquillo è situato lungo la strada principale che porta a Santa Eulària, a nord-ovest. Alle porte del villaggio, all'altezza del Km 12, si trova il **mercato alternativo Las Dalias** (www.lasdalias.es, in spagnolo; ⌚10-20 sab e 20-1.30 lun giu-sett).

Cala Llenya e Cala Mastella SPIAGGE

Una strada secondaria conduce a Cala Llenya, una graziosa caletta delimitata da una pineta, con una spiaggia di sabbia e un fondale profondo, e a Cala Mastella, ancora più piccola e altrettanto bella. A Cala Masatella, aggirando le rocce all'estremità orientale lungo una dissestata strada lastricata si raggiunge uno dei ristoranti più autentici di Ibiza.

Cala de Boix, Es Figueral e S'Aigua Blanca SPIAGGE

La strada che porta a Cala Mastella prosegue per un paio di chilometri fino all'insenatura di Cala de Boix, con le sue invitanti acque cristalline.

Una volta ritornati sulla strada principale, il bivio successivo è quello per Es Figueral, una modesta località balneare con una spiaggia di sabbia dorata e acque color turchese. Un po' più avanti si svolta per raggiungere le spiagge di S'Aigua Blanca, ancora più belle, dove il costume da bagno è facoltativo.

Nei fine settimana, e soprattutto in luglio e agosto, tutte queste spiagge possono essere molto affollate.

Pernottamento e pasti

Hostal Restaurante Es Alocs HOTEL SULLA SPIAGGIA €€

(☎971 33 50 79; www.hostalalocs.com; singole/doppie €35/65; ⌚mag-ott) Molto accogliente, l'Es Alocs è proprio davanti alla spiaggia di Platja Es Figueral. Le camere sono distribuite su due piani e sono quasi tutte dotate di frigorifero e balcone. Il bar-ristorante ha una magnifica terrazza, ben ombreggiata da fitti ginepri e arbusti di agnocasto.

Can Curreu VILLA DI CAMPAGNA €€€

(☎971 33 52 80; www.cancurreu.com; Carretera de Sant Carles Km 12; doppie con prima colazione a partire da €275; ❄📶🏊) Situata sopra i terrazzamenti coltivati a mandorli e alberi da frutto e circondata da prati delimitati da un caleidoscopio di roseti, questa tipica casa di campagna è stata ampiamente ristrutturata per ricavarne 17 camere arredate e decorate con gusto squisito. Le tariffe comprendono l'uso della spa con tutti i suoi servizi. Indicato dalla segnaletica come 'Casa Rural', l'albergo si trova poco dopo il Km 12, 1,5 km a sud di Sant Carles.

Hostal Cala Boix HOTEL €€

(☎971 33 52 24; www.hostalcalaboix.com; doppie con prima colazione €80; ⌚mag-ott; ❄) Situato in collina alle spalle di Cala de Boix, non potrebbe essere più lontano di così dalla frenesia di Ibiza. Tutte le camere hanno il balcone, e molte offrono la vista sul mare. Al **S'Arribiada**, il buon ristorante della casa, il giovedì è la serata del barbecue, mentre ogni martedì potrete gustare sardine fresche alla griglia.

Es Bigotes PESCE €€

(pasti €25; ⌚pranzo Pasqua-ott) Grazie al suo *bullit de peix* (pesce pescato in giornata stufato in una grande casseruola con aromi, verdure miste e patate) seguito dall'*arròs caldós* (riso allo zafferano cotto con il brodo del *bullit de peix*), questo ristorante molto semplice gode di un'ottima fama. Concludete il pasto con un *café de caleta* (caffè preparato con scorza di limone, cannella e brandy alla

TRAGHETTI DA SANTA EULÀRIA

In estate i traghetti **Cruceros Santa Eulària** (www.ferrysantaeulalia.com) servono diverse destinazioni, tra cui le seguenti:

DESTINAZIONE	TRAGHETTI (AL GIORNO)	INTERI/ BAMBINI
Cala Llonga	9	€10/5
Ibiza	6	€15/7,50
Formentera	1	€28/14

fiamma). Non ha il telefono e non è possibile prenotare: in luglio e agosto ci si deve presentare di persona con almeno un giorno di anticipo per riservare un tavolo. Nel resto dell'anno dovrebbe essere sufficiente arrivare per le 13. Per raggiungerlo in automobile, prendete l'ultima svolta a sinistra prima di Cala Mastella.

Bar Anita BAR-RISTORANTE €
(☎971 33 50 90; portate principali €8-16) Taverna senza tempo di fronte alla chiesa del villaggio di Sant Carles de Peralta, questo bar-ristorante richiama ormai da decenni clienti di ogni sorta provenienti da tutta l'isola. È apprezzato per la pizza, la pasta e la cucina corposa, ma anche solo per bere qualcosa e scambiare due chiacchiere.

CALA SANT VICENT

Cala Sant Vicent, una località balneare meta dei gruppi di turisti dei viaggi organizzati, si estende lungo una baia riparata sulla costa nord-orientale. La lunga spiaggia sabbiosa ha alle spalle un serie di alberghi moderni di media altezza. Dopo 2,5 km di strada in direzione nord attraverso una verdeggiante zona residenziale si raggiunge **Punta Grossa**, che dalla sua posizione dominante offre panorami spettacolari della costa e, verso est, del mare.

Costa settentrionale ed entroterra

La parte settentrionale di Ibiza offre alcuni dei paesaggi più belli dell'isola. Le sue strade serpeggianti, le colline costiere e i monti dell'interno richiamano numerosi escursionisti e ciclisti.

PORTINATX

Portinatx è la principale località turistica della costa settentrionale. È vero che riceve molti turisti, ma va bene per le famiglie e, rispetto agli enormi resort nei dintorni di Ibiza città, non è poi così affollata. Le sue tre spiagge – **S'Arenal Petit**, **S'Arenal Gran** e **Platja Es Port** – sono tutte belle, ma spesso piene di gente.

Cala Xarraca, a ovest di Portinatx, è una pittoresca insenatura, parzialmente riparata, con coste rocciose e una spiaggia di sabbia scura. Le uniche strutture presenti sono un solitario bar-ristorante e qualche casa privata.

SANT MIQUEL DE BALANSAT E DINTORNI

Tra le cittadine più grandi dell'interno, Sant Miquel è dominata da una **chiesa** (☎9.30-13.30 e 16.30-19.30 mar-ven, 9.30-12.30 sab) del XIV secolo, caratterizzata dalla forma squadrata e dai muri di un bianco candido. Oggi restaurati, gli affreschi dei primi del XVII secolo nella Capella de Benirràs sono un tripudio di fiori e tralci di vite intrecciati. Da giugno a settembre, ogni giovedì alle 18.15 sul bel sagrato della chiesa si svolge uno spettacolo di danze tradizionali dell'isola.

Can Planells (☎971 33 49 24; www.canplanells.com; Carrer de Venda Rubió 2; doppie con prima colazione a partire da €185; ❄📶🏊), ad appena 1,5 km da Sant Miquel sulla strada per Sant Mateu d'Aubarca, è una casa di campagna che offre quiete e lusso rustico in una manciata di camere doppie e suite arredate con gusto. Le suite migliori sono quelle con terrazza privata, da dove si possono ammirare i deliziosi giardini e i frutteti di cui la casa è circondata.

Sulle belle spiagge della brulicante località balneare di **Port de Sant Miquel** incombe l'enorme sagoma di cemento dell'Hotel Club San Miguel. Lungo i litorali di questa profonda insenatura è possibile praticare **sci d'acqua** e **canoa**, nonché noleggiare l'attrezzatura da **snorkelling** per andare alla scoperta dei fondali rocciosi.

Svoltando a destra poco prima di Port de Sant Miquel si imbocca una strada che, dopo avere aggirato un promontorio, conduce alla **Cova de Can Marçà** (☎971 33 47 76; www.covadecanmarsa.com; interi/bambini €8,50/4,50; ⏲10.30-19.30), una serie di grotte illuminate con spettacolari luci colorate. Le visite guidate, disponibili in varie lingue, durano da 30 a 40 minuti. Una volta riemersi dalle viscere della terra, fermatevi a bere qualcosa sulla terrazza panoramica, ammirando il panorama delle scogliere che si tuffano a picco nel blu intenso del mare.

Dopo le grotte, una strada sterrata prosegue per altri 4 km lungo la costa fino all'incontaminata baia di **Cala Benirràs** (se preferite un percorso più comodo, c'è anche una strada asfaltata che si dirama dalla strada che collega Sant Joan e Sant Miquel, con alte scogliere ricoperte di vegetazione e un paio di bar-ristoranti sulla spiaggia). Nel tardo pomeriggio della domenica potreste incontrare gruppi di hippy che salutano il tramonto suonando i bonghi, un rituale che si rinnova da alcuni decenni.

SANT LLORENÇ DE BALÀFIA E DINTORNI

Sant Llorenç de Balàfia è un tranquillo villaggio in cui spicca una candida chiesa fortificata risalente al XVIII secolo, epoca in cui sull'isola incombeva la minaccia dei pirati mori. Da Sant Llorenç spostatevi di 500 m verso est fino alla strada C733, quindi svoltate a nord. Imboccate la stradina che si dirama dalla C733 accanto al ristorante Balafía per raggiungere **Balàfia**, un minuscolo villaggio un tempo fortificato e oggi caratterizzato da due torri, fiori ovunque e cartelli con la scritta *privado* che spuntano a ogni angolo tra un mezza dozzina di case – ma non lasciatevi scoraggiare e fate una passeggiata lungo le poche stradine del villaggio.

Qualche chilometro più a nord lungo la C733, un bivio segnalato subito dopo il Km 17 porta a **Can Gall** (971 33 70 31; www.agrocangall.com; camere €215-255; chiuso dic;), una vecchia casa colonica trasformata in un rustico paradiso di pace e tranquillità circondato da agrumeti. Le nove camere invitano tutte al relax, ma sforzatevi di privarvi di questo piacere per fare un tuffo nell'infinity pool o godervi la brezza sulla terrazza.

TOP **La Paloma** (971 32 55 43; portate principali €16-26; cena mar-dom metà mar-nov) Situato a Sant Llorenç, 100 m sopra la chiesa, è un ristorante eco-compatibile. Propone piatti creativi della cucina mediterranea, soprattutto italiana (prosciutto e salami provengono dalla Toscana), e le verdure arrivano fresche dall'orto della casa.

Sotto La Paloma, il **Paloma Café** (pasti €15-20; 9-16, lun-sab;) è un delizioso locale informale, dove si può fare uno spuntino spaziando dalle quiche alla torta di carote nel verdeggiante dehors all'ombra. Gli ingredienti utilizzati sono in gran parte di produzione biologica e locale, il personale è giovane e simpatico e si possono ordinari cestini da asporto.

Per una succulenta grigliata alla brace, fermatevi al **Balafía** (971 32 50 19; pasti €25-30; cena lun-sab metà mag-ott, pranzo lun-sab nov-metà mag), leggermente discosto dalla C733 subito dopo l'incrocio con la strada proveniente da Sant Llorenç. Lo riconoscerete dall'insegna con uno sgargiante tramonto rosso e giallo.

SANTA GERTRUDIS DE FRUITERA

È sufficiente distrarsi un secondo per lasciarsi sfuggire il minuscolo villaggio di Santa Gertrudis, a sud di Sant Miquel. Intorno a Plaça de l'Església, la piazza centrale chiusa al traffico, troverete **gallerie d'arte e di artigianato**, negozi di antiquariato e oggettistica e molti ottimi bar, tra cui spicca il **Bar Costa** (Plaça de l'Església 11), con dipinti originali su tutte le pareti degli ampi interni.

Da oltre un decennio, Anne, di origine francese, con l'aiuto di sua figlia e di suo nipote gestisce il **Casi Todo** (971 19 75 23; Plaça de l'Església 20; portate principali €11-15; cena dom-ven giu-ott, pranzo lun-ven nov-mag), che propone piatti semplici ma gustosi e un delizioso assortimento di dolci fatti in casa.

Costa occidentale

SANT ANTONI DE PORTMANY

POP. 21.850

Sant Antoni (San Antonio in spagnolo), comunemente chiamata 'San An', è la destinazione perfetta per chi è in cerca di sbronze, bagordi e relativi postumi. È frequentata soprattutto da giovani provenienti dal Regno Unito.

Da vedere c'è soltanto la bella **Església de Sant Antoni** (Plaça de l'Església), risalente in gran parte al XVII secolo e situata a un paio di isolati dal porticciolo.

Non lontano da Sant Antoni ci sono diverse spiagge ancora poco sviluppate dal punto di vista turistico, come **Cala Salada**, un'ampia baia con litorali sabbiosi protetta da una pineta. Più vicine a Sant Antoni si trovano le belle spiagge di **Cala Gració** e **Cala Gracioneta**, separate da un piccolo promontorio roccioso.

Pernottamento e pasti

Hostal la Torre HOTEL SULLA SCOGLIERA €€
(971 34 22 71; www.hostallatorre.com; singole con prima colazione €75, doppie con prima colazione €90-130; Pasqua-ott) Sebbene si trovi appena 2 km a nord di Sant Antoni, sul promontorio di Cap Negret, è distante anni luce dal trambusto della cittadina. Le vedute dalla terrazza del bar-ristorante sono magnifiche – ancora di più dalla zona superiore, riservata agli ospiti dell'albergo – e quasi tutte le 18 camere sono state rinnovate di recente.

Villa Mercedes FUSION €€
(971 34 85 43; www.villamercedesibiza.com; Molls dels Pescadors; portate principali €13,50-23; 19-3;) Occupa una tradizionale villa borghese, che si distingue dalla massa degli altri edifici, spesso davvero brutti, di Sant Antoni. Affacciata sul porticciolo, offre una

LA CUCINA DELLE ISOLE BALEARI

Pesce e frutti di mare sono gli ingredienti base in molte cucine delle Baleari. Nelle zone palustri di S'Albufera, nella parte orientale di Maiorca, la cucina tradizionale è basata sul riso e sull'anguilla. Il riso viene utilizzato per la preparazione di molti piatti diversi, mentre l'anguilla compare principalmente nell'*espinagada*, uno sformato con spinaci. Valldemossa è famosa per i vari tipi di *coca*, uno spuntino simile alla pizza che si può gustare in tutta l'isola. Tipica del posto è quella con le patate, la *coca de patata*. Minorca è rinomata soprattutto per i formaggi e per la *caldereta de llagosta*, un succulento stufato di aragosta. Uno dei piatti più richiesti a Ibiza è il *frito de pulpo* (polpo in padella con patate, peperoncino ed erbe aromatiche). Un'altra specialità locale è il *bullit de peix*, uno stufato di pesce con patate.

L'entroterra di Maiorca è una rinomata regione vinicola, con due zone a Denominación de Orígen (DO): Binissalem e Pla i Llevant (nella parte sud-orientale dell'isola). Anche Minorca, Ibiza e Formentera producono una modesta quantità di vini, alcuni dei quali di ottima qualità (provate in particolare i bianchi).

cucina eclettica, dalle verdure fritte nel wok ai piatti di riso e nooodles, fino al pescato del giorno.

Locali

Dal porto spostatevi verso la piccola spiaggia di sabbia e ciottoli sulla costa settentrionale se volete unirvi alle centinaia di persone che al tramonto affollano i bar per l'aperitivo. In tutti questi locali si può anche mangiare.

Il **Café del Mar** (www.cafedelmar.es; ⌚16-1) è una vera e propria istituzione di Ibiza, e nel 2010 ha festeggiato il suo trentesimo anniversario. Altri bei locali sono il **Café Mambo** (www.cafemamboibiza.com; ⌚13-2) e il **Savannah** (www.savannahibiza.com; ⌚14-2).

A far loro concorrenza ci sono diversi raffinati lounge bar situati circa 300 m più a nord lungo il passaggio pedonale. Locali come il **Coastline**, il **Sun Sea Bar**, il **Kasbah** e il **Kanya** hanno tutti la piscina e richiamano moltissima gente. Da giugno a settembre, dopo il tramonto il volume della musica si alza e si può ballare fino all'alba.

Dall'altra parte della baia, a Cala de Bou, si può mangiare, bere un drink e godersi gli ultimi raggi di sole al **Kumharas** (www.kumharas.org; Carrer de Lugo 2), che dà il meglio di sé la domenica sera, con spettacoli dal vivo (in particolare danze con il fuoco). Seguite le indicazioni per il Rodeo Vaca Loca sulla strada principale e svoltate in Carrer de Lugo in direzione del mare.

Informazioni

Ufficio turistico (☎971 34 33 63; Passeig de Ses Fonts; ⌚9.30-20.30 lun-ven, 9.30-13 sab e dom) Accanto al porto.

Per/da Sant Antoni de Portmany

AUTOBUS L'autobus n. 3 parte per Ibiza città (40 min) ogni 15 o 30 minuti. L'autobus n. 8 (8 corse al giorno da giugno a ottobre) serve Cala Bassa.

IMBARCAZIONI **Cruceros Portmany** (www.crucerosportmany.com; interi/bambini €9/4,50) ha traghetti che partono all'incirca ogni mezz'ora per Cala Bassa (20 min) e Cala Compte (30 min).

DA CALA BASSA A CALA D'HORT

Procedendo verso ovest e verso sud da Sant Antoni si arriva alla rinomata baia di Cala Bassa. Superando a piedi un tratto roccioso si raggiunge una bella spiaggia sabbiosa a forma di ferro di cavallo. Le altre insenature che si aprono in questo tratto di costa nascondono alcuna spiagge davvero incantevoli, come **Cala Compte**, dalle acque particolarmente limpide, e la piccola **Cala Codolars**. Sono tutte raggiungibili con gli autobus locali e/o via mare da Sant Antoni. Più a sud, **Cala Vedella** è una modesta località con una bella spiaggia in posizione centrale.

Un gradevole viaggio in automobile tra fragranti pinete vi condurrà a Cala d'Hort, una spiaggia che è un vero gioiello, davanti alla quale si staglia la sagoma dell'isolotto di **Es Vedrà**. Qui il mare ha invitanti tonalità azzurre, e la spiaggia è un lungo arco sabbioso con qualche tratto di ciottoli e rocce. Sorseggiate un drink, preferibilmente al tramonto, sulla terrazza di **El Carmen** (☎971 18 74 49; camere €75; ⌚metà marzo-ott). Questo accogliente bar-ristorante direttamente sulla spiaggia dispone di sette camere, tutte con frigorifero e vedute mozzafiato sul mare e tutte, tranne una, dotate di un ampio balcone.

FORMENTERA

Con una breve traversata in direzione sud da Ibiza si raggiunge Formentera, la cui estensione da est a ovest non supera i 20 km. È la più piccola e la meno sviluppata delle quattro isole principali dell'arcipelago, con una popolazione di 9500 abitanti. È apprezzata per le spiagge sabbiose e per i sentieri, ottimi per brevi escursioni a piedi e in bicicletta. Molto frequentata da coloro che effettuano gite in giornata da Ibiza, in estate è piena di turisti (soprattutto italiani), ma si riesce quasi sempre a trovare un lembo di spiaggia isolato tutto per sé.

Prevalentemente pianeggiante, il paesaggio di Formentera è aspro e, a tratti, spoglio. Lungo la costa si alternano scogliere frastagliate e spiagge precedute da basse dune di sabbia. Nella zona centrale e orientale viene praticata un'agricoltura di sostentamento, mentre il resto dell'isola è un mosaico di pinete, saline arse dal sole, muretti di pietra e campi in gran parte abbandonati.

Che cosa vedere e fare

Sull'isola non c'è molto altro da fare se non passeggiare, andare in bicicletta e prendere il sole in spiaggia. I luoghi di interesse turistico sono alcune fatiscenti **torri di osservazione** in pietra sparse lungo la costa, i **resti di una fortezza romana** (Fortificació Romà) sulla costa meridionale e una quarantina di **siti archeologici** secondari, quasi tutti segnalati da cartelli di colore rosa lungo le strade principali.

Gli appassionati di immersioni possono rivolgersi a **Diving Center Formentera** (www.blue-adventure.com; La Savina; immersione con noleggio attrezzatura €45), uno dei vari centri specializzati presenti sull'isola. **Wet4Fun** (☎670 366314; www.wet4fun.com; ⊙giu-sett), che ha la sede principale a Es Pujols, offre lezioni di windsurf, kitesurf, vela, canoa e kayak.

PARQUE NATURAL DE SES SALINES

L'area protetta del parco naturale Ses Salines inizia immediatamente a nord dell'Estany Pudent ('Lago puzzolente', un nome che la dice lunga). Occupa lo stretto territorio che si protende a nord verso Ibiza, estendendosi oltre un piccolo stretto per arrivare a comprendere **Ses Salines**, le saline sulla punta meridionale di Ibiza. **Platja de Llevant** e **Platja de ses Illetes**, due splendide spiagge di sabbia bianca, orlano il promontorio. Dalla strada che collega La Savina con Es Pujols si dirama una strada di 3 km, in parte sterrata (pedaggio €4/2 automobili/motociclette), che porta a nord.

Dalla strada La Savina–Es Pujols parte anche un **sentiero escursionistico** di 4 km che raggiunge l'estremità del promontorio, dove si può guadare lo stretto fino a **Illa s'Espalmador**, un isolotto disabitato con spiagge belle e tranquille (soprattutto S'Alga, sul versante sud-orientale) e fanghi termali. Fate attenzione quando attraversate lo stretto, perché potreste facilmente essere sorpresi dalla marea montante. Il **battello Barca Bahia** (€15 andata e ritorno) effettua un massimo di tre traversate al giorno dal porto dei traghetti di La Savina all'isola, passando per Platja de ses Illetes.

SANT FRANCESC XAVIER

Capoluogo e centro più popoloso di Formentera, Sant Francesc Xavier è un bel villaggio di case imbiancate a calce, con alcuni gradevoli caffè affacciati sulle piazzette soleggiate. Tra gli edifici più antichi spiccano una **cappella** trecentesca, una **fortezza** del XVIII secolo e il **Museu Etnològic** (☎971 32 26 70; Carrer de Jaume I 17; ingresso libero; ⊙10-14 e 17-19 lun-ven), un modesto museo etnografico che illustra le pratiche tradizionali dell'agricoltura e della pesca sull'isola.

CALA SAONA

Lungo la strada che da Sant Francesc Xavier si dirige a sud, a circa un terzo del percorso per Cap de Barbaria svoltando a ovest si raggiunge la deliziosa baia di Cala Saona. La spiaggia è lunga poco meno di 150 m, ma è tra le più belle dell'isola, con un solo grande albergo, un paio di bar-ristoranti con vista sulle acque azzurre e blu profondo del mare e qualche casa sparsa qua e là.

CAP DE BARBARIA

Partendo dal capoluogo, una stretta strada asfaltata si dirige a sud attraverso le campagne solcate da vecchi muretti di pietra fino a raggiungere Cap de Barbaria, il punto

DA VEDERE

LE MIGLIORI SPIAGGE DI FORMENTERA

» Platja de Migjorn

» Cala Saona

» Platja de Ses Illetes

» Platja de Llevant

Formentera

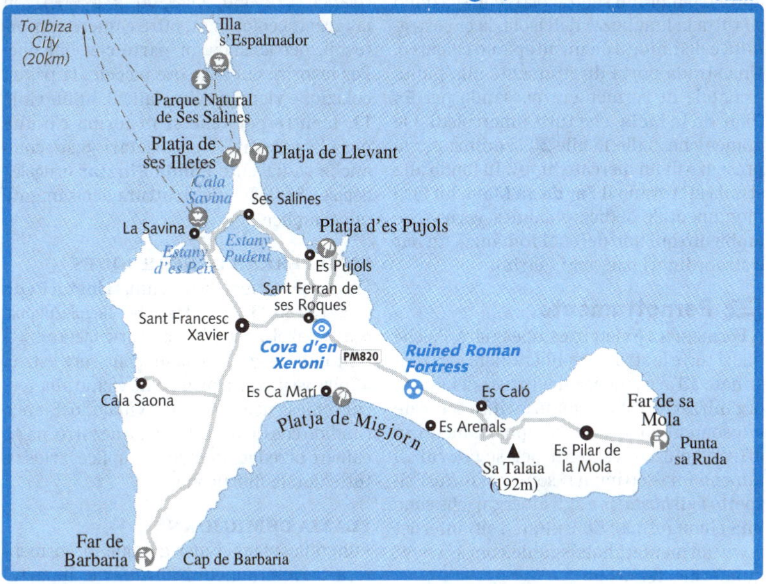

più meridionale dell'isola. Il percorso che conduce al solitario faro bianco in fondo alla strada è piacevole, ma una volta arrivati non c'è molto da fare, se non lasciare spaziare lo sguardo sul mare. Dal *far* (faro) ha inizio una passeggiata di 10 minuti verso est fino alla **Torre d'es Cap de Barbaria**, una torre di guardia del XVIII secolo.

ES PUJOLS

Da sonnolento villaggio di pescatori, Es Pujols si è trasformato in una località turistica. Sebbene la spiaggia sia costeggiata ancora oggi da una fila di rimesse per barche sbiadite dal sole, sono gli alberghi, i condomini e i ristoranti moderni a dominare il paesaggio. Se le spiagge fossero troppo affollate per i vostri gusti, ne troverete altre più isolate a poca distanza (andando a piedi verso nord-ovest in direzione di Platja de Llevant).

COVA D'EN XERONI

Lungo la strada principale a est di Sant Ferran, subito dopo il Km 6, all'altezza del supermercato Spar c'è una svolta a destra che porta alla **Cova d'en Xeroni** (☎971 32 82 14; interi/bambini €4/2,50; ⏰10-13.30 e 17-20 lun-sab mag-ott). Si tratta di una grotta ricca di stalattiti e stalagmiti, scoperta dal proprietario del terreno nel 1975 durante gli scavi per la realizzazione di un pozzo. Dal momento che è gestita da una persona sola, gli orari di apertura vanno presi con una certa elasticità e il numero di visite guidate che si svolgono in un giorno dipende dalla richiesta e dalla disponibilità della guida, il figlio dello scopritore (gli orari più probabili, comnque, sono le 13 e le 18).

PLATJA DE MIGJORN

A est di Sant Ferran, in direzione di Es Caló, alcuni sentieri accidentati che si diramano dalla strada principale portano alle spiagge della costa meridionale, che tutte insieme prendono il nome di Platja de Migjorn. Le più suggestive sono quelle all'estremità orientale, nei dintorni di **Es Arenals**. Nella maggior parte dei casi queste località hanno solo poche case, qualche appartamento, un paio di bar-ristoranti e, talvolta, un *hostal*.

ESTREMITÀ ORIENTALE

Il villaggio di pescatori di **Es Caló** è situato in una piccola baia rocciosa circondata da scolorite rimesse per le barche. Qui la costa è frastagliata, ma immediatamente a ovest di Es Caló si trovano degli specchi d'acqua in cui si può fare il bagno e piccole piscine naturali tra gli scogli con qualche lembo di sabbia.

Da Es Caló la strada si inerpica fino al punto più alto dell'isola. Giunti quasi in cima, vicino al **Restaurante El Mirador** si aprono panorami spettacolari che spaziano su tutta la lunghezza dell'isola, la cui estremità è delimitata da un altopiano calcareo. Una strada porta direttamente alla punta orientale di Formentera passando per **Es Pilar de la Mola**, che tutti i mercoledì e le domeniche, dalle 16 alle 21, si anima per la presenza di un mercato hippy. In fondo alla strada si trovano il **Far de sa Mola**, un faro monumentale dedicato a Jules Verne (che ambientò qui uno dei suoi romanzi), un bar e straordinari paesaggi marini.

Pernottamento

A Formentera è vietato campeggiare. Poiché quasi tutte le strutture alberghiere sono destinate all'accoglienza dei turisti dei viaggi organizzat, in estate hanno tariffe esagerate e/o sono al completo. Gli appartamenti in affitto (più convenienti per soggiorni di almeno una settimana) sono più diffusi rispetto agli *hostales* e agli alberghi (che sono una cinquantina). Consultate i siti internet www.formenterahotelsguide.com e www.guiaformentera.com.

Astbury Formentera (www.formentera.co.uk) è un'agenzia con sede nel Regno Unito specializzata nell'affitto di case e appartamenti a Formentera.

SANT FRANCESC XAVIER

In questa bella cittadina ci sono diversi *hostales* con prezzi più realistici rispetto a quelli di altre località balneari.

Casa Rafal (971 32 22 05; Carrer d'Isidoro Macabich 12; doppie con prima colazione €70; chiuso dic e gen), nelle immediate vicinanze della tranquilla Plaça de sa Constitució, è una struttura a due piani modesta ma accogliente, con camere belle e pulite dotate di ventilatore a soffitto. Al piano terra c'è un bar-ristorante con un gradevole dehors.

CALA SAONA

In un imponente edificio che sovrasta la spiaggia, l'**Hotel Cala Saona** (971 32 20 30; www.hotelcalasaona.com; singole/doppie €160/180; mag-ott) dispone di 116 camere, di una piscina, di campi da tennis e di un ristorante. Le camere migliori hanno la vista sul mare. Il bar-ristorante sulla spiaggia è perfetto per una sangria al tramonto. In bassa stagione le tariffe si dimezzano.

ES PUJOLS

A circa 100 m dalla spiaggia, l'**Hostal Voramar** (971 32 81 19; www.hostalvoramar.com; Av Miramar 25-33; singole/doppie con prima colazione €115/150; mag-ott), con la facciata color ocra, offre camere confortevoli, per la maggior parte con balcone. Per favorire chi fa le ore piccole, la prima colazione viene servita dalle 8.30 fino alle 12, mentre per tenersi in forma c'è una piccola palestra. I proprietari gestiscono anche l'adiacente **Fonda Pinatar** (singole/doppie €88/112), una struttura decisamente più semplice.

SANT FERRAN DE SES ROQUES

Un classico ormai da decenni, l'**Hostal Pepe** (971 32 80 33; Carrer Major 68; singole/doppie con prima colazione €45/65; mag-metà ott) è situato lungo la bella (e, nelle sere estive, affollatissima) via principale vicino alla vecchia chiesa in arenaria del villaggio. Bianco candido con qualche dettaglio azzurro, ha 45 camere arredate in modo semplice, ariose e tutte dotate di balcone.

PLATJA DE MIGJORN

Lungo la spiaggia meridionale di Formentera troverete alcuni *hostales* e appartamenti, ma quasi tutti sono riservati ai tour operator.

All'**Hostal Ca Marí** (971 32 81 80; Es Ca Marí; singole/doppie €80/125) le camere e gli appartamenti hanno in comune il giardino, il bar centrale, il ristorante e un negozio di generi alimentari nell'omonimo villaggio. La spiaggia, dove si trova il bar-ristorante dell'*hostal*, dista soltanto 100 m.

ES CALÓ

Situato in un minuscolo villaggio di pescatori su una piccola insenatura rocciosa, l'**Hostal Rafalet** (971 32 70 16; singole/doppie €75/105) è una sistemazione accogliente, in cui molte delle ampie camere hanno la vista sul mare. Al piano terra ci sono un bar molto frequentato e un ristorante di pesce con terrazza affacciata sul porto.

Pasti

Quasi tutti i ristoranti sul lungomare offrono classici piatti a base di pesce e paella. Salvo diversa indicazione, tutti quelli segnalati di seguito sono aperti da maggio a ottobre.

ES PUJOLS

L'**El Caminito** (971 32 81 06; Carretera La Savina-Es Pujols; pasti €40-50; cena apr-nov) porta una ventata d'aria argentina nel Mediterraneo. Tra i migliori ristoranti dell'isola, serve succulenti piatti di carne. Si trova a 1 km da Es Pujols sulla strada per La Savina.

SANT FERRAN DE SES ROQUES
Lungo la via pedonale Carrer Major ci sono diversi ristoranti aperti solo in estate.

Il **Can Forn** (☎971 32 81 55; Carrer Major 39; pasti €30-35; ⊙chiuso dom a pranzo), a gestione familiare, serve piatti della cucina isolana, come *calamar a la bruta* ('calamari brutti', con patate, salsicce di Maiorca e nero di seppia). Si trova all'estremità settentrionale della via principale.

PLATJA DE SES ILLETES
Ricavato in un mulino restaurato con cura, l'**Es Molí de Sal** (☎971 18 74 91; pasti €40-50) vanta una bella terrazza e magnifiche vedute sul mare. La sua cucina di pesce è tra le migliori dell'isola. Provate uno dei vari piatti di riso o la specialità della casa, la *caldereta de llagosta* (stufato di aragosta).

PLATJA DE MIGJORN
Immerso nella vegetazione in cima a una duna, il **Vogamari** (☎971 32 90 53; pasti €30-35; ⊙chiuso mar a cena) è un ristorante molto semplice tipico dell'isola con un'ampia veranda. È ottimo per il pesce fresco, la paella o per sostanziose pietanze a base di carne. Si raggiunge svoltando al Km 9,5 sulla PM820.

Secondo la gente del posto, il **Sa Platgeta** (☎971 18 76 14; Platja de Migjorn, Es Ca Marí; pasti €35; ⊙lun-sab) è uno dei migliori locali dell'isola se si desidera gustare del buon pesce fresco. Situato in una pineta alle spalle di una stretta spiaggia con qualche scoglio, è un bar-ristorante dall'ambiente semplice con una gradevole terrazza ombreggiata. Si trova 500 m a ovest di Es Ca Marí (seguite le indicazioni lungo le strade secondarie o la passeggiata sul lungomare).

All'estremità orientale della spiaggia, l'arioso **Restaurante Es Cupiná** (☎971 32 72 21; Plajta de Migjorn; pasti circa €35) gode di una reputazione ottima. In attività da quasi 40 anni, è rinomato per il pesce fresco del giorno.

ES CALÓ
Il **S'Eufabi** (☎971 32 70 56; Km 12,5; portate principali €10-18, menú €11; ⊙tutti i giorni) serve piatti di paella e *fideuá* (una gustosa variante con la pasta) tra i migliori di Formentera a prezzi ragionevoli. Si trova circa 1 km a est di Es Caló, in una posizione ombreggiata sulla sinistra all'inizio della leggera salita per Es Pilar de la Mola.

LA MAIONESE

Minorca reclama la paternità del nome 'maionese', sostenendo che il termine derivi dall'espressione *salsa mahonesa*, che significa 'salsa di Mahón (Maó)'. Anche i francesi rivendicano la paternità della maionese, ma gli isolani obiettano che furono i soldati del Duc de Richelieu a introdurla nel continente dopo avere sconfitto i britannici nel 1756. È una versione plausibile (in effetti la maionese è diffusa in tutto il Mediterraneo settentrionale), ma da prendere forse con una certa cautela.

ES PILAR DE LA MOLA
La **Pequeña Isla** (☎971 32 70 68; www.pequenaisla.com; Avinguda del Pilar 101; pasti €30-35), l''Isoletta', ha una terrazza all'ombra sulla strada e serve gustosi piatti di carne, grigliate di pesce fresco, paella e altri piatti a base di riso, ma anche varie specialità dell'isola, tra cui stufato d'agnello e polpo fritto.

☆ Divertimenti

ES PUJOLS
In estate Es Pujols prende vita. I molti bar che si susseguono lungo Carrer d'Espardell (alle spalle del lungomare) e nei suoi dintorni restano aperti fino alle 3 o alle 4 del mattino. I clienti sono al 90% italiani: non vi sembrerà nemmeno di essere in Spagna. Uno dei locali più frequentati sin dal 1994, l'**Indiana Café** è caratterizzato da tonalità rosse, tavoli alti e sgabelli e da un ambiente vivace. Il **Neroopaco**, subito accanto, è invece interamente arredato in bianco e nero, ha comodi divanetti e propone musica deep house. Anche nella vicina Carrer de Roca Plana troverete alcuni locali, tra cui il rumoroso **Pachanka**, che è da tenere in considerazione per la tarda serata.

Il **Vivi Club** (Avinguda Miramar) è un bel music bar con un giardino di pini. La luce viola colora ogni cosa, anche i cocktail.

SANT FERRAN DE SES ROQUES
Un classico dell'isola è il **Fonda Pepe** (Carrer Major 55; ⊙mag-ott), un animato locale collegato all'omonimo *hostal* situato dall'altra parte della strada. Ormai da decenni serve *pomadas* (bicchierini di gin e limone) richiamando una vivace clientela mista di

gente del posto e stranieri di tutte le età e di tutti i tipi.

PLATJA DE SES ILLETES

Il **Bigsurlife** (10.30-tramonto mag-ott) è frequentato da una bella e allegra clientela italiana. Il momeno saliente della giornata è al tramonto, quando i drink (enormi bicchieri di mojito) vengono serviti in spiaggia. Circa 20 m prima del bivio per Platja de ses Illetes, lungo la strada che collega La Savina ed Es Pujols, sulla sinistra troverete l'indicazione per il parcheggio. Dopo altri 30 m si arriva alla spiaggia e al bar.

Il **Tiburón** (10-tramonto mag-ott), circa 200 m più avanti lungo la spiaggia, è un altro locale divertente, frequentato però soprattutto dagli isolani che ci vanno per il pesce, le insalate, la sangria e, ovviamente, i tramonti.

PLATJA DE MIGJORN

Su questo lungo tratto di spiaggia troverete locali di tutti i tipi, da quelli sofisticati (spesso gestiti da italiani) in cui sorseggiare un cocktail in pieno relax a quelli più semplici.

TOP **Blue Bar** (www.bluebarformentera.com; 12-4 apr-ott) Diventato ormai un classico di Formentera, il Blue Bar serve del buon pesce, piatti a base di riso e *buen rollito* (vibrazioni positive) in abbondanza. Nel chill out bar per eccellenza della costa meridionale tutto è blu: le sedie, le tende, i tavoli, i servizi igienici e le pareti. C'è anche un cocktail azzurro preparato con il curaçao! Si raggiunge imboccando il sentiero di sabbia all'altezza del Km 8.

Milano incontra il mare al **10.7** (www.10punto7.com; pasti circa €30; mag-sett;), un bar-ristorante italiano con una lista di vini provenienti da tutto il mondo. La specialità della casa è il sushi. Le onde che si frangono più in basso, l'ambiente soft in bianco e nero e l'atmosfera distesa sono perfetti per trascorrere un po' di tempo in relax. Si raggiunge imboccando il sentiero sterrato esattamente all'altezza del Km 10,7.

Il **Xiringuito Bartolo** (mag-ott), all'estremità orientale della spiaggia, probabilmente è il bar sulla spiaggia più piccolo del mondo. Amatissimo dagli isolani, è un locale simpatico costruito su palafitte e dotato di due tavoli soltanto, ma abbastanza lunghi. Serve bevande e spuntini che si possono anche portare via, se non dovesse esserci posto per sedersi.

Informazioni

L'**ufficio turistico** (971 32 20 57; www.formentera.es; 10-20 lun-ven, 10-15 sab e dom) principale di Formentera si trova accanto al molo del traghetti a La Savina. Ci sono altre filiali minori a Es Pujols e a Sant Francesc Xavier, di fronte alla chiesa.

Per/da Formentera e trasporti locali

AUTOBUS **Autocares Paya** (971 32 31 81; www.autocarespaya.com, in spagnolo) ha autobus di linea che effettuano servizio regolare tra i principali villaggi, ma spostarsi in scooter o in bicicletta offre sicuramente una maggiore flessibilità.

AUTOMOBILE E MOTOCICLETTA All'arrivo al porto di La Savina si viene accolti da un susseguirsi di chioschi che noleggiano automobili, scooter e biciclette. Le tariffe si aggirano intorno a €7 al giorno per le city bike, €10 per le mountain bike, €25 per gli scooter e fino a €55 per le motociclette. Su un'isola così piccola l'automobile è superflua, ma se volete noleggiarne una il costo parte da circa €35 al giorno.

IMBARCAZIONI Traghetti passeggeri di linea (sola andata/andata e ritorno €25/45 interi, €15/30 bambini; da 25 a 35 min in ciascuna direzione) effettuano servizio regolare tra Ibiza città e La Savina.

Baleària-Trasmapi (www.balearia.com, www.trasmapi.com) Oltre 10 traversate al giorno. La tariffa è di €78 per le automobili e di €32 per le motociclette, mentre il trasporto delle biciclette è gratuito.

Mediterranea-Pitiusa (www.medpitiusa.net) Solo passeggeri; sei traghetti veloci al giorno.

TAXI 971 32 23 42.

MINORCA (MENORCA)

Minorca (90.240 abitanti) è la meno turistica e la più tranquilla delle Isole Baleari. Nel 1993 è stata dichiarata Riserva della Biosfera dall'UNESCO, con lo scopo di tutelarne le aree di rilievo ambientale, come le zone palustri del Parc Natural S'Albufera d'es Grau, e i siti archeologici.

I 216 km di costa sono un susseguirsi di spiagge, baie e scogliere relativamente incontaminate. I campi e i verdeggianti paesaggi collinari dell'entroterra sono attraversati da un reticolo di circa 70.000 km di muri a secco.

Secondo alcuni è per merito del generale Franco se l'isola non è stata presa d'assalto dal turismo di massa. Mentre la vicina Maiorca passò sotto il controllo dei nazionalisti quasi subito dopo l'inizio della guerra civile, Minorca resistette a lungo. In seguito, Franco 'ricompensò' Maiorca lasciando campo libero allo sviluppo edilizio e penalizzò Minorca ostacolandone lo sviluppo.

Minorca, la seconda isola delle Baleari per dimensioni e la più settentrionale, ha un clima più umido e leggermente più fresco rispetto alle altre isole. Soprattutto durante la bassa stagione, 'l'isola ventosa' è sferzata dai venti di *tramuntana* che soffiano da nord.

Trasporti locali

PER/DALL'AEROPORTO L'autobus n. 10 (€1,60) effettua servizio tra l'aeroporto di Minorca, 7 km a sud-ovest di Maó, e la stazione degli autobus cittadina ogni mezz'ora. Una corsa in taxi costa circa €15.

AUTOBUS Da Maó si può raggiungere pressoché qualsiasi destinazione in autobus, ma, salvo qualche eccezione, i servizi sono sporadici e lenti.

AUTOMOBILE E MOTOCICLETTA Il noleggio di una berlina di piccole dimensioni può costare da €35 a €45 al giorno. Tutte le maggiori compagnie hanno filiali all'aeroporto. A Maó ci si può rivolgere ai seguenti autonoleggi:

Autos Mahon Rent (☎971 36 56 66; www.autosmahonrent.com; Moll de Llevant 35-36)

Autos Valls (☎971 35 42 44; www.autosvalls.com; Plaça d'Espanya 13)

SITI WEB – MINORCA

www.menorca.es Sito ufficiale del turismo di Minorca.

www.visitmenorca.com Sito internet dell'associazione degli albergatori.

www.menorcamonumental.org Eccellente presentazione dei monumenti e dei siti storici di Minorca.

www.tmsa.es Tutti gli orari degli autobus in servizio sull'isola.

Maó

POP. 29.100

Minorca è stata invasa dai britannici quattro volte (contando anche l'ultima, pacifica campagna iniziata con il primo volo charter partito da Londra nel 1953). È per questa ragione che Maó (Mahón in spagnolo), il capoluogo dell'isola, presenta un insolito insieme di tratti britannici e spagnoli.

Furono i britannici nel 1713 a farne il capoluogo dell'isola, e l'influenza di quasi 100 anni del loro dominio (l'isola fu restituita alla Spagna nel 1802) è tuttora evidente nell'architettura, nelle tradizioni e nella cultura della città. Ancora oggi la maggior parte dei turisti stranieri che visitano Maó arriva dalla Gran Bretagna.

La baia di Maó, lunga 5 km, è il secondo porto naturale più grande del mondo dopo Pearl Harbour. È stata proprio questa particolare conformazione della costa, in un punto strategico dove si incrociano le rotte marittime del Mediterraneo, a farne per lungo tempo l'oggetto del contendere tra spagnoli, francesi e britannici. Oggi le acque profonde di questo tratto di mare così ben riparato offrono approdo a imbarcazioni di ogni genere, dai piccoli pescherecci alle grandi navi cisterna. La città sorge sopra le scogliere che orlano il tratto costiero meridionale della baia. Sebbene ci sia ancora qualche edificio di epoca precedente, l'architettura cittadina è in prevalenza improntata al sobrio stile georgiano del XVIII secolo (da notare le finestre a ghigliottina e i *boínders*, le finestre a bovindo).

Che cosa vedere e fare

La plaza centrale di Maó è la grande Plaça de s'Esplanada, progettata dagli inglesi come piazzale per le parate. Qui, ogni martedì e sabato si svolge un mercato di artigianato e abbigliamento.

Le strette vie che si snodano a est corrispondono alla parte vecchia di Maó. L'**Arc de Sant Roc**, un arco del XVI secolo che sovrasta Carrer de Sant Roc, è tutto ciò che rimane delle mura medievali che un tempo cingevano la città.

La **Església de Santa Maria la Major** (Plaça de la Constitució), più a est, risale al 1287, ma fu ricostruita nel XVIII secolo. Al suo interno è custodito un organo enorme, costruito a Barcellona e fatto arrivare qui nel 1810. All'estremità settentrionale della plaza si trova l'**ajuntament** (municipio), in stile neoclassico.

Plaça d'Espanya PIAZZA

Poco oltre Plaça d'Espanya si trova il **Mercat Claustre del Carme**, un mercato e centro commerciale ricavato dalla sapiente ristrutturazione dei chiostri di una vecchia chiesa. Al piano superiore vengono allestite mostre d'arte temporanee e ha sede il modesto **Museu Hernández Sanz Hernández Mora** (☎971 35 05 97; ingresso libero; ⌚10-13

Minorca (Menorca)

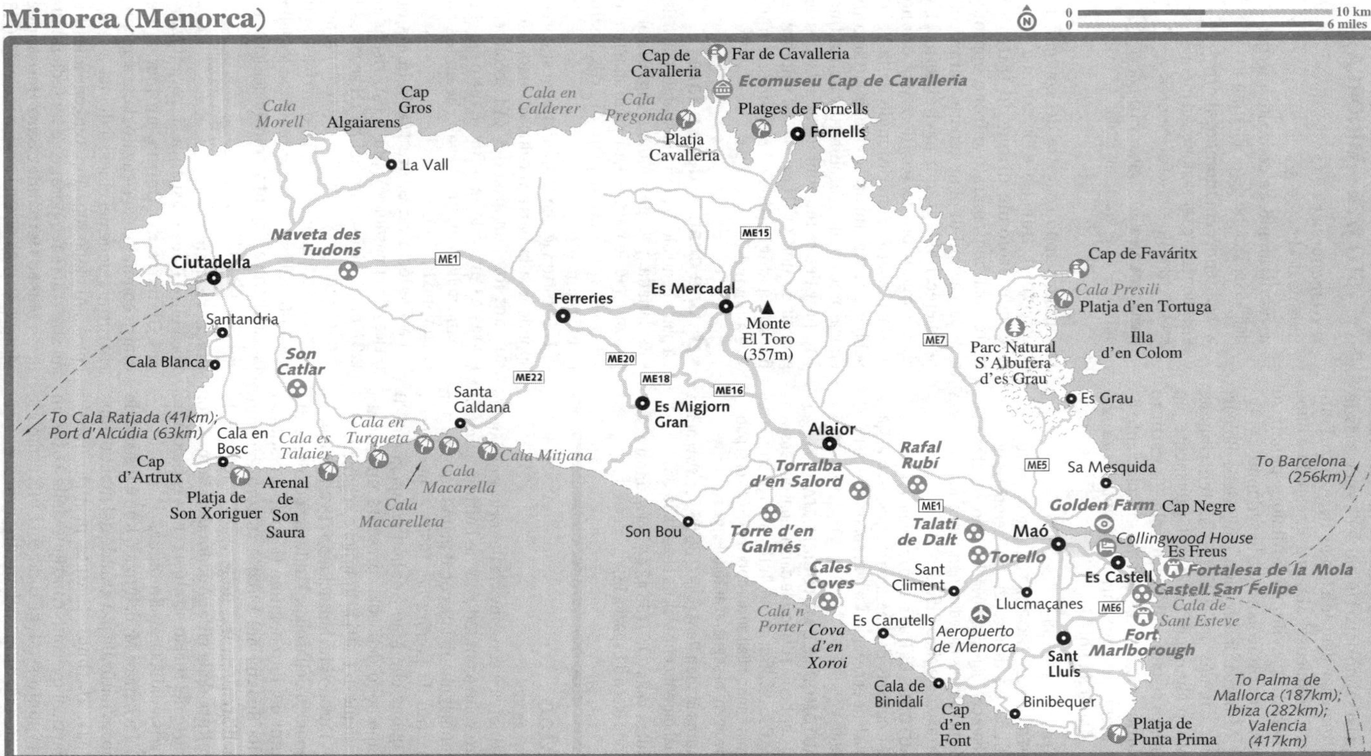

lun-sab), dedicato alla storia e alla cultura di Minorca, documentate con opere d'arte, cartine e oggetti ornamentali risalenti al XVIII secolo. Nella piazza, all'interno di una bella costruzione in legno di colore verde oliva si tiene un **mercato del pesce** (⌚fino alle 13 mar-sab), come potrete notare dall'inconfondibile odore.

Museu de Menorca MUSEO
(Plaça de Sant Francesc; interi/bambini €2,40/ ingresso libero; ⌚9.30-14 e 18-20.30 mar-sab, 10-14 dom) Nel corso della sua storia, questo ex monastero francescano del XV secolo è stato utilizzato per gli scopi più disparati: scuola nautica, biblioteca pubblica, scuola superiore e istituto per orfani. Ricca e illustrata in modo chiaro con spiegazioni in catalano, spagnolo e francese, l'esposizione documenta la storia antica dell'isola, l'epoca romana e bizantina e il periodo della dominazione musulmana, ma comprende anche dipinti, interessanti mappe antiche e altri oggetti di epoca più recente.

Destilerias Xoriguer DISTILLERIA
(Moll de Ponent 93; ⌚8-19 lun-ven, 9-13 sab) Nella sala espositiva della distilleria è possibile assaggiare e acquistare il gin di Minorca, dal profumo intensamente aromatico. Potrete assaggiare anche altri liquori, tra cui la Hierba de Menorca, a base di camomilla, il Palo, dal sapore amaro di genziana, e il Calent, aromatizzato alla cannella e da servire caldo.

Crociere nella baia GITE IN BARCA
Diversi operatori organizzano escursioni di un'ora nella baia a bordo di **imbarcazioni con il fondo trasparente** (€10/5 interi/ bambini). Lo spettacolo sottomarino, però, per quanto interessante, passa in secondo piano rispetto alle magnifiche vedute di entrambi i versanti della baia.

Spiagge SPIAGGE
Le spiagge migliori più vicine al capoluogo sono **Es Grau**, 10 km a nord, e **Platja de Punta Prima**, 8 km a sud. Sono entrambe servite dagli autobus locali che effettuano servizio per/da Maó.

Pernottamento

Per fare un tuffo nel passato, pernottate alla Collingwood House, l'ex residenza dell'ammiraglio britannico Collingwood, il braccio destro di Lord Nelson; per maggiori informazioni, v. p234.

TOP **Casa Alberti** HOTEL STORICO €€€
(☎971 35 42 10; www.casalberti.com; Carrer d'Isabel II 9; singole/doppie con prima colazione €122/145; ⌚Pasqua-ott) Le ampie camere con pareti bianche e lenzuola candide si trovano in cima alla scalinata centrale ornata con una splendida balaustra in ferro battuto. Tutte e sei le camere di questo palazzo del XVIII secolo sono arredate in modo tradizionale, mentre i bagni sfoggiano un raffinato design contemporaneo. C'è anche un ristorante giapponese dall'atmosfera riservata aperto solo a cena (è indispensabile prenotare). In bassa stagione le tariffe diminuiscono notevolmente.

Hostal-Residencia La Isla GESTIONE FAMILIARE €
(☎971 36 64 92; www.hostal-laisla.com, in spagnolo; Carrer de Santa Caterina 4; singole/doppie con prima colazione €35/58; ❄📶) Grande *hostal* a gestione familiare con un ottimo rapporto qualità-prezzo. Le camere sono piccole, ma tutte con bagno privato e alcune con aria condizionata. L'ambiente è piuttosto anonimo, ma i proprietari sono gentili e simpatici, e al piano terra c'è anche un bar-ristorante molto frequentato da una clientela semplice.

Hotel Port Mahón HOTEL MODERNO €€€
(☎971 36 26 00; www.sethotels.com; Avinguda del Port de Maó; singole/doppie a partire da €143/196; ❄📶🏊) Questo bell'albergo a quattro stelle offre 73 camere ben arredate, una piscina, gradevoli giardini e un paio di ristoranti. Dispone anche di otto lussuose suite. Le camere con balcone (€230) offrono splendide vedute del porto. Ogni camera è arredata in uno stile diverso.

Pasti

In genere nei ristoranti di pesce intorno alla baia si mangia sempre bene, ma vale la pena di provare anche qualcuno dei molti locali sul mare di Cales Fonts, a Es Castell, a soli 3 km di distanza.

Itake BASCO €
(☎971 35 45 70; Moll de Llevant 317; menúes a pranzo/cena €16/19; ⌚pranzo e cena mar-sab, cena dom; ❄) I lampadari sopra ai tavoli sono tutti diversi tra loro, e così pure i bicchieri, ma non ha alcuna importanza. Il menu, soprattutto a cena, è una vera delizia, con un'ampia possibilità di scelta e una lunga lista di invitanti dessert. Ottime sono anche le vellutate e cremose salse di accompagnamento, come quella al porto servita con il *pato Itake* (anatra all'Itake), oppure quella

Maò

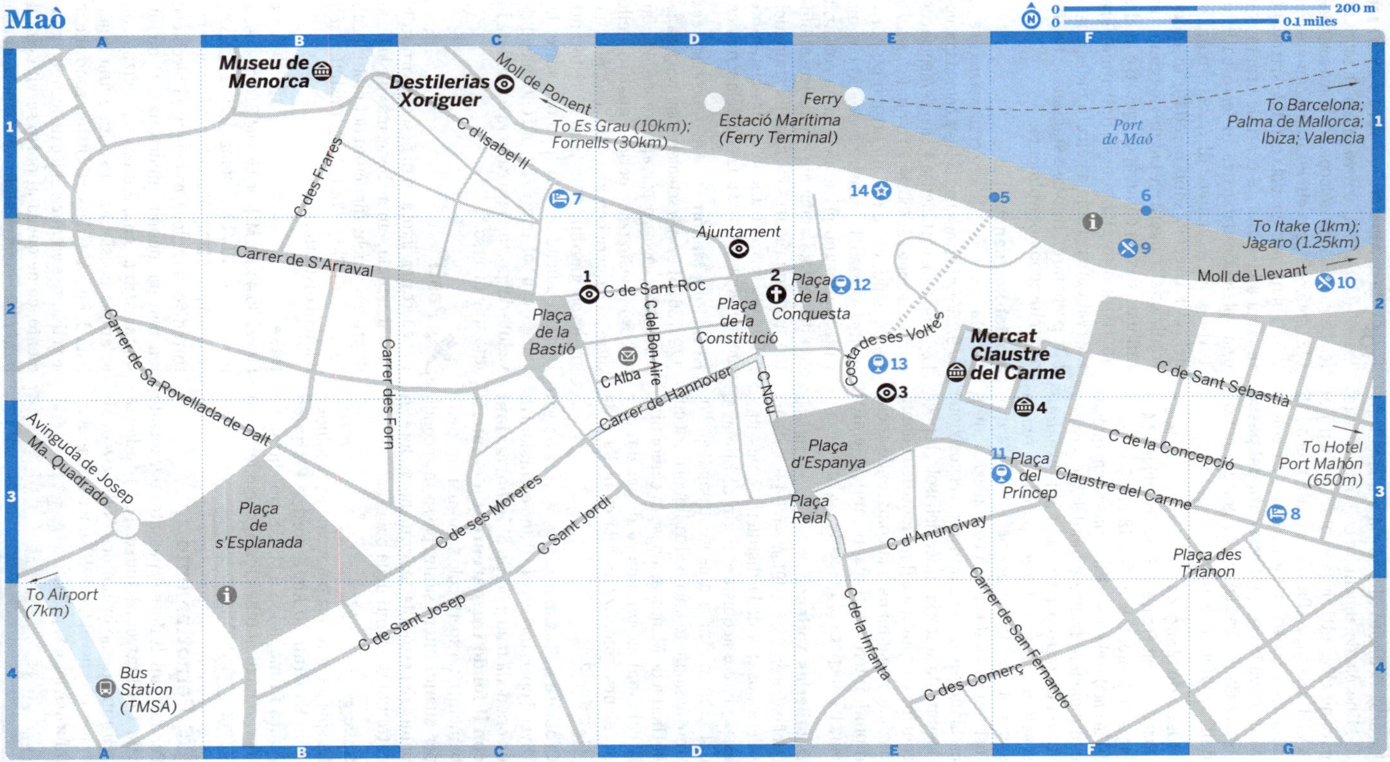
200 m
0.1 miles
Museu de Menorca
Destilerias Xoriguer
Moll de Ponent
To Es Grau (10km); Fornells (30km)
Estació Marítima (Ferry Terminal)
Ferry
Port de Maó
To Barcelona; Palma de Mallorca; Ibiza; Valencia
C d'Isabel II
C des Frares
Carrer de S'Arraval
Ajuntament
C de Sant Roc
Plaça de la Conquesta
Plaça de la Constitució
Plaça de la Bastió
C del Bon Aire
C Alba
Carrer des Forn
Carrer de Sa Rovellada de Dalt
Carrer de Hannover
C Nou
Costa de ses Voltes
Mercat Claustre del Carme
Plaça d'Espanya
Plaça Reial
Plaça del Príncep
C de Sant Sebastià
C de la Concepció
Claustre del Carme
To Hotel Port Mahón (650m)
To Itake (1km); Jàgaro (1.25km)
Moll de Llevant
Plaça des Trianon
C d'Anuncivay
C de la Infanta
Carrer de San Fernando
C des Comerç
Avinguda de Josep Ma. Quadrado
Plaça de s'Esplanada
C de ses Moreres
C Sant Jordi
C de Sant Josep
To Airport (7km)
Bus Station (TMSA)

Maò

Da non perdere

Che cosa vedere

Attività, corsi e tour

Pernottamento

Pasti

Locali

Divertimenti

con formaggio locale cosparsa sul *filete de cerdo ibérico con queso de Menorca* (filetto di maiale).

El Varadero VISTA BAIA €€
(☎971 35 20 74; Moll de Llevant 4; portate principali €11,50-17; ⏰Pasqua-nov) Con una vista così bella dalla terrazza affacciata sul porto, la tentazione di dormire sugli allori deve essere forte, ma El Varadero non l'ha fatto. Propone una buona scelta di invitanti piatti di riso e un'accurata selezione di portate a base di pesce e carne. Se un pasto completo fosse troppo per voi, andateci anche solo per qualche tapas e un bicchiere di vino e godetevi il panorama.

La Minerva PESCE €€
(☎971 35 19 95; www.restaurantelaminerva.com, in spagnolo; Moll de Llevant 87; portate principali €15,50-42) Si può mangiare nella sala con aria condizionata, decorata con gusto in tema marinaresco (non ci troverete dozzinali reti da pesca e lanterne), oppure, per un'atmosfera più romantica, sul pontone ormeggiato alla banchina. In ogni caso la cucina è eccellente. Il *menú* da €15, disponibile sia a pranzo sia a cena, ha un ottimo rapporto qualità-prezzo.

Jàgaro PESCE €€€
(☎971 36 23 90; Moll de Llevant 334; pasti €60) Nell'ultimo ristorante della lunga fila di locali che costeggia la baia, riso, pesce e, soprattutto, frutti di mare sono all'ordine del giorno. I più coraggiosi possono provare l'*ortiga de mar* (anemone di mare) o la *morena mansa* (cetriolo di mare).

Locali e divertimenti

Rispetto a Maiorca e Ibiza, a Maó la vita notturna si svolge in tono minore, concentrandosi soprattutto sul lungomare.

Mirador Café MUSIC BAR
(www.miradorcafe.com, in spagnolo; Plaça d'Espanya 2; ⏰10-2 lun-sab) In questo piccolo music bar molto frequentato vi sentirete osservati dalle maschere esotiche della collezione del proprietario. Sedetevi all'aperto e sorseggiate la vostra birra ammirando le vedute del porto. Si trova in un vicolo senza uscita in fondo a Costa de ses Voltes.

Ars Café CAFFÈ-RISTORANTE
(www.arscafe.info, in spagnolo; Plaça del Príncep 12; portate principali €7-12; ⏰lun-sab) Artistico e bohémien (nonostante l'aspetto raffinato e ultramoderno dei servizi igienici, con grandi specchi a tutta parete), è un locale accogliente e rilassante per bere o mangiare qualcosa. L'atmosfera migliore si respira nel bar principale all'ingresso, ma non il venerdì e il sabato dopo mezzanotte, quando è invece meglio scendere nel bar al piano seminterrato, con DJ e musica dal vivo.

Akelarre JAZZ CLUB
(Moll de Ponent 41-43; ⏰15-4) La musica ambient e jazz dance va avanti fino all'alba in questo locale con accoglienti interni in pietra. A inizio serata c'è spesso musica dal vivo (a partire dalle 23 circa, ingresso €10). Il giovedì è la volta del blues.

Corto Maltés BAR CON DEHORS
(Plaça de la Conquesta 5; ⏰10-23.30 lun-sab) Pol, il proprietario appassionato di fumetti, vi servirà delle gustose tapas insieme a una birra in bottiglia scelta da un vasto assortimento. Potrete rilassarvi ai tavoli sull'ampia piazza sotto lo sguardo severo di re Alfonso III, la cui statua si erge proprio lì davanti.

FORTEZZE E PALAZZI

Con l'occupazione di Minorca, la Gran Bretagna mirava principalmente ad assumere il controllo del porto naturale di Maó, una baia con profondi fondali. Fu proprio per difendere questo braccio di mare e proteggere il Castell San Filipe appena conquistato che i britannici costruirono il **Fort Marlborough** (interi/bambini €3/1,80; ⌚9.30-14.30 dom Pasqua-metà dic). Gran parte della fortezza è scavata nella roccia viva sopra un'incantevole insenatura dalle acque verde smeraldo, Cala de Sant Esteve (2,5 km dopo Es Castell, che i britannici chiamavano Georgetown). Un breve filmato offre un'introduzione storica alla visita delle gallerie sotterranee, resa ancora più emozionante da finte esplosioni e figuranti e accompagnata da un'interessante spiegazione registrata (anche in inglese). Dalla collina centrale si possono ammirare belle vedute di Cala de Sant Esteve, degli scarsi resti del Castell San Felipe visibili in superficie e, verso sud, della Torre d'en Penjat (Torre Stuart).

Dall'altra parte della baia sorge il **Castell San Felipe** (www.museomilitarmenorca.com; interi/bambini €5/2,50), costruito in origine nel XVI secolo e divenuto successivamente, sotto il dominio britannico, una delle fortezze più grandi d'Europa. Quando l'isola tornò sotto il controllo spagnolo, re Carlo III fece distruggere il forte quasi completamente. Il labirinto di gallerie sotterranee è rimasto però pressoché intatto, e di tanto in tanto vi si svolgono delle visite guidate: telefonate o visitate il sito internet per informazioni aggiornate (di solito ce ne sono una o due la settimana). Le **visite notturne con torce** (interi/bambini €20/10; ⌚in spagnolo 20.30-23 sab, in inglese 20.30-23 dom metà giu-metà sett), con tanto di figuranti vestiti da soldati e l'odore acre della polvere da sparo, penetrano nelle viscere di questa fortezza dal glorioso passato.

Per immergervi completamente nel passato coloniale britannico dell'isola, fermatevi alla **Collingwood House** (Hotel del Almirante; ☎971 36 27 00; www.hoteldelalmirante.com; singole/doppie con prima colazione €80/105; 📶🏊), che fu la residenza dell'ammiraglio Cuthbert Collingwood, comandante in seconda di Nelson. Oggi è un albergo di grande fascino, decorato con cimeli nautici e dotato di una piscina, di una terrazza, di un bar e di un ristorante dal quale si può ammirare una magnifica veduta del porto. Con i sontuosi tappeti, le porte e i mobili in legno scuro e i numerosi dipinti e disegni raffiguranti grandi vascelli con i loro comandanti, qui avrete quasi l'impressione di trovarvi in un piccolo museo. Fatevi assegnare preferibilmente una camera nel corpo principale dell'edificio. Si trova all'incirca a metà strada tra Maó ed Es Castell.

Nel XIX secolo la regina Isabella II ordinò la costruzione di una nuova fortezza. Edificata tra il 1848 e il 1875, la grande **Fortalesa de la Mola** (www.fortalesalamola.com; interi/bambini €7/4,75, audioguida €2; ⌚10-20) occupa l'omonimo promontorio sulla costa settentrionale della baia. Dista circa 12 km in automobile da Maó, e quindi la visita richiede almeno un paio d'ore. La visita guidata, che vi condurrà nelle gallerie, nelle postazioni d'artiglieria e nelle caserme, è disponibile in spagnolo e in inglese (è consigliabile prenotare) e ha inizio alle 10.30. In luglio e agosto si svolgono anche visite notturne con le torce due volte la settimana. L'unico modo per raggiungere la fortezza è in automobile o con un **taxi d'acqua** (☎616 428891, andata e ritorno €10 per persona). Ci si può far venire a prendere in vari punti a Maó ed Es Castell, e il viaggio panoramico è già di per sé una bella esperienza.

Sulla via del ritorno a Maó si incontra una maestosa residenza di colore rosa circondata da un grande parco. È la **Fattoria d'Oro** (Granja Dorada; ⌚chiusa al pubblico), dove si racconta che nel 1799 Nelson ebbe un incontro romantico con la sua amante, Lady Hamilton.

ℹ Informazioni

Ufficio turistico città (☎971 36 74 15; Plaça S'Esplanada; ⌚9-13.30 e 17-19.30 lun-ven, 9-14 sab); aeroporto (⌚7.30-22); porto (Moll de Llevant 2; ⌚8-20.30 mar-dom, 8-13 lun) Osserva orari ridotti da novembre ad aprile.

ℹ Per/da Maó e trasporti locali

AUTOBUS TMSA (www.tmsa.es) ha quattro autobus espresso ogni ora (45 min) in servizio tra Maó e Ciutadella. In estate ci sono almeno otto autobus per Ciutadella con fermate ad Alaior, Es

Mercadal e Ferreries, ma anche regolari autobus di linea per le spiagge della costa meridionale e alcuni per Santa Galdana (1 h).

Autos Fornells (www.autosfornells.com) ha cinque autobus al giorno in servizio tra Maó e Fornells (30 min).

In inverno tutti questi collegamenti sono molto meno frequenti.

AUTOMOBILE **Autos Mahon Rent** (☎971 36 56 66; www.autosmahonrent.com; Moll de Llevant 35-36) noleggia motociclette (€15 al giorno), scooter e automobili.

Entroterra – Da Maó a Ciutadella

La Me1, la strada principale di Minorca che collega Maó e Ciutadella, divide l'isola in una metà settentrionale e in una meridionale passando per Alaior, Es Mercadal e Ferreries. Lungo il percorso si diramano altre strade minori che portano alle spiagge e alle località di villeggiatura della costa settentrionale e meridionale.

Molti dei siti archeologici più importanti di Minorca si raggiungono seguendo le indicazioni lungo questa strada.

ALAIOR

Questa piccola cittadina è sede di caseifici e calzaturifici. **Coinga** (www.coinga.com; Carretera Nova; ⌚9-13 e 17-20 lun-ven, 9-13 sab), il caseificio principale, ha una sala espositiva con rivendita proprio all'ingresso di Alaior arrivando da Maó. Il martedì e il giovedì alle 11.30 si può visitare lo stabilimento.

ES MERCADAL

Es Mercadal, uno dei villaggi più antichi dell'isola (sede di mercato almeno fin dal 1300), si trova all'altezza del bivio che porta a nord verso Fornells. In questo stesso punto si deve lasciare la Me1 anche per raggiungere il **Monte El Toro** (ben 357 m di altezza), la collina più alta di Minorca. Tra curve e tornanti una strada arriva fino alla sommità, dove sorgono una chiesa del XVI secolo, un ex monastero agostiniano (oggi occupato da alcune suore francescane), alcune parabole satellitari e torri radiofoniche e una statua del Cristo (eretta in memoria delle vittime della guerra civile). Se il cielo è limpido si riesce a vedere Maiorca.

Introdotto da un'elegante scalinata di marmo, il **Restaurant N'Aguedet** (☎971 37 53 91; Carrer de Lepanto 30; portate principali €11-25,50) è un locale raffinato, la cui cucina tipica dell'isola gode dell'approvazione del famoso chef catalano Ferran Adrià. Qui potrete gustare i piatti di carne della tradizione locale, come il tenerissimo *lechón* (porchetta) e il *conejo con cebolla y alcaparras* (coniglio con cipolle e capperi).

IL GIN DI MINORCA

Non esiste alcun documento che lo dimostri, ma secondo una leggenda locale il gin sarebbe stato distillato per la prima volta a Minorca nel XVIII secolo per placare la sete dei soldati britannici e olandesi. Lo si può sorseggiare nel modo classico, allungato con acqua tonica, oppure fare come la gente del posto e ordinare un *gin con limonada* (che qui chiamano *pomada*): un bicchierino di gin con l'aggiunta di succo di limone. Se lo preferite forte, fatevi portare una *saliveta* (letteralmente 'sputacchio'), cioè un bicchierino di gin puro con un'oliva verde.

FERRERIES

Il centro abitato di Minorca situato alla maggiore altitudine è specializzato nella produzione di formaggi, calzature e pelletteria. Al mercato del sabato mattina le bancarelle vendono frutta e verdura fresche e prodotti d'arte e d'artigianato dell'isola. Immediatamente a ovest della cittadina c'è un bivio che porta alla località turistica di Santa Galdana.

Alla splendida **Mesón El Gallo** (☎971 37 30 39; www.mesonelgallo.com; portate principali €9-21; ⌚pranzo mar-gio e dom, pranzo e cena ven e sab feb-giu e sett-nov, cena mar-ven, pranzo e cena sab e dom lug e ago), una struttura vecchia di 200 anni vasta e articolata tra gradevoli giardini, vale la pena di andare anche solo per dare un'occhiata. Se vi fermate a mangiare, potrete gustare carne alla griglia cotta secondo i vostri gusti all'aperto sotto il pergolato oppure nella rustica sala interna con travi in legno e pavimenti in cotto. Per raggiungere la Mesón El Gallo, da Ferreries seguite la strada per Santa Galdana per 1,5 km.

Ciutadella

POP. 29.150

Fondata dai cartaginesi e chiamata Medina Minurqa dai musulmani, Ciutadella fu quasi completamente distrutta in seguito all'invasione turca del 1558, per essere poi

VALE IL VIAGGIO

I MISTERI PREISTORICI DI MINORCA

Le prime costruzioni realizzate dagli abitanti di Minorca risalgono al 2000 a.C., e l'entroterra dell'isola è costellato dei resti di queste massicce strutture in pietra risalenti a quei tempi. Molti dei siti più interessanti sono aperti al pubblico, e in inverno si possono visitare liberamente (e gratuitamente) perché in quel periodo sono incustoditi.

I monumenti risalgono essenzialmente a tre periodi: il pre-talaiotico (Età della Pietra), dal 2000 a.C. al 1300 a.C., il talaiotico (Età del Bronzo), dal 1300 a.C. all'800 a.C., e il post-talaiotico (Età del Ferro), dall'800 a.C. al 100 a.C. circa. Analogamente, si possono distinguere tre tipi principali di costruzioni: le *navetas*, i *talayots* e le *taulas*.

Si suppone che le *navetas*, realizzate con grandi massi dalla caratteristica forma a scafo di nave rovesciato, avessero la funzione di tombe o di luoghi di ritrovo, o forse entrambe. I *talayots*, grandi tumuli di roccia presenti in tutta l'isola (e in altre località delle Baleari), venivano utilizzati come torri di avvistamento e di controllo sulla zona circostante. Esclusive di Minorca, le *taulas* sono lastre di pietra appoggiate su un pilastro a formare una 'T' che si erge al centro di un luogo di culto a forma di ferro di cavallo. Potrebbe trattarsi di altari sacrificali, ma non si sa con esattezza come siano stati costruiti e quale fosse il loro significato.

A sud di Ciutadella (dalla *ronda* – tangenziale – prendete la strada per Cala Macarella e svoltate a destra dopo 2,8 km), **Son Catlar** (ingresso libero; ⌚10-tramonto) è il più grande insediamento talaiotico delle Isole Baleari. I suoi cinque *talayots* e i resti delle abitazioni coprono una superficie di circa sei ettari. A est di Ciutadella (nei pressi del Km 40) si trova la **Naveta des Tudons** (interi/bambini €2/1,20; ⌚9.15-20.30 mar-sab, 9.30-15 dom e lun), una camera funeraria in pietra costruita intorno al 1000 a.C.

Tutti i siti descritti di seguito si possono raggiungere seguendo le indicazioni lungo la statale Me1 da Maó a Ciutadella.

Nell'insediamento talaiotico di **Talatí de Dalt** (interi/bambini €4/gratuito; ⌚10-tramonto), 3 km a ovest di Maó, le radici degli ulivi selvatici si insinuano tra le pietre erose del grande *talayot* centrale. C'è anche una *taula* particolarmente ben conservata.

Circa 4 km più avanti, sul lato destro della strada, attraversando i campi a piedi si raggiunge **Rafal Rubí**, un sito con due *navetas* sepolcrali in buono stato di conservazione.

Svoltando a sinistra dopo altri 5 km lungo la Me1 si arriva a **Torralba d'en Salord** (interi/bambini €3,50/gratuito; ⌚10-20 lun-sab), un altro insediamento talaiotico caratterizzato da un'imponente *taula*.

Se avete tempo per visitare un solo sito talaiotico, optate per **Torre d'en Galmés** (interi/bambini €3/1,80; ⌚9.15-20 mar-sab, 9.15-15 dom e lun), a sud-ovest di Alaior. Fermatevi al piccolo centro informazioni, dove potrete vedere un interessante filmato introduttivo di 10 minuti, e poi dedicatevi all'esplorazione del sito, che presenta tre *talayots* costruiti in cima ad altrettante colline, resti di abitazioni a pianta circolare, profondi magazzini sotterranei e un sofisticato sistema di raccolta delle acque.

Più a sud lungo la costa, a **Cales Coves**, ci sono circa 90 grotte scavate nella scogliera sul mare, probabilmente utilizzate come camere sepolcrali. In tempi decisamente più recenti alcune di queste grotte sono diventate la casa di alcune colonie di hippy. La grande **Cova d'en Xoroi** (☎971 37 72 36; www.covadenxoroi.com, in spagnolo; Cala'n Porter; interi/bambini €7/3,50; ⌚11.30-22 giu-sett), situata nelle vicinanze, si può visitare come sito archeologico di giorno e come locale notturno di notte. Quest'ultimo inizia ad animarsi verso le 20 in un clima disteso per l'aperitivo serale, che cede poi il passo alla discoteca all'incirca da mezzanotte alle 5 del mattino. In estate ospita regolarmente DJ stranieri. L'ingresso comprende una consumazione.

in gran parte ricostruita nel XVII secolo. Fu il capoluogo di Minorca fino all'arrivo dei britannici.

Nota con l'appellativo di Vella i Bella ('Vecchia e Bella'), Ciutadella è una cittadina gradevole dall'aspetto tipicamente spagnolo, con un porto pittoresco e un affascinante centro storico. Ha una personalità molto diversa rispetto a Maó, e la parte vecchia è molto più interessante.

Che cosa vedere

Il bello del centro di Ciutadella è che è quasi completamente chiuso al traffico.

Plaça d'es Born PIAZZA CENTRALE

Intorno alla piazza centrale di Ciutadella sorgono diversi begli edifici del XIX secolo, tra cui l'**Ajuntament** (Municipio) e il **Palau Torresaura**. L'**obelisco** che si erge in mezzo alla piazza fu costruito in memoria dei civili morti nel tentativo di respingere i turchi il 9 luglio 1558. La migliore prospettiva del porto e di ciò che resta delle mura e dei bastioni si può ammirare dal **Bastió d'Es Governador** (⌚9-13 lun-ven), dietro al municipio. Nella vicina Plaça dels Pins, avvolta in un'atmosfera più tranquilla all'ombra di vecchi pini, ci sono un'area giochi per bambini e un percorso ginnico attrezzato con sbarre e panche per flessioni e piegamenti.

Città vecchia QUARTIERE STORICO

Gli stretti vicoli acciottolati e le stradine che si intrecciano tra Plaça d'es Born e Plaça de ses Palmeres (Plaça d'Alfons III) sono affascinanti, con semplici edifici imbiancati a calce che spuntano tra chiese riccamente decorate e nobili palazzi. **Carrer ses Voltes** (Gli Archi), con bei portici, è un susseguirsi di eleganti negozi, ristoranti e bar. Il piccolo **mercato del pesce** (⌚7-13 mar-sab) si tiene in un gradevole edificio modernista costruito nel 1895.

Cattedrale e chiese ARCHITETTURA SACRA

La **cattedrale** (Plaça de la Catedral; ⌚10.30-13.30 e 16-19 lun-sab) fu costruita nel XIV secolo in stile gotico catalano, ma con facciata barocca, nel punto in cui in precedenza sorgeva la moschea di Medina Minurqa.

Nella città vecchia troverete inoltre due belle chiese barocche del XVII secolo. Oggi la **Església del Roser** (Carrer del Roser) viene utizzata di tanto in tanto per allestire mostre di vario genere, mentre la **Església dels Socors** (Carrer del Seminari 9) è sede del **Museu Diocesà** (interi/bambini €3/gratuito; ⌚10.30-13.30 mar-sab mag-ott), un museo piccolo ma interessante che espone oggetti sacri e non solo, a integrazione del Museu Municipal.

Palazzi nobiliari ARCHITETTURA LAICA

I palazzi nobiliari della città, come il **Palau Martorell** (Carrer del Santíssim 7) e il **Palau Saura** (Carrer del Santíssim 2), ospitano mostre temporanee. Anche se non avrete la possibilità di entrarci, potrete apprezzarne le belle facciate.

DA VEDERE

TOP FIVE – LE SPIAGGE DI MINORCA

» **Cala Macarelleta** (p242)
» **Cala en Turqueta** (p242)
» **Cala Pregonda** (p241)
» **Cala Presili** (p241)
» **Cala Morell** (p240)

Museu Municipal MUSEO

(☎971 38 02 97; Bastió de sa Font; interi/bambini €2,25/gratuito; ⌚10-14 e 18-21 mar-sab) In un'unica galleria a volta, il museo civico espone prevalentemente reperti di epoca talaiotica e romana rinvenuti in zona. Dispone di una ricca documentazione in inglese, disponibile su richiesta.

Castell de Sant Nicolau TORRE STORICA

(Plaça del Almirante Ferragut; interi/bambini €1,50/gratuito; ⌚17-tramonto giu-agosto) A ovest del centro sorge questa piccola e massiccia torre di guardia, costruita nel XVII secolo per tenere sotto controllo il lato meridionale dell'ingresso al porto. Le vedute, che spaziano fino a Maiorca e lungo la costa meridionale, sono straordinarie.

Attività

Menorca Blava GITE IN BARCA

(www.menorcablava.com; gite in barca €40/20 interi/bambini) Organizza escursioni in barca alle spiagge della costa meridionale con partenza alle 10 e ritorno alle 17; comprendono un pranzo con la paella.

Diving Centre Ciutadella CENTRO IMMERSIONI

(☎971 38 60 30; www.menorcatech.com; Plaça de Sant Joan 10; €45 per immersione; ⌚mag-ott) È uno dei tre centri specializzati presenti a Ciutadella e dintorni; si trova in una comoda posizione nella zona del porto.

Feste e manifestazioni

Le **Festes de Sant Joan** si svolgono a Ciutadella nei giorni precedenti la festa del santo patrono, che cade il 23 giugno e segna il culmine delle celebrazioni. È una delle feste più note e tradizionali di tutta la Spagna, con affollate processioni, parate equestri (gli abitanti di Minorca sono orgogliosi della loro abilità di cavallerizzi), spettacoli di musica e danza tradizionali e festeggiamenti di ogni sorta.

Ciutadella

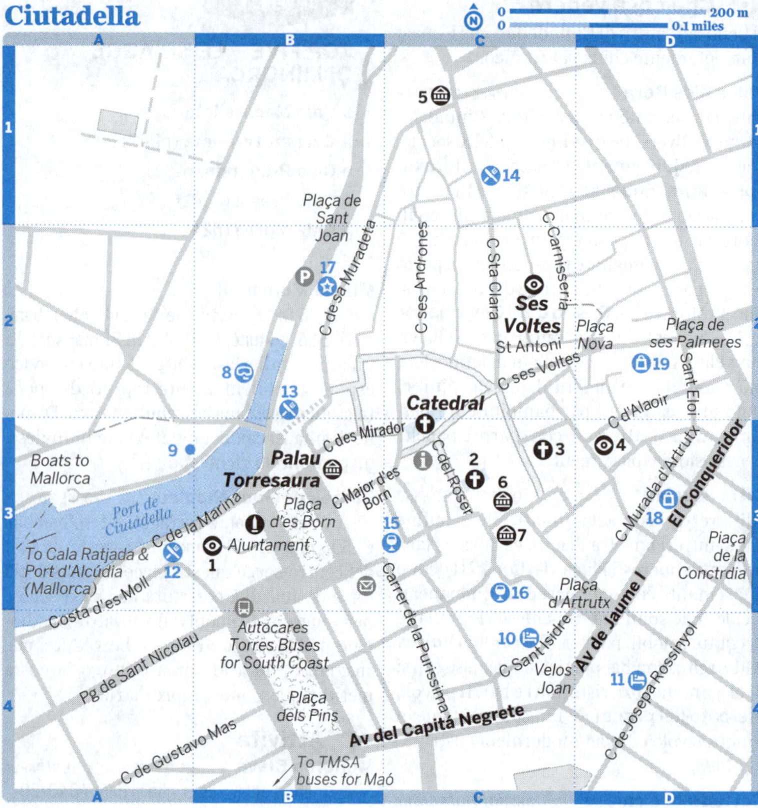

Pernottamento

Hotel Sant Ignasi RESIDENZA DI CAMPAGNA **€€€**
(☎971 38 55 75; www.santignasi.com; Carretera de Cala Morell; singole/doppie con prima colazione €170/275;) Questa nobile residenza del XVIII secolo, circondata da un parco con robusti olivi selvatici, si trova in aperta campagna a soli 3 km da Ciutadella. Ha 20 camere avvolte nella quiete, ciascuna con uno stile diverso, e c'è anche un ristorante di prima classe. Nei mesi invernali le tariffe calano di oltre il 50%. Dalla strada per Cala Morell prendete lo stretto viottolo con l'indicazione 'Hotel Rural' e seguitelo per 1,6 km.

Hotel Gèminis HOTEL **€€**
(☎971 38 46 44; www.hotelgeminismenorca.com; Carrer de Josepa Rossinyol 4; singole/doppie €65/96;) Accogliete e raffinato albergo a due stelle in una via secondaria, il Gèminis occupa una bella struttura a tre piani con muri tinteggiati di bianco e di rosa. Dispone di camere confortevoli, anche se un po' anonime, a pochi passi dal centro. Le camere migliori sono dotate di un ampio balcone.

Hostal-Residencia Oasis ALLOGGIO ECONOMICO **€**
(☎971 38 21 97; Carrer de Sant Isidre 33; singole/doppie €35/45) Gestito da una simpatica coppia di anziani, è un posto tranquillo vicino al centro della città vecchia. Le camere, per la maggior parte con bagno, si affacciano su un ampio giardino interno. Gli arredi, assolutamente funzionali, arrivano direttamente dal secolo scorso.

Pasti

Il piccolo porto di Ciutadella pullula di caffè e ristoranti, molti dei quali sono stati ricavati nelle vecchie mura cittadine o scavati nelle scogliere lungo la costa.

Ciutadella

Da non perdere

TOP **Cas Ferrer de sa Font** CUCINA DI MINORCA €€
(☎971 48 07 84; www.casferrer.com; Carrer del Portal de sa Font 16; pasti €35; ⏲mar-dom) Non c'è altro posto sull'isola dove potrete trovare una cucina locale così autentica, che fa uso della carne e degli ortaggi biologici prodotti nella fattoria del proprietario. Potrete consumare i pasti nello splendido patio del magnifico edificio settecentesco, oppure nella sala interna caratterizzata da travi in legno e soffitti arcuati, che era in passato l'officina di un fabbro.

Café Balear PESCE €€
(☎971 38 00 05; www.cafe-balear.com; Plaça de Sant Joan 15; pasti €25-30; ⏲mar-dom) Talvolta i locali più vecchi sono i migliori. Più isolato rispetto al frenetico panorama della ristorazione cittadina, il Café Balear rimane un classico per la cucina di pesce. Si può mangiare all'aperto ammirando il panorama della città vecchia che si staglia davanti, mentre si gusta un piatto di gamberetti, *navajas* (cannolicchi) o pesce fresco pescato direttamente dalla barca di proprietà del ristorante.

Bar Triton PESCE, MEDITERRANEO €
(☎971 38 00 02; Carrer de la Marina 55; portate principali €11-15,50) Unitevi ai pescatori locali e alla gente del posto che sceglie il Triton per le abbondanti porzioni di pesce e per le specialità della casa, come i *pilotes* (polpettine di carne al pomodoro).

Locali e divertimenti

La vita notturna di Ciutadella si svolge prevalentemente sul lungomare, in particolare alle due estremità di Plaça de Sant Joan.

Café des Museu COCKTAIL BAR
(Carreró d'es Palau 4; ⏲22-3.30) Nascosto in fondo a un vicolo della città vecchia, di tanto in tanto questo invitante cocktail bar ospita spettacoli di musica dal vivo, dall'acid jazz alla bossa nova.

Jazzbah MUSICA LIVE
(Plaça de San Joan 3; ingresso €10; ⏲23-5) Vale la pena di andarci per i concerti dal vivo e per le serate di musica house e chill out; queste ultime si svolgono all'aperto.

La Margarete BAR
(Carrer de Sant Joan 6; ⏲22-3.30) In posizione appartata in una via secondaria, è un locale di grande stile. Gli interni sono eleganti, con arredi moderni e artistici. Ha un giardino gradevole e ben curato, ottimo per le serate più miti.

Shopping

A Ciutadella troverete due eccezionali gastronomie in attività da molto tempo.

El Paladar SPECIALITÀ GASTRONOMICHE
(Camì de Maó; www.elpaladar.es, in spagnolo) In questa boutique del gusto troverete vini, specialità in vasetti, pâté e formaggi locali stagionati. Vende anche prodotti suini: nel 2010 il proprietario si è aggiudicato il titolo di campione di Spagna nel taglio del prosciutto.

Ca Na Fayas SPECIALITÀ GASTRONOMICHE
(www.canafayas.es; Carrer Murada d'Artrutx 32 e Avinguda de Jaume I El Conqueridor 47) Simile al Paladar, è avvolto da aromi intensi ed è

UN BEL PAIO DI SCARPE

Maiorca è famosa per la produzione di calzature (soprattutto grazie al successo internazionale della marca Camper), ma anche Minorca vanta una lunga tradizione nel settore. La calzatura minorchese più rinomata è l'*avarca* (*abarca* in spagnolo), un comodo sandalo simile a una pantofola, ma con la punta aperta e una fascia intorno al tallone. Realizzate a volte ricavando la scuola da vecchi copertoni d'auto, queste calzature sono perfette in estate. Si trovano in vendita in tutta l'isola (e in tutto l'arcipelago).

pieno di delizie, con l'ingresso su due vie diverse. Le mensole in vetrina sono colme di forme di formaggio.

Informazioni

Ufficio turistico (☎971 38 26 93; Plaça de la Catedral 5; ⌚8.30-15 e 17-21) Fornisce informazioni su tutta l'isola di Minorca.

Per/da Ciutadella

AUTOBUS Gli autobus espresso **TMSA** (www.tmsa.es) effettuano servizio ogni ora tra Ciutadella e Maó (45 min) con partenza da Plaça Menorca. Autocares Torres ha autobus che servono la costa a sud di Ciutadella fino a Son Xoriguer, con partenza da Plaça dels Pins.

IMBARCAZIONI I traghetti per Maiorca (Port d'Alcúdia e Cala Ratjada) partono dal lato settentrionale del Port de Ciutadella, nell'attesa che venga completato il nuovo porto di Son Oleo, immediatamente a sud della città. Per maggiori informazioni, v. p228.

Trasporti locali

Autos Ciutadella (☎971 48 00 24; www.autosciutadella.com; Avinguda del Capità Negrete) È un autonoleggio locale con tariffe competitive.

Velos Joan (☎971 38 15 76; www.velosjoan.com; Carrer de Sant Isidre 30) Noleggia biciclette (€10 al giorno).

Dintorni di Ciutadella

A nord di Ciutadella, **Cala Morell** è una modesta località con ville imbiancate a calce. Una ripida scalinata conduce al porticciolo e alla spiaggia, sulla quale si affacciano alcuni bar-ristoranti. Più interessante è la **Necropoli di Cala Morell**, una serie di tombe scavate nella scogliera sul mare lungo un sentiero immediatamente a sud dell'abitato.

Prima di raggiungere Cala Morell, sulla destra c'è un bivio per **Algaiarens**; dopo circa 6 km si arriva a un parcheggio privato, che precede di 500 m circa un paio di spiagge dalla sabbia bianca a forma di mezzaluna.

Costa settentrionale

La costa settentrionale di Minorca è frastagliata e rocciosa, interrotta da piccole, incantevoli insenature. Meno sviluppata rispetto alla costa meridionale, ha alcune delle spiagge più belle delle Baleari, ancora tutte da scoprire; potrete esplorarle disponendo di un mezzo di trasporto proprio e affrontando qualche camminata.

ES GRAU

Questo splendido villaggio con case imbiancate a calce sorge su una baia aperta. Si possono noleggiare kayak e biciclette rivolgendosi a **Menorca en Kayak** (☎669 097977; www.menorcaenkayak.com; ⌚Pasqua-ott), ed è possibile esplorare il Parc Natural S'Albufera d'es Grau sia dal mare sia da terra. Le acque basse antistanti la spiaggia sono perfette per le famiglie con bambini.

Il **Bar Es Moll** (Carrer d'es Pescadors 17; pasti €15-20; ⌚apr-ott), un locale modesto con tavoli e sedie di plastica, serve tapas e piatti freschi di sardine, cozze e gamberetti. Il suo punto di forza è dato dalla posizione, sopra il molo dove attraccano le imbarcazioni dei pescatori locali.

PARC NATURAL S'ALBUFERA D'ES GRAU

Situato nell'entroterra alle spalle di Es Grau e separato dalla costa da una barriera di alte dune di sabbia, questo parco comprende la più vasta laguna d'acqua dolce delle Baleari. Popolato da molte specie di uccelli palustri, è inoltre un importante punto di sosta per le specie migratorie. La laguna e le sue coste costituiscono il nucleo della Riserva della Biosfera di Minorca, un parco naturale protetto dalla minaccia dello sviluppo edilizio. Ritirate un paio di binocoli all'**ufficio informazioni** (⌚9-15) del parco e seguite uno dei due facili sentieri che lo attraversano, entrambi percorribili in meno di un'ora. Anche **Illa d'en Colom**, a circa 200 m dalla costa, fa parte del parco.

CAP DE FAVÀRITX

Il viaggio in automobile fino a questo stretto promontorio roccioso all'estremità settentrionale del parco è un vero piacere. L'ultimo tratto attraversa un paesaggio di rocce nere dall'aspetto quasi lunare. Al termine della strada (lungo il percorso non fate caso al cartello con la scritta *propriedad privada*: è una strada pubblica) si erge un **faro** che domina le acque che si frangono incessantemente sulla scogliera. A sud del promontorio si aprono alcune baie e spiagge sabbiose, belle e isolate, tra cui **Cala Presili** e **Platja d'en Tortuga**, entrambe raggiungibili a piedi.

CAP DE CAVALLERIA E DINTORNI

Tre chilometri a sud di Fornells, svoltate verso ovest e seguite le indicazioni per 7 km fino a raggiungere il parcheggio di **Platja Cavalleria** (a 10 minuti di cammino dal parcheggio), una magnifica spiaggetta formata da due archi di sabbia dorata.

L'**Ecomuseu Cap de Cavalleria** (www.ecomuseudecavalleria.com; interi/bambini €3/gratuito; ⌚10-19 apr-ott) è un piccolo museo privato situato 1 km a nord del parcheggio di Platja Cavalleria. Con pannelli e filmati documenta la storia della costa settentrionale, dall'antichità all'occupazione romana, illustra la fauna locale e ripercorre la storia del faro. È disponibile in prestito un opuscolo con la traduzione in inglese delle didascalie. Il museo mette a disposizione una dettagliata cartina plurilingue, *Les 7 Rutes*, che evidenzia tutti gli elementi salienti della penisola.

Percorrendo in automobile un altro spettacolare tratto di strada di 2 km verso nord si raggiungono le scogliere a picco sulla punta del Cap de Cavalleria, il **Far de Cavalleria** (il faro più antico di tutta la Spagna) e i resti di alcune postazioni di artiglieria repubblicane risalenti alla guerra civile. Ritornando verso sud, si incontra una strada laterale che dopo circa 3 km raggiunge **Cala Binimella**, una discreta spiaggia con un bar-ristorante nei pressi, da dove si può arrivare a piedi a **Cala Pregonda**, decisamente più carina.

FORNELLS

POP. 950

Questo pittoresco villaggio di case imbiancate a calce sorge su un'ampia baia con bassi fondali, molto apprezzata dagli appassionati di windsurf. Fornelles è rinomato per i ristoranti di pesce con vista sul mare, molti dei quali servono la *caldereta de llagosta* (stufato di aragosta), una specialità locale piuttosto costosa.

Che cosa vedere e fare

Le acque calme e riparate della lunga e stretta baia sono perfette per imparare il windsurf. **Wind Fornells** (www.windfornells.com; €130/180/224 per 2/3/4 lezioni di 2 ore) offre corsi a tutti i livelli dalla metà di maggio a ottobre.

Se la vista dei pescherecci ormeggiati nella baia dovesse risvegliare il lupo di mare che è in voi, imbarcatevi su un catamarano per un'uscita in mare di tre o quattro ore con **Catamaran Charter** (www.catamarancharter.net; Passeig Marítim 69; interi/bambini €60/35). Il medesimo operatore gestisce **Katayak** (www.katayak.net, in spagnolo), dove potrete noleggiare anche kayak e biciclette. Se desiderate andare alla scoperta del mondo sottomarino, accanto a Catamaran Charter troverete **Diving Center Fornells** (www.divingfornells.com; Passeig Marítim 68). Sono tutti aperti da aprile a ottobre.

La **Torre de Fornells** (interi/bambini €2,40/1,45; ⌚10-15 mar-dom Pasqua-ott), una tozza torre difensiva dalla pianta circolare che domina la baia all'estremità settentrionale del villaggio, fu costruita dai britannici nel 1801. Dall'alto della torre si può ammirare un panorama fantastico.

Pernottamento e pasti

In Plaça S'Algaret troverete un paio di accoglienti bar-*hostales* con piscina. A eccezione del mese di agosto (quando le camere costano da €90 a €100), offrono un eccezionale rapporto qualità-prezzo.

VALE IL VIAGGIO

IL CAMÍ DE CAVALLS

Questo itinerario escursionistico, denominato GR223, segue la linea difensiva settecentesca che collegava le torri di guardia costiere con le fortezze e le batterie dell'artiglieria. Segnalato in modo molto chiaro (seguite il simbolo del ferro di cavallo), si snoda lungo la costa per 184 km, con qualche deviazione verso l'interno, e si può comodamente percorrere in tappe successive, per la maggior parte anche in mountain bike. Per informazioni, rivolgetevi agli uffici turistici oppure acquistate la *Guide of Camí de Cavalls: 20 Itineraries for Discovering Mallorca* (€21).

Hostal La Palma HOTEL €
(☎971 37 66 34; singole/doppie €25/50; ⊙Pasqua-ott; ❄@≋) Dietro l'affollato bar-ristorante ci sono alcune gradevoli camere con bagno, balcone e vista sulla campagna circostante. In agosto le camere singole non sono disponibili.

Hostal S'Algaret HOTEL €
(☎971 37 65 52; www.hostal-salgaret.com; singole/doppie €25/50; ⊙mag-ott; ❄@≋) In attività sin dagli anni '50, questo semplice ma accogliente *hostal* ha camere fresche, pulite e dotate di balcone. Il ristorante è molto apprezzato per la cucina di pesce.

Es Port PESCE €€
(☎971 37 64 03; Passeig Marítim 5; pasti €30-35; ⊙sab-gio Pasqua-ott) Serve del buon pesce e frutti di mare. Offre ovviamente anche la *caldereta de llagosta* (€64), ma per spendere meno si può optare per una fumante *paella de llomanto* (paella con l'astice; €35).

S'Ancora PESCE €€
(☎971 37 66 70; Passeig Marítim 7-8; menúes €11-17, portate principali €12-23) 'L'Ancora' è un ristorante più costoso situato accanto all'Es Port. Con sedie di vimini color marrone scuro all'aperto e interni in tonalità verde oliva, offre gli stessi piatti di mare, ma con una presentazione più raffinata.

Costa meridionale

Sul versante meridionale di Minorca si trova la gran parte delle spiagge più belle dell'isola e, di conseguenza, la maggiore concentrazione di infrastrutture turistiche. La costa frastagliata è interrotta di tanto in tanto da piccole insenature con spiagge sabbiose, alle cui spalle sorgono borghi di case imbiancate a calce, quasi sempre località di modeste dimensioni nel tipico stile mediterraneo moresco.

PARTECIPARE A UNO SCAVO ARCHEOLOGICO

Gli archeologi dell'Ecomuseu Cap de Cavalleria stanno riportando alla luce i resti dell'insediamento romano di **Sanisera**. Ogni anno il museo organizza diverse campagne di scavo sul posto della durata di tre settimane, aperte a studenti e ad appassionati che desiderino cimentarsi con la pratica dell'archeologia. Gli insegnamenti vengono impartiti sia in inglese sia in spagnolo. Per maggiori informazioni, consultate il sito internet www.ecomuseudecavalleria.com.

DA CIUTADELLA A SON BOU

A sud di Ciutadella le scogliere frastagliate cedono il passo alle piccole spiagge delle località balneari di **Santandria** e **Cala Blanca**. L'estremità sud-occidentale dell'isola è dominata dalla grande **Cala en Bosc**, un fiorente centro di villeggiatura frequentato da diportisti e da appassionati di immersioni. Non lontano, verso est, si trovano le rinomate spiagge di **Platja de Son Xoriguer**, collegate a Ciutadella da autobus frequenti.

Tra Son Xoriguer e Santa Galdana si aprono alcune delle insenature più difficilmente accessibili dell'isola. Una stretta stradina di campagna che da Ciutadella si dirige verso sud (seguite le indicazioni per le 'Platjes' dalla *ronda*, la tangenziale) presenta due diramazioni che permettono di raggiungere (quasi) le incontaminate spiagge di (da ovest a est) **Arenal de Son Saura**, **Cala Es Talaier**, **Cala en Turqueta**, **Cala Macarelleta** e **Cala Macarella**.

Per arrivare a Cala Macarella, per esempio, una volta giunti al parcheggio dovrete proseguire a piedi per 15 minuti prima di arrivare alla spiaggia (dove c'è anche un ristorante). Da lì, a piedi o a nuoto si può raggiungere Cala Macarelleta, una spiaggia ancora più bella. Per andare a piedi da Cala Macarella a Cala en Turqueta si impiega un'ora.

A sud-ovest di Ferreries si trova **Santa Galdana**, il posto giusto per voi se il vostro ideale di divertimento è fatto di karaoke, pub inglesi e minigolf. A onor del vero, la spiaggia è bella e l'atmosfera non troppo pacchiana. Un sentiero pedonale che si dirige a ovest lungo la costa porta a Cala Macarella (30 minuti). Un'altra spiaggia gradevole è **Cala Mitjana**, a est di Santa Galdana.

Il piacevole **Camping S'Atalaia** (☎971 37 42 32; www.campingsatalaia.com, in spagnolo; piazzole €7,50/10/3 per persona/tenda/automobile; ≋), all'ombra dei pini, si trova a due terzi della strada da Ferreries a Santa Galdana.

La località balneare di **Son Bou**, a sud-ovest di Alaior, vanta le spiagge più lunghe dell'isola, ma anche le infrastrutture turistiche più brutte. Alle spalle della spiaggia potrete vedere le rovine di una **basilica cristiana** del V secolo.

VALE IL VIAGGIO

PEDRERES DE S'HOSTAL

È sufficiente dare un'occhiata nelle profondità di queste enormi **cave di pietra** (www.lithica.es; Camí Vell; interi/bambini €4/gratuito; ⌚9.30-14.30 e 16.30-tramonto lun-sab, 9.30-14.30 dom), sfruttate fino al 1994, per sentire il vuoto nello stomaco. Il *marés*, un tipo di arenaria di colore chiaro estratto anche in altre cave dell'isola, è un materiale da costruzione tipico di Minorca. Nel corso degli anni potenti macchinari hanno scavato nel suolo profonde fosse cubiche, nelle quali, grazie alla loro acustica straordinaria, talvolta si tengono anche dei concerti. Le strane forme visibili ancora oggi nella roccia risalgono a tempi più lontani, quando la roccia veniva estratta a mano dall'uomo. Qui, nella cava più antica, dove la natura ha ripreso il sopravvento, l'associazione di volontari (Lithica) che ha riscoperto questo monumento all'ingegno e al lavoro umano gestisce un **giardino botanico** di specie endemiche di Minorca e un incantevole giardino medievale con una fontana al centro.

Per visitare le cave, situate nei pressi della vecchia strada per Maó, occorrono circa 45 minuti. Per arrivarci, percorrete la tangenziale Ronda Sur fino alla rotataria stradale di Puerta del Mar, riconoscibile per la grande scultura rettangolare, e da lì seguite le indicazioni.

A SUD DI MAÓ

La costa a sud di Maó presenta uno sviluppo turistico ed edilizio più marcato.

Sant Lluís, una cittadina dell'entroterra con case imbiancate a calce e una regolare pianta stradale a griglia, fu costruita dai francesi durante la breve occupazione dell'isola tra il 1756 e il 1763. Merita una breve sosta per visitare il **Molí de Dalt** (☎971 15 10 84; interi/bambini €1,20/0,60; ⌚10-14 lun-sab), l'ultimo mulino a vento ancora funzionante sull'isola, risalente al periodo francese. Al suo interno è allestito un piccolo **museo** di attrezzature e utensili agricoli.

A Sant Lluís troverete sistemazioni comode e accoglienti all'**Hotel Biniarroca** (☎971 15 00 59; www.biniarroca.com; camere con prima colazione €160-295; ⌚Pasqua-nov; 📶🏊), un albergo rustico dalla struttura varia e articolata. Progettato per offrire comfort e relax, è gestito con raffinatezza da una coppia di artiste e designer inglesi. Oltre la recinzione che delimita il bel giardino, formale e al contempo piacevolmente selvaggio, vedrete anatre che razzolano e pecore al pascolo. Il **ristorante** (⌚solo a cena) d'alta cucina è aperto a tutti. Nei periodi di bassa stagione le tariffe si riducono notevolmente.

Platja de Punta Prima è una piccola località di villeggiatura con una bella spiaggia lunga 200 m. Sebbene le acque antistanti siano riparate dalla bassa distesa di Illa de l'Aire, c'è comunque qualche onda da cavalcare. Platja de Punta Prima è servita regolarmente da autobus provenienti da Maó.

Proseguendo verso ovest lungo la costa si incontra **Binibèquer** (o Binibeca), che si presenta come un vecchio e pittoresco villaggio di pescatori, ma che in realtà è stato progettato e costruito dal nulla all'inizio degli anni '70. Avvolto in un abbagliante candore e brulicante di turisti, indipendentemente dalla sua storia è un posto gradevole, con case dalle forme singolari, stretti vicoli e una piccola baia dalle acque limpide.

Cala de Binidalí, alcuni chilometri più a ovest, è un borgo disordinato senza particolari attrattive e ha una spiaggia piccola, ma il mare è di un azzurro così invitante che non si può resistere alla tentazione di tuffarsi e nuotare fino al largo.

Murcia

Include »

I migliori hotel

» Hotel Casa Emilio (p248)

» Arco de San Juan (p248)

» Hotel Los Habaneros (p252)

I migliori ristoranti

» Figón de Alfaro (p248)

» La Tartana (p252)

» Restaurante Juan de Toledo (p255)

Perché andare?

Situata tra le animate località turistiche della Costa Blanca di Valencia, a nord, e le affollate spiagge di Almería, a sud, la regione di Murcia rimane uno degli angoli meno visitati della Spagna nonostante le sue molte attrattive, le sue vivaci cittadine e la caldissima Costa Cálida (Costa Calda), baciata dal sole per circa 3000 ore all'anno.

Non sorprende che l'economia di questa provincia sia basata essenzialmente sull'agricoltura; le principali colture sono costituite dagli agrumi e dai vigneti, la cui irrigazione è affidata a un complesso sistema che comprende mulini ad acqua, acquedotti e canali risalenti all'XI secolo.

Cartagena, il suo capoluogo, merita di essere visitata. Oltre alla splendida cattedrale e agli strepitosi tapas bar, questa città è un luogo estremamente affascinante, molto impegnato negli scavi e nella valorizzazione del suo ricco patrimonio archeologico. Nell'interno, Lorca è famosa per le sue processioni della Settimana Santa. Gli incontaminati parchi naturali richiamano in particolare gli amanti della natura.

Quando andare

Murcia

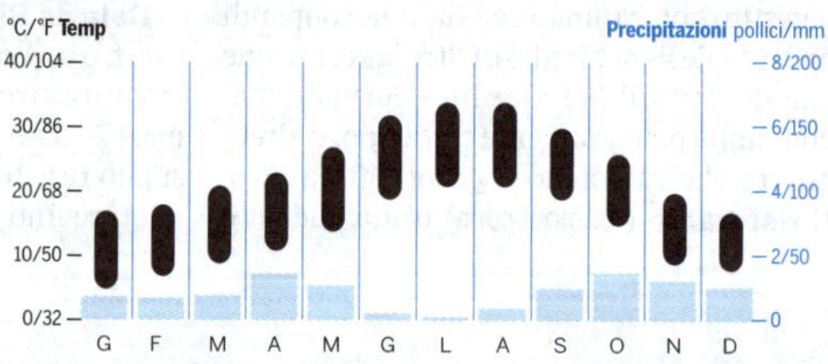

Marzo e aprile Per assistere alle processioni della Settimana Santa di Lorca, famose in tutta la Spagna

Maggio e giugno Per raggiungere le spiagge di Costa Cálida prima dell'arrivo dei turisti (e del caldo)

Settembre Per le rievocazioni storiche di Cartagena in occasione della festa *Carthagineses y Romanos*

Murcia città

POP. 434.000

Gemellata ufficialmente con Miami, Murcia è l'antitesi della città del vizio. È piuttosto un capoluogo di provincia tranquillo, che si anima durante il *paseo* (passeggiata) del fine settimana. Trascurata dalla maggior parte dei turisti e trattata come una località secondaria da molti spagnoli, questa città merita tuttavia una visita. Vi consigliamo di dirigervi verso il fiume, la cattedrale e le vie pedonali circostanti.

'Mursiya' fu fondata dai musulmani nell'825 d.C. sul sito in cui in precedenza sorgeva una colonia romana. La cittadina

Il meglio di Murcia

1. Un drink al tramonto in Plaza del Cardenal Belluga, a Murcia, ammirando la splendida **cattedrale** (p247)
2. Le spettacolari e sontuose **processioni della Semana Santa** (p255)
3. Gli affascinanti **siti romani e cartaginesi** (p251) di Cartagena
4. Le escursioni lungo i sentieri tra la natura incontaminata del **Parque Natural de Sierra Espuña** (p256)
5. Le sfarzose decorazioni del Patio Arabe al **Real Casino** (p246) di Murcia
6. Un salutare (e gratuito) **fango termale** (p254) presso Lo Pagán, nella laguna di acqua salata del Mar Menor
7. Le **tapas** (p252) innovative, insolite ed estremamente appetitose
8. Gli spettacolari **pozos de la nieve** (ghiacciaie naturali, p256) del Parque Natural de Sierra Espuña

Murcia città

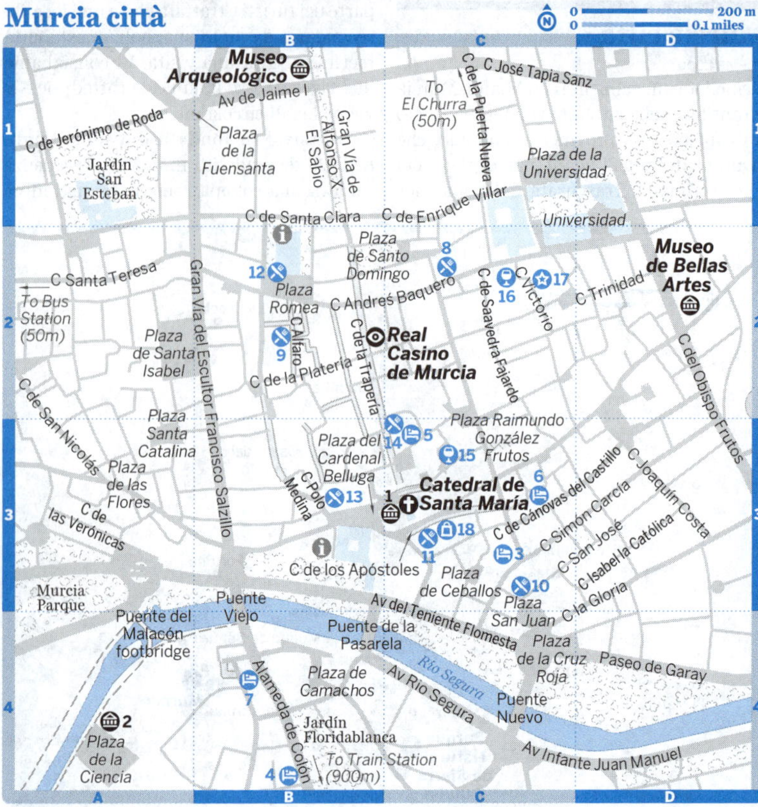

venne riconquistata nel 1243 da Alfonso X di Castilla y León. Una leggenda narra che il suo cuore sia conservato all'interno dell'altare della cattedrale. Grazie all'agricoltura e a una fiorente industria della seta, la città raggiunse il massimo splendore nel XVIII secolo, quando fu realizzata la magnifica facciata barocca della cattedrale.

Nel 1810 la città subì il saccheggio da parte delle truppe napoleoniche, e successivamente, vittima della peste e del colera, cadde in declino. Un secolo più tardi, durante la guerra civile spagnola, Murcia fu teatro di aspri combattimenti e molte delle chiese furono ridotte in cenere. Fortunatamente, la cattedrale è stata risparmiata dalla distruzione.

Che cosa vedere

TOP Real Casino de Murcia EDIFICIO STORICO

(www.casinodemurcia.com; Calle Trapería 18; ingresso €5; 11.30-21) Lo sfavillante casinò di Murcia fu inaugurato nel 1847 come circolo per gentiluomini. Dopo una faticosa opera di restauro l'edificio è stato riportato all'antico splendore, e nel 2009 è stato riaperto alla presenza del re Juan Carlos. Il casinò esprime il perfetto connubio tra design storico e opulenza, e apre uno spiraglio sugli antichi fasti dell'aristocrazia. Dietro la facciata ornamentale si celano uno splendido patio in stile moresco; una classica biblioteca in stile inglese nella quale sono conservati 20.000 volumi, alcuni risalenti al XVII secolo; una magnifica sala da ballo ornata da scintillanti lampadari; e un affascinante *tocador* (toilette per signore), il cui soffitto è decorato da affreschi che ritraggono cherubini, angeli e una donna alata in fiamme. Non mancano un *Patio Pompeyano* in stile neoclassico e una tradizionale *sala de billar* (sala da biliardo) con le pareti rivestite in legno.

Murcia città

◉ Da non perdere

Catedral de Santa María C3
Museo Arqueológico B1
Museo de Bellas Artes D2
Real Casino de Murcia B2

◉ Che cosa vedere

1 Museo de la Catedral C3
2 Museo de la Ciencia y del Agua A4

Pernottamento

3 Arco de San Juan C3
4 Hotel Casa Emilio B4
5 Hotel Hispano II C3
6 Hotel Rincón de Pepe C3
7 Pensión Segura B4

Pasti

8 Alborado C2
9 Figón de Alfaro B2
10 La Parranda C3
11 Las Cadenas C3
12 Los Arroces del Romea B2
13 Los Zagales B3
14 Restaurante Hispano C3

Locali

15 Fitzpatrick C3
La Muralla .... (v. 6)
16 Mestizo C2

Divertimenti

17 Sala Revolver C2

Shopping

18 Paparajote C3

Catedral de Santa Maria CATTEDRALE
(Plaza del Cardinal Belluga; ⌚7-13 e 17-20) La cattedrale di Murcia fu eretta nel 1394 nel luogo in cui in precedenza sorgeva una moschea. La struttura gotica originaria fu notevolmente modificata nel 1748, con l'aggiunta di una ricca facciata barocca. Uno dei capolavori custoditi al suo interno è la Capilla de los Vélez, costruita nel XV secolo in stile gotico con complesse decorazioni architettoniche. Il **Museo de la Catedral** (ingresso libero; ⌚10-12.30 e 17-20 mar-sab, 10-14 dom) espone oggetti di arte sacra, ma ciò che interessa maggiormente sono gli scavi: i resti di un'abitazione moresca dell'XI secolo e quelli di una piccola *mezquita* (moschea) sono visibili sotto il pavimento grazie alla presenza di una passerella di vetro.

FREE **Museo de Bellas Artes** GALLERIA D'ARTE
(Calle del Obispo Frutos 12; ⌚10-20.30 mar-sab, 10-14 dom) Un'interessante e luminosa galleria d'arte dedicata agli artisti spagnoli. L'esposizione al secondo piano, incentrata sul Siglo de Oro, è caratterizzata da tele di Murillo, Zurbarán e 'Lo Spagnoletto', José (Jusepe) de Ribera. Per concedervi una pausa da tanta arte sacra, non perdetevi lo sfolgorio kitsch delle *señoritas* al terzo piano.

Museo Salzillo MUSEO DELLE SCULTURE
(www.museosalzillo.es, in spagnolo; Plaza de San Agustín 1-3; ingresso €5; ⌚10-14 e 17-20 mar-ven, 10-14 sab) Ospitato nella cappella barocca dell'Ermita de Jesús, è dedicato allo scultore di Murcia Francisco Salzillo (1707-83). All'interno si possono ammirare i suoi suggestivi *pasos* (statue portate in processione durante la Semana Santa) e le miniature in legno della Natività. Per arrivarci dirigetevi a ovest da Gran Via del Escultor Francsico Salzillo lungo Calle Santa Teresa.

Museo de la Ciencia y del Agua MUSEO DELLA SCIENZA
(Plaza de la Ciencia 1; interi/bambini €1,20/gratuito; ⌚10-14 e 17-20 mar-sab, 11-14 dom; 👪) Accanto al fiume, si rivela particolarmente adatto ai bambini. Benché tutte le spiegazioni siano in spagnolo, questo piccolo Museo della Scienza è pieno di mostre interattive, con pulsanti da schiacciare e manopole da girare, e comprende anche diversi acquari e un piccolo planetario.

FREE **Museo Arqueológico** MUSEO ARCHEOLOGICO
(www.museoarqueologicomurcia.com; Avenida Alfonso X El Sabio 7; ⌚10-20.30 mar-sab, 10-14 dom) Espone reperti disposti in modo eccellente e ben documentati. L'esposizione, distribuita su due piani, inizia con il Paleolitico e comprende mostre audiovisive.

Feste e manifestazioni

Semana Santa SETTIMANA SANTA
Le processioni della Settimana Santa sono suggestive e coinvolgenti quanto quelle di Lorca.

Bando de la Huerta FESTA DI PRIMAVERA
Due giorni dopo la domenica di Pasqua, lo spirito che pervade la città cambia completamente con questa annuale festa di primavera che celebra la tradizione agricola di Murcia con sfilate, bancarelle gastronomiche, spettacoli folkloristici e numerose occasioni di divertimento.

Pernottamento

TOP Hotel Casa Emilio HOTEL MODERNO €
(968 22 06 31; www.hotelcasaemilio.com; Alameda de Colón 9; singole/doppie €45/50; P ❄ wifi) Di fronte ai giardini Floridablanca, presso il fiume, questo albergo dalle linee graziose e ben tenuto offre camere spaziose e luminose, con ampi bagni e materassi rigidi di buona qualità. Il parcheggio costa €9.

Arco de San Juan HOTEL STORICO €€
(968 21 04 55; www.arcosanjuan.com, in spagnolo; Plaza de Ceballos 10; singole/doppie €75/130; P ❄ wifi) Questo albergo a quattro stelle si trova all'interno di un antico palazzo di cui si è conservato lo splendore passato con il portone originale alto 5 m e alcune riproduzioni di colonne. Le camere sono classiche e confortevoli, con particolari in legno e tessuti di classe. Il parcheggio costa €15,75.

Hotel Hispano II HOTEL MODERNO €€
(968 21 61 52; www.hotelhispano.net, in spagnolo; Calle Radio Murcia 3; singole/doppie con prima colazione €48/58; P ❄ @) L'Hotel Hispano II e la Pensión Hispano I, che si trova dietro l'angolo (chiusa per lavori di rinnovo), condividono la stessa autorimessa (parcheggio €13). L'Hispano II è un albergo moderno, famoso soprattutto per il suo ottimo ristorante (Restaurante Hispano) e frequentato principalmente da chi è in viaggio per affari. Le camere, in stile tradizionale, hanno mobili in legno scuro e tessuti lussuosi.

BIGLIETTI TURISTICI E INFORMAZIONI

L'ufficio turistico offre due comodi servizi che vi permetteranno di risparmiare tempo e denaro: **Puerto de Culturas** (www.cartagenapuertodeculturas.com) vende quattro diversi biglietti cumulativi (da €11 a €20) che danno diritto a visite guidate e all'accesso ai principali luoghi di interesse turistico di Murcia. I biglietti sono disponibili presso ogni sito e nell'ufficio turistico. Potrete ricevere informazioni sulla città direttamente sul vostro telefono cellulare, compresi eventi speciali, itinerari e attività in programma durante il vostro periodo di soggiorno. Per attivare il servizio è sufficiente inviare un SMS con la parola TOURISM al numero 609 031060, oppure compilare il modulo disponibile sul sito web dell'ufficio turistico di Cartagena (www.cartagenaturismo.es).

Hotel Rincón de Pepe HOTEL MODERNO €€
(968 21 22 39; www.nh-hotels.com; Calle de los Apóstoles 34; camere €95-126; P ❄ @) Una profusione di marmo nella lobby accoglie gli ospiti di questo albergo dallo stile manageriale. Le camere hanno lucidi pavimenti in parquet e ampi bagni lussuosi. Il ristorante promette esperienze da gran gourmet. Nell'albergo c'è anche un piccolo casinò.

El Churra HOTEL MODERNO €€
(968 23 84 00; www.elchurra.net; Avenida Marqués de los Vélez 12; singole/doppie €54/75; P ❄ @ wifi) Questo albergo gestito in modo eccellente dispone di camere molto eleganti. Per arrivarci dirigetevi verso nord lungo Calle de la Puerta.Nueva.

Pensión Segura HOTEL ECONOMICO €
(968 21 12 81; Plaza de Camachos 14; singole/doppie €36/44; ❄ @) Offre camere piccole tinteggiate di bianco e giallo, con pavimenti di piastrelle scintillanti e stretti guardaroba e bagni.

Pasti

A Murcia troverete ottimi ristoranti, concentrati per lo più in Plaza San Juan e Plaza Romea. I tapas bar sono numerosi nei dintorni di Plaza de las Flores e Plaza Santa Catalina.

Figón de Alfaro TAPAS INNOVATIVE €
(Calle Alfaro 7; pasti €12-15; pranzo e cena lun-sab, pranzo dom) Frequentato da una clientela di tutte le età e di tutte le tasche, il Figón de Alfaro ha un'area bar piuttosto caotica e una sala da pranzo più tranquilla. Potrete scegliere tra pasti completi, una serie di succulenti *montaditos* (piccoli involtini) o piatti originali e innovativi, come il *pastel de berejena con salsa de calabacín* (sformato di melanzane con salsa alle zucchine).

La Parranda MEDITERRANEO €€
(Calle San José 1; pasti €15-20; pranzo e cena gio-mar) Questa *taberna*, caratterizzata da un'atmosfera allegra e contemporanea, dispone di una sala da pranzo con le pareti rivestite in legno e offre un menu a base di tapas – tradizionali e moderne – e *raciones* (grandi porzioni di tapas), ma serve anche pasti più sostanziosi. Avete fretta? Ordinate *brocheta de langostinas* (spiedino di gamberoni). Se invece avete un po' più di tempo a disposizione ordinate anche una cremosa *panacotta*. Un ristorante con lo stesso nome si trova nella vicina Plaza San Juan.

Los Zagales CUCINA CASALINGA **€**
(Calle Polo Medina 4; pasti €10-15) Situato nei pressi della cattedrale (dal 1926), Los Zagales serve tapas, *raciones*, *platos combinados* (piatti misti) e dolci fatti in casa (e patatine fritte fatte in casa), tutti strepitosi e a prezzi convenienti. È molto frequentato dalla gente del posto, pertanto è possibile che dobbiate aspettare per avere un tavolo, ma ne vale senz'altro la pena.

Restaurante Hispano CUCINA INNOVATIVA SPAGNOLA **€€**
(Calle Arquitecto Cerdán; raciones €7, pasti €20-25; ⏲pranzo e cena lun-sab, pranzo dom) Nella zona bar, accogliente e invitante, vengono servite *raciones* particolarmente creative, come le fave fresche saltate con carciofi e cipolle. Il ristorante più elegante poco più in là propone piatti più tradizionali.

Los Arroces del Romea PIATTI DI RISO **€€**
(Plaza Romea; pasti €20-25; 🖉) Qui potrete osservare i piatti di riso in stile paella (specialità della casa) mentre vengono preparati in grandi padelle, mentre sbocconcellate del pane *murciano* condito con un filo d'olio d'oliva. Potrete scegliere tra cinque piatti di riso, tra cui uno vegetariano.

Alborado RAFFINATO MODERNO **€€**
(Calle Andrés Baquero 15; pasti €20-25; ⊜) Specialità tradizionali in chiave gourmet.

Las Cadenas TRADIZIONALE MURCIANO **€€**
(☎968 22 09 24; Calle de los Apóstoles 10; pasti €20-28; ⏲ lun-sab) Ha un'atmosfera elegante e un menu tradizionale. È consigliabile prenotare in anticipo.

Locali e divertimenti

La vita notturna si concentra per lo più intorno all'università. Qui si trovano bar e locali molto animati, come il **Sala Revolver** (Calle Victorio), che propone rock latino e spagnolo, e, poco più avanti, il **Mestizo** (Calle Victorio; ⏲22-fino a tardi gio-dom), un vivace bar per studenti. Se siete alla ricerca di un'atmosfera più sofisticata, scegliete **La Muralla** (Calle de los Apóstoles 34; ⏲22.30-fino a tardi), ospitato nel seminterrato dell'Hotel Rincón de Pepe, che ha il cocktail bar che appoggia contro le mura originarie della città. Il **Fitzpatrick** (Plaza Cetina; ⏲15-3), situato nei pressi, propone un'atmosfera raffinata e tutte le più note marche di birra alla spina.

Shopping

Per acquistare prodotti di artigianato locale recatevi al **Centro para la Artesanía** (Calle Francisco Rabal 8), che funge sia da spazio espositivo sia da rivendita ed è situato subito a ovest di Plaza de la Fuensanta, e da **Paparajote** (Calle de los Apóstoles 14), che propone anche prodotti gastronomici di qualità.

PARCHI CITTADINI

Se visitate la città nel cuore dell'estate, potrete sfuggire alla calura recandovi in uno degli incantevoli parchi di Murcia. Il piccolo ma incantevole **Jardín Floridablanca** è un parco classico all'interno del quale sorgono numerosi e maestosi baniani, con il loro imponente apparato radicale, alberi di jacaranda, cipressi, palme e roseti; accomodatevi su una delle moltissime panchine e godetevi lo spettacolo. Il **Murcia Parque**, situato poco più a ovest del pedonale Puente del Malecón, è più grande e comprende anche un giardino botanico con un'analoga profusione di piante.

Informazioni

Il sito turistico ufficiale della regione è www.murciaturistica.es.

Chiosco di informazioni turistiche (Calle de Santa Clara; ⏲10-14 e 17-20 lun-sab, 10-14 dom) Aperto solo in estate.

Locutorio Viajacom (Plaza de Camachos; €1 l'ora; ⏲10-14 e 16.30-22) Accesso a internet.

Ufficio turistico (☎968 35 87 49; www.murciaciudad.com; Plaza del Cardenal Belluga; ⏲10-14 e 17-21 lun-sab, 10-14 dom)

Per/da Murcia città

AEREO L'aeroporto San Javier di Murcia, vicino al Mar Menor, è in realtà molto più vicino a Cartagena che a Murcia città.

AUTOBUS Ogni giorno partono almeno 10 autobus diretti a Cartagena (€3,95, 1 h) e a Lorca (€5,35, 1 h 30 min).

TRENO Ogni giorno fino a cinque treni effettuano servizio per/da Madrid (€44,60, 4 h 15 min). Ogni ora ci sono treni per/da Lorca (€15,60, 1 h).

Trasporti locali

AUTOBUS Per raggiungere la città dalla stazione degli autobus, prendete l'autobus n. 3; dalla stazione ferroviaria salite sull'autobus n. 9 o 39.

AUTOMOBILE E MOTOCICLETTA Troverete un comodo parcheggio presso il Jardín San Esteban, a nord del centro.

TAXI Una corsa in taxi tra l'aeroporto e Murcia città costa circa €40.

REGIONE DI MURCIA

La regione di Murcia offre una ricca varietà di paesaggi, dalle spiagge rilassanti della Costa Cálida alla magia medievale delle città. Per apprezzare al meglio l'entroterra incontaminato dovrete disporre di un mezzo di trasporto indipendente.

Cartagena

POP. 211.000

Questa è una città dove dovrete camminare con lo sguardo rivolto verso l'alto: gli edifici in stile modernista, con le loro cupole, le loro decorazioni spiraliformi e i colori pastello rendono l'architettura cittadina particolarmente elegante. La città vanta anche un ricco patrimonio archeologico, oltre a ottimi ristoranti e bar.

Cartagena ha una storia economica piuttosto movimentata. Il boom dell'industria mineraria alla fine del XIX secolo si esaurì alla fine degli anni '20, e in quel periodo diminuì anche la presenza della marina militare e dei marinai statunitensi in licenza (e dei loro dollari). I negozi chiusi e gli edifici in rovina erano un chiaro segno della crisi in atto.

Oggi, però, la città si sta riprendendo grazie al suo ricco passato, e gli scavi continuano a riportare alla luce affascinanti reperti di epoca romana e cartaginese.

Storia

Nel 223 a.C. Asdrubale, a capo dell'esercito cartaginese, occupò l'insediamento iberico di Mastia, a cui diede il nome di Carthago Nova. La cittadina continuò a prosperare durante l'occupazione romana, e sotto la dominazione musulmana divenne l'emirato indipendente di Cartajana. Prima di essere scacciati nel 1242, gli arabi migliorarono le tecniche di coltivazione agricola e resero famosa la città per i suoi cantieri navali specializzati nella costruzione di navi da guerra. Le mura difensive della città furono erette nel corso del XVIII secolo. Nonostante Cartagena avesse subito pesanti bombardamenti durante la guerra civile spagnola, l'industria e la popolazione vissero un periodo di prosperità durante gli anni '50 e '60.

Che cosa vedere e fare

TOP Museo Teatro Romano MUSEO TEATRO

(Plaza del Ayuntamiento 9; interi/bambini €5/2; ⌚10-20 mar-sab, 10-14 dom) Il più recente museo di Cartagena è stato progettato dall'architetto Rafael Moneo, vincitore del Pritzker Prize. Nel corso di una visita guidata, che parte dal museo di Plaza del

Cartagena

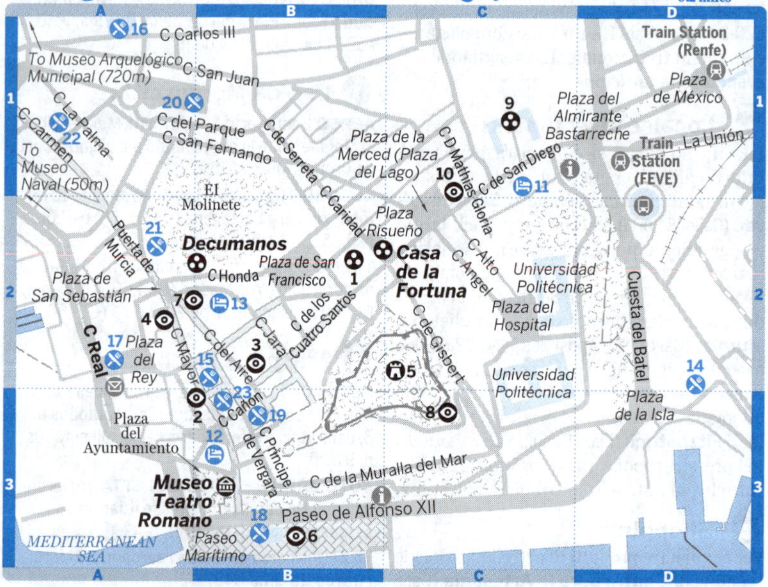

Ayuntamiento, i visitatori vengono condotti, attraverso una serie di scale mobili e un passaggio sotterraneo che si snoda sotto le rovine della cattedrale, fino allo splendido teatro romano (I secolo a.C.), recentemente restaurato. Il percorso della visita guidata è stato studiato per riflettere l'affascinante storia di Cartagena, che ha visto il sovrapporsi di strati culturali diversi: è possibile pertanto ammirare statue e manufatti di epoca romana, rinvenuti in diversi scavi, ma anche la cripta della cattedrale e i resti di un'abitazione moresca originale. I pannelli informativi sono in spagnolo e in inglese.

Cartagena romana

SITI ARCHEOLOGICI

Tra gli altri siti di epoca romana figura l'**Augusteum** (Calle Caballero; interi/bambini €2,50/gratuito; ⏲16-19.30 mar-dom), che ospita una mostra sul foro romano. Il **Decumanos** (Calle Honda; interi/bambini €2/gratuito; ⏲10-14.30 mar-dom) presenta ciò che rimane di una delle principali strade romane, che collegava il porto al foro e che comprende anche un colonnato e dei bagni termali. La **Casa de la Fortuna** (Plaza Risueño; interi/bambini €2,50/gratuito; ⏲10-14.30 mar-dom) è un'affascinante villa romana del II-III secolo appartenuta a una famiglia aristocratica, di cui si sono conservati murali e mosaici e parte di una strada emersa nel corso degli scavi. Infine, la **Muralla Púnica** (Calle de San Diego; interi/bambini €3,50/gratuito; ⏲10-14.30 e 16-19.30), una sezione delle antiche mura puniche, si concentra sul patrimonio cartaginese e romano della città.

Cartagena modernista

ARCHITETTURA MODERNISTA

Cartagena è ricca di edifici in stile modernista, molti dei quali oggi sono sede di istituti bancari. Tra i più sontuosi figurano **Casa Cervantes** (Calle Mayor 11); **Casa Llagostera** (Calle Mayor 25); il **Gran Hotel** (Calle del Aire), dalla cupola di zinco; **Casa Clares** (Calle del Aire 4), che sembra un dolce di panna e fragole; e lo sfavillante **Palacio Aguirre** (Plaza de la Merced), oggi convertito in uno spazio espositivo per l'arte moderna (conosciuto come MURAM).

Castillo de la Concepción

CASTELLO

Il Castillo de la Concepción (potrete salire a piedi o in ascensore; €1) permette di ammirare una meravigliosa vista panoramica. Nei giardini del castello, dove vivono impettiti pavoni, si trova il **Centro de Interpretación de la Historia de Cartagena** (interi/bambini €3,50/gratuito; ⏲10-14.30 e 16-20.30), che offre una visione storica multimediale di Cartagena attraverso i secoli tramite supporti audiovisivi e un filmato di 10 minuti (in inglese e spagnolo).

FREE Museo Arqueológico Municipal

MUSEO ARCHEOLOGICO

(Calle Ramón y Cajal 45; ⏲10-14 e 17-20 mar-ven, 11-14 sab e dom) Costruito sul sito dove era situata una necropoli romana, ospita moltissimi reperti cartaginesi, romani, visigoti e musulmani. Per arrivarci dirigetevi a nord-ovest del centro seguendo Calle La Palma.

Cartagena

Da non perdere

- Casa de la Fortuna B2
- Decumanos B2
- Museo Teatro Romano B3

Che cosa vedere

1. Augusteum B2
2. Casa Cervantes B3
3. Casa Clares B2
4. Casa Llagostera A2
5. Castillo de la Concepción C2
6. Catamaran Tours B3
   Centro de Interpretación de la Historia de Cartagena .... (v. 5)
7. Gran Hotel A2
8. Ascensore per il Castillo de la Concepción C3
9. Muralla Púnica C1
10. Palacio Aguirre C1

Pernottamento

11. Hotel Los Habaneros C1
12. Hotel NH Cartagena B3
13. Pensión Oriente B2

Pasti

14. Casa del Pescador D2
15. Columbus B2
16. Covered Market A1
17. Jie Ichiban A2
18. La Patacha B3
19. La Tagliatella B3
20. La Tapería A1
21. La Tartana A2
22. Restaurante Azafrán A1
23. Rincón Gallego B3

DA VEDERE

LA VIA DELLE TAPAS

Murcia offre eccellenti opportunità di gustare un'ampia varietà di tapas servite in porzioni abbondanti, anche in versione vegetariana. Quasi tutti i ristoranti descritti in questo capitolo si trovano di fronte a tapas bar o servono *raciones* (porzioni di tapas più grandi), perfette se si è in compagnia. Nel complesso, le tapas preparate in questa regione sono più creative rispetto alla norma e riflettono il carattere agricolo della regione, prevedendo l'utilizzo di ingredienti freschi e di stagione.

FREE **Museo Naval** MUSEO NAVALE
(Calle Menéndez Pelayo 8; ⏲10-13.30 mar-dom; 🚻) Conserva un'interessante collezione di cartine e carte nautiche, oltre a diverse riproduzioni di imbarcazioni di varie dimensioni. Si trova a nord-ovest del centro, passando per Calle Real.

Feste e manifestazioni

Semana Santa SETTIMANA SANTA
Le suggestive processioni della Settimana Santa sono solenni come quelle che si svolgono in Andalusia.

La Mar de Músicas MUSICA INTERNAZIONALE
Si tiene tutti gli anni nell'auditorium del castello e porta a Cartagena il meglio della musica internazionale.

Carthagineses y Romanos FESTA STORICA
(www.cartaginesesyromanos.es) Per 10 giorni nella seconda metà di settembre, gli abitanti della città si cimentano in scene di guerra nel corso di rievocazioni storiche che riproducono gli scontri tra cartaginesi e romani durante la seconda guerra punica.

Pernottamento

Hotel Los Habaneros HOTEL MODERNO €€
(☎968 50 52 50; www.hotelhabaneros.com, in spagnolo; Calle de San Diego 60; singole/doppie €55/68; P ❄ @ 📶 🚭) Situato di fronte all'ufficio turistico Murcia Púnica, questo bell'albergo moderno dispone di camere sufficientemente spaziose, arredate nei toni del crema e del bordeaux. I bagni sono dotati di ampie vasche con doccia e asciugacapelli, e c'è anche la TV satellitare. Il parcheggio costa €10,60.

Pensión Oriente HOTEL ECONOMICO €
(☎968 50 24 69; 2nd fl, Calle Jara 27; singole/doppie senza bagno €25/34) L'Oriente ha 12 camere vecchio stile con soffitti alti, mobili in legno scuro e ventilatori. Un paio di camere sono dotate anche di frigobar e/o balcone. La doppia spaziosa con servizi privati (€38) vale da differenza di prezzo in più.

Hotel NH Cartagena HOTEL MODERNO €€
(☎968 12 09 08; www.nh-hotels.com; Calle Real 2; doppie €100; P ❄ @ 📶) Ospitato nell'ex ufficio postale, questo albergo dall'anonima facciata stride con il vicino municipio in stile neoclassico. Le camere rientrano nello standard della catena NH (moderne ed eleganti), ma quelle dei piani superiori offrono la vista sulla baia e graditi extra, come i bollitori elettrici.

Pasti

Troverete moltissimi bar e ristoranti nei dintorni di Plaza del Ayuntamiento e lungo le stradine laterali nei pressi di Calle Mayor. A Cartagena c'è un comodo mercato coperto, ottima risorsa per chi preferisce prepararsi da sé i pasti.

TOP **La Tartana** TAPAS €
(Puerta de Murcia 14; tapas €1,50, raciones €4-8) Ubicato in un incatevole edificio modernista affacciato su un'ampia via pedonale, è il posto migliore della città dove gustare tapas, *montaditos* e *raciones*. La scelta comprende piatti sofisticati, come i triangoli di formaggio fritto con salsa di lamponi. Frequentato da una clientela del posto appassionata di gossip, l'atmosfera e il servizio sono ottimi. I proprietari gestiscono anche **La Tapería** (Calle del Parque 2), che offre anch'essa cibo di ottima qualità in un ambiente però più esclusivo.

Restaurante Azafrán RAFFINATO MODERNO €€
(☎968 52 31 72; www.restauranteazafran.com; Calle La Palma 3; pasti €35; ⏲lun-sab; 🚭) Nonostante si trovi in una zona residenziale, questo ristorante ha un'atmosfera da locale del centro, con splendide fotografie, musica jazz di sottofondo e una terrazza ombreggiata. Situato di fronte a un sofisticato tapas bar, la sua cucina propone piatti tradizionali e ricette moderne. È consigliata la prenotazione.

La Tagliatella ITALIANO €
(Calle Cañon 4; pizza €11, pasta €13; ⏲pranzo e cena mar-sab, pranzo lun; 🍷) Di livello superiore rispetto agli altri ristoranti italiani della zona, questo locale accogliente pro-

CAVIALE A PREZZI SCONTATI

Sul Mar Menor viene prodotta una versione locale del famoso caviale (*huevas de mújol*). Viene venduto in vasetti nella maggior parte dei supermercati locali a un prezzo molto ragionevole rispetto a quello del caviale originale, ma il gusto è sorprendentemente simile e, soprattutto, molto buono.

pone pizza e piatti di pasta con condimenti vari, tra cui panna e aragosta e pesto con noci e gorgonzola. Le pizze sono croccanti e ben condite.

Rincón Gallego PESCE €€
(Calle Cañon 13; pasti €15-25; ⊙lun-sab) Il lunghissimo menu di piatti di pesce comprende il polpo preparato in diversi modi, tra cui il polpo alla griglia con limone fresco, semplice ma delizioso. Chi vuole andare sul sicuro può optare per il pesce con le patatine fritte.

La Patacha PESCE €€
(☎968 10 39 71; Paseo de Alfonso XII; pasti €25-38) Su questa barca permanentemente attraccata potrete gustare un'ampia scelta di piatti a base di pesce e frutti di mare. Si consiglia di prenotare.

Columbus TRADIZIONALE MURCIANO €€
(Calle Mayor 18; pasti €20-25) Situato in ottima posizione proprio di fronte alla magnifica Casa Cervantes, serve piatti locali.

Casa del Pescador PESCE €€
(Plaza de la Isla; pasti €20-35; ⊙pranzo tutti i giorni, cena mar-sab tutto l'anno, agosto chiuso martedì) Apprezzato per i suoi piatti a base di frutti di mare.

Jie Ichiban GIAPPONESE €€
(☎968 50 87 40; Plaza del Rey 6; pasti €15-20) Buon ristorante giapponese.

ℹ Informazioni

Exit (Plaza del Rey 5; €2 l'ora; ⊙12-24 lun-sab, 16-24 dom) Accesso a internet.

Chiosco dell'ufficio turistico (Paseo de Alfonso XII; ⊙10-14 e 16-18 lun-ven, 10-13 sab e dom)

Ufficio turistico (☎968 50 64 83; www.cartagena.es; Plaza del Almirante Bastarreche; ⊙10-14 e 16-18 lun-ven, 10-13 sab) Fornisce molte informazioni utili.

ℹ Per/da Cartagena

AUTOBUS Ogni giorno partono otto autobus per Alicante (€7,25, 2 h), e 10 per Murcia (€3,95, 1 h) e per La Manga (da €3,45 a €4,25, 1 h).

TAXI Una corsa in taxi per/dall'aeroporto San Javier costa all'incirca €40.

TRENO Per raggiungere una delle destinazioni servite dai treni Renfe, cambiate a Murcia (€4,85, 50 min, da 4 a 7 al giorno). Tenete presente che i treni Talgo costano ben €16. I treni locali FEVE effettuano il breve tragitto fino a Los Nietos (€2,25, 30 min, ogni 40 min), sul Mar Menor.

Costa Cálida

Con oltre 300 giorni di sole all'anno e una temperatura media di 18°C, il nome di questo litorale ('costa calda') non potrebbe essere più appropriato.

MAR MENOR

Il Mar Menor è una laguna di acqua salata di 170 kmq, le cui acque hanno una temperatura di almeno 5°C superiore a quella del mare aperto, rendendola adatta agli sport acquatici, tra cui jet-ski, kayak e sci d'acqua. Per maggiori informazioni consultate la voce Sport nell'esaustivo sito web www.marmenor.net. La laguna è separata dal mare da **La Manga** (La Manica), una lingua di terra lunga 22 km deturpata dalla presenza di un gran numero di grandi alberghi. Se mai un giorno questo istmo dovesse staccarsi e venire inghiottito dalle acque non sarebbe una grande perdita.

Cabo de Palos, sulla costa meridionale della penisola, ha un porticciolo pieno di imbarcazioni da diporto, circondato da bassi edifici con ristoranti e appartamenti per le vacanze. Le acque che circondano le **Islas Hormigas** (Isole Formiche), piccoli isolotti protetti al largo di questo tratto di litorale, sono perfette per le immersioni. **Atura-Sub** (www.aturasub.com; La Bocana 28) e il vicino **BuceaYa** (www.buceaya.com, in spagnolo), nei pressi del porto turistico, organizzano immersioni a partire da €45 compresa l'attrezzatura. Entrambi gli uffici sono aperti sporadicamente, perciò è meglio prenotare tramite il sito web.

All'estremità settentrionale della laguna, **Lo Pagán** è una località dagli edifici bassi, con una lunga passeggiata, una bella spiaggia e numerosi bar e ristoranti. Evitate i mesi di luglio e agosto, quando si riempie di turisti.

FANGHI TERMALI GRATUITI

Per alcune persone un'ulteriore attrattiva di Lo Pagán è rappresentata dai fanghi termali. Dirigetevi a nord del lungomare, dove una passeggiata di 2 km si protende nella laguna ripartendosi in una serie di corti pontili di legno. Tuffandovi sul lato occidentale del sentiero vi ritroverete coperti di fango. Tuttavia fate molta attenzione, perché *el lodo*, la poltiglia appiccicaticcia color inchiostro, trattiene il calore corporeo. Lasciatelo seccare, quindi sciacquatevi per bene; a questo punto per darvi una sferzata di energia non vi resta che immergervi nella laguna di acqua salata situata sul lato opposto. Un'esperienza divertente e al tempo stesso terapeutica, dato l'elevato contenuto di sale e iodio del fango.

Immediatamente a est si trovano le **Salinas de San Pedro**, dove potrete seguire un *senda verde* (sentiero pedonale) ben segnalato. Questa passeggiata relativamente facile di poco più di 4 km supera diverse lagune punteggiate di fenicotteri rosa che setacciano l'acqua in cerca di piccoli pesci.

Durante i mesi di giugno, luglio e agosto, **San Javier**, situata circa 5 km a sud-ovest delle saline, ospita il **Festival Internacional de Jazz** (www.jazzsanjavier.es).

GOLFO DE MAZARRÓN

Per esplorare la costa frastagliata di Cartagena, punteggiata di piccole baie e spiagge incontaminate, è preferibile disporre di un'automobile. L'interno è occupato principalmente da aziende agricole: quelli che da lontano sembrano laghi scintillanti sono in realtà enormi serre in plastica costruite nelle vallate e destinate alla coltivazione di ortaggi destinati al mercato locale e all'esportazione.

Se avete poco tempo a disposizione prendete l'autostrada AP7, altrimenti optate per la scenografica N332, che passa sinuosa attraverso le montagne costiere. Entrambe vi porteranno a **Puerto de Mazarrón**, una graziosa e vivace località balneare con negozi e ristoranti. A ovest del centro troverete le spiagge migliori. A **Playa La Ermita**, il **Centro de Buceo del Sureste** (www.buceosureste.com), proprio di fronte alla spiaggia, organizza immersioni a partire da €36. Cinque chilometri più a ovest, il minuscolo **Bolnuevo** vi accoglierà con le sue sculture surreali di arenaria erosa da milioni di anni: le **Gredos de Bolnuevo** (Rocce di Bolnuevo). Non vi sarà difficile trovarle, in quanto ci sono indicazioni ovunque. La spiaggia antistante è lunga e sabbiosa e con un rinomato ristorante di pesce, **La Siesta** (pasti €20-25; ⌚ven-mer). Solo 1 km più a ovest si trova una baia per naturisti, adeguatamente isolata. Proseguendo per una trentina di chilometri incontrerete **Águilas**, che, con le sue insenature e spiagge che delimitano il centro abitato, è perfetta per un po' di relax sulla sabbia.

Lorca

POP 89.900 / ALT. 330 M

Lorca, una graziosa città sede di mercato, ospita i festeggiamenti della Semana Santa più imponenti di tutta la Spagna, che, se non si ha l'opportunità di trovarsi qui durante le celebrazioni, si possono apprezzare visitando i vari musei a loro dedicati. Merita comunque una sosta per il centro storico parzialmente pedonale, dove sorgono pregevoli palazzi barocchi dominati da un castello costruito nel XIII secolo.

L'economia di Lorca si basa sull'esportazione di prodotti a base di carne di maiale e tessili, ma anche il turismo è una buona fonte di reddito, potendo contare su numerosi visitatori provenienti dalle località di villeggiatura in estate e nel periodo di Pasqua.

Nel maggio 2011 un terremoto con epicentro a Lorca ha danneggiato diversi edifici e causato la morte di alcune persone.

Che cosa vedere

Il **Centro de Visitantes** vende diversi biglietti cumulativi (da €12 a €24) che consentono l'accesso alle varie attrattive della città. Un **treno turistico** (interi/bambini €3/2,30) permette di raggiungere il castello senza alcuno sforzo. Lo potrete prendere in vari punti della città.

Musei della Semana Santa MUSEI

Peculiari di Lorca sono due piccoli musei dedicati ai magnifici costumi della Semana Santa. Alcuni mantelli sono lunghi fino a 5 m e riccamente ricamati a mano su seta, con immagini di scene religiose e storiche. Il notevole **Museo de Bordados del Paso Azul** (Calle Nogalte 7; interi/bambini €3/gratuito; ⌚10-14 e 17-19.30 mar-sab, 10-14 dom) fa a gara con l'altrettanto splendido **Museo de Bordados del Paso Blanco** (Calle Santo Domingo 8; interi/bambini €3/gratuito; ⌚10-14 e 17-19.30 mar-sab,

PIÙ COLORE ALLA SEMANA SANTA

A Lorca troverete ovunque due colori, il bianco e l'azzurro, vale a dire quelli delle due principali confraternite che ogni anno sin dal lontano 1855 si sfidano nell'organizzazione delle più sontuose cerimonie della Semana Santa.

Le processioni pasquali di Lorca non sono come le lente e solenni processioni di altre località della regione. Infatti, pur mantenendo lo stesso atteggiamento rispettoso e devoto, sono una festa di colori e di vitalità, e fanno coesistere i racconti dell'Antico e del Nuovo Testamento con la storia della Passione.

Tutti gli abitanti di Lorca si schierano appassionatamente o con il Blanco (Bianco) o con l'Azul (Azzurro). Ciascuna confraternita possiede una statua della Vergine (una avvolta in un mantello azzurro, l'altra in un mantello bianco), un vessillo e uno splendido museo. Il risultato di questa intensa e per lo più cordiale rivalità, che dura 365 giorni l'anno, è una Semana Santa tra le più spettacolari di tutta la Spagna.

10-14 dom), accanto alla chiesa di Santo Domingo. Per maggiori informazioni sulla Semana Santa, v. lettura in questa pagina.

Casa de Guevara PALAZZO
(Calle Lope Gisbert; interi/bambini €3/2,50) Dietro la facciata barocca della secentesca Casa de Guevara si nascondono un delizioso patio e una farmacia della fine del XIX secolo (con tanto di flaconi di pozioni curative, tra cui la cocaina), oltre a ricche sale impreziosite da pregevoli dipinti, mobili e oggetti d'arte.

Plaza de España EDIFICI BAROCCHI
Nei dintorni di Plaza de España troverete altri magnifici palazzi barocchi, tra cui il **Pósito**, un ex granaio del XVI secolo, la settecentesca **Casa del Corregidor** e il municipio. L'edificio più interessante è la **Colegiata de San Patricio** (⌚11-13 e 16.30-18), una chiesa in pietra calcarea dorata con una bella facciata barocca e l'interno di epoca prevalentemente rinascimentale.

La Fortaleza del Sol CASTELLO
(interi/bambini €10/gratuito; ⌚10.30-18.30 mar-dom, chiuso gen-marzo; 🚸) Il castello della città è stato trasformato in un parco tematico, con tanto di diorama, attori in costume e molta tecnologia. I bambini si divertiranno un mondo, ma gli adulti potrebbero rimpiangere il tempo in cui la visita al castello costituiva un'esperienza meno artefatta e più contemplativa.

Museo Arqueológico MUSEO
(Plaza de Juan Moreno; interi/bambini €2/gratuito; ⌚10-14 e 17-19.30 mar-sab, 10-14 dom) Il Museo Arqueológico di Lorca, ospitato nell'imponente Casa de los Salazar, del XVI secolo, illustra l'antica storia della città, che risale al medio Paleolitico.

Pernottamento e pasti

Pensión del Carmen HOTEL ECONOMICO €
(☎968 46 64 59; Rincón de los Valientes 3; singole/doppie €18/36; ❄) Ottima scelta per chi sta attento al budget, questo posto allegro e familiare mette a disposizione sette doppie e sette singole, tutte pulitissime. Si trova su una piccola piazza nei pressi di Calle Nogalte.

Hotel Alameda HOTEL €€
(☎968 40 66 00; www.hotel-alameda.com; 1° piano, Calle Musso Valiente 8; singole/doppie €35/55; P❄📶) Non fate caso all'anonimo pavimento di graniglia e alle stoffe floreali antiquate, perché le camere sono ampie, con un buon rapporto qualità-prezzo e in posizione eccellente. Durante la settimana di Pasqua bisogna aggiungere uno zero alle tariffe, ma avrete garantiti posti in prima fila.

Restaurante Juan de Toledo CUCINA MURCIANA €€
(☎968 47 02 15; Calle Juan de Toledo 14; pasti €25; ⌚pranzo e cena mar-sab, pranzo dom) Situato in un vecchio edificio ricco di fascino, nonostante i panni stesi ad asciugare ai piani superiori, il Juan de Toledo propone un *menú* semplice a base di carne. Si può scegliere tra *rabo de toro estofado* (stufato di coda di bue) e *solomillo a la brasa* (bistecca di filetto alla griglia). Chi preferisce tenersi più leggero può optare per una scodella di *gazpacho* con guarnizioni varie.

Jardines de Lorca HOTEL MODERNO €€€
(☎968 47 05 99; www.sercotelhoteles.com; Alameda de Rafael Méndez; singole/doppie €140/165; P❄@🏊📶) Questo albergo in mattoni rossi frequentato da una clientela in viaggio di lavoro offre camere moderne e dotate di eccellenti strutture, tra cui una spa.

VALE IL VIAGGIO

UN CENTRO ARTISTICO IN UN EX CONSERVIFICIO

L'arte non è una novità in una regione che vanta un ricco retaggio culturale che spazia dalle pitture rupestri rinvenute nella Cueva de los Letreros (subito oltre il confine con l'Andalusia nei pressi di Vélez Rubio) agli splendidi mosaici di epoca romana ritrovati a Cartagena. Il minuscolo villaggio di Ceutí, 24 km a nord-ovest di Murcia, ospita la sede de **La Conservera Centro de Arte Contemporáneo** (http://laconservera.org/; ingresso libero; ⏲10-14 e 17-21 mar-sab), un centro artistico inaugurato nel maggio 2009 nel quale sono esposte le opere di artisti e scultori contemporanei di fama internazionale accomunati da una concezione analoga dell'arte. Il centro espositivo è situato all'interno di un ex conservificio. Una volta eliminati i macchinari si è ottenuto uno spazio di ben 4800 mq, all'interno del quale sono state ricavate diverse sale ampie e luminose.

Almond Tree Villa GUESTHOUSE **€€**
(☎606 203963; www.almondtreevilla.com; singole/doppie €35/50) Ventisette chilometri a sud-ovest di Lorca, questa villa di campagna gay-friendly, nascosta in mezzo a un boschetto di mandorli, è l'ideale se siete alla ricerca di un posto tranquillo in cui rilassarvi in un contesto bucolico.

Shopping

Il grande **Centro de Artesanía** (Calle Lope Gisbert), situato accanto all'ufficio turistico, ha in vendita oggetti di artigianato locale.

Informazioni

Centro de Visitantes (Centro visitatori; ☎902 40 00 47; www.lorcatallerdeltiempo.com; ⏲9.30-14 e 16-19 mar-dom) Situato in un ex convento, ha un'esposizione multimediale (interi/bambini €3/gratuito) che illustra la lunga storia di Lorca.

Ufficio turistico (☎968 46 61 57; www.lorca.es; Calle Lope Gisbert 10; ⏲9.30-14 e 17.30-19.30 lun-sab, 10-15 dom) Fornisce una cartina e molte informazioni sulla città.

Per/da Lorca e trasporti locali

AUTOBUS E TRENO Ogni ora partono autobus (€5,35, 1 h 30 min) e treni (€15,60, 1 h) che collegano Lorca e Murcia.

AUTOMOBILE E MOTOCICLETTA C'è un ampio parcheggio sotterraneo (Plaza Colón) 200 m a ovest dell'ufficio turistico.

Parque Natural de Sierra Espuña

Questo parco si trova 40 minuti di automobile a sud-ovest di Murcia in direzione di Lorca, immediatamente a nord della N340. Vanta oltre 250 kmq di altopiani incontaminati, attraversati da una rete di sentieri che richiamano escursionisti e scalatori.

Sopra le vaste foreste si stagliano alcune formazioni di roccia calcarea, mentre nella parte nord-occidentale del parco ci sono 26 *pozos de la nieve*, ghiacciaie naturali dove, prima dell'avvento della refrigerazione industriale, la neve veniva compressa per essere trasformata in ghiaccio e quindi, al sopraggiungere dell'estate, trasportata nelle città vicine.

L'accesso migliore al parco è attraverso Alhama de Murcia. Vi consigliamo di visitare l'interessante **Centro visitatori Ricardo Codorniu** (☎968 42 54 55; www.sierraespuna.com; ⏲10-14 e 17-19 lun-sab, 10-14 dom), ospitato in una tradizionale casa di campagna nel cuore del parco.

Nel vicino villaggio di **El Berro** si trovano un paio di ristoranti e l'accogliente **Camping Sierra Espuña** (☎968 66 80 38; www.campingsierraespuna.com; piazzole €4/4/4 per persona/tenda/automobile, bungalow per 4/6 persone €75/84; 🏊), che offre ottime strutture, tra cui un barbecue, una piscina, un minigolf e una tavola calda.

Andalusia (Andalucía)

Include »

I migliori ristoranti

» Catalina (p274)

» Restaurante Arrayanes (p365)

» Restaurante Virgen del Carmen (p301)

» El Jardín de la Califa (p312)

I migliori hotel

» Hotel Costasol (p387)

» Hotel Hacienda Posada de Vallina (p350)

» Casa Morisca Hotel (p363)

Perché andare?

Provate a immaginarvi la scena...

Siviglia, ore 8: il profilo della Giralda scintilla sul Río Guadalquivir, un negoziante si affretta ad attraversare il ponte di San Telmo e due señoritas vestite con abiti a pois tornano con passo malfermo dalla feria della notte precedente.

Ronda, ore 15: un cameriere abbassa la saracinesca di un caffè vuoto, un gatto scivola agilmente lungo le case di un bianco accecante; nient'altro si muove – fa troppo caldo.

Cadice, l'una di notte: le onde si schiantano contro i muri di una sala di flamenco; all'interno, una cantante intona una melodia tormentata, creando un'atmosfera piena di sentimento. Le immagini dell'Andalusia sono così evocative – e profondamente spagnole – che a volte proverete un senso di *déjà vu*, come se foste già stati in questo luogo: una solenne processione pasquale, un'animata festa di primavera, una notte esotica nell'Alhambra. Nella vivida luce del giorno il quadro non è meno avvincente. Negli aridi paesaggi della Spagna meridionale vi attendono straordinarie esperienze.

Quando andare

Siviglia

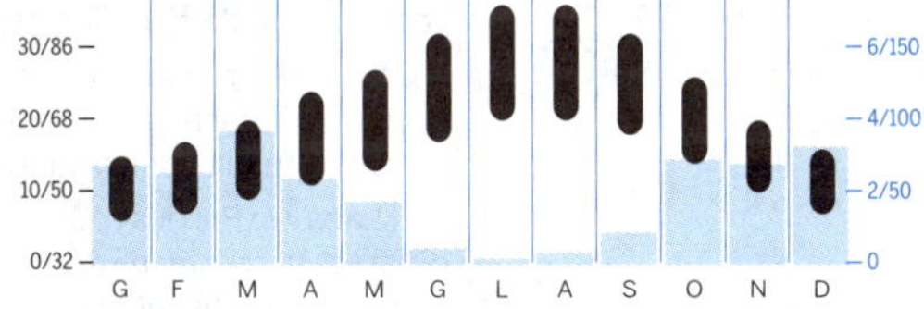

Aprile Le austere processioni della Semana Santa sono seguite dalle esuberanti fiere di primavera.

Maggio Il clima è ancora relativamente fresco, ma molte cittadine e villaggi celebrano le *romerías*.

Fine settembre Il caldo si placa, i turisti se ne vanno – però fa ancora caldo per andare in spiaggia.

SHERRY

Per apprezzare al meglio lo sherry, vi consigliamo di prendere parte alla visita guidata di una bodega in una delle tre cittadine storiche del cosiddetto 'triangolo dello sherry': Jerez de la Frontera(p302),ElPuerto de Santa María (p297) e Sanlúcar de Barrameda (p299).

In breve

» Popolazione: 8,2 milioni

» Superficie: 87.268 kmq

» Numero di visitatori (2009): 14,7 milioni

» Reddito annuo pro capite: €15.000

Pianificare

» L'Andalusia è una regione di feste, per cui informatevi sul calendario degli eventi e cercate di inserirne almeno un paio nel vostro itinerario.

» Consultate gli orari dei treni nel sito www.renfe.es e quelli degli autobus in www.movielia.es.

Siti utili

» www.andalucia.com

» www.andalucia.org

Romerías

Il termine spagnolo *romería* significa 'pellegrinaggio' o 'viaggio' e – secondo il folklore andaluso – è inscindibilmente legato alla Romería del Rocío, la località che ama autodefinirsi la patria dei pellegrinaggi. Tutti gli anni a maggio fino a un milione di persone si radunano in una vasta palude della provincia di Huelva per venerare una piccolissima immagine della Vergine. Le origini di questa festa sono prevalentemente religiose, ma la realtà della vita quotidiana è più prosaica. Durante i mesi di maggio e giugno, quasi tutti i villaggi dell'Andalusia vengono contagiati dalla frenesia selvaggia di El Rocío e fanno da sfondo a pittoresche processioni verso luoghi sacri simili, che fungono da preludio alla musica, alla baldoria, alle riunioni di famiglia e alle espressioni spontanee del flamenco. Si tratta di manifestazioni molto coinvolgenti.

FEDERICO GARCÍA LORCA

È oggetto di accesi dibattiti il fatto che si possa veramente comprendere la moderna Andalusia senza conoscere la figura e le opere del più grande poeta e drammaturgo spagnolo, Federico García Lorca. Questo artista è infatti riuscito a trasfondere nelle sue opere tutte le caratteristiche più profonde dell'Andalusia – passione, ambiguità, esuberanza e innovazione – portandole in vita in numerosi scritti giovanili, tra cui la commedia *Nozze di sangue* e il poema *Romancero Gitano*. Granada diede i natali, ispirò e infine distrusse García Lorca, ed è proprio qui che la sua eredità è rimasta più viva; osservando ciò che vi circonda, sentirete la sua influenza quasi ovunque. Assistete a uno spettacolo tratto da una sua opera, visitate la sua casa natale a Fuente Vaqueros (p370) o andate a passeggio nelle vie di Granada e nella Vega, componendo un vostro itinerario poetico.

Top Five - locali di flamenco

» Peña Flamenca La Perla (p296), Cadice – Ascoltate le *alegrías* (estroverse canzoni di flamenco) interpretate da *gaditanos* (abitanti di Cadice) altrettanto vivaci.

» Casa Anselma (p277), Siviglia – *Sevillanas* (canti e balli folkloristici di flamenco) e danze spontanee e di tanto in tanto una *soleá* (malinconico canto flamenco).

» El Lagá Tio Parrilla (p306), Jerez – Secondo la tradizione di Jerez, gli spettacoli di questo locale terminano sempre con un'eccitante *bulería* (canzone di flamenco).

» Peña de La Plateria (p367), Granada – Pittoresche *granainas* (canzoni di flamenco tipiche di Granada) nella più antica *peña flamenca* (sala di flamenco) di tutta la Spagna.

» Peña El Taranto (p388), Almería – Tempio del *taranto*, una rivisitazione del tradizionale fandango nata nella Spagna orientale.

Storia

Tra il 1000 e il 900 a.C. le ricchezze agricole e minerarie dell'Andalusia richiamarono nella regione i fenici, che fondarono sulla costa alcune colonie come Cadice, Huelva e Málaga. Nell'VIII e VII secolo sotto l'influenza fenicia si sviluppò la misteriosa e – secondo la leggenda – ricchissima civiltà dei tartessi, localizzata in alcune zone dell'Andalusia occidentale. A partire dal III secolo a.C. e fino al V secolo d.C., l'Andalusia, governata da Córdoba, fu una delle province più ricche e civilizzate dell'impero romano.

L'Andalusia fu il primo obiettivo dei musulmani, che nel 711 salparono dalle coste africane per invadere la Penisola Iberica al comando del generale arabo Tariq ibn Ziyad, approdato a Gibilterra con circa 10.000 uomini, quasi tutti berberi (nordafricani). Fino all'XI secolo il centro del potere islamico in Spagna fu Córdoba, seguita da Siviglia fino al XIII secolo e infine da Granada fino al 1492, anno in cui venne portata a termine la Reconquista. Nel suo momento di maggior splendore, nel X secolo, Córdoba era la città più affascinante dell'Europa occidentale, famosa per la pacifica coesistenza delle 'tre culture', islamica, ebraica e cattolica. La civiltà islamica sopravvisse in Andalusia più a lungo che in qualsiasi altra regione della Penisola Iberica, come dimostra il fatto che il toponimo moderno deriva dal nome arabo della regione occupata nel Medioevo dai musulmani, Al-Andalus.

Nel 1492 l'Emirato di Granada, ultima roccaforte di Al-Andalus, cadde nelle mani dei Reyes Católicos (Re Cattolici) Ferdinando e Isabella. L'arrivo di Cristoforo Colombo in America, avvenuto nello stesso anno, portò grandi ricchezze a Siviglia e in seguito a Cadice, i due porti andalusi attraverso i quali la Spagna gestiva i traffici commerciali con le Americhe. Tuttavia la monarchia spagnola, assegnando vasti territori ai membri più influenti dell'aristocrazia castigliana, provocò il collasso economico della regione, in quanto la nobiltà preferì abbandonare l'agricoltura per privilegiare l'allevamento degli ovini.

Alla fine del XIX secolo, l'Andalusia rurale divenne un focolaio di fermenti anarchici. Durante la guerra civile spagnola l'intera regione venne lacerata da profonde divisioni di classi e fu spesso teatro di orribili atrocità. Quelli che seguirono furono per la Spagna tempi molto difficili – conosciuti con l'eloquente espressione 'anni della fame' – soprattutto nella parte meridionale del paese e dal 1850 al 1970 circa un milione e mezzo di andalusi furono costretti ad abbandonare la loro terra per andare a cercare lavoro nelle città industriali della Spagna settentrionale o in altri paesi europei.

Per fortuna, a partire dagli anni '60 il turismo, lo sviluppo delle industrie e i consistenti finanziamenti concessi all'agricoltura dall'Unione Europea hanno migliorato notevolmente la situazione. Dal 1982 l'Andalusia, il cui capoluogo amministrativo è Siviglia, è governata dal partito di centro-sinistra Partido Socialista Obrero Español (PSOE; Partito Socialista Operaio Spagnolo). In Andalusia la maggior parte dei problemi legati alla povertà è stata risolta facendo ricorso a sovvenzioni e favorendo lo sviluppo economico. Anche l'assistenza sanitaria e l'istruzione sono migliorate notevolmente e, grazie ai provvedimenti varati dal PSOE, l'Andalusia vanta oggi la più vasta rete di riserve naturali del paese (anche se va detto che si è cominciato ad affrontare il problema dello sviluppo edilizio incontrollato in molte zone costiere solo negli ultimi due anni).

L'Andalusia è stata colpita duramente dalla crisi finanziaria del 2008-9. I dati pubblicati nel maggio del 2010 attestano nella regione un tasso di disoccupazione pari al 27%, nettamente superiore alla media nazionale (che si aggira intorno al 20%, un dato già tutt'altro che positivo). In alcune province, come quelle di Cadice e di Málaga, la disoccupazione supera la soglia del 30%. Un altro gruppo sociale gravemente danneggiato dalla crisi è quello dei numerosi immigrati in Andalusia – quasi tutti residenti nella Costa del Sol – molti dei quali sono stati costretti a fare ritorno nella loro patria.

Siviglia (Sevilla)

POP. 703.000

Alcune città sono belle, altre hanno un'anima, ma poche possono vantare entrambe queste doti. Siviglia appartiene a questa categoria, potendo essere descritta come un vivace insieme di matador e di *cantador* (cantanti di flamenco), di arance e di opera, di giganteschi edifici gotici e di magnifici palazzi in stile mudéjar. Nonostante la sua solennità (che trova piena espressione nel commovente lamento del flamenco), Siviglia è anche esuberante (per rendersene conto basta visitare un'allegra festa di primavera), anche se a colpire i visitatori è soprattutto

Il meglio dell'Andalusia

1 Le aquile che volteggiano sui dirupi e i castelli del **Parque Natural Sierra de Grazalema** (p308)

2 La Giralda e le imponenti dimensioni della **cattedrale** (p265) di Siviglia

3 L'itinerario delle tapas nella poco visitata **Jaén** (p377), un itinerario tuttora poco battuto

4 Il vento che soffia impetuoso nei capelli su una delle lunghe spiagge deserte della **Costa de la Luz** (p311)

5 Uno spettacolo teatrale di Federico García Lorca

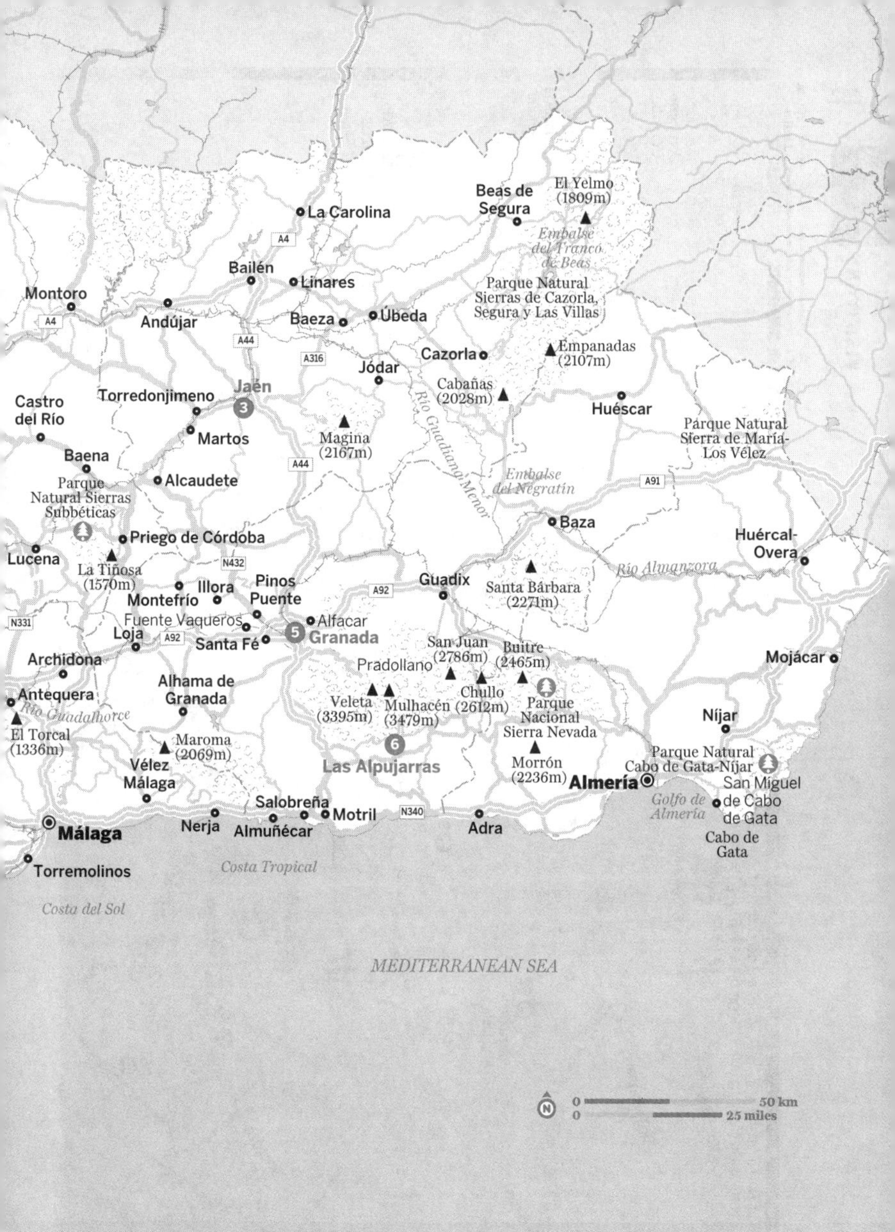

nei giardini del Generalife all'Alhambra di **Granada** (p367)

❻ Una passeggiata nel mondo etereo delle valli di **Las Alpujarras** (p373)

❼ Un indimenticabile spettacolo di flamenco tra le case scrostate e le onde impetuose che si abbattono sulla città di **Cadice** (p290)

❽ Un giro su una bicicletta a noleggio nei bianchi villaggi dei dintorni di **Ronda** (v. inserto colore)

Siviglia (Sevilla)

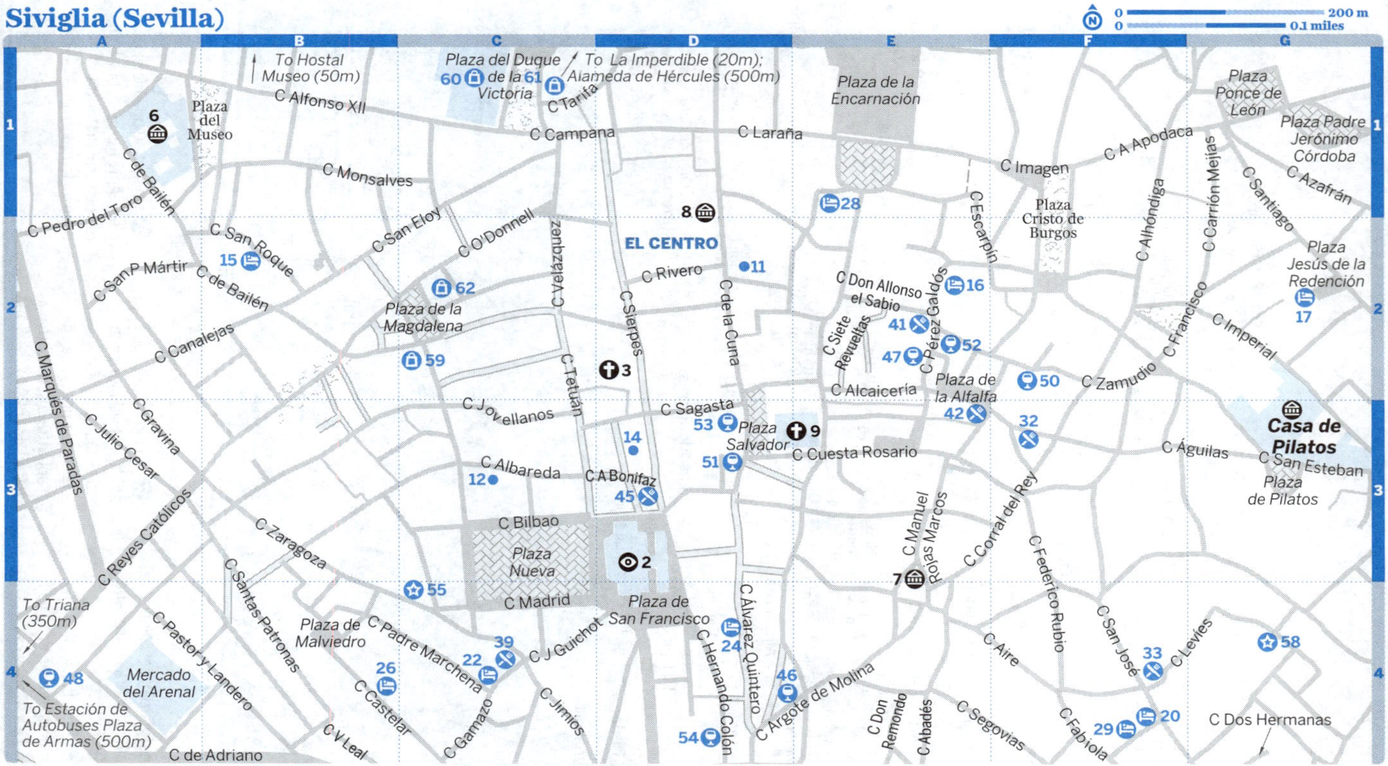

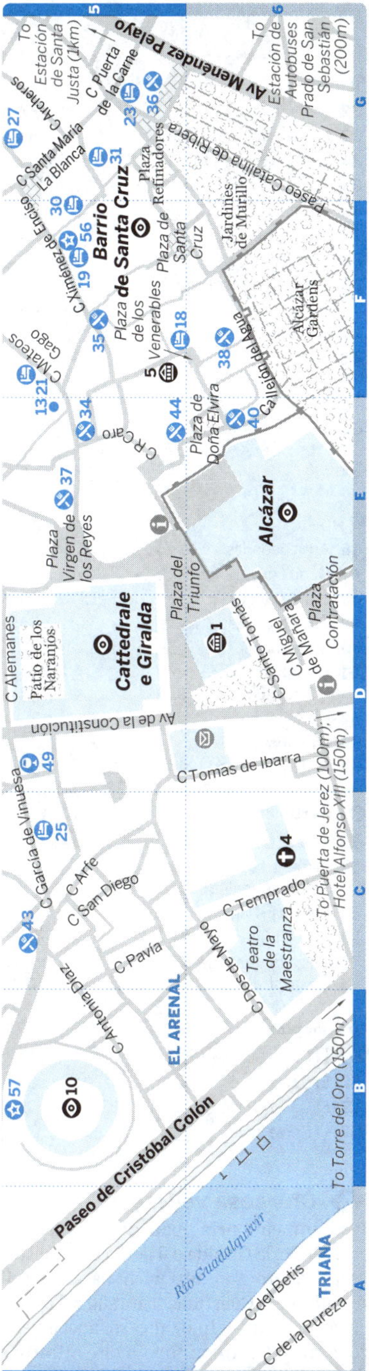

il suo modo di essere capricciosa. Se ci andrete nel mese di aprile per assistere all'affascinante Semana Santa, che si trasforma poi nella caotica Feria de Abril (p271), non potrete fare a meno di chiedervi se la protagonista della *Carmen* di Bizet non sia veramente esistita.

Ornata da monumenti, opere d'arte, interminabili festival e dalla più straordinaria cattedrale gotica del mondo, Siviglia attirò i primi 'turisti' della storia – Richard Ford e Lord Byron, tanto per citarne un paio. Sebbene i suoi imponenti edifici non siano cambiati molto dal XIX secolo, i recenti miglioramenti delle infrastrutture – comprendenti tra le altre cose una nuova linea ferroviaria e di tram, la chiusura al traffico del centro storico, e la predisposizione di numerosi punti di noleggio delle biciclette – hanno reso la visita della città molto più piacevole.

Storia

All'epoca dei romani Siviglia (Hispalis) era un importante porto fluviale sul Río Guadalquivir, navigabile fino all'Oceano Atlantico, distante ben 100 km. La Siviglia musulmana (Ishbiliya) divenne la più potente tra le *taifas* (piccoli regni) in cui la Spagna islamica si divise dopo il crollo del califfato di Córdoba avvenuto nel 1031. Nel XII secolo una dinastia di stretta osservanza islamica proveniente dal Marocco conquistò la Spagna musulmana e scelse Siviglia come capitale del suo regno, costruendo una grande moschea nel luogo in cui oggi sorge la cattedrale. Dopo il tramonto della potenza almohade, nel 1248 Siviglia cadde nelle mani di Ferdinando III (El Santo) di Castiglia.

Nel XIV secolo Siviglia era diventata la città più importante della Castiglia e nel 1503 ottenne il monopolio dei commerci con le colonie americane, trasformandosi rapidamente in una delle città più cosmopolite del mondo. Tuttavia, nel corso dei tre secoli successivi una terribile epidemia di peste e il progressivo insabbiamento del fiume contribuirono al suo lento declino, che allo scoppio della guerra civile nel 1936 la fece cadere quasi subito nelle mani dei nazionalisti. La situazione iniziò a cambiare negli anni '80, quando Siviglia divenne il capoluogo della nuova provincia autonoma dell'Andalusia in seno alla Spagna democratica e il *sevillano* Felipe González fu nominato primo ministro. L'esposizione internazionale del 1992 (Expo '92) attirò a Siviglia migliaia di visitatori. Per l'occasione furono costruiti

Siviglia

Da non perdere

Alcázar E6
Barrio de Santa Cruz F5
Casa de Pilatos G3
Cattedrale e Giralda D5

Che cosa vedere

1 Archivo de Indias D6
2 Ayuntamiento D3
3 Capilla de San José D2
4 Hospital de la Caridad C6
5 Hospital de los Venerables Sacerdotes F5
6 Museo de Bellas Artes A1
7 Museo del Baile Flamenco E3
8 Palacio de la Condesa de Lebrija D1
9 Parroquia del Divino Salvador E3
10 Plaza de Toros de la Real Maestranza B5

Attività, corsi e tour

11 Carpe Diem D2
12 CLIC C3
13 Giralda Center E5
14 LINC D3

Pernottamento

15 B&B Naranjo B2
16 Casa Sol y Luna E2
17 Hospas las Casas del Rey de Baeza G2
18 Hostería del Laurel F5
19 Hotel Alcántara F5
20 Hotel Amadeus F4
21 Hotel Goya F5
22 Hotel Maestranza C4
23 Hotel Puerta de Sevilla G5
24 Hotel San Francisco D4
25 Hotel Simón C5
26 Hotel Vincci La Rábida B4
27 Las Casas de la Judería G5
28 Oasis Backpackers' Hostel E1
29 Pensión Córdoba F4
30 Pensión San Pancracio F5
31 Un Patio en Santa Cruz G5

Pasti

32 Bar Alfalfa F3
33 Bar Levíes F4
34 Bodega Santa Cruz E5
35 Café Bar Las Teresas F5
36 Catalina G5
37 Cervecería Giralda E5
38 Corral del Agua F6
39 Enrique Becerra C4
40 Extraverde E6
41 Habanita E2
42 Horno de San Buenaventura E3
43 Mesón Cinco Jotas C5
44 Restaurante La Cueva E5
45 Robles Laredo D3

Locali

46 Antigüedades D4
47 Cabo Loco E2
48 Café Isbiliyya A4
49 Casa Morales D5
50 El Garlochi F2
51 La Antigua Bodeguita D3
52 La Rebótica E2
53 La Sapotales D3
54 P Flaherty Irish Pub D4

Divertimenti

55 Bestiario C4
56 Casa de la Memoria de Al-Andalus F5
57 Empresa Pagés B5
58 La Carbonería G4
Plaza de Toros de la Real Maestranza .... (v. 10)

Shopping

59 El Corte Inglés C2
60 El Corte Inglés C1
61 El Corte Inglés C1
62 El Corte Inglés C2

otto nuovi ponti sul Guadalquivir e la linea ferroviaria ad alta velocità AVE tra Siviglia e Madrid. Nel XXI secolo Siviglia ha posto grande attenzione ai temi ecologici sperimentando nuove iniziative verdi, tra cui la rete di tram, la metropolitana e le biciclette che scivolano silenziose tra i monumenti antichi, testimoni delle glorie del passato.

Che cosa vedere

I monumenti principali di Siviglia – la cattedrale, la Giralda e il complesso dell'Alcázar – si trovano tutti pochi passi a est di Avenida de la Constitución e a sud del centro città (El Centro). In ogni caso, anche nella zona di El Centro ci sono molte attrattive degne di nota.

SIVIGLIA IN...

Due giorni

Iniziate il primo giorno con la visita dell'**Alcázar** e poi gironzolate nel **Barrio de Santa Cruz** e pranzate al **Corral del Agua**. Nel pomeriggio dirigetevi verso il Río Guadalquivir e visitate il **Museo de Bellas Artes**. Trascorrete la serata in un tapas bar nei pressi di Plaza de la Alfalfa e, più tardi, trasferitevi in uno dei bar aperti fino alle ore piccole.

La mattina del secondo giorno sarà dedicata alla **cattedrale** e alla **Giralda**, prima di andare a El Centro per visitare il **Palacio de la Condesa de Lebrija** e dare un'occhiata ai negozi della zona. Di sera attraversate il fiume e andate a Triana per gustare una frittura di pesce in uno dei ristoranti di Calle del Betis. E a mezzanotte dirigetevi verso **Casa Anselma** per assistere a uno dei suoi bellissimi e magici spettacoli di flamenco.

Quattro giorni

Dopo aver fatto le ore piccole, s'impone una prima colazione in tarda mattinata – i camerieri del **Horno de San Buenadventura** vi saranno di aiuto. Trascorrete pigramente la giornata rilassandovi nell'ombreggiato **Parque de María Luisa**, dove potrete visitare due musei (ammesso che ne abbiate ancora la forza). Lasciate perdere le tapas e concedetevi invece una cena di classe nel **Restaurante Egaña Oriza**. Il quarto giorno visitate il **Museo del Baile Flamenco** e/o la **Casa de Pilatos**. Fate uno spuntino all'**Extraverde** e cenate al **Restaurante La Cueva**, prima di darvi alla baldoria notturna nell'**Alameda de Hércules**.

Catedral e Giralda CATTEDRALE
(interi/under 16 €8/gratuito; ⏲11-17.30 lun-sab, 14.30-18.30 dom set-giu) Dopo la conquista di Siviglia da parte dei cristiani avvenuta nel 1248, la moschea principale della città fu trasformata in chiesa, funzione che mantenne fino al 1401, anno in cui venne demolita per fare spazio a quella che sarebbe diventata una delle cattedrali più grandi del mondo e una delle principali icone dell'architettura gotica. L'edificio fu portato a termine solo nel 1507. Lo splendido minareto originale della moschea, La Giralda, si erge ancora nel lato orientale della struttura. La cattedrale è accessibile ai disabili.

Sala del Pabellón

Nella prima sala che si incontra dopo la biglietteria sono esposti alcuni tesori artistici appartenenti alla collezione della cattedrale.

Cappelle e vetrate istoriate

L'ampiezza degli interni di questa gigantesca cattedrale a cinque navate è surclassata dalle sontuose decorazioni, tipiche delle cattedrali spagnole. Nei pressi dell'estremità occidentale del lato settentrionale dell'edificio si trova la **Capilla de San Antonio**, al cui interno è custodita la grande tela dipinta da Murillo nel 1666 che raffigura la visione di sant'Antonio da Padova; nel 1874 l'immagine del santo inginocchiato venne tagliata dai ladri, ma in seguito fu ritrovata a New York e rimessa al suo posto.

Tomba di Colombo

Pochi passi oltre il portale meridionale della cattedrale si trova la sontuosa tomba di Cristoforo Colombo, realizzata nel 1902. I resti contenuti al suo interno sono oggetto di accesi dibattiti e alcuni studiosi sostengono che probabilmente l'esploratore (o, almeno, la maggior parte delle sue spoglie) fu sepolto nell'odierna Repubblica Dominicana.

Capilla Mayor

Verso l'estremità orientale della navata principale si trova la Capilla Mayor, il cui altare gotico – considerato il più grande del mondo – è l'opera di maggior pregio della cattedrale. Iniziata dallo scultore fiammingo Pieter Dancart nel 1482 e portata a termine da altri artisti nel 1564, questa gigantesca superficie di legno dorato e policromo presenta oltre un migliaio di personaggi biblici.

Sacrestie e sala capitolare

A sud della Capilla Mayor si trovano alcune sale che ospitano molti tesori d'arte della cattedrale. Quella più a ovest è la **Sacristía de los Cálices** dove, sopra l'altare, è appeso un dipinto di Goya del 1817 raffigurante le martiri di Siviglia, *Santas Justa y Rufina* (due sorelle vasaie che morirono per mano dei romani nel 287 d.C.). Questo quadro si riallaccia a una leggenda secondo cui Rufina fu data in pasto a un leone durante il travaglio, ma l'animale le leccò i piedi invece di assalirla. Il capolavoro più importante di questa sala è costituito dalla **Custodia de Juan de Arfe**, un imponente ostensorio d'argento del peso di 475 kg realizzato in stile rinascimentale intorno al 1580 da Juan de Arfe. In una teca di vetro sono custodite le chiavi della città, che nel 1248 vennero consegnate al conquistatore Ferdinando III.

Sovrastato da una vasta cupola, il bellissimo **cabildo** (sala capitolare) è situato nell'angolo sud-orientale della cattedrale; fu costruito tra il 1558 e il 1592 secondo il progetto di Hernán Ruiz, l'architetto che aveva già realizzato la torre campanaria della Giralda. In alto, sopra il trono dell'arcivescovo collocato nell'estremità meridionale della sala, si può vedere un capolavoro di Murillo, *La Inmaculada*, e altre otto figure di santi realizzate da questo artista che ornano la cupola.

Giralda

Nell'angolo nord-orientale della cattedrale si trova il passaggio che dà accesso alle scale della Giralda. La salita è piuttosto agevole, con una serie di rampe costruite in modo da poter essere percorse anche dalle guardie a cavallo. Dalla sommità della torre è possibile ammirare un bellissimo panorama.

Alta più di 90 m, la Giralda era il minareto dell'antica moschea situata dove oggi sorge la cattedrale; questa struttura in mattoni fu fatta costruire dal califfo almohade Yusuf Yacub al-Mansur tra il 1184 e il 1198. Per le proporzioni, le decorazioni e i colori, la Giralda può essere considerata il migliore esempio di architettura islamica di tutta la Spagna. La parte superiore (dalla cella campanaria in su) fu aggiunta nel corso del XVI secolo, mentre sulla sommità si erge **El Giraldillo**, una banderuola segnavento cinquecentesca che rappresenta la Fede ed è il simbolo di Siviglia.

Patio de los Naranjos

Questo patio dove oggi crescono più di sessanta alberi di arancio era in passato il cortile dove i musulmani adempivano alle abluzioni di rito prima di entrare nella moschea. Nel lato settentrionale si staglia la bellissima Puerta del Perdón, in stile arabo.

TOP **Alcázar** CASTELLO

(interi/ridotti €7,50/gratuito; ⏲9.30-19 apr-set) Residenza di molte generazioni di re e di califfi, l'Alcázar può essere considerato la risposta di Siviglia all'Alhambra di Granada. Situata a sud della cattedrale nel lato opposto di Plaza del Triunfo, questa fortezza è accessibile ai disabili. Si tratta di un complesso molto affascinante, profondamente legato alle vite e agli amori dello straordinario re Pedro I di Castiglia (1350-69).

Sorto nel 913 come fortezza per i governatori cordobensi di Siviglia, nel corso dei suoi undici secoli di vita l'Alcázar è stato ampliato e ricostruito diverse volte. I Re Cattolici Ferdinando e Isabella vi stabilirono la loro corte intorno al 1480, mentre si accingevano alla conquista di Granada. Gli splendidi giardini furono invece realizzati dai sovrani successivi.

Patio del León

Il Patio del Leone era sede della guarnigione del palazzo di Al-Muwarak. Situata a pochi passi di distanza, la **Sala de la Justicia** ornata da meravigliosi stucchi in stile mudéjar fu costruita negli anni '40 del XIV secolo per volontà di Alfonso XI, che era solito soggiornarvi con la sua amante Leonor de Guzmán. Le sue scappatelle extraconiugali regalarono all'erede legittimo Pedro I (meglio conosciuto con i soprannomi di El Cruel e di Justiciero) ben cinque fratellastri, costringendolo a ingaggiare un'accanita lotta per il trono. Uno dei pretendenti, Don Fadrique, morì nella Sala de la Justicia, che si affaccia sul grazioso **Patio del Yeso**, ricostruzione ottocentesca di un'ala del palazzo almohade del XII secolo.

Patio de la Montería

Le sale che si aprono lungo il lato occidentale di questo patio facevano parte della Casa de la Contratación, fondata dai Re Cattolici nel 1503 per controllare i commerci nelle Americhe. La **Sala de Audiencias** ospita il primo dipinto conosciuto con la raffigurazione della scoperta delle Americhe (realizzato da Alejo Fernández negli anni '30 del XVI secolo), nel quale Colombo, Ferdinando il Cattolico, Carlo I, Amerigo Vespucci e un gruppo di nativi americani cercano rifugio sotto il mantello della Vergine, protettrice dei marinai.

Palacio de Don Pedro (Palazzo Mudéjar)

Sebbene sia passato alla storia con il soprannome di 'Crudele', tra il 1360 e il 1364 Pedro I costruì umilmente questo meraviglioso palazzo usando materiali 'deperibili' come la ceramica, lo stucco e il legno, per non trasgredire al divieto coranico di erigere strutture 'eterne' - privilegio che spetta al Creatore.

Nel cuore del palazzo si trova il meraviglioso **Patio de las Doncellas** (Patio delle

Fanciulle), circondato da bellissimi portici e ornato da raffinati stucchi e rivestimenti in ceramica. Nel 2004 gli archeologi hanno riportato alla luce i giardini originali, nascosti sotto un pavimento in marmo del XVI secolo.

La **Cámara Regia** (Appartamento Reale) situata nel lato settentrionale del patio è formata da due sale dotate di splendidi soffitti. Pochi passi più a ovest si apre il piccolo **Patio de las Muñecas** (Patio delle Bambole), cuore degli appartamenti privati del palazzo, che presenta delicate decorazioni nello stile tipico di Granada; va comunque detto che gli stucchi furono portati dall'Alhambra nel corso del XIX secolo. Situato nella parte settentrionale dell'edificio, il **Cuarto del Príncipe** (Appartamento del Principe) vanta una bellissima cupola di legno che riproduce un cielo stellato nella sala che con ogni probabilità era la camera da letto della regina.

Situato nell'estremità occidentale del Patio de las Doncellas, lo spettacolare **Salón de Embajadores** (Salone degli Ambasciatori) fu la sala del trono di Pedro I e include molte arcate del palazzo di Al-Muwarak, un edificio più antico realizzato nello stile del califfato. Nel 1427 venne aggiunta la fantastica cupola in legno, decorata con un motivo a stelle che simboleggia l'universo. Situato nel lato occidentale, il magnifico **Arco de Pavones** è decorato con motivi che rappresentano pavoni e consente di accedere al **Salón del Techo de Felipe II**.

Salones de Carlos V

Raggiungibili da una scalinata che sale dal Patio de las Doncellas, le sale del palazzo gotico fatto costruire da Alfonso X nel XIII secolo sono state rimaneggiate più volte nel corso dei secoli successivi. In questi saloni si riuniva la corte intellettuale di Alfonso e, un secolo dopo, Pedro I vi stabilì la residenza della sua favorita, María de Padilla. La **Sala de las Bóvedas** (Sala della Volta) è decorata con preziosi rivestimenti in ceramica, mentre il **Salón de Tapices** (Salone degli Arazzi) è ornato da grandissimi arazzi settecenteschi che raffigurano la conquista di Tunisi da parte di Carlo I avvenuta nel 1535.

Giardini e uscita

Dai Salones de Carlos V si entra nei vasti giardini dell'Alcázar. I giardini situati di fronte ai Salones de Carlos V e al Palacio de Don Pedro assunsero l'aspetto attuale tra il XVI e il XVII secolo, mentre quelli situati a est vennero portati a termine nel corso del XX secolo. Dal piccolo **Jardín de las Danzas** (Giardino delle Danze) si diparte un passaggio che, procedendo sotto i Salones de Carlos V, consente di raggiungere la grotta chiamata **Baños de Doña María de Padilla**.

Dai nuovi giardini si può uscire dal complesso dell'Alcázar passando dall'**Apeadero**, una sala d'ingresso realizzata nel corso del XVII secolo, e dal **Patio de las Banderas** (Patio delle Bandiere).

FREE **Archivo de Indias** MUSEO

(Calle Santo Tomás; ⏲10-16 lun-sab, 10-14 dom e festivi) Situato nel lato occidentale di Plaza del Triunfo, l'Archivo de Indias è l'archivio più importante relativo all'impero coloniale spagnolo nelle Americhe, ospitando al suo interno oltre 80 milioni di pagine di documenti risalenti al periodo compreso tra il 1492 e la fine dell'impero nel XIX secolo, che rappresentano la più efficace affermazione del potere e della sfera d'influenza della Spagna nel suo periodo di massimo splendore.

BARRIO DE SANTA CRUZ

Situata a est della cattedrale e dell'Alcázar, la *judería* medievale (quartiere ebraico) di Siviglia è oggi un labirinto di pittoresche stradine tortuose e di belle piazze alberate pervase dal profumo dei fiori d'arancio. La sua piazza più caratteristica è **Plaza de Santa Cruz**, dalla quale ha preso nome il *barrio* (quartiere). **Plaza de Doña Elvira** è un altro angolino romantico, soprattutto di sera.

Hospital de los Venerables Sacerdotes GALLERIA D'ARTE

(Plaza de los Venerables 8; interi/ridotti €4,75/gratuito, dom pomeriggio ingresso libero; ⏲10-13.30 e 16-19.30) Un tempo adibito a residenza di sacerdoti anziani, questo imponente edificio secentesco ospita oggi mostre temporanee d'arte e un delizioso cortile centrale.

EL CENTRO

Il vero centro di Siviglia è costituito dalla zona fitta di stradine che si estende a nord della cattedrale.

Plaza de San Francisco e Calle Sierpes PIAZZA

Plaza de San Francisco è fin dal XVI secolo la piazza principale di Siviglia. L'estremità meridionale dell'**ayuntamiento** (municipio) è decorata con incantevoli rilievi rinascimentali realizzati tra il 1520 e il 1530.

La pedonale Calle Sierpes, che procede a nord della piazza, e la parallela Calle Tetuán/Velázquez sono considerate le vie dello shopping più trendy di Siviglia. Tra queste due vie si trova la settecentesca **Capilla de San José** (Calle Jovellanos; ⌚8-12.30 e 18.30-20.30), che vanta una decorazione barocca di straordinaria ricchezza.

Situato un isolato a est di Calle Sierpes, il **Palacio de la Condesa de Lebrija** (Calle de la Cuna 8; ingresso edificio/solo piano terreno €8/4, piano terreno 9-12 mer ingresso libero; ⌚10.30-19.30 lun-ven, 10-14 e 16-18 sab) è una residenza signorile del XVI secolo ristrutturata nel 1914 dalla viaggiatrice ed esperta d'arte Doña Regla Manjón, contessa di Lebrija.

Plaza Salvador — PIAZZA

Questa piazza, dove si trovano alcuni bar molto trendy, era in passato il foro della romana Hispalis sul quale oggi domina la **Parroquia del Divino Salvador**, una grande chiesa barocca costruita tra il 1674 e il 1712 nel luogo in cui sorgeva la moschea principale della musulmana Ishbiliya. All'interno di questa chiesa si trova una profusione di sculture e dorature. Al tramonto, la luce che filtra attraverso le vetrate istoriate si riflette sulle sculture che ornano la chiesa, esaltandone la bellezza surreale.

Casa de Pilatos — MUSEO

(Calle Águilas; ingresso tutta la casa/solo piano inferiore €8/5, mer 13-17 e 15-19 ingresso libero ai cittadini UE; ⌚9-19 apr-ott) Unanimemente considerata una delle residenze nobiliari più belle di Siviglia, questa casa si trova 500 m a nord-est della cattedrale ed è tuttora abitata dai duchi di Medinaceli. Si tratta di un grande e lussuoso edificio cinquecentesco, caratterizzato da una eterogenea commistione di stili architettonici.

EL ARENAL

Una breve passeggiata in direzione ovest da Avenida de la Constitución vi porterà sulle sponde del Río Guadalquivir, delimitate da un grazioso sentiero. Nel vicino quartiere di El Arenal si trovano alcune delle attrattive turistiche più importanti di Siviglia.

Torre del Oro — MUSEO

(interi/studenti e anziani €2/1; ⌚10-13.30 mar-ven, 10.30-13.30 sab e dom, chiuso lun, festivi e agosto) Costruita nel corso del XIII secolo, questa torre di guardia islamica affacciata sul fiume aveva probabilmente una cupola rivestita in piastrelle dorate (dalla quale deriverebbe il nome) e da secoli è considerata una delle icone architettoniche più significative di Siviglia. Al suo interno si trova un piccolo museo marittimo.

Museo del Baile Flamenco — MUSEO

(www.museoflamenco.com; Calle Manuel Rojas Marcos 3; interi/ridotti €10/6; ⌚9.30-19 tutti i giorni) Fortemente voluto dalla danzatrice di flamenco *sevillana* Cristina Hoyos, il Museo del Baile Flamenco è il museo più recente di Siviglia e dispone di una bella collezione distribuita sui tre piani di un maestoso palazzo settecentesco; il biglietto di ingresso ci sembra però un po' troppo caro. Al suo interno è possibile ammirare schizzi, dipinti, fotografie di grandi ballerini di flamenco (sia del passato sia del presente) e una vasta collezione di abiti e di scialli. Questo museo ospita regolarmente spettacoli, corsi e laboratori e possiede anche un negozio.

Hospital de la Caridad — GALLERIA D'ARTE

(Calle Temprado 3; ingresso con audioguida €5, dom e festivi ingresso libero ai cittadini UE; ⌚9-13.30 e 15.30-19.30 lun-sab, fino alle 13 dom e festivi) Meravigliose opere d'arte dell'età d'oro sivigliana ornano la chiesa di questo ospizio situato a un isolato dal fiume, che fu fondato nel corso del XVII secolo da Miguel de Mañara, leggendaria figura di libertino che cambiò vita dopo aver avuto la terrorizzante visione del suo funerale. Tra i capolavori secenteschi ospitati al suo interno meritano di essere citate le inquietanti opere di Valdés Leal: *In Ictu Oculi* (In un batter d'occhio) e *Finis Gloriae Mundi* (La fine della gloria terrena).

Plaza de Toros de la Real Maestranza — ARENA, MUSEO

(☎954 22 45 77; www.realmaestranza.es; Paseo de Cristóbal Colón 12; visite guidate interi/over 65/under 12 €6/4/2,50; ⌚ogni 30 min 9.30-20, 9.30-15 nei giorni delle corride) L'arena di Siviglia è una delle più belle della Spagna e con ogni probabilità la più antica, essendo stata iniziata nel 1758. Fu proprio in questa plaza de toros – oltre che nell'arena di Ronda – che nel XVIII secolo si tennero le prime corride con il torero a piedi anziché a cavallo. Purtroppo le visite guidate obbligatorie sono un po' troppo superficiali.

Museo de Bellas Artes — GALLERIA D'ARTE

(Plaza del Museo 9; interi/cittadini UE, pensionati, studenti €1,50/gratuito; ⌚9-20.30 mar-sab, fino alle 14.30 dom, chiuso lun) Ospitato all'interno di un bellissimo convento sconsacrato, il museo di belle arti di Siviglia rende pienamente giustizia al ruolo rilevante svolto da questa città durante l'età d'oro dell'arte spagnola. Questo museo è accessibile anche ai disabili.

A SUD DEL CENTRO

Dirigendosi a sud del centro si raggiunge una zona verde, comprendente diversi parchi romantici e monumenti realizzati per l'Esposizione Universale del 1929.

FREE **Antigua Fábrica de Tabacos** UNIVERSITÀ

(Calle San Fernando; ⌚8-21.30 lun-ven, fino alle 14 sab) Luogo di lavoro della passionale eroina di Bizet Carmen, l'antica manifattura di tabacco di Siviglia fu costruita nel XVIII secolo ed è il secondo edificio della Spagna in ordine di dimensioni dopo l'Escorial. Attualmente sede dell'università, questo edificio è accessibile ai disabili.

Hotel Alfonso XIII HOTEL STORICO

(Calle San Fernando 2) Vero e proprio monumento storico oltre che albergo, l'Hotel Alfonso XIII è sicuramente più abbordabile se si decide di bere un caffè anziché pernottarvi. Questo straordinario edificio, che quando fu costruito nel 1928 insieme a Plaza de España per l'esposizione internazionale del 1929 era l'albergo più lussuoso d'Europa, è in stile classico neo-mudéjar con rivestimenti in piastrelle e mattoni di terracotta.

Parque de María Luisa e Plaza de España PARCO

(⌚8-22) Una vasta zona situata a sud della ex manifattura di tabacco fu completamente trasformata in occasione della fiera internazionale del 1929, l'Exposición Iberoamericana, quando gli architetti vi costruirono numerosi edifici straordinari, molti dei quali ammiccanti a gloriose epoche passate della città oppure ispirati agli stili dei nativi delle ex colonie spagnole. Nella parte centrale di questa zona si estende il vasto Parque de María Luisa, che celebra il passato cristiano e moresco della città.

Situata di fronte al parco in Avenida de Isabel la Católica, Plaza de España è uno dei luoghi preferiti dagli abitanti di Siviglia per rilassarsi. Intorno alla piazza sorge il più sontuoso degli edifici costruiti nel 1929, una struttura semicircolare in mattoni e piastrelle che rappresenta l'arte della ceramica di Siviglia al massimo del suo splendore.

In Plaza de América, nell'estremità meridionale del parco, si trova il **Museo Arqueológico** di Siviglia (interi/cittadini UE, under 16 e anziani €1,50/gratuito; ⌚9-20.30 mar-sab, fino alle 14.30 dom e festivi), che ospita al suo interno una collezione vasta e di grande interesse. Di fronte si trova il **Museo de Artes y Costumbres Populares** (interi/cittadini UE €1,50/gratuito; ⌚9-20.30 mar-sab, fino alle 14.30 dom e festivi). Entrambi i musei sono accessibili ai disabili.

A NORD DEL CENTRO

In genere, la zona settentrionale di Siviglia è frequentata dai viaggiatori stranieri soprattutto dopo il tramonto, per la vita notturna che si svolge nei pressi dell'Alameda de Hércules, ma di giorno può essere una meta ideale in cui portare i bambini.

Isla Mágica PARCO DEI DIVERTIMENTI

(☎902 16 17 16; www.islamagica.es; biglietti validi tutto il giorno interi/ridotti €28/20; ⌚11-23 lun-ven e dom, fino alle 24 sab, chiuso nov-marzo) Questo parco dei divertimenti che abbina Disney allo stile coloniale spagnolo è una bellissima attrattiva per i bambini e per tutti gli amanti delle giostre mozzafiato. Prima di andarci, controllate gli orari sul sito internet, perché variano di stagione in stagione. L'Isla Mágica è servita dagli autobus C1 e C2.

Corsi

A Siviglia ci sono numerose scuole di danza e di flamenco; gli uffici turistici ed *El Giraldillo* (v. Informazioni p278) sono in grado di fornire informazioni aggiornate in merito. Siviglia è anche una delle città spagnole più frequentate da chi desidera studiare la lingua del paese. Le scuole migliori propongono corsi sia a breve sia a lungo termine per diversi livelli.

Sevilla Dance Centre FLAMENCO, DANZA

(☎954 38 39 02; Calle Miguel Cid 67; ⌚5.30-21) Questo centro organizza soprattutto corsi e spettacoli di hip-hop e danza contemporanea/jazz.

Espacio Meteora FLAMENCO, DANZA

(☎954 90 41 83; Calle Duque Cornejo 16A) Centro artistico molto innovativo.

Fundación Cristina Heeren de Arte Flamenco FLAMENCO, DANZA

(☎954 21 70 58; www.flamencoheeren.com; Avenida de Jerez 2) Questa scuola propone corsi a lungo termine di tutte le arti del flamenco e corsi estivi intensivi della durata di un mese.

Giralda Center LINGUA SPAGNOLA

(☎954 22 13 46, 954 21 31 65; www.giraldacenter.com; Calle Mateos Gago 17).

Carpe Diem LINGUA SPAGNOLA
(☎954 21 85 15; www.carpediemsevilla.com; Calle de la Cuna 13).

Lenguaviva LINGUA SPAGNOLA
(☎954 90 51 31; www.lenguaviva.net; Calle Viriato 24).

LINC LINGUA SPAGNOLA
(☎954 50 04 59; www.linc.es; Calle General Polavieja 13).

CLIC LINGUA SPAGNOLA
(☎954 50 21 31; www.clic.es; Calle Albareda 19).

Tour

Le carrozze sostano nei pressi della cattedrale, Plaza de España e Puerta de Jerez e per una corsa della durata di un'ora per un massimo di quattro persone nel Barrio de Santa Cruz e nel Parque de María Luisa chiedono la bellezza di €50.

Sevilla Tour TOUR IN AUTOBUS
(☎902 10 10 81; www.citysightseeing-spain.com) Autobus scoperti a due piani e tram riconvertiti a questo servizio fanno il giro della città in un'ora, con audioguide in diverse lingue. Il biglietto costa €16 ed è valido per 24 ore, nell'arco delle quali è possibile salire e scendere liberamente dai mezzi alle fermate di Torre del Oro, Avenida de Portugal dietro Plaza de España e Isla de La Cartuja. Di solito queste corse partono ogni 30 minuti dalle 7 alle 20.

Cruceros Turísticos Torre del Oro CROCIERE SUL FIUME
(☎954 56 16 92; interi/under 14 €17/gratuito) Questa crociera sul fiume della durata di un'ora parte dalla Torre del Oro ogni mezz'ora a partire dalle 11; l'ultima partenza viene effettuata alle 18 in inverno e alle 21 in estate.

Sevilla Walking Tours PASSEGGIATE CON GUIDA
(☎902 15 82 26; www.sevillawalkingtours.com) Dal lunedì al sabato alle 10.30 si tengono interessanti visite guidate in inglese della durata di circa due ore (€12), che consentono di ammirare le attrattive turistiche principali di Siviglia. Il punto d'incontro si trova in Plaza Nueva. Lo stesso gruppo organizza anche visite guidate della cattedrale e dell'Alcázar.

Feste ed eventi

Le processioni della Semana Santa di Siviglia e la Feria de Abril, che cade una o due settimane più tardi, giustificano ampiamente il lungo viaggio che bisogna fare per vederle, così come la Bienal de Flamenco.

Semana Santa SETTIMANA SANTA
(www.semana-santa.org, in spagnolo) Tutti i giorni dalla Domenica delle Palme alla Domenica di Pasqua i *pasos* (rappresentazioni scultoree a grandezza naturale degli eventi della Passione di Cristo) vengono portati in processione dalle principali chiese di Siviglia alla cattedrale, accompagnati da una folla di fedeli che sfila per un'ora o più. Le processioni sono organizzate da oltre 50 diverse *hermandades* o *cofradías* (confraternite, alcune delle quali comprendono anche donne). La settimana culmina nella *madrugada* che si tiene nelle prime ore del mattino del Venerdì Santo, quando sfilano alcune delle confraternite più prestigiose. I costumi indossati dai penitenti in marcia sono lunghe tuniche e cappelli conici con due fessure per gli occhi, molto simili a quelli indossati dai membri del Ku Klux Klan americano.

Gli orari delle processioni sono riportati in diversi punti della città durante la Semana Santa e nel sito internet dedicato a questa ricorrenza. Se desiderate assicurarvi un buon posto, cercate di arrivare davanti alla cattedrale nelle prime ore della serata.

SIVIGLIA PER I BAMBINI

Molte attrattive per adulti offerte da Siviglia piaceranno anche ai bambini, come per esempio la cattedrale e l'Alcázar; quest'ultimo è descritto in un opuscolo appositamente pensato per i bambini e distribuito in quasi tutte le edicole. In città ci sono numerosi spazi all'aperto e parchi (spesso con parchi gioco); sulle sponde del Guadalquivir si estendono il Parque de María Luisa (p269) e i Jardines de Murrillo. In ogni parte della città si trovano gelaterie e caffè che servono churros (dolci alla crema di forma allungata) e, se le tapas vi dovessero sembrare un piatto troppo sofisticato per i vostri bambini, vi consigliamo di cenare in un buon ristorante italiano, come il Cosa Nostra (p275). L'Isla Mágica (p269) si rivolge in modo particolare ai bambini di età superiore ai 10 anni. Anche le escursioni in barca, sugli autobus a due piani e in carrozza sono popolari attrattive per i bambini.

Feria de Abril FESTA DI PRIMAVERA
La Fiera di Aprile, che cade nella seconda metà del mese, è una celebrazione festosa che segue l'austera solennità della Semana Santa. Si tratta della *feria* più grande e pittoresca dell'Andalusia e ha luogo in un posto speciale, El Real de la Feria, nella zona di Los Remedios a sud-ovest del centro di Siviglia. La sera del lunedì l'illuminazione cerimoniale dello spazio occupato dalla *feria* dà il via a sei notti di festeggiamenti. Nella maggior parte di questo ampio spazio vengono montate *casetas* (recinti privati), ma ci sono anche spazi pubblici e un grande luna park.

Nel pomeriggio, a partire dalle 13 circa i proprietari di cavalli e carrozze sfilano nella zona della *feria* sfoggiando abiti eleganti (anche i cavalli vengono agghindati per l'occasione). Nello stesso periodo ha luogo anche la stagione di corride più importante dell'anno.

Bienal de Flamenco FESTIVAL DI FLAMENCO
(www.bienal-flamenco.org) Il festival di flamenco più importante della Spagna va in scena per un mese a settembre negli anni pari (alternandosi con quello di Málaga) e riunisce il meglio della musica e delle danze classiche e moderne.

Pernottamento

A Siviglia troverete un buon numero di strutture ricettive distribuite nelle tre zone più attraenti della città: il Barrio de Santa Cruz (situato nelle immediate vicinanze dell'Alcázar e raggiungibile a piedi dalla stazione degli autobus di Prado de San Sebastián), El Arenal (zona facilmente raggiungibile dalla stazione degli autobus di Plaza de Armas) ed El Centro.

Le tariffe delle camere citate di seguito si riferiscono sempre all'alta stagione, che di solito va da marzo a giugno e da settembre a ottobre. Dal momento che durante la Semana Santa e la Feria de Abril le tariffe raddoppiano invariabilmente e tutti gli alberghi registrano il tutto esaurito, se desiderate trovare una camera in città in questi periodi vi consigliamo di prenotare con largo anticipo.

Una soluzione di pernottamento molto conveniente può essere quella di affittare un appartamento: in genere si spendono meno di €100 per notte per quattro persone, oppure da €30 a €70 per due persone. Per avere ulteriori informazioni in merito, vi consigliamo di rivolgervi alla **Apartamentos Embrujo de Sevilla** (☎627 569919; www.embrujodesevilla.com), un'agenzia che tratta soprattutto appartamenti ospitati all'interno di edifici storici, oppure alla **Sevilla5.com** (☎637 011091, 954 22 62 87; www.sevilla5.com).

BARRIO DE SANTA CRUZ

Questo vecchio labirinto ebraico vanta sontuosi palazzi, patios nascosti e qualche hotel molto suggestivo.

Un Patio en Santa Cruz HOTEL €€€
(☎954 53 94 13; www.patiosantacruz.com; Calle Doncellas 15; singole/doppie €78/128; ❄📶) Questo hotel a due stelle offre ai suoi ospiti camere pulitissime, lenzuola che profumano di bucato, il collegamento wi-fi in camera e il caffè al mattino nella lobby. La sua posizione a Santa Cruz è comoda, sebbene di notte tenda a essere piuttosto rumorosa. Il servizio è cordiale ed efficiente.

Hotel Amadeus HOTEL €€
(☎954 50 14 43; www.hotelamadeussevilla.com; Calle Farnesio 6; singole/doppie €85/95; P❄📶) Una famiglia di musicisti ha trasformato la sua casa settecentesca in un raffinato hotel dotato di 14 camere eleganti, di cui Mozart sarebbe stato sicuramente orgoglioso. Un paio delle camere ristrutturate di recente sono state insonorizzate per chi vuole esercitarsi con il pianoforte o il violino.

Las Casas de la Judería HOTEL €€€
(☎954 41 51 50; www.casasypalacios.com; Callejón Dos Hermanas 7; singole/doppie a partire da €140/175; P❄📶) Finalmente un hotel a cinque stelle a pieno diritto: innumerevoli patios e corridoi collegano le diverse parti di questo complesso formato da 18 case, che si trova in cima al quartiere di Santa Cruz. Si tratta di una sistemazione semplicemente favolosa, dalle fontane zampillanti ai mobili di antiquariato e ai dipinti. Se siete disposti a spendere €140 per notte potrete concedervi un soggiorno degno di un principe moresco.

Hotel Puerta de Sevilla HOTEL €€
(☎954 98 72 70; www.hotelpuertadesevilla.com; Calle Puerta de la Carne 2; singole/doppie €66/86; P❄@📶) Situato in magnifica posizione, il Puerta de Sevilla è un piccolo hotel sfavillante rivestito di azulejos, ornato da tessuti a fiori e dotato di letti in ferro battuto – il tutto per una sola stella. A tutto questo va aggiunto il servizio, di prim'ordine ma cordiale.

Hotel Alcántara HOTEL €€
(☎954 50 05 95; www.hotelalcantara.net; Calle Ximénez de Enciso 28; singole/doppie €68/89; ❄📶) Questo hotel piccolo e accogliente situato in una via pedonale si pone su un livello decisamente superiore alla sua categoria grazie ai bagni moderni e scintillanti, alle finestre che si affacciano su un grazioso patio e alle deliziose tendine a fiori. Si trova accanto alla Casa de la Memoria Al-Andalus (p277).

Pensión San Pancracio PENSIÓN €
(☎954 41 31 04; Plaza de las Cruces 9; singole/doppie con bagno in comune €25/35, doppie con bagno privato €50) Questa vecchia casa situata nella zona di Santa Cruz e dotata di numerose camere di diverso tipo (tutte offerte a tariffe molto ragionevoli) e di un piacevole patio/lobby pieno di fiori rappresenta una struttura economica molto consigliabile. L'accoglienza calorosa compensa la mancanza di lussi.

Hostería del Laurel HOTEL €€
(☎954 22 02 95; www.hosteriadellaurel.com; Plaza de los Venerables 5; singole/doppie con prima colazione €75/105; ❄) Situata nella piazzetta di Santa Cruz – una delle più incantevoli di Siviglia – sopra un pittoresco bar d'epoca dallo stesso nome, questa struttura dispone di camere grandi ma alquanto anonime, dotate di bagni spaziosi.

Pensión Córdoba PENSIÓN €€
(☎954 22 74 98; www.pensioncordoba.com; Calle Farnesio 12; singole/doppie con bagno in comune €45/65, singole/doppie con bagno privato €55/75; ❄) Gestita negli ultimi trent'anni dalla stessa simpatica coppia, questa pensione si trova in una tranquilla via pedonale. All'interno di questa struttura troverete camere semplici ma pulitissime.

Hotel Goya HOTEL €
(☎954 21 11 70 www.hotelgoyasevilla.com; Calle Mateos Gago 31; singole/doppie €40/60; ❄@📶) Lo scintillante Hotel Goya è più popolare che mai. Gli animali domestici sono i benvenuti. Per essere sicuri di trovare una camera libera, vi consigliamo di prenotare.

EL ARENAL

La comoda posizione centrale e diverse strutture ricettive di media categoria contribuiscono a rendere questo quartiere situato lungo il fiume una buona base per la visita della città.

Hotel Simón HOTEL €€
(☎954 22 66 60; www.hotelsimonsevilla.com; Calle García de Vinuesa 19; singole €60-70, doppie €95-110; ❄) Questa casa settecentesca dallo sfarzo tipico di Siviglia dispone di un patio elaborato e di camere pulitissime e molto confortevoli, che giustificano ampiamente le sue due stelle. Alcune camere sono ornate con rivestimenti in azulejos.

Hotel Vincci La Rábida HOTEL €€€
(☎954 50 12 80; www.vinccihoteles.com; Calle Castelar 24; singole/doppie €159/195; P❄@📶) Un bellissimo atrio colonnato a quattro piani vi accoglierà in questo ex palazzo settecentesco che, pur facendo parte della catena alberghiera Vincci (diffusa soprattutto in Spagna), è riuscito a conservare inalterati l'originalità e il fascino di un tempo.

Hostal Museo HOTEL €
(☎954 91 55 26; www.hostalmuseo.com; Calle Abad Gordillo 17; singole/doppie €40/60; ❄@📶) Le camere immacolate di questo hotel sono arredate con mobili in legno massiccio e letti molto confortevoli.

B&B Naranjo HOTEL €€
(☎954 22 58 40; Calle San Roque 11; singole/doppie €45/65; ❄@) Accoglienti mobili in legno di pino e tonalità riposanti conferiscono a questa struttura ricettiva un gradevole tocco di calore.

Hotel Maestranza HOTEL €€
(☎954 56 10 70; www.hotel-maestranza.es; Calle Gamazo 12; singole/doppie €53/87; ❄@📶) Situato in una via molto tranquilla, l'Hotel Maestranza è un albergo piccolo e accogliente dotato di camere semplici e molto pulite.

EL CENTRO

Situato in posizione molto comoda per raggiungere tutte le attrattive principali della città, El Centro vanta alberghi lussuosi e qualche struttura molto conveniente.

Hospas Casas del Rey de Baeza HOTEL €€€
(☎954 56 14 96; www.hospes.es; Plaza Jesús de la Redención 2; camere a partire da €136; P❄@📶🏊) Questo hotel gestito da personale esperto e progettato ponendo grande cura ai dettagli è ospitato all'interno di un complesso con patio del XVIII secolo situato a pochi passi da Calle Santiago. Le sue camere spaziose sono impreziosite da belle opere d'arte moderna, lettori CD e DVD e il collegamento wi-fi e a disposi-

SI DICE SUL POSTO

TONI VILCHEZ: MANAGER 'EXTRAVERDE'

Tony Vilchez è il manager di Extraverde (p274), da poco inaugurato. Di seguito riportiamo i suoi consigli sui quattro 'prodotti migliori della provincia di Siviglia'.

Il migliore olio di oliva

Tra i numerosi oli di oliva prodotti nella provincia di Siviglia merita di essere segnalato il Basilippo Extra Virgin, un olio di altissima qualità prodotto con olive di primizia in quantità limitata. Aromatico, fruttato e caratterizzato da un sapore dolce con uno spiccato sentore di mandorle, nel 2009 il Basilippo Extra Virgin è stato giudicato dal Comité Oleícola Internacional (COI) secondo miglior olio di oliva al mondo.

Il miglior vino

Siviglia non può vantare una grande produzione vinicola; tra i pochi vini della provincia il più noto è il Fragata, un vino bianco dolce a bassa gradazione alcolica particolarmente indicato per accompagnare piatti a base di pesce, prosciutti e salsicce.

Il miglior formaggio

Prodotto a Castilblanco de los Arroyos, una cittadina situata nella Sierra Norte de Sevilla, il Mare Nostrum è considerato da molti il formaggio più saporito della provincia. Ricco di aromi intensi, viene prodotto con tecniche artigianali che ne garantiscono la qualità, in piccole fattorie che utilizzano il miglior latte di capra.

Il miglior prosciutto

Il *jamón ibérico* – soprannominato 'caviale dei prosciutti' – è uno dei prodotti gastronomici spagnoli più noti nel mondo. La sua qualità è determinata da quattro caratteristiche principali: le antiche tecniche tradizionali, la particolare condizione ecologica della *dehesa* (pascolo tra le querce), la qualità eccezionale dei maiali e i processi di lavorazione tramandati di padre in figlio. Nel loro insieme, queste quattro peculiarità contraddistinguono i 'Jamones Sierra de Sevilla'.

zione degli ospiti ci sono un salone e una fantastica piscina.

Oasis Backpackers' Hostel OSTELLO €
(☎954 29 37 77; www.oasissevilla.com; Plaza de la Encarnación 29, letti in camerata/doppie con prima colazione €15/50; ❄@📶) Struttura moderna e movimentata, l'ostello centrale di Siviglia si è trasferito in Plaza Encarnación, una viuzza situata dietro la Chiesa dell'Anunciación, e offre ai suoi ospiti la possibilità di collegarsi gratuitamente a internet 24 ore su 24. Tutti i letti delle camerate dispongono di cassette di sicurezza e la struttura comprende anche una piccola piscina sul tetto. Non c'è il coprifuoco: in fondo, siamo in Spagna!

Casa Sol y Luna HOTEL €
(☎954 21 06 82; www.casasolyluna1.com; Calle Pérez Galdós 1A; doppie con bagno privato €45, singole/doppie/triple con bagno in comune €22/38/60) Il Casa Sol y Luna è un *hostal* (albergo economico) di prim'ordine, ospitato all'interno di una casa del 1911 splendidamente arredata (con lenzuola bianche ricamate) situata nei pressi della piacevole Plaza de la Alfalfa. Tenete presente che la prenotazione deve essere confermata 24 ore prima dell'arrivo.

Hotel San Francisco HOTEL €€
(☎/fax 954 50 15 41; www.sanfranciscoh.com; Calle Álvarez Quintero 38; singole/doppie €55/68; ⏲chiuso agosto; ❄@📶) Situato in splendida posizione in una via pedonale nei pressi della cattedrale, l'Hotel San Francisco è un hotel a una stella che offre un servizio di qualità variabile e dispone di ambienti bui, anche se le camere sono pulite e nella reception è disponibile il collegamento wi-fi.

A NORD DEL CENTRO

Dal momento che questo quartiere non è affatto comodo per visitare la città, per sceglierlo come base dovrete trovare un hotel molto conveniente.

Hotel San Gil HOTEL €€€
(☎954 90 68 11; www.hotelsangil.com; Calle Parras 28; singole/doppie €141/176; P❄@📶🏊) Situato pochi passi oltre la Basílica de la Macarena, questo edificio dei primi anni

del XX secolo accuratamente restaurato sembra aver sposato l'ideale moresco di racchiudere la bellezza all'interno. La sua facciata è infatti estremamente sobria, mentre la reception e il cortile sono splendidi. La posizione piuttosto decentrata è compensata dall'atmosfera tranquilla e dalle camere spaziose e decorate in tinte neutre e rilassanti.

Pasti

In una gara a cucinare le tapas più fantasiose dell'Andalusia Siviglia risulterebbe sicuramente vittoriosa. Quasi tutti i tapas bar sono aperti sia a pranzo sia a cena.

Se desiderate consumare un pasto seduti, tenete presente che i ristoranti specializzati nella cucina spagnola aprono piuttosto tardi: alle 21 e – in estate – verso le 22. In ogni caso, trattandosi di una meta turistica molto frequentata, Siviglia dispone di moltissimi locali che aprono la cucina presto.

BARRIO DE SANTA CRUZ E DINTORNI

In ogni parte di questo quartiere compatto ci sono buoni tapas bar. Fate una passeggiata nei vicoli e immergetevi nella caratteristica atmosfera del posto.

TOP Catalina TAPAS €
(Paseo Catalina de Ribera 4; raciones €10) Se pensate che le tapas siano solo spuntini da bar molto pubblicizzati, questo locale potrebbe farvi cambiare idea con il suo fantasioso mix di ingredienti caratteristici della cucina spagnola. Da parte nostra, vi consigliamo di iniziare con le tapas speciali, a base di formaggio di capra, melanzane e paprika.

Bodega Santa Cruz TAPAS €
(Calle Mateos Gago; tapas €1,50-2) Sempre affollato e con una montagna di cartacce sul pavimento, di solito questo locale ha solo posti in piedi, un fatto che spinge la sua clientela a consumare le tapas e le bevande all'aperto, cercando di scansare gli innumerevoli turisti che si accalcano nelle strette vie di Santa Cruz.

Extraverde TAPAS €
(954 21 84 17; Plaza de Doña Elvira 8; tapas €2,50-4; 10.30-23.30) L'Extraverde (v. anche lettura p273) è un nuovo locale davvero unico, un bar-negozio specializzato in prodotti andalusi come olio di oliva, formaggio e vini, che si possono degustare gratuitamente in piedi oppure all'interno, ordinando un piatto di tapas.

Restaurant La Cueva TIPICO €€
(954 21 31 43; Calle Rodrigo Caro 18 e Plaza de Doña Elvira 1; portate principali €11-24, menús €16) Il servizio un po' freddo del personale di questo ristorante è compensato dall'ottima paella e dalla *zarzuela* (pasticcio di pesce; piatti per 2 persone €30). L'interno è accogliente, mentre i tavoli all'aperto si affacciano sulla tranquilla Plaza de Doña Elvira.

Restaurante Egaña Oriza SPAGNOLO MODERNO €€€
(954 22 72 11; Calle San Fernando 41; portate principali €22-32; chiuso sab a pranzo e dom) Considerato uno dei ristoranti migliori della città, il Restaurante Egaña Oriza propone anche fantasiose tapas. Dal momento che si trova di fronte alla stazione degli autobus, questo locale dovrebbe essere la prima (e migliore) tappa culinaria del vostro soggiorno a Siviglia.

Café Bar Las Teresas TAPAS €
(Calle Santa Teresa 2; tapas €2,20-4) Sempre affollato, questo accogliente locale rivestito di piastrelle si trova nel cuore del quartiere di Santa Cruz, tutte caratteristiche che depongono a suo favore. Anche le tapas sono discrete.

Corral del Agua ANDALUSO €€€
(954 22 48 41; Callejón del Agua 6; portate principali €16,50-22; pranzo e cena lun-sab) Questo ristorante serve fantasiosi piatti andalusi e tradizionali sotto i rampicanti e la jacaranda di un cortile semitropicale.

Cervecería Giralda TAPAS €
(Calle Mateos Gago 1; tapas €3,50-5) In questo ristorante ospitato all'interno di un vecchio bagno pubblico arabo esotiche reinterpretazioni delle tapas si mescolano armoniosamente a una buona scelta di piatti tradizionali.

EL ARENAL

Sorprendentemente animato di notte, El Arenal vanta alcuni gradevoli locali specializzati in tapas con tavoli all'aperto.

Mesón Cinco Jotas TAPAS €
(Calle Castelar 1; tapas/media raciones €3,80/9,45) In questo locale troverete uno dei migliori *jamón* della città e potrete gustare il *solomillo ibérico* (bistecca di maiale spagnolo) cucinato con il vino dolce Pedro Ximénez che ne esalta il sapore.

Enrique Becerra ANDALUSO €€€
(954 21 30 49; Calle Gamazo 2; portate principali €16,50-24; chiuso sab e dom) Con i suoi sa-

poriti piatti della cucina andalusa, Enrique Becerra conferisce a El Arenal un tocco di raffinata eleganza. L'agnello cotto in una salsa al miele e ripieno di spinaci e pinoli è veramente delizioso.

EL CENTRO

Plaza de la Alfalfa possiede molti volti diversi. Cuore dei tapas bar di giorno, sosta obbligata per famiglie chiassose in prima serata e fulcro di bar e discoteche aperte fino alle ore piccole, questa zona vanta un paio di ristoranti italiani di buon livello situati nei pressi della piazza, che propongono gradite alternative ai soliti piatti della cucina spagnola.

Robles Laredo SPAGNOLO MODERNO €€

(Plaza de San Francisco; raciones €9-12) Questo piccolo ristorante ispirato alla cucina italiana sfoggia con orgoglio nelle vetrine due giganteschi candelabri e una vasta collezione di raffinati dessert. Le tapas sono altrettanto squisite: tra tutte, vi consigliamo quelle al foie gras, i beefburger con salsa al tartufo, le ostriche e la frittura di bianchetti.

Bar Alfalfa TAPAS €

(all'angolo tra Calle Alfalfa e Calle Candilejo; tapas €2-3) È incredibile quante persone, prosciutti, bottiglie di vino e altre cianfrusaglie riescano a trovare posto in uno spazio così angusto. Da parte nostra, vi consigliamo di non farci troppo caso e, quando il locale è troppo affollato, ordinate dalla finestra. Non dimenticherete facilmente la magnificenza della bruschetta *salmorejo*, dove la Spagna incontra l'Italia.

Horno de San Buenadventura CAFFÈ, SPUNTINI €

(Plaza de la Alfalfa 10; spuntini €6-10) All'epoca delle ricerche compiute per questa guida, a Siviglia c'erano due di questi bar pieni di dorature specializzati in pasticcini, caffè e spuntini: uno in Plaza de Alfalfa e l'altro di fronte alla cattedrale. il menu propone piatti di ogni genere, ma vi consigliamo soprattutto una pigra prima colazione continentale (tenete presente che il servizio può essere piuttosto lento), oppure un caffè a tarda sera.

Bar Levíes INTERNAZIONALE €

(Calle San José 15; tapas €2-5) Tapas bar frequentato soprattutto da studenti (leggi: economico), l'affollato Bar Levíes è formato in pratica da due locali in uno, che servono vari tipi di *raciones* (grandi porzioni di tapas), birra, pizze e dessert. La qualità della cucina è di medio livello, ma l'atmosfera è veramente elettrizzante.

Habanita ANDALUSO, CUBANO €€

(☎606 716456; Calle Golfo 3; raciones €8-15; ⏲chiuso dom sera; 🖉) Questo bellissimo ristorante serve abbondanti porzioni di piatti delle cucine cubana, andalusa e vegetariana. Consigliamo in particolare la yucca fritta e lo stufato di carne.

ALAMEDA DE HÉRCULES

Il quartiere più alla moda della vita notturna di Siviglia vanta anche qualche ristorante di buon livello che si affaccia sul principale parco pedonale.

Antigua Abacería de San Lorenzo GASTRONOMIA, TAPAS €

(☎954 38 00 67; www.antiguaabaceriadesanlorenzo.com; Calle Teodosio 53; tapas €1-5; ⏲9.30-24, chiuso 17-20 sab e dom giu-set) Tradizionale abbinamento di negozio di generi alimentari, gastronomia, tapas bar e takeaway, l'Antigua Abacería de San Lorenzo è ospitata all'interno di una casa del XVII secolo sapientemente restaurata.

TRIANA

I ristoranti affacciati sul fiume in Calle del Betis sono particolarmente piacevoli intorno alle 23. Dopo esservi accomodati all'aperto, godetevi una frittura di pesce, ammirando la Torre del Oro che si riflette nell'acqua.

Ristorante Cosa Nostra ITALIANO €

(Calle del Betis 52; pizze €8,50-12; ⏲chiuso lun) Non fate caso al nome da mafiosi di questo locale, perché il Cosa Nostra è il miglior ristorante italiano di Siviglia e vale assolutamente la pena di attraversare il fiume per assaggiare le sue irresistibili pizze, che il pizzaiolo prepara davanti ai vostri occhi, e i suoi risotti ricchi e cremosi – per migliorare la loro paella, molti cuochi dovrebbero fare un giro da queste parti.

Casa Cuesta SPAGNOLO MODERNO €

(☎954 33 33 37; Calle de Castilla 3-5; portate principali €9-10) Il bancone in legno tirato a lucido e le scintillanti pompe per la birra alla spina fanno capire quanto i proprietari siano orgogliosi del Casa Cuesta. Un orgoglio pienamente giustificato, in quanto si tratta di un locale veramente fantastico, che farà la felicità di tutti gli amanti della buona cucina e dei vini pregiati.

Locali

Di solito i bar di Siviglia sono aperti nei giorni feriali dalle 18 alle 2 e durante i weekend dalle 20 alle 3. La vita notturna è particolarmente vivace verso la mezzanotte del venerdì e del sabato (e quando fa caldo anche le altre sere). Nei mesi estivi decine di bar all'aperto *(terrazas de verano)* sistemano i loro tavoli lungo le sponde del fiume e restano aperti fino alle ore piccole.

BARRIO DE SANTA CRUZ

Questo barrio vanta il maggior numero di locali della città, un fatto che lo rende il posto ideale per passare da un bar all'altro.

P Flaherty Irish Pub PUB

(Calle Alemanes 7) Situato in posizione molto comoda nei pressi della cattedrale, il P Flaherty Irish Pub è uno dei bar più animati – e grandi – del quartiere. Ogni volta che viene trasmessa una partita di calcio, l'atmosfera si surriscalda.

Antigüedades BAR

(Calle Argote de Molina 40) Questo locale abbina un rilassante sottofondo musicale a un arredamento gradevolmente sobrio. I sedili piastrellati collocati vicino alle finestre – dalle quali è possibile ammirare pittoreschi scorci della via trafficata – sono i posti migliori dove sorseggiare un drink in compagnia.

EL ARENAL

Dopo il tramonto El Arenal si trasforma in una zona effervescente, quando nelle sue vie si riversa una folla di avventori che si godono la brezza del fiume.

Casa Morales BAR

(Garcia de Vinuesa 11) Questo bar fondato nel 1850 non è cambiato molto da allora e ha conservato un aspetto incantevolmente anacronistico. Sulle gigantesche *tinajas* di terracotta (giare per il vino) vengono collocate le tapas del giorno, attese con ansia dai veri *sevillanos*.

El Capote BAR

(Calle de Arjona) L'El Capote è un locale in stile marinaro, con tanto di palme e di tavoli all'aperto collocati nei pressi del Puente de Triana. Sul ponte vicino si trova un'allettante *churrería* (caffè con *churros*), che rappresenta il posto ideale per curare i postumi di una sbornia.

Café Isbiliyya BAR

(Paseo de Cristóbal Colón 2) Cupido vi accoglierà in questo music bar per gay, che ogni giovedì e domenica sera ospita uno stravagante spettacolo di drag queen.

EL CENTRO

Da metà serata all'una di notte Plaza del Salvador è sempre molto affollata. Se desiderate bere qualcosa, vi consigliamo di dirigervi verso **La Antigua Bodeguita** o la vicina **La Sapotales** e poi di accomodarvi sui gradini della Parroquia del Salvador.

Situata a pochi passi da Plaza de la Alfalfa, Calle Pérez Galdós è molto apprezzata per i suoi invitanti localini, tra i quali spiccano il minuscolo **Cabo Loco** (Calle Pérez Galdós 26), che propone un vasto assortimento di liquori a prezzi modici, e **La Rebótica** (Calle Pérez Galdós 11), un locale stile anni '80, dove potrete scegliere tra una cinquantina di intrugli alcolici.

El Garlochi BAR

(Calle Boteros 4) Battezzato con il termine utilizzato dai *gitanos* (zingari) per indicare il cuore, questo locale dall'aspetto quanto mai kitsch vi colpirà con l'iconografia della Semana Santa – nuvole di incenso e un'infinità di immagini di Gesù e della Madonna – e con i suoi cocktail molto alcolici che portano nomi come Sangre de Cristo (Sangue di Cristo).

ALAMEDA DE HÉRCULES

Se cercate un quartiere davvero alla moda dove trascorrere una serata, l'Alameda de Hércules con il suo aspetto un po' trasandato è quello che fa per voi, senza contare che costituisce anche il cuore pulsante della Siviglia gay.

Bulebar Café BAR

(Alameda de Hércules 83; ⏲16-fino a tardi) Questo locale diventa *caliente* (caldo) soprattutto di notte, mentre all'inizio della serata vi si respira un'atmosfera piacevolmente rilassata. Il personale è cortese.

Café Central BAR

(Alameda de Hércules 64) Uno dei più antichi e popolari caffè di Alameda de Hércules, il Café Central possiede luci gialle da bar e sedie in legno acquistate al mercatino delle pulci e durante i weekend è sempre molto frequentato.

TRIANA

Se siete stanchi dei locali eleganti situati nel centro di Siviglia, fate un giro sul lungofiume di Triana, una zona che attende di essere valorizzata come merita. Il muro che si affaccia sul fiume lungo Calle del Betis è una sorta di bar improvvisato, dove potrete procurarvi da bere all'**Alambique**, al **Big Ben**, al **Sirocca** e al **Muí d'Aquí**, tutti situati all'altezza di Calle del Betis 54 e aperti a partire dalle 21.

☆ Divertimenti

Dopo il tramonto Siviglia sembra rinascere, con esibizioni di musica dal vivo, spettacoli teatrali d'avanguardia e il sensuale flamenco.

Locali notturni

Sebbene i locali notturni di Siviglia tendano ad aprire e a chiudere in continuazione, qualcuno è riuscito a durare nel tempo. Durante i weekend questi locali iniziano ad animarsi verso le 2 o le 3 e in queste sere vestitevi bene (l'abbigliamento sportivo non è gradito), dal momento che la clientela viene selezionata con sempre maggiore attenzione.

Bestiario NIGHTCLUB
(www.bestiario.net; Calle Zaragoza 33; tariffe variabili; ⏲23-fino a tardi gio-sab) Nel panorama dei locali notturni di Siviglia, il Bestiario sostiene di essere il più divertente. Questo bar-caffetteria è aperto fino all'alba e sembra avere un debole per la musica degli anni '80. Si trova accanto a Plaza Nueva.

Boss NIGHTCLUB
(Calle del Betis 67; ingresso libero con il volantino; ⏲20-7 mar-dom) Se riuscite a superare i due scorbutici buttafuori, nel Boss troverete il locale ideale per ballare, essendo relativamente lussuoso per Triana e con un repertorio musicale molto vario.

Musica live

Siviglia vanta il panorama musicale più variegato di tutta l'Andalusia, con concerti delle principali star del pop e la notissima scena del flamenco.

La Imperdible BAR
(☎954 38 82 19; www.imperdible.org; Plaza del Duque de la Victoria; interi/ridotti €12/5) Questo locale specializzato in arti sperimentali mette in scena un gran numero di spettacoli di balletto contemporaneo, teatro e flamenco, che iniziano di solito verso le 21. Dal giovedì al sabato a partire dalle 23 circa anche il bar ospita diversi eventi musicali.

Fun Club BAR
(Alameda de Hércules 86; ingresso alle serate con musica live €3-6, altre sere ingresso libero; ⏲23.30-fino a tardi gio-dom, a partire dalle 21.30 nelle serate con musica live) Le band di funk, musica latinoamericana, hip-hop e jazz si esibiscono regolarmente al Fun Club, vivace locale frequentato da una clientela alternativa che se la spassa in Alameda de Hércules.

DA VEDERE

CASA DE LA MEMORIA DE AL-ANDALUS

Questo **tablao flamenco** (spettacolo di flamenco; ☎954 56 06 70; Calle Ximénez de Enciso 28; biglietti €15; ⏲21) di Santa Cruz è considerato da molti il locale più intimo e autentico di Siviglia; lo spettacolo che vi ha luogo tutte le sere presenta una grande varietà di stili di ballo in una sala appositamente illuminata. Dal momento che sono disponibili appena 100 posti, vi consigliamo di prenotare con un buon anticipo.

Flamenco

Il *soleares,* il più autentico *cante jondo* del flamenco (canzone profonda; angosciato strumento di espressione di un gruppo ai margini della società), fu inventato a Triana, quartiere in cui si trovano alcuni dei locali notturni più vivaci di Siviglia. In una mezza dozzina di locali situati in altre zone della città si tengono tutte le sere *tablaos* (spettacoli di flamenco) molto coinvolgenti.

TOP **La Carbonería** BAR
(Calle Levíes 18; ⏲circa 20-4) Di giorno non è altro che un grande garage, ma dopo le 20 questo ex deposito di carbone del Barrio de Santa Cruz trasformato in luogo di eventi con due vasti bar propone tutte le sere (23 e 24) spettacoli di flamenco dal vivo senza costi supplementari.

Casa Anselma FLAMENCO BAR
(Pagés de Corro 49; ⏲24-chiusura lun-sab) Se riuscite a infilarvi accanto all'immagine di Anselma (famosa ballerina di flamenco di Triana) collocata all'ingresso, vi renderete ben presto conto che in questo locale può capitare di tutto. La Casa Anselma (per individuarla bisogna tenere gli occhi bene aperti perché non ci sono indicazioni, ma solo una decorazione di azulejos all'ingresso) rappresenta l'antitesi del *tablao flamenco* per turisti, essendo sempre affollatissima e piena di fumo, senza impianto di amplificazione e con balli improvvisati. Un locale davvero

magico! La Casa Anselma si trova a Triana all'angolo di Calle Alfarería, a circa 200 m dal lato occidentale del Puente de Isabel.

Corride

Che l'apprezziate come sport per uomini di fegato o la consideriate una forma di crudeltà nei confronti degli animali, la corrida costituisce un elemento di primaria importanza della tradizione spagnola. Le corride che si svolgono nella **Plaza de Toros de la Real Maestranza** (Paseo de Cristóbal Colón 12; www.realmaestranza.com) di Siviglia, un'arena antica ed elegante dotata di 14.000 posti, si possono annoverare tra le più importanti di tutta la Spagna e si svolgono di fronte a un pubblico esperto e molto esigente. La stagione della corrida va dalla domenica di Pasqua ai primi di ottobre, con corride tutte le domeniche (di solito a partire dalle 19) e tutti i giorni durante la Feria de Abril e nella settimana precedente.

Dall'inizio della stagione alla fine di giugno o ai primi di luglio, quasi tutte le corride vedono all'opera alcuni dei *matadores* più importanti del mondo. I biglietti costano da €32,50 a €110, ma chi non ha l'abbonamento stagionale può accaparrarsi solo gli economici posti *sol*, quelli che all'inizio del combattimento si trovano al sole. Nella maggior parte delle altre corride si esibiscono i *novilleras* (giovani toreri) e i biglietti costano da €5 a €30. I biglietti sono in vendita presso l'**Empresa Pagés** (☎954 50 13 82; Calle de Adriano 37) e a partire dalle 16.30 nei giorni delle corride presso l'arena.

Per ulteriori informazioni sulle corride, v. p506.

Shopping

Dal momento che la maggior parte dei negozi di artigianato del Barrio de Santa Cruz si rivolge prevalentemente ai turisti, molti di essi vendono graziose piastrelle e bei poster.

I feticisti delle calzature devono sapere che Siviglia vanta con ogni probabilità il maggior numero di negozi di questo articolo di tutto il pianeta, concentrati soprattutto nelle vie pedonali dello shopping della zona di El Centro come Calle Sierpes, Calle de la Cuna, Calle Velázquez e Calle Tetuán. In Calle Feria, situata un paio di isolati a nord di Plaza de la Encarnación, troverete chitarre da flamenco di produzione artigianale. Il centro commerciale **El Corte Inglés** occupa quattro edifici separati pochi passi più a ovest, in Plaza de la Magdalena e Plaza del Duque de la Victoria. Più a nord, in Calle Amor de Dios e Calle Doctor Letamendi si trovano negozi più alternativi. Nella zona tradizionalmente dedicata alla **produzione della ceramica** di Triana si trova una decina di negozi e di laboratori situati nei pressi dell'incrocio di Calle Alfarería e Calle Antillano Campos che vendono affascinanti ceramiche artistiche.

LTC CARTINE
(Avenida Menéndez Pelayo 46; ⌚chiuso sab) Se avete programmato un itinerario nella regione, il più fornito negozio di cartine di tutta l'Andalusia vi sarà sicuramente utile. Per raggiungerlo da Plaza San Sebastián, bisogna percorrere Avenida Menéndez Pelayo per 600 m in direzione nord-est.

Mercadillo MERCATO DELLE PULCI
(Calle Feria; ⌚gio) Questo vasto mercato delle pulci che si svolge nei pressi dell'Alameda de Hércules merita una visita.

Informazioni

Accessi a internet

Ciber Alcázar (Calle San Fernando 35; ⌚10-23 lun-ven, 12-23 sab e dom) Questo centro consente di effettuare chiamate internazionali a tariffe modiche e dispone di diverse postazioni internet.

Internetia (Avenida Menéndez Pelayo 45; €2 l'ora; ⌚10-23).

Assistenza sanitaria

Centro de Salud El Porvenir (☎954 71 23 23; all'angolo tra Avenida Menéndez y Pelayo e Avenida de Cádiz) Questo ospedale pubblico dispone di un reparto di pronto soccorso.

Hospital Virgen del Rocío (☎955 01 20 00; Avenida de Manuel Siurot) Il principale ospedale pubblico di Siviglia si trova 1 km a sud del Parque de María Luisa.

Cambio

Nel centro di Siviglia si trovano numerose banche e sportelli bancomat. Altri sportelli bancomat sono situati nella stazione ferroviaria di Santa Justa, presso l'aeroporto e all'interno di entrambe le stazioni degli autobus.

Emergenze

Ambulanza (☎061)

Emergenze (☎112)

Policía Local (☎092)

Policía Nacional (☎091)

Informazioni turistiche

Turismo Sevilla (www.turismosevilla.org; Plaza del Triunfo 1; ⌚10.30-19 lun-ven).

Uffici turistici regionali Avenida de la Constitución 21 (⌚9-19 lun-ven, 10-14 e 15-19 sab, 10-14 dom, chiuso festivi); Estación Santa Justa (⌚9-20 lun-ven, 10-14 sab e dom, chiuso festivi).

Internet

Discover Sevilla (www.discoversevilla.com) Questo sito internet è eccellente e molto esaustivo.

Explore Seville (www.exploreseville.com).

Seville Tourism (www.turismo.sevilla.org) Sito turistico ufficiale della città.

Media

El Giraldillo Questa rivista distribuita gratuitamente negli uffici turistici e in alcuni alberghi della città presenta tutti gli eventi in programma in Andalusia, ponendo un'attenzione particolare a quelli che si tengono a Siviglia.

Tourist Questa rivista gratuita pensata per i turisti riporta un gran numero di informazioni utili.

Welcome & Olé Altra rivista gratuita con informazioni sugli eventi in programma in città.

Posta

Ufficio postale (Avenida de la Constitución 32).

Telefono

Ciber Alcázar (Calle San Fernando 35; ⌚10-23 lun-ven, 12-23 sab e dom) Da questo centro è possibile effettuare chiamate internazionali a tariffe molto economiche.

SIVIGLIA DIVENTA VERDE

Dove un tempo risuonavano i clacson delle automobili, oggi transitano biciclette e pedoni (insieme a qualche silenzioso tram). Benvenuti nella nuova Siviglia, una metropoli più pulita e verde che ha detto *¡Adiós!* al caos urbano che caratterizza molte altre città dei paesi affacciati sul Mediterraneo. Dal 2006, infatti, Siviglia ha avviato diverse iniziative ecologiche, tra cui l'istituzione di un tram elettrico, una vasta rete di noleggi di biciclette, una nuova linea sotterranea della metropolitana (altre tre sono in costruzione) e la pedonalizzazione di diverse vie del centro. Il risultato di queste misure è una città più simile ad Amsterdam che all'Andalusia, una trasformazione su cui peraltro nessuno ha avuto nulla da ridire. I livelli di rumore sono diminuiti, la situazione dell'inquinamento è migliorata nettamente, alcuni importanti edifici storici (tra cui la cattedrale) non vengono più sporcati dallo smog e al posto dell'automobile la gente ha iniziato a usare i mezzi pubblici o – meglio ancora – la bicicletta. Parcheggiate anche voi l'automobile fuori dalla zona pedonale e unitevi ai sivigliani.

ℹ Per/da Siviglia

Aereo

L'**Aeropuerto San Pablo** di Siviglia (⌚24 h su 24) è ben collegato sia con le altre località spagnole sia con le principali città straniere. La compagnia **Iberia** (www.iberia.com) ha in operativo voli diretti per Barcellona, Madrid e una mezza dozzina di altre città spagnole, oltre che per Londra e Parigi. Anche **Spanair** (www.spanair.com) vola su Madrid e, in collaborazione con **Air Europa** (www.air-europa.com) e **Vueling** (www.vueling.com), raggiunge Barcellona. La compagnia Vueling ha in operativo voli da Parigi, Roma, Amsterdam e Bruxelles a Siviglia.

Tra le compagnie aeree inglesi che servono Siviglia meritano di essere citate **British Airways** (www.ba.com), che ha in operativo aerei in partenza dall'aeroporto londinese di Gatwick, **Ryanair** (www.ryanair.com), che effettua voli da Liverpool, Bristol, Londra Stansted, Roma e diverse altre città italiane e, recentemente, anche da Marrakech. **Air-Berlin** (www.airberlin.com) collega Siviglia con diverse città tedesche, svizzere e austriache, mentre **Transavia** (www.transavia.com) presta servizio da Parigi e **SN Brussels Airlines** (www.flysn.com) da Bruxelles. Dal momento che i vettori e gli orari cambiano molto spesso, per evitare spiacevoli sorprese vi consigliamo di chiedere informazioni direttamente alle compagnie aeree, oppure di consultare i principali siti di prenotazione online.

Autobus

Ogni giorno dalla **Estación de Autobuses Prado de San Sebastián** (Plaza San Sebastián) partono 12 o più autobus per/da Cadice (€11,50, 1 h 45 min), Córdoba (€10, 2 h), Granada (€19, 3 h 30 min), Jerez de la Frontera (€8, 1 h 15 min), Ronda (€11, 2 h 30 min, 5 corse o più al giorno) e Málaga (€15,75, 2 h 45 min). A questa stazione fanno riferimento anche i mezzi che raggiungono altre città della provincia di Cadice, la parte orientale della provincia di Siviglia e le località situate lungo la costa mediterranea, dalla Costa del Sol a Barcellona.

Dalla **Estación de Autobuses Plaza de Armas** (Avenida del Cristo de la Expiración) partono autobus per Madrid (€18,65, 6 h, 14 corse al giorno), El Rocío (€5,10, 1 h 30 min, da 3 a 5 corse al giorno), Aracena (€5,67, 1 h 15 min, 2 corse al giorno) e altre località della provincia di Huelva, Mérida (€13, 3 h, 12 corse al giorno), Cáceres (€15, 4 h, 6 corse al giorno) e la parte nord-occidentale della Spagna. Da questa stazione partono anche gli autobus diretti in Portogallo. La compagnia **ALSA** (www.alsa.es) ha in operativo due autobus al giorno per Lisbona (€35, 7 h, 2 corse al giorno), uno che passa da Badajoz e da Évora e l'altro (notturno) via Faro. Le compagnie **Casal** (www.autocarescasal.com) e **Damas** (www.damas-sa.es) effettuano corse rispettivamente per Lisbona e Lagos. Infine, la **Eurolines** (www.eurolines.es) serve la Germania, il Belgio, la Francia, l'Olanda e Sofia, capitale della Bulgaria.

Treno

La moderna ed efficiente **Estación de Santa Justa** (Avenida Kansas City) si trova 1,5 km a nord-est del centro di Siviglia. In centro c'è una **biglietteria Renfe** (Calle Zaragoza 29).

Ogni giorno 20 o più treni ad alta velocità AVE (in grado di raggiungere i 280 km/h) fanno la spola per/da Madrid (€80,70, 2 h 30 min). La capitale spagnola è servita anche dai più economici treni 'Altaria' (€63,30, 3 h 30 min). Tra le altre località raggiungibili in treno da Siviglia meritano di essere citate Barcellona (da €61 a €88, da 10 h 30 min a 13 h, 3 corse al giorno) – servita anche dall'AVE (€130, 6 h 30 min, 1 corsa al giorno) – Cadice (€12,75, 1 h 45 min, 13 corse al giorno), Córdoba (da €16 a €32, da 40 min a 1 h 30 min, 21 corse o più al giorno), Granada (€24, 3 h, 4 corse al giorno), Huelva (€9,65, 1 h 30 min, 3 corse al giorno), Jerez de la Frontera (€8,80, 1 h 15 min, 9 corse al giorno), Málaga (da €19,10 a €36,40, da 2 h a 2 h 30 min, 5 corse al giorno) e Mérida (€14, 5 h, 1 corsa al giorno).

Trasporti urbani

Per/dall'aeroporto

L'aeroporto si trova 7 km a est del centro di Siviglia, lungo la A4 per Córdoba. La compagnia **Los Amarillos** (www.losamarillos.es) gestisce il servizio di navetta tra l'aeroporto e Avenida del Cid, facendo capolinea nei pressi della stazione degli autobus di San Sebastián (da €2,20 a €2,50, partenze ai minuti 15 e 45 di ogni ora 5.45-0.45; domenica corse meno frequenti). Una corsa in taxi costa circa €20.

Autobus

Gestiti dall'azienda municipale dei trasporti di Siviglia **Tussam** (www.tussam.es), gli autobus C1, C2, C3 e C4 percorrono comode tratte circolari che assicurano i collegamenti tra i principali terminal dei trasporti e il centro della città. La linea C1, che parte di fronte alla Estación de Santa Justa, segue un percorso in senso orario che passa da Avenida de Carlos V (nei pressi della stazione degli autobus di Prado de San Sebastián e del Barrio de Santa Cruz), Avenida de María Luisa, Triana, Isla Mágica e Calle de Resolana. La linea C2 si dirige a ovest partendo dalla Estación de Santa Justa e seguendo lo stesso percorso in senso contrario. L'autobus n. 32 – che ferma anch'esso davanti alla Estación de Santa Justa – fa la spola tra Plaza de la Encarnación ed El Centro.

La linea C3 compie un percorso in senso orario che conduce dalla Puerta Carmona (nei pressi della stazione degli autobus di Prado de San Sebastián e del Barrio de Santa Cruz) alla Puerta La Carne e a Puerto Jerez. La linea C4 effettua il medesimo percorso in senso antiorario, con la differenza che dalla Estación de Autobuses Plaza de Armas si dirige verso sud lungo Calle de Arjona e il Paseo de Cristóbal Colón, anziché attraversare il fiume in direzione di Triana.

Una corsa in autobus costa €1,20.

Automobile e motocicletta

Nella maggior parte dei casi, gli alberghi dotati di parcheggio chiedono una cifra compresa tra €12 e €18 al giorno per godere del privilegio di lasciare l'automobile – non sono più economici dei parcheggi pubblici, ma per lo meno avrete il vostro veicolo a portata di mano. Il **Parking Paseo de Colón** (all'angolo tra Paseo de Cristóbal Colón e Calle Adriano; fino a 10 h €1,20 l'ora, 10-24 h €13,50) è un parcheggio sotterraneo relativamente economico.

Bicicletta

SeVici (☎902 01 10 32; www.sevici.es; ⏲7-21) è una brillante iniziativa ecologica varata dalle autorità municipali di Siviglia: si tratta di una rete per il noleggio delle biciclette che comprende quasi 200 stazioni completamente automatizzate dove è possibile prendere e lasciare le biciclette disseminate in tutta la città e chiaramente indicate su un'utile cartina pieghevole in formato tascabile; chi lo desidera può ritirare la bicicletta in un punto e riconsegnarla all'altro capo della città. L'iscrizione per una settimana costa €5. I primi 30 minuti sono gratuiti, mentre per l'ora successiva si spendono €1 e per la seconda e le successive €2. In alternativa, ci si può iscrivere per un anno al servizio (il modulo è disponibile online o presso gli uffici turistici) pagando €10; in questo caso la prima ora costa €0,50 e quelle successive €1. Presso gli uffici turistici troverete una cartina chiara e concisa, sulla quale sono indicate le piste ciclabili della città.

Più silenziosa, pulita e infinitamente più piacevole del traffico automobilistico e dei suoi problemi di inquinamento, la rete ciclistica SeVici è un'iniziativa che tutte le città spagnole dovrebbero adottare. L'unico svantaggio è costituito dal deposito di €150 richiesto per i noleggi a breve e a lungo termine; in questo caso, vi consigliamo di utilizzare la carta di credito, che 'congela' la transazione, anziché una carta di debito.

Metropolitana

Iniziata negli anni '70, la lungamente attesa **metropolitana** (www.sevilla21.com/metro, in spagnolo) di Siviglia è stata finalmente inaugurata nell'aprile del 2009. La linea 1 (ma sono in progetto altre tre linee) attraversa la città da ovest a sud, da Ciudad Expo a Olivar de Quinto (nel sobborgo di Dos Hermanas), per una lunghezza totale di 18 km e 22 stazioni. I biglietti per le zone 1/2/3 costano rispettivamente €1,30/1,55/1,75, mentre per la tessera giornaliera si spendono €4,50.

Tram

L'elegante ed ecologicamente sostenibile servizio tramviario di Siviglia **Tranvia** (www.tussam.es, in spagnolo) è stato avviato dalla Tussam nel 2007. Le linee T1 e T4 fanno la spola su una tratta di 1,4 km da Plaza Nueva (nei pressi dell'*ayuntamiento*), Avenida de la Constitución e l'Archivo de Indias e Puerta de Jerez, proseguendo poi verso la stazione degli autobus di San Fernando fino al Prado de San Sebastián. Un biglietto di corsa singola costa €1,20; in alternativa si può acquistare nelle edicole e dai tabaccai un *Bono* (tessera per 5 corse €5).

Dintorni di Siviglia

La provincia di Siviglia costituisce una interessante meta di escursioni in giornata grazie alla presenza delle più interessanti rovine romane dell'Andalusia a Itálica, delle ondulate campagne che si estendono a est di Siviglia e di affascinanti cittadine come Carmona e Osuna, che vantano una lunga storia.

CARMONA

POP. 27.950 / ALT. 250 M

Abitata ininterrottamente sin dall'epoca neolitica e fortificata nell'VIII secolo a.C., l'antichissima Carmona è arroccata su una bassa collina e disseminata di maestosi palazzi e grandiosi monumenti; si trova 38 km a est di Siviglia a breve distanza dalla A4 in direzione di Córdoba.

Che cosa vedere

L'ufficio turistico situato nella **Puerta de Sevilla**, l'imponente porta principale fortificata della città vecchia, vende i biglietti (interi/studenti e anziani €2/1) per la visita delle interessanti sale situate ai piani superiori.

Situata in Calle Dolores Quintanilla al fondo della via dove si trova la Iglesia Priorial de Santa María, la **Puerta de Córdoba** è una porta romana originale meravigliosamente conservata che incornicia la fertile pianura di Siviglia, che le si distende davanti come un prezioso tappeto dalle tinte un po' sbiadite. A sud della Puerta de Córdoba si trova il severo **Alcázar**, un forte almohade in rovina che Pedro I trasformò in residenza di campagna. Questo palazzo fu gravemente danneggiato dai terremoti del 1504 e del 1755 e oggi alcune sue parti ospitano un lussuoso *parador* (albergo di proprietà statale).

Iglesia Prioral de Santa María CHIESA
(Calle Martín López de Córdoba; ingresso €3; ⏲10-14 e 17-19 lun-ven, fino alle 14 sab) Questa splendida chiesa fu costruita tra il XV e il XVI secolo, ma il **Patio de los Naranjos** era in origine il cortile di una moschea e presenta in uno dei pilastri un suggestivo calendario visigoto intagliato. Particolarmente belle sono le due copertine della Bibbia lavorate a sbalzo e intarsiate risalenti al 1400.

FREE **Necropoli romana** ROVINE ROMANE
(Avenida de Jorge Bonsor; ⏲9-14 mar-sab 15 giu-14 set, fino alle 17 mar-ven, chiuso festivi 1° lug-31 agosto) Appena 1 km a sud-ovest della Puerta de Sevilla si trova la vasta necropoli romana di Carmona, dove è possibile vedere dall'alto una dozzina di tombe di famiglia scavate nella roccia.

FREE **Ayuntamiento** MUNICIPIO
(Calle El Salvador; ⏲8-15 lun-ven) il municipio di Carmona ospita al suo interno un grande e bellissimo **mosaico romano** che raffigura la Medusa.

Museo de la Ciudad MUSEO
(Museo di Storia della Città; Calle San Ildefonso 1; ingresso €3, mar ingresso libero; ⏲11-19 mar-dom, 11-14 lun) Situato dietro l'Iglesia Prioral de Santa María, questo museo costituisce un buon punto di partenza per la visita della città, grazie alla presenza di una utile ricostruzione cronologica della storia locale.

Pernottamento e pasti

TOP **Posada San Fernando** HOTEL €€
(☎954 14 14 08; www.posadasanfernando.com; Plaza de San Fernando 6; singole/doppie/triple €60/65/100; ❄📶) Inaugurata di recente e arredata con *mucho amor* (e prestando grande attenzione ai dettagli storici), questa *posada* (casa rurale) offre un buon rapporto qualità-prezzo. Le sue 18 camere sono pervase da una bellissima atmosfera e arredate con graziosi oggetti di antiquariato e inoltre vengono offerti gratuitamente sia il tè sia il caffè (cosa piuttosto insolita in Spagna).

Parador Alcázar del Rey Don Pedro HOTEL STORICO €€€
(☎954 14 10 10; www.parador.es; camere €160-171; P❄@📶≋) Il lussuoso *parador* di Carmona

DA VEDERE

ITÁLICA

Situata nella zona suburbana di Santiponce 8 km a nord-ovest di Siviglia, **Itálica** (interi/cittadini UE €1,50/gratuito; ⌚8.30-20.30 mar-sab, 9-15 dom apr-set) è stata la prima città costruita in Spagna dai romani. Fondata nel 206 a.C., fu anche il luogo natale e la residenza di Traiano e Adriano, due importanti imperatori vissuti nel II secolo d.C. Parzialmente ricostruiti, i ruderi di Itálica comprendono uno dei più grandi anfiteatri romani, ampie strade pavimentate, le rovine di diverse case ornate da bellissimi mosaici e un teatro.

Itálica può essere raggiunta con i mezzi provenienti dalla stazione degli autobus di Plaza de Armas di Santiponce (€1,30, 40 min), che effettuano almeno due corse l'ora dalle 6.35 alle 23 dal lunedì al venerdì e corse un po' meno frequenti durante i weekend, fermando davanti all'ingresso del sito.

sembra ancora più raffinato grazie alle rovine dell'Alcázar che si trovano nel complesso. La bellissima sala da pranzo (*menú del día* – menu fisso servito tutti i giorni – €32) si affaccia su uno straordinario (e inaspettato) scorcio della Vega, la pianura bruciata dal sole di Siviglia.

Casa de Carmona HOTEL €€€
(☎954 19 10 00; www.casadecarmona.com; Plaza de Lasso 1; singole/doppie/suite con prima colazione €155/160/225; P ❄ 📶 ≈) Lussuosissimo hotel ospitato all'interno di un maestoso palazzo del XVI secolo, il Casa de Carmona ha conservato l'autentica atmosfera della residenza aristocratica che fu in passato e il suo raffinato ristorante (portate principali da €18 a €25) serve specialità di *haute cuisine* con un gradevole tocco *andaluz* (andaluso).

Hospedería Palacio Marques de las Torres HOTEL, OSTELLO €
(☎954 19 62 48; www.hospederiamarquesdelastorres.com; Calle Fermin Molpeceres 2; letti in camerata/singole/doppie con prima colazione €20/40/50; ❄ 📶 ≈) Comfort moderni e una gradevole atmosfera settecentesca si sposano alla perfezione in questo bellissimo *palacio* trasformato in hotel, che dispone di due bungalow con quattro posti letto, di camere molto confortevoli con letti lussuosi e di una fantastica piscina turchese situata nel giardino soleggiato.

Pur essendo una cittadina relativamente piccola, Carmona vanta un gran numero di locali specializzati in tapas, al punto che l'ufficio turistico ha ritenuto di far stampare una cartina del 'tapas tour'. Iniziate dal simpatico **Bar Goya** (Calle Prim 2; tapas/raciones €2/8) situato a pochi passi da Plaza San Fernando, dove la qualità sivigliana è garantita ma senza il clamore di Siviglia; da questo locale potrete proseguire il vostro giro, scegliendo tra una ventina di altri bar (ammesso che il vostro stomaco sia in grado di reggere l'impresa!).

ℹ Informazioni

Ufficio turistico (www.turismo.carmona.org; ⌚10-15 e 16.30-18 lun-sab, 10-15 dom e festivi) Questo efficiente ufficio turistico è ospitato all'interno della Puerta de Sevilla, nei pressi dell'entrata principale della città vecchia.

ℹ Per/da Carmona

Gli autobus provenienti da Siviglia partono da Avenida de Portugal, nei pressi della stazione degli autobus di Prado de San Sebastián (€2,55, 45 min, 20 corse al giorno lun-ven, 10 corse sab, 7 corse dom) e arrivano al Paseo del Estatuto a Carmona (300 m a ovest dell'ingresso della città vecchia).

OSUNA

POP. 18.000 / ALT. 330 M

Situata a breve distanza dalla A92 in direzione di Granada e a 91 km da Siviglia, Osuna è la più incantevole delle cittadine rurali della provincia di Siviglia, vantando diverse dimore barocche meravigliosamente conservate e un bellissimo monastero in stile rinascimentale. Molti dei suoi edifici più imponenti furono fatti costruire dalla famiglia dei duchi di Osuna, che nel XVI secolo era una delle casate più ricche della Spagna.

Che cosa vedere

I grandiosi edifici situati sulla collina che domina il centro di Osuna simboleggiano i ruoli di diverse autorità della Spagna antica. Situato dietro il municipio, il **Palacio de los Cepeda** (Calle de la Huerta) sfoggia un bellissimo colonnato con gli stemmi della famiglia Cepeda. Nei pressi si trova la **Cilla del Cabildo Colegial** (Calle San Pedro 16), che vanta una splendida rappresentazione scultorea della Giralda di Siviglia.

Colegiata de Santa María de la Asunción GALLERIA D'ARTE
(☎954 81 04 44; Plaza de la Encarnación; ingresso con visita guidata €2,50; ⏰10-13.30 e 16-19 mar-dom mag-set) Ospitato all'interno di una collegiata cinquecentesca, questo museo espone numerose opere d'arte sacra collezionate dai duchi di Osuna, tra cui diversi pregevoli dipinti di José de Ribera. La visita guidata consente di vedere anche il lugubre **Sepulcro Ducal**, la tomba dei duchi di Osuna.

Monasterio de la Encarnación MUSEO
(ingresso €2; ⏰10-13.30 e 16-19 mar-dom mag-set) Situato di fronte alla Colegiata, questo ex monastero è diventato il museo di arte sacra di Osuna, dove potrete ammirare bellissimi rivestimenti in piastrelle e una vasta collezione di capolavori barocchi. Pochi passi più avanti, nella stessa via, le aguzze torri rivestite di piastrelle bianche e blu della **Antigua Universidad** incantano come le illustrazioni di un sinistro racconto fiabesco.

Pernottamento

Hotel Palacio Marqués de la Gomera HOTEL STORICO €€
(☎954 81 22 23; www.hotelpalaciodelmarques.com; Calle San Pedro 20; singole/doppie €94/115; P ❄ @ ☜) Ospitato all'interno di uno dei palazzi barocchi più belli fatti costruire dai duchi di Osuna, questo straordinario hotel di lusso dispone di camere di proporzioni principesche e dall'imperturbabile eleganza. Al suo interno troverete persino una cappella privata, una biblioteca ben fornita e una sala da biliardo.

Hostal Esmeralda HOTEL €
(☎955 82 10 73; Calle Tesorero 7; singole/doppie €32/58; P ❄) Situato in comoda posizione centrale e dotato di un bar al piano terreno e di un gradevole patio, questo accogliente albergo a gestione familiare pratica tariffe piuttosto contenute, pur offrendo ai suoi ospiti qualche comfort superiore alla media (tra cui un'atmosfera allegra e vivace), fatto che contribuisce a renderlo una sistemazione decisamente conveniente.

Informazioni

Oficina Municipal de Turismo (Calle Carnera 82; ⏰9.30-13.30 e 16-18 mar-sab, 9.30-13.30 dom) Questo ufficio turistico è in grado di fornirvi tutte le informazioni di cui potreste avere bisogno sulla città e anche alcune guide utili.

Per/da Osuna

La **stazione degli autobus** (Avenida de la Constitución) si trova 500 m a sud-est di Plaza Mayor. Ogni giorno da Osuna partono fino a 11 autobus per Siviglia (Prado de San Sebastián, €6,65, 1 h 30 min). Dalla **stazione ferroviaria** (Avenida de la Estación), situata 1 km a sud-ovest del centro, partono ogni giorno sei treni diretti a Siviglia (€8,80, 1 h).

PROVINCIA DI HUELVA

Per molti, la provincia di Huelva non è altro che un pezzetto di terra che s'incontra 'sulla via per il Portogallo'. Per i viaggiatori più curiosi è invece sinonimo del miglior prosciutto della regione, del fandango più autentico e della *romería* più importante e vivace della Spagna. Se a tutto questo aggiungete qualche antica miniera inglese, i cimeli di Cristoforo Colombo e quello che con ogni probabilità è il parco nazionale più importante del paese, avrete l'immagine del luogo ideale in cui concedersi una sosta nel corso del vostro itinerario andaluso, allontanandovi dai percorsi più battuti.

Huelva

POP. 148.000

Punteggiata di fabbriche e in gran parte distrutta dal terremoto che nel 1755 devastò Lisbona (a seguito del quale non è stata più ricostruita), Huelva non vincerà mai un concorso di bellezza. Se l'avete inclusa nel vostro itinerario, sappiate che dispone di alcuni alberghetti e di modesti ma commoventi ricordi di Colombo (il grande esploratore genovese salpò da questa zona per le Americhe). In alternativa, potreste visitare le località turistiche della provincia di Huelva nel corso di un'escursione in giornata partendo da Siviglia o da Aracena (p289), graziosa cittadina situata 100 km a nord.

Che cosa vedere

Huelva può vantare una sola attrattiva turistica.

FREE **Museo Provincial** MUSEO
(Alameda Sundheim 13; ⏰14.30-20 mar, 9-20 mer-sab e dom) Dopo aver ammirato le opere d'arte e i manufatti rinvenuti durante gli scavi archeologici, potrete proseguire tranquillamente il vostro itinerario.

Pernottamento e pasti

NH Luz Huelva HOTEL €€€
(959 25 00 11; www.nh-hotels.com; Alameda Sundheim 26; singole/doppie €140/156; P ✻ @ ☎) Con ogni probabilità, il NH Luz Nueva è l'hotel più bello di Huelva, a dispetto di un aspetto un po' troppo funzionale se rapportato alle quattro stelle che pubblicizza; le camere sono semplici ma spaziose e si affacciano su isolati di condomini. Questo hotel offre come unico comfort supplementare l'utilizzo gratuito per 30 minuti della connessione wi-fi. In bassa stagione le tariffe diminuiscono sensibilmente.

Albergue Juvenil de Huelva OSTELLO €
(959 65 00 10; www.inturjoven.com; Avenida Marchena Colombo 14; con prima colazione €20-25 per persona; ✻ @) Questo ostello della gioventù comodo, moderno e accessibile ai disabili dispone di camere semplicissime, tutte dotate di bagno. Si trova 2 km a nord della stazione degli autobus; l'autobus urbano n. 6 ferma nei pressi, in Calle J.S. Elcano.

Hotel Los Condes HOTEL €€
(959 28 24 00; Alameda Sundheim 14; singole/doppie con prima colazione €59/71; P ✻ @ ☎) Una serie di camere ampie, luminose, moderne e dotate di bagni color arancione, una reception arredata in maniera molto gradevole e l'accesso a internet e la prima colazione compresi nelle tariffe contribuiscono a rendere l'Hotel Los Condes una struttura ricettiva dal buon rapporto qualità-prezzo.

Mesón El Pozo TAPAS €€
(Calle Alonso Śanchez 14; tapas €2,50, raciones a partire da €12; chiuso dom e agosto) Situato in una via laterale, questo bar frequentato soprattutto dalla gente del posto propone un menu a base di pesce, che si pone perfettamente in linea con una cittadina affacciata sull'oceano.

Trattoria Fuentevieja ITALIANO €
(Avenida Martín Alonso Pinzón; portate principali €6-11; chiuso dom a cena) Questo popolarissimo ristorante italiano serve un buon assortimento di insalate, pizze, piatti di pasta e specialità a base di carne. Si trova a pochi passi dalla piazza principale.

Informazioni

Ufficio turistico regionale (Plaza Alcalde Coto Mora 2; 9-19.30 lun-ven, 10-14 sab e dom) Questo ufficio turistico è in grado di fornire un gran numero di informazioni molto utili.

Per/da Huelva

Dalla **stazione degli autobus** (959 25 69 00) partono ogni giorno almeno 18 autobus per Siviglia (€7,14, 1 h 15 min) e quattro per Madrid (€21,80, 7 h) della compagnia **Damas** (www.damas-sa.es). Due corse (eccetto sab, dom e festivi da ott a mag) raggiungono Lagos (da €13 a €14, 4 h), in Portogallo, passando da Faro e da Albufeira. Ogni giorno dalla **stazione ferroviaria** (902 24 02 02) partono tre treni diretti a Siviglia (€9,65, 1 h 30 min).

Lugares Colombinos

Con il nome collettivo di Lugares Colombinos (Luoghi di Colombo) si indicano La Rábida, Palos de la Frontera e Moguer, tre belle cittadine situate lungo la sponda orientale dell'estuario del Fiume Tinto, a est di Huelva, che rivestirono un ruolo di fondamentale importanza nella scoperta dell'America e che possono essere visitate con una gita in giornata da Huelva, dalla zona di Doñana o dalla vicina costa.

LA RÁBIDA
POP. 600

In questa cittadina graziosa e tranquilla, non mancate di ammirare il trecentesco **Monasterio de La Rábida** (ingresso €3; 10-13 e 16-19 mar-dom), visitato più volte da Colombo prima di partire per il grande viaggio che gli permise di scoprire il continente americano. Sulla sponda del fiume, sotto il monastero, si trova il **Muelle de las Carabelas** (Molo delle Caravelle; ingresso €3,30; 10-14 e 17-21 mar-ven, 11-20 sab, dom e festivi giu-set), dove è possibile salire a bordo delle riproduzioni delle navi della piccola flotta di Colombo, sulle quali è stato collocato un equipaggio formato da buffi manichini.

PALOS DE LA FRONTERA
POP. 8500

La cittadina confinante con La Rábida ospita la **Casa Museo Martín Alonso Pinzón** (Calle Colón 24; ingresso libero; 10-14 mar-sab), dove abitò il capitano della *Pinta*. Proseguendo lungo Calle Colón si incontra la quattrocentesca **Iglesia de San Jorge**, dove Colombo e i suoi uomini fecero la comunione prima di affrontare la grande traversata.

Se non desiderate pernottare a Huelva, vi consigliamo di prendere in considerazione l'**Hotel La Pinta** (959 53 05 11; Calle Rábida 79; singole/doppie €41/67; P ✻), che dispone di un grande bar, un buon ristorante (abbellito con i modellini delle navi di Colombo) e camere pulite e abbastanza spaziose. Per rifocillarvi vi consigliamo di fare tappa a **El Bodegón** (Calle Rábida 46; portate principali €10-23; ⏲chiuso mar), un locale grande, rumoroso e pieno di atmosfera, che propone buone specialità a base di pesce e grigliate di carne.

MOGUER

POP. 16.300

La sonnolenta Moguer fornì a Colombo buona parte del suo equipaggio. Nel trecentesco **Monasterio de Santa Clara** (☎959 37 01 07; Plaza de las Monjas; visite guidate €3; ⏲11-14 e 17-19 lun-ven) Colombo vegliò in preghiera la notte dopo il rientro dal suo primo viaggio, nel marzo del 1493.

La **Mesón El Lobito** (Calle Rábida 31; raciones €5-12; ⏲chiuso mer) è un locale molto caratteristico, dove potrete gustare buone specialità della cucina campagnola sotto lo sguardo minaccioso del lupo imbalsamato che dà il nome al ristorante.

L'utile **ufficio turistico** (Calle Castillo; ⏲10-14 e 17-19 lun-sab, 10-15 dom, lun e festivi) si trova un paio di isolati a sud di Plaza del Cabildo, in centro, all'interno del **castillo** di Moguer, una suggestiva struttura di epoca almohade cinta da spoglie mura, che venne ampliata nel corso del XIV secolo.

ℹ Per/dai Lugares Colombinos

Ogni giorno almeno 10 autobus partono da Huelva per La Rábida (€1,31, 15 min), la metà dei quali prosegue per Palos de la Frontera (€1,31, 20 min) e Moguer (€1,31, 30 min), mentre gli altri raggiungono Mazagón.

Parque Nacional de Doñana

Istituito nel 1969, il Parco Nazionale di Doñana è la più famosa e, sotto molti aspetti, la più importante riserva naturale spagnola, nonché una delle più vaste zone acquitrinose rimaste in Europa, estendendosi su una superficie di 542 kmq. Situato nella parte sud-orientale della provincia di Huelva e della vicina provincia di Siviglia, questo sito dichiarato dall'UNESCO Patrimonio dell'Umanità rappresenta un habitat d'importanza vitale per alcune specie di fauna a rischio di estinzione, come l'aquila imperiale spagnola. Questo parco comprende un insieme davvero unico di ecosistemi e di luoghi di straordinaria bellezza, che vale assolutamente la pena di vedere. È necessario prenotare la visita guidata presso il Centro de Visitantes El Acebuche, situato nel lato occidentale, a El Rocío, situato nell'angolo nord-occidentale della riserva, o a Sanlúcar de Barrameda (p299), a sud-est.

Una buona metà del territorio del parco è formata dalle *marismas* (paludi) del delta del Guadalquivir, che rappresentano la più vasta zona acquitrinosa d'Europa. Quasi completamente secche da luglio a ottobre, in autunno le *marismas* si riempiono d'acqua e attirano centinaia di migliaia di uccelli migratori acquatici provenienti da nord. Quando in primavera le acque si abbassano, arrivano altri uccelli – tra cui fenicotteri, spatole e cicogne – molti dei quali vi nidificano. Questo parco comprende anche una spiaggia di 28 km affacciata sull'Oceano Atlantico, separata dalle *marismas* da una striscia di dune di sabbia larga fino a 5 km, e ben 144 kmq di *coto* (foresta e boscaglia), che offrono riparo a numerose specie di mammiferi, tra cui cervi, cinghiali e cavalli allo stato semibrado.

Le aree più interessanti dal punto di vista naturalistico che circondano il parco sono incluse nei 540 kmq del Parque Natural de Doñana, una riserva protetta separata che comprende quattro zone distinte.

EL ROCÍO

POP. 1200

Il villaggio di El Rocío si affaccia sul tratto delle *marismas* di Doñana situato nell'angolo nord-occidentale del parco. Le sue strade di sabbia sono segnate da tante impronte di animali quante sono quelle dei pneumatici delle automobili e delimitate da file di case con verande quasi sempre disabitate. Non si tratta però di una cittadina fantasma, in quanto quasi tutte le case appartengono alle circa 90 *hermandades* (confraternite) di pellegrini che ogni anno si danno appuntamento a El Rocío per la straordinaria Romería del Rocío. In effetti, il villaggio si accende di un'atmosfera festosa quasi tutti i weekend, quando i membri delle *hermandades* arrivano per festeggiare festività di vario genere.

⊙ Che cosa vedere e fare

Nelle acque poco profonde che si estendono di fronte al villaggio pascolano cervi e orsi ed è possibile vedere stormi di fenicotteri che volteggiano nel cielo formando grandi nuvole rosa. Un altro buon punto di osservazione è costituito dal ponte sul fiume situato lungo la A483, 1 km a sud del villaggio.

ROMERÍA DEL ROCÍO

Ogni anno in occasione della festa di Pentecoste, che cade la settima domenica dopo Pasqua, El Rocío viene presa letteralmente d'assalto da un milione di pellegrini provenienti da ogni parte della Spagna che vengono a celebrare la Romería del Rocío (pellegrinaggio a El Rocío). Questa importantissima festività celebra l'immagine di Nuestra Señora del Rocío, scoperta nel XIII secolo in un albero della zona da un cacciatore di Almonte. Mentre la stava portando a casa, il cacciatore si fermò per riposare e la statua ritornò miracolosamente sull'albero da sola. Poco tempo dopo fu costruita una cappella nel punto in cui si trovava l'albero (l'odierna El Rocío) e iniziarono i pellegrinaggi.

Ogni anno a El Rocío arrivano quasi 100 *hermandades* dell'Andalusia e di altre regioni spagnole – comprendenti in alcuni casi diverse migliaia di donne e uomini – a piedi, a cavallo e a bordo di variopinti carretti trainati da buoi o cavalli, percorrendo le strade sterrate della campagna.

L'aggettivo più adatto per descrivere questa manifestazione tipicamente andalusa è sicuramente 'solenne'. I 'pellegrini' indossano i vivaci costumi andalusi e durante il viaggio che li conduce a El Rocío cantano, ballano, bevono e flirtano.

La festa giunge al culmine nelle prime ore del mattino di lunedì. I membri delle *hermandad* di Almonte – che reclamano la proprietà dell'immagine della Vergine – fanno irruzione nella chiesa e caricano l'immagine su un carro da processione. Quindi scoppia un parapiglia tra gli abitanti di Almonte e gli altri pellegrini per avere l'onore di trasportare La Blanca Paloma: alla fine il buonumore ha il sopravvento e la Vergine viene condotta in processione agli edifici delle altre confraternite, per poi fare ritorno all'Ermita nel pomeriggio.

Ermita del Rocío CHIESA

(⌚8-22.30 apr-set, 8.30-20 ott-marzo) Situata nel cuore del villaggio, questa chiesa ospita la famosa Virgen del Rocío, una statuetta di legno che indossa un lungo abito incrostato di pietre preziose. Ogni giorno molti fedeli si raccolgono in preghiera in questa bellissima chiesa dai muri bianchi.

Centro de Visitantes José Antonio Valverde CENTRO VISITATORI

(☎671 564145; ⌚10-19, fino alle 20 o 21 apr-agosto) Diversi operatori locali organizzano visite guidate lungo il confine settentrionale del parco fino a questo remoto centro visitatori che si affaccia su un lago perenne. Nel corso di queste escursioni avrete la possibilità di vedere cervi e cinghiali, oltre a una grande varietà di uccelli. Il periodo migliore per la visita coincide con i mesi di gennaio, aprile e maggio.

Per ulteriori informazioni sugli operatori più affidabili, v. p287.

Pernottamento e pasti

Non provate nemmeno a cercare una camera libera a El Rocío nei giorni della Romería del Rocío.

Hotel & Restaurante Toruño HOTEL €€

(☎959 44 23 23; Plaza Acebuchal 22; singole/doppie con prima colazione €58/80; P ❄ @) Questa attraente villa affacciata sulle *marismas* dispone di 30 camere arredate con cura, alcune con vista sulla palude per poter ammirare, la mattina appena svegli, le spatole. Il ristorante situato nel lato opposto della strada (portate principali da €12 a €22) serve abbondanti porzioni di invitanti piatti tipici della campagna e della costa. Servita orgogliosamente su un vassoio, la rossa e profumata zuppa di *salmorejo* è sicuramente la più ricca e densa di tutta l'Andalusia.

Camping La Aldea CAMPEGGIO €

(☎959 44 26 77; www.campinglaaldea.com; Carretera El Rocío Km 25; piazzole adulti/tende/automobili €6,50/6,50/6,50, capanne o bungalow per 4 o 5 adulti €100-180; P ❄ @ ≋) Situato nell'estremità settentrionale del villaggio, il ben attrezzato Camping La Aldea dispone di graziosi capanni e bungalow e di oltre 250 piazzole da campeggio.

Pensión Cristina HOTEL €

(☎959 44 24 13; Calle El Real 58; singole/doppie €30/36) Situata pochi passi a est dell'Ermita del Rocío, la Pensión Cristina dispone di camere economiche e ragionevolmente confortevoli e di un ristorante molto frequentato (portate principali da €5 a €15) che serve paella, cacciagione, pesce e altro.

Aires de Doñana ANDALUSO €€
(Avenida de la Canaliega 1; portate principali €15-19; ⏲chiuso lun) L'Aires de Doñana si mette in grande evidenza tra i ristoranti di El Rocío grazie alle sue grandi vetrate che si affacciano sulle *marismas,* al suo servizio accurato e al suo menu piacevolmente fantasioso.

Informazioni

Centro de Información La Rocina (⏲9-15 e 16-19, fino alle 20 o 21 apr-agosto, fino alle 15 dom 15 giu-14 set) Situato 1 km a sud lungo la A483, questo centro è in grado di fornire un gran numero di informazioni sul parco nazionale e sui sentieri che conducono alle vicine aree per il birdwatching.

Ufficio turistico (www.turismodedonana.com; Avenida de la Canaliega; ⏲9.30-13.30 e 15-17 lun-ven) Situato a breve distanza dalla strada principale nell'estremità occidentale del villaggio, l'ufficio turistico effettua le prenotazioni per le visite del parco.

CENTRO DE VISITANTES EL ACEBUCHE

Situato 12 km a sud di El Rocío lungo la A483 e poi 1,6 km a ovest, **El Acebuche** (☎959 43 96 29; ⏲8-21 mag-set, fino alle 19 ott-apr) è il principale centro visitatori del parco nazionale, ospita al suo interno una mostra interattiva incentrata sul parco e sui sentieri per il birdwatching e propone un interessante documentario sulle linci iberiche di El Acebuche, che costituisce l'unica possibilità di vedere questo animale.

Escursioni nel parco nazionale

L'unico modo per visitare il parco consiste nel prendere parte alle escursioni di gruppo a bordo dei fuoristrada da 20 posti che partono da El Acebuche, a ovest. Vi consigliamo di prenotare tramite la **Cooperativa Marismas del Rocío** (☎959 43 04 32/51; www.donanavisitas.es; escursioni di 4 ore €26 per persona; ⏲8.30 e 15 mar-dom metà set-apr, 8.30 e 17 lun-sab mag-metà set). In primavera, in estate e nei giorni festivi conviene prenotare con almeno un mese di anticipo, mentre negli altri periodi di solito è sufficiente una settimana. Se possibile, portatevi dietro il binocolo e una buona scorta di acqua potabile in estate, oltre a repellente per insetti in qualsiasi stagione, eccetto l'inverno. Tenete presente che la maggior parte delle guide parla solo in spagnolo. Di solito l'escursione inizia con un lungo giro sulla spiaggia e poi prosegue nell'entroterra. Quasi certamente vedrete cervi e cinghiali, ma gli appassionati di birdwatching potrebbero rimanere delusi dalle limitate possibilità di osservazione degli uccelli.

Se desiderate fare escursioni più specialistiche, vi consigliamo di rivolgervi agli operatori privati citati di seguito.

Discovering Doñana GUIDE NATURALISTICHE
(☎959 44 24 66; www.discoveringdonana.com; Calle Águila Imperial 150, El Rocío; escursioni di 6 h 1-4 persone €120) Condotte da guide esperte in grado di esprimersi in inglese, le escursioni proposte da questa agenzia sono quasi tutte di interesse generale e sul sito internet troverete belle testimonianze dell'entusiasmo e della dedizione delle guide.

Doñana Nature GUIDE NATURALISTICHE
(☎959 44 21 60; www.donana-nature.com; Calle Las Carretas 10, El Rocío; escursioni di mezza giornata €25 per persona) Le escursioni di mezza giornata (8 e 18 tutti i giorni, 15.30 in inverno) proposte dalla Doñana Nature sono di interesse generale, ma non mancano uscite studiate appositamente per gli appassionati di birdwatching e fotografia. Le escursioni sono condotte da guide in grado di esprimersi in inglese e in francese.

Doñana Ecuestre GUIDE PER TOUR A CAVALLO
(☎959 44 24 74; www.donanaecuestre.com; Avenida de la Canaliega; 1 h/2 h/mezza giornata €20/30/40) Questo operatore organizza divertenti escursioni guidate a cavallo nei boschi che si estendono a ovest di El Rocío, alcune delle quali condotte da biologi esperti.

MATALASCAÑAS E MAZAGÓN

Situate sulla lunga spiaggia sabbiosa che dal parco nazionale si estende in direzione nord-ovest, queste due piccole località di villeggiatura possono costituire una base alternativa a El Rocío. La cittadina di Matalascañas contrasta tristemente con la natura incontaminata che la circonda, mentre Mazagón, situata 28 km più a nord lungo la costa, è più tranquilla. A **Cuesta de Maneli**, località situata tra i due centri citati, una passerella lunga 1,2 km che parte dal parcheggio conduce fino alla spiaggia attraverso dune alte un centinaio di metri, in mezzo a maestosi pini e ginepri.

Entrambe le località dispongono di vasti campeggi e di diversi hotel.

Hotel Albaida (☎959 37 60 29; www.hotelalbaida.com; Carretera Huelva-Matalascañas, Mazagón; singole/doppie con prima colazione

€55/75; P ✻ ☎) dispone di camere luminose e di personale simpatico e si trova in una pineta a breve distanza dalla statale, nelle immediate vicinanze della spiaggia. Vi consigliamo di soggiornare nell'**Hotel Doñana Blues** (☎959 44 98 17; www.donanablues.com; Sector I, Parcela 129, Matalascañas; camere a partire da €65; ✻ @ ≋), un alberghetto dotato di un gradevole giardino, arredato in un affascinante stile rustico e dotato di tutti i comfort moderni.

L'interno e l'esterno del **Parador de Mazagón** (☎959 53 63 00; www.parador.es; Playa de Mazagón; camere €160-171; P ✻ @ ☎ ≋), situato 6 km a est del centro di Mazagón, si fondono gradevolmente con lo splendido ambiente naturale circostante e tutte le sue lussuose camere consentono di ammirare splendidi panorami sul mare.

Per/da El Rocío

Ogni giorno tre autobus fanno la spola tra Siviglia (Plaza de Armas) e Matalascañas (€6,50, 1 h 45 min) fermando anche a El Rocío (€6, 1 h 30 min); uno o due altri mezzi che percorrono la A483 tra Almonte e Matalascañas fermano anche a El Rocío. Tutti questi autobus fermano su richiesta davanti al centro visitatori di El Acebuche.

Da Huelva partono diversi autobus per Mazagón (€2,10, 35 min, fino a 13 corse al giorno), ma solo due di queste corse (lun-ven) proseguono fino a Matalascañas (€4,30, 50 min). A volte nei mesi estivi il servizio viene potenziato con altre corse. È possibile spostarsi da Huelva e El Rocío prendendo la coincidenza ad Almonte.

Minas de Riotinto

POP. 6200 / ALT. 420 M

Nascosto tra le colline settentrionali della provincia, Minas de Riotinto è uno dei distretti minerari più antichi del mondo – un paesaggio lunare, scolpito su rocce corrose – che costituisce una tappa molto affascinante. In questa zona si estraeva rame già 4000 anni fa e le miniere di ferro erano in uso almeno dai tempi dei romani. Nel XIX secolo la società inglese Rio Tinto Company trasformò questa zona in uno dei centri di estrazione del rame più importanti del mondo, sfruttandolo a tal punto che oggi ricorda più la superficie di Marte che quella terrestre. Interi villaggi furono trasferiti, le montagne vennero fatte saltare in aria con la dinamite e si scavarono buche molto profonde. L'impatto di questa attività, cessata nel 2001, si rivelò devastante per l'ambiente naturale.

Il centro di servizi principale di questa zona è costituito dalla cittadina di Minas de Riotinto, situata 68 km a nord-est di Huelva.

Che cosa vedere e fare

Le attrattive della zona sono amministrate dal **Parque Minero de Riotinto** (☎959 59 00 25; www.parquemineroderiotinto.com), che ha sede presso il ben indicato Museo Minero.

Sebbene il Parque Minero non organizzi escursioni a **Corta Atalaya**, situata 1 km a ovest della cittadina, potrete comunque dare uno sguardo a questa straordinaria miniera a cielo aperto, lunga 1,2 km e profonda 335 m, seguendo le indicazioni dopo essere entrati a Minas de Riotinto da sud-ovest.

Museo Minero MUSEO

(Plaza Ernest Lluch; interi/under 13 €4/3; ⏲10.30-15 e 16-19) Ospitato all'interno dell'edificio che dal 1873 al 1954 fu sede dell'ospedale della Rio Tinto Company, questo affascinante museo ripercorre la straordinaria storia della zona di Riotinto, spaziando dalle tombe megalitiche alla colonizzazione romana e a quella britannica, fino alla chiusura delle miniere avvenuta nel 2001. Non mancate di dare un'occhiata alla ricostruzione di una miniera romana lunga 200 m e al Vagón del Maharajah, un lussuoso vagone usato da Alfonso XIII per visitare le miniere.

Ferrocarril Turístico-Minero TRENO TURISTICO

(interi/ridotti €10/9) Un modo facile e divertente per visitare la zona delle miniere è costituito da questo circuito di 22 km che conduce i visitatori attraverso un paesaggio surreale, a bordo di un treno restaurato dell'inizio del XX secolo. L'escursione inizia a Talleres Minas, località situata 2,5 km a est di Minas de Riotinto. Nel sito internet sono disponibili indicazioni sugli orari delle partenze, da una a due al giorno (di solito alle 13 e alle 16.30) a seconda della stagione; è indispensabile prenotare.

Peña de Hierro MINIERA

(interi/ridotti €8/7; ⏲12-13.30 e 17.30-19) Un'altra possibilità per visitare questa zona è costituita dall'escursione alle vecchie miniere di rame e zolfo situate a 9 km da Minas de Riotinto, dove è possibile vedere le sorgenti del Río Tinto e una miniera a cielo aperto profonda ben 85 m e scendere in una galleria della miniera lunga 200 m. È indispensabile prenotare; tenete inoltre presente che gli orari possono variare.

Andalusia per immagini

Siviglia »
Córdoba »
Granada »

» Alhambra, Granada (p355)

Siviglia
Cattedrale

GUIDA ALLA VISITA

'Stiamo per costruire una chiesa talmente vasta che le future generazioni ci considereranno pazzi', dichiararono gli illuminati architetti di Siviglia nel 1402, apprestandosi a iniziare una delle imprese architettoniche più grandiose di tutta la storia medievale. Poco più di un secolo dopo la loro follia trionfò.

Per non perdervi, scegliete come punti di riferimento le principali attrattive della cattedrale. Appena entrati dal portale sud (principale) troverete il sontuoso mausoleo di Cristoforo Colombo 1. Svoltate a destra e dirigetevi verso l'angolo sud-orientale, dove scoprirete alcuni tesori d'arte: un Goya nella Sacristía de los Cálices, uno Zurbarán nella Sacristía Mayor 2 e la luminosa *Inmaculada* del Murillo nella Sala Capitular. Costeggiate il muro orientale dando un'occhiata alla Capilla Real 3 e alle sue tombe reali. Impossibile non restare affascinati dalla Capilla Mayor 4 e dal suo straordinario altare. Nascosta nell'angolo nord-ovest, la Capilla de San Antonio 5 conserva un'opera leggendaria di Murillo. L'enorme portale che vedete davanti a voi è la Puerta de la Asunción 6, che viene aperta di rado. Dirigetevi verso la Giralda 7, ammirando il soffitto a volta della navata e, dopo aver osservato dall'alto l'immensa mole della cattedrale, ridiscendete e uscite passando dal Patio de los Naranjos 8.

CONSIGLI UTILI

» **Per evitare la coda** Prenotate i biglietti sul sito www.servicaixa.com (suppl. €1) da 1 a 6 settimane prima.

» **A vostro agio** Non visitate l'Alcazar e la cattedrale nello stesso giorno: ci sono troppe cose da vedere.

» **Vedute** Ammirate la cattedrale anche dall'esterno. Di sera è particolarmente suggestiva vista dalla Plaza Virgen de los Reyes e dalla sponda opposta del fiume a Triana.

ONTHEROAD/ALAMY

Capilla Mayor
Il punto focale della cattedrale vanta anche il suo tesoro più prezioso: una magnifica pala d'alt dorata, che raffigur scene della vita di Cristo e impegnò pe anni e anni l'artista fiammingo Pieter Dancart.

Patio de los Naranjos
Inspirate il profumo dei 60 alberi di arancio nel fresco patio racchiuso da mura simili a quelle di una fortezza, che appartenevano a una moschea del XII secolo. Uscite poi dalla Puerta del Perdón, che ha un arco a ferro di cavallo.

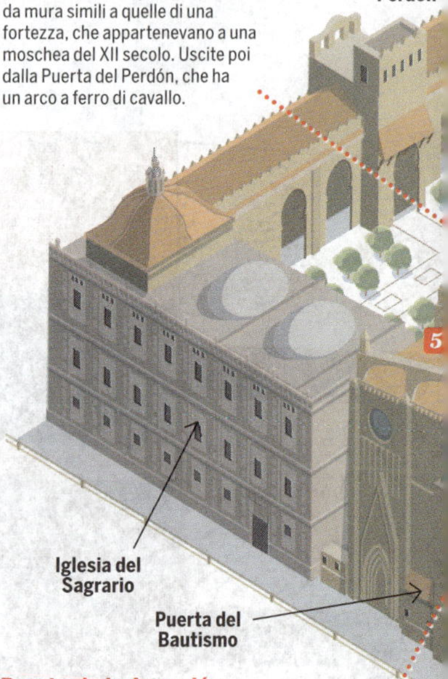

Puerta de la Asunción
Situato sul lato occidentale della cattedrale e chiamato anch Puerta Mayor, questo immenso portale viene aperto di rado; durante la Semana Santa di qui passano le solenni processio delle *hermanadades* (confraternite) cattoliche.

ADB TRAVEL/ALAMY

MARK DAFFY

Giralda

Salite dalla lunga rampa che raggiunge la cima di questo minareto dell'XI secolo, incoronato da un campanile in stile gotico-barocco. Con i suoi 104 m di altezza, la Giralda è da secoli il simbolo di Siviglia.

STUART CRUMP/ALAMY

Sacristía Mayor

Gli amanti dell'arte sapranno apprezzare questa grande sala con volta a cupola che ospita alcuni dei più straordinari dipinti di Siviglia, tra cui la *Santa Teresa* di Zurbarán e il *Descendimiento* di Pedro de Campaña, insieme alla chiave della città, conquistata nel 1248.

Capilla Real

Restate in rispettoso silenzio in questa suggestiva cappella dedicata alla Virgen de los Reyes. In un'urna d'argento riposano i resti del conquistatore cristiano della città, Ferdinando III, e di suo figlio Alfonso il Saggio.

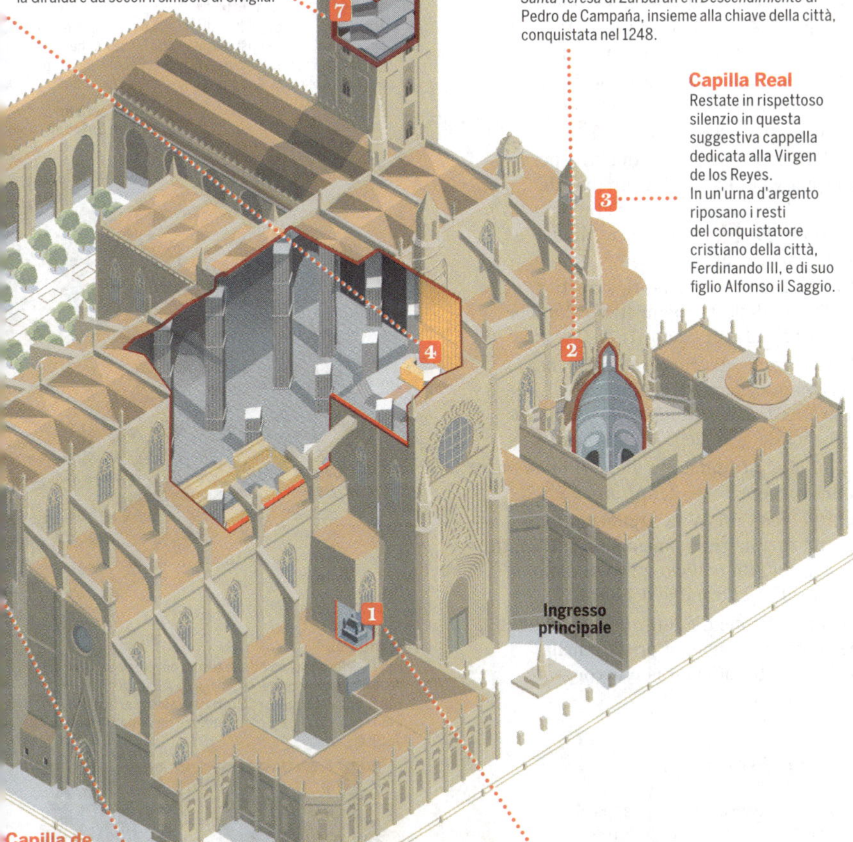

Capilla de San Antonio

Trattandosi di una delle 80 cappelle della cattedrale, non è facile scovare questa piccola perla, degna di nota per un dipinto eseguito da Murillo nel 1666, *La visione di sant'Antonio*. L'opera fu danneggiata dai ladri nel 1874, ma in seguito è stata restaurata.

OLIVER STREWE

Tomba di Colombo

Sepolta a Valladolid nel 1506, la salma di Cristoforo Colombo fu traslata ben quattro volte prima di giungere a Siviglia nel 1898, custodita da un elaborato catafalco. Ma è veramente lui? Da lungo tempo si dibatte sul fatto che Colombo riposi invece nella Repubblica Dominicana.

Córdoba
Mezquita

CRONOLOGIA

600 d.C. Fondazione della chiesa cristiana visigota di san Vincenzo sul sito dell'odierna Mezquita.

785 d.C. Recuperando i ruderi visigoti e romani, l'emiro Abd ar-Rahman I trasforma la Mezquita in moschea.

822-5 d.C. La moschea viene ampliata durante il regno di Abd-ar-Rahman II.

912-961 d.C. Abd ar-Rahman III ordina la costruzione di un nuovo minareto.

961-6 d.C. La moschea viene fatta ampliare da Al-Hakam II, che ne arricchisce anche il mihrab **1**.

987 d.C. La moschea è ampliata per l'ultima volta da Al-Mansur Ibn Abi Aamir. Con l'aggiunta del Patio de los Naranjos **2**, l'edificio raggiunge le dimensioni attuali.

1236 La moschea viene riconvertita in chiesa, dopo la conquista di Córdoba da parte di Ferdinando III di Castiglia.

1271 Anziché distruggere la moschea, i cristiani cercano di modificarla. Alfonso X ordina la costruzione della Capilla de Villaviciosa **3** e della Capilla Real **4**.

1300 circa Il minareto viene rimpiazzato dalla barocca Torre del Alminar **5**.

1520 circa Carlo V fa aggiungere una navata in stile rinascimentale **6**. 'Ho fatto distruggere un edificio unico al mondo', dirà pentito al termine dei lavori.

2004 Petizione dei musulmani spagnoli per poter nuovamente pregare nella Mezquita. Il Vaticano non acconsente alla richiesta.

CONSIGLI UTILI

» **Tra gli aranci** Il Patio de los Naranjos è sempre visitabile gratuitamente.

» **Per i mattinieri** Tutte le mattine eccetto la domenica dalle 8.30 alle 10 è possibile entrare liberamente nella Mezquita.

» **Un po' di quiete** Le visite di gruppo non sono consentite prima delle 10, per cui l'edificio è più tranquillo e suggestivo al mattino presto.

SAMI SARKIS TRAVEL/ALAMY

Capilla de Villaviciosa
Tra le numerose cappelle della chiesa troverete questa perla un'antica struttura cristiana aggiunta nel 1277 che fonde gli elementi moreschi dell'edificio precedente con archi e pilastri gotici. Fu utilizzata come Capilla Mayor fino al 1520.

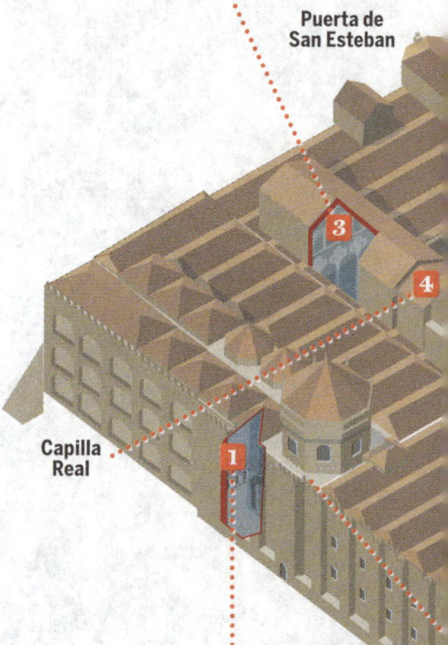

Il mihrab
Fulcro della moschea è il suo tesoro più prezioso: la nicchia della preghiera a forma di conchiglia rivolta verso la Mecca, che fu aggiunta nel X secolo. Osservate in particolare il mosaico a tessere d'oro, realizzato da scultori giunti da Bisanzio.

B.O'KANE/ALAMY

Il coro della cattedrale

L'imponente coro è un'aggiunta tarda, essendo stato portato a termine nel 1750. Dopo aver ammirato le splendide sculture degli stalli in mogano, che raffigurano scene della Bibbia, osservate il sontuoso soffitto barocco.

DONALD C. & PRISCILLA

Torre del Alminar

È l'attrattiva più economica della Mezquita, perché per vederla non si deve pagare nulla. Alto 93 m e ben visibile da ogni punto della città, questo campanile in stile barocco fu costruito sul minareto della moschea.

KARL BLACKWELL

Gli archi della Mezquita

Tranquilli, non avete le allucinazioni. La caratteristica più peculiare della Mezquita è proprio costituita dagli archi a strisce bianche e terracotta, che sostengono 856 pilastri recuperati da rovine romane e visigote. Nella luce fioca della navata vi sembreranno al tempo stesso meravigliosi e spettrali.

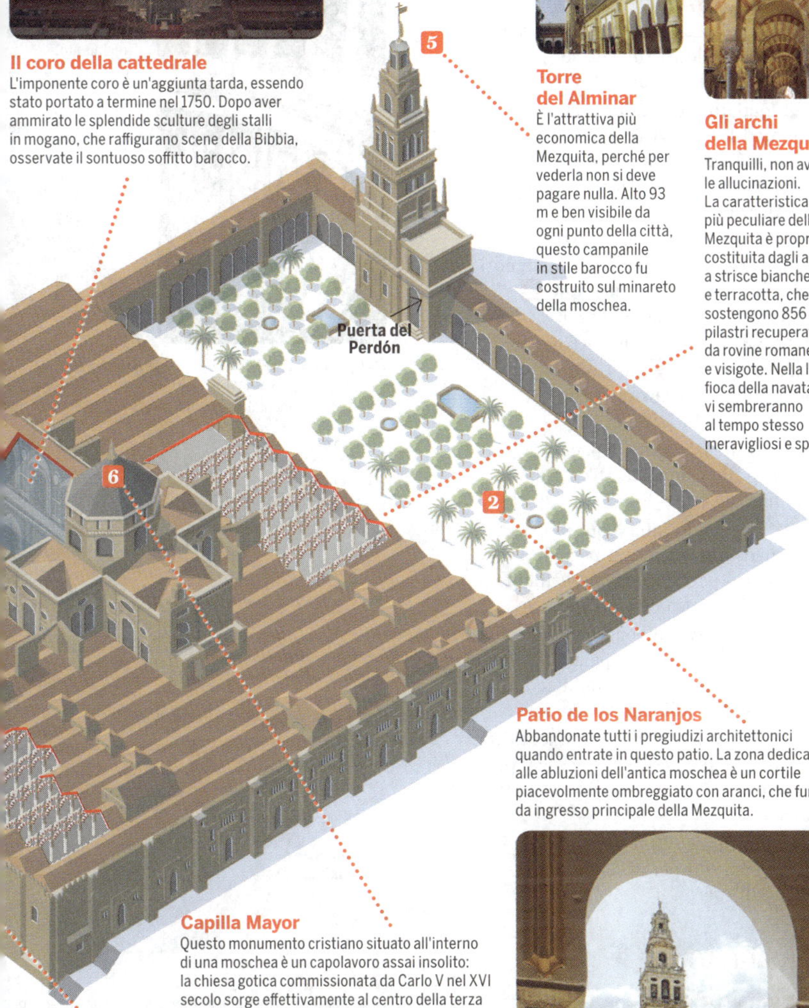

Patio de los Naranjos

Abbandonate tutti i pregiudizi architettonici quando entrate in questo patio. La zona dedicata alle abluzioni dell'antica moschea è un cortile piacevolmente ombreggiato con aranci, che funge da ingresso principale della Mezquita.

Capilla Mayor

Questo monumento cristiano situato all'interno di una moschea è un capolavoro assai insolito: la chiesa gotica commissionata da Carlo V nel XVI secolo sorge effettivamente al centro della terza moschea del mondo in ordine di dimensioni.

La maksura

La maksura, che vi guiderà verso il mihrab, era il luogo in cui si raccoglievano in preghiera i califfi con il loro seguito. Gli archi dalla sontuosa decorazione dovevano indirizzare gli occhi dei fedeli verso il mihrab e la Mecca.

PAUL KINGSLEY/ALAMY

DWB/IMAGEBROCKER

Granada
Alhambra

CRONOLOGIA

900 Prima notizia relativa ad *al-qala'at al-hamra* (castello rosso), che sorgeva in cima alla collina Sabika di Granada.

1237 Il fondatore della dinastia nasride, Muhammad I, trasferisce la sua corte a Granada. Temendo la minaccia degli eserciti cristiani, fa costruire un nuovo forte, l'Alcazaba **1**.

1302-09 Nato come palazzo estivo e tenuta di campagna per i frivoli signori di Granada, il bucolico Generalife **2** viene avviato da Muhammad III.

1333-54 Yusuf I ordina la costruzione del Palacio Nazaríes **3**, tuttora considerato un capolavoro della cultura islamica in Europa.

1350-60 Costruzione del Palacio de Comares **4**, che porta all'estremo il lusso nasride.

1362-91 Il secondo intervento di Muhammad V inaugura un periodo architettonico particolarmente brillante, come attesta il Patio de los Leones **5**.

1527 I cattolici aggiungono il Palacio de Carlos V **6**: bellissimo palazzo rinascimentale o assurdo crimine contro l'arte moresca? A voi l'ardua sentenza.

1829 L'Alhambra, che langue dimenticata, è 'riscoperta' dallo scrittore americano Washington Irving durante il suo lungo soggiorno.

1954 I giardini del Generalife vengono ampliati verso sud per accogliere un teatro all'aperto.

CONSIGLI UTILI

» **Per evitare la coda** Prenotate i biglietti online sul sito www.alhambra-tickets.es.

» **Per risparmiare** Potete visitare le zone gratuite del palazzo in qualunque momento entrando dalla Puerta de Justica.

» **Per un soggiorno** All'interno del complesso si trovano due bellissimi alberghi: il Parador de Granada (costoso) e l'Hotel América (economico).

MICHAEL TAYLOR

Sala de la Bar
Date un'occhiata all'anticamera del Palacio de Comare il cui soffitto dorato la forma di una nav capovolta. Distrutt da un incendio intorno al 1890, è stato accuratamen restaurato.

Palacio de Carlos V
È facile ignorare i meriti di questo palazzo rinascimentale, aggiunto al complesso nel 1527. Visitate il Museo de la Alhambra, che al piano terreno espone opere legate alla storia del palazzo.

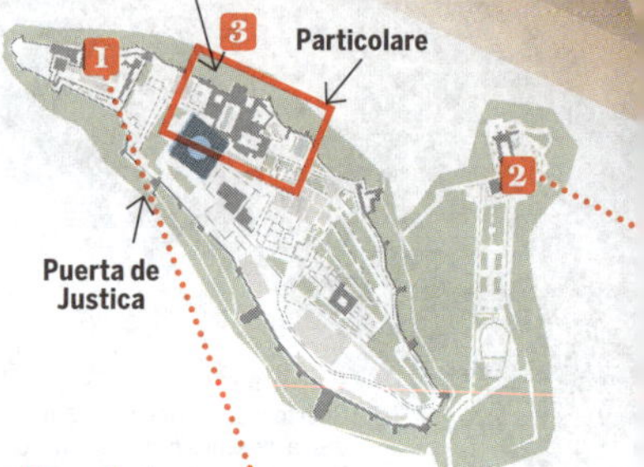

Alcazaba
Esplorate le torri dell'antica cittadella, la più importante del quali – la Torre de la Vela – vi condurrà, attraverso una scala a chiocciola, al punto panoramico più bello dell'Alhambra.

DAVID TOMLINSON

JOHN ELK III

Patio de Arrayanes

Se solo poteste sostare un po' accanto alle file di arbusti di mirto *(arrayanes)* che orlano questa rilassante vasca rettangolare! I freschi portici con sette archi invitano alla contemplazione.

DAVID TOMLINSON

JOHN ELK III

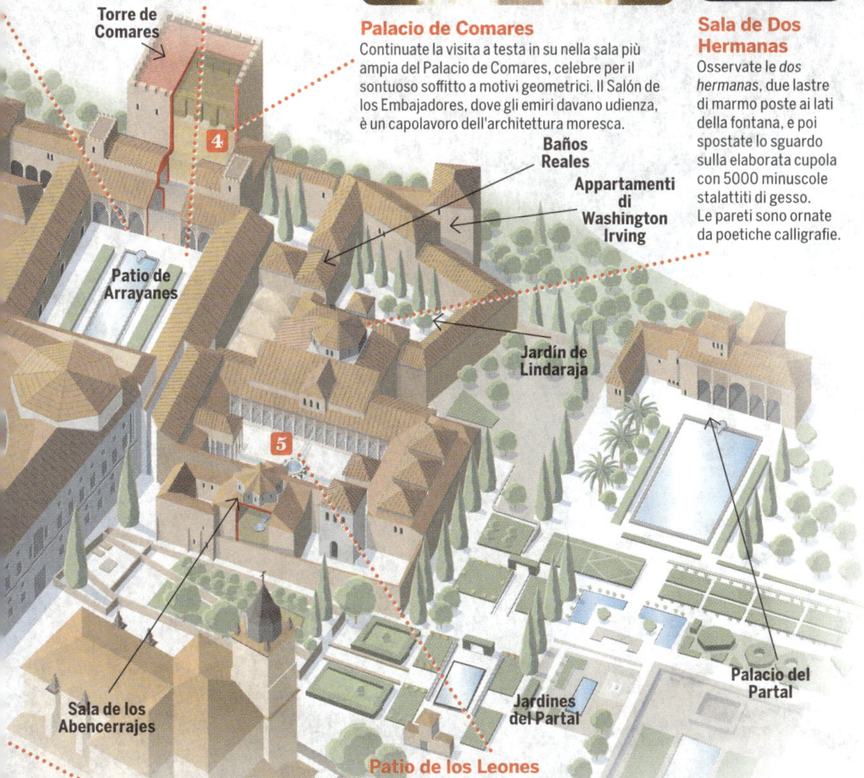

Palacio de Comares

Continuate la visita a testa in su nella sala più ampia del Palacio de Comares, celebre per il sontuoso soffitto a motivi geometrici. Il Salón de los Embajadores, dove gli emiri davano udienza, è un capolavoro dell'architettura moresca.

Sala de Dos Hermanas

Osservate le *dos hermanas*, due lastre di marmo poste ai lati della fontana, e poi spostate lo sguardo sulla elaborata cupola con 5000 minuscole stalattiti di gesso. Le pareti sono ornate da poetiche calligrafie.

Generalife

Ultima tappa per la maggior parte dei visitatori, il 'giardino dell'architetto' è davvero degno di nota. Sebbene sia stato costruito in epoca nasride, fu rimaneggiato in tempi relativamente moderni: le vasche e i porticati vennero infatti aggiunti all'inizio del XX secolo.

Patio de los Leones

Contate i 12 leoni scolpiti in marmo, che contengono fontane zampillanti. Poi fate qualche passo indietro per osservare le eleganti colonne e gli archi che alludono alla visione islamica del paradiso.

JOHN ELK III

» Un batacchio della Mezquita (p347), Córdoba.
La Mezquita è un'anomalia architettonica e uno dei rari posti al mondo in cui si può andare a messa in una moschea.

Per/da Minas de Riotinto

Ogni giorno fino a sei autobus assicurano i collegamenti tra Huelva, Minas de Riotinto (€5,50, 1 h 30 min) e Nerva (€6, 1 h 45 min) e viceversa. La compagnia **Casal** (☎954 99 92 62) ha in operativo tre autobus al giorno che prestano servizio tra Siviglia (Plaza de Armas), Nerva (€4, 1 h 30 min) e Minas de Riotinto (€4,50, 1 h 45 min).

Aracena e dintorni

POP. 6300 / ALT. 730 M

Alzi la mano chi lo sapeva. Le dolci colline della parte settentrionale della provincia di Huelva offrono la possibilità di conoscere altri aspetti della cultura rurale *andaluz*, tra cui alture ammantate di fiori dove pascolano le greggi, valli riparate con boschi di nodose querce e i maiali dai quali viene prodotto il leggendario *jamón iberico*, un prosciutto crudo considerato da molti il migliore della Spagna. Visitando questa zona potrete dimenticarvi l'automobile, in quanto i suoi villaggi sonnolenti e un po' trascurati sono collegati tra loro da graziosi sentieri che si diramano da Aracena, una cittadina di mercato con case imbiancate a calce dall'aspetto molto diverso rispetto ai tradizionali *pueblos blancos* (villaggi bianchi) situati più a est. Esteso su una superficie di 1840 kmq, il **Parque Natural Sierra de Aracena y Picos de Aroche** è la seconda riserva naturale in ordine di dimensioni dell'Andalusia.

Che cosa vedere e fare

Il centro storico della cittadina è costituito dal **Cerro del Castillo**. Salendo sulla sommità dell'altura potrete ammirare il **castillo** costruito dai portoghesi nel corso del XIII secolo e l'adiacente **Iglesia Prioral** (⏲9.30-19). Un po' più in basso, in Plaza Alta si trova un interessante **Centro de Visitantes** (⏲10-14 e 16-18) che illustra le principali attrattive del parco naturale.

Gruta de las Maravillas — GROTTA

(Calle Pozo de la Nieve; visite guidate interi/under 19 €8,50/6; ⏲visite ogni ora o mezz'ora 10-13.30 e 15-18) La principale attrattiva turistica di Aracena è la 'Grotta delle Meraviglie', uno dei più spettacolari sistemi di grotte di tutta la Spagna, illuminato in modo appropriatamente teatrale.

Linares de la Sierra — ESCURSIONI A PIEDI

Nella zona di Aracena è possibile fare moltissime passeggiate e solo di rado i sentieri sono affollati. Se arrivate da Siviglia, vi consigliamo di percorrere l'itinerario che conduce, tra salite e discese, a Linares de la Sierra e poi – tempo ed energie permettendo – di proseguire alla volta di **Alájar** (per il ritorno si può prendere l'autobus in servizio tra Alájar e Aracena che parte alle 16 e fa coincidenza con la corsa Aracena-Siviglia delle 17). Il sentiero è segnalato e facile da seguire; inizia a sud-ovest di Aracena, circa 500 m dopo la piscina comunale. Seguite questo itinerario bucolico fino a **Linares** (6 km), un sonnolento villaggio famoso per i suoi *llanos* (mosaici che ornano i patios davanti alle case); a questo punto il sentiero si restringe e diventa un po' più difficile da individuare, ma in compenso consente di vedere lungo il percorso molti maiali e bellissimi fiori. Poco prima di entrare nel villaggio di Los Madroñeros, girate a destra nel sentiero (indicato) 'Caracol', che attraversa il versante di una collina ammantata di querce e arriva ad Alájar (distanza totale: 12 km).

Ad Alájar è possibile pernottare a **La Posada** (☎959 12 57 12; www.laposadadealajar.com; Calle Médico Emilio González 2, Alájar; singole/doppie con prima colazione €45/60), una locanda veramente deliziosa i cui proprietari sono in grado di esprimersi in inglese e amano molto passeggiare. In questo villaggio troverete in vendita l'eccellente prosciutto locale. Un altro sentiero procede in direzione nord-ovest fino al villaggio vicino, Castaño de Robledo.

Pernottamento e pasti

Hospedería Reina de los Ángeles — HOTEL €

(☎959 12 83 67; www.hospederiareinadelosangeles; Avenida Reina de los Ángeles; singole/doppie €30/50; @ 🛜) Situata nella periferia del centro abitato, questa ex residenza per studenti ha conservato l'atmosfera da istituzione accademica. Nonostante questo, le sue 90 camere confortevoli e dotate di telefono e di TV sono pulitissime e la struttura dispone anche di un accogliente bar-caffetteria.

Molino del Bombo — HOTEL €

(☎959 12 84 78; www.molinodelbombo.com, in spagnolo; Calle Ancha 4; singole/doppie €30/60; ❄ @ 🛜) Il Molino del Bombo è una struttura ricettiva in stile rustico situata nei pressi della parte più alta del centro abitato, che offre alcune incantevoli camere in stile country a prezzi estremamente ragionevoli.

Café-Bar Manzano ANDALUSO €€

(Plaza del Marqués de Aracena; tapas €2-4, raciones €9-18; ⌚8-20 o più tardi mer-sab e lun, 10-20 dom) Questo caffè dotato di alcuni tavoli all'aperto si trova sulla piazza principale e rappresenta il posto ideale per osservare il viavai della folla gustando un vasto assortimento di tapas e di *raciones* a base di funghi e altre specialità tipiche della regione.

Mesón Aracena Jabujo ANDALUSO €€

(Calle San Pedro 38) La Mesón Aracena Jabujo è uno dei numerosi bar-ristorante di San Pedro, nella parte occidentale della città, specializzati in *jamón ibérico*; da non perdere.

Informazioni

Ufficio turistico municipale (☎959 12 82 06; Calle Pozo de la Nieve; ⌚10-14 e 16-18.30) Situato di fronte all'ingresso della Gruta de las Maravillas, l'ufficio turistico municipale vende alcune cartine della zona.

Per/da Aracena

La **stazione degli autobus** (Avenida de Sevilla) è situata nell'angolo sud-orientale della cittadina. Tutti i giorni arrivano due autobus da Siviglia (Plaza de Armas; €5,67, 1 h 15 min), uno o due da Huelva (€6,75, 2 h 15 min) e fino a tre da Minas de Riotinto (€2,30, 1 h). Alle 10.30 da Aracena parte un autobus della compagnia Casal diretto verso il confine portoghese subito dopo Rosal de la Frontera, dove si può prendere la coincidenza per Lisbona (€18,50, 9 h da Aracena).

PROVINCIA DI CADICE

Se non avete molto tempo a disposizione ma volete farvi un'idea generale e realistica dell'Andalusia, vi consigliamo di visitare la provincia di Cadice, le cui principali attrattive turistiche sono concentrate in un triangolo lungo meno di 100 km da nord a sud. Gran parte di ciò che oggi viene considerato tipicamente andaluso è nato proprio in questa regione, nelle bodegas di sherry, nei quartieri dei gitani, nelle sontuose arene per le corride e nei tradizionali tapas bar. Risalendo indietro nel tempo, Zahara de la Sierra conserva alcuni edifici moreschi, a Bolonia si trovano diverse rovine di epoca romana, mentre l'antiquata ma splendida città di Cadice – o meglio Gadir, com'era chiamata dai fenici – fu testimone dei primi passi compiuti dalla civiltà europea.

La storia umana di Cadice si è svolta in perfetta armonia con l'ambiente naturale, un caratteristico paesaggio rurale punteggiato di numerosi *pueblos blancos,* dove si trovano due vasti parchi naturali – Grazalema e Alcornocales – e una delle spiagge più belle di tutta la Spagna, la Costa de la Luz, che culmina a Tarifa, località frequentata da un gran numero di appassionati di surf.

Il prolungamento di Cadice (sebbene non si trovi in territorio spagnolo) è la Rocca di Gibilterra, surreale roccaforte della britannicità, che galleggia nel sanguigno Mediterraneo.

Cadice (Cádiz)

POP. 128.600

Su questa città si potrebbero scrivere diverse tesi di laurea, senza peraltro riuscire a coglierne pienamente l'essenza. La sua lunga storia ne determina per buona misura la complessità: Cadice è infatti ritenuta da molti studiosi l'insediamento più antico d'Europa tra quelli abitati continuativamente. Giunto al suo quarto millennio di vita, il centro storico di Cadice è tanto romantico quanto misterioso: un quartiere che si affaccia sull'oceano, quasi completamente circondato dall'acqua, dove le onde dell'Oceano Atlantico si frangono contro scogliere erose dalla forza del mare, le spiagge libere si distendono per chilometri e chilometri e negli stretti vicoli echeggia il verso dei gabbiani e lo sfrigolio dei pesci che friggono in padella. Venite a Cadice per la squisita cucina a base di pesce, il surf, le chiese e i musei, che non peseranno troppo sul vostro portafoglio. Ma – soprattutto – veniteci per conoscere i *gaditanos* (abitanti di Cadice), persone aperte e cordiali che hanno trasformato le *alegrías* (vivaci canzoni di flamenco) in una eloquente forma d'arte.

Storia

Cadice potrebbe essere la città più antica d'Europa, in quanto gli storici fanno risalire la sua fondazione all'arrivo dei mercanti fenici nell'800 a.C.

In tempi meno remoti, questa città conobbe un notevole sviluppo grazie ai viaggi di Cristoforo Colombo nelle Americhe. Il celebre navigatore genovese salpò infatti da Cadice per il suo secondo e quarto viaggio. Va comunque detto che Cadice attirò l'attenzione anche dei nemici della Spagna, in quanto nel 1587 l'inglese Sir Francis Drake 'bruciacchiò la barba del re di Spagna' con un'incursione nel porto che contribuì a ritardare la preparazione dell'Armada spa-

Provincia di Cadice

gnola e nel 1596 gli invasori anglo-olandesi la misero a ferro e fuoco.

L'età d'oro di Cadice coincise con il XVII secolo, quando la città si trovò a controllare il 75% dei commerci spagnoli con le Americhe. In quel periodo, nel corso del quale crebbe fino a diventare la città più ricca e cosmopolita della Spagna, nel paese si formò per la prima volta una classe media di spirito liberale e progressista. Durante le guerre napoleoniche, Cadice resistette all'assedio dei francesi dal 1810 al 1812, anno in cui una seduta del Parlamento nazionale promulgò la costituzione spagnola, proclamando la sovranità del popolo.

Nel XIX secolo la perdita delle colonie americane fece precipitare la città in un grave declino, dal quale ha iniziato a risollevarsi solo negli ultimi anni, grazie al ruolo sempre più importante rivestito dal turismo.

Il 2012 promette bene per Cadice, che sta per festeggiare il duecentesimo anniversario della Pepa, prima costituzione liberale della Spagna (e del mondo), promulgata nel 1812. In quest'occasione verranno organizzati concerti, una rassegna di teatro ispano-americano, il festival cinematografico Alcanes e poi mercatini di strada, convegni, mostre e molte altre manifestazioni. Per ulteriori informazioni in merito, v. il sito internet www.bicentenariocadiz1812.es.

Che cosa vedere e fare

Barrios QUARTIERI

Per comprendere Cadice è necessario per prima cosa acquisire familiarità con i suoi *barrios*. Il centro storico può essere suddiviso nei quartieri di **Barrio del Pópulo**, sede della cattedrale e fulcro del prospero insediamento medievale, **Barrio de Santa María**, vecchio quartiere dei gitani che ha rivestito un ruolo di importanza fondamentale per il flamenco, **Barrio de la Viña**, ex vigna diventata il principale quartiere dei

Cadice (Cádiz)

pescatori della città, e **Barrio del Mentidero**, cuore della moderna vita notturna e dei bar di Cadice.

Plaza San Juan de Dios e dintorni PIAZZA

Sulla vasta Plaza San Juan de Dios si affacciano numerosi caffè e l'imponente **ayuntamiento** in stile neoclassico, costruito intorno al 1800. Da questa piazza alla cattedrale si estende il Barrio del Pópulo, cuore della Cadice medievale, intorno al quale la città si è sviluppata nei secoli successivi. Nel vicino **teatro romano** (Campo del Sur; ingresso libero; ⌚10-14.30 e 17-19 mer-lun), scoperto per caso nel 1980, c'è una galleria visitabile che passa sotto una fila di sedili.

Catedral CATTEDRALE

(Plaza de la Catedral; interi/studenti €5/3, 7-20 mar-ven e 11-13 dom ingresso libero; ⌚10-18.30 lun-sab, 13.30-18.30 dom) Caratterizzata dalla presenza di vistose cupole gialle, la cattedrale di Cadice è un imponente edificio in stile barocco e neoclassico, con una decorazione estremamente sobria per gli standard spagnoli, che si affaccia su una vasta piazza pedonale ed è messa in risalto dalla pavimentazione a selciato. La decisione di costruire questa cattedrale fu presa nel 1716, ma l'edificio venne portato a termine solo nel 1838, quando gli elementi neoclassici – come la cupola, le torri e la facciata principale – avevano ormai influenzato il progetto barocco originale di Vicente Acero. Da un ingresso separato in Plaza de la Catedral è possibile salire sulla sommità della **Torre de Poniente** (Torre Occidentale; interi/ridotti/anziani €4/3/3; ⌚10-18, fino alle 20 15 giu-15 set) per ammirare un magnifico panorama.

Plaza de Topete e dintorni PIAZZA

Situata pochi passi a nord-ovest dalla cattedrale, Plaza de Topete è una delle piazze più animate di Cadice, con un gran numero di bancarelle di fiori situate accanto al grande

e vivacissimo **Mercado Central**. Situata nei pressi, la **Torre Tavira** (Calle Marqués del Real Tesoro 10; interi/studenti €4/3,30; ⌚10-18, fino alle 20 15 giu-15 set) è la più alta delle antiche torri di guardia della città (nel XVIII secolo Cadice ne contava almeno 160, costruite in modo che gli abitanti potessero osservare l'andirivieni delle navi senza uscire di casa). Oggi questa torre consente di ammirare un bellissimo panorama e dispone di una **camera obscura**, dove le immagini della città vengono proiettate su uno schermo.

Il **Museo de las Cortes de Cádiz** (☎956 22 17 88; Calle Santa Inés 9; ingresso libero; ⌚9-13 mar-dom, 17-19 mar-ven giu-set) custodisce al suo interno un gran numero di cimeli relativi al Parlamento del 1812, tra i quali spicca un meraviglioso modello di grandi dimensioni realizzato per re Carlo III, che ricostruisce l'aspetto che la città aveva negli anni '70 del XVIII secolo. All'epoca delle ricerche compiute per questa guida, il museo era chiuso per restauri. Situato nella stessa via, l'**Oratorio de San Felipe Neri** (Plaza de San Felipe Neri; ingresso €2,50; ⌚10-13.30 lun-sab) è la chiesa in cui si riunivano le Cortes de Cádiz. Si tratta di uno dei più splendidi edifici barocchi della città, caratterizzato da una meravigliosa cupola, un'insolita pianta ovale e una splendida pala d'altare di Murillo che raffigura l'*Inmaculada*.

TOP **Museo de Cádiz** MUSEO

(Plaza de Mina; cittadini UE/altri gratuito/€1,50; ⌚14.30-20.30 mar, 9-20.30 mer-sab, 9.30-14.30 dom) L'eccellente museo principale di Cadice si affaccia su una delle piazze più vaste e ombreggiate della città. I reperti più interessanti della sezione archeologica esposta al piano terreno sono due sarcofagi fenici in marmo, che riproducono le fattezze dei defunti, e la statua monumentale dell'imperatore romano Traiano, proveniente dal sito di Baelo Claudia (p315). La collezione di opere d'arte allestita al piano superiore comprende 21 splendide tele di Francisco de Zurbarán e il dipinto che costò la vita a Murillo, la pala d'altare del Convento de Capuchinas di Cadice. Il maestro barocco morì infatti nel 1682 a causa delle ferite riportate cadendo da un'impalcatura mentre lavorava a quest'opera.

Passeggiata costiera TOUR A PIEDI

Questa passeggiata di 4,5 km richiede almeno un'ora e 15 minuti. Da Plaza de Mina dirigetevi a nord verso il litorale settentrionale della città, da dove è possibile ammirare un incantevole panorama sulla Bahía de Cádiz, poi proseguite verso ovest costeggiando i giardini dell'**Alameda** fino al **Baluarte de la Candelaria**, quindi girate a sud-ovest fino al **Parque del Genovés**, un giardino semitropicale con cascate e siepi potate in maniera piuttosto bizzarra. Proseguite quindi in direzione del **Castillo de Santa Catalina** (ingresso libero; ⌚10.30-20.30, fino alle 19.45 nov-feb), costruito dopo i saccheggi del 1596; al suo interno si trovano un'interessante mostra storica dedicata a Cadice e al mare e una galleria utilizzata per allestire esposizioni temporanee. La sabbiosa **Playa de la Caleta** (in estate sempre molto affollata) separa Santa Catalina dal settecentesco **Castillo de San Sebastián**. Questo castello è chiuso al pubblico, ma è possibile spingersi fino al cancello percorrendo una strada rialzata lunga 750 m. Infine, seguite l'ampia passeggiata lungo il **Campo del Sur** fino a raggiungere la cattedrale.

Cadice (Cádiz)

Da non perdere

Barrio de Santa María ... E4
Cattedrale ... D4
Museo de Cádiz ... D2
Plaza de San Juan de Dios ... E3

Che cosa vedere

1 Ayuntamiento ... E4
2 Baluarte de la Candelaria ... C1
3 Castillo de Santa Catalina ... A3
4 Mercado Central ... C3
5 Museo de las Cortes de Cádiz ... C3
6 Oratorio de San Felipe Neri ... C3
7 Teatro romano ... E4
8 Torre Tavira ... C3

Attività, corsi e tour

9 Urban Bike ... D3

Pernottamento

10 Casa Caracol ... E4
11 Hospedería Las Cortes de Cádiz ... D2
12 Hostal Bahía ... E3
13 Hostal Fantoni ... E3
14 Hotel Argantonio ... D2

Pasti

15 Cafetería Las Nieves ... E3
16 El Aljibe ... E4
17 El Faro ... B4
18 El Fogón de Mariana ... E3
19 La Gorda Te Da De Comer ... D3
20 La Gorda Te Da De Comer ... D2
21 Taberna El Albero ... B4

Locali

22 Café de Levante ... D3
23 El Teniente Seblon ... E4
24 Nahu ... D2
25 Quilla ... A3

Divertimenti

26 Central Lechera ... D1
27 Centro Municipal de Arte Flamenco 'La Merced' ... E4
28 Gran Teatro Falla ... B2

Playa de la Victoria SPIAGGIA
Questa deliziosa e ampia spiaggia atlantica ricoperta di finissima sabbia si estende per circa 4 km lungo la penisola e inizia 1,5 km dopo la Puertas de Tierra. Nei weekend estivi sembra quasi che tutta la città si riversi su questa spiaggia. Playa de la Victoria è servita dall'autobus n. 1 (Plaza España-Cortadura) proveniente da Plaza de España.

Feste ed eventi

Carnaval CARNEVALE
Nessuna città spagnola celebra il carnevale con l'entusiasmo e l'originalità di Cadice, dove si fa festa per dieci giorni. L'allegria – con la complicità dell'alcol, che scorre a fiumi – è sempre molto contagiosa. I gruppi chiamati *murgas* sfilano vestiti con fantastici costumi nelle strade della città a piedi o sui carri, cantando strofe satiriche o esibendosi in scenette comiche. Oltre ai circa 300 *murgas* ufficialmente riconosciuti e valutati da una giuria nel Gran Teatro Falla, il Carnaval di Cadice vede protagonisti anche gli *ilegales*, termine con cui viene definito chiunque decida di scendere in strada a esibirsi.

Le zone più animate sono il quartiere operaio del Barrio de la Viña, Calle Ancha e Calle Columela, dove di solito si radunano gli *ilegales*.

Nel periodo del Carnaval gli hotel di Cadice vengono prenotati con mesi in anticipo e le tariffe possono raddoppiare rispetto alla stagione estiva. Se non riuscite a trovare una camera libera, potreste prendere in considerazione la possibilità di soggiornare in una località dei dintorni, come fanno moltissimi viaggiatori stranieri.

Pernottamento

TOP **Hotel Argantonio** HOTEL €€
(☎956 21 16 40; www.hotelargantonio.com; Calle Argantonio 3; singole/doppie con prima colazione €90/107; ❄@📶) Questo attraente albergo di piccole dimensioni situato nel centro storico è arredato con un affascinante tocco mudéjar. Il personale è cordiale e le camere confortevoli e dotate di accesso wi-fi e di TV con schermo piatto.

Hospedería Las Cortes de Cádiz HOTEL €€€
(☎956 21 26 68; www.hotellascortes.com; Calle San Francisco 9; singole/doppie con prima colazione €107/148; P❄@📶) Questo eccellente albergo è ospitato all'interno di un palazzo ristrutturato del 1850 e dispone di 36 camere, tutte arredate sul tema delle Cortes de Cádiz, con mobili classici e comfort moderni. All'interno di questa struttura troverete anche una gradevole terrazza sul

tetto, una vasca con idromassaggio e una piccola palestra.

Casa Caracol OSTELLO €
(☎956 26 11 66; www.caracolcasa.com; Calle Suárez de Salazar 4; letti in camerata/amache con prima colazione €16/10; @ 📶) La Casa Caracol è l'unico ostello per backpackers situato nel centro storico di Cadice. Accogliente come solo a Cadice può accadere, questa struttura dispone di camerate con quattro e otto letti a castello, di una cucina comune e di una terrazza sul tetto dotata di comode amache. Tra le iniziative ecologiche avviate dai proprietari meritano di essere citati il riciclaggio dei rifiuti, l'utilizzo efficiente dell'acqua e i pannelli solari (all'epoca delle ricerche compiute per questa guida ancora in fase progettuale). Dal momento che questa struttura registra spesso il tutto esaurito, vi consigliamo di prenotare tramite i siti internet www.hostelworld.com o www.hostelbookers.com.

Hostal Fantoni HOTEL €€
(☎956 28 27 04; www.hostalfantoni.es; Calle Flamenco 5; singole/doppie €45/65; ❄ @) L'Hostal Fantoni dispone di una dozzina di camere pulite ma piuttosto piccole (e, tra le altre cose, con poche finestre), una piccola pecca che viene però compensata dalla presenza dell'aria condizionata, di una bella lobby piastrellata e di una luminosa terrazza.

Hostal Bahía HOTEL €€
(☎956 25 90 61; Calle Plocia 5; singole/doppie €60/76; ❄ @) Tutte le semplici e sobrie camere di questo hotel sono tenute in modo impeccabile e dispongono di telefono, TV e armadi a muro, caratteristiche che garantiscono un buon rapporto qualità-prezzo.

Pasti

La via dei ristoranti specializzati in cucina di pesce di Cadice si chiama Calle Virgen de la Palma e si trova nel Barrio de la Viña, dove troverete numerosissimi ristoranti dall'atmosfera piacevolmente informale. Da parte nostra, vi consigliamo di provare **El Faro** (Calle San Félix 15; portate principali €15-25), un buon ristorante decorato con graziose ceramiche, o la più modesta **Taberna El Albero** (all'angolo tra Calle San Félix e Calle Virgen de la Palma). Nella zona di Plaza de San Juan de Díos ci sono altri locali degni di considerazione.

Arrocería La Pepa RISO €€
(☎956 26 38 21; Paseo Maritimo 14; paella €12-17 per persona) Per gustare una paella davvero buona dovrete lasciarvi alle spalle il centro storico e proseguire per alcuni chilometri in direzione sud-est lungo Playa de la Victoria, facendo una piacevole passeggiata lungo un popolare percorso di jogging che vi consentirà di stimolare l'appetito o una breve corsa sull'autobus n. 1. Entrambe le alternative sono valide. Il pesce della paella della Arrocería La Pepa è talmente fresco che vi darà l'impressione di essere saltato nel vostro piatto direttamente dall'Oceano Atlantico.

El Fogón de Mariana CARNE €€
(Calle Antulo 2; portate principali €11-19) Questo ristorante per non fumatori affiliato alla piccola catena di ristorazione Montanera (che dispone di un altro locale a San Fernando) è disposto su due piani e specializzato in carni iberiche, ma propone anche prodotti di altre regioni. Il suo abbinamento di cucina creativa e servizio cordiale ed efficiente lo rende uno dei ristoranti migliori di Cadice.

Cafetería Las Nieves CAFFÈ, SPUNTINI €
(Plaza Mendizábal 4; caffè e tostadas €2; ⌚7.45-22 lun-ven, 9-13.30 sab) Situato nei pressi di Plaza San Juan de Dios, questo accogliente caffè caratterizzato dalla presenza di decorazioni di mattoni, piastrelle e stampe serve una prima colazione buona e semplice. Da parte nostra, vi consigliamo di assaggiare il toast con *mermalada* o – come fanno gli spagnoli – con olio d'oliva e pomodori, che potrete accompagnare con un caffè o una cioccolata calda.

El Aljibe TAPAS €€
(www.pablogrosso.com; Calle Plocia 25; tapas €2-3,50, portate principali €10-15) Lo chef *gaditano* Pablo Grosso cucina deliziose specialità sia tradizionali sia più innovative. Tra i numerosi piatti proposti dal menu, vi consigliamo il petto di fagiano ripieno di datteri e il *solomillo ibérico* (lombata di manzo iberico) con Emmental, prosciutto e peperoncini piccanti. Le creazioni dello chef possono essere gustate anche sotto forma di tapas nel bar con i muri in pietra situato al piano terreno.

La Gorda Te Da De Comer TAPAS
(tapas €2-2,40, media raciones €6) Luque (Calle General Luque 1; ⌚9-23.30 lun, 13.30-16 e 9-23.30 mar-sab); Rosario (all'angolo tra Calle Rosario e Calle Marqués de Valdeiñigo; ⌚13-16 e 9-23.30 mar-sab) In entrambi i locali di La Gorda Te Da De Comer potrete assaporare

piatti incredibilmente gustosi a prezzi contenuti in un ambiente alla moda dal design pop. Non mancate di assaggiare il *solomillo* cucinato in una cremosa salsa ai funghi, oppure gli straccetti di pollo al curry in salsa Marie-Rose.

Locali

Nel centro storico, la zona di Plaza de Mina, Plaza San Francisco e Plaza de España rappresenta il fulcro della vita notturna di Cadice, che si anima intorno a mezzanotte, anche se all'inizio della settimana può capitare che ci sia poca gente in circolazione.

Quilla CAFFÈ
(Playa de la Caleta; 10-24; wi-fi) Questa accogliente caffetteria affacciata su Playa de la Caleta serve pasticcini, tapas e vino, organizza mostre d'arte, offre la possibilità di collegarsi gratuitamente a internet con tecnologia wi-fi e di ammirare spettacolari tramonti.

Nahu BAR, CAFFÈ
(www.nahucadiz.es; Calle Beato Diego 8; a partire dalle 17) In questo popolarissimo caffè con musica a tema africano il DJ propone ritmi diversi ogni sera, spaziando dal reggae, alla world music e all'hip-hop.

CÁDIZ SIN PAGAR

Tra le (numerose) attrattive di Cadice merita di essere citato il fatto che la maggior parte dei suoi siti turistici non costa assolutamente nulla. Per questo motivo, lasciate il portafoglio nella cassetta di sicurezza dell'albergo in cui soggiornate e andate a visitare i monumenti citati di seguito.

» Cattedrale (ingresso libero 19-20 mar-ven e durante la messa domenicale)

» Passeggiata costiera

» Mercado Central

» Spiagge

» Museo de Cádiz (ingresso libero per i cittadini dei paesi dell'Unione Europea)

» Museo de las Cortes de Cádiz (ingresso libero per i cittadini dei paesi dell'Unione Europea)

» Castillo de Santa Catalina

» Peña Flamenca La Perla

Café de Levante BAR
(www.cafelevante.com; Calle Rosario 35; a partire dalle 20) Questo delizioso bar frequentato da artistoidi e viaggiatori stranieri è decorato con curiose fotografie e manifesti alle pareti.

El Teniente Seblon BAR
(Calle Posadilla 4) Questo bar gay-friendly e dall'atmosfera artistoide è uno dei luoghi di ritrovo serali più vivaci del Barrio del Pópulo.

Il secondo fulcro della vita notturna di Cadice è costituito da Playa de la Victoria, soprattutto lungo il Paseo Marítimo e nella zona dell'Hotel Playa Victoria, a circa 2,5 km dalle Puertas de Tierra. Uno dei bar più alla moda di questa zona è l'affascinante **Barabass** (www.barabass.es; Calle General Muñoz Arenillas 4-6; ingresso con 1 drink €8; 18-6).

Divertimenti

Dal giovedì al sabato sera, per divertirsi bisogna dirigersi a Punta de San Felipe (chiamata semplicemente La Punta), nel lato settentrionale del porto, dove si trovano numerosi disco bar e la grande discoteca **Sala Anfiteátro** (Paseo Pascual Pery; ingresso €6-8) dalle 3 alle 6 del mattino sempre affollatissimi di giovani di età compresa tra i 18 e i 25 anni. **El Malecón** (Paseo Pascual Pery; ingresso €8-10) rappresenta il posto ideale per gli appassionati di salsa: in questo locale notturno si inizia a ballare un po' prima e ogni sabato a mezzanotte si tengono lezioni gratuite di questo ballo.

TOP **Peña Flamenca La Perla** LOCALE DI FLAMENCO
(www.perladecadiz.com, in spagnolo; Calle Carlo Ollero) Con i suoi muri un po' scrostati, la Peña Flamenca La Perla è situata in posizione molto romantica accanto alle possenti onde dell'Oceano Atlantico e quasi tutti i venerdì alle 22 organizza uno spettacolo di flamenco (in primavera e in estate anche in altre serate). Questo locale si trova sulle rive dell'oceano, a pochi passi da Calle Concepción Arenal nel Barrio de Santa María; non si paga l'ingresso e all'interno c'è sempre una folla vociante di aficionados, che vi consentirà di vivere un'esperienza veramente indimenticabile.

Centro Municipal de Arte Flamenco 'La Merced' LOCALE DI FLAMENCO
(956 28 51 89; Plaza de la Merced; 10-14, 18-21 lun-sab) Questo centro dall'aspetto meno informale rispetto alla Peña Flamenca La

Perla organizza corsi di ballo e ospita regolarmente spettacoli molto coinvolgenti. Si trova nel cuore del Barrio de Santa María, il vecchio quartiere del flamenco.

Il **Gran Teatro Falla** (☎956 22 08 34; Plaza de Falla) e la **Central Lechera** (☎956 22 06 28; Plaza de Argüelles) propongono un cartellone vario e molto apprezzato di spettacoli teatrali, balletti e concerti.

Informazioni

Lungo Calle Nueva e la parallela Avenida Ramón de Carranza troverete un gran numero di banche e di sportelli bancomat.

Hospital Puerta del Mar (☎956 00 21 00; Avenida Ana de Viya 21) Il principale ospedale generale della città si trova 2 km a sud-est delle Puertas de Tierra.

Locutorio Telefónico (Calle Lázaro Dou 1; internet €2 l'ora; ⌚10-24) Questo centro dispone di cabine telefoniche e vende tessere telefoniche a prezzi scontati.

Ufficio turistico municipale (Paseo de Canalejas; ⌚8.30-18 lun-ven, 9-17 sab e dom).

Ufficio turistico regionale (Avenida Ramón de Carranza; ⌚9-19.30 lun-ven, 10-14 sab, dom e festivi).

Per/da Cadice e trasporti urbani

Autobus

La maggior parte degli autobus che prestano servizio a Cadice è gestita dalla compagnia **Comes** (☎956 80 70 59; Plaza de la Hispanidad). Tra le località raggiungibili in autobus da Cadice meritano di essere citate Siviglia (€11, 1 h 45 min, 10 corse al giorno), El Puerto de Santa María (€2,10, da 30 a 40 min, 19 o più corse al giorno), Jerez de la Frontera (€3, 40 min, 9 o più corse al giorno), Tarifa (€8,46, 2 h, 5 corse al giorno) e altre città e cittadine situate lungo la costa di Cadice, Arcos de la Frontera (€5,95, 1 h 15 min, 5 corse al giorno lun-ven, 2 corse sab e dom), Ronda (€13, 3 h, 2 corse al giorno), Málaga (€20, 4 h, 6 corse al giorno), Olvera (€12,40, 3 h) e Granada (€28, 5 h, 4 corse al giorno).

Los Amarillos (www.losamarillos.es) dispone di una fermata situata nell'estremità meridionale di Avenida Ramón de Carranza, dalla quale ogni giorno partono fino a quattro autobus per Arcos de la Frontera (€5,65, 1 h 15 min) e fino a 13 mezzi per Sanlúcar de Barrameda (€3,50, 1 h 15 min). Tenete presente che il sabato e la domenica alcune tratte vengono servite con minore frequenza.

Automobile e motocicletta

L'autostrada AP4, che collega Siviglia a Puerto Real costeggiando il lato orientale della Bahía de Cadice, costa €5,50. La statale A4 è più lenta.

Nei pressi del porto c'è un comodo **parcheggio sotterraneo** (Paseo de Canalejas; 24 h €9).

Bicicletta

Urban Bike (www.urbanbikecadiz.es; Calle Marques de Valderfigo 4; ⌚10-14 e 17.30-21 lun-ven, 10-14 sab) noleggia biciclette per 1/12/24 h (€3/10/14).

Imbarcazioni

Per informazioni sui traghetti passeggeri che attraversano la baia diretti a El Puerto de Santa María, v. p299.

Treno

Dalla **stazione ferroviaria** (☎902 24 02 02) passano tutti i giorni fino a 36 treni per El Puerto de Santa María (€3,90, 40 min) e Jerez de la Frontera (€4,80, 50 min), fino a 15 per Siviglia (€12,75, 2 h), tre per Córdoba (da €23,85 a €38,20, 3 h) e due per Madrid (€70, 5 h).

El Puerto de Santa María

POP. 85.100

Seconda imperdibile tappa nel prestigioso triangolo dello sherry, surclassata come centro della corrida solo da Ronda e da Siviglia, El Puerto de Santa María gode di una meritata fama anche per la sua tradizione gastronomica, in gran parte basata sul pesce freschissimo proveniente dall'oceano. Questa cittadina si trova dalla parte opposta della baia rispetto a Cadice, può essere raggiunta con una piacevole traversata di mezz'ora in battello e vanta alcune bellissime spiagge e in estate un'atmosfera molto effervescente grazie a una serie di pittoreschi festival ai quali prendono parte sia *sevillanos* sia gente proveniente da tutta la provincia di Cadice, per far baldoria giorno e notte.

Che cosa vedere e fare

La **Fuente de las Galeras Reales** (Fontana delle Galee Reali) è una fontana a quattro bocche situata presso il Muelle del Vapor, dove in passato facevano rifornimento le navi dirette in America.

La spiaggia più vicina è la **Playa de la Puntilla**, una bella striscia di sabbia orlata di pini raggiungibile dal centro cittadino con una bella passeggiata di mezz'ora o con l'autobus n. 26 (€1) che percorre Avenida Aramburu de Mora. In piena estate le spiagge più lontane, come **Playa Fuenterrabía**, che si possono raggiungere con l'autobus n. 35 in partenza dal centro città, sono molto meno affollate.

Castillo de San Marcos CASTELLO
(956 85 17 51; Plaza Alfonso El Sabio 3; ingresso mar/gio e sab gratuito/€5; visite guidate 11.30, 12.30, 13.30 mar, 10.30, 11.30, 12.30, 13.30 gio e sab) Questo castello aperto tre giorni la settimana propone interessanti visite guidate della durata di mezz'ora, che comprendono anche la degustazione dello sherry Caballero (l'azienda proprietaria del castello). La principale attrattiva della visita è costituita dalla moschea costruita prima del XIII secolo (trasformata in chiesa) che si trova al suo interno.

Fundación Rafael Alberti MUSEO
(www.rafaelalberti.es; Calle Santo Domingo 25; ingresso €5; 11-14.30 mar-dom) Situata a pochi isolati nell'entroterra rispetto al castello, questa fondazione ospita al suo interno una mostra di grande interesse dedicata a Rafael Alberti (1902-99), uno dei grandi poeti spagnoli della 'Generazione del '27', che trascorse la sua fanciullezza a El Puerto de Santa María. La collezione è allestita molto bene e sono disponibili audioguide in inglese, in tedesco e in spagnolo (€2).

FREE **Plaza de Toros** ARENA
(956 54 15 78; Plaza Elías Ahuja; 11-13.30 e 17.30-19 mar-dom) Quattro isolati a sud-ovest dell'Iglesia Mayor Prioral si trova la grandiosa arena ottocentesca di El Puerto de Santa María, una delle *plazas de toros* più famose di tutta la Spagna. I migliori matador vi si esibiscono la domenica nei mesi di luglio e di agosto; il giorno precedente e successivo le corride l'arena rimane chiusa al pubblico.

Bodegas di sherry BODEGAS DI SHERRY
Le più conosciute tra le sette cantine produttrici di sherry di El Puerto de Santa María, **Osborne** (956 86 91 00; www.osborne.es; Calle Los Moros 7; visite guidate in inglese/spagnolo/tedesco €6; visite guidate 10.30, 12 e 12.30 lun-ven, sab 11 e 12) e **Terry** (956 15 15 00; Calle Toneleros 1; visite guidate in inglese e spagnolo €8; visite guidate 10.30 e 12.30 lun-ven), organizzano visite guidate nei giorni feriali e in estate a volte anche in altri giorni, compreso il sabato. Per quanto riguarda la Osborne, vi consigliamo di telefonare prima di andarci, mentre per l'azienda Terry non è necessario.

Iglesia Mayor Prioral CHIESA
(8.30-12.45 lun-ven, 8.30-12 sab, 8.30-13.45 dom, 18-20.30 tutti i giorni) Considerata la chiesa più bella di El Puerto de Santa María, l'Iglesia Mayor Prioral che domina la vicina Plaza de España fu costruita tra il XV e il XVIII secolo.

Pernottamento

L'elenco degli alberghi fornito dall'ufficio turistico e riportato nel sito internet mette in evidenza le strutture ricettive attrezzate per ospitare i disabili.

El Baobab Hostel OSTELLO €
(956 54 21 23; www.casabaobab.es, in spagnolo; Calle Pagador 37; singole/doppie/triple con prima colazione €20/40/60; P) Situato di fronte alla famosa arena di El Puerto de Santa María, questo piccolo ostello gestito da argentini con 40 posti letto potrebbe sembrare un intimo alberghetto se non fosse per le tariffe. Se a tutto questo si aggiungono la prima colazione e la possibilità di collegarsi gratuitamente a internet con tecnologia wi-fi, avrete la migliore struttura ricettiva economica della città.

Hotel Monasterio San Miguel HOTEL €€€
(956 54 04 40; www.hotelesjale.com; Calle Virgen de los Milagros 27; singole/doppie €105/140; P @) In questo lussuoso ex monastero del XVIII secolo troverete un ristorante da gourmet, una bella piscina situata in un giardino semitropicale e diverse camere dalla classica eleganza, che contribuiranno a rendere molto gradevole il vostro soggiorno.

Casa del Regidor Hotel HOTEL STORICO €€
(956 87 73 33; www.hotelcasadelregidor.com; Ribera del Río 30; singole/doppie €65/95; P @) Questa residenza settecentesca trasformata in hotel ha conservato il suo suggestivo patio originale; le bellissime camere sono dotate di tutti i comfort moderni e l'acqua è riscaldata per mezzo di pannelli solari.

Casa No 6 HOTEL €€
(956 87 70 84; www.casano6.com; Calle San Bartolomé 14; singole/doppie/quadruple con prima colazione €70/80/140; P) Questa casa ottocentesca splendidamente ristrutturata offre un'accoglienza molto calorosa e dispone di camere affascinanti, spaziose e pulitissime. Di solito in piena estate è richiesto un soggiorno minimo di tre notti.

Pasti

El Puerto de Santa María vanta uno dei migliori assortimenti di tapas bar tra tutte le cittadine andaluse. Vi consigliamo di cercarli nella centrale Calle Luna, in Calle Misericordia e in Ribera del Marisco nella parte settentrionale della cittadina e in Avenida Bajamar e Avenida Aramburu de Mora in quella meridionale. La principale specialità locale è costituita ovviamente dal pesce. Per gustare le meravigliose torte di questa zona, tra le quali merita di essere citata la *carmelos,* vi consigliamo di dirigervi verso la **Cafetería La Merced** (Calle Ganada 46).

Romerijo PESCE €

(Plaza de la Herrería; 250 g di pesce a partire da €4,50) Vera e propria istituzione gastronomica di El Puerto de Santa María, questo locale grandissimo e sempre affollato è ospitato all'interno di due edifici, in uno dei quali il pesce viene bollito e nell'altro viene fritto. È possibile scegliere tra i pesci esposti e acquistare una porzione da 250 grammi avvolta in un cono di carta e poi mangiarlo a uno dei tavoli di formica.

Casa Flores PESCE €€€

(956 54 35 12; www.casaflores.es; Ribera del Río 9; portate principali €20-30) Se desiderate concedervi una buona cena in un ristorante elegante, vi consigliamo di recarvi alla Casa Flores, un locale rivestito di piastrelle specializzato in pesce e frutti di mare, ma che ha in serbo anche qualche buon piatto per gli amanti della carne.

Casa Luís TAPAS €

(Ribera del Marisco; tapas €3; chiuso lun) Questo locale sempre molto affollato situato nei pressi del fiume propone soprattutto piatti di carne e qualcuno di pesce, con qualche ricetta innovativa come il *paté de cabracho* (pâté di pesce scorpione).

Locali

Bodega Obregón BAR €

(Calle Zarra 51; chiuso lun) Siete convinti che lo sherry sia una bevanda per vecchie signore? Questo bar spazzerà via i vostri pregiudizi, servendovi questa dolce bevanda direttamente dai barili di legno. Ogni domenica dalle 12.30 alle 15 questo locale ospita coinvolgenti spettacoli di flamenco.

Informazioni

Ufficio turistico (956 54 24 13; www.turismoelpuerto.com; Calle Luna 22; 10-14 e 18-20 mag-set) Questo utile ufficio turistico si trova a due isolati e mezzo dal Muelle del Vapor.

Per/da El Puerto de Santa María

Autobus

Dalla Plaza de Toros di El Puerto de Santa María partono autobus diretti a Cadice (€1,45, da 30 a 40 min) più meno ogni mezz'ora. Per Jerez de la Frontera (€1,10, 20 minuti) partono ogni giorno da nove a 17 autobus dalla stazione ferroviaria e altri sei (solo lun-ven) dall'arena delle corride. Gli autobus diretti a Sanlúcar de Barrameda (€2,05, 30 min, 5 corse al giorno fino alle 13) partono dall'arena. Dalla stazione ferroviaria partono gli autobus diretti a Siviglia (€8,85, 1 h 30 min, 3 corse al giorno).

Imbarcazioni

Simbolo da decenni di El Puerto de Santa María, il piccolo traghetto *Adriano III,* meglio conosciuto come **El Vapor** (www.vapordeelpuerto.com), salpa per El Puerto (€5, 40 min) dalla Estación Marítima di Cadice (Porto Passeggeri) cinque o sei volte al giorno dall'inizio di febbraio ai primi di dicembre (eccetto il lunedì dalla fine di settembre alla fine di maggio). Gestiti dalla società pubblica **Consorcio de Transportes Bahía de Cádiz** (www.cmtbc.com), i più veloci catamarani (€1,95, 25 min) fanno la spola tra Cadice (Terminal Marítima, nei pressi della stazione ferroviaria) ed El Puerto de Santa María 18 volte al giorno da lunedì a venerdì, sei il sabato e cinque la domenica e i giorni festivi. A El Puerto de Santa María, il molo del Catamarán si trova sul fiume, 400 m a sud-ovest (a valle) rispetto al Muelle del Vapor.

Treno

Ogni giorno fino a 36 treni partono per Jerez de la Frontera (€2,10, 15 min) e Cadice (€3,90, 40 min) e fino a 15 per Siviglia (€10,65, 1 h 30 min).

Sanlúcar de Barrameda

POP. 67.000

Sanlúcar de Barrameda è una delle cittadine andaluse meno note, che vi consigliamo caldamente di inserire nel vostro itinerario. Il motivo? Anzitutto per la sua tradizione culinaria. Nel meraviglioso tratto del lungomare chiamato Bajo de Guía di Sanlúcar è infatti possibile gustare alcuni dei migliori piatti di pesce della regione. In secondo luogo, Sanlúcar è situata nell'estremità settentrionale del prestigioso 'triangolo dello sherry' e le sue bodegas – nascoste nel sonnolento centro storico – hanno conservato un'atmosfera non troppo commerciale e gradevolmente informale. Il terzo fattore da considerare è la posizione della cittadina, in fondo all'estuario del Fiume Guadalquivir, che la rende un punto di accesso più tranquillo e meno caotico all'etereo Parque Nacional de Doñana, raggiungibile più comodamente in barca.

Come se non bastasse, Sanlúcar vanta una gloriosa storia marinara, in quanto da questa cittadina partirono per le loro esplorazioni sia Cristoforo Colombo (durante il suo terzo soggiorno in città) sia il navigatore portoghese Ferdinando Magellano.

Grazie agli eccellenti collegamenti dei mezzi pubblici, Sanlúcar costituisce la meta ideale per una facile escursione in giornata sia da Cadice sia da Jerez.

Che cosa vedere

FREE Palacio de Orleans y Borbón PALAZZO

(⏲10-14.30 lun-ven) Da Plaza del Cabildo attraversate Calle Ancha fino a Plaza San Roque e proseguite per Calle Bretones, che diventa Calle Cuesta de Belén e sale zigzagando fino a questo bellissimo palazzo in stile neo-mudéjar, che fu costruito nel XIX secolo come residenza estiva dalla nobile famiglia dei Montpensier e oggi ospita il municipio di Sanlúcar.

Iglesia de Nuestra Señora de la O CHIESA

(⏲messe 20 lun-sab, 9, 12 e 20 dom) Situata lungo Calle Caballeros un isolato a sinistra del palazzo, questa chiesa medievale spicca tra gli edifici di culto di Sanlúcar per il suo bellissimo portale principale in stile gotico mudéjar realizzato intorno al 1360 e per la ricchezza delle sue decorazioni interne, tra le quali spiccano i soffitti *artesonado* in stile mudéjar.

Palacio de los Duques de Medina Sidonia PALAZZO

(☎956 36 01 61; www.fcmedinasidonia.com; Plaza Condes de Niebla 1; visite guidate €3; ⏲11 e 12 lun-sab) Questo palazzo situato accanto alla Iglesia de Nuestra Señora de la O è stato la vastissima residenza della famiglia nobiliare che un tempo fu la più ricca di Spagna. Costruito per la maggior parte nel corso del XVII secolo, questo edificio ospita al suo interno un gran numero di mobili di antiquariato e di dipinti di Goya, Zurbarán e di altri famosi artisti spagnoli.

Castillo de Santiago CASTELLO

(☎956 08 83 29; Plaza del Castillo; visite guidate €7; ⏲10-13 mar-sab) Situato tra gli edifici dell'azienda produttrice di sherry Barbadillo, questo castello quattrocentesco restaurato con estrema cura consente di ammirare un bellissimo panorama dalla esagonale Torre del Homenaje (mastio). L'ingresso al Patio de Armas è libero.

Tour

Bodegas di sherry

A Sanlúcar si produce la manzanilla, un vino simile allo sherry. Diverse bodegas organizzano visite guidate per le quali non è necessario prenotare; di seguito ne citiamo alcune.

Barbadillo BODEGA DI SHERRY

(☎956 38 55 00; www.barbadillo.com; Calle Luis de Eguilaz 11; visite guidate €3; ⏲visite in inglese 11 mar-sab, visite in spagnolo 12 e 13 mar-sab) Situata nei pressi del castello, la Barbadillo è la più antica e grande azienda di manzanilla. Al suo interno è stato allestito un interessante **museo** (⏲10-15 mar-sab) dedicato alla manzanilla, che può essere visitato indipendentemente.

Hidalgo-La Gitana BODEGA DI SHERRY

(☎956 38 53 04; www.lagitana.es; Calzada del Ejército; visite guidate in inglese e in spagnolo €5; ⏲11 e 12 lun-ven, 11 sab).

Pedro Romero BODEGA DI SHERRY

(☎956 36 07 36; Calle Trasbolsa 84; visite guidate €6; ⏲visite in inglese e in spagnolo 12 lun-sab, 17 mar-ven, visite in tedesco 11 lun-ven) Ogni martedì, giovedì e sabato alle 12 questa bodega organizza degustazioni della durata di due ore e mezzo (€20 per persona).

Parque Nacional de Doñana

Le imbarcazioni che raggiungono il Parque Nacional de Doñana partono da Bajo de Guía, situato 750 m a nord-est della Calzada. Il **Centro de Visitantes Fábrica de Hielo** (☎956 38 65 77; www.parquenacionaldonana.es; ⏲9-20) ospita al suo interno mostre di grande interesse ed è in grado di fornire un gran numero di informazioni sul Parque Nacional de Doñana.

Entrambe situate a Bajo de Guía, la **Viajes Doñana** (☎956 36 25 40; Calle San Juan 20; visite guidate €36 per persona; ⏲ufficio 9-14 e 17-20.30 lun-ven, 10-13 sab) e la **Viajes Correcaminos** (☎956 38 20 40; Calle Ramón y Cajal 4) propongono ogni martedì e venerdì alle 8.30 e alle 14.30 visite guidate al parco nazionale della durata di tre ore e mezzo (da maggio alla metà di settembre vengono effettuate anche visite pomeridiane con partenza alle 16.30). Dopo l'attraversamento del fiume, le escursioni proseguono a bordo di fuoristrada in grado di trasportare fino a 20 persone e consentono di ammirare la maggior parte dei luoghi che si vedono nel corso delle visite guidate che partono da El Acebuche. Se desiderate prendere parte a queste escursioni, non dimenticate di portarvi dietro repellente per zanzare e di coprirvi bene.

Feste ed eventi

L'estate di Sanlúcar ha inizio con la **Feria de la Manzanilla**, una vivace manifestazione che inizia tra la fine di maggio e i primi giorni di giugno e raggiunge il culmine nei mesi di luglio e di agosto con i festival di jazz, flamenco e musica classica, i concerti di famosi gruppi spagnoli e le singolari corse di cavalli di Sanlúcar, conosciute con il nome di **Carreras de Caballo** (www.carrerassanlucar.es), nel corso delle quali i purosangue sfrecciano lungo la spiaggia di sera; le gare sono suddivise in due sessioni della durata di tre giorni in programma nel mese di agosto.

Pernottamento

Per essere sicuri di trovare una camera libera a Sanlúcar nei periodi festivi, vi consigliamo di prenotare con largo anticipo.

TOP Hotel Posada de Palacio HOTEL STORICO €€
(956 36 48 40; www.posadadepalacio.com; Calle Caballeros 11; singole/doppie a partire da €88/109; P ❄ @ ☎) L'hotel più pittoresco di Sanlúcar è questa splendida residenza del XVIII secolo, che vanta deliziosi patios, terrazzi, mobili di antiquariato e camere arredate con pregevoli mobili d'epoca. Nel complesso, si tratta di una struttura regalmente romantica.

Hotel Barrameda HOTEL €€
(956 38 58 78; www.hotelbarrameda.com; Calle Ancha 10; singole/doppie con prima colazione €54/81; ❄ ☎) Questo hotel dotato di 30 camere si trova in pieno centro. La reception situata al piano terreno si affaccia su un patio; le camere sono arredate in maniera molto elegante con mobili moderni, pavimenti in marmo e stampe incorniciate e dotate di accesso wi-fi; questa struttura possiede anche una terrazza sul tetto.

Tartaneros Hotel HOTEL €€
(956 38 53 93; www.hoteltartaneros.com; Calle Tartaneros 8; singole/doppie a partire da €85/100; P ❄) Situato nell'estremità più interna della Calzada del Ejército, questo hotel è ospitato all'interno di un'antica residenza di magnati dell'industria e vanta un pregevole arredamento fin-de-siècle e camere molto confortevoli.

Hostal Blanca Paloma HOTEL €
(956 36 36 44; Plaza San Roque 15; singole/doppie/triple €18/30/45) Questa struttura è molto semplice ma situata in posizione ideale, nella graziosa Plaza San Roque. Al suo interno troverete dieci camere pulite, che condividono due bagni. Nell'edificio adiacente si trova un caffè di buon livello, dove potrete consumare la prima colazione.

Pasti

In Spagna potrete concedervi poche cene più memorabili di un pasto a base di pesce appena pescato nell'oceano ammirando il sole che tramonta sul Guadalquivir a Bajo de Guía, una fila di ristoranti dall'aspetto molto informale affacciati sull'estuario del fiume circa 750 m a nord-est del centro città che servono pesce di ottima qualità.

Nei pressi di Plaza del Cabildo e in Plaza San Roque, situata alle sue spalle, si trovano parecchi caffè e bar, molti dei quali servono la manzanilla direttamente dalla botte, tra cui il **Casa Balbino** (Plaza del Cabildo 11; tapas €2-3), un locale asssolutamente imperdibile per gli amanti delle tapas. Se desiderate gustare uno dei migliori gelati dell'Andalusia, vi consigliamo di dirigervi verso la **Helados Artesanos Toni** (Plaza de Cabildo 2; www.heladostoni.com), una gelateria a gestione familiare inaugurata nel lontano 1896, che propone alcuni filmati che illustrano l'arte gelatiera che si esprime dietro il bancone.

TOP Restaurante Virgen del Carmen PESCE €€
(Bajo de Guía; portate principali di pesce €9-15) Tra tutti i locali di Bajo de Guía, il Restaurante Virgen del Carmen è con ogni probabilità il migliore. L'abbondantissima *parrillada de pescado* (vassoio di pesce) – che a seconda dei gusti viene servita *plancha* (grigliata) o *frito* (fritta) – è accompagnata da un incredibile assortimento di pesce e rappresenta un vero affare a €28 (è sufficiente per sfamare due persone).

Cafetería Guzmán El Bueno CAFFÈ, SPUNTINI €
(Plaza Condes de Niebla 1; piatti €3-8; 8.30-21, fino alle prime ore del mattino sab e lug-agosto) Accomodatevi sui morbidi cuscini circondati da mobili di antiquariato del caffè del Palacio de los Duques de Medina Sidonia.

I piatti proposti sono molto semplici – comprendendo tra le altre cose omelette, prosciutto e formaggio – ma la posizione è davvero unica e suggestiva.

Casa Bigote PESCE €€
(Bajo de Guía 10; portate principali di pesce €7-14; ⏲chiuso dom) Questo ristorante gode di un'eccellente reputazione. Non mancate di assaggiare la specialità della casa, gli irresistibili *hamburguesas de bacalao con salsa* (hamburger di merluzzo con salsa; €8,50).

☆ Divertimenti

Nella zona di Calzada del Ejército e di Plaza del Cabildo si trovano diversi music bar molto animati e nei mesi estivi si tengono regolarmente concerti.

Informazioni

Ufficio turistico (www.turismosanlucar.com, in spagnolo; ⏲10-14 e 18-20 lun-ven, 10-12.45 sab e 10-14 dom) Situato in Calzada del Ejército, questo ufficio turistico è gestito da personale molto disponibile e in grado di esprimersi in diverse lingue.

Per/da Sanlúcar de Barrameda

Da Sanlúcar partono autobus diretti a El Puerto de Santa María (€2,05, 30 min, da 5 a 12 corse al giorno), Cadice (€3,50, 1 h 15 min, da 5 a 12 corse al giorno), Jerez de la Frontera (€1,68, 30 min, da 7 a 15 corse al giorno) e Siviglia (€7,55, 1 h 30 min, da 5 a 10 corse al giorno).

Jerez de la Frontera

POP. 202.700

A dispetto delle altre pretendenti al titolo, Jerez de la Frontera *è* l'Andalusia, come ben sanno tutti gli estimatori della Spagna. Semplicemente, Jerez non ama mettersi in mostra come Siviglia e Granada, un fatto che spinge solo pochi viaggiatori stranieri a includerla nel loro itinerario, preferendole le glorie della Giralda e dell'Alhambra. Se solo sapessero che cosa si perdono! Jerez è la capitale della cultura tutta *andaluz* dei cavalli, nonché la tappa più importante del celebre triangolo dello sherry e – nonostante le proteste di Cadice e di Siviglia – la culla del flamenco spagnolo. La *bulería,* ovvero la scherzosa risposta di Jerez alla drammatica *soleá* di Siviglia, fu inventata nei leggendari *barrios* gitani di Santiago e di San Miguel. Se volete davvero svelare l'eterno enigma dell'Andalusia, vi consigliamo di iniziare da Jerez.

Che cosa vedere

Real Escuela Andaluza del Arte Ecuestre SPETTACOLI EQUESTRI
(☎956 31 80 08; www.realescuela.org; Avenida Duque de Abrantes; 👪) La celebre scuola reale andalusa di arte equestre addestra cavalli e cavalieri, che si possono ammirare nel corso delle **sedute di allenamento** (interi/ridotti €10/6; ⏲11-13 lun, mer e ven set-lug, lun e mer agosto) e durante la visita del **Museo delle Carrozze**, che ospita al suo interno un Binder Hunting Break del XVIII secolo. In ogni caso, per la maggior parte dei visitatori la principale attrattiva di questa scuola è costituita dall'**exhibición** (spettacolo; interi/ridotti €18/11,50, ⏲12 mar e gio set-lug, 12 mar, gio e ven agosto), nel corso della quale i bellissimi cavalli bianchi si esibiscono in esercizi di destrezza al suono della musica classica. I biglietti di questo evento possono essere prenotati online – pratica che consigliamo vivamente per gli spettacoli ufficiali, dal momento che registrano spesso il tutto esaurito.

Zoo Jerez ZOO
(www.zoobotanicojerez.com; Calle Taxdirt; interi/ridotti €9/6; ⏲10-18 mar-dom ott-apr, 10-19 mar-dom mag-set; 👪) Venire a Jerez de la Frontera per visitare lo zoo è un po' come andare nel Parco Nazionale Serengeti per assistere a uno spettacolo di flamenco ma – per tenere buoni i bambini – sappiate che questa città vanta uno degli zoo più belli di tutta l'Andalusia, con 1300 animali e un centro di recupero per la fauna selvatica. Si trova 1 km a nord del centro.

Quartiere antico

Alcázar FORTEZZA
(Alameda Vieja; ingresso con/senza camera obscura €5,40/3; ⏲10-20 lun-sab, 10-15 dom) Questa fortezza almohade costruita tra l'XI e il XII secolo costituisce il punto di partenza più scontato per iniziare la visita del centro storico di Jerez. Al suo interno si trovano una bellissima **mezquita** (moschea), fatta trasformare nel 1264 in cappella da Alfonso X, un imponente complesso di **Baños Árabes** (bagni arabi) e il settecentesco **Palacio Villavicencio**. La torre del palazzo ospita la **camera obscura**, dove ogni mezz'ora fino a 30 minuti prima della chiusura viene proiettato un interessante documentario su Jerez con commento in diverse lingue.

Cattedrale CATTEDRALE
(⏲11.30-13 e 18.30-20 lun-sab, messe 11.30, 13.30, 19.30 e 21 dom) Il viale delimitato da aranci che circonda l'Alcázar si affaccia sulla

cattedrale, costruita per la maggior parte nel corso del XVIII secolo nel luogo in cui sorgeva la moschea principale di Scheris.

Un paio di isolati a nord-est della cattedrale si trova Plaza de la Asunción, dove hanno sede il bellissimo **Antiguo Cabildo** (vecchio municipio) del XVI secolo e la deliziosa **Iglesia de San Dionisio**, un edificio quattrocentesco in stile mudéjar.

TOP Hammam Andalusi HAMMAM
(☎956 34 90 66; www.hammamandalusi.com; Calle Salvador 6; bagni €18, bagni con massaggio di 15 min €28; ⌚10-24) Sebbene si tratti di una versione piuttosto edulcorata del tipico hammam marocchino, questo complesso vanta alcune invenzioni moderne, come il bagno al cioccolato (€85). Vi consigliamo di prenotare con un giorno di anticipo.

Barrio de Santiago QUARTIERE
Situato a nord-ovest di Plaza de la Asunción, il Barrio de Santiago ospita una popolosa comunità di gitani. All'epoca delle ricerche compiute per questa guida, l'eccellente **Museo Arqueológico** (☎956 35 01 33; Plaza del Mercado) era ancora in fase di ristrutturazione, ma nel giro di poco tempo dovrebbe essere riaperto al pubblico. In questo modo sarà di nuovo possibile ammirare la sua splendida collezione di reperti locali, tra i quali spiccano un elmo greco del VII secolo a.C. rinvenuto nel Río Guadalete e numerosi altri capolavori. Nelle vicinanze si trova anche il **Centro Andaluz de Flamenco** (Centro Andaluso di Flamenco; http://caf.cica.es, in spagnolo; Plaza San Juan 1; ingresso libero; ⌚9-14 lun-ven). Jerez si trova al centro dell'asse Siviglia-Cadice dove ha avuto origine il flamenco e questo centro è una sorta di museo dedicato a questa suggestiva forma d'arte, ospitando al suo interno una fornitissima biblioteca e una scuola e proponendo ogni giorno un documentario diverso.

Cercate di non perdervi quella che è con ogni probabilità la chiesa più graziosa di Jerez, la gotica **Iglesia de San Miguel** (Plaza San Miguel; ⌚messe 20 lun-sab, 9, 12 e 20 dom), costruita tra il XV e il XVI secolo e situata pochi passi a sud-est di Plaza del Arenal.

Bodegas di sherry

A Jerez si trova una ventina di bodegas, quasi tutte aperte al pubblico ma abbastanza sparse per la città; tenete presente che molte richiedono la prenotazione telefonica. Il personale dell'ufficio turistico è in grado di fornire informazioni aggiornate in merito.

Bodegas González Byass BODEGA DI SHERRY
(☎902 44 00 77; www.bodegastiopepe.com; Calle Manuel María González 12; visite guidate €10; ⌚11-18) Considerata una delle più importanti del settore, l'azienda produttrice del marchio Tio Pepe è situata in posizione molto comoda a ovest dell'Alcázar e organizza tutti i giorni sei o sette visite guidate in inglese e in spagnolo e qualcuna in tedesco e in francese. Le prenotazioni possono essere effettuate anche online.

Bodegas Tradición BODEGA DI SHERRY
(☎956 16 86 28; www.bodegastradicion.com; Plaza Cordobeses 3; ⌚9-18.30 lun-ven, 10-14 sab marzo-giu, 8-15 sab lug e agosto) La Bodegas Tradición costituisce un'altra tappa molto interessante, non solo per i suoi sherry a lungo invecchiamento (20 o più anni), ma anche perché ospita al suo interno la Colección Joaquín Fiumea, una collezione privata di opere d'arte spagnole che tra le altre cose comprende alcuni importanti lavori di Goya, Velázquez e Zurbarán. Ogni giorno si tengono tre o quattro visite guidate della collezione.

Sandeman BODEGA DI SHERRY
(☎956 31 29 95; www.sandeman.eu; Calle Pizarro 10; visite guidate €6; ⌚11-14.15 lun, mer e ven, 10.15-14.15 mar e gio) La Sandeman organizza tre o quattro visite guidate in inglese, in spagnolo e in tedesco e una in francese.

Feste ed eventi

Jerez de la Frontera vanta un nutrito calendario di manifestazioni, tra le quali meritano di essere citate almeno le seguenti:

Gran Premio di Motociclismo GARA MOTOCICLISTICA
Di solito nei mesi di marzo, aprile o maggio – il **Circuito Permanente de Velocidad** (Circuito Permanente di Velocità; ☎956 15 11 00; www.circuitodejerez.com) di Jerez, situato lungo la A382 10 km a est della città, ospita ogni anno diverse gare motociclistiche e automobilistiche, tra cui l'attesissimo Gran Premio di motociclismo.

Festival de Jerez FLAMENCO
(www.festivaldejerez.es) Fine febbraio o primi di marzo – si tratta della principale manifestazione di Jerez dedicata al flamenco.

Feria del Caballo CAVALLI
Fine aprile o prima metà di maggio – la Fiera del Cavallo di Jerez dura una settimana ed

è una delle feste più sontuose dell'Andalusia, proponendo esibizioni musicali, balli e corride, oltre a gare e sfilate equestri di ogni genere.

Pernottamento

Nei giorni coincidenti con il Gran Premio di motociclismo e durante la Feria del Caballo molti hotel di Jerez raddoppiano quasi le loro tariffe, per cui se avete intenzione di visitare la città in questi periodi vi consigliamo caldamente di prenotare.

Nuevo Hotel HOTEL €
(☎956 33 16 00; www.nuevohotel.com; Calle Caballeros 23; singole/doppie con prima colazione €35/50; ❄📶) Considerato tra gli alberghi a gestione familiare più gradevoli dell'Andalusia, il Nuevo Hotel dispone di camere molto confortevoli, tra le quali spicca la spettacolare *habitación* 208, decorata con azulejos e stucchi in stile arabo. Soggiornando in questa camera, vi sveglierete pensando di aver dormito nell'Alhambra.

Hotel Chancillería HOTEL €€
(☎956 30 10 38; www.hotelchancilleria.com; Calle Chancillería 21; singole/doppie con prima colazione €80/120; ❄@📶) Questo hotel di recente inaugurazione dotato di 14 camere e situato nel pittoresco Barrio de Santiago è considerato una delle strutture ricettive più belle di Jerez. Pieno di deliziosi oggetti di artigianato, l'Hotel Chancillería presta molta attenzione alle tematiche ambientali – in particolare, ha il riscaldamento dell'acqua a energia solare e il riciclo delle acque reflue – ed è perfettamente attrezzato per ospitare i disabili. Nel suo ristorante, **Sabores** (☎956 32 98 35), lavora uno chef giovane ma già molto apprezzato.

Hotel Casa Grande HOTEL €€€
(☎956 34 50 70; www.casagrande.com.es; Plaza de las Angustias 3; singole/doppie/suite €75/95/125; ❄@📶) Questo albergo è ospitato all'interno di una casa degli anni '20 meravigliosamente restaurata e abbellita da splendide decorazioni, raccolta intorno a un patio luminoso. Le camere sono arredate in stili diversi e sul tetto c'è una bellissima terrazza. Anche la prima colazione (€10) è speciale.

Hotel La Albarizuela HOTEL €€€
(☎956 34 68 62; www.hotelalbarizuela.com; Calle Honsario 6; singole/doppie €99/139; P❄📶) Albergo modernissimo frequentato da una clientela al di sotto dei trent'anni, l'Hotel Albarizuela è una struttura luminosa, arredata in stile minimalista e dall'aspetto alquanto insolito rispetto alle sistemazioni meno recenti. Dal momento che questo albergo propone spesso tariffe scontatissime (che dalla metà di ottobre alla metà di aprile raggiungono spesso il 60%), vi consigliamo di inviare una e-mail o di telefonare per chiedere informazioni.

Hotel Palacio Garvey HOTEL €€€
(☎956 32 67 00; www.sferahoteles.net; Calle Tornería 24; singole/doppie €224/293; P❄@📶≋) L'Hotel Palacio Garvey è la sensazionale trasformazione di un palazzo in stile neoclassico del XIX secolo, costruito per una delle famiglie produttrici dello sherry di Jerez. Al suo interno troverete 16 camere superlussuose.

Hostal/Pensión San Andrés HOTEL, PENSIÓN €
(☎956 34 09 83; www.hotelsanandres.es, in spagnolo; Calle Moreno 12; singole/doppie €26/40; ❄) L'accogliente San Andrés dispone di tre graziosi patios pieni di piante e di camere di vario tipo, alcune delle quali economiche con bagni in comune. La parte dell'edificio adibita ad albergo è più graziosa della *pensión*.

Hostal Las Palomas HOTEL €
(☎956 34 37 73; www.hostal-las-palomas.com; Calle Higueras 17; singole con/senza bagno €25/30, doppie con/senza bagno €25/35) Il sobrio tema marocchino, qualche tocco artistico, i colori caldi e la bella terrazza sul tetto sono solo alcune delle caratteristiche più apprezzabili di questo *hostal* economico ma curato fin nei minimi dettagli, che dispone anche di camere triple e quadruple.

Pasti

Sebbene il commercio dello sherry abbia introdotto nel panorama gastronomico locale qualche elemento delle cucine inglese e francese, Jerez si distingue anche per i salumi e le grigliate di carne, oltre che per il pesce. Il centro città è pieno di fantastici tapas bar e le vie pedonali situate pochi passi a nord di Plaza del Arenal costituiscono un buon punto di partenza per cercare un ristorante o un locale in cui concedersi una buona cena. Circa 500 m più a nord, altri piacevoli tapas bar circondano la piccola Plaza Rafael Fiumeo, dove vi consigliamo di recarvi per pranzo o dopo le 21.30.

TOP **Cruz Blanca** TAPAS €
(Plaza de la Yerva; tapas €1,80/3) Il Cruz Blanca propone buoni piatti a base di pesce e di uova, specialità di carne e insalate, che potrete assaporare a uno dei tavoli disposti in una piazzetta tranquilla. Il pesce marinato in una salsa simile al pesto potrebbe aggiudicarsi il titolo di specialità migliore di Jerez.

La Carboná TIPICO €€
(Calle San Francísco de Paula 2; portate principali €10-16; ⊙chiuso mar) Ospitato all'interno di una ex taverna con i soffitti con travi a vista, questo ristorante grandissimo e molto popolare propone un menu piuttosto eccentrico ed è gestito da camerieri giovani e dinamici. Tra le specialità di questo locale meritano di essere citate la carne della Cantabria cotta sulla carbonella e il pesce fresco, che potrete accompagnare con un bicchiere di sherry per mantenere l'atmosfera frizzante.

El Gallo Azul TIPICO €€
(Calle Larga 2; raciones a partire da €11,50) Ospitato all'interno dell'edificio più simbolico di Jerez, caratterizzato da una facciata circolare incoronata dal logo dello Sherry, l'El Gallo Azul (Gallo Azzurro) dispone di un ristorante situato al piano superiore e di un tapas bar al livello della strada, tuttavia è anche il locale ideale per concedersi un caffè con una fetta di torta nel pomeriggio, mentre la città torna a vivere dopo la siesta.

Bar Juanito TAPAS €
(www.bar-juanito.com; Pescadería Vieja 8-10; tapas a partire da €2,20, media raciones €5-7) Unanimemente considerato il principale rivale di El Gallo Azul per il titolo di vera e propria 'istituzione cittadina', il Bar Juanito è in attività da 60 anni. Con la sua atmosfera rurale e le sue irresistibili tapas (tra le quali si segnalano quelle ai carciofi), questo locale sembra destinato ad avere successo ancora per molti anni.

Mesón del Asador CARNE €
(Calle Remedios 2; tapas €2,15) Considerata il locale ideale per gli amanti della carne, la Mesón del Asador serve una coda di bue fenomenale, per non parlare del *solomillo, della morcilla* (sanguinaccio) e di altre specialità simili. Le generose porzioni di tapas vengono servite solo al bancone, ma ci si può accomodare insieme alla gente del posto per consumare un pasto completo.

La Casa del Arroz RISO €€
(Calle Francos 10; portate principali €9-14; ✎) Questo raffinato ristorante è specializzato in paella (cucinata in maniera impeccabile) e in altri piatti a base di riso, reinventati con qualche tocco creativo.

Mesón El Patio ANDALUSO TIPICO €€
(Calle San Francisco de Paula 7; portate principali €8-17; ⊙chiuso dom sera e lun) Conviviale ma con un tocco elegante, la Mesón El Patio propone eccellenti piatti a base di pesce e di carne in un magazzino di sherry restaurato.

Locali

Di sera alcuni bar situati nelle viuzze che si sviluppano a nord di Plaza del Arenal diventano molto animati grazie a una clientela composta in prevalenza da ventenni; tra tutti, vi consigliamo in particolare la birreria **Dos Deditos** (Plaza Vargas 1) e l'enoteca **La Carbonería** (Calle Letrados 7). Situata a nord-est del centro, **La Plaza de Canterbury** (all'angolo tra Calle Zaragoza e Calle N de Cañas) dispone di due pub (uno inglese e l'altro irlandese) raccolti intorno a un cortile centrale che richiama una folla di ventenni, mentre i music bar situati a nord-est in Avenida de Méjico sono frequentati fino alle ore piccole da giovani di età compresa tra i 18 e i 25 anni.

Damajuana BAR
(www.damajuanacafebar.com; Calle Francos 18; ⊙16.30-3 mar-dom) Il Damajuana è uno dei due bar storici di Calle Francos, dove i ballerini e i cantanti di flamenco s'incontrano da sempre per bere qualcosa. Pervaso da una vivace atmosfera studentesca, di tanto in tanto questo locale ospita mostre ed esibizioni di musica dal vivo.

Divertimenti

L'ufficio turistico è in grado di fornire un gran numero di informazioni sugli eventi e sulle manifestazioni in programma in città; vi consigliamo di visitare anche il sito internet www.turismojerez.com e di dare un'occhiata ai manifesti. Diverse *peñas flamencas* (locali di flamenco) accolgono volentieri i visitatori stranieri realmente interessati al flamenco; per avere gli indirizzi di questi locali, vi consigliamo di rivolgervi al Centro Andaluz de Flamenco (p303). Un club particolarmente disponibile è la **Peña Flamenca Los Cernicalos** (☎956 33 38 71; www.flamencodejerez.com; Calle Sancho

Vizcaino 25). Oltre agli spettacoli, chiedete informazioni sulle lezioni di chitarra e di ballo (€17/60 al giorno/la settimana).

TOP **El Lagá Tio Parrilla** TABLAO FLAMENCO (Plaza del Mercado; spettacolo e 2 bevande €25; ⏱22.30 lun-sab) Molti gitani (sia artisti sia clienti) ritengono che l'El Lagá Tio Parrilla sia il locale migliore di Jerez de la Frontera per i tablao flamenco che vi si svolgono regolarmente; questi arditi spettacoli terminano raramente senza l'eccitante interpretazione del vecchio cavallo di battaglia di Jerez – la *bulería*.

Bereber TABLAO FLAMENCO (www.tablaodelbereber.com; Calle Cabezas 10; ⏱16.30-fino a tardi) Questo palazzo splendidamente ristrutturato del Barrio de San Mateo abbina gli stili islamico e nobiliare in diversi patios, sale e bar, alcuni dei quali all'aperto. La tariffa dello spettacolo di flamenco in programma alle 21 (€70) comprende anche la cena e le bevande.

Teatro Villamarta TEATRO (☎956 35 02 72; www.villamarta.com; Plaza Romero Martínez) Questo teatro presenta un nutrito cartellone comprendente opere di Bizet, Verdi, Mozart e – ovviamente – un pizzico di flamenco.

Discoteca Oxi DISCOTECA (www.oxixerez.es; Calle Zaragoza 20; ⏱21-fino a tardi mer-sab) La discoteca più nuova di Jerez dispone di quattro sale e nei weekend è frequentata da un gran numero di giovani che ballano fino all'alba (7). Le serate a tema godono di una notevole popolarità.

Sala Audrey BAR (www.salaaudrey.com; Calle Carmen 22; ⏱22-fino a tardi mer-sab) Questo localino alla moda dedicato ad Audrey Hepburn è animato da DJ che propongono musica house, funk o reggae.

Informazioni

Ciberjerez (Calle Santa María 3, internet €1,80 l'ora; ⏱10-14.30 e 17.30-23 lun-sab mag-set, 17-22 dom).

Ufficio turistico municipale (www.turismojerez.com; Alameda Cristina; ⏱9-15 e 17-18.30 lun-ven, 9.30-14.30 sab e dom) L'ufficio turistico municipale è gestito da personale molto esperto e in grado di esprimersi in diverse lingue e dispone di un sito internet ricco di informazioni.

Ufficio turistico provinciale (aeroporto; ⏱8.15-14 e 17-18.30 lun-ven).

Per/da Jerez de la Frontera e trasporti locali

Aereo

Situato lungo la NIV 7 km a nord-est della città, l'**aeroporto di Jerez** (☎956 15 00 00) è servito da un numero sempre maggiore di voli provenienti dalle principali città europee e ospita al suo interno almeno sei agenzie di autonoleggio. La compagnia **Ryanair** (☎956 15 01 52) ha in operativo tutti i giorni voli provenienti dall'aeroporto londinese di Stansted, da Francoforte e da Madrid, mentre altre aerolinee assicurano i collegamenti tra Jerez de la Frontera e Amsterdam, Bruxelles, Parigi e diversi aeroporti tedeschi. Le compagnie **Iberia** (☎902 40 05 00), **Vueling** (☎902 33 39 33) e **Spanair** (☎956 15 01 30) volano direttamente da Madrid e Barcellona.

Autobus

Un comodo autobus navetta effettua 16 corse al giorno (6 sab e dom) dall'aeroporto alla stazione degli autobus di Jerez (€1, 30 min), tre delle quali proseguono per la stazione ferroviaria di El Puerto de Santa María (dall'aeroporto €1,10, 50 min) e sei o più per la stazione degli autobus Comes di Cadice (€2,85, 1 h 15 min).

La **stazione degli autobus** di Jerez (Plaza de la Estación) si trova 1,3 km a sud-est del centro. Tra le località raggiungibili con i mezzi in partenza da questa stazione meritano di essere citate Siviglia (€7,50, 1 h 15 min, 11 corse o più al giorno), Sanlúcar de Barrameda (€1,68, 30 min, 7 corse o più al giorno), El Puerto de Santa María (€1,10, 20 min, 15 corse o più al giorno), Cadice (€2,85, 40 min, 9 corse o più al giorno), Arcos de la Frontera (€2,48, 45 min, 13 corse o più al giorno) e Ronda (€19,50, 2 h 30 min, 3 corse al giorno).

Treno

La **stazione ferroviaria** di Jerez (Plaza de la Estación) si trova accanto alla stazione degli autobus; da essa partono tutti i giorni fino a 36 treni per El Puerto de Santa María (€2,10, 15 min) e Cadice (€4,80, 50 min) e 10 o più per Siviglia (€8,80, 1 h 15 min).

Arcos de la Frontera

POP. 29.900 / ALT. 185 M

Esprimere una preferenza per un *pueblo blanco* equivale quasi a scegliere l'album dei Beatles che si ama di più: sono tutti fantastici, per cui è sempre difficile prendere una decisione definitiva. Se sollecitate a dare una risposta, molte persone finiscono per scegliere Arcos, una cittadina bianca più grande della media che sorge in posizione fantastica su un alto crinale, con ripidi precipizi su entrambi i lati. Con la Sierra de Grazalema sullo sfondo, questa località possiede tutte le bellezze dei classici *pueblos*: una posizione spettacolare, un sonnolento centro storico, un elegante *parador* e una travagliata storia di frontiera. I pochi autobus dei viaggi organizzati e le case di villeggiatura degli stranieri non turbano affatto questo idillio.

Nell'XI secolo Arcos fu per qualche anno la capitale di un regno berbero indipendente, ma nel 1255 fu conquistata dal re cristiano Alfonso X di Siviglia.

Che cosa vedere

Concedetevi una tranquilla passeggiata tra i deliziosi edifici che si affacciano sulle vie situate a est di Plaza del Cabildo, tra i quali spicca l'**Iglesia de San Pedro** (Calle Núñez de Prado; ingresso €1; ⌚10-13 e 16-19 lun-sab, fino alle 13.30 dom), una struttura in stile gotico e barocco che vanta una delle navate più straordinarie tra le piccole chiese andaluse (e non è affatto buia né tetra). Situato nei pressi, il secentesco **Palacio Mayorazgo**, che ospita attualmente uffici pubblici, vanta una bella facciata rinascimentale e un incantevole patio, ai quali è possibile dare un'occhiata.

Plaza del Cabildo PIAZZA

Il centro storico conserva testimonianze di diversi periodi storici, che evocano le travagliate vicende di questa località di frontiera contesa per secoli da mori e cristiani. Plaza del Cabildo costituisce il fulcro di questo quartiere. Cercate di ignorare il parcheggio moderno e concentrate la vostra attenzione sui bellissimi edifici antichi che circondano la piazza e sul vertiginoso **mirador** (punto panoramico), dal quale è possibile ammirare splendidi scorci del Río Guadalete. Costruito nel corso dell'XI secolo, il **Castillo de los Duques** è chiuso al pubblico, ma la sua cinta muraria esterna incornicia le classiche vedute di Arcos. Nel lato settentrionale della piazza sorge la **Basílica-Parroquia de Santa María**, un edificio sacro in stile gotico e barocco che ospita al suo interno bellissimi stalli del coro in pietra e soffitti intagliati in stile isabellino. Situato nel lato orientale, il **Parador Casa del Corregidor** è la ricostruzione della casa di un magistrato del XVI secolo. Se pensate di aver già visto i panorami più mozzafiato dell'Andalusia, ad Arcos avrete una sorpresa, ammirando lo straordinario paesaggio bevendo un *café con leche* (caffè con latte caldo) accompagnato da una fetta di *torta*. In fondo alla piazza si trova un mirador altrettanto suggestivo.

Tour

Dal lunedì al venerdì alle 11 vengono effettuate interessanti visite guidate della durata di un'ora ai monumenti e ai deliziosi patios del centro storico con partenza dall'ufficio turistico.

Feste ed eventi

Semana Santa SETTIMANA SANTA

Le processioni della Settimana Santa che si tengono nelle viuzze del centro storico sono molto pittoresche; la Domenica di Pasqua si svolge una corsa di tori davvero emozionante.

Fiesta de la Virgen de las Nieves FLAMENCO

Questo festival della durata di tre giorni in programma nei primi giorni di agosto comprende tra le altre cose un bellissimo spettacolo serale di flamenco in Plaza del Cabildo.

Feria de San Miguel FESTA RELIGIOSA

Alla fine di settembre Arcos celebra il suo santo patrono, San Miguel, con una fiera della durata di quattro giorni.

Pernottamento

TOP **Parador Casa del Corregidor** HOTEL STORICO €€€

(☎956 70 05 00; www.parador.es; Plaza del Cabildo; camere a partire da €155; ❄@📶) L'attrattiva principale di questo *parador* è costituita dal ristorante situato nel cortile pieno di palme e di fontane. Le camere sono confortevoli ma sobrie e il panorama che si può ammirare dal salone e dalle camere più costose spazia su un paesaggio apparentemente infinito.

Hotel El Convento HOTEL €€

(☎956 70 23 33; www.hotelelconvento.es; Calle Maldonado 2; singole/doppie con prima colazione a partire da €55/70; ❄@) Le monache che vivevano in questo bellissimo convento del XVII secolo ne apprezzavano senza dubbio il panorama. Oggi questo complesso è stato trasformato in un hotel dall'aspetto piuttosto appariscente, con una camera dedicata a Rick Steves, rivestita di azulejos.

Hotel Marques de Torresoto HOTEL €

(☎956 70 07 17; www.hotelmarquesdetorresoto.com; Calle Marqués de Torresoto 4; singole/doppie €35/50; ❄📶) L'attrattiva principale di questo bellissimo hotel di Arcos è costituita dal lussureggiante cortile interno. Dopo aver oltrepassato il sontuoso atrio troverete 15 camere dall'aspetto alquanto spoglio e arredate in modo insolito, ma con queste tariffe non ci troverete nulla da ridire.

Hotel Real de Veas HOTEL €€
(☎956 71 73 70; www.hotelrealdeveas.com; Calle Corredera 12; singole/doppie con prima colazione €55/70; ❄@📶) Ospitata all'interno di un edificio amorevolmente restaurato, questa superba struttura ricettiva possiede una dozzina di camere fresche e confortevoli, disposte intorno a un patio ricoperto da un tetto di vetro. Si tratta di uno dei pochi hotel della città raggiungibili facilmente in automobile.

Hostal San Marcos HOTEL €
(☎956 70 07 21; Calle Marqués de Torresoto 6; singole/doppie €35/45; ❄) Questo semplice *hostal* situato nel centro storico dispone di quattro camere veramente incantevoli e di una terrazza sul tetto. Il ristorante adiacente è frequentato da curiosi personaggi maturi.

Pasti

TOP **La Taberna de Boabdil**
MAROCCHINO, INTERNAZIONALE €€
(Paseo de los Boliches 35; menu degustazione €18; ⏲10-24, chiuso mar) Vale la pena di visitare Arcos anche solo per concedersi una buona cena in questo ristorante (ammesso che abbiate bisogno di trovare una giustificazione!), un suggestivo locale in stile moresco ospitato all'interno di un'antica grotta, abitata per millenni. I piatti proposti dal menu sono eclettici come le decorazioni e l'atmosfera migliora con il procedere della serata.

Mesón Don Fernando ANDALUSO €
(Calle Boticas 5; portate principali €9-11, ⏲chiuso lun) Annidata nel labirinto di vicoli del centro storico, la Mesón Don Fernando è pervasa da una vivace atmosfera spagnola e vi offrirà la possibilità di gustare irresistibili delizie culinarie come lo stufato di coniglio e le scaloppine di cervo ai tavoli all'aperto godendo della brezza della sera. Nell'edificio adiacente c'è un altro ristorante di buon livello.

Informazioni

L'**ufficio turistico** (Plaza del Cabildo; ⏲10-14.30 e 17.30-20 lun-ven, 10.30-13.30 e 17-19 sab, 10.30-13.30 dom) si trova nella piazza principale del centro storico. In città c'è anche un **chiosco di informazioni turistiche** (Paseo de Andalucía).

In Calle Debajo del Corral e in Calle Corredera si trovano diverse banche e sportelli bancomat.

Per/da Arcos de la Frontera

Gli autobus in partenza dalla **stazione degli autobus** (Calle Corregidores) assicurano i collegamenti tra Arcos de la Frontera e Jerez (€2,48, 45 min, da 12 a 15 corse al giorno), Cadice (€5,59, 1 h 15 min, 5 corse al giorno), Ronda (€8,20, 2 h, 3 corse al giorno) e Siviglia (€7,65, 2 h, 2 corse al giorno). Tenete presente che il sabato e la domenica i collegamenti per alcune località vengono ridotti.

Parque Natural Sierra de Grazalema e dintorni

Tra tutte le riserve naturali dell'Andalusia, il Parque Natural Sierra de Grazalema è quella raggiungibile più facilmente e quella più adatta agli appassionati di passeggiate in campagna. Sebbene sia situato in posizione meno elevata rispetto alla Sierra Nevada, questo parco è caratterizzato dalla presenza di cime impervie, simili a pilastri, che svettano sulle pianure che si estendono a nord-est di Cadice, rivelando gole profondissime, orchidee selvatiche e forti piogge (a parte la Galizia e la Cantabria, questa è la parte più umida della Spagna, con una media annuale di precipitazioni che si aggira intorno ai 2000 millimetri). Anche la zona di Grazalema è particolarmente indicata per essere esplorata a piedi (i periodi migliori coincidono con i mesi di maggio, giugno, settembre e ottobre). I più intrepidi possono invece dedicarsi all'arrampicata su roccia, alle escursioni speleologiche, al canyoning, alle discese in kayak e al parapendio.

Il Parque Natural Sierra de Grazalema si estende nella parte nord-occidentale della provincia di Málaga, arrivando a comprendere la Cueva de la Pileta (p342). Il **Centro de Visitantes** (☎956 72 70 29; www.cma.jnta.andalucia.es; Avenida de la Diputación; ⏲10-14 e 18-20 lun-sab, 9-14 dom), che dispone di qualche pannello illustrativo ed è in grado di fornire informazioni utili, si trova a El Bosque, pittoresco villaggio situato 20 km a est del centro di Grazalema.

GRAZALEMA

POP. 2240 / ALT. 825 M

Per diverse buone ragioni, Grazalema è il centro di servizi più popolare della Sierra: questo villaggio dai tetti rossi, acquattato sotto un imponente picco roccioso, sembra uscito da un racconto fantastico. Tra i prodotti locali meritano un cenno le coperte e i tappeti di pura lana.

Il cuore del villaggio è costituito dalla graziosa Plaza de España, sulla quale si affaccia la settecentesca Iglesia de la Aurora. Nei pressi si trova anche l'**ufficio turistico** (10-14 e 16-21), dotato di un negozio che vende i prodotti locali. Le due banche situate in Plaza de España dispongono dello sportello bancomat.

Attività

Dal momento che vi trovate in una zona particolarmente indicata per le passeggiate, vi consigliamo di approfittarne. Il personale dell'ufficio turistico è in grado di fornire informazioni utili in merito. Dal momento che quattro dei sentieri più interessanti del parco (tra cui i 12,5 km del percorso El Pinsapar, che attraversa la più bella foresta di abeti della Spagna) s'inoltrano in zone ad accesso limitato, per percorrerli è necessario effettuare la prenotazione presso il centro visitatori di El Bosque. Tra i sentieri che si possono percorrere liberamente il più suggestivo è il **Sendero Salto del Cabrero**, un itinerario di 7,2 km che si snoda tra il villaggio di Grazalema e Benaocaz, passando dal Puerto del Boyar e attraversando le pendici occidentali della Sierra del Endrinal. Lungo il percorso vedrete alcune rare specie di orchidee selvatiche.

Horizon GUIDE AVVENTURA
(956 13 23 63; www.horizonaventura.com; Calle Corrales Terceros 29) Quest'agenzia specializzata in escursioni avventurose propone attività come l'arrampicata su roccia, il bungee jumping, il canyoning, la speleologia, il parapendio e le passeggiate e si avvale della collaborazione di guide in grado di esprimersi in inglese. Su richiesta, vengono effettuate anche passeggiate guidate a El Pinsapar e in altre località.

Pernottamento e pasti

La Mejorana HOTEL €
(956 13 23 27; www.lamejorana.net; Calle Santa Clara 6; camere con prima colazione €58; @) La Mejorana ha tutte le carte in regola per essere l'albergo da sogno che scegliereste per un romantico weekend. Al suo interno troverete solo cinque camere, tutte ricche di fascino iberico, e una piscina molto allettante nascosta all'ombra degli alberi. Si trova nella parte più elevata del villaggio.

Mesón El Simancón ANDALUSO €
(Plaza Asomaderos; portate principali €6-15, menús €12,90; chiuso mar) Nei pressi di Plaza de España e in Calle Agua si trova un gran numero di ristoranti e di locali in cui bere qualcosa. Situata nei pressi del parcheggio, la Mesón El Simancón serve eccellenti piatti a base di prosciutto, manzo, quaglie, cacciagione, cinghiale e *revueltos* (uova strapazzate).

ZAHARA DE LA SIERRA

POP. 1600 / ALT. 550 M

Raccolta intorno a un vertiginoso sperone di roccia situato ai piedi della Sierra de Grazalema, l'accidentata Zahara de la Sierra sussurra misteri moreschi. Per oltre 150 anni tra il XIV e il XV secolo questa cittadina ha presidiato l'antica frontiera medievale di fronte alla cristiana Olvera, chiaramente visibile in lontananza. Oggi Zahara possiede tutte le caratteristiche più interessanti dei classici *pueblos blancos*, un fatto che contribuisce a renderla molto popolare tra i viaggiatori stranieri, ma se ci venite all'ora della siesta pomeridiana non sentirete volare una mosca.

La ripida strada che sale al Puerto de los Palomas (Passo delle Colombe, 1331 m) collega Zahara a Grazalema (18 km) con un itinerario veramente spettacolare, pieno di tornanti mozzafiato (se ve la sentite, provate a percorrerlo in bicicletta!).

Le vie di Zahara sono molto invitanti, con i loro panorami incorniciati da altissime palme e bougainvillee color rosa carico. Per salire fino al **torrione del castello**, costruito nel corso del XII secolo, bisogna imboccare il sentiero che si trova quasi di fronte all'Hotel Arco de la Villa, una passeggiata abbastanza impegnativa di 10-15 minuti. La riconquista del castello da parte di Abu al-Hasan di Granada, avvenuta nel 1481 grazie a un audace colpo di mano notturno, indusse i Re Cattolici a dare inizio all'ultima fase della Reconquista, che si concluse con la caduta di Granada nelle mani dei cristiani.

L'agenzia specializzata in turismo avventuroso **Al-qutun** (956 13 78 82; www.al-qutun.com; Calle Arrabalería, Algodonales) con sede ad Algodonales, località situata 7 km a nord di Zahara, organizza uscite di canyoning, passeggiate guidate, discese in kayak, voli in parapendio, visite alle grotte e arrampicata su roccia. Per conoscere gli orari in cui vengono effettuate queste attività, vi consigliamo di mettervi in contatto direttamente con l'agenzia. Un altro modo veramente memorabile per visitare la Sierra è a cavallo; per organizzare escursioni

VÍA VERDE DE LA SIERRA

Una delle iniziative ambientaliste più lungimiranti della Spagna è quella che ha portato alla costruzione delle Vías Verdes, che ha visto la trasformazione di alcune vecchie linee ferroviarie in percorsi pedonali utilizzabili da ciclisti, escursionisti e disabili e per le gite a cavallo. Tra le dodici Vías Verdes attualmente presenti in Andalusia, la più popolare in assoluto è senza dubbio la **Vía Verde de la Sierra** tra Olvera e Puerto Serrano, considerata da molti la migliore. Oltre che per il suo panorama meravigliosamente incontaminato, la Vía Verde di Olvera è degna di nota per quattro spettacolari viadotti, 30 tunnel e tre vecchie stazioni trasformate in alberghi, disseminati lungo un percorso di 36 km. Per ironia della sorte, la linea ferroviaria lungo la quale si snoda il percorso ecologico non fu mai portata a termine. Costruita nel corso degli anni '20 del XX secolo nell'ambito del mai realizzato progetto di collegamento ferroviario tra Jerez e Almargen, questa linea provocò la bancarotta dei suoi finanziatori privati durante la Grande Depressione e non venne mai utilizzata. Dopo essere stata dimenticata per decenni, all'inizio del terzo millennio è stata infine ristrutturata.

Situato pochi passi al di fuori del centro abitato di Olvera, l'insolito **Hotel/Restaurant Estación Verde** (☎661 463 207; singole/doppie/appartamenti €30/50/130; ristorante chiuso lun) è un posto bellissimo da cui iniziare il percorso. Presso questa struttura è possibile noleggiare biciclette (€15 al giorno); aggiungendo altri €15 i proprietari vi organizzeranno la corsa in taxi di ritorno da Puerto Serrano, località situata all'estremità opposta dell'itinerario.

Una delle principali attrattive della Vía Verde è costituita dal **Peñon de Zaframagon**, un curioso dirupo dove nidificano i grifoni. Il nuovo **centro interpretativo** (interi/ridotti €2/1; ⏲10-16) situato lungo la *vía* consente di osservare da vicino questi rapaci.

guidate, vi consigliamo di rivolgervi alla **Rutas a Caballo Santiago** (☎608 840376; www.zaharadelasierra.info/caballos).

Tra le migliori strutture ricettive di Zahara merita di essere citato l'**Hostal Marqués de Zahara** (☎/fax 956 12 30 61; www.marquesdezahara.com; Calle San Juan 3; camere con prima colazione €50; ❄📶), un grande palazzo antico situato al centro del villaggio, dotato di alcune camere che hanno visto sicuramente tempi migliori. Le 17 camere del moderno **Hotel Arco de la Villa** (☎956 12 32 30; www.tugasa.com; Paseo Nazarí; singole/doppie €35/59; P❄📶), parzialmente costruito nella roccia, consentono di ammirare panorami mozzafiato, anche se possiedono ben poco fascino rurale.

Il **Restaurante Los Naranjos** (Calle San Juan 12; portate principali €8-12; ⏲9-23) serve sostanziosi piatti tipici della zona, che potrete assaporare nella sala interna e ai tavoli all'aperto collocati sotto gli aranci; questo locale ha già salvato le gambe di molti ciclisti ed escursionisti!

Il villaggio di Zahara si sviluppa intorno a Calle San Juan, dove si trova l'utile **Punto de Información Zahara de la Sierra** (Plaza del Rey 3; ⏲9-14 e 16-19) del parco naturale.

OLVERA

Rifugio di banditi fino alla metà del XIX secolo, Olvera vanta oggi il maggior numero di aziende agricole a gestione familiare di tutta la Spagna. *Pueblo blanco* per eccellenza, Olvera gode di una grande reputazione anche per il suo eccellente olio di oliva, la sua splendida chiesa rinascimentale e una storia molto travagliata, iniziata all'epoca dei romani.

Costruita nel luogo in cui in precedenza sorgeva un edificio di culto più antico, la neoclassica **Iglesia Parroquial Nuestra Señora de la Encarnación** (Plaza de la Iglesia; ⏲messa dom) fu commissionata dai duchi di Osuna e portata a termine nel 1843. Su questa chiesa incombe il **Castillo Árabe** (⏲9-14 mar, gio, sab e dom), una fortezza nasride del XII secolo, e accanto si trova **La Cilla** (⏲10.30-14 e 16-18 mar-dom, fino alle 19 mag-set), il vecchio granaio dei duchi di Osuna che ospita l'affascinante **Museo 'La Frontera y los Castillos'**, il **Centro Interpretativo Vía Verde de la Sierra** che illustra la storia naturale del vicino percorso cicloturistico e l'**ufficio turistico**. Questi uffici osservano tutti lo stesso orario di apertura.

Per quanto riguarda le strutture ricettive, consigliamo l'eccellente **Hotel/Restaurant Estación Verde**. In Avenida Julian Besteiro si trovano diversi bar e ristoranti.

SETENIL DE LAS BODEGAS

In passato gli abitanti dei *pueblos blancos* cercarono di proteggersi rifugiandosi sulle sommità dei dirupi, mentre la gente di Setenil fece l'opposto, rintanandosi nelle buie grotte situate sotto le ripide falesie del Fiume Trejo. Questa strategia si rivelò vincente, al punto che nel 1484 l'esercito cristiano dovette assediare i mori per 15 giorni prima di costringerli ad abbandonare queste posizioni così ben difese. Molte case costruite nella roccia sono giunte fino ai nostri giorni e alcune sono state trasformate in bar e in ristoranti. Pochi passi al di fuori dei confini del villaggio è possibile fare una bella passeggiata di 6 km lungo la Ruta de los Molinos, che si snoda tra antichi mulini fino al villaggio di Alcalá del Valle.

Nella parte alta del villaggio, il **castello** del XII secolo (gli orari sono sporadici; chiedete informazioni all'ufficio turistico) fu conquistato dai cristiani appena otto anni prima della caduta di Granada.

Setenil vanta alcuni tapas bar veramente fantastici, che rappresentano il posto ideale per concedersi una sosta rigenerante mentre si studia l'originale impianto urbanistico della città. Vi consigliamo di iniziare dal **Restaurante Palermo** (Plaza de Andalusia), situato in posizione elevata, scendendo poi lungo la collina.

L'**ufficio turistico** (Calle Villa; ⌚10-16 mar-dom) è ospitato all'interno della cinquecentesca Casa Consistorial, che vanta un raro soffitto mudéjar in legno.

Per/dal Parque Natural Sierra de Grazalema e trasporti locali

La compagnia **Los Amarillos** (☎902 21 03 17) ha in operativo autobus per El Bosque in partenza da Jerez (€5,75, 2 h, 6 corse al giorno) e Arcos (€2,55, 1 h, 11 corse al giorno). Dal lunedì al sabato alle 15.30 da El Bosque parte un autobus diretto a Grazalema (€2,10, 30 min). L'autobus che presta servizio tra Grazalema e Ronda (€2,45, 45 min) parte alle 8.15 e alle 16.15.

Setenil de las Bodegas può essere raggiunta in autobus da Jerez (€8,88, 2 h 30 min, 2 corse al giorno), Málaga (€9,16, 2 h 30 min, 2 corse al giorno) e Olvera (€1,17, 25 min, 3 corse al giorno). L'autobus per Jerez e Málaga ferma anche a Olvera. Tenete presente che tra Zahara e Grazalema non presta servizio alcun mezzo pubblico.

Costa de la Luz meridionale

Arrivare nella Costa de la Luz dalla Costa del Sol equivale quasi a spalancare la finestra di una camera affollata e respirare a pieni polmoni l'aria di un mattino soleggiato. Lasciati definitivamente alle spalle i pacchiani resort e le zone dello sfruttamento edilizio incontrollato, improvvisamente potrete tirare un bel sospiro di sollievo, ma soprattutto vi sentirete di nuovo inequivocabilmente in Spagna, con un mondo di contadini con il basco, mucche al pascolo e la messa della domenica seguita da un sorso furtivo di sherry secco. Non chiedetevi per quale motivo queste spiagge di sabbia gialla e le cittadine bianche situate in posizione spettacolare siano così deserte: limitatevi a godervele in beata solitudine, finché siete in tempo.

VEJER DE LA FRONTERA

POP. 12.800 / ALT. 190 M

Non appena contemplerete Vejer a bocca aperta e con gli occhi scintillanti, vi dimenticherete tutti gli aggettivi roboanti con i quali volevate descriverla. Questa placida e compatta cittadina bianca si profila minacciosa in lontananza, sulla sommità di una brulla collina che domina la trafficata N340 50 km a sud di Cadice, ed è un luogo veramente speciale. Oltre a un fresco labirinto di vicoli tortuosi, qualche scorcio pittoresco e un castello in rovina, Vejer possiede anche un'atmosfera sentimentale, un'aria di mistero e un impercettibile tocco di *duende* (per ulteriori informazioni in merito, v. p368).

Che cosa vedere

In **Plaza de España** si trova una fantastica fontana di terracotta e piastrelle nel tipico stile sivigliano, circondata da alcuni irresistibili ristorantini.

FREE **Castello** CASTELLO

(⌚circa 10-21 giu-set) Il castello di Vejer ha subito nel corso del tempo diversi rimaneggiamenti, ma dai suoi bastioni è possibile ammirare un magnifico panorama. Il piccolo museo (aperto in orari variabili) custodisce al suo interno la cappa nera che le donne di Vejer indossavano fino a qualche decennio fa (che lasciava scoperti solo gli occhi).

Casa de Mayorazgo CASTELLO
(Calléjon de la Villa; ingresso su offerta) Tra i diversi belvedere della cittadina, la Casa de Mayorazgo offre la possibilità di ammirare da una delle sue tre torri uno i panorami più suggestivi e possiede anche un patio veramente grazioso.

Pernottamento e pasti

Di seguito citiamo altre tre buone ragioni per spingersi fino a Vejer.

TOP **Hotel La Casa del Califa** HOTEL, MAROCCHINO €€
(956 44 77 30; www.lacasadelcalifa.com; Plaza de España 16; singole/doppie con prima colazione €73/86;) Questo fantastico hotel disposto su diversi piani è pervaso da un'atmosfera molto suggestiva. Al suo interno troverete camere tranquille, molto confortevoli e abbellite da qualche tocco decorativo in stile arabo. Il servizio speciale 'Emir' (€43) comprende fiori freschi, cioccolatini e champagne. Al piano terreno c'è un eccellente ristorante mediorientale, **El Jardín del Califa** (portate principali €8-16;).

La Botica de Vejer HOTEL €€
(956 45 02 25, 617 477636; www.laboticadevejer.com; Calle Canalejas 13; singole/doppie con prima colazione €80/90;) Aprite le imposte della vostra camera e contemplate il panorama che si para davanti ai vostri occhi: con una vista come questa, l'arredamento ha poca importanza, tuttavia queste camere non sono prive di una certa eleganza. Al piano terreno c'è un suggestivo patio dove si può consumare la prima colazione e chiacchierare con i proprietari, che conoscono molto bene la zona.

Restaurante Trafalgar ANDALUSO €€
(Plaza de España 31; portate principali €11-18) Il Restaurante Trafalgar dispone di alcuni tavoli all'aperto situati nella piazza di Vejer e propone buone specialità a base di pesce, frutti di mare e carne della cucina tipica di Cadice con un tocco contemporaneo.

Divertimenti

Peña Cultural Flamenca 'El Aguilar de Vejer' FLAMENCO BAR
(Calle Rosario 29; ingresso €3) I locali di flamenco di Vejer sono molto autentici e fanno parte del suo fascino, come potrete facilmente notare in questo bar-spazio per eventi molto caratteristico, situato nel centro storico.

Informazioni

Gli autobus fermano accanto all'**ufficio turistico** (www.turismovejer.com; Avenida Los Remedios 2; 10-14 tutti i giorni, 18-20 lun-sab circa magott), situato circa 500 m sotto il centro cittadino, dove si trova anche un comodo e ampio parcheggio gratuito.

Per/da Vejer de la Frontera

Da Avenida Los Remedios partono cinque o sei autobus al giorno per Cadice (€4,85, 50 min). Gli autobus per Tarifa (€3,71, 45 min, 10 corse al giorno), Algeciras (€5,84, 1 h 15 min, 10 corse al giorno), Jerez de la Frontera (€5,88, 1 h 30 min, 2 corse al giorno), Málaga (€16, 2 h 45 min, 2 corse al giorno) e Siviglia (€13,95, 2 h 15 minuti, 4 corse al giorno) fermano a La Barca de Vejer, lungo la N340 in fondo alla collina. Per raggiungere la cittadina da questo punto bisogna percorrere una ripida salita di 20 min o chiamare un taxi (€6).

LOS CAÑOS DE MECA

POP. 200

La 'rilassata' località balneare di Los Caños de Meca si estende disordinatamente lungo una serie di spiagge spettacolari situate a sud-ovest di Vejer. Un tempo rifugio di una comunità di hippy, Los Caños ha conservato un'atmosfera molto alternativa ed edonistica, soprattutto in estate grazie alle sue spiagge nudiste e ai numerosi bagnanti gay che le frequentano regolarmente. Il windsurf, il kitesurf, il surf, le escursioni a cavallo e le passeggiate nel vicino Parque Natural de la Breña y Marismas de Barbate sono solo alcune delle attività che si possono praticare in questa zona.

Nell'estremità occidentale di Los Caños una strada secondaria consente di raggiungere un faro che si erge su una bassa lingua di terra. Luogo dal nome molto famoso, il **Cabo de Trafalgar** indica il luogo in cui venne combattuta la celebre battaglia del 1805 che vide morire l'ammiraglio inglese Horace Nelson. La spiaggia situata sotto la scogliera – **Playa del Faro** – è una popolare meta di nudisti.

Situata lungo la costa circa 5 km a nordovest di Los Caños, la lunga spiaggia di **El Palmar** vanta da ottobre a maggio le migliori onde da surf di tutta l'Andalusia. Diversi operatori noleggiano le tavole e impartiscono lezioni di surf; tra tutti, vi consigliamo di prendere in considerazione la **Escuela de Surf 9 Pies** (620 104241; www.9piesescueladesurf.com, in spagnolo; noleggio tavola e muta per 2/4 ore €12/20, lezioni 2/4 ore €27/52), una struttura aperta tutto l'anno situata nell'estremità settentrionale della spiaggia. La **Trafalgar Surf** (☎666 942849; www.trafalgarsurftrip.com; lezioni per principianti a partire da 35€) organizza lezioni in inglese presso le spiagge migliori e offre il trasporto gratuito da qualsiasi località situata lungo il tratto di costa compreso tra Los Caños e La Barrosa.

Pernottamento e pasti

Per avere ulteriori informazioni sulle strutture ricettive di questa zona, vi consigliamo di consultare i siti internet www.playasdetrafalgar.com e www.placerdetrafalgar.com.

Hostal Mini-Golf HOTEL €€
(☎956 43 70 83; www.hostalminigolf.com; Avenida Trafalgar 251; singole/doppie €50/70; P ❄) Situato di fronte al bivio che conduce a Cabo de Trafalgar, questo hotel economico dispone di camere fresche e pulite, con TV e riscaldamento (in inverno), raccolte intorno a un semplice patio spagnolo. Nel giardino situato davanti alla facciata ci sono un caffè e un campo da minigolf.

Hotel Madreselva HOTEL €€
(☎956 43 72 55; www.madreselvahotel.com; Avenida Trafalgar 102; singole/doppie con prima colazione €80/98; ⏲chiuso nov-feb; P ❄ ≋) Tutte le 18 camere di questo hotel progettato con un certo gusto artistico dispongono di un gradevole patio-giardino. Questa struttura possiede anche una bella piscina, propone sedute di massaggi e organizza escursioni in mountain bike e a cavallo e uscite di surf.

El Pirata PESCE €€
(Avenida Trafalgar 67; portate principali €9-13; ⏲tutto l'anno) Grazie alla sua magnifica posizione sulla spiaggia, questo ristorante sembra riassumere in sé l'edonismo di Los Caños de Meca. Dopo aver assaporato gli eccellenti piatti a base di pesce che vengono serviti all'ora di pranzo, ritornate di sera per ascoltare musica e ballare (a volte i clienti si riversano sulla spiaggia).

La Pequeña Lulu CAFFÈ, BAR €
(Avenida Trafalgar 2; piatti €6-15) Situato nell'estremità orientale del villaggio, questo eccentrico bar-caffetteria gestito da francesi serve eccellenti pasti leggeri – spaziando dalle crêpes al couscous – in una incantevole terrazza.

Locali e divertimenti

Tra i bar più belli della cittadina meritano di essere citati il **Los Castillejos** (⏲Pasqua-ott), situato nell'estremità orientale di Avenida Trafalgar, e il super rilassato **Las Dunas** (⏲tutto l'anno), situato lungo la strada che conduce a Cabo de Trafalgar. Questi due locali ospitano regolarmente esibizioni di musica dal vivo di vario genere a partire più o meno da mezzanotte e restano aperti fino alle 2 o alle 3.

Per/da Los Caños de Meca

Dal lunedì al venerdì due autobus della compagnia Comes prestano servizio tra Cadice (€5, 1 h 15 min) ed El Palmar (€4,53, 1 h 15 min) e Los Caños (€4,99, 1 h 30 min). Dal lunedì al venerdì viene effettuata anche una corsa al mattino da Vejer a entrambe le località citate. Dalla metà di giugno ai primi giorni di settembre vengono spesso aggiunte corse supplementari da Cadice e persino da Siviglia.

ZAHARA DE LOS ATUNES

POP. 1200

Situata al centro di un'ampia spiaggia sabbiosa lunga ben 12 km, Zahara è una sorta di luogo primordiale. Nel cuore dell'abitato si erge l'antico e fatiscente Castillo de las Almadrabas, un tempo rifugio contro gli attacchi dei pirati e magazzino dei pescatori di tonno locali. Oggi la flotta di pescherecci più vicina si trova a Barbate e Zahara è diventata una località di villeggiatura estiva alla moda, con un ambiente più adatto alle famiglie rispetto a Los Caños de Meca. Intorno al castello in rovina, un groviglio di stradine strette ricorda i bei tempi andati. L'estremità meridionale della cittadina – meglio conosciuta con il nome di Atlanterra – è oggetto di uno sviluppo edilizio poco rispettoso dell'ambiente, ma le spiagge incontaminate e i sentieri escursionistici che si sviluppano oltre questa località meritano di essere esplorati.

Pernottamento e pasti

Quasi tutti i ristoranti del centro storico si trovano in Plaza de Tamarón o nelle sue immediate vicinanze, nei pressi dell'Hotel Doña Lola, e in genere propongono le medesime specialità della cucina *andaluz*.

Hotel Almadraba e Hotel Almadrabeta HOTEL €€
(☎956 43 92 74; www.hotelesalmadraba.es; Calle María Luisa 13 e 15; singole/doppie nell'Almadraba €65/80, singole/doppie nell'Almadrabeta €45/70; P ❄) Questi due hotel situati l'uno accanto all'altro sono gestiti dai medesimi proprietari e dispongono di 25 camere semplici ma molto accoglienti, con TV e riscaldamento nei mesi invernali. Il ristorante specializzato

in piatti a base di pesce e di carne è considerato uno dei migliori della città.

Camping Bahía de la Plata CAMPEGGIO €
(☎956 43 90 40; www.campingbahiadelaplata.com; Carretera de Atlanterra; piazzole adulti/tende/automobili €7/8/4,50, bungalow €120) Questo gradevole campeggio alberato si trova di fronte alla spiaggia, nell'estremità meridionale di Zahara.

Restaurante La Jabega PESCE €€€
(Calle Tomillo 7; raciones €10-13, portate principali €9-30) Situato alle spalle della spiaggia a nord dell'Hotel Gran Sol, il Restaurante La Jabega è giustamente rinomato per i suoi squisiti piatti a base di pesce, tra i quali meritano di essere citate le deliziose *albóndigas de choco* (polpette di seppia).

Per/da Zahara de los Atunes

La compagnia Comes ha in operativo fino a tre autobus al giorno per/da Cadice (€6,55, 2 h), che fermano anche a Vejer de la Frontera e a Barbate, e uno per/da Tarifa (€3,37, 40 min). Di solito dalla metà di giugno a settembre vengono effettuate corse supplementari.

Tarifa

POP. 17.200

Situata sulla punta più meridionale della Costa de la Luz, la minuscola Tarifa costituisce il preludio ideale alle spiagge paradisiache situate più a nord. Sebbene non sia affatto un paradiso incontaminato, a Tarifa i viaggiatori stranieri maneggiano tavole da surf piuttosto che mazze da golf, un fatto che contribuisce a rendere l'atmosfera più informale e gli hotel e i ristoranti sensibilmente meno costosi. Battuto dai venti, il centro storico di Tarifa ha conservato un'atmosfera da medina marocchina nel suo labirinto di vicoli sui quali si affacciano suggestive case bianche, mentre le spiagge rappresentano la meta ideale per gli appassionati di kitesurf, proprio come lo stadio Santiago Bernabéu è la Mecca dei tifosi del Real Madrid. Dalla parte opposta dello stretto, ad appena 15 km di distanza si estendono le esotiche coste africane, raggiungibili in barca in soli 35 minuti e comodamente visitabili in giornata (parliamo di Tangeri).

Tarifa deve il suo nome a Tariq ibn Malik, il condottiero musulmano che guidò un'incursione in questa zona nel 710, l'anno precedente la grande invasione islamica della Penisola Iberica.

Che cosa vedere

Città vecchia CENTRO STORICO
Una passeggiata tra i vicoli della città vecchia, per la maggior parte risalenti al dominio arabo, consente di prepararsi alla visita del Marocco. La **Puerta de Jerez** in stile mudéjar fu costruita dopo la Reconquista. Dopo aver dato un'occhiata al piccolo ma vivacissimo **mercato** (Calle Colón), proseguite la visita con l'**Iglesia de San Mateo** (Calle Sancho IV El Bravo; ⏲9-13 e 17.30-20.30), costruita in massima parte nel XV secolo. Situato a sud della chiesa sulla sommità di un tratto delle mura del castello, il **Mirador El Estrecho** offre la possibilità di ammirare un panorama veramente spettacolare che abbraccia le coste dell'Africa, distanti appena 14 km.

Castillo de Guzmán CASTELLO
(Calle Guzmán El Bueno; ingresso €2; ⏲11-16) Costruita nel 960 per volontà del califfo di Córdoba Abd ar-Rahman III, questa fortezza fu ribattezzata in seguito con il nome dell'eroe della Reconquista Guzmán El Bueno. Nel 1294, di fronte alla minaccia di vedere ucciso il proprio figlio, prigioniero degli arabi, se non avesse consegnato il castello alle forze musulmane che cercavano di riconquistare Tarifa, Guzmán gettò ai nemici il suo pugnale affinché lo utilizzassero per eseguire la condanna. In seguito i discendenti di Guzmán divennero duchi di Medina Sidonia, una delle famiglie più potenti della Spagna. I biglietti della fortezza possono essere acquistati presso l'ufficio turistico.

Attività

Spiagge SPIAGGE
Situata sull'istmo della Isla de las Palomas, la minuscola **Playa Chica** è degna del suo nome. La spettacolare **Playa de los Lances** è invece completamente diversa, estendendosi in direzione nord-ovest per 10 km fino alla gigantesca duna di sabbia dell'**Ensenada de Valdevaqueros**.

Kitesurf e windsurf KITESURF, WINDSURF
Il tratto di costa compreso tra Tarifa e Punta Paloma, 11 km a nord-ovest della cittadina, è particolarmente indicato per gli appassionati di questi sport. I punti migliori cambiano da un giorno all'altro a seconda dei venti e delle maree; situato nell'Ensenada de Valdevaqueros, El Porro è uno dei litorali più frequentati e dispone di un comodo parcheggio. In questa zona è

DA VEDERE

BAELO CLAUDIA

Nel minuscolo villaggio di **Bolonia**, situato in posizione defilata in una splendida baia a circa 20 km da Tarifa, sorgono i ruderi del centro romano più completo mai rinvenuto fino a oggi in Spagna, **Baelo Claudia** (956 10 67 97; interi/cittadini UE €1,50/gratuito; 10-20 mar-sab, 10-14 dom e festivi). Questo sito – dal quale è possibile ammirare in lontananza il panorama delle coste africane – comprende un teatro dove di tanto in tanto vengono messi in scena spettacoli, un mercato, il foro, diversi templi e i laboratori dove si lavoravano i prodotti per i quali Baelo Claudia era famosa nel mondo romano: pesce sotto sale e *garum*, un costoso condimento preparato con le interiora di pesce. Presso il sito di Baelo Claudia c'è anche un museo di notevole interesse, inaugurato di recente.

Baelo Claudia conobbe il suo periodo di massimo splendore durante il regno dell'imperatore Claudio (41-54 d.C.).

Una strada secondaria di 7 km che si snoda tra le colline fino a Bolonia conduce a ovest della N340, a 15 km da Tarifa. Nei mesi di luglio e di agosto un paio di autobus locali prestano servizio tutti i giorni tra Tarifa e Bolonia.

possibile praticare il windsurf e il kitesurf in tutti i mesi dell'anno, ma l'apice della stagione va da aprile a ottobre.

Tarifa conta ormai una trentina di scuole di kitesurf e di windsurf, molte delle quali dispongono di negozi e di uffici lungo Calle Batalla del Salado o in Calle Mar Adriático. Altre si trovano lungo la costa e molte noleggiano e vendono l'attrezzatura. Per i principianti del kitesurf è indispensabile prendere lezioni. Un corso della durata di otto ore (di solito suddiviso in due giorni) per gruppi composti da non più di quattro persone costa circa €180, compresa l'attrezzatura. Per il noleggio dell'attrezzatura si spendono circa €80 al giorno e per le lezioni di windsurf della durata di due ore per gruppi composti da non più di quattro persone €55; il noleggio della tavola e della vela per 2/4 ore costa circa €45/60 (€60/75 se avete bisogno anche della muta e dell'imbragatura). Di seguito vengono citati alcuni operatori particolarmente affidabili.

Spin Out/Adrenalin WINDSURF, KITESURF
Valdevaqueros (956 23 63 52; www.tarifaspinout.com; spiaggia di El Porro, Ensenada de Valdevaqueros, N340, Km 75).

Club Mistral WINDSURF, KITESURF
(www.club-mistral.com) Hurricane (956 68 90 98; Hurricane Hotel, N340 Km 78); Valdevaqueros (619 340913; Cortijo Valdevaqueros, Ensenada de Valdevaqueros, N340, Km 75).

Tarifa Max KITESURF
(696 558227; www.tarifamax.net) Città (negozio O'Neill, Calle Tinto 1); N340 (Hotel Copacabana, N340, Km 75).

Hot Stick WINDSURF, KITESURF
Città (956 68 04 19; www.hotsticktarifa.com; Calle Batalla del Salado 41) Questa scuola propone corsi della durata di 1/2 giorni a €70/130 e impartisce anche lezioni di windsurf.

Equitazione EQUITAZIONE
Situate a Playa de los Lances, la **Aventura Ecuestre** (956 23 66 32; www.aventuraecuestre.com; Hotel Dos Mares, N340 Km 79,5) e la **Hurricane Hípica** (646 964279; Hurricane Hotel, N340, Km 78) dispongono di cavalli ben tenuti e di ottime guide. Un'escursione della durata di un'ora sulla spiaggia costa €30, mentre per le escursioni di tre o quattro ore nell'entroterra si spendono €70.

Whale-watching WHALE-WATCHING
Lo Stretto di Gibilterra costituisce il posto ideale per avvistare le balene e i delfini. Le orche visitano questa zona nei mesi di luglio e di agosto, i giganteschi capodogli e le balenottere comuni si aggirano in queste acque dalla primavera all'autunno, mentre i delfini pilota e altri tre tipi di delfini sono visibili in ogni mese dell'anno. Diversi operatori di Tarifa organizzano tutti i giorni crociere della durata di due ore-due ore e mezzo per osservare questi mammiferi marini e quasi tutti garantiscono una seconda uscita gratuita nel caso non si riesca ad avvistare nemmeno i delfini. La maggior parte delle escursioni costa per gli over 14/under 14 €30/20, mentre per le uscite della durata di tre ore e mezzo per l'avvistamento delle orche nei mesi di luglio e agosto si spendono circa €40/25. Tenete presente che a volte nei periodi di vacanza è necessario prenotare

con due o tre giorni di anticipo. Nel caso le acque dello stretto fossero troppo agitate, con ogni probabilità le imbarcazioni faranno rotta verso Bahía de Algeciras per avvistare gruppi di delfini.

firmm WHALE-WATCHING
(☎956 62 70 08; www.firmm.org; Calle Pedro Cortés 4; ⊙marzo-ott) Nel corso di ogni uscita organizzata da questa agenzia vengono registrati i dati relativi ai cetacei avvistati.

Turmares WHALE-WATCHING
(☎956 68 07 41; www.turmares.com; Avenida Alcalde Juan Núñez 3; ⊙gen-nov) La Turmares dispone di imbarcazioni di grandi dimensioni (una delle quali con il fondo trasparente), in grado di trasportare 40 e 60 persone.

Whale Watch España WHALE-WATCHING
(☎956 62 70 13; www.whalewatchtarifa.net; Avenida de la Constitución 6; ⊙apr-ott).

Birdwatching BIRDWATCHING
Da marzo a maggio e da agosto a ottobre, quando da oriente spira il *levante* oppure non c'è molto vento, la zona di Tarifa – compreso lo spettacolare Mirador del Estrecho – diventa il posto ideale per osservare le migrazioni degli uccelli attraverso lo Stretto di Gibilterra. Gestita da volontari entusiasti, la **Estación Ornitológica de Tarifa** (☎639 859350; cocn.tarifainfo.com; N340, Km 78,5; ⊙17-21 mar-sab, 10-14 dom) si trova 5 km a nord-ovest della città ed è in grado di fornire un gran numero di informazioni sull'avifauna locale. Le **Andalucian Guides** (☎956 43 29 49; www.andalucianguides.com) organizzano interessanti uscite di birdwatching in giornata nella zona, con tariffe per 1/3 persone a partire da €135.

Pernottamento

In genere, in questa zona l'alta stagione è compresa tra l'inizio di luglio e la metà di settembre; nel mese di agosto è indispensabile prenotare.

IN CITTÀ

Posada La Sacristía HOTEL STORICO €€€
(☎956 68 17 59; www.lasacristia.net; Calle San Donato 8; camere con prima colazione €115-135) Quella che viene unanimemente considerata la struttura ricettiva più elegante di Tarifa è ospitata all'interno di una residenza urbana del XVII secolo meravigliosamente restaurata e impreziosita da elementi moreschi e buddhisti thailandesi. Le dieci camere bianche presentano alcuni tocchi veramente incantevoli e la struttura comprende anche un nuovo centro di massaggi e di terapie di vario genere. La Posada La Sacristía gestisce anche 10 camere, suite e appartamenti sparsi nel centro storico.

La Estrella de Tarifa HOTEL €€
(☎956 68 19 85; www.laestrelladetarifa.com; Calle San Rosendo 2; camere con prima colazione €75-110, suite €120-145) Pieno di intriganti angolini appartati, questo confortevole alberghetto del centro storico occupa quattro piani di una vecchia casa di città, arredata con mobili in stile marocchino in rilassanti tonalità bianche e blu.

Melting Pot OSTELLO €
(☎956 68 29 06; www.meltingpothostels.com; Calle Turriano Gracil 5; letti in camerata/doppie con prima colazione €25/55; @📶) Il Melting Pot è un ostello accogliente e attrezzato di tutto il necessario situato a pochi passi dall'Alameda. Le sue cinque camerate – ognuna in grado di ospitare da cinque a otto persone – sono dotate di letti a castello e una è riservata alle donne. La fornitissima cucina si trova accanto all'intimo bar-salotto; a tutti gli ospiti vengono fornite le chiavi.

Hostal Africa HOTEL €
(☎956 68 02 20; Calle María Antonia Toledo 12; singole con/senza bagno €50/35, doppie con/senza bagno €65/50; ⊙chiuso 24 dic-31 gen) I proprietari di questa bellissima casa d'epoca rimessa recentemente a nuovo sono grandi viaggiatori, un fatto che consente loro di capire cosa proporre ai loro ospiti. Le camere sono molto attraenti e la struttura dispone anche di una spaziosa terrazza, dalla quale è possibile ammirare panorami veramente incantevoli. Gli ospiti possono utilizzare per brevi periodi un deposito per i bagagli, le tavole e le biciclette.

Posada Vagamundos HOTEL €€
(☎956 68 15 13; www.posadavagamundos.com; Calle San Francisco 18; doppie/suite con prima colazione €105/125) Ospitata all'interno di un convento settecentesco accuratamente restaurato situato nel centro di Tarifa, la Posada Vagamundos dispone di 11 camere pervase da un'atmosfera piacevolmente esotica e arredate in stile africano, asiatico e islamico e di un caffè dotato della connessione wi-fi.

LUNGO LA COSTA
Nei dintorni di Tarifa si trovano sei **campeggi** (www.campingsdetarifa.com, in spagnolo) aperti tutto l'anno e in grado di ospitare nel loro insieme oltre 4000 persone e diversi alberghi, quasi tutti costosi. Queste strutture sono situate sulla spiaggia e lungo la N340, nel raggio di 10 km a nord-ovest di Tarifa.

Arte Vida Hotel HOTEL €€€
(☎956 68 52 46; www.hotelartevidatarifa.com; N340, Km 79,3; singole/doppie con prima colazione €120/140; P) Situato a poco più di 5 km dal centro di Tarifa, il raffinato Arte Vida Hotel dispone di attraenti camere di media grandezza e di un eccellente ristorante, dal quale è possibile ammirare un magnifico panorama. Il giardino erboso si affaccia direttamente sulla spiaggia.

Hurricane Hotel HOTEL €€€
(☎956 68 49 19; www.hotelhurricane.com; N340, Km 78; camere con prima colazione rivolte verso l'interno/l'oceano €156/171; P ❄ 🏊) In questo elegante hotel in stile marocchino situato a 6 km da Tarifa vi sentirete completamente a vostro agio. Immerso in un bellissimo giardino semitropicale, l'Hurricane Hotel dispone di camere spaziose, due piscine, due ristoranti, un centro di equitazione e una scuola di kitesurf e di windsurf. Con ogni probabilità, la prima colazione a buffet sarà la migliore che abbiate mai gustato.

Hotel Dos Mares HOTEL €€€
(☎956 68 40 35; www.dosmareshotel.com; N340, Km 79,5; camere o bungalow con prima colazione €195; P ❄ @ 🏊) Situato sulla spiaggia a circa 4,5 km da Tarifa, questo hotel in stile arabo dispone di camere e di bungalow. Il bar affacciato sull'Africa è un luogo di ritrovo molto popolare e c'è anche un grazioso *chiringuito* (piccolo bar all'aperto) sulla spiaggia. In questa struttura troverete anche alcuni campi da tennis, diverse palestre e un maneggio.

Pasti

Tarifa vanta alcuni bellissimi locali che servono una buona prima colazione e un paio di validi ristoranti in stile arabo-marocchino. La via dei ristoranti più frequentata è il Paseo de la Alameda, che dal porto procede in direzione nord-ovest.

TOP **Café Azul** PRIMA COLAZIONE €
(Calle Batalla del Salado 8; prima colazione €3,50-5; ⌚9-15) Questo ristorantino gestito da italiani è sempre affollatissimo all'ora della prima colazione, considerata da molti la migliore di Tarifa. Il muesli, la macedonia e lo yogurt sono di ottima qualità e vengono serviti in porzioni molto abbondanti, ma anche le crêpes sono veramente deliziose. Al Café Azul troverete anche un ottimo caffè, succhi di frutta e frullati freschi, *bocadillos* (panini imbottiti) e ottime torte.

Bamboo PRIMA COLAZIONE, BAR €
(Paseo de la Alameda 2; spuntini a partire da €4) Il locale migliore dell'Alameda serve al mattino una fantastica prima colazione, frullati e dolci al cucchiaio, mentre di sera propone cocktail, esibizioni musicali e DJ. L'arredamento è eclettico, in stile locale (sofà e pouff), e la clientela è formata soprattutto da surfisti.

Restaurante La Olla PESCE, PAELLA €
(Alcalde Juan Nuñez 7; paella a partire da €10) Situato accanto al porto, il Restaurante La Olla rappresenta il posto ideale per chi desidera gustare una buona paella e piatti a base di pesce, di cui sentirete il profumo subito dopo aver oltrepassato la porta. Da parte nostra, vi consigliamo di assaggiare l'*arroz negro* (riso nero) con le seppie. Questo locale serve anche una buona prima colazione a buffet e dispone del collegamento wi-fi.

Chilimoso ARABO €
(☎956 68 50 92; Calle Peso 6; piatti €4-6; ✍) Questo minuscolo ristorante serve saporiti piatti vegani e vegetariani con un tocco orientale. Tra tutti, vi consigliamo di non perdervi il felafel con hummus, lo tzatziki e l'insalata.

Mandrágora MAROCCHINO, ARABO €€
(☎956 68 12 91; Calle Independencia 3; portate principali €12-18; ⌚a partire dalle 20 lun-sab) Seguendo l'insegna 'listed in Lonely Planet' raggiungerete questo locale dall'atmosfera piacevolmente intima, che propone un invitante menu d'ispirazione marocchino-araba. Tra i numerosi piatti proposti dal menu, vi consigliamo di assaggiare la fruttata tagine di agnello, oppure la rana pescatrice in salsa di funghi.

Bodega La Casa Amarilla TAPAS €€
(☎956 68 19 93; Calle Sancho IV El Bravo 9; portate principali €14-18) Con il suo attraente patio pieno di fiori, la Bodega La Casa Amarilla è considerata il locale migliore della città per le grigliate di carne e di pesce, i buoni *revueltos* e le tapas.

Locali e divertimenti

La numerosa clientela di appassionati di surf e di kiteboard fa sì che il panorama di bar di Tarifa sia abbastanza variegato, in modo particolare nella stretta Calle Santísima Trinidad e in Calle San Francisco, pochi passi a est dell'Alameda. In ogni caso, non fatevi vedere in giro prima delle 23, dal momento che si inizia a ballare solo verso le 2.30 e i nottambuli più accaniti vanno avanti fino alle 8 del mattino successivo. Tenete presente che di domenica molti locali rimangono chiusi. Lungo l'estremità meridionale dell'Alameda si trovano uno in fila all'altro diversi bar degni di essere presi in seria considerazione; tra tutti, vi consigliamo di provare **La Ruina**, che propone un buon repertorio di musica elettronica da discoteca, o il **Bistro Point** (all'angolo tra Calle Santísima Trinidad e Calle San Francisco), un locale frequentato da una simpatica clientela internazionale che serve crêpes molto invitanti (da €2 a €4).

Alcuni bar simili a discoteche sono aperti fino alle ore piccole e altri locali sono situati a Playa de los Lances e fuori città.

Bar Misiana BAR

(Hotel Misiana, Calle Sancho IV El Bravo 18) Questo bar alla moda ospitato all'interno dell'albergo omonimo è uno dei locali più 'in' in cui farsi vedere. I DJ propongono musica fino alle 3 o alle 4.

Café del Mar BAR

(Polígono La Vega; ⌚a partire dalle 18 lun-sab) Considerato il migliore tra i locali alla moda di Tarifa aperti fino alle ore piccole (sebbene si trovi in posizione piuttosto insolita), il Café del Mar si ispira a Ibiza e comprende un paio di bar, un ristorante nikkei (giapponese-peruviano) e un locale notturno animato da diversi DJ.

Bar Almedina BAR

(Calle Almedina) Costruito all'interno della vecchia cinta muraria, questo locale pervaso da un'atmosfera piuttosto cupa propone uno spettacolo di flamenco tutti i giovedì alle 22.30.

Informazioni

Centro de Salud (Centro Sanitario; ☎956 02 70 00; Calle Amador de los Ríos) Questa struttura sanitaria dispone di un reparto di pronto soccorso.

Pandora (Calle Sancho IV El Bravo 13A; internet €2 l'ora; ⌚10-14.30 e 17-21.30).

Policía Local (☎956 61 21 74; Ayuntamiento, Plaza de Santa María).

Ufficio turistico (☎956 68 09 93; www.aytotarifa.com, in spagnolo; Paseo de la Alameda; ⌚10-14 tutti i giorni, 18-20 lun-ven giu-set).

VERSO L'AFRICA

Il Marocco può essere raggiunto da uno dei due porti spagnoli – Tarifa e Algeciras – collegati sia a Tangeri sia all'enclave spagnola di Ceuta. La compagnia **FRS** (☎956 68 18 30; www.frs.es; Avenida Andalucía, Tarifa) gestisce i servizi più rapidi ed efficienti. I biglietti dei traghetti possono essere acquistati (allo stesso prezzo) sia presso il porto sia nelle agenzie di Avenida de la Marina.

Tarifa-Tangeri	passeggeri/automobile/motocicletta sola andata €37/93/31	35 min	8 traghetti al giorno
Algeciras-Tangeri	passeggeri/automobile/motocicletta sola andata €37/93/31	70 min	8 traghetti al giorno
Algeciras-Ceuta	cittadini UE passeggeri/automobile/motocicletta sola andata €33,50/84/31; cittadini di altri paesi passeggeri/automobile/motocicletta sola andata €14/60/22	35 min	4 traghetti al giorno

La compagnia FRS propone anche visite guidate di Tangeri, le cui tariffe (1/2 giorni €65/96) comprendono il biglietto del traghetto, il compenso della guida e il pranzo. Le escursioni della durata di tre giorni alla vicina città costiera di Asilah, in Marocco, costano €98; tenete presente che ai cittadini di paesi non appartenenti all'Unione Europea viene richiesto il passaporto, mentre per i cittadini dei paesi dell'Unione Europea è sufficiente la carta di identità.

Per/da Tarifa e trasporti locali

La compagnia **Comes** (☎902 19 92 08, 956 68 40 38; Calle Batalla del Salado 13) effettua ogni giorno sei o sette collegamenti tra Tarifa e Cadice (€8,45, 1 h 45 min), Algeciras (€2, 30 min) e La Línea de la Concepción (€3,83, 45 min), quattro per Siviglia (€17,05, 3 h), due per Jerez de la Frontera (€8,95, 2 h 30 min) e Málaga (€12,75, 2 h) e uno per Zahara de los Atunes (€3,37, 40 min).

Nei mesi di luglio e di agosto gli autobus locali prestano servizio ogni ora e mezzo in direzione nord-ovest percorrendo la strada costiera fino al Camping Jardín de las Dunas, nell'Ensenada de Valdevaqueros. Una fermata si trova al fondo del Paseo de Alameda e un'altra è situata presso la stazione degli autobus Comes, dove sono affissi gli orari con le tariffe.

Algeciras

POP. 111.300

Il principale porto di collegamento tra la Spagna e l'Africa è una poco attraente città industriale dedita alla pesca e degna di nota solo perché nel 1947 ha dato i natali al più grande chitarrista di flamenco dell'era moderna, Paco de Lucía. Chi si spinge fino ad Algeciras di solito prende subito il traghetto per il Marocco; se prevedete di sbarcare in Marocco dopo il tramonto, procuratevi una buona scorta di dirham in contanti, anche perché le banche di Algeciras praticano tassi di cambio più convenienti. In Avenida Virgen del Carmen e nella zona di Plaza Alta ci sono diverse banche e sportelli bancomat. Un altro paio di sportelli bancomat si trovano all'interno del porto.

Dal momento che – come tutte le città portuali del mondo – Algeciras non è completamente sicura, durante la vostra permanenza in città vi consigliamo di prestare molta attenzione, soprattutto nella zona del porto, alla stazione degli autobus e al mercato. Potete lasciare le vostre valigie al **deposito bagagli** (Estación Maritima; €2-3 per collo; ⏲7-21.30) o presso i vicini armadietti (€3); all'interno della stazione degli autobus c'è un altro deposito bagagli. L'**ufficio turistico** (Calle Juan de la Cierva; ⏲9-19.30 lun-ven, 9.30-15 sab e dom) è gestito da personale in grado di esprimersi in inglese e dispone di una bacheca per i messaggi.

Nei mesi estivi il porto è sempre molto affollato, perché centinaia di migliaia di marocchini che lavorano in Europa fanno ritorno in patria per le vacanze.

La stazione degli autobus si trova in Calle San Bernardo. La compagnia **Comes** (☎956 65 34 56) ha in operativo alcuni autobus per La Línea (€2, 30 min) in partenza ogni mezz'ora e per Tarifa (€2, 30 min, 13 corse al giorno), Cadice (€11, 2 h 30 min, 13 corse al giorno) e Siviglia (€17, 2 h 30 min, 6 corse al giorno).

All'adiacente **stazione ferroviaria** (☎956 63 10 05) fermano i treni per/da Madrid (€68,70, 6 o 11 h, 2 corse al giorno) e Granada (€20,20, 4 h, 3 corse al giorno).

La Línea de la Concepción

POP. 63.000

Situata 20 km a est di Algeciras, La Línea de la Concepción è un punto di passaggio obbligato per raggiungere Gibilterra. Svoltando a sinistra all'uscita dalla stazione degli autobus vi troverete in Avenida 20 de Abril, che copre i circa 300 m dalla piazza principale della città, Plaza de la Constitución, al confine con Gibilterra. L'**ufficio turistico municipale** (Avenida Príncipe Felipe; ⏲8-20 lun-ven, 9-14 sab) si trova di fronte al confine.

La Línea de la Concepción è collegata ad Algeciras da autobus (€1,86, 30 min) in partenza ogni mezz'ora.

Per evitare di fare la coda al confine, molti viaggiatori diretti a Gibilterra lasciano la propria automobile a La Línea e poi attraversano il confine a piedi. Situato nei pressi di Avenida 20 de Abril, il **Parking Fo Cona** è un parcheggio sotterraneo, nonché il posto più sicuro dove lasciare il veicolo.

Gibilterra (Gibraltar)

POP. 30.000

Vistose cassette delle lettere rosse, negozi di fish-and-chips, 'bobbies' in divisa e malandati alberghi sul lungomare arredati con mobili degli anni '70: Gibilterra – come la descrisse lo scrittore inglese Laurie Lee – è un pezzo di Portsmouth rimorchiato 500 miglia più a sud. Come molti altri avamposti coloniali, la Rocca – come viene invariabilmente definita – tende spesso a enfatizzare la sua 'britannicità', cosa che farà sicuramente piacere agli amanti dei pub e del tè pomeridiano, mentre lascerà piuttosto interdetti gli inglesi convinti che il loro paese abbia fatto molta strada dai tempi delle pretenziose stampe a soggetto navale e dei cimeli di Lord Nelson. Situata in posizione strategica nel punto di incontro tra l'Europa e l'Africa, con la sua elegante architettura palladiana e le sue fotogeniche bertucce, Gibilterra costituisce un piacevole diversivo ai tapas bar e ai *pueblos blancos* della provincia di Cadice. Inoltre, le travagliate vicende storiche della Rocca suscitano sempre un grande interesse tra i viaggiatori stranieri: in fin dei conti, non bisogna dimenticare che Gibilterra era già inglese molto tempo prima che gli Stati Uniti diventassero americani.

Storia

Nel 711 il governatore musulmano di Tangeri Tariq ibn Ziyad sbarcò a Gibilterra, dando di fatto inizio all'invasione islamica della Penisola Iberica. Il nome della Rocca deriva infatti dall'espressione araba Jebel Tariq ('montagna di Tariq').

Nel 1462 la Castiglia strappò la Rocca ai musulmani e nel 1704 una flotta anglo-olandese la conquistò durante la Guerra di Successione spagnola. Nove anni più tardi, la Spagna fu costretta a cedere Gibilterra agli inglesi, ma non per questo abbandonò l'idea di riconquistarla, almeno fino al fallimento del lungo assedio del 1779-83. La Gran Bretagna fece della Rocca un'importante base navale (assoldando anche una squadra di operai navali genovesi). Durante il periodo della dittatura franchista, Gibilterra costituì una questione piuttosto delicata nei rapporti tra la Gran Bretagna e la Spagna, al punto che il confine restò chiuso dal 1967 al 1985. Nel 1969 gli abitanti della Rocca votarono a favore della sovranità britannica contro quella spagnola con una maggioranza di 12.138 voti contro 44 e venne approvata una nuova costituzione che diede a Gibilterra il diritto di autogovernarsi. Nel 2002 il Regno Unito e la Spagna valutarono la possibilità di dividersi la sovranità su Gibilterra, ma gli abitanti espressero la loro opinione in proposito con un referendum (non riconosciuto né dal Regno Unito né dalla Spagna) nel quale votarono a larga maggioranza contro tale ipotesi.

Nel dicembre del 2005 i governi del Regno Unito, Spagna e Gibilterra hanno avviato un nuovo dialogo a tre voci che ha raggiunto alcuni accordi su diversi punti, lasciando però aperte parecchie questioni molto spinose, non ultime quelle relative alla presenza di installazioni militari inglesi e all'attribuzione della 'proprietà' dell'aeroporto. Gli abitanti di Gibilterra desiderano l'autodeterminazione e sono favorevoli a conservare la cittadinanza inglese, un fatto che rende assai poco probabile che possano accettare la proposta di una sovranità congiunta tra la Spagna e il Regno Unito. Pochi, quindi, si aspettano un cambiamento della situazione attuale, anche se oggi le relazioni tra i governi sono meno tese. Il 18 settembre del 2006 la Spagna, Gibilterra e il Regno Unito hanno siglato un accordo trilaterale riguardante le telecomunicazioni sulla Rocca, l'aeroporto e altre questioni, evitando però di affrontare la questione relativa alla sovranità. Attualmente l'aeroporto di Gibilterra è in fase di ampliamento e i voli diretti a Gibilterra dalle città spagnole e da altre località europee sono stati riavviati nel 2006 (all'epoca delle ricerche compiute per questa guida, erano però stati sospesi per mancanza di richieste). Nel dicembre del 2009 ha ripreso servizio anche il traghetto per Algeciras, sulla terraferma, dopo una sospensione del servizio durata quarant'anni.

L'economia di Gibilterra si regge principalmente sul turismo, sulle attività portuali e sui servizi finanziari. Gli investimenti nella Rocca continuano a mantenere un ritmo molto sostenuto, di pari passo con lo sviluppo del grandioso progetto per lo sviluppo del lato occidentale del lungomare. Gran parte dei nuovi insediamenti vengono realizzati su terreni strappati al mare (in fondo circa il 10% della superficie totale di Gibilterra è stata ottenuta in questo modo).

Che cosa vedere e fare

LA CITTÀ

La pedonale Main St ha un aspetto tipicamente britannico (caratterizzato dalla presenza di pub, statue imperiali e negozi inglesi), ma l'influenza della Spagna emerge nelle finestre con le persiane, nelle strette vie secondarie e nel bilinguismo degli abitanti, che tendono a iniziare le frasi in inglese per poi terminarle in spagnolo. La maggior parte degli edifici spagnoli e arabi di Gibilterra venne distrutta durante gli assedi del XVIII secolo, ma la Rocca è ancora costellata di fortificazioni britanniche, porte e postazioni per i cannoni.

Gibraltar Museum MUSEO

(Bomb House Lane; interi/under 12 £2/1; ⏲10-18 lun-ven, fino alle 14 sab) Questo bellissimo museo – che comprende un labirinto di camere di varie dimensioni – ripercorre la storia di Gibilterra dall'epoca dell'uomo di Neanderthal fino ai manufatti medievali,

Gibilterra

Da non perdere
Gibraltar Museum A4
Upper Rock Nature Reserve B6

Che cosa vedere
1 Alameda Botanical Gardens B6
2 Trafalgar Cemetery B5

Pernottamento
3 Bristol Hotel A4
4 Cannon Hotel A3
5 Rock Hotel B6

Pasti
6 Café Solo B1
7 Clipper A2
8 Gibraltar Arms A3
9 House of Sacarello A2
10 Star Bar A2

Shopping
11 Bell Books A2
12 Gibraltar Bookshop A4

ponendo particolare attenzione sulla successiva storia militare e navale. Non mancate di dare un'occhiata al ben conservato bagno musulmano e alla mummia egizia del VII secolo a.C. ornata da elaborate decorazioni, rinvenuta sulla costa alla fine del XIX secolo.

Trafalgar Cemetery CIMITERO
(Prince Edward's Rd; 9-19) Il cimitero di Gibilterra impartisce una commovente lezione di storia, con le sue tombe di marinai inglesi morti nella Rocca in seguito alle ferite riportate nella battaglia di Trafalgar del 1805.

FREE **Alameda Botanic Gardens** GIARDINI
(Europa Rd; 8-tramonto) Questi lussureggianti giardini costituiscono un piacevole rifugio dal traffico di Gibilterra, inspiegabilmente caotico.

LA ROCCA

Upper Rock Nature Reserve RISERVA NATURALE
(interi/ridotti comprese le attrazioni £10/5, veicoli £2, pedoni escluse le attrazioni £0,50; 9.30-19.15, ultimo ingresso 18.45) La parte più spettacolare di Gibilterra è ovviamente costituita dalla Rocca. Quasi tutta la parte superiore, che inizia sopra la città, è una riserva naturale con panorami meravigliosi e luoghi

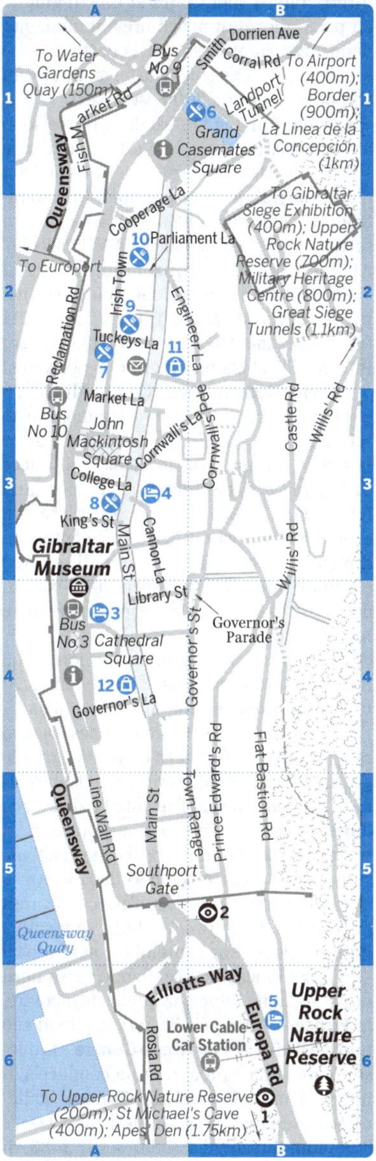

interessanti da visitare. Il modo migliore per raggiungere la cima consiste nel prendere la funicolare (p324). Quando il vento soffia da ovest, la Rocca diventa spesso un'ottima postazione per osservare le migrazioni degli uccelli tra l'Africa e l'Europa, in particolare i rapaci e le cicogne. Da gennaio all'inizio di giugno è possibile avvistare gli stormi diretti a nord, mentre tra la fine di giugno e i primi giorni di novembre è il momento delle migrazioni verso sud. Per attraversare lo stretto le cicogne bianche formano stormi composti anche da 3000 esemplari.

Gli inquilini più famosi della Rocca sono le bertucce, l'unica colonia di primati allo stato selvatico esistente in Europa (con ogni probabilità, questi animali furono introdotti nella zona di Gibilterra dall'Africa settentrionale nel corso del XVIII secolo). Alcune scimmie gironzolano nei pressi dell'**Apes' Den** (Tana delle Scimmie), nei pressi della stazione intermedia della funicolare, mentre altre si possono vedere intorno alla stazione superiore o nella zona dei Great Siege Tunnels. Con modi che ricordano straordinariamente l'uomo, queste scimmie puliscono i loro piccoli aggrottando la fronte, fanno spuntini a base di bucce di banana e si mettono in posa per farsi fotografare, guardando verso il mare con espressione assorta. A ogni buon conto, non dimenticate mai che sono animali selvatici e quindi potenzialmente pericolosi per chi decidesse di avvicinarsi troppo e non offrite mai loro del cibo.

Partendo dalla stazione superiore della funicolare, con una passeggiata di circa 20 minuti in direzione sud lungo St Michael's Rd (o di 20 minuti salendo da Apes' Den) si raggiunge la **St Michael's Cave**, una grande grotta naturale che offrì rifugio agli abitanti neolitici della Rocca. Durante la visita, che dura 15 minuti, si percorre una passerella tra gigantesche dita di roccia che si abbassano fino a toccare il fondo della grotta o svettano verso l'alto, in un'atmosfera resa ancora più affascinante dalla suggestiva illuminazione. Raggiungibile con una passeggiata di mezz'ora scendendo verso nord dalla stazione superiore della funicolare, la Princess Caroline's Battery ospita al suo interno il **Military Heritage Centre**. Da questo punto, una strada in salita conduce agli impressionanti **Great Siege Tunnels**, gallerie scavate a mano dagli inglesi per piazzare i cannoni durante l'assedio del 1779-83. Si tratta comunque solo di una minima parte della rete di oltre 70 km di gallerie scavate nella Rocca, la maggior parte delle quali è chiusa al pubblico.

In Willis's Rd, la strada che da Princess Caroline's Battery scende in città, si trovano la mostra **Gibraltar, A City under Siege** (da visitare possibilmente al crepuscolo per cogliere nel modo migliore l'atmosfera sinistra creata dalle statue di cera) e la **Tower of Homage** (Torre dell'Omaggio), unico resto pervenutoci del castello arabo di Gibilterra costruito nel 1333.

Tour

La Bahía de Algeciras ospita una popolosa colonia di **delfini** e da aprile a settembre numerose imbarcazioni propongono due o più escursioni al giorno per avvistarli, mentre negli altri periodi dell'anno viene effettuata almeno un'escursione giornaliera. Bisogna essere davvero sfortunati per non riuscire a vedere i delfini da vicino. La maggior parte delle imbarcazioni salpa da Watergardens Quay o dall'adiacente Marina Bay. Le uscite durano circa un'ora e mezzo e i biglietti interi costano circa £20. il personale degli uffici turistici è in grado di fornire un gran numero di informazioni in merito.

Pernottamento

Bristol Hotel HOTEL €€
(☎76800; www.bristolhotel.gi; 10 Cathedral Sq; singole/doppie/triple £63/81/93; P ❄ 📶 🏊) I veterani delle vacanze balneari all'inglese si lasceranno prendere dalla nostalgia in questo hotel, che con i suoi parquet scricchiolanti, i tappeti rossi e il personale della reception dai modi altezzosi ricorda la Bristol degli anni '70. Gli altri ospiti apprezzeranno invece il grazioso giardino recintato, la piccola piscina e la comoda posizione nei pressi di Main St.

Rock Hotel HOTEL €€€
(☎20 07 30 00; www.rockhotelgibraltar.com; 3 Europa Rd; doppie/suite £160/195; P ❄ @ 📶 🏊) Il decano degli hotel di Gibilterra è oggi una struttura trasandata, anche se le sue camere sono sempre affacciate sul mare e sono presenti numerosi comfort, tra cui una palestra, una piscina, drink di benvenuto, accappatoi e le indispensabili presse per i pantaloni (che non userete mai). Soggiornando al Rock Hotel avrete la possibilità di unirvi al pubblico che partecipa alle conferenze e ai comandanti di lungo corso in pensione, ridando in un certo modo vita allo spirito del vecchio impero britannico.

Cannon Hotel HOTEL €€
(☎51711; www.cannonhotel.gi; 9 Cannon Lane; singole/doppie con prima colazione e senza bagno privato £26,50/38,50, doppie con prima colazione e bagno privato £47) Con il suo arredamento floreale, questo piccolo hotel economico situato nella zona principale

dello shopping ricorda l'Inghilterra dei bei tempi andati.

Pasti

Sarà l'influenza britannica, ma Gibilterra non è sicuramente una meta leggendaria per la sua cucina. Sebbene possa vantare alcuni ristoranti che risentono della tradizione gastronomica spagnola, va detto che la maggior parte dei locali situati nella zona di Main St propone soprattutto piatti da pub. In Grand Casemates Sq troverete un gran numero di caffè più moderni e alla moda.

Gibilterra è ben fornita di pub all'inglese che servono anche i pasti. Se decidete di pranzare in uno di questi locali, vi consigliamo caldamente di limitarvi ai piatti più semplici (come il roast beef, il fish and chips e così via), evitando qualunque specialità dalla parvenza esotica. Tra tutti i locali di questo genere meritano di essere citati il **Gibraltar Arms** (184 Main St), che propone una buona prima colazione all'inglese per tutto l'arco della giornata, e lo **Star Bar** (12 Parliament Lane; portate principali £5-11; ⏲24 h su 24), il pub più vecchio della Rocca. Il **Café Solo** (☎44449; Grand Casemates Sq 3; piatti di pasta £8-12; ✎) è un locale leggermente più raffinato, che serve diversi piatti di pasta e insalate molto invitanti, tra cui alcune specialità vegetariane.

Clipper INGLESE €€
(78B Irish Town; portate principali £3,50-9; ✎) Ornato da una profusione di cimeli nautici, il Clipper propone autentici piatti da pub, che potrete assaporare in un'atmosfera molto genuina osservando partite di calcio sul grande schermo TV. Per farvi un'idea di questo locale, immaginate un pezzetto di Portsmouth ormeggiato nel Golfo di Biscaglia, per la gioia degli inglesi. La prima colazione inglese viene servita dalle 9.30 alle 11.

House of Sacarello INTERNAZIONALE €€
(57 Irish Town; menu speciale tutti i giorni £7-11,50; ⏲9-19.30 lun-ven, 9-15 sab, chiuso dom) Ospitato all'interno di un vecchio magazzino del caffè accuratamente ristrutturato, questo ristorante con tanti cappelli (e angolini) serve pasti leggeri, piatti di pasta, quiche e insalate. In alternativa, potete venirci tra le 15 e le 19.30 per il classico tè pomeridiano.

Shopping

A Gibilterra sono presenti numerosi negozi e grandi magazzini delle principali catene inglesi, come Next, Marks & Spencer, Monsoon e Mothercare (tutti situati in Main St o nelle sue immediate vicinanze) e un gigantesco negozio Morrisons (ospitato all'interno dell'Europort, nell'estremità settentrionale del porto principale). Di solito i negozi di Gibilterra sono aperti nei giorni feriali dalle 9 alle 19.30 e il sabato fino alle 13. In città ci sono anche un paio di librerie ben fornite, la **Bell Books** (☎76707; 11 Bell Lane) e la **Gibraltar Bookshop** (☎71894; 300 Main St).

Informazioni

Accessi a internet

Cyberworld (International Commercial Centre, Queensway; 30 min £2,50; ⏲12-24).

Assistenza sanitaria

St Bernard's Hospital (☎79700; Europort) Questo ospedale dispone di un reparto di pronto soccorso in funzione 24 ore su 24.

Cambio

La valute correnti nella Rocca sono la sterlina di Gibilterra (£) e la sterlina inglese, intercambiabili tra loro. Gli euro vengono accettati ovunque (fatta eccezione per i telefoni pubblici e gli uffici postali), ma i tassi di cambio non sono convenienti. Prima di uscire dal territorio di Gibilterra, cambiate la valuta locale che vi è rimasta. Di solito le banche sono aperte nei giorni feriali dalle 9 alle 15.30; ce ne sono diverse in Main St.

Elettricità

La corrente elettrica viene erogata come nel Regno Unito a 220V o 240V, con prese a tre spinotti piatti. Gli adattatori (da £3 a £4) possono essere acquistati presso i negozi di materiale elettrico, molti dei quali si trovano in Main St.

Emergenze

Emergenze (☎199) Per chiamare la polizia o l'ambulanza.

Polizia (120 Irish Town).

Informazioni turistiche

A Gibilterra ci sono diversi utili uffici turistici.

Gibraltar Tourist Board (www.gibraltar.gov.uk; Duke of Kent House, Cathedral Sq; ⏲9-17.30 lun-gio, fino alle 17.15 ven).

Sportelli di informazioni Aeroporto (aeroporto; ⏲lun-ven, solo al mattino); Customs House (dogana, alla frontiera; ⏲9-16.30 lun-ven, 10-13 sab).

Ufficio turistico (Grand Casemates Sq; ⏲9-17.30 lun-ven, 10-15 sab, fino alle 13 dom e festivi) Diversi sportelli forniscono informazioni su Gibilterra e nella stessa piazza ci sono alcuni piacevoli caffè dove potrete leggere in tutta tranquillità gli opuscoli che vi siete procurati.

Posta

Ufficio postale (104 Main St; ⌚9-16.30 lun-ven e 10-13 sab, fino alle 14.15 lun-ven metà giu-metà set).

Telefono

Per telefonare a Gibilterra dalla Spagna bisogna digitare il prefisso ☎00350 prima del numero dell'abbonato a cinque cifre, mentre per chiamare da altri paesi bisogna comporre il numero di accesso internazionale, seguito dal prefisso di Gibilterra (☎350) e dal numero dell'abbonato. Per telefonare in Spagna da Gibilterra è sufficiente digitare le nove cifre del numero spagnolo.

Visti

Per entrare a Gibilterra, è necessario esibire il passaporto o la carta d'identità di un paese dell'Unione Europea. I titolari di un passaporto rilasciato da un paese dell'Unione Europea, dagli Stati Uniti, dal Canada, dall'Australia, dalla Nuova Zelanda e dal Sudafrica non hanno bisogno del visto. Per avere ulteriori informazioni in merito, vi consigliamo di rivolgervi all'**Immigration Department** (☎51725) di Gibilterra.

Per/da Gibilterra

Aereo

Attualmente tre compagnie aeree fanno servizio per/da Gibilterra. Fino all'ottobre del 2010 non c'erano voli diretti con la Spagna. La compagnia **Easyjet** (www.easyjet.com) ha in operativo circa 15 voli settimanali tra Gibilterra e l'aeroporto londinese di Gatwick, mentre **British Airways** (www.iberia.com) effettua circa sette voli la settimana da Londra Heathrow e **Monarch Airlines** (www.flymonarch.com) vola tutti i giorni per/da Londra Luton e tre volte la settimana per/da Manchester, nel Regno Unito. All'epoca delle ricerche compiute per questa guida, l'aeroporto di Gibilterra era in fase di ristrutturazione e sotto la pista si stava costruendo un tunnel stradale.

Autobus

Gibilterra non è servita da autobus di linea, ma la stazione degli autobus di La Línea de la Concepción (p319) può essere comodamente raggiunta dal confine con una passeggiata di cinque minuti.

Automobile e motocicletta

A causa delle lunghe code di veicoli al confine (aperto 24 h su 24) e del traffico congestionato di Gibilterra, spesso è più comodo parcheggiare a La Línea de la Concepción e attraversare il confine a piedi. Per portare un veicolo all'interno del territorio di Gibilterra (ingresso gratuito) è necessario essere in possesso di un certificato di assicurazione, del documento di registrazione, della targa con la nazionalità e della patente di guida.

Traghetto

Dal dicembre del 2009 un traghetto della compagnia **Transcoma** (☎200 61720; www.transcomalines.com; Suite 22, 6 Watergardens Suite) assicura i collegamenti tra Algeciras e Gibilterra. I biglietti di sola andata/andata e ritorno costano €8/14. Il traghetto presta servizio cinque volte al giorno dalle 9.30 alle 18.30.

Trasporti locali

La passeggiata di 1,5 km dal confine al centro di Gibilterra attraversa la pista d'atterraggio dell'aeroporto. Svoltando a sinistra da Corral Rd si raggiunge il pedonale Landport Tunnel, che conduce a Grand Casemates Sq. In alternativa, diverse linee locali di autobus (interi/ridotti/anziani 70p/50p/40p) fanno la spola tra il confine e la città partendo ogni 15 min circa (ogni 30 min sab e dom) fino alle 21. L'autobus n. 9 raggiunge Market Pl, il n. 3 Cathedral Sq e la stazione inferiore della funicolare e il n. 10, un autobus rosso a due piani, raggiunge lo Europort (fermando anche a Morrisons) e poi Reclamation Rd, nei pressi del centro cittadino.

Gibilterra può essere visitata comodamente a piedi. Se vi sentite in forma (tempo permettendo), potreste anche salire sulla sommità della Rocca con la **cabinovia** (Red Sands Rd; andata e ritorno interi/ridotti £8/4,50, compreso l'ingresso alla riserva naturale £16/12,50; ⌚ogni pochi min 9.30-20 lun-sab; ultima corsa in salita 19.15, in discesa 19.45, fino alle 17 ott-apr). Per raggiungere Apes' Den, bisogna scendere alla stazione intermedia.

PROVINCIA DI MÁLAGA

Gli anziani dallo sguardo velato seduti sulle panchine del parco ricordano con nostalgia i bianchi villaggi dei pescatori, prima che gli invasori dagli occhi azzurri provenienti dal nord occupassero i loro nuovi appartamenti nella Costa del Sol. La provincia di Málaga è il luogo in cui il grande esperimento turistico avviato dalla Spagna ha mostrato le sue debolezze, lasciando dietro di sé una colata di cemento dove un tempo c'era un quieto litorale e una popolazione locale costretta a lottare duramente per mantenere una parvenza di cultura tradizionale. Nonostante questo, in questa provincia esistono ancora alcuni frammenti dell'antico stile di vita. Il capoluogo della provincia, Málaga, è un'oasi in cui sono sopravvissute le antiche tradizioni spagnole, mentre le influenze esterne sono rimaste molto limitate nelle bellissime cittadine dell'entroterra, come Antequera e Ronda, e nelle altrettanto spettacolari

FLAMENCO – QUALCHE CONSIGLIO

Non esiste un modo semplice per assistere a uno spettacolo di flamenco davvero autentico. Gli appassionati di quest'arte tendono spesso ad affidarsi alla fortuna e alla pazienza e a prendere informazioni sul posto. Di seguito riportiamo qualche consiglio.

» Cercate i manifesti degli spettacoli, chiedete informazioni nei bar, leggete i giornali locali e ascoltate i commenti della gente del posto per scoprire dove hanno luogo gli spettacoli più autentici.

» Il flamenco nasce spontaneamente – spesso gli spettacoli migliori si svolgono senza preavviso nelle ferias, durante le *romerías* e nel corso di altri eventi pubblici.

» Il flamenco conta molto sull'apporto del suo pubblico: la presenza di un gran numero di appassionati in un determinato luogo di ritrovo esalta infatti l'atmosfera dell'evento e aumenta le probabilità di assistere a un entusiasmante *duende* (per ulteriori informazioni in merito, v. lettura p368).

» Le *peñas* di flamenco sono club privati, ma ospitano alcuni degli spettacoli migliori, per cui vale senz'altro la pena di procurarsi un invito.

» Per i migliori spettacoli di flamenco si paga raramente un biglietto di ingresso. La buona musica, infatti, si suona per passione e non per profitto.

» Dal momento che in origine il flamenco era la musica dei gitani, andate nei vecchi quartieri gitani di Triana (Siviglia), San Miguel (Jerez), Santa María (Cadice) e Sacromonte (Granada) alla ricerca dei luoghi di ritrovo e degli spettacoli migliori.

» Non dimenticate mai che gli spettacoli di flamenco non sono concerti normali. I musicisti si 'scaldano' lentamente, accordano le loro chitarre e si schiariscono la voce mentre gli spettatori chiacchierano. Sta ai ballerini-musicisti catturare l'attenzione del pubblico coinvolgendolo poco per volta. Il *duende* è l'obiettivo finale.

» Gli stili regionali rivestono una grandissima importanza nel flamenco e spesso riflettono la personalità della città nella quale hanno avuto origine. A Cadice potrete ascoltare le vivaci *alegrías*, a Jerez de la Frontera le impertinenti *bulerías*, a Siviglia le tragiche *soleares*, a Huelva il classico fandango, ad Almería le rare *tarantos* e a Granada le decorative *granainas*.

bellezze della natura come la Garganta del Chorro (Gola del Chorro).

Málaga

POP. 558.000

La Costa del Sol presenta un aspetto molto anonimo fino a quando non si raggiunge Málaga, una metropoli inconfondibilmente spagnola che viene curiosamente ignorata dalla maggior parte degli 11 milioni di viaggiatori stranieri che sbarcano ogni anno all'aeroporto internazionale Pablo Ruíz Picasso, per poi essere trasportati fino ai campi da golf e alle spiagge di Torremolinos e di Fuengirola. A ben vedere, questa potrebbe essere la sua fortuna. Ribelle e valorosa, Málaga vanta una storia gloriosa quanto verdi sono i suoi parchi e la sua esuberante popolazione contende ai *sevillanos* la fama di gente che si diverte tutto il giorno. Certamente non famosi per la loro timidezza in battaglia, i *malagueños* (abitanti di Málaga) tennero duro fino al 1487 contro i cristiani e impiegarono altrettanta tenacia nel fronteggiare le forze di Francisco Franco durante la guerra civile spagnola. In tempi più recenti, Málaga è riuscita a liberarsi degli aspetti meno attraenti del turismo di massa, impegnandosi attivamente per diventare la Capitale Europea della Cultura nel 2016; i lavori di risistemazione della trascurata zona del porto sono già iniziati.

Málaga ha fatto al mondo un altro impareggiabile regalo: Pablo Picasso, l'artista più rivoluzionario del XX secolo, nato nel 1881 in una casetta di Plaza de Merced. Un paio di eccellenti musei prendono in esame la sua produzione pittorica che esercitò una grandissima influenza sull'arte moderna.

Storia

Fondata con ogni probabilità dai fenici, Málaga ha dimostrato di possedere per secoli una spiccata vocazione commerciale. Sviluppatasi in epoca islamica, soprattutto come porto per l'emirato di Granada, Málaga divenne un importante centro imprenditoriale nel corso del XIX secolo, quando la sua dinamica classe media avviò industrie tessili, zuccherifici, stabilimenti siderurgici e cantieri navali. Il vino da dessert di Málaga (soprannominato 'sacco da montagna') fu molto apprezzato nell'Inghilterra vittoriana. Durante le prime fasi della guerra civile, Málaga fu una importante roccaforte dei repubblicani. Centinaia di simpatizzanti del nazionalismo furono uccisi prima che la città si arrendesse, nel febbraio del 1937, dopo il bombardamento dell'aviazione italiana, a cui fecero seguito brutali repressioni.

L'economia di Málaga ha goduto di una notevole spinta grazie al turismo di massa lanciato nella vicina Costa del Sol a partire dalla metà del XIX secolo e negli ultimi anni la città è diventata un'importante meta dei viaggiatori.

Che cosa vedere

TOP Museo Picasso Málaga GALLERIA D'ARTE

(☎902 44 33 77; www.museopicassomalaga.org; Palacio de Buenavista, Calle San Agustín 8; collezione permanente €6, mostre temporanee €4,50, biglietto cumulativo €8; ⏲10-20 mar-gio e dom, fino alle 21 ven e sab) La principale attrattiva turistica di Málaga è costituita da questo museo situato in una via pedonale, che nel Medioevo era la *judería*. Il Museo Picasso Málaga espone 204 opere di Picasso donate o concesse in prestito dalla nuora dell'artista Christine Ruiz-Picasso e dal nipote Bernard Ruiz-Picasso, e organizza anche mostre temporanee di alto livello. I dipinti, le incisioni, le sculture e le ceramiche in mostra (molte delle quali mai esposte in precedenza) toccano quasi tutte le fasi della lunga e feconda carriera dell'artista, tra cui il periodo blu, il cubismo e il surrealismo, ponendo particolare enfasi sulle prime ope-

Provincia di Málaga

re. Particolarmente degna di nota è la *Niña con su muñeca* (Bambina con la bambola). Questo museo ha sede nel cinquecentesco Palacio de Buenavista, il cui straordinario restauro è costato 66 milioni di euro. Picasso nacque a Málaga nel 1881 ma si trasferì nella Spagna settentrionale con la famiglia all'età di nove anni.

Catedral CATTEDRALE

(www.3planalfa.es/catedralmalaga; Calle Molina Lario, ingresso da Calle Císter; ingresso €3,50; ⏲10-17.30 lun-ven, fino alle 17 ven, chiuso dom e festivi) Conservata in maniera impeccabile, la cattedrale di Málaga fu costruita nel corso del XVI secolo nel luogo in cui sorgeva la moschea principale della città. Dal momento che i lavori non furono mai portati completamente a termine, l'edificio presenta una curiosa commistione di stili architettonici caratteristici degli oltre due secoli durante i quali si svolse la sua costruzione. Tanto per fare un esempio, il portale settentrionale, chiamato **Portada de la Iglesia del Sagrario**, è gotico, mentre l'interno, con la sua straordinaria cupola alta 40 m, presenta elementi degli stili gotico e rinascimentale e la facciata settecentesca è barocca. Questa cattedrale è nota anche con l'appellativo di La Manquita ('la monca'), dal momento che la torre campanaria meridionale non fu mai terminata. All'interno sono degni di nota gli stalli secenteschi del coro dai raffinati intagli, scuri e lisci come se fossero di cioccolata, opera del celebre scultore andaluso Pedro de Mena. Le cappelle gareggiano nell'ostentare il loro splendore. Fermatevi nella Cappella della Vergine dei Re (la numero 18 nella guida della cattedrale) per ammirare la grande tela che rappresenta la decapitazione di san Paolo, un'opera violenta, estremamente vivida e insolitamente affascinante.

Alcazaba CASTELLO

(Calle Alcazabilla; ingresso €2,10, compreso il Castillo de Gibralfaro €3,40; ⏲9.30-20 mar-dom apr-ott, chiuso lun e festività principali) Situato nell'estremità occidentale più bassa della collina di Gibralfaro, il castello dell'Alcazaba (accessibile ai disabili) fu il palazzo-fortezza dei governatori arabi di Málaga e venne eretto nel 1057. Durante i torridi mesi estivi il sentiero che s'inerpica sulle pendici dell'altura, punteggiata di archi e di muri in pietra, è sempre piacevolmente fresco. La passeggiata viene resa ancora più gradevole dalla presenza di suggestivi manufatti romani e dagli splendidi scorci del porto e della città e l'aria è profumata da caprifogli, rose e gelsomini. Nei mesi estivi, se vi è possibile cercate di visitare il palazzo prima di mezzogiorno, in modo da evitare la folla dei visitatori e le ore più calde, e prestate molta attenzione ai parapetti bassi e privi di protezione, soprattutto se con voi ci sono bambini. Da Calle Guillén Sotelo si può prendere l'ascensore che porta direttamente nel cuore dell'Alcazaba.

Sotto l'Alcazaba si trova un **teatro romano** riportato alla luce e scavato nel 1951.

Castillo de Gibralfaro CASTELLO

(ingresso €2,10; ⏲9-21 apr-set) Sopra l'Alcazaba si erge l'antico Castillo de Gibralfaro, fatto costruire nell'VIII secolo dall'emiro di Córdoba Abd ar-Rahman I e rimaneggiato nel corso del XIV e del XV secolo. Degli ambienti interni non è rimasto molto, ma il camminamento lungo i bastioni offre la possibilità di ammirare un fantastico panorama, oltre a ospitare un minuscolo museo militare.

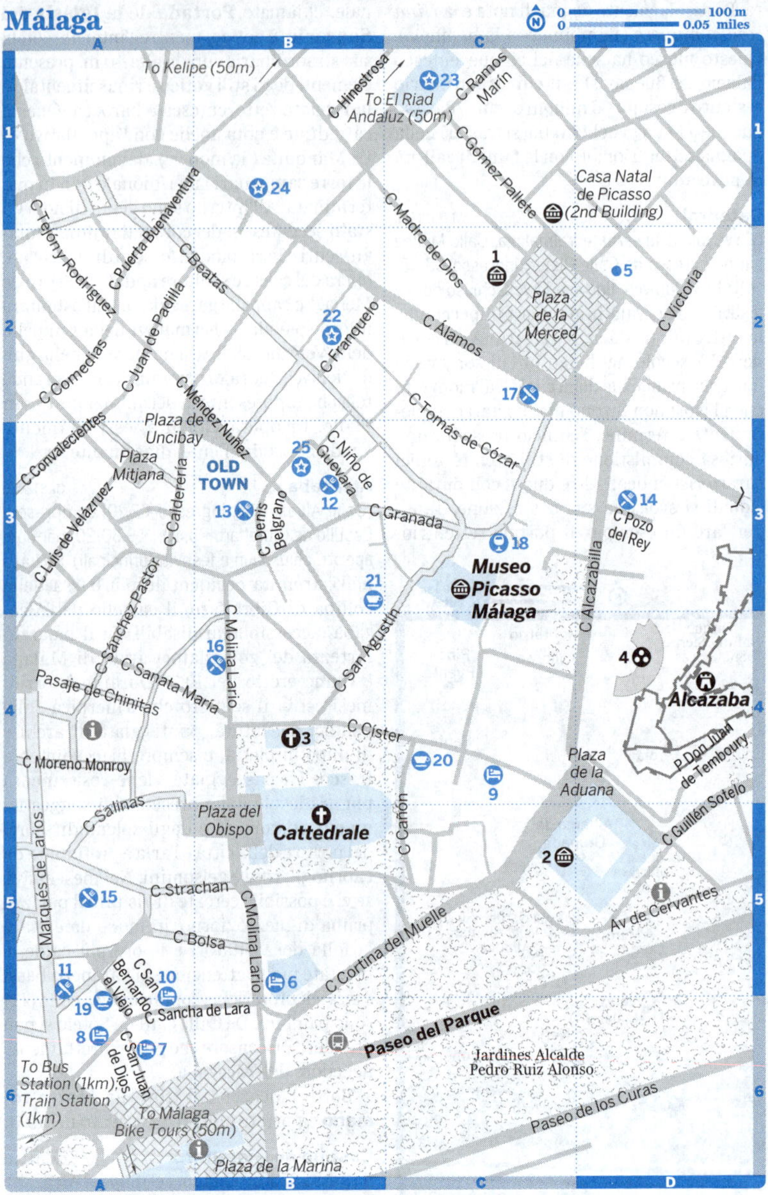

Per raggiungere a piedi il Castillo, imboccate la strada situato sulla destra dell'ingresso dell'Alcazaba e, dove questa piega a sinistra entrando in una galleria, salite gli scalini sulla destra; in alternativa, si può prendere l'autobus n. 35 proveniente da Avenida de Cervantes (corse più o meno ogni 45 minuti). Tenete presente che la salita è lunga e piuttosto ripida. All'interno del castello troverete un piccolo caffè dotato di alcuni tavoli all'aperto e alcuni servizi igienici.

Málaga

Da non perdere

Alcazaba ... D4
Cattedrale ... B5
Museo Picasso Málaga ... C3

Che cosa vedere

1 Casa Natal de Picasso ... C2
2 Palacio de la Aduana ... C5
3 Portada de la Iglesia del Sagrario ... B4
4 Teatro romano ... D4

Attività, corsi e tour

5 Instituto Picasso ... D2

Pernottamento

6 AC Málaga Palacio ... B5
7 Hostal Derby ... A6
8 Hostal Victoria ... A6
9 Hotel Carlos V ... C4
10 Hotel Don Curro ... A5

Pasti

11 Café Lepanto ... A5
12 Clandestino ... B3
13 Comoloco ... B3
14 El Vegetariano de la Alcazabilla ... D3
15 Gorki ... A5
16 La Rebaná ... B4
17 Lechuga ... C2

Locali

18 Bodegas El Pimpi ... C3
19 Café Moka ... A6
20 El Jardín ... C4
21 La Tetería ... B3

Divertimenti

22 Amargo ... B2
23 Teatro Cervantes ... C1
24 Vino Mio ... B1
25 Warhol ... B3

Altri musei

MUSEI

La **Casa Natal de Picasso** (Plaza de la Merced 15; €1; ⌚9.30-20, chiuso festività principali) è stata trasformata in un centro per mostre e ricerche sull'arte contemporanea, al cui interno sono esposti alcuni interessanti oggetti personali del grande pittore spagnolo; il negozio del museo è ben fornito. Un paio di porte più in là, in Plaza de la Merced n. 13 si trova un centro di mostre temporanee (all'epoca delle ricerche compiute per questa guida vi era stata allestita una grande mostra di copertine di riviste realizzate da Dalí). L'ingresso è libero con il biglietto cumulativo del Museo Picasso Málaga.

Il **Centro de Arte Contemporáneo** (Calle Alemania; ingresso libero; ⌚10-14 e 17-21 mar-dom) è un bellissimo museo in stile minimalista dedicato all'arte internazionale del XX e del XXI secolo, ospitato in un mercato degli anni '30 sapientemente ristrutturato. Per raggiungere questo museo dal centro cittadino, dirigetevi a ovest nell'Alameda Principal e, una volta arrivati al Río Guadalmedina, svoltate a sinistra. Il grande negozio del museo possiede un assortimento molto vario e, insieme al caffè (altrettanto essenziale), rappresenta una tappa molto piacevole per completare la visita.

Ospitato all'interno di una locanda del XVII secolo, il **Museo de Artes y Costumbres Populares** (Museo delle Arti e dei Costumi Popolari; www.museoartespopulares.com; Pasillo de Santa Isabel 10; interi/under 14 €2/gratuito; ⌚10-13.30 e 16-19 lun-ven giu-set, fino alle 20 ott-mag, 10-13.30 sab tutto l'anno) è dedicato soprattutto alla vita quotidiana, sia rurale sia urbana, che si conduceva nella zona di Málaga nei secoli passati; nella sua interessante collezione non mancate di dare un'occhiata alle statuine di argilla dipinta *(barros)* che rappresentano diversi personaggi del folklore di Málaga. Per raggiungere questo museo dal centro cittadino, dirigetevi a ovest nell'Alameda Principal e, una volta arrivati al Río Guadalmedina, svoltate a destra.

Il **Palacio de la Aduana** (Paseo del Parque) diventerà la sede permanente del museo cittadino, ma non prima del 2012. Sebbene le mostre d'arte siano state momentaneamente sospese, nel frattempo è possibile ammirare uno dei patios più vasti e straordinari di tutta l'Andalusia e ripararsi dal sole sotto le fronde delle grandi piante.

Spiagge

SPIAGGE

Le spiagge sabbiose della città si estendono per diversi chilometri ai lati del porto. Comodamente raggiungibile dal centro, **Playa de la Malagueta** vanta nelle sue vicinanze alcuni bar e ristoranti di ottimo livello. Situate circa 4 km a est del centro, **Playa de Pedregalejo** e **Playa del Palo** sono mete molto popolari e facilmente raggiungibili dal Paseo del Parque con l'autobus n. 11.

Jardín Botánico La Concepción GIARDINO BOTANICO
(interi/under 16/anziani €4/2/2; 9.30-20.30 (ultimo ingresso 19) apr-set, chiuso lun) Situato 4 km a nord del centro cittadino, il Jardín Botánico ospita al suo interno alberi molto imponenti (tra cui centinaia di palme), 5000 piante tropicali, cascate, laghetti e offre la possibilità di ammirare spettacolari fioriture stagionali – tra le quali spicca quella del glicine, in primavera. Questo giardino botanico può essere visitato autonomamente oppure prendendo parte alla visita guidata in inglese della durata di un'ora e mezzo, che costa altri €2,50.

Se viaggiate in automobile, per raggiungere il Jardín Botánico prendete la N331 per Antequera in direzione nord dalla tangenziale di Málaga (A7) fino al Km 166 e seguite le indicazioni. In alternativa, l'autobus Málaga Tour fa la spola tra la stazione degli autobus e i giardini.

Corsi

Tra le numerose scuole private di lingue presenti a Málaga merita di essere segnalato l'**Instituto Picasso** (952 21 39 32; www.instituto-picasso.com; Plaza de la Merced 20), che organizza corsi di 2/3/4 settimane al prezzo di €285/400/515, con inizio ogni quindici giorni il lunedì. Questi corsi prevedono quattro lezioni di 50 minuti al giorno e le tariffe comprendono diverse attività culturali, tra cui corsi di cucina e di flamenco. La scuola è anche in grado di fornire una sistemazione.

Tour

Se desiderate prendere parte al giro della città sull'**autobus Malaga Tour** (902 10 10 81; www.malaga-tour.com; interi/ridotti €16/8; ogni 30 min 9.30-20), un mezzo scoperto e adatto anche ai bambini, andate in Avenida Manuel Agustín Heredia o all'estremità orientale del Paseo del Parque. Questo tour offre la possibilità di scendere e di risalire a qualunque fermata si desidera mentre l'autobus effettua un circuito in città, facendo tappa di fronte a tutti i monumenti. I biglietti sono validi 24 ore. Se preferite visitare la città in bicicletta, rivolgetevi alla **Malaga Bike Tours** (606 978513; www.malagabiketours.eu; Calle Trinidad Grund 1; visite guidate €23). Queste visite guidate (per le quali non è necessaria la prenotazione) partono tutti i giorni alle 9.50 di fronte all'ufficio turistico municipale in Plaza de la Marina e possono essere prenotate con 24 ore di anticipo. In alternativa, è possibile viaggiare come si faceva nei tempi andati partecipando a un **tour in carrozza trainata da cavalli** della città, della durata di 45 minuti (€30). Le carrozze sostano nell'estremità dei Jardines Alcalde Pedro Ruiz Alonzo verso Plaza de la Marina, lungo il Paseo del Parque.

Feste ed eventi

Semana Santa SETTIMANA SANTA
Nel corso di questa cerimonia solenne e spettacolare le grandi e pesanti piattaforme utilizzate per trasportare le statue sacre *(tronos)* vengono sostenute in alcuni casi addirittura da 150 portatori. Ogni notte dalla Domenica delle Palme fino al Venerdì Santo, sei o sette *tronos* vengono trasportati nelle vie di tutta la città di fronte a una folla imponente. È possibile assistere alla processione nell'Alameda Principal tra le 19 e mezzanotte.

Feria de Málaga FIERA ESTIVA
La più grandiosa ed esuberante fiera estiva dell'Andalusia dura nove giorni dalla metà alla fine di agosto. Di giorno – soprattutto durante i due sabati – i festeggiamenti si spostano nel centro cittadino, con concerti, balli e spettacoli equestri. Di notte ci si diverte nei grandi spazi della feria a Cortijo de Torres, situato 4 km a sud-ovest del centro cittadino, dove si trovano luna park, musica e balli.

Pernottamento

El Riad Andaluz HOTEL €€
(952 21 36 40; www.elriadandaluz.com; Calle Hinestrosa 24; singole/doppie €70/86;) Pittoresco ed esotico, questo fantastico monastero restaurato ospita al suo interno otto camere in stile marocchino disposte intorno a un patio pieno di atmosfera, con tè e caffè disponibili per tutto l'arco della giornata. Situato nella zona sempre più signorile del Centro Histórico, El Riad Andaluz si trova a pochi passi dai bar e dai ristoranti più alla moda delle piazze circostanti. Il proprietario francese e la sua famiglia hanno saputo conferire a questa struttura un tocco di magia.

AC Málaga Palacio HOTEL €€€
(952 21 51 85; www.achotels.com; Calle Cortina del Muelle 1; doppie €137; P) Questo raffinato hotel ospitato all'interno di un edificio di 15 piani offre la possibilità di ammirare un panorama sensazionale sull'animato lungomare. Al contrario delle zone comuni piuttosto appariscenti, le camere sono caratterizzate da una gradevole eleganza;

all'interno di questa struttura troverete una terrazza all'ultimo piano dove potrete bere qualcosa e cenare, un centro fitness e una piscina all'aperto sul tetto.

Parador Málaga Gibralfaro HOTEL €€€
(☎952 22 19 02; www.parador.es; Castillo de Gibralfaro; camere €160-171; P❄📶≋) Situato in posizione imbattibile nella pineta della collina di Gibralfaro, il moderno ma rustico *parador* di Málaga offre la possibilità di ammirare uno spettacolare panorama sulla città e sul porto dagli ultimi piani e dispone di un eccellente ristorante e di una piscina sul tetto.

Hotel Sur HOTEL €€
(☎952 22 48 03; www.hotel-sur.com; Calle Trinidad Grund 13; singole/doppie/triple con bagno privato €52/76/100; singole/doppie senza bagno privato €39/49; P❄📶) La bella posizione a pochi passi di distanza da Plaza de la Marina conferisce una bella atmosfera al semplice ma affidabile Hotel Sur, che può inoltre offrire alla sua clientela personale simpatico e cortese e il collegamento wi-fi in tutte le camere.

Hotel Carlos V HOTEL €
(☎952 21 51 20; www.hotel-carlosvmalaga.com; Calle Císter 10; singole/doppie €36/59; P❄@) Situato nei pressi della cattedrale e del Museo Picasso Málaga, l'Hotel Carlos V gode da sempre di una grande popolarità. Ristrutturato nel 2008, questo hotel dispone di bagni scintillanti con rivestimenti di piastrelle bianco e crema nuove di zecca. Gli eccellenti standard qualitativi (soprattutto se rapportati alle tariffe) e la cortesia del personale contribuiscono a rendere questo hotel una sistemazione molto piacevole.

Hotel Don Curro HOTEL €€
(☎952 22 72 00; www.hoteldoncurro.com; Calle Sancha de Lara 7; singole/doppie €63/74; P❄@📶) Il grande e animato Hotel Don Curro è un albergo efficiente, confortevole e situato in posizione centrale, con camere spaziose e arredate con cura e il Café Moka, situato a pochi passi di distanza, che serve un'abbondante prima colazione.

Hostal Derby HOTEL €
(☎952 22 13 01; www.hostalderbymalaga.com, in spagnolo; Calle San Juan de Dios 1, 4° piano; singole/doppie €36/48; @) Questo *hostal* accogliente, ben gestito e dall'eccellente rapporto qualità-prezzo dispone di camere spaziose e dotate di grandi finestre, alcune delle quali affacciate sul porto.

Hostal Victoria HOTEL €
(☎952 22 42 24; www.hostalvictoriamalaga.com; Calle Sancha de Lara 3; singole/doppie €43/55; ❄) Situato in comoda posizione centrale, l'Hostal Victoria dispone di camere semplici, confortevoli e dotate di vasche da bagno.

Pasti

I ristoranti di Málaga praticano prezzi ragionevoli e offrono servizi di buona qualità, anche grazie al fatto che la loro clientela è composta per la maggior parte da gente del posto. Una delle principali specialità locali è costituita dal pesce fritto velocemente nell'olio di oliva: la *fritura malagueña* comprende pesce, acciughe e calamari. La maggior parte dei locali migliori di Málaga è situata nelle viuzze comprese tra Calle Marqués de Larios e la cattedrale.

La Rebaná TAPAS €
(Calle Molina Lario 5; tapas €4,20-8,50, raciones €7-11,50) In questo grande e rumoroso tapas bar situato nei pressi del Museo Picasso Málaga e della cattedrale mobili in legno scuro, alte finestre e muri con mattoni a vista creano un ambiente moderno, minimalista e piacevolmente informale. Non mancate di assaggiare la specialità della casa: la tapa di foie gras con croccante salato.

Gorki TAPAS €€
(Calle Strachan 6; platos combinados €7,50-16) Il Gorki è un tapas bar esclusivo e molto rinomato, dotato di tavoli all'aperto e di una sala in stile moderno arredata con sgabelli e botti di vino al posto dei tavoli. Le fantasiose tapas proposte da questo locale hanno un tocco inconfondibilmente *sevillano* e la clientela è giovane e modaiola.

Café Lepanto CAFFÈ, SPUNTINI €
(Calle Marqués de Larios 7) Caffè-gelateria all'antica e con un tocco italiano, nonché migliore *confitería* (pasticceria) di Málaga, il Café Lepanto gode di una grandissima popolarità, probabilmente perché la maggior parte dei suoi dolci e pasticcini danno assuefazione: gustateli nella sala in stile art nouveau, dove sarete serviti da atletici camerieri in gilet.

Comoloco SPAGNOLO MODERNO €
(Calle Denis Belgrano 17; insalate €8-10, pitta €5-6; ⏲13-1, 🖉) All'ora di pranzo questo locale dotato di grandissime finestre affacciate sulla viuzza è sempre pienissimo. Il menu comprende anche deliziose insalate per i

vegetariani e involtini di pane pitta farciti in maniera molto abbondante; i prezzi sono ragionevoli e l'arredamento in stile industriale.

Clandestino INTERNAZIONALE €
(Calle Niño de Guevara 3; portate principali €9-17; ⏲13-1; 🄿) Il Clandestino è un ristorante trendy in stile vecchio magazzino che propone un irresistibile menu, nel quale coesistono armoniosamente le tradizioni gastronomiche dell'Europa settentrionale e dei paesi latini. Al vertice dell'eccellente assortimento di piatti vegetariani figurano le morbide polpette felafel con contorno di insalata condita con germogli alfalfa e vinaigrette allo yogurt e aneto.

Café de París INTERNAZIONALE €€€
(☎952 22 50 43; www.rcafedeparis.com; Calle Velez-Málaga 8; portate principali €12-36; ⏲13.30-17 e 20.30-0.30 mar-sab) Questo locale rappresenta uno dei numerosi motivi che ha spinto molta gente a definire 'lussuoso' il quartiere di La Malagueta. Proprio come suggerisce il nome, il Café de París è un locale garbatamente raffinato, costoso e molto, molto parigino. Non si tratta, però, solo di scena, in quanto con il suo cuoco spagnolo fregiato di stelle Michelin questo è il locale dove portare i vostri amici ricchi per gustare l'aragosta fritta – sperando che poi siano loro a pagare il conto.

Restaurante Antonio Martín PESCE €€€
(☎952 22 73 98; Playa de la Malagueta; portate principali €22-29; ⏲chiuso dom nov-apr) Situato sulla spiaggia e dotato di una grande terrazza, il Restaurante Antonio Martín è un locale piuttosto pomposo dove molti si mettono in ghingeri per farsi vedere, che serve fritture di pesce e piatti di carne in una sala con tovaglie inamidate. Se cercate un ristorante più economico e informale, poche centinaia di metri più avanti lungo la passeggiata troverete un piccolo locale sotto una tenda montata sulla spiaggia.

Lechuga TAPAS, VEGETARIANO €
(Plaza de la Merced 1; tapas €2,50-3,50, raciones €8-10; 🄿) In questo ristorantino tranquillo le verdure regnano sovrane e lo chef propone di contorno pietanze meravigliose, come l'hummus, il *bhajis* in stile indiano e insalate molto fantasiose.

El Vegetariano de la Alcazabilla VEGETARIANO €€
(Calle Pozo del Rey 5; portate principali €9,50-12,50; ⏲chiuso dom; 🄿) Questo ristorante vegetariano-vegano dall'aria piacevolmente informale abbina un servizio molto affabile a buoni piatti serviti in un ambiente trasandato-chic, a pochi passi dalle mura dell'Alcazaba. Tra tutte le specialità proposte dal menu, vi consigliamo di non perdervi le 'polpette di carne di Seitan'.

Locali

Nelle serate dei weekend, il labirinto di vecchi vicoli situato a nord di Plaza de la Constitución si rianima. Date un'occhiata ai bar situati nella zona di Plaza de la Merced, Plaza Mitjana e Plaza de Uncibay.

TOP **Bodegas El Pimpi** BAR
(Calle Granada 62; ⏲11-2) Vera e propria istituzione di Málaga, la Bodegas El Pimpi richiama con il suo labirinto di sale affascinanti e piccoli patios una clientela vivace di ogni provenienza e fascia di età, che dimostra di apprezzare molto il suo vino dolce e le sue coinvolgenti esibizioni di musica tradizionale. Da parte nostra, vi consigliamo di andarci per assistere allo spettacolo di flamenco (in programma l'ultimo lunedì del mese) e per vedere la fotografia autografata di un giovane Tony Blair.

La Tetería SALA DA TÈ
(Calle San Agustín 9; tè a partire da €2,50; ⏲9-24) Emulando le numerose *teterías* di Granada, questo invitante locale situato nei pressi del Museo Picasso Málaga propone un vasto assortimento di tè esotici, che potrete assaporare insieme alle paradisiache torte fatte in casa e a uno dei muesli migliori che vi capiterà di mangiare a colazione.

Café Moka CAFFÈ
(Calle San Bernardo El Viejo 2) Situato a pochi passi da Calle Larios, questo vivace piccolo bar dallo stile retrò è frequentato soprattutto da spagnoli. Al mattino è sempre affollato da persone desiderose di concedersi l'invitante prima colazione a base di morbidi panini ripieni *(molletes)*, croissant e caffè forte e cremoso (a partire da €3,50 circa).

El Jardín CAFFÈ, BAR
(Calle Cañón 1; portate principali €12,50; ⏲9-24 lun-gio, 9-14 e 17-24 ven e sab, 17-24 dom) Situata accanto a un giardino pieno di palme dietro la cattedrale, questa bellissima caffetteria in stile viennese è frequentata da un gran numero di anziani *malagueños* e – di tanto in tanto – da un sosia ubriaco di Picasso. L'arredamento stile art nouveau e le vecchie fotografie evocano un ambiente molto piacevole, ma la cucina non è particolarmente

invitante. Veniteci piuttosto per bere un bicchiere di vino o un caffè in compagnia e per ascoltare qualche settantenne dal cuore ancora giovane che suona il pianoforte verticale.

☆ Divertimenti

Il cuore della gloriosa tradizione del flamenco di Málaga si trova a nord-ovest di Plaza de la Merced. Tra i principali luoghi di ritrovo di questa zona merita di essere citato il **Kelipe** (☎692 82 98 85; www.kelipe.net; Calle Peña 11), un locale di flamenco che dal giovedì al sabato alle 21.30 propone spettacoli *muy puro*; l'ingresso di €15 comprende una bevanda e una tapa – si consiglia di prenotare. Durante i weekend il Kelipe propone anche corsi intensivi di chitarra e di ballo. L'**Amargo** (Calle Franquelo 3) organizza bellissimi spettacoli ogni venerdì e sabato sera, mentre il **Vino Mio** (Calle Álamos) è un piccolo ristorante specializzato in cucina internazionale vivacizzato dalla presenza di musicisti e ballerini che si esibiscono tra una portata e l'altra.

Teatro Cervantes TEATRO
(☎952 36 02 95; www.teatrocervantes.com; Calle Ramos Marín; ⏲chiuso metà lug-agosto) Questo grande teatro propone un cartellone molto interessante di concerti, spettacoli teatrali e balletti.

Warhol NIGHTCLUB
(Calle Niño de Guevara; ⏲23-fino a tardi gio-sab) Il Warhol è un raffinato locale frequentato da gay che amano circondarsi di lusso, godendosi la musica funky e house selezionata da DJ acconciati come i musicisti di reggae.

ℹ Informazioni

In Calle Puerta del Mar e Calle Marqués de Larios si trovano numerose banche dotate di sportelli bancomat; altri sportelli bancomat sono situati all'interno dell'atrio arrivi dell'aeroporto.

5 á Sec (Calle Granada 15) Per lavare, asciugare e piegare un carico di biancheria si spendono più o meno €10.

Ciberbocutorio (Calle Frailes 38; 30 min €0,50; ⏲9-24) Questo centro dispone di un gran numero di terminali collegati a internet.

Hospital Carlos Haya (☎951 03 01 00; Avenida de Carlos Haya) L'ospedale principale di Málaga si trova 2 km a ovest del centro.

Policía Local (☎952 12 65 00; Avenida de la Rosaleda 19).

Ufficio turistico municipale (www.malaga turismo.com, in spagnolo; ⏲9-20 marzo-set, 9-18 ott-feb) Plaza de la Marina (Plaza de la Marina); Casita del Jardinero (Avenida de Cervantes 1) L'ufficio turistico municipale dispone di diversi sportelli informazioni situati presso la stazione degli autobus e altri punti della città.

Ufficio postale (Avenida de Andalucía 1; ⏲8.30-20.30 lun-ven, 9.30-14 sab).

Ufficio turistico regionale (Pasaje de Chinitas 4; www.andalucia.org; ⏲9-19.30 lun-ven, 10-19 sab, fino alle 14 dom) L'ufficio turistico regionale dispone di un altro ufficio situato all'interno dell'aeroporto ed è in grado di fornire un gran numero di informazioni sulla zona di Málaga e su tutta l'Andalusia.

ℹ Per/da Málaga

Aereo

Il trafficato **aeroporto** di Málaga (☎952 04 88 38), scalo principale dell'Andalusia, gestisce i voli di decine di compagnie aeree (sia tradizionali sia low-cost) provenienti da ogni parte d'Europa.

Autobus

La **stazione degli autobus** di Málaga (Paseo de los Tilos) si trova 1 km a sud-ovest del centro cittadino. Gli autobus percorrono con frequenza la strada costiera, mentre altri raggiungono Siviglia (€16, 2 h 30 min, 9 o più corse al giorno), Granada (€9,75, da 1 h 30 min a 2 h, 17 corse al giorno), Córdoba (€12,50, 2 h 30 min, 5 corse al giorno), Antequera (€5, 1 h, 13 corse al giorno) e Ronda (€9,50, 2 h 30 min, 9 o più corse al giorno). Ogni giorno nove autobus raggiungono Madrid (€21,50, 6 h) e qualche mezzo percorre la costa mediterranea. A questi collegamenti si aggiungono altri servizi per la Francia, la Germania, l'Olanda, il Portogallo e il Marocco.

Automobile

Numerose agenzie di autonoleggio sia internazionali sia locali dispongono di sportelli presso l'aeroporto; in genere il noleggio di un'utilitaria costa €170 la settimana.

Imbarcazioni

La compagnia **Trasmediterránea** (☎952 22 74 77, 902 45 46 45; www.trasmediterranea.com; Estación Marítima, Local E1) ha un traghetto veloce (4 h) e uno più lento (7 h 30 min) che prestano servizio tutti i giorni dell'anno per/da Melilla (traghetto veloce/normale passeggeri €55/33,50, automobili €174/156).

Treno

Ribattezzata nel 2007 María Zambrano, la stazione ferroviaria principale **Málaga-Renfe** (Explanada de la Estación) si trova accanto alla stazione degli autobus. Il treno superveloce AVE raggiunge Madrid (da €76,40 a €85, 2 h 30 min, 6 corse al giorno).

Dalla stazione di Málaga partono anche treni per Córdoba (da €21 a €44, 1 h, 10 corse al giorno), Siviglia (da €19,10 a €36,40, da 2 h a 2 h 30 min, 5 corse al giorno) e Barcellona (da €62,70 a €138, 2 corse al giorno; il treno più economico impiega 13 h per arrivare a destinazione, quello più veloce la metà del tempo). Tenete presente che per raggiungere Granada (€15, 2 h 30 min) e Ronda (€9,75, almeno 1 h 30 min) si deve cambiare a Bobadilla.

ℹ Trasporti locali

Per/dall'aeroporto

La stazione ferroviaria Aeropuerto si trova lungo la linea Málaga-Fuengirola e può essere raggiunta a piedi dallo scalo aeroportuale in appena 5 minuti seguendo le indicazioni dall'atrio delle partenze. I treni prestano servizio più o meno ogni mezz'ora dalle 6.49 alle 23.49 per le stazioni Málaga-Renfe (€2, 11 min) e Málaga-Centro; i treni diretti all'aeroporto sono invece operativi dalle 5.45 alle 22.30.

L'autobus n. 19 per il centro cittadino (€1,10, 20 min) parte dalla fermata 'City Bus' situata davanti all'atrio degli arrivi ogni 20 o 30 minuti dalle 6.35 alle 23.45, fermando lungo il percorso alla stazione ferroviaria Málaga-Renfe e alla stazione degli autobus. In direzione dell'aeroporto, quest'autobus si può prendere all'estremità occidentale del Paseo del Parque e alle fermate situate davanti alle stazioni ferroviarie, dove passa più o meno ogni mezz'ora dalle 6.30 alle 23.30.

Una corsa in taxi dall'aeroporto al centro cittadino può costare da €20 a €24, a seconda del traffico e della zona della città.

Málaga sta rispondendo alle tematiche ambientali e alle pressioni dei cittadini con la costruzione di una rete di metropolitana, la **Metro Málaga** (www.metrodemalaga.info); l'inaugurazione della prima tratta dal porto al centro cittadino, che comprenderà anche una fermata presso la stazione ferroviaria, è prevista per il 2011.

Tricosol (☎657 440605; www.bike2malaga.com; Calle Victoria 15, ⊙11-20) Noleggiare una Trixi è un modo divertente per visitare Málaga. Questi autoveicoli elettrici dalle linee sinuose possono essere utilizzati per brevi tragitti nel centro cittadino (€2,50) oppure per raggiungere la spiaggia (€5) e la stazione ferroviaria (€7) e costituiscono un modo molto piacevole ed ecologico per visitare Málaga. Di solito è possibile fermarli con un cenno della mano davanti alla cattedrale.

Costa del Sol

Situata tra Nerja a est e Gibilterra a ovest, la Costa del Sol è un continuo susseguirsi di località pacchiane (Torremolinos) e lussuose (Marbella) e non è certamente rinomata per la sua raffinatezza. Per quanto i sobborghi cresciuti a dismisura e le spiagge troppo turistiche provochino reazioni opposte tra i viaggiatori, la Costa del Sol – tanto per citare uno dei cliché ricorrenti negli opuscoli pubblicitari – ha veramente in serbo 'qualcosa per tutti'. E se la vostra idea di una bella vacanza corrisponde a spiagge sabbiose, animati locali notturni e grandi parchi dei divertimenti con attività per i bambini, allora questa località litoranea dal clima notoriamente mite ve ne offrirà in abbondanza. Se, invece, al solo sentire nominare 'Torremolinos' vi viene la depressione, ringraziate la vostra buona stella del fatto che, assorbendo approssimativamente il 70% del flusso turistico che ogni anno si riversa in questa regione, la Costa del Sol rende involontariamente tranquille cittadine come Tarifa, Vejer de la Frontera e Grazalema.

Una comoda linea ferroviaria collega le stazioni Renfe e Aeropuerto di Málaga a Torremolinos (€1,35), Arroyo de la Miel (€1,55) e Fuengirola (€2,15). Gli autobus in partenza da Málaga raggiungono tutte le località di villeggiatura e dai centri balneari più importanti partono corse per Ronda, Cadice, Siviglia e Granada.

TORREMOLINOS

POP. 48.000

Come una star cinematografica che non può fare a meno della celebrità, Torremolinos si fa sempre precedere dalla sua fama. Per farvene un'idea, pensate alle T-shirt che pubblicizzano le creme solari e ai calzoncini da bagno con la bandiera inglese, ai pasti a base di fish and chips e birra e a una folla di giovani di età compresa tra i 18 e i 30 anni perennemente sbronzi in vacanza per un lungo weekend tra soli uomini. Nonostante le barzellette e gli articoli pubblicati in continuazione dai giornali scandalistici, la 'Terrible Torrie' non ha nessuna intenzione di arrendersi, in quanto reinventarsi è da sempre la sua parola d'ordine. Perseguitata negli anni '90 da una notorietà non certo lusinghiera, alla fine questa località di villeggiatura ha abbracciato con successo il suo lato più kitsch, iniziando ad attirare visitatori maturi, seguiti da un nutrito gruppo di gay. Per questo, non fate l'errore di considerarla in punto di morte, perché la città delle torri *(torres)* e dei mulini a vento *(molinos)* è ancora ben vispa.

Che cosa vedere e fare

Le **spiagge** di Torremolinos sono più ampie e lunghe di altre della Costa del Sol, ma di gran lunga meno belle (e più affollate) di quelle della Costa de la Luz. Al di là della spiaggia e dei bar, le attrattive locali tendono a concentrarsi soprattutto sui bambini.

Sea Life ACQUARIO
(www.sealifeeurope.com; interi/ridotti €13,75/10,50; ⌚10-22 giu, fino alle 24 lug-set) Situato nel lussuoso Puerto Deportivo (porto turistico) di Benalmádena Costa, località situata pochi passi a sud-ovest di Torremolinos, questo acquario moderno ospita soprattutto creature marine del Mediterraneo e organizza giochi e visite durante il pasto degli squali.

Tivoli World PARCO DEI DIVERTIMENTI
(www.tivoli.es; Avenida de Tivoli; ingresso €7; ⌚18-1) Raggiungibile dalla stazione ferroviaria di Benalmádena-Arroyo de la Miel con una passeggiata di cinque minuti, il Tivoli World è il parco dei divertimenti più grande di tutta la Costa del Sol. Il biglietto Supertivolino (€12) consente l'accesso illimitato a più di 35 attrazioni.

Pernottamento e pasti

Negli opuscoli distribuiti dall'ufficio turistico di Torremolinos sono citati 55 hotel. Oltre ai bar che servono prime colazioni all'inglese e birra, in questa località non mancano i ristoranti che propongono buoni vassoi di frutti di mare, molti dei quali sono situati lungo il Paseo Marítimo a La Carihuela.

Hotel El Pozo HOTEL
(☎952 37 54 45; www.hotelelpozo.com; Avenida Los Manantiales 4; singole €35-50, doppie €46-60; ❄📶🚭) Questo hotel a due stelle è situato in posizione molto comoda nei pressi della stazione ferroviaria e della spiaggia. Le sue camere semplici sono pulite e la clientela giovane, europea e nella maggior parte dei casi con pochi soldi da spendere.

Divertimenti

Torremolinos va famosa per la sua vivacissima vita notturna. Consigliamo in particolare il **Palladium** (Avenida Palma de Mallorca 36), dove potrete ballare fino all'alba, ascoltando la musica selezionata da DJ internazionali. La scena gay più sofisticata gravita intorno al modaiolo **El Gato Lounge** (La Nogalera; ⌚16-fino a tardi).

Informazioni

Ufficio turistico (www.ayto-torremolinos.org; Plaza Pablo Picasso; ⌚10-14 e 18-20 giu-set) L'ufficio turistico di Torremolinos è ospitato all'interno del municipio. Altri uffici si trovano sulla Playa Bajondillo (⌚10-14) e sulla Playa Carihuela (⌚10-14).

FUENGIROLA

POP. 65.000

Situata sulla costa a 18 km da Torremolinos, Fuengirola rappresenta un'alternativa particolarmente indicata per le famiglie, ma non per questo è meno affollata. Le sue attrattive sono orientate soprattutto verso la vita di spiaggia e i bambini.

L'**Hipódromo Costa del Sol** (www.hipodromocostadelsol.es; Urbanización El Chaparral; ingresso €5; ⌚22-2 sab lug-set, 11.30-16 dom ott-giu) è il principale ippodromo dell'Andalusia, dove si svolgono regolarmente le gare ippiche; si trova nei pressi della N340, nell'estremità sud-occidentale di Fuengirola.

Se desiderate pernottare a Fuengirola, vi consigliamo di prendere in considerazione l'**Hostal Marbella** (☎952 66 45 03; www.hostalmarbella.info; Calle Marbella 34; singole/doppie €45/62; ❄@📶), una struttura ricettiva gestita da una zelante coppia svedese, che dispone di camere decorate in tonalità blu e giallo, del collegamento wi-fi e di un distributore di caffè nella reception. Si trova nel centro di Fuengirola, a pochi minuti dalla spiaggia.

L'**ufficio turistico** (Avenida Jesús Santos Rein 6; ⌚9.30-14 e 17-19 lun-ven, 10-13 sab) si trova ad appena un isolato di distanza dalla **stazione ferroviaria** (Avenida Jesús Santos Rein), da dove ogni mezz'ora partono treni per Torremolinos, l'aeroporto di Málaga e Málaga città.

MARBELLA

POP. 132.000

Per molto tempo rifugio prediletto dei criminali della cosiddetta 'Costa del Crime', Marbella è caratterizzata dalla presenza di un non troppo attraente insieme di 'celebrità' che ostentano il loro denaro e di campi da golf e rappresenta da sempre un antidoto contro l'economico paradiso (o inferno) dei turisti dei viaggi organizzati – ovvero Torremolinos. Leggermente più autentica delle località di villeggiatura situate a est, Marbella ha conservato qualche traccia della sua identità spagnola nel grazioso centro, ma negli ultimi anni la corruzione si è infiltrata nella classe politica locale, accusata di aver rilasciato indebitamente permessi per la costruzione di edifici.

Che cosa vedere e fare

Caratterizzata dalla presenza dell'imponente municipio del XVI secolo, la graziosa **Plaza de los Naranjos** rappresenta il cuore del vasto e scenografico centro storico – in gran parte pedonale – di Marbella. **Puerto Banús**, il più lussuoso porto turistico della Costa del Sol, si trova 6 km a ovest di Marbella e vanta diverse boutique eleganti e ristoranti affollati sul lungomare.

Le persone più attive possono fare belle **passeggiate** nella Sierra Blanca partendo dal Refugio de Juanar, situato 17 km a nord di Marbella.

Museo del Grabado Español Contemporáneo MUSEO

(Museo delle Stampe Spagnole Contemporanee; Calle Hospital Bazán; ingresso €3, sab ingresso libero; 9-14 e 18-21 mar-ven, 9-14 lun e sab). Situato nelle immediate vicinanze di Plaza de los Naranjos, questo museo espone nelle sue bellissime sale con il soffitto a volta opere di Picasso, Joan Miró, Salvador Dalí e altri pittori di primissimo piano.

Pernottamento e pasti

Hostal/Restaurant El Gallo HOTEL €

(952 82 79 98; Calle Lobatas 46; singole/doppie €35/55;) A pochi isolati da Plaza de los Naranjos si nasconde un angolino della Marbella non ancora famosa. Il ristorante di questa pensione propone una buona cucina casalinga preparata con *amor* (piatti a meno di €10), che ha contribuito a renderlo molto popolare tra la gente del posto. Le camere economiche sono dotate di tutti i comfort moderni, tra cui il collegamentio wi-fi e la TV; i proprietari sono molto simpatici.

Hotel La Morada Mas Hermosa HOTEL €€

(952 92 44 67; www.lamoradamashermosa.com; Calle Montenebros 16A; camere €97;) L'Hotel La Morada Mas Hermosa è un delizioso alberghetto situato in una via tranquilla e piena di fiori del centro storico. Al suo interno troverete appena sei camere, alcune delle quali con una scala a chiocciola che conduce al bagno, ed è realmente una struttura per non fumatori.

El Balcón de la Virgen ANDALUSO €€

(952 77 60 52; Calle Virgen de los Dolores; portate principali €9-18; chiuso dom) Considerato uno dei ristoranti migliori situati nei pressi di Plaza de los Naranjos, l'El Balcón de la Virgen dispone di un'incantevole *terraza* estiva dominata da una Madonna addolorata vecchia di tre secoli e da una grande bougainvillea, i cui fiori rosa spiccano sullo sfondo blu del muro. I piatti sono tipicamente andalusi.

La Comedia INTERNAZIONALE €€€

(www.lacomedia.net; Plaza de la Victoria; portate principali €10,50-20) Oltre ai richiestissimi tavoli situati al primo piano che si affacciano sulla piazzetta, a un'incantevole sala a lume di candela e a un interessante collezione di opere d'arte e di fotografie d'epoca appese alle pareti, in questo locale troverete anche un'accoglienza calorosa da parte dei proprietari irlandesi e un buon assortimento di piatti tipici delle cucine spagnola e internazionale, che sapranno soddisfare sia i carnivori sia i vegetariani.

Locali e divertimenti

La zona di Marbella con la vita notturna più animata è quella di Puerto Banús, dove in un paio di vicoli situati alle spalle del porticciolo turistico si susseguono decine di pub e di locali da ballo.

Informazioni

Ufficio turistico municipale (www.marbella.es, in spagnolo; 9-21 lun-ven, 9.30-14.30 sab, chiuso dom); Fontanilla (Glorieta de la Fontanilla); Naranjos (Plaza de los Naranjos 1).

Per/da Marbella e trasporti locali

Ogni mezz'ora da Marbella partono autobus per Fuengirola (€2,65, 1 h 15 min), Puerto Banús (€1,10, 20 min) ed Estepona (€2,51, 1 h 15 min), che fermano in Avenida Ricardo Soriano. Altri mezzi fanno salire e scendere i loro passeggeri alla **stazione degli autobus** (Avenida Trapiche), situata 1,2 km a nord di Plaza de los Naranjos. L'autobus n. 7 (€1,10) fa la spola tra la stazione degli autobus e la **fermata degli autobus Fuengirola/Estepona** (Avenida Ricardo Soriano), situata nel centro cittadino; per raggiungere la stazione degli autobus dal centro si può prendere l'autobus n. 2 da Avenida Ramón y Cajal.

Le vie di Marbella sono notoriamente intasate dal traffico, ma per fortuna esistono alcuni parcheggi a pagamento dove è possibile lasciare l'automobile non appena arrivati in città.

VALE IL VIAGGIO

MIJAS

Benvenuti in questa rilassante località. Tra tutti i chiassosi centri urbani sorti lungo la Costa del Sol, l'effervescente **Mijas** è rimasta una delle cittadine più tradizionali e graziose. In ogni caso, se la sua popolazione conta ben 70.000 anime non è certamente estraneo il fatto di essere stata definita *pueblo blanco*. Essendo ormai circondata da un numero di *urbanizaciones* (nuovi quartieri residenziali), parchi dei divertimenti e campi da golf (sette attualmente, e altri quattro in costruzione) talmente elevato da poter avviare una scuola di Tiger Woods, può darsi che Mijas abbia i giorni contati come antidoto alle vacanze organizzate 'fun in the sun' (divertimento al sole). Per fortuna, per il momento è ancora possibile frequentarla per sfuggire alla 'beach mania', assaporare il profumo dei gelsomini in fiore e gironzolare nei tortuosi vicoli di origine araba. La **Casa Museo de Mijas** (Calle Málaga; ingresso libero; ⌚10-14 e 16-19 set-marzo, pomeriggio 17-20 apr-giu, 18-21 lug-agosto) ricostruisce con particolari molto commoventi la vita quotidiana che si conduceva in questa zona negli anni '60, prima dell'avvento del turismo di massa. In città troverete diversi buoni alberghi e un gran numero di ristoranti, caffè e negozi di artigianato. Frequenti autobus assicurano i collegamenti tra Mijas e Fuengirola, località situata a 8 km di distanza.

El Chorro e Bobastro

POP. 100 (EL CHORRO)

Cinquanta chilometri a nord-ovest di Málaga, sia il Río Guadalhorce sia la principale linea ferroviaria che passa da Málaga attraversano la straordinaria **Garganta del Chorro**, una gola lunga 4 km e profonda fino a 400 m dalla larghezza di appena una decina di metri. Questa gola rappresenta un'attrattiva irresistibile per tutti gli appassionati di arrampicata su roccia, essendo percorsa da centinaia di vie con vari gradi di difficoltà. In ogni caso, tutti possono ammirarla con una passeggiata lungo la ferrovia, partendo dal minuscolo villaggio di El Chorro (chiedete indicazioni sul posto). La sola vista di questa gola basterà a darvi una scarica di adrenalina.

La Garganta del Chorro è famosa soprattutto per il **Camino del Rey**, un sentiero da brivido largo appena 1 m e assai simile alle vie ferrate, che si snoda lungo una ripida parete di roccia a 100 m di altezza. Realizzato nel 1905 (e percorso nel 1921 da re Alfonso XIII – da cui il nome, Sentiero del Re), questo itinerario è rimasto in grave stato di abbandono fino alla fine degli anni '90 e nel 2000 è stato chiuso dopo la tragica morte di due escursionisti. Nel 2006 il governo andaluso ha stanziato sette milioni di euro per la sua risistemazione, ma i lavori non sono ancora stati avviati.

La **Finca La Campana**, una meta molto amata dagli amanti dell'avventura gestita da svizzeri, propone corsi di arrampicata della durata di mezza giornata (€45), escursioni nelle grotte (€180 per gruppi fino a quattro persone), discese in kayak (€20 per persona) e noleggio di mountain bike (da €12 a €18 al giorno).

Nei pressi di El Chorro si trova **Bobastro**, una fortezza abbarbicata sulla sommità di una collina, che nel IX secolo fu utilizzata dal ribelle Omar ibn Hafsun, una sorta di Robin Hood arabo che guidò una lunga rivolta contro il governo di Córdoba. Per un certo periodo ibn Hafsun riuscì persino a controllare tutto il territorio che si estende da Cartagena allo Stretto di Gibilterra. Per raggiungerlo dal villaggio di El Chorro bisogna seguire la strada in direzione del versante occidentale della valle e dopo 3 km svoltare seguendo le indicazioni per Bobastro. Dopo circa 3 km un cartello con la scritta 'Iglesia Mozárabe' indica un sentiero di 500 m che conduce ai resti di una bella chiesetta mozaraba scavata nella roccia, dalle forme ormai così labili da sembrare scolpita solo dal vento. La tradizione vuole che nel 917 ibn Hafsun si sia convertito al cristianesimo (diventando così un mozarabo) poco prima della morte e che le sue spoglie siano state sepolte in questa chiesa. Quando nel 927 Córdoba riuscì finalmente a conquistare Bobastro, i poveri resti del capo ribelle vennero riesumati per una crocifissione postuma fuori dalla Mezquita di Córdoba. Sulla sommità della collina, dopo altri 2,5 km circa è possibile ammirare un fantastico panorama e alcune modeste rovine dell'*alcázar* rettangolare (fortezza di epoca musulmana) fatto costruire da ibn Hafsun.

La casa editrice Rockfax ha in catalogo una guida molto esaustiva, *El Chorro* di Mark Glaister, che descrive El Chorro e i dirupi della zona, elencando le vie di arrampicata, il loro grado di difficoltà e un gran numero di informazioni utili sul modo migliore per raggiungerle.

Pernottamento e pasti

TOP Complejo Turistico Rural La Garganta APPARTAMENTI €

(☎952 49 50 00; www.lagarganta.com; appartamenti da 2/4 persone €75/115; portate principali €12; P ❄ ≋) La struttura ricettiva migliore di El Chorro è questo mulino ristrutturato che dispone di appartamenti arredati con molta cura e serve ottimi pasti. Tra le altre attrattive di questa struttura meritano di essere citate la piscina all'aperto con vista, la doccia situata sotto una piccola cascata e la possibilità di praticare un gran numero di attività nei dintorni.

Finca La Campana OSTELLO, COTTAGE €

(☎952 11 20 19; www.el-chorro.com; letti in camerata €12, doppie €29, appartamenti da 2-8 persone €42-96; ❄ ≋) Oltre a essere una piacevole struttura tipo cottage immersa in uno dei paesaggi più straordinari di tutta l'Andalusia, la Finca La Campana è anche la sede di un'associazione di appassionati di sport estremi, frequentata da una clientela fedele. Durante la stagione dell'arrampicata su roccia (da ottobre a marzo), la Finca La Campana è sempre molto affollata, per cui vi consigliamo di prenotare con un buon anticipo. Per raggiungerla seguite le indicazioni che troverete dietro gli Apartamentos La Garganta.

Per/da El Chorro e Bobastro

Diversi treni assicurano i collegamenti tra El Chorro e Málaga (€4,05, 45 min, 2 corse al giorno eccetto dom e festivi), Ronda (€6,40, 70 min, 1 corsa al giorno eccetto dom e festivi) e Siviglia (€15,90, 2 h, 1 corsa al giorno). Tenete presente che El Chorro non è servita da nessun autobus. Gli automobilisti possono raggiungere il villaggio passando da Álora (località situata a sud di El Chorro) o da Ardales (a ovest di El Chorro).

Ronda

POP. 37.000 / ALT. 744 M

Bollata da un indelebile marchio d'infamia nel decimo capitolo del romanzo *Per chi suona la campana,* Ronda richiama come prevedibile un gran numero di estimatori di Ernest Hemingway nei bar frequentati un tempo dallo scrittore. Ma questo non è che uno dei molti motivi d'interesse di questo splendido *pueblo blanco*, che vanta anche una suggestiva gola e una lunga tradizione legata alla corrida, riassunta nelle vicende di due famiglie molto agguerrite – i Romero e gli Ordóñez. Circondata da imponenti montagne, nel corso dei secoli Ronda è stata il rifugio prediletto di banditi, contrabbandieri e – in tempi più recenti – romanzieri rudi e virili, mentre oggi è frequentata soprattutto dai turisti in vacanza nella Costa del Sol, che la visitano in giornata; se però deciderete di aspettare la partenza dell'ultimo autobus turistico, scoprirete la sua magia senza tempo di vecchio borgo di montagna.

Per gran parte del dominio islamico, Ronda fu la capitale di un piccolo stato indipendente e la sua posizione pressoché inespugnabile la tenne al riparo dalla Reconquista cristiana fino al 1485.

Che cosa vedere

Plaza de España e Puente Nuevo PIAZZA E PONTE

Il maestoso Puente Nuevo, che attraversa El Tajo da Plaza de España, la piazza principale situata nel lato settentrionale della gola, fu portato a termine nel 1793. Secondo una celebre leggenda, il suo architetto, Martín de Aldehuela, sarebbe morto precipitando nella gola mentre tentava di incidere la data di costruzione sulla spalletta del ponte. Nel decimo capitolo del romanzo di Hemingway *Per chi suona la campana* si racconta che, all'inizio della guerra civile spagnola, i 'fascisti' di una piccola cittadina furono imprigionati nel municipio prima di essere bastonati e flagellati dagli abitanti 'nella piazza in cima al dirupo sul fiume' e poi gettati nella gola. L'episodio si basa su fatti realmente accaduti a Ronda, ma l'eccidio fu perpetrato da persone provenienti da Málaga. Oggi il municipio ospita al suo interno un *parador*.

La Ciudad CITTÀ VECCHIA

Con le sue stradine strette e tortuose, l'antica città araba conserva la tipica atmosfera di un centro abitato musulmano del Medioevo.

La prima via che si incontra sulla sinistra dopo aver attraversato il Puente Nuevo scende alla **Casa del Rey Moro** (Calle Santo Domingo 17). Romantica e fatiscente residenza settecentesca costruita con ogni probabilità sulle rovine di un palazzo arabo, la 'casa del re moro' è chiusa al pubblico, ma è possibile visitare i suoi **giardini** situati sulla sommità della rupe e poi scendere i 200 gradini scarsamente illuminati fino a **La Mina** (giardini e La Mina interi/ridotti €4/2; ⌚10-19), una scalinata di epoca araba scavata nella roccia che consente di arrivare fino al fondo della gola (fate attenzione!).

Una volta risaliti, ammirate il panorama da **Plaza María Auxiliadora**. Nei pressi si trova il **Palacio de Mondragón** (ingresso €3; ⌚10-19 lun-ven, fino alle 15 sab e dom), un imponente edificio costruito nel 1314 per Abomelic, signore di Ronda, che oggi ospita al suo interno un museo di grande interesse. Dei suoi tre cortili, il Patio in stile mudéjar ha conservato le caratteristiche moresche. Un arco a ferro di cavallo consente di accedere a un piccolo giardino situato sulla sommità del dirupo. Diversi cartelli illustrativi vi guideranno nelle grotte preistoriche, dove sono state collocate divertenti immagini di cera che riproducono lo stile di vita che si conduceva in epoca neolitica.

Pochi passi a sud-est del palazzo s'incontra Plaza Duquesa de Parcent, dove sorge la **Iglesia de Santa María La Mayor** (interi/anziani/studenti €4/3/2; ⌚10-20 apr-ott), un edificio sacro sontuoso come una cattedrale che venne costruito nel luogo in cui si trovava la moschea principale della Ronda islamica. Il campanile e i bellissimi porticati adiacenti risalgono all'epoca del dominio arabo. Subito dopo aver varcato la soglia della chiesa si nota un arco con iscrizioni in arabo che un tempo costituiva il mihrab della moschea.

A pochi passi di distanza si trova il divertente **Museo del Bandolero** (Calle de Armiñán 65; ingresso €3; ⌚10.30-20 apr-set), dedicato al banditismo, per il quale l'Andalusia centrale era tristemente nota nel XIX secolo. Un manichino somiglia vagamente a Bryan Ferry e tra i numerosi oggetti esposti spiccano le coperte a strisce che un tempo si portavano sulle spalle, gli attrezzi usati dai banditi e alcuni dei loro bottini. È accessibile ai disabili.

Accanto al museo, una lunga rampa di scalini acciottolati conduce a un tratto delle imponenti vecchie **mura** de La Ciudad. Seguite il percorso in discesa che porta ai bellissimi archi a ferro di cavallo dei **Baños Árabes** (Bagni Arabi; Hoyo San Miguel; ingresso €3, dom ingresso libero; ⌚10-19 lun-ven, fino alle 15 sab e dom), costruiti tra il XIII e il XIV secolo, che sono i meglio conservati dell'intera Penisola Iberica. Seguendo il lato settentrionale del vicino **Puente Viejo** (1616) si ritorna in Plaza de España passando da un piccolo parco che costeggia il margine della gola.

Plaza de Toros e dintorni ARENA

(☎952 87 41 32; Calle Virgen de la Paz; ingresso €6; ⌚10-20 apr-set) L'elegante arena di Ronda è una delle più antiche di tutta la Spagna – essendo stata inaugurata nel 1785 – e nel corso del tempo ha ospitato alcuni degli eventi più importanti della storia della corrida. In particolare, fu in questa arena che tra il XVIII e il XIX secolo tre generazioni della famiglia Romero – Francisco, Juan e Pedro – gettarono le basi della moderna corrida. Il museo dedicato a questo sport è pieno zeppo di cimeli, costumi spettacolari e fotografie di celebri fan, tra cui Hemingway e Orson Welles.

Dal **Paseo de Blas Infante**, situato accanto a Plaza de Toros, e dall'alberata **Alameda del Tajo**, nei pressi, è possibile ammirare vertiginosi panorami sulle pareti di roccia della gola.

Passeggiate PASSEGGIATE

L'ufficio turistico pubblica diversi opuscoli (€5) che descrivono le facili passeggiate di lunghezza compresa tra 2,5 e 9,1 km che si possono fare nei dintorni di Ronda partendo dalla città; questi itinerari consentono di raggiungere punti panoramici, vecchi eremi e parchi. Uno degli itinerari più belli è il sentiero di 4,6 km SL-A38, che inizia in Plaza Campillos vicino al Palacio de Mondragón e poi scende nella gola (da dove potrete scattare la classica fotografia del ponte); dopo aver oltrepassato diversi vecchi mulini, questo percorso risale facendo ritorno alla parte moderna della città.

Feste ed eventi

Durante le prime due settimane di settembre a Ronda si svolge la **Feria de Pedro Romero**, una festa sfrenata di cui fa parte il famoso Festival de Cante Grande, dedicato al flamenco, che culmina nelle Corridas Goyesca, corride in onore del leggendario matador Pedro Romero.

Pernottamento

Hotel San Francisco HOTEL €

(☎952 87 32 99; www.hotelsanfranciscoronda.com; Calle María Cabrera 18; singole/doppie con prima colazione €38/60; ❄) Con ogni probabilità, l'Hotel San Francisco è la migliore sistemazione economica di Ronda, un fatto di cui potrete rendervi conto fin dal caldo benvenuto che vi verrà dato al vostro arrivo. Un tempo *hostal*, questo hotel è stato rimodernato e migliorato con strutture adeguate, tra cui l'accesso per disabili.

Hotel Alavera de los Baños HOTEL €€
(☎952 87 91 43; www.alaveradelosbanos.com; Hoyo San Miguel; singole/doppie con prima colazione €70/95; ❄≋) Questo hotel pervaso da un'atmosfera magica riecheggia lo stile degli adiacenti bagni arabi. Questa vecchia conceria sembra essere stata arredata da un nobile moro in partenza e vanta un patio pieno di fiori e una bella piscina. I bagni – degni di un sultano – sono decorati con pregevoli stucchi, la cui tonalità rosata è dovuta ai pigmenti naturali. Mettetevi comodi e non muovetevi più fino a quando ve lo consente la vostra carta di credito.

Jardín de la Muralla HOTEL €€
(☎952 87 27 64; www.jardindelamuralla.com; Calle Espíritu Santo 13; singole/doppie con prima colazione €85/95; P❄@≋) Gradita new entry nel panorama alberghiero di Ronda, questa originalissima casa privata di epoca moresca possiede un grande giardino terrazzato che si affaccia sulla *serranía* (regione montuosa o altipiano). Sei camere sono arredate in modo vistoso con mobili di antiquariato, ma lo spazio non manca. Dal momento che si tratta di una struttura situata in comoda posizione centrale e sempre molto frequentata, per essere sicuri di trovare posto, vi consigliamo di prenotare con un buon anticipo.

Parador de Ronda HOTEL €€€
(☎952 87 75 00; www.parador.es; Plaza de España; camere €160-171; P❄@☜≋) Vaste distese di marmi scintillanti e divani con morbidi cuscini conferiscono un certo fascino a questo moderno *parador*. La terrazza è un luogo meraviglioso per ammirare splendidi panorami sulla gola sorseggiando un caffè o un bicchiere di vino, soprattutto di sera.

Enfrente Arte HOTEL €€
(☎952 87 90 88; www.enfrentearte.com; Calle Real 40; camere con prima colazione e tutte le bevande a partire da €75-110; ❄@≋) In questo hotel in stile bohémien tutto è vivace e molto divertente, dal contrasto dei mobili in stile orientale ai colori dell'arcobaleno e dalla varietà della (superba) prima colazione all'aspetto stravagante delle camere. In un angolo del patio c'è persino un parrocchetto verde, che spaventa i coniglietti bianchi. Nel complesso, si tratta di una struttura ricettiva dall'aspetto decisamente insolito.

Hotel San Gabriel HOTEL €€
(☎952 19 03 92; www.hotelsangabriel.com; Calle José M. Holgado 19; camere €82; ❄@☜) Pervaso da una gradevole atmosfera da casa di campagna, questo incantevole albergo storico è arredato con mobili d'epoca e fotografie della Ronda dei bei tempi andati. All'interno di questa struttura troverete un'ampia collezione di libri di poesia e comode poltrone dove dedicarsi alla lettura oppure potrete guardare vecchi film nel piccolo cinema; i croissant serviti a colazione sono sfornati da una panetteria artigianale. L'attenzione che viene prestata ai particolari si estende anche alle eleganti camere.

Hotel Morales HOTEL €
(☎952 87 15 38; www.hotelmorales.es; Calle de Sevilla 51; singole/doppie €30/45; ❄) Questo piccolo hotel dispone di 18 camere molto piacevoli ed è in grado di fornire un gran numero di informazioni sia sulla cittadina sia sui parchi situati nei dintorni.

Pasti

La cucina tradizionale di Ronda è molto simile a quella tipica delle zone di montagna, con piatti sostanziosi come stufati, trota, selvaggina (tra cui conigli, pernici e quaglie) e – ovviamente – la coda di bue. I ristoranti sono concentrati nella rete di viuzze situata a est di Plaza de España, ma alcuni locali meno famosi si trovano pochi passi a sud del centro storico, nel Barrio San Francisco.

TOP **Bodega San Francisco** TAPAS €€
(Calle Ruedo Alameda; raciones €6-10) Questo ristorante, che si vanta dei suoi prezzi convenienti, dell'alta qualità della sua cucina, della sua atmosfera accogliente e della numerosa clientela locale che lo frequenta regolarmente, è senza ombra di dubbio il migliore della città. Si trova nel Barrio San Francisco, pochi passi al di fuori della vecchia porta di Carlo V, ed è regolarmente elogiato dai viaggiatori stranieri.

Bar Restaurant Almocábar ANDALUSO €€€
(☎952 87 59 77; Calle Ruedo Alameda 5; tapas €2, portate principali €12-20; ⌚13.30-17 e 20-1 mer-lun, chiuso agosto; ✎) Situato nel Barrio San Francisco un po' fuori mano rispetto ai percorsi più battuti dai turisti, il minuscolo Bar Restaurant Almocábar propone una cucina eccezionale e molto fantasiosa, comprendente una sorprendente varietà di insalate vegetariane e di classici piatti a base di pesce e di carne. L'insalata con formaggio caprino, noci, mele e puré di mango è veramente

straordinaria. Vi consigliamo di concludere il vostro pasto con il profumatissimo sorbetto al mandarino. Si raccomanda di prenotare.

Nonno Peppe ITALIANO €
(Calle Nueva 18; piatti di pasta a partire da €6) Se durante il vostro lungo viaggio in Spagna sentite il bisogno di concedervi una pausa dai pasti a base di tapas, non potete sbagliare scegliendo i genuini piatti italiani serviti in questo ristorante economico gestito da una coppia originaria di Salerno, che propone irresistibili spaghetti alle vongole, pasta al pesto e pizze, con un servizio casalingo all'italiana.

Restaurante Tragabuches SPAGNOLO MODERNO €€€
(952 19 02 91; Calle José Aparicio 1; portate principali €27-32; chiuso lun) Il raffinato e moderno Tragabuches è considerato il ristorante più lussuoso di Ronda, anche grazie alla sua cucina estremamente creativa, che comprende tra le altre cose piatti di cacciagione con patate dolci e zampetti di maiale con calamari e semi di girasole.

Restaurante Pedro Romero ANDALUSO €€€
(952 87 11 10; Calle Virgen de la Paz 18; portate principali €17,50-22; chiuso dom e lun a cena lug e agosto) Questo famoso ristorante interamente incentrato sul tema della corrida propone le specialità tipiche della cucina di Ronda e costituisce il posto ideale per assaggiare la celebre coda di bue (*rabo de toro*).

Chocolat PRIMA COLAZIONE, SPUNTINI €
(Carrera de Espinel 9; prima colazione a partire da €2,20) In questo caffè divertente e alla moda potrete scegliere tra un lungo elenco di tè e di caffè, una eccellente prima colazione e un vastissimo assortimento di torte e di pasticcini. I prezzi sono piacevolmente ragionevoli.

Locali

In Calle Los Remedios fate una sosta per concedervi una *cerveza* (birra) nella sempre popolarissima **Taberna del Antonio** (Calle Los Remedios 22). Diversi animati caffè e ristoranti sistemano i tavoli all'aperto nella pedonale Calle Nueva, situata nel quartiere moderno della città, a nord.

Tetería Al Zahra SALA DA TÈ
(Calle Las Tiendas 17; tè a partire da €3) Buia e piena di atmosfera, questa tipica casa da tè di Granada serve dessert, *shisha* e miscele esotiche di tè in teiere d'argento.

Divertimenti

Círculo de Artistas TABLAO FLAMENCO
(Plaza de Socorro; ingresso €25; 22 lun e mer) Il locale di flamenco di Ronda è abbastanza costoso e non eccessivamente autentico. Gli spettacoli si tengono due volte la settimana.

Informazioni

Le banche e gli sportelli bancomat si concentrano in Calle Virgen de la Paz e in Plaza Carmen Abela.

Tinterоría (Calle María Cabrera 14; 10-13.30 e 17-20 lun-ven, 10-13.30 sab) Per il lavaggio, l'asciugatura e la piegatura di un carico di bucato questa lavanderia chiede €12.

Ufficio turistico municipale (www.turismoderonda.es; Paseo de Blas Infante; 10-19.30 lun-ven mag-set, 10.15-14 e 15.30-18.30 sab, dom e festivi) Il personale efficiente e cordiale di questo ufficio turistico potrà darvi moltissime informazioni sulla città e la regione.

Ufficio turistico regionale (www.andalucia.org; Plaza de España 1; 9-19.30 lun-ven mag-set, 10-14 sab).

Virtual System Informática (Calle Sevilla 46; 10-14 e 17-20.30 lun-ven, 10.30-13 sab) Accesso a internet.

Per/da Ronda

Autobus

Dalla **stazione degli autobus** (Plaza Concepción García Redondo 2) partono gli autobus delle compagnia **Los Amarillos** (952 18 70 61) per Málaga (€9,20, 2 h, almeno 4 corse al giorno), Grazalema (€2,47, 35 min, 2 corse al giorno) e Siviglia (€10,85, 2 h 30 min, da 3 a 6 corse al giorno). La compagnia **Comes** (952 87 19 92) ha in operativo tre o quattro autobus al giorno per Arcos de la Frontera (€8,14, 2 h), Jerez de la Frontera (€10,75, 2 h 30 min) e Cadice (€13,85, 2 h 30 min), mentre i mezzi della **Portillo** (952 87 22 62) raggiungono Málaga (€10,21, 1 h 30 min, almeno 3 corse al giorno), fermando anche a Marbella.

Treno

La **stazione ferroviaria** (Avenida de Andalucía) di Ronda è situata lungo la panoramica linea ferroviaria Granada-Algeciras. I treni prestano servizio per/da Algeciras (da €7,40 a €18,70, 1 h 45 min, 6 corse al giorno), Granada (€13,50, 2 h 30 min, 3 corse al giorno) via Antequera, Córdoba (€31,50, 2 h 30 min, 2 corse al giorno) e Málaga (€9,75, 2 h, 1 corsa al giorno eccetto dom). Tenete presente che per raggiungere Siviglia bisogna cambiare a Bobadilla o ad Antequera.

Trasporti locali

I minibus fanno la spola ogni 30 minuti tra Plaza de España e Avenida Martínez Astein, di fronte alla stazione ferroviaria.

Dintorni di Ronda

Ronda offre molto più che semplici bellezze urbane. Circondata da splendide montagne, la città costituisce il punto di partenza ideale per le escursioni nei parchi e nei *pueblos blancos* situati nelle province di Málaga e di Cadice. Per questo, vi consigliamo di noleggiare un veicolo – o meglio ancora una bicicletta – e di andare alla scoperta di questa bellissima zona. La **Cycle Ronda** (952 87 78 14; www.cycleronda.com; Calle Serrato 3, Ronda) chiede per il noleggio di una buona bicicletta €20 al giorno.

Nei dintorni di Ronda si trovano molte case tradizionali trasformate in fantastiche sistemazioni rustiche. Per avere ulteriori informazioni in merito, rivolgetevi all'ufficio turistico municipale di Ronda o consultate il sito internet www.serraniaronda.org.

CUEVA DE LA PILETA

Situata 20 km a sud-ovest di Ronda, questa grande **grotta** (952 16 73 43; www.cuevadelapilata.org; interi/studenti/bambini €8/5/5; visite guidate ogni ora 10-13 e 16-18) custodisce al suo interno suggestive pitture paleolitiche risalenti a 20.000-25.000 anni fa che raffigurano cavalli, capre, pesci e persino una foca. Alla luce delle lampade a kerosene sarete guidati nella visita da un esperto, membro della famiglia Bullón che è proprietaria della fattoria situata nella valle sottostante. Fu proprio uno dei Bullón a scoprire queste pitture nel 1905. La Cueva de la Pileta è situata a 250 m dalla strada Benaoján-Cortes de la Frontera e a 4 km da Benaoján; per raggiungerla è sufficiente seguire le indicazioni. Le guide parlano un po' di inglese. Se ci fosse molta gente è possibile che dobbiate aspettare il vostro turno, un rischio che può essere evitato facilmente prenotando telefonicamente l'orario della visita.

PARQUE NATURAL SIERRA DE LAS NIEVES

Oltre a essere stata dichiarata dall'UNESCO Riserva della Biosfera per la sua straordinaria varietà di specie di flora e fauna, questa rara e preziosa riserva naturale vanta anche una insolita storia di fatica umana. Per centinaia d'anni prima dell'invenzione dei frigoriferi, sul finire dell'inverno i venditori di neve della regione si radunavano in questa zona per raccogliere tonnellate di neve e trasportarle in enormi fosse, dove venivano pressate e compattate in modo che si trasformassero in ghiaccio, che veniva poi coperto fino all'estate. Questi giganteschi blocchi erano infine caricati sui muli e portati nelle città vicine, dove venivano venduti a cifre astronomiche. Oggi in questo parco naturale, che si estende su una superficie di 180 kmq a sud-est di Ronda, è possibile fare bellissime escursioni a piedi. Torrecilla (1910 m), la montagna più alta della parte occidentale dell'Andalusia, può essere raggiunta in cinque o sei ore di cammino (andata e ritorno) dall'Área Recreativa Los Quejigales, situata 10 km più a est lungo una strada sterrata che si dirama dalla A376 Ronda-San Pedro de Alcántara.

Situato all'interno dei confini del parco sopra il candido villaggio di Tolox, il **Cerro de Hijar** (952 11 21 11; www.cerrodehijar.com/eng; Carretera del Balneario, Sierra de las Nieves; doppie €80; P ❄ @ ≋) sorge a 650 m sul livello del mare. Questo albergo arredato con molto buon gusto dimostra una notevole generosità nelle dimensioni delle camere, nella decorazione, nella vista panoramica e nel ventaglio di attività che organizza per gli ospiti, tra cui escursioni in mountain bike, passeggiate guidate e uscite in fuoristrada.

Antequera

POP. 43.000 / ALT. 575 M

'Y que salga el sol en Antequera' ('Che il sole sorga ad Antequera') annunciò re Ferdinando I d'Aragona dopo aver riconquistato la città nel 1410. Il sole continua a sorgere ancora oggi, su questo centro urbano ornato da 32 chiese, due tumuli funerari risalenti all'Età del bronzo, alcuni dei palazzi in stile mudéjar più belli della regione e un paesaggio rurale punteggiato di curiose formazioni carsiche.

Che cosa vedere

Alcazaba e dintorni FORTEZZA

Il modo migliore per raggiungere l'**Alcazaba** (ingresso libero; 10.30-14 e 16-18 mar-ven, 10.30-14 sab, 11.30-14 dom) consiste nel passare sotto l'**Arco de los Gigantes**, costruito nel 1585 reimpiegando pietre con iscrizioni latine già usate dagli antichi romani. Dalle rovine della fortezza è possibile ammirare un panorama veramente incantevole. Poco più in basso si trova la **Colegiata de Santa María la Mayor** (Plaza Santa María; ⏲10-14 e 16.30-18.30 mar-ven, 10.30-14 sab, 11.30-14 dom), una chiesa del XVI secolo ornata da una splendida facciata rinascimentale.

Museo Municipal MUSEO

(Plaza del Coso Viejo; visite guidate €3; ⏲10-13.30 e 16.30-18.30 mar-ven, 10-13.30 sab, 11-13.30 dom) Il principale motivo d'orgoglio di questo museo è costituito dall'*Efebo,* una bellissima statua romana in bronzo alta 1,4 m che raffigura il 'toy boy' dei patrizi di quei tempi, rinvenuta nei pressi di Antequera intorno al 1850. Si tratta di una delle statue romane meglio conservate tra quelle esistenti in Spagna.

Iglesia del Carmen CHIESA

(Plaza del Carmen; ingresso €2; ⏲10.30-13.30 e 16.30-18 mar-ven, 11-13.30 sab e dom) Solo il viaggiatore più stanco può non subire il fascino di questa chiesa e del suo meraviglioso *retablo* del XVIII secolo in stile churrigueresco. Scolpito in pino rosso con un'incredibile ricchezza di dettagli dallo scultore di Antequera Antonio Primo, questo *retablo* è ornato da una profusione di angeli, santi, papi e vescovi che sembrano librarsi a mezz'aria grazie all'abilità dell'artista nella resa del panneggio.

FREE **Dolmen de Menga e Dolmen de Viera** TOMBE MEGALITICHE

(⏲9-17.45 mar-sab, 9.30-14.15 dom) Nei pressi di Antequera si ergono alcune tra le più grandi tombe megalitiche d'Europa. Questi due dolmen si trovano a 1 km dal centro cittadino, lungo la strada che procede in direzione nord-est verso la A45. Tra il 2500 e il 2000 a.C. le popolazioni locali riuscirono a trasportare decine di massi giganteschi dalle colline situate nei dintorni per costruire queste tombe, originariamente coperte di terra e riservate ai loro capi tribù. Il dolmen di Menga è lungo 25 m, alto 4 m e formato da 32 lastroni, il più grande dei quali pesa ben 180 tonnellate. Dopo aver attraversato il modernissimo cortile in marmo, entrate in queste semplici ma suggestive vestigia di un passato lontanissimo, che potrebbero essere state costruite ieri per ospitare una delle numerose discoteche andaluse.

Pernottamento e pasti

Hotel San Sebastián HOTEL

(☎952 84 42 39; Plaza de San Sebastián 5; singole/doppie €25/40; ❄@) Ad Antequera non troverete nessuna struttura ricettiva situata in posizione più centrale di questo albergo elegantemente ristrutturato. La terrazza è il posto migliore della piazza per osservare il *paseo* della sera.

Hotel Coso Viejo HOTEL

(☎952 Calle Encarnación 9; www.hotelcosoviejo.es; singole/doppie con prima colazione €50/65; P❄@) Le camere di questo palazzo neoclassico del XVII secolo situato nel cuore di Antequera sono disposte intorno a un bellissimo patio con fontana. All'interno di questa struttura troverete anche una piacevole caffetteria e un buon ristorante.

Parador de Antequera HOTEL

(☎952 84 02 61; www.parador.es; Paseo García del Olmo; singole/doppie €95/118; P❄) Situato in una zona tranquilla a nord dell'arena, questo hotel ultramoderno è immerso in un gradevole giardino dal quale è possibile ammirare panorami veramente incantevoli.

TOP **Restaurant La Espuela** SPAGNOLO MODERNO

(☎952 70 30 31; Calle San Agustín 1; portate principali €12-21; ⏲chiuso lun) Situato in un tranquillo vicolo cieco che si dirama da Calle Infante Don Fernando, questo locale pervaso da un gradevole sottofondo di musica jazz propone un eccellente assortimento di specialità di Antequera, alcune delle quali preparate davanti ai vostri occhi da camerieri-cuochi vestiti con grande eleganza.

Restaurante Plaza de Toros ANDALUSO TIPICO

(Paseo María Cristina; portate principali €12-22; ⏲chiuso dom pomeriggio) Situato pochi passi oltre l'ingresso dell'arena, questo ristorante serve buoni piatti della cucina tradizionale, che potrete assaporare in un ambiente molto originale.

Informazioni

Ufficio turistico (www.antequera.es; Plaza de San Sebastián 7; ⏲11-14 e 17-20 lun-sab, fino alle 14 dom).

Per/da Antequera

La **stazione degli autobus** (Paseo Garcí de Olmo) si trova 1 km a nord del centro cittadino. Ogni giorno da questa stazione partono e arrivano almeno 12 autobus per/da Málaga (€5, 1 h) e da 3 a 5 per/da Osuna (€6,50, 1 h), Siviglia (Prado de San Sebastián; €12, 2 h), Granada (€7,55, 1 h 15 min) e Córdoba (€8,25, 1 h 30 min).

Tenete presente che le biglietterie sono chiuse dalle 14 alle 17.

La **stazione ferroviaria** (Avenida de la Estación) è situata 1,5 km a nord del centro città. Ogni giorno da questa stazione partono e arrivano da 2 a 4 treni per/da Granada (€19,90, 1 h 30 min), Siviglia (€29,40, 1 h 45 min) e Ronda (€16,10, 1 h 15 min). Tenete presente che per raggiungere Málaga e Córdoba bisogna cambiare a Bobadilla.

El Torcal

Sedici chilometri a sud di Antequera la natura ha scolpito una **montagna** alta 1336 m, realizzando alcune delle formazioni rocciose più insolite e straordinarie esistenti al mondo. Caratterizzata da rocce contorte, fessure profonde e pilastri calcarei, questa zona di 12 kmq circa 150 milioni di anni fa era un fondale marino.

Vicino al centro informazioni iniziano e terminano due sentieri segnalati, la 'Ruta Verde' (Sentiero Verde) di 1,5 km e la 'Ruta Amarilla' (Sentiero Giallo) di 3 km.

A est di Málaga

Chiamata talvolta Costa del Sol Oriental, la costa che si estende a est di Málaga è sensibilmente meno sviluppata del tratto di litorale che prosegue verso ovest, ma dà la spiacevole sensazione di essere sul punto di recuperare il tempo perduto.

Nell'entroterra si estende **La Axarquía**, una regione disseminata di bianchi villaggi di origine araba, collegati tra loro da tortuose stradine di montagna che si inerpicano sulle *sierras* lungo il confine con la provincia di Granada. In questa zona è possibile effettuare belle escursioni a piedi (i periodi migliori sono aprile e maggio e dalla metà di settembre alla fine di ottobre). In passato povera e dimenticata, La Axarquía sta vivendo in questi anni una sorta di boom turistico, accompagnato da un flusso di stranieri che hanno deciso di stabilirsi in questa zona.

NERJA

POP. 16.500

Situata 56 km a est di Málaga, Nerja è la località in cui la Costa del Sol diventa più gradevole, con una topografia più aspra e magnifici paesaggi che consentono di farsi un'idea dell'aspetto che doveva avere la Spagna dei bei tempi andati. Sebbene la gente del posto ami prendere le distanze dai pacchiani resort situati più a ovest, negli ultimi anni anche Nerja è stata invasa da un gran numero di turisti (soprattutto inglesi), per cui chi è in cerca di solitudine farà meglio a dirigersi altrove.

La principale attrattiva della cittadina, situata in centro, è lo spettacolare **Balcón de Europa**, un percorso pedonale che si protende verso l'oceano, all'ombra delle palme.

Pernottamento e pasti

Nel periodo estivo le camere degli alberghi migliori vengono sempre prenotate con largo anticipo.

Hotel Carabeo HOTEL €€

(☎952 52 54 44; www.hotelcarabeo.com; Calle Carabeo 34; doppie/suite con prima colazione €75/110; P ❄ @ ≋) Questo piccolo hotel è il frutto dell'intelligente ristrutturazione di una vecchia scuola. Le sue sette camere chic sono state battezzate con il nome di altrettante baie della zona e i curatissimi giardini si affacciano sull'orlo della scogliera. Il suo **Restaurante 34** (portate principali €17,50-25,50; ⊙chiuso nov-apr) serve deliziose specialità della cucina esotica, che potrete assaporare in incantevoli alcove affacciate sul mare.

Hotel Balcón de Europa HOTEL €€

(☎952 52 08 00; www.hotelbalconeuropa.com; Paseo Balcón de Europa 1; singole/doppie €82/115; P ❄ @ ≋) Situato nella posizione migliore della città, questo hotel dotato di un gradevole giardino terrazzato dispone di camere con balconi privati affacciate su un quieto tratto di spiaggia lambito dalle scintillanti acque del Mediterraneo. La piscina, la sauna, il piano bar e il ristorante panoramico costituiscono altre piacevoli caratteristiche di questa bella struttura ricettiva.

Hostal Marissal HOTEL €

(☎952 52 01 99; www.hostalmarissal.com; Balcón de Europa; singole/doppie €45/60; ❄ @) Situato accanto al Balcón de Europa, l'Hostal Marissal delizia i suoi ospiti con camere pulite, tranquille, comode e arredate con belle opere d'arte e con un buon ristorante. Si tratta di una struttura alberghiera che pratica tariffe da ostello.

Merendero Ayo PESCE €€

(Playa Burriana; portate principali €9-13) In questo affollatissimo ristorante all'aperto situato sulla spiaggia più bella di Nerja potrete gustare uno dei pasti migliori della città. In particolare, vi consigliamo di ordinare la paella, cucinata sul momento in grandi padelle sfrigolanti (siamo sicuri che chiederete il bis).

Casa Luque MEDITERRANEO €€€
(☎952 52 10 04; www.casaluque.com; Plaza Cavana 2; portate principali €15-21; ⊙chiuso dom a pranzo e mer) Il Casa Luque dispone di una bellissima terrazza panoramica e, grazie all'elegante menu mediterraneo comprendente diversi piatti di *haute cuisine*, può vantare un'atmosfera assai più caratteristica rispetto alla maggior parte degli altri ristoranti di Nerja. Caratterizzata dalla presenza di soffitti molto alti, la sala interna costituisce un piacevole rifugio dal traffico delle vie della città.

Informazioni

Ufficio turistico (www.nerja.org; Puerta del Mar; ⊙10-14 e 18-22 lun-sab, 10-14 dom mag-ott) Situato a breve distanza dalla passeggiata e dal punto panoramico del Balcón de Europa, questo ufficio offre la possibilità di ammirare fantastici scorci della costa.

Per/da Nerja

Dalla N340, nei pressi del punto più alto di Calle Pintada, gli autobus della compagnia **Alsina Graells** (☎952 52 15 04) effettuano collegamenti con Málaga (€3,86, 1 h, 14 corse al giorno), Almuñécar (€2,50, 25 min, fino a 13 corse al giorno), Almería (€12,15, 2 h 30 min, 9 corse al giorno) e Granada (€9,20, 1 h 30 min, da 2 a 3 corse al giorno).

DINTORNI DI NERJA

La principale attrattiva turistica della zona di Nerja è costituita dalla **Cueva de Nerja** (☎952 52 95 20; www.cuevadenerja.es; interi/ridotti €8,50/4,50; ⊙10-14 e 16-18.30, fino alle 19.30 lug e agosto), situata sulle pendici della Sierra Almijara a breve distanza dalla N340 e 3 km a est della città. Questa grandissima caverna è molto suggestiva e visitandola avrete l'impressione di trovarvi in una vasta cattedrale sotterranea, in costruzione da oltre 225 milioni di anni. Nei mesi estivi all'interno di questa grotta vengono organizzati spettacoli di vario genere, tra cui balletti ed esibizioni di flamenco. Dal lunedì al sabato circa 14 autobus fanno la spola tra Málaga e Nerja. La Cueva de Nerja è molto ben attrezzata per accogliere il turismo di massa, disponendo tra le altre cose di un grande ristorante e di un comodo parcheggio. La visita completa della grotta richiede circa 45 minuti.

Procedendo verso est la costa si fa sempre più frastagliata e chi dispone di un'automobile può raggiungere **Playa El Cañuelo** e altre spiagge sassose e panoramiche, seguendo i sentieri che dalla N340 scendono verso il mare a circa 8-10 km da Nerja.

CÓMPETA E DINTORNI

POP. 3500 / ALT. 640 M

Situato 17 km nell'entroterra, il villaggio collinare di Cómpeta costituisce la base d'appoggio ideale per visitare La Axarquía e le montagne circostanti, anche se la sua pace è oggi seriamente minacciata dal boom edilizio, che dalla costa dilaga incontrollato verso le valli più interne. In questa zona molti turisti originari dell'Europa settentrionale – in particolare danesi – hanno acquistato una seconda casa.

Che cosa vedere e fare

Situata a pochi chilometri da Cómpeta in direzione del fondovalle, **Árchez** vanta un bellissimo minareto almohade accanto alla chiesa. Da Árchez una strada tortuosa prosegue per 8 km in direzione sud-ovest fino ad **Arenas**, dove una salita ripida ma percorribile in automobile consente di raggiungere le rovine del **Castillo de Bentomiz**, una fortificazione araba arroccata sulla sommità dell'altura. Situata pochi passi al di fuori di Canillas de Albaida e 2 km a nord-ovest di Cómpeta, l'agenzia **Los Caballos del Mosquín** (☎608 658108; www.horseriding-andalucia.com) organizza escursioni a cavallo sulle montagne di durata compresa tra un'ora (€30) e tre giorni (€565). Con un lungo ma appagante percorso a piedi si può invece raggiungere la suggestiva vetta di **El Lucero** (1779 m), da dove nelle giornate più serene è possibile scorgere Granada e il Marocco. Partendo da Cómpeta, raggiungere El Lucero comporta tra andata e ritorno un'impegnativa escursione di una giornata intera, ma è anche possibile arrivare in automobile fino al passo di Puerto Blanquillo (1200 m), seguendo una pista di montagna da percorrere con prudenza che parte da Canillas de Albaida. Da Puerto Blanquillo un sentiero si inerpica per 200 m fino a un altro passo, il Puerto de Cómpeta. Un chilometro sotto quest'ultimo passo, una volta superata la cava, il sentiero che conduce alla cima (1 h 30 min), segnalato da un cartello, si dirama verso destra attraversando il greto di un torrente.

Pernottamento e pasti

Tramite la **Cómpeta Direct** (www.competadirect.com) è possibile prenotare case, appartamenti e camere presso privati. I due ristoranti migliori di Cómpeta, entrambi specializzati in buoni piatti delle cucine spagnola e internazionale, sono **El Pilón** (www.elpiloncompeta.com; Calle Laberinto; portate principali €11-18,50; ⌚20-24) e il **Cortijo Paco** (Avenida Canillas 6; portate principali €10-15; ⌚20-24, chiuso lun). Qualunque locale scegliate, nei mesi estivi fatevi dare un tavolo sulla terrazza situata al piano superiore.

Hotel Balcón de Cómpeta HOTEL €€
(☎952 55 35 35; www.hotel-competa.com; Calle San Antonio 75; singole/doppie €51/73; P ❄ ≋) L'unico hotel di Cómpeta dispone di camere confortevoli dotate di balconi, un buon ristorante, un bar, una grande piscina e diversi campi da tennis. Il personale è simpatico e cortese e parla un buon inglese. Questa struttura è accessibile ai disabili.

ℹ Informazioni

Ufficio turistico (Avenida de la Constitución; ⌚10-14 e 15-18 mer-dom, mar-sab lug-set) Si trova nei pressi della fermata degli autobus, al fondo del villaggio.

ℹ Per/da Cómpeta e dintorni

Ogni giorno tre o quattro autobus prestano servizio tra Cómpeta e Málaga (€3,50, 2 h), fermando anche a Torre del Mar.

PROVINCIA DI CÓRDOBA

Salendo lungo la Sierra Morena dalla Mancha si raggiunge la provincia di Córdoba, finestra dell'Andalusia settentrionale, una zona in gran parte rurale famosa per il suo eccellente olio di oliva, il vino e una città fondata dai romani che nel periodo del suo massimo splendore fu la capitale di Al-Andalus, nonché sede della splendida corte di Abd ar-Rahman III.

Córdoba

POP. 306.000 / ALT. 110 M

Pensate a una città abitata da 500.000 persone, ornata da eleganti palazzi e resa prospera da una fiorente economia. Pensate a università e biblioteche frequentate da artisti colti e saggi filosofi. Pensate a un califfato islamico più avanzato e civilizzato di qualunque altro regno il mondo avesse fino ad allora conosciuto. Queste immagini descrivono alla perfezione l'aspetto che Córdoba aveva nel 975 d.C.

Sebbene questa visione un po' sbiadita abbia ormai più di mille anni, Córdoba ha conservato un numero di antiche vestigia sufficiente per renderla una delle tre attrattive principali dell'Andalusia contemporanea. Il suo massimo capolavoro è costituito dalla gigantesca Mezquita, un'anomalia architettonica nonché l'unico luogo al mondo dove è possibile celebrare la messa in una moschea. Intorno a questo edificio si snoda un'intricata rete di vicoli tortuosi, balconi ornati da gerani e patios freschi e appartati, che assumono un aspetto particolarmente affascinante a primavera inoltrata.

Storia

Fondata nel 152 a.C., la colonia romana di Corduba divenne capitale della provincia Baetica, il cui territorio comprendeva gran parte dell'odierna Andalusia. Nel 711 Córdoba cadde nelle mani degli invasori musulmani e assunse il ruolo di capitale islamica della Penisola Iberica. Nel 756, a Córdoba Abd ar-Rahman I si proclamò emiro di Al-Andalus.

Sotto il dominio di Abd ar-Rahman III (912-61) Córdoba visse il suo periodo di massimo splendore, diventando la città più grande dell'Europa occidentale, con splendide moschee, biblioteche, osservatori astronomici, acquedotti, un'università e un gran numero di artigiani abilissimi nella lavorazione del cuoio, dei metalli, dei tessuti e delle ceramiche smaltate. La sua corte era frequentata da studiosi ebrei, arabi e cristiani.

Verso la fine del X secolo prese il potere Al-Mansour (Almanzor), uno spietato generale che nell'arco di vent'anni compì oltre 50 scorrerie, seminando il panico nella Spagna cristiana. Dopo la sua morte alcune bande di berberi iniziarono a terrorizzare Córdoba e il califfato precipitò nell'anarchia.

Nonostante queste sanguinose vicende, le tradizioni intellettuali della città si mantennero vive e nel corso del XII secolo nacquero due degli studiosi più insigni di Al-Andalus: il musulmano Averroè (Ibn Rushd) e l'ebreo Mosé Maimonide, due eruditi dalla cultura enciclopedica che sono ricordati soprattutto per le loro opere filosofiche, nelle quali si sforzarono di conciliare la fede e la ragione.

Nel 1236 Córdoba fu conquistata da Ferdinando III di Castiglia e divenne una città provinciale sempre meno importante. Da allora ebbe inizio un lungo periodo di declino, da cui la città si risollevò solo alla fine del XIX secolo grazie all'avvento dell'industrializzazione. Come è accaduto in altre città andaluse, anche a Córdoba negli ultimi anni la cultura, l'artigianato e le tradizioni di Al-Andalus sono diventate oggetto di una crescente riscoperta sia da parte degli studiosi sia della gente comune.

Córdoba, insieme ad altre 14 città spagnole (compresa Málaga), è in lizza per il titolo di Capitale Europea della Cultura 2016. Per avere ulteriori informazioni in merito, v. il sito internet www.cordoba2016.es.

Che cosa vedere e fare

Dal momento che gli orari di apertura delle principali attrattive turistiche di Córdoba cambiano con una certa frequenza, per evitare spiacevoli sorprese vi consigliamo di chiedere informazioni aggiornate agli uffici turistici. Tenete presente che la maggior parte dei siti (eccetto la Mezquita) rimane chiusa il lunedì. Di solito, nei mesi invernali l'orario di chiusura viene anticipato di una o due ore rispetto a quello estivo.

TOP **Mezquita** CHIESA, MOSCHEA
(interi/ridotti €8/4, ingresso libero 8.30-10 lun-sab; 10-19 lun-sab apr-ott, 9-10.45 e 13.30-18.30 dom tutto l'anno) Fondata nel 785, la gigantesca moschea di Córdoba può essere considerata una sorta di un ibrido architettonico. Ijn tempi 'moderni' l'edificio è stato ampiamente rimaneggiato per due volte con l'inserimento, nel XVI secolo, di una cattedrale costruita esattamente al centro e la chiusura di 19 porte di comunicazione che in passato davano sull'esterno inondando la Mezquita di luce.

L'ingresso principale è la **Puerta del Perdón**, un portale trecentesco in stile mudéjar che si affaccia su Calle Cardenal Herrero, al cui interno è stata collocata la biglietteria. Accanto alla Puerta del Perdón si erge una torre costruita tra il XVI e il XVII secolo sui resti del minareto della Mezquita. Questa porta consente di accedere al **Patio de los Naranjos** (Cortile degli Aranci), una struttura dal nome molto appropriato, che un tempo era riservato alle abluzioni e da dove un'altra porta conduce alla sala della preghiera.

Una volta superato quest'ultimo ingresso, vi troverete di fronte il mihrab, la nicchia della preghiera della kiblah della moschea (il muro che indica la direzione della Mecca), che rappresenta il fulcro del culto. Le prime 12 navate trasversali che si incontrano di fronte all'ingresso, vera e propria foresta di pilastri e di archi, comprendono la **moschea dell'VIII secolo**. Le colonne sostengono due ordini di archi, necessari per evitare che la moschea avesse soffitti troppo bassi e per realizzare uno spazio più ampio e luminoso.

Al centro del complesso sorge la cattedrale cristiana. Pochi passi oltre la sua estremità occidentale si trova il mihrab, indicato da archi più imponenti ed elaborati, di fronte al quale si apre la **maksura**, luogo in cui si raccoglievano in preghiera i califfi (oggi chiuso da un'inferriata), caratterizzato dalla presenza di complessi archi intrecciati e di cupole riccamente decorate, fatte costruire dal califfo Al-Hakam II intorno al 960. La decorazione del **portale del mihrab** venne realizzata con 1600 kg di tessere da mosaico d'oro, donate dall'imperatore cristiano di Bisanzio Niceforo II Foca, che conferiscono a questa parte della Mezquita l'atmosfera di una chiesa bizantina.

Dopo la conquista cristiana di Córdoba, la Mezquita venne trasformata in chiesa. Nel corso del XVI secolo il corpo centrale della struttura fu sventrato per consentire la costruzione di una cattedrale, comprendente la **Capilla Mayor**, che oggi custodisce al suo interno un prezioso *retablo* secentesco in diaspro e marmo, e il **coro**, che vanta bellissimi stalli settecenteschi in mogano intagliato.

Judería QUARTIERE
Gli ebrei furono tra i cittadini più dinamici e in vista della Córdoba islamica. Meglio conosciuto con il nome di *judería,* il quartiere ebraico medievale, che si estende a nord-ovest della Mezquita quasi fino ad Avenida del Gran Capitán, è oggi un dedalo di viuzze sul quale si affacciano suggestivi edifici imbiancati a calce e abbelliti da fiori alle finestre e sui balconi.

La piccola e bella **Sinagoga** (Calle de los Judíos 20; interi/cittadini UE €0,30/gratuito; 9.30-14 e 15.30-17.30 mar-sab, fino alle 13.30 dom e festivi) trecentesca è uno dei tre luoghi di culto ebraici medievali rimasti in Spagna e l'unico dell'Andalusia. Alla fine del XV secolo questo edificio ospitava un ospedale per la cura dell'idrofobia. Le iscrizioni ebraiche mutile sembrano i commoventi echi di una società ridotta al silenzio. La **Casa Andalusí** (Calle de los Judíos 12; ingresso €2,50; 10.30-20.30, fino alle 18.30 nov-marzo) è un'abitazione del XII secolo arredata con oggetti e mobili islamici di epoca medievale, che conserva un suggestivo mosaico romano.

Nel cuore della *judería,* all'angolo tra Calle de los Judíos e Calle Averroes, sorge la trecentesca **Casa de Sefarad** (www.casadesefarad.es; ingresso €4; 10-18 lun-sab, 11-14 dom),

Córdoba

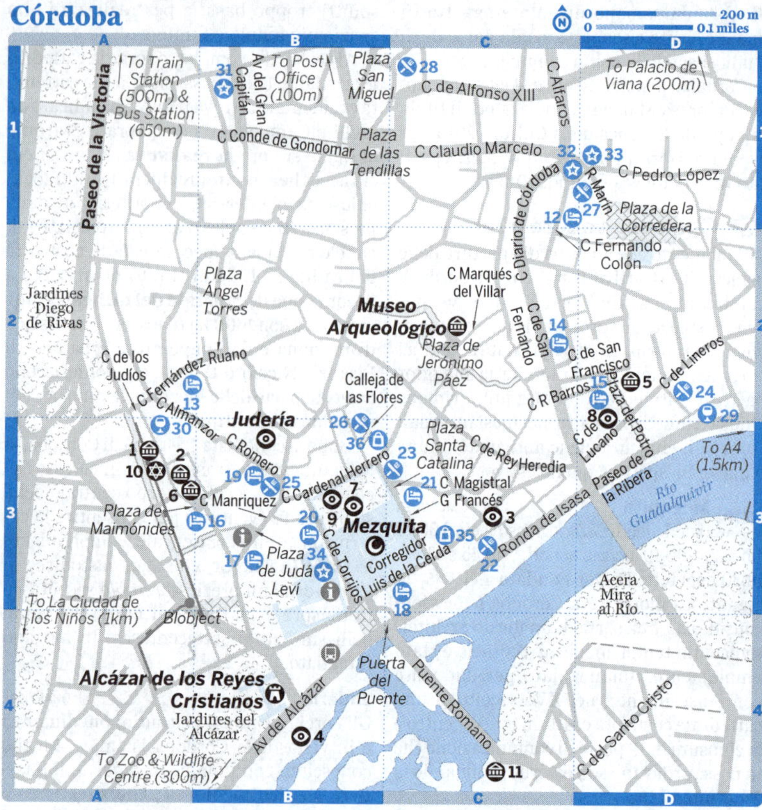

che un tempo era collegata alla sinagoga da una galleria sotterranea. All'interno di questo edificio è stato allestito un piccolo ma bellissimo museo, inaugurato nel 2008 e dedicato alla cultura sefardita degli ebrei spagnoli, seguita con sempre maggiore interesse soprattutto per quanto riguarda la musica, le tradizioni domestiche e le donne intellettuali (poetesse, cantanti e pensatrici) di Al-Andalus. In questo museo si trovano anche una biblioteca specializzata in storia sefardita e un negozio ben fornito. Per la maggior parte dell'anno all'interno di questo edificio si tengono recital musicali.

All'epoca delle ricerche compiute per questa guida, il vicino **Museo Taurino** (Museo della Tauromachia; ☎957 20 10 56; Plaza de Maimónides) era in fase di ristrutturazione.

Alcázar de los Reyes Cristianos CASTELLO
(Campo Santo de Los Mártires; interi/ridotti €4/2, ven ingresso libero; ⏲10-14 e 17.30-19.30 mar-sab mag-giu e set-metà ott, 8.30-14.30 mar-sab lug e agosto, 9.30-14.30 dom e festivi tutto l'anno) Situato pochi passi a sud-ovest della Mezquita, l'Alcázar (o Castello dei Re Cristiani) venne fatto costruire nel corso del XIII secolo da Alfonso X come palazzo e fortezza e dal 1490 al 1821 fu sede del tribunale dell'Inquisizione. Oggi i suoi giardini sono considerati tra i più belli dell'Andalusia. L'edificio comprende anche i Baños Califales, antichi bagni reali. Di particolare interesse è il sarcofago romano del III secolo, che suscita sempre profonde riflessioni sulla vita e la morte.

Puente Romano e dintorni PONTE ROMANO
Restaurato più volte, il **Puente Romano** supera il Guadalquivir pochi passi a sud della Mezquita. A pochi passi di distanza, verso valle e nei pressi della sponda settentrionale del fiume, si trova una **ruota ad acqua di epoca islamica**.

Situata nell'estremità meridionale del ponte, la **Torre de la Calahorra** (☎957 29 39 29; Puente Romano; interi/ridotti €4,50/3; ⏲10-

Córdoba

Da non perdere

	Alcázar de los Reyes Cristianos	B4
	Judería	B3
	Mezquita	B3
	Museo Arqueológico	C2

Che cosa vedere

1	Casa Andalusí	A3
2	Casa de Sefarad	A3
3	Hammam Baños Árabes	C3
4	Ruota ad acqua di epoca islamica	B4
	Museo de Bellas Artes	(v. 5)
5	Museo Julio Romero de Torres	D2
6	Museo Taurino	A3
7	Patio de los Naranjos	B3
8	Posada del Potro	D2
9	Puerta del Perdón	B3
10	Sinagoga	A3
11	Torre de la Calahorra	C4

Pernottamento

12	Casa de Los Azulejos	C1
13	Hostal el Reposo de Bagdad	A2
14	Hostal La Fuente	C2
15	Hotel Maestre	D2
16	Hotel Amistad Córdoba	B3
17	Hotel González	B3
18	Hotel Hacienda Posada de Vallina	C3
19	Hotel Lola	B3
20	Hotel Maimonides	B3
21	Hotel Mezquita	C3

Pasti

22	Amaltea	C3
23	Bar Santos	C3
24	Bodega Campos	D2
25	Casa Pepe de la Judería	B3
26	Mesón de las Flores	B3
27	Taberna Salinas	D1
28	Taberna San Miguel El Pisto	C1

Locali

29	Amapola	D2
30	Bodega Guzmán	A3

Divertimenti

31	Gran Teatro de Córdoba	B1
32	Jazz Café	C1
33	Mesón La Bulería	D1
34	Tablao Cardenal	B3

Shopping

35	Ghadamés	C3
36	Meryan	B3

18) è una struttura trecentesca che ospita al suo interno il curioso Museo Roger Garaudy delle Tre Culture, dedicato alle conquiste intellettuali della Córdoba islamica.

Plaza del Potro PIAZZA

Situata 400 m a nord-est della Mezquita, questa piazza pedonale tra il XVI e il XVII era un frequentato luogo di ritrovo di mercanti e di avventurieri. Miguel de Cervantes visse per un certo periodo nella **Posada del Potro** (Plaza del Potro 10; ingresso libero; ⏲17-21 mar-ven, 10-14 sab), che in quel periodo era una locanda (descritta nel *Don Quijote* come un 'covo di ladri'), mentre oggi è adibita a spazio espositivo.

Un ex ospedale ospita la sede del museo (curiosamente) più visitato di Córdoba, il **Museo Julio Romero de Torres** (Plaza del Potro 1; ingresso €4, ven ingresso libero; ⏲14.30-20.30 mar, 9-20.30 mer-sab, fino alle 14.30 dom e festivi), dedicato al celebre pittore locale Julio Romero de Torres (1873-1930), passato alla storia dell'arte per i suoi sensuali ritratti delle donne di Córdoba, osservate con uno sguardo affettuoso. Nello stesso edificio si trova il **Museo de Bellas Artes** (Museo di Belle Arti; interi/cittadini UE €1,50/gratuito; ⏲14.30-20.30 mar, 9-20.30 mer-sab, fino alle 14.30 dom e festivi), che espone al suo interno una bella collezione di opere di artisti cordobensi vissuti tra il XIV e il XX secolo.

Hammam Baños Árabes HAMMAM

(☎957 48 47 46; www.hammamspain.com/cordoba; Calle Corregidor Luis de la Cerda 51; bagni €26, bagni e massaggi €33; ⏲sedute di 2 ore 10, 12, 14, 16, 18, 20 e 22) Seguite l'esempio degli abitanti della Córdoba medievale e immergetevi in questi bagni arabi meravigliosamente restaurati, dove potrete concedervi un massaggio aromaterapico e terminare in bellezza nella caffetteria con una tazza di tè, una *shisha* e dolcetti arabi.

Palacio de Viana MUSEO

(☎957 49 67 41; Plaza de Don Gome 2; ingresso tutta la casa/solo patio €6/3; ⏲10-13 e 16-18 lun-ven, 10-13 sab) Córdoba è famosa per i suoi splendidi patios, che vengono idealmente rappresentati in questo meraviglioso palazzo rinascimentale dotato di una decina

CÓRDOBA PER I BAMBINI

Se né voi né i vostri bambini avete più voglia di vedere vecchie pietre, è finalmente arrivato il momento di uscire dalla città e di lasciarvi il passato alle spalle. Pochi passi a sud-ovest del centro di Córdoba e accanto allo **Zoo and Wildlife Centre** (Avenida de Linneo; interi/ridotti €4/2; ⏲10-19 mar-dom apr e mag, fino alle 20 giu-agosto, fino alle 19 set), gli edifici storici si trasformano in attrezzature dai vivaci colori sulle quali è possibile arrampicarsi. Benvenuti a **La Ciudad de los Niños** (☎663 035709; Avenida Menéndez Pidal; ingresso libero; ⏲10-14 e 7-23 giu-metà set), la Città dei Bambini di Córdoba. Per tutta l'estate presso questa struttura si svolgono eventi rivolti soprattutto ai bambini di età compresa tra i quattro e i 12 anni; per avere ulteriori informazioni in merito, vi consigliamo di consultare il sito internet, oppure di rivolgervi all'ufficio turistico regionale. La Ciudad de los Niños è servita dagli autobus n. 2 e n. 5 che fanno la spola tra l'Hospital Reina Sofia e il centro cittadino.

di tranquilli cortili interni, un giardino all'italiana e una casa dorata (che può essere ammirata prendendo parte a una delle interessanti visite guidate). Il Palacio de Viana si trova 500 m a nord di Plaza de la Corredera. Nei mesi di luglio e di agosto gli orari di apertura vengono prolungati.

Museo Arqueológico MUSEO
(Plaza de Jerónimo Páez 7; interi/cittadini UE €1,50/gratuito; ⏲15-20 mar, 9-20 mer-sab, fino alle 15 dom e festivi) L'eccellente museo archeologico di Córdoba consente di approfondire la conoscenza della città pre-islamica e ha trovato una collocazione perfetta in questo splendido palazzo rinascimentale. Il piano superiore è dedicato alla Córdoba medievale.

Feste ed eventi

La primavera e l'inizio dell'estate sono i periodi in cui si svolge la maggior parte di eventi a Córdoba.

Concurso e Festival de Patios Cordobeses PATIOS
(inizio di maggio) Questo concorso premia il 'patio più bello' tra i tanti cortili privati che per l'occasione vengono aperti al pubblico; nello stesso periodo si tiene anche un importante evento culturale.

Feria de Mayo FIERA PRIMAVERILE
(ultima settimana di maggio-inizio di giugno) Nel corso dei dieci giorni della Feria de Mayo si tengono una vivacissima fiera, concerti e corride.

Festival Internacional de Guitarra MUSICA
(fine giugno-inizio di luglio) Nel corso di queste due settimane dedicate alla chitarra, a Cordóba si tengono concerti di chitarra classica, flamenco, rock, blues e altri generi; tutte le sere nei giardini dell'Alcázar si esibiscono celebri artisti.

Semana Santa SETTIMANA SANTA
Tutte le sere della Settimana Santa tra le 20 e mezzanotte fino a 12 processioni accompagnano i *pasos* (carri) delle diverse confraternite lungo un percorso ufficiale che attraversa la città. Le processioni più importanti si tengono il Venerdì Santo tra le 16 e le 18.

Pernottamento

Córdoba possiede un gran numero di strutture ricettive economiche (anche se non è facile trovare camere singole a tariffe ragionevoli). La prenotazione è caldamente consigliata nel periodo compreso tra marzo e ottobre, soprattutto durante le festività più importanti.

TOP **Hotel Hacienda Posada de Vallina** HOTEL €€
(☎957 49 87 50; www.hhposadadevallinacordoba.com; Corregidor Luís de la Cerda 83; singole/doppie €50/70; P ❄ @ 📶) Situato in un invidiabile angolino del lato più tranquillo della Mezquita (l'edificio è ancora più antico), questo hotel sapientemente restaurato esalta i suoi lussuosi ambienti in stile moderno con ritratti e mobili d'epoca. I suoi due piani si affacciano sul gradevole patio e le camere dispongono di tutti i comfort moderni in una suggestiva atmosfera d'altri tempi (quelli della Córdoba medievale, per intenderci). A quanto ci è stato detto, in questo palazzo avrebbe soggiornato anche Cristoforo Colombo.

Hotel Amistad Córdoba HOTEL €€€
(☎957 42 03 35; www.nh-hoteles.com; Plaza de Maimónides 3; singole/doppie €125; P ❄ @ 📶) Ospitato all'interno di due dimore settecentesche dotate di patios originali in stile

mudéjar, l'Hotel Amistad Córdoba fa parte della catena alberghiera NH e dispone di camere eleganti con tutti i comfort che ci si aspetterebbe di trovare in una struttura di lusso, tra cui il servizio di babysitting. All'epoca delle ricerche compiute per questa guida, l'hotel era chiuso, ma quando leggerete queste righe la ristrutturazione dovrebbe essere stata portata a termine.

Hostal La Fuente HOTEL €

(☎957 48 78 27; www.hostallafuente.com; Calle de San Fernando 51; singole/doppie €35/50; ❄@📶) Sebbene si tratti di un hotel di media categoria, trovandosi a Córdoba l'Hostal Fuentes vanta un patio luminoso, splendidi azulejos, muri con mattoni a vista e splendidi dettagli architettonici. Le camere sono pulite e molto confortevoli e il personale calmo e assai disponibile. La via è piuttosto rumorosa, ma anche questo aspetto fa parte del fascino locale.

Hotel Maimonides HOTEL €€

(☎957 47 15 00; Calle de Torrijos 4; camere a partire da €65; P❄@) La struttura ricettiva più vicina alla Mezquita vanta interni luccicanti da hotel per uomini d'affari, un fatto che contribuisce a renderlo molto meno suggestivo di quanto possa far pensare il suo nome, ispirato al celebre filosofo. In ogni caso, l'Hotel Maimonides dispone di camere pulite e comode, di una accogliente caffetteria, di un negozio di souvenir, di un minibar, di giornali e dell'indispensabile asciugacapelli.

Hotel Mezquita HOTEL €€

(☎957 47 55 85; hotelmezquita.com; Plaza Santa Catalina 1; singole/doppie €42/74; ❄) Considerato una delle strutture ricettive con il miglior rapporto qualità-prezzo della città, questo hotel è ospitato all'interno di una suggestiva dimora del XVI secolo situata di fronte alla Mezquita e dispone di camere eleganti – alcune delle quali si affacciano sulla bellissima moschea – con bagni scintillanti.

Casa de los Azulejos HOTEL €€

(☎957 47 00 00; www.casadelosazulejos.com; Calle Fernando Colón 5; singole/doppie €90/110; ❄@) In questo raffinato albergo l'Andalusia incontra il Messico, grazie alla presenza di un patio pieno di banani, di morbide felci e di alte palme. Le camere sono arredate in stile coloniale e al piano terreno c'è un buon ristorante messicano.

Hotel Lola HOTEL €€

(☎957 20 03 05; www.hotelconencantolola.com; Calle Romero 3; doppie con prima colazione €119; P❄📶) L'Hotel Lola è un albergo dall'aspetto piuttosto insolito, con grandi letti di antiquariato e un'infinità di soprammobili che vorreste portarvi a casa. La prima colazione viene servita sulla terrazza situata all'ultimo piano affacciata sul campanile della Mezquita.

Hotel Maestre HOTEL €

(☎957 47 24 10; www.hotelmaestre.com; Calle Romero Barros 4; singole/doppie €38/52, appartamenti €58; P❄@) Questo albergo dispone di camere arredate in modo confortevole, ma i bagni sono piuttosto piccoli e poco attrezzati. Il personale della reception parla un po' di inglese.

Hotel González HOTEL €€

(☎957 47 98 19; www.hotel-gonzalez.com; Calle Manríquez 3; singole/doppie €40/70; ❄@📶) Il sontuoso arredamento barocco conferisce un tocco piacevolmente raffinato a questo albergo dalle tariffe molto convenienti. Il ristorante è situato in un grazioso patio pieno di fiori e i cordiali proprietari parlano correntemente l'inglese.

Hostal El Reposo de Bagdad HOTEL €

(☎957 20 28 54; Calle Fernández Ruano 11; singole/doppie €30/45) Situata in posizione defilata in una viuzza della *judería,* questa casa vecchia di due secoli è pervasa da un'atmosfera incantevolmente moresca e dispone di camere semplici ma pulite.

Pasti

Tra le specialità culinarie di Córdoba meritano di essere citati il *salmorejo,* un gazpacho (minestra di verdura fredda) molto denso a base di pomodoro, e il *rabo de toro* (coda di bue). Alcuni ristoranti propongono ricette di Al-Andalus, come la minestra all'aglio e uva sultanina, l'agnello al miele e l'arrosto farcito di datteri e di frutta secca. Il vino locale proviene dalle vicine regioni di Montilla e di Moriles ed è simile allo sherry, ma meno forte.

Nelle vicinanze della Mezquita ci sono molti ristoranti, ma i prezzi possono essere eccessivi e le specialità non particolarmente invitanti.

TOP **Taberna San Miguel El Pisto** TAPAS €€

(Plaza San Miguel 1; tapas €3, media raciones €5-10; ⏲chiuso dom e agosto) Fatti da parte Siviglia. Vini pregiati, una bellissima atmosfera, camerieri professionali della vecchia scuola, nessuna pretesa e un arredamento chiassoso ma bello contribuiscono a rendere la Taberna san Miguel El Pisto (il barile) il classico locale di tapas cordobense e andaluso. A seconda dei vostri gusti, potrete accomodarvi al bancone, oppure prendere una brocca di vino e cercare un tavolo nella parte posteriore dell'edificio.

Bodega Campos ANDALUSO €€€
(☎957 49 75 00; Calle de Lineros 32; tapas/raciones €6,50-16, portate principali €17,50-29; ⏲chiuso dom a cena) Questa vineria-ristorante dispone di diverse sale e di una meravigliosa atmosfera, che contribuiscono a renderlo uno dei locali migliori di Córdoba per concedersi una cena memorabile. Lungo i corridoi e le sale ci sono botti di quercia, autografate da un gran numero di celebrità, tra cui alcuni membri della famiglia reale spagnola e Tony Blair (un vero giramondo!); il ristorante serve un eccellente Montilla della casa.

Mesón de las Flores TAPAS €
(Calleja de las Flores; tapas €2-5, media raciones €5-10) Situata in posizione defilata in un vicolo della *judería* dove pare non arrivino le orde di turisti che visitano la Mezquita, la Mesón de las Flores continua a lavorare come se il progetto turistico di Franco non fosse mai esistito. In questo locale potrete assaporare alcune delle tapas più semplici ma anche migliori di tutta la città (i gamberi sono veramente eccezionali).

Taberna Salinas TAPAS €
(Calle Tundidores 3; tapas/raciones €2,50/8; ⏲chiuso dom e agosto) Questo grande ristorante dotato di un gradevole patio è stato inaugurato nel lontano 1879 e registra spesso il tutto esaurito. Tra le numerose specialità proposte dal menu, vi consigliamo di assaggiare le deliziose melanzane al miele, oppure le patate all'aglio. Nelle prime ore della serata la parte in cui si trova la taverna è più tranquilla e i simpatici baristi continueranno a riempire il vostro bicchiere con l'eccellente Montilla di produzione locale.

Casa Pepe de la Judería ANDALUSO €€€
(☎957 20 07 44; Calle Romero 1; tapas/media raciones €2,50-9,50, portate principali €11-18, menús €27) Questo locale dispone di una bellissima terrazza affacciata sulla Mezquita e di un labirinto di sale da pranzo perennemente affollate. Bevete un bicchiere di Montilla offerto dalla casa prima di lanciarvi sulle specialità del Casa Pepe, tra le quali spiccano la coda di bue di Córdoba e il filetto di cacciagione.

Bar Santos TORTILLAS €
(Calle Magistral González Francés 3; tortillas €2,50) Il leggendario Bar Santos serve la più grande *tortilla de patata* (omelette di patate e cipolle) di tutta la città, che potrete assaporare con le forchette di plastica in piatti di carta ammirando la Mezquita. Da non perdere.

Amaltea INTERNAZIONALE, VEGETARIANO €€
(Ronda de Isasa 10; portate principali €8-16; ⏲chiuso lun e dom pomeriggio; ✎) Considerato da molti il ristorante vegetariano migliore di Córdoba (ma anche i piatti a base di carne sono davvero buoni), l'Amaltea riserva una particolare attenzione alla scelta di ingredienti biologici (per convincervene, vi basterà assaggiare il taboulé in stile libanese). Si trova nei pressi del fiume.

Locali e divertimenti

I bar più animati di Córdoba sono situati soprattutto nei quartieri più nuovi della città e durante i weekend iniziano ad affollarsi verso le 23. Tenete presente che quasi tutti i bar del centro storico chiudono intorno a mezzanotte.

Amapola BAR
(Paseo de la Ribera 9; ⏲9-15 lun-ven, 17-4 sab e dom) L'Amapola è un locale frequentato da una clientela giovane e alla moda, che si accomoda sui divani di pelle verde sorseggiando elaborati cocktail. I DJ provvedono al sottofondo musicale fino alle ore piccole.

Bodega Guzmán BAR, PUB
(Calle de los Judíos 7) Non perdetevi questo suggestivo locale del centro storico sempre molto frequentato, che serve il Montilla spillandolo direttamente dalle botti.

FREE **Jazz Café** BAR
(Calle Espartería; ⏲8-fino a tardi) Questo grande e bellissimo bar, pieno di fotografie in bianco e nero di famosi jazzisti, ospita regolarmente esibizioni di jazz dal vivo e jam session ed è anche un locale particolarmente indicato per smaltire i postumi di una sbornia.

Gran Teatro de Córdoba TEATRO
(☎957 48 02 37; www.teatrocordoba.com, in spagnolo; Avenida del Gran Capitán 3) Questo teatro propone un ricco cartellone di concerti, spettacoli teatrali, balletti e proiezioni cinematografiche, quasi tutti rivolti a un pubblico popolare spagnolo.

DA VEDERE

MEDINA AZAHARA

Persino nella calura, tra il canto delle cicale e la quiete di un pomeriggio estivo, la **Medina Azahara** (Madinat al-Zahra; ☎957 32 91 30; interi/cittadini UE €1,50/gratuito; ⏲10-18.30 mar-sab, fino alle 20.30 mag-metà set, fino alle 14 dom) rievoca il potere e la personalità del suo fondatore, Abd ar-Rahman III. Autoproclamatosi califfo, nel 936 Rahman ordinò la costruzione di una magnifica nuova capitale 8 km a ovest di Córdoba, dove si stabilì nel 945. La Medina Azahara costituì dunque una clamorosa dichiarazione del suo status, nonché un meraviglioso ornamento al suo potere.

La nuova capitale ebbe però vita brevissima. Infatti, tra il 1010 e il 1013, durante la crisi del califfato, la Medina Azahara venne saccheggiata dai soldati berberi e oggi è stato riportato alla luce meno di un decimo della sua superficie, appena un quarto del quale è oggi aperto al pubblico.

Il percorso della visita scende al **Dar al-Wuzara** (Casa dei Visir), un imponente edificio con diversi archi a ferro di cavallo che fronteggia un giardino quadrato, e alla struttura più straordinaria del complesso, il **Salón de Abd ar-Rahman III**, ovvero la sala del trono del califfo, che è stata pazientemente restaurata e conserva ancora i raffinati archi a ferro di cavallo a cornice degli elaborati giardini e gli elaborati stucchi, la cui sontuosità non conosce rivali nel mondo islamico.

La Medina Azahara è indicata in Avenida de Medina Azahara, la via che esce da Córdoba in direzione ovest e confluisce nella A431.

Una corsa di andata e ritorno in taxi costa €37, cifra che comprende anche un'ora per la visita del sito; in alternativa, potreste aggregarvi a uno dei tour in autobus della durata di tre ore (da €6,50 a €10) prenotando presso uno dei numerosi alberghi di Córdoba.

FLAMENCO

Córdoba dispone di due locali di flamenco.

Tablao Cardenal LOCALE DI FLAMENCO
(Calle de Torrijos 10; ingresso con una bevanda €20; ⏲22.30-fino a tardi lun-sab) Ospitato all'interno di un edificio d'epoca situato di fronte alla Mezquita, questo locale propone un repertorio estremamente variegato di musica e ballo, rivolto soprattutto ai turisti stranieri.

Mesón La Bulería LOCALE DI FLAMENCO
(Calle Pedro López 3; ingresso con una bevanda €12) Leggermente meno famosa e raffinata (ma anche più economica) del Tablao Cardenal, la Mesón La Bulería propone uno spettacolo tutte le sere alle 22.30.

Shopping

Córdoba è famosa in ogni parte del mondo per il *cuero repujado* (cuoio lavorato a rilievo), i gioielli d'argento (in particolare la filigrana) e le ceramiche. I negozi di artigianato sono concentrati nella zona della Mezquita. Il **Meryan** (Calleja de las Flores) dispone di un vasto assortimento di articoli in cuoio di buona qualità, prodotti però industrialmente (per quanto su scala relativamente ridotta).

Ghadamés PELLETTERIA
(www.cuerrosghadames.com; Corregidor Luis de la Cerda 52; ⏲10-13 e 17.30-20, fino alle 13 apr-set) Il Ghadamés è il laboratorio di Rafael Varo, uno dei pochi artigiani che continuano a mantenere viva la tradizione del *guadamecíes,* una tecnica inventata a Córdoba nel corso del XIII secolo, che consiste nel conciare la pelle in modo che sia possibile dipingerla, lavorarla a rilievo o intarsiarla in complessi motivi ornamentali. I prezzi partono da €200 circa.

Informazioni

Quasi tutte le banche e gli sportelli bancomat si trovano in Plaza de las Tendillas e in Avenida del Gran Capitán. Alcuni sportelli bancomat si trovano anche all'interno della stazione degli autobus e della stazione ferroviaria.

Ch@t (Calle Claudio Marcelo 15; €1,80 l'ora; ⏲9.30-13.30 e 17.30-20.30 apr-ott, 10-13.30 sab) Questo centro dispone di un gran numero di computer e di un efficiente accesso a internet (ma non per i Mac).

Hospital Reina Sofia (☎957 21 70 00; Avenida de Menéndez Pidal) Si trova 1,5 km a sud-ovest della Mezquita.

Policía Nacional (☎95 747 75 00; Avenida Doctor Fleming 2).

Ufficio postale (Calle José Cruz Conde 15).

Ufficio turistico municipale (Plaza de Judá Levi; ⊙8.30-14.30 lun-ven).

Ufficio turistico regionale (☎957 35 51 79; Calle de Torrijos 10; ⊙9-19.30 lun-ven, 9.30-15 sab, dom e festivi) Situato di fronte al lato occidentale della Mezquita, questo efficiente ufficio turistico è in grado di fornire un gran numero di informazioni sulla città e sui suoi dintorni.

Per/da Córdoba

Autobus

La **stazione degli autobus** (Glorieta de las Tres Culturas) è situata 1 km a nord-ovest di Plaza de las Tendillas, dietro la stazione ferroviaria. Tra le località raggiungibili con gli autobus in partenza da Cordóba meritano di essere citate Siviglia (€10,36, 1 h 45 min, 6 corse al giorno), Granada (€12,52, 2 h 30 min, 7 corse al giorno), Málaga (€12,75, 2 h 45 min, 5 corse al giorno) e Baeza (€10, 3 h, 1 corsa al giorno).

Treno

La **stazione ferroviaria** di Córdoba (Avenida de América) si trova lungo la linea ad alta velocità AVE che collega Madrid a Siviglia. Tra le località raggiungibili con i treni in partenza da Córdoba meritano di essere citate Siviglia (da €10,60 a €32,10, da 40 a 90 min, 23 o più corse al giorno), Madrid (da €52 a €66,30, da 1 h 45 min a 6 h 15 min, 23 o più corse al giorno), Málaga (da €21 a €39,60, da 1 h a 2 h 30 min, 9 corse al giorno), Barcellona (da €59,40 a €133, 10 h 30 min, 4 corse al giorno) e Jaén (€11,45, 1 h 30 min, 1 corse al giorno). Tenete presente che per raggiungere Granada (€34,30, 4 h) bisogna cambiare a Bobadilla.

Trasporti urbani

L'autobus n. 3 (€1,20), in partenza dalla via situata tra la stazione ferroviaria e la stazione degli autobus, raggiunge Plaza de las Tendillas percorrendo Calle de San Fernando, a est della Mezquita. In senso contrario questo autobus passa in Ronda de Isasa, pochi passi a sud della Mezquita.

Una corsa in taxi dalla stazione ferroviaria o dalla stazione degli autobus alla Mezquita costa circa €6.

Gli automobilisti tengano presente che il sistema di sensi unici di Córdoba potrebbe rivelarsi un vero incubo, ma molti alberghi e *hostales* sono abbastanza ben indicati e se dispongono del parcheggio sui loro cartelli compare la 'P'. Per il parcheggio gli alberghi fanno pagare una cifra compresa tra €12 e €18 al giorno.

Blobject (☎957 76 00 33; www.blobject.es; Avenida Dr Fleming; a partire da €30 per le prime 2 ore) è un'automobile elettrica Gem costruita negli Stati Uniti (velocità massima circa 32 km orari). Dotata del sistema GPS e di una porta USB per inserire informazioni relative alla guida in diverse lingue europee, la Blobject ha una sagoma arrotondata e molto attraente e costituisce un mezzo di trasporto sicuro ed ecologico per visitare la città, consentendo anche di apprezzarne i suoni e il profumo dei fiori. I veicoli Blobject per uno, due o quattro passeggeri possono essere prelevati e riconsegnati in alcuni dei principali luoghi turistici della città. Per avere informazioni sui percorsi, vi consigliamo di rivolgervi all'ufficio turistico. La stessa azienda sta sperimentando l'utilizzo del Segway, un insolito e divertente scooter elettrico controllato dai movimenti del guidatore; prima della partenza viene impartito un rapido corso di guida e vengono forniti i caschi.

PROVINCIA DI GRANADA

Chi si reca nella provincia di Granada senza averne prima visitato il capoluogo? Ma dopo aver presentato i vostri omaggi a Garcia Lorca, all'Albayzín e ai frivoli fantasmi dell'Alhambra, sappiate che c'è una realtà molto diversa che vi attende. Gran parte della regione è aspra e montuosa, con le vette più alte della Spagna (la Sierra Nevada) e l'unica stazione sciistica del paese, mentre lungo le pendici meridionali della catena si distendono le sonnolente e incantate valli di Las Alpujarras, percorse da sentieri tortuosi e disseminate di bianchi villaggi dove il tempo sembra essersi fermato. Il litorale di Granada, la Costa Tropical, ruota intorno ad Almuñécar, una località di villeggiatura balneare suggestiva ma poco frequentata.

Granada

POP. 300.000 / ALT. 685 M

L'arabo Boabdil non fu l'ultimo viaggiatore in partenza a versare qualche lacrima d'addio per Granada, città dalle vie bruciate dal sole e dalla terra riarsa dove qua e là spunta una rinfrescante chiazza di verde, come i boschi e i giardini che ornano l'afosa Alhambra. A chi si prende la briga di conoscerla a fondo, Granada rivela un fascino più elusivo. Si tratta infatti di uno di quei luoghi dove bisogna accantonare la guida per seguire le proprie intuizioni attraverso un misterioso labirinto di vicoli e le ombrose *teterías* marocchine, tra gli spettacoli di flamenco più autentici e meno noti e il *duende* che emana dall'Albayzín.

La caratteristica che rende Granada così interessante è la mancanza di semplicità. Si tratta infatti di una città tradizionalmente conservatrice, ma allo stesso tempo caratterizzata da una controcultura bohémien, un luogo dove i moderni graffiti sono stati tracciati provocatoriamente su muri vecchi di cinque secoli. Non potrete fare a meno di innamorarvi di questa città, anche se non ne comprenderete mai il motivo. Da parte nostra, vi consigliamo di non preoccuparvi di nulla, ma di immergervi nel suo splendore e di lasciare le declamazioni poetiche agli esteti. 'La tua elegia, Granada, è cantata dalle stelle che dal cielo toccano il tuo cuore nero', scrisse Federico García Lorca, il letterato più famoso nato in questa città, una frase che rappresenta la miglior chiosa di ogni descrizione di Granada.

Storia

La storia di Granada è davvero entusiasmante. Fondata dagli iberi nell'area attualmente occupata dall'Albayzín, nel 711 la città venne sottratta ai visigoti dai musulmani, aiutati dalla comunità ebraica che viveva alle pendici del colle dell'Alhambra, nell'insediamento noto allora come Garnata al Jahud, nome da cui deriva il toponimo moderno; il termine spagnolo *granada* significa anche 'melagrana', frutto che non a caso compare nello stemma della città.

Dopo la caduta di Córdoba (1236) e di Siviglia (1248), i musulmani trovarono rifugio a Granada, dove Mohammed ibn Yusuf ibn Nasr aveva fondato un emirato indipendente. Esteso dallo Stretto di Gibilterra fino a est di Almería, questo emirato nasride divenne in breve tempo l'unica roccaforte dell'antica Al-Andalus, che venne governata per 250 anni dal sempre più sfarzoso palazzo dell'Alhambra. Durante questo periodo Granada divenne una delle città più prospere dell'Europa medievale.

Nel XV secolo l'economia locale entrò in un periodo di stagnazione e si scatenarono violente rivalità per la successione al trono. Una fazione appoggiava l'emiro Abu al-Hasan e la favorita del suo harem Zoraya, mentre l'altra sosteneva Boabdil, il figlio che Abu al-Hasan aveva avuto dalla moglie Aixa. Nel 1482 Boabdil si ribellò, scatenando disordini che ben presto assunsero i connotati di una vera e propria guerra civile. Le armate cristiane che invasero l'emirato trassero vantaggio da questa situazione, mettendo sotto assedio la città e devastando le campagne, fino ad arrivare nel 1491 sotto le mura di Granada. Dopo otto mesi di assedio, Boabdil concordò la resa della città in cambio delle Alpujarras e di 30.000 monete d'oro, oltre alla garanzia di libertà politica e religiosa per sé e per i suoi sudditi. Il 2 gennaio del 1492 i Re Cattolici Ferdinando e Isabella entrarono vittoriosi a Granada, indossando gli abiti tradizionali musulmani. I sovrani trasferirono la loro corte nell'Alhambra, dove rimase per diversi anni.

Oggetto di continue persecuzioni, gli ebrei e i musulmani furono infine espulsi dalla Spagna nel XVII secolo. Per Granada ebbe così inizio una fase di profondo declino, a cui pose fine negli anni '30 del XIX secolo il crescente interesse per il suo passato islamico, che segnò l'avvento del turismo.

Quando i nazionalisti si impadronirono di Granada all'inizio della guerra civile, circa 4000 *granadinos* che si erano schierati con la repubblica o simpatizzavano per essa furono uccisi. Tra loro c'era anche il celebre poeta Federico García Lorca. Granada è nota ancora oggi per il suo spirito conservatore.

Che cosa vedere e fare

Quasi tutte le principali attrattive della città possono essere raggiunte comodamente a piedi dal centro, ma chi desidera evitare di camminare in salita può prendere un autobus.

TOP **Alhambra** PALAZZO
(cartina p360; ☎902 441221; prevendita: www.alhambra-tickets.es e www.servicaixa.com; interi/anziani e studenti UE €12/9, solo Generalife €6; 8.30-20 16 marzo-31 ott, chiuso 25 dic e 1° gen) Adagiata sulla sommità della collina di La Sabika, l'Alhambra è un luogo davvero incantato. Viste dall'esterno, le torri rosse e le mura della fortezza si stagliano con il loro sobrio profilo al di sopra delle chiome dei cipressi e degli olmi, sul magnifico sfondo della Sierra Nevada.

Se possibile, cercate di visitare il complesso al mattino presto (8.30) o nel tardo pomeriggio, in modo da evitare le vocianti comitive dei viaggi organizzati, oppure concedetevi una magica serata nel Palacio Nazaríes.

L'Alhambra è formata da due imponenti complessi: il Palacio Nazaríes e l'Alcazaba (cittadella). All'interno delle sue mura si trovano anche il Palacio de Carlos V, l'Iglesia de Santa María de la Alhambra, due alberghi, diverse librerie e negozi di souvenir e deliziosi giardini, tra cui lo straordinario Generalife.

Nei pressi della biglietteria ci sono un paio di caffè, ma solo i due hotel servono pasti completi.

Granada

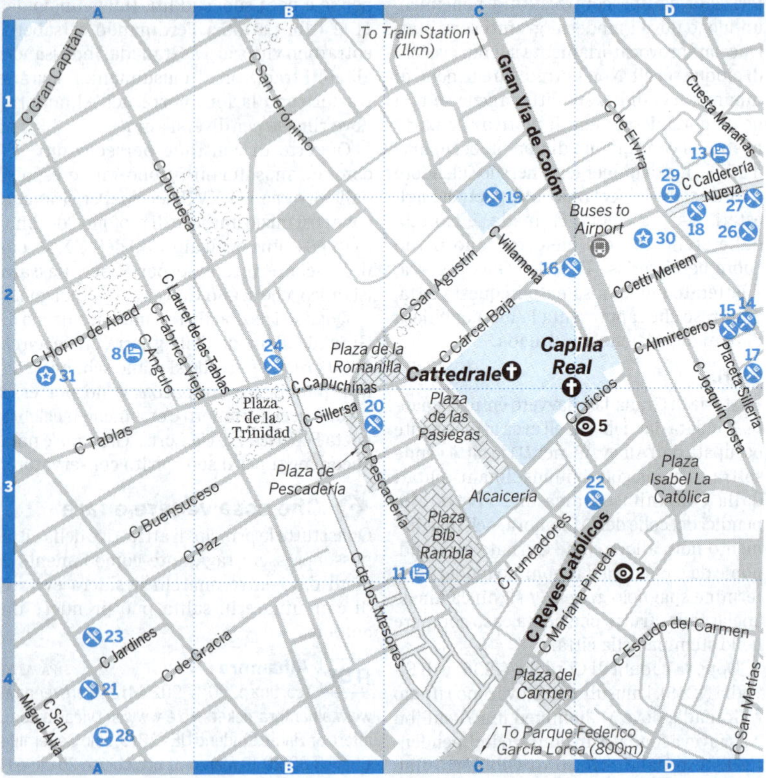

L'Alhambra, termine che deriva dall'espressione araba *al-qala'at al-hamra* (castello rosso), venne fondata come fortezza nel corso del IX secolo. Tra il XIII e il XIV secolo gli emiri nasridi la trasformarono in un complesso fortificato e residenziale, aggiungendovi un piccolo centro abitato (medina), del quale oggi sono rimaste solo le rovine. Yusuf I (sul trono dal 1333 al 1354) e Muhammad V (sul trono dal 1354 al 1359 e dal 1362 al 1391) fecero costruire il magnifico Palacio Nazaríes.

Dopo la conquista cristiana la moschea dell'Alhambra fu sostituita da una chiesa e dal Convento de San Francisco (odierno Parador de Granada). Carlo I, nipote dei Reyes Católicos Ferdinando e Isabella, fece demolire un'ala del Palacio Nazaríes per fare spazio a un gigantesco complesso in stile rinascimentale, il Palacio de Carlos V, nome che aveva assunto dopo essere stato incoronato imperatore del Sacro Romano Impero.

Nel corso del XVIII secolo l'Alhambra fu abbandonata ai ladri e ai mendicanti. Durante l'occupazione napoleonica venne utilizzata come caserma e poco mancò che fosse fatta saltare in aria. Nel 1870 fu dichiarata monumento nazionale in seguito al grande interesse suscitato da alcuni scrittori romantici, tra cui Washington Irving, che scrisse i deliziosi *Racconti dell'Alhambra* nel Palacio Nazaríes durante un suo breve soggiorno negli anni '20 del XIX secolo. Da allora, l'Alhambra è stata recuperata con ampi interventi di restauro e il complesso, insieme ai giardini del Generalife e all'Albayzín, è stato inserito dall'UNESCO nella lista dei siti Patrimonio dell'Umanità.

Alcazaba

Nel gennaio del 1492 dalla sommità di questo palazzo vennero innalzati la croce e gli stendardi della Reconquista. Un tempo i rintocchi della campana della torre principale, la **Torre de la Vela**, regolavano il

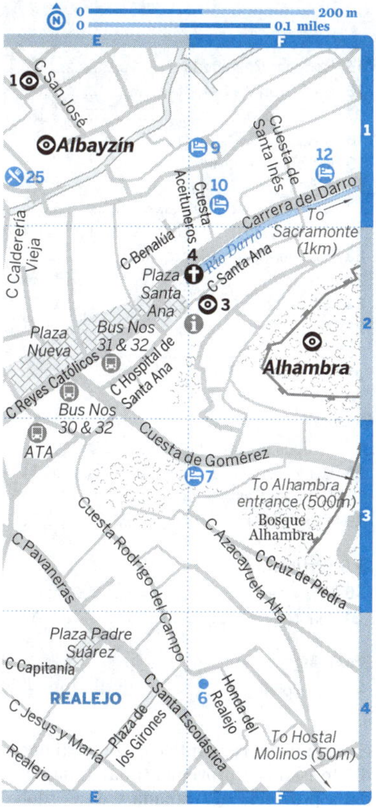

sistema di irrigazione della Vega, la fertile pianura di Granada.

Palacio Nazaríes

Questo palazzo è unanimemente considerato la perla dell'Alhambra, grazie alla presenza di una profusione di motivi decorativi simbolici e geometrici e di splendidi stucchi intervallati da iscrizioni in arabo.

Costruito nel corso del XIV secolo, il **Mexuar** è l'ingresso attraverso il quale si accede abitualmente al palazzo e in passato era utilizzato come sala del consiglio e anticamera per coloro che attendevano di essere ricevuti dall'emiro. Di norma, la gente comune non poteva oltrepassare questo punto.

Dal Mexuar si passa nel **Patio del Cuarto Dorado**, il cortile dove gli emiri concedevano udienza, e alla sua sinistra si trova il **Cuarto Dorado** (Camera d'Oro). Di fronte a quest'ultimo si trova l'ingresso del Palacio de Comares, che vanta una bellissima facciata rivestita di piastrelle smaltate, stucchi ed elaborati intagli in legno.

Costruito per l'emiro Yusuf I, il **Palacio de Comares** era la residenza privata dei regnanti. Questo edificio è disposto intorno all'incantevole **Patio de los Arrayanes** (Patio dei Mirti), al cui centro si trova una vasca rettangolare. L'estremità meridionale del patio è sovrastata dalle mura del Palacio de Carlos V. All'interno della **Torre de Comares** (a nord) si trova la **Sala de la Barca** (Sala della Benedizione), caratterizzata da uno splendido soffitto ligneo, che conduce al **Salón de los Embajadores**, dove gli emiri negoziarono le condizioni della resa con gli ambasciatori cristiani. Il magnifico soffitto a cupola di questa sala è intarsiato con oltre 8000 tasselli di cedro, disposti in modo da formare un motivo di stelle che rappresenta i sette cieli dell'islam.

Il Patio de los Arrayanes conduce al **Palacio de los Leones**, un magnifico edificio costruito durante il regno di Muhammad V, che con ogni probabilità ospitò l'harem reale. Le sale di questo palazzo circondano il famoso **Patio de los Leones**, abbellito da una fontana in marmo che riceve l'acqua dalle bocche di dodici leoni in marmo. La struttura del palazzo simboleggia il paradiso islamico, suddiviso in quattro parti da fiumi (in questo caso rappresentati dai canali che convogliano acqua nella fontana centrale). Delle quattro sale disposte intorno al patio, la **Sala de los Abencerrajes** (situata a sud) è il luogo in cui secondo la tradizione furono uccisi i membri della nobile famiglia Abencerraj, il cui capo pare avesse osato amoreggiare con Zoraya, la favorita di Abu al-Hasan. Nell'estremità orientale del patio si apre la **Sala de los Reyes** (Sala dei Re), i cui soffitti rivestiti di cuoio furono decorati nel corso del XIV secolo da pittori cristiani. Il nome di questa sala deriva dal dipinto collocato nell'alcova centrale, che si ritiene raffiguri dieci emiri nasridi. Nel lato settentrionale del patio si trova la **Sala de Dos Hermanas** (Sala delle Due Sorelle), un ambiente dalle sontuose decorazioni, il cui nome deriva probabilmente dalle due lastre di marmo bianco poste ai lati della fontana. Questa sala è coperta da una magnifica cupola a *muqarna* con una stella centrale e 5000 alveoli che alludono alle costellazioni; secondo il parere di alcuni studiosi, questa potrebbe essere la sala in cui l'emiro si appartava con la sua favorita. Da una porta situata nella parete di fondo si passa

Granada

Da non perdere

Albayzín ... E1
Alhambra ... F2
Capilla Real ... C2
Cattedrale ... C2

Che cosa vedere

1 Alminar de San José ... E1
2 Corral del Carbón ... D3
3 Hammam de Al-Andalus ... F2
4 Iglesia de Santa Ana ... F2
5 La Madraza ... D3

Attività, corsi e tour

6 Centro de Lenguas Modernas ... F4

Pernottamento

7 Hostal Landázuri ... F3
8 Hostal Meridiano ... A2
9 Hotel Carmen de Santa Inés ... F1
10 Hotel Casa del Capitel Nazarí ... F1
11 Hotel Los Tilos ... C3
12 Hotel Zaguán del Darro ... F1
13 Oasis Backpackers' Hostel ... D1

Pasti

14 Antigua Castañeda ... D2
15 Bodegas Castañeda ... D2
16 Café Gran Via Colón ... C2
17 Café Lisboa ... D2
18 Kasbah ... D2
19 Mercado Central San Agustín ... C2
20 Oliver ... B3
21 Om-Kalsum ... A4
22 Pastelería López-Mezquita ... D3
23 Poë ... A4
24 Reca ... B2
25 Restaurante Arrayanes ... E1
26 Samarkanda ... D2
27 Tetería Nazarí ... D2

Locali

Antigua Castañeda ... (v. 14)
28 Bar Pacurri ... A4
Bodegas Castañeda ... (v. 15)
29 Taberna El Espejo ... D1

Divertimenti

30 Granada 10 ... D2
31 Planta Baja ... A2

Shopping

Artespaña ... (v. 2)

nella **Sala de los Ajimeces**, dalle cui basse finestre la favorita poteva posare lo sguardo sull'Albayzín e sulla campagna circostante, rimanendo comodamente sdraiata sulle ottomane e sui cuscini.

Dalla Sala de Dos Hermanas un passaggio conduce alle **Estancias del Emperador** (Stanze dell'Imperatore), costruite per Carlo I negli anni '20 del XVI secolo. Secoli dopo, in alcuni di questi ambienti soggiornò Washington Irving. Da queste sale si scende nel **Patio de la Reja** (Patio dell'Inferriata) e nel **Patio de Lindaraja**, sbucando nel **Palacio del Partal**, una zona di giardini a terrazze. Per uscire dai giardini del Partal bisogna imboccare il cancello antistante il Palacio de Carlos V, oppure proseguire lungo un sentiero che conduce al Generalife.

Palacio de Carlos V

A dispetto della sua pianta quadrata, questo imponente edificio cela al suo interno un sorprendente cortile circolare disposto su due piani e dotato di 32 colonne.

Al piano terra del palazzo si trova il **Museo de la Alhambra** (958 22 75 27; ingresso libero; 9-14.30 mar-sab), al cui interno è esposta un'affascinante collezione di opere d'arte islamica provenienti dall'Alhambra, dalla provincia di Granada e da Córdoba, illustrate da interessanti didascalie in inglese e in spagnolo.

Situato al piano superiore, il **Museo de Bellas Artes** (958 22 48 43; interi/cittadini UE €1,50/gratuito; 14.30-20 mar, 9-20 mer-sab, 9-14.30 dom e festivi marzo-ott) merita una visita per ammirare la sua splendida collezione di dipinti e di sculture di artisti che nacquero o trascorsero parte della loro vita a Granada.

Altri edifici cristiani

L'**Iglesia de Santa María** fu costruita tra il 1581 e il 1617 nel luogo dove sorgeva la moschea del palazzo. Il **Convento de San Francisco** – che oggi ospita la sede dell'albergo Parador de Granada (p363) – sorse sulle fondamenta di un palazzo islamico. I conquistatori di Granada Isabella e Ferdinando furono sepolti nel patio e in seguito le loro salme vennero traslate nella Capilla Real.

Generalife

Situato all'interno del palazzo del 'giardino dell'architetto', il **Patio de la Acequia**

(Cortile del Canale dell'Acqua) vanta una lunga vasca incorniciata da aiuole e da fontane ottocentesche, le cui forme sinuose riecheggiano i porticati situati alle due estremità. Nei pressi di questo patio si estende il **Jardín de la Sultana**, dove si trova il tronco di un cipresso vecchio di 700 anni, presso il quale Abu al-Hasan avrebbe sorpreso la sua favorita Zoraya in compagnia del capo della famiglia degli Abencerraj. Questo episodio sarebbe all'origine della strage compiuta nella Sala de los Abencerrajes.

Realejo QUARTIERE

Il Realejo si estende alle pendici del colle dell'Alhambra, verso sud. Le bellissime case di questo quartiere sono rese ancora più suggestive dalla presenza del **Carmen de los Martires** (Paseo de los Martires; ingresso libero; ⏲10-14 e 16-20 lun-ven giu-set), un giardino ottocentesco romanticamente disordinato. La villa accuratamente restaurata – utilizzata per sontuosi ricevimenti di nozze – e il giardino occupano l'area del Convento delle Carmelitane Scalze.

Capilla Real CAPPELLA, MAUSOLEO

(cartina p356; www.capillareal.granada.com; Calle Oficios; ingresso €3,50; ⏲10.30-13.30 e 16-19.30 lun-sab, 11-13.30 e 16-19 dom apr-ott) Situata accanto alla Cattedrale, la **Cappella Reale** è l'edificio cristiano più importante di Granada. I Re Cattolici Isabella e Ferdinando commissionarono questo elaborato mausoleo in stile gotico-isabellino ma, dal momento che fu portato a termine solo nel 1521, i sovrani vennero sepolti provvisoriamente nel Convento de San Francisco.

Le spoglie dei conquistatori di Granada riposano in semplici bare di piombo nella cripta sotto i monumenti in marmo del presbiterio, chiuso da una splendida cancellata dorata in ferro battuto, realizzata da Bartolomé de Jaén (1520). La sacrestia ospita un piccolo ma interessante **museo** dove sono conservati la spada di Ferdinando e lo scettro, la corona d'argento e la collezione d'arte privata di Isabella, comprendente un gran numero di quadri fiamminghi e la *Preghiera nell'orto degli ulivi* di Botticelli. In questo museo è possibile ammirare anche due belle statue dei Re Cattolici in preghiera, realizzate da Felipe de Vigarni nei primi anni del XVI secolo.

Di fronte alla cappella si trova **La Madraza** (cartina p356; ingresso libero; ⏲8-22), un maestoso edificio fatto costruire nel 1349 dal sultano Yusuf I per ospitare una scuola e un'università. Una luce dalla tonalità parti-

INGRESSO ALL'ALHAMBRA

Alcune parti dell'Alhambra possono essere visitate in qualunque momento senza biglietto, tuttavia le più interessanti sono accessibili solo a pagamento. Ogni giorno sono disponibili fino a 6600 biglietti, un terzo dei quali viene messo in vendita presso la biglietteria il giorno stesso; tenete però presente che i biglietti si esauriscono sempre molto in fretta, per cui per essere certi di trovarne uno dovrete mettervi in fila alle 7 del mattino.

È quindi consigliabile la prenotazione (supplemento di €1 per ogni biglietto), che si può effettuare fino a tre mesi prima in due modi diversi:

Alhambra Advance Booking (☎902 88 80 01 per le chiamate nazionali, 0034 934 92 37 50 per le chiamate internazionali; www.alhambra-tickets.es; ⏲8-21).

Servicaixa (www.servicaixa.com) Sito di prenotazioni online in spagnolo e inglese. I biglietti possono essere acquistati in anticipo anche presso le biglietterie automatiche di Servicaixa, ma solo per i **giardini dell'Alhambra** (⏲8-19 marzo-ott, 8-17 nov-feb).

Tenete presente che per effettuare prenotazioni online o telefoniche occorre disporre di una carta di credito Visa, MasterCard o Eurocard. Per ritirare il biglietto il giorno della visita vi verrà assegnato un numero di riferimento, che dovrete esibire alla biglietteria dell'Alhambra insieme al passaporto, alla carta d'identità o alla carta di credito.

Il Palacio Nazaríes è aperto anche per le **visite notturne** (⏲10-23.30 mar-sab marzo-ott). I biglietti hanno lo stesso prezzo delle visite diurne; la biglietteria apre 30 minuti prima dell'orario di apertura del palazzo e chiude 30 minuti più tardi. Le visite notturne possono essere prenotate con le stesse modalità di quelle diurne.

Alhambra e Generalife

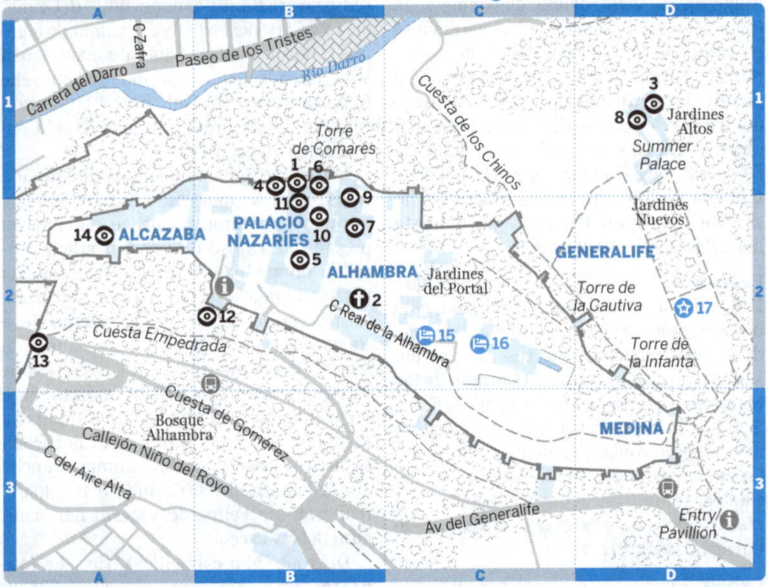

Alhambra e Generalife

Che cosa vedere

- Convento de San Francisco .... (v. 16)
- 1 Cuarto Dorado B1
- 2 Iglesia de Santa María B2
- 3 Jardín de la Sultana D1
- 4 Mexuar B1
- Museo de Bellas Artes .... (v. 5)
- Museo de la Alhambra .... (v. 5)
- 5 Palacio de Carlos V B2
- 6 Palacio de Comares B1
- 7 Palacio de los Leones B2
- 8 Patio de la Acequia D1
- 9 Patio de Lindaraja B2
- 10 Patio de los Arrayanes B2
- 11 Patio del Cuarto Dorado B2
- 12 Puerta de la Justicia B2
- 13 Puerta de las Granadas A2
- 14 Torre de la Vela A2

Pernottamento

- 15 Hotel América C2
- 16 Parador de Granada C2
- Puerta de las Granadas .... (v. 13)

Pasti

- Parador de Granada .... (v. 16)

Divertimenti

- 17 Teatro del Generalife D2

colarmente calda illumina la magnifica sala della preghiera in cui si trova un elaborato mihrab. All'epoca delle ricerche compiute per questa guida, questo edificio era chiuso per restauri.

Catedral CATTEDRALE

(cartina p356; ingresso €3,50; ⌚10.45-13.30 e 16-20 lun-sab, 16-20 dom, fino alle 19 nov-marzo) Situata accanto alla Capilla Real, ma con un ingresso separato dalla Gran Vía de Colón, la gigantesca cattedrale di Granada in stile gotico-rinascimentale fu iniziata nel 1521; i lavori di costruzione vennero affidati a Diego de Siloé, che vi lavorò dal 1528 al 1563, ma furono portati a termine solo nel XVIII secolo. Caratterizzata da quattro robusti contrafforti che formano tre grandi portali ad arco, la facciata principale di Plaza de las Pasiegas fu progettata nel corso del XVII secolo da Alonso Cano.

Alcaicería e Plaza Bib-Rambla PIAZZA

Situata pochi passi a sud della Capilla Real, l'**Alcaicería** era il mercato arabo della seta, ma la zona che si può visitare oggi – piena di negozi per turisti – è il risultato di un restauro eseguito nel corso del XIX secolo dopo un incendio. A sud-ovest dell'Alcaicería si estende la vasta e pittoresca **Plaza Bib-Rambla**. Nei pressi si trova il bellissimo

Corral del Carbon (cartina p356; Calle Mariana Pineda), una costruzione del XIV secolo caratterizzata dalla presenza di archi a forma di ferro di cavallo, dove in passato si radunavano i mercanti di carbone (dai quali è derivato il nome moderno, Cortile del Carbone). Oggi questo complesso ospita un negozio di artigianato a gestione statale, l'**Artespaña** (p367).

Albayzín QUARTIERE

Sulla collina che si erge di fronte all'Alhambra nel versante opposto della Valle del Darro si estende l'antico quartiere arabo di Granada, l'Albayzín, che oggi è una sorta di museo all'aperto dove potrete perdervi per un'intera mattinata. Nelle sue viuzze acciottolate si susseguono meravigliose *cármen*es (grandi residenze con giardini recintati, il cui nome deriva dal termine arabo *karm*, che significa appunto 'giardino'). Questo quartiere continuò a essere abitato dalla popolazione musulmana per diversi decenni dopo la conquista cristiana del 1492.

Situata nei pressi della sommità dell'Albayzín, Plaza del Salvador è dominata dal profilo della **Colegiata del Salvador** (ingresso €0,75; ⏲10.30-13 e 16.30-19.30 lun-sab), una chiesa del XVI secolo che venne costruita nel luogo in cui si trovava la moschea principale dell'Albayzín; nell'estremità occidentale del complesso si trova il patio della moschea, un luogo tranquillo e fresco caratterizzato dalla presenza di archi a ferro di cavallo.

A pochi passi da Plaza Larga si trova l'**Arco de las Pesas**, un imponente accesso nella cinta muraria dell'Albayzín, costruito nel corso dell'XI secolo. Seguendo da questo arco il Callejón de San Cecilio si può raggiungere il **Mirador San Nicolás**, il punto panoramico più bello (e perennemente affollato) dell'Albayzín, dal quale è possibile ammirare scorci impareggiabili sia dell'Alhambra sia della Sierra Nevada. Se possibile, visitatelo al tramonto, insieme a un'orda di turisti, ma prestate molta attenzione ai borseggiatori, che sono molto abili e organizzati.

Pochi passi a est del Mirador San Nicolás e a breve distanza dalla Cuesta de las Cabras si trova la **Mezquita Mayor de Granada** (⏲giardini 11-14 e 18-21.30), la prima moschea costruita nell'Albayzín nel corso degli ultimi secoli, per le esigenze religiose della sempre più numerosa comunità musulmana di Granada.

Un altro punto panoramico situato in posizione invidiabile è la **Placeta de San Miguel Bajo**, attorniata da vivaci caffè-ristoranti. Nei pressi di questa piazzetta e del Callejón del Gallo si trova un vicoletto, percorrendo il quale si può raggiungere il quattrocentesco **Palacio de Dar-al-Horra** (Callejón de las Monjas; ingresso libero; ⏲10-14 lun-ven), una versione in miniatura romanticamente disordinata dell'Alhambra, dove visse la madre di Boabdil, l'ultimo grande sovrano arabo di Granada.

Scendendo da Placeta de San Miguel Bajo si raggiunge il delizioso **Alminar de San José** (cartina p356) di Calle San José, il minareto di una moschea dell'XI secolo ormai scomparsa. Calle San José sfocia nella parte alta di **Calle Calderería Nueva**, una via molto stretta famosa per le sue *teterías*, dove troverete anche diversi negozi di pantofole, pipe per la *shisha*, gioielli e ceramiche nordafricane, che evocano l'atmosfera di un souq marocchino.

Gli autobus n. 31 e 32 seguono percorsi circolari da Plaza Nueva all'Albayzín, prestando servizio più o meno ogni 7-9 minuti dalle 7.30 alle 23.

Plaza de Santa Ana PIAZZA

Plaza Nueva si estende a nord-est verso Plaza de Santa Ana, dove si trova l'**Iglesia de Santa Ana** (cartina p356), il cui campanile incorpora il minareto di una moschea. Lungo la stretta Carrera del Darro si trovano i bagni arabi dell'XI secolo, **Baños Árabes El Bañuelo** (Carrera del Darro 31; ingresso libero; ⏲10-14 mar-sab). Proseguendo si incontra il **Museo Arqueológico** (Carrera del Darro 43; interi/cittadini UE €1,50/gratuito; ⏲14.30-20.30 mar, 9.30-20.30 mer-sab, fino alle 14.30 dom), al cui interno è esposta una bella collezione di reperti provenienti dalla provincia di Granada.

TOP **Hammam de Al-Andalus** HAMMAM

(☎902 33 33 34; www.granada.hammamspain.com; Calle Santa Ana 16; bagno/bagno e massaggio €21/30) Quello proposto in questo hammam non ha niente a che vedere con il trattamento un po' rude che viene riservato nelle strutture analoghe di Fez e di Marrakech, anche se il migliore bagno pubblico di Granada ha comunque un tocco più esotico rispetto al centro benessere che siete abituati a frequentare nel vostro paese. Godetevi il lusso stile Alhambra delle piscine sotterranee illuminate da una bella luce soffusa, sorseggiando una tazza di tè alla menta e facendo finta di essere Alec Guinness nel film *Lawrence d'Arabia*. È indispensabile prenotare e indossare il costume da bagno.

Monasterio de San Jerónimo MONASTERO
(Calle Rector López Argueta 9; ingresso €3,50; ⏲10-14 e 16-19.30 apr-ott) Situato 500 m a ovest della cattedrale, questo monastero del XVI secolo è il luogo in cui venne sepolto El Gran Capitán, Gonzalo Fernández de Córdoba, braccio destro militare dei Re Cattolici. Questo edificio rappresenta una tappa assolutamente imperdibile per gli appassionati di architettura gotica e rinascimentale e della scultura in pietra. I giardini all'italiana sono splendidi anche nei mesi invernali.

Monasterio de La Cartuja MONASTERO
(Paseo de la Cartuja; ingresso €3,50; ⏲10-13 e 16-20 apr-ott) Situato 2 km a nord-ovest del centro di Granada, il Monasterio de La Cartuja è un altro straordinario capolavoro architettonico, che può essere raggiunto dalla Gran Vía de Colón con l'autobus n. 8. Questo monastero fu costruito tra il XVI e il XVIII secolo e ospita al suo interno una chiesa con ricchissime decorazioni in oro, marmo e sculture e una sacrestia barocca altrettanto sontuosa.

TOP **Huerta de San Vicente** MUSEO
(☎958 25 84 66; Calle Virgen Blanca; ingresso €3; ⏲visite guidate 10.15, 11, 11.45, 12.30, 17.15, 18, 18.45, 19.30) La casa dove Federico García Lorca trascorreva l'estate e dove scrisse alcune delle sue opere più famose si trova appena 1,5 km a sud del centro di Granada, ma conserva ancora l'atmosfera evocativa di una villa di campagna dei primi anni del XX secolo. Oggi il moderno e bellissimo **Parque Federico García Lorca** la separa dal traffico della zona.

Per raggiungere la Huerta de San Vicente dalla Puerta Real bisogna percorrere Calle de las Recogidas per 700 m, poi svoltare a destra in Calle del Arabial e quindi imboccare la prima via che si diparte sulla sinistra, Calle Virgen Blanca.

Corsi

Granada è un luogo veramente fantastico per studiare lo spagnolo e dispone anche di diverse scuole di danza spagnola. Presso l'ufficio turistico provinciale è possibile consultare l'elenco delle scuole, disponibile anche nei siti internet www.granadaspanish.org e www.spanishcourses.info.

Escuela Carmen de las Cuevas LINGUA SPAGNOLA
(☎958 22 10 62; www.carmencuevas.com; Cuesta de los Chinos 15, Albayzín) Questa scuola privata è frequentata anche da studenti americani, un fatto che non può stupire nessuno, visto che la passione e l'entusiasmo del personale e degli studenti sono veramente straordinari. Questa scuola propone corsi di lingua e di cultura spagnole, ballo e chitarra di flamenco per vari livelli (da principianti ad avanzati). Il corso intensivo di lingua dura due settimane (40 ore) e costa €330.

Centro de Lenguas Modernas LINGUA SPAGNOLA
(Centro di Lingue Moderne; ☎958 21 56 60; www.clm-granada.com; Placeta del Hospicio Viejo) Il dipartimento di lingue moderne dell'Università di Granada propone diversi corsi di spagnolo, molto popolari e per tutti i livelli, a partire da 10 giorni (40 ore di lezione) al costo di €381.

Tour

Granada Tapas Tours TOUR GASTRONOMICI
(☎619 444984; www.granadatapastours.com) La simpatica guida di questa agenzia – che si esprime correntemente sia in inglese sia in spagnolo – vi accompagnerà nella visita di alcuni bar specializzati in tapas, fornendovi inoltre un gran numero di informazioni sulla città; le tariffe per due persone partono da circa €65, cifra che comprende anche le bevande e le tapas.

City Sightseeeing Granada TOUR IN AUTOBUS
(☎902 10 10 81) Questa agenzia gestisce un autobus a due piani che fa il giro di Granada, con 20 fermate presso i siti principali. È possibile scendere e salire quando si vuole; il biglietto (€16) vale 24 ore.

Feste ed eventi

Semana Santa SETTIMANA SANTA
La Settimana Santa e la Feria de Corpus Christi sono i due eventi principali di Granada. In Plaza del Carmen vengono sistemate file di panche per assistere alle processioni della Semana Santa.

Día de la Cruz FESTA RELIGIOSA
(Giorno della Croce) Nel corso di questa ricorrenza le piazze, i patios e i balconi della città vengono ornati da croci floreali (Cruces de Mayo) per fare da sfondo alle tipiche feste *andaluz* del 3 maggio.

Feria de Corpus Christi FESTA PRIMAVERILE
(Festa del Corpus Domini) Granada celebra questa festa con fiere, corride, grandi bevute e *sevillanas*. La Feria de Corpus Christi cadrà il 7 giugno del 2012 e il 30 maggio del 2013.

Festival Internacional de Música y Danza MUSICA, DANZA
(www.granadafestival.org) Questa manifestazione della durata di due settimane e mezzo in programma dalla fine di giugno ai primi giorni di luglio comprende soprattutto esibizioni musicali e spettacoli di danza classica, alcuni dei quali gratuiti e molti allestiti all'interno di sedi storiche. Per avere ulteriori informazioni sugli spettacoli più popolari – i cui biglietti si esauriscono sempre molto rapidamente – si può consultare il sito internet.

Pernottamento

La tradizione moresca si riflette chiaramente negli alberghi di Granada, molti dei quali sono ospitati all'interno di antiche residenze medievali ristrutturate e trasformate in riad in stile marocchino. Nel quartiere dell'Albayzín ci sono molti alberghi di questo genere, ma anche i *cármenes* restaurati sono molto suggestivi.

Come in tutte le città andaluse, per riuscire a trovare una camera libera a Granada durante la Semana Santa e nel periodo di Natale è consigliabile prenotare con un certo anticipo.

TOP **Casa Morisca Hotel** HOTEL STORICO €€€
(958 22 11 00; www.hotelcasamorisca.com; Cuesta de la Victoria 9; doppie interno/esterno €118/148;) Con le sue 14 camere stile Alhambra ospitate all'interno di una fantastica residenza della fine del XV secolo dell'Albayzín, il Casa Morisca Hotel potrebbe tranquillamente competere con il più raffinato riad marocchino. Tutti gli ambienti sono disposti intorno al bellissimo patio dotato di una bella vasca ornamentale e di suggestivi porticati in legno. L'aspetto più apprezzabile di questa struttura ricettiva è rappresentato dalla squisita suite Mirador, dalla quale è possibile ammirare fantastici scorci dell'Alhambra.

Carmen de la Alcubilla HOTEL STORICO €€
(958 21 55 51; www.alcubilladelcaracol.com; Aire Alta 12; singole/doppie €100/120;) Ospitato all'interno di un *cármene* restaurato con un giardino a terrazze pieno di gelsomini e di limoni appollaiato sulla collina del Realejo, questo tranquillo e bellissimo palazzo di Granada non può vantare molti mobili antichi (al punto che qualcuno lo considera un piacevole diversivo alle numerose dimore storiche cittadine), ma consente di ammirare un magnifico panorama sulla Sierra Nevada e offre un servizio veramente impeccabile.

GRANADA PER I BAMBINI

Con quattro edifici e otto aree adibite a ospitare mostre interattive, il popolare **Parque de las Ciencias** (958 13 19 00; www.parqueciencias.com; Avenida del Mediterráneo; interi/under 18 €6/5; 10-19 mar-sab, 10-15 dom e festivi) di Granada dovrebbe tenere occupati i vostri bambini per qualche ora. Gli scacchi giganti e il Labirinto delle Piante sono solo due delle numerose attività che si possono praticare all'interno di questo parco, situato circa 900 m a sud del centro cittadino, nei pressi del Palacio de Congresos.

Se desiderate dedicarvi ad attività meno impegnative, vi consigliamo di dirigervi verso il **Parque Federico García Lorca** (p370), che vanta spazi verdi e pianeggianti adatti sia per gli adulti sia per i bambini e ampi viali e offre la possibilità di osservare il modo in cui i *granadinos* trascorrono il loro tempo libero.

Parador de Granada HOTEL STORICO €€€
(cartina p360; 958 22 14 40; www.parador.es; Calle Real de la Alhambra; camere €315;) Il *parador* più costoso di Spagna si trova in posizione impareggiabile tra le mura dell'Alhambra e può vantare un passato ricco di storia (in passato fu sede di un convento): pernottando al suo interno potrete concedervi i lussi di un sovrano nasride (almeno per una notte). Si consiglia di prenotare.

Palacio de Los Patos BOUTIQUE HOTEL €€€
(902 29 22 93; www.ac-hotels.com; Solarillo de Gracia 1; camere a partire da €200;) Come se gli altri hotel non fossero sufficienti, con questo meraviglioso mix di tradizionalismo neoclassico e di stile moderno-industriale oggi Granada può vantare anche un albergo a cinque stelle. Le tariffe principesche comprendono la spa, un ristorante dall'aspetto per la verità piuttosto appariscente, giardini lussureggianti, un'ampia scelta di eleganti saponette e un garofano rosso sul letto per la siesta pomeridiana.

Hotel Guadalupe HOTEL €€
(958 22 34 23; www.hotelguadalupe.es; Avenida Los Alixares; singole/doppie €75/92;)

Situato accanto all'Alhambra, l'Hotel Guadalupe è pervaso da un'atmosfera luminosa e dispone di camere sobrie ed eleganti, arredate nelle tonalità dell'arancione e del crema e affacciate sull'Alhambra o sugli uliveti. Tenete presente che in bassa stagione le tariffe scendono vistosamente.

Hotel Zaguán del Darro HOTEL STORICO €€
(cartina p356; ☎958 21 57 30; www.hotelzaguan.com; Carrera del Darro; singole €55, camere €95; ❄@🛜) Questo hotel vanta una bellissima posizione (ai piedi dell'Alhambra) e una lunga storia (ha sede all'interno di una casa restaurata del XVI secolo), senza per questo applicate le tariffe elevate dei boutique hotel di Granada. Non lasciatevelo sfuggire!

Hostal Molinos HOTEL €
(☎958 22 73 67; www.hotelmolinos.es; Calle Molinos 12; singole/doppie/triple €29/32/45; 🛜) Non fatevi scoraggiare dal soprannome di 'albergo più stretto del mondo' (lo è davvero – come prova il certificato del *Guinness dei Primati*), perché le nove camere dell'Hostal Molinos sono molto spaziose e il personale della lobby sarà felice di fornirvi un gran numero di informazioni e vi riserverà una calda accoglienza. Situata alle pendici del Realejo, questa struttura rappresenta una sistemazione centrale ed economica.

Oasis Backpackers' Hostel OSTELLO €
(cartina p356; ☎958 21 58 48; www.oasisgranada.com; Placeta Correo Viejo 3; letti in camerata/doppie €18/40; ❄@🛜) L'Oasis Backpackers Hostel è una struttura per bohémien situata in un quartiere bohémien: Questo ostello si trova infatti a pochi passi dalle *teterías* e dai bar di Calle Elvira. Al suo interno troverete la possibilità di collegarsi gratuitamente a internet, una terrazza sul tetto e diverse cassette di sicurezza. Una vera perla della sua categoria.

Camping Sierra Nevada CAMPEGGIO €
(☎958 15 00 62; www.campingsierranevada.com; Avenida de Madrid 107; piazzole interi/ridotti/tende €5,95/5,05/5,95; 🏊) Situato nei pressi della stazione degli autobus e 2,5 km a nord-ovest del centro di Granada, questo campeggio è spazioso, vivace e gestito in maniera impeccabile. I bagni sono semplici e puliti e all'interno di questo campeggio troverete anche una lavanderia, un supermercato e un parco giochi per i bambini. I cancelli chiudono a mezzanotte e riaprono alle 7. L'autobus n. 3 assicura i collegamenti con il centro cittadino.

Hotel Carmen de Santa Inés HOTEL STORICO €€
(cartina p356; ☎958 22 63 80; www.carmensantaines.com; Placeta de Porras 7; singole/doppie €85/95, camere con salotto €140; ❄) Questa casa risalente all'epoca del dominio islamico e ampliata tra il XV e il XVII secolo dispone di un incantevole patio per la prima colazione situato in un giardino pieno di mirti, alberi da frutto e fontane.

Hotel Casa del Capitel Nazarí HOTEL STORICO €€
(cartina p356; ☎958 21 52 60; www.hotelcasacapitel.com; Cuesta Aceituneros 6; singole/doppie €88/110; ❄@🛜) La magia dell'Albayzín rivive in questo prestigioso palazzo rinascimentale costruito nel 1503, che oggi ospita un albergo di lusso. Le camere sono arredate con qualche tocco marocchino e il cortile ospita spesso interessanti mostre d'arte.

Hotel América HOTEL €€
(cartina p360; ☎958 22 74 71; www.hotelamericagranada.com; Calle Real de la Alhambra 53; doppie €81-116; ⏲marzo-nov; ❄@🛜) Situato all'interno del parco dell'Alhambra, questo edificio costruito nei primi anni del XIX secolo costituisce un'oasi di pace in una zona molto trafficata di Granada. Vi consigliamo di prenotare con molto anticipo, perché l'Hotel América dispone di poche camere.

Hotel Los Tilos HOTEL €€
(cartina p356; ☎958 26 67 12; www.hotellostilos.com; Plaza Bib-Rambla 4; singole/doppie/triple €50/80/90; ❄@🛜) Ristrutturato di recente, l'Hotel Los Tilos si trova in pieno centro e offre una sistemazione di buon livello anche se non particolarmente attraente, grazie alla presenza di una bella terrazza sul tetto.

Puerta de las Granadas HOTEL €€
(cartina p360; ☎958 21 62 30; www.hotelpuertadelasgranadas.com; Calle Cuesta de Gomérez 14; doppie €104-170; ❄@🛜) Questo edificio ottocentesco ristrutturato in stile moderno-minimalista sfoggia imposte di legno e finiture eleganti.

Hostal Landázuri HOTEL €
(cartina p356; ☎958 22 14 06; www.hostallandazuri.com; Cuesta de Gomérez 24; singole/doppie €36/45, singole/doppie senza bagno privato €24/34, triple €60, quadruple €70; Ⓟ€10)

L'Hostal Landázuri è una struttura molto accogliente che dispone di una bella terrazza affacciata sull'Alhambra, un caffè e due proprietarie – madre e figlia – molto disponibili.

Hostal Meridiano HOTEL €
(cartina p356; ☎958 25 05 44; www.hostalpensionmeridiano.com; Calle Angulo 9; camere €38, singole/doppie senza bagno privato €17/27, doppie/triple con bagno privato €40/60; P ❄ @) La dinamica coppia che gestisce questo hotel dà l'impressione di essere veramente lieta di poter aiutare i suoi ospiti in tutti i modi.

Hostal La Ninfa HOTEL €€
(☎958 22 79 85; www.hostallaninfa.net; Calle Campo del Príncipe; singole/doppie €46/70; ❄) Questa struttura in stile rustico è ornata da vivaci stelle e da piatti di ceramica dipinta appesi sia all'esterno sia negli ambienti interni. Al suo interno troverete camere pulite e molto accoglienti, proprietari simpatici e un'invitante sala in cui viene servita la prima colazione.

Pasti

Granada è una delle roccaforti della fantastica tradizione spagnola di servire tapas gratuite insieme a ogni bevanda, a volte con invenzioni ispirate alla tradizione culinaria internazionale. In città ci sono anche alcuni buoni ristoranti marocchini e mediorientali, concentrati soprattutto nell'Albayzín. Inoltre, i *granadinos* hanno rilanciato le *teterías,* molte delle quali servono dessert leggeri e altre menu completi.

VICINO A PLAZA NUEVA

Plaza Nueva è delimitata da ristoranti, molti dei quali dispongono di tavoli all'aperto. Dal momento che parecchi locali tendono a rivolgersi prevalentemente ai turisti, se cercate un angolino tranquillo vi consigliamo di dirigervi verso le vie laterali o in Carrera del Darro.

Se desiderate acquistare frutta e verdura fresche andate al grande **Mercado Central San Agustín** (cartina p356; Calle San Agustín; ⏲8-14 lun-sab), un mercato coperto situato un isolato a nord della cattedrale.

Parador de Granada INTERNAZIONALE €€€
(cartina p360; ☎958 22 14 40; Calle Real de la Alhambra; portate principali €19-22; ⏲8-23) Anche il viaggiatore più cinico e smaliziato finirà per lasciarsi sedurre da questo ristorante da sogno. I piatti spagnoli rivelano tocchi marocchini e francesi e sembrano ancora migliori per il fatto di essere serviti all'interno dell'Alhambra.

Bodegas Castañeda TAPAS €€
(cartina p356; Calle Almireceros; raciones a partire da €6) Il bar ritenuto il più antico di Granada è considerato una vera e propria istituzione, grazie ai suoi squisiti piatti della cucina tradizionale serviti in un tipico ambiente da bodega e alla tapa gratuita di paella quasi sufficiente a sfamare chi desidera concedersi un pranzo leggero. Se possibile, cercate di occupare un tavolo prima delle 14, perché più tardi il locale si affolla sempre all'inverosimile. Nello stesso isolato si trova anche l'**Antigua Castañeda** (cartina p356; Calle de Elvira; raciones €8-16), un locale un po' meno autentico del precedente.

Café Lisboa PASTICCINI €
(cartina p356; all'angolo tra Calle Reyes Católicos e Calle Plaza Nueva) Il Café Lisboa serve pasticcini di grandi dimensioni.

ALBAYZÍN

Il labirinto di vicoli dell'Albayzín cela un gran numero di ristoranti, tutti situati nelle vie laterali. Calle Calderería Nueva presenta un affascinante mix di *teterías,* negozi di articoli in pelle e locali che vendono specialità arabe da asporto.

TOP **Restaurante Arrayanes** MAROCCHINO €€
(cartina p356; ☎958 22 84 01; Cuesta Marañas 4; portate principali €8,50-19; ⏲a partire dalle 20) Vi state chiedendo quale sia il miglior locale specializzato in cucina marocchina di questa città dalle profonde radici arabe? Prima di esprimere la vostra opinione, venite ad accomodarvi su un sofà rivestito in stoffe preziose e assaporate la ricca tagine con frutta del Restaurante Arrayanes. Tenete presente che questo locale non serve bevande alcoliche.

Samarkanda LIBANESE €€
(cartina p356; Calle Calderería Vieja 3; portate principali €12-16) Mentre la maggior parte dei viaggiatori stranieri soddisfa le proprie aspirazioni arabe nelle *teterías* moresche, i buongustai più avveduti frequentano questo raffinato ristorante gestito da una famiglia libanese, che dispone di tavoli sia all'aperto sia collocati in una bella sala interna. La crema di melanzane, l'insalata di avocado, il felafel e il pasticcio di pollo alla cannella vi faranno venire voglia di organizzare la prossima vacanza a Beirut.

El Ají MODERNO €€
(San Miguel Bajo 9; portate principali €12-20;) Un raffinato ambiente in stile moderno (per quanto decisamente minuscolo), dolci melodie jazz e un menu comprendente sia piatti a base di carne sia specialità vegetariane non legate alla tradizione contribuiscono a rendere l'El Ají molto diverso rispetto agli altri locali di Granada.

Kasbah PASTICCINI €
(cartina p356; Calle Calderería Nueva 4; portate principali €8-12) Questa *tetería* è insolita per il fatto di servire anche spuntini, oltre a farsi notare per gli elaborati archi in stucco e i tavolini d'angolo situati in posizione molto comoda.

Tetería Nazarí PASTICCINI €
(cartina p356; Calle Calderería Nueva 13) In questo locale potrete abbinare tè aromatici con delicati pasticcini arabi.

PLAZA BIB-RAMBLA E DINTORNI

Situate nel cuore della Granada moderna, questa piazza e le strade circostanti ospitano ristoranti in grado di soddisfare tutti i gusti e tutte le tasche, dagli studenti ai manager. Non mancate di assaggiare gli ottimi gelati e i *churros*.

Pastelería López-Mezquita PASTICCINI €
(cartina p356; Calle Reyes Católicos 39; pasticcini €2-6; 9-18.30 lun-ven) Se desiderate concedervi uno spuntino veloce, dirigetevi verso questa pasticceria dotata di alcuni tavolini da caffè situati nella parte posteriore dell'edificio, dove potrete assaporare la Plaza Bib-Rambla con una *empanadilla* di pancetta e datteri - un abbinamento veramente indovinato.

Poë ANGOLANO, BRASILIANO €
(cartina p356; Calle Paz; media raciones €3-5) Il ristorante inglese-angolano Poë propone i piatti più popolari della cucina brasiliana, tra cui la *feijoada* e lo stufato di pollo con polenta, in un'atmosfera trendy e multiculturale.

Om-Kalsum ARABO €
(cartina p356; Calle Jardines 17; media raciones €3-6) Situato a pochi passi dal Poë, l'Om-Kalsum propone piatti influenzati dalla cucina araba, tra cui mini-tagine di agnello e kebab di pollo.

Reca TAPAS €€
(cartina p356; Plaza de la Trinidad; raciones €8; chiuso mar) Questo classico locale di tapas gode di una meritata fama per il suo *salmorejo* e i piatti serviti per tutto l'arco del pomeriggio.

Oliver PESCE €€
(cartina p356; Calle Pescadería 12; portate principali €12-18; chiuso dom) Incuneato tra Plaza Bib-Rambla e Plaza Trinidad, l'Oliver è un locale molto frequentato all'ora di pranzo dagli impiegati, che dimostrano di apprezzare molto la sua frittura di pesce.

Café Gran Vía de Colón PRIMA COLAZIONE €
(cartina p356; Gran Via 13) Questo locale è particolarmente indicato per chi desidera concedersi una prima colazione molto nutriente.

Café Fútbol PASTICCINI €
(Plaza Mariana Pineda 6, di fronte all'ufficio turistico) In questo locale non troverete né Raúl né Fábregas come potrebbe far credere il suo nome, ma tantissimi elementi di arredo stile art nouveau e *churros* freschi.

Locali

La via migliore di Granada dove bere qualcosa è Calle de Elvira (consigliamo la **Taberna El Espejo** situata al n. 40, un locale migliore della media), una via dall'aspetto piuttosto trasandato, ma lungo il Río Darro alle pendici dell'Albayzín ci sono altri locali alla moda e il Campo del Príncipe richiama una clientela sofisticata.

Bodegas Castañeda (cartina p356; Calle Almireceros) e **Antigua Castañeda** (cartina p356; Calle de Elvira) sono i locali più invitanti e ricchi di atmosfera, grazie al vino spillato direttamente dalle botti e alle generose porzioni di tapas da accompagnare.

Bar Pacurri BAR
(cartina p356; Calle de Gracia 21; tapas €2,50-5; 13-1) In questo piccolo bar dalle pretese artistiche potrete assaporare tapas decisamente migliori della media insieme a vini ben abbinati.

Divertimenti

L'eccellente mensile *Guía de Granada* (€1), in vendita presso tutte le edicole, riporta un lungo elenco di locali, ristoranti e tapas bar.

Locali notturni

Per avere informazioni aggiornate sulla vita notturna di Granada, cercate i manifesti e gli opuscoli distribuiti in tutta la città, che pubblicizzano i locali che ospitano esibizioni di musica dal vivo e gli spettacoli di flamenco non turistici.

Planta Baja NIGHTCLUB
(cartina p356; Calle Horno de Abad 11; www.plantabaja.net; ingresso €5; ⌚0.30-6 mar-sab) Il Planta Baja è sempre sulla cresta dell'onda, per cui nessuno può sorprendersi del fatto che sia frequentato da una clientela estremamente eterogenea e veda protagonisti i DJ migliori della città, come Vadim. Questo locale propone musica hip-hop, funk e electroglam al piano terreno e rilassanti lounge session al piano superiore.

Granada 10 NIGHTCLUB
(cartina p356; Calle Cárcel Baja; ingresso €6; ⌚a partire dalle 24, chiuso metà lug e agosto) Questo lussuoso cinema trasformato in locale notturno è frequentato da una clientela elegante, che si accomoda sui divani dorati e impazzisce per la dozzinale musica pop spagnola.

Afrodisia BAR, NIGHTCLUB
(www.afrodisiaclub.com; Edificio Corona, Calle Almona del Boquerón; ingresso libero; ⌚23-fino a tardi) Se volete farvi un'idea dei locali della città frequentati dai fumatori di marijuana, l'Afrodisia è il posto che fa per voi. I DJ propongono brani hip-hop, ska, reggae, funk e la domenica addirittura jazz.

Flamenco

Situato sopra e a nord-ovest del centro cittadino, con vista panoramica sull'Alhambra, il Sacromonte è il vecchio quartiere *gitano* di Granada. Le grotte di questa zona ospitano spettacoli di flamenco per turisti, che possono essere prenotati tramite gli alberghi e le agenzie di viaggi (in alcuni casi le tariffe includono anche il trasporto). Se desiderate assistere a uno spettacolo vivace andate il venerdì o il sabato a mezzanotte al **Los Tarantos** (☎958 22 45 25 di giorno, 958 22 24 92 di notte; Camino del Sacromonte 9; ingresso €24).

Peña de la Platería FLAMENCO
(Placeta de Toqueros 7) Nascosta nel labirinto di vicoli dell'Albayzín, la Peña de la Platería è un vero locale per aficionados dotato di un grande patio all'aperto. Il suggestivo spettacolo delle 21.30 si tiene il giovedì o il sabato in una sala adiacente e costa €12.

El Eshavira MUSICA
(Postigo de la Cuna 2; ⌚a partire dalle 22) Per raggiungere questo locale molto caratteristico, dove si balla il flamenco e si ascolta musica jazz, dovrete infilarvi in un vicolo buio. Tenete presente che è sempre molto affollato nelle serate di giovedì e domenica, quando si tengono gli spettacoli.

Altri divertimenti

Teatro del Generalife TEATRO
(cartina p360; Giardini del Generalife, Alhambra) Inaugurato nel 1954 espandendo i giardini del Generalife verso sud, questo teatro all'aperto costituisce una sorta di rito di passaggio a Granada per gli spettacoli estivi di García Lorca o di celebrità del calibro di Paco de Lucía.

Teatro Alhambra TEATRO
(☎958 22 04 47; Calle de Molinos 56) Sia il Teatro Alhambra sia il più centrale **Teatro Isabel La Católica** (☎958 22 15 14; Acera del Casino) ospitano spettacoli teatrali, concerti (talvolta di flamenco) e drammi di García Lorca.

Centro Cultural Manuel de Falla MUSICA
(☎958 22 00 22; Paseo de los Mártires) Vero e proprio paradiso per gli appassionati di musica classica, questo locale situato in una zona tranquilla e alberata del paseo nei pressi dell'Alhambra ospita ogni settimana concerti orchestrali.

Shopping

Tra gli oggetti artigianali nel tipico stile *granadino* meritano di essere citati il cuoio lavorato, la *taracea* (tecnica di intarsio), le ceramiche blu e bianche, le chitarre fatte a mano, gli articoli in ferro battuto, gli oggetti in ottone e in rame, i cesti e i tessuti, che si trovano in vendita nell'Alcaicería, nell'Albayzín, in Cuesta de Gomérez e nel negozio statale **Artespaña** (cartina p356) situato in Corral del Carbón.

La zona di Plaza Nueva vanta un gran numero di venditori di bigiotteria, che espongono la loro merce su tappeti distesi lungo i marciapiedi, e di negozi di abbigliamento etnico.

Per acquistare articoli di altro genere, vi consigliamo di dirigervi verso la pedonale Calle de los Mesones o il grande magazzino El Corte Inglés (costoso).

Metro LIBRERIA
(☎958 26 15 65; Calle de Gracia 31) Questa libreria dispone di un eccellente assortimento di romanzi, guide di viaggio e libri incentrati sulla Spagna in lingua inglese e molti testi in francese.

Informazioni

Accessi a internet

Grazie a una popolazione di 60.000 studenti, gli internet bar di Granada applicano tariffe modiche e osservano orari prolungati.

Cyberlocutorio (Puerta Elvira, Plaza del Triunfo 5; €1 l'ora; ⌚9-24 lun-gio, 9-14 e 16-24 ven, 11-24 sab, dom e festivi).

Cyberlocutorio Alhambra (Calle Joaquin Costa 40; €1,50 l'ora; ⌚10.30-24).

Assistenza sanitaria

Hospital Ruiz de Alda (☎958 02 00 09, 958 24 11 00; Avenida de la Constitución 100) Questo ospedale situato in centro dispone di un pronto soccorso molto efficiente.

Cambio

In Gran Vía de Colón, in Plaza Isabel La Católica e in Calle Reyes Católicos troverete un gran numero di banche e di sportelli bancomat.

Emergenze

Policía Nacional (☎958 80 80 00; Plaza de los Campos) Stazione di polizia situata in posizione più centrale.

Informazioni turistiche

Ufficio turistico municipale (www.granadatur.com; Calle Almona del Campillo, 2; ⌚9-19 lun-ven, fino alle 18 sab, 10-14 dom e festivi) Questo efficiente ufficio turistico si trova di fronte al Parque Federico García Lorca.

Ufficio turistico provinciale (www.turismodegranada.org; Plaza de Mariana Pineda 10; ⌚9-20 lun-ven, 10-14 e 16-19 sab, 10-15 dom mag-set) Situato pochi passi a est della Puerta Real, questo ufficio turistico è gestito da personale molto disponibile ed è in grado di fornire un gran numero di informazioni su tutta la regione di Granada.

Ufficio turistico regionale Plaza Nueva (cartina p356; Calle Santa Ana 1; ⌚9-19.30 lun-sab, 9.30-15 dom e festivi); Alhambra (cartina p360; biglietteria, Avenida del Generalife; ⌚8-19.30 lun-ven, 8-14 e 16-19.30 sab e dom, 9-13 festivi) Questo ufficio turistico fornisce informazioni su tutta l'Andalusia.

Internet

Where2 (www.where2.es) Questo eccellente ed esaustivo sito internet in lingua inglese riporta un gran numero di informazioni sui ristoranti, sugli alberghi, sui divertimenti e persino sulle proprietà immobiliari in vendita a Granada.

Turismo de Granada (www.turismodegranada.org) Il sito internet dell'ufficio turistico provinciale è davvero eccellente, anche se riporta alcune informazioni piuttosto approssimative.

Media

Where2 Magazine Eccellente guida quindicinale tascabile di Granada in lingua inglese, *Where2* riporta un gran numero di informazioni sulle attrattive turistiche, sui ristoranti e sui locali di Granada. Viene distribuita dagli uffici turistici e presso i principali luoghi di interesse.

Pericoli e contrattempi

Nonostante tutto il suo fascino e i suoi meravigliosi panorami, l'Albayzín è ancora un quartiere in evoluzione e purtroppo le sue strette vie sono spesso un paradiso per i ladri e i borseggiatori.

DUENDE

'Non esistono né cartine né esercizi in grado di aiutarci a trovare il *duende*', scrisse negli anni '20 del XX secolo il poeta spagnolo Federico García Lorca – cartografi, razionalisti e futuri autori di libri di viaggio sono avvisati. Questo termine ambiguo – che può essere tradotto in italiano come 'spirito' – ha affascinato e confuso per secoli i visitatori dell'Andalusia. I puristi del flamenco lo considerano lo spirito musicale che riesce a toccare l'anima del pubblico durante uno straordinario concerto dal vivo, mentre Goethe – riferendosi a un ambito non strettamente musicale – descrisse il *duende* come 'il potere fisico che tutti possono sentire, ma nessuna filosofia è in grado di spiegare'.

La bellezza del *duende* consiste nel fatto che nessun libro o persona può prevedere esattamente quando si manifesterà. L'elusività costituisce parte integrante della sua attrazione mistica. Alcuni lo scoprono nel canto di un coro che risuona sotto le altissime volte di una cattedrale rinascimentale, altri nei giochi di luce e di acqua al tramonto in un patio che ricorda l'Alhambra e altri ancora nell'ipnotica fusione di chitarra e ballo in un'oscura *romería* di villaggio. Un fatto è però innegabile: il *duende* – a Cadice come a Córdoba, ad Almería come ad Arcos de la Frontera – è una magica forma di espressione inconfondibilmente andalusa. Dopo averne sentito la forza, non potrete più farne a meno. L'Andalusia (con i suoi esotismi culturali) vi ha gettato la sua malia.

COME RAGGIUNGERE L'ALHAMBRA

Gli autobus n. 30 e n. 32 (€1,10) fanno entrambi servizio tra Plaza Nueva e la biglietteria dell'Alhambra ogni 5-9 minuti dalle 7.15 alle 23.

Se preferite percorrere a piedi la Cuesta de Gomérez, partendo da Plaza Nueva con una breve passeggiata raggiungerete la **Puerta de las Granadas** (Porta delle Melagrane), fatta costruire da Carlo I, sopra la quale si stagliano le chiome del Bosque Alhambra. Se avete già acquistato il biglietto per l'Alhambra, potete salire lungo la Cuesta Empedrada sulla sinistra e oltrepassare l'austera **Puerta de la Justicia**, costruita nel 1348 come ingresso principale dell'Alhambra.

Se invece dovete passare prima dalla biglietteria, il **Pabellón de Acceso** (Padiglione di Accesso), proseguite per altri 900 m circa dalla Puerta de las Granadas. Dal Pabellón de Acceso si entra nel Generalife, da dove si raggiungono le diverse sezioni del complesso.

Chi arriva in automobile da fuori città, entrando in Granada deve seguire le indicazioni 'Alhambra', che conducono ai **parcheggi** (1 ora/giornata intera €1,40/14) situati in Avenida de los Alixares, sopra la biglietteria.

Dal momento che a volte l'Albayzín è teatro di aggressioni (in qualche caso violente), non ostentate oggetti di valore e siate prudenti, soprattutto all'ora della siesta (dalle 15 alle 17).

Posta

Ufficio postale (Puerta Real; ⏲8.30-20.30 lun-ven, 9.30-14 sab) Tenete presente che di fronte a questo ufficio postale si formano spesso lunghe code.

Per/da Granada

Aereo

Iberia (☎902 40 05 00; www.iberia.com) ha in operativo voli giornalieri per/da Madrid e Barcellona. La compagnia **Ryanair** (www.ryanair.com) effettua voli tutti i giorni per Milano e Bologna.

Autobus

La **stazione degli autobus** di Granada (Carretera de Jaén) si trova quasi 3 km a nord-ovest del centro cittadino. Tutti gli autobus partono da questa stazione, fatta eccezione per i mezzi diretti in alcune località dei dintorni, come per esempio Fuente Vaqueros. La compagnia **Alsina Graells** (☎902 42 22 42; www.alsa.es) assicura i collegamenti tra Granada e Córdoba (€12,52, 2 h 45 min diretto, 9 corse al giorno), Siviglia (€19,32, 3 h diretto, 8 corse al giorno), Málaga (€9,75, 1 h 30 min diretto, 16 corse al giorno) e Las Alpujarras. La Alsina ha in operativo collegamenti anche con diverse località della provincia di Jaén, oltre che per Málaga, Almería e Madrid (€16,30, da 5 a 6 h, da 10 a 13 corse al giorno), lungo la costa del Mediterraneo fino a Barcellona (€68,65, da 7 a 10 h, 4 corse al giorno) e per diverse città straniere.

Automobile

Noleggiare un'automobile a Granada è decisamente costoso. L'agenzia **ATA** (☎958 22 40 04; Plaza Cuchilleros 1) noleggia utilitarie (tra cui Renault Clio) a circa €75/48/36 al giorno per 1/2/7 giorni. Vi consigliamo di prendere un taxi per l'aeroporto (da €18 a €22), dove si trovano gli uffici di quattro o cinque compagnie di autonoleggio particolarmente affidabili.

Treno

La **stazione ferroviaria** (Avenida de Andaluces) si trova 1,5 km a ovest del centro, a breve distanza da Avenida de la Constitución. Ogni giorno da questa stazione passano quattro treni per/da Siviglia (€23,85, 3 h) e Almería (€15,90, 2 h 15 min), che fermano anche a Guadix, sei per/da Antequera (€19,90, 1 h 30 min), tre per/da Ronda (€13,50, 3 h) e Algeciras (€20,10, 4 h 30 min). Tenete presente che per raggiungere Málaga (€15, 2 h 30 min) e Córdoba (€34,30, 2 h 30 min) bisogna prendere un treno per Algeciras e cambiare a Bobadilla (€9, 1 h 30 min). Uno o due treni raggiungono Madrid (€66,80, da 4 a 5 h), Valencia (€50,60, da 7 h 30 min a 8 h) e Barcellona (€62,10, 12 h).

Trasporti locali

Per/dall'aeroporto

L'**aeroporto** (☎958 24 52 23) di Granada si trova lungo la A92 17 km a ovest della città. La compagnia **Autocares J González** (☎958 49 01 64) ha in operativo autobus che fanno la spola tra l'aeroporto e la fermata situata nei pressi del Palacio de Congresos (€3, 5 corse al giorno); questi mezzi effettuano fermate anche in centro, in Gran Vía de Colón, dove c'è un orario affisso di fronte alla cattedrale, e davanti all'ingresso della stazione degli autobus. Una corsa in taxi a Granada può costare da €18 a €22 a seconda dell'intensità del traffico e della zona che si intende raggiungere.

Autobus

I biglietti per una corsa urbana costano €1,20. Gli uffici turistici distribuiscono volantini con le linee degli autobus. L'autobus n. 3 fa la spola tra la stazione degli autobus e il Palacio de Congresos, passando dalla Gran Vía de Colón in centro. Per raggiungere il centro di Granada dalla stazione ferroviaria, incamminatevi in Avenida de la Constitución e prendete uno degli autobus n. 4, 6, 7, 9 o 11 diretti verso destra (est). Per raggiungere la stazione ferroviaria dal centro (Gran Vía de Colón) si deve invece prendere gli autobus n. 3, 4, 6, 9 o 11. Le linee n. 30, 31, 32 e 34 sono speciali minibus turistici che fanno la spola nella zona dell'Alhambra e dell'Albayzín. La linea n. 33 fa servizio per/dalla stazione degli autobus attraversando il centro in direzione nord-est verso la Sierra Nevada.

Automobile e motocicletta

L'accesso ai veicoli nella zona di Plaza Nueva è limitato da semafori rossi e da paletti neri chiamati *pilonas*, che impediscono l'ingresso in alcune strade in determinate fasce orarie. Se vi state recando in un albergo situato nei pressi di questa piazza, premete il bottone in corrispondenza del nome del vostro albergo accanto ai *pilonas* per mettervi in contatto con la reception, che farà abbassare i *pilonas*.

Molti alberghi – in particolare quelli che rientrano nelle categorie media ed elevata – dispongono del parcheggio privato. Nel centro di Granada si trovano anche alcuni parcheggi sotterranei, tra cui il **Parking San Agustín** (Calle San Agustín; €1/16 l'ora/al giorno), il **Parking Neptuno** (Calle Neptuno, A44-E902, uscita 129) e il **Parking Plaza Puerta Real** (Acera del Darro; €1/12 l'ora/al giorno). I parcheggi dell'Alhambra sono gratuiti.

Taxi

Se state cercando un taxi dirigetevi verso Plaza Nueva, dove ci sono i parcheggi. In genere il prezzo di una corsa in città è compreso tra €4,50 e €8,50.

Dintorni di Granada

Granada è circondata da una fertile pianura chiamata La Vega, dove boschi di pioppi si alternano a coltivazioni di vario genere, dai meloni alle piantagioni di tabacco. La Vega costituì una importante fonte di ispirazione per Federico García Lorca, che vi nacque e morì. Situato tra i villaggi di Víznar e di Alfacar (a circa 2,5 km da entrambi), il **Parque Federico García Lorca** è stato creato nel luogo in cui si pensa che Garcia Lorca e centinaia – forse migliaia – di altri spagnoli siano stati fucilati e sepolti dai nazionalisti all'inizio della guerra civile.

FUENTE VAQUEROS

La modesta casetta in cui nel 1898 nacque Federico García Lorca di questa località altrimenti priva di interesse per il visitatore, situata 17 km a ovest di Granada, ospita oggi la **Casa Museo Federico García Lorca** (☎958 51 64 53; www.museogarcialorca.org, in spagnolo; Calle Poeta Federico García Lorca 4; ingresso €1,80; visite guidate ogni ora 10-14 e 17-19 mar-sab). In questo museo il grande poeta rivive grazie a numerose e affascinanti fotografie, manifesti e costumi delle sue opere e ai dipinti che illustrano le sue poesie. Un breve documentario lo mostra in tournée con il Teatro Barraca.

L'autobus della compagnia **Ureña** (☎958 45 41 54) diretto a Fuente Vaqueros (€1,55, 20 min) parte da Avenida de Andaluces di fronte alla stazione ferroviaria di Granada più o meno ogni ora a partire dalle 9 durante i giorni feriali e alle 9, alle 11, alle 13 e alle 17 durante i weekend e i giorni festivi.

Sierra Nevada

Fedeli al loro nome, le montagne più alte della Spagna si ergono come sentinelle di ghiaccio alle spalle della città di Granada, culminando nella cima frastagliata del Mulhacén (3479 m), la vetta più elevata della Spagna continentale. Va comunque detto che le vette incappucciate di neve che vedrete scintillare sullo sfondo delle belle cartoline dell'Alhambra non costituiscono che la punta di un iceberg, dal momento che la Sierra Nevada propriamente detta si estende per 75 km da ovest a est da Granada alla provincia di Almería. Le pendici superiori di questa catena montuosa formano il **Parque Nacional Sierra Nevada**, il parco nazionale più grande della Spagna, che si estende su una superficie di 862 kmq e vanta un raro habitat di alta quota dove vivono circa 2100 delle 7000 specie di piante presenti nel paese. In questa riserva risiede anche la colonia più numerosa di stambecchi dell'Andalusia (circa 5000 capi). Al di fuori dei confini del Parque Nacional Sierra Nevada, ad altitudini inferiori si estende un'altra area protetta, il **Parque Natural Sierra Nevada** (848 kmq). Le montagne e le vallate di Las Alpujarras sono una delle zone più spettacolari della Spagna e tutta la zona è attrezzata per chi desidera dedicarsi nei mesi estivi alle escursioni a piedi e a cavallo, all'arrampicata su roccia e alle uscite in mountain bike e in inverno allo sci e allo snowboard.

ESTACIÓN DE ESQUÍ SIERRA NEVADA
Situata nella località di Pradollano, 33 km a sud-est di Granada, la **Sierra Nevada Ski Station** (www.sierranevadaski.com; ⏲10-14 e 16-18) è uno dei comprensori sciistici più vasti e frequentati di tutta la Spagna. Tenete presente che durante i weekend e i periodi di vacanza questa stazione può essere molto affollata. In genere la stagione sciistica va da dicembre ad aprile.

Gli impianti di questo comprensorio comprendono 70 piste da discesa (quasi tutte rosse e blu, con qualcuna nera e verde), che nel loro insieme si sviluppano su una lunghezza di oltre 80 km, un'area riservata allo snowboard e alcune piste da fondo. Diverse piste partono praticamente dalla cima della Veleta, la seconda vetta della Sierra Nevada in ordine di altezza. Lo skipass giornaliero costa da €37 a €41 a seconda delle zone; a questa cifra bisogna aggiungere il costo del noleggio degli sci, degli scarponi e dei bastoncini. In questa zona sono presenti alcune scuole di sci e di snowboard; a titolo puramente indicativo, per un corso di sci collettivo della durata di cinque giorni si spendono circa €130.

Chi non scia può prendere la funivia (andata e ritorno €10) che da Pradollano (2100 m) sale fino a Borreguiles (2645 m), dove potrà pattinare sul ghiaccio, fare escursioni con le slitte trainate dai cani o passeggiare con le ciaspole. Una cabina della funivia è accessibile ai disabili. Al di fuori della stagione sciistica, la **Sierra Nevada Activa** (www.sierranevadaactiva.com, in spagnolo) propone diverse attività, tra cui escursioni in mountain bike, trekking, uscite a cavallo e canyoning.

In questa stazione sciistica si trova una ventina di alberghi, *hostales* e residence, ma nessuna di queste strutture è veramente economica (in genere, le tariffe delle camere partono da €80); per essere sicuri di trovare una camera libera, si consiglia di prenotare. Se desiderate spendere meno, vi consigliamo di pernottare a Granada. I prezzi dei pacchetti per due giorni e due notti per la stagione sciistica – che possono essere prenotati tramite il sito internet della stazione oppure per telefono – partono da circa €150 per persona, cifra che comprende anche il trattamento di mezza pensione e lo skipass. Se possibile, vi consigliamo di prenotare con almeno due settimane di anticipo.

Le camerate dell'ostello della gioventù **Instalación Juvenil Sierra Nevada** (☎958 57 51 16; Calle Peñones 22; letti in camerata con prima colazione under/over 26 €25/30; 🅿) hanno da due a quattro letti e sono disponibili anche sei camere doppie accessibili ai disabili. Dietro la modernissima facciata di questo edificio ci sono ambienti altrettanto nuovi e la struttura è frequentata spesso da comitive di scolari. L'**Albergue Universitario** (☎958 48 01 22; Peñones de San Francisco, Monachil; letti in camerata €40, doppie con mezza pensione €45; ⏲tutto l'anno; 🅿) è un grande *hostal* stile chalet che offre una sistemazione semplice ma confortevole in una zona isolata e organizza anche diverse attività all'aperto. L'**Hotel Apartamentos Trevenque** (☎958 48 08 62; www.cetursa.es; Plaza de Andalusia 6; monolocali a partire da €80; 🅿) dispone di monolocali per due persone dotati di angolo cottura, TV e lettore DVD, propone una buona cucina e offre la possibilità di ammirare splendidi panorami.

ℹ Informazioni

Situato a circa 23 km da Granada lungo la A395 che conduce alla stazione sciistica, il **Centro de Visitantes El Dornajo** (☎958 34 06 25; ⏲9.30-14.30 e 16.30-19.30) è in grado di fornire un gran numero di informazioni sulla Sierra Nevada. Il personale si esprime in inglese ed è molto disponibile.

ℹ Per/dalla Sierra Nevada

Durante la stagione invernale, la compagnia **Autocares Bonal** (☎958 46 50 22) ha in operativo tre autobus al giorno (4 nei weekend) che prestano servizio tra la stazione degli autobus di Granada e la stazione sciistica (sola andata/andata e ritorno €4,50/8, 1 h). Negli altri periodi dell'anno viene effettuata una sola corsa al giorno (in partenza alle 9 da Granada e alle 17 da Pradollano). Per una corsa in taxi da Granada alla stazione sciistica si spendono circa €65.

Dalla stazione sciistica una strada si inerpica sulla Sierra Nevada fino al villaggio di Capileira, situato nel versante meridionale della catena montuosa delle Alpujarras, che però è chiusa a causa della neve per buona parte dell'anno; in ogni caso l'accesso ai veicoli privati è sempre vietato nel tratto compreso tra Hoya de la Mora (2550 m), località situata 3 km sopra Pradollano, e Hoya del Portillo (2150 m), 12,5 km oltre Capileira. Dalla fine di giugno agli ultimi giorni di ottobre la navetta del parco, chiamata Servicio de Interpretación Ambiental Altas Cumbres (Servizio di Valorizzazione Ambientale delle Alte Cime), percorre un tratto di 6 km da Hoya de la Mora fino a Posiciones del Veleta (a 3020 m di altitudine) e un altro di circa 21 km da Capileira fino al Mirador de Trevélez (a 2680 m di quota). I biglietti (sola andata/andata e ritorno

Sierra Nevada occidentale e Las Alpujarras

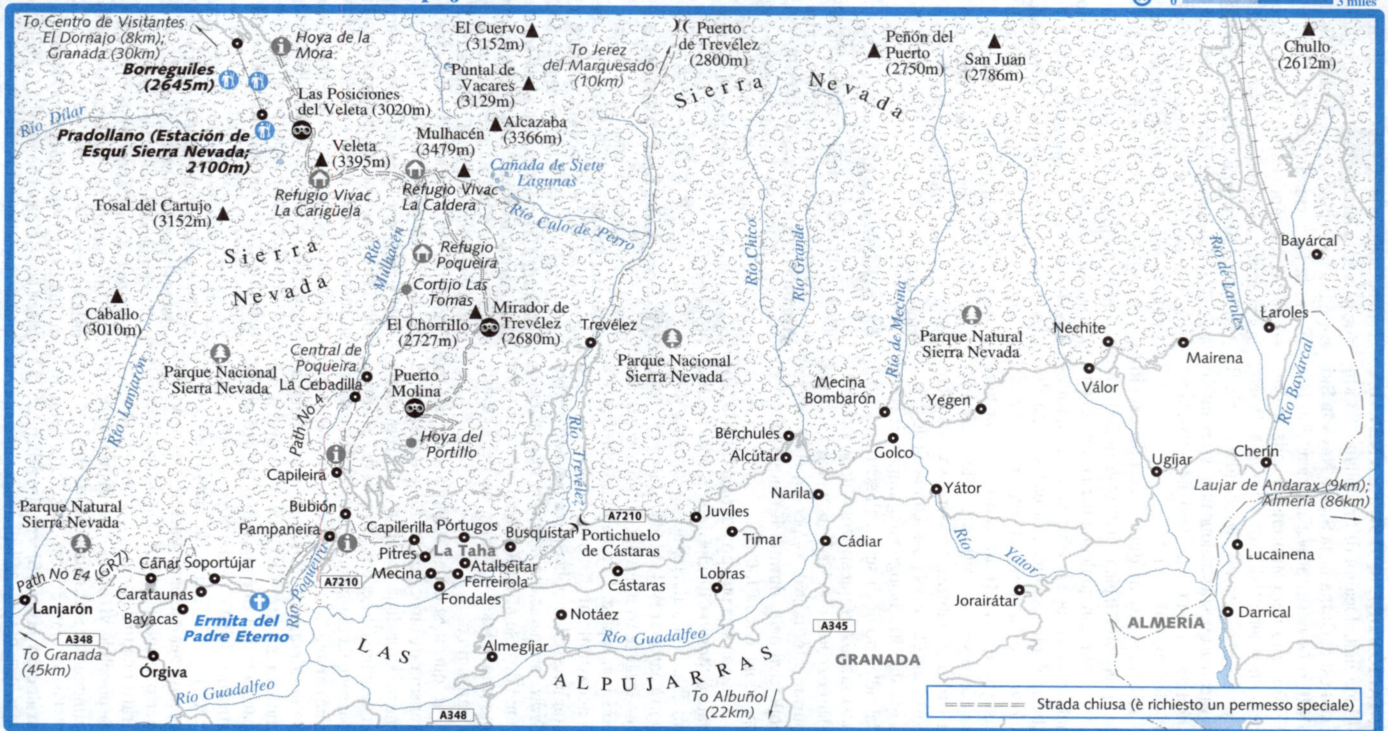

€4,80/8 su entrambi i percorsi) e ulteriori informazioni su questo servizio sono disponibili presso le stazioni del parco di **Hoya de la Mora** (durante il periodo di servizio degli autobus circa 8.30-14.30 e 15.30-19.30) e **Capileira** (tutto l'anno 9-14 e 16.30-19.30 circa) a Hoya del Portillo.

Las Alpujarras

Sotto il versante meridionale della Sierra Nevada si estende un intreccio di vallate lungo 70 km, conosciuto con il nome di Las Alpujarras. Solcati da profondi crepacci, gli aridi versanti delle colline si alternano a bianchi villaggi simili a oasi, situati sulle sponde di torrenti impetuosi e circondati da giardini, frutteti e boschi. Una fitta rete di graziosi sentieri collega tra loro i villaggi delle diverse valli addentrandosi nella Sierra Nevada; i periodi migliori per visitare questa zona vanno da aprile alla metà di giugno e dalla metà di settembre ai primi giorni di novembre.

Negli ultimi tempi le Alpujarras hanno registrato un notevole aumento del flusso turistico e i nuovi abitanti della zona (per la maggior parte inglesi appassionati di filosofie new age) le hanno conferito una dimensione inedita.

Storia

I berberi stanziati nelle Alpujarras tra il X e l'XI secolo fecero prosperare l'allevamento dei bachi da seta, il cui prodotto veniva lavorato nei setifici di Almería. Dopo la caduta di Granada nelle mani di Ferdinando e di Isabella nel 1492, questa attività entrò in crisi e molti villaggi furono abbandonati.

A sud di Granada di Gerald Brenan, uno scrittore inglese che visse nel villaggio di Yegen negli anni '20 e '30 del XX secolo, traccia un affascinante affresco di quello che all'epoca era un angolo di Spagna estremamente isolato e legato alle tradizioni. In tempi più recenti da queste parti si è trasferito un altro inglese, Chris Stewart, per dedicarsi all'allevamento delle pecore nei pressi di Órgiva; il suo divertente best-seller *Una casa tra i limoni* racconta la vita di uno straniero nelle Alpujarras durante gli anni '90.

LANJARÓN

Definita 'porta delle Alpujarras', Lanjarón visse il suo periodo d'oro tra la fine del XIX e i primi anni del XX secolo, quando era un *balneario*, ovvero una stazione termale alla moda. Oggi l'acqua di Lanjarón viene venduta in ogni parte della Spagna e il **Balneario** (958 77 00 137; www.balneariodelanjaron.com; Avenida de la Constitución; €25 l'ora) è frequentato soprattutto da anziani spagnoli alla ricerca di una cura per i loro disturbi. In ogni caso, questa cittadina è riuscita a conservare un fascino autentico e lungo le sue vie principali, Avenida de la Alpujarra e Avenida Andalucía, si respira ancora un'atmosfera molto tradizionale. Inaugurato di recente, il **Museo de Agua** (10-14 e 18-21 mar-dom) pone l'accento sull'importanza dell'acqua per l'agricoltura, l'industria e la sanità, illustrando le proprietà curative delle sorgenti di Lanjarón sia nella sala espositiva sia per mezzo di un interessante documentario.

In questa località troverete un gran numero di alberghi. Situato nei pressi del *balneario*, l'**Hotel Andalucía** (958 77 01 36; www.hotelandalucia.com; Avenida de la Alpujarra 15-17; camere a partire da €54 P ❄ @ ≋) è una valida struttura ricettiva economica, vantando camere pulite, anche se piuttosto anonime, e una piscina all'aperto. Se desiderate concedervi una cena memorabile a base di pesce, vi consigliamo di dirigervi verso il ristorante **Los Mariscos** (Avenida de la Alpujarra), che utilizza esclusivamente ingredienti freschi.

Situato di fronte al *balneario*, l'**ufficio turistico** (Avenida de la Alpujarra) è in grado di fornire un gran numero di informazioni sulle attività all'aperto e sugli alberghi della regione delle Alpujarras.

ÓRGIVA

POP. 6500 / ALT. 725 M

Principale centro abitato delle Alpujarras occidentali, Órgiva è una cittadina dall'aspetto piuttosto trasandato ma molto vivace, che ospita un gran numero di hippy e di adepti delle filosofie new age. Se cercate un buon ristorante, vi consigliamo di dirigervi verso **El Limonero**, dove la passione dello chef per gli ingredienti locali viene esaltata da una bella sala da pranzo, **La Almazara** (Avenida González Robles; menús €12), un ristorante che serve per tutta l'estate piatti fantasiosi e un'ottima pizza in un grazioso aranceto, e l'accogliente **Café Libertad** (Calle Libertad), dove potrete assaporare un eccellente brunch-pranzo vegetariano.

Per quanto riguarda il pernottamento, vale la pena di citare l'**Hotel Taray Botánico** (958 78 45 25; www.hoteltaray.com; A348

Km 18,5; singole/doppie €60/79; P❄@📶≋), una struttura ricettiva molto curata dai proprietari e immersa in un lussureggiante giardino situata pochi passi a sud del centro che dispone di camere rustiche, di un buon ristorante e di due bellissime grandi piscine; in estate si consiglia di prenotare con largo anticipo. Situato in posizione molto comoda per visitare le Alte Alpujarras, il **Camping Puerta de las Alpujarras** (☎958 78 44 50; www.campingpuertadelaalpujarra.com; A348 Carretera Lanjarón-Orgiva; piazzole adulti/under 11/tende e automobili €5/3,50/9,50) è un campeggio economico dotato di una grande piscina e di un gradevole ristorante.

PAMPANEIRA, BUBIÓN E CAPILEIRA

POP. 1270 / ALT. 1200-1440 M

Questi tre piccoli villaggi abbarbicati sulle pendici della profonda valle del Barranco de Poqueira da 14 a 20 km a nord-est di Órgiva sono tra i più suggestivi e i più turistici delle Alpujarras. Capileira rappresenta il punto di partenza migliore per gli appassionati di escursionismo.

Che cosa vedere e fare

Tutti e tre i villaggi vantano imponenti **chiese mudéjar** del XVI secolo (orari delle messe) e piccoli **laboratori di tessitura**, retaggio di una tradizione che risale all'epoca del dominio islamico, nonché moltissimi **negozi di artigianato**. Visitando la **Casa Alpujarreña** (Calle Real; ingresso €2; 11-14 dom-gio, fino alle 14 e 17-19 ven, sab e festivi), un piccolo ma interessante museo etnografico situato accanto alla chiesa di Bubión, potrete farvi un'idea dello stile di vita che si conduceva in passato nelle Alpujarras.

Nel bellissimo Barranco de Poqueira si snodano otto **sentieri escursionistici** di lunghezza compresa tra 4 e 23 km (da 2 a 8 h) segnalati da paletti di diverso colore. Anche se i punti di partenza possono essere piuttosto difficili da trovare, i percorsi sono indicati e descritti nella cartina *Sierra Nevada, La Alpujarra* edita dall'Editorial Alpina. Situata presso l'ufficio informazioni di Pampaneira, la **Nevadensis** (☎958 76 31 27; www.nevadensis.com) propone passeggiate, trekking, escursioni in fuoristrada e a cavallo, uscite in mountain bike, arrampicata su

IL GR7 ATTRAVERSO LAS ALPUJARRAS

Sconosciuto alla maggior parte dei turisti, l'itinerario che attraversa Las Alpujarras è considerato uno dei percorsi escursionistici più panoramici di tutta l'Europa. Non si tratta però di una strada invasa dal traffico, in quanto l'E4 (o GR7, come viene chiamato in Spagna) è un sentiero a lunga percorrenza che va da Tarifa in Spagna ad Atene in Grecia, passando lungo il suo percorso per ben otto nazioni.

Il breve tratto del GR7 che si snoda tra Lanjarón e Pitres è uno dei percorsi più belli che consentono di raggiungere Las Alpujarras con una facile escursione in giornata da Granada. Muovendovi a un ritmo più lento rispetto all'automobile avrete modo di godervi l'itinerario tra le montagne e le profonde valli che nascondono cascate, piccole fattorie appollaiate sulle colline e villaggi poco frequentati.

Dopo esservi concessi una prima colazione ricca di carboidrati a Lanjarón, proseguite fino all'estremità orientale della cittadina, dove un ponte attraversa il fiume subito dopo il Museo de Agua (p373). Dopo aver seguito questa strada per circa 300 m, svoltate a sinistra in corrispondenza del cartello E4/GR7. Da questo punto il sentiero sale ripido nel primo tratto ma prosegue poi in piano, iniziando a costeggiare il versante della collina ammantato di arbusti e rivelando magnifici panorami. I segni rossi e bianchi vi consentiranno di non perdere il percorso. Cáñar è il primo villaggio che s'incontra – un labirinto di vicoli e di caratteristici porticati, dove le stalle sono state costruite all'interno delle case – seguito 5 km dopo da Soportújar. Dopo aver attraversato la **diga Dique 24** e la cascata costruite nel 1942 per controllare le inondazioni, si entra nel magico Barranco de Poqueira, dove i tre villaggi di Pampaneira, Bubión e Capileira sorgono l'uno sopra l'altro all'ombra delle montagne più alte della Spagna. In questi tre centri abitati potrete acquistare qualche provvista e troverete alcune sistemazioni e diversi autobus per ritornare a Granada nel tardo pomeriggio. Se desiderate prolungare l'escursione, vi consigliamo di superare il frastagliato crinale e di ridiscendere nell'ambiente più pastorale della valle di La Taha, terminando infine l'escursione il giorno successivo nel sonnolento villaggio di Pitres.

roccia e canyoning con l'accompagnamento di guide esperte.

Pernottamento e pasti

Nel periodo di Pasqua e da luglio a settembre è consigliabile prenotare le camere con un buon anticipo. In molti villaggi si trovano appartamenti e case in affitto; se siete interessati a questo genere di sistemazione, rivolgetevi agli uffici turistici oppure consultate i siti internet **Turgranada** (www.turgranada.es) e **Rustic Blue** (www.rusticblue.com).

PAMPANEIRA

Hostal Pampaneira (958 76 30 02; www.hostalpampaneira.com; Avenida Alpujarra 1; singole/doppie/triple con prima colazione €31/42/49) Questo *hostal* dal buon rapporto qualità-prezzo si trova all'ingresso del villaggio ed è gestito da una simpatica persona del posto. Situato lungo la via, il **Restaurante Casa Diego** (Plaza de la Libertad 3; portate principali €6,50-13,50) dispone di una piacevole terrazza al piano superiore e serve buoni piatti a base di trota e di prosciutto locali.

BUBIÓN

L'**Hostal Las Terrazas** (958 76 30 34; www.terrazasalpujarra.com; Plaza del Sol 7; singole/doppie €22/31, appartamenti per 2/4/6 persone €45/55/72;) si trova sotto la strada principale, nei pressi del parcheggio. Il tradizionale **Teide Restaurant** (Carretera de Sierra Nevada 2; menús €10) propone un buon *menú del dia,* mentre l'**Estación 4** (Calle Estación 4; portate principali €7-12) è ospitato all'interno di una vecchia casa del villaggio.

CAPILEIRA

L'**Hostal Atalaya** (958 76 30 25; www.hostalatalaya.com; Calle Perchel 3; singole/doppie con vista €30/38, singole/doppie senza vista €18/30) è una valida struttura ricettiva economica, mentre la **Finca Los Llanos** (958 76 30 71; www.hotelfincalosllanos.com; Carretera de Sierra Nevada; singole/doppie €53/75;) dispone di camere arredate con molto buon gusto, una piscina e un buon ristorante, oltre a essere uno dei centri di informazioni ufficiali della Sierra Nevada. La fattoria ristrutturata **Cortijo Catifalarga** (958 34 33 57; www.catifalarga.com; doppie €76-104, appartamenti per 2/4/6 persone €99/118/141;) è una struttura veramente straordinaria che serve anche i pasti (portate principali da €9 a €17). Per raggiungere questa fattoria bisogna svoltare nella carrozzabile 750 m dopo la strada che dalla parte alta di Capileira sale nella Sierra Nevada; il ristorante è degno di nota non solo per lo splendido panorama, ma anche per il suo menu eclettico. Presso il **Restaurante Ibero-Fusión** (Calle Parra 1; insalate €7-10, portate principali €10-12,50 cena, chiuso mar;), situato pochi passi sotto la chiesa, potrete concedervi un raro pasto *andaluz,* arabo e fusion indiano comprendente numerose specialità vegetariane ammirando lo splendido panorama che si apre davanti ai vostri occhi nella bella sala da pranzo del piano superiore.

Informazioni

Davanti all'ingresso del parcheggio di Pampaneira e presso **La General** (Calle Doctor Castilla) di Capileira troverete diversi sportelli bancomat.

Punto de Información Parque Nacional de Sierra Nevada (www.nevadensis.com; Plaza de la Libertad, Pampaneira; 10-14 e 16-18 mar-sab, fino alle 15 dom e lun, ott-marzo) Questo ufficio è in grado di fornire un gran numero di informazioni sulle Alpujarras e sulla Sierra Nevada e vende attrezzature per le attività all'aperto, cartine e libri.

Servicio de Interpretación de Altos Cumbres (9-14 e 16.30-19.30 circa) Situato nei pressi della strada principale di Capileira, questo centro fornisce informazioni soprattutto sul parco nazionale, ma anche sulle Alpujarras.

PITRES E LA TAHA

POP. 800

Pitres (alt. 1245 m) è una località meno turistica (e anche meno graziosa) dei villaggi situati nella Gola del Poqueira. La meravigliosa valle che si estende ai suoi piedi, con i cinque tranquilli borghi di Mecina, Mecinilla, Fondales, Ferreirola e Atalbéitar – che insieme a Pitres formano il *municipio* di La Taha – merita davvero di essere esplorata. Gli antichi sentieri che attraversano questa zona sono un vero paradiso per gli escursionisti.

Sopra Pitres, nel minuscolo villaggio di Capilerilla (e lungo il percorso del sentiero E4) si trova l'**Hotel Maravedi** (958 76 62 92; www.hotelmaravedi.com; singole/doppie/triple €60/80/102;), una struttura rustica ma dotata di tutti i comfort moderni, tra cui la TV satellitare e un bar-ristorante privato a disposizione dei clienti. Situata nella vicina Mecina, l'accogliente pensione gestita da francesi **L'Atelier** (958 85 75 01; www.ivu.org/atelier; Calle Alberca 21, Mecina; singole/doppie con prima colazione €35/50; cena mer-lun;) è ospitata all'interno di un'antica casa del villaggio, serve pasti vegetariani/vegani da buongustai e vanta anche una interessante galleria d'arte; i suoi proprietari organizzano inoltre corsi di cucina vegetariana (€50 al giorno). Situata nella tranquilla Ferreirola, la **Sierra y Mar** (☎958 76 61 71; www.sierraymar.com; Calle Albaicín, Ferreirola; singole/doppie/triple con prima colazione €42/62/84) è una bella struttura ricettiva dotata di appena nove camere, disposte intorno a un patio e a splendidi giardini.

TREVÉLEZ

POP. 1850 / ALT. 1476 M

Situata in una valle spettacolare quasi quanto la Gola del Poqueira, Trevélez afferma di essere il villaggio più elevato della Spagna (anche se Valdelinares, in Aragona, si trova oltre i 1700 m) e produce un famoso *jamón serrano.*

Su un terrazzamento alberato adagiato 1 km a ovest di Trevélez si trova il **Camping Trevélez** (☎/fax 958 85 87 35; www.campingtrevelez.net; Carretera Trevélez-Órgiva, Km 1; piazzole adulti/tende/automobili/bungalow €4,50/5/3,80/19; ⊙chiuso gen-metà feb; P@), i cui proprietari prestano grande attenzione al rispetto dell'ambiente e gestiscono un ristorante dall'eccellente rapporto qualità-prezzo. Molto frequentato dagli escursionisti, l'**Hotel La Fragua I** (☎958 85 86 26; Calle San Antonio 4; singole/doppie €33,50/45; @) dispone di camere arredate con mobili in pino e di una dépendance più costosa, **La Fragua II** (doppie/triple €55/72). Il suo ristorante, la **Mesón La Fragua** (portate principali €7,50-12,50), situato nelle vicinanze, è considerato uno dei migliori del paese e merita decisamente una visita. Situato in posizione più centrale, l'**Hotel Pepe Álvarez** (☎958 85 85 03; www.hotelpepealvarez.es; Plaza Francisco Abellán; singole/doppie €25/45;) dispone di alcune terrazze affacciate su una piazza molto animata e serve anche i pasti (portate principali da €6 a €11).

A EST DI TREVÉLEZ

A est di Trevélez il paesaggio si fa via via sempre più spoglio e arido, anche se i villaggi offrono ancora qualche oasi di verde. La parte centrale e orientale delle Alpujarras possiede un certo fascino, ma richiama un numero di turisti decisamente inferiore rispetto alla regione occidentale.

ℹ Per/dalle Alpujarras

La compagnia **Alsina Graells** (☎958 18 54 80) ha in operativo tre autobus al giorno tra Granada e Órgiva (€4,38, 1 h 30 min), Pampaneira (€5,17, 2 h), Bubión (€5,25, 2 h 15 min), Capileira (€5,25, 2 h 30 min) e Pitres (€5,80, 2 h 45 min), due dei quali proseguono fino a Trevélez (€6,85, 3 h 15 min) e Bérchules (€8,10, 3 h 45 min). È possibile ritornare in giornata da Bérchules prendendo le corse delle 15 o delle 17 e da Pitres con quella delle 15.30. La Alsina Graells effettua anche due collegamenti al giorno tra Granada e Cádiar (€7,50, 3 h) e Yegen (€8,50, 3 h 30 min).

La costa

Frastagliata e orlata di scogliere, la costa della provincia di Granada si estende per una lunghezza di 80 km e ricorda vagamente Amalfi, pur vantando un'atmosfera inconfondibilmente spagnola. Lungo il litorale s'incontrano alcune attraenti località balneari, collegate tutti i giorni da numerosi autobus a Granada, Málaga e Almería.

ALMUÑÉCAR

POP. 23.000

Più interessante e di gran lunga più spagnola di qualunque altra località della Costa del Sol, Almuñécar merita assolutamente una visita in giornata, essendo inoltre facilmente raggiungibile sia da Granada sia da Málaga. L'incantevole centro storico, che abbraccia un tratto di costa con piccole baie riparate e scogliere a picco sul mare, è raccolto intorno al cinquecentesco **Castillo de San Miguel** (Santa Adela Explanada; interi/ridotti €2,35/1,60; ⊙10.30-13.30 e 16-18.30 mar-sab, 10.30-14 dom) e all'adiacente **Museo Arqueológico** (Calle San Joaquín), ospitato all'interno del seminterrato di un antico edificio romano (stessi orari e tariffe del Castillo). Il ventoso litorale costituisce il posto ideale per *dar un paseo* (fare una tranquilla passeggiata). Spingetevi fino al promontorio che divide le due spiagge, chiamato **Peñon del Santo**.

Pochi passi oltre Playa de San Cristóbal troverete una voliera tropicale, il **Parque Ornitológico Loro-Sexi** (interi/ridotti €4/2; ⊙11-14 tutto l'anno, e anche 18-21 lug-metà set e 17-19 metà set-ott e apr-giu).

Nei dintorni di Almuñécar e nella vicina La Herradura è possibile praticare un gran numero di attività all'aperto come il parapendio, il windsurf, le immersioni, la vela, le escursioni a cavallo e il canyoning. Presso l'ufficio turistico e nel suo sito internet troverete un gran numero di informazioni in merito.

Situato a breve distanza dalla tortuosa strada litoranea N340, l'**Hostal California** (☎958 88 10 38; www.hotelcaliforniaspain.com;

Carretera N340, Km 313; singole/doppie €43/58; P ✓) è un albergo piacevolmente diverso dalla media, che vanta qualche tocco pittoresco in stile marocchino e serve eccellenti specialità gastronomiche, tra cui alcuni buoni piatti vegetariani. Questo hotel propone pacchetti studiati appositamente per gli appassionati di parapendio, dal momento che il proprietario è un esperto di questo sport. In un edificio dalle linee aerodinamiche della cittadina si trova l'**Hotel Casablanca** (958 63 55 75; www.hotelcasablancaalmunecar.com; Plaza de San Cristóbal 4; singole/doppie €50/64; P ❄), un valido albergo arredato nel caratteristico stile di Al-Andalus, da alcune delle cui camere è possibile ammirare incantevoli panorami sul mare.

I ristoranti migliori sono situati sulla spiaggia orientale. Tra tutti, consigliamo in particolare **La Última Ola** (Paseo Puerta del Mar 4-6; portate principali €15-24) per la sua squisita rana pescatrice alla griglia con funghi e mandorle.

L'**ufficio turistico principale** (www.almunecar.info; Avenida Europa; 10-14 tutto l'anno e inoltre 18-21 lug-metà set, 17-20 metà set-fine ott) si trova 1 km a sud-ovest, alle spalle di Playa de San Cristóbal, nel **Palacete La Najarra**, un edificio rosato in stile neomoresco dotato di incantevoli giardini, che rappresenta di per sé una vera e propria attrattiva turistica. La **stazione degli autobus** (Avenida Juan Carlos I 1) si trova pochi passi a sud della N340.

Per/da Almuñécar

La compagnia **ALSA** (902 42 22 42; www.alsa.es) ha in operativo 12 autobus al giorno per Granada (€7,20, 1 h 30 min). Altri mezzi di linea percorrono la costa in direzione ovest fino a Málaga (€6,35, 2 h, 9 corse al giorno), fermando anche a Nerja.

PROVINCIA DI JAÉN

Il fatto che la provincia di Jaén venga inclusa solo di rado nei tipici itinerari andalusi costituisce un vero peccato, soprattutto per chi ama l'olio di oliva, l'architettura rinascimentale e gli impervi panorami montuosi, ricchi di specie rare di flora e fauna. I gioielli architettonici di questa regione si trovano soprattutto nelle storiche cittadine di Baeza e di Úbeda, mentre per ammirare la natura incontaminata bisogna dirigersi verso il vasto Parque Natural de Cazorla (la più grande riserva protetta di tutta la Spagna) e l'olio di oliva si trova ovunque volgiate lo sguardo, al punto che avrete l'impressione che da qualunque punto di Jaén si veda almeno una distesa ordinata di oliveti (un fatto tutt'altro che sorprendente, visto che da questa provincia proviene il 10% della produzione mondiale di olio).

Jaén

POP. 120.000 / ALT. 575 M

Non occorre essere geni per capire qual'è il pilastro dell'economia di Jaén. Con gli uliveti che arrivano a sfiorare i confini del centro abitato, il salutare 'oro liquido' ha riempito per molto tempo i forzieri dell'economia locale e fornito un ricco ingrediente a un gran numero dei locali di tapas più dinamici (e anche meno pubblicizzati) di tutta l'Andalusia. Situata accanto al castello che si erge come una sentinella nel centro di Jaén, la magnifica cattedrale rinascimentale sarebbe degna di una città grande il doppio; dalla sua piazza si diramano diversi vicoli stretti dove si trovano bar fumosi e vaste e buie taverne, insieme a *mucho alegría* (tanta allegria). Benvenuti nella parte più attraente dell'Andalusia più rurale e sottovalutata.

Che cosa vedere

Catedral CATTEDRALE
(interi/ridotti €5/1,50; 10-18 lun-sab, 10-12 dom) La gigantesca cattedrale di Jaén venne costruita per la maggior parte tra il XVI e il XVII secolo, sulla base dei progetti rinascimentali di Andrés de Vandelvira – anche se la facciata sud-occidentale in Plaza de Santa María presenta un suggestivo gruppo statuario barocco del XVII secolo.

FREE **Palacio de Villardompardo** PALAZZO
(Plaza de Santa Luisa de Marillac; ingresso libero con passaporto; 9-20 mar-ven, 9.30-14.30 sab e dom, chiuso festivi) Il complesso di questo maestoso palazzo in stile rinascimentale comprende tre luoghi di grande interesse turistico: i magnifici **Baños Árabes** dell'XI secolo, con una passerella trasparente che consente di vedere le strutture riportate alla luce durante gli scavi archeologici, il **Museo de Artes y Costumbres Populares**, che ospita al suo interno una bella collezione dedicata ai manufatti della dura vita rurale che si conduceva nella provincia preindustriale di Jaén, e il **Museo Internacional de Arte Naïf**, che espone una vasta collezione di variopinte e argute opere di questa corrente artistica, talmente ricche di particolari divertenti che potreste trascorrere ore e ore ad ammirarle.

Jaén

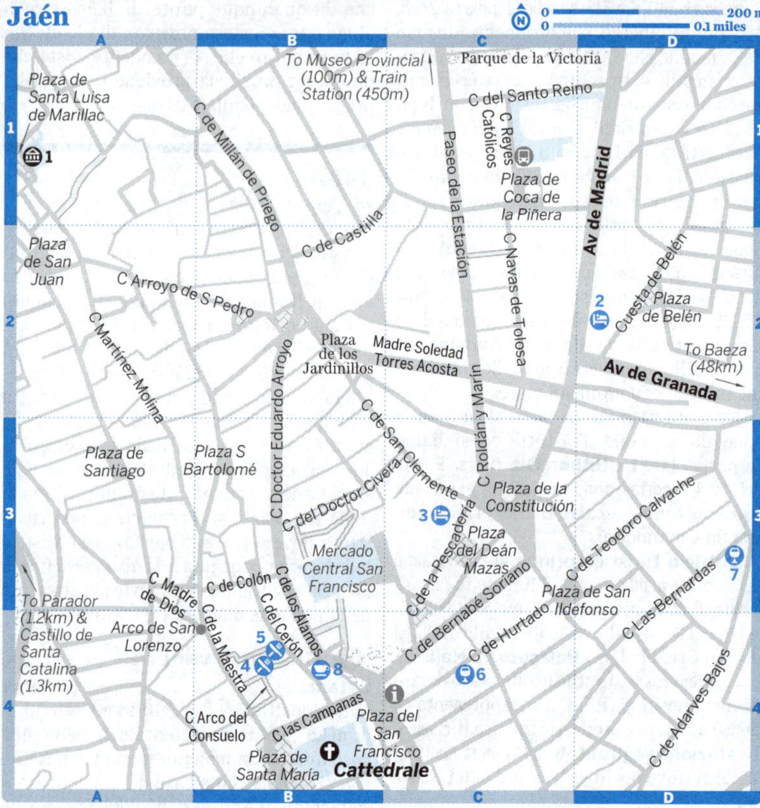

Museo Provinciale MUSEO

(Paseo de la Estación 27; interi/cittadini UE €1,50/gratuito; ⏲14.30-20.30 mar, 9-20.30 mer-sab, fino alle 14.30 dom) Questo museo ospita al suo interno la più bella collezione di sculture iberiche del V secolo a.C. esistente in Spagna. Rinvenute a Porcuna, queste sculture mostrano chiaramente l'influenza greca nelle forme fluide e nell'eleganza del disegno.

Castillo de Santa Catalina CASTELLO

(ingresso €3; ⏲10-14 e 17-21 mar-dom apr-set, 15.30-19 mar-dom ott-marzo) Il luogo più spettacolare di Jaén è costituito dalla sommità del Cerro de Santa Catalina, dove sorge il castello conquistato da Ferdinando III nel 1246, quando le truppe di Granada si arresero dopo un assedio durato sei mesi. Alcuni documentari contribuiscono a rendere più interessante la visita del mastio, della cappella e delle segrete. Questo castello può essere raggiunto dal centro cittadino percorrendo un circuito di 4 km (€6,50 in taxi) oppure con una passeggiata di 45 minuti, passando da un ripido sentiero che si imbocca quasi di fronte alla sommità di Calle de Buenavista.

Pernottamento

Parador Castillo de Santa Catalina HOTEL €€€

(☎953 23 00 00; www.parador.es; camere €160; P ❄ @ 📶 ≋) Situato nei pressi del castello abbarbicato sulla sommità del Cerro de Santa Catalina, questo albergo si trova in posizione incomparabile e vanta suggestivi ambienti dai soffitti a volta. Le camere sono lussuose, eleganti e dotate di letti a baldacchino. All'interno di questo complesso c'è anche un ottimo ristorante (portate principali da €17 a €32).

Hostal Carlos V HOTEL €

(☎953 22 20 91; Avenida de Madrid 4, 2° piano; singole/doppie senza bagno privato €24/38; ❄ @) La migliore struttura ricettiva economica

Jaén

Da non perdere

Cattedrale B4

Che cosa vedere

Baños Árabes .... (v. 1)
Museo de Artes y Costumbres Populares .... (v. 1)
Museo Internacional de Arte Naïf ... (v. 1)
1 Palacio de Villardompardo A1

Pernottamento

2 Hostal Carlos V D2
3 Hotel Xauen C3

Pasti

4 Taberna Casa Gorrión B4
5 Taberna La Manchega B4

Locali

6 El Azulejo C4
7 Iroquai D3
8 La Columbiana B4

della città è questo piccolo hotel a gestione familiare situato in magnifica posizione nei pressi della stazione degli autobus, che dispone di camere piacevoli con letti in ferro battuto e TV. Suonate il campanello situato nell'ingresso comune, sulla via.

Hotel Xauen HOTEL €€
(953 24 07 89; www.hotelxauenjaen.com; Plaza del Deán Mazas 3; singole/doppie €66/89; P) Le 35 camere di questo albergo situato in comoda posizione centrale che si rivolge soprattutto agli uomini d'affari sono dotate di comfort in grado di garantire un soggiorno molto piacevole, ma le tariffe sono un po' troppo elevate.

Pasti

I locali di tapas di Jaén riservano piacevoli sorprese, soprattutto quelli situati nella minuscola Calle del Cerón e in Calle Arco del Consuelo.

Taberna Casa Gorrión TAPAS €€
(www.tabernagorrion.es, in spagnolo; Calle Arco del Consuelo 7; 13.30-17 mar, mer, gio, 8-12.30 dom e lun) Vera e propria istituzione di Jaén sin dal 1888, questa taverna ha conservato il pavimento di piastrelle originale, il lavandino in rame e il lungo bancone. Gli aficionados la frequentano soprattutto per il *queso manchego* (formaggio della Mancha) color giallo topazio e per il vino dolce invecchiato nelle botti del locale.

Taberna La Manchega TAPAS €€
(Calle Bernardo López 12; platos combinados €7,50; pranzo e cena mer-lun) Se riuscite a infilarvi dietro il bancone di questa taverna del centro storico, sempre fastidiosamente piena di fumo e affollata, scenderete la rampa di scale che conduce alla sala da pranzo, altrettanto angusta ma pervasa da un'atmosfera molto autentica.

Locali

Tra i locali più 'in' del momento meritano di essere citati l'elegante **El Azulejo** (Calle de Hurtado 8), che propone un repertorio molto vasto spaziando dal pop alla musica elettronica e al jazz, e l'**Iroquai** (Calle de Adarves Bajos 53), che ogni giovedì ospita artisti rock, blues, flamenco o fusion. Nell'italianeggiante **La Columbiana** (Calle La Parra) potrete gustare un buon caffè espresso, un moka o un frappuccino.

Informazioni

Nei pressi di Plaza de la Constitución troverete un gran numero di banche e di sportelli bancomat.

Cyber Cu@k (Calle de Adarves Bajos 24; 30 min €1,20; 10.30-15 e 17-1 lun-ven, 11-15 e 16.30-24 sab, dom).

Ufficio turistico (Calle Ramón y Cajal 1; 10-20 lun-ven, fino alle 19 ott-marzo, fino alle 13 sab, dom e festivi) Gestito da personale efficiente e in grado di esprimersi in diverse lingue, l'ufficio turistico di Jaén fornisce gratuitamente un gran numero di informazioni sulla città e sulla provincia.

Per/da Jaén

La **stazione degli autobus** (Plaza de Coca de la Piñera) si trova 250 m a nord di Plaza de la Constitución. Tra le località raggiungibili con i mezzi in partenza da questa stazione meritano di essere citate Granada (€7,60, 1 h 30 min, 14 corse al giorno), Baeza (€5, 45 min, fino a 11 corse al giorno), Úbeda (€5,50, 1 h 15 min, fino a 12 corse al giorno), Córdoba (€8,22, 1 h 30 min, 7 corse al giorno) e Cazorla (€7,85, 2 h, 2 corse al giorno).

Quasi tutti i giorni dalla **stazione ferroviaria** (902 24 02 02) di Jaén partono cinque treni; quello che lascia la città alle 8 presta servizio per Córdoba (€11,45, 1 h 30 min) e Siviglia (€22,25, 3 h) e fino a quattro raggiungono Madrid (€30,20, 4 h).

Baeza

POP. 17.000 / ALT. 790 M

Baeza è il luogo in cui i mori batterono in ritirata prima di abbandonare ogni altra parte della regione, un fatto che potrebbe spingere qualcuno a ritenerla più italiana che andalusa. Questa cittadina con grandi ambizioni vanta uno dei complessi più coerenti di edifici rinascimentali di tutta l'Andalusia, se non dell'intera Spagna. Arroccata su un terrazzamento ben protetto, Baeza consente di ammirare splendidi panorami sulla infinita distesa di uliveti che si staglia sullo sfondo della Sierra del Mágica, una catena montuosa dal nome perfettamente azzeccato.

Che cosa vedere

Tenete presente che gli orari di apertura di alcuni edifici sono soggetti a variazioni senza preavviso.

Al centro della bellissima **Plaza del Pópulo** si trova la **Fuente de los Leones** (Fontana dei Leoni), sormontata da un'antica statua che si ritiene rappresenti Imilce, una principessa iberica andata sposa ad Annibale. Il lato meridionale della piazza è occupato dalla **Casa del Pópulo**, un maestoso edificio in stile plateresco costruito intorno al 1540, che oggi ospita la sede dell'utile ufficio turistico di Baeza.

Catedral CATTEDRALE

(Plaza de Santa María; è gradita un'offerta; ⏲10.30-13 e 17-19 apr-set) L'eclettica cattedrale di Baeza è caratterizzata da una originale commistione di stili, nella quale prevale quello cinquecentesco rinascimentale. Gli interni furono progettati da Andrés de Vandelvira e da Jerónimo del Prado. In una cappella è esposta la raffigurazione dell'Ultima Cena a grandezza naturale, con alcune statue in cera realizzate prestando una grandissima cura ai particolari (non mancate di notare

Provincia di Jaén

0 40 km
0 20 miles

la figura della Vergine ornata da candidi pizzi e perle).

FREE **Antigua Universidad** ANTICA UNIVERSITÀ (Calle Beato Juan de Ávila; ⌚10-13 e 16-18 gio-mar) Oggi sede di una scuola superiore, l'ex università di Baeza fu fondata nel 1538. Il patio principale presenta due ordini di eleganti colonnati in stile rinascimentale.

FREE **Palacio de Jabalquinto** PALAZZO (Plaza Santa Cruz; ⌚9-14 lun-ven) A pochi passi di distanza dall'antica università si trova questa dimora risalente ai primi anni del XVI secolo, che vanta una splendida facciata in stile gotico isabellino e un incantevole patio rinascimentale ornato da una sontuosa scalinata barocca.

Iglesia de la Santa Cruz CHIESA (⌚11-13 e 16.30-18 lun-sab, 11-13 dom) Questa chiesa del XIII secolo fu uno dei primi edifici sacri cristiani costruiti in Andalusia dopo la Reconquista ed è considerata l'unica chiesa romanica della regione.

Ayuntamiento MUNICIPIO (Paseo del Cardenal Benavides 9) Situato un isolato a nord del Paseo de la Constitución, il municipio presenta una magnifica facciata in stile plateresco.

Pernottamento e pasti

Grazie al gran numero di edifici storici presenti in città, potrete scegliere tra diversi alberghi ospitati all'interno di palazzi di meravigliosa bellezza. Per quanto riguarda i pasti, vi consigliamo di iniziare la vostra ricerca lungo Paseo de la Constitucíon, ma anche il centro storico riserva qualche piacevole sorpresa.

Hotel Palacete Santa Ana HOTEL STORICO €€ (☎953 74 16 57; www.palacetesantana.com; Calle Santa Ana Vieja 9; singole/doppie €45/70; ❄📶) All'epoca delle ricerche effettuate per questa guida, l'Hotel Palacete Santa Ana era in fase di ristrutturazione (ma comunque aperto). Quando verrà portato a termine, questo ex convento del XVI secolo avrà un proprio museo e un ristorante; le camere presentano un aspetto piuttosto austero, ma si tratta di una sistemazione pulita e il proprietario è un appassionato cultore di storia.

Hotel Puerta de la Luna HOTEL €€ (☎953 74 70 19; www.hotelpuertadelaluna.com, in spagnolo; Calle Canónigo Melgares Raya; singole/doppie lun-gio €75/95, singole/doppie ven-dom €105/129; P❄@📶≋) Con i suoi cortili illuminati da lanterne e la sua luminosa piscina, l'Hotel Puerta de la Luna costituisce la prova che i cristiani della Reconquista erano perfettamente in grado di riprodurre il paradiso, proprio come i sovrani nasridi dell'Alhambra.

Hospedería Fuentenueva HOTEL €€ (953 74 31 00; www.fuentenueva.com; Calle del Carmen 15; singole/doppie con prima colazione €55/78; ❄@📶≋) Un tempo adibito a carcere femminile, questo edificio dispone di camere ampie e bellissime, con docce in ardesia nera.

La Góndola ANDALUSO €€ (☎953 74 29 84; Portales Carbonería 13, Paseo de la Constitución; portate principali €12-20) Questo locale molto caratteristico propone pasti gustosi che potrete assaporare in un'atmosfera molto piacevole, esaltata dal fuoco a legna e dalla simpatia del personale. Non mancate di assaggiare l'eccellente olio di oliva aromatizzato alle noci, il corposo vino rosso e i vassoi zeppi di verdure.

Torre Al Bayyassa ANDALUSO € (Comendadores 6; menús €9; ⌚chiuso lun a cena e mar) Il ristorante migliore della città vecchia si trova nei pressi della splendida cattedrale, ma non è così moresco come potrebbe far credere il suo nome. Il menu propone piatti della cucina tradizionale andalusa reinterpretati con un tocco caratteristico di Baeza; tra di essi si segnalano soprattutto il merluzzo in salsa *baezana* e le crocchette di *rabo de toro*.

Informazioni

Ufficio turistico (Plaza del Pópulo; ⌚9-19.30 lun-ven, 9.30-15, sab, dom e festivi apr-set) L'ufficio turistico di Baeza è ospitato all'interno della cinquecentesca Casa del Pópulo in stile plateresco (ex tribunale), situata pochi passi a sud-ovest di Paseo de la Constitución.

Per/da Baeza

La **stazione degli autobus** (Paseo Arco del Agua) è stata recentemente trasferita più a est in Avenida Puche Pardo, nei pressi dell'ospedale, e, a quanto ci è stato detto, nel prossimo futuro dovrebbe essere sottoposta a una radicale ristrutturazione. Da questa stazione partono autobus diretti a Jaén (€5, 45 min, 11 corse al giorno), Úbeda (€1,20, 30 min, 15 corse al giorno), Cazorla (€4,80, 2 h 15 min, 2 corse al giorno) e Granada (€11,34, 2 h 15 min, 5 corse al giorno).

La **stazione ferroviaria Linares-Baeza** (☎953 65 02 02) si trova 13 km a nord-ovest di Baeza. Gli autobus fanno coincidenza con la maggior parte dei treni in servizio dal lunedì al sabato; una corsa in taxi costa €15.

Úbeda

POP. 35.000 / ALT. 760 M

Situata appena 9 km a est di Baeza, Úbeda può rivaleggiare con la località vicina per quanto riguarda le sua splendida architettura. Nel corso del XVI secolo il Grande di Spagna Francisco de los Cobos y Molina divenne primo segretario di Carlo I e in seguito gli successe nella carica il nipote Juan Vázquez de Molina, che mantenne anche quando salì al trono Filippo II. I due nobili usarono gran parte delle loro ricchezze per finanziare la costruzione di numerosi palazzi e chiese in stile rinascimentale, molti dei quali progettati dal famoso maestro di Jaén, Andrés de Vandelvira (nato nel 1509).

Che cosa vedere

Plaza Vázquez de Molina PIAZZA

Questa piazza, vero gioiello di Úbeda, è circondata da alcuni bellissimi palazzi realizzati nel corso del XV e del XVI secolo.

La **Capilla del Salvador** (ingresso €3; ⏲10-14 e 16-18.30 lun-sab, 11.15-14 e 16-19 dom) si affaccia sull'estremità orientale della piazza. Fatto costruire intorno al 1540 da Francisco de los Cobos y Molina come cappella funeraria di famiglia, questo edificio fu la prima opera realizzata da Vandelvira a Úbeda. Il progetto di massima si deve a Diego de Siloé, l'architetto della cattedrale di Granada, ma Vandelvira vi aggiunse molti tocchi personali, tra cui l'elaborata facciata principale, capolavoro dello stile plateresco. Quand'è illuminata di sera, la facciata sembra palpitare di vita. La sacrestia, opera di Vandelvira, conserva un ritratto di Francisco de los Cobos y Molina. La cripta della famiglia Cobos è situata sotto la navata.

Nei pressi della Capilla de El Salvador sorge l'edificio dove si ritiene abitassero i religiosi; una delle opere migliori di Vandelvira, il **Palacio del Deán Ortega**, è attualmente sede del *parador* di Úbeda. Le proporzioni armoniose dell'italianeggiante **Palacio de Vázquez de Molina** (⏲8-20 lun-ven, 10-14 sab), situato nell'estremità occidentale della piazza, contribuiscono a renderlo uno degli edifici più splendidi della città e oggi ospita il municipio di Úbeda. Costruito nel 1562 da Vandelvira per Juan Vázquez de Molina, questo palazzo reca sul portale lo stemma di famiglia.

Plaza 1 de Mayo e dintorni PIAZZA

In passato Plaza 1 de Mayo era la piazza del mercato di Úbeda, dove si svolgevano anche le corride e l'Inquisizione bruciò sul rogo diversi eretici nel punto dove oggi si trovano alcuni chioschi, mentre i notabili della città seguivano lo spettacolo dalla galleria dell'elegante **Antiguo Ayuntamiento** (Vecchio Municipio), un maestoso palazzo cinquecentesco situato nell'angolo sud-occidentale della piazza. Lungo la sommità (lato settentrionale) della piazza si trova l'**Iglesia de San Pablo** (⏲11-13.30 e 19-20 lun-sab), che vanta un magnifico portale tardo-gotico del 1511.

Il **Museo de San Juan de la Cruz** (Calle del Carmen 13; ingresso libero; ⏲11-13 e 17-19 mar-dom) è dedicato al mistico e riformatore religioso san Giovanni della Croce, morto a Úbeda nel 1591. Anche se non riuscirete a seguire le spiegazioni in spagnolo fornite dal monaco che vi guiderà nella visita, potrete comunque ammirare una serie di reliquie e di cimeli del santo.

FREE **Hospital de Santiago** CENTRO CULTURALE

(Calle Obispo Cobos; ⏲8-14.30 e 15.30-22 lun-ven, 10-14.30 e 16-21.30 sab e dom) Portato a termine nel 1575, l'ultimo edificio realizzato da Andrés de Vandelvira si trova nella parte occidentale della città ed è un capolavoro dello stile tardo-rinascimentale, soprannominato l''Escorial dell'Andalusia' per le sue imponenti dimensioni. Accanto al patio a due ordini, tipico dello stile di Vandelvira, si trovano una cappella, restaurata e adibita ad auditorium (l'ospedale ospita oggi un vivace centro culturale), e una scalinata decorata da affreschi variopinti.

Pernottamento e pasti

TOP **Palacio de la Rambla** HOTEL STORICO €€

(☎953 75 01 96; www.palaciodelarambla.com; Plaza de Marqués 1; singole/doppie con prima colazione €96/120; ❄@) Il Palacio de la Rambla è un altro edificio antico trasformato in albergo che vi riserverà una straordinaria esperienza. Al suo interno troverete solo otto camere, un grandissimo cortile rivestito d'edera, armature e preziosi oggetti di antiquariato. La prima colazione compresa nelle tariffe è abbondante e il silenzio e la privacy perle rare.

Parador Condestable Dávalos HOTEL STORICO €€€
(☎953 75 03 45; www.parador.es; Plaza Vázquez de Molina; camere €171; ❄@📶) Questo albergo si affaccia sulla magnifica Plaza Vázquez de Molina e il suo ristorante serve piatti molto invitanti (da €14 a €22 circa). Tra i numerosi piatti proposti dal menu, vi consigliamo di assaggiare le specialità locali, come il *carruécano* (peperoni verdi ripieni di pernice) o il *cabrito guisado con piñones* (stufato di capretto con pinoli).

Museo Agrícola Restaurant/ La Posada de Úbeda HOTEL, ANDALUSO €€
(☎953 79 04 73; Calle San Cristóbal 18; camere a partire da €80; ❄@) Decorato sia all'esterno sia all'interno da cimeli agricoli, questo albergo-ristorante accosta in maniera molto gradevole elementi rustici a un ambiente urbano. Le sette camere situate al piano superiore sono dotate di tutti i comfort moderni, mentre il ristorante al piano inferiore si affaccia sul cortile, che ospita anche un museo dedicato all'agricoltura.

Hotel El Postigo BOUTIQUE HOTEL €€
(☎953 79 55 50; www.hotelelpostigo.com; Calle Postigo 5; singole/doppie €60/90; ❄@📶🏊) Si prova sempre una certa eccitazione nello scoprire un albergo raffinato e moderno nel centro storico di una città. L'Hotel El Postigo è infatti una struttura *cool*, sobria, progettata con cura e molto confortevole e può vantare una piccola piscina, un grazioso giardino e un accogliente salone con caminetto.

Taberna Zayta TAPAS €
(Calle Cronista Pascual 6; tapas €2-3, raciones €6-9) Questo locale semplice e affidabile fa parte di un gruppo di invitanti tapas bar situati nei pressi dell'arena e sfoggia prosciutti appesi al soffitto e una specialità molto invitante: l'*andrajos* (una piatto di pasta in brodo con merluzzo e calamari).

Mesón Restaurante Navarro TAPAS €€
(Plaza del Ayuntamiento 2; raciones €6-14) La gente del posto dimostra di apprezzare molto questo locale senza fronzoli e pervaso da un'atmosfera assai divertente. La *ración* migliore è costituita dalle *tortitas de camarones* (piccole omelette di croccanti gamberetti fritti).

La Imprenta MODERNO €€€
(☎953 75 55 00; Plaza del Doctor Quesada 1; portate principali €16-25; ⊙chiuso mar) Ospitato all'interno di una vecchia tipografia, questo ristorante propone un interessante menu fusion preparato con ingredienti locali.

Shopping

Il tipico smalto verde delle belle ceramiche prodotte a Úbeda fu inventato durante il dominio islamico. Diversi laboratori situati nella Cuesta de la Merced e in Calle Valencia, nel Barrio San Millán, il quartiere dei ceramisti che si trova a nord-est del centro storico, vendono prodotti di alta qualità e spesso gli artigiani sono lieti di descrivere le antiche tecniche tuttora in uso. La **Alfarería Tito** (Plaza del Ayuntamiento 12) dispone di un vasto assortimento di ceramiche; particolarmente belle sono quelle decorate con elaborati motivi blu e crema.

Informazioni

Ufficio turistico (Calle Baja del Marqués 4; ⊙9-14.45 e 16-19 lun-ven, 10-14 sab) L'ufficio turistico è ospitato all'interno del settecentesco Palacio Marqués de Contadero, situato nel centro storico.

Per/da Úbeda

Dalla **stazione degli autobus** (Calle San José 6),situata nella parte moderna della città, partono e arrivano diversi autobus diretti in diverse località tra cui Baeza (€1,20, 30 min, 15 corse al giorno), Jaén (€5,50, 1 h 15 min, fino a 12 corse al giorno), Cazorla (€3,60, 45 min, fino a 10 corse al giorno) e Granada (€11,34, 2 h 45 min, 7 corse al giorno).

Cazorla

POP. 8173 / ALT. 885 M

Situata 45 km a est di Úbeda, Cazorla è un fantastico villaggio adagiato alle pendici delle montagne con l'ossessione per la caccia, che funge da porta di accesso al parco nazionale più vasto della Spagna.

Che cosa vedere

Nell'estremità dell'incantevole **Plaza de Santa María** sorge la sagoma imponente dell'**Iglesia de Santa María**, una bella chiesa costruita da Andrés de Vandelvira nel XVI secolo, che venne in seguito danneggiata dalle truppe napoleoniche. Nei pressi di questa chiesa inizia un circuito escursionistico di 3,5 km che conduce all'**Ermita San Sebastián** passando da un punto panoramico. Lungo il tragitto potrete osservare numerose specie di uccelli. In alternativa, potreste percorrere l'itinerario più breve che sale all'antico **Castillo de la Yedra**, al cui interno è stato allestito il **Museo del Alto Guadalquivir** (interi/cittadini UE €1,50/ gratuito; 14.30-20 mar, 9-20 mer-sab, fino alle 14 dom e festivi), che vanta una bella collezione di opere d'arte e di oggetti che documenta lo stile di vita che conducevano in passato gli abitanti di questa zona.

Pernottamento e pasti

A Cazorla potrete assaggiare alcune meravigliose tapas di nuova invenzione, tra cui il *rin-ran* (merluzzo sotto sale con patate e peperoni rossi), il *talarines* (pasta), il *gachamiga* (una specie di polenta spagnola), la *carne de monte* (di solito cacciagione), e il memorabile olio di oliva della Sierra de Cazorla, fresco, fruttato e leggermente amarognolo.

Hotel Guadalquivir HOTEL €
(953 72 02 68; www.hguadalquivir.com, in spagnolo; Calle Nueva 6; singole/doppie €35/48;) Questo albergo a gestione familiare con 17 camere si trova a pochi passi dalla via principale; le camere sono confortevoli, arredate con mobili di pino e dotate di bagni spaziosi. I nuovi pavimenti di piastrelle e i TV a schermo piatto conferiscono un tocco gradevolmente moderno all'ospitalità vecchio stile che vi verrà riservata in questa bella struttura ricettiva.

Hotel Ciudad de Cazorla HOTEL €€
(953 72 17 00; Plaza de la Corredera 9; singole/ doppie con prima colazione €61/70; P) Questa struttura moderna si trova nella Plaza de Corredera tra antichi palazzi e – sebbene abbia provocato accese contestazioni tra gli abitanti del posto più legati alle tradizioni – riesce in qualche modo a integrarsi con l'ambiente. Tra i numeriosi comfort moderni che propone ai suoi ospiti meritano di essere citate le camere spaziose, il ristorante e la piscina all'aperto.

Bar Las Vegas TAPAS €
(Plaza de la Corredera 17; raciones €8) Nelle tre piazze principali di Cazorla si trovano diversi bar che servono buone tapas e *raciones*. Il Bar Las Vegas è il più popolare in assoluto, come dimostra il suo pavimento ricoperto di cartacce lasciate da innumerevoli avventori soddisfatti durante l'affollatissima ora di pranzo.

Mesón Don Chema CARNE €€
(Calle Escaleras del Mercado 2; portate principali €10-18) Situato in un vicolo che si diparte da Calle Doctor Muñoz, questo ristorante ispirato al tema della caccia (grande passione degli abitanti di questa cittadina) serve piatti tradizionali a base di selvaggina. Una proposta davvero allettante, se non v'importa di essere osservati dagli animali appesi alle pareti.

Informazioni

Oficina de Turismo Municipal (Paseo del Santo Cristo 19; 10-13 e 17-19.30) L'ufficio turistico di Cazorla si trova 200 m a nord di Plaza de la Constitución.

Per/da Cazorla

La compagnia Alsina Graells ha in operativo alcuni autobus per/da Úbeda (€3,60, 45 min, fino a 10 corse al giorno), Jaén (€7,88, 2 h, 2 corse al giorno) e Granada (€15, 3 h 30 min, 2 corse al giorno). La fermata principale di Cazorla si trova in Plaza de la Constitución; l'ufficio turistico dispone degli orari degli autobus.

Parque Natural de Cazorla

Il **Parque Natural de las Sierras de Cazorla, Segura y Las Villas**, che occupa quasi tutto il versante orientale della provincia di Jaén, è una zona di straordinaria bellezza, caratterizzata dalla presenza di impervie catene montuose divise da altopiani e da profonde valli ammantate di boschi. Esteso su una superficie di 2143 kmq, questo parco nazionale è la più vasta area protetta del paese, nonché uno dei luoghi della Spagna in cui è più facile avvistare gli animali selvatici. Facendo un'escursione a piedi avrete buone probabilità di vedere cinghiali, daini rossi o fulvi, stambecchi e mufloni. All'interno di questo parco si trovano anche 2300 specie botaniche.

Il Guadalquivir, il fiume più lungo dell'Andalusia, nasce nella parte meridionale del parco e scorre verso nord formando il lago artificiale dell'Embalse del Tranco de Beas, per poi piegare verso ovest in direzione dell'Oceano Atlantico.

Per raggiungere alcune delle zone più spettacolari e i sentieri più interessanti del parco è necessario disporre di un'automobile. I periodi migliori per la visita vanno dalla fine di aprile a giugno e da settembre a ottobre, quando la vegetazione è in piena fioritura e il clima particolarmente favorevole. In primavera i fiori costituiscono uno spettacolo veramente magnifico. La concentrazione maggiore di visitatori si registra durante la Semana Santa e nei mesi di luglio e di agosto.

Cuenca (p124)
Casas colgadas (case pensili) abbarbicate come nidi di rondine sopra burroni a strapiombo.

DAVID TOMLINSON

HOLGER LEUE

JON DAVISON

1. D'Alt Vila, Ibiza città (p212)
Le mura di D'Alt Vila, dichiarata Patrimonio dell'Umanità dall'UNESCO, furono fatte costruire nel XVI secolo da Filippo II.

2. Cala Sant Vicenç (p208)
Una tranquilla località balneare nella magnifica cornice di quattro baie dalle acque cristalline.

3. Castell de Bellver (p198)
Un insolito castello trecentesco dalla pianta circolare, con un'unica torre anch'essa rotonda, domina un bel parco.

HOLGER LEUE

4. Palma di Maiorca (p195)
L'unica vera città di Maiorca è un incantevole mosaico di viali alberati, chiese gotiche e locali alla moda.

5. Siti preistorici di Minorca (p236)
Le *taulas* (luoghi di culto a forma di ferro di cavallo con al centro alti pilastri a forma di 'T') si trovano esclusivamente a Minorca.

3

4

HOLGER LEUE

WITOLD SKRYPCZAK

DAVID TOMLINSON

1. Consuegra (p120)
Molinos de vientos (mulini a vento) fiancheggiano il castello di Consuegra (XII secolo), che un tempo apparteneva ai Cavalieri di Malta.

2. Alcalá del Júcar (p122)
Il castello del XII secolo, inconfondibile punto di riferimento, domina le case costruite sui ripidi fianchi della gola dello Júcar.

3. Corpus Domini, Toledo (p108)
Una delle più belle celebrazioni di questa festività di tutta la Spagna; i festeggiamenti durano diversi giorni.

BRUCE BI

Che cosa vedere e fare

L'ufficio turistico del villaggio di Cazorla dispone di cartine e di descrizioni di sei sentieri escursionistici che si inoltrano all'interno del parco (di lunghezza compresa tra 8 e 23 km) e di sette itinerari automobilistici.

ITINERARIO DEL RÍO BOROSA

Sebbene durante i weekend e i giorni festivi questo sentiero sia sempre piuttosto frequentato, l'escursione di circa sette ore tra andata e ritorno (senza contare le soste) è giustamente la più popolare del parco. Il sentiero parte da Torre del Vinagre e costeggia il Río Borosa raggiungendo due bellissimi laghi di montagna, con un dislivello di circa 500 m lungo 12 km. Prendendo l'autobus per Torre del Vinagre, questa escursione può essere portata a termine in giornata da Cazorla (prima della partenza vi consigliamo di controllare gli orari). È possibile riempire la borraccia alle sorgenti potabili che s'incontrano lungo il sentiero; l'ultima si trova presso la stazione della Central Eléctrica.

La strada con la segnaletica 'Central Eléctrica' che si incontra di fronte a Torre del Vinagre attraversa il Guadalquivir e, dopo 1 km, raggiunge l'inizio (segnalato) del sentiero, sulla vostra destra accanto al Río Borosa. Il primo tratto del percorso è costituito da una strada sterrata che attraversa più volte il corso impetuoso del fiume su alcuni ponti. Dopo 4 km, nel punto in cui la strada inizia a salire sulla sinistra, imboccate il sentiero che si dirama alla vostra destra, proseguendo poi lungo un bellissimo sentiero di 1,5 km fino al punto in cui la valle si restringe formando la gola **Cerrada de Elías**, da dove il sentiero conduce a una passerella in legno che attraversa il torrente. Dopo essere tornati sulla strada principale, proseguite per altri 3 km fino alla Central Eléctrica e, appena l'avrete superata, troverete un'indicazione per la Laguna de Valdeazores. Passando per alcuni paesaggi montani assai suggestivi e due gallerie di condotta dell'acqua che alimentano la centrale (c'è spazio a sufficienza per non bagnarsi), questo sentiero raggiunge la **Laguna de Aguas Negras** (un bacino idrico artificiale) e infine il lago naturale chiamato **Laguna de Valdeazores**.

HORNOS E EL YELMO

Arroccato sulla sommità di un alto sperone di roccia, il piccolo villaggio di Hornos vanta un romantico castello in rovina e offre la possibilità di ammirare un magnifico panorama sull'estremità settentrionale dell'Embalse del Tranco. Per chi arriva da sud la visione del borgo è molto suggestiva. Circa 10 km a nord-est di Hornos si trovano il passo e l'incrocio di Puerto de Horno de Peguera e, proseguendo ancora per 1 km, s'incontra una strada sterrata che procede verso sinistra in direzione della vetta di El Yelmo (1809 m), una delle montagne più caratteristiche della parte settentrionale del parco. Il percorso fino alla cima è lungo 5 km e supera un dislivello di 360 m: la strada è carrozzabile, ma sarebbe meglio percorrerla a piedi per ammirare il magnifico panorama e osservare i grifoni che volteggiano nel cielo (insieme ai parapendii e ai deltaplani durante i weekend). Al bivio, dopo 1,75 km, procedete verso destra.

SEGURA DE LA SIERRA

Il villaggio più spettacolare all'interno del parco si trova 20 km a nord di Hornos, sulla sommità di una montagna alta 1100 m dominata da un castello. Conquistata nel 1214 dai cavalieri di Santiago, Segura de la Sierra fu teatro di una delle prime vittorie riportate dall'esercito cristiano in Andalusia.

Nella parte alta del paese accanto alla Puerta Nueva si trova un **ufficio turistico** (⏲10.30-14 e 18.30-20.30). Di solito i due monumenti più importanti di Segura de la Sierra sono aperti tutti i giorni, ma vi consigliamo di chiedere conferma sul posto.

Costruito intorno al 1150, il **Baño Moro** (bagno arabo; Calle Caballeros Santiaguistas) è formato da tre eleganti sale (riservate rispettivamente ai bagni freddi, tiepidi e caldi) caratterizzate dalla presenza di archi a ferro di cavallo e di volte a botte con lucernari. Situato in posizione dominante sul villaggio, il **castello** ha origini arabe o forse addirittura precedenti; dal suo maschio a tre piani è possibile ammirare un magnifico panorama su El Yelmo e verso occidente.

Tour

Diversi operatori propongono escursioni ad alcune delle zone meno accessibili del parco e attività di vario genere. Spesso gli alberghi e i campeggi del parco organizzano anche i trasporti con questi operatori.

Excursiones Bujarkay GUIDE AVVENTURA
(☎953 72 11 11; www.guiasnativos.com; Calle Martinez Falero, 28, Cazorla) Questo operatore propone escursioni a piedi, in fuoristrada, in bicicletta e a cavallo condotte da guide 'del posto'.

Tierraventura GUIDE AVVENTURA
(☎953 72 20 11/953 71 00 73; www.aventuracazorla.com, in spagnolo; Calle Ximénez de Rada 17, Cazorla) La Tierraventura organizza attività avventurose, tra cui discese in canoa, escursioni a piedi, esplorazione dei canyon e arrampicata su roccia.

Pernottamento e pasti

All'interno del parco si trovano numerose strutture ricettive, molte delle quali sono situate lungo la A319 a nord di Empalme del Valle. In alta stagione è consigliabile prenotare. Quasi tutti i ristoranti situati all'interno del parco fanno parte di alberghi o di *hostales*.

Tenete presente che non è consentito piantare la tenda al di fuori dei campeggi organizzati.

Parador de Cazorla HOTEL €€€
(☎953 72 70 75; www.parador.es; singole/doppie €109/128; P ❄ 📶) Questo *parador* simile a un lodge di caccia si trova in posizione incantevole in una pineta e dispone di prati e di una bella piscina, ma solo nove delle sue 33 camere consentono di ammirare questo fantastico panorama. Questa struttura si trova in fondo alla JF7094, nei pressi di Vadillo Castril.

Complejo Puente de las Herrerías CAMPEGGIO €
(☎953 72 70 90; www.puentedelasherrerias.com; nei pressi di Vadillo Castril; piazzole adulti/tende/automobili €5,15/4,70/4,70, caravan €5,56-6,64, bungalow da 2 posti €51,36, camere singole/doppie €36,40/53,30; P ❄ ❄) Aperto da Pasqua al 1° novembre, il campeggio più grande del parco è in grado di ospitare circa 1000 persone, dispone di un ristorante e di una bella piscina e organizza escursioni a cavallo, in canoa e arrampicata su roccia.

Los Huertos de Segura APPARTAMENTI €
(☎953 48 04 02; www.loshuertosdesegura.com; Calle Castillo 11, Segura de la Sierra; appartamenti da 2/4 persone €58/78; P ❄ 📶) I simpatici e disponibili proprietari di questi appartamenti di ottimo livello parlano un ottimo inglese e costituiscono una vera e propria miniera di informazioni sulle visite guidate e sulle passeggiate che si possono fare nei dintorni.

Informazioni

Il principale ufficio informazioni del parco è il **Centro de Interpretación Torre del Vinagre** (☎953 71 30 40; ⏲10-14 e 16-19 apr-giu, 10-14 e 17-20 lug-agosto), situato 16 km a nord di Empalme del Valle sulla A319. I bambini si divertiranno un mondo con le sezioni interattive dedicate alla flora e alla fauna del parco. Situato in un edificio adiacente, il **Museo de Caza** (Museo della Caccia) espone al suo interno una collezione di animali imbalsamati; lungo la stessa strada si trova il piacevole **giardino botanico**.

Le cartine in scala 1:40.000 pubblicate dall'Editorial Alpina *Sierra de Cazorla*, che copre la zona meridionale del parco ed è disponibile anche in inglese, e *Sierra de Segura*, dedicata all'area settentrionale, sono le migliori in commercio e riportano alcuni sentieri descritti negli opuscoli allegati. È possibile trovarle in vendita anche all'interno del parco, ma non contateci troppo.

Per/dal Parque Natural de Cazorla

Dal lunedì al sabato la compagnia **Carcesa** (☎953 72 11 42) effettua collegamenti tra Plaza de la Constitución di Cazorla ed Empalme del Valle (€2, 30 min), Arroyo Frío (€2,40, 45 min), Torre del Vinagre (€3,60, 1 h) e Coto Ríos (€3,60, 70 min). Presso l'ufficio turistico di Cazorla è disponibile l'orario aggiornato di queste corse.

PROVINCIA DI ALMERÍA

Proseguendo verso est si incontra il prosaico porto di Almería e il suo arido entroterra, che giacciono quasi dimenticati nel tratto di litorale più incontaminato dell'Andalusia. Profondamente spagnolo ma con una lunga storia legata al dominio arabo, questo angolino tranquillo è stato finora risparmiato dal travolgente sviluppo turistico che ha interessato negli ultimi decenni la Costa del Sol, sebbene Clint Eastwood fosse capitato da queste parti già negli anni '60 per girare la sua trilogia di Spaghetti Western in paesaggi più simili al Far West che alla Spagna meridionale. Adagiata in una zona poco piovosa alle pendici della Sierra Nevada, Almería è la regione più soleggiata e arida della Penisola Iberica, dove si trova l'unico deserto esistente in Europa. Negli ultimi anni le serre hanno trasformato i suoi brulli paesaggi in colture intensive, che richiamano numerosi immigrati in cerca di lavoro.

Almería

POP. 188.000

Non sottovalutate la soleggiata Almería, imperturbabile città di mare che vanta un passato molto illustre attestato da alcuni importanti monumenti storici. Se davanti ai cancelli dell'Alhambra di Granada si formano regolarmente lunghissime file di persone in attesa di entrare, solo qualche viaggiatore particolarmente avveduto visita gratuitamente l'Alcazaba di Almería, una fortezza altrettanto imponente che nel corso del X secolo dominò il porto principale del califfato di Córdoba. Oggi Almería è una città portuale sempre più fiorente, anche grazie ai proventi del settore agro-industriale e alla secolare tradizione del flamenco, celebrata nel caratteristico *tarantos*.

Che cosa vedere e fare

Alcazaba CASTELLO

(Calle Almanzor; interi/cittadini UE €1,50/gratuito; ⏲9-20.30 mar-dom apr-ott, 9-18.30 mar-dom novmarzo) La costruzione dell'Alcazaba voluta dal califfo di Córdoba Abd ar-Rahman III nel 955 contribuì a trasformare Almería nel porto più importante di Al-Andalus. Ancora oggi, sebbene i terremoti e il tempo abbiano risparmiato ben poco dei suoi splendidi interni, la fortezza si erge trionfante da una falesia inespugnabile, offrendo la possibilità di ammirare un panorama davvero spettacolare.

In passato il Primer Recinto, la più bassa delle tre strutture che formano il complesso dell'Alcazaba, fungeva da accampamento militare nell'evenienza di un assedio. Il Segundo Recinto costituiva il cuore dell'Alcazaba e nella sua estremità orientale si trova la cappella dell'**Ermita de San Juan**, una moschea trasformata in chiesa dai Re Cattolici, che conquistarono Almería nel 1489. Nel lato settentrionale del complesso è ancora possibile vedere le rovine di un palazzo dei governanti musulmani, il **Palacio de Almotacín**. Situato sulla sommità dell'Alcazaba, il Tercer Recinto è una fortificazione fatta costruire dai Re Cattolici.

Catedral CATTEDRALE

(Plaza de la Catedral; ingresso €3; ⏲10-14 e 16-17.30 lun-ven, 10-14 sab) L'imponente cattedrale di Almería si trova nel cuore del centro storico, sotto l'Alcazaba. Iniziato nel 1524, questo maestoso edificio sacro ha un aspetto simile a quello di una fortezza, grazie alla presenza di sei torri che ricordano le ripetute incursioni dei pirati provenienti dall'Africa settentrionale durante il periodo in cui fu costruita.

L'interno vanta soffitti in stile gotico con volte a costoloni ed è ornato da decorazioni in diaspro e marmo locale. La cappella situata dietro l'altare principale ospita la tomba del vescovo Diego Villalán, fondatore della cattedrale, il cui ritratto con il naso rotto è opera di Juan de Orea, autore anche delle raffinate sculture in pietra della Sacristía Mayor.

FREE **Centro Andaluz de Fotografía** GALLERIA D'ARTE

(Calle Pintor Diaz Molina, 9; ⏲11-14 e 17.30-21.30) Anche se non siete appassionati di fotografia ma cercate solo un po' di riparo dalla calura, apprezzerete sicuramente le immagini di grande impatto esposte in questo centro.

Museo Arqueológico MUSEO

(Carretera de Ronda 91; non cittadini UE/cittadini UE €1,50/gratuito; ⏲14.30-20.30 mar, 9-20.30 mer-sab, 9-14.30 dom) Questo museo ospita al suo interno una bella collezione di reperti moreschi, romani e dell'Età del Rame, che vengono illustrati per mezzo di interessanti tecnologie multimediali.

Escursioni a piedi TOUR A PIEDI

L'ufficio turistico regionale distribuisce una cartina che illustra quattro itinerari a piedi che si snodano nelle vie della città, che consentono di ammirare i monumenti musulmani, cristiani e quelli legati alla cinematografia (ad Almería sono state girate alcune scene di *Lawrence d'Arabia* e di *Patton*).

Spiagge SPIAGGE

Di fronte alla fila di palme del Paseo Marítimo, a est del centro cittadino, si estende una lunga spiaggia di sabbia grigia.

Pernottamento

TOP **Hotel Costasol** HOTEL €

(☎950 23 40 11; www.hotelcostasol.com; Paseo de Almería 58; camere €54; P ❄ @ ≈) È straordinario notare come qualche tocco di rosso e una semplice ristrutturazione siano sufficienti per cambiare completamente l'aspetto di un edificio. Se a questo si aggiunge poi una reception elegante, bagni di dimensioni insolitamente grandi per gli standard spagnoli, spaziose sale comuni e un raffinato ristorante situato nel seminterrato, in tutta l'Andalusia non troverete un albergo di questa categoria migliore dell'Hotel Costasol.

Hotel Catedral BOUTIQUE HOTEL €€€

(☎950 27 81 78: www.hotelcatedral.net; Plaza de la Catedral 8; singole/doppie €110/140; ❄ @ ≈ 🏊)

Situata in splendida posizione, questa casa ottocentesca restaurata con eleganza ma dall'aspetto piuttosto pretenzioso dispone di camere spaziose e dotate di TV satellitare a banda larga. Caratterizzato dalla presenza di qualche mobile originale, il bellissimo bar-ristorante serve piatti leggeri della moderna cucina mediterranea.

Hotel Torreluz HOTEL €€
(☎950 23 43 99; www.torreluz.com; Plaza de las Flores 2 e 3; singole/doppie a 2 stelle €39/64, singole/doppie a 3 stelle €56/74; P ❄ 📶) Pareti color prugna, letti comodi e tariffe convenienti contribuiscono a rendere questo albergo una delle strutture ricettive con il miglior rapporto qualità-prezzo di Almería.

Hotel Sevilla HOTEL €
(☎950 23 00 09; www.hotelsevillaalmeria.es; Calle de Granada 23; singole/doppie €32/40; ❄ 📶) L'albergo più economico della città è piacevole ed efficiente e dispone di camere pulite e di una bella posizione in centro. I bagni sono minuscoli ma moderni.

Pasti

Quasi tutti i migliori tapas bar di Almería sono situati nel triangolo compreso tra Plaza Pablo Cazard, Puerta de Putchería e la cattedrale.

TOP **Tetería Almedina** MAROCCHINO €
(☎629 277827; Calle Paz 2; tè €2-3, portate principali €7-10; ⏲11-23) Questo frequentato localino del centro storico potrebbe far concorrenza a qualunque *tetería* di Granada. Al suo interno potrete assaporare buone specialità (non mancate di assaggiare il couscous) in un ambiente piacevolmente moresco, con forti influenze arabe.

Casa Puga TAPAS €€
(Calle Jovellanos 7; tapas a partire da €2, raciones a partire da €8) Situata nel cuore della città vecchia, la Casa Purga è considerata uno dei ristoranti migliori di Almería, proponendo squisite tapas all'affollato bancone nella parte anteriore del locale e piatti più sostanziosi (tra i quali spiccano le uova di pesce affumicate) nell'altrettanto popolare ristorante situato nella parte posteriore.

Plaza de Cañas TAPAS €€
(Calle Martín 20; tapas €2,20, raciones €6-12; ⏲chiuso lun e set) Se non ne potete più di tapas bar fumosi e perennemente avvolti nella penombra, vi consigliamo di dirigervi verso il Plaza de Cañas, versione moderna ed elegante dei vecchi locali con i prosciutti appesi al soffitto. In questo locale troverete piatti, un servizio e un ambiente decisamente contemporanei: accomodatevi a uno dei tavolini disposti nella piazza e rilassatevi.

Casa Joaquín PESCE €€
(☎950 26 43 59; Calle Real 111; portate principali €14-21; ⏲chiuso sab pomeriggio dom e set) Questo locale situato nei pressi della costa è specializzato in piatti a base di pesce, cucinati nei modi più insoliti. Accomodatevi a un tavolo e tentate la fortuna, oppure infilatevi al bancone e aspettate che vi venga offerto un assaggio gratuito.

La Charka TAPAS €€
(Calle Trajano 8; tapas a partire da €2) Questo popolarissimo tapas bar situato nella zona più vivace di Almería è molto vivace grazie al rumore dei piatti e alle chiacchiere dei giovani avventori.

Locali e divertimenti

El Quinto Toro BAR
(Calle Juan Leal 6; ⏲12-16 e 20-24, chiuso sab pomeriggio e dom) In questo autentico tapas bar si respira l'atmosfera della corrida. El Quinto Toro è considerato una vera e propria istituzione cittadina sin dal 1947. Il proprietario (rappresentante della terza generazione) propone un buon assortimento di tapas.

Peña El Taranto FLAMENCO
(☎950 23 50 57; Calle Tenor Iribarne 20) Situata in posizione defilata nella cisterna araba restaurata, l'Aljibes Árabes, la Peña El Taranto è considerata il locale di flamenco migliore di Almería. Durante i weekend questo locale ospita spesso spettacoli dal vivo (€20), ai quali a volte prende parte anche la star locale Tomatito.

Peña Flamenco 'El Morato' FLAMENCO
(☎950 25 09 14; www.elmorato.com; Calle Manuel Vicente; ⏲22-fino a tardi) Ospitato all'interno di una cantina di periferia, questo bar-locale notturno è molto autentico. Andandoci durante i weekend potrete assistere a spettacoli molto coinvolgenti gustando tapas e vino che vi faranno sentire immediatamente come a casa vostra.

Informazioni

Nel Paseo de Almería ci sono numerose banche.

Policía Local (☎950 21 00 19; Calle Santos Zárate).

Posta centrale (dietro Plaza Ecuador).

Ufficio turistico regionale (☎950 27 43 55; Parque de Nicolás Salmerón; ⏲9-19 lun-ven, 10-14 sab e dom).

Per/da Almería

Aereo

All'**aeroporto** di Almería (☎950 21 37 00), situato 10 km a est del centro cittadino, atterrano i voli provenienti da diversi paesi europei. La compagnia **easyjet** (www.easyjet.com) effettua collegamenti con gli aeroporti londinesi di Gatwick e di Stansted, **Ryanair** (www.ryanair.com) con Stansted e Madrid, **Thomas Cook Airlines** (www.thomascookairlines.co.uk) con Manchester, Birmingham e Gatwick e **Monarch Airlines** (www.flymonarch.com) con Birmingham e Manchester. La compagnia **Air-Berlin** (www.airberlin.com) ha in operativo voli provenienti da Berlino e **Transavia** (www.transavia.com) da Amsterdam. **Iberia** (www.iberia.com) effettua voli diretti per/da Barcellona, Madrid e Melilla.

Autobus

Tra le località raggiungibili con i mezzi in partenza dalla **stazione degli autobus** (☎950 26 20 98) pulita ed efficiente di Almería meritano di essere citate Granada (€13,45, 2 h 15 min, 10 corse al giorno), Málaga (€16, 3 h 15 min, 10 corse al giorno), Murcia (€17,25, 2 h 30 min, 10 corse al giorno), Madrid (€25, 7 h, 5 corse al giorno) e Valencia (€35,65, 8 h 30 min, 5 corse al giorno).

Imbarcazioni

La compagnia **Trasmediterránea** (☎950 23 61 55; www.trasmediterranea.es; Estación Marítima) ha in operativo traghetti giornalieri per/da Melilla e due collegamenti quasi tutti i giorni da giugno a settembre. Tenete presente che queste traversate possono durare fino a otto ore con i traghetti lenti e tre ore con quelli veloci. Un posto (*butaca*) di sola andata costa €33,20, mentre le tariffe per i veicoli partono da €189,20 per un'utilitaria con conducente. Tre linee marocchine fanno servizio per/da Nador, la cittadina marocchina situata nei pressi di Melilla, con tariffe e frequenze simili. La compagnia Trasmediterránea ha in operativo anche traghetti estivi per Ghazaouet, in Algeria.

Treno

Ogni giorno quattro treni assicurano i collegamenti tra Almería e Granada (€15,90, 2 h 15 min) e Siviglia (€38,15, 5 h 30 min) e due corse per Madrid (€44,10, 6 h 45 min).

Trasporti locali

L'aeroporto si trova 8 km a est della città; l'autobus n. 20 'Alquián' (€0,90) fa la spola tra Calle Doctor Gregorio Marañón e l'aeroporto ogni 40-50 minuti dalle 6.35 alle 22.40 (effettuando corse meno frequenti il sab e la dom). L'ultima corsa in partenza dall'aeroporto per la città parte alle 22.33 (22.22 sab e dom).

Dintorni di Almería

Oltre Benahadux, località situata a nord di Almería, il paesaggio è caratterizzato da una serie di canyon e di deserti rocciosi, che ricordano le terre desolate e aride dell'Arizona. Non a caso nel corso degli anni '60 e '70 alcuni produttori cinematografici scelsero queste zone per girare circa 150 film western.

L'industria cinematografica ha lasciano tre cittadine del Far West, oggi trasformate in attrattive turistiche. **Mini Hollywood** (☎950 36 52 36; interi/ridotti €19/9; ⏲10-21 apr-ott), la più famosa e meglio conservata, si trova a 25 km da Almería lungo la strada N340 per Tabernas. In questa zona sono state girate le scene di oltre 100 film, tra cui *Per un pugno di dollari* e *Il buono, il brutto e il cattivo*. Alle 17 (e alle 20 dalla metà di giugno alla metà di settembre) viene messa in scena una rapina in banca con tanto di sparatoria (i dialoghi sono ovviamente in spagnolo). Il biglietto comprende anche l'ingresso all'adiacente **Reserva Zoológica**. Per visitare questa zona da Almería è necessario disporre di un'automobile.

Cabo de Gata

Se riuscite a trovare qualcuno abbastanza vecchio da ricordare l'aspetto che la Costa del Sol aveva prima che arrivassero i bulldozer, con ogni probabilità vi sentirete dire che somigliava un po' a Cabo de Gata. Alcune delle spiagge più affascinanti e meno affollate della Spagna si trovano tra le imponenti scogliere e i promontori situati a est di Almería, dove scuri rilievi vulcanici si gettano in un scintillante mare turchese. Per quanto non possa certo essere definito un luogo incontaminato, Cabo de Gata conserva ancora un aspetto selvaggio e i suoi villaggi di pescatori sono molto semplici e tranquilli. Chi lo desidera può camminare lungo la costa o nelle sue immediate vicinanze, partendo da Retamar a nord-ovest e arrivano fino ad Agua Amarga a nord-est (61 km); tenete però presente che in estate questo percorso è molto assolato.

Nel periodo pasquale e nei mesi di luglio e di agosto sarebbe meglio prenotare.

Parque Natural de Cabo de Gata-Níjar comprende i 60 km di costa del Cabo de Gata e una striscia nell'entroterra. Il principale ufficio informazioni è il **Centro de Interpretación Las Amoladeras** (950 16 04 35; 10-14 e 17.30-21 metà lug-metà set, fino alle 15 mar-dom metà set-metà lug), situato circa 2,5 km a ovest di Ruescas.

SAN MIGUEL DE CABO DE GATA

Situato di fronte a una lunga spiaggia, questo villaggio dall'aspetto piuttosto trasandato non costituisce di certo la migliore introduzione al parco. Formato per lo più da case e da appartamenti di villeggiatura (abitati solo in alta stagione), San Miguel de Cabo de Gata potrebbe sembrare un sobborgo di Almería. Andate fino al Faro, oppure iniziate la passeggiata a San José per terminarla a San Miguel.

A sud del villaggio si estendono le **Salinas de Cabo de Gata**, una zona di lagune da cui si estrae il sale. In primavera molti fenicotteri rosa e altri uccelli acquatici fanno sosta nelle saline durante la loro migrazione, al punto che alla fine di agosto vi si possono contare fino a un migliaio di esemplari di fenicotteri. Un sentiero di 11 km gira intorno alle *salinas* e consente di osservare gli uccelli da alcune postazioni apposite. Dovreste riuscire ad avvistare molte specie di uccelli in ogni mese dell'anno, fatta eccezione per l'inverno, quando le *salinas* sono asciutte, anche se è comunque necessario un binocolo.

In questa zona ci sono un paio di strutture ricettive di buon livello: l'**Hostal Las Dunas** (950 37 00 72; www.lasdunas.net; Calle Barrio Nuevo 58; singole/doppie €40/55; P), un accogliente albergo a gestione familiare dotato di pulitissime camere moderne con bagni di grandi dimensioni e bizzarri balconi dalle ringhiere in marmo scolpito, sempre piene di fiori. A chi desidera piantare la tenda consigliamo di dirigersi verso il **Camping Cabo de Gata** (950 16 04 43; piazzole per adulto, caravan, automobile e allacciamento elettrico €17,28, bungalow €71-112; P), un campeggio molto curato situato a 1 km dalla spiaggia e dotato di tutti i comfort moderni, compreso un buon ristorante. Il Camping Cabo de Gata si trova 2,5 km a nord del villaggio e può essere raggiunto percorrendo le strade sterrate.

Situato all'ingresso del villaggio, **El Naranjero** (Calle Iglesia 1; portate principali €12-27; chiuso dom) è un locale specializzato in piatti a base di pesce e di frutti di mare.

FARO DE CABO DE GATA E DINTORNI

Dopo aver oltrepassato le Salinas de Cabo de Gata, si incontra una strada stretta e tortuosa che si snoda per 4 km lungo la scogliera fino a raggiungere il **Faro de Cabo de Gata**, situato all'estremità del promontorio. Una deviazione nei pressi del Café Bar El Faro, pochi passi prima del faro, consente di raggiungere la **Torre Vigía Vela Blanca**, una torre di vedetta settecentesca appollaiata sulla sommità di una scogliera alta 200 m, dalla quale è possibile ammirare un panorama veramente spettacolare. La strada termina qui, ma un sentiero percorribile a piedi o in bicicletta prosegue in discesa fino a Playa de Mónsul (1 h a piedi).

SAN JOSÉ

POP. 550

Paesino raccolto intorno a una baia situata nel lato orientale di Cabo de Gata, San José in estate diventa una località balneare piuttosto elegante, mantenendo comunque un aspetto molto gradevole grazie alle sue case basse, e rappresenta la base ideale per praticare sport e attività all'aria aperta, sia in mare sia sulla terraferma. Fuori stagione potrebbe capitarvi di avere il paese praticamente tutto per voi.

La strada che proviene da nord diventa la via principale di San José, Avenida de San José. La spiaggia e il porto si trovano un paio di isolati sulla sinistra.

Alcune delle spiagge migliori di Cabo de Gata si trovano lungo una strada sterrata che procede a sud-ovest di San José. **Playa de los Genoveses**, un'ampia striscia di sabbia lunga circa 1 km e lambita da acque poco profonde, si trova a 4,5 km dal centro abitato, mentre **Playa de Mónsul**, situata 2,5 km più avanti, è una spiaggia leggermente più stretta di sabbia grigia, a cui fanno da sfondo imponenti blocchi di roccia vulcanica. Lontano dalla strada, la costa compresa tra queste due spiagge è caratterizzata da una serie di baie isolate e sabbiose, le **Calas del Barronal**, che possono essere raggiunte solo a piedi.

In Avenida de San José troverete un **ufficio informazioni del parco naturale** (Avenida de San José 27; 10-14 e 17-20), una banca e uno sportello bancomat. Il personale dell'ufficio informazioni è in grado di fornire un gran numero di indicazioni sui noleggi di biciclette, le escursioni a cavallo e in barca e le immersioni che si possono effettuare in questa zona.

Cabo de Gata

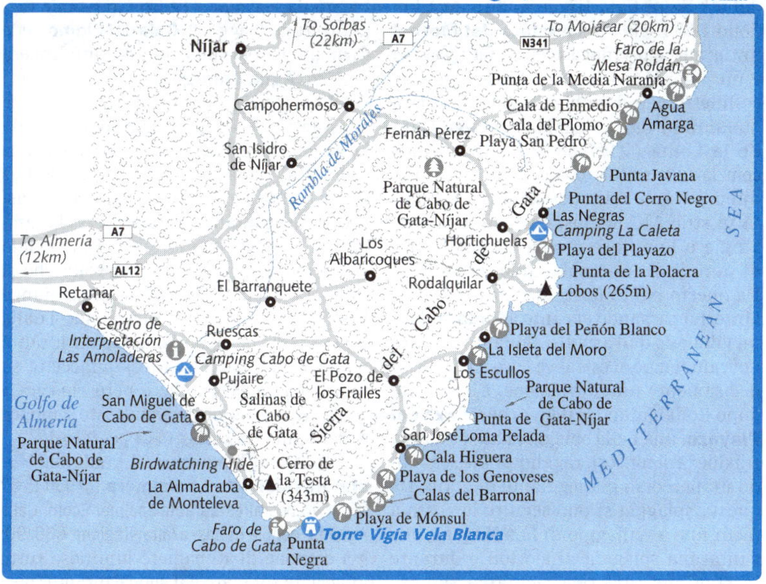

Pernottamento e pasti

Santuario San Jośe HOTEL €€
(☎902 87 73 88; www.elsantuariosanjose.es; Camino de Calahiguera 9; singole/doppie €64/79; P ❄) Questo albergo di un bianco abbagliante rimodernato di recente dispone di 28 camere dallo stile minimalista ma accoglienti e di alcune gradevoli sale e terrazze dove vengono serviti i pasti. Il suo **Restaurante Aniceto** (portate principali €15-24) è molto apprezzato dalla gente del posto.

Hostal Sol Bahía HOTEL €€
(☎950 38 03 07; Avenida de San José; doppie €40-70; ❄) L'Hostal Sol Bahía e il suo gemello situato di fronte, Hostal Bahía Plaza, si trovano nel centro di San José e dispongono di camere funzionali e pulite ospitate all'interno di edifici moderni e luminosi.

Hotel Cortijo el Sotillo HOTEL €€
(☎950 61 11 00; www.cortijoelsotillo.com; Carretera Entrada a San José; camere €75; P ❄ ☎ ≋) Questo complesso stile ranch, elegante ma divertente, è frequentato soprattutto da famiglie. Al suo interno troverete un'ampia gamma di strutture e di servizi, tra cui un maneggio e un eccellente **ristorante** (portate principali €15-25).

Camping Tau CAMPEGGIO €
(☎950 38 01 66; www.campingtau.com; piazzole adulto/tenda/automobile €6,50/9,50/6; ⏲apr-set) Situato a 250 m dalla spiaggia, questo campeggio piccolo ma dotato di piazzole piacevolmente ombreggiate gode di una buona popolarità tra le famiglie in vacanza.

Restaurante Mediterraneo PESCE €€
(☎950 38 00 93; Puerto Deportivo de San José; portate principali €10-22) Ultimo di una serie di validi locali specializzati in cucina di pesce situati nei pressi del porticciolo turistico, il Restaurante Mediterraneo si distingue per uno staff particolarmente cortese e per l'atmosfera più tranquilla rispetto a quella di alcuni suoi vicini.

DA SAN JOSÉ A LAS NEGRAS

Nell'incontaminato tratto di costa che si estende a nord-est di San José si trovano solo due piccoli centri abitati, qualche fortificazione e alcune spiagge, prima di arrivare a Las Negras, un villaggio situato in linea d'aria a soli 17 km da San José. La strada, però, compie lunghe deviazioni nell'entroterra.

Il borgo di **Los Escullos** si affaccia su una piccola spiaggia. Da San José è possibile raggiungere questo paese a piedi percorrendo un sentiero che parte dalla baia di Cala Higuera. Situata 1 km dopo Los Escullos, **La Isleta del Moro** è un minuscolo villaggio con una spiaggia e un paio di pescherecci. Situata su una collinetta che domina il villaggio a cinque minuti dalla spiaggia, la **Casa Café de la Loma** (☎950 38 98 31; www.degata.com/laloma; singole/doppie €40/60) è una dimora vecchia di due secoli ristrutturata in stile Al-Andalus, che vanta camere ampie e luminose e offre la possibilità di ammirare uno splendido panorama. Da questo punto la strada si dirige verso l'interno passando accanto a **Rodalquilar**, un villaggio dall'aspetto alquanto sinistro dove un tempo si estraeva l'oro, che merita decisamente una deviazione. Circa 1 km dopo Rodalquilar c'è il bivio per **Playa del Playazo**, una bella spiaggia che si allunga tra due promontori, raggiungibile seguendo un percorso pianeggiante di 2 km. Da questa spiaggia si può seguire la costa a piedi fino al villaggio di **Las Negras**, che vanta una spiaggia di ciottoli e durante la stagione turistica richiama sempre grandi folle.

Situato nella via principale di Las Negras, l'**Hostal Arrecife** (☎950 38 81 40; Calle Bahía 6, Las Negras; singole/doppie €28/40) dispone di camere tranquille e curate, alcune delle quali dotate di un balcone affacciato sul mare. Il **Camping La Caleta** (☎950 52 52 37; www.vayacamping.net/la caleta; piazzole adulto/tenda/automobile €5,60/6,70/5,60; ⏲tutto l'anno; 🅿🏊) si trova in una baia isolata situata 1 km a sud di Las Negras, dove in estate può fare molto caldo (ma la struttura dispone di una bella piscina). Le altre possibilità di alloggio offerte da Las Negras sono costituite soprattutto da appartamenti e da case in affitto. Il **Restaurante La Palma** (portate principali €12-24), affacciato sulla spiaggia, serve un vastissimo assortimento di piatti a base di pesce, che potrete assaporare ascoltando un gradevole sottofondo musicale.

DA LAS NEGRAS AD AGUA AMARGA

Nessuna strada percorre questo remoto tratto di costa rocciosa, ma chi ha voglia di camminare può imboccare un sentiero lungo circa 11 km con diversi saliscendi, che consente di raggiungere diverse spiagge. Raggiungibile da Las Negras con un'ora di cammino, **Playa San Pedro** è il luogo in cui si trova un villaggio in rovina (con un castello), occupato talvolta da hippy e da naturisti. Con una passeggiata di un'ora e mezzo da Playa San Pedro è possibile raggiungere la spiaggia di **Cala del Plomo**, sede di un minuscolo villaggio, e con un'altra ora e mezzo **Agua Amarga**.

Chi viaggia in automobile dovrà invece spostarsi verso l'entroterra, percorrendo la strada che da Las Negras passa da Hortichuelas. Dalla pensilina degli autobus di Fernán Pérez parte una strada – quasi tutta non asfaltata – che attraversa la campagna in direzione nord-est. Rimanendo sul percorso principale ogni volta che si incontra un bivio, dopo 10 km si raggiunge la strada asfaltata che – diramandosi dalla N341 – porta da Agua Amarga, una località balneare raffinata e costosa affacciata su una bella spiaggia, che è però riuscita a conservare un'atmosfera piuttosto semplice e tranquilla da villaggio di pescatori.

Situato sul lungomare, il gradevole **Hostal Restaurante La Palmera** (☎950 13 82 08; www.hostalrestaurantelapalmera.com; Calle Aguada; doppie in bassa/alta stagione €60/90; ❄) dispone di 10 camere luminose tutte affacciate sul mare e il suo ristorante (portate principali da €11 a €19) è considerato il luogo più rinomato dove pranzare ad Agua Amarga.

Il raffinato **MiKasa Suites & Spa** (☎950 13 80 73; www.mikasasuites.com; Carretera Carboneras; doppie con prima colazione €125-240; 🅿❄📶🏊) è un rifugio elegante, confortevole e molto romantico frequentato da chi desidera sfuggire alla folla di bagnanti dei periodi festivi. Il **Restaurante La Villa** (☎950 13 80 73) si trova accanto alla piscina, ma anche nella spa vengono 'servite' specialità costose – mai sentito parlare di maschere al caviale e di bendaggi alle alghe?

Il locale migliore dove mangiare è il **Restaurante Playa** (portate principali €8-23; ⏲chiuso gen e feb), un locale in stile minimalista ma molto accogliente che dispone di una lunga terrazza affacciata sulla spiaggia e propone diverse specialità, tra cui piatti a base di riso e – ovviamente – il 'pescato del giorno'.

ℹ Per/da Cabo de Gata

Dalla stazione degli autobus di Almería partono diversi autobus diretti a El Cabo de Gata (€2, 30 min, 10 corse al giorno), San José (€3,16, 1 h 15 min, 4 corse al giorno lun-sab), Las Negras (€4,25, 1 h 15 min, 1 corsa al giorno lun-sab) e Agua Amarga (€4,95, 1 h 15 min, 1 corsa al giorno lun-ven).

Mojácar

Confinata in un angolo remoto di una delle regioni più tradizionaliste della Spagna, Mojácar era stata quasi del tutto abbandonata fino a quando, verso la metà del XX secolo, il previdente sindaco di allora iniziò ad attirare artisti e altri visitatori offrendo loro case a prezzi stracciati. In seguito sono arrivati anche i turisti, ma nonostante questo Mojácar è riuscita a conservare la sua atmosfera caratteristica.

Il centro abitato comprende due zone distinte, il vecchio Mojácar Pueblo, un labirinto di casette bianche a forma di cubo abbarbicato su un'altura situata a 2 km dalla costa, e Mojácar Playa, una moderna località balneare.

Che cosa vedere e fare

La visita di Mojácar Pueblo consiste sostanzialmente nel vagabondare nei suoi vicoli tortuosi e vivacizzati da balconi fioriti, fermandosi a curiosare nei negozi di artigianato, le gallerie d'arte e le boutique. Appollaiato in posizione dominante sul centro abitato, il **Mirador El Castillo** offre la possibilità di ammirare un panorama veramente incantevole. Caratterizzata da un aspetto molto simile a quello di una fortezza, l'**Iglesia de Santa María** (Calle Iglesia) risale al 1560 e in precedenza potrebbe essere stata una moschea.

Il luogo più suggestivo del villaggio è costituito dalla **Fuente Mora** (Fontana Moresca; Calle La Fuente), situata nella parte bassa del *pueblo*. Sebbene sia stata rimaneggiata in tempi recenti, questa fontana rappresenta una testimonianza dell'abilità degli arabi nel trasformare l'acqua in una forma d'arte. Se desiderate noleggiare l'attrezzatura per il windsurf (€12 l'ora), la canoa, la vela e lo sci d'acqua (€20 a corsa), vi consigliamo di rivolgervi all'agenzia **Samoa Surf** (☎666 442263; Playa de las Ventánicas) situata a Mojácar Playa.

Pernottamento e pasti

El Mirador del Castillo HOTEL
(☎950 47 30 22; www.elcastillomojacar.com; Mirador El Castillo; doppie €60-68; @ 📶 ❄) Questo semplice *hostal* pervaso da un'atmosfera bohémien piacevolmente informale consente di ammirare panorami veramente fantastici.

La Taberna ANDALUSO TIPICO
(Plaza del Cano 1; tapas e platos combinados a partire da €4; 🌿) Questo locale piccolo ma assai rinomato formato da un labirinto di sale simili a grotte serve piatti cucinati con estrema cura, tra cui un vasto assortimento di saporite specialità vegetariane.

Informazioni

Ufficio turistico (☎950 61,50 25; www.mojacar.es; Calle Glorieta 1; ⏲10-14 e 17-19.30 lun-ven, 10.30-13.30 sab) L'ufficio turistico di Mojácar è in grado di fornire un gran numero di informazioni e si trova a pochi passi da Plaza Nueva a Mojácar Pueblo.

Per/da Mojácar e trasporti locali

Gli autobus locali collegano Mojácar Pueblo a Mojácar Playa ogni 30 minuti. A questi collegamenti si aggiungono gli autobus a lunga percorrenza che raggiungono Murcia (€10,17, 2 h 30 min, 5 corse al giorno), Almería (€6,67, 1 h 45 min, 2 corse al giorno), Granada (€15, 4 h, 2 corse al giorno) e Madrid (€34,13, 8 h, 2 corse al giorno).

Estremadura (Extremadura)

Include »

I migliori ristoranti

» Restaurante La Troya (p415)

» Mesón El Asador (p409)

» Restaurante Torre de Sande (p409)

» Tabula Calda (p422)

I migliori hotel

» Parador Jarandilla (p398)

» Hospedería del Real Monasterio (p418)

» Hotel Casa Don Fernando (p407)

» La Flor de al-Andalus (p421)

» Hotel Adealba (p421)

» Posada Dos Orillas (p413)

Perché andare?

Una visita in Estremadura consente di immergersi nella Spagna del passato, vantando alcune delle rovine romane più suggestive del paese e città e villaggi medievali. Mérida, Cáceres e Trujillo sono tra i centri storici meglio conservati del paese, mentre i villaggi *extremeños* sono pervasi da un fascino senza tempo, spaziando dalle vallate remote del nord alla seducente Zafra, a sud.

L'Estremadura è una regione di cieli sconfinati e di vaste distese di terreno punteggiate da fattorie isolate. Lungo la parte settentrionale, orientale e meridionale della regione si ergono sierras ammantate di boschi, mentre il Parque Nacional de Monfragüe è considerato da molti l'angolo più spettacolare dell'Estremadura.

I visitatori che si spingono fino in Estremadura sono relativamente pochi. Gli spagnoli, tuttavia, sanno bene che in questa regione possono gustare alcune delle specialità migliori dell'entroterra del loro paese, tra cui gli arrosti di carne e il cremoso e pungente formaggio Torta de Casar.

Quando andare

Cáceres

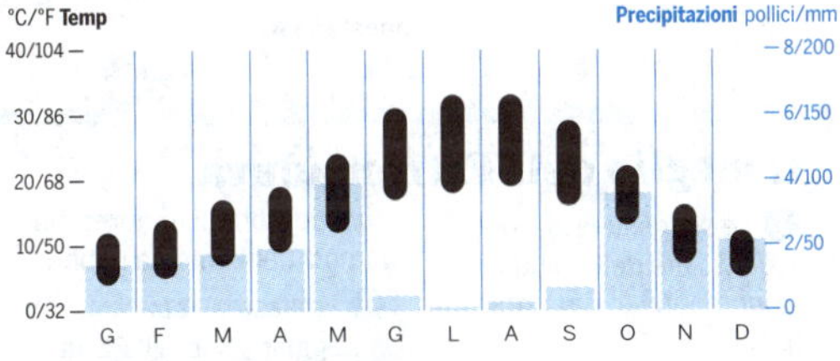

Aprile L'ultimo weekend di aprile a Trujillo arriva la Feria del Queso (Fiera del Formaggio).

Maggio Raccolta primaverile delle ciliegie nella Valle del Jerte.

Luglio-agosto Il teatro romano di Mérida, costruito 2000 anni fa, ospita il Festival de Teatro Clásico.

ESTREMADURA SETTENTRIONALE

Le propaggini occidentali della catena montuosa della Cordillera Central formano un arco intorno a Plasencia partendo dalla Sierra de Gredos, a est, fino ad arrivare alla Sierra de Gata, a ovest. Nella parte nord-orientale della regione ci sono tre vallate davvero incantevoli: La Vera, la Valle del Jerte e la Valle del Ambroz. Bagnate da torrenti di montagna e punteggiate di antichi villaggi, queste valli sono percorse da graziosi sentieri escursionistici e dispongono di valide strutture ricettive.

Un tempo remota regione confinata nell'estremità più settentrionale dell'Estremadura, oggi Las Hurdes si distingue per la

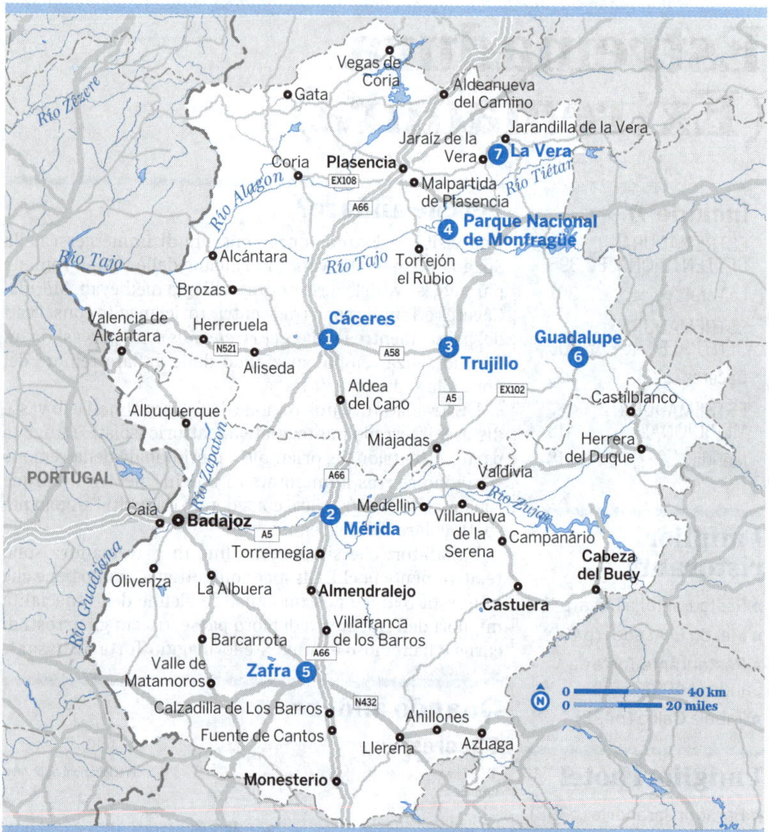

Il meglio dell'Estremadura

1. Le suggestive strade acciottolate della Ciudad Monumental di **Cáceres** (p406)
2. Le rovine romane di **Mérida** (p418), considerate da molti le più belle di tutta la Spagna
3. **Trujillo** (p411), cittadina medievale dove sono nati alcuni dei conquistadores più famosi dell'America Latina
4. I maestosi rapaci che volteggiano sopra il **Parque Nacional de Monfragüe** (p404)
5. I bianchi e scintillanti edifici di **Zafra** (p425), situata nella parte meridionale della regione
6. Un tratto di strada con i pellegrini alla volta di **Guadalupe** (p415), con il suo straordinario monastero annidato in una vallata
7. I villaggi di case a graticcio di **La Vera** (p397), una delle regioni meno visitate di tutta la Spagna

sua bellezza scabra, mentre la più fertile e boscosa Sierra de Gata, situata nella parte nord-occidentale, emana un fascino più dolce.

La Vera

Circondata da montagne, le cui vette sono spesso ammantate di neve anche nel mese di maggio, la fertile La Vera si estende nel versante settentrionale della Valle del Río Tiétar e produce lamponi, asparagi e – soprattutto – paprika *(pimentón),* che viene venduta in caratteristici barattoli vecchio stile. Tipiche di La Vera sono anche le case a graticcio che sorgono inclinate in maniera del tutto insolita, con i piani superiori sporgenti sostenuti da pilastri in legno o in pietra.

Che cosa vedere e fare

Pasarón de la Vera VILLAGGIO

Pasarón de la Vera è un grazioso e tranquillo villaggio annidato in una valle 32 km a nord-est di Plasencia. In questo villaggio sorge il suggestivo Palazzo dei Condes de Osorno, un maestoso edificio del XVI secolo, che vanta una galleria con arcate aperte decorata con medaglioni.

Cuacos de Yuste VILLAGGIO

Procedendo verso nord-est, si incontra Cuacos de Yuste, un suggestivo villaggio caratterizzato dalla presenza di numerose case a graticcio tipiche della regione di La Vera. Non mancate di dare un'occhiata alla graziosa **Plaza Fuente Los Chorros**, una bellissima piazza che si sviluppa intorno a una fontana del XVI secolo, e a **Plaza Juan de Austria**, una piazza costruita su una roccia, dove campeggia un busto di Carlo I.

Monasterio de Yuste MONASTERO

(927 17 21 97; ingresso libero, visite guidate di 30 min in spagnolo €2,50; 10-18.15 mar-dom) Il Monasterio de Yuste si trova 2 km a nord-ovest di Cuacos. Malato di gotta, Carlo I di Spagna (divenuto in seguito Carlo V d'Austria, imperatore del Sacro Romano Impero) si ritirò in questo monastero nel 1557 per trascorrere i suoi ultimi anni, dopo aver diviso il più grande impero del mondo di allora tra suo fratello Ferdinando e il suo figlio legittimo Filippo II. Oggi in questo monastero vive una comunità di frati di clausura appartenenti all'ordine dei geronimiti, ma è possibile visitare la **chiesa** situata all'esterno, che vanta suggestivi chiostri in stile gotico e plateresco, e le modeste **camere reali**, dove fu collocato il letto del monarca malato in modo da permettergli di vedere l'altare.

Garganta la Olla VILLAGGIO

Una strada stretta che consente di ammirare panorami veramente incantevoli prosegue per altri 7 km oltre il Monasterio de Yuste fino a Garganta la Olla, un villaggio molto pittoresco abbarbicato su un ripido pendio, dove potrete ammirare antiche architravi con l'incisione della data di costruzione (risalente al XVI secolo) e del nome del primo proprietario. Cercate la **Casa de las Muñecas**, situata al n. 3 della via principale, Calle Chorillo. La 'Casa delle Bambole' deve il suo nome alla figura femminile – in gran parte erosa dagli agenti atmosferici – che sormonta la volta in pietra della porta. Dipinto di blu (colore che in quell'epoca equivaleva

Estremadura nord-orientale

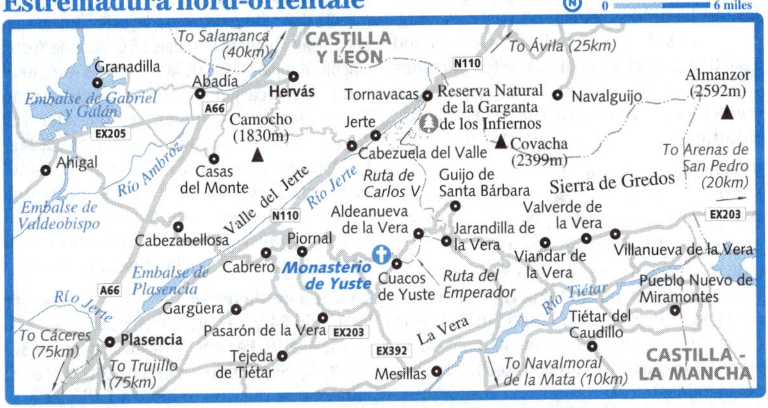

UNA PASQUA DI PASSIONE

Il Giovedì Santo, Villanueva de la Vera diventa teatro di una delle celebrazioni religiose più singolari di tutta la Spagna, **Los Empalaos** (letteralmente 'gli Impalati'), nel corso della quale diversi penitenti, scelti tra la gente del posto, legano le braccia a una trave (presa da un aratro), mentre i loro corpi seminudi sono stretti da corde dalla vita alle ascelle e per tutta la lunghezza delle braccia fino alla punta delle dita. Scalzi, coperti da un velo e con due spade legate sulla schiena e una corona di spine sul capo, questi 'crocifissi viventi' percorrono una dolorosa Via Crucis. Al pesante fardello in legno vengono appese anche catene di ferro che oscillano con un sinistro tintinnio, mentre i penitenti procedono faticosamente, sotto gli occhi della folla. Guidati dai *cirineos* (persone che illuminano la strada e li aiutano a risollevarsi se cadono), gli *empalaos* a volte si tagliano la strada tra loro. Quando questo accade, devono inginocchiarsi, risollevarsi e continuare la loro marcia sofferente. Gli *empalaos* sono seguiti da alcuni medici, che controllano che le corde strette non blocchino la circolazione sanguigna.

all'odierno 'a luci rosse'), all'epoca di Carlo I questo edificio era una casa di appuntamenti, mentre oggi ospita un più tetro negozio di souvenir. Un altro edificio molto caratteristico è la **Casa de Postas Posada de Viajeros**, una locanda per viaggiatori dove pare abbia alloggiato anche Carlo I; per individuarla, cercate la targa collocata in cima alla strada. Da Garganta la Olla è possibile guidare attraverso un paesaggio spettacolare superando i 1269 m del passo del **Puerto de Piornal** fino a raggiungere la Valle del Jerte.

Jarandilla de la Vera VILLAGGIO

Situata 10 km a nord-est di Cuacos de Yuste, Jarandilla de la Vera vanta una suggestiva chiesa fortificata del XV secolo situata in Plaza de la Constitución e un magnifico *parador* (p398).

Ruta del Emperador SENTIERO ESCURSIONISTICO

La Ruta del Emperador è un sentiero escursionistico di 10 km che consente di ripercorrere l'itinerario compiuto dall'imperatore da Jarandilla al Monasterio de Yuste. Per raggiungerlo, seguite il cartello in direzione sud a partire dalla chiesa situata sotto il *parador* della città e, una volta arrivati di fronte a un incrocio a T, girate a destra per lasciare la cittadina passando da Calle Marina.

Valverde de la Vera e Villanueva de la Vera VILLAGGI

Tra gli altri villaggi di La Vera che vantano pregevoli edifici dell'architettura tradizionale meritano di essere citati Valverde de la Vera e Villanueva de la Vera. Il primo è particolarmente attraente; lungo l'incantevole Plaza de España sono allineati balconi in legno e l'acqua scorre lungo i solchi tracciati nei vicoli lastricati.

Pernottamento e pasti

La maggior parte dei villaggi di questa zona dispone di campeggi ben segnalati e di *casas rurales* (case di campagna, sistemazioni in villaggi o in fattorie) che affittano camere.

Parador Jarandilla HOTEL €€

(☎927 56 01 17; www.parador.es; Avenida de García Prieto 1, Jarandilla de la Vera; doppie €70-137; P ⊖ ❄ ☒) In questa suggestiva struttura del XV secolo trasformata in albergo potrete sentirvi per una notte come un re nel suo castello. Si dice che Carlo I abbia soggiornato per alcuni mesi in questo edificio mentre attendeva che i lavori ai suoi appartamenti nel monastero venissero completati. All'interno di mura e di poderose torrette si trovano camere arredate con pregevoli mobili d'epoca e un classico cortile dove vi verranno serviti i pasti e potrete lasciare che la mente divaghi in fantasie regali osservando il menu del ristorante da gourmet.

La Vera de Yuste CASA RURAL €€

(☎927 17 22 89; www.laveradeyuste.com, in spagnolo; Calle Teodoro Perianes 17, Cuacos de Yuste; singole/doppie €40/60; ❄) La Vera de Juste è un'autentica gemma ospitata all'interno di due tipiche case del villaggio risalenti al XVIII secolo situate nei pressi di Plaza Major. Le camere con travi a vista sono dotate di massicci mobili rustici e il giardino è una vera delizia, circondato com'è da cespugli di rose, un piccolo cortile e un orticello. In questa struttura è anche possibile cenare.

La Casa de Pasarón HOTEL €€

(☎927 46 94 07; www.pasaron.com; Calle de La Magdalena 18, Pasarón de la Vera; doppie €80-95; P ❄) Seguendo i cartelli attraverso il villaggio si raggiunge questa bella casa di famiglia, il cui piano terreno risale al 1890. Le camere sono piene di luce e presentano piastrelle in terracotta, biancheria di lino e dipinti alle pareti. Il ristorante è davvero eccellente, ma apre solo se c'è un numero minimo di clienti; nel villaggio di Pasarón de la Vera ci sono alcuni piccoli bar che servono anche qualche piatto.

Casa Rural Parada Real CASA RURAL €
(☎927 17 96 05; www.paradareal.com; Calle Chorrillo 28, Garganta La Olla; singole/doppie €40/50; ❄) Dipinta in una piacevole sfumatura di rosa intenso, questa gradevole *casa rural* situata in cima alla via principale vanta balconi in ferro battuto e camere luminose e senza fronzoli. Al piano inferiore c'è un buon ristorante (pasti da €15 a €20).

Hotel Don Juan de Austria HOTEL €€
(☎927 56 02 06; www.donjuandeaustria.com; Avenida Soledad Vega Ortiz 101, Jarandilla de la Vera; doppie a partire da €60; ❄@≋) In attività ormai da molto tempo, questo albergo dispone di un modesto complesso termale dotato di una vasca con idromassaggio, di saune (compresa la sauna finnica e il bagno turco) e una sala massaggi. Le camere (rimodernate nel 2007) sono tinteggiate in un caldo color ocra e presentano dettagli di gusto retrò e pavimenti in legno massiccio.

Camping Jaranda CAMPEGGIO €
(☎927 56 04 54; www.campingjaranda.es; Jarandilla de la Vera; piazzole per adulti/tende/automobili €4,70/4,80/4,80; ⏲metà marzo-metà set; ≋) Situato lungo un ruscello gorgogliante 1,25 km a ovest di Jarandilla, il Camping Jaranda distribuisce semplici cartine dei sentieri escursionistici che si snodano nei dintorni. All'interno di questa struttura troverete un ristorante dotato di tavoli all'aperto, molta ombra e alcuni bungalow (da €64 a €104).

ℹ Informazioni

Asociación de Turismo de la Vera (www.aturive.com, in spagnolo) Questo sito web riporta uin gran numero di informazioni utili per pianificare molte attività all'aperto.

Comarca de la Vera (www.comarcadelavera.com) Un altro sito web degno di essere preso in considerazione.

Ufficio turistico (☎927 56 04 60; www.jarandilla.com, in spagnolo; Plaza de la Constitución 1, Jarandilla de la Vera; ⏲10-14 e 16-18 mar-dom).

ℹ Per/da La Vera

Ogni giorno fino a tre autobus prestano servizio tra i villaggi di La Vera bassa e Plasencia, mentre un solo mezzo assicura i collegamenti tra Plasencia e Madrigal de la Vera (€7,85, 1 h 45 min), il villaggio più lontano.

Valle del Jerte

Separata da La Vera dalla Sierra de Tormantos, questa valle produce da sola il 50% dell'intero raccolto di ciliegie di tutta la Spagna e all'inizio della primavera si trasforma in un mare di fiori bianchi appena sbocciati. Visitandola nel mese di maggio vedrete che praticamente tutte le famiglie della zona si dedicano alla raccolta dei frutti maturi.

Che cosa vedere e fare

Piornal VILLAGGIO
Adagiata sulle pendici sud-orientali della vallata, Piornal (1200 m) è nota per il suo prosciutto Serrano e si trova in posizione ideale per fare piacevoli passeggiate nella Sierra de Tormantos.

Cabezuela del Valle VILLAGGIO
Nella zona di Plaza de Extremadura di Cabezuela del Valle si trovano alcune belle case con balconi sporgenti in legno. Una strada panoramica di 35 km conduce da un punto situato pochi passi a nord di Cabezuela fin oltre quota 1430 m a Puerto de Honduras, spingendosi poi fino a Hervás, nella Valle del Ambroz.

Jerte VILLAGGIO
Jerte costituisce un altro eccellente punto di partenza per fare escursioni all'interno della **Reserva Natural de la Garganta de los Infiernos** ('Gola dell'Inferno'). Situato accanto al Camping Valle del Jerte, il **Centro de Interpretación de la Naturaleza** (☎927 01 49 36; ⏲9-14 e 17-20) dispone di un'interessante esposizione illustrata e può fornire una cartina di 12 sentieri escursionistici. Un agevole itinerario di 7 km – percorribile tra andata e ritorno in un'ora e mezzo – parte dall'ufficio e porta a **Los Pilones**, una zona in cui si trovano bizzarre formazioni di roccia lisce e un ruscello dalle acque smeraldine.

Tornavacas VILLAGGIO
Tornavacas è un altro villaggio tipico dell'Estremadura con un vecchio quartiere raccolto che costituisce il punto di partenza della **Ruta de Carlos V** (www.rutadelemperador.com, in spagnolo). Lungo 28 km, questo sentiero (PR1) ripercorre l'itinerario seguito da Carlo I oltre le montagne fino a Cuacos de Yuste passando da Jarandilla de la Vera. Questo sentiero può essere percorso nell'ar-

co di una sola giornata, come fecero i portantini di Carlo intorno al 1550. L'itinerario attraversa la Sierra de Tormantos, valicando a quota 1479 m il Collado (o Puerto) de las Yeguas.

Pernottamento e pasti

Camping Río Jerte CAMPEGGIO €
(☎927 17 30 06; www.campingriojerte.com; piazzole per adulti/tenda/automobile €4,60/4,60/4,60, bungalow per 4-6 persone €64-105;) Situato 1,5 km a sud-ovest di Navaconcejo, questo campeggio dispone tra le altre cose anche di un campo da pallavolo. Per rinfrescarvi, potrete scegliere se tuffarvi nella piscina naturale situata nei pressi del fiume, oppure nella più frequentata piscina artificiale del campeggio.

El Cerezal de los Sotos CASA RURAL €€
(☎927 47 04 29; www.elcerezaldelossotos.net, in spagnolo; Calle de las Vegas, Jerte; doppie con prima colazione €76; P) Questa vallata gode di una meritata fama per le sue splendide *casas rurales*. Questa accogliente casa in pietra costruita nel 1890 è caratterizzata dalla presenza di travi a vista, un caminetto piacevolmente scoppiettante e di camere belle e spaziose ed è circondata da un gran numero di alberi di ciliegio e da vasti prati che si estendono al di sopra del fiume. Per raggiungerla bisogna seguire i cartelli che conducono oltre il ponte da Jerte e dalla N110. Presso questa struttura è anche possibile cenare (€19).

Valle del Jerte TIPICO €€
(☎927 47 04 48; Gargantilla 16, Jerte; pasti €25-30) Questo gradevole ristorante tradizionale a gestione familiare è *il* posto migliore per gustare le specialità locali, come la trota e il *cabrito* (capretto). Tra i fantastici dessert del Valle del Jerte merita di essere citata la classica torta di ciliegie e formaggio caprino, che viene servita con miele aromatizzato alle ciliegie.

Informazioni

Turismo Valle del Jerte (www.elvalledeljerte.com) Sito web molto utile.

Ufficio turistico (☎927 47 25 58; www.turismovalledeljerte.com, in spagnolo; ⏲10-17.30 lun-ven, fino alle 14 sab e dom) Situato lungo il tracciato della N110 600 m a nord di Cabezuela del Valle, questo ufficio turistico è in grado di fornire un gran numero di informazioni su tutta la vallata.

Per/dalla Valle del Jerte

Nei giorni feriali un autobus al giorno presta servizio tra Plasencia e Piornal (€2,80, 1 h) e fino a cinque autobus percorrono la vallata fino ad arrivare a Tornavacas (€3,25, 1 h 20 min).

Valle del Ambroz

Situata a ovest della Valle del Jerte, in epoca romana quest'ampia vallata era percorsa dalla Vía de la Plata, che oggi è stata sostituita dall'autostrada A66. L'**ufficio turistico** (☎927 47 36 18; www.valleambroz.com, in spagnolo; Calle Braulio Navas 6; ⏲10-14 e 16.30-19.30 mar-ven, 10-14 sab e dom) della zona si trova a Hervás.

HERVÁS

POP. 4130

Che cosa vedere e fare

Hervás vanta il **barrio judío** (quartiere ebraico) meglio conservato di tutta l'Estremadura; questo quartiere prosperò fino all'espulsione degli ebrei dalla Spagna avvenuta nel 1492, quando la maggior parte delle famiglie che vi vivevano cercò rifugio in Portogallo. Non mancate di dare un'occhiata a Calle Rabilero e a Calle Cuestecilla e, se desiderate ammirare un incantevole panorama, salite alla **Iglesia de Santa María**, che sorge sulle rovine di un castello dei Templari.

Museo Pérez Comendador-Leroux MUSEO
(☎927 48 16 55; Calle Asensio Neila; ingresso €1,20; ⏲16-20 mar, 11-14 e 16-20 mer-ven, 10.30-14 sab e dom) Ospitato all'interno di un imponente palazzo del XVIII secolo, il Museo Pérez Comendador-Leroux custodisce le opere di Enrique Pérez Comendador, uno scultore del XX secolo originario di Hervás, e di sua moglie, la pittrice francese Magdalena Leroux.

Museo de la Moto Clásica MUSEO DEI VEICOLI
(☎927 48 12 06; www.museomotoclasica.com; Carretera de la Garganta; interi/12-25 anni/under 12 €10/5/gratuito; ⏲10.30-13.30 e 17-21 lun-ven, 10.30-21 sab e dom) Ospitato all'interno di alcuni caratteristici edifici dal tetto conico situati 200 m a nord del fiume, questo museo espone diverse motociclette, automobili e carrozze tirate da cavalli d'epoca.

Pernottamento e pasti

Albergue de la Via de la Plata OSTELLO €
(☎927 47 34 70; www.alberguesviaplata.es; Paseo de la Estación; €18-20 per persona; P@)

Carlos, il proprietario dell'Albergue de la Via de la Plata, gestisce con calore ed entusiasmo questo delizioso ostello ospitato all'interno di una suggestiva stazione ferroviaria opportunamente riconvertita, che si affaccia su binari ricoperti di erbacce in disuso dal 1984. Le camere e le zone comuni sono arredate con colori brillanti e la struttura comprende anche un bar e una cucina a disposizione di chi desidera prepararsi i pasti.

El Jardín del Convento HOTEL €€
(927 48 11 61; www.eljardindelconvento.com, in spagnolo; Plaza del Convento 22; camere €60-90, cottage €110; P ❄ ☎) Questo ex convento costruito nel 1860 e restaurato in maniera straordinaria dispone di appena sei camere e di un piccolo cottage. Le camere sono ampie e dotate di pavimenti in legno, pareti con pietra a vista, mobili d'epoca e TV a scomparsa. Numerose camere si affacciano sugli incantevoli giardini con aiuole di rose, un orticello e molto spazio dove sedersi in tranquillità. In estate è disponibile anche la cena.

Per/dalla Valle del Ambroz

Ogni giorno fino a cinque autobus assicurano i collegamenti tra Cáceres, Plasencia e Salamanca passando per la Valle del Ambroz e fermando anche a Hervás (€3,15).

GRANADILLA

Situato circa 25 km a ovest di Hervás in posizione dominante sull'Embalse de Gabriel y Galán, il villaggio fantasma di **Granadilla** (ingresso libero; 10-13 e 16-20) costituisce una pittoresca testimonianza dell'aspetto che dovevano avere i villaggi dell'Estremadura prima della corsa alla modernizzazione. Fondato nel 1170 e abbandonato nel corso degli anni '60, questo villaggio sta lentamente tornando alla vita grazie a un progetto studentesco che si è posto l'obiettivo di restaurare il patrimonio architettonico di Granadilla; molti di questi studenti oggi vivono nel villaggio.

Dopo essere entrati attraverso la **Puerta de Villa**, risalite la via lastricata chiamata **Calle Mayor** fino a raggiungere la rustica e deliziosa **Plaza Mayor**, quindi tornate sui vostri passi fino alla **Torre de Defensa** del XV secolo, dalla cui sommità è possibile ammirare splendidi scorci del villaggio, delle sue **mura almoravidi** del XII secolo e dei boschi di pini situati nei dintorni.

Las Hurdes

Uno degli angoli meno noti dell'entroterra spagnolo, Las Hurdes ha impiegato quasi un secolo per scrollarsi di dosso la sua immagine, fatta di povertà, malattie e racconti agghiaccianti di stregoneria e addirittura di cannibalismo. Nel 1922 le miserevoli condizioni di vita degli *hurdanos* spinsero il re Alfonso XIII, durante una visita a cavallo nella zona, a dichiarare: 'Non posso più sopportare questa vista'.

L'aspro suolo roccioso consente di ricavare solo piccole terrazze di terreno coltivabile lungo le sponde del fiume. Le poche casette in pietra di forma squadrata assomigliano più a stalle per le pecore dai tetti in ardesia che ad abitazioni vere e proprie. Sui terreni collinari gli asini e i muli continuano a essere più pratici rispetto ai trattori, mentre qua e là le arnie producono un miele di alta qualità.

Il cuore di Las Hurdes è costituito dalla valle del **Río Hurdano**, che da Vegas de Coria si protende verso nord-ovest ed è attraversata dalla EX204. Da **Nuñomoral**, località situata a 7,5 km dall'inizio della valle, si dirama una strada che sale verso ovest lungo una vallata secondaria fino a **El Gasco**, da dove parte un sentiero molto bello percorribile tra andata e ritorno in un'ora circa che conduce a **El Chorro de la Meancera**, una cascata alta 70 m. Questa valle laterale è la più pittoresca della zona, vantando coltivazioni a terrazza ricavate sulle sponde del ripido torrente di montagna e agglomerati di case tradizionali in pietra dal tetto in ardesia raccolti in piccoli paesi come **Cottolengo** e **La Huetre**.

Se desiderate immergervi nell'atmosfera di Las Hurdes e seguire il suo ritmo caratteristico, dedicate una giornata a percorrere a piedi la PR40, una strada semicircolare di 28 km che segue gli antichi sentieri dei pastori, da **Casares de las Hurdes** fino a **Las Heras**.

Altri affascinanti (e isolati) villaggi sono **Riomalo de Arriba**, **Ladrillar**, **Cabezo** e **Las Mestas**, situati all'altezza dello svincolo della strada che sale in mezzo al bosco fino alla Peña de Francia, in direzione di La Alberca. Las Mestas è un minuscolo borgo che reclamizza orgogliosamente il suo miele come il migliore del mondo; si può acquistare in vasetti in numerosi negozi della zona.

Se desiderate avere informazioni sugli alberghi e sulle *casas rurales* situate nei dintorni, vi consigliamo di visitare il sito web dell'**ufficio turistico** (927 43 53 29;

VALE IL VIAGGIO

SIERRA DE GATA

La Sierra de Gata è una terra remota di colline e di valli ammantate di boschi, tra le quali si levano spettacolari affioramenti di granito, il materiale da costruzione più diffuso nell'architettura tradizionale di questa zona.

In passato residenza estiva dei vescovi di Coria, **Hoyos** vanta alcune imponenti *casas señoriales* (dimore signorili). L'imponente mole di arenaria della sua Iglesia de Nuestra Señora del Buen Varón del XVI secolo è circondata su tre lati da grandi plazas con balconi vivacizzati da cascate di fiori colorati.

A **Santibáñez el Alto**, villaggio situato sulla sommità di un solitario crinale battuto dal vento che si erge a est, ci sono alcune incantevoli strade lastricate che si snodano sotto le mura parzialmente in rovina del castello costruito in gran parte nel XIII secolo.

Tra tutti i villaggi situati sulla sierra, il più delizioso è senza dubbio **San Martín de Trebejo**. Lungo i vicoli lastricati percorsi al centro da un piccolo canale nel quale scorre l'acqua si protendono le case tradizionali sostenute da supporti in legno e pietra. Tra le *casas rurales* di questo villaggio merita di essere citata la **Casa Antolina** (☎927 51 05 29; www.casa-antolina.com, in spagnolo; Calle La Fuente 1, San Martín de Trebejo; singole/doppie/suite €60/65/95), che ospita al suo interno diverse camere rustiche rinnovate con molto buon gusto. Nel margine settentrionale del villaggio è possibile fare quattro passi lungo una strada romana originale. A San Martín de Trebejo e nei due villaggi che si incontrano proseguendo verso ovest, **Elvas** e **Valverde del Fresno**, la gente del posto parla un dialetto quasi incomprensibile, costituito da una strana mescolanza di spagnolo e di portoghese.

Tra gli altri villaggi di questa zona meritano di essere citati **Trebejo** e **Torre de San Miguel**.

Tutti i giorni alcuni autobus prestano servizio tra Coria e Hoyos e tra Plasencia e Valverde del Fresno, San Martín de Trevejo, Hoyos e Santibáñez El Alto.

www.todohurdes.com; Avenida de Las Hurdes, Caminomorisco; ⏲10-14 e 16.30-19 mar-sab, 11-13.30 dom) o di andare a vederli di persona a Caminomorisco.

Questa zona è servita da pochi mezzi pubblici. Nei giorni feriali un autobus collega tutti i giorni Plasencia e Vegas de Coria (€5,95, 1 h 30 min) e Casares de las Hurdes (€7,25, 2 h 15 min) e un altro fa la spola tra Riomalo de Arriba e Vegas de Coria (€3,20, 30 min), in coincidenza con l'autobus in arrivo da Plasencia. Dal lunedì al sabato due autobus in servizio tra Coria e Salamanca fermano a Caminomorisco e nei giorni feriali un autobus garantisce la coincidenza per Plasencia.

Coria

POP. 12.900

Questa piccola e graziosa cittadina sede di mercato sorge a sud della Sierra de Gata. Il centro storico è circondato da una poderosa cerchia di mura difensive dotata di quattro porte d'accesso, pervenuteci per la maggior parte intatte. I romani chiamarono questo insediamento Caurium; dopo un periodo di abbandono, la cittadina conobbe una nuova fase di splendore sotto il dominio arabo, quando fu per breve tempo la capitale di un piccolo stato musulmano. Oggi ha l'aria di un luogo decisamente più dimesso.

Che cosa vedere e fare

FREE **Catedral** CATTEDRALE

(Plaza de la Catedral; ⏲10.30-14 e 16.30-19) Caratterizzata da una struttura prevalentemente in stile gotico, la cattedrale di Coria vanta elaborate decorazioni in stile plateresco intorno al portale settentrionale. Accanto alla chiesa si trova un piccolo **museo ecclesiastico** (ingresso €2). Nella pianura sottostante si può vedere un bel ponte in pietra, abbandonato nel XVII secolo presso il Río Alagón, il cui corso è stato ora deviato più a sud.

Museo de la Carcel Real MUSEO

(Calle de las Monjas 2; ingresso €1,50; ⏲10.30-14 e 17.30-20.30 mer-dom) Ospitato all'interno di un edificio un tempo adibito a prigione cittadina, il Museo de la Carcel Real è sede del minuscolo museo archeologico di Coria, distribuito su due piani. Dopo essere entrati nell'angusta e buia *celda del castigo* (cella di punizione), potrete notare come le comode celle situate al primo piano fossero nettamente diverse da quelle della prigione della plebe, al piano inferiore.

Convento de la Madre de Dios CONVENTO
(Calle de las Monjas; ingresso €1,50; ⌚10-12.45 e 16.15-18.45 dom-ven, 16.15-18.45 sab) Il Convento de la Madre de Dios è un fiorente convento del XVI secolo dotato di un chiostro molto suggestivo. La comunità di suore che lo abita vende un vasto assortimento di deliziosi dolci e pasticcini artigianali.

Pernottamento e pasti

Palacio Coria HOTEL €€
(☎927 50 64 49; www.hotelpalaciocoria.es; Plaza de la Catedral; singole/doppie a partire da €70/85; P ❄ 📶) Inaugurata all'inizio del 2008 in un antico palazzo vescovile del XVII secolo situato accanto alla cattedrale, questa sontuosa struttura ricettiva coniuga con efficacia i comfort e le comodità moderne con una splendida cornice architettonica. Durante i weekend vengono proposte promozioni molto interessanti.

El Bobo de Coria EXTREMEÑO TIPICO €€
(Calle de las Monjas 6; pasti €25-30; ⌚mar-dom) Specializzato in piatti della cucina locali a base di funghi (in stagione), l''Idiota di Coria' (così chiamato in onore di un dipinto di Velázquez) sfoggia un eclettico arredamento rustico e prepara con maestria numerose specialità della cucina tipica dell'Estremadura.

Informazioni

Ufficio turistico (☎927 50 13 51; http://turismo.coria.org, in spagnolo; Avenida de Extremadura 39; ⌚9.30-14 e 17-19 lun-ven, 10-14 sab e dom).

Per/da Coria

La **stazione degli autobus** (☎927 50 01 10; Calle de Chile) si trova nella parte nuova della cittadina. Da Coria partono autobus per/da Plasencia (€5,35, 50 min, 3 corse al giorno) e Cáceres (€7,15, 3 h 30 min, 5 corse al giorno).

Plasencia

POP. 41.150

Affacciata su un'ansa del Río Jerte, questa cittadina gradevole e molto animata costituisce il centro naturale dell'Estremadura settentrionale e conserva lunghi tratti delle sue poderose mura difensive. Fondata nel 1186 da Alfonso VIII di Castiglia, Plasencia venne soppiantata da Cáceres quale città più importante dell'Estremadura solo nel corso del XIX secolo. Visitando questa cittadina potrete ammirare il suo semplice e interessante quartiere antico, fatto di vie strette e di imponenti edifici di pietra, molti dei quali recano ancora gli stemmi araldici delle famiglie che li fecero costruire. Plasencia sembra voler fare concorrenza a Madrid per il numero di bar, la maggior parte dei quali è concentrata nel centro storico.

Che cosa vedere

Plaza Mayor PIAZZA
La vita di Plasencia palpita nell'animata Plaza Mayor, una bella piazza circondata da arcate, punto di incontro di 10 strade e sede di un mercato di prodotti ortofrutticoli che si tiene tutti i martedì sin dal XII secolo. Il baldanzoso ometto che batte le ore in cima al **municipio** in stile gotico – in gran parte restaurato – è El Abuelo Mayorga (Nonno Mayorga), simbolo non ufficiale della cittadina.

Catedral CATTEDRALE
(Plaza de la Catedral; ⌚9-13 e 17-19 lun-sab, 9-13 dom) La cattedrale di Plasencia è in realtà un complesso costituito da due cattedrali. La cinquecentesca **Catedral Nueva** del XVI secolo (i cui lavori di restauro dovrebbero essere portati a termine entro la fine del 2011) è prevalentemente in stile gotico, con una bella facciata in stile plateresco. All'interno della romanica **Catedral Vieja** (ingresso €1,50; ⌚9-13 e 17-19) si trovano i classici chiostri del XIII secolo disposti intorno a una fontana zampillante e a piante di limone. Chi lo desidera può visitare anche la torreggiante Capilla de San Pablo, una cappella dalla pianta ottagonale, che custodisce al suo interno uno spettacolare dipinto di Caravaggio del 1569 raffigurante Giovanni Battista.

FREE **Centro de Interpretación Torre Lucia** SPETTACOLO MULTIMEDIALE
(Calle Torre Lucia; ⌚10-14 e 17-19 mar-sab) Situato nei pressi di Avenida del Ejército, il Centro de Interpretación Torre Lucia ripercorre la storia della Plasencia medievale per mezzo di un interessante documentario, di modellini e di reperti di vario genere e dà accesso a un tratto di mura cittadine percorribile a piedi.

Pernottamento

Parador HOTEL €€
(☎927 42 58 70; www.parador.es; Plaza San Vicente Ferrer; doppie €70-137; P ⊜ ❄) Questo classico *parador* è ancora pervaso dall'atmosfera austera del XV secolo, quando venne costruito come convento, con massicce colonne in pietra, alti soffitti e un tradizionale chiostro rinascimentale. Le camere sono invece lontane dallo spirito monastico e sono arredate lussuosamente, con tappeti e tessuti di alto livello.

Hotel Rincón Extremeño HOTEL €
(☎927 41 11 50; www.hotelrincon.com, in spagnolo; Calle Vidrieras 6; singole/doppie €35/45; ❄ ⓦ) Situato nei pressi di Plaza Mayor, questo albergo senza pretese dispone di camere pulite anche se non straordinarie, mentre il suo popolare ristorante si rivela più audace, proponendo piatti come cosce di rana e tartufi bianchi con aglio (pasti €25).

Pasti

All'ora di pranzo e al tramonto, i bar e i tavoli all'aperto disposti intorno a Plaza Mayor si riempiono di clienti impazienti, che bevono le loro *cañas* (birre piccole alla spina) o bicchieri di vino rosso locale, la *pitarra,* sgranocchiando i *pintxos* (tapas) offerti in omaggio e osservando il viavai dei passanti.

Corral EXTREMEÑO TIPICO €
(☎927 41 52 69; Calle Vidrieras 11; pasti €10) Questo ristorante bada più alla sostanza che alla forma, come si può notare dalle tovaglie di carta e dall'illuminazione molto intensa, ma la cucina è buona e incredibilmente economica. Tra tutte le specialità proposte dal menu, vi consigliamo di assaggiare la *sopa extremeño,* un piatto molto sostanzioso a base di aglio, pane, prosciutto, asparagi e uova (€4).

Casa Juan EXTREMEÑO, FRANCESE €€
(☎927 42 40 42; Calle Arenillas 5; pasti €25-30; ⏲ven-mer) Situato in posizione defilata in una tranquilla stradina lastricata, il ristorante di proprietà francese Casa Juan propone eccellenti piatti *extremeños* di carne, come la spalla di agnello e il maialino da latte. Da parte nostra, vi consigliamo di assaggiare il *foie gras* fatto in casa, che si scioglie in bocca, oppure le autentiche lumache parigine, le *escargots au gratin*. A seconda dei gusti, è possibile accomodarsi nell'ampia sala da pranzo o nel più piccolo dehors situato sul retro, circondato da piante in vaso.

Informazioni

Ufficio turistico municipale (☎927 42 38 43; www.aytoplasencia.es/turismo, in spagnolo; Calle Santa Clara 2; ⏲9-14 e 16-21 lun-ven, 10-14 e 16-20 sab e dom).

Ufficio turistico regionale (☎927 01 78 40; www.turismoextremadura.com; Calle Torre Lucia; ⏲9-14 e 16-18 lun-ven, 9.45-14 sab e dom).

Per/da Plasencia

La **stazione degli autobus** (☎927 41 45 50; Calle de Tornavacas 2) si trova circa 750 m a est di Plaza Mayor, mentre la stazione ferroviaria è situata nei pressi della strada che conduce a Cáceres, circa 1 km a sud-ovest della cittadina.

Ogni giorno fino a cinque autobus prestano servizio per/da Cáceres (€4,05, 50 min), Madrid (€28,08, 5 h 30 min) e Salamanca (€8,43, 2 h 30 min). Tra le corse locali – che vengono effettuate solo nei giorni feriali – meritano di essere citate quelle che raggiungono La Vera, Hervás, Coria, Hoyos, Caminomorisco e Valverde del Fresno.

Da Plasencia partono treni per Madrid (€20,15, da 3 h a 3 h 30 min, da 2 a 6 corse al giorno), Cáceres (€5,55, 1 h 30 min, fino a 5 corse al giorno) e Mérida (€8,75, 2 h 30 min, 2 o 3 corse al giorno).

Parque Nacional de Monfragüe

Istituito nel 2007, il quattordicesimo (e più recente) parco nazionale spagnolo è un vero e proprio paradiso collinare che sembra quasi essere stato pensato apposta per gli appassionati di birdwatching. Situato su entrambi i versanti della Calle del Tajo, questo parco ospita alcune delle più spettacolari colonie di rapaci di tutta la Spagna e più del 75% delle sue specie protette. Tra le circa 175 specie di uccelli presenti nel Parque Nacional de Monfragüe ci sono circa 300 coppie di avvoltoi neri (la maggiore concentrazione del più grande uccello da preda d'Europa) e colonie numerose di due altri grandi uccelli rari, l'aquila imperiale spagnola e la cicogna nera. Il periodo migliore per visitare questo parco va da marzo a ottobre, perché nei mesi invernali le cicogne e diversi rapaci vanno a svernare in Africa.

Il parco è attraversato da diversi sentieri escursionistici segnalati (per percorrere i quali si impiegano in genere tra due ore e mezzo e tre ore e mezzo), ma è anche possibile effettuare circuiti più brevi; le cartine sono disponibili presso il centro informazioni del parco, nel grazioso paesino di Villareal de San Carlos. Il parco è attraversato anche dalla EX208, che collega Plasencia a Trujillo, ed è possibile raggiungere in automobile parecchi punti di osservazione degli uccelli. Dal **Castillo de Monfragüe**, le rovine di una fortezza musulmana del IX secolo appollaiate sulla sommità di una collina, è possibile ammirare un fantastico panorama dall'alto; questo castello può essere raggiunto anche da Villareal con una bella camminata della durata di un'ora e mezzo. Con ogni probabilità, il punto panoramico migliore è il **Mirador del Salto del Gitano**, un punto di osservazione situato lungo la strada principale, da dove la vista spazia liberamente attraverso la gola del fiume fino al dirupo della Peña Falcón, dove sono visibili grifoni, cicogne nere, avvoltoi monaci, capovaccai, falchi pellegrini, aquile reali e gufi reali.

All'epoca delle ricerche compiute per questa guida, era in corso una ricerca finalizzata a scoprire se nel parco sia ancora presente la lince iberica, una specie a rischio di estinzione che in precedenza si pensava fosse presente solo in due piccole colonie in Andalusia.

Tour

Ogni venerdì, sabato e domenica il Centro de Información di Villareal de San Carlos organizza camminate gratuite con guida della durata di due o tre ore; tenete presente che per prendervi parte è necessario prenotare telefonicamente.

Anche molti degli alberghi e delle *casas rurales* che circondano il parco organizzano visite guidate sia a piedi sia in fuoristrada. Tra gli operatori privati che propongono un ampio ventaglio di escursioni guidate meritano di essere citati almeno le seguenti:

Birding in Extremadura BIRDWATCHING
(☎609 684719; www.birdingextremadura.com) Questo centro è diretto dall'ornitologo britannico Martin Kelsey.

Iberian Nature BIRDWATCHING
(☎676 784221; www.extremadurabirds.net).

Monfragüe Natural BIRDWATCHING, NATURA
(☎638 520891; www.monfraguenatural.com, in spagnolo).

Monfragüe Vivo BIRDWATCHING
(☎620 941778; www.monfraguevivo.com, in spagnolo).

Rutas Dehesas de Monfragüe ESCURSIONISMO, BIRDWATCHING
(☎605 732252; www.rutasdehesasdemonfrague.com, in spagnolo).

Pernottamento

Casa Rural Monfragüe CASA RURAL €
(☎927 19 90 02; www.monfraguerural.com, in spagnolo; Calle de Villareal 15, Villareal de San Carlos; doppie con prima colazione a partire da €55; ❄📶) Inaugurata nel 2008, questa *casa rural* piena di luce dispone di camere ampie e tinteggiate a colori vivaci ospitate all'interno di un incantevole edificio in pietra situato di fronte al centro informazioni del parco. Al piano inferiore c'è un bar-ristorante e i proprietari di questa struttura possiedono un'altra *casa rural* situata a qualche numero civico di distanza.

Hospedería Parque de Monfragüe HOTEL €€
(☎927 45 52 78; www.hospederiasdeextremadura.es; Km 37, Torrejón el Rubio; doppie con prima colazione €63-132; ❄📶🏊) Questo tranquillo albergo a quattro stelle si trova ai confini settentrionali di Torrejón el Rubio, in una posizione che domina la pianura fino al parco nazionale. Le camere (quasi tutte panoramiche) sono caratterizzate dalla presenza di pareti in ardesia e di mobili moderni e la struttura comprende anche un ristorante di buon livello.

Camping Monfragüe CAMPEGGIO €
(☎927 45 92 33; www.campingmonfrague.com, in spagnolo; Malpartida de Plasencia; piazzole per adulti/tenda/automobile €4,20/4,20/3,80, bungalow per 4 persone €90; ⏲tutto l'anno; 🏊) Situato lungo la EX208 14 km a nord di Villareal, questo campeggio ombreggiato dispone di un ristorante, un negozio, una piscina e diversi bungalow accoglienti dotati di una bella veranda situata nel lato anteriore. I proprietari di questo campeggio noleggiano biciclette e organizzano economiche escursioni guidate nel parco in fuoristrada della durata di quattro ore comprensive del picnic (€25).

Informazioni

Centro de Información del Parque Nacional de Monfragüe (☎927 19 91 34; www.monfrague.com, in spagnolo; Villareal de San Carlos; ⏲9.30-19.30) Il personale di questo ufficio turistico gestisce anche i Centros de Interpretación situati in diversi punti all'interno del parco.

Per/dal Parque Nacional de Monfragüe

I mezzi pubblici che prestano servizio all'interno del parco sono limitati a un solo **autobus**, che ogni lunedì e venerdì collega Plasencia a Torrejón el Rubio, fermando anche a Villareal de San

Carlos. La **stazione ferroviaria** più vicina è quella di Monfragüe, località situata 18 km a nord di Villareal de San Carlos. Il venerdì, il sabato, la domenica e nei giorni festivi viene effettuato un servizio gratuito di **minibus** tra Villareal de San Carlos e Castillo de Monfragüe che parte alle 10, alle 12, alle 15 e alle 17 e fa ritorno 30 minuti più tardi.

ESTREMADURA CENTRALE

Se avete tempo per visitare una sola regione dell'Estremadura, vi consigliamo di scegliere questa. Il cuore dell'Estremadura ospita infatti alcune delle più graziose cittadine dell'entroterra del paese, tra cui Cáceres, Trujillo e Guadalupe.

Cáceres

POP. 93.130

La Ciudad Monumental (centro storico) di Cáceres è davvero straordinaria. Le strette strade lastricate si arrampicano serpeggiando tra antiche mura di pietra fiancheggiate da palazzi e da case signorili, mentre il profilo urbano è decorato da torrette, guglie, doccioni e grandi nidi di cicogne. Protetta da poderose mura difensive, la città si è conservata quasi intatta, come doveva apparire nel XVI secolo, periodo del suo massimo splendore. Fondata dai romani, modificata dagli arabi e arricchita dai nobili che vi si trasferirono da León dopo il compimento della Reconquista, la città vecchia conserva segni tangibili di tutte e tre le culture. Al calar del sole, quando la folla dei turisti se n'è andata, avrete l'impressione di essere tornati nel Medioevo. Nella parte bassa della città si estende la vivace Plaza Mayor con i suoi portici, considerata da molti una delle piazze più incantevoli di tutta la Spagna.

Che cosa vedere

Il nome Ciudad Monumental rende pienamente giustizia al centro storico di Cáceres. Le chiese, i palazzi e le torri della Città Monumentale sono infatti grandi e imponenti anche se – paradossalmente – poche persone ci vivono davvero e vi troverete solo un numero molto esiguo di bar e ristoranti.

Plaza de Santa María PIAZZA

Nella Ciudad Monumental si entra da Plaza Mayor attraverso l'**Arco de la Estrella**, una porta di grandi dimensioni costruita nel corso del XVIII secolo per consentire il passaggio delle carrozze. La **Concatedral de Santa María** (Plaza de Santa María; ingresso €1; ⌚9.30-14 e 17.30-20.30 lun-sab, 9.30-11.50 e 17.30-19.15 dom) è una cattedrale gotica del XV secolo dall'aspetto estremamente scenografico. Nel suo angolo sud-occidentale si trova una moderna statua di san Pedro de Alcántara, un asceta *extremeño* del XVI secolo (osservate come si sono consumate le dita dei piedi della statua del santo, per la consuetudine dei fedeli di toccarle e baciarle). All'interno della chiesa c'è una magnifica pala d'altare in legno di cedro scolpito del XVI secolo, diverse tombe e cappelle nobiliari e un piccolo museo di arte sacra. Salendo sulla **torre campanaria** (€1) è possibile ammirare uno splendido panorama dall'alto.

In questa piazza si trovano anche il **Palacio Episcopal** (Palazzo Vescovile), il **Palacio de Mayoralgo** e il **Palacio de Ovando**, tre imponenti edifici in stile rinascimentale del XVI secolo. A pochi passi di distanza dall'angolo nord-orientale della piazza sorge il **Palacio Carvajal** (Calle de l'Amargura 1; ingresso libero; ⌚9-21 lun-ven, 10-14 e 17-20 sab, 10-14 dom). All'interno di questa residenza nobiliare costruita verso la fine del XV secolo è possibile ammirare una serie di sale restaurate con mobili e opere d'arte d'epoca.

Pochi passi a ovest della piazza si trova il **Palacio Toledo-Moctezuma** (Calle Canilleros), caratterizzato dalla presenza di una grande cupola. Un tempo questo palazzo fu la residenza di una figlia dell'imperatore azteco Moctezuma, portata a Cáceres come sposa di un conquistador, mentre oggi ospita gli archivi municipali. Tornando indietro attraverso l'Arco de la Estrella, si può salire sulla **Torre de Bujaco** (Plaza Mayor; interi/under 12 €2/gratuito; ⌚10-14 e 17.30-20.30 lun-sab, 10-14 dom) del XII secolo. Dalla sommità di questa torre è possibile ammirare un incantevole panorama su Plaza Mayor.

Plaza de San Jorge PIAZZA

A sud-est di Plaza de Santa María, oltre il **Palacio de la Diputación** in stile rinascimentale, si apre Plaza de San Jorge, dominata dalla **Iglesia de San Francisco Javier** (Iglesia de la Preciosa Sangre; Plaza de San Jorge; interi/under 12 €1/gratuito; ⌚10-14 e 17.30-20.30 lun-sab), una chiesa fatta costruire dai gesuiti nel XVIII secolo; dai campanili si potrebbe ammirare un panorama veramente magnifico, se non ci fossero le reti metalliche. Situato dietro l'angolo, il **Centro Divulgación Semana Santa** (Cuesta de la Compañía; ingresso libero;

10-14 e 17.30-20.30) allestisce mostre dedicate alle celebrazioni pasquali che si tengono a Cáceres sulla sommità delle cisterne del XVIII secolo. A est della piazza, in Cuesta del Marqués si erge l'**Arco del Cristo**, una antica porta romana.

Plaza de San Mateo e Plaza de las Veletas PIAZZA
Da Plaza de San Jorge, Cuesta de la Compañía si inerpica fino a Plaza de San Mateo e alla **Iglesia de San Mateo**, per tradizione la chiesa della nobiltà terriera, costruita nel luogo in cui sorgeva la moschea della cittadina.

Pochi passi più a est sorge la **Torre de las Cigüeñas** (Torre delle Cicogne), unica torre di Cáceres ad aver conservato le merlature, che in tutte le altre furono invece abbattute verso la fine del XV secolo.

Sotto la piazza si trova l'eccellente **Museo de Cáceres** (Plaza de las Veletas 1; cittadini non UE/UE €1,20/gratuito; 9-14.30 e 17-20.15 mar-sab, 10.15-14.30 dom) ospitato all'interno di una residenza signorile del XVI secolo costruita sopra un suggestivo *aljibe* (cisterna) del XII secolo, unico elemento sopravvissuto del castello musulmano di Cáceres. In questo museo è possibile ammirare una straordinaria sezione archeologica e una bella collezione di opere d'arte (aperta solo al mattino), che vanta diversi capolavori di Picasso, Miró, Tàpies e altri celebri pittori e scultori spagnoli.

Tra gli altri edifici situati nelle vicinanze lungo il lato occidentale della Ciudad Monumental non mancate di visitare il **Palacio de los Golfines de Arriba** (Calle de los Olmos 2), dove nel 1936 Francisco Franco venne proclamato capo di stato, e la **Casa Mudéjar** (Cuesta de Aldana 14), un suggestivo edificio caratterizzato dalla presenza di decorazioni in mattoni e di archi alle finestre del primo piano che ne rivelano l'influenza islamica.

Attività

El Aljibe de Cáceres HAMMAM
(927 22 32 56; www.hammamcaceres.com; Calle de Peña 5; 10-14 e 18-22 dom-gio, 10-14 e 18-24 ven e sab) L'invitante momento di relax in perfetto stile arabo che potrete concedervi all'El Aljibe de Cáceres vi consentirà di vivere un'esperienza rasserenante che fonde una vasta gamma di trattamenti con un'architettura particolarmente gradevole. Il prezzo del bagno termale di base con aromaterapia parte da €15 e aggiungendo un massaggio pagherete €22.

Tour

Asociación de Guías Turísticas TOUR A PIEDI
(Associazione delle Guide Turistiche; 927 21 72 37; Plaza Mayor 2) Dal martedì al sabato la Asociación de Guías Turísticas organizza regolarmente almeno due visite guidate in spagnolo al giorno della Ciudad Monumental di durata compresa tra un'ora e mezzo e due ore (€5), mentre la domenica le visite si tengono solo al mattino. Le visite partono dall'ufficio dell'associazione in Plaza Mayor e, facendone richiesta in anticipo, è possibile organizzare visite guidate in inglese.

Cáceres de Leyenda TOUR SERALI
(www.caceresdeleyenda.com) Nei mesi di maggio e di giugno del 2010 la Cáceres de Leyenda ha proposto cinque splendide visite guidate serali (€20) della Ciudad Monumental con partenza dall'Arco de la Estrella, comprendenti anche scene di teatro di strada recitate da attori vestiti con costumi d'epoca e un finale con degustazione di specialità locali. Si tratta di un modo speciale per ammirare le meraviglie della città vecchia; per sapere se queste visite verranno riproposte, vi consigliamo di consultare il sito web.

Feste ed eventi

Womad WORLD MUSIC
(World of Music, Arts and Dance; www.womadcaceres.com, in spagnolo) Nel corso di tre giorni di grandi festeggiamenti in programma all'inizio di maggio, Cáceres mette in scena l'edizione spagnola del Womad, con gruppi provenienti da ogni parte del mondo che si esibiscono nelle piazze della città vecchia.

Fiesta de San Jorge FESTA PATRONALE
Dal 21 al 23 aprile la città celebra la Fiesta de San Jorge in onore del suo santo patrono.

Pernottamento

Hotel Casa Don Fernando HOTEL €€
(927 21 42 79; www.casadonfernando.com; Plaza Mayor 30; doppie €60-140; P ❄) Considerato da molti la struttura ricettiva di media categoria più elegante di Cáceres, questo boutique hotel è situato in Plaza Mayor di fronte all'Arco de la Estrella. Distribuite su quattro piani, le camere e i bagni di design dell'Hotel Casa Don Fernando sono un modello di eleganza e di buon gusto; in ogni piano ci sono

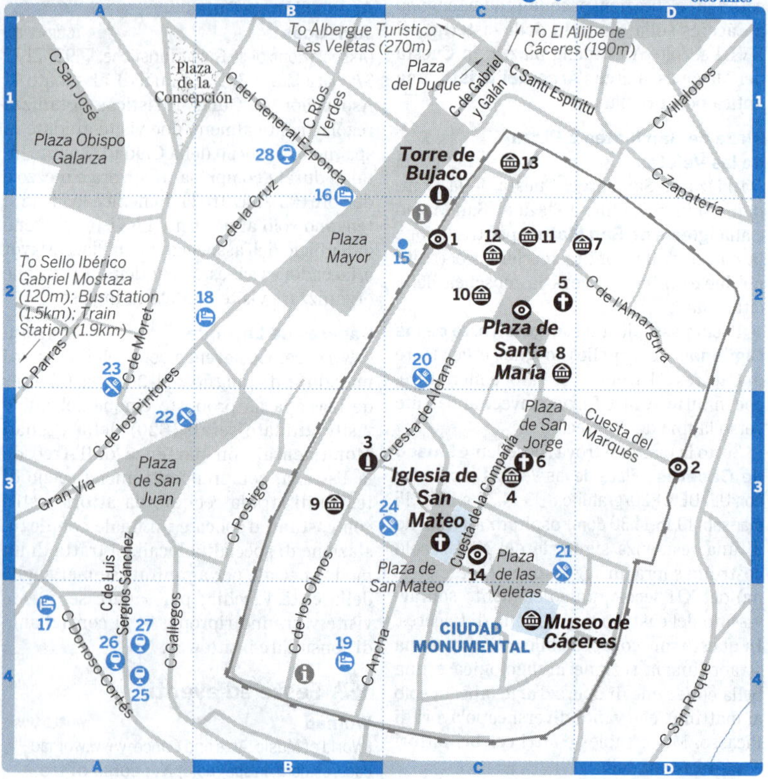

alcune camere affacciate sulla piazza. Il parcheggio costa €9.

Hotel Don Carlos HOTEL €€

(927 22 55 27; www.hoteldoncarloscaceres.net, in spagnolo; Calle Donoso Cortés 15; singole €39-48, doppie €56-74; P ❄) Questo piccolo e accogliente albergo, inaugurato grazie all'eccellente ristrutturazione di una casa del XIX secolo lasciata per molto tempo in stato di completo abbandono, dispone di camere arredate con molto buon gusto, con mattoni e pietra a vista. La presenza nella famiglia del proprietario di due artisti è più che sufficiente per giustificare la presenza di un gran numero di opere d'arte originali. Il parcheggio costa €9.

Hotel Iberia HOTEL €

(927 24 76 34; www.iberiahotel.com, in spagnolo; Calle de los Pintores 2; singole/doppie €46/60; ❄) Ospitato all'interno di un antico palazzo del XVIII secolo situato nelle immediate vicinanze di Plaza Mayor, questo accogliente albergo a gestione familiare presenta zone comuni che ricordano un elegante ambiente vecchio stile arredato con pregevoli mobili antichi. Le 36 camere sono caratterizzate da un aspetto più rilassante, con pavimenti in parquet, pareti tinteggiate in sfumature crema e bagni rivestiti di piastrelle grigio pallido. Nel complesso, si tratta di una valida sistemazione tradizionale situata in posizione molto comoda.

Alameda Palacete HOTEL €€

(927 21 16 74; www.alamedapalacete.com; Calle General Margallo 45; singole/doppie/suite €50/65/85; ❄) Questa residenza cittadina del XX secolo restaurata con molto buon gusto dispone di camere confortevoli e piene di luce, arredate con un'eleganza tradizionale e dotate di alti soffitti e di pavimenti in piastrelle dai motivi elaborati. Si trova pochi passi a nord della Ciudad Monumental.

Cáceres

Da non perdere

Iglesia de San Mateo C3
Museo de Cáceres C4
Plaza de Santa María C2
Torre de Bujaco C1

Che cosa vedere

1 Arco de la Estrella C2
2 Arco del Cristo D3
3 Casa Mudéjar B3
4 Centro Divulgación Semana Santa C3
5 Concatedral de Santa María C2
6 Iglesia de San Francisco Javier C3
7 Palacio Carvajal D2
8 Palacio de la Diputación C2
9 Palacio de los Golfines de Arriba B3
10 Palacio de Mayoralgo C2
11 Palacio de Ovando C2
12 Palacio Episcopal C2
13 Palacio Toledo-Moctezuma C1
14 Torre de las Cigüeñas C3

Attività, corsi e tour

15 Asociación de Guías Turísticas C2

Pernottamento

16 Hotel Casa Don Fernando B1
17 Hotel Don Carlos A4
18 Hotel Iberia B2
19 Parador de Cáceres B4

Pasti

20 El Corral de las Cigüeñas C2
21 El Racó de Sanguino C3
22 Figón de Eustaquio A3
23 Mesón El Asador A2
24 Restaurante Torre de Sande C3

Locali

25 Babel Café-Bar A4
El Corral de las Cigüeñas .... (v. 20)
26 La Traviata A4
27 María Mandiles A4
28 Room B1

Albergue Turístico Las Veletas OSTELLO €
(927 21 12 10; lasveletas@hotmail.com; Calle del General Maragallo 36; letti in camerata €18; @) Con il suo accogliente giardino fiorito situato sul retro, questo ostello moderno dispone di gradevoli camerate con tre e sei letti. Dal momento che questa struttura è frequentata da un gran numero di comitive dei viaggi organizzati, per essere sicuri di trovare posto vi consigliamo di prenotare con un buon anticipo, soprattutto fuori stagione.

Parador de Cáceres HOTEL €€€
(927 21 17 59; www.parador.es; Calle Ancha 6; P) Un grandioso edificio in pietra in stile gotico costruito nel XIV secolo ospita questo elegante parador, situato nel cuore della città fortificata di fronte all'ufficio turistico. All'epoca delle ricerche compiute per questa guida, era chiuso per lavori di restauro e la riapertura era prevista per la primavera del 2011.

Pasti

Dai ristoranti e dai caffè che fiancheggiano Plaza Mayor, è possibile osservare le rondini e le cicogne che scendono in picchiata planando tra le torrette della città vecchia. Vi consigliamo però di limitarvi a ordinare un drink e qualche tapa, perché le specialità gastronomiche servite in questi locali tendono a essere troppo costose e tutt'altro che straordinarie.

Mesón El Asador EXTREMEÑO TIPICO €€
(927 22 38 37; Calle de Moret 34; raciones €6-8, pasti €20-30, menús €15-26; chiuso dom) Dopo essere entrati nella sala da pranzo di questo locale capirete immediatamente di cosa si tratta, grazie alla presenza di una parete interamente ricoperta di prosciutti. La Mesón El Asador è sempre affollatissima di gente del posto, soprattutto perché in città non riuscirete a trovare un arrosto di maiale (o di agnello) migliore. Il bar serve anche *bocadillos* (panini imbottiti) e un vasto assortimento di *raciones*, mentre il *menú especial* (€26) è incredibilmente conveniente.

Restaurante Torre de Sande EXTREMEÑO FUSION €€
(927 21 11 47; www.torredesande.com, in spagnolo; Calle Condes 3; pasti €35-45; pranzo e cena mar-sab, pranzo dom) In questo elegante ristorante da gourmet potrete cenare nel grazioso cortile gustando piatti molto raffinati come il *salmorejo de cerezas del jerte con queso de cabra* (zuppa fredda a base di ciliegie con formaggio caprino). Un'alternativa più modesta consiste nell'ordinare qualcosa da bere e una tapa

(€4) nella *tapería* (tapas bar) collegata al ristorante. Il Restaurante Torre de Sande è considerato il locale migliore della Ciudad Monumental.

El Corral de las Cigüeñas CAFFÈ **€**
(www.elcorralcc.com, in spagnolo; Cuesta de Aldana 6; ⏲8-13 lun e mar, 8-13 e 19-3 mer-ven, 10-15 e 18-3 sab, 17-23 dom) Con le sue alte palme e le sue pareti ricoperte di edera, l'appartato cortile di questo locale situato pochi passi all'interno della Ciudad Monumental costituisce il posto ideale per gustare una delle prime colazioni con il miglior rapporto qualità-prezzo della zona; è possibile scegliere tra sei opzioni diverse, tra le quali spicca quella di base detta *madrileño*, comprendente una spremuta fresca d'arancia, un caffè e *porras*, paste simili a ciambelle (€2,20). In altri momenti della giornata è possibile ordinare anche spuntini e di sera assistere alle occasionali esibizioni di musica dal vivo.

El Racó de Sanguino EXTREMEÑO FUSION **€€**
(☎927 22 76 82; www.racodesanguino.es, in spagnolo; Plaza de las Veletas 4; pasti €35-40; ⏲pranzo e cena mar-sab, pranzo dom) I tavoli e le sedie di vimini di questo locale sono disposti sotto un soffitto inclinato in legno, mentre gli spiriti più romantici possono accomodarsi a uno dei tavoli all'aperto per cenare a lume di candela. Carlos Sanguino propone un tradizionale menu *extremeño* con alcuni tocchi innovativi, comprendente specialità come il cinghiale con purè di patate e olio d'oliva aromatizzato al timo.

Figón de Eustaquio EXTREMEÑO TIPICO **€€**
(☎927 24 43 62; Plaza de San Juan 14; menús €17-19, pasti €30-40) Le pareti del Figón de Eustaquio sono letteralmente tappezzate di fotografie di clienti famosi che sono venuti a mangiare in questo venerabile locale dotato di diverse sale, tra i quali spiccano alcuni membri della famiglia reale spagnola. Cenando in questo locale verrete viziati con piatti come il *solomillo de cerdo a la Torta de Casar* (lombata di maiale con un formaggio cremoso locale). Viene proposta anche una valida scelta di menu a prezzo fisso, tra i quali merita di essere citato il *menú regional* (€22) che vi consentirà di fare un breve viaggio gastronomico attraverso alcuni dei piatti più caratteristici dell'Estremadura.

Locali

Nelle vie situate nell'estremità settentrionale di Plaza Mayor si trovano parecchi bar animati aperti fino a tarda ora. Pochi passi oltre le mura, nel lato meridionale della Ciudad Monumental ci sono alcuni locali molto frequentati, che aprono intorno alle 16 e rimangono aperti fino alle 3 circa. Se cercate un ambiente con molta atmosfera, vi consigliamo di dirigervi verso l'**El Corral de las Cigüeñas**, un locale molto animato che di tanto in tanto ospita esibizioni di musica dal vivo. Anche la parte moderna della città vanta numerosi divertimenti, tra cui parecchi locali notturni raggruppati in una zona conosciuta con il nome di La Madrila, che comprende e si sviluppa intorno a Calle Doctor Fleming.

RUTA DE LA PLATA

Il nome di questa antica strada – conosciuta anche come Vía de la Plata – deriva dal termine arabo *bilath*, che significa 'piastrellato' o 'lastricato'. In ogni caso, furono i romani a costruire nel corso del I secolo questa arteria lunga 1000 km, che collegava Siviglia, nella parte meridionale del paese, alle coste della Cantabria e al Golfo di Biscaglia. Per tutta la sua lunghezza si muovevano merci, truppe, viaggiatori e commercianti. In seguito, la Ruta de la Plata venne utilizzata anche come via alternativa per i fedeli che compivano il pellegrinaggio dall'Andalusia a Santiago de Compostela.

Oggi questa strada procede parallela alla statale A66, ma gran parte della via originale è sopravvissuta e sono stati introdotti percorsi pedonali alternativi. La Ruta de la Plata entra in Estremadura a sud di Zafra e attraversa Mérida, Cáceres e Plasencia, per poi proseguire per Salamanca, nella Castilla y León.

Dimenticata e praticamente abbandonata quando il turismo motorizzato cominciò a prendere il sopravvento, oggi la Ruta de la Plata è meritatamente oggetto di una campagna di promozione turistica e culturale. Per farvene un'idea, vi consigliamo di dare un'occhiata al sito www.rutadelaplata.com o di acquistare la guida (€3) disponibile presso gli uffici turistici che si incontrano lungo la via. E, se vi dovesse venire voglia di percorrerne un tratto, mettete in valigia *Walking the Vía de la Plata* di Ben Cole e Bethan Davies.

La Traviata BAR
(Calle de Luis Sergios Sánchez) Questo bar è caratterizzato dalla presenza di una vistosa carta da parati a motivi floreali, piastrelle originali, archi e un gradevole dehors.

María Mandiles BAR
(Calle de Luis Sergios Sánchez) Questo locale dotato di sale color rosso scuro e di opere d'arte originali appese alle pareti è sempre molto affollato.

Babel Café-Bar CAFFÈ, BAR
(Calle de Luis Sergios Sánchez 7) A seconda del giorno e dell'ora, il Babel Café-Bar serve caffè e cocktail, organizza manifestazioni artistiche e proietta film.

Room CAFFÈ, BAR
(Calle de la Cruz) Situato un isolato indietro rispetto a Plaza Mayor, il Room è un locale simile al Babel Café-Bar.

Shopping

A Cáceres troverete un gran numero di negozi che vendono i tipici formaggi *extremeños* (soprattutto la forte e cremosa Torta de Casar), affettati e altre specialità gastronomiche locali.

Sello Ibérico Gabriel Mostaza GASTRONOMIA
(☎927 24 28 81; www.gabrielmostazo.com; Calle de San Antón 6; ⏲9-14 e 17-20.30 lun-sab, 10-14 dom) Questa gastronomia è senza dubbio una delle nostre preferite di Cáceres.

Informazioni

Ufficio turistico Junta de Extremadura (☎927 01 08 34; www.turismoextremadura.com; Plaza Mayor 3; ⏲8.30-14.30 e 16-18 lun-ven, 10-14 sab e dom).

Ufficio turistico municipale (☎927 25 58 00; Calle de los Olmos 3; ⏲10-14 e 16.30-19.30).

Per/da Cáceres

Dalla **stazione degli autobus** (☎927 23 25 50; Carretera de Sevilla) partono corse per Trujillo (€4,19, 40 min, 8 corse al giorno), Plasencia (€4,05, 50 min, fino a 5 corse al giorno), Guadalupe (€10,55, 2 h 30 min, 1 corsa al giorno) e Mérida (€5,35, 50 min, da 2 a 4 corse al giorno).

Ogni giorno fino a cinque treni prestano servizio per/da Madrid (da €25,80 a €38,50, 4 h), Plasencia (€5,55, 1 h 30 min) e Mérida (a partire da €4,30, 1 h).

Trasporti locali

Dalla fermata situata davanti alla stazione ferroviaria – nei pressi della stazione degli autobus – è possibile prendere l'autobus L-1 che raggiunge la centrale Plaza Obispo Galarza.

Valencia de Alcántara

POP. 6180

Situata ad appena 7 km dalla frontiera portoghese, questa graziosa cittadina vanta un antico centro ben conservato, costituito da un suggestivo labirinto di case bianche intonacate a calce e di dimore signorili. Un lato della città vecchia è dominato dalle rovine di un castello medievale e dalla **Iglesia de Rocamador** del XVII secolo.

La campagna circostante gode di una meritata fama per la sua industria del sughero e per la presenza di circa 50 antichi dolmen (cerchi di pietra costituiti da monoliti preistorici).

Ogni giorno Valencia de Alcántara è servita da tre autobus provenienti da Cáceres (€5, 1 h 30 min).

Alcántara

POP. 1650

Il nome di Alcántara deriva da un termine arabo che significa 'il ponte'. A ovest di questa cittadina si trova infatti un **ponte romano** a sei archi – lungo 204 m, alto 61 m e rinforzato a più riprese nel corso dei secoli – che collega le due sponde del Río Tajo a valle di una grande diga che fa da sbarramento all'Embalse de Alcántara. Un'iscrizione collocata sopra un piccolo tempio romano situato sulla sponda sinistra del fiume rende onore all'architetto che progettò il ponte, Caius Julius Lacer.

La cittadina ha conservato parte delle sue antiche mura, i resti di un castello e diversi palazzi imponenti. A partire dal 1218 Alcántara fu il quartiere generale dell'Orden de Alcántara, un ordine di cavalieri che prese parte alla Reconquista e che governò gran parte dell'Estremadura occidentale come fosse un proprio feudo privato.

Ogni giorno fino a quattro autobus prestano servizio per/da Cáceres (€5,10, 1 h 30 min).

Trujillo

POP. 9820

Dopo aver visitato il centro fino ad arrivare in Plaza Major potreste credere di essere capitati sul set cinematografico di un kolossal medievale. La piazza principale di Trujillo è infatti circondata da maestosi edifici in pietra di epoca barocca e rinascimentale e il suo profilo è sormontato da torri, torrette, cupole, merlature e nidi di cicogne. Al di là della piazza, l'illusione continua con un labirinto di case signorili, cortili verdeggianti, frutteti, chiese e conventi, che contribuiscono a rendere Trujillo una delle cittadine più incantevoli di tutta la Spagna.

Le fortune di Trujillo ebbero inizio solo con la colonizzazione delle Americhe, quando Francisco Pizarro e i conquistadores che lo accompagnarono arricchirono la città con una nuova grande piazza e una serie di maestosi palazzi rinascimentali che oggi la sorvegliano dall'alto.

Che cosa vedere

Plaza Mayor

Pizarro STATUA

Plaza Mayor è dominata da un'imponente statua equestre di Francisco Pizarro, opera dello scultore americano Charles Rumsey. Si dice che con questa statua Rumsey volesse raffigurare Hernán Cortés per farne dono al Messico. Di fronte al rifiuto del paese dell'America centrale – che non vede Cortés di buon occhio – Rumsey offrì la sua statua alla città di Trujillo, facendola passare per l'immagine di Pizarro.

Palacio de la Conquista DIMORA STORICA

Nel lato meridionale della piazza i ritratti scolpiti di Pizarro e della sua amante Inés Yupanqui (sorella dell'imperatore inca Atahualpa) ornano l'angolo del Palacio de la Conquista, costruito nel XVI secolo. Sulla destra è raffigurata la loro figlia Francisca Pizarro Yupanqui con il marito (e zio) Hernando Pizarro. Questo palazzo fu costruito negli anni '60 del XVI secolo per Hernando e Francisca, dopo che Hernando – l'unico fratello di Pizarro che non morì di morte violenta in Perú – ebbe trascorso 20 anni in prigione per scontare un'accusa di omicidio. Più in alto, un bassorilievo raffigura lo stemma araldico della famiglia Pizarro (due orsi e un pino), le mura di Cuzco (nell'odierno Perú), le navi di Pizarro e un gruppo di capi indigeni.

FREE **Palacio Juan Pizarro de Orellana** DIMORA STORICA

(10-13 e 16.30-18.30 lun-sab, 10-12.30 dom) In un vicolo tortuoso situato sopra il Palacio de la Conquista si trova il Palacio Juan Pizarro de Orellana, una minuscola fortezza trasformata in palazzo rinascimentale da un cugino di Pizarro, anch'egli aggregato al gruppo dei conquistadores. Il suo patio è decorato con lo stemma delle due famiglie locali più famose, i Pizarro e gli Orellana (Francisco Orellana fu il primo europeo a esplorare l'Amazzonia).

Iglesia de San Martín CHIESA

(interi/under 12 €1,40/gratuito; 10-14 e 16-19) Nell'angolo nord-orientale di Plaza Mayor sorge la Iglesia de San Martín, una maestosa chiesa costruita nel corso del XVI secolo, che vanta un raffinato soffitto in stile gotico, sorprendenti vetrate istoriate e un grande organo (dal soppalco del coro è possibile avere una visuale migliore). Questa è una delle poche chiese di Trujillo in cui vengono ancora celebrate funzioni religiose.

Palacio de los Duques de San Carlos DIMORA STORICA, CONVENTO

(ingresso €1,40; 9.30-13 e 16.30-18.30 lun-sab, 10-12.30 dom) Nel lato opposto della strada sorge la maestosa mole del Palacio de los Duques de San Carlos, un imponente edificio del XVI secolo che oggi ospita un convento dell'ordine geronimita, aperto al pubblico per le visite e per la vendita di squisiti biscotti artigianali. Gli elementi più apprezzabili di questo palazzo sono costituiti dal sobrio patio classico e dalla grandiosa scalinata in granito coronata da un dipinto raffigurante lo stemma araldico di famiglia, un'aquila a due teste. I caratteristici comignoli in mattoni furono realizzati in tardo stile mudéjar e gotico.

Altre cose da vedere

Cinta muraria CINTA MURARIA

I 900 m di cinta muraria che circondano la parte alta della città risalgono all'epoca del dominio musulmano e fu qui che le famiglie nobili appena giunte in città fecero costruire i loro palazzi e le loro chiese dopo la Reconquista. L'estremità occidentale è delimitata dalla **Puerta del Triunfo**, la porta da cui si ritiene che nel 1232 sia entrato in città l'esercito cristiano, dopo averla strappata ai musulmani.

Iglesia de Santiago CHIESA

(interi/under 12 €1,40/gratuito; 10-14 e 16-19) Salendo da Plaza Mayor, passerete sotto la **Puerta de Santiago**. Alla sua destra sorge la Iglesia de Santiago, una chiesa oggi sconsacrata che venne fondata nel XIII secolo dai Cavalieri di Santiago (fate caso alla conchiglia che ne rappresenta l'emblema).

BIGLIETTI, VISITE GUIDATE E ORARI

L' ufficio turistico di Trujillo vende un **biglietto combinato** (€4,70 o €5,30), che comprende un'esauriente guida (in prevalenza in spagnolo, con una parte del testo in inglese sul retro) e l'ingresso alla maggior parte dei siti d'interesse, tra cui il castello, il Museo del Queso y el Vino e l'Iglesia de Santiago. Se desiderate prendere parte a una delle **visite guidate** (in spagnolo) la tariffa sale a €7,95; le visite partono dall'ufficio turistico tutti i giorni alle 11 e alle 16.30.

In estate, la maggior parte dei siti di interesse turistico di Trujillo citati in questa guida apre più tardi e osserva un orario prolungato nel pomeriggio (dalle 17 alle 20.30).

Al piano terreno sono esposti alcuni reperti archeologici risalenti per la maggior parte all'Età del Bronzo e manufatti romani rinvenuti nella zona. Chi lo desidera può salire sulla torre campanaria.

Iglesia de Santa María la Mayor CHIESA
(interi/under 12 €1,40/gratuito; ⌚10-14 e 16-19) Costruita nel corso del XIII secolo, la Iglesia de Santa María la Mayor possiede una navata in stile prevalentemente gotico e una torre romanica, dalla cui sommità (raggiungibile salendo 106 scalini) è possibile ammirare un panorama veramente favoloso. La chiesa ospita anche le tombe di alcuni membri delle famiglie più in vista della Trujillo medievale, compresa quella in cui è sepolto Diego García de Paredes (1466-1530), un soldato di Trujillo dalla forza leggendaria che, secondo Cervantes, era in grado di fermare la pala di un mulino con un solo dito. La magnifica pala d'altare della chiesa è ornata da 25 dipinti in stile fiammingo dai colori vivaci, realizzati nel XV secolo.

Castello CASTELLO
(interi/under 12 €1,40/gratuito; ⌚10-14 e 16-19) Sulla sommità della collina sorge il castello di Trujillo, eretto dai musulmani nel X secolo (non mancate di far caso all'ingresso ad arco a forma di ferro di cavallo situato pochi passi all'interno dell'ingresso principale) e in seguito fortificato dai cristiani; si tratta di una costruzione davvero imponente, sebbene sia completamente spoglia, a parte un solitario albero di fico. Facendo una passeggiata lungo i bastioni potrete ammirare un magnifico panorama a 360°. Una delle torri ospita l'Eremo di Nostra Signora della Vittoria, la santa patrona di Trujillo.

Museo de Queso y el Vino MUSEO DEL VINO E DEL FORMAGGIO
(www.quesovino.com, in spagnolo; Calle de la Encarnación; ingresso €2,30; ⌚11-15 e 18-20) Gli amanti del vino e dei formaggi apprezzeranno sicuramente questo museo, dove vi verrà offerta una degustazione di entrambe le specialità e potrete dare un'occhiata alla interessantissima mostra (in spagnolo) dedicata ai vini e ai formaggi spagnoli. Ospitato all'interno di un suggestivo convento antico, questo museo consente di vedere l'immagine tridimensionale alta 4 m di un allegro Don Chisciotte, sorprendente lavoro dell'artista locale Francisco Blanco. Si trova a pochi passi dalla collina, a sud di Plaza Mayor.

Feste ed eventi

Feria del Queso FIERA DEL FORMAGGIO
L'ultimo weekend di aprile l'aria di Trujillo si riempie di un odore pungente, dal momento che i produttori di formaggi di tutta la Spagna si danno appuntamento in città in occasione della Feria del Queso (Fiera del Formaggio).

Fiestas de Trujillo FESTA DELLA CITTÀ
Le Fiestas de Trujillo sono un evento annuale che riempie la città di esibizioni musicali, rappresentazioni teatrali e grandi festeggiamenti; questa manifestazione della durata di due giorni si tiene intorno al primo sabato di settembre.

Pernottamento

Posada dos Orillas POSADA **€€**
(927 65 90 79; www.dosorillas.com; Calle de Cambrones 6; doppie €69,55-107;) Questa casa signorile costruita nel XVI secolo e restaurata con molto buon gusto sorge all'interno della città fortificata e un tempo fungeva da centro di tessitura della seta. Le sue camere sono arredate nello stile coloniale spagnolo; quelle ospitate nell'ala più antica portano i nomi delle 'sei Trujillo' dell'Estremadura e delle Americhe. Ovviamente, nessuno può sorprendersi del fatto che quella con il nome 'Extremadura' sia la più ampia e lussuosa. Questa struttura dispone anche di un piacevole ristorante situato nel cortile interno.

Trujillo

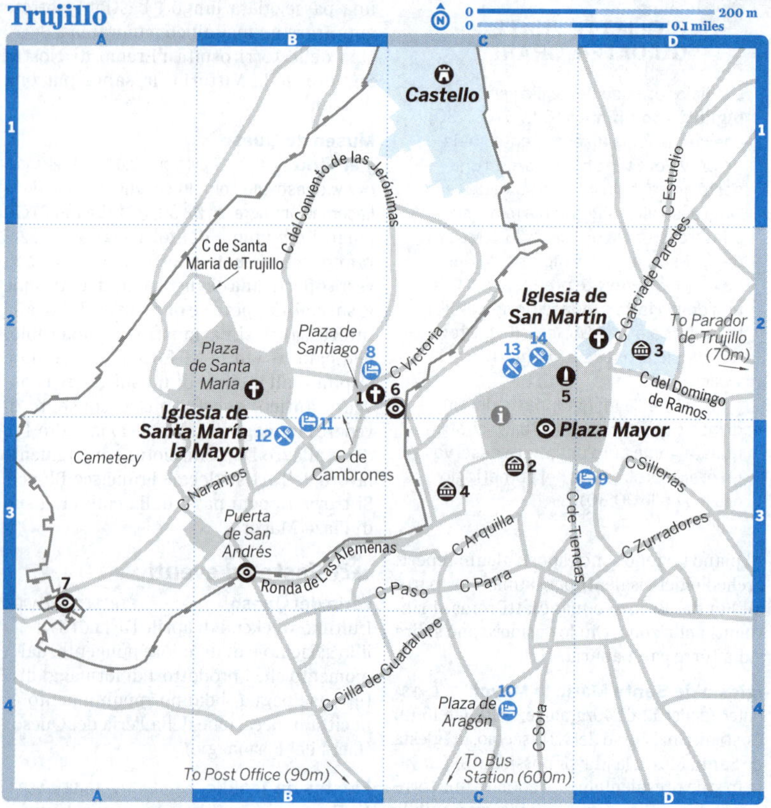

Parador de Trujillo HOTEL €€
(☎927 32 13 50; www.parador.es; Calle Santa Beatriz de Silva 1; doppie a partire da €90; P ⊖ ❄ ☜ ≋) Come molti altri edifici di questa cittadina, anche questo *parador* è ospitato all'interno di un antico convento del XVI secolo. Le camere sono spaziose e dotate di pavimenti rivestiti di piastrelle di terracotta e di qualche dettaglio non troppo evidente che rievoca il suo antico passato. Questa struttura si trova tra le tortuose vie laterali della città vecchia, a est di Plaza Mayor.

El Mirador de las Monjas HOSTERÍA €€
(☎927 65 92 23; www.elmiradordelasmonjas.com, in spagnolo; Plaza de Santiago 2; singole/doppie con prima colazione a partire da €50/60; ❄) Situata in posizione elevata nella città vecchia, questa *hostería* di impronta contemporanea dispone di sei camere spaziose e arredate in stile minimalista con linee pulite e bagni eleganti.

Isla del Gallo HOTEL €€
(☎927 32 02 43; www.isladelgallo.com; Plaza de Aragón 2; doppie €65-75; ❄ ≋) L'Isla del Gallo è un'altra struttura ricettiva ospitata all'interno di un convento del XVII secolo restaurato con molto buon gusto secondo lo stile di un boutique hotel. Le camere sono ampie e dotate di pavimenti in parquet, letti in ferro battuto e mobili di legno scuro. La scelta dei colori in tutti gli ambienti è caratterizzata da toni caldi, mentre nel tranquillo patio è possibile godersi l'ombra degli alberi di limoni e degli ulivi.

Hostal Nuria HOSTAL €
(☎927 32 09 07; www.hostal-nuria.com; Plaza Mayor; singole/doppie €30/45, appartamenti €60-90; ❄) Le camere dell'Hostal Nuria non lasciano alcuno spazio ai fronzoli, ma la posizione in Plaza Mayor non teme alcun rivale. Nonostante la semplicità di questa struttura, se vi è stata assegnata la camera n. 204 o n. 205 trascorrerete buona parte

Trujillo

Da non perdere

Castello	C1
Iglesia de San Martín	D2
Iglesia de Santa María la Mayor	B2
Plaza Mayor	C3

Che cosa vedere

1	Iglesia de Santiago	B2
2	Palacio de la Conquista	C3
3	Palacio de los Duques de San Carlos	D2
4	Palacio Juan Pizarro de Orellana	C3
5	Statua di Pizarro	C2
6	Puerta de Santiago	C2
7	Puerta del Triunfo	A3

Pernottamento

8	El Mirador de las Monjas	B2
9	Hostal Nuria	D3
10	Isla del Gallo	C4
11	Posada Dos Orillas	B3

Pasti

12	Mesón Alberca	B3
	Posada Restaurante dos Orillas	(v. 11)
13	Restaurante La Troya	C2
14	Restaurante Pizarro	C2

del vostro tempo a guardare fuori dalla finestre verso la plaza. Al piano inferiore c'è un animato bar-ristorante.

Pasti

Restaurante La Troya TIPICO €

(Plaza Mayor 10; menú €15) Se farete il nome di Trujillo a qualunque spagnolo, con ogni probabilità scoprirete che ha sentito parlare del Restaurante La Troya, in quanto questo ristorante e la sua fondatrice, la defunta Concha Álvarez, sono considerati vere e proprie istituzioni *extremeños*. Dopo essere stati indirizzati in una delle numerose sale da pranzo, vi saranno offerti senza preavviso piatti assortiti di tortilla, chorizo, formaggio e insalata, seguiti da un *menú* di tre portate (con porzioni davvero pantagrueliche) con l'accompagnamento di acqua e vino. La cucina è semplice e casalinga, ma la quantità è veramente formidabile e durante i weekend davanti alla porta si formano sempre lunghe code. Se avete l'impressione che una cena in questo ristorante possa far lievitare troppo il vostro girovita, potreste optare per le tapas servite al bar (€2).

Restaurante Pizarro TIPICO €€

(927 32 02 55; Plaza Mayor 13; pasti €30-40; mer-lun) Situato accanto al Restaurante La Troya, il Restaurante Pizarro vanta un ambiente molto più tranquillo e con ogni probabilità serve una cucina migliore (a partire dal 1985 si è aggiudicato diversi premi gastronomici). La sala da pranzo è piacevole e senza troppe pretese, mentre il menu comprende piatti come il pollo ripieno di tartufi e il *frito de cordero* (stufato di agnello).

Posada Restaurante Dos Orillas MODERNO €€

(www.dosorillas.com; Calle de Cambrones 6; pasti €25-30; pranzo e cena mar-sab, pranzo dom) Se l'albergo della Posada Dos Orillas è un vero gioiello, il ristorante è un posto molto tranquillo, dove è possibile assaporare piatti molto raffinati sia all'aperto nel patio sia nella sala da pranzo ingentilita da tessuti dalle sfumature tenui. Questo locale tende a privilegiare i sapori freschi, proponendo piatti come le zucchine ripiene di funghi e di gamberi.

Mesón Alberca TIPICO €€

(Calle de Cambrones 8; pasti €30-40, menús €15-24,50; gio-dom) Un grazioso dehors ricoperto di edera e i tavoli in legno scuro apparecchiati con tovaglie di percalle a quadretti contribuiscono a rendere la Mesón Alberca un ristorante dall'atmosfera molto accogliente, dove potrete assaporare le classiche portate *extremeños*. Le specialità della casa sono gli arrosti al forno e il *solomillo ibérico con Torta del Casar* (lombata di maiale con un cremoso formaggio di pecora).

Informazioni

Ufficio turistico (927 32 26 77; www.trujillo.es, in spagnolo; Plaza Mayor; 10-14 e 17-20).

Per/da Trujillo

Dalla **stazione degli autobus** (927 32 12 02; Avenida de Miajadas), situata 750 m a sud di Plaza Mayor, partono ogni giorno corse per/da Madrid (da €19,34 a €31,40, da 3 h a 4 h 15 min, 5 corse al giorno), Guadalupe (€6,25, 1 h 30 min, 2 corse al giorno), Cáceres (€4,19, 40 min, 8 corse al giorno) e Mérida (€8,15, 1 h 30 min, 3 corse al giorno).

Guadalupe

POP. 2100

Questo villaggio dalle case di un bianco scintillante è come un gioiello luminoso incastonato nella verde corona delle catene e dei crinali circostanti della Sierra de Villuercas, dove si trovano fitti boschi di castagni e di querce alternati a boschetti di ulivi e a vigneti. Guadalupe (nome che deriva dal termine arabo che significa 'fiume nascosto') sembra apparire dal nulla, abbarbicata com'è intorno alla massiccia mole in pietra del Real Monasterio de Santa María de Guadalupe. Si tratta di un villaggio molto piccolo ed è facile visitare i suoi luoghi di interesse e passeggiare nelle sue strade lastricate in una sola giornata.

Che cosa vedere

Real Monasterio de Santa María de Guadalupe MONASTERO E CHIESA, MUSEO
(☎927 36 70 00; www.monasterioguadalupe.com, in spagnolo; Plaza Santa María de Guadalupe; ⊙8.30-21) Inserito dall'UNESCO nella lista dei siti Patrimonio dell'Umanità, il Real Monasterio de Santa María de Guadalupe fu fondato nel 1340 per volere di Alfonso XI nel luogo dove, secondo la leggenda, un pastore aveva trovato un'effigie della Vergine, nascosta anni prima dai cristiani in fuga dall'invasione musulmana. Questo monastero continua a essere ancora oggi una delle mete di pellegrinaggio più importanti di tutta la Spagna.

Nel XVI secolo la Vergine di Guadalupe era talmente venerata da venir scelta come patrona di tutti i territori conquistati dagli spagnoli nel Nuovo Mondo. Il 29 luglio del 1496 i nativi giunti in Spagna al seguito di Cristoforo Colombo furono battezzati nella fontana situata davanti al monastero, un evento storico che venne annotato nel primo registro dei battesimi del monastero. La Vergine di Guadalupe, patrona dell'Estremadura, continua a essere ancora oggi una figura chiave per molti cattolici sudamericani.

All'interno della **chiesa** (ingresso libero), l'immagine della Vergine occupa il posto d'onore illuminato nello svettante *retablo* (pala d'altare). È disponibile un commento audio della durata di cinque minuti in diverse lingue (€1, sulla destra dell'ingresso) e vengono effettuate **visite guidate** della durata di 45 minuti (interi/under 12 €3/gratuito; ⊙visite in spagnolo 9.30-13 e 15.30-18.30). Se desiderate trarre il meglio da questa visita, vi consigliamo di acquistare la versione in inglese della guida per i visitatori (€2), che descrive in un inglese piuttosto ampolloso il percorso di visita.

Al centro del monastero si trova un chiostro del XV secolo in stile mudéjar, sul quale si affacciano tre musei. Il **Museo de Bordados** espone al suo interno paramenti sacri meravigliosamente ricamati relativi al periodo compreso tra il XIV e il XVIII secolo. Il **Museo de Libros Miniados** custodisce una preziosa collezione di manoscritti miniati di opere corali risalenti al XV secolo e ai secoli successivi, mentre il **Museo de Pintura y Escultura** espone tre dipinti di El Greco, un Goya e un piccolo e prezioso crocifisso in avorio attribuito a Michelangelo.

La **sacristía** (sacrestia) barocca magnificamente decorata conserva otto ritratti realizzati tra il 1638 e il 1647 da Francisco de Zurbarán, raffiguranti alcuni importanti monaci appartenenti all'ordine geronimita. Il **Relicario-Tesoro** ospita un gran numero di tesori, tra i quali spicca un manto della Vergine impreziosito da ben 200.000 perle. Il **camarín**, una sala situata alle spalle della pala d'altare, custodisce un'immagine della Vergine rivolta verso i fedeli in modo che possano baciarle un lembo della sua veste.

Attività

L'ufficio turistico dispone di cartine che descrivono itinerari circolari percorribili agevolmente a piedi in un periodo compreso tra tre e cinque ore.

Ruta de Isabel la Católica TOUR A PIEDI
La Ruta de Isabel la Católica è una splendida escursione che prevede di prendere l'autobus che presta servizio tra Madrid e Miajadas fino a **Cañamero**, villaggio situato a sud-ovest di Guadalupe, e di tornare indietro a piedi lungo un sentiero di 17 km ben segnalato. La Ruta de Isabel la Católica consente di ripercorrere le orme dei pellegrini che giungevano a Guadalupe da sud (tra cui Isabella e Ferdinando, dopo la conquista di Granada).

Feste ed eventi

Le vie del centro di Guadalupe vengono percorse da pittoresche processioni durante la Settimana Santa, tra il 6 e l'8 settembre in onore della Vergine di Guadalupe e il 12 ottobre in occasione del Día de la Hispanidad, una festa celebrata in tutti i paesi del mondo di lingua spagnola. Ogni mercoledì si tiene il mercato locale.

Pernottamento

TOP **Hospedería del Real Monasterio** HOSPEDERÍA €€
(☎927 36 70 00; www.monasterioguadalupe.com; Plaza Juan Carlos I; singole/doppie/triple €45,50/65/87; P ❄) Raccolta intorno allo splendido chiostro gotico del monastero del

XVI secolo, la Hospedería del Real Monasterio è *il* posto per eccellenza dove fermarsi a dormire a Guadalupe. Le tariffe delle camere dagli alti soffitti (tutte dall'aspetto diverso) sono più che ragionevoli e le zone comuni sono davvero sorprendenti; tra tutti, non perdetevi il patio pieno di fiori situato pochi passi al di fuori della lobby.

Posada del Rincón POSADA €€

(☎927 36 71 14; www.posadadelrincon.com, in spagnolo; Plaza Mayor 11; singole €45-49, doppie €68-75; ❄) Dietro la minuscola facciata della Posada del Rincón, citata per la prima volta in alcuni testi della fine del XV secolo, troverete 20 camere decorate in tonalità calde, con mattoni a vista e pietra lavorata, mobili in legno scuro e soffitti rivestiti in quercia. Le camere n. 3, 4 e 5 si affacciano su un delizioso patio interno.

Parador de Guadalupe PARADOR €€

(☎927 36 70 75; www.parador.es; Calle Marqués de la Romana 12; doppie €90-137; P❄≋) Conosciuta anche con il nome di Parador Zurbarán, questa struttura è ospitata all'interno di un edificio situato di fronte al monastero, che nel corso del XV secolo venne adibito a ospedale e nel XVI secolo a scuola religiosa. Oggi le sue camere spaziose sono state restaurate e arredate con molto buon gusto e il cortile interno lastricato è veramente delizioso, con i suoi alberi di limoni e di aranci circondati da un colonnato ad arcate che gli conferiscono l'aspetto di un chiostro.

Camping Las Villuercas CAMPEGGIO €

(☎927 36 71 39; piazzole per adulti/tenda/automobile €3,50/3,50/3; ⊙apr-dic; ≋) Il campeggio più vicino a Guadalupe dispone di un campo da tennis, di una piscina, di un bar-ristorante e di piazzole ombreggiate da alti alberi secolari. Si trova 3 km a sud del villaggio, nei pressi della EX102.

Cerezo II HOSTAL €

(☎927 15 41 77; www.hostalcerezo2meson.com; Plaza Mayor 23; singole/doppie €35/48; ❄) Situato nella piazza principale, il Cerezo II dispone di belle camere moderne, decorate

ESTREMADURA E AMERICA

Molti *extremeños* non si lasciarono sfuggire le opportunità offerte dalla scoperta delle Americhe da parte di Cristoforo Colombo nel 1492.

Nel 1501 Fray Nicolás de Ovando, originario di Cáceres, fu nominato governatore di tutte le Indie e stabilì la sua capitale a Santo Domingo, sull'isola caraibica di Hispaniola. Al suo seguito giunsero 2500 persone, gran parte delle quali provenienti dall'Estremadura, tra cui anche Francisco Pizarro, figlio illegittimo di una famiglia appartenente alla piccola nobiltà di Trujillo. Nel 1504 a Santo Domingo giunse anche Hernán Cortés, originario di Medellín e della medesima estrazione sociale di Pizarro.

Entrambi fecero fortuna. Nel 1511 Cortés prese parte alla conquista di Cuba e vi si stabilì, mentre nel 1513 Pizarro si aggregò alla missione di Vasco Núñez de Balboa (nato a Jerez de los Caballeros) a Darién (Panama), nel corso della quale i due 'scoprirono' l'Oceano Pacifico. Nel 1519 Cortés guidò una piccola spedizione nei territori dell'attuale Messico, spinto dai racconti che riferivano di incredibili giacimenti d'oro e d'argento. Nel 1524, grazie alle loro doti di coraggio, astuzia e fortuna (e brutalità), Cortés e i suoi uomini riuscirono nell'impresa di sottomettere il potentissimo impero azteco.

Pizarro fece ritorno in Spagna e – prima di ripartire per Panama – si recò a Trujillo, dove fu accolto come un eroe e prese con sé i suoi quattro fratellastri e diversi parenti e amici. La loro spedizione partì da Panama nel 1531, con appena 180 uomini e 37 cavalli, e riuscì a catturare l'imperatore inca Atahualpa, nonostante quest'ultimo disponesse di un esercito di 30.000 uomini. L'impero inca, che aveva la propria capitale a Cuzco e si estendeva dalla Colombia al Cile, resistette fino al 1545, quando Pizarro era ormai morto (oggi è sepolto nella cattedrale di Lima, in Perú).

Il fatto che nel corso del XVI secolo circa 600 persone originarie di Trujillo siano andate in cerca di fortuna nelle Americhe costituisce una spiegazione più che valida alla presenza in America centrale e meridionale di almeno cinque città battezzate con il nome di Trujillo. In ogni caso, ancor più numerose sono le città con il nome di Guadalupe, in quanto i conquistadores e i coloni di tutta la Spagna portarono con sé il culto della Virgen de Guadalupe, caratteristico dell'Estremadura orientale, che è ancor oggi largamente diffuso in tutta l'America Latina.

con sfumature calde e dotate di eleganti trapunte pesanti.

Pasti

Oltre ai locali citati di seguito, una segnalazione spetta anche ai ristoranti del Parador de Guadalupe e della Posada del Rincón, due locali di ottimo livello. Nei dintorni di Plaza Mayor ci sono diverse panetterie dall'aspetto decisamente invitante, che vendono *tortas de anis* (biscotti all'anice) appena sfornate.

Panadería Nuestra Señora de Guadalupe PANETTERIA €
(Calle Alfonso el Onceno 11) Mettetevi in coda in questa minuscola panetteria inaugurata nel 1933, che serve deliziosi pasticcini e torte tradizionali (oltre a un ottimo pane fresco).

La Marina SPAGNOLO CENTRALE €
(927 36 71 30; Gregorio López 21; pasti €15-20, portate principali €4,80-9) La Marina è un ristorante semplice e piacevolmente informale, dotato di una sala da pranzo ornata da trofei di cinghiali dalle lunghe zanne e di cervi dalle corna ramificate. Una buona scelta di sostanziosi antipasti, tra i quali spiccano le saporite *lentejas estofadas* (stufato di lenticchie) e i *garbanzos guisados con chorizo* (ceci con chorizo), vi daranno la carica giusta per affrontare la giornata, al prezzo di un paio di *vinos*.

Hospedería del Real Monasterio EXTREMEÑO TIPICO €€
(927 36 70 00; www.monasterioguadalupe.com; Plaza Juan Carlos I; pasti €25-35) Sotto le arcate del magnifico chiostro gotico o nelle grandi sale da pranzo arredate con mobili in legno del XVII secolo e ceramiche d'epoca dell'Hospedería del Real Monasterio potrete concedervi un pasto davvero sontuoso. Il menu propone un buon assortimento di piatti a base di carne e di pesce e la maggior parte dei dessert è fatta in casa.

Informazioni

Ufficio turistico (927 15 41 28; www.puebladeguadalupe.net; Plaza Mayor; 10-14 e 16-18 lun-ven).

Per/da Guadalupe

Gli autobus fermano in Avenida Conde de Barcelona, nei pressi del municipio e a due minuti a piedi da Plaza Mayor. La compagnia **Mirat** (927 23 48 63) ha in operativo due autobus al giorno per/da Cáceres (€10,55, 2 h 30 min) che fermano anche a Trujillo (€6,25), mentre **La Sepulvedana** (902 222282) effettua due corse al giorno per/da Madrid (€16, 3 h 45 min). Gli orari sono esposti nella bacheca dell'ufficio turistico.

ESTREMADURA MERIDIONALE

Il paesaggio di questa regione è un seducente mix di pianure, che man mano che si procede verso sud si trasformano in un paesaggio più dolce e pastorale. Sebbene il principale motivo di richiamo di questa zona sia costituito dalla città romana di Mérida, vi consigliamo di non perdervi le incantevoli cittadine di Olivenza e di Zafra.

Mérida

POP. 56.400

Mérida costituisce una tappa assolutamente imperdibile di ogni viaggio in Estremadura per ammirare le più straordinarie ed estese rovine archeologiche romane di tutta la Spagna. I resti sono disseminati in tutta la città e spesso appaiono negli angoli più improbabili, al punto che qualcuno potrebbe chiedersi cosa sia rimasto sepolto sotto la superficie della moderna e anonima città di Mérida. A parte le rovine, la città vanta alcune gradevoli strade tutte da esplorare nei dintorni della graziosa Plaza de España.

Che cosa vedere

Rovine romane

Teatro Romano TEATRO, ANFITEATRO
(Calle Álvarez Sáenz de Buruaga; interi/under 12 €8/gratuito; 9.30-19.30) Costruito verso il 15 a.C. per ospitare 6000 spettatori, il teatro romano di Mérida è circondato da un incantevole giardino e vanta un fondale spettacolare e ben conservato formato da due ordini di colonne corinzie in pietra; la parte anteriore del palcoscenico *(scaenae frons)* venne inaugurata nel 105 d.C. Unico edificio romano di Mérida a essere utilizzato secondo il suo scopo originale, in estate questo teatro ospita ancora spettacoli durante il Festival del Teatro Clásico. L'adiacente **Anfiteatro**, inaugurato nell'8 a.C. per i combattimenti tra gladiatori, era dotato di 14.000 posti a sedere. Pochi passi al di fuori dell'ingresso principale si trovano i resti di un palazzo del III secolo, la **Casa del Anfiteatro**, che conservano ancora alcuni tratti di un pregevole pavimento a mosaico.

Los Columbarios TOMBE
(Calle del Ensanche; interi/under 12 €4/gratuito; ⌚9.30-13.45 e 17-19.15) Los Columbarios è un sito sepolcrale di epoca romana corredato da accurate illustrazioni e spiegazioni in spagnolo. Un sentiero lo collega alla **Casa del Mitreo** (Calle Oviedo; interi/under 12 €4/gratuito; ⌚9.30-13.45 e 17-19.15), un'abitazione romana del II secolo caratterizzata dalla presenza di mosaici molto elaborati (tra i quali spiccano i suggestivi resti del *mosaico cosmológico,* ricco di allegorie e di colori vivaci) e di un affresco ben conservato.

Puente Romano PONTE
Non perdete lo straordinario spettacolo del Puente Romano sul Río Guadiana che, con i suoi 792 m di lunghezza e i suoi 60 poderosi archi in granito, è uno dei ponti più lunghi costruiti dai romani. Chi desidera ammirare un gradevole panorama deve dirigersi verso il Puente Lusitania, uno slanciato ponte sospeso dall'aspetto decisamente più moderno, progettato dal famoso architetto spagnolo Santiago Calatrava e situato a nord-ovest.

Arco de Trajano ARCO MONUMENTALE
Alto 15 m, l'Arco de Trajano situato in Calle de Trajano era utiliazzato con ogni probabilità come porta d'accesso al foro provinciale, da dove veniva governata la provincia della Lusitania.

Templo de Diana TEMPIO
(Calle de Sagasta) Il Templo de Diana sorgeva invece nel foro municipale, sede dell'amministrazione della città. Alcune sue parti furono incorporate in un palazzo costruito al suo interno nel corso del XVI secolo in una via tranquilla e oggi il tempio è circondato dalla moderna città di Mérida. Lungo la stessa strada si trova il **Pórtico del Foro**, il portico restaurato del foro municipale.

FREE **Centro de Interpretación Las VII Sillas** CENTRO INFORMATIVO
(Calle de José Ramón Mélida 20; ⌚9.30-14 e 17-19.30) Il Centro de Interpretación Las VII Sillas custodisce i resti di una residenza nobiliare e una considerevole porzione delle mura erette dai romani, che in seguito furono rimaneggiate dai visigoti e dagli arabi. Un DVD in spagnolo della durata di 13 minuti vi accompagnerà in una visita virtuale dell'antica città romana.

Circo Romano IPPODROMO
(Avenida Juan Carlos; interi/bambini €4/gratuito; ⌚9.30-13.45 e 17-19.15) A nord-est dell'anfiteatro si trovano i resti del Circo Romano costruito nel I secolo, unico edificio di questo genere rimasto in Spagna, che poteva ospitare ben 30.000 spettatori. Al suo interno viene proiettato un breve documentario in spagnolo dedicato a Diocle, un auriga che imparò la sua disciplina a Mérida prima di trasferirsi a Roma per affrontare le gare più importanti.

Acueducto de Los Milagros ACQUEDOTTO
(Calle Marquesa de Pinares) Proseguendo verso ovest si incontra l'Acueducto de Los Milagros, un luogo oggi molto apprezzato dalle cicogne che vi nidificano, che nell'antichità riforniva la città romana dell'acqua prelevata dal bacino artificiale del Lago Proserpina, situato a circa 5 km da Mérida.

Altre cose da vedere

Museo Nacional de Arte Romano MUSEO ARCHEOLOGICO
(http://museoarteromano.mcu.es; Calle de José Ramón Mélida; interi/bambini, cittadini anziani UE e studenti €3/gratuito; ⌚9.30-15.30 e 17.30-20.30 mar-dom) Non perdetevi per nessuna ragione questo favoloso museo, che ospita al suo interno una superba collezione di statue, mosaici, affreschi, monete e altri manufatti di epoca romana. Progettata dall'architetto Rafael Moneo, questa grandiosa struttura in mattoni rappresenta una cornice adegua-

BIGLIETTO COMBINATO

Il modo più economico per visitare i siti romani di Mérida consiste nell'acquistare il biglietto 'Entrada Conjunta' (€12) che comprende l'ingresso al Teatro Romano e all'Anfiteatro (che per un biglietto individuale costerebbero invece €8), alla Casa del Anfiteatro, a Los Columbarios, alla Casa del Mitreo, all'Alcazaba, al Circo Romano, alla Basílica de Santa Eulalia e alla Zona Arqueológica de Morería (in caso contrario, l'ingresso a ognuno di questi siti costerebbe €4). Il biglietto combinato comprende anche una guida esauriente ai vari monumenti (disponibile anche in inglese). Tenete presente che il biglietto combinato non comprende l'ingresso al Museo Nacional de Arte Romano e al Museo de Arte Visigodo. Questo biglietto può essere acquistato presso la biglietteria del Teatro Romano.

Mérida

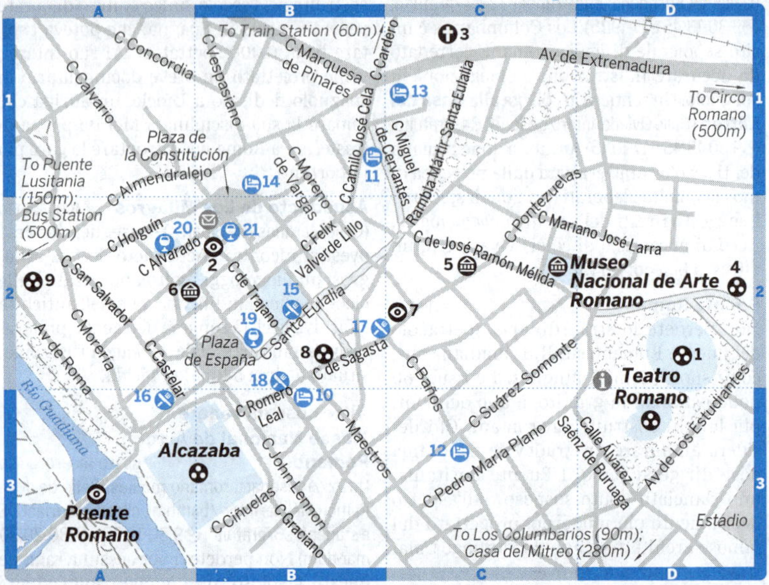

tamente sontuosa per questa collezione di grande interesse.

Alcazaba FORTEZZA
(Calle Graciano; interi/bambini €4/gratuito; ⌚9.30-13.45 e 17-19.15) Questa vasta fortezza musulmana fu costruita nell'835 d.C. nel luogo in cui si trovavano edifici romani e visigoti. Situato sotto la fortezza, l'*aljibe* (cisterna) incorpora lastre di pietra e di marmo con decorazioni visigote riutilizzate dai musulmani, mentre i bastioni si affacciano verso il Guadiana e sui sottostanti giardini dell'Alcazaba. Situato nell'angolo nord-orientale, il monastero del XV secolo oggi ospita gli uffici presidenziali della Junta de Extremadura.

Basílica de Santa Eulalia ROVINE, CHIESA
(Avenida de Extremadura; interi/bambini €4/gratuito; ⌚9.30-13.45 e 17-19.15 lun-sab) Eretta nel corso del V secolo in onore della santa patrona di Mérida, la Basílica de Santa Eulalia venne ricostruita nel XIII secolo. Accanto alla basilica si trovano un museo e gli scavi archeologici a cielo aperto, che permettono di identificare alcune case romane, un cimitero cristiano del IV secolo e la chiesa originale del V secolo.

FREE **Museo de Arte Visigodo** MUSEO ARCHEOLOGICO
(Calle de Santa Julia; ⌚10-14 e 17-19 lun-sab, 10-14 dom) Molti degli oggetti visigoti riportati alla luce a Mérida sono esposti all'interno di questo museo, situato nei pressi di Plaza de España. La sua collezione costituisce un affascinante spaccato di un periodo poco conosciuto della storia spagnola.

Zona Arqueológica de Morería ROVINE
(Avenida de Roma; interi/bambini €4/gratuito; ⌚9.30-13.45 e 17-19.15) Gli scavi di questo antico quartiere arabo contengono i resti di un cimitero, una cinta muraria e case risalenti al periodo compreso tra il dominio romano e l'epoca postislamica.

Feste ed eventi

Festival de Teatro Clásico TEATRO CLASSICO
(www.festivaldemerida.es, in spagnolo; ingresso €12-39; ⌚circa 23 quasi tutte le sere lug e agosto) Questo prestigioso festival estivo, che si tiene presso il teatro e l'anfiteatro romano, propone tragedie greche, opere più recenti, esibizioni musicali e spettacoli di danza.

Feria de Septiembre FESTA DELLA CITTÀ
A Mérida la vera baldoria ha inizio un po' più tardi rispetto alla maggior parte degli altri centri dell'Estremadura con la Feria

Mérida

Da non perdere

Alcazaba B3
Museo Nacional de Arte Romano C2
Puente Romano A3
Teatro Romano D3

Che cosa vedere

1 Anfiteatro D2
2 Arco de Trajano B2
3 Basílica de Santa Eulalia C1
4 Casa del Anfiteatro D2
5 Centro de Interpretación Las VII Sillas C2
6 Museo de Arte Visigodo A2
7 Pórtico del Foro C2
8 Templo de Diana B2
9 Zona Arqueológica de Morería A2

Pernottamento

10 Hotel Adealba B3
11 Hotel Cervantes B1
12 Hotel Nova Roma C3
13 La Flor de al-Andalus C1
14 Parador Vía de la Plata B1

Pasti

15 Casa Benito B2
16 Casa Nano A3
17 Convivium B2
18 Tabula Calda B2

Locali

Jazz Bar .... (v. 21)
19 La Moett B2
20 La Tahona Nueva A2
21 Raw Café-Club B2

de Septiembre (Fiera di Settembre), in programma dall'1 al 15 settembre.

Pernottamento

La Flor de al-Andalus HOSTAL €

(☎924 31 33 56; www.laflordeal-andalus.es, in spagnolo; Avenida de Extremadura 6; singole/doppie €33/45; ❄📶) Se tutti gli *hostales* fossero di questo livello... Inaugurato nel maggio del 2010, La Flor de al-Andalus si presenta come un 'boutique *hostal*' e dispone di camere dalle gradevoli decorazioni in stile andaluso, a cui si aggiungono un servizio cordiale e una posizione molto bella, a pochi passi di distanza da tutti i principali luoghi di interesse turistico. La prima colazione a buffet costa solo €3.

Hotel Adealba BOUTIQUE HOTEL €€

(☎924 38 83 08; www.hoteladealba.com; Calle Romero Leal 18; doppie con prima colazione a partire da €96,30; P 🚭 ❄ 📶) Finalmente è arrivato il boutique hotel di media categoria situato in posizione centrale che Mérida richiedeva a gran voce da tempo. Inaugurato nel 2009, questo albergo di straordinaria bellezza è ospitato all'interno di un edificio del XIX secolo situato nei pressi del Templo de Diana e vanta un look contemporaneo di gran classe. Le camere di design sono caratterizzate da forti colori contrastanti ed è addirittura possibile scegliere il tipo di cuscino preferito. Il parcheggio costa €12.

Parador Vía de la Plata HOTEL €€

(☎924 31 38 00; www.parador.es; Plaza de la Constitución 3; doppie €90-137; P 🚭 ❄ 📶 🏊) Soggiornando nel Parador Vía de la Plata dormirete in un edificio situato nel sito in cui sorgeva un antico tempio romano, un tempo adibito a convento. In passato il lounge era una cappella e in seguito funse da ospedale e da prigione. Nei giardini si può ammirare una originale commistione di manufatti romani, visigoti e mudéjar, che traccia una sintesi della storia architettonica di Mérida. I balconi delle camere situate nella parte posteriore dell'edificio si affacciano su un giardino tranquillo, impreziosito da fontane.

Hotel Nova Roma HOTEL €€

(☎924 31 12 61; www.novaroma.com, in spagnolo; Calle Suárez Somonte 42; singole/doppie €72/89; ❄) Una facciata piuttosto anonima, una lobby in marmo dall'arredamento in stile pseudo-romano (con tanto di statue senza testa) e camere di buon livello costituiscono gli elementi più caratterizzanti di questo albergo. Sono disponibili camere di vario genere, da quelle moderne e spaziose ad altre più vecchiotte, adeguate senza essere però entusiasmanti, mentre i bagni sono impeccabili. Non ci è piaciuto dover pagare per avere il collegamento wi-fi (€2 per 3 ore), elemento negativo di un complesso altrimenti ragionevole.

Hotel Cervantes HOTEL €€

(☎924 31 49 61; www.hotelcervantes.com; Calle Camilo José Cela 8; singole €45-55, doppie €65-75; P ❄) Sebbene le camere comincino a mostrare i segni del tempo, l'Hotel Cervantes costituisce ancora un buon affare per questa categoria e il servizio è cordiale. Il bar-ristorante serve una buona prima colazione a base di uova e pancetta.

Pasti

Tabula Calda TIPICO €€

(www.tabulacalda.com; Calle Romero Leal 11; pasti €20-25; ⌚pranzo e cena lun-sab, pranzo dom) Questo locale molto invitante, abbellito da graziose piastrelle e molte piante verdi, serve pasti a prezzi ragionevoli (compresi alcuni menu a prezzo fisso da €12 a €24,50) che prevedono quasi tutte le tipiche portate spagnole. Nel complesso, si tratta di un gradevole mix di cucina casalinga tradizionale, presentazione accurata e sottile innovazione.

Convivium TAPAS, SPAGNOLO TIPICO €

(Calle de Sagasta 21; tortillinas €1, pasti €15-20; 📶) Dirigetevi senza indugi verso i tavoli disposti sotto un grande albero di limone nel grazioso patio di questo locale piacevolmente informale, la cui specialità sono le *tortillinas* (piccole omelette ripiene di diversi ingredienti, tra cui merluzzo, salame, spinaci, melanzane e gamberetti). La *tortillina,* con gazpacho e una bevanda offerta al prezzo di €2,50 costituisce molto probabilmente il pasto più conveniente di Mérida. Le *raciones* (da €9 a €14) sono più tradizionali.

Casa Nano EXTREMEÑO TIPICO €€

(Calle San Salvador Castelar 3; pasti €25-35; ⌚lun-sab) Situato in posizione defilata dietro Plaza de España, il Casa Nano è gestito da personale *simpático* che serve piatti molto invitanti come il *cordero a la ciruela* (agnello con prugne; €18) e le *patatas al rebujón* (omelette con grosse fette di patate). Vi consigliamo anche il *menú extremeño* di tre portate (€23). Preparatevi ad affrontare le scintillanti luci della sala da pranzo, oppure accomodatevi a uno dei tavoli all'aperto disposti lungo questa tranquilla via pedonale.

Casa Benito TIPICO €€

(Calle San Francisco 3; tapas €2,60) Stringetevi su uno dei minuscoli sgabelli collocati nella sala da pranzo rivestita di pannelli di legno, appoggiate i gomiti sul bancone o rilassatevi nel dehors illuminato dal sole per gustare le tapas di questo locale frequentato da numerosi appassionati di corride. Le pareti del Casa Benito sono tappezzate di fotografie, poster e altri cimeli legati alle arene. L'adiacente *asador* è specializzato in arrosti, tra cui il *rabo de toro* (coda di toro; €13,75); non aspettatevi grandi sorprese.

Locali

Il locale migliore dove concedersi un drink all'inizio della serata è uno dei quattro bar-chioschi situati in Plaza de España. Se desiderate scegliere tra un numero maggiore di bar, vi consigliamo di dirigervi verso Plaza de la Constitución e i suoi dintorni.

La Moett BAR-CHIOSCO

(Plaza de España 2; ⌚16-fino a tardi) Situato sotto le arcate dell'Ayuntamiento nel lato nord-orientale di Plaza de España, La Moett è un locale di gran classe dotato di tavoli disposti sulla piazza.

La Tahona Nueva BAR, MUSICA LIVE

(Calle Alvarado 5; ⌚17-fino a tardi) Questo locale possiede un elegante cortile ricoperto di bougainvillee e un'ampia zona bar dotata di un palco che ospita esibizioni di musica dal vivo di vario genere, che spaziano dal flamenco al blues al jazz.

Raw Café-Club MUSICA LIVE

(Plaza de la Constitución 2A; ⌚19-3.30 mar-sab) Il Raw Café-Club è un bar animato e dall'aria volutamente trascurata ospitato nell'incongruente cornice di un'antica

EMERITA AUGUSTA

La città romana di Emerita Augusta fu fondata dall'imperatore Augusto nel 25 a.C. nel luogo in cui oggi sorge la moderna Mérida come colonia per i veterani delle campagne condotte da Roma in Cantabria; il nome romano significa più o meno 'scapoli' o 'soldati congedati' dall'esercito di Augusto. La posizione della città aveva anche lo scopo strategico di proteggere un valico situato nelle vicinanze e il ponte sul Río Guadiana. La città prosperò e divenne la capitale della provincia romana della Lusitania e uno dei centri politici e culturali più importanti dell'impero, e nel periodo del suo massimo splendore arrivò a contare una popolazione di ben 40.000 abitanti. Dopo la caduta dell'impero romano di Occidente, nel VI secolo la città divenne la capitale dell'Hispania dei visigoti e i suoi monumenti rimasero in gran parte intatti. Nell'VIII secolo la città passò nelle mani dei musulmani e a partire dal 1230 entrò nella sfera d'influenza dei cristiani. Durante l'invasione napoleonica della Spagna del XIX secolo furono distrutti molti monumenti di Mérida.

dimora cittadina rivestita di piastrelle. Questo locale è frequentato da numerosi gruppi di adolescenti e di ventenni, che dimostrano di apprezzare molto le coinvolgenti esibizioni di musica dal vivo che si tengono ogni sera.

Jazz Bar BAR, MUSICA LIVE
(Calle Alvarado 10; ⏲16-2 mar-sab) Questa vera e propria istituzione del jazz presenta un ambiente più raffinato e ospita regolarmente esibizioni musicali, tra le quali spiccano i concerti di musica jazz in programma una o due volte la settimana alle 22.

Informazioni

Ufficio turistico municipale (☎924 33 07 22; www.merida.es, in spagnolo; Calle Álvarez Sáenz de Buruaga; ⏲9.30-14 e 17-19.30) Si trova accanto al Teatro Romano.

Per/da Mérida e trasporti locali

Dalla **stazione degli autobus** (☎924 37 14 04; Avenida de la Libertad), situata sulla sponda opposta del fiume e raggiungibile attraversando il Puente Lusitania, partono mezzi diretti a Badajoz (€4,46, 1 h, da 5 a 9 corse al giorno), Siviglia (€13,10, 2 h 30 min, 5 corse al giorno), Cáceres (€5,35, 50 min, da 2 a 4 corse al giorno), Trujillo (€8,15, 1 h 15 min, 3 corse al giorno) e Madrid (da €22,15 a €27, 4 o 5 h, 8 corse al giorno).

Dalla stazione ferroviaria di Mérida partono treni per Madrid (da €31,80 a €36,30, da 4 h 30 min a 6 h 30 min, 5 corse al giorno), Cáceres (a partire da €4,30, 1 h, 6 corse al giorno) e Siviglia (€14,10, 4 h, 1 corsa al giorno), che fermano anche a Zafra (€4,60).

Badajoz

POP. 148.330

Situata a soli 4 km dal Portogallo, l'estesa città industriale di Badajoz non può essere sicuramente definita la più graziosa dell'Estremadura, tuttavia il suo centro storico coronato dalla fortezza dell'Alcazaba presenta un fascino davvero accattivante e vanta un gruppo di musei e di monumenti di grande interesse. Per questo, se non è certo il caso di attraversare tutta la Spagna per visitare Badajoz, può valere la pena di trascorrervi una notte se si è in viaggio per il Portogallo.

Fondata dai musulmani nel corso del IX secolo, Badajoz è stata per secoli oggetto di contesa da parte degli eserciti invasori, al punto che a turno i portoghesi, i francesi, gli spagnoli e i britannici hanno dato libero sfogo alla loro furia sulla città. Durante la guerra civile spagnola, i nazionalisti massacrarono atrocemente la popolazione dopo aver conquistato la città nel 1936.

Che cosa vedere

Alcazaba FORTEZZA
Cinta da una massicca cerchia di mura, la magnifica Alcazaba domina la città dalla sommità della collina che si erge a nord del centro. Chi lo desidera può salire sui bastioni che racchiudono il sito di otto ettari in cui un tempo sorgeva una fiorente comunità, con *medine,* terme, moschee e case. A guardia di tutto questo si eleva uno dei principali simboli di Badajoz, la **Torre Espantaperros** (Torre Scacciacani), costruita dagli arabi e sormontata da una torre campanaria in stile mudéjar del XVI secolo. Ai suoi piedi si apre l'insolita **Plaza Alta**, risalente al 1681, sulla quale si affacciano suggestivi edifici dalle facciate riccamente decorate con colori che variano dal bordeaux al grigio e al bianco. All'interno dell'area fortificata si trova un palazzo rinascimentale oggi restaurato che ospita il **Museo Arqueológico Provincial** (ingresso libero; ⏲10-15 mar-dom), dove sono esposti manufatti risalenti alla Preistoria, all'epoca romana, al dominio degli arabi e al Medioevo cristiano.

Catedral de San Juan CATTEDRALE
(Plaza de España; ⏲messa 10-10.30) La Catedral de San Juan fu costruita nel corso del XIII secolo nel luogo in cui sorgeva una moschea e in seguito venne sottoposta a diverse modifiche. Il **Museo Catedralicio** (Calle de San Blas; interi/studenti €3/1; ⏲11-13 e 17-19 mar-sab) ospita al suo interno una preziosa collezione di oggetti e di capolavori di arte sacra.

FREE **Museo Extremeño e Iberoamericano de Arte Contemporáneo** MUSEO DI ARTE CONTEMPORANEA
(MEIAC; www.meiac.es; Calle Virgen de Guadalupe 7; ⏲10-13.30 e 17-20 mar-sab, 10-13.30 dom) Considerato uno dei principali fiori all'occhiello di Badajoz, questo imponente edificio moderno dedicato all'arte contemporanea spagnola, portoghese e latinoamericana ospita al suo interno una vasta ed eterogenea collezione di dipinti e di sculture di avanguardia.

FREE **Museo de Bellas Artes** MUSEO
(Calle del Duque de San Germán 3; ⏲10-14 e 16-18 mar-ven, 10-14 sab e dom) Questa eccellente galleria d'arte custodisce al

suo interno pregevoli opere di Zurbarán, Morales, Picasso e Dalí e diversi splendidi lavori di Felipe Checa, un artista del XX secolo originario di Badajoz.

Lusiberia PARCO A TEMA
(www.lusiberia.com; Avenida de Elvas, Antigua Frontera de Caya; adulti/bambini €15/11; ⌚11.30-20.30) Il Lusiberia è un vasto parco a tema per famiglie e (solo nei mesi estivi) parco acquatico, situato a ridosso della frontiera portoghese.

Attività

Baraka Al Hammam HAMMAM
(☎924 25 08 26; www.baraka-al-hammam.com, in spagnolo; Plaza de la Soledad 14; ⌚10-14 e 17-22) Questa bella ricostruzione di un bagno pubblico in stile arabo offre la possibilità di concedersi un'esperienza veramente unica, abbinando un'architettura molto seducente a una vasta scelta di trattamenti; il pacchetto comprendente un bagno termale della durata di 30 minuti, un trattamento di aromaterapia e una seduta di massaggi costa €30.

Feste ed eventi

Feria de San Juan FESTA CITTADINA
L'evento più importante del calendario di Badajoz è la Feria de San Juan, una vivace manifestazione della durata di una settimana che si tiene intorno al 24 di giugno.

Carnaval CARNEVALE
Il secondo evento più sentito dagli abitanti di Badajoz è la celebrazione del Carnaval, in programma pochi giorni prima dell'inizio della Quaresima, considerato da molti uno dei più elaborati di tutta la Spagna.

Pernottamento

Hotel Husa Zurbarán HOTEL €€
(☎924 00 14 00; www.husa.es; Paseo Castelar; doppie €55-100; P ❄) In tutto e per tutto simile a un mostro in cemento che si leva dal piano stradale, l'Hotel Husa Zurbarán è un albergo a quattro stelle che vanta un interno di gran lunga più accogliente e gradevole. La maggior parte delle camere è stata rinnovata con molto buon gusto, utilizzando un bianco scintillante e tenui colori caldi. All'interno di questo albergo si trova l'eccellente Restaurante Los Monjes.

Hostal Niza II HOSTAL €
(☎924 22 31 73; www.hostal-niza.com; Calle del Arco Agüero 45; singole/doppie €27/43; ❄) Non soffermatevi troppo sugli anonimi pavimenti in marmo e sull'anemico accostamento di colori, perché le camere dell'Hostal Niza II sono pulite e molto confortevoli. Situato nel lato opposto della strada al numero civico 34, l'Hostal Niza I è fondamentalmente un'estensione della stessa struttura in un edificio più recente, con un arredamento pressoché identico.

Pasti

Gran Café Victoria CAFFÈ €
(Calle Obispo San Juan de Ribera 3; prima colazione €2-3) Con la sua imponente illuminazione centrale, le sue alte colonne scure e i suoi divani bordeaux, questo caffè vanta un ambiente signorile ideale per concedersi una prima colazione a base di caffè e di croissant, ma costituisce una buona scelta anche per bere qualcosa in tranquillità in ogni momento della giornata.

El Claustro TAPAS €€
(☎924 20 17 21; Plaza de Cervantes 13A; tapas a partire da €2,50, pasti €25-30; ⌚12-24 lun-sab) L'interno alla moda di questo locale rivestito in pietra vanta pareti sulle quali sono esposte opere d'arte di tendenza e un animato tapas bar che serve abbondanti spuntini creativi. Nella sala da pranzo illuminata da lampadari vengono servite porzioni più generose in un ambiente sensibilmente più formale.

Taberna La Casona Alta TAPAS, IBERICO €€
(Plaza Alta; raciones a partire da €6,50, pasti €25-30; ⌚pranzo e cena lun-sab, pranzo dom) Grazie alla presenza di sedie collocate nella piazza e di un'animata zona bar arredata con tavoli ricavati da botti, la Taberna La Casona Alta è un locale dove potrete scegliere da un invitante menu di *raciones*, oppure optare per piatti più sostanziosi nel ristorante di influenza moresca situato al piano inferiore; tra di essi vi consigliamo il *bacalao* (baccalà) alla portoghese, preparato in diverse maniere.

Locali

Le strade situate nei dintorni della cattedrale sono piene di bar aperti fino a tarda ora.

Espantaperros Café JAZZ CAFÉ
(Calle Hernán Cortés 14; ⌚19-3 lun-gio e 16-4 ven-dom) Considerato uno dei locali più vivaci situati nei pressi della cattedrale, l'Espantaperros Café ospita tutte le sere coinvolgenti esibizioni di jazz dal vivo.

El Arrabal BAR
(Calle de San Blas 14; ⌚22-2.30 lun-ven, 18-2.30 sab) Il raffinato El Arrabal dispone di un gradevole bar all'aperto.

Samarkanda BAR
(www.cafesamarkanda.com, in spagnolo; Calle Virgen de la Soledad 9; ⏲16.30-2.30) Questo locale vanta suggestive pareti dipinte di rosso scuro e molti cuscini, sui quali fa la guardia una serena statua del Buddha.

Blues Center BAR, MUSICA LIVE
(www.bluescenter.es; Calle de San Juan Bautista 8; ⏲16-4.30) Il Blues Center è un altro locale che propone esibizioni di musica dal vivo tutte le sere.

ℹ Informazioni

La Guía de Badajoz (www.laguiadebadajoz.com) Utile guida online della città.
Ufficio turistico municipale (☎924 22 49 81; www.turismobadajoz.es; Pasaje de San Juan; ⏲10-14 e 16-18 lun-ven, 10-14 sab).

ℹ Per/da Badajoz e trasporti locali

Badajoz è servita da autobus per/da Mérida (€4,46, 1 h, da 5 a 9 corse al giorno), Madrid (a partire da €27, da 4 h 30 min a 5 h 30 min, 9 corse al giorno), Lisbona (€31, 4 h, 3 corse al giorno) e Siviglia (€14,50, 3 h, 6 corse al giorno), che fermano anche a Zafra (€6, 1 h 15 min).

Dintorni di Badajoz

ALBUQUERQUE

POP. 5700

In posizione dominante sulla cittadina, 38 km a nord di Badajoz, si leva intatto il **Castillo de la Luna** (ingresso libero; ⏲visite guidate in spagnolo 11-13 e 16-18 mar-dom). Punto strategico di un complesso sistema di fortezze difensive, questo castello fu eretto nel corso del XIII secolo nel luogo in cui sorgeva un precedente forte musulmano e in seguito venne ampliato a più riprese. Dalla sua sommità la vista spazia fino al confine portoghese (da notare che all'inizio del XVIII secolo i portoghesi si impossessarono della città per alcuni anni). Tra le numerose peculiarità di questo castello merita di essere citato il foro nel muro di una delle torri, che veniva utilizzato dai signori del castello come toilette, specialmente quando si trovavano sotto assedio e volevano inviare un messaggio sgradevole alle forze nemiche sottostanti.

Ogni giorno ad Albuquerque fermano fino a quattro autobus (€4,15, 45 min) che prestano servizio tra Badajoz e San Vicente de Alcántara.

OLIVENZA

POP. 11.850

Situata 24 km a sud di Badajoz, la graziosa Olivenza è ancora fortemente legata alle proprie radici portoghesi, essendo diventata spagnola solo nel 1801. Il centro della cittadina è caratterizzato da strade lastricate, case imbiancate a calce, le tipiche mura difensive dotate di torrette e dalla presenza di piastrelle decorative in ceramica bianca e blu.

Esattamente al centro sorge il **castello** del XIV secolo, dominato dalla **Torre del Homenaje**, alta 37 m, dalla quale è possibile ammirare un magnifico panorama. Il castello ospita al suo interno un **museo etnografico** (ingresso €1; ⏲11-14 e 16-19 mar-ven, 10-14 dom), che al primo piano espone una splendida collezione di automobiline giocattolo. Il tratto più spettacolare delle **mura difensive** originali si trova nei pressi della **Puerta del Calvario** del XVIII secolo, nella parte occidentale della cittadina.

Situato nell'angolo di una delle piazze più suggestive della cittadina con tanto di fontana, il **Restaurante Hostal Dosca** (☎924 49 10 65; www.hoteldosca.com; Plaza de la Constitución 15; singole/doppie €40/50; ❄@) costituisce il posto ideale per fermarsi a mangiare a pranzo (*menús del día* da €13 a €26) o per pernottare. Le camere sono graziose e quasi tutte consentono di ammirare un panorama veramente incantevole.

Nei giorni feriali da Olivenza partono quasi ogni ora autobus diretti a Badajoz (€1,40, 30 min).

Zafra

POP. 16.420

Con il suo colore bianco scintillante, la cittadina di Zafra somiglia a un *pueblo blanco* andaluso e costituisce una tappa gradevole e tranquilla sull'itinerario tra Siviglia e Mérida. In origine insediamento musulmano, Zafra vanta strette vie fiancheggiate da chiese barocche, negozi vecchio stile e case tradizionali, sulle quali spiccano le macchie rosso vivo dei gerani. La cittadina moderna è abbastanza estesa, ma vi consigliamo di non spendervi troppo tempo, in modo da privilegiare la visita del centro storico, dove entrerete in un mondo del tutto differente.

Che cosa vedere

Oggi trasformato nel *parador* della città, il **castello** del XV secolo di Zafra fu edificato sopra l'antico *alcázar* musulmano in posizione dominante sulla cittadina. Con le loro arcate e i bar disposti lungo i lati, **Plaza Grande** e l'adiacente **Plaza Chica** costituiscono i punti migliori dove fermarsi a osservare la vita di Zafra, dagli anziani con il basco che si sfidano a interminabili partite a domino, ai bambini che giocano a pallone e decorano la pavimentazione con i semi di *pipas* (girasole). Non mancate di dare un'occhiata al cortile dell'**ayuntamiento** (municipio; Plaza Pilar Redondo), caratterizzato dalla presenza di archi in mattoni sostenuti da pilastri slanciati, e alla cinquecentesca **Iglesia de la Candelaria** (Calle Tetuán; ⏲10.30-13 e 17.30-19.30 lun, mar e gio-sab, 11-13 dom), che ospita al suo interno pregevoli pale d'altare. Il **Museo Santa Clara** (ingresso libero; ⏲10.30-13.30 e 16.30-18.15 mar-dom) possiede una bellissima cappella ornata da una profusione di dorature e propone un documentario di grande interesse dedicato alla vita del convento; le suore che vivono all'interno del convento vendono squisiti pasticcini preparati con le loro mani.

Pernottamento

Hotel Plaza Grande HOTEL €€
(☎924 56 31 63; www.hotelplazagrande.com; Calle Pasteleros 2; singole con prima colazione €35-55, doppie con prima colazione €55-75; ❄📶) Il proprietario dell'Hotel Plaza Grande ha reso questo albergo una vera e propria perla. Se possibile, cercate di farvi assegnare la camera n. 108, che dispone di bellissimi balconi ad angolo affacciati sulla piazza (la camera n. 208 è uguale, ma dispone di finestre al posto del balcone). L'arredamento color terracotta è sottolineato da sfumature beige e da caldi colori naturali. Il ristorante e il bar situati al piano inferiore sono entrambi validi e affidabili.

Parador Hernán Cortés HOTEL €€
(☎924 55 45 40; www.parador.es; Plaza Corazón de María 7; doppie €90-155; ❄📶) Secondo quanto afferma un vecchio detto, la casa di un uomo sarebbe il suo castello, ma in questa struttura sembra piuttosto vero il contrario. Le ampie camere del Parador Hernán Cortés sono infatti arredate in maniera sontuosa con tessuti color bordeaux e mobili d'epoca. Caratterizzato dalla presenza di pilastri in marmo, il cortile è veramente magnifico, mentre la piscina situata in posizione appartata è circondata da torrette e da piante rampicanti. Il ristorante è veramente ottimo.

Hotel Huerta Honda HOTEL €€
(☎924 55 41 00; www.hotelhuertahonda.com; Calle López Asme 1; singole €59, doppie €74-96, suite €120-150; P❄📶) L'Hotel Huerta Honda dispone di camere di due categorie: quelle standard sono moderne, alla moda e molto confortevoli, con una prevalenza di tinte marroni e beige, mentre quelle 'Gran Clase' sono sontuose e dotate di letti a baldacchino, soffitti in legno e pregevoli oggetti antichi. Qualunque sia la vostra scelta, questa struttura è un vero sogno. Il cortile, ricoperto di bougainvillee, offre la possibilità di ammirare splendidi scorci del castello. Il parcheggio costa €5.

Albergue Convento San Francisco OSTELLO €
(☎924 02 98 17; Calle Ancha 1; letti in camerata €18-32; @) Aperto a tutti, questo edificio un tempo adibito a monastero viene solitamente scelto da chi percorre a piedi la Ruta de la Plata (v. lettura p410). Al suo interno troverete una buona scelta di camere doppie dotate di bagno privato e di camerate inserite in una cornice gradevole e arredate con mobili dai colori vivaci.

Pasti

Gastro-Bar Baraka TAPAS €
(Plaza Grande 20; pasti €15-20; ⏲19-24 lun-mer, 19-3 gio, 13-3 ven-dom) Inaugurato nel 2009, il Gastro-Bar Baraka contribuisce ad aggiungere un tocco di ricercatezza al fascino di Plaza Grande. L'eclettico menu di questo ristorante spazia da creative *tostas* (da €2,85 a €3,75) a più sostanziose *raciones*, tra le quali spiccano la lombata di maiale in salsa di formaggio cremoso Torta de Casar, servita su un letto di patate tagliate a fettine sottili (€8,75). Se desiderate concedervi un momento di pura felicità, assaporate questi piatti in una dolce serata estiva accompagnandoli con un bicchiere di vino rosso nella piazza illuminata dai lampioni. Al piano inferiore c'è un bar alla moda (aperto dal giovedì alla domenica) ospitato all'interno delle cisterne del XV secolo.

La Rebotica SPAGNOLO TIPICO €€
(☎924 55 42 89; Calle Boticas 12; pasti €35; ⏲pranzo e cena mar-sab, pranzo dom) Situato nei pressi della deliziosa Plaza Chica, questo ristorante propone un menu tradizionale a base di carne, che comprende *rabo de toro* (coda di toro) e cinque diversi piatti a base di filetto di maiale, preparati con maestria dallo chef olandese Rudy Koster.

Informazioni

Ufficio turistico municipale (☎924 55 10 36; www.turismodezafra.blogspot.com, in spagnolo; Plaza de España 8A; ⏰9.30-14 e 16-19 lun-ven, 10-13.30 e 17-19 sab e dom).

Per/da Zafra

Zafra sorge lungo i principali percorsi degli autobus che collegano Siviglia, in direzione sud, a Mérida (€5,35, 65 min) e Badajoz (€6, 1 h 15 min) ed è servita anche da diversi treni.

Dintorni di Zafra

Le strade che attraversano l'ondulata Sierra Morena e raggiungono l'Andalusia si dirigono verso sud-ovest attraverso Fregenal de la Sierra, fino a entrare nella provincia di Huelva, nell'estremità settentrionale, e verso sud-est nel Parque Natural Sierra Norte, nella provincia di Siviglia.

Tra le attrattive principali di **Fregenal de la Sierra** meritano di essere citati il castello del XIII secolo munito di sette torrette e l'adiacente Chiesa di Santa María. Ogni martedì e venerdì mattina nella piazza principale viene allestito un vivace mercato.

Jerez de los Caballeros è una suggestiva cittadina cinta da mura situata sulle colline 42 km a ovest di Zafra che vide nascere molti conquistadores. Visitandola potrete ammirare un castello dei Cavalieri Templari e diverse chiese degne di nota, tre delle quali dotate di torri che ricordano la Giralda di Siviglia.

Situata a sud-ovest di Zafra, la tranquilla **Burguillos del Cerro** sorge all'ombra di un castello del XV secolo situato su una verde altura. Pochi passi al di fuori di **Casas de Reina**, lungo la strada che conduce a Guadalcanal troverete gli straordinari resti di un teatro romano e di un castello arabo che svetta sulla sommità di una collina.

Nei giorni feriali un autobus garantisce i collegamenti tra Zafra e Fregenal de la Sierra (€3,25, 1 h), Jerez de los Caballeros (€3,45, 1 h) e Burguillos del Cerro (€1,85, 30 min).

Capire la Spagna

popolazione per kmq

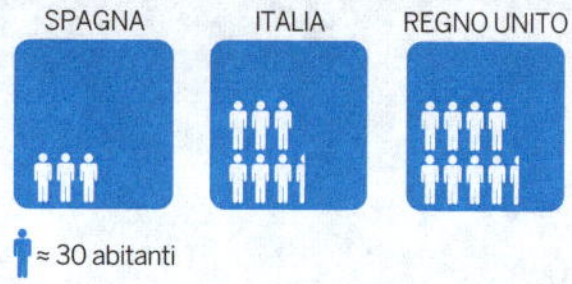

Spagna oggi

» Popolazione: 46 milioni (2010)

» PIL: 1466 miliardi di euro

» PIL pro capite: US$33.700 (2009)

» Inflazione annuale: -0.8% (2009)

» Tasso di disoccupazione: 18% (2009)

» Dominio internet: es

» Superficie: 505.370 kmq

Dal boom economico allo stallo

Fino a qualche anno fa la Spagna era l'emblema di un'Europa prospera. L'economia in costante crescita era motivo di grande orgoglio per il suo popolo, che per decenni non aveva fatto altro che cercare di tenere il passo con le altre nazioni europee. Nel 2008 il paese ha però conosciuto una brusca battuta d'arresto. L'economia è entrata in crisi e il tasso di disoccupazione è passato dal 6% a punte del 20%, dando inizio a quella che lo stesso governo ha definito 'la recessione più grave degli ultimi 50 anni'. Il fatto che il benessere del paese sia basato su due settori molto vulnerabili alle congiunture economiche – l'edilizia (16% del PIL) e il turismo (5%) – fa pensare che l'economia sarà la sfida più importante che la Spagna dovrà affrontare nei prossimi anni.

Ricostruire la Spagna

Salito al potere nel 2004 e riconfermato nel 2008, il partito socialista spagnolo è stato artefice di una vera rivoluzione sociale. La sua raffica di riforme ha infatti trasformato la Spagna da paese visceralmente cattolico in una delle nazioni più liberali di tutta Europa. I matrimoni gay sono stati legalizzati, le pratiche di divorzio e di aborto sono state rese più semplici ed elastiche e la religione è stata abolita dai programmi scolastici. Nonostante l'opposizione della chiesa e dei partiti conservatori, queste riforme hanno riscosso un enorme successo in gran parte della popolazione. Al contrario, la decisione del governo di riaprire le indagini sui crimini commessi durante la guerra civile e la dittatura franchista e la tendenza a concedere maggiore autonomia alle regioni spagnole più turbolente hanno sollevato grandi controversie. La reazione dell'opposizione è stata così feroce che molti spagnoli temono che il paese non sia mai stato così diviso da decenni.

Libri da leggere

Penisola pentagonale (Mario Praz; EDT, Torino 1992)
Verso Santiago. Itinerari spagnoli (Cees Nooteboom; Feltrinelli, Milano 2001)
All'ombra del melograno (Tariq Ali; B.C.Dalai editore, Milano 2009)
Duende. Viaggio alla ricerca del flamenco (Jason Webster; Neri Pozza, Vicenza 2003)
Spagnoli e Spagna (Jordi Bonells; Touring Club Italiano, Milano 2006)

Film da vedere

Benvenuto, Mr. Marshall! (1953)
Prosciutto prosciutto (1992)
Flamenco (1995)
Tutto su mia madre (1999)
Mare dentro (2004)
Volver (2006)
Il destino di un guerriero (2006)

religione
(% della popolazione)

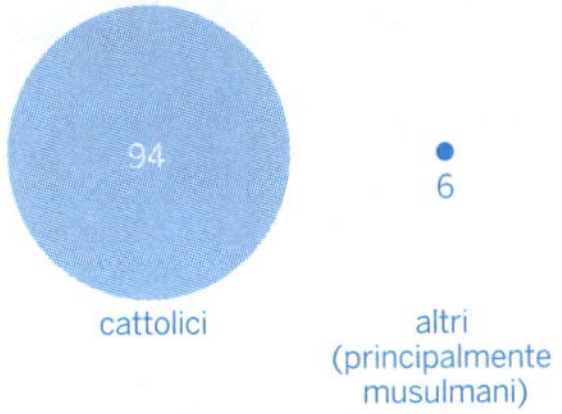

su 100 abitanti in Spagna

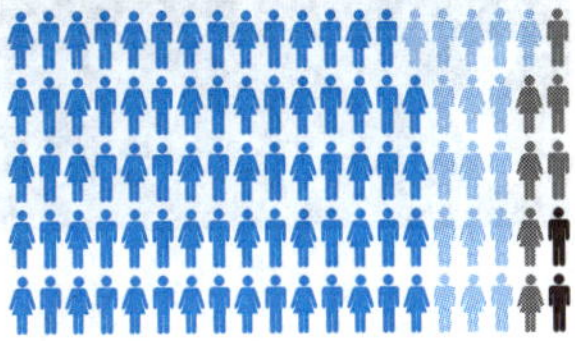

Terrorismo

L'11 marzo del 2004, tre giorni prima delle elezioni politiche, a Madrid esplosero 10 bombe collocate da Al-Qaeda su quattro treni di pendolari causando 191 vittime e 1800 feriti. Molti sostennero che l'attacco andava attribuito al sostegno che la Spagna aveva dato alla guerra in Iraq. È stato l'attacco terroristico più grave di tutta la storia del paese che, nonostante fosse abituato agli atti di violenza dell'Euskadi Ta Askatasuna (ETA; Paese Basco e Libertà, movimento che sia l'Unione Europea sia gli Stati Uniti hanno dichiarato terrorista), rimase profondamente scosso.

Anche se negli ultimi anni sta attraversando una fase di declino, l'ETA continua a essere una presenza sinistra. Il 30 dicembre del 2006 due persone persero la vita in occasione dell'attentato all'aeroporto Barajas di Madrid (episodio che ruppe il cessate il fuoco dichiarato dell'ETA) e durante la campagna elettorale del 2008 un ex consigliere basco venne assassinato. È comunque piuttosto improbabile incontrare uno spagnolo che viva nel terrore dell'ETA o di qualsiasi altra forma di terrorismo, in quanto le possibilità di rimanere coinvolti in un attentato sono le stesse di qualsiasi altro paese occidentale. Detto questo, la maggior parte degli spagnoli – compresi i nazionalisti baschi pacifisti – non vede l'ora che arrivi il giorno in cui l'ETA non rappresenti più una minaccia.

» Punto più elevato della Spagna peninsulare: Mulhacen (3479 m)

» Numero di parchi nazionali: 14

» Lunghezza della costa: 4964 km

» Confine più lungo: 1214 km (Portogallo)

» Confine più corto: 1,2 km (Gibilterra)

I successi sportivi

Gli ultimi anni sono stati difficili per la Spagna, ma grazie ai suoi successi in campo sportivo il paese è comunque riuscito a sorridere. Le vittorie ottenute a Wimbledon nel 2008 e nel 2010 da Rafael Nadal e i successi della nazionale di calcio agli Europei del 2008 e ai Mondiali del 2010 hanno unito il paese – anche se per poco – come non era mai accaduto. E state pur certi che hanno festeggiato...

Il top del flamenco

Una Leyenda Flamenca (El Camarón de la Isla) La grande musica del maestro del flamenco per antonomasia.
Canciones Hondas (Ketama) Flamenco fusion in stile rock.
Lágrimas Negras (Diego El Cigala) Flamenco con sonorità cubane.
Flamenco (Enrique Morente) Il talento creativo del flamenco moderno accompagnato dai migliori chitarristi.
Paco de Lucía Antología (Paco de Lucía) Il lavoro di una vita del grande chitarrista di flamenco.
Flamenco Chill (Chambao) Per un momento di relax.

Conversazioni

Troppi immigrati? Dal 2 al 12% della popolazione negli ultimi 15 anni.
Economia Com'è possibile che tutto sia andato a rotoli in così poco tempo?
I Mondiali di calcio del 2010 Gli spagnoli ne parleranno per generazioni.

Storia

Tra il 15.000 e il 10.000 a. C., presso la Cueva de Altamira e altri siti, i primi spagnoli eseguirono alcuni degli esempi di arte preistorica più significativi al mondo. Dopo il 1000 a.C., i commercianti fenici e greci provenienti dal Mediterraneo orientale si insediarono lungo le coste della Spagna meridionale e orientale. Furono poi scacciati dai cartaginesi, che a loro volta vennero soppiantati dai romani. Roma governò la Penisola Iberica (Spagna e Portogallo) dal 200 a.C. al 400 d.C. circa, garantendo un periodo di stabilità e prosperità. Dopo il crollo dell'Impero Romano, i visigoti, una tribù germanica, assunsero il controllo della penisola fino al 711 d.C., quando i musulmani la invasero dall'Africa del Nord e assunsero rapidamente il controllo. I musulmani (chiamati anche 'mori') furono la potenza dominante per quattro secoli e per altrettanti mantennero una posizione di potere. Inizialmente il centro del potere politico e della vita culturale islamica fu Córdoba (756-1031), cui in seguito subentrarono Siviglia (1040-1248 circa) e Granada (1248-1492). Tra guerre e ribellioni, la Spagna musulmana siviluppò la società più colta dell'Europa medievale.

Profilo della storia di Spagna di Jaime Vicens Vives (Einaudi, Torino 2003) raccoglie una serie di nitidi quadri sui momenti decisivi della storia spagnola (e quindi europea) andando dai primi stanziamenti umani alla crisi del XX secolo.

Dopo i primi accenni nelle Asturie, lungo la costa settentrionale del paese, i regni cristiani di León, Castiglia, Aragona e Portogallo guadagnarono gradualmente terreno negli otto secoli della Reconquista. L'ultimo regno musulmano, Granada, cadde nel 1492 per mano dei Reyes Católicos (Re Cattolici), Isabel (Isabella) di Castilla e Fernando (Ferdinando) di Aragona, il cui matrimonio siglò l'unione dei due stati cristiani più potenti. Quello stesso anno, il navigatore genovese Cristoforo Colombo (Cristóbal Colón in spagnolo) scoprì alcune isole caraibiche nel suo viaggio finanziato dalla corona spagnola, aprendo alla Spagna la conquista di gran parte delle Americhe e vaste fonti di ricchezza. Il XVI secolo vide la Spagna all'apice del suo potere con i re Carlo I e Filippo II, che governarono anche gran parte d'Europa.

I carichi di argento 'affondarono' drasticamente nel XVII secolo, dando inizio a trecento anni di declino durante i quali la Spagna perse

CRONOLOGIA

ca. 1,2 milioni a.C.

I primi uomini insediati in Europa lasciano i loro resti alla Sima del Elefante ad Atapuerca, vicino a Burgos.

ca. 22.000 a.C.

L'uomo di Neanderthal si estingue nella Penisola Iberica, forse a causa dei cambiamenti climatici durante l'ultima Era Glaciale, forse perché cacciato dall'*Homo sapiens* proveniente dall'Africa.

tutti i suoi possedimenti oltremare e subì una brusca battuta d'arresto e una diffusione a macchia d'olio della povertà. Tra la fine del XIX secolo e l'inizio del XX le guerre interne e la crescente disparità tra ricchi e poveri provocarono un inasprimento dei conflitti sociali e una radicalizzazione politica. La Spagna si divise poi nettamente tra sinistra e destra durante la seconda repubblica (1931-6). Questa situazione portò alla guerra civile spagnola (1936-9), nel corso della quale i nazionalisti di destra, guidati dal Generale Francisco Franco, sconfissero i repubblicani di sinistra. Franco governò come dittatore fino alla sua morte, avvenuta nel 1975, dopo di che re Juan Carlos I riuscì a traghettare la Spagna nell'alveo democratico e in tre decenni di regolare crescita economica.

Le popolazioni autoctone

Nel 2007 i paleontologi hanno riportato alla luce ossa e attrezzi di lavoro in pietra alla Sima del Elefante, una grotta carsica nella Sierra de Atapuerca, vicino a Burgos, nel nord del paese, una zona da tempo sottoposta a scavi. Nel datare i reperti i paleoantropologi hanno scoperto una mandibola e otto denti appartenenti a un uomo vissuto tra 1.100.000 e 1.200.000 anni fa – i più antichi resti umani finora ritrovati nell'Europa occidentale. Le ossa mostrano un tipo di ominide appartenente alla specie non meglio identificata dell'*Homo antecessor*, progenitore, si ritiene, dell'uomo di Neanderthal o dell'*Homo heidelbergensis*. I ritrovamenti di Atapuerca non significano però che il primo uomo non africano fosse spagnolo: i reperti umani più antichi (1,7-1,8 milioni di anni) sono stati trovati nel 2007 in Georgia, da dove i paleontologi pensano che questa specie simile all'*Homo erectus* si sia spostata verso ovest, occupando tutta l'Europa occidentale. È ancora da stabilire come questi primi ominidi raggiunsero la Spagna, se direttamente dall'Africa o passando dall'Asia, ma fino a quando non si troveranno reperti umani più antichi, si può affermare con una certa sicurezza che la Spagna sia la culla dell'umanità europea.

Sono molte le grotte e i siti di tutto il paese che hanno svelato squarci della vita degli abitanti primigeni, alcuni dei quali aperti alle visite turistiche. La visitatissima Cueva de Nerja, in Andalusia, era uno dei tanti rifugi sulla Penisola Iberica degli uomini di Crô-Magnon, specie di *Homo sapiens sapiens* che giunsero dall'Africa circa 35.000 anni fa. Le splendide pitture rupestri del Paleolitico (la fase più antica dell'Età della Pietra) nella Spagna settentrionale sono l'eredità più suggestiva che gli uomini preistorici abbiano lasciato al paese. Le opere migliori sono riconducibili alle culture solutreana e magdaleniana che si svilupparono rispettivamente tra il 20.000 e il 15.000 a.C. e il 15.000 e il 10.000 a.C. La grotta di Altamira, con le sue suggestive e sofisticate rappresentazioni di bisonti, cervi, cinghiali e cavalli, è la più bella tra i 18 siti di pitture

Il meglio dei siti preistorici

» Cueva de Altamira, vicino a Santillana del Mar

» Atapuerca, vicino a Burgos

» Cueva de Tito Bustillo, Ribadesella

» Dolmen, Antequera

» Cueva de la Pileta, vicino a Ronda

ca. 15.000-10.000 a.C.

I cacciatori del Paleolitico (la fase più antica dell'Età della Pietra) di cultura magdaleniana eseguono suggestive e sofisticate pitture rupestri raffiguranti animali nelle grotte di Altamira e in altri siti lungo la costa settentrionale della Spagna.

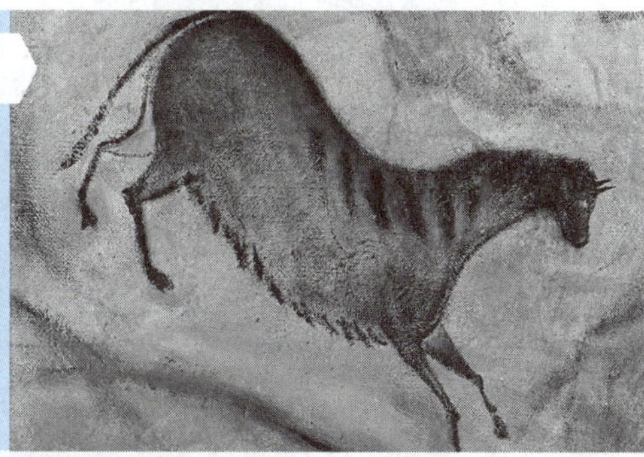

MICHAL BOUBIN/ALAMY

» Cueva de Altamira

rupestri che si susseguono lungo la costa settentrionale della Spagna e che sono stati dichiarati Patrimonio dell'Umanità dall'UNESCO.

Dopo l'ultima era glaciale (8000 a.C. circa) in Spagna giunsero altre popolazioni, probabilmente sempre dall'Africa del Nord, che nel corso dei successivi 5000 anni lasciarono nella Spagna orientale pitture rupestri raffiguranti scene di caccia, danza, combattimenti, vita quotidiana e mitologiche che sono una testimonianza unica della vita durante l'Età della Pietra. Più di 700 siti di pitture rupestri tra l'Aragona e l'Andalusia sono stati dichiarati Patrimonio dell'Umanità.

Il reperto più famoso dell'era di Neanderthal portato alla luce sulla Penisola Iberica è il teschio della 'donna di Gibilterra', rinvenuto nel 1848.

Il Neolitico (la fase più recente dell'Età della Pietra) interessò la Spagna orientale intorno al 6000 a.C., portando con sé numerose innovazioni, quali l'aratro, l'agricoltura, l'allevamento del bestiame, la lavorazione della ceramica, la tessitura e la nascita di insediamenti stabili. Tra il 3000 e il 2000 a.C. nel sito di Los Millares, vicino ad Almería, comparve la prima cultura capace di lavorare i metalli. Nello stesso periodo, lungo il perimetro della Penisola Iberica, comparvero le prime tombe megalitiche (dolmen), costruite con grandi blocchi di pietra. Le più celebri sono quelle di Antequera in Andalusia, tra le più grandi del genere.

L'Età del Bronzo in Spagna iniziò intorno al 1900 a.C., quando gli abitanti di El Argar, nella provincia di Almería, impararono a legare il rame con lo stagno.

I primi mercanti e invasori

Le ricche risorse naturali e le società stabili che abitavano la penisola suscitarono l'attenzione delle più sofisticate civiltà del bacino del Mediterraneo. I nuovi arrivati (tra il 1000 a.C. e il 600 d.C.) introdussero importanti innovazioni in campo tecnologico, sociale e politico, regalando alla Spagna alcuni tra i suoi monumenti più suggestivi e lasciandole segni indelebili che ne hanno forgiato l'identità. I primi ad arrivare furono i mercanti, a cui seguirono gli invasori: gli emergenti stati imperialisti bussarono alle porte della Spagna non solo per le sue ricchezze, ma anche per esercitare un controllo militare sul paese.

Fenici, greci e celti

Verso il 1000 a.C. nell'Andalusia occidentale si sviluppò una fiorente cultura molto avanzata nell'allevamento, nell'agricoltura e nella lavorazione dei metalli. L'evoluzione di questa e di altre società presenti nelle regioni meridionali e orientali della Penisola Iberica fu influenzata da mercanti fenici prima e greci poi, che scambiavano olio, tessuti, gioielli e avorio con i metalli locali. I fenici, un popolo semitico originario della regione del Medio Oriente corrispondente all'attuale Libano, fondarono numerose colonie commerciali, tra cui Almuñécar (che chiamavano Ex

ca. 3000-1900 a.C.

Inizio della lavorazione del metallo: a Los Millares, vicino ad Almería, si estrae e si fonde il rame. Gli abitanti di El Argar imparano a legare il rame con lo stagno: inizia l'Età del Bronzo.

ca. 800-600 a.C.

La mitica cultura di Tartessos, influenzata dai mercanti fenici e greci, fiorisce nell'Andalusia occidentale. I fenici a sud e i celti a nord entrano nell'Età del Ferro.

VI secolo a.C.

Cartagine, ex colonia fenicia nell'Africa del Nord, subentra ai fenici e ai greci come maggiore potenza commerciale del Mediterraneo occidentale.

o Sex), Cadice (Gadir) e Huelva (Onuba). Oggi i musei di queste città conservano diversi manufatti fenici. Nel VII secolo a.C., anche i mercanti greci raggiunsero la Spagna per scambiare gli stessi prodotti dei fenici e, come il loro predecessori, si insediarono lungo le coste del paese, in particolare lungo la costa mediterranea – la colonia più grande era quella di Emporion (Empúries) a L'Escala in Catalogna.

I fenici e i greci entrarono in contatto con il popolo dei tartessi dell'Andalusia occidentale. La cultura tartessica si era sviluppata nell'VIII e nel VII secolo intorno a una località che molto probabilmente corrisponde a Tartessos. Ricordata, secoli dopo, per le sue incommensurabili ricchezze nelle opere degli scrittori greci e romani e nella Bibbia (il che testimonia probabilmente il grado di raffinatezza raggiunto dai tartessi nella lavorazione dell'oro), non è dato di sapere con certezza se fosse una città o uno stato; secondo l'opinione di alcuni studiosi si trattò di un insediamento commerciale fondato sul sito dell'odierna Huelva, mentre secondo altre ipotesi Tartessos si sviluppò in corrispondenza del delta del Guadalquivir.

Cadice fu fondata almeno nel IX secolo a.C. ed è la città più antica dell'intera Penisola Iberica a essere stata abitata in modo continuativo.

CADICE

I fenici e i greci introdussero in Spagna elementi di civiltà quali la scrittura, il conio delle monete, il tornio da vasaio, nonché nuove coltivazioni come l'olivo e la vite (che oggi sono la quintessenza della vita spagnola) e animali da allevamento e da lavoro come la gallina e l'asino. Intorno al 700 a.C. il ferro sostituì il bronzo come metallo più utilizzato nella bassa Valle del Guadalquivir, nell'Andalusia occidentale.

Pressoché nello stesso periodo in cui i fenici introdussero la lavorazione del ferro nel sud del paese, i celti (originari dell'Europa centrale) la diffusero al nord, quando attraversarono i Pirenei – e non solo il ferro, ma anche le tecniche per fare la birra. Al contrario degli iberi dalla canagione scura – il nome iberi indica genericamente le genti che popolavano la maggior parte della Penisola Iberica durante il millennio che precedette l'arrivo dei romani (218 a.C.) –, i celti erano chiari di pelle e di capelli. Dall'unione di questi due popoli, che interessò l'altopiano della Spagna centrale *(meseta),* ebbero origine i celtiberi, a cui si deve la costruzione di città fortificate di notevoli dimensioni chiamate *castros* e arroccate sulle colline.

I cartaginesi

A partire dal VI secolo a.C. circa, fenici e greci furono scacciati dal Mediterraneo occidentale da Cartagine, un'ex colonia fenicia fondata sul finire del IX secolo sulle coste dell'odierna Tunisia. Dopo aver rafforzato le proprie posizioni in Africa, i cartaginesi si concentrarono sulla Sicilia, che per secoli avrebbe opposto una strenua resistenza alla sua penetrazione, e sulla Spagna, dove fondarono una fiorente colonia (Ibiza).

218 a.C.

Le legioni romane arrivano in Spagna durante la seconda guerra punica contro Cartagine; inizia l'occupazione romana della Penisola Iberica che durerà 600 anni, ma ci vorranno due secoli per avere la meglio sulla resistenza locale.

I-III secolo d.C.

Durante la *pax romana*, periodo di stabilità e prosperità, la Penisola Iberica viene divisa in tre province: Baetica (capitale: Córdoba); Lusitania (Mérida) e Tarraconensis (Tarragona).

53 d.C.

Il futuro imperatore romano Traiano nasce a Itálica in una famiglia benestante. Il suo regno comincerà nel 98 e vedrà la massima espansione dell'impero romano.

I cartaginesi inevitabilmente entrarono in conflitto con l'altra grande potenza in ascesa nel Mediterraneo, Roma. La prima guerra punica (264-241 a.C.) venne dichiarata in aperta violazione a un trattato in base al quale i romani si erano impegnati a non intervenire nelle questioni siciliane e i cartaginesi a chiamarsi fuori da quelle italiane. Dopo la grande vittoria romana nelle acque di Milazzo (260), la guerra si protrasse per quasi vent'anni in territorio siciliano, estenuando la popolazione locale. Nel 241, sconfitti alle Isole Egadi, i cartaginesi accettarono le condizioni di pace offerte dai romani, che ottennero il controllo della Sicilia.

Lo Spanish History Index (vlib.iue.it/hist-spain) fornisce innumerevoli link per approfondire le proprie conoscenze sulla storia spagnola.

La sconfitta non piegò la fierezza dei cartaginesi, che sotto la guida di Amilcare Barca intrapresero a partire dal 237 una decisa politica di espansione in Spagna. Nel 226 venne sottoscritto il trattato dell'Ebro, che delimitò le zone di influenza delle due potenze: a Cartagine le regioni a sud dell'Ebro, a Roma quelle a nord.

Molto a sud dell'Ebro si trovava Sagunto, città indipendente e amica di Roma. Nel 219 Annibale, figlio di Amilcare Barca, la cinse d'assedio, provocando la reazione dei romani. In questo modo ebbe inizio la seconda guerra punica, durante la quale (218-201 a.C.) Annibale valicò le Alpi diretto verso Roma, mentre in Spagna i romani riscattarono le sconfitte subite in Italia vincendo i cartaginesi nella battaglia di Illipa (oggi Alcalá del Río, vicino a Siviglia) nel 206, garantendosi in tal modo il controllo sulla Penisola Iberica. La prima città romana in Spagna, Itálica, venne fondata nei pressi del campo di battaglia. Nel 204 a.C il teatro della guerra si spostò in Africa, e due anni più tardi Publio Cornelio Scipione colse l'affermazione decisiva a Zama.

I romani

Dopo la sconfitta inflitta ai cartaginesi nel 206 a.C., i romani divisero la Penisola Iberica in due province, Hispania Citerior e Hispania Ulterior. Le tribù locali, tuttavia, non si assoggettarono ai nuovi padroni e Roma dovette impiegare le legioni più agguerrite e i migliori generali per aver ragione dei ribelli. I popoli più bellicosi furono i lusitani e i celtiberi, maestri della guerriglia. I romani reagirono con grande durezza, macchiandosi anche di rappresaglie e massacri ai danni della popolazione inerme. Particolarmente tenace fu la resistenza dei lusitani di Viriato, sconfitto soltanto grazie al tradimento dei suoi, e della città di Numanzia, che venne distrutta nel 133 a.C. da Scipione Emiliano. La Spagna non trovò la pace nemmeno dopo la sconfitta dei ribelli: alla presa di Numanzia seguirono infatti le guerre civili del I secolo a.C., terminate con la battaglia di Munda, dove le forze di Pompeo vennero annientate da quelle di Cesare.

La penisola venne pacificata durante il principato di Augusto, soprattutto per merito di Agrippa. Nel 50 d.C. la maggior parte della

IV-VII secolo d.C.

Le tribù germaniche invadono la Penisola Iberica, mettendo fine alla *pax romana*. I visigoti assumono il controllo per 200 anni, un periodo di relativa stabilità in cui sopravvive la cultura ispano-romana.

711

I musulmani invadono l'Iberia dall'Africa del Nord e in pochi anni ne assumono il controllo. Per quattro secoli circa saranno la potenza dominante e per altrettanti manterranno una posizione di potere.

718

Pelayo, nobiluomo cristiano, fonda il regno delle Asturie nel nord del paese. Con la sua vittoria contro le forze musulmane nella battaglia di Covadonga del 722 incomincia la Reconquista.

penisola, in particolare il sud, aveva ormai adottato la cultura e le usanze romane. In questo periodo di prosperità e stabilità, ricordato come *pax romana*, l'Hispania sviluppò i propri insediamenti urbani e venne dotata di una elaborata struttura amministrativa. Nel I secolo a.C. i romani suddivisero la penisola in tre province: la Baetica (comprendente gran parte dell'Andalusia, l'Estremadura meridionale e la Castiglia-La Mancia sud-occidentale), con capitale Corduba (Córdoba), la Lusitania (costituita da Portogallo ed Estremadura settentrionale), con capitale Augusta Emerita (Mérida), la più grande città romana della penisola, e infine la Tarraconensis (che comprendeva il resto della penisola), con capitale Tarraco (Tarragona).

I romani realizzarono nella penisola una rete stradale, acquedotti, templi, teatri, anfiteatri, circhi e terme, stabilirono le basi del sistema giuridico e linguistico (tutte le lingue parlate nella Penisola Iberica derivano dal latino) e portarono con sé la religione cristiana. I romani furono inoltre i primi a sfruttare le fitte foreste che all'epoca coprivano metà della *meseta* per tagliare legname per usi civili e militari. Sempre durante l'epoca romana, inoltre, arrivarono in Spagna gli ebrei, che tanto avrebbero contato per la storia spagnola nei secoli seguenti. L'Hispania raggiunse una prosperità notevole (produsse oro, argento, frumento, vino), e diede i natali a generali, imperatori (Traiano, Adriano, Teodosio) e uomini di cultura (Seneca, Marziale, Quintiliano e Lucano). Un importante prodotto esportato dalla penisola era il *garum,* una salsa piccante a base di pesce utilizzata come condimento.

La *pax romana* conobbe i primi cedimenti in seguito alle invasioni germaniche della fine del III secolo d.C., allorché i franchi e gli alemanni, dopo aver attraversato i Pirenei, misero a ferro e fuoco la penisola. Quando, un secolo dopo, gli unni provenienti dall'Asia invasero l'Europa orientale, altre tribù germaniche si spostarono verso ovest, tra cui gli svevi e i vandali, che giunsero nella Penisola Iberica intorno al 410.

Il meglio dei siti romani

- » Mérida
- » Segovia
- » Itálica
- » Tarragona
- » Baelo Claudia, Bolonia
- » Lugo

I visigoti

Dopo le incursioni di franchi, alemanni, vandali, svevi e alani, nel 415 nella penisola irruppero i visigoti, che cinque anni prima avevano inferto un duro colpo alle istituzioni imperiali arrivando a saccheggiare Roma. Nel giro di pochi anni, tuttavia, divennero alleati dei romani, ossia *foederati*, ottenendo come contropartita l'assegnazione di terre nella Gallia (Francia) meridionale, e lottarono al fianco dell'impero contro i vandali e gli alani che avevano invaso la Penisola Iberica. Quando, nel VI secolo, i visigoti furono cacciati dalla Gallia dai franchi, si stabilirono nella Penisola Iberica, facendo di Toledo la loro capitale.

La supremazia dei circa 200.000 visigoti che si insediarono nella penisola fu piuttosto precaria e indebolita da discordie tra le diverse

756

Abd ar-Rahman I si insedia a Córdoba come emiro di Al-Andalus (il territorio musulmano della penisola) dando il via a circa tre secoli di supremazia di Córdoba.

801

Barcellona è conquistata dalle truppe franche e diventa una zona cuscinetto tra le regioni cristiane a nord e quelle islamiche a sud.

929

Abd ar-Rahman III ottiene il titolo di califfo segnando la nascita del califfato di Córdoba, durante il quale Al-Andalus raggiunge il suo momento di massimo splendore e Córdoba, con quasi 500.000 abitanti, diventa la città più grande e acculturata d'Europa.

forze di potere e da tradizioni culturali meno raffinate di quella degli ispano-romani, i cui nobili continuavano a controllare il sistema fiscale e i cui vescovi erano le figure di maggior prestigio nei centri urbani.

I legami tra la monarchia visigota e gli ispano-romani si rafforzarono nel 589, quando re Reccaredo si convertì dal cristianesimo ariano, che negava l'identità tra Cristo e Dio, al credo niceno sostenuto dalla Chiesa di Roma. Culturalmente, i visigoti tendevano ad appropriarsi degli usi e costumi romani e il loro lascito in terra spagnola si limita a nomi usati ancor oggi, come Roderigo e Ferdinando, e a poche chiese nel nord del paese. Una, a Baños de Cerrato, vicino a Palencia, risale al 661 ed è probabilmente la più antica chiesa esistente in Spagna.

La Spagna musulmana

Intorno al 700, la diffusione di carestie ed epidemie a Toledo, l'inasprirsi delle lotte all'interno dell'aristocrazia e l'anarchia che regnava in tutta la penisola determinarono il declino del regno dei visigoti, aprendo la strada all'invasione musulmana del 711.

L'EREDITÀ MUSULMANA

Il dominio musulmano non preparò solo per la Spagna un destino molto diverso dal resto dell'Europa, ma lasciò una traccia indelebile nel paese, nonostante l'islam sia stato praticamente estirpato dal XVI secolo fino alla fine del XX, quando ricominciò a diffondersi grazie all'ondata di immigrati provenienti dal Nord Africa. Protagonisti dell'eredità musulmana sono soprattutto i grandi monumenti architettonici come l'Alhambra di Granada e la Mezquita di Córdoba, ma ci sono migliaia di altri edifici piccoli e grandi di origine islamica (incluse molte chiese costruite su quelle che un tempo erano moschee). La caratteristica topografica di molte città e molti paesi spagnoli (strade strette e intricate), soprattutto nella parte meridionale del paese, si deve agli arabi, che apportarono anche notevoli migliorie alle tradizioni agricole degli ispano-romani introducendo nuove tecniche di irrigazione e nuove colture, molte delle quali esistono ancora oggi. Diversi termini spagnoli sono di origine araba, compresi quelli relativi alle colture importate da loro, come *naranja* (arancia), *azúcar* (zucchero) e *arroz* (riso). Lo stesso flamenco, che assunse la sua forma moderna grazie ai rom in epoca post-islamica, ha evidenti radici moresche. In breve tempo, dopo la loro conquista, i musulmani iniziarono ad amalgamarsi in modo sempre più omogeneo con le popolazioni locali, arricchendo di un nuovo ingrediente l'eterogeneo patrimonio genetico spagnolo, al punto che molti spagnoli di oggi discendono da musulmani di epoca medievale. A livello culturale, fu attraverso Al-Andalus che gran parte del sapere dell'Antica Grecia e di Roma (acquisito dagli arabi nel Mediterraneo orientale) fu trasmesso all'Europa cristiana, dove avrebbe profondamente influenzato il Rinascimento.

1031

In seguito a una devastante guerra civile, il califfato di Córdoba finisce per dividersi in decine di *taifas* (piccoli regni), i più potenti dei quali sono quelli di Siviglia, Granada, Toledo e Saragozza.

OLIVER STREWE

» Alcázar, Siviglia

1035

La Castiglia, una contea del regno cristiano settentrionale di León (successore del regno delle Asturie), diventa un regno indipendente e sarà il principale centro propulsore della Reconquista.

Dopo la morte del profeta Maometto, nel 632, gli arabi avevano assoggettato tutto il Medio Oriente e l'Africa settentrionale, diffondendo in queste regioni la religione islamica. Tra il 710 e il 711 si spinsero sul suolo spagnolo: secondo la leggenda, il loro intervento sarebbe stato invocato dal governatore di Ceuta, Julián, per vendicare l'affronto subito dalla figlia, sedotta e oltraggiata dal re dei visigoti, Roderico (Rodrigo). La verità storica sembra ben diversa: gli arabi poterono dilagare nella Spagna meridionale grazie ai disordini che infuriarono durante gli ultimi anni della monarchia visigotica.

Nel 711 Tariq ibn Ziyad, governatore musulmano di Tangeri, sbarcò a Gibilterra con circa 10.000 uomini, per lo più berberi. L'esercito di Roderico subì una pesante sconfitta, probabilmente vicino al Río Guadalete o al Río Barbate, nella provincia andalusa di Cadice; presumibilmente il re sconfitto annegò durante la ritirata.

Nell'arco di pochi anni gli arabi conquistarono l'intera Penisola Iberica, fatta eccezione per alcune piccole zone montuose delle Asturie, a nord. Proseguirono la loro avanzata anche oltre i Pirenei, ma nel 732 vennero fermati dai franchi di Carlo Martello presso Poitiers.

Gli arabi (detti anche mori) furono la potenza dominante di Al-Andalus (come venne chiamato il territorio che controllavano) per quasi quattro secoli, mantenendo anche nei successivi 170 anni una posizione di prestigio, che si indebolì solo negli ultimi 250 anni della loro permanenza in Spagna.

Le frontiere di Al-Andalus mutavano costantemente a causa dei continui conflitti con i cristiani, che per otto secoli cercarono di recuperare le terre perdute, dando vita alla cosiddetta Reconquista. A metà dell'XI secolo il confine correva nella parte settentrionale della penisola, più o meno dalla zona immediatamente a sud di Barcellona al Portogallo settentrionale, includendo i Pirenei centrali. I piccoli stati cristiani che si svilupparono a nord del confine, fragili e incapaci di raggiungere quell'accordo politico indispensabile per affrontare con qualche speranza di successo i mori, non costituirono sulle prime una seria minaccia per Al-Andalus.

Anche i musulmani, del resto, erano alle prese con seri conflitti interni, e in alcune circostanze, per ragioni di interesse locale, vennero addirittura strette temporanee alleanze trasversali tra cristiani e musulmani: la ragion di stato, in quelle occasioni, fu più forte delle differenze di religione.

Inizialmente il centro del potere politico e della vita culturale di Al-Andalus fu Córdoba (756-1031), cui in seguito subentrarono Siviglia (1040-1248 circa) e Granada (1248-1492). In queste città i musulmani eressero splendidi palazzi, moschee, giardini, università, terme e trafficati *zocos* (mercati).

Moorish Spain di Richard Fletcher è una breve ma eccellente storia di Al-Andalus (il territorio della penisola controllato dai musulmani). In italiano potete documentarvi su questo periodo storico leggendo *Storia della "Spagna musulmana" e dei suoi abitanti* di Manuela Marin (Jaca Book, Milano 2001).

1085

La Castiglia conquista la città musulmana di Toledo nella Spagna centrale indebolita dai conflitti interni tra i piccoli regni islamici (*taifas*).

1091

Gli Almoravidi, una dinastia musulmana nordafricana, invadono la Penisola Iberica, unificando Al-Andalus, esercitando il potere da Marrakech e bloccando l'espansione cristiana. Il regno almoravide crolla nel 1140 circa: Al-Andalus si divide in *taifas*.

1137

Il matrimonio tra Raimondo Berengario IV di Catalogna e Petronilla, erede al trono dell'Aragona, dà vita a un nuovo e potente blocco cristiano nel nord-est del paese, il Regno di Aragona, che ha come centro del suo potere politico Barcellona.

Pur mantenendo aperte le ostilità contro i regni cristiani del nord, i sovrani di Al-Andalus diedero prova di sostanziale tolleranza verso gli ebrei e i cristiani (*mozárabes* o mozarabi) che risiedevano nel loro regno. Gli ebrei attraversarono un periodo di prosperità, mentre ai cristiani fu imposto il pagamento di uno speciale tributo, per eludere il quale in molti (i cosiddetti *muladíes* o muwallad, che significa 'rinnegati') si convertirono all'islam oppure si trasferirono nei territori settentrionali cristiani.

L'emirato e il califfato di Córdoba

In un primo tempo Al-Andalus faceva parte del califfato degli Omayyadi di Damasco, che dominava il mondo arabo. Nel 750 tale dinastia fu spodestata dal gruppo rivale degli Abbasidi, e il califfato venne trasferito nella città di Baghdad. Tuttavia nel 756, un omayyade, Abd ar-Rahman I, riuscì a insediarsi a Córdoba e a farsi riconoscere il titolo di emiro e organizzò Al-Andalus come stato indipendente, sottraendola all'influenza del califfo di Baghdad. Al-Andalus riuscì a mantenere l'unità sotto il dominio di Córdoba per un lungo periodo.

Nel 929 Abd ar-Rahman III ottenne il titolo di califfo, evento che segnò la nascita del califfato di Córdoba (929-1031), durante il quale Al-Andalus raggiunse il suo momento di massimo splendore. La corte di Abd ar-Rahman III era frequentata da studiosi ebrei, arabi e cristiani e Córdoba a quell'epoca era la città più grande e prospera dell'Europa occidentale: vi fiorirono scienze come l'astronomia, la medicina, la matematica e la botanica, e vi venne fondata una grande biblioteca musulmana.

Il meglio dei monumenti moreschi

- » Alhambra, Granada
- » Mezquita, Córdoba
- » Albayzín, Granada
- » Alcázar, Siviglia
- » Giralda, Siviglia
- » Aljafería, Saragozza
- » Alcazaba, Málaga

Negli anni seguenti il generale Al-Mansour (o Almanzor) seminò il terrore nella Spagna settentrionale cristiana compiendo una cinquantina di incursioni in 20 anni e giungendo nel 997 a distruggere la cattedrale di Santiago de Compostela, nella Spagna nord-occidentale; infine ordinò agli schiavi cristiani di trasferirne le porte e le campane a Córdoba, dove furono aggiunte alla grande moschea. Tuttavia, dopo la morte di Al-Mansour il califfato fu dilaniato da una devastante guerra civile, e nel 1031 finì per dividersi in decine di *taifas* (piccoli regni), i più potenti dei quali erano Siviglia, Granada, Toledo e Saragozza.

Almoravidi e Almohadi

Al-Andalus ritrovò la sua unità politica con l'invasione almoravide del 1091. Il sostegno degli Almoravidi, una dinastia di berberi sahariani paladina dell'ortodossia musulmana che aveva conquistato il Marocco, fu invocato dalle autorità di Siviglia, una delle *taifas* più potenti, in difesa della crescente minaccia rappresentata dai cristiani del nord. Nel 1086 sconfissero il re castigliano Alfonso VI a Zallaqa, ma finirono

1160-1173

Gli Almohadi, anch'essi musulmani provenienti dell'Africa del Nord, conquistano Al-Andalus. Stabiliscono a Siviglia la capitale del loro regno e promuovono le arti e la cultura.

1195

Gli Almohadi infliggono una pesante sconfitta ad Alfonso VIII di Castiglia durante la battaglia di Alarcos, vicino a Ciudad Real – l'ultima grande sconfitta dei cristiani durante la Reconquista.

1212

Le truppe congiunte delle forze dei regni cristiani del nord sconfiggono l'esercito almohade a Las Navas de Tolosa in Andalusia. La bilancia comincia a pendere a favore dei cristiani.

per assoggettare anche Al-Andalus, esercitando il potere da Marrakech. Nel 1147 gli Almohadi, anch'essi di origine berbera, invasero la penisola dopo aver rovesciato gli Almoravidi in Marocco. Sia gli Almoravidi sia gli Almohadi inflissero pesanti sconfitte agli eserciti cristiani.

Nel corso di entrambe le dominazioni, i cristiani furono costretti a rifugiarsi a nord per sfuggire alle persecuzioni religiose. Con il passare del tempo, tuttavia, gli Almohadi stabilirono a Siviglia la capitale del loro regno e si dedicarono alla promozione delle arti e della cultura. A questo periodo risalgono le opere di Averroè (1126-98), un filosofo di Córdoba a cui si devono i commenti ai testi di Aristotele, nei quali cercò di conciliare la scienza con la fede, e che influenzarono profondamente il pensiero dell'Europa cristiana durante il Medioevo.

L'ultima roccaforte: Granada

Il declino del dominio degli Almohadi fu causato dalle lotte all'interno della dinastia e dall'avanzata cristiana. Dopo che Siviglia fu caduta in mano ai cristiani, nel 1248, il territorio musulmano nella Penisola Iberica si ridusse al solo emirato di Granada, costituito da circa metà dell'attuale territorio andaluso e governato dalla dinastia nasride, che esercitava il potere dal sontuoso palazzo dell'Alhambra. A Granada ebbe luogo l'ultima fioritura culturale della Spagna musulmana, in particolare nel corso del XIV secolo, sotto il regno di Yusuf I e Mohammed V, sovrani che diedero un grande contributo all'ampliamento dell'Alhambra.

La Reconquista

La riconquista cristiana della Penisola Iberica ebbe inizio intorno al 722 a Covadonga, nelle Asturie, e terminò con la caduta di Granada, nel 1492. Fu un lunghissimo processo dall'andamento discontinuo dovuto soprattutto al fatto che i regni cristiani, oltre a dover affrontare i musulmani, spesso e volentieri si facevano guerra tra di loro. Tuttavia, man mano che i regni cristiani (Asturie, León, Navarra, Castiglia e Aragona a nord e Portogallo a sud-ovest) si rafforzavano, i musulmani venivano lentamente respinti. Alla fine i cristiani riuscirono nel loro intento di trasformare l'intera Penisola Iberica in una roccaforte del cattolicesimo romano, ruolo che detiene tuttora. Oggi la Spagna è costellata di testimonianze del periodo della Reconquista, in particolare migliaia di pittoreschi castelli e chiese.

Un elemento fondamentale della Reconquista fu il culto di Santiago, ossia l'apostolo san Giacomo. Nell'813 fu scoperta in Galizia la presunta tomba del santo, e proprio in quel sito venne fondata la città di Santiago de Compostela, destinata a diventare la terza meta di pellegrinaggio cristiana in ordine di importanza dopo Roma e Gerusalemme. Secondo le cronache dell'epoca, il santo apparve ai generali prima delle più

I castelli spagnoli sul web

» Castelli di Spagna (www.castillosnet.org)

» Castelli di Spagna (www.castlesofspain.co.uk)

» Castelli in Spagna (http://spainforvisitors.com/archive/features/castlesinspain.htm)

1218

Alfonso IX, re di León, fonda l'Università di Salamanca: la più antica istituzione universitaria del paese è ancora adesso la più prestigiosa.

1229-1238

Re Giacomo I d'Aragona sottrae le Isole Baleari e Valencia ai musulmani. Inizia così un'epoca d'oro per la Catalogna, potenza dominante nel Mediterraneo occidentale.

1248

Conquistata Córdoba 12 anni prima, Ferdinando III di Castiglia conquista Siviglia dopo due anni di assedio. L'emirato nasride di Granada rimane l'unico stato islamico sopravvissuto della penisola.

importanti incursioni contro i musulmani e divenne l'ispiratore e il protettore dei soldati impegnati nella Reconquista, tanto che gli fu attribuito il nome di Matamoros ('uccisore dei mori'). Oggi san Giacomo è il patrono della Spagna.

L'ascesa della Castiglia

Secondo la versione cristiana della storia, il primo re a sollevarsi contro la dominazione araba fu Pelayo, che alla testa di un piccolo contingente avrebbe inflitto una pesante sconfitta a un numeroso esercito musulmano a Covadonga, nella catena montuosa dei Picos de Europa, nelle Asturie, dove i nobili visigoti si erano rifugiati dopo la conquista musulmana. I racconti arabi narravano di questo evento come di una scaramuccia di poco conto. Comunque siano andate realmente le cose, nel 757 i cristiani occupavano appena un quarto della penisola.

Il regno delle Asturie trasferì la propria capitale verso sud, a León, città che si pose alla guida della Reconquista finché i cristiani, nel X secolo, furono costretti dal condottiero Al-Mansour ad arretrare. La Castiglia, in origine un piccolo principato che occupava la zona orientale del regno di León, divenne la forza trainante della Reconquista quando avventurieri molto determinati fondarono alcune città nella desolata regione del bacino del Duero, motivati dalla concessione di terre e di altri *fueros* (diritti e privilegi).

Fu nel 1085, in seguito alla conquista di Toledo per mano di Alfonso VI di Castiglia, che le autorità di Siviglia chiesero l'intervento degli Almoravidi.

Il sovrano Alfonso I di Aragona, il cui regno occupava i versanti meridionali dei Pirenei, reagì alla presenza almoravide guidando un contrattacco che nel 1118 gli permise di conquistare Saragozza. Dopo la sua morte, nel 1137, il matrimonio tra Raimondo Berengario IV, conte di Barcellona, e Petronilla, erede al trono di Navarra, concretizzò l'unione tra Aragona e Catalogna in una confederazione evolutasi nel Regno di Aragona. Anche il Portogallo, nel XII secolo, si affermò come regno cristiano indipendente.

Nel 1195 i castigliani subirono una pesante sconfitta per mano degli Almohadi presso Alarcos, a sud di Toledo, ma nel 1212 gli eserciti cristiani di Castiglia, Aragona e Navarra sbaragliarono una grande armata almohade a Las Navas de Tolosa, in Andalusia. Questa disfatta segnò l'inizio della fine per Al-Andalus: il regno di León conquistò le principali città dell'Estremadura nel 1229 e nel 1230, il regno di Aragona espugnò Valencia tra il 1230 e il 1240, Ferdinando III El Santo di Castiglia occupò Córdoba nel 1236 e Siviglia nel 1248, e il Portogallo espulse i musulmani nel 1249. L'unico stato musulmano rimasto nella penisola era così l'emirato di Granada.

Atmosfera medievale

» Sos del Rey Católico, Aragona

» Albarracín, Aragona

» Santiago de Compostela

» Morella, Valencia

» La Taha, Las Alpujarras

» Santo Domingo de la Calzada, La Rioja

» Ávila

1366-1369

In Castiglia scoppia la guerra civile quando Pedro (soprannominato 'il Giusto' dai suoi difensori e 'il Crudele' dai suoi nemici) sfida il fratellastro Enrique per la conquista del trono. Enrique uccide Pedro e diventa re.

1469

Isabella, l'erede diciottenne della Castiglia, sposa Ferdinando, erede di Aragona e più giovane di un anno: con il matrimonio vengono unificati i due stati cristiani più potenti di Spagna.

1478

Isabella e Ferdinando, i Reyes Católicos, esasperano il rispetto delle leggi religiose e istituiscono l'Inquisizione spagnola: da questo momento fino alla sua abolizione (1834) saranno migliaia le sue vittime.

La stasi

Il figlio di Ferdinando III, Alfonso X El Sabio (il Saggio; regno: 1252-84), dichiarò il castigliano lingua ufficiale del suo regno e convocò alla corte di Toledo studiosi di ogni religione, in particolare ebrei, che conoscessero l'arabo e il latino. Il regno di Alfonso X, tuttavia, fu travagliato da rivolte e complotti, orditi anche all'interno della stessa famiglia reale.

Fino al XV secolo l'aristocrazia castigliana sfidò più volte l'autorità della Corona, e si diffuse una crescente intolleranza verso gli ebrei e

I RE CATTOLICI

Poche personalità storiche esercitarono sulla storia del loro paese un impatto determinante come i Reyes Católicos (Re Cattolici) di Spagna, Isabel (Isabella) di Castiglia e Fernando (Ferdinando) d'Aragona. Di fatto la Spagna deve la sua esistenza in primis al loro matrimonio (1469), che determinò l'unione dei due regni cristiani più potenti di tutta la Penisola Iberica; alla loro conquista di Granada (1492); e all'annessione della Navarra (1512).

Isabella, donna pia, onesta, virtuosa e molto determinata, e Ferdinando, astuto stratega politico, formavano una squadra imbattibile. Sicuramente non diedero prova di tolleranza religiosa e razziale (per la Spagna era l'ottavo secolo consecutivo di guerre intestine), furono però un esempio di uguaglianza tra i sessi all'interno del matrimonio, fedeli al loro motto *Tanto monta, monta tanto, Isabel como Fernando* (un'espressione che significa approssimativamente: 'Isabella e Ferdinando sono alla pari'). Nonostante le intenzioni della famiglia, che la voleva sposa di un sovrano europeo, Isabella convolò a nozze, semiclandestine, con Ferdinando a Valladolid – la prima volta in cui la coppia si incontrò. I due erano cugini di secondo grado; lei aveva 18 anni e lui 17. Isabella salì sul trono di Castiglia nel 1474, mentre Ferdinando si insediò su quello di Aragona nel 1479. Quando Isabella morì nel 1504, la coppia aveva:

- istituito l'Inquisizione spagnola (1478)
- portato a termine la Reconquista assoggettando Granada (1492)
- espulso tutti gli ebrei (1492) e i musulmani (1500) che avevano rifiutato di convertirsi al cristianesimo
- concesso a Cristoforo Colombo i fondi per realizzare il suo viaggio verso le Americhe (1492), aprendo le porte del vasto impero d'oltremare della Spagna
- diminuito il potere della nobiltà castigliana ribelle.

Oggi Isabella e Ferdinando riposano vicino alla figlia Giovanna (la Pazza) e al di lei marito Filippo (il Bello) nella splendida chiesa gotica che avevano commissionato come loro mausoleo, la Capilla Real di Granada.

gennaio 1492

Isabella e Ferdinando espugnano Granada, la Reconquista è finita. Boabdil, l'ultimo sovrano musulmano, viene rimproverato dalla madre per aver pianto 'come una donna per quello che non è riuscito a difendere come un uomo'.

aprile 1492

Isabella e Ferdinando espellono 200.000 ebrei che hanno rifiutato di convertirsi. Molti di loro fonderanno comunità di sefarditi in tutto il Mediterraneo, mentre la Spagna rimpiangerà la perdita delle loro capacità affaristiche.

ottobre 1492

Cristoforo Colombo, finanziato da Isabella e Ferdinando, sbarca alle Bahamas, aprendo le Americhe alla colonizzazione spagnola. Il commercio marittimo spagnolo viene trasferito dai porti del Mediterraneo a quelli dell'Atlantico.

i genovesi, che controllavano i commerci e le finanze della Castiglia, mentre gli interessi economici dei castigliani erano rivolti unicamente alla produzione della lana, attività altamente remunerativa. Nell'ultimo decennio del XIV secolo i sentimenti antisemiti sfociarono in pogrom che si diffusero in tutta la penisola.

A cavallo tra il XIV e il XV secolo i due principali regni cristiani della Spagna furono coinvolti da importanti cambiamenti dinastici: nel 1369 salì al trono di Castiglia Enrico II, della dinastia dei Trastamara, mentre nel 1412 divenne re d'Aragona Ferdinando d'Antequera. Nel 1474, alla morte di Enrico IV di Castiglia, scoppiò una guerra civile tra i sostenitori della sorella del re defunto, Isabella I, moglie di Ferdinando, erede al trono d'Aragona, e quelli di Giovanna la Beltraneja. Nel 1479 Isabella poté salire al trono di Castiglia, mentre Ferdinando si insediò su quello d'Aragona: si realizzò così l'unione tra i due regni fino a quel momento divisi, il governo congiunto dei cosiddetti Re Cattolici (Reyes Católicos).

La caduta di Granada

Dopo il rifiuto opposto nel 1476 dall'emiro di Granada Abu al-Hasan di versare nuovi tributi al regno di Castiglia, nel 1482 Isabella di Castiglia e Ferdinando II d'Aragona aprirono l'ultima fase della Reconquista, ponendosi a capo di un esercito finanziato in gran parte dai prestiti dei banchieri ebraici e dalla Chiesa cattolica. All'epoca il regno di Granada era lacerato da faide interne, che degenerarono in una guerra civile, e la situazione risultò di tutto vantaggio per i cristiani. I sovrani entrarono a Granada il 2 gennaio 1492 dopo un lungo assedio, inaugurando una delle svolte politiche più decisive della storia spagnola.

I termini della resa imposti all'ultimo emiro di Granada, Boabdil, furono abbastanza generosi: gli vennero assegnate, a titolo personale, le valli delle Alpujarras, a sud di Granada, e gli fu versato un indennizzo pari a 30.000 monete d'oro; i vincitori si impegnarono a rispettare la religione, la cultura e le proprietà dei sudditi dell'emirato. Queste concessioni erano però destinate a essere revocate pochi anni più tardi.

Siti ebraici medievali

» *Judería* (quartiere ebraico), Toledo

» Il Call, Girona

» Ribadavia, Galicia

» *Judería*, Córdoba

» Hervás, Estremadura

La persecuzione dei musulmani e degli ebrei

Nel 1478 i Re Cattolici istituirono il tribunale dell'Inquisizione per contrastare chiunque praticasse il cristianesimo in forme diverse da quelle previste dalla Chiesa. I sovrani avevano a cuore, oltre alle questioni confessionali, anche l'unità nazionale, e vedevano nella coesione religiosa uno strumento per rafforzarla. L'Inquisizione fu responsabile di circa 12.000 condanne a morte in 300 anni, 2000 delle quali eseguite tra il 1480 e il 1490. I primi a essere perseguitati furono i *conversos* (ebrei convertiti al cristianesimo), accusati spesso di praticare in segreto riti ebraici.

OLIVER STREWE

» Tomba di Colombo, Cattedrale di Siviglia

1494

Il trattato di Tordesillas (vicino a Valladolid) divide le terre da poco scoperte al di fuori dell'Europa tra Portogallo e Spagna, dando a quest'ultima il controllo di vasti territori nelle Americhe.

Nell'aprile del 1492, su consiglio del grande inquisitore Tomás de Torquemada, Isabella di Castiglia e Ferdinando II d'Aragona ordinarono l'espulsione dai loro territori di tutti gli ebrei che rifiutavano il battesimo cristiano. Circa 100.000 persone scelsero di convertirsi, ma 200.000 (i primi sefarditi) lasciarono la Spagna per trasferirsi in altri paesi del Mediterraneo. La monarchia, le cui finanze erano state prosciugate dalla campagna contro Granada, acquisì tutte le proprietà degli ebrei rimaste invendute, ma privò il paese della sua classe commerciale e imprenditoriale più dinamica.

Il cardinale Cisneros, confessore di Isabella di Castiglia e giudice straordinario dell'Inquisizione, tentò di sradicare anche la cultura musulmana. Ordinò che nell'ex emirato di Granada si celebrassero battesimi forzati di massa, si bruciassero i libri islamici e venisse bandita la lingua araba. Queste misure, unitamente alla confisca delle terre appartenenti agli arabi, provocarono nel 1500 una rivolta a seguito della quale gli abitanti di fede musulmana dell'Andalusia furono costretti a scegliere tra la conversione al cristianesimo e l'espulsione dal paese. La maggior parte di essi (circa 300.000) accettò di farsi battezzare e rimase in Spagna: si trattava dei cosiddetti *moriscos* (musulmani convertiti); questa conversione, tuttavia, fu soltanto formale e non implicò una vera accettazione della religione cattolica. I *moriscos* furono poi espulsi dalla Spagna tra il 1609 e il 1614.

La Spagna e le Americhe

La conquista di Granada coincise con la scoperta di un nuovo mondo di opportunità per la Spagna cristiana. Il viaggio di Cristoforo Colombo, che permise al navigatore di scoprire l'America, avvenne proprio lo stesso anno in cui cadde Granada, e garantì un continente tutto nuovo dove l'aspetto militaristico e crociato della società spagnola poteva continuare ad agire. Aprì anche vaste fonti di ricchezze alla Corona spagnola, alla nobiltà e agli avventurieri. La grande maggioranza della popolazione ne trasse invece ben pochi benefici e il divario sociale tra ricchi e poveri si fece ancora più evidente.

Il sogno dei Re Cattolici di una alleanza tra Spagna e Inghilterra si infranse quando la figlia più giovane, Catalina, o Caterina di Aragona, divorziò da Enrico VIII.

Alla conquista di un nuovo mondo

Nell'aprile del 1492 i Re Cattolici concessero a Cristóbal Colón (così era chiamato in Spagna) i fondi per realizzare un progetto che il navigatore genovese aveva ideato da lungo tempo: un viaggio nell'Atlantico in cerca di una nuova rotta commerciale per l'Oriente.

Il 3 agosto 1492 Colombo salpò dal porto di Palos de la Frontera, nell'Andalusia, con tre caravelle e un equipaggio di 120 uomini. Dopo un tentativo di ammutinamento da parte dei marinai, disperati perché i giorni passavano ma non si avvistava nessuna terra, approdarono

1500

La persecuzione dei musulmani nell'ex emirato di Granada provoca una rivolta a seguito della quale gli abitanti di fede musulmana vengono costretti a scegliere tra la conversione al cristianesimo e l'espulsione dal paese. Circa 300.000 musulmani accettano di farsi battezzare.

1512

Ferdinando, re reggente dopo la morte di Isabella (1504), annette la Navarra. Per la prima volta dall'epoca dei romani la Spagna è interamente unificata sotto un'unica corona.

1517-56

Durante il regno di Carlo I, primo monarca asburgico di Spagna, il paese diventa parte di un impero enorme in Europa e in Sud e Centro America. Dal IX secolo nessun altro sovrano aveva regnato su un dominio europeo così ampio.

finalmente sull'isola di Guanahaní, nelle Bahamas, poi proseguirono la loro navigazione e giunsero a Cuba e Hispaniola. Dopo otto mesi di viaggio Colombo fece ritorno a Barcellona, dove fu accolto dai sovrani come un eroe. Colombo in seguito compì altri tre viaggi esplorativi, nel corso dei quali fondò la città di Santo Domingo a Hispaniola, scoprì la Giamaica, Trinidad e altre isole dei Caraibi e raggiunse la foce dell'Orinoco e la costa dell'America centrale. Morì in povertà a Valladolid nel 1506, convinto fino alla fine di aver raggiunto l'Asia.

Conquistadores abili ma spietati come Hernán Cortés e Francisco Pizarro seguirono le tracce di Colombo, e si impossessarono di ampie zone del continente americano. Brutali, coraggiosi, avidi e crudeli, questi uomini furono i naturali successori dei cavalieri crociati della Reconquista. Entro il 1600 la Spagna controllava la Florida, le tre maggiori isole caraibiche, quasi tutto l'odierno Messico e quasi tutta l'America Centrale, nonché vaste zone del Sud America. Dalle nuove colonie giunsero in Spagna navi cariche di argento, oro e altre ricchezze; un quinto di tali beni (*quinto real*) andava di diritto alla Corona. Siviglia, alla quale spettava il monopolio dei traffici commerciali, divenne così una delle città più ricche d'Europa.

Echi di America

» Trujillo, Estremadura

» Lugares Colombinos, vicino a Huelva

» Casa-Museo de Colón, Valladolid

» Tomba di Colombo, Cattedrale di Siviglia

» Tordesillas, vicino a Valladolid

» Palacio de Sobrellano, Comillas

Intrecci in Europa

Ferdinando II di Aragona e Isabella di Castiglia cercarono di garantire alla Spagna un ruolo di primo piano in Europa istituendo legami di parentela, grazie ai matrimoni dei loro quattro figli, con le famiglie reali di Portogallo, Borgogna e Inghilterra (il legame con l'Inghilterra si deteriorò quando la figlia più giovane, Caterina di Aragona, fu ripudiata da Enrico VIII). Alla morte di Isabella nel 1504, il trono di Castiglia passò alla principessa Juana (Giovanna), a causa della morte prematura di altri due figli. Il marito di Giovanna, Felipe El Hermoso (Filippo il Bello), a sua volta era l'erede al trono dei Paesi Bassi e dei domini della dinastia degli Asburgo in Europa centrale. Tuttavia, poiché Giovanna, soprannominata la Loca (la Pazza), fu ritenuta inadatta a regnare, dopo la scomparsa di Filippo, di poco successiva a quella di Isabella, Ferdinando assunse la reggenza di Castiglia fino alla sua morte (1516). Nel 1512, con l'annessione della Navarra, per la prima volta dall'epoca dei visigoti la Spagna fu interamente unificata sotto un'unica corona.

Nel 1517 il diciassettenne Carlos (Carlo) I, figlio di Giovanna la Pazza e di Filippo il Bello, giunse dalle Fiandre per prendere possesso dei territori spagnoli che gli spettavano per diritto ereditario. Nel 1519 il sovrano ereditò anche le terre degli Asburgo in Austria e fu eletto imperatore del Sacro Romano Impero con il nome di Carlo V, assumendo il controllo di un regno che comprendeva la Spagna, i Paesi Bassi, l'Austria, alcuni possedimenti italiani (Napoli, Sicilia e Sardegna), parte della Francia

1520-1521

Carlo I sconfigge le città ribelli della Castiglia nella Guerra de las Comunidades (Guerra delle comunità), siglando definitivamente il dominio degli Asburgo in Spagna.

1521

Hernán Cortés, originario di Medellín, nell'Estremadura, conquista in nome della corona spagnola l'impero azteco (gli attuali Messico e Guatemala) con un manipolo di conquistadores.

1533

Francisco Pizarro, originario di Trujillo, nell'Estremadura, conquista in nome della corona spagnola l'impero inca nell'America del Sud con un manipolo di conquistadores.

e della Germania (dal IX secolo nessun altro sovrano aveva regnato su un dominio europeo così vasto), e infine le colonie spagnole nei Caraibi e a Panama. A questi immensi possedimenti si sarebbero aggiunte, in seguito, altre zone dell'Europa centrale e vasti territori nelle Americhe.

Carlo V trascorse in Spagna solo 16 dei suoi 40 anni di regno. Incline a orientare la propria politica a vantaggio dei Paesi Bassi più che della Spagna, l'imperatore si inimicò l'aristocrazia iberica. Le città della Castiglia si ribellarono tra il 1520 e il 1521 (Guerra de las Comunidades, o guerra delle province), ma furono sconfitte. Col tempo gli spagnoli iniziarono ad apprezzare il sovrano, se non altro per la sua strenua lotta contro il protestantesimo emergente e i suoi sforzi per imparare la lingua castigliana.

Carlo V spese la maggior parte delle ricchezze provenienti dalle Americhe in un'infinita serie di guerre con altri stati europei e, ormai stanco di combattere, abdicò al trono e si ritirò nel Monasterio de Yuste in Estremadura poco prima della sua morte, avvenuta nel 1556, non prima di aver provveduto a regolare la successione tra il figlio Felipe II (Filippo II; regno: 1556-98) e il fratello Fernando (Ferdinando). Filippo ottenne i possedimenti più estesi, che comprendevano la Spagna, i Paesi Bassi e le colonie americane.

Filippo II

Il regno di Filippo II (1556-98), figlio di Carlo V, coincise con il culmine della potenza spagnola, seguito dalle prime tracce della decadenza. Si è scritto molto a proposito di questo sovrano, il cui lunghissimo regno riassume quasi un'intera epoca della storia europea. Gli storici protestanti videro in lui un despota, un oscurantista e un persecutore, quelli cattolici invece esaltarono l'alta consapevolezza della sua missione e la sua forte moralità. Come quasi sempre accade, entrambe le posizioni esprimono qualche elemento di verità. Di carattere cupo e incline alla malinconia, Filippo era solito ponderare ogni decisione con una cautela che gli fece guadagnare l'epiteto di 'Re prudente'. Questi scrupoli, tuttavia, si tramutavano spesso in eccessiva lentezza, motivata soprattutto dal timore di sbagliare. Molto esperto di questioni burocratiche e amministrative, Filippo era restio a delegare poteri e responsabilità: questa tendenza, che da un lato attesta un forte senso del dovere da parte del sovrano, finiva però per rallentare il funzionamento dell'apparato statale.

Sotto Filippo la Spagna rimase un punto di riferimento della politica europea e, assumendo l'assetto di stato confessionale cattolico fortemente accentrato (simbolo di questa visione politica fu il trasferimento della capitale a Madrid, una piccola cittadina che aveva il solo pregio di trovarsi pressoché al centro della Spagna), associò i propri interessi al moto della Controriforma. L'impero d'oltremare venne ulteriormente in-

1556-1598

Il regno di Filippo II è l'apice della potenza spagnola. I territori delle Americhe si espandono fino a coprire parte degli attuali USA; le ricchezze importate vengono impiegate in grandiosi progetti architettonici.

1561

Il re sceglie Madrid come capitale dell'impero. L'aristocrazia si affretta a costruire palazzi, ma l'impressione dominante è di una città squallida.

1571

La flotta della Lega Santa, comandata dal fratellastro di Filippo II, Don Giovanni d'Austria, e con navi da guerra spagnole e veneziane, sconfigge la flotta ottomana a Lepanto, mettendo fine all'espansione turca in Europa.

grandito (nel 1600 comprendeva anche la Florida, tutte le più grandi isole caraibiche, quasi tutto l'odierno Messico e vaste zone del Sud America), ma paradossalmente fu proprio la quasi illimitata disponibilità d'oro e di altre ricchezze a minare l'economia spagnola, che fu incapace di far fronte alla spaventosa inflazione provocata dall'afflusso ininterrotto di metalli preziosi. La politica estera di Filippo II, poi, fu disastrosa: nei Paesi Bassi si scatenò una rivolta che le autorità imperiali non riuscirono a domare, e nel 1588 la flotta spagnola venne sbaragliata da quella inglese. Anche Filippo morì in un monastero, l'immenso complesso di San Lorenzo de El Escorial, che fece costruire lui stesso e che funge da sobrio monumento del suo regno.

Il lungo declino

La risposta inefficace della Spagna alle fortune che le derivarono dalla conquista dell'America Latina ebbe disastrose ripercussioni nei secoli XVII, XVIII e XIX. Una serie di monarchi deboli fece perdere alla Spagna la maggior parte dei suoi possedimenti stranieri, innescò una crisi economica, scatenò una serie di guerre interne e trasformò il paese in una sorta di palude stagnante indifferente ai progressi in campo industriale e democratico, e ai processi di unificazione nazionale e di espansione coloniale che caratterizzavano il resto dell'Europa occidentale. Tutto questo portò a un inasprimento del malcontento sociale e a una polarizzazione della politica che sarebbero culminati nella guerra civile spagnola degli anni '30 del Novecento.

La sventura degli Asburgo

La Spagna del XVII secolo era una sorta di enorme laboratorio artigianale, dove opere architettoniche, scultoree, pittoriche e la lavorazione dei metalli assorbivano circa il 5% delle entrate nazionali. Quest'epoca fu immortalata da pittori quali Velázquez, El Greco, Zurbarán e Murillo, e da scrittori del calibro di Miguel de Cervantes (autore di *El ingenioso hidalgo Don Quijote de la Mancha*) e dal prolifico drammaturgo Lope de Vega; fu inoltre segnata dalla presenza dei mistici Santa Teresa d'Ávila e San Juan de la Cruz (san Giovanni della Croce). Ma se questa fu un'epoca d'oro per le arti, un trio di monarchi asburgici deboli e rivolti al passato, una Chiesa conservatrice e un'aristocrazia imbelle portarono a una stagnazione dell'economia, che determinò una penuria di generi alimentari.

Dopo il regno di Filippo II, sul trono di Spagna si succedettero tre sovrani incapaci di arrestare il declino del paese. Filippo III (regno: 1598-621) lasciò il governo nelle mani dell'avido duca di Lerma; Filippo IV (regno: 1621-65) – la cui famiglia è stata immortalata nel celebre ritratto di Velázquez *Las meninas* – si dedicò principalmente alle sue relazioni amorose delegando gli affari di stato al conte-duca di Olivares,

1580

La Spagna impone il governo sul Portogallo, devastato da lotte interne per la successione. Giovanni, Duca di Braganza, riconquisterà l'indipendenza del Portogallo nel 1640 e si farà incoronare re come Giovanni IV.

1588

L'Invincibile Armada di Filippo II cerca di raggiungere le coste inglesi per invaderle. Gli attacchi della Marina Inglese e il cattivo tempo distruggono quasi metà della flotta, costretta a ritirarsi.

ca. 1600-1660

È l'età dell'oro per la Spagna: in letteratura con Cervantes e in pittura con Velázquez, Zurbarán e El Greco, raggiunge nuove vette di eccellenza artistica, mentre l'impero è in declino.

il quale tentò un ambizioso rilancio della politica spagnola, per ritirarsi, sconfitto, nel 1643. La Spagna perse il Portogallo e dovette affrontare alcune insurrezioni scoppiate in Sicilia, a Napoli e in Catalogna. Ad aggravare la situazione già compromessa, le spedizioni di argento dalle Americhe diminuirono drasticamente e Carlo II (regno:1665-1700), noto come El Hechizado (Lo Stregato), morì senza figli, lasciando un vuoto dinastico da cui avrebbe avuto origine la Guerra di successione spagnola.

Gli illuminati Borboni

Alla morte di Carlo II, nel 1700, la Spagna si ritrovò priva di un erede. Sul trono si insediò nel 1701 Filippo d'Angiò, nipote del re francese Luigi XIV e di Maria Teresa, figlia di Filippo IV. Filippo d'Angiò, che era secondo nella linea di successione alla Corona francese, poté salire al trono di Spagna (con il nome di Filippo V) con la clausola che le due monarchie, quella spagnola e quella francese, restassero separate. Il Re Sole si fece garante di questo accordo, ma le potenze europee non credettero alle sue buone intenzioni. Ostile a Filippo era soprattutto l'imperatore d'Austria Leopoldo I, che avrebbe voluto porre sul trono di Spagna il proprio figlio cadetto, l'arciduca Carlo d'Asburgo. Al fianco dell'Austria si schierarono l'Inghilterra, le Province Unite dei Paesi Bassi, la Prussia, il Portogallo, la Svezia e il ducato di Savoia. Questi contrasti portarono alla Guerra di successione spagnola (1702-13), che modificò l'equilibrio dei poteri in Europa. Gli accordi di pace che seguirono lasciarono la Spagna a Filippo V, sempre nel rispetto della separazione tra Francia e Spagna, ma privarono la Corona spagnola dei Paesi Bassi, che passarono all'Austria, e di Gibilterra e Minorca cedute agli inglesi. Filippo V diede inizio alla dinastia borbonica, tuttora al potere.

Dal punto di vista culturale, la diffusione delle idee razionaliste sorte con l'Illuminismo fu ostacolata in Spagna dalla potente influenza della Chiesa e dell'Inquisizione; quanto alla situazione economica, essa risultava piuttosto critica, poiché due terzi delle terre possedute dall'aristocrazia e dalla Chiesa non producevano raccolti sufficienti, e una parte consistente della popolazione maschile non lavorava.

Sotto il regno di Ferdinando VI (1746-59) l'economia diede segnali di ripresa, soprattutto grazie alla rivitalizzazione dell'economia della Catalogna e all'attività dei cantieri navali baschi. Tuttavia, la mancata applicazione della riforma agraria impedì a regioni agricole come la Castiglia e l'Andalusia di incrementare la produzione e di tenere il passo dello sviluppo con il resto della Spagna.

Carlo III (regno: 1759-88) fu un despota illuminato: ordinò l'espulsione dei gesuiti ostili alle sue riforme, trasformò il volto di Madrid, fece costruire una nuova rete stradale che si irradiava verso le province e tentò di favorire lo sviluppo dell'agricoltura, ma dovette affrontare una serie

Gioielli borbonici

» Palacio Real, Madrid

» Palacio Real, Aranjuez

» La Granja de San Ildefonso, vicino a Segovia

1609-1614

I *moriscos* (musulmani convertiti) sono infine espulsi dalla Spagna, minando le basi di un'economia già vacillante.

1676

La Morte Nera colpisce per la terza volta la Spagna in un secolo con conseguenze peggiori a causa della carestia. Più di 1.250.000 spagnoli muoiono di peste e fame durante il XVII secolo.

1701

Filippo V è il primo re della dinastia borbonica e sale sul trono dopo la morte di Carlo II quando la Spagna si ritrova priva di un erede asburgico. Il fatto che Filippo sia secondo nella linea di successione al trono di Francia viene visto con apprensione in tutta Europa.

di tumulti popolari causati dalle carestie. In questo periodo la Spagna stipulò un'alleanza con la Francia in funzione anti-inglese, il che implicò il coinvolgimento del paese nella Guerra dei Sette Anni e in quella per l'indipendenza degli Stati Uniti d'America.

La guerra d'indipendenza spagnola

Per tutta la durata del proprio regno, Carlo IV (regno: 1788-1808) fu influenzato dalla moglie Maria Luisa di Parma, che appoggiò la nomina a primo ministro di un'ex guardia reale, Manuel Godoy, con cui aveva avuto una relazione. Questo personaggio, tuttavia, non sarebbe riuscito a gestire con la dovuta perizia i frangenti delicatissimi che si stavano profilando.

COSTRUIRE, COSTRUIRE, COSTRUIRE

La storia è ricca di strani paralleli. Le casse colme di oro e argento provenienti dalle Americhe, sbarcate in Spagna nel XVI e nel XVII secolo, non vennero utilizzate come tesoro con cui costruire una prosperità duratura. Invece di investire nelle prime industrie e nello sviluppo del commercio, la Spagna dilapidò le sue fortune in costose e infruttuose guerre europee e costruendo centinaia di opulenti palazzi, residenze, cattedrali e monasteri (molti dei quali figurano ancora oggi tra i monumenti più belli del paese). Si è spesso scherzato sul fatto che la Spagna avesse scoperto la formula magica dell'alchimia al contrario, cioè come trasformare l'argento in pietra. I suoi nobili erano poco inclini a sporcarsi le mani con attività prosaiche come l'industria, il commercio o l'agricoltura. Il paese si è così visto sprofondare in tre secoli di declino economico.

Il secondo periodo di abbondanza arrivò molto tempo dopo, più precisamente alla fine del XX secolo, quando la Spagna, dopo esserne diventata membro nel 1986, beneficiò dei fondi concessi dall'Unione Europea, grazie ai quali visse due boom economici. Il secondo boom durò un intero decennio, fino alla crisi finanziaria internazionale del 2008. Quale fu il settore a prosperare maggiormente? Ma ovviamente l'edilizia. Infinite file di gru si susseguivano lungo le coste e nei dintorni delle città, grandi o piccole che fossero, mentre società immobiliari e investitori sperperavano miliardi e miliardi di euro per realizzare nuovi complessi residenziali e uffici, in base al principio che un pezzo di terra vale di più se costruito, poco importa se non ci sono fruitori. Tra il 1997 e il 2008, sul mercato arrivarono quattro milioni di nuove case, ma, nonostante la vasta offerta, i prezzi degli immobili spagnoli raddoppiarono. Circa un quinto dei nuovi posti di lavoro creati durante questo boom erano nel settore dell'edilizia, quindi la recessione economica si fece sentire in modo particolare nel 2008 con il crollo dell'industria del mattone. Secondo recenti stime 1,5 milioni di case costruite recentemente sarebbe ancora disabitato. Un altro caso di argento trasformato in pietra, o piuttosto in cemento?

1702-13
Comincia la Guerra di successione spagnola; le potenze europee appoggiano Carlo d'Austria. Alla fine Filippo V rimane sul trono di Spagna, ma perde Gibilterra e i Paesi Bassi.

1761
La Spagna entra nella Guerra dei Sette Anni (1756-63), dove combatte con i francesi contro la Gran Bretagna e i suoi alleati. La vittoria di questi ultimi costringe la Spagna a cedere la Florida agli inglesi.

1793
La Spagna dichiara guerra alla Francia dopo che Luigi XVI viene ghigliottinato, ma pochi anni dopo il paese si allea con la Francia nella sua lotta contro i britannici.

Quando nel 1793 Luigi XVI di Francia (cugino di Carlo IV) venne ghigliottinato, la Spagna dichiarò guerra alla Francia. Due anni dopo, quando in Francia era terminato il periodo del Terrore, Godoy stipulò un trattato di pace con la Francia, impegnandosi a sostenerla militarmente contro l'Inghilterra. Questa decisione si rivelò fallimentare: nel 1805 la forza navale franco-spagnola fu sconfitta dalla flotta britannica guidata da Nelson al largo di Cabo de Trafalgar (a sud di Cadice), decretando per sempre la fine della potenza navale spagnola.

Nel 1807 Napoleone Bonaparte e Godoy si accordarono per spartirsi il Portogallo, alleato dell'Inghilterra. Le forze francesi entrarono in Spagna, ufficialmente per raggiungere il Portogallo. Tuttavia, nel 1808, anche in seguito a contrasti scoppiati tra il re di Spagna e il figlio Ferdinando, le truppe napoleoniche deposero i Borboni e misero sul trono spagnolo Giuseppe Bonaparte, fratello di Napoleone.

A Madrid e nel resto del paese il popolo si sollevò compatto contro l'invasore. Nel 1812 le Cortes (Parlamento) si riunirono a Cadice per redigere una nuova Costituzione di tendenza liberale, che includeva diversi principi sul modello americano e francese. I francesi vennero definitivamente cacciati dalla penisola dopo essere stati sconfitti nel 1813 a Vitoria. All'affermazione contro gli invasori francesi fece però da contraltare l'insurrezione scoppiata nel vicereame del Río de la Plata (1810), che aprì di fatto il processo di disgregazione dell'impero spagnolo d'oltremare.

Echi delle guerre napoleoniche

» Cabo de Trafalgar, Los Caños de Meca

» Cimitero di Trafalgar, Gibilterra

» Museo de las Cortes de Cádiz, Cadice

» Xardín de San Carlos, La Coruña

Le diverse pretese al trono

Nell'Ottocento, una Spagna incredibilmente isolata e rivolta al passato partecipò solo in minima parte alle grandi innovazioni che mossero l'economia e la politica nel resto dell'Europa: l'industrializzazione, il processo di democratizzazione delle istituzioni, l'unità nazionale e l'espansione coloniale. In realtà la Spagna si mosse praticamente in senso opposto: perse la maggior parte dei territori d'oltremare e patì una serie di conflitti interni che la indebolirono; inoltre, nonostante le componenti più liberali della sua società avessero fatto qualche debole passo avanti verso la democrazia, la massa della popolazione sprofondò sempre più nella miseria e nello sfruttamento, innescando un malcontento sociale che si fece sempre più profondo.

Ferdinando VII (regno: 1814-33), che si rivelò un sovrano reazionario e poco lungimirante, revocò la Costituzione di Cadice, perseguitò gli oppositori liberali e ripristinò l'Inquisizione. La corruzione del governo, tuttavia, contribuì al brusco calo della sua popolarità. Nel 1820 si verificò una sollevazione in seno all'esercito, e nel 1823 fu necessario l'intervento delle forze della Santa Alleanza per soffocare un moto liberale. L'esitazione di Ferdinando nella nomina del suo successore portò

1805

La flotta ispano-francese viene sconfitta dalla marina britannica al comando di Nelson nella battaglia di Trafalgar, decretando la fine della potenza navale spagnola e l'aumento dello scontento nei confronti delle politiche filofrancesi del re.

1808-1813

La Francia occupa la Spagna. Carlo IV abdica a favore del fratello di Napoelone, Giuseppe I. La guerra peninsulare che ne segue vede le forze britanniche imbracciare le armi al fianco delle truppe spagnole contro la Francia.

DENNIS JOHNSON

» Cimitero di Trafalgar

alla prima guerra carlista (1833-39) in cui si scontrarono i sostenitori del fratello del re, Carlo (Don Carlos), e quelli della sua giovane sorella Isabella. Carlo poteva contare sul supporto della Chiesa, dei conservatori e dei ribelli di Paesi Baschi, Navarra, Catalogna e Aragona (il cosiddetto fronte carlista). La candidatura di Isabella, invece, era appoggiata dai liberali e dall'esercito.

Durante la guerra emerse un violento anticlericalismo. Gli ordini religiosi furono sciolti e nel 1836 fu varato un provvedimento che prevedeva la confisca e la vendita all'asta delle proprietà e delle terre della Chiesa: furono i ceti più ricchi a trarne vantaggio, e l'esercito ne uscì vittorioso.

Nel 1843 la tredicenne Isabella si autoproclamò regina con il nome di Isabella II (regno: 1843-68). In questa fase il paese fece registrare una decisa ripresa economica, resa possibile soprattutto dai capitali esteri che in quegli anni affluirono in Spagna. La rete ferroviaria venne potenziata, l'industria tessile migliorò il proprio rendimento e la nascente borghesia finanziaria e industriale si affermò come forza trainante del paese. Tuttavia, solo pochi privilegiati poterono trarre giovamento da questi cambiamenti. Nonostante questi discreti risultati, il regno di Isabella fu rovesciato nel 1868 dalla cosiddetta Rivoluzione Settembrina, una rivolta maturata in ambienti militari liberali e guidata dal generale Juan Prim. L'anno successivo venne promulgata una nuova Costituzione, di spiccato orientamento liberale, che introdusse il suffragio universale maschile e riconobbe il diritto di ciascun cittadino alla piena libertà religiosa.

Dopo la caduta di Isabella, nel 1870, il trono venne offerto ad Amedeo di Savoia, figlio del re d'Italia. L'aristocrazia spagnola, tuttavia, si mostrò in buona parte ostile a questa soluzione e si divise in due fazioni: la prima appoggiava Alfonso, il figlio adolescente di Isabella II, mentre la seconda era favorevole a Carlo, conte di Montemolín, nipote di Don Carlos. Ebbe così inizio la seconda guerra carlista (1872-76).

Amedeo di Savoia abbandonò ben presto la Spagna e le Cortes, a maggioranza liberale, nel 1873 proclamarono la nascita di una repubblica federale composta da 17 stati. Il primo regime repubblicano spagnolo, tuttavia, si dimostrò incapace di mantenere il controllo sulle diverse regioni, e durò soltanto 11 mesi. Alla fine l'esercito, con il supporto della Chiesa e dei proprietari terrieri, dai ranghi del quale erano stati epurati gli elementi liberali, mise in atto un colpo di stato e pose sul trono Alfonso XII (regno: 1874-85). La costituzione promulgata nel 1876 riconobbe sia la monarchia sia il parlamento, favorendo una serie di pacifici *turnos* (alternanze di governo) del partito conservatore e di quello liberale. Il buon funzionamento dello stato fu compromesso, tuttavia, dalla corruzione imperante nell'apparato amministrativo e dal controllo di alcuni gruppi di notabili sull'elettorato anche dopo la reintroduzione del suffragio universale (1890).

1809-1824

La maggior parte delle colonie spagnole dell'America del Sud conquista l'indipendenza. Nel 1824 solo Cuba, Puerto Rico, Guam e le Filippine sono ancora sotto la corona spagnola.

1814

Ferdinando VII diventa re e revoca la Costituzione di Cadice del 1812 (un tentativo da parte dei liberali spagnoli di introdurre riforme costituzionali) solo alcune settimane dopo averne approvato i principi.

1833-1839

La prima guerra carlista nasce in seguito a contrasti sulla successione al trono tra l'infanta di re Ferdinando VII, Isabella, e suo fratello Carlo. Isabella diventa regina.

Il grande spartiacque

Alfonso XIII (regno: 1902-30) salì al trono in un frangente estremamente delicato della storia spagnola. Appoggiato dai militari, dai grandi proprietari terrieri e dalle potenti gerarchie ecclesiastiche, il sovrano dimostrò una spiccata propensione agli interventi in materia di politica interna: durante il suo regno si alternarono al potere ben 33 governi.

Nel frattempo, la situazione dei ceti sociali più poveri era prossima al collasso. L'industrializzazione aveva portato con sé la prosperità, almeno per alcuni, ma aveva reso indispensabile la costruzione di squallidi quartieri proletari a Madrid, a Barcellona e in alcune città basche che erano divenute meta del massiccio flusso migratorio proveniente dalle zone rurali. Gli abitanti che sceglievano di rimanere nelle campagne erano ancora alle prese con i problemi di sempre, ovvero la scarsa produttività e la concentrazione delle terre nelle mani di pochi possidenti. Molti spagnoli emigrarono in America Latina per cercare fortuna e la classe operaia si avvicinò sempre di più agli ideali marxisti e anarchici.

PRIMA REPUBBLICA

Durante la Prima Repubblica varie città spagnole si sono autoproclamate stati indipendenti e alcune di esse, come Siviglia e la vicina Utrera, giunsero perfino a dichiararsi guerra.

Rivoluzionari e separatisti

Le idee anarchiche di Mikhail Bakunin si diffusero in Spagna negli anni '60 del XIX secolo, riscuotendo nell'arco di breve tempo un notevole consenso, soprattutto nelle comunità rurali dell'Andalusia, dell'Aragona, della Catalogna e del nord-ovest, e nei quartieri popolari di Barcellona e di altre grandi città. Le organizzazioni anarchiche misero in atto nel corso degli anni diversi sanguinosi attentati. Tra il 1890 e il 1910 un ordigno distrusse il teatro dell'opera di Barcellona, il Liceu, due primi ministri furono assassinati e nel maggio 1906 una bomba lanciata in occasione del matrimonio di Alfonso XIII provocò la morte di 24 persone. Nel 1910 i sindacati anarchici si organizzarono nella potente Confederación Nacional del Trabajo (CNT; Confederazione Nazionale del Lavoro).

Il socialismo, che prevedeva una strategia meno radicale basata su cambiamenti graduali e azioni parlamentari, prese piede molto più lentamente rispetto alle ideologie anarchici. L'Unión General de Trabajadores (UGT; Unione Generale dei Lavoratori), fondata nel 1888, era caratterizzata da un atteggiamento moderato e disciplinato.

Parallelamente alle ideologie di sinistra si svilupparono le idee separatiste basche e catalane. In Catalogna il movimento separatista fu frutto degli interessi del mondo industriale, mentre il nazionalismo basco nacque in forma organica nell'ultimo decennio del XIX secolo soprattutto in reazione al grande afflusso dei castigliani giunti per lavorare nelle industrie locali, percepito come una minaccia all'identità basca.

1860-1870

Le idee anarchiche raggiungono la Spagna e guadagnano subito un largo seguito. Nel 1868 l'inetta Isabella II viene deposta dai liberali e va in esilio a Parigi.

1872-1876

La seconda guerra carlista, fra tre diverse fazioni monarchiche, porta al trono il figlio di Isabella II, Alfonso XII, dopo la breve e caotica Prima Repubblica del 1873.

1888

Città come Madrid, Bilbao e Barcellona vedono emergere una nuova classe operaia. Nasce la socialista Unión General de Trabajadores (UGT; Unione Generale dei Lavoratori).

Quando nel 1909 un contingente spagnolo fu annientato dai berberi in Marocco (parte del quale era sotto protettorato spagnolo) il governo richiamò le riserve catalane per inviarle a stabilire l'ordine nel paese maghrebino. Questo innescò la cosiddetta Semana Trágica (settimana tragica) di Barcellona, che prese il via con uno sciopero generale, ma assunse ben presto toni di aperta insurrezione a carattere anticlericale, a cui la forza pubblica reagì giustiziando molti lavoratori.

Durante la prima guerra mondiale la Spagna si mantenne neutrale e conobbe una forte crescita economica, soprattutto grazie alla continua richiesta di ferro e munizioni da parte dei paesi belligeranti. A questa felice congiuntura, però, non corrispose un miglioramento nelle condizioni dei lavoratori, il che provocò un naturale inasprimento dei conflitti sociali.

La Spagna prima della guerra civile

» *Un bel mattino d'estate* – Laurie Lee (L'ippocampo, Genova 2005)

» *A sud di Granada* – Gerald Brenan (Neri Pozza, Vicenza 2006)

» *Storia della Spagna (1874-1936). Le origini sociali e politiche della guerra civile* – Gerald Brenan (Einaudi, Torino 1970)

» *Modern Spain, 1875-1980* – Raymond Carr

La prima dittatura

Alfonso XIII (regno: 1902-30) aveva l'abitudine di interferire nelle questioni politiche (il suo regno vide susseguirsi 33 governi diversi) e quando nel 1921 10.000 soldati spagnoli vennero uccisi dai berberi di Abd El-Krim ad Anual, in Marocco, tutti puntarono il dito contro il re, che aveva interferito nella scelta del comandante da porre alla guida della campagna marocchina. Nel 1923, proprio mentre in Parlamento veniva presentata una relazione del massacro, il generale Miguel Primo de Rivera, un eccentrico aristocratico andaluso, guidò un'insurrezione dell'esercito a sostegno del re e istituì un regime nominalmente costituzionale, ma di fatto dittatoriale, con molte analogie con il fascismo italiano.

De Rivera, centralista convinto, censurò gli organi di informazione e si alienò le simpatie degli intellettuali, ma riuscì a ottenere la cooperazione del sindacato socialista UGT. Molti anarchici furono invece costretti a entrare in clandestinità. Va detto che Primo dette un nuovo impulso all'industrializzazione, rese più efficiente la rete ferroviaria e fece costruire dighe e centrali elettriche. Ma nel 1930, quando il crollo di Wall Street del 1929 si ripercosse sull'economia spagnola e le pressioni dell'opposizione si fecero più forti, il re, considerata l'impossibilità di salvare De Rivera, lo destituì e ripristinò l'ordinamento costituzionale (1930).

La seconda repubblica

Il primo banco di prova per la monarchia restaurata furono le elezioni municipali indette per l'aprile del 1931: in tale occasione gli schieramenti filomonarchici subirono una pesante sconfitta da parte dei partiti repubblicani, e Alfonso scelse la via dell'esilio in Italia. La vittoria nelle amministrative fu seguita da un'altrettanto netta affermazione dei repubblicani di sinistra nelle elezioni politiche del giugno successivo:

1898

La Spagna perde Cuba, Puerto Rico, Guam e le Filippine, gli ultimi possedimenti del suo vasto impero oltremare, nella guerra contro gli Stati Uniti che erano a favore dell'indipendenza cubana.

1909

La Semana Trágica di Barcellona ha inizio quando l'esercito chiama i riservisti catalani per combattere in Marocco. Comincia uno sciopero generale, la rivolta si fa più aspra e decine di civili rimangono uccisi.

1910

I sindacati anarchici si organizzano nella potente Confederación Nacional del Trabajo (CNT; Confederazione Nazionale del Lavoro). Le idee anarchiche riscuotono un notevole consenso tra contadini e operai e rimangono in auge fino alla guerra civile.

nacque così la seconda repubblica, affettuosamente ribattezzata dai suoi sostenitori La Niña Bonita ('la bella bambina').

Le elezioni del 1931 portarono all'insediamento di un governo costituito da socialisti, repubblicani e 'radicali' (una formazione di orientamento centrista). Il Parlamento, tuttavia, non rispecchiava né dava voce alla reale situazione sociale del paese, dal momento che alle Cortes c'erano pochi deputati vicini al movimento operaio e nessun membro dell'anarchica CNT, i cui sostenitori continuarono a perseguire l'ideale della rivoluzione con scioperi e violenze.

La nuova Costituzione approvata nel dicembre 1931 concesse il voto alle donne, privò il cattolicesimo dello status di religione ufficiale, sciolse l'ordine dei gesuiti, sospese il pagamento di salari statali agli ecclesiastici e impedì loro l'insegnamento, legalizzò il divorzio e concesse alla Catalogna, nota per le sue spinte autonomiste, un proprio Parlamento.

Tuttavia, le agitazioni di matrice anarchica, la crisi economica, il crescente malcontento degli industriali, la concessione del diritto di voto alle donne e la mancanza di unità a sinistra contribuirono alla vittoria della destra nelle elezioni del 1933. Un nuovo partito cattolico, la Confederación Española de Derechas Autónomas (CEDA; Confederazione Spagnola delle Destre Autonome), ottenne la maggioranza dei seggi. La coalizione di destra comprendeva anche un'altra nuova forza politica, la Falange fascista, guidata da José Antonio Primo de Rivera, figlio del dittatore degli anni '20, che praticava in modo manifesto la violenza.

Il film premio Oscar *Belle époque* (1992) racconta la storia di un disertore dell'esercito spagnolo che trova l'amore nella Spagna rurale degli anni '30. Il film è in realtà girato in Portogallo.

Nel 1934 i disordini erano ormai fuori controllo. La UGT socialista indisse uno sciopero generale, il presidente della Catalogna proclamò l'indipendenza della regione (nell'ambito di una fantomatica repubblica federale spagnola) e i comitati dei lavoratori presero possesso della regione mineraria delle Asturie, nel nord del paese, dopo aver attaccato le postazioni di esercito e polizia. Una violenta campagna della Legione straniera spagnola (istituita negli anni '20 per combattere le tribù marocchine) contro i lavoratori delle Asturie, guidata dai generali Francisco Franco e José Millán Astray, divise nettamente il paese tra sinistra e destra.

Le elezioni del febbraio 1936 videro una risicata vittoria del Fronte Popolare, una coalizione di sinistra in cui i comunisti avevano un ruolo di spicco, sulle forze di destra riunite nel Fronte Nazionale. La violenza continuò su entrambi i fronti. I gruppi estremisti intensificarono la loro attività e i contadini erano sull'orlo della rivoluzione. La situazione precipitò il 17 luglio 1936, quando scoppiò una sollevazione militare guidata dai generali Francisco Franco ed Emilio Mola, di stanza in Marocco. In breve i golpisti si assicurarono il controllo dell'Andalusia, dando inizio alla guerra civile.

1914-1918

La Spagna si dichiara neutrale durante la prima guerra mondiale e vive un periodo di boom economico, quando passa da un'economia prevalentemente agricola a una industriale.

1923-1930

Il generale Miguel Primo de Rivera guida un colpo di stato a favore di re Alfonso XIII per poi dichiararsi dittatore. Costretto a ritirarsi, muore nel 1930.

1931

Alfonso XIII viene mandato in esilio dopo che i repubblicani gli infliggono una pesante sconfitta alla elezioni municipali. Nasce la seconda repubblica spagnola. I partiti di sinistra vincono le elezioni politiche. La nuova costituzione garantisce il voto alle donne.

La guerra civile

Alcuni storici sostengono che la guerra civile spagnola non sarebbe mai scoppiata senza la Grande Depressione: Miguel Primo de Rivera sarebbe in qualche modo riuscito a tenere in piedi la situazione. Altri invece vedono la guerra civile come una conseguenza a lungo termine dell'incapità della Spagna nel corso dei secoli di modernizzarsi e distribuire le sue ricchezze anche al di fuori della classe dirigente. La maggior parte comunque concorda sul fatto che data l'estrema polarizzazione della società e della politica all'inizio del XX secolo, la Spagna non poteva risolvere i suoi problemi senza un conflitto di vaste proporzioni.

La guerra civile fu contraddistinta da un feroce odio tra i belligeranti (che divise comunità, famiglie e amici) e dalla crudeltà di entrambe le parti, che si macchiarono di atroci massacri e rappresaglie, e impiegarono squadroni della morte per eliminare i membri delle organizzazioni avversarie. I ribelli, che si definivano nazionalisti perché affermavano di lottare per la Spagna, fucilarono o impiccarono decine di migliaia di repubblicani, che riservarono la stessa sorte ai simpatizzanti di Franco, uccidendo circa 7000 persone tra sacerdoti, monaci, suore. La fede politica divenne spesso un comodo pretesto per dare sfogo ad antichi rancori. Secondo stime ragionevoli, la guerra costò la vita a circa 350.000 spagnoli, ma alcuni scrittori parlano addirittura di 500.000.

Gran parte dei militari e molti membri della Guardia Civil si schierarono dalla parte dei nazionalisti, la cui campagna assunse ben presto i toni di una crociata contro i nemici di Dio. Nelle zone repubblicane gli anarchici, i comunisti e i socialisti assunsero il controllo di molte città e paesi. Il risultato fu lo scoppio di una rivoluzione sociale.

Libri sulla guerra civile spagnola

» *Per chi suona la campana* – Ernest Hemingway (Mondadori, Milano 1998)

» *Omaggio alla Catalogna* – George Orwell (Mondadori, Milano 2002)

» *L'arte di uccidere. Come si combatté la guerra civile spagnola. Una storia militare* – Jorge M. Reverte (Mondadori, Milano 2010)

» *Storia della guerra civile spagnola* – Hugh Thomas (BUR Rizzoli, Milano 2000)

L'avanzata dei nazionalisti

La situazione militare dell'insurrezione era già perfettamente delineata una settimana dopo la rivolta delle truppe di stanza in Marocco. Quasi tutte le città con guarnigioni militari caddero immediatamente nelle mani dei nazionalisti, ovvero tutta l'area a nord di Madrid a eccezione della Catalogna, l'Aragona orientale, la costa basca, la Cantabria e le Asturie, oltre all'Andalusia occidentale e a Granada. In agosto i legionari e i mercenari di Franco furono trasferiti dal Marocco a Siviglia da aerei tedeschi della Luftwaffe, da dove procedettero in direzione nord attraverso l'Estremadura per raggiungere Madrid, annientando la strenua resistenza di alcune città. A Salamanca, in ottobre, Franco riuscì a radunare tutti i nazionalisti sotto la sua bandiera.

Madrid, rafforzata dai primi battaglioni delle Brigate Internazionali (idealisti e avventurieri provenienti anche dall'estero che avevano imbracciato le armi guidati dai comunisti), respinse il primo assalto di Franco a novembre e resistette a due anni di assedio.

1933-1935

La destra vince le elezioni. I disordini politici sono fuori controllo e una violenta campagna militare contro i lavoratori delle Asturie divide nettamente il paese tra sinistra e destra.

1936

Il Fronte del Popolo, una coalizione di sinistra, vince le elezioni. I ribelli 'nazionalisti' di destra guidati dal generale Francisco Franco insorgono. Ha inizio la guerra civile spagnola.

1936-1939

La guerra civile spagnola: i ribelli nazionalisti al comando del generale Franco, supportato dalla Germania nazista e dall'Italia fascista, sconfiggono i repubblicani supportati dall'URSS. Le battaglie e le atrocità commesse da entrambe le parti lasceranno sul terreno 350.000 persone.

L'intervento straniero

I membri delle Brigate Internazionali, che consistevano in migliaia di volontari giunti da tutto il mondo, non superarono mai le 20.000 unità e non riuscirono a contrastare le forze nazionaliste, meglio armate e più organizzate.

I nazionalisti potevano contare sugli aiuti della Germania nazista e dell'Italia fascista che prevedevano aerei, armi e uomini (75.000 italiani, 17.000 tedeschi). I repubblicani poterono contare su aerei, carri armati, artiglierie e consulenti militari inviati dall'Unione Sovietica, ma altri paesi scelsero di non impegnarsi direttamente (anche se circa 25.000 francesi combatterono al fianco dei repubblicani).

Contrasti fra i repubblicani

Con Madrid sotto assedio, alla fine del 1936 il governo repubblicano si trasferì a Valencia, proseguendo nel tentativo di ricomporre i contrasti tra i suoi diversi componenti: anarchici, comunisti, democratici moderati e secessionisti regionali.

Barcellona fu governata per quasi un anno dagli anarchici e da una milizia trotzkista chiamata Partido Obrero de Unificación Marxista (POUM; Partito Operaio di Unificazione Marxista).

Nell'aprile del 1937 alcuni aerei tedeschi bombardarono la città basca di Guernica (Gernika), provocando numerose vittime; questo tragico episodio avrebbe ispirato a Pablo Picasso il celebre quadro *Guernica*, che ben rappresenta l'orrore e la violenza della guerra. In estate cadde tutta la costa settentrionale, il che assicurò ai nazionalisti il controllo dell'industria basca. I repubblicani contrattaccarono efficacemente nei pressi di Madrid, ma furono sconfitti in Aragona.

Nel frattempo, nel maggio del 1937, Barcellona divenne teatro di scontri armati tra comunisti e autonomisti e le divisioni interne alla fazione repubblicana sfociarono in violenti scontri per le strade: i comunisti, sotto l'influsso dell'Unione Sovietica, eliminarono diversi avversari politici, tra cui anarchici e trotzkisti. Nell'autunno di quello stesso anno il governo repubblicano si trasferì a Barcellona.

Film ambientati nella Spagna franchista

» *Il labirinto del fauno* (2006)

» *Lo spirito dell'alveare* (1973)

» *Benvenuto, Mr. Marshall!* (1953)

» *Le tredici rose* (2007)

La vittoria dei nazionalisti

All'inizio del 1938 Franco respinse un'offensiva repubblicana a Teruel, in Aragona, poi si diresse verso est con un esercito di 100.000 soldati, 1000 aerei e 150 carri armati, isolando Barcellona da Valencia. In luglio i repubblicani sferrarono un ultimo attacco nella valle del fiume Ebro, ma il sacrificio di 20.000 uomini non fu sufficiente per ribaltare le sorti della guerra.

L'Unione Sovietica si ritirò dalla guerra nel settembre del 1938 e nel gennaio del 1939 i nazionalisti si impadronirono di Barcellona senza

1937

Aerei tedeschi bombardano la città basca di Guernica, uccidendo 1645 civili. Guernica diventerà in seguito l'oggetto del dipinto più famoso di Pablo Picasso.

BRUCE BI

» Centro de Arte Reina Sofía, Madrid

incontrare resistenza, costringendo il governo repubblicano e centinaia di migliaia di suoi sostenitori a cercare rifugio in Francia.

I repubblicani avevano ancora il controllo di Valencia e Madrid e potevano disporre di 500.000 uomini, ma le note spaccature al loro interno assestarono il colpo di grazia alla repubblica. Il 28 marzo del 1939 i nazionalisti entrarono a Madrid e il 1° aprile Franco dichiarò la fine della guerra civile.

La dittatura di Franco

Una volta ottenuta la vittoria, Francisco Franco mise in atto una terribile vendetta contro i repubblicani: circa 100.000 persone vennero trucidate o morirono in prigione dopo la guerra. Tra le centinaia di migliaia di cittadini che furono incarcerati vi erano numerosi intellettuali e insegnanti; per sottrarsi all'arresto molti fuggirono all'estero, privando la Spagna di un'intera generazione di scienziati, artisti, scrittori, educatori e uomini di cultura.

Per 36 anni il regime franchista limitò le prerogative delle Cortes alla supina approvazione delle decisioni del *caudillo* (capo delle forze armate, titolo che Franco si era attribuito nel gennaio del 1938) e represse severamente le spinte autonomiste. Franco godette dell'appoggio dei vari gruppi di potere del paese (la Chiesa, il Movimiento Nacional – l'unico partito legalizzato – l'esercito, i monarchici e la lobby delle banche); molti ministri del suo gabinetto provenivano dall'esercito, che riceveva generosi finanziamenti. Le scuole superiori furono affidate ai gesuiti, il divorzio tornò a essere illegale e i matrimoni religiosi furono resi obbligatori. Nonostante la corruzione endemica dell'apparato amministrativo, Franco riuscì a ottenere un certo sostegno dalla classe lavoratrice grazie a misure demagogiche come la garanzia dei posti di lavoro e le ferie pagate, ma negò il diritto di sciopero.

GENERALÍSIMO

Franco si soprannominò Generalísimo (Generalissimo) e, in seguito, *caudillo*, l'equivalente spagnolo di Führer.

La seconda guerra mondiale e gli anni della fame

Il secondo conflitto mondiale ebbe inizio pochi mesi dopo la fine della guerra civile. Hitler cercò più volte di trascinare la Spagna nella guerra a fianco delle forze dell'Asse (tale alleanza avrebbe reso possibili operazioni strategicamente fondamentali come la conquista di Gibilterra), ma il *caudillo* temporeggiò e finì per scoraggiare il dittatore tedesco. Nel 1944 esponenti dei gruppi di sinistra spagnoli sferrarono dalla Francia un attacco contro la Spagna franchista, senza però ottenere alcun risultato; piccoli gruppi di guerriglieri avrebbero proseguito strenuamente la lotta nel nord, nell'Estremadura e in Andalusia fino agli anni '50.

Al termine della seconda guerra mondiale la Spagna fu esclusa dalle Nazioni Unite e dalla NATO e fu vittima di un embargo commerciale

1938

I nazionalisti sconfiggono i repubblicani nel loro ultimo attacco nella valle del fiume Ebro. Le vittime sono 20.000. L'Unione Sovietica ritira il suo supporto alle forze repubblicane.

1939

A gennaio Barcellona cade nelle mani dei nazionalisti. Il governo repubblicano cerca rifugio in Francia. Le forze repubblicane vengono meno e i nazionalisti entrano a Madrid il 28 marzo. Il 1° aprile Franco dichiara la fine della guerra.

1939-50

Franco istituisce una dittatura di destra e fa incarcerare centinaia di migliaia di persone. La Spagna non partecipa alla seconda guerra mondiale, ma in seguito viene comunque esclusa dalla NATO e dall'ONU.

decretato dall'ONU, che alla fine degli anni '40 fu tra le cause dei cosiddetti *años de hambre* (anni della fame). Tuttavia, all'inizio della Guerra Fredda, gli Stati Uniti installarono quattro basi militari in Spagna; Franco ricevette in cambio consistenti aiuti economici e nel 1955 la Spagna fu ammessa nelle Nazioni Unite.

Il miracolo economico

Nel 1959 la svalutazione della peseta e altre misure di deflazione consentirono la ripresa economica nell'ambito del cosiddetto Piano di Stabilizzazione, un programma elaborato da una nuova generazione di tecnocrati legati al gruppo cattolico dell'Opus Dei.

L'industria spagnola rifiorì: furono introdotti macchinari moderni, tecniche e strategie di mercato avanzate, vennero modernizzati i trasporti e furono costruite nuove dighe, non solo per l'irrigazione ma anche per la produzione di energia elettrica; inoltre migliaia di giovani spagnoli andarono a studiare all'estero e misero a frutto le competenze acquisite al ritorno nel loro paese.

La ripresa economica fu finanziata in parte dagli Stati Uniti e dal denaro inviato dagli emigrati spagnoli (oltre un milione) che lavoravano all'estero, ma soprattutto dal turismo, che inizialmente si sviluppò sulla Costa del Sol in Andalusia e sulla Costa Brava in Catalogna. Nel 1965 il numero di turisti che visitava ogni anno la Spagna ammontava a 14 milioni di unità.

In questo periodo si verificò una massiccia migrazione interna dalle regioni rurali alle città e ai centri turistici. Molti andalusi si trasferirono a Barcellona. Nelle città sorsero eleganti zone residenziali, alle quali si aggiunsero in seguito estesi quartieri dormitorio destinati agli operai, che ancora oggi sono una triste presenza nella maggior parte delle grandi città spagnole.

FRANCO

Francisco Franco di Paul Preston (Mondadori, Milano 1997) è la monumentale biografia del dittatore spagnolo, che ne fornisce una visione estremamente negativa.

L'ultima decade del regime franchista

Nel 1964 Franco celebrò 25 anni di pace, ordine e progresso economico. Tuttavia il miglioramento delle condizioni di vita degli spagnoli non attenuò l'opposizione al regime: i prigionieri politici affollavano le carceri e fuori dalle principali città erano ancora stanziate imponenti guarnigioni militari. Nel decennio successivo aumentarono le proteste dei lavoratori e iniziò a diffondersi il malcontento non solo nelle università, ma anche tra i membri dell'esercito e del clero.

In quel periodo si ripresentarono anche i problemi regionali. Tra il 1962 e il 1975 il gruppo di terroristi baschi Euskadi Ta Askatasuna (ETA; Paese Basco e Libertà), fondato nel 1959, provocò per sei volte la dichiarazione dello stato di emergenza, e la dura repressione attuata

1945-50

Vittima di un embargo commerciale decretato dall'ONU, la Spagna soffre i cosiddetti *años de hambre* (anni della fame).

1955-65

La Spagna viene riammessa nell'ONU dopo aver dato il suo consenso a ospitare basi militari statunitensi nel suo territorio. L'economia riprende grazie agli aiuti degli Stati Uniti e al turismo di massa nella Costa Brava e nella Costa del Sol.

1959

Fondazione dell'ETA con l'obiettivo di garantire l'indipendenza basca. Il gruppo terrorista ucciderà nel corso degli anni più di 800 persone, incluso il primo ministro di Franco nel 1973.

dalla polizia indusse anche alcuni baschi moderati a solidarizzare con gli indipendentisti.

Nel 1974 Franco si ammalò gravemente e il 20 novembre 1975 morì. Già nel luglio del 1969 Franco aveva indicato una soluzione che garantisse la continuità nominando come proprio successore il principe Juan Carlos di Borbone, nipote di Alfonso XIII, considerato il legittimo erede al trono vacante dal 1931. Nel 1969 Juan Carlos giurò lealtà a Franco e al Movimiento Nacional.

Le caute riforme dell'ultimo primo ministro di Franco, Carlos Arias Navarro, suscitarono la violenta opposizione degli estremisti di destra. Alla morte di Franco, il 20 novembre 1975, la Spagna era sul punto di precipitare nel caos.

La Spagna democratica

Due giorni dopo la morte del generale Franco salì al trono Juan Carlos I, all'epoca trentasettenne. I rapporti che il nuovo re aveva avuto con il dittatore non ispiravano grande fiducia nella sua capacità di gestire una transizione verso la democrazia, cosa a cui tutto il paese aspirava, ma Juan Carlos aveva tenute celate le sue carte migliori e a lui va senz'altro il merito maggiore per aver traghettato la Spagna nell'alveo democratico.

Nel luglio del 1976 il re rimosse Arias Navarro e lo sostituì con Adolfo Suárez, un ex franchista. Questi, con l'approvazione esplicita del sovrano, fece approvare al Parlamento in tempi rapidissimi una serie di cambiamenti: i partiti politici, i sindacati e gli scioperi furono legalizzati e il Movimiento Nacional venne abolito.

Alle elezioni del 1977 l'Unión de Centro Democrático (UCD), il partito centrista di Suárez, ottenne quasi la metà dei seggi delle nuove Cortes. Lo PSOE (Partito Socialista Operaio Spagnolo), guidato da un giovane e carismatico avvocato di Siviglia, Felipe González, divenne la seconda forza politica del paese. Nel 1978 le Cortes approvarono la nuova Costituzione, che rese la Spagna una monarchia parlamentare priva di religione di stato. In risposta alle rivendicazioni autonomiste, che imperversavano nel paese dopo il soffocante centralismo di Franco, venne applicato un articolato decentramento amministrativo: nel 1983 la Spagna fu suddivisa in 17 'comunità autonome' con un proprio governo, dotato di poteri decisionali in vari settori.

La Spagna del dopo Franco godette delle libertà e dei diritti civili già da tempo in vigore nei paesi dell'Europa occidentale; il diritto alla contraccezione, l'omosessualità e il divorzio furono legalizzati. Madrid conobbe un nuovo fermento sociale e artistico, noto come *movida*, e divenne il simbolo di un esuberante edonismo che caratterizza tuttora lo stile di vita spagnolo.

Libri sulla Spagna contemporanea

» *Storia della Spagna democratica. Da Franco a Zapatero* – C. Adagio e A. Botti (Bruno Mondadori, Milano 2009)

» *Il labirinto basco. Dalle origini del nazionalismo a ETA* – Fabrizio Simula (Prospettiva Editrice, Civitavecchia 2005)

» *La Spagna di Zapatero* – a cura di A. Bosco e I. Sanchez-Cuenca (Il Mulino, Bologna 2009)

1975

Franco muore; sale al trono re Juan Carlos I. Il monarca era stato istruito da Franco perché continuasse il suo regime, ma dimostra presto la sua volontà di cambiamento.

1976

Il re nomina Adolfo Suárez primo ministro per traghettare il ritorno alla democrazia. Vengono legalizzati i partiti di sinistra, nonostante l'opposizione dei militari, e nel 1977 si tengono le prime elezioni libere del dopo-Franco.

1978

La nuova costituzione è approvata da un referendum: la Spagna diventa una monarchia parlamentare priva di religione di stato.

Il governo di Suárez concesse un'amnistia generale per i crimini commessi durante la guerra civile e sotto la dittatura di Franco. Non furono istituite commissioni di inchiesta e chi si era macchiato di innumerevoli atrocità non venne processato. Gli spagnoli sembrarono essere d'accordo nel seppellire il passato in funzione della costruzione di un futuro migliore. Recentemente, tuttavia, una parte della popolazione ha cominciato a reclamare giustizia per quanto successo durante la guerra civile. Tra gli anni '80 e '90, grazie alla nuova costituzione e al multipartitismo, gli spagnoli divennero più ricchi, istruiti e liberi. Ma non erano tutte rose e fiori: gli atti terroristici dell'ETA costarono la vita a centinaia di persone, il progresso economico era minato dalla corruzione e i diverbi in materia di autonomia regionale tra Madrid e i Paesi Baschi e la Catalogna sembravano non avere fine. Ma i governi continuavano a succedersi in maniera democratica, l'economia era sempre in ripresa e la vita della gente comune stava costantemente migliorando.

Il PSOE e il PP

Nel 1982 la Spagna ruppe definitivamente con il passato decretando la vittoria dello PSOE alle elezioni con un'ampia maggioranza. Felipe González avrebbe occupato la carica di primo ministro per i 14 anni successivi. La giovane e preparata classe dirigente del partito proveniva dalla generazione che aveva assestato i primi colpi al regime di Franco tra la fine degli anni '60 e l'inizio degli anni '70. Nel 1986 la Spagna entrò nella Comunità Europea (ora Unione Europea), sull'onda di un boom economico durato fino al 1991. Le condizioni della classe media migliorarono notevolmente e le donne cominciarono ad accedere all'istruzione superiore e a incarichi lavorativi di rilievo.

All'inizio degli anni '90 lo PSOE istituì un nuovo sistema sanitario nazionale e incentivò l'istruzione pubblica: grazie a questi interventi, il numero di studenti universitari salì a oltre un milione.

A metà dell'epoca di boom economico iniziata alla fine degli anni '80, il modello socialista iniziò a mostrare segni di cedimento, quando lo PSOE dovette affrontare sul piano nazionale una serie di imbarazzanti scandali e una grave crisi economica. Lo scandalo che più di ogni altro danneggiò il governo fu quello legato ai Grupos Antiterroristas de Liberación (GAL), squadroni della morte che a metà degli anni '80, in Francia, uccisero 28 presunti terroristi dell'ETA (molti dei quali riconosciuti innocenti quando ormai era troppo tardi).

Le accuse e le denunce relative ai GAL contribuirono alla sconfitta elettorale dello PSOE nel 1996. Nel 1998 una decina di alti funzionari di polizia e membri dello PSOE furono arrestati per il loro coinvolgimento nello scandalo.

anni '80

La *movida* madrilena s'impadronisce della città e diventa sinonimo di edonismo. Quest'epoca produce talenti creativi come Pedro Almodóvar, Agatha Ruis de la Prada e Alaska.

1981

Il 23 febbraio il gruppo armato Guardia Civil comandato da Antonio Tejero tenta un colpo di stato occupando il palazzo del Parlamento. Il re compare alla televisione nazionale e denuncia il fatto; il colpo di stato fallisce.

1982-1996

La Spagna è governata dallo PSOE di Felipe González, un partito di centrosinistra. Il paese vive un momento di boom economico, ma il governo viene coinvolto in episodi di scandali e corruzione.

Le elezioni politiche del 1996 decretarono la vittoria del Partido Popular (PP; Partito Popolare) di centrodestra, guidato da José María Aznar, un ex ispettore fiscale originario della Castiglia e León. Aznar attuò la politica moderata che aveva preannunciato in campagna elettorale, e diresse per i successivi otto anni il costante progresso economico del paese. Alle elezioni del 2000 il PP ottenne la maggioranza assoluta in Parlamento, risultato mai raggiunto in precedenza da un partito di centrodestra nella Spagna democratica.

Il Partido Popular operò tagli agli investimenti pubblici, privatizzò numerose imprese statali e liberalizzò importanti settori, come quello delle telecomunicazioni. L'economia registrò in media una crescita annuale del 3,4%, di gran lunga superiore a quella dell'Unione Europea, e la disoccupazione scese, dal 1996 al 2004, dal 23% all'11% (pur sempre la più alta della UE), anche se questa non teneva conto dei molti 'disoccupati' ufficiali impiegati nel mercato del lavoro nero.

Sugli altri fronti il governo di Aznar non si rivelò altrettanto incisivo. Con i terroristi dell'ETA Aznar scelse la linea dura, bandendo nel 2002 il partito Herri Batasuna, braccio politico dell'organizzazione, e ponendo come condizione imprescindibile per il dialogo la rinuncia alla violenza da parte degli indipendentisti. Aznar, inoltre, allineò saldamente la propria politica internazionale a quella di Stati Uniti e Gran Bretagna dopo gli attacchi terroristici dell'11 settembre 2001. Tuttavia, il suo deciso sostegno all'invasione americana dell'Iraq, nel 2003, si rivelò molto impopolare, così come la decisione di inviare nel paese arabo 1300 soldati spagnoli.

La mattina di giovedì 11 marzo 2004, tre giorni prima che in Spagna si tenessero le elezioni politiche, alcune bombe collocate su quattro treni affollati di pendolari esplosero a Madrid, nella stazione di Atocha e in quelle vicine, causando 191 vittime e 1755 feriti. Il giorno successivo circa 11 milioni di persone, un quarto della popolazione spagnola, si riversarono nelle strade per dare vita a imponenti dimostrazioni di pace e solidarietà. Lo sgomento e il dolore della nazione furono accompagnati, naturalmente, dall'interrogativo sulle responsabilità dell'attentato. Inizialmente il governo puntò senza esitazione il dito contro l'ETA, che nei mesi precedenti si era vista sventare almeno due attentati, ma esistevano, tuttavia, prove piuttosto evidenti che accreditavano la pista del fondamentalismo islamico. Sebbene il giorno successivo gli inquirenti fossero pressoché certi dell'estraneità dell'ETA, il governo continuò a privilegiare la pista basca, fino a sabato 13 marzo, quando una bomba inesplosa rinvenuta su uno dei treni portò all'arresto di tre marocchini e due indiani sospettati di avere legami con Al-Qaeda.

Domenica 14 marzo lo PSOE, guidato da un affabile e schietto avvocato di Valladolid, José Luis Rodríguez Zapatero, vinse le elezioni. Nell'aprile,

1986

La Spagna entra nella Comunità Europea (oggi UE). Insieme alla sua adesione alla NATO nel 1982, questo è un punto di svolta del processo di accettazione del paese da parte del resto del mondo dopo gli anni di Franco.

1992

Barcellona ospita i Giochi Olimpici, mettendo la Spagna sotto la luce dei riflettori e sottolineando i progressi compiuti dal paese dal 1975. Madrid è eletta Capitale europea della cultura e Siviglia ospita l'Esposizione universale.

1996

Il declino dello PSOE permette la vittoria del Partido Popular (PP) di centrodestra di José María Aznar durante le elezioni. Ha inizio un decennio di costante progresso economico.

appena due settimane dopo il suo insediamento, il nuovo governo guidato da José Luis Rodríguez Zapatero mantenne l'impegno, annunciato in campagna elettorale, di ritirare le truppe spagnole dall'Iraq: gli ultimi soldati spagnoli tornarono in patria in maggio. Il nuovo governo legalizzò i matrimoni gay (accodando la Spagna all'Olanda e al Belgio, unici due paesi in cui fino ad allora era legale il matrimonio omosessuale), rese più semplici le pratiche di divorzio, abolì la religione nei programmi della scuola obbligatoria, gratificò la scontenta Catalogna di un accordo che garantiva maggiore autonomia e concesse un'amnistia all'immigrazione clandestina che permise a 500.000 cittadini extracomunitari di ottenere un regolare permesso di soggiorno e di lavoro.

Nel 2007 il Parlamento approvò la 'Legge della memoria storica', che ordinò la rimozione di ogni simbolo del franchismo ancora rimasto negli edifici pubblici, aprì gli archivi e si fece carico della riesumazione dei corpi di coloro che erano stati sepolti nelle fosse comuni durante le atrocità commesse dai franchisti (e non fu certo una coincidenza la beatificazione proposta dal Vaticano di 498 spagnoli, per lo più preti, frati e suore, vittime delle rappresaglie della sinistra, avvenuta solo alcune settimane dopo).

LA NUOVA SPAGNA

La Spagna che è entrata nel XXI secolo sarebbe irriconoscibile se confrontata con la nazione che un quarto di secolo prima stava vivendo la fine della dittatura. Il paese ha fatto suo il mondo moderno degli scintillanti centri commerciali, dei treni ad alta velocita, delle autostrade rapide, di internet, dei cellulari, degli sportelli bancomat, dei reality show, della finanza globalizzata, della strabiliante architettura contemporanea, della moda e delle discoteche in cui si balla fino all'alba al ritmo di musica elettronica. Oggi gli spagnoli possono divorziare, usare i contraccettivi e vivere la propria omosessualità senza infrangere la legge. Hanno scuole migliori e un servizio sanitario più efficiente. Molte più persone vanno all'università e molte meno vanno in chiesa. Le donne hanno meno figli e più opportunità di lavoro. Vaste aree della campagna godono di qualche forma di tutela da parte dello stato. Gli spagnoli vanno all'estero nelle vesti di turisti e non di immigrati, mentre molti stranieri vengono in Spagna nelle vesti di turisti e di immigrati: centinaia di migliaia di africani, latinoamericani ed europei approdano in cerca di lavoro. Tra questi immigrati vi sono diversi musulmani, che nei precedenti 500 anni sono stati una presenza marginale. Il mondo dell'arte sta vivendo un grande fermento grazie alla conquista di nuove libertà e ai fondi del governo. Se c'è una figura creativa che ben rappresenta quest'epoca, è il regista premio Oscar Pedro Almodóvar, i cui stravaganti, variopinti e provocatori film che trattano temi come la passione, la sessualità e l'identità della persona, sarebbero stati assolutamente inconcepibili nella vecchia Spagna.

1997

23 leader del partito separatista Herri Batasuna vengono condannati a 7 anni di carcere per connivenza con il braccio armato dell'ETA. Nel 2002 il partito viene sciolto per 3 anni per lo stesso motivo.

2000

Il PP di Aznar vince di nuovo le elezioni; il PSOE sceglie come suo nuovo leader un giovane avvocato di Valladolid, José Luis Rodríguez Zapatero.

2002

La petroliera *Prestige* affonda al largo della Galizia riversando in mare 60.000 tonnellate di greggio e inquinando 600 km di costa: il ritardato intervento del governo è aspramente criticato dall'opinione pubblica.

Il sito internet del governo spagnolo è www.la-moncloa.es, mentre quello di Juan Carlos I è www.casareal.es.

In risposta alle ripetute richieste di maggiore autonomia da parte della Catalogna e dei Paesi Baschi (ma non solo), Zapatero si dichiarò disponibile a rinegoziare gli statuti che definiscono i poteri delle 17 comunità autonome spagnole.

Alle elezioni del 9 marzo 2008, i pronostici erano tutti per Zapatero: l'unica nuvola all'orizzonte poteva essere la situazione economica, ma, fortunatamente per il PSOE, la gravità della situazione emerse solo dopo la schiacciante vittoria sul PP. La crisi finanziaria internazionale ha coinciso con la caduta della domanda nel settore edilizio e immobiliare che aveva trainato l'economia per almeno un decennio.

11 marzo 2004
A Madrid quattro treni di pendolari vengono distrutti da bombe durante l'ora di punta mattutina per mano dei terroristi islamici. Muoiono 190 persone, i feriti sono 1800.

2006
A marzo l'ETA dichiara un cessate il fuoco permanente e accetta negoziati con il governo. Questi si interrompono dopo l'attentato di dicembre all'aeroporto di Madrid che causa il crollo di un edificio e uccide due persone.

novembre 2007
Il parlamento approva la 'Legge della memoria storica' per rendere onore alle vittime repubblicane durante la guerra civile e la dittatura franchista e ordina la rimozione di ogni simbolo del franchismo.

Architettura

Osservando il magnifico acquedotto romano di Segovia, molti viaggiatori stranieri potrebbero avere l'impressione di vedere i centurioni marciare sotto i suoi archi. L'incantevole bellezza dell'Alhambra, con il dolce gorgoglio delle sue fresche fontane, induce ad abbandonarsi all'atmosfera sognante dell'antico mondo arabo. Passeggiando in una grigia giornata invernale nei corridoi del chiostro romanico del Monasterio de Santo Domingo de Silos vi sembrerà che il Medioevo riprenda vita in tutto il suo mistico fervore. La campagna situata tra la Catalogna e la Castiglia è punteggiata di alti e torreggianti castelli, alcuni dei quali in rovina. Volgendo lo sguardo in alto, verso Dio, nelle grandi cattedrali gotiche di Burgos, Palma di Maiorca e Toledo proverete lo stesso timore reverenziale che deve aver ispirato i loro costruttori. E chi riesce a resistere al fascino della fantasia modernista di Gaudí che orna le strade di Barcellona?

Con il suo ricchissimo e variegato patrimonio architettonico, la Spagna rende omaggio a millenni di geniale creatività più di qualunque altro paese europeo, partendo dalle semplici abitazioni in pietra delle tribù celtibere. Una caratteristica dell'architettura spagnola unica in Europa è costituita dal cospicuo lascito islamico. La fusione tra gli elementi architettonici mediorientali e quelli europei ha dato origine a una serie di stili peculiari, sia durante il periodo di massimo splendore del dominio islamico sia dopo la Reconquista, epoca che, se da una parte vide molti architetti rifiutare gli elementi moreschi a favore delle austere strutture romaniche, dall'altra contribuì alla nascita di due stili architettonici ibridi, il mozarabico e il mudéjar. La predilezione tipica dell'arte moresca per gli elementi ornamentali tornò in auge durante il Rinascimento, i cui architetti introdussero l'elaborato stile plateresco, che avrebbe spianato la strada alle stupefacenti opere del Barocco. Alla fine del XIX secolo i geni modernisti di Barcellona diedero vita a un nuovo genere di strutture, che ha ispirato il panorama architettonico contemporaneo del paese, i cui protagonisti – originari sia della Spagna sia di altri paesi – si sentono liberi di trasformare in realtà le loro visioni più ardite.

Antichità

Passate alla storia con il nome collettivo di celtiberi, le tribù che popolarono per prime la Penisola Iberica

ARCHITETTURA SPAGNOLA

210 a.C.-409 d.C.
Stile romano

Ponti, acquedotti, cinte murarie, città – le opere romane vengono realizzate per durare nel tempo e saranno fonte di ispirazione per i posteri.

409-711
Stile visigoto

Questi invasori provenienti dal nord costruiscono solide chiese in pietra caratterizzate da decorazioni semplici e da archi a ferro di cavallo.

711-1492
Stile moresco

Archi a ferro di cavallo, minareti a pianta quadrata, elaborate decorazioni geometriche – tra i diversi stili di origine islamica va sicuramente citato quello mozarabico (elementi dell'architettura classica araba introdotti nei territori dominati dai cristiani).

1100-1700
Stile mudéjar

Dopo la Reconquista, i musulmani rimasti in Spagna continuano a realizzare opere con elementi decorativi fedeli alla tradizione araba, ma utilizzando materiali più semplici.

1100-1300
Stile romanico

Questo stile si pone in netto contrasto con l'arte islamica, con una relativa scarsità di decorazioni e proporzioni che ricalcano quelle delle chiese bizantine. Gli elementi più caratteristici sono i robusti archi semicircolari.

hanno lasciato numerose testimonianze del loro passaggio. Nella Spagna nord-occidentale (e in Portogallo) si sviluppa la cosiddetta cultura del Castro dell'Età della Pietra, che prende il nome dall'agglomerato abitativo più diffuso dell'epoca: il *castro,* ovvero un villaggio circondato da mura di pietra e formato da case circolari anch'esse in pietra. Tra i *castros* parzialmente sopravvissuti meritano di essere citati quelli di A Guarda, situato sulla costa meridionale della Galizia, e quello situato nei pressi di Coaña, nelle Asturie.

Architettura romana

» Acquedotto, Segovia

» Ponte, Alcántara

» Mura, Lugo, Galizia

» Tarraco (Tarragona), Catalogna

» Itálica, Siviglia

» Sagunto, Valencia

I greci e i cartaginesi (giunti nel paese rispettivamente intorno al 500 e al 200 a.C. circa) occuparono per lo più le zone costiere e lasciarono pochissime tracce della loro presenza. Al contrario, i romani a partire dal II secolo a.C. lasciarono un numero nettamente maggiore di testimonianze architettoniche in tutta la penisola. L'imperatore Ulpio Traiano (I secolo), sotto il cui dominio l'impero romano raggiunse la sua massima estensione territoriale e vennero costruite diverse opere di grande importanza a Roma, nacque a Itálica, località situata nei pressi dell'attuale Siviglia. Augusta Emerita (l'odierna Mérida), in Estremadura, era una delle città più influenti dell'impero romano d'occidente e continuò a rivestire un ruolo di grande importanza fino al 711 d.C., anno in cui venne conquistata dagli arabi. Visitando questa località potrete ammirare il ponte romano più lungo giunto fino ai giorni nostri, un imponente acquedotto e un anfiteatro di grandissime dimensioni.

Il periodo visigoto

I tre secoli scarsi del regno dei visigoti si incuneano tra le ultime vestigia dell'impero romano e l'ascesa del dominio islamico, che ebbe inizio nel 711 d.C. Purtroppo l'eredità architettonica di questo popolo è molto limitata, dal momento che i monumenti sopravvissuti sono assai pochi. Infatti, in epoca islamica molte chiese erette dai visigoti vennero rase al suolo e durante la Reconquista cattolica ne furono distrutte molte altre per costruire edifici di culto più sontuosi.

In ogni caso, le poche testimonianze pervenuteci rivelano uno stile molto peculiare, più semplice di quello romano ma più solido, che prevede l'utilizzo di pietre levigate e di elementi decorativi come rilievi a forma di piante astratte e croci che ricordano lo stile bizantino. Un'altra caratteristica tipica di questo periodo è costituita dall'arco a ferro di cavallo, che in seguito venne associato agli arabi, visto che a inventare questo tipo di arco furono architetti siriani.

Il romanzo *La cattedrale del mare* di Ildefonso Falcones (TEA, Milano 2009) narra la storia della costruzione della cattedrale di Santa María del Mar di Barcellona (XIII secolo).

La più antica chiesa visigota spagnola, la Basílica de San Juan di Baños de Cerrato situata nella provincia di Palencia, fu costruita nel 661 e consacrata da re Reccesvindo. Tra gli elementi più caratteristici di questo edificio sacro meritano di essere citati il portale a forma di ferro di cavallo e i fregi con cerchi che si intersecano. Situata a Quintanilla de las Viñas, nella provincia di Burgos, l'Ermita de Santa María de Lara è con ogni probabilità l'ultima chiesa costruita dai visigoti, dal momento che gli archeologi la fanno risalire al 700 circa. Sebbene di questo eremo ci sia pervenuto solo un terzo, nella struttura sopravvissuta è possibile notare numerose sale di piccole dimensioni, un'altra caratteristica tipica delle strutture visigote.

L'impronta islamica

Circa 70 anni dopo la prima incursione islamica in Spagna, Córdoba iniziò a svolgere il ruolo di nuova capitale dell'estremità occidentale dei territori controllati dagli arabi. Nel 784 un gruppo di architetti siriani avviò i lavori dell'imponente Mezquita, evocando immagini della loro terra d'origine per mezzo di alcuni dettagli presenti anche nella Moschea degli Omayyadi di Damasco, come i raffinati archi a ferro di cavallo e le eleganti piastrelle ornamentali con motivi floreali. Va comunque sottolineato che fin dall'inizio quello islamico fu uno stile architettonico ibrido, come si può notare dal fatto che le oltre 500 colonne situate all'interno della Mezquita – che costituiscono la sua principale peculiarità – furono realizzate con i resti di edifici romani e visigoti.

Nei secoli successivi, l'architettura moresca incorporò elementi provenienti da tutto l'impero musulmano. La tecnica dei dettagli in stucco intagliati in modo elaborato fu sviluppata in Iraq nel corso del IX secolo, le volte a *muqarna* giunsero dall'Egitto nel X secolo, mentre i minareti a base quadrata – come la Giralda di Siviglia (oggi torre della cattedrale della città) – fecero la loro comparsa nel XII secolo, in seguito all'invasione degli almohadi provenienti dal Marocco.

Fatta eccezione per l'Aljafería di Saragozza, le testimonianze architettoniche più significative del periodo islamico si concentrano soprattutto in Andalusia. L'apoteosi dell'arte moresca è sicuramente rappresentata dalla perla della straordinaria Alhambra di Granada, il Palacio Nazaríes. Tra il XIII e il XV secolo, gli architetti arabi raggiunsero un nuovo apice di raffinatezza, ottenendo un perfetto equilibrio tra interni ed esterni, luci e ombre, semplicità e decorazioni elaborate. In ogni caso, sotto l'aspetto stilistico quest'opera costituisce anche una sorta di punto morto. Priva di innovazioni radicali, l'Alhambra perfezionò forme già ampiamente sperimentate, quasi si volesse congelare il tempo e fermare il declino del potere islamico che, all'epoca, stava collassando in tutta la Penisola Iberica.

1200-1600 Stile gotico

Le chiese sembrano prendere il volo, con archi rampanti e archi a sesto acuto che proiettano i soffitti verso l'alto.

1400-1600 Stile plateresco

Massima espressione del Rinascimento in Spagna, questo stile molto elaborato prevede edifici con facciate caratterizzate da una sovrabbondanza di intagli ornamentali.

1650-1750 Stile churrigueresco

Esuberante interpretazione spagnola del Barocco caratterizzata dalla presenza di colonne a spirale e dorature a foglia.

1888-1911 Modernismo

La versione spagnola dell'art nouveau dà il meglio di sé soprattutto a Barcellona, che da allora non fu più la stessa città.

Stili ibridi: arte mozarabica e mudéjar

La *convivencia* – il termine con cui viene definita la coesistenza tra le culture musulmana, cristiana ed ebrea – diede una notevole spinta creativa al panorama architettonico spagnolo. Nel corso del X secolo, il dominio islamico aveva determinato la nascita di una nuova classe sociale, i mozarabi, cristiani praticanti che vivevano in territorio musulmano e parlavano arabo. Quando si spostarono nei territori controllati dai cristiani, gli artigiani mozarabi introdussero nello stile delle chiese alcuni elementi propri dell'architettura classica islamica. Per fare un solo esempio, l'Iglesia de San Miguel de Escalada (1913), situata a est di León, ricorda la Mezquita e vanta archi a ferro di cavallo e capitelli corinzi arricchiti di elementi vegetali recuperati da edifici romani. Molti archi sono racchiusi in un *alfiz,* modanatura quadrangolare decorata con motivi geometrici o elementi vegetali astratti che circonda la parte esterna di un arco, che costituisce uno degli elementi più caratteristici dell'architettura mozarabica.

Dal punto di vista strutturale, l'Ermita de San Baudelio (XI secolo), situata nei dintorni di Berlanga de Duero nella provincia di Soria, ricorda una chiesa visigota, mentre i sontuosi affreschi che ritraggono cammelli ed elefanti mediorientali e scene di caccia richiamano alla mente gli antichi palazzi siriani omayyadi (gran parte degli affreschi sono stati trasferiti in diversi musei). In questo modo, gli edifici mozarabici riuscirono a superare i confini imposti dalle diverse religioni e rappresentano il primo vero stile architettonico spagnolo a emergere dopo l'ascesa dell'islam.

In seguito, con l'avanzata della Reconquista cristiana fece la sua comparsa un'altra classe ibrida, quella dei mudéjar, arabi che erano rimasti a vivere nei regni riconquistati dai cristiani. Praticamente privati di ogni privilegio e diritto, gli artigiani mudéjar costituivano una manodopera a buon mercato e di straordinaria abilità. Sebbene agli occhi di molti la rigidità del governo cattolico avesse dato l'impressione che la Spagna stesse per tornare a essere un paese esclusivamente cristiano, l'architettura mudéjar racconta una storia diversa, dimostrando che la *convivencia* non poteva essere cancellata.

L'unica zona della Spagna settentrionale a non essere mai stata conquistata dai musulmani fu quella corrispondente all'attuale regione delle Asturie. Nel corso del IX secolo in questo angolo della Spagna venne elaborato un particolare stile architettonico che esasperava gli elementi visigoti. Uno dei monumenti più rappresentativi di questo stile è il Palacio de Santa María del Naranco, che vanta proporzioni estremamente allungate, raffinati intagli ornamentali e archi alti e sottili.

Lo stile mudéjar – che si diffuse a partire dal XII secolo – si distingue innanzitutto per l'impiego di materiali relativamente economici, in quanto i giorni dei cospicui finanziamenti governativi erano ormai definitivamente trascorsi, così come le pietre romane. Per superare queste gravi difficoltà, si iniziò a utilizzare mattoni, piastrelle e gesso, che venivano lavorati con una maestria tale da dare vita a uno stile estremamente opulento. La maggior parte delle opere migliori di questo periodo giunte fino ai nostri giorni si trova in Aragona e in Castiglia. La città di Teruel, in particolare, è punteggiata di elaborate torri in mattoni decorate con luccicanti piastrelle.

Un'altra caratteristica emblematica dell'architettura mudéjar è costituita dai soffitti in legno riccamente scolpiti. Questo tipo di lavorazione è conosciuta con il nome di *artesonado*. Le caratteristiche principali di questo stile sono le volte a botte e – soprattutto – i soffitti piatti in legno con travi incrociate, che creano spazi regolari in cui sono applicati variopinti pannelli lignei. Nell'Alhambra, i soffitti inseriti successivamente dai cattolici non sono elaborati quanto le opere islamiche presenti nel complesso, ma lo stile presenta una certa continuità, anche se rappresenta il gusto estetico dei nuovi dominatori.

Dal romanico al gotico

Parallelamente al progressivo sfaldamento del dominio islamico nella Penisola Iberica, negli altri paesi dell'Europa medievale iniziò ad affermarsi lo stile romanico, una corrente architettonica che non tardò a radicarsi anche in Spagna, soprattutto per il fatto che da un punto di vista estetico era l'esatto opposto di quello islamico. Secondo l'architetto e storico dell'arte Josep Puig i Cadafalch, ogni elemento romanico costituiva la risposta a un elemento arabo. Gli edifici semplici, angolari e solidi dell'epoca romanica si ispiravano alle proporzioni delle strutture classiche. A partire dal XII secolo circa, le chiese, i monasteri, i ponti e gli ospizi per pellegrini romanici assunsero un aspetto prevalentemente funzionale, pur cercando di sottolineare – in maniera neanche troppo velata – il successo della Reconquista.

L'elemento architettonico più caratteristico dello stile romanico è costituito dagli archi semicircolari, che non hanno nulla a che vedere con gli archi a ferro di cavallo utilizzati in precedenza. Nel caso delle chiese, le linee curve sono presenti nell'abside semicircolare (in molti casi triplo), uno degli elementi più caratteristici delle chiese bizantine. L'arco semicircolare venne utilizzato anche per ornare i portali, le finestre, i chiostri e le navate. Alcuni portali vantavano diversi archi incassati l'uno dentro l'altro, un elemento di grande effetto, soprattutto perché spesso e volentieri era l'unico dettaglio decorativo. Nel corso del XII secolo gli spagnoli iniziarono a sostituire gli archi semicircolari con gli archi a sesto acuto e le volte cordonate, elementi che precorrevano la rivoluzione gotica. Il Monasterio de la Oliva in Navarra fu uno dei primi edifici a presentare questi dettagli innovativi e il suo modello venne ben presto imitato nella costruzione delle cattedrali di Ávila, Sigüenza, Tarragona e Tudela, che possiedono tutte qualche tratto caratteristico di questo periodo di transizione.

Nel frattempo, nell'Europa settentrionale si affermò un nuovo tipo di architettura che – grazie all'utilizzo dell'arco rampante e di altre innovazioni tecniche – rese possibile la costruzione di slanciate cattedrali. In Spagna questo nuovo stile giunse nel XIII secolo, con la costruzione delle cattedrali di Burgos, León e Toledo. Questi imponenti edifici sacri presentano numerosi elementi in comune con le cattedrali francesi, anche se gli spagnoli non tardarono a introdurre alcune novità, tra cui la collocazione del coro al centro della navata e – soprattutto – le gigantesche pale d'altare decorative (*retablos*) che incombono sull'altare maggiore. Un'altra innovazione strutturale del gotico spagnolo fu la volta a stella, un sistema di distribuzione del peso, in virtù del quale le volte cordonate si protendono verso l'esterno partendo da un punto centrale.

Molti grandiosi edifici iniziati nel periodo d'oro del romanico vennero portati a termine quando si era ormai affermato il gotico. Per esempio, la cattedrale di Burgos, iniziata nel 1221, avrebbe dovuto essere un edificio sobrio secondo i canoni dell'epoca, ma le sue magnifiche guglie (realizzate nel corso del XV secolo) si ispirano al tardo gotico tedesco. In questo periodo erano ancora molto forti anche le influenze mudéjar, un fatto che si nota soprattutto nell'impiego dei mattoni al posto della pietra. Toledo – così come alcune parti dell'Aragona – ospita numerosi edifici nati dall'originale e felice commistione tra gli stili gotico e mudéjar e le sue caratteristiche strutture in mattoni sono state inserite dall'UNESCO nella lista dei siti Patrimonio dell'Umanità.

Costellato di splendidi edifici romanici come il Monasterio de Santo Domingo de Silos, il piccolo chiostro del Monasterio de las Huelgas di Burgos, la restaurata Iglesia de San Martín di Frómista e la cattedrale di Santiago de Compostela, il Camino de Santiago può anche essere considerato un itinerario all'insegna dell'architettura.

CAMINO

In Spagna si svilupparono anche forme regionali di gotico. In Catalogna vennero costruiti edifici generalmente più sobri e privi di pinnacoli. Gli architetti catalani privilegiarono la larghezza rispetto all'altezza e costruirono volte incredibilmente ampie, nella maggior parte dei casi prive di strutture di supporto come gli archi rampanti. Il cosiddetto stile isabellino – il cui nome deriva da quello della Regina Cattolica – presenta invece una commistione di elaborati elementi decorativi, che riflette la passione della sovrana per gli elaborati dettagli arabi e le figure araldiche. La massima espressione di questo stile è costituita da San Juan de los Reyes di Toledo, dove gli archi gotici vanno a braccetto con i soffitti in legno dipinti e riccamente scolpiti, e dalla Capilla Real di Granada, al cui interno sono ospitate le tombe della regina Isabella e del re Ferdinando. Le iniziali dei loro nomi formano una banda sull'esterno, creando una decorazione che sembra ispirarsi ai motivi calligrafici dell'Alhambra.

In ogni caso, il gotico non trovò espressione solo nell'architettura sacra. In questo periodo venne infatti costruita anche la maggior parte degli innumerevoli castelli sparsi in tutto il paese. Molte di queste fortezze non vennero costruite a scopi militari e non furono mai teatro di combattimenti; uno straordinario capolavoro di quest'epoca è il sontuoso castello di Coca, situato nei pressi di Segovia. Anche a Barcellona è possibile ammirare alcuni splendidi capolavori dell'architettura gotica civile, tra cui il Saló del Tinell nell'ex palazzo reale del Barri Gòtic e i Reials Drassanes, un tempo imponenti cantieri navali e oggi sede del Museu Marítim.

Il gotico rimase in auge fino al XVI secolo con il ritorno del gotico puro, incarnato al meglio dalla nuova cattedrale di Salamanca, anche se la cattedrale di Segovia rappresenta l'ultimo e forse più puro esempio di edificio gotico eretto in Spagna.

Rinascimento e plateresco

Alla fine del XV secolo gli effetti del rinascimento europeo cominciarono a farsi sentire anche in Spagna, dove questa rinascita intellettuale diede vita a uno stile distinto, il cosiddetto stile plateresco, che attingeva in parte alle tendenze estetiche italiane, configurandosi però come evoluzione del gotico isabellino. Il termine plateresco deriva dalla sovrabbondanza di dettagli ornamentali che ricordava gli elaboratissimi lavori dei *plateros* (argentieri). Salamanca, la città in cui si sviluppò il rinascimento spagnolo, possiede numerosi capolavori di questo stile. Ornata da busti, medaglioni e fasci di complessi motivi floreali, la facciata dell'università cittadina è un vero e proprio gioiello di virtuosismo scultoreo. Altrettanto stupefacente è la facciata del Convento de San Esteban, il cui portale principale è letteralmente tempestato da migliaia di motivi floreali che sembrano far brillare la calda pietra arenaria locale. Sebbene sia stato possibile attribuire con certezza alla mano di uno specifico artista solo pochissimi edifici, il principale esponente dello stile plateresco fu Alonso de Covarrubias, un architetto di grandissimo talento che lavorò soprattutto nella natia Toledo, in particolare all'Alcázar e alla Capilla de Reyes Nuevos della cattedrale.

Negli anni '20 del Novecento l'arabeggiante Madison Square Garden di New York era dominato da una copia della Giralda di Siviglia, che in seguito venne rimossa. Un'altra copia del minareto sivigliano ha avuto un destino migliore e continua a essere visibile a Kansas City, nel Missouri, città gemellata con Siviglia.

Dopo il plateresco si affermò lo stile rinascimentale propriamente detto, che esaltava le proporzioni classiche e gli elementi già in auge in Italia e in Francia e che prevalse in Andalusia. Questo stile trovò la sua massima espressione nel Palacio de Carlos V, che l'imperatore fece erigere accanto ai palazzi arabi dell'Alhambra di Granada. Si tratta dell'unico edificio spagnolo caratterizzato da una struttura a pianta quadrata edificata intorno a una corte circolare.

Il principale esponente del rinascimento spagnolo fu sicuramente Juan de Herrera, le cui austere realizzazioni architettoniche non presentano quasi nessuna analogia con gli edifici costruiti in questo periodo. Il suo capolavoro è l'imponente palazzo-monastero di San Lorenzo de El Escorial, un complesso di strutture cubiche (a proposito delle quali Herrera scrisse anche un libro). Herrera rifiutava qualsiasi elemento decorativo, privilegiando le spoglie superfici di granito. Il suo stile fu imitato nella realizzazione di diversi monasteri per oltre un secolo.

Barocco e churrigueresco

A partire dalla fine del XVII secolo gli architetti spagnoli si fecero conquistare dallo stile esuberante e gioioso del barocco. Fatta eccezione per la cattedrale di Cádice realizzata alla fine del XVIII secolo, in Spagna sono presenti pochi edifici caratterizzati da una struttura complessivamente barocca. In ogni caso, si tratta di un aspetto di scarsa importanza, dal momento che gli elaborati elementi decorativi barocchi sono così strabilianti da mettere in ombra i sobri edifici preesistenti a cui vennero aggiunti. I principali esponenti di questo stile spesso pomposo furono i fratelli Churriguera, figli di uno stimato scultore specializzato nella realizzazione di *retablos,* termine con cui vengono definite le imponenti pale d'altare lignee scolpite. José Benito, Joaquín e Alberto ereditarono l'arte del padre elaborandola ulteriormente. Nel 1690 José Benito fu nominato da Carlo II architetto di corte, incarico che mantenne fino al 1702. Nel suo necrologio venne definito 'il Michelangelo della Spagna'.

La caratteristica distintiva dello stile churrigueresco è costituita dalla cosiddetta colonna salomonica, raffinata colonna a spirale che sembra svettare verso il cielo, soprattutto quando è rivestita di foglie o di tralci di vite dorati. Durante l'ultima parte della sua vita, lo stile di José Benito si fece più misurato, come dimostra la sobria colonna estipite, una colonna a forma di cono rovesciato di sua invenzione.

In seguito diversi architetti si sforzarono di sviluppare le innovazioni dei fratelli Churriguera. Per esempio, i monaci certosini di Granada fecero costruire il Monasterio de Nuestra Señora de la Asunción (noto come La Cartuja). Il *sancta sanctorum* situato intorno al tabernacolo è veramente sbalorditivo, presentando un trionfo di santi, teschi dorati e marmi scolpiti in maniera estremamente elaborata. La pala d'altare della Catedral de Toledo realizzata da Narciso Tomés e decorata con dorature a foglia è considerata uno dei massimi capolavori del barocco spagnolo. Illuminata dall'alto per mezzo di un lucernario, questa pala d'altare crea un effetto altamente spettacolare, che le ha meritato il soprannome di El Transparente.

Modernismo e art déco

Alla fine del XIX secolo la Catalogna divenne il motore trainante del paese e nella sua capitale, Barcellona, ebbe inizio uno dei periodi più innovativi dell'architettura spagnola, grazie a un gruppo di architetti noti come Modernistas che si ispiravano all'art nouveau, prendendo in prestito anche elementi di stili precedenti. La figura di maggiore spicco di questa corrente fu Antoni Gaudí, che abbellì Barcellona con una serie di gioielli nati dalla sua originale fantasia, tra i quali spiccano la gigantesca e ancora incompiuta chiesa della Sagrada Família, l'eccentrica Casa Batlló e La Pedrera, un edificio solo leggermente più sobrio. Sebbene a Gaudí si tenda ad associare una certa stravaganza, il suo stile attinse molto anche dall'austero gotico catalano, che gli ispirò alcune delle sue creazioni più originali, come l'uso dell'arco catenario.

Anche se i loro nomi probabilmente non dicono molto ai non addetti ai lavori, i due architetti catalani Lluís Domènech i Montaner e Josep Puig i Cadafalch hanno lasciato un segno indelebile a Barcellona. Per fare un solo esempio, nel Palau de la Música Catalana, Domènech i Montaner eguaglia Gaudí sia nella stravaganza sia nell'utilizzo delle piastrelle decorative. Allievo di Domènech i Montaner, Puig i Cadafalch realizzò alcune dimore come la Casa Amatller, nonché il caffè Els Quatre Gats, dove i Modernistas erano soliti incontrarsi fino a quando non chiuse nel 1903 (nel 1989 questo locale ha riaperto i battenti).

Se Barcellona è la patria del modernismo, Madrid è la capitale dell'art déco. Negli anni '20 la realizzazione della Gran Vía fornì agli architetti l'opportunità di erigere nuovi edifici; questo viale è tuttora fiancheggiato da diversi 'capricci' architettonici art déco, il più vistoso dei quali è il Palacio de Comunicaciones di Plaza de la Cibeles.

Nel 1936 l'ascesa al potere di Francisco Franco pose bruscamente fine alla natura giocosa del modernismo e dell'art déco, soffocando per decenni la creatività dell'architettura spagnola.

Fronzoli barocchi

- » Monasterio de Nuestra Señora de la Asunción, Granada
- » Plaza Mayor, Salamanca
- » Facciata della cattedrale di Santiago de Compostela
- » Cattedrale, Murcia
- » Real Academia de Bellas Artes de San Fernando, Madrid

Innovazioni contemporanee

Dopo la morte di Franco, la Spagna si affrettò a rifarsi del tempo perso, varando alcuni ambiziosi piani edilizi e progetti di riassetto urbano che modificarono il volto delle principali città spagnole. Per esempio, a Barcellona le Olimpiadi del 1992 diedero un forte impulso al rinnovamento del porto. Negli ultimi anni a Madrid è stata realizzata la Cuatro Torres Business Area (CTBA), una zona che vanta grattacieli progettati da famosi architetti stranieri, come César Pelli (autore delle Petronas Towers di Kuala Lumpur), e da due architetti spagnoli, Carlos Rubio Carvajal ed Enrique Álvarez-Sala Walter.

Tra i maggiori esponenti dell'architettura contemporanea spagnola spicca Santiago Calatrava, che ha raggiunto il successo soprattutto grazie ai suoi bianchi ponti strallati. A Calatrava si deve il progetto del futuristico complesso Ciudad de las Artes y las Ciencias (Città delle Arti e delle Scienze; 1996) di Valencia. Nel 2000 ha realizzato l'aeroporto Sondika di Bilbao, soprannominato La Paloma ('la colomba') per via della sua struttura in alluminio che ricorda una colomba con le ali spiegate al vento.

Nel corso della sua breve carriera, Catalan Enric Miralles – un geniale architetto morto a soli 45 anni a causa di un tumore al cervello – ha riprogettato il Mercat de Santa Caterina di Barcellona, che si mette in grande evidenza con i suoi colori e l'utilizzo creativo degli archi, e ha concepito l'edificio dove ha sede il gruppo Gas Natural di Barcellona:

Barcellona. Duemila anni di arte, cultura e autonomia di Robert Hughes (Mondadori, Milano 2004) è uno splendido volume dedicato alla storia della città, che pone particolare attenzione alla sua architettura. I capitoli dedicati a Gaudí rivelano un sorprendente lato conservatore del celebre architetto.

un poetico grattacielo che si protende sia in verticale sia in orizzontale. Entrambe queste opere sono state portate a termine dopo la sua morte dalla moglie, l'architetto italiano Benedetta Tagliabue.

L'Expo del 2008 di Saragozza è stata un'importante vetrina per gli architetti spagnoli. Tra i numerosi (e in molti casi eccentrici) edifici sorti in occasione di questo evento, merita di essere citata l'alta e scintillante Torre del Agua, progettata da Enrique de Teresa e da Julio Martínez Calzón, il cui piano terreno assomiglia a una goccia d'acqua. La coppia madrilena Fuensanta Nieto ed Enrique Sobejano ha progettato il Palacio de Congresos dell'Expo, che con la sua briosa ed elevata struttura angolare sembra lo skyline di una stravagante città in miniatura.

Nel 1996 Rafael Moneo si è aggiudicato il Pritzker Prize, il più alto riconoscimento internazionale assegnato ad architetti viventi, in particolare grazie al contributo da lui fornito alle opere che hanno portato al rinnovamento del volto di Madrid, come la ristrutturazione della stazione ferroviaria. La sua trasformazione del Palacio Villahermosa nel Museo Thyssen-Bornemisza si è inserita armoniosamente nel paesaggio urbano circostante. Portato a termine nel 1999, il Kursaal Palace di San Sebastián è una struttura strabiliante ma con una funzionalità specifica, la cui sagoma ricorda due giganteschi scogli emersi dal mare.

L'opera più famosa di Rafael Moneo al di fuori della Spagna è la Cathedral of Our Lady of Angels, realizzata nel 2002 a Los Angeles, California.

MONEO

Sebbene per il momento Moneo sia l'unico spagnolo a essersi aggiudicato il Pritzker Prize, la Spagna è diventata una sorta di palcoscenico per diversi architetti stranieri vincitori di questo premio. Secondo molti, a caratterizzare l'attuale panorama architettonico del paese sarebbe proprio la sua apertura verso le influenze straniere e il suo desiderio di confrontarsi con gli altri paesi. Inaugurata nel 1995, la metropolitana di Bilbao è un progetto di Sir Norman Foster; i suoi particolari accessi a fisarmonica in vetro sono stati affettuosamente soprannominati *fosteritos*. In ogni caso è stato il Museo Guggenheim (1998) di Bilbao, progettato da Frank Gehry, a dare il via alla realizzazione di costruzioni eccentriche. A tal proposito meritano di essere citati l'Edifici Fòrum di Herzog & de Meuron, un palazzo blu eretto sul lungomare di Barcellona, la scintillante Torre Agbar a forma di cetriolo di Barcellona opera di Jean Nouvel, il fluttuante e quasi irreale Terminal 4 dell'aeroporto Barajas di Madrid progettato da Richard Rogers, il Centro Cultural Internacional nelle Asturie a forma di disco volante ideato da Oscar Niemeyer e il Padiglione Ponte di Zaha Hadid, che nella sagoma ricorda una balena, realizzato per l'Expo di Saragozza.

Prima della crisi economica del 2008, il numero di edifici in corso di realizzazione in Spagna era secondo solo alla Cina. Da allora, molti progetti ambiziosi sono stati cancellati o rinviati. Nonostante questo, Barcellona continua a presentare un'esplosione di creatività, con strutture in fase di progettazione o di realizzazione, come la ristrutturazione dello stadio Camp Nou affidata a Sir Norman Foster, il cui progetto prevede una struttura in vetro che avrà l'effetto di una moderna cattedrale, e la Torre Espiral di Zaha Hadid, che assomiglia a un un cumulo di piatti rettangolari ammucchiati uno sull'altro in equilibrio precario.

Cibo e bevande

La cucina spagnola è semplicemente meravigliosa. La paella, i vini della Rioja e le tapas godono di una meritata fama nei ristoranti di tutto il mondo e diversi chef spagnoli sono diventati indiscusse superstar del panorama gastronomico internazionale. Va comunque detto che queste icone della gastronomia spagnola rappresentano solo la punta di un imponente iceberg, in quanto ben pochi paesi sono in grado di reggere il confronto con la Spagna quanto a varietà, spirito di innovazione ed eccellenza culinaria.

Gli spagnoli amano molto viaggiare nel loro paese e in particolare – vista la ricca offerta gastronomica di tutte le regioni – si divertono ad andare a caccia del pasto perfetto. Se dite a uno spagnolo che siete diretti in una determinata località, gli verrà l'acquolina in bocca al solo pensiero dei piatti tipici della zona e del suo ristorante preferito. Questo atteggiamento deriva dal fatto che la buona cucina è ritenuta un passatempo degno di essere inserito tra altre attività più importanti, un piacere irrinunciabile e fondamentale, un evento sociale da condividere con gli amici, preso talmente sul serio da dedicarci sempre un buon numero di ore e assaporato fino in fondo come tutte le altre cose belle della vita.

Dal momento che ci sediamo a tavola insieme agli spagnoli da parecchi anni, abbiamo raggiunto una buona comprensione di cosa significhi mangiare in questo paese. Per aiutarvi a far sì che la cucina diventi una parte fondamentale della vostra vacanza in Spagna, vi consigliamo di seguire queste poche, ma semplici regole: chiedete *sempre* la specialità locale; prima di ordinare non abbiate *mai* paura di guardarvi intorno per vedere cos'hanno ordinato gli altri; chiedete *sempre* consiglio al cameriere e – se possibile – cercate di fare in modo che il pasto diventi un elemento centrale di ogni vostra giornata.

¡Buen provecho! (Buon appetito!).

Ferran Adrià, protagonista del panorama gastronomico internazionale, Juan Mari Arzak e Pedro Subijana, padri della *nueva cocina vasca*, sono solo alcuni dei nomi trattati in *Grandi chef di Spagna* di A. Meldolesi e B. Noto (Giunti, Firenze 2007).

INFORMAZIONI PRATICHE

In questa guida gli elenchi delle sezioni Pasti sono strutturati secondo le preferenze dell'autore. Ogni locale è seguito da un simbolo che indica una determinata categoria di prezzo:

- » € <€20 per pasto per persona
- » €€ da €20 a €50 per pasto per persona
- » €€€ >€50 per pasto per persona

Per pasto si intendono tre portate (dolce compreso) con vino della casa. La maggior parte dei ristoranti serve il pranzo dalle 13 alle 16 e la cena dalle 20.30 a mezzanotte o più tardi.

NON SOLO BAR E RISTORANTI

Molti locali spagnoli che servono da mangiare e da bere si chiamano *bar* o *restaurante*, tuttavia esistono anche diverse variazioni sul tema.

» *asador* – ristorante specializzato in grigliate di carne.

» *bar de copas* – locale che inizia ad animarsi verso mezzanotte e serve soprattutto superalcolici.

» *cervecería* – locale specializzato in *cerveza* (birra), che propone in diversi tipi serviti alla spina.

» *horno de asador* – ristorante dotato di un forno a legna che viene utilizzato per arrostire la carne.

» *marisquería* – bar o ristorante specializzato in cucina a base di pesce.

» *tasca* – bar specializzato in tapas.

» *terraza* – bar all'aperto, ideale per bere qualcosa durante la stagione calda.

» *taberna* – locale rustico che serve tapas e *raciones* (porzioni abbondanti di tapas): in molti di questi locali le botti vengono utilizzate come tavoli e le pareti sono piastrellate.

» *vinoteca* – enoteca raffinata, dove è possibile ordinare vini al calice.

Le leggi della cucina spagnola

Le leggi della cucina tradizionale spagnola sono molto semplici: prendere ingredienti freschissimi e interferire con loro il meno possibile. Mentre il resto del mondo si affannava a creare salse sofisticate, gli chef spagnoli si cimentavano in esperimenti raffinati volti a creare commistioni di sapori in cui erano gli aromi stessi a essere esaltati. La dimostrazione più evidente di questo approccio è costituita dall'umile arte delle tapas, stuzzichini basati su un'idea talmente semplice da diventare geniali, con carni, pesci e verdure selezionati con cura posti al centro della scena che parlano da sé. Questo è lo stesso fondamento su cui si basa la cucina spagnola.

Se la semplicità costituisce il fondamento della tradizione gastronomica spagnola, l'elemento che sta conquistando il mondo in questi anni è lo spirito innovativo della nouvelle cuisine che emerge in Spagna. Alcuni celebri chef hanno creato veri e propri laboratori culinari, nei quali sperimentano le loro raffinate specialità, mantenendosi al contempo fedeli ai principi sui quali si basa la cucina tradizionale spagnola.

Tapas. La deliziosa cucina spagnola in miniatura di Paco Roncero (Edagricole, Bologna 2008) propone schede di cucina strutturate in modo da poter seguire passo passo la preparazione del piatto nelle sue singole componenti e la sua presentazione in tavola.

Specialità

In linea generale, il *desayuno* (prima colazione) è un pasto semplice e veloce che viene consumato al bar andando al lavoro. Nella maggior parte dei casi consiste in un *café con leche* (caffelatte) accompagnato da un *bollo* (pasticcino), un croissant o una brioche alla crema. Alcuni preferiscono iniziare la giornata con uno spuntino salato: in questo caso vi consigliamo di provare un *sandwich mixto,* un toast con prosciutto e formaggio; tenete presente che il termine *tostada* indica solo il pane tostato e imburrato. Altri ancora – specialmente chi rientra a casa all'alba dopo esser stato fuori tutta la notte – optano per una specialità amata da tutti gli spagnoli, i *churros y chocolate,* bastoncini di pasta fritti e immersi in una densa cioccolata calda.

Di solito la *carta* (menu) inizia con le *ensaladas* (insalate), le *sopas* (zuppe) e le *entremeses* (antipasti). Queste ultime possono spaziare da un'insalata di patate con olive, asparagi, acciughe a un assortimento di salumi (specialità che può costituire un piatto unico), formaggi e olive.

Gli ingredienti base delle portate successive sono il pollo, la carne, i *mariscos* (frutti di mare), il *pescado* (pesce) e l'*arroz* (riso). La carne può essere suddivisa in *cerdo* (maiale), *ternera* (manzo) e *cordero* (agnello). Se desiderate una *guarnición* (contorno), come *verduras* (verdure), può darsi che dobbiate ordinarla a parte.

Per quanto riguarda il pesce, gli spagnoli mangiano soprattutto il *bonito* (tonno), le *sardinas* (sardine), le *anchoas* (acciughe), la *merluza* (nasello), la *dorada* (orata) e il *lenguado* (sogliola). Anche i molluschi sono molto apprezzati. Tuttavia il pesce a cui gli spagnoli sono più legati da un punto di vista storico è il *bacalao* (baccalà). Da molti secoli i pescatori spagnoli vanno a caccia di merluzzi in Terranova e in Norvegia e li mettono sotto sale per portarli a casa duri come pietre. Dopo essere stato immerso a lungo nell'acqua, il merluzzo si reidrata e si libera di tutto il sale, diventando più saporito e riacquistando la precedente morbidezza. In origine il merluzzo era considerato un cibo povero, al punto che alcuni lo chiamavano il 'manzo della vigilia' perché veniva consumato durante i periodi di astinenza dalle carni. La zona migliore per gustarlo è quella dei Paesi Baschi, i cui abitanti lo apprezzano moltissimo, una predilezione che non mancherete di condividere dopo aver assaggiato i peperoni rossi ripieni di *bacalao*.

Con ogni probabilità, nell'entroterra del paese incontrerete piatti a base di *legumbres* (legumi) come *garbanzos* (ceci), *judías* (fagioli) e *lentejas* (lenticchie). Il re degli stufati è la *fabada* (stufato di maiale e fagioli) asturiana, mentre il *cocido,* un sostanzioso stufato a base di tagliolini in brodo, carote, cavolo, ceci, pollo, *morcilla* (sanguinaccio), manzo e lardo, è una specialità di Madrid e del León. Altri piatti diffusi nell'entroterra spagnolo sono il *cordero asado* (agnello arrosto), il *cochinillo asado* (maialino da latte al forno) e le *patatas con huevos fritos* (patate al forno con uova).

Tapas

Molti sostengono che le tapas siano il più grande dono gastronomico che la Spagna abbia fatto al resto del mondo. Anche se gli appassionati di *paella* e di *jamón* potrebbero avere qualcosa da ridire al riguardo, non si può negare che con le tapas si ha solo l'imbarazzo della scelta.

Per preparare una tapa si può utilizzare qualunque ingrediente: una manciata di olive, una fetta di pane con prosciutto e formaggio e un pezzo di *tortilla de patatas* (frittata di patate e cipolle). Tra le altre delizie tipiche meritano di essere citati i *boquerones en vinagre* (acciughe fresche marinate nell'aceto bianco, una specialità dal sapore deliziosamente pungente), i *boquerones fritos* (acciughe fresche fritte), le *albóndigas* (le care vecchie polpette), i *pimientos de Padrón* (piccoli peperoni verdi della Galizia, alcuni sono piccanti, altri no), i *gambas* (gamberi, che possono essere serviti *al ajillo,* all'aglio, o *a la plancha,* alla griglia), i *chipirones* (piccoli calamari serviti in vari modi), i *calamares a la Romana* (anelli di calamari fritti)... l'elenco è sterminato.

La meta per eccellenza per chi desidera gustare le tapas sono i Paesi Baschi (dove vengono chiamate *pintxos*), in particolare San Sebastián. Altre città particolarmente legate alle tapas sono Madrid, Saragozza e la maggior parte delle località dell'Andalusia. Detto questo, sappiate che si trovano ovunque!

OLIO DI OLIVA

La Spagna è il più grande produttore mondiale di olio d'oliva, al punto che gran parte dell'olio italiano venduto all'estero è fatto con olive spagnole.

L'arte di ordinare le tapas

Molti viaggiatori stranieri si perdono le gioie delle tapas perché chi non conosce lo spagnolo ritiene che l'arte di ordinarle sia uno degli aspetti più oscuri del galateo spagnolo. Non temete: non è così difficile come sembra.

Nei Paesi Baschi, a Saragozza e in molti bar di Madrid, Barcellona e di altre grandi città ordinare un piatto di tapas costituisce un'ope-

LE ORIGINI DELLE TAPAS

Sull'origine delle tapas esistono diverse storie.

Secondo una delle ipotesi più accreditate, questi spuntini risalirebbero al Medioevo, quando la Spagna era punteggiata di insediamenti isolati abitati da commercianti, pellegrini, emigranti e lavoratori pagati a giornata che affrontavano continui spostamenti, che nella maggior parte dei casi prevedevano l'attraversamento del solitario altopiano centrale. Per rinfrancarsi lungo il percorso, i viaggiatori si fermavano presso le locande i cui proprietari, per evitare che dal loro villaggio partissero uomini ubriachi a cavallo, presero l'abitudine di porre un 'coperchio' *(tapa)* di cibo sopra i bicchieri di vino o di birra, con lo scopo in parte di tenere lontane le mosche, ma soprattutto di far sì che i loro clienti non bevessero a stomaco vuoto.

Secondo un'altra versione, nel corso del XIII secolo i medici di re Alfonso X suggerirono al sovrano di accompagnare il vino che assumeva tra i pasti con uno spuntino. Il monarca accolse con entusiasmo il consiglio, al punto da fare approvare una legge che obbligava tutti i bar della Castiglia ad adottare questa abitudine.

In Andalusia si racconta invece che il termine 'tapa' si diffuse all'inizio del XX secolo, quando re Alfonso XIII si fermò in un bar situato lungo la spiaggia nella provincia di Cadice. All'improvviso una folata di vento soffiò della sabbia in direzione del re, ma un cameriere se ne accorse e pose prontamente una fetta di *jamón* sopra il bicchiere di sherry del monarca. Questi apprezzò di buon grado l'idea (e il *jamón*) e – vento o non vento – ne ordinò subito un altro, dando così inizio alla tradizione delle tapas.

razione del tutto naturale. Le tapas sono infatti allineate sul bancone e non dovrete fare altro che prendere un piattino e servirvi, oppure indicare cosa desiderate. In questi casi la consuetudine prevede che il cliente tenga il conto di cosa ha mangiato (per esempio conservando gli stuzzicadenti) e al momento di pagare dica al personale quante tapas ha consumato. Molti locali hanno invece una lista di tapas indicata sul menu oppure appesa dietro il bancone. Se la scelta vi imbarazza, andate sul sicuro e chiedete *'la especialidad de la casa'* (specialità della casa). Un altro modo di mangiare le tapas consiste nell'ordinare le *raciones* (razioni; abbondanti porzioni di tapas) o le *media raciones* (mezze razioni; tapas in porzioni ridotte). Si tratta di porzioni e mezze porzioni di un determinato piatto, che costituiscono la soluzione ideale per chi ha trovato qualcosa che gli piace in maniera particolare e desidera qualcosa di più consistente di una semplice tapa. Tenete però presente che dopo un paio di *raciones* sarete sicuramente sazi; in linea di massima, una *media ración* rappresenta la scelta migliore per chi desidera assaggiare più di un piatto. Le tapas vengono sempre consumate insieme a una bevanda e quasi sempre al bancone. Alcuni bar servono insieme al drink una piccola tapa gratuita.

Jamón

Un altro elemento che non può mancare sulle tavole spagnole è il prosciutto degli altopiani, il celebre *jamón*, reperibile in ogni *tasca* (tapas bar). Il *jamón* dell'Estremadura o di Salamanca è considerato il più raffinato, ma anche la regione di Teruel, in Aragona, sostiene in modo convincente di appartenere a questo gruppo esclusivo. Il *chorizo,* il *salchichón* e il *lomo* (diversi tipi di salsiccia) sono prodotti con la carne di maiali allevati a ghiande.

Jamón – Istruzioni per l'uso

A differenza del prosciutto italiano, il *jamón* spagnolo è di colore rosso scuro ed è venato di morbido grasso. La varietà più pregiata emana un profumo di carne, foresta e campi. Come il vino e l'olio d'oliva, il *jamón* è soggetto a una serie di rigide classificazioni. Il *jamón serrano* è ricavato dai maiali di manto bianco introdotti in Spagna negli anni '50. In passato veniva salato e lasciato stagionare ai freddi e aridi venti della sierra spagnola, mentre ora il processo di stagionatura avviene in un ambiente a clima controllato, dove rimane per circa un anno. Il *jamón serrano* costituisce circa il 90% del prosciutto prodotto in Spagna.

Considerato da molti il migliore dei prosciutti spagnoli, il costoso *jamón ibérico* è ricavato da una razza di maiali dal mantello nero originaria della Penisola Iberica che discende dal cinghiale. Dal punto di vista gastronomico, il pregio principale di questo prosciutto è costituito dall'infiltrazione del grasso nel tessuto muscolare, che dà origine a una carne dalle venature molto particolari. Se il maiale ha acquistato almeno la metà del suo peso durante la stagione delle ghiande, il prosciutto può essere classificato *jamón ibérico de bellota,* la denominazione più pregiata.

Il procedimento per la preparazione di salumi e insaccati, come il *jamón* (prosciutto), si deve a un patrizio romano, Catone il Vecchio, che cambiò il corso della storia gastronomica spagnola con il suo trattato *De agri cultura* (contenuto nella raccolta antologica in due volumi *Opere*, pubblicata da Utet, Torino 2001)

Paella

Vi sveliamo un segreto: trovare una paella *veramente* buona in un ristorante spagnolo può essere piuttosto difficile. Perché? Tanto per cominciare, lo zafferano è molto costoso e numerosi ristoranti hanno l'abitudine di contenere i costi usandone varietà di qualità mediocre. Inoltre, i proprietari di molti locali confidano nel fatto che quasi un viaggiatore straniero su due ordina la paella, ma ben pochi hanno idea di come debba essere una paella ben fatta. Dal momento che gli spagnoli sono molto più esigenti quando si tratta del loro piatto nazionale, prima di sedervi e di ordinare date un'occhiata alla clientela: se vedete molta gente del posto, potete accomodarvi al tavolo fiduciosi. I ristoranti citati in questa guida dove consigliamo la paella sono tutti eccellenti.

Gli ingredienti fondamentali di una buona paella sono riso a grana corta, aglio, prezzemolo, olio d'oliva e zafferano. Il riso migliore è il *bomba*, una varietà che assorbe in modo ottimale i liquidi, ma tiene la cottura. La paella va preparata in una padella larga e bassa, in modo che gli ingredienti siano a contatto con il fondo del tegame, dove tendono a concentrarsi gli aromi. Il vero tocco di autenticità è costituito dal fatto che i chicchi rimasti sul fondo (ma solo quelli) hanno una crosta croccante e saporita conosciuta con il nome di *socarrat.* I tipi principali di paella sono la *paella valenciana* (di Valencia, dove questa specialità è nata e dove rimane fedele alle origini), fatta con pollo, fagioli e a volte coniglio, e la più diffusa *paella de mariscos* (paella di pesce), che dovrebbe letteralmente traboccare di pesce e di molluschi.

Le specialità regionali

Paesi Baschi e Catalogna

I Paesi Baschi e la Catalogna sono tra le maggiori protagoniste della cucina spagnola. Questo fatto trova in parte spiegazione nello spirito innovativo che caratterizza queste regioni: chef all'avanguardia quali Ferran Adrià, Sergi Arola, Mari Arzak, Oriol Balaguer e Pedro Subijana – per citarne solo alcuni – sono famosi in tutto il mondo per i loro laboratori culinari, il loro impegno a considerare la cucina un'arte e le loro ardite variazioni sulle tradizioni gastronomiche locali. Queste regioni costituiscono un vero paradiso dei gourmet anche perché la cucina permea ogni aspetto della cultura. Quello che per gli altri spagnoli è amore per la cucina, nei baschi e nei catalani diventa spesso una vera ossessione. Ne parlano di continuo. Organizzano la loro giornata in base agli orari dei pasti. E, quando non mangiano, trascorrono il tempo a sognare il momento in cui metteranno le gambe sotto il tavolo.

Feste enogastronomiche

» Feria del Queso, Trujillo (aprile)

» Fiesta de la Sidra Natural, Gijón (agosto)

» Fiesta de San Mateo, Logroño (settembre) Festa della vendemmia della Rioja

I TOP FIVE DELLE ESPERIENZE GASTRONOMICHE BASCHE

» I **pintxos** (tapas basche) serviti dai bar della Parte Vieja di San Sebastián, innaffiati dallo *txacoli* (un vino bianco locale dall'elevato tenore alcolico).

» Il **bacalao al pil-pil**, baccalà e aglio in un'emulsione di olio d'oliva.

» I **chipirones en su tinta**, calamari al nero.

» Le **chuleton de buey**, gigantesche bistecche servite in molte *sidrerías* (locali specializzati in sidro) situate sui monti nei dintorni di San Sebastián.

» La **nueva cocina vasca** (nouvelle cuisine basca) dell'Arzak, uno dei ristoranti migliori di tutta la Spagna.

Nel mese di gennaio gli chef spagnoli di maggiore prestigio presentano le loro creazioni più recenti al summit gastronomico Madrid Fusión (www.madridfusion.net).

L'unione del mare e delle montagne ha regalato ai Paesi Baschi una straordinaria ricchezza gastronomica, una cucina che si esprime sia con i frutti di mare del Golfo di Biscaglia sia con i prodotti della terra. In questa regione avrete tante probabilità di trovare ottime *anchoas*, *gambas* e *bacalao* quante di gustare bistecche e *jamón*, spesso in abbinamenti sorprendenti. Sebbene la cucina sia eccellente in tutta la regione, è a San Sebastián che vi renderete davvero conto di quanto la cucina sia radicata nella cultura basca, grazie alla presenza di società gastronomiche segrete, di ristoranti esclusivi premiati con stelle Michelin e degli economici bar specializzati in *pintxos* della Parte Vieja. Dovendo scegliere un luogo in cui saggiare la creatività, la varietà e la bontà della gastronomia basca, non si può che optare per San Sebastián. Nelle sue cucine è nata la *nueva cocina vasca* (nouvelle cuisine basca), che ha sancito il ruolo della Spagna di superpotenza culinaria. I risultati sono semplicemente straordinari.

Considerata spesso l'equivalente dei Paesi Baschi per l'alta qualità della sua cucina, la Catalogna affianca ai sapori tradizionali e alla sua grande varietà geografica una grande apertura verso le influenze provenienti dagli altri paesi europei, una caratteristica che Barcellona ha trasformato in uno stile di vita. Nei menu catalani compaiono regolarmente pesci di ogni tipo, paella e piatti a base di riso e di pasta, sempre con un tocco di creatività locale. Le salse sono più diffuse che nel resto della Spagna e addentrandosi nell'entroterra si incontrano i pilastri della cucina dei Pirenei, ossia lo *jabalí* (cinghiale), il *conejo* (coniglio), le *caracoles* (lumache, specialmente a Lleida), nonché gustosi stufati come il *suquet* (stufato di pesce e patate). Se preferite cucinare voi utilizzando i migliori frutti della terra, vi consigliamo di dirigervi verso il Mercat de la Boqueria di Barcellona, unanimemente considerato il mercato migliore di tutta la Spagna, dove troverete la *botifarra* (salsiccia di maiale) e la *garrotxa,* un eccellente e celebre formaggio catalano. Non mancano poi i dolci, in particolare la *crema catalana* (versione catalana della *crème brûlée*).

Entroterra spagnolo

L'elevata *meseta* (altopiano) della Spagna centrale possiede una cultura gastronomica molto peculiare. Il migliore *jamón ibérico* proviene dall'Estremadura e da Salamanca, mentre il *cordero asado lechal* (agnello da latte arrosto) e il *cochinillo asado* (maialino da latte arrosto) sono piatti invernali diffusi in tutto il cuore della Spagna, amati così tanto che durante i weekend gli spagnoli sono disposti a percorrere chilometri e chilometri in automobile in cerca del *cochinillo* o del *cordero* migliore.

Oltre ai piatti più famosi, ogni regione ha le proprie specialità.

In Aragona la cucina si basa sulla carne e la passione per il *ternasco* (agnello da latte, di solito servito sotto forma di bistecca o di costine con patate) assume quasi i connotati di una fede. Un altro piatto tipico, in particolare a Teruel, è il *jarrete* (stinco d'agnello alla mozarabica). Il *jamón* di Teruel è ritenuto uno dei più buoni di tutta la Spagna, mentre la cucina dei Pirenei somiglia molto a quella della vicina Catalogna.

In Estremadura, non mancate di assaggiare il *solomillo ibérico con Torta del Casar* (lombata di maiale con formaggio di pecora); tra le altre leccornie da tenere d'occhio meritano di essere citati il *frito de cordero* (fricassea di agnello), le *migas* (frittate di pane, spesso cotte con salumi e servite con uva) e le cosce di rana.

La Castiglia-La Mancia è famosa per il *queso manchego* (un formaggio a pasta dura fatto con latte di pecora), per le lumache e per piatti originali come il pane con le sardine di Alcalá de Júcar. La Castiglia e León è ancora più devota al culto della carne, al punto che in ogni bar e ristorante della regione troverete *carnes asadas* (grigliate di carne) e *embutidos* (salumi).

I madrileni apprezzano molto il *cocido a la madrileña* (stufato di carne e ceci). Ad Astorga, località situata nella parte settentrionale della Castiglia e Léon, questo piatto si chiama *cocido maragato* e i vari ingredienti (zuppa, carne, eccetera) vengono consumati nell'ordine inverso rispetto al solito. I *madrilieños* amano molto anche il pesce e i frutti di mare, al punto che si sente spesso dire che Madrid sia il 'porto' migliore della Spagna perché riceve ogni giorno pesce fresco sia dall'Atlantico sia dal Mediterraneo. In effetti Madrid vanta il secondo mercato del pesce più grande del mondo dopo Tokyo...

Oltre metà della produzione vinicola spagnola proviene dalla Castiglia-La Mancia, seguita dalla Catalogna, dall'Estremadura e dalla regione di Valencia. Le regioni vinicole più celebri, La Rioja e la Castiglia e León, occupano rispettivamente il quinto e il sesto posto.

Galizia e il nord-ovest

Forse più di tutti gli altri spagnoli, i *gallegos* (galiziani) sono definiti dal loro rapporto con il mare. Molti di loro si guadagnano da vivere con la pesca e la loro cucina, le loro feste e – secondo alcuni – la stessa ragione della loro esistenza ruoterebbero intorno al pesce e ai frutti di mare. I galiziani sono molto fieri delle loro *empanadas* (torte salate) e dei *pimientos de padron* (peperoni verdi grigliati e speziati), ma queste non sono che brevi digressioni dalla specialità principale, il *pulpo gallego* (polpo bollito e speziato), un piatto la cui semplicità degli ingredienti (polpo, olio, peperoncino e aglio) è pari solo alla difficoltà dell'esecuzione. Il segreto consiste nella cottura, perché – come ci è stato rivelato – bisogna mettere il polpo nell'acqua, poi toglierlo e rimetterlo finché non è cotto al punto giusto. Altre specialità galiziane prevedono l'uso di diverse e straordinarie creature marine come le *navajas* (canolicchi), le *coquinas* (telline), le *percebes* (patelle), i *mejillones* (cozze), i *berberechos* (noci di mare), le *almejas* (vongole) e le *vieiras* (una varietà di capesante).

Non da meno sono le vicine Asturie e Cantabria, che regalano alla Spagna alcune specialità di pesce, in particolare le *anchoas*. Se in qualunque località della Spagna vedete sul menu le *anchoas de santoña*, non esitate a ordinarle. Meglio ancora, andate direttamente alla fonte e recatevi a Santoña, dove le acciughe vengono pescate.

Sui monti della Cordillera Cantábrica, alle spalle della costa, la cucina è influenzata sia dai pascoli d'altura sia dalle flotte di pescherecci. Particolarmente ricercati sono i formaggi della zona, tra i quali spicca il *queso de Cabrales*, prodotto con latte crudo di vacca, capra e pecora. Molto diffusi sono anche i pesci di acqua dolce (soprattutto trote, anguille e salmoni). In ogni caso, se esiste un piatto per cui gli *asturianos* vanno matti, questo è sicuramente la *fabada asturiana*, uno stufato di carne di maiale, sanguinaccio e fagioli bianchi. Si tratta di una pietanza invernale, che fa alzare da tavola con le gambe pesanti e il bisogno impellente di concedersi una pennichella. L'ancora di salvezza è rappresentata in questo caso dal gusto fresco del *sidra* (sidro) appena

Se cercate un periodico autorevole ed esaustivo sulla gastronomia spagnola, visitate il sito www.spaingourmetour.com, che contiene numerose ricette e idee che vi consentiranno di esplorare la tradizione culinaria della Spagna. Per ricette in italiano, v. la sezione 'Cucina dal mondo' del sito www.cookaround.com.

spillato che – se non esagerate – impedirà a quanto avete mangiato di gettare una lunga ombra sul resto del pomeriggio.

Valencia, Murcia e Isole Baleari

La cucina di questa regione offre molto più delle arance e della paella, anche se questi prodotti esprimono l'essenza della gastronomia mediterranea. Per trascorrere un pomeriggio con gli amici in riva al mare non esiste un pretesto migliore di una squisita paella, un piatto colmo di aromi e – molto spesso – traboccante di pesce. Sebbene la paella si possa trovare facilmente in tutte le regioni della Spagna, per gustarne una fatta secondo tutti i sacri crismi bisogna andare nei ristoranti di Valencia, in particolare nei quartieri di Las Arenas e di La Albufera affacciati sul mare. Se invece preferite la *fideuá* (paella di pesce con la pasta al posto del riso), che molti viaggiatori prediligono con una cucchiata di *alioli* (maionese all'aglio), vi consigliamo di dirigervi verso il Restaurante Emilio di Gandia.

Le specialità tipiche della Semana Santa sono le *monas de pascua* (statuette di cioccolata), la *torta pascualina* (torta salata a base di spinaci e uova) e la *torrija* (fette di pane imbevute di latte e uova, fritte e coperte di zucchero o miele). Una delizia pasquale tipica di Maiorca è il *flan de pascuas* (flan al formaggio), mentre il *cordero pascual* (agnello pasquale) è presente sulle tavole di tutto il paese.

La tradizione culinaria delle Baleari è fortemente influenzata dalla presenza del mare e dalle analogie culturali con la Catalogna e Valencia. I temi più ricorrenti sono pertanto la paella, i piatti a base di riso e l'abbondanza di pesce, con qualche variazione locale come l'anguilla, che a volte compare nei piatti più impensati (come l'*espinagada,* un pasticcio di anguilla e spinaci, tipica di Maiorca). Una specialità di Ibiza particolarmente gustosa è l'*arròs caldós*, riso allo zafferano cotto in un brodo di pesce con erbe e patate.

La tradizione gastronomica della Murcia ci riporta alle arance. Il litorale di questa regione è conosciuto con il nome di 'La Huerta' ('l'orto') per il fatto che fin dall'epoca dei mori questa è una delle zone più fertili della Spagna per quanto riguarda la produzione di frutta e di verdure. Tuttavia, anche se gli agrumi la fanno sicuramente da padroni, in questa regione troverete anche riso, pomodori, peperoni e olive. Non c'è quindi nulla da stupirsi nel fatto che siano molto diffusi i grandi piatti di verdure alla griglia, anche se non mancano gustose variazioni sul tema, come l'*arroz caldoso* (riso cotto in un brodo di pesce), l'*arroz con conejo* (riso con coniglio) e lo *zarangollo* (omelette di zucchine, cipolle e patate).

Andalusia

Sebbene sia difficile riassumere in poche parole una regione vasta e diversificata come l'Andalusia, esistono alcune caratteristiche culinarie comuni a tutte le province in cui si divide. Come facilmente prevedibile,

I FORMAGGI DELLE REGIONI ATLANTICHE

Il clima fresco e umido delle regioni nord-occidentali della Spagna fa crescere un'erba molto sostanziosa, grazie alla quale le mucche producono un latte assai aromatico. Di seguito riportiamo alcuni dei formaggi più diffusi.

» **San Simón** – formaggio di montagna galiziano leggermente affumicato, dalla pasta gialla e compatta e dalla consistenza cremosa.

» **Cabrales** – cremoso formaggio erborinato dal sapore forte proveniente dalle Asturie e stagionato nelle profonde grotte dei Picos de Europa.

» **Afuega'l Pitu** – formaggio delle valli asturiane più asciutto rispetto agli altri formaggi della zona e con un gusto che sa di noci. A volte è aromatizzato alla paprika.

» **Tetilla** – questo formaggio galiziano dolce e cremoso – il cui nome significa 'capezzolo' – è così chiamato per la sua forma, molto simile a quella di un seno femminile.

» **Ahumado de Aliva** – formaggio della Cantabria affumicato con legno di ginepro dal sapore delicato.

il pesce è presente su tutta la costa e – oltre alle più note specie ittiche che vivono nelle acque del Mediterraneo – la cucina di questa regione utilizza anche i pesci portati dai pescherecci che si spingono nell'Oceano Atlantico. Il risultato è che oltre ai soliti pesci, in Andalusia troverete il *pez espada* (pesce spada), il *cazón* (un pesce simile al palombo che si nutre di molluschi dal sapore forte, quasi dolce), le *salmonetes* (triglie) e le *tortillas de camarones* (frittelle di gamberi).

Un'altra caratteristica di questa regione consiste nel fatto che la temperatura è sempre mite e in estate il sole arde con una ferocia che non ha uguali in tutta la Penisola Iberica. Una delle preoccupazioni principali degli abitanti è quindi quella di combattere il caldo e a tal fine non c'è nulla di meglio del *gazpacho andaluz*, una minestra fredda di cui esistono diverse versioni. La base è quasi sempre costituita dai pomodori, dall'aglio, dall'aceto e dall'olio d'oliva, a cui è possibile aggiungere peperoni e pane, mentre alcuni cuochi usano esclusivamente l'aceto di sherry. Il nostro parere? Sono tutte buone. Altre minestre fredde tipiche di questa regione sono l'*ajo blanco* (gazpacho bianco, preparato con mandorle e senza pomodoro) e il *salmorejo cordobés* (zuppa fredda di Córdoba a base di pomodori e pane). Un'ultima cosa: tenete presente che si tratta di piatti freddi. *Non* commettete lo stesso errore di un turista che a Siviglia ha mandato indietro il gazpacho chiedendo che venisse riscaldato.

Il dolce natalizio più diffuso in Spagna è il *turrón*, un torrone preparato con miele, mandorle e zucchero secondo una ricetta del XIV secolo.

L'Andalusia è anche la patria spirituale della corrida e durante la stagione (da maggio a settembre) i bar e i ristoranti annunciano fieramente '*hay rabo de toro*', un'espressione che significa approssimativamente 'abbiamo la coda di toro, per chi non solo ama vedere la corrida ma apprezza anche la sua cruenta conclusione'. Se non si pensa alla provenienza, dobbiamo riconoscere che è davvero buona.

Vegetariani e vegani

Gli spagnoli amano molto la carne, il pesce e i frutti di mare e – specialmente le persone più anziane – non mostrano molta comprensione nei confronti di chi ha abbracciato la filosofia vegetariana. Questo atteggiamento ha avuto come conseguenza una diffusione piuttosto limitata dei ristoranti vegetariani, in particolare al di fuori delle grandi città.

Detto questo, sebbene i vegetariani (e ancora di più i vegani) possano trovarsi in difficoltà in Spagna e alcuni piatti a base di verdure cotte vengano cucinati con il prosciutto, le abitudini alimentari degli spagnoli stanno lentamente cambiando e in tutte le regioni del paese hanno iniziato a comparire ristoranti vegetariani; la scelta è particolarmente ampia a Barcellona e a Madrid. In questa guida potrete facilmente individuare i ristoranti vegetariani, contrassegnati dal simbolo ✎.

The New Spain – Vegetarian & Vegan Restaurants di Jean Claude Juston è un compagno di viaggio indispensabile per i vegetariani e vegani che si recano in Spagna. È possibile acquistarlo presso L'Atelier (www.ivu.org/atelier).

In alternativa, nella cucina spagnola sono molto diffuse le insalate e in diversi ristoranti sono talmente sostanziose da poter addirittura sostituire un pasto. In alcuni locali si trovano anche la paella vegetariana e piatti quali le *verduras a la plancha* (verdure grigliate), i *garbanzos con espinacas* (ceci e spinaci) e molte specialità a base di patate come le *patatas bravas* (potate con una salsa di pomodoro leggermente piccante) e le *tortillas de patatas*. L'ampia diffusione dei legumi permette di trovare facilmente anche le *lentejas* e le *judías* e non avrete alcuna difficoltà a reperire ovunque *pan* (pane), *quesos* (formaggi), *alcachofas* (carciofi) e *aceitunas* (olive). Di solito, le *tascas* propongono un assortimento di piatti vegetariani più vasto rispetto ai ristoranti classici.

Se in Spagna i vegetariani proveranno la sensazione di appartenere a una specie rara, ai vegani sembrerà quasi di essere arrivati da un altro pianeta. Per evitare sgradevoli sorprese, chiedete sempre se i piatti che avete ordinato contengono *huevos* (uova) o *productos lácteos* (latticini).

Abitudini a tavola

Nel bene e nel male, i camerieri spagnoli lasciano raramente indifferenti. Nei ristoranti più eleganti sono in genere giovani, cortesi e attenti alle esigenze del cliente, mentre nei locali più tradizionali questo mestiere – spesso mal retribuito – è appannaggio esclusivo di personale anziano in giacca bianca e farfallino che nei propri modi non contempla la gentilezza, rivelandosi spesso alquanto burbero. Nei locali di questo genere vedrete i camerieri trascinarsi tra i tavoli con l'aria di avere sulle spalle il peso del mondo intero, come se stessero sopportando le fatiche di Sisifo, al punto che cercare di richiamare la loro attenzione potrebbe rivelarsi un'impresa quasi impossibile. Peraltro, questi camerieri conoscono molto bene la cucina spagnola al punto che – se parlate lo spagnolo – potrebbero rivelarsi molto utili nella scelta dei piatti.

I baristi si collocano più o meno a metà di questi due estremi; in particolare, possono essere tanto informali quanto competenti, e una loro caratteristica molto diffusa consiste nell'abitudine di comunicare a voce molto alta le ordinazioni in cucina, un fatto che contribuisce a vivacizzare l'atmosfera.

Nei ristoranti più modesti può capitare che vi vengano lasciate le stesse posate per tutto il pasto: in questo caso, al termine di ogni portata mettetele da parte e il cameriere vi porterà via solo il piatto.

Quasi tutti i viaggiatori stranieri si lamentano non tanto della qualità della cucina spagnola, quanto degli orari dei pasti. La *comida/almuerzo* (pranzo), che costituisce il pasto principale della giornata e sarebbe quindi da consumare in tutta tranquillità, solo di rado comincia prima delle 14 (di solito le cucine dei ristoranti restano aperte fino alle 16), mentre per la cena pochi spagnoli penserebbero di mettersi a tavola prima delle 21.30. Nell'attesa, sappiate che molti bar servono tapas e *raciones* per tutto l'arco della giornata. Un'alternativa molto valida è costituita dai *bocadillos* (panini imbottiti). Se non avete voglia di mangiare un pasto completo, una buona soluzione può essere offerta dal *plato combinado,* nella maggior parte dei casi un piatto a base di carne e tre verdure.

Per quanto riguarda le mance, in genere gli spagnoli lasciano qualche moneta o circa €1 per persona.

Vino

Gli spagnoli accompagnano sempre i pasti con un vino del loro paese. Fedelissimi alla produzione enologica nazionale, gli spagnoli si do-

IL MENÚ DEL DÍA, L'AMICO DEI VIAGGIATORI

Un ottimo sistema per contenere le spese del pranzo nei giorni feriali consiste nell'ordinare il *menú del día,* un menu fisso (che di solito prevede qualche possibilità di scelta), il cui prezzo comprende tre portate, acqua, pane e vino. Di solito, il prezzo di un pasto di questo tipo parte da circa €10, ma negli ultimi tempi la maggior parte dei ristoranti spagnoli si è attestata su una media di €12. Dopo aver chiesto il *menú del día*, vi verrà consegnato un menu comprendente cinque o sei antipasti, lo stesso numero di portate principali e qualche dessert, dal quale dovrete scegliere un piatto per ogni categoria. Tenete presente che è possibile ordinare due antipasti, ma non due portate principali. Per quanto possa essere sostanzioso, in genere il *menú del día* non include le specialità del ristorante, che possono essere ordinate solo *à la carte*.

Il *menú del día* nasce dal fatto che durante i giorni feriali solo pochi spagnoli hanno il tempo di andare a pranzare a casa. Dal momento che portarsi il pranzo da casa non è ritenuto socialmente accettabile, quasi tutti finiscono per andare al ristorante e un pasto di tre portate con menu fisso permette loro di mangiare come a casa senza dilapidare una fortuna.

CORSI DI CUCINA

In ogni parte della Spagna vengono organizzati corsi di cucina di alto livello:

Alambique Questa scuola di Madrid propone corsi di cucina spagnola e internazionale.

Apunto – Centro Cultural del Gusto Questa scuola di Madrid propone diversi corsi divertenti. Tenete presente che per prendervi parte è indispensabile avere una discreta conoscenza dello spagnolo.

Catacurian (negli Stati Uniti ☎1-866 538 3519, in Spagna ☎93 802 2660; www.catacurian.com; Carrer del Progres 2, El Masroig, Tarragona, Catalogna) La Catacurian organizza corsi di enologia e di cucina di durata compresa tra uno e sei giorni nella regione vinicola di Priorat. La chef catalana Alicia Juanpere e il suo socio americano Jonathan Perret propongono visite guidate e tengono lezioni in inglese.

Cook and Taste Considerata una delle migliori scuole di cucina di Barcellona, la Cook and Taste organizza anche corsi della durata di mezza giornata.

Cooking Club (☎91 323 29 58; www.club-cooking.com, in spagnolo; Calle de Veza 33, Madrid) L'apprezzato programma dei corsi del Cooking Club prende in esame diversi stili culinari.

Dom's Gastronom Cookery School (☎93 674 51 60; www.domsgastronom.com; Passeig del Roser 43, Valldoreix, Barcellona) Lo chef cordon-bleu Dominique Heathcoate è specializzato nelle cucine catalana, spagnola e francese.

L'Atelier Lo chef vegetariano Jean-Claude Juston (che ha lavorato presso la Neal's Yard Bakery e altri celebri locali vegetariani di Londra) organizza corsi di cucina vegetariana nella sua accogliente guesthouse situata nelle magiche valli di Alpujarras, in Andalusia.

mandano spesso (e non a torto) per quale ragione dovrebbero bere vini stranieri, quando i loro vigneti ne producono di eccellenti e in quantità molto abbondanti.

Il vino rosso da tavola che incontrerete più spesso sarà probabilmente quello della Rioja, regione vinicola situata nella parte settentrionale della Spagna. Il vitigno principale di questa regione è il Tempranillo, che secondo molti deriverebbe dal Pinot Noir. Il vino che se ne ricava è morbido, fruttato e solo in rari casi secco come il suo presunto equivalente francese. Per essere certi di scegliere un vino di buon livello, vi consigliamo di acquistare bottiglie che riportino sull'etichetta la denominazione 'DOC Rioja'. Meritano di essere prese in considerazione anche le regioni di Ribera del Duero (Castiglia e León), Navarra, Aragona (soprattutto i vini di Somontano) e quella di Valdepeñas, nella zona meridionale della Castiglia-La Mancia, i cui vini sono famosi più per la quantità che la qualità, ma che in genere produce bottiglie di buon livello a prezzi contenuti.

Considerato il miglior sito web dedicato al vino spagnolo, Wines from Spain (www.winesfromspain.com) contiene diverse sezioni che illustrano la storia, le varietà di uva e le regioni enologiche del paese. In italiano si può consultare il sito www.vinidispagna.com, a cura del CPAV (Centro di Promozione dei Prodotti Alimentari e Vini di Spagna).

Per quanto riguarda i vini bianchi, gode di buona considerazione il Ribeiro della Galizia. Dalla stessa zona proviene anche uno dei bianchi migliori della Spagna, l'Albariño, un vino frizzante, secco e fresco che rappresenta una vera rarità nel panorama enologico spagnolo perché è designato con il nome del vitigno invece che con quello della regione. La zona di Penedès, in Catalogna, produce bianchi fermi e frizzanti come il *cava,* lo spumante che per tradizione viene usato per il brindisi di Natale.

Prodotto unicamente in Andalusia, lo sherry è considerato il liquore più rappresentativo della Spagna ed è presente in ogni bar, *tasca* e ristorante del paese. Lo sherry secco – chiamato *fino* – nasce come vino bianco senza particolari pregi dal vitigno Palomino, ma viene fortificato con un distillato d'uva che ne arresta la fermentazione e gli conferisce un gusto e un aroma molto caratteristici che si affinano con l'invecchiamento. Lo sherry viene bevuto come aperitivo o come vino da tavola con i frutti di mare. L'Amontillado e l'Oloroso sono più dolci e per questo indicati soprattutto per il dopocena. Il Manzanilla viene prodotto esclusivamente a Sanlúcar de Barrameda, nei pressi della costa

I MIGLIORI MUSEI DEL VINO SPAGNOLI

Gli uffici turistici delle principali regioni vinicole della Spagna possono indicarvi le *bodegas* (cantine) della zona e organizzano anche visite guidate alle aziende vinicole, tuttavia i luoghi migliori in cui iniziare ad approfondire le proprie conoscenze con il vino spagnolo sono senza dubbio i musei indicati di seguito. Molti dispongono di installazioni interattive e permettono di assaporare gli aromi dei diversi vitigni. In molti casi vengono offerte degustazioni e tutti i musei vi aiuteranno a collocare le aziende vinicole che visiterete nel giusto contesto storico.

» Museo del Vino, Haro – La Rioja
» Dinastía Vivanco, Briones (Museo de la Cultura del Vino) – La Rioja
» Quaderna Via, Estella – Navarra
» Museo de la Viña y el Vino de Navarra, Olite – Navarra
» Museo Provincial del Vino, Peñafiel – Ribera del Duero
» Espacio de Vino, Barbastro – Somontano, Aragona
» Museo del Vino, Cariñena – Cariñena, la regione vinicola più grande dell'Aragona.

dell'Andalusia sud-occidentale, e sviluppa un gusto leggermente salato che risulta molto gradevole. Quando lo ordinate ricordate di dire *'vino de Manzanilla'*, in quanto il termine *manzanilla* significa camomilla. Per trovare le varietà migliori, vi consigliamo di visitare diverse bodegas (cantine) a Sanlúcar, a Jerez de la Frontera e a El Puerto de Santa María.

La produzione vinicola spagnola vanta una storia molto lunga, in quanto la viticultura fu introdotta in Andalusia dai fenici intorno al 1100 a.C.

Per concludere, una citazione a parte spetta alla famosa sangria. Non aspettatevi molto da questa bevanda, in quanto è stata inventata per smaltire le eccedenze di vino. Di solito viene preparata mescolando vino rosso con succo e scorza di agrumi, un pizzico di cannella, abbondanti quantità di zucchero e – a volte – un goccio di rum.

VINO

Classificazione dei vini spagnoli

Fatta eccezione per le Asturie e la Cantabria, tutte le regioni autonome della Spagna ospitano zone vinicole riconosciute. Di fronte a una scelta così vasta e al fatto che il nome dei vini spagnoli è legato più alla regione o alla classificazione che al vitigno, acquisire un piccolo bagaglio di conoscenze in merito può rivelarsi di grande aiuto.

Il vino spagnolo è soggetto a un complicato sistema di classificazioni basato su una serie di denominazioni riportate sull'etichetta che vanno dal *vino de mesa* (vino da tavola) al *vino de la tierra*, prodotto in una zona vinicola riconosciuta ufficialmente. Se per un periodo prestabilito una zona soddisfa determinati standard (impianto delle vigne, coltivazione e invecchiamento), riceve la Denominación de Origen (DO; Denominazione di Origine). Attualmente la Spagna possiede 60 zone che producono vino DO.

Una regione che si distingue per caratteristiche particolari può fregiarsi della Denominación de Origen Calificada (DOC), una classificazione che suscita controversie, perché secondo alcuni operatori del settore dovrebbe valere solo per vini specifici e non per tutti i vini di una determinata zona. Attualmente, gli unici vini DOC provengono dalla Rioja, nella Spagna settentrionale, e dalla piccola zona di Priorat, in Catalogna.

Altre indicazioni importanti sulla qualità riguardano l'invecchiamento, specialmente quando avviene in botti di rovere. Per questo motivo, i vini migliori recano spesso l'indicazione '*crianza*' (invecchiato un anno in botti di rovere), '*reserva*' (due anni di invecchiamento, di cui almeno uno in botti di rovere) e '*gran reserva*' (due anni in botti di rovere e tre in bottiglia).

Glossario gastronomico

a la parrilla	alla griglia
aceitunas	olive
adobo	marinata
aguacate	avocado
ajo	aglio
albóndiga	polpette
arroz	riso
asado	arrosto
bacalao	baccalà
berenjena	melanzana
bistec	bistecca
bocadillo	panino imbottito (in genere senza burro)
boquerones	acciughe marinate nell'aceto di vino
butifarra	salsiccia
cabrito	capretto
calamares	calamari
caldo	brodo
callos	trippa
camarón	gamberetto
caracol	lumaca
cebolla	cipolla
cerdo	maiale
chorizo	salsiccia rossa piccante
chuleta	costoletta
churro	frittella di forma allungata
cochinillo	maialino da latte
codorniz	quaglia
coliflor	cavolfiore
conejo	coniglio
confitura	marmellata
cordero	agnello
empanadilla	tortino salato o dolce
ensalada	insalata
escabeche	sott'aceto, marinata
estofado	stufato
frito	fritto
galleta	biscotto
granada	melagrana
helado	gelato
langosta	aragosta
langostino	gamberone
leche	latte
lechuga	lattuga
lomo	lombo (di maiale, salvo diversa indicazione)
maíz	mais
mantequilla	burro

manzana	mela
mejillones	molluschi
menú del día	menu del giorno
merluza	merluzzo
miel	miele
morcilla	sanguinaccio
naranja	arancia
ostra	ostrica
paella	piatto a base di riso con numerose varianti regionali
pan	pane
pastel	dolce
pato	anatra
pescaíto frito	pesce fritto
pil pil	salsa all'aglio con peperoncino
pimentón	paprika
pimiento	pepe, peperoncino
plátano	banana
platija	passera di mare
plato combinado	piatto misto
queso	formaggio
raciones	porzioni abbondanti di tapas
relleno	ripieno
riñón	rognone
salsa	salsa
sandía	anguria
sesos	cervella
seta	fungo selvatico
solomillo	filetto (in genere di maiale)
sopa	zuppa
tarta	torta
ternasco	costolette di agnello
ternera	vitello
tortilla de patatas	frittata di patate e cipolle
trucha	trota

I prodotti della terra

a cura di Terra Madre

L'associazione internazionale Slow Food, nata in Italia nel 1986, conta oggi più di 100.000 soci in oltre 150 paesi di cinque continenti e opera per preservare e promuovere metodi di produzione alimentare sostenibili in armonia con la natura, il paesaggio, la tradizione. Dal 2003 la Fondazione Slow Food per la Biodiversità Onlus lavora per un'agricoltura sostenibile, rispettosa dell'ambiente, dell'identità culturale dei popoli, della salute dei consumatori e del benessere animale.

Ed è così che nasce nel 2004 il progetto **Terra Madre**, una rete mondiale costituita da tutti coloro che si impegnano a favorire la conservazione e il rafforzamento di una produzione di cibo sostenibile. I primi nodi di questa rete sono stati i Presìdi, le comunità del cibo e i Mercati della Terra, cui si sono poi aggiunti i cuochi, i rappresentanti del mondo accademico, i giovani e i gruppi musicali legati al mondo rurale.

Al centro del loro impegno c'è un'attenzione particolare per i territori, per le varietà vegetali e le specie animali che hanno permesso nei secoli di preservare la fertilità delle terre. Nel loro quotidiano le comunità di Terra Madre danno concretezza al concetto di *buono*, *pulito* e *giusto*, dove *buono* si riferisce alla qualità e al gusto degli alimenti, *pulito* ai metodi di produzione rispettosi dell'ambiente, *giusto* alla dignità e alla giusta remunerazione dei produttori.

In molte delle nostre guide i viaggiatori italiani troveranno questo contributo che li guiderà alla scoperta di aspetti preziosi del viaggiare in modo consapevole: le tecniche di lavorazione e i prodotti tradizionali che rischiano di scomparire per sempre. Dunque tante informazioni sui prodotti e sulle aziende che nel mondo operano con il giusto spirito.

» Dagli olivi millenari del Maestrat deriva l'olio del Presidio Slow Food

I Presìdi e alcune comunità del cibo in Spagna centrale e meridionale

Presidio dell'olio extravergine di olivi millenari del Maestrat

La cultivar tradizionale del Maestrazgo (El Maestrat in valenciano) della provincia di Castellón, è la farga, di cui esistono oggi circa 3000 splendidi esemplari di più di 1000 anni. Alcuni anni fa questi olivi millenari, richiesti per decorare giardini e piazze, hanno cominciato a essere sradicati e trapiantati altrove, deturpando una ricchezza unica. Per preservare il paesaggio del Maestrat e la sua cultura, dal 2003 il gruppo Intercoop con la cooperativa Clot d'en Simó produce e commercializza un olio ricavato da sole olive di alberi millenari. È stata anche avviata un'iniziativa di turismo cooperativo che include visite al frantoio, degustazioni dei prodotti e passeggiate tra gli alberi monumentali.

Area di produzione: Comarca del Maestrat, provincia di Castellón, Comunidad Valenciana
Referente del Presidio: Nacho Landerer; ✆+34 699875843; nacho@viarural.org

Produttori di pomodoro viola di Ademuz

Il pomodoro viola di Ademuz è una varietà tradizionale bene adattata alle temperature, al terreno e agli infestanti presenti nella zona. Le piante producono frutti con pelle molto sottile coperta da rughe e cicatrici. La varietà è stata selezionata per l'eccellenza del sapore, nonostante il suo aspetto.

Area di produzione: Castielfabib, Comunidad Valenciana **Referente della comunità:** Ignacio Landerer Vasquez; ✆+34 699875843; info@elrincondelabiodiversidad.org

Produttori di mela esperiega di Ademuz

La regione di Ademuz è nota anche per la coltivazione di mele (esperiega, miguela, normanda, ricarda, garcia, comadre). La riscoperta della mela esperiega è legata agli sforzi di un gruppo di giovani agricoltori, riuniti nella cooperativa valenciana Virgin de la Huerta. Data la consistenza e la composizione della polpa, si adatta bene alla cottura.

Area di produzione: Rincón de Ademuz, Comunidad Valenciana **Referente della comunità:** Dunia Casino Herrero; ✆+34 609654592; duniacasino@gmail.com

Produttori di arachidi del collaret

Cinque città si sono riunite per preservare dall'estinzione la produzione dell'arachide del collaret. Attualmente gli agricoltori riescono a coltivarle su un solo ettaro di terra. L'arachide presenta un caratteristico restringimento nel centro fra i grani, come se indossasse una strettissima collana, il collaret appunto, che dà origine al nome.

Area di produzione: Alginet, Almussafes, Benifaió, Silla e Sollana, Comunidad Valenciana **Referente della comunità:** Ruiz Perez Jose Miguel; ✆+34 636624853; info@laseudenia.com

» Il pomodoro cuarentena è un'antica varietà locale della Comunidad Valenciana

» L'oliva farga è la cultivar tradizionale del Maestrazgo

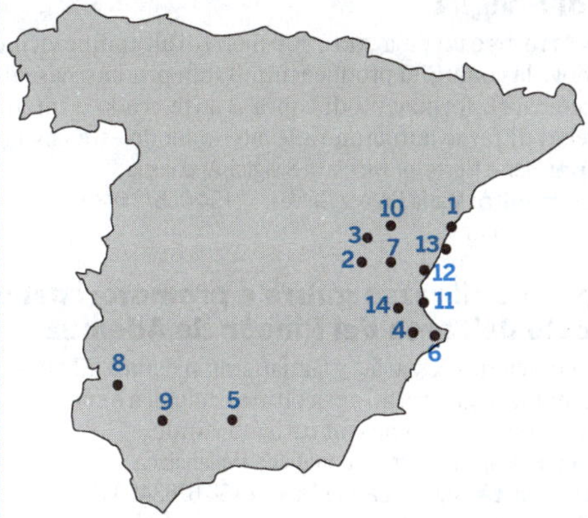

Legenda

1 Presidio dell'olio extravergine di olivi millenari del Maestrat
2 Produttori di pomodoro viola di Ademuz
3 Produttori di mela esperiega di Ademuz
4 Produttori di arachidi del collaret
5 Coltivatori di carota mora di Cadice
6 Produttori di uva passa atzebib di Dénia
7 Produttori di formaggio della Sierra de Espadán
8 Coltivatori di pomodoro rosato del Parque Natural Sierra de Aracena y Picos de Aroche
9 Produttori di formaggio di capra a latte crudo nella Sierra Norte di Siviglia
10 Allevatori di pecora di razza guirra e promotori dello sviluppo agricolo dell'area del Rincón de Ademuz
11 Coltivatori di cipolla della varietà seva monquelina
12 Produttori di olio extravergine di oliva della Sierra de Espadán
13 Coltivatori di melo del pinyonet
14 Coltivatori di pomodoro cuarentena

Coltivatori di carota mora di Cadice

Una cooperativa commercializza carote della varietà zanahoria morá, introdotta dagli Arabi quando arrivarono nella provincia di Malaga. Ricca di vitamine e sali minerali, è molto legata al territorio, ma la produzione è andata col tempo in declino e oggi è in via di estinzione.

Area di produzione: Cuevas Bajas, provincia di Málaga, Andalusia **Referente della comunità:** María Carmen Ramírez Valiente; ✆+34 952872747; agroalimentaria@caderserraniaderonda.com

Produttori di uva passa atzebib di Dénia

Questa comunità a conduzione familiare produce uva passa dalla varietà moscatel romano, introdotta dai Romani, ma che gli Arabi furono i primi a essiccare su terrazzamenti al sole. Oggi si usano il metodo tradizionale e gli strumenti del XIX secolo come il riu rau, caratteristica costruzione rurale che consente di proteggere le uve dai temporali estivi.

Area di produzione: Gata de Gorgos, provincia di Alicante, Comunidad Valenciana **Referente della comunità:** Josep Marco Sansano; ✆+34 961782082; josep@marcosansano.com

Produttori di formaggio della Sierra de Espadán

Nel Parco Naturale della Sierra de Espadán, questa comunità produce formaggi a latte crudo come il queso tronchón, citato persino nel Don Quijote, il queso espadán, stagionato in corteccia, e il peña blanca, dal retrogusto complesso e intenso.

Area di produzione: Almedíjar, provincia di Castellón, Comunidad Valenciana **Referente della comunità:** Angel Valeriano Rojo; ✆+34 964137050; angel@queserialoscorrales.com

Coltivatori di pomodoro rosato del Parque Natural Sierra de Aracena y Picos de Aroche

Naturalisti e gruppi religiosi di ritorno dalle Indie Occidentali importarono il pomodoro rosato nel XVI secolo. Due associazioni vendono oggi i pomodori in vasetti di terracotta, confetture di pomodori rosa e di fichi, mele cotogne e arance.

Area di produzione: Almonaster la Real, provincia di Huelva, Andalusia **Referente della comunità:** Balduino Hernández Pi; ✆+34 954085289; balduinopi21@hotmail.com; info@vengaong.es

Produttori di formaggio di capra a latte crudo nella Sierra Norte di Siviglia

Castilblanco de los Arroyos è un villaggio a 300 metri di altitudine vicino alla Sierra Norte, dove la comunità produce inimitabili prodotti caseari come il castilblanco caprí, formaggio di capra a latte crudo e intero, proveniente da greggi di razze autoctone allevate in modo estensivo.
Area di produzione: Sierra Norte, provincia di Siviglia, Andalusia
Referente della comunità: María Orzáez Gálvez; ✆+34 955734889; info@lacteos-mare-nostrum.com

Allevatori di pecora di razza guirra e promotori dello sviluppo agricolo dell'area del Rincón de Ademuz

La cooperativa Explotaciones Agrarias y Ganaderas si dedica all'allevamento della pecora di razza guirra, all'agricoltura ecologica e sperimentale, alla raccolta di erbe aromatiche e al turismo rurale.
Area di produzione: Rincón de Ademuz, Comunidad Valenciana
Referente della comunità: Andrea Casino Alba; ✆+34 676845049; carmenalbayus@telefonica.net

Coltivatori di cipolla della varietà seva monquelina

Meno di un ettaro di terra arenaria rossa è utilizzato per coltivare la cipolla seva monquelina. È in corso la creazione di una cooperativa che si occuperà della produzione e della promozione.
Area di produzione: Benifaiò, Comunidad Valenciana **Referente della comunità:** Josep Marco Sansano; ✆+34 687759183; josep@marcosansano.com

Produttori di olio extravergine di oliva della Sierra de Espadán

Principale attività della Cooperativa della Vall de Almonacid è la spremitura delle olive serrana de Espadán, rustiche e resistenti, con frutto maturo nero, asimmetrico e di dimensioni medie, di forma ellittica e le estremità leggermente appuntite. Gli alberi di questa varietà iniziano a produrre il frutto più tardi rispetto agli altri.
Area di produzione: Provincia di Castellón, Comunidad Valenciana
Referente della comunità: Germán Torres Bonet; ✆+34 687966435; olocager24_555hello@hotmail.com

Coltivatori di melo del pinyonet

Il melo del pinyonet o 'melone di tutto l'anno' è un frutto dalla polpa compatta e croccante che maturando si ammorbidisce diventando quasi trasparente. Si raccoglie a fine agosto, quando i frutti si ammucchiano in casa dove si lasciano riposare e seccare lievemente. Dopo circa 15 giorni i meloni sono appesi con una corda al tetto e lasciati riposare per essere consumati fino a dicembre.
Area di produzione: Marina Alta, Comunidad Valenciana **Referente della comunità:** Vicente Martín Ronda; ✆+34 696938232; Vicent@drdsociallab.com

Coltivatori di pomodoro cuarentena

Dal ritrovamento di una zucca piena di semi di pomodoro cuarantena nella soffitta di una casa di un contadino è iniziato il recupero della varietà. La produzione spazia dal pomodoro fresco alle marmellate, dall'essiccazione all'imbottigliamento con antiche tecniche che permettono di conservarlo fino alla stagione successiva.
Area di produzione: Alginet, Ribera Alta del Júcar, Comunidad Valenciana
Referente della comunità: Josep Marco Sansano; ✆+34 687759183

Cultura

Carattere nazionale

Più di cinque secoli di unità nazionale non sono riusciti ad annullare i tratti distintivi che caratterizzano le diverse regioni del paese; nonostante questo, anche gli spagnoli non possono sottrarsi ad alcune generalizzazioni che vengono loro attribuite. I viaggiatori che visitarono il paese negli anni '60, durante il regime franchista, con ogni probabilità percepirono il clima di diffusa insoddisfazione e di avvilimento che serpeggiava tra la popolazione. Ma da allora la situazione è profondamente cambiata.

Da San Sebastián a Siviglia, gli spagnoli sono accomunati dal gusto per la festa. Il calendario nazionale presenta infatti una serie interminabile di giorni festivi e di celebrazioni che, a prescindere dalla loro origine sacra o profana, costituiscono sempre un'occasione più che valida per bere, mangiare e divertirsi. Va comunque detto che gli spagnoli non hanno neppure bisogno di un pretesto per festeggiare, in quanto soprattutto chi abita in città attribuisce una grande importanza al lato ludico della vita. La filosofia del *carpe diem* accomuna il popolo della notte che frequenta le discoteche alla moda di Ibiza e la folla che si scatena nelle strette Siete Calles di Bilbao. Con ogni probabilità, l'origine di questo diffuso desiderio di evasione va rintracciato nella precarietà della vita quotidiana che ha caratterizzato per secoli questa nazione dalla storia travagliata.

Un viaggio in Spagna rappresenta l'occasione ideale per conoscere la straordinaria varietà di caratteri regionali che contraddistingue questa nazione; per esempio, se i castigliani – che abitano nell'entroterra del paese – sono spesso taciturni e poco espansivi, i loro vicini andalusi sono celebri per la loro cordialità e sono sempre disposti a scambiare qualche chiacchiera sorseggiando un buon bicchiere di sherry, un modo di fare che tradisce un atteggiamento estroverso e spesso imprevedibile. Nella parte nord-orientale del paese, i catalani sono noti per il loro infallibile senso degli affari e per la tenace dedizione al lavoro. Più a ovest, i fieri baschi in un primo tempo possono mostrare un atteggiamento scontroso ma, una volta rotto il ghiaccio, si rivelano spesso espansivi e ospitali.

Madrid è la città che fornisce il quadro più completo del carattere nazionale spagnolo, dal momento che la sua storia è stata contraddistinta per secoli dall'immigrazione proveniente da ogni parte del paese e i suoi abitanti incarnano il tipico atteggiamento di chi vive in una grande capitale: ritmi di lavoro intensi durante il giorno, voglia di divertirsi e di fare tardi di sera e curiosità nei confronti degli stranieri.

Popolazione

La Spagna è uno dei paesi meno densamente popolati dell'Europa occidentale, con circa 92 abitanti per chilometro quadrato e un totale di 46,5 milioni di abitanti (stima del 2009).

Per molto tempo gli spagnoli sono stati considerati tra le persone più basse di statura e più magre d'Europa, tuttavia uno studio del 2008 ha smentito definitivamente questo stereotipo, dimostrando che dai primi anni del XX secolo l'altezza media degli uomini è cresciuta di ben 14 cm. Oggi le generazioni più giovani sono alte, in media, più o meno quanto gli altri europei.

Secondo un'indagine effettuata nel 2006 dall'Eurostat, nel 2050 la Spagna sarà il paese dell'Unione Europea con la più alta percentuale di persone di età superiore ai 65 anni.

Negli ultimi anni, l'immigrazione ha fatto aumentare notevolmente la popolazione spagnola. Nel 2009 si stimava che gli immigrati ammontassero a più di 5,7 milioni di persone, pari a oltre il 12% della popolazione.

Agli spagnoli piace molto vivere in gruppo nelle metropoli, nelle città o nei *pueblos* (paesi), un'abitudine che con ogni probabilità deriva dalla passata esigenza di difendersi. Soltanto nei Paesi Baschi (e in una certa misura in Galizia) si vedono abitazioni isolate e piccoli appezzamenti di terreni coltivati sparsi nella campagna. Questa realtà si traduce nel fatto che città come Madrid e Barcellona registrano una densità demografica tra le più alte al mondo, mentre la campagna è pressoché deserta.

Le differenze regionali esistono ancora oggi. I popoli con l'identità più forte (i catalani, i baschi e – in misura minore – i galiziani) vivono ai margini della Castiglia, cuore della Spagna, e ognuno possiede una propria lingua e un movimento indipendentista.

Alcuni spagnoli ritengono che i rom siano l'unica vera minoranza etnica presente da lunga data nel loro paese. Secondo le ipotesi avanzate dagli studiosi, questo popolo originario dell'India avrebbe raggiunto la Penisola Iberica nel XV secolo. In Spagna sono presenti da 600.000 a 700.000 rom, oltre la metà dei quali vive in Andalusia, e come negli altri paesi sono oggetto di discriminazione.

A partire dalla metà degli anni '90 la Spagna, che per molto tempo era stata una grande esportatrice di immigrati (gli spagnoli sono stati definiti i 'marocchini degli anni '50' da Rosa Montero, una delle scrittrici e giornaliste più celebri del paese), ora si trova ad affrontare una nuova realtà: la multiculturalità.

Il massiccio afflusso di immigrati ha infatti mutato profondamente la composizione etnica del paese, che prima dell'inizio di questo fenomeno era rimasta sostanzialmente omogenea, nonostante le differenze regionali. Dal 2000 a oggi la popolazione spagnola è passata da circa 40 milioni a oltre 46 milioni di abitanti, un aumento dovuto quasi interamente all'immigrazione.

In questo paese un tempo ultracattolico oggi vivono circa 1,2 milioni di musulmani, mentre oltre un milione di persone originarie delle ex colonie spagnole dell'America Latina è tornato a reclamare il proprio diritto di appartenenza alla madrepatria.

Sebbene i giornali abbiano riportato alcuni casi di tensioni razziali, finora l'esperimento spagnolo nell'accoglienza degli immigrati non ha generato problemi di particolare gravità. Negli ultimi tempi le vie delle città spagnole hanno assunto nuove sfumature. In particolare, negli anni '80 Madrid aveva un ambiente per lo più uniforme, mentre oggi risuona del brusio di varie lingue e le persone che le parlano hanno portato con sé nuovi sapori. In ogni parte del paese troverete numerosi chioschi di kebab marocchini, ristoranti peruviani, call centre gestiti da personale argentino, camerieri filippini nei ristoranti e baristi provenienti dai paesi dell'Europa orientale nei caffè, mentre folle di facoltosi cittadini dell'Unione Europea in pensione vengono accuditi da loro connazionali nelle località balneari situate sulla costa.

L'immagine degli immigrati clandestini, che attraversano lo Stretto di Gibilterra o che seguono la più pericolosa rotta dell'Atlantico dalla

Mauritania e perfino dal Senegal alla volta delle Isole Canarie a bordo di bagnarole che stanno a malapena a galla, è diventata l'oggetto preferito delle lagnanze quotidiane di molti, tuttavia, gli allarmismi su questa 'invasione' si sono finora rivelati infondati. Al contrario, di gran lunga superiore è il numero di immigrati legali che arrivano con mezzi assai più comuni: in automobile attraverso il confine francese dei Pirenei e in aereo.

In genere, i controlli alle frontiere sono piuttosto superficiali e molti sudamericani non hanno bisogno di farsi rilasciare il visto per entrare in Spagna. Per superare il controllo passaporti, un clandestino non deve fare altro che fingersi turista. Questo fenomeno è sempre avvenuto con la connivenza di molte aziende, in quanto la forza lavoro degli immigrati clandestini costa molto meno di quella degli spagnoli.

Arti

Letteratura

Se ci si riferisce alla produzione letteraria in castigliano, è difficile parlare di una letteratura 'spagnola' prima del XIII secolo. Prima di quel periodo i trovatori che frequentavano le corti dell'Europa meridionale utilizzavano infatti il latino volgare, l'arabo e altre lingue, mentre i grandi scrittori e pensatori della Spagna dell'epoca – in gran parte dominata dai musulmani – scrivevano per lo più in arabo o in ebraico. La lirica araba era rappresentata soprattutto da versi d'amore, sul genere di quelli composti da Ibn Hazm (di cui si può leggere in italiano *Il collare della colomba*, Urra, Milano 2010), Ibn Zaydun di Córdoba e Ibn Ammar e Al-Mutamid, quest'ultimo re di Siviglia.

Tra tutte le opere letterarie spagnole del Medioevo, la più famosa è sicuramente *Cantare del Cid*, un poema epico scritto nel 1140 ma giunto ai giorni nostri in una versione del 1307. L'epopea del Cid Campeador, ovvero Rodrigo Díaz, le cui imprese culminano nella conquista di Valencia, non si pone tanto lo scopo di presentare fedelmente i fatti storici, quanto piuttosto di raccontare una bella storia di ardimento.

Con ogni probabilità, il più grande di tutti i poeti spagnoli fu Luis de Góngora (1561-1627), un artista che seppe forgiare le parole con una maestria in grado di vincere ogni tentativo di 'spiegazione' critica; i suoi versi sono considerati prima di ogni altra cosa una fonte di piacere dei sensi. Tra le sue opere meritano di essere segnalate *Le solitudini e altre poesie*, *Sonetti funebri*, *Sonetti* e la *Favola di Polifemo e Galatea*.

Il momento più alto della letteratura spagnola – oggi conosciuto con l'espressione Siglo de Oro ('secolo d'oro') – ebbe inizio intorno alla metà del XVI secolo e si protrasse fino alla metà del XVII secolo.

Con l'avvento della *comedia* a Madrid agli inizi del XVII secolo si affermarono alcuni dei più grandi drammaturghi del paese. Tra tutti, Lope de Vega (1562-1635) fu probabilmente il più prolifico, potendo vantare al suo attivo ben 800 opere tra testi teatrali e poesie, 300 delle quali sono giunte sino ai giorni nostri. Nei suoi fantasiosi drammi storici Lope de Vega denunciò l'ipocrisia della vita di corte e trattò argomenti politici. Tra le edizioni delle sue opere in lingua italiana merita di essere ricordato *Il cavaliere di Olmedo*, una delle opere più suggestive di questo autore, composta tra il 1620 e il 1625. Meno faceta è invece l'opera di Tirso de Molina (1581-1648), che nel dramma *L'ingannatore di Siviglia* diede vita all'immortale personaggio di Don Giovanni, un affascinante seduttore che va incontro a un terribile destino. Francisco de Quevedo (1580-1645) è autore di alcuni tra i più mordaci e divertenti brani di prosa scritti in Spagna nel XVII secolo. Intrisa di acredine, la sua *Vita del briccone* narra la vita non troppo edificante di un antieroe,

El Buscón. Tra le altre opere di Quevedo tradotte in italiano meritano di essere segnalate *Clio. Musa I* e *Sonetti amorosi e morali*.

Miguel de Cervantes Saavedra (1547-1616) – le cui vicende biografiche furono un continuo susseguirsi di prove, tribolazioni e peregrinazioni – per tutta la durata della sua vita ottenne uno scarso successo come autore di testi teatrali e di poesie, mentre oggi è unanimemente riconosciuto come il padre del romanzo. *El Ingenioso Hidalgo Don Quijote de La Mancha* (Don Chisciotte della Mancia), che nacque come racconto finalizzato a ottenere un rapido guadagno, in seguito trasformato da Cervantes in un romanzo epico; fu in questa forma che venne pubblicato nel 1605. Un cavaliere dell'*ancien régime* ridotto in rovina e il suo fedelissimo compagno Sancho Panza, anch'egli in miseria, intraprendono un viaggio attraverso i mali della loro epoca divenuto un'epopea immortale e universale.

Gli spagnoli dovettero attendere tre secoli prima che Cervantes trovasse un degno successore in Benito Pérez Galdós (1843-1920), un romanziere di grande talento che occupò nel panorama letterario spagnolo una posizione paragonabile a quella di Dickens in Inghilterra e di Balzac in Francia. I suoi romanzi e racconti spaziano dalla critica sociale alla semplice rappresentazione della società attraverso le vite dei suoi numerosi protagonisti. Le sue opere più mature, tra cui *Fortunata y Jacinta*, mostrano già una certa tendenza verso il naturalismo. Tra le altre opere di Galdós – alcune delle quali hanno ispirato il regista Buñuel – meritano di essere ricordate *Misericordia*, *Tristana*, *Alceste*, *Trafalgar*, *Racconti fantastici*, *Tormento* e *Nazarín*.

Nel catalogo della casa editrice torinese Einaudi troverete libri utilissimi per conoscere e approfondire la conoscenza degli scrittori spagnoli. Tra tutti, meritano di essere segnalati la *Biblioteca spagnola* di Francisco Rico (1994) e la *Storia della letteratura spagnola* di Álvar, Mainer e Navarro (2000; due volumi).

Miguel de Unamuno (1864-1936) fu una delle figure di spicco della cosiddetta Generazione del '98, un gruppo di scrittori e di artisti vissuti a cavallo del 1898, un anno particolarmente difficile per la Spagna, che dovette affrontare la perdita delle sue ultime colonie e la conseguente crisi economica. Unamuno è uno scrittore di difficile comprensione; tra le sue opere più accessibili meritano di essere segnalate le *Tre novelle esemplari*, imbevute di un esistenzialismo inquietante, come gran parte dei suoi romanzi e dei suoi testi teatrali, *Fedra*, *Nebbia* e *Verrà di notte e altre poesie*.

Qualche anno più tardi il panorama letterario spagnolo assistette alla breve ma intensa fioritura dell'andaluso Federico García Lorca (1898-1936), i cui versi e testi teatrali di ispirazione surrealista sono pervasi da una musicalità e da una sensibilità visiva davvero uniche. Il suo primo grande successo fu *El Romancero Gitano* (contenuto nel volume *Tutte le poesie e tutto il teatro*), una suggestiva raccolta di versi pubblicata nel 1928 e ispirata ai temi dell'Andalusia gitana, ricca di sorprendenti metafore ma caratterizzata dalla semplicità di un canto flamenco. Tra il 1933 e il 1936 a questa raccolta fecero seguito tre tragedie che consacrarono la fama di Lorca: *Nozze di sangue*, *Yerma* e *La casa di Bernarda Alba*, opere cupe e pervase da una insostenibile tensione drammatica dedicate ai temi della costrizione e della liberazione, della passione e della repressione. *Il mio segreto. Poesie inedite 1917-1919* è una raccolta di componimenti giovanili che Lorca scelse, conservò e catalogò insieme al fratello Francisco in vista della pubblicazione che non ebbe mai luogo a causa della morte dello scrittore, la cui breve carriera si interruppe tragicamente all'inizio della guerra civile, con la fucilazione da parte dei nazionalisti.

Uno dei pochi scrittori degni di nota che riuscirono a lavorare durante gli anni della dittatura franchista fu il romanziere galiziano Camilo José Cela (1916-2002), vincitore del premio Nobel per la letteratura. Il suo romanzo più importante, *La famiglia di Pascual Duarte*, dolente cronaca di una vita perduta e offuscata dal delitto ma mai priva di una sconsolata umanità, apparve nel 1942 e segnò la rinascita del romanzo realistico spagnolo. Si dice che dopo il *Don Chisciotte* quello di Cela sia il romanzo spagnolo più letto e tradotto nel mondo.

Letteratura contemporanea

La morte di Francisco Franco avvenuta nel 1975 ha messo fine alle soffocanti limitazioni a cui erano soggetti gli scrittori spagnoli. Va comunque detto che molti degli autori che poterono iniziare a lavorare in completa libertà erano già attivi in esilio negli anni della dittatura franchista. Juan Goytisolo (nato nel 1931) esordì nella corrente neorealistica, tuttavia le sue opere più mature, come *Señas de Identidad* (1966) e *Juan sin Tierra* (1975), sono decisamente più sperimentali, vantando nuovi moduli narrativi e aperture a culture diverse, tra cui quella araba. In italiano potete leggere *Oltre il sipario* e *Karl Marx Show*.

Nato in Murcia nel 1951, Arturo Pérez-Reverte fu per lungo tempo corrispondente di guerra e stimato in tutto il paese, diventando in seguito uno degli scrittori spagnoli più letti all'estero. Uno dei suoi ultimi romanzi, *Un Día de Colera* (Un giorno di collera; 2007), è un vivido resoconto dell'insurrezione scoppiata a Madrid nel maggio del 1808 contro le truppe d'occupazione napoleoniche. Di questo autore molto prolifico e assai amato in Italia segnaliamo solo gli ultimi titoli pubblicati nel nostro paese: *Capitano Alatriste*, opera che trasporta il lettore nel tumulto decadente della Madrid del XVII secolo (il capitano in questione è protagonista di diversi altri romanzi), *La tavola fiamminga*, *L'oro del re*, *La Regina del Sud* e *Purezza di sangue*.

Un altro scrittore che gode di un ampio seguito sia in Spagna sia all'estero è Javier Marías (nato nel 1951), che negli ultimi anni ha tenuto il paese con il fiato sospeso con la sua trilogia di 1500 pagine *Il tuo volto domani* (*Febbre e lancia / Ballo e sogno / Veleno e ombra e addio*), accolta da alcuni critici (ma non tutti) come il miglior romanzo spagnolo degli ultimi decenni. Tra i numerosi titoli disponibili in italiano, potete leggere anche *Tutte le anime*, *Un cuore così bianco* e *Domani nella battaglia pensa a me*, tutti legati dal filo rosso e imperioso della passione amorosa.

La madrilena Almudena Grandes (nata nel 1960) scrive regolarmente per *El País* ed è una delle scrittrici più celebri del paese. In *Cuore di ghiaccio* la Grandes illustra il torbido passato di un eminente uomo d'affari vissuto all'epoca di Franco e della Divisione Azzurra spagnola, inviata in Russia a combattere a fianco dei nazisti. Tra i numerosissimi lavori della Grandes meritano di essere segnalati *Le età di Lulù*, da cui nel 1990 il regista Bigas Luna trasse l'omonimo film, *Il ragazzo che apriva le fila* e *Troppo amore*.

Considerato uno degli scrittori più prolifici di Barcellona, Manuel Vázquez Montalbán (1939-2003) è celebre soprattutto per la serie di romanzi gialli che hanno come protagonista Pepe Carvalho e per diversi altri thriller. Tra le opere che vedono protagonista Pepe Carvalho meritano di essere citati *Assassinio al Comitato Centrale*, *Gli uccelli di Bangkok*, *Millennio. 1 – Pepe Carvalho sulla via di Kabul* e *Millennio. 2 – Pepe Carvalho, l'addio*, che compongono l'ultima opera dell'autore, in cui si svela la vera natura erratica del protagonista.

La Città dei prodigi, di Eduardo Mendoza (nato nel 1943), è un romanzo avvincente e talvolta bizzarro ambientato a Barcellona nel periodo compreso tra l'Esposizione Universale del 1888 e l'Esposizione Mondiale del 1929. La sua fatica più recente, *L'incredibile viaggio di Pomponio Flato*, è una via di mezzo tra un romanzo storico ambientato nel periodo romano, un giallo e una mordace satira della letteratura popolare moderna. Tra i numerosi lavori di Mendoza tradotti in italiano segnaliamo *Il tempio delle signore*, ambientato nella Barcellona postolimpica, *Il mistero della cripta stregata* e *La verità sul caso Savolta*.

Dopo lo sfrenato successo ottenuto con *L'ombra del vento*, Carlos Ruiz Zafón (nato nel 1964), romanziere originario di Barcellona e residente negli Stati Uniti, nel 2008 ha lanciato con una vasta campagna pubblicitaria il suo secondo bestseller, *Il gioco dell'angelo*. Il primo è un coinvolgente poliziesco ambientato nella Barcellona del XX secolo che si svolge su diversi piani narrativi, mentre il secondo è un romanzo fantasy incentrato sul cimitero dei Libri Dimenticati, che compare nel libro precedente. Di questo autore potete leggere in italiano anche *Marina* e *Il palazzo della mezzanotte*.

Julia Navarro (nata nel 1953) ha riscosso un grande successo con i suoi tre romanzi di carattere storico-religioso: *La fratellanza della sacra Sindone*, *La Bibbia d'argilla* e il più recente, *Il sangue degli innocenti*. Negli ultimi tempi il genere del romanzo storico ha conosciuto un prepotente ritorno di fiamma, che ha spinto diversi scrittori finora sconosciuti a immettere sul mercato storie di misteri e di intrighi; tra costoro meritano di essere ricordati Ildefonso Falcones (nato nel 1945), autore di *La cattedrale del mare* e *La mano di Fatima*, Javier Serra (nato nel 1971), il cui *La Cena segreta* è diventato un bestseller in patria, e Matilde Asensi (nata nel 1962), che vanta al proprio attivo numerosi romanzi, tra cui *La camera d'ambra*, *Tutto sotto il cielo*, *Terra ferma*, *L'origine perduta* e *Iacobus*.

Lo spavaldo Capitán Alatriste di Arturo Pérez-Reverte è anche il protagonista di un film tra i più costosi nella storia del cinema spagnolo, *Il destino di un guerriero* (2006), con Viggo Mortensen.

Cinema e televisione

Luis Buñuel (1900-83), vera e propria icona del cinema mondiale, iniziò la propria carriera con un inquietante cortometraggio surrealista, *Un chien andalou* (1929), realizzato in collaborazione con Salvador Dalí. Negli anni della dittatura franchista Buñuel andò in esilio in Messico, dove girò la maggior parte delle sue pellicole successive. Tra i suoi maggiori successi meritano di essere ricordati *Bella di giorno* (1967), *Il fascino discreto della borghesia* (1972) e l'ultimo lavoro, *Quell'oscuro oggetto del desiderio* (1977), non meno audace dei precedenti, che sferra un feroce attacco contro la morale borghese e bigotta. Gli appassionati dell'opera del regista andaluso possono procurarsi il volume *Luis Buñuel* di Alberto Cattini (Il Castoro, Milano 2006).

Un classico sfuggito alle maglie della censura franchista fu *Benvenuto, Mister Marshall!* (1952) di Luis García Berlanga (1921-2010), satira di tipo folkloristico incoraggiata dal regime e al tempo stesso critica del Piano Marshall, l'accordo concluso con gli Stati Uniti per fornire aiuti economici alla Spagna in cambio dell'installazione di alcune basi militari. Praticamente l'unico risultato tangibile per gli abitanti del villaggio protagonisti di questo film è una pioggia di polvere al passaggio del corteo dei VIP americani.

Il buono, il brutto e il cattivo (1966), il celebre spaghetti western diretto da Sergio Leone, è stato in gran parte girato nel deserto di Tabernas, nell'Andalusia sud-orientale.

Carlos Saura (nato nel 1932), originario dell'Aragona, vissuto a Barcellona e a Valencia e poi trasferitosi a Madrid dopo la fine della guerra civile, è un regista incredibilmente prolifico, che vanta al suo attivo oltre 35 film. Distintosi negli anni '60 all'interno del gruppo di registi chiamato Nuovo Cinema Spagnolo, ha raggiunto grande notorietà internazionale con film come lo spettacolare *Flamenco* (1995) e *¡Ay, Carmela!* (1990), una tragicommedia incentrata sulla guerra civile, e i più recenti *Io, Don Giovanni* (2009) e *Flamenco, Flamenco* (2010).

Un regista molto originale è José Juan Bigas Luna (nato nel 1946), che ha mandato in visibilio il pubblico di tutto il mondo con il divertente *Prosciutto, prosciutto* (1992), una storia di amore e morte interpretata da due attori all'epoca sconosciuti, Javier Bardem e Penélope Cruz. Oggi questi attori – oltre a essere sposati e ad avere avuto un figlio da poco – frequentano regolarmente i set hollywoodiani: nel 2008 Bardem ha vinto il premio Oscar come miglior attore non protagonista nell'inquietante *Non è un paese per vecchi* dei fratelli Coen e nel 2011

IL CINEMA SPAGNOLO E ALMODÓVAR

Nonostante lo stato conceda finanziamenti piuttosto limitati e i film di produzione spagnola siano visti soltanto dal 15% del pubblico del paese, l'industria cinematografica spagnola ha compiuto passi da gigante e alimenta i cinema d'essai di tutto il mondo. Gran parte di questo successo è merito di una sola persona: Pedro Almodóvar (nato nel 1949). Questo regista castigliano dai capelli arruffati, il cui cinema personale e trasgressivo vide la luce negli esaltanti giorni della *movida* madrilena (v. p32) degli anni che seguirono la morte di Franco, è assolutamente inimitabile.

Le prime pellicole di Almodóvar erano cortometraggi muti girati con una cinepresa Super8 che affrontavano tematiche esplicitamente sessuali. Nel 1978 dirige il suo primo lungometraggio, sempre muto e sempre in Super8, *Folle, Folle, Fólleme, Tim*, un melodramma stile fotoromanzo. Il suo primo film sonoro è *Pepi, Luci, Bom e le altre ragazze del mucchio* (1980), per il quale il regista aveva a disposizione un budget talmente basso che mise insieme una squadra di volontari che lavorava nei fine settimana.

Nel 2000 Almodóvar si è aggiudicato l'Oscar (uno dei pochi spagnoli a essere stato insignito di questo prestigioso riconoscimento) con quello che forse è il suo film più bello, *Tutto su mia madre* (1999). Tra gli altri suoi classici vanno sicuramente citati *Parla con lei* (2001), la storia di due uomini che diventano amici mentre si prendono cura di una donna in coma che entrambi amano, *Volver* (2006), una storia tipicamente sconnessa ambientata in parte a Madrid (come sempre) e che vede alcune delle sue attrici preferite (tra cui Carmen Maura e Penélope Cruz) rievocare i fantasmi del passato di una famiglia. *Gli abbracci spezzati* (2009) narra invece le tragiche vicissitudini di un ex regista. L'ultima fatica di Almodóvar è *La Piel que Habito* (2011), una sorta di thriller interpretato da Antonio Banderas, che proprio con *Labirinto di passioni* (1982) di Almodóvar era salito, giovanissimo, alla ribalta internazionale.

ha avuto una nomination sempre come miglior attore non protagonista per *Biutiful* di Alejandro González Iñárritu. Bardem aveva dato prova delle sue eccezionali doti di attore anche nel *Mare dentro* (2004; Oscar come miglior film straniero) di Alejandro Amenábar, dove recita il ruolo di protagonista nella toccante storia vera di un trentenne paralizzato che combatte per porre fine alla propria vita. Originario del Cile ma trasferitosi a Madrid con la famiglia quando era bambino, Amenábar (nato nel 1972) è diventato uno dei registi più stimati della Spagna. Dopo aver debuttato con *Tesis* (1996), il suo nome è diventato famoso a livello internazionale con *Apri gli occhi* (1997), di cui l'hollywoodiano *Vanilla Sky* (2001; regia di Cameron Crowe) è il remake, e *The Others* (2001) con Nicole Kidman. La sua fatica più recente è *Agora* (2009).

Vicente Aranda (nato nel 1926) ha ottenuto ottimi consensi sia di pubblico sia di critica con *Amantes – Amanti* (1991), una pellicola ambientata nella Madrid degli anni '50 basata sulla storia vera di un triangolo amoroso dal tragico epilogo. Nel 2007 Aranda ha diretto *Canciones de Amor en Lolita's Club*, una storia d'amore ambientata in un bordello gestito dalla mafia e basata su un racconto dello scrittore originario di Barcellona Juan Marsé, e nel 2009 *Luna caliente*.

Julio Medem (nato nel 1958) intraprende complessi viaggi interiori nella vita dei suoi personaggi attraverso la raffigurazione di viaggi reali. Esempi emblematici di questo stile sono i suoi lenti e poetici film *Gli amanti del circolo polare* (1998), *Lucia y el Sexo* (2001) e *Chaotic Ana* (2007).

Sugli schermi spagnoli compaiono spesso anche film incentrati sugli anni della dittatura di Franco. Uno dei più belli è *Le tredici rose* (2007) di Emilio Martínez Lázaro (nato nel 1945), che illustra gli esordi della dittatura a Madrid dopo la guerra civile. Per decenni una delle figure più significative della cinematografia spagnola è stata quella di Rafael

La battaglia dei giganti (1965) e *Patton, generale d'acciaio* (1970), due film di grande successo incentrati sulla seconda guerra mondiale, furono girati in alcune location spagnole con l'aiuto dell'esercito spagnolo, che fornì 75 carri armati e 500 soldati di fanteria.

Azcona (1926-2008), lo sceneggiatore più prolifico del paese, autore di molti film celebri, il cui tratto ricorrente è lo sguardo tagliente verso la realtà e indulgente verso le umili figure dei suoi personaggi.

Musica

La Spagna pulsa al ritmo della musica e non soltanto di quello del flamenco – la musica più comunemente associata alla Spagna – che attualmente sta vivendo un periodo d'oro (v. p509). L'intensa musicalità del paese sarà uno dei vostri ricordi più duraturi. Sebbene non brillino per originalità e non riscuotano grande successo al di fuori dei confini del paese, il rock, il pop e l'elettronica sono molto vitali, traboccano di energia (assai più che in molte altre nazioni europee) e hanno un folto seguito.

Musica pop

Ogni estate viene lanciato un motivo orecchiabile e ballabile che conquista in brevissimo tempo tutto il paese.

L'indiscusso re Mida del pop spagnolo, autore di innumerevoli canzoni di successo scritte per sé e per altri esecutori, è il madrileno Alejandro Sanz (nato nel 1968). La malinconia dei suoi primi brani ha ceduto il passo a un sound più urbano e moderno.

Tra i cantautori intramontabili meritano di essere citati Joaquín Sabina, icona della musica spagnola e da oltre vent'anni prolifico autore di canzoni rock-folk su tematiche di protesta, e Joan Manuel Serrat, uno dei figli prediletti di Barcellona, che adotta uno stile da 'crooner'. Entrambi godono di un'immensa popolarità sia in Spagna sia nei paesi dell'America Latina.

I Nacha Pop, i cui leader sono Nacho García Vega e Antonio Vega (scomparso nel 2009), sono stati il gruppo pop di maggiore successo della *movida* madrilena degli anni '80 e nel 2007 e nel 2008 sono tornati alla ribalta con una serie di concerti, che hanno fatto la gioia dei loro fan di quegli anni.

Un gruppo giovane che propone un pop-rock più convenzionale è il quartetto madrileno El Canto del Loco, che si distingue per le sue eccellenti ed energiche esibizioni dal vivo.

Originario di Bilbao, Fito Cabrales è con ogni probabilità il solista rock migliore del momento. Con il nome di Fito & Fitipaldis, canta un rock morbido e pulito, con testi incentrati su temi personali.

Nelle discoteche spagnole va molto forte Melendi, un cantante asturiano la cui musica evidenzia connotazioni della rumba di Barcellona (un genere derivato dal flamenco che sta tornando in auge dopo aver rischiato di scomparire negli anni '80). Il suo album più bello è *Mientras No Cueste Trabajo*.

I Jarabe de Palo, un gruppo il cui frontman è Pau Donés, hanno fatto fortuna nel 1996 con la canzone *La Flaca*, comparsa nel primo album che aveva come titolo il nome della band. Autori di testi ironici e di sonorità melodiche, i Jarabe de Palo suonano un pop-rock molto accattivante. Il loro disco più recente è *¿Y ahora qué hacemos?*

Da qualche tempo si notano i segni di un ritorno del duro rock postindustriale chiamato negli anni '80 *bakalao* e negli anni '90 *mákina*, eseguito ora da personaggi come Chimo Bayo, il DJ che ci ha regalato la canzone *Así me gusta a mí (X-ta sí, X-ta no)*, immancabile protagonista dei rave party di tutta Europa negli anni '90.

Indy Rock (www.indyrock.es, in spagnolo) costituisce una valida fonte di informazioni sui concerti e sulle manifestazioni musicali in programma in Spagna, mentre nel sito Clubbing Spain (www.clubbingspain.com, in spagnolo) troverete tutto quel che c'è da sapere sugli eventi house e techno.

Musica tradizionale

Sebbene possa capitare di incontrare gruppi che suonano musica tradizionale in diverse regioni del paese, la vera patria di questo genere è la Galizia. Il ricco patrimonio culturale di questa regione è strettamente imparentato con quello dei suoi cugini celti bretoni e irlandesi e non ha nulla in comune con altre tradizioni musicali spagnole come il flamenco. Vera e propria icona di questo genere di musica è la *gaita,* la cornamusa galiziana. I migliori suonatori di cornamusa sono considerati veri e propri eroi in Galizia e alcuni musicisti delle generazioni più giovani hanno ampliato i loro orizzonti per mezzo di contaminazioni con altri generi. Un musicista molto versatile, che suona non soltanto la *gaita* ma anche altri strumenti a fiato, è Carlos Núñez, autore di musiche eleganti e raffinate eseguite da violini, percussioni, chitarre e liuti; nei suoi dischi viene spesso affiancato da altri artisti, come è avvenuto nello splendido album del 2004 *Carlos Núñez y Amigos.* Altri eccellenti suonatori di cornamusa galiziani sono Susana Seivane, Mercedes Peón (che affianca alla cornamusa la voce e molti altri strumenti, attingendo a una vasta gamma di stili etnici) e Xosé Manuel Budiño.

Considerato da molti il Bob Dylan catalano, Lluís Llach (nato nel 1948) fu il primo autore di canzoni di protesta durante la dittatura di Francisco Franco.

Il gruppo celtico galiziano di maggiore successo è quello dei Milladoiro, un ensemble dalle sonorità molto raffinate. Altri gruppi da tenere d'occhio sono i Berrogüetto, i Luar Na Lubre e i Fía Na Roca. Uxía è una cantante solista dalla voce molto intensa.

Anche le Asturie, regione che confina con la Galizia, hanno lontane radici celtiche e anche qui incontrerete la *gaita,* specialmente nelle feste di campagna delle località situate nella parte occidentale della regione, dove può capitare di vedere gli abitanti locali ballare il *baile vaqueiro,* un'animata danza tradizionale. Riconoscibile per la sua gaita MIDI (elettronica), l'asturiano Hevia alla fine degli anni '90 ha avuto un enorme successo internazionale con l'album *Tierra de nadie.*

Musica classica

Anche se le città più grandi hanno un vivace panorama di musica classica e non mancano le occasioni per assistere a concerti, molte delle opere che si ascoltano nelle sale spagnole non sono state scritte da compositori locali.

Sono stati spesso i compositori stranieri a rendere immortali i vibranti ritmi di questa terra. Chi non ha sentito parlare della *Carmen,* un'opera lirica la cui protagonista femminile incarna tutto il fuoco e la sfolgorante bellezza delle donne andaluse? Il suo compositore, il francese Georges Bizet (1838-75), era stato affascinato dalle melodie della Spagna meridionale, come del resto Claude Debussy (1862-1918), la cui passione per questo paese trovò espressione in *Iberia.* Un altro francese, Maurice Ravel (1875-1937), compose il *Bolero* quasi di getto nel 1927. Anche i russi hanno subito il fascino della Spagna. Per esempio, Mikhail Glinka (1804-57), che visitò Granada nel 1845, rimase incantato dalle canzoni e dalle chitarre gitane; una volta tornato in patria, ispirò la nascita di un nuovo movimento di musica tradizionale russa. Nikolai Rimsky-Korsakov (1844-1908) sbarcò a Cadice mentre prestava servizio nella marina del suo paese e nel 1887 scrisse il delizioso *Capriccio spagnolo.*

La Spagna, invece, non ebbe compositori di spicco fino all'inizio del XX secolo, quando si affacciarono sulla scena Manuel de Falla (1876-1946), originario di Cadice, ed Enrique Granados (1867-1916) di Lérida. Granados e Isaac Albéniz (1860-1909), autore del ciclo *Iberia,* furono pianisti di straordinario talento e interpreti delle loro composizioni. Joaquín Rodrigo (1901-99), non vedente, è stato uno dei più importanti compositori spagnoli del XX secolo. La versione registrata nel 1959 da Miles Davis del suo celebre *Concierto de Aranjuez* per chitarra è una delle più grandi interpretazioni jazz di un'opera classica che sia mai stata eseguita; si può ascoltare nell'album *Sketches of Spain.*

Nato a Linares, in Andalusia, e profondamente radicato nella cultura del flamenco, Andrés Segovia (1893-1987) è stato con ogni probabilità il

L'opera teatrale *Nozze di sangue* di Federico García Lorca è stata portata sul grande schermo da Carlos Saura nel 1981, con ballerini di flamenco del calibro di Antonio Gades.

musicista che più di ogni altro ha contribuito a fare dell'umile chitarra uno strumento classico, portandola a eccelsi livelli di virtuosismo.

Per quanto riguarda l'opera, la Spagna ha dato i natali a due star del calibro di Plácido Domingo (nato nel 1934) e José Carreras (nato nel 1946), che insieme a Luciano Pavarotti (1935-2007) hanno formato per molti anni il più grande trio mondiale di tenori. La catalana Montserrat Caballé (nata nel 1933) è stata invece uno dei più straordinari soprani della storia della lirica.

Zarzuela

Un particolare genere lirico-drammatico spagnolo nato a Madrid è la *zarzuela*, una commedia musicale leggera con brani cantati, nata come forma di intrattenimento per Filippo IV e la sua corte e divenuta poi con il tempo uno degli stili teatrali più caratteristici della Penisola Iberica. Benché nel XIX secolo si sia diffusa in tutto il paese, essa rimane un fenomeno tipicamente madrileno. Il Teatro de la Zarzuela presenta un programma di opere legate a questo genere, con spettacoli distribuiti su tutto l'arco dell'anno.

Teatro e danza

Grazie soprattutto all'ambizioso programma di sviluppo attuato negli anni '80 e '90 dai governi guidati dal Partido Socialista Obrero Español (PSOE; Partito Socialista Operaio Spagnolo), oggi la maggior parte delle città spagnole dispone di almeno un teatro degno di questo nome e l'arte drammatica presenta un panorama sempre più vivace. Le città principali come Madrid, Barcellona e Siviglia dispongono di numerose sale di piccole dimensioni che propongono produzioni sperimentali e di teatri più grandi dove vengono messi in scena spettacoli più tradizionali. Tenete comunque presente che per chi non parla correntemente lo spagnolo (o il catalano a Barcellona) è molto difficile seguire il teatro di prosa.

Per seguire l'attività teatrale della compagnia La Fura dels Baus, v. il sito www.lafura.com.

Tra le compagnie teatrali più all'avanguardia del panorama internazionale merita di essere citata La Fura dels Baus, una compagnia catalana attiva fin dagli anni '70 che vanta un folto pubblico di appassionati anche in Italia. I suoi spazi teatrali preferiti sono magazzini, capannoni e ambienti simili, che vengono trasformati da macchinari mobili e dal pubblico coinvolto nello spettacolo in una sorta di apocalisse partecipativa. Di solito, si tratta di spettacoli della durata di 60 minuti a tratti agghiaccianti. Se volete saperne di più, leggete il volume *La Divina Commedia secondo La Fura dels Baus* (Charta, Milano 2003), che documenta la performance del 2002 dedicata all'opera dantesca tenutasi in Piazza Pitti a Firenze, e *Ring/Fura 4.0. Wagner/Mehta/Fura dels Baus* (Giunti, Firenze 2009), catalogo della mostra che ripercorre la messa in scena dell'*Anello del Nibelungo* di Wagner durante la 72ª edizione del Maggio musicale fiorentino.

Anche la danza è in fermento e non soltanto nell'ambito del flamenco. Barcellona è la capitale della danza moderna spagnola e quasi ogni settimana propone spettacoli diversi. La Compañía Nacional de Danza, che ha sede a Madrid ed è diretta da Nacho Duato (nato nel 1957), è uno dei più interessanti ensemble europei contemporanei e si è esibita con grande successo in tutto il mondo. Fondato nel 1978, il Ballet Nacional de España fonde il balletto classico con la danza spagnola. La danzatrice classica di maggior talento, la straordinaria madrilena Tamara Rojo (nata nel 1974), si esibisce raramente nel suo paese perché dal 2000 è prima ballerina del Royal Ballet di Londra e con il passare degli anni ha ottenuto un crescente successo di critica.

Se amate la danza, rimarrete incantati dalle foto e dai video che troverete nel sito di Tamara Rojo (www.tamara-rojo.com).

Di tanto in tanto è possibile assistere anche a qualche esibizione di danze regionali, come la *sardana* della Catalogna, che si balla in circolo, o le *verdiales* di Málaga, balli con bandiere accompagnati da una musica travolgente eseguita con violini e strumenti a percussione.

Pittura e scultura

In Spagna l'uomo crea immagini da oltre 14.500 anni, come dimostrano le pitture rupestri della grotta di Altamira. In seguito le tribù celtibere della penisola realizzarono ceramiche e statue di pregevole fattura, forse influenzate dalla presenza dei greci, dei cartaginesi e infine dei romani.

Per lo più anonimi, i pittori e i decoratori delle chiese romaniche disseminate nella parte settentrionale del paese hanno lasciato straordinarie testimonianze della fede religiosa della prima fase del Medioevo. Alcune loro opere sono rimaste nella loro collocazione originaria, tuttavia la maggior parte degli affreschi romanici del XII secolo può essere ammirata presso il Museu Nacional d'Art de Catalunya di Barcellona, che custodisce una delle più grandi collezioni d'arte medievale d'Europa.

Bisognerà attendere il XIV secolo per assistere alla nascita dei primi veri capolavori della pittura spagnola. Di questo periodo sono giunti fino ai giorni nostri i nomi e le opere dei catalani Ferrer Bassá (circa 1290-1348), Bernat Martorell (circa 1400-52), grande maestro del chiaroscuro, Jaume Huguet (1415-92) e di Bartolomé Bermejo (circa 1405-95), nativo di Córdoba. In quel periodo iniziò ad affermarsi la pittura gotica, più fedele alla realtà e più complessa delle ingenue e didattiche opere romaniche.

Uno dei migliori pittori attivi in Spagna durante la seconda metà del XVI secolo fu Domenikos Theotokopoulos (1541-1614), universalmente noto con il nome di El Greco, che in realtà era spagnolo solo d'adozione. Nato a Candia, nell'isola di Creta, El Greco studiò in Italia e, dopo essersi trasferito nella Penisola Iberica, trascorse quasi tutta la sua vita a Toledo. Le sue figure intense e slanciate si possono ammirare in diversi luoghi di Toledo e nel Museo del Prado di Madrid.

Velázquez desiderava a tal punto essere nominato cavaliere di Santiago, che nel dipinto *Las Meninas* ebbe la sfrontatezza di raffigurarsi con la croce di Santiago sul panciotto, molto tempo prima che il suo sogno si realizzasse.

VELÁZQUEZ

Il secolo d'oro – Velázquez e amici

A cavallo tra la fine del XVI secolo e l'inizio del XVII secolo ebbe inizio un'epoca incredibilmente feconda per la pittura spagnola, dalla quale emerse apparentemente dal nulla una miriade di maestri al servizio della Chiesa e dello Stato.

In Italia, José (Jusepe) de Ribera (1591-1652) fu influenzato da Caravaggio. Molte sue opere sono tornate in Spagna e sono ora sparse in numerose gallerie d'arte, tra cui il Prado, che ne conserva una ricca collezione.

Il più grande artista dell'epoca fu Diego Rodríguez de Silva Velázquez (1599-1660), pittore di corte originario di Siviglia, che si colloca in una categoria a sé. Con lui svanì ogni traccia dell'idealizzata freddezza che caratterizzava il manierismo, ormai svuotato di significati, e la chiave della sua pittura divenne la ricerca realistica; la maestà dei personaggi reali che ritrasse deriva dalla sua capacità di cogliere l'essenza del soggetto – re o *infanta* che fosse – e i dettagli della sua eleganza. Tra i suoi capolavori meritano di essere ricordati *Las Meninas* (Le damigelle d'onore) e *La rendición de Breda* (La resa di Breda), entrambi custoditi presso il Museo del Prado.

Contemporaneo e amico di Velázquez ma meno apprezzato di quest'ultimo, Francisco de Zurbarán (1598-1664) si trasferì a Siviglia per lavorare come pittore di corte. Probabilmente di origini basche ma nato in Estremadura, Zurbarán viene ricordato soprattutto per la sorprendente limpidezza e la luce dei suoi ritratti di monaci. Viaggiò molto e nel monastero geronimita di Guadalupe è possibile vedere una serie di otto ritratti ancora appesi dove egli li collocò. Zurbarán cadde in disgrazia negli anni '40 del XVII secolo, fu costretto a lasciare Siviglia a causa della peste e morì in povertà a Madrid.

Oggi Zurbarán viene considerato uno dei più grandi maestri della pittura spagnola, tuttavia durante la sua vita godette di una fama decisamente inferiore a quella di un suo collega più giovane e meno ispirato, Bartolomé Esteban Murillo (1618-82). Murillo dipinse i tipici soggetti dell'epoca, tra cui religiosi e bambini mendicanti, con una tecnica raffinata ma con scarsa partecipazione. Molte delle sue opere possono essere ammirate al Museo del Prado di Madrid.

Goya e il XIX secolo

Nato nella città provinciale di Fuendetodos, in Aragona, Francisco José de Goya y Lucientes (1746-1828) si trasferì a Madrid per lavorare come cartonista alla Real Fábrica de Tapices. Da questo impiego ebbe inizio la lunga e articolata carriera dell'unico vero grande artista che la Spagna abbia avuto tra il XVIII e il XIX secolo. Nel 1799 Goya lavorava alla corte di Carlo IV.

Diverse serie di dipinti e numerose opere singole scandiscono il procedere della sua vita e l'evoluzione della sua arte. Negli ultimi anni del XVIII secolo Goya dipinse capolavori enigmatici come *La maja vestida* e *La maja desnuda,* due ritratti che differiscono unicamente per il fatto che nel secondo la modella è priva di vestiti. Più o meno nello stesso periodo realizzò i *Los caprichos* (Capricci), una serie di 80 acqueforti che criticano severamente le follie della vita di corte e l'ignoranza dei membri del clero.

GOYA

Per penetrare nella mente tormentata di uno dei più grandi artisti spagnoli, leggete l'appassionante *Goya* di Robert Hughes (Mondadori, Milano 2005).

L'arrivo delle truppe francesi e la guerra del 1808 influenzarono profondamente la sua opera. A quegli anni risalgono due implacabili rappresentazioni della brutalità della guerra, *El dos de mayo* (Il 2 maggio) e l'ancora più drammatico *El tres de mayo* (Il 3 maggio), che raffigura l'esecuzione di alcuni ribelli madrileni da parte delle truppe francesi; entrambe le tele sono esposte nel Museo del Prado.

Precursore di molte correnti pittoriche moderne, Goya è oggi considerato un'isola di straordinaria grandezza in un mare di mediocrità e segnò il passaggio dell'arte da strumento al servizio dello Stato o della Chiesa a pura forma di espressione dei sentimenti e degli umori di colui che ne era il creatore.

Molti anni dopo la morte di Goya, Joaquín Sorolla (1863-1923) trovò la sua strada ripudiando i colori tenui degli impressionisti francesi allora in voga a Parigi per concentrarsi sulla luce abbagliante della costa di Valencia, sua città natale. Sorolla è noto soprattutto per le sue grandi e vivaci raffigurazioni della vita sulla spiaggia che, insieme alla maggior parte delle sue opere, possono essere ammirate nel Museo Sorolla di Madrid.

I DIPINTI NERI DI GOYA

Goya eseguì le sue opere più macabre verso la fine della sua vita. Dopo essersi ritirato nella Quinta del Sordo (Villa del Sordo) a Madrid, realizzò le inquietanti *Pinturas negras*, oggi esposte nel Museo del Prado di Madrid. Il *Saturno devorando a un hijo* (Saturno che divora un figlio) coglie l'essenza della genialità di Goya, mentre *La romería de San Isidro* e *El Akelarre (El Gran Cabrón)* sono profondamente inquietanti: il primo rappresenta una massa di corpi umani contorti e deformi, il secondo invece è dominato dagli sguardi profondi delle anime dannate tipici delle creazioni di Goya.

GUERNICA DI PICASSO

Il 26 aprile 1937, a Guernica era giorno di mercato. Nel momento in cui gli abitanti dei paesini vicini si stavano riversando nella piccola cittadina basca, uno squadrone di aeroplani procedeva verso Guernica. Nelle ore successive la Legione Condor di Hitler, con il consenso di Franco, bombardò l'abitato uccidendo 1645 civili.

Qualche anno dopo il governo repubblicano di Madrid chiese a Picasso, che all'epoca dei fatti viveva a Parigi, di realizzare alcuni dipinti che rappresentassero la Spagna all'Esposizione Universale di Parigi. Quando la notizia del bombardamento valicò il confine della Spagna, Picasso decise di esprimere la sua rabbia sulla tela: il risultato fu una testimonianza struggente del primo bombardamento aereo a tappeto della storia. Per ammirare *Guernica* occorre andare al Centro de Arte Reina Sofía di Madrid.

Picasso, Dalí e gli altri – L'impatto del nuovo

Il genio dell'esuberante *malagueño* Pablo Ruiz Picasso (1881-1973) giunse come un fulmine a ciel sereno nel panorama artistico spagnolo. Trasferitosi con la famiglia a Barcellona quando era ancora bambino, Picasso si formò nell'atmosfera ricca di libertà dell'avanguardia modernista.

Picasso fu senza dubbio uno degli artisti più irrequieti di tutti i tempi. La sua opera fu segnata dal susseguirsi di fasi molto diverse tra loro. Dal cupo periodo blu al più vivace periodo rosa fino al Cubismo – che sperimentò insieme al madrileno Juan Gris (1887-1927) – Picasso è sempre riuscito a sorprendere il pubblico e la critica.

Verso la metà degli anni '20 il suo interesse si rivolse al surrealismo. L'opera più nota di Picasso è *Guernica,* una tela molto complessa nella quale l'artista raffigura l'orrore della guerra ispirandosi al bombardamento tedesco della città basca di Guernica, avvenuto nel 1937. Picasso continuò a realizzare quadri, sculture, ceramiche e incisioni fino al giorno della sua morte. Una ricca collezione dei suoi lavori è custodita nel Museu Picasso di Barcellona. Altre sue opere sono sparse in diverse gallerie, in particolare nel Centro de Arte Reina Sofía di Madrid.

Separati da Picasso da una generazione, altri due artisti andarono ad aggiungersi alla schiera di autori catalani che tanto contribuì ad alimentare le avanguardie artistiche del XX secolo: Dalí e Miró. Pur avendo esordito con opere di impronta cubista, Salvador Dalí (1904-89) divenne in seguito uno dei massimi esponenti del movimento surrealista. Le 'fotografie oniriche dipinte a mano', come questo complesso personaggio amava definire i suoi quadri, sono esecuzioni virtuosistiche estremamente dettagliate e frammenti di incubi nati da una fantasia febbrile che attinge a Freud. Colpito dal successo e dalla fama di Picasso, Dalí si costruì un'immagine di esibizionista e di istrione stravagante. La più ricca collezione delle sue opere è esposta nel Teatre-Museu Dalí di Figueres.

All'indirizzo www.arteespana.com troverete un interessante sito web in spagnolo che tratta molti periodi della storia dell'arte spagnola (e nel quale è anche possibile acquistare libri d'arte e perfino modelli di monumenti).

Originario di Barcellona, Joan Miró (1893-1983) impiegò più tempo a elaborare quello stile gioioso e quasi fanciullesco che portò lo scrittore francese André Breton a definirlo 'il più surrealista di tutti noi'. Le sue opere più celebri sono quelle dell'ultimo periodo, caratterizzate dall'uso di colori sgargianti e di forme semplici in combinazione con simboli che rappresentano donne, uccelli (il legame tra terra e cielo), stelle (il mondo irraggiungibile del Paradiso, fonte di immaginazione) e una sorta di rete che intrappola tutti questi livelli del cosmo. Le sue opere sono esposte nelle gallerie di Barcellona e di Palma di Maiorca.

Il meglio dell'arte contemporanea spagnola

I due principali movimenti artistici degli anni '50, El Paso e il catalano Dau el Set, contribuirono a lanciare artisti del calibro di Antonio Saura

(1930-98), Manuel Millares (1926-72) e l'instancabile Antoni Tàpies (nato nel 1923), originario di Barcellona. L'arte del madrileno Eduardo Arroyo (nato nel 1937) esprime lo spirito radicale che lo costrinse a vivere da esiliato per 15 anni a partire dal 1962. I suoi dipinti, nei quali spicca un ironico commento socio-politico, tendono in parte verso la pop art.

La morte di Francisco Franco si rivelò un vero e proprio catalizzatore per l'arte spagnola: nella seconda metà degli anni '70 emersero infatti nuovi talenti e le gallerie iniziarono a esporre entusiasticamente tutto ciò che fino ad allora era considerato rivoluzionario, contrario o sfacciato. Gli anni '70 e '80 furono un periodo di sfrenatezza quasi infantile e, benché oggi le acque si siano notevolmente calmate, l'attività è ancora molto intensa.

I baschi Eduardo Chillida (1924-2002) e Jorge Oteiza (1908-2003) furono due dei più eminenti scultori spagnoli ed esercitarono la loro arte per tutta la vita, fin quasi alla fine dei loro giorni.

Joan Hernández Pijuan (1931-2005) fu uno dei più importanti pittori astratti emersi a Barcellona negli ultimi decenni del XX secolo. La sua opera viene spesso definita informalista e si concentra sulle figure e sulle forme naturali, rappresentate con colori neutri su superfici diverse.

Il sivigliano Luis Gordillo (nato nel 1934) iniziò la sua carriera artistica con il surrealismo, passando in seguito alla pop art e alla fotografia; in particolare, i suoi lavori più recenti si caratterizzano per la serializzazione di versioni diverse della stessa immagine. Antonio López (nato nel 1936) è considerato il padre del cosiddetto iperrealismo di Madrid. Una delle sue opere più grandiose è *Madrid desde Torres Blancas* (Madrid dalle Torres Blancas), un dipinto incredibilmente particolareggiato al quale lavorò ininterrottamente dal 1976 al 1982.

La carriera di Miquel Barceló (nato a Maiorca nel 1957) è la storia di un grande successo. La sua opera è fortemente espressionista, ma si richiama anche a temi classici, spaziando dall'autoritratto alle immagini architettoniche. Tra le sue pregevoli opere pubbliche, merita di essere citata la fantasiosa decorazione di una cappella della cattedrale di Palma di Maiorca.

Originaria di Barcellona, Susana Solano (nata nel 1946) è una pittrice ma soprattutto una scultrice, ambito nel quale è ritenuta tra gli artisti più importanti attualmente attivi in Spagna, mentre Jaume Plensa (nato nel 1955) è secondo molti addetti ai lavori il migliore scultore contemporaneo del paese. La sua produzione spazia da schizzi a sculture, da video a installazioni che vengono esposte in tutto il mondo.

Il sivigliano Curro González (nato nel 1960) è autore di grandi tele affollate di figure allucinatorie, allegorie e allusioni alla società contemporanea. Le sue armi principali sono la distorsione della realtà, il surrealismo e una buona dose di ironia.

La figura femminile rappresenta il nucleo centrale di gran parte della recente produzione del madrileno José Manuel Merello (nato nel 1960), i cui dipinti sono caratterizzati da ampie pennellate di colori primari e da dettagli indistinti.

Passioni nazionali

Secondo molti cliché la Spagna sarebbe un paese di calciatori, ballerini di flamenco e arditi toreri, ma la realtà non potrebbe essere più diversa. Sebbene il flamenco svolga senza dubbio un ruolo di importanza fondamentale nel panorama musicale spagnolo, questo non significa che le radio di tutto il paese non trasmettano musica americana o inglese. D'altro canto, la corrida vede diversi detrattori tra gli spagnoli e lo sport più seguito dagli abitanti del paese è il calcio.

In questo capitolo prenderemo in esame alcune passioni e stereotipi che si tende ad associare al popolo spagnolo.

Sport

Calcio

Il *fútbol* sembra occupare un ruolo di primo piano nella mente di molti spagnoli. Da settembre a maggio, ogni weekend centinaia di migliaia di tifosi assistono con febbrile attenzione alle partite della *primera división* (serie A) o *liga* (il nostro campionato di serie A) e milioni di persone seguono gli incontri in TV.

Quando nel 2008 la Spagna si è aggiudicata gli Europei contro la Germania, il paese venne attraversato da un'ondata di euforia, anche per il fatto che l'ultima vittoria nei campionati europei risaliva al lontano 1964, anno in cui la nazionale spagnola aveva battuto l'Unione Sovietica. Due anni più tardi l'entusiasmo salì alle stelle, quando gli spagnoli vinsero per la prima volta i Mondiali sconfiggendo in finale l'Olanda. Secondo molti un evento di quella portata avrebbe potuto aiutare il paese a uscire dalla recessione economica e l'ondata di orgoglio di essere spagnoli avrebbe potuto spazzare via come per incanto le storiche diatribe regionali, speranze che vennero cancellate lo stesso weekend della finale, quando un milione di persone scesero in piazza a Barcellona invocando una maggiore autonomia per la Catalogna. Questo fece capire a tutti che per curare i mali della Spagna ci voleva molto più di una partita di calcio.

Quasi tutte le partite della *primera división* meritano di essere viste dal vivo, se non altro per vivere l'esperienza di trovarsi in mezzo ai tifosi spagnoli. Gli incontri tra rivali storiche come il Real Madrid e il FC Barcellona suscitano passioni ancora più intense. Queste due società hanno un seguito molto numeroso e detengono quasi il monopolio del titolo di campioni di Spagna, al punto da essersi aggiudicate lo scudetto ben 50 volte (31 volte il solo Real Madrid), anche se negli ultimi due anni (2009 e 2010) ha avuto la meglio il Barcellona. Nel 2009 il Barcellona è stato il primo club spagnolo a vincere tutti e sei i principali titoli possibili: la Liga, la Copa del Rey (Coppa del Re), la Supercopa de España (Supercoppa spagnola), la Champions League, la Supercoppa UEFA e il Mondiale per club FIFA.

REAL MADRID

Il Real Madrid è stato dichiarato dalla FIFA migliore squadra di calcio del XX secolo. È anche la seconda più ricca al mondo (dopo il Manchester United) e può contare su 283 milioni di tifosi.

Tra le altre squadre più importanti meritano di essere citati il Valencia, l'Athletic Bilbao, il Deportivo La Coruña, il Real Betis di Siviglia, il Málaga, il Villarreal (dove milita il nazionale italiano Giuseppe Rossi) e la Real Sociedad di San Sebastián.

La Asociación para la Defensa de los Derechos del Animal (ADDA; www.addaong.org) è un'organizzazione spagnola che si batte per i diritti degli animali e l'abolizione delle corride. Altre due organizzazioni anti-corrida sono la World Society for the Protection of Animals (WSPA; www.wspa.org.uk) e la People for the Ethical Treatment of Animals (PETA; www.peta.org).

Corrida

Un dramma epico di sangue e arena o uno sport tanto anacronistico quanto crudele? Questa storica e controversa tradizione spagnola è questo e molto altro. Uno spettacolo avvincente e al tempo stesso un antico rituale che ogni anno comporta il massacro di 40.000 tori nel corso di circa 1000 combattimenti. O ancora, come diceva Ernest Hemingway, grande estimatore della corrida, un 'meraviglioso incubo'.

La *lidia,* altro nome con cui viene chiamata la corrida, ebbe origine intorno alla metà del XVIII secolo. Qualche decennio più tardi, re Carlo III la fece sospendere, ma i suoi successori la reintrodussero. Verso la metà del XIX secolo gli allevatori di bovini crearono le prime razze di *toro bravo* (toro da combattimento) e a Siviglia fu aperta una scuola di corrida.

La stagione delle corride inizia nella prima settimana di febbraio con le feste di Valdemorillo e di Ajalvir, nei pressi di Madrid, in coincidenza con la festa di San Blas. In tutto il paese, ma in particolare nelle due Castiglie e in Andalusia, le *corridas* e gli *encierros* (corse dei tori nelle vie della città), come quello di Pamplona, costituiscono parte integrante delle feste cittadine.

La stella della squadra è il matador, autore delle movenze abili e audaci che – più di ogni altra cosa – mandano la folla in visibilio (o su tutte le furie, a seconda del livello dell'esibizione).

In ogni scontro, che può durare da 20 a 30 minuti, avviene una complessa serie di eventi. I *peones* (i 'valletti' dei matador che hanno il compito di mettere alla prova la forza del toro) sfrecciano davanti al toro muniti di ampie cappe, i *picadores* a cavallo conficcano lance nei suoi garretti e i *banderilleros* lo caricano, tentando di ferirlo al collo. Infine, il matador lo uccide, a meno che il toro non riesca a metterlo fuori combattimento, eventualità che a volte si verifica.

Il matador più celebre di questi anni è il madrileno José Tomás che, in occasione della festa di san Isidro del 5 giugno 2008, dopo essere rimasto lontano dalle arene per ben cinque anni, si è visto riconoscere il diritto di tagliare l'orecchio a quattro tori (il taglio di un orecchio a un toro morto – o in rari casi di entrambe le orecchie – indica che lo spettacolo è stato di altissimo livello), un onore che non veniva concesso da decenni. Con l'austerità che lo contraddistingue, Tomás ha dichiarato che 'vivere senza corrida non è vivere'. Due settimane più tardi, in un altro epico pomeriggio, un toro l'ha incornato per tre volte alle gambe.

GRANDI TORERI ANGLO-AMERICANI

Ernest Hemingway adorava assistere alle corride (come si può notare leggendo *Morte nel pomeriggio*), ma alcuni suoi connazionali hanno preferito parteciparvi attivamente, piuttosto che limitarsi a guardare. Sidney Franklin fu il primo torero di lingua inglese a intraprendere questa professione ed esordì nel 1945 nell'arena madrilena di Las Ventas, una delle *plazas de toros* più grandi del mondo. Nel 1967 il suo esempio fu seguito dal pittore e poeta californiano John Fulton. In ogni caso il miglior torero americano è stato Robert Ryan, originario dell'Arizona. Ormai in pensione, Ryan è scrittore, poeta, pittore, scultore e fotografo. L'Inghilterra ha contribuito con Henry Higgins, una sorta di avventuriero e pilota noto in Spagna con il nome di Enrique Cañadas, e con Frank Evans ('El Inglés'), originario di Manchester, ritiratosi dall'attività nel 2005.

Guarito dalle ferite, è tornato nelle arene continuando a sbalordire il pubblico, ma nell'aprile del 2010, durante una corrida in Messico, Tomás è stato incornato all'inguine e all'epoca delle ricerche compiute per questa guida era ancora convalescente.

Tra gli altri toreri dotati di grande carisma meritano di essere citati El Cordobés, El Juli, Manuel Jesú (El Cid) e Miguel Ángel Perera.

La *lidia* racchiude in sé numerosi aspetti, tra cui il senso della morte, il coraggio e la spettacolarità. Sebbene sia indubbiamente crudele e sanguinaria, gli appassionati ritengono che per il toro sia meglio morire per mano di un matador che al *matadero* (macello). Anche per chi non approva la corrida, assistervi potrebbe rivelarsi un'esperienza molto utile per comprendere questa antica tradizione e tutte le sue implicazioni sociali.

L'immaginario collettivo vuole che ogni spagnolo sia un fan scatenato della *lidia*, ma la realtà non potrebbe essere più diversa. Se in alcune zone del paese la corrida è molto amata (in particolare in Andalusia), in altre aree – come la Galizia, la Cantabria e diverse regioni settentrionali – non è così radicata nella cultura locale. Nel corso degli ultimi anni sono stati condotti diversi sondaggi per valutare l'effettivo seguito della corrida in Spagna. Nel 2006 un'indagine effettuata dalla Gallup ha rivelato che il 72% della popolazione non mostra 'alcun interesse' per la corrida e che solo il 7% del campione interpellato ha dichiarato di essere 'molto interessato'. Lo stesso sondaggio ha rivelato che i fan più appassionati appartengono alle fasce di età più elevate.

Oggi il movimento che si batte per l'abolizione delle corride dalla Spagna è sempre più forte. L'attuale governo ha proibito ai minori di 14 anni l'ingresso nelle arene e le reti televisive statali non trasmettono più le corride in diretta (anche se il canale statale TVE trasmette Tendido Cero, un programma settimanale dedicato alle corride, e diverse reti private continuano a proporre corride in diretta). Il mondo della tauromachia ha subito un duro colpo nel 2010, quando il governo catalano ha messo al bando le corride sul suo territorio. Va comunque detto che la *lidia* continua a riscuotere un enorme successo tra le classi sociali più elevate. Nel 2008 al settore dell'allevamento di tori da combattimento sono stati concessi finanziamenti pubblici per €600.000 (compresi alcuni fondi europei) e re Juan Carlos ha affermato che 'il giorno in cui l'Unione Europea bandirà la corrida, la Spagna uscirà dall'Unione Europea'.

Il sito www.portaltaurino.com fornisce informazioni aggiornate sui calendari delle corride, le biografie dei toreri e molto altro.

Interpretato da Adrien Brody e da Penélope Cruz, *Manolete* (finito nel 2007, uscito nel 2010) tratteggia uno splendido ritratto della vita del leggendario matador Manuel Laureano Rodríguez Sánchez (Manolete). Le organizzazioni che si battono per l'abolizione della corrida hanno chiesto di boicottare il film.

Pallacanestro

Il *baloncesto* (pallacanestro) sta conoscendo una crescente popolarità tra gli spagnoli e la prima vittoria riportata nel settembre del 2006 dalla nazionale iberica nei Mondiali ospitati dal Giappone contro la Grecia ha sicuramente contribuito ad aumentare il numero di appassionati di questo sport spettacolare. Guidata da Pau Gasol (ex giocatore del Barcelona e oggi stella dei Los Angeles Lakers, squadra di punta del campionato professionistico americano NBA), la nazionale spagnola si è qualificata per le Olimpiadi di Pechino del 2008, dove ha ottenuto un risultato davvero eccellente, venendo sconfitta per 118 a 107 nella finalissima dall'inarrestabile squadra americana, un risultato che le è valso la medaglia d'argento. Dal 2009 la nazionale spagnola è allenata dall'italiano Sergio Scariolo, che ha subito portato la squadra alla vittoria degli Europei.

Dalla fine di settembre alla fine di giugno di ogni anno 18 squadre partecipano al campionato Liga Asociación de Clubes de Baloncesto (ACB). Le squadre principali sono il Barcelona e il Real Madrid (legate alle omonime polisportive a cui appartengono anche i famosi club calcistici), il Caja Laboral Vitoria, l'Unicaja di Málaga, il Valencia, il Siviglia e l'Estudiantes di Madrid. Per avere ulteriori informazioni sulle partite in programma nel paese, vi consigliamo di visitare il sito della massima serie www.acb.com (in spagnolo).

Automobilismo e motociclismo

Nel mese di aprile o di maggio di ogni anno gli audaci piloti della Formula Uno si recano con le loro scintillanti armature motorizzate a Montmeló, circuito situato a nord di Barcellona e raggiungibile in automobile dal capoluogo della Catalogna in circa 30 minuti. Nell'agosto del 2008 è stato inaugurato un nuovo circuito a Valencia.

Per avere informazioni aggiornate sulle gare e sulle manifestazioni che si tengono presso il Circuito Permanente de Velocidad di Jerez de la Frontera, v. il sito www.circuitodejerez.com.

Nel 2005 e nel 2006 il pilota spagnolo di origini asturiane Fernando Alonso si è aggiudicato per ben due volte il titolo di campione del mondo con il team Renault. Dopo un anno disastroso trascorso alla McLaren (nel corso del quale è stato battuto sul filo di lana dal ferrarista Kimi Raikkonen), nel 2008 Alonso è tornato alla Renault, per scoprire però che il livello tecnico delle monoposto del team francese non era più quello di prima. Nel 2010 il pilota si è trasferito nel team Ferrari, con il quale ha subito sfiorato la vittoria del campionato, piazzandosi secondo a soli quattro punti dal pilota tedesco della Red Bull Sebastian Vettel.

Gli spagnoli vanno matti anche per il motociclismo, specialmente per i piloti Jorge Lorenzo, campione del mondo della Moto GP nel 2010, e Dani Pedrosa. Nel mese di maggio di ogni anno la Spagna ospita un Gran Premio di MotoGP (e anche delle categorie inferiori 250 cc e 125 cc) al circuito di Jerez de la Frontera, in Andalusia. Un mese più tardi viene disputato un altro Gran Premio nel circuito di Montmeló.

Ciclismo

La versione spagnola del Giro d'Italia e del Tour de France è la Vuelta a España, una vera e propria maratona ciclistica della durata di tre settimane che si svolge di solito nel mese di settembre. Il percorso cambia ogni anno. Ripercorrendo le orme dell'ex campione Miguel Indurain (vincitore di ben cinque edizioni consecutive del Tour de France e considerato dagli addetti ai lavori uno dei più grandi ciclisti di tutti i tempi), Alberto Contador ha vinto il Tour de France nel 2007, nel 2009 e nel 2010, oltre a essersi aggiudicato la Vuelta nel 2008 ed essere diventato nello stesso anno il secondo spagnolo (dopo Indurain) a vincere il Giro d'Italia.

Il sito www.lavuelta.com vi terrà aggiornati su tutto quel che riguarda la Vuelta a España.

Tennis

Il tennis spagnolo sta richiamando un crescente numero di appassionati, che concentrano la loro attenzione soprattutto su Rafael Nadal, il giovane fenomeno mancino originario di Manacor (Maiorca) e astro dei campi in terra battuta (sulla terra rossa ha vinto gli Open di Francia del Roland Garros per ben cinque volte, di cui quattro consecutive). Nel 2008 Nadal ha sostituito il campione svizzero Roger Federer al primo posto della classifica mondiale dopo averlo battuto al torneo di Wimbledon e, *en passant*, si è aggiudicato la medaglia d'oro nel singolo maschile alle Olimpiadi di Pechino. Il 2009 è cominciato nel migliore dei modi per il campione spagnolo, con la vittoria degli Australian Open, prima delle quattro tappe del Grande Slam, ma poi sono intervenuti alcuni problemi fisici che ne hanno pregiudicato il rendimento per il resto dell'anno e la posizione in classifica. Il 2010 è stato un anno decisamente più fortunato, che lo ha visto trionfare nei tornei del Grande Slam del Roland Garros, di Wimbledon (dove aveva vinto anche nel 2008) e degli US Open, tre successi che nel giugno del 2010 lo hanno nuovamente insediato al primo posto della classifica ATP.

Tra gli altri tennisti spagnoli di maggior talento meritano di esere citati David Ferrer, Fernando Verdasco e Nicolas Almagro. Le tenniste spagnole non si sono distinte particolarmente negli ultimi anni, fatta eccezione per Vivi Ruano e Anabel Medina, vincitrici del doppio femminile agli Open di Francia del 2008. I tennisti spagnoli si sono aggiudicati la Coppa Davis nel 2000, nel 2004, nel 2008 e nel 2009.

Golf

Gli spagnoli si stanno sempre più appassionando al golf. Sebbene le stelle del momento siano José Marí Olazábal e Sergio García (una coppia straordinaria per l'Europa nella Ryder Cup), nessuno spagnolo ha dimenticato i trionfi del compianto Severiano Ballesteros, che negli anni '90 ha dominato il panorama golfistico sia spagnolo sia europeo. In Spagna ci sono più di 350 campi da golf, che oltre ai giocatori locali richiamano numerosi stranieri.

Flamenco

Commovente contributo della Spagna al panorama musicale mondiale, il flamenco è una sorta di colonna sonora della vita quotidiana di questo paese. Chiunque abbia ascoltato le sue malinconiche melodie in un bar affollato o durante un magico spettacolo dal vivo non può che essersene innamorato. Nel contempo, però, il flamenco può sembrare un mondo impenetrabile riservato a pochi taciturni eletti. Che li si odi o li si ami, gli artisti che riescono a trasmettere la passione che sta alla base di questa forma d'arte scatenando il delirio del pubblico possiedono quell'indefinibile dono chiamato *duende* (spirito).

Molti dei più talentuosi artisti di flamenco sono stati in prigione e ogni anno il sistema penitenziario spagnolo organizza *El Concurso de Cante Flamenco del Sistema Penitenciario* (Concorso carcerario di flamenco).

Le origini del flamenco

Le origini del flamenco sono tuttora avvolte nel mistero. Secondo alcuni affonderebbe le sue radici nei canti bizantini che venivano eseguiti nelle chiese visigote. In ogni caso, la maggior parte degli etnomusicologi ritiene che sia il frutto di una fusione tra i canti portati in Spagna dai *gitanos* (rom) e la musica e i versi nordafricani presenti nell'Andalusia musulmana medievale. Il flamenco che conosciamo oggi assunse una forma chiaramente definita tra la fine del XVIII e l'inizio del XIX secolo tra i rom stanziati nella bassa Valle del Guadalquivir, nell'Andalusia occidentale, regione tuttora considerata patria del flamenco. L'asse formato da Siviglia, Jerez de la Frontera e Cadice è tuttora considerato il cuore

IL GAMBERO DELL'ISOLA

Considerato da molti il più grande cantante di flamenco di tutti i tempi, José Monge Cruz, noto come Camarón de la Isla (Gambero dell'Isola), negli ultimi trent'anni si è prodigato più di chiunque altro nel diffondere la cultura del flamenco. Figlio di rom, Camarón cominciò la sua carriera da giovanissimo cantando nei bar della sua città. Un giorno incontrò una delle leggende del flamenco, il chitarrista Paco de Lucía, con il quale tra il 1969 e il 1977 incise nove splendidi album. In seguito Camarón collaborò con uno degli studenti di Paco, Tomatito.

Camarón era una persona estremamente introversa e tollerava a fatica ogni genere di pubblicità, tuttavia il suo talento era così straordinario che ovunque andasse la pubblicità non gli dava tregua e – a detta di alcuni – fu proprio tutto questo clamore a portarlo a una morte precoce, in puro stile rockstar. Idolatrato per la sua voce dagli appassionati di flamenco di tutto il mondo, Camarón fu elevato dai suoi fan gitani a uno stato di divinità. Si dice che le donne gitane portassero al suo cospetto i figli, nella speranza che lui li toccasse e trasmettesse loro un po' della sua magia.

Camarón condusse una vita dissoluta, cadde anche nel vortice della droga e morì di cancro ai polmoni nel 1992 all'età di soli 42 anni. Pare che al suo funerale abbiano partecipato più di 100.000 persone.

I dischi migliori del Gambero sono *La Leyenda del Tiempo*, *Soy Gitano* e *Una Leyenda Flamenca*.

pulsante di questa forma d'arte e – a detta di molti puristi – solo in queste città sarebbe possibile assistere a un autentico spettacolo di flamenco.

Flamenco – gli elementi essenziali

Il cantante di flamenco viene chiamato *cantaor* se uomo o *cantaora* se donna, mentre il/la ballerino/a è definito/a *bailaor/a*. In genere, le canzoni e i balli vengono eseguiti con l'accompagnamento di un/a *tocaor/a*, un chitarrista che suona con grande trasporto. Il ritmo viene ulteriormente scandito battendo i piedi, le mani e talvolta le nacchere. Esistono *coplas* (canzoni) molto diverse tra loro, con la dolente *soleá* e l'angosciante *siguiriya* che si contrappongono alla vivace *alegría* e alla ritmata *bulería*. Il primo genere a imporsi fu il *cante jondo* (canto profondo), dolente mezzo di espressione di una comunità che viveva ai margini della società. La *jondura* (profondità) costituisce ancora oggi l'essenza del flamenco.

Flamenco World (www.flamenco-world.com) è un negozio online che vende qualsiasi oggetto legato al mondo del flamenco. Il suo sito riporta anche diverse interviste e costituisce un'ottima fonte di informazioni.

Il costume tradizionale del flamenco – costituito per le donne da uno scialle, un ventaglio e un lungo abito ornato con gale detto *bata de cola* e per gli uomini da un cappello cordobese piatto e da pantoloni neri aderenti – si riallaccia agli abiti andalusi in voga nel corso del XIX secolo.

Per i puristi, la *sevillana,* una danza popolare che prevede ampi e contorti movimenti delle braccia, non rientrerebbe tra le forme del flamenco. Suddivisa in quattro parti ognuna seguita da una pausa musicale, la *sevillana* è infatti la versione andalusa della *seguidilla*, una danza castigliana.

Leggende del flamenco

I più grandi cantanti di flamenco attivi tra il XIX e i primi anni del XX secolo furono Silverio Franconetti e La Niña de los Peines di Siviglia e Antonio Chacón e Manuel Torre di Jerez de la Frontera. A voler credere alla leggenda, la voce di Torre era in grado di indurre la gente a strapparsi la camicia di dosso e a rovesciare i tavoli.

Con le sue dinamiche movenze e il suo sfrenato stile di vita, Carmen Amaya (1913-63), originaria di Barcellona, diventò una vera e propria leggenda delle danze gitane. Sabicas, suo compagno per molti anni, è considerato il padre del flamenco moderno per chitarra solista per il fatto di aver elaborato numerose tecniche oggi ritenute indispensabili per eseguire questo tipo di musica.

Dopo un periodo di crisi verificatosi intorno alla metà del XX secolo, quando sembrò che i *tablaos* (locali che organizzano esibizioni per turisti, mettendo in risalto soprattutto il carattere allegro e sensuale

FLAMENCO: PER SAPERNE DI PIÙ

» Flama (www.guiaflama.com, in spagnolo) Sito ricco di informazioni, soprattutto sugli spettacoli in programma in tutto il paese.

» *Duende. Viaggio alla ricerca del flamenco* (Jason Webster; Neri Pozza, Vicenza 2003) L'autore si è immerso anima e corpo nel mondo del flamenco alla ricerca del vero spirito di quest'arte viscerale.

» *Camarón* (Regista Jaime Chávarri; 2005) Straordinario film dedicato alla vita di El Camarón de la Isla.

» *Bodas de Sangre – Nozze di sangue* (1981) e *Flamenco* (1995) Due film diretti da Carlos Saura dedicati al flamenco. Il primo è la versione per il grande schermo dell'opera teatrale *Nozze di sangue* di Federico García Lorca.

» Centro Andaluz de Flamenco (www.centroandaluzdeflamenco.es, in spagnolo) Sito web del Centro Andaluso di Flamenco.

del flamenco) prendessero definitivamente il sopravvento, negli anni '70 il *flamenco puro* ricevette un nuovo impulso grazie a cantanti come Terremoto, La Paquera, Enrique Morente, Chano Lobato e – soprattutto – El Camarón de la Isla (il cui vero nome era José Monge Cruz), un cantante originario di San Fernando, località situata nei pressi di Cádice. L'incredibile estensione vocale e l'irresistibile carica espressiva di El Camarón, unitamente alla sua vita sregolata, lo resero una leggenda ben prima della sua tragica e prematura morte, avvenuta all'inizio del 1992.

Secondo alcuni, il successore di El Camarón sarebbe il madrileno Diego El Cigala (nato nel 1968). Questo cantante dotato di una voce molto potente ha riscosso un grande successo con gli album *Lágrimas Negras* (Lacrime nere; 2003) e *Dos Lágrimas* (Due lacrime; 2008), dove accosta al flamenco sonorità cubane.

Nato ad Algeciras nel 1947, Paco de Lucía è oggi il musicista di flamenco più noto al di fuori dei confini spagnoli. Dotato di un talento talmente grande che a soli 14 anni non aveva più nulla da imparare dai suoi insegnanti, de Lucía ha trasformato la chitarra da flamenco in uno strumento olistico estremamente espressivo per mezzo di nuove tecniche, scale, melodie e armonie che si sono spinte ben oltre i limiti tradizionali.

Il flamenco oggi

Il flamenco non è mai stato tanto popolare e soprattutto tanto innovativo come oggi. Se da un lato cantanti dalla fama ormai consolidata come Enrique Morente (forza trainante della fusione tra il flamenco e altri generi musicali), Carmen Linares e José Menese continuano a riscuotere un grandissimo successo, dall'altro le nuove generazioni stanno richiamando verso quest'arte un numero sempre maggiore di appassionati.

Originario di Jerez de la Frontera, José Mercé è attualmente il cantante più famoso e universalmente acclamato. Estrella Morente di Granada (figlia di Enrique) ha raggiunto la fama internazionale dopo aver 'prestato' la voce al film *Volver* (2006), mentre Miguel Poveda (di Barcellona) e il sivigliano La Tana sono due giovani interpreti che si stanno rapidamente conquistando un vasto pubblico di appassionati.

La danza – da sempre la forma di flamenco più nota al di fuori dei confini nazionali – ha raggiunto il suo apice grazie a Joaquin Cortés, un ballerino dotato di grandissimo carisma nato a Córdoba nel 1969. Nei suo spettacoli Cortés fonde il flamenco con la danza contemporanea, il balletto e il jazz al suono di musiche amplificate stile concerto rock. Il più promettente tra i giovani talenti della danza è Farruquito (Juan Manuel Fernández Montoya), nato a Siviglia nel 1983 da una famiglia di famosi artisti di flamenco.

Tra i chitarristi una doverosa citazione spetta a Manolo Sanlúcar di Cádice e a Tomatito di Almería, mentre Vicente Amigo di Córdoba e Moraíto Chico di Jerez accompagnano regolarmente i più grandi cantanti contemporanei.

FLAMENCO

Il nuovo Museo del Baile Flamenco di Siviglia narra il passato e il presente del flamenco. I suoi corsi vi permetteranno di perfezionare la vostra *sevillana*.

Flamenco fusion

Prendendo le mosse dalle ardite sperimentazioni di Paco de Lucía, diversi musicisti hanno iniziato a fondere il flamenco con il jazz, il rock, il blues, il rap e altri generi. Questo 'flamenco fusion' rappresenta per i neofiti il modo più semplice per avvicinarsi al flamenco, ma al contempo fa rabbrividire di orrore i puristi più attaccati alla tradizione.

Il disco più significativo di questa commistione musicale è l'album di flamenco-folk-rock, *Veneno* (Veleno), realizzato dal gruppo omonimo, i cui esponenti principali erano Kiko Veneno e Raimundo Amador, entrambi originari di Siviglia. Considerato ancora oggi la principale icona del flamenco fusion, Kiko unisce il rock, il blues, la musica africana e i ritmi del flamenco a testi arguti che fotografano con incredibile

GRANDI ALBUM DI FLAMENCO E FLAMENCO FUSION

- *Paco de Lucía Antología* – Paco de Lucía (1995)
- *Una Leyenda Flamenca* – El Camarón de la Isla (1993)
- *Cañailla* – Niña Pastori (2000)
- *Del Amanecer* – José Mercé (1999)
- *Niña de Fuego* – Concha Buika (2008)
- *Noche de Flamenco y Blues* – Raimundo Amador, BB King e altri (1998)
- *Blues de la Frontera* – Pata Negra (1986)
- *Cositas Buenas* – Paco de Lucía (2004)
- *Lágrimas Negras* – Bebo Valdés e Diego El Cigala (2003)
- *Sueña La Alhambra* – Enrique Morente (2005)
- *Flamenco Chill* – Chambao (2002)
- *Malamarismo* – Mala Rodríguez (2007)

immediatezza scorci della vita quotidiana del paese. Amador formò in seguito un altro gruppo, i Pata Negra, con i quali incise quattro album di flamenco-jazz-blues di alto livello, prima di dedicarsi alla carriera solistica.

Originari di Granada, i Ketama fanno coesistere con successo da oltre vent'anni il flamenco con sonorità africane, cubane, brasiliane e altri ritmi. Originaria di Cádice, Niña Pastori si è affermata verso la fine degli anni '90 cantando con voce intensa e spigolosa un flamenco dalle influenze jazz e latine.

Composto da undici elementi, il gruppo originario di Barcellona Ojos de Brujo fonde il flamenco con il reggae, i ritmi orientali e perfino con la musica dance.

I Chambao di Málaga sovrappongono al flamenco ritmi elettronici, come si può notare negli album *Flamenco Chill* (2002) e *Pokito a Poko* (A poco a poco; 2005). Il loro ultimo lavoro è *En el Fin del Mundo,* uscito nel corso del 2009.

Concha Buika, residente a Maiorca ma originaria della Guinea Equatoriale, possiede una voce bella e molto sensuale. I suoi album *Buika* (2005) e *Mi Niña Lola* (2006) sono caratterizzati da un'accattivante commistione di ritmi africani, soul, jazz, hip-hop, flamenco e altro.

Con ogni probabilità, nessuno suscita la riprovazione dei puristi quanto Mala Rodríguez, che propone una ardita fusione di flamenco e rap. *Malamarismo* (2007) è un classico del suo particolarissimo genere e il suo album più recente *Dirty Bailarina* (2010) sembra destinato a ottenere lo stesso successo.

Assistere al flamenco

Le città in cui è possibile assistere più facilmente a spettacoli di flamenco sono Siviglia, Jerez de la Frontera, Granada e Madrid. A parte i concerti organizzati nei teatri più importanti, i posti migliori per assistere a un'esibizione dal vivo sono le *peñas,* locali in cui si radunano gli intenditori di flamenco. In questi locali dall'atmosfera autentica – e talvolta anche molto intima – viene eseguito un flamenco rivolto esclusivamente ai veri conoscitori. Quasi tutte le città andaluse possono contare su decine di *peñas* e negli uffici turistici è possibile consultare gli elenchi dei locali in cui sono ammessi i visitatori. Un posto in cui è più facile assistere a uno spettacolo dal vivo è il *tablao,* un locale che ospita regolarmente spettacoli rivolti a un pubblico di turisti meno esigenti. In ogni caso, vi consigliamo di non snobbare questi locali, perché la qualità del flamenco proposto in un *tablao* può essere altissima, anche se manca l'atmosfera autentica delle *peñas*.

Le *ferias* (fiere) e le feste estive che si tengono in molte città della parte meridionale del paese prevedono esibizioni di flamenco e alcune località organizzano festival di flamenco che durano una notte intera. Di seguito riportiamo alcune delle manifestazioni più importanti.

» Festival Flamenco, Madrid (febbraio)
» Festival de Jerez, Jerez de la Frontera (febbraio-marzo)
» Suma Flamenca, Madrid (maggio)
» Festival Internacional de la Guitarra, Córdoba (giugno-luglio)
» Festival Internacional del Cante de las Minas, La Unión, Murcia (agosto)
» Bienal de Flamenco, Siviglia (settembre)

Guida pratica

informazioni

Accessi a internet

Wi-fi È disponibile in un numero sempre maggiore di alberghi e – in misura minore – nei caffè e nei ristoranti, così come in alcuni aeroporti; di solito (ma non sempre) la connessione wi-fi può essere utilizzata gratuitamente. Dal momento che la velocità di connessione può variare da una camera all'altra dello stesso albergo, vi consigliamo di chiedere informazioni al riguardo al momento del check-in. In questa guida gli hotel dotati della connessione wi-fi sono contraddistinti dall'icona 🛜. Se invece mettono terminali a disposizione della clientela sono indicati dall'icona @.

Internet bar Non sempre è facile trovare locali di questo genere; chiedete gli indirizzi al personale degli uffici turistici. Le tariffe per un'ora di collegamento in rete variano da €1,50 a €3.

Alloggio

Le strutture ricettive spagnole sono quasi sempre di ottimo livello, spaziando dai piccoli *hostales* a gestione familiare ai sontuosi e aristocratici *paradores*.

Esiste una divisione ufficiale tra *hoteles* (alberghi; da una a cinque stelle), *hostales* (da una a tre stelle) e *pensiones* (piccoli alberghi privati, spesso a gestione familiare all'interno di appartamenti, da una a due stelle). Queste categorie sono utilizzate nella *Guía Oficial de Hoteles*, una guida aggiornata ogni anno e in vendita in tutte le librerie, che elenca tutte o quasi le strutture ricettive spagnole (fatta eccezione per le *pensiones* a una stella) con un'indicazione di massima delle tariffe.

Di norma occorre liberare la camera a mezzogiorno.

Prenotazioni

Sebbene in bassa e media stagione non ve ne sia quasi mai necessità, è sempre consigliabile prenotare le camere con un buon anticipo, se non altro per evitare faticose ricerche dell'ultimo momento. Molti alberghi richiedono come garanzia un numero di carta di credito e tengono libera la camera fino alle 18, salvo la specifica indicazione dell'arrivo a un'ora più tarda.

Stagioni

Dal momento che le tariffe riportate in questa guida sono sempre riferite all'alta stagione, viaggiando in altri periodi dell'anno potreste andare incontro a piacevoli sorprese. Il concetto di alta e di bassa stagione cambia a seconda dei momenti e delle località. È alta stagione quasi tutto l'anno a Madrid e Barcellona, in particolare nel caso di fiere e di manifestazioni di cui spesso i viaggiatori stranieri non sono a conoscenza. Agosto è un periodo morto in molte città, mentre l'inverno è considerato alta stagione sui Pirenei e bassa nelle Isole Baleari (dove tra novembre e Pasqua quasi tutti gli operatori turistici chiudono i battenti). Nei mesi di luglio e di agosto le Baleari offrono invece sole e divertimento, per cui trovare una camera libera senza avere prenotato per tempo potrebbe rivelarsi un'impresa decisamente ardua. I weekend sono momenti di punta per i boutique hotel e le *casas rurales*, ma non per i business hotel di Madrid e di Barcellona, che a volte in quei giorni offrono sconti molto interessanti.

Tariffe

In questa guida le strutture ricettive sono sempre elencate in base alle preferenze degli autori e sono tutte accompagnate da uno dei seguenti simboli (le tariffe sono sempre riferite a una camera doppia con bagno privato):

€ <€60 per camera doppia (<€70 per Madrid e Barcellona)

€€ da €60 a €120 per camera doppia (da €70 a €200 per Madrid e Barcellona)

€€€ >€120 per camera doppia (>€200 per Madrid e Barcellona)

Nelle strutture che si collocano al limite inferiore della categoria economica aspettatevi di trovare letti in camerata (a partire da €17 per persona) negli ostelli della gioventù oppure camere con bagno in comune nel corridoio. Aggiungendo qualche euro è possibile trovare sistemazioni economiche anche confortevoli e dotate di bagno privato. Nelle zone meno turistiche e nelle aree rurali le tariffe degli alberghi e di qualche boutique hotel tendono a rientrare nella categoria economica, soprattutto in bassa stagione.

In Spagna le strutture di media categoria sono in genere di ottimo livello, il bagno è sempre in camera e spesso nelle tariffe è compresa anche la prima colazione. I boutique hotel – compresi quelli ospitati all'interno di edifici storici riconvertiti – rientrano di norma in questo ambito e rappresentano quasi sempre ottime scelte.

Un'ultima annotazione terminologica. Una *habitación doble* (camera doppia) è di norma una camera con due letti (che spesso è possibile accostare uno all'altro). Se volete un letto a due piazze dovete chiedere esplicitamente una *cama matrimonial*.

Tipi di sistemazione

ALBERGHI

Gli *hoteles* spagnoli sono di qualità piuttosto variabile, spaziando da alberghi puliti ma anonimi situati lungo le grandi vie di comunicazione a suggestivi boutique hotel, per poi salire fino a strutture di gran lusso. Anche nelle strutture che praticano tariffe convenienti il bagno è di norma in camera e c'è un ristorante.

Se il vostro budget ve lo consente, vi consigliamo di prendere in considerazione uno degli invitanti **paradores** (☎in Spagna 902 547 979; www.parador.es), una catena di alberghi comprendente una novantina di strutture a sovvenzione statale spesso ospitati all'interno di edifici straordinari come castelli ed ex conventi medievali. Con un pizzico di fortuna è possibile trovare splendidi alberghi in vecchie dimore cittadine o case di campagna senza per forza dover sostenere una spesa troppo elevata. Negli ultimi tempi nelle grandi città e nelle zone più turistiche si sono affermate strutture dal design moderno e ambizioso e con personale dallo stile ineccepibile (ma alquanto freddo). Alcuni degli alberghi più costosi fanno pagare un supplemento per le camere con vista (specialmente quelle affacciate sul mare) o dotate di *balcón* e spesso dispongono di una o più suite.

Molte strutture possiedono camere per tre, quattro o più persone, che vengono offerte a tariffe per persona più basse rispetto a una singola o una doppia, un fatto che contribuisce a renderle la soluzione ideale per le famiglie. È possibile effettuare prenotazioni online tramite alcuni dei siti elencati nel paragrafo Appartamenti, ville e casas rurales.

APPARTAMENTI, VILLE E CASAS RURALES

In ogni parte della Spagna si trovano appartamenti e case affittabili anche per una sola notte. La disponibilità di case e di ville è ampia soprattutto nelle zone balneari e in quelle rurali più frequentate dai turisti.

In qualche caso, un semplice appartamento con una camera da letto per due-tre persone in una località di villeggiatura marina può costare appena €30 a notte, ma in alta stagione aspettatevi di pagare quasi sempre una cifra almeno doppia, mentre strutture più lussuose con tanto di piscina possono chiedere per gruppi composti da quattro persone cifre comprese tra €200 e €400.

Negli ultimi tempi gli agriturismi sono diventati popolarissimi e sono state inaugurate molte piacevoli *casas rurales*. Si tratta di case di paese o fattorie ristrutturate con un numero limitato di camere. A volte la denominazione è diversa, come nel caso delle *cases de pagès* in Catalogna, delle *casas de aldea* nelle Asturie, delle *posadas* e delle *casonas* in Cantabria e così via. Alcune offrono solo il pernottamento mentre altre propongono anche i pasti o mettono a disposizione degli ospiti la cucina. In genere le tariffe delle strutture economiche si aggirano intorno a €30/50 (singola/doppia) per notte, ma per una camera doppia in più eleganti sistemazioni 'boutique' si può arrivare a spendere anche più di €100. Molte vengono affittate su base settimanale.

Di seguito riportiamo un elenco di agenzie immobiliari particolarmente affidabili.

AffittiVacanze-Spagna.it (www.affittivacanze-spagna.it, in italiano)

Apartments-Spain (www.apartments-spain.com)

Associació Agroturisme Balear (www.agroturismo-balear.com)

Atlas Rural (www.atlasrural.com, in spagnolo)

Casas Cantabricas (www.casas.co.uk)

Cases Rurals de Catalunya (www.casesrurals.com)

Fincas 4 You (www.fincas4you.com)

Guías Casas Rurales (www.guiascasasrurales.com, in spagnolo)

Holiday Serviced Apartments (www.holidayapartments.co.uk)

Owners Direct (www.ownersdirect.co.uk)

Ruralka (www.ruralka.com)

Rustic Rent (www.rusticrent.com)

Rusticae (www.rusticae.es)

Secret Destinations (www.secretdestinations.com)

Secret Places (www.secretplaces.com)

Top Rural (www.toprural.com, in spagnolo)

Traum Ferienwohnungen (www.traum-ferienwohnungen.de, in tedesco)

Villas 4 You (www.villas4you.co.uk)

Vintage (vintagetravel.co.uk)

CAMAS, FONDAS E HOSPEDAJES

Le sistemazioni più economiche sono caratterizzate da nomi in molti casi sovrapponibili tra loro. In linea generale, quelle più a buon mercato si fanno chiamare *camas* (letti), *fondas* (tradizionalmente un piccolo ristorante con alloggio, anche se a volte una delle due funzioni è assente) e *casas de huéspedes* o *hospedajes* (guesthouse, pensioni). Nella maggior parte dei casi, si tratta di strutture spartane ed essenziali con bagno in comune e – nei casi più fortunati – con lavabo in camera. In inverno non esitate a chiedere qualche coperta in più.

CAMPEGGI

La Spagna dispone di un migliaio di campeggi (*camping*) ufficiali. Alcuni si trovano in posizione invidiabile nei pressi di spiagge e di fiumi oppure in mezzo ai boschi, mentre altri sono situati in zone periferiche o lungo strade di traffico intenso. Solo pochi si trovano in prossimità dei centri cittadini e quasi tutti risultano scomodi per chi si sposta con i mezzi pubblici. Gli uffici turistici vi sapranno comunque indicare il campeggio più vicino.

I campeggi sono suddivisi in tre classi: prima (1ªC), seconda (2ªC) e terza (3ªC). Quelli non classificati vanno considerati di terza classe. Le attrezzature variano dall'accettabile all'eccellente, mentre nei periodi di punta come luglio e agosto sia il rumore sia l'affollamento possono essere notevoli. Nella maggior parte dei casi, anche i campeggi di terza classe dispongono di bar, docce calde e allacciamento elettrico, mentre i migliori possono contare su supermercati, ristoranti, lavanderie, piscine riscaldate, campi da tennis e parchi giochi per bambini.

Le tariffe vengono applicate per persona, tenda e veicolo, in genere tra €5 e €9 per ogni voce, e la tariffa per bambini è di poco inferiore rispetto a quella per gli adulti. Tenete presente che nel periodo compreso tra ottobre e Pasqua molti campeggi chiudono i battenti.

In Spagna potrebbe capitarvi d'incontrare una *zona de acampada* o *área de acampada*, ovvero uno spiazzo in campagna con attrezzature ridotte all'essenziale (magari solo acqua corrente o un paio di barbecue) e sorveglianza minima o del tutto assente. Di solito in queste strutture si paga molto poco e a volte addirittura nulla. Per campeggiare in alcune aree protette è possibile che si debba richiedere il permesso delle autorità locali.

Salvo eccezioni – come molte spiagge, le zone protette e i rari comuni che lo proibiscono ufficialmente – è possibile campeggiare al di fuori delle strutture ufficiali (ma non a meno di 1 km da queste). Di solito le zone dove non è autorizzato il campeggio libero sono segnalate da cartelli (nei casi dubbi consultate l'ufficio turistico locale), mentre per piantare la tenda nelle

NOTIZIE UTILI

» **Moneta**: euro

» **Pesi e misure**: sistema metrico decimale

» **Corrente elettrica**: 220V, 50Hz

» **Prese di corrente**: europee con due fori (v. p522)

» **Quotidiani principali**: *El País* (www.elpais.com, in spagnolo) di centrosinistra; *El Mundo* (www.elmundo.es, in spagnolo) di centrodestra; *ABC* (www.abc.es, in spagnolo) di destra. Il diffuso *International Herald Tribune* pubblica un supplemento di otto pagine con articoli tratti da *El País* tradotti in inglese (www.elpais.com/misc/herald/herald.pdf).

» **Radio**: Radio Nacional de España (RNE): Radio 1 trasmette notizie di politica e società, Radio 3 ('Radio d'Espop') musica spagnola e Radio 5 notizie di sport e intrattenimento. Tra le emittenti private meritano di essere segnalate la Cadena Ser (politicamente di sinistra) e la COPE (di destra). Tra le più note stazioni commerciali che trasmettono musica pop-rock meritano di essere citate la 40 Principales, la Kiss FM, la Cadena 100 e la Onda Cero.

» **TV**: Televisión Española (TVE1 e La 2) è la televisione di stato; Antena 3, Tele 5, Cuatro e La Sexta sono le principali TV private. I governi regionali gestiscono emittenti come Telemadrid (Madrid e dintorni), TV-3 e Canal 33 (Catalogna, entrambe in lingua catalana), TVG (Galizia), ETB-1 e ETB-2 (Paesi Baschi), Valencia (Canal 9) e Canal Sur (Andalusia). In tutto il paese sono molto diffuse sia le TV via cavo sia quelle via satellite.

proprietà private occorre procurarsi il permesso dei proprietari.

Di seguito riportiamo tre siti internet particolarmente utili:

Guía Camping (www.guiacampingfecc.com) Versione online dell'annuale *Guía Camping* (€13,60), pubblicata a cadenza annuale e disponibile nelle librerie di tutto il paese.

Campinguía (www.campinguia.com) Questo sito riporta commenti (quasi tutti in spagnolo) e molti link utili.

Campings Online (www.campingsonline.com/espana, anche in italiano) In questo sito troverete un comodo servizio di prenotazioni.

HOSTALES

Come nel caso delle *pensiónes*, rispetto alle quali sono lievemente superiori, gli *hostales* possono talora essere piacevoli, pulitissimi e dotati di *baño complete* (bagno in camera in genere con *ducha* – doccia – anziché vasca), TV e di solito aria condizionata e/o riscaldamento.

MONASTERI

Una soluzione di pernottamento tanto originale quanto insolita è rappresentata dai monasteri. Nonostante gli espropri subiti nel corso del XIX secolo e le gravi difficoltà attraversate in quello successivo, in Spagna sono sopravvissuti molti ordini monastici, anche se il loro numero va via via diminuendo. Alcuni offrono il pernottamento a ospiti esterni spesso in celle dall'aspetto austero.

In genere i frati accolgono solo uomini e le suore solo donne e l'intento di molti ospiti è quello di sfuggire al mondo esterno per rifugiarsi nella contemplazione o nella meditazione. Se si tratta di un ordine religioso che prosegue l'antica tradizione del lavoro nei campi, nei frutteti o nelle vigne, è anche possibile dare una mano in queste attività.

Di seguito riportiamo alcune fonti di informazioni utili:

Guía de Monasterios (www.guiasmonasterios.com, in spagnolo).

Alojamientos Monásticos de España Guida ai monasteri spagnoli a cura di Javier de Sagastizabal e José Antonio Egaña (che però andrebbe aggiornata).

OSTELLI

I circa 250 ostelli della gioventù – *albergues juveniles*, da non confondere con gli *hostales* (alberghi economici) – rappresentano spesso la soluzione più economica per chi viaggia da solo in Spagna, mentre chi si sposta in coppia di solito riesce a trovare una camera doppia a tariffe simili.

Il livello qualitativo degli ostelli è piuttosto variabile: alcuni mancano totalmente di atmosfera, sono spesso prenotati in anticipo da rumorose comitive scolastiche, chiudono i cancelli a una certa ora della sera e non dispongono di cucina (in tal caso è presente comunque una caffetteria). Al contrario, altri si trovano in posizioni comode (a volte all'interno di pregevoli edifici storici), sono aperti 24 ore su 24 e dispongono di camerate non troppo grandi o di camere doppie (alcune delle quali dotate di bagno privato). In Spagna sono sempre più numerosi gli ostelli dotati di strutture accessibili ai portatori di handicap.

Quasi tutti gli ostelli spagnoli fanno parte della **Red Española de Albergues Juveniles** (REAJ; www.reaj.com), rappresentanza spagnola della **Hostelling International** (HI; www.hihostels.com) e molti sono legati anche a un'associazione regionale. Ogni regione stabilisce le proprie tariffe e dispone di un sistema centralizzato di prenotazioni (è anche possibile prenotare presso i singoli ostelli). Di seguito riportiamo alcuni siti internet che potrebbero rivelarsi molto utili:

Andalusia (☎902 510 000; www.inturjoven.com, in spagnolo)

Catalogna (☎93 483 83 41; www.xanascat.cat)

Valencia (☎902 225 552; www.ivaj.es, in spagnolo)

In genere, le tariffe degli ostelli dipendono dalla stagione e possono oscillare tra €15 e €21 per le persone di età inferiore ai 26 anni (tariffa che viene applicata anche ai titolari delle tessere ISIC; per ulteriori informazioni in merito, v. p532) e tra €18 e €28 per chi ha superato questa età. In qualche caso la tariffa comprende anche la prima colazione. Alcuni ostelli fanno pagare l'affitto delle lenzuola (da €2 a €5 per l'intera permanenza) a chi ne è sprovvisto o non dispone di un sacco a pelo.

In genere viene richiesto il possesso di una tessera della HI (o di un'associazione di ostelli nazionale), che in ogni caso può essere acquistata presso quasi tutti gli ostelli spagnoli. In Italia la tessera degli ostelli costa €3 ed è valida un anno dalla data di emissione. Per avere ulteriori informazioni in merito, vi consigliamo di rivolgervi alla **AIG – Associazione Italiana Alberghi per la Gioventù** (www.aighostels.com).

Negli ultimi anni sono state inaugurate sempre più strutture tipo ostello non legate alla HI o alla REAJ che offrono sia letti in camerata sia camere private. L'assenza di un tariffario prestabilito fa sì che la gamma dei prezzi sia estremamente variabile. Una buona fonte per la ricerca di ostelli – indipendenti e non – è costituita dal sito internet **Hostel World** (www.hostelworld.com, anche in italiano).

Infine, nelle zone frequentate dagli escursionisti e dagli alpinisti potrebbe capitarvi di trovare *albergues* indipendenti che offrono semplici sistemazioni in camerata a tariffe comprese tra €10 e €18 e che si collocano a metà strada tra un ostello della gioventù (l'età media dei clienti di queste strutture è in genere inferiore ai 35 anni) e un *refugio*. Se vi occorrono lenzuola, in alcuni casi è possibile noleggiarle per un paio di euro.

PENSIÓNES

Una *pensión* si pone a un livello superiore sia per le tariffe sia per i comfort rispetto alle camas, alle fondas e agli hospedajes. Se non vi vengono forniti il sapone, la carta igienica e gli asciugamani chiedeteli senza problemi.

REFUGIOS

I rifugi *(refugios)* sono diffusi in tutte le zone montane della Spagna (in particolare sui Pirenei, mentre non se ne trovano molti in Andalusia) e sono in massima parte gestiti da club alpini o associazioni escursionistiche. In genere le sistemazioni sono costituite da letti a castello in camerata e in molti casi non possono essere prenotate in anticipo. Tenete presente che nei periodi di punta (che in quasi tutte le zone montane della Spagna coincidono con i mesi di luglio e di agosto) i *refugios* possono riempirsi molto rapidamente. Se non riuscite a prenotare, cercate di arrivare verso la metà del pomeriggio. A titolo puramente indicativo, le tariffe per persona possono oscillare da zero a €15 (o più) per notte. Molti *refugios* dispongono di un bar e di una zona cottura (priva di stoviglie) e servono i pasti (una cena può costare tra €8 e €12). Di norma vengono fornite le coperte, ma dovrete portarvi dietro le vostre lenzuola e potrebbe risultare utile anche una torcia elettrica.

I Pirenei aragonesi sono la zona della Spagna più organizzata per quanto riguarda i rifugi; di seguito riportiamo alcuni indirizzi che potrebbero rivelarsi utili:

Albergues & Refugios de Aragón (www.alberguesyrefugiosdearagon.com, in spagnolo) Tramite questo sito è possibile effettuare prenotazioni in *refugios* e *albergues*.

Federación Aragonesa de Montañismo (FAM; ☎976 22 79 71; www.fam.es, in spagnolo; 4° piano, Calle Albareda 7, Saragozza) Questa organizzazione fornisce informazioni e vende la tessera FAM che garantisce buoni sconti per i pernottamenti nei *refugios*.

Ambasciate e consolati

Ambasciate e consolati spagnoli all'estero

Per avere un elenco completo delle rappresentanze diplomatiche spagnole presenti in Italia, vi consigliamo di consultare il sito del **Ministero degli Affari Esteri** (www.esteri.it/MAE/IT/Ministero/Servizi/Stranieri/RapprStraniere). Per conoscere i riferimenti aggiornati delle rappresentanze con sede nella Confederazione Elvetica, vi consigliamo di visitare il sito del **Dipartimento Federale degli Affari Esteri** (www.eda.admin.ch/eda/it/home/reps.html), selezionando 'Rappresentanze estere in Svizzera' e cliccando sul nome del paese.

Italia Ambasciata (☎06 684 04 01; fax 06 687 22 56; www.maec.es/subwebs/Embajadas/Roma/, in spagnolo; emb.roma@maec.es; Palazzo Borghese – Largo Fontanella di Borghese 19, 00186 Roma) I consolati generali della Spagna si trovano a Roma, Milano e Napoli.

Svizzera Ambasciata (☎031-350 52 52; fax 031-350 52 55; www.maec.es/subwebs/Embajadas/Berna/, in spagnolo; emb.berna@mae.es; Kalcheggweg 24, 3000 Berna 15) I consolati generali della Spagna si trovano a Zurigo e a Ginevra.

Ambasciate e consolati stranieri in Spagna

Le ambasciate hanno sede a Madrid. Alcune nazioni dispongono anche di un consolato in un'altra grande città, in genere Barcellona. Di seguito riportiamo alcuni indirizzi:

Francia Madrid (☎91 423 89 00; www.ambafrance-es.org; Calle de Salustiano Olózaga 9); Barcellona (☎93 270 30 00; www.consulfrance-barcelone.org; Ronda de l'Universitat 22B) Altri consolati si trovano a Bilbao e a Siviglia.

Italia Madrid (☎91 423 33 00; www.ambmadrid.esteri.it; archivio.ambmadrid@esteri.it; Calle Lagasca 98); Cancelleria Consolare dell'Ambasciata di Madrid (call center consolare, a pagamento: ☎807 505 883; ☎902 050 141; info.madrid@esteri.it; www.consmadrid.esteri.it; Calle Agustín de Betancourt 3); Barcellona (call center consolare, a pagamento: ☎807 505 883; ☎902 050 141; segreteria.barcellona@esteri.it; www.consbarcellona.esteri.it; Calle Mallorca 270) Per consultare l'elenco delle rappresentanze diplomatiche onorarie italiane in Spagna, v. il sito www.esteri.it/MAE/IT/Ministero/Rappresentanze.

Marocco Madrid (☎91 563 10 90; www.embajada-marruecos.es; Calle de Serrano 179); Barcellona (☎93 289 25 30; Calle Bejar 91) Altri consolati generali si trovano ad Algeciras, Almería, Bilbao, Siviglia, Tarragona e Valencia.

Svizzera Madrid (☎91 436 39 60; mad.vertretung@eda.admin.ch; www.eda.admin.ch/madrid; Calle de Núñez de Balboa 35 A, Edificio Goya); Barcellona (☎93 409 06 50; bar.vertretung@eda.admin.ch; www.eda.admin.ch/barcelona; Gran Via de Carlos III 94) Per consultare l'elenco delle altre rappresentanze svizzere in Spagna, v. il sito www.eda.admin.ch/eda/it/home/

reps.html, selezionando prima 'Europa' e poi 'Spagna'.

Assicurazione

Prima di partire vale sempre la pena di stipulare un'assicurazione di viaggio che copra i furti, la perdita dei bagagli, i problemi medici e i ritardi e le cancellazioni di voli. Pagare un biglietto aereo con la carta di credito consente di ottenere una limitata copertura assicurativa e, talora, la restituzione della cifra pagata in caso di cancellazione da parte dell'operatore.

Per scegliere la polizza più adatta alle vostre esigenze, vi consigliamo di consultare i siti della **Ami Assistance – Gruppo Filo diretto** (www.filodiretto.it), della **Mondial Assistance** (www.mondial-assistance-italia.it) e della **Europ Assistance** (www.europassistance.it).

Per ulteriori informazioni sulle polizze automobilistiche, v. p544.

Bambini

La Spagna è una nazione particolarmente indicata alle famiglie e alle persone che viaggiano con bambini e non mancano attrazioni pensate specificamente per i più piccoli come zoo, parchi a tema e anche spiagge. Queste attrazioni si trovano in ogni parte del paese, in particolare a Madrid, Barcellona, Valencia, Siviglia, Córdoba, Granada, nei Paesi Baschi, in Navarra e nella regione di La Rioja.

Ai bambini piaceranno molto anche Port Aventura in Catalogna, Terra Mítica a Benidorm, Mini Hollywood e i set utilizzati per girare film western nel deserto dell'Almería.

Anche molte attrattive tecnicamente per adulti quali castelli, musei interattivi, spettacoli di flamenco, fiestas, *ferias* (fiere) e persino le processioni della Semana Santa (Settimana Santa) non mancheranno di catturare la fantasia dei piccoli viaggiatori e alcuni importanti luoghi d'interesse turistico (come l'Alhambra) dispongono di guide specificamente pensate per loro.

Informazioni pratiche

Quasi tutti gli alberghi (ma solo pochi *hostales* e altre sistemazioni economiche) dispongono di lettini per bambini piccoli, per quanto spesso in quantità limitata. Per questo motivo, all'atto della prenotazione della camera vi consigliamo di farvene tenere uno da parte. Nei migliori alberghi è possibile prendere accordi per il servizio di babysitting e in ogni parte del paese esistono agenzie che forniscono personale disposto a occuparsi dei piccoli ospiti.

Nei ristoranti non sempre si trovano i seggioloni, ma è comunque raro che qualche gestore storca il naso di fronte a famiglie con bambini.

Quasi tutte le compagnie di autonoleggio sono in grado di fornire seggiolini per neonati e bambini più grandi, ma occorre prenotarli con un buon anticipo.

Sui mezzi pubblici e sui biglietti d'ingresso ai siti d'interesse vengono spesso applicati sconti per bambini (in genere di età inferiore ai 12 anni), mentre per i bambini di età inferiore ai quattro anni i biglietti e gli ingressi sono gratuiti.

Nelle *farmacias* si trovano omogeneizzati, cibi liofilizzati, latte in polvere, soluzioni sterilizzanti come la Milton e i pannolini usa e getta (questi ultimi reperibili facilmente anche nei supermercati). Il latte fresco di mucca in cartoni e in bottiglie di plastica

CONSIGLI PER CHI VIAGGIA CON BAMBINI

Alcuni nostri autori hanno viaggiato in Spagna con i loro bambini. Di seguito riportiamo alcuni loro commenti e suggerimenti.

» Almeno una volta al giorno vi capiterà che qualcuno offra dolci, strizzi le guance e scompigli affettuosamente i capelli (specialmente se non sono neri) dei vostri figli.

» Nei bar chiedete sempre qualche stuzzichino in più, per esempio olive o carote crude tagliate.

» Fate in modo che i ragazzi si adattino rapidamente ai ritmi di vita spagnoli (tutti spostati verso la sera) per non perdere molte cose interessanti.

» All'inizio del 2011 è entrato in vigore il divieto di fumo per tutti i locali pubblici spagnoli.

» Nei ristoranti non vengono forniti fogli di carta e pastelli per i bambini, come accade per esempio negli Stati Uniti. Portate i vostri.

» Se in albergo tenete il bambino nel letto insieme a voi non dovete pagare alcun supplemento. Per aggiungere un altro letto potrebbe venirvi chiesta una cifra compresa tra €20 e €30 (anche se in alcuni casi viene fornito gratuitamente).

» Negli uffici turistici chiedete sempre dove si trova il parco giochi più vicino.

si trova facilmente in tutti i supermercati delle grandi città ma può essere difficile da reperire nei piccoli centri, dove spesso l'unica soluzione è rappresentata dal latte a lunga conservazione UHT.

In questa guida abbiamo inserito un'icona 'a misura di bambino' (👪) accanto alle attrattive e alle strutture ricettive adatte ai bambini o che cercano di farli sentire bene accetti (il che comunque non significa che altre non lo siano). Dal momento che molti ristoranti – per quanto di norma siano ben disposti verso i piccoli clienti – non propongono quasi mai menu specificamente pensati per loro, questa icona non figura mai accanto ai locali e ai ristoranti.

Per avere ulteriori informazioni in merito, vi consigliamo di consultare il volume *Viaggiare con i bambini* (EDT, Torino 2010) o di visitare i siti www.quantomanca.com, una guida completa per chi viaggia con i bambini corredata da preziosi suggerimenti per rendere il viaggio dei piccoli più gradevole, con giochi da fare in viaggio e altro ancora, e www.babyinviaggio.it, che contiene esperienze di viaggio con i bambini nei paesi europei e di altri continenti.

Cartine

Cartine escursionistiche

Le due serie di volumi pubblicati da Editorial Alpina, *Guía Cartográfica* e *Guía Excursionista y Turística*, sono particolarmente utili per chi ha intenzione di dedicarsi alle escursioni e ad esplorare aree montane quali i Pirenei. Ogni volume si compone di un opuscolo con informazioni in spagnolo (e talora in catalano) e di una dettagliata cartina in scala da 1:25.000 a 1:50.000. Si tratta di strumenti indispensabili per gli escursionisti, ma non privi di inesattezze. L'Institut Cartogràfic de Catalunya pubblica cartine escursionistiche dedicate ai Pirenei Catalani che sono spesso migliori di quelle corrispondenti dell'Editorial Alpina. Tenete presente che per le escursioni solo le cartine in scala 1:25.000 sono davvero utili. Anche il **Centro Nacional de Información Geográfica** (CNIG, www.cnig.es), la casa editrice dell'**Instituto Geográfico Nacional** (IGN, www.ign.es), pubblica cartine in scala 1:25.000 che coprono quasi tutte le regioni del paese.

Le pubblicazioni dell'Editorial Alpina e del CNIG sono reperibili nelle librerie delle zone di trekking o in quelle specializzate come le seguenti:

Altaïr (☎93 342 71 71; www.altair.es; Gran Via de les Corts Catalanes 616, Barcellona)

La Tienda Verde (☎91 535 38 10; tiendaverde.es; Calle Maudes 23, Madrid)

Librería Desnivel (☎902 248 848; www.libreriadesnivel.com, in spagnolo; Plaza de Matute 6, Madrid)

Quera (☎93 318 07 43; www.libreriaquera.com; Carrer de Petritxol 2, Barcellona)

Cartine generali

Tra le migliori cartine da viaggio meritano di essere citate quelle della Michelin, che pubblica *Spain Portugal* in scala 1:1.000.000 e sei cartine regionali in scala 1:400.000. Sono tutte piuttosto accurate e vengono aggiornate regolarmente anche per quanto riguarda le condizioni delle strade di campagna. Decisamente buone sono anche le cartine GeoCenter pubblicate in Germania dalla casa editrice RV Verlag.

Con ogni probabilità, la cartina fisica migliore della Spagna è *Península Ibérica, Baleares y Canarias* pubblicata dal CNIG e reperibile in tutte le migliori librerie.

Corsi di lingue

Le località più gettonate da chi desidera imparare lo spagnolo sono Barcellona, Granada, Madrid, Salamanca e Siviglia. In queste città come altrove, diverse università propongono corsi di lingua di buon livello e a prezzi convenienti.

L'**Escuela Oficial de Idiomas** (EOI; www.eeooiinet.com, in spagnolo) è un'istituto con sedi in tutte le principali città, dove è possibile apprendere lo spagnolo e altre lingue. Le lezioni possono essere piuttosto affollate ma le tariffe sono molto convenienti. Nella prima pagina del sito cliccate 'Centros' all'interno della sezione 'Comunidad' e poi 'Centros en la Red' per consultare l'elenco delle scuole.

Diverse scuole private e università propongono in vari periodi dell'anno corsi di ogni livello e durata, oltre a corsi intensivi o per esigenze specifiche. In alcuni casi, alla lingua viene accostata anche la cultura spagnola. I corsi universitari durano di solito un semestre, alcuni solo un paio di settimane e altri un anno. Gli istituti privati garantiscono una maggiore flessibilità; tra questi gode di buona reputazione il **Don Quijote** (www.donquijote.com, anche in italiano), una scuola dotata di sedi a Barcellona, Granada, Madrid, Salamanca e Valencia.

È opportuno verificare se il corso prevede il rilascio di un certificato ufficialmente riconosciuto, come il Diploma de Español como Lengua Extranjera (DELE), riconosciuto dal Ministero dell'Educazione e delle Scienze spagnolo.

Documenti e visti

La Spagna è uno dei paesi che hanno sottoscritto il Trattato di Schengen, in virtù del quale tutti gli stati ade-

CARTINE DISPONIBILI IN ITALIA

Chi intende acquistare una cartina della Spagna in Italia prima di partire può scegliere tra un vasto assortimento di mappe, alcune delle quali sono stati segnalate in corso di testo. Per pianificare il vostro itinerario vi tornerà utile disporre di un atlante stradale come *Spagna & Portogallo. Atlante stradale e turistico* della Michelin (scala 1:400.000) e l'*Atlas de carreteras. España y Portugal* (scala 1:200.000/300.000) della Editorial Planeta.

Per quanto concerne il materiale cartografico, sono facilmente reperibili le cartine generali dedicate all'intera Penisola Iberica, come per esempio Michelin foglio n. 734 *Spagna e Portogallo* (in scala 1:1.000.000) e *Spagna e Portogallo* delle case editrici Cartographia, FMB, De Agostini, LAC e Hallwag (tutte in scala 1:800.000).

Tra le mappe Michelin dedicate alle singole regioni meritano di essere citati il foglio n. 571 *Galicia* (scala 1:400.000), il foglio n. 572 *Asturias, Cantabria* (1:250.000), il foglio n. 573 *Pais Vasco, Navarra, La Rioja* (1:250.000), il foglio n. 574 *Aragón, Catalunya*, il foglio n. 575 *Castilla y León, Madrid*, il foglio n. 576 *Extremadura, Castilla-La Mancha, Madrid*, il foglio n. 577 *Comunidad Valenciana, Murcia*, il foglio n. 578 *Andalucía* (tutti in scala 1:400.000) e il foglio e n. 579 *Baleares* (in scala 1:140.000). Lo stesso editore ha inoltre in catalogo il foglio n. 121 *Alrededores de Madrid* (1:170.000), il foglio n. 122 *Costa Brava* (1:130.000), il foglio n. 123 *Costa Blanca* (1:130.000) e il foglio n. 124 *Costa del Sol* (1:100.000).

Nel catalogo TCI/Kümmerly+Frey sono disponibili *Spagna Nord-Est*, *Spagna Nord-Ovest* e *Spagna Sud* (tutte in scala 1:500.000). Freytag & Berndt propone *Spagna* (scala 1:500.000; quattro fogli), così come la FMB (1:300.000; quattro fogli), la RV Verlag (stessa scala; 10 fogli) e la Geo Estel (scala 1:250.000; 15 fogli). La Rough Guides ha invece in catalogo *Northern Spain* (scala 1:350.000) e *The Pyrenees* (1:250.000). Tra le pubblicazioni della già citata Freytag & Berndt troverete anche *Costa del Sol* (scala 1:150.000), *Maiorca* (1:100.000) e *Minorca* (1:50.000).

Molte delle cartine realizzate da case editrici spagnole si trovano in vendita anche in Italia, come le già citate carte governative IGN/CNIG disponibili in varie scale.

Della CNIG sono reperibili anche le cartine dedicate agli 'Espacios naturales', denominate *Mapas guías*, in scale comprese tra 1:200.000 e 1:25.000. La Editorial Alpina ha in catalogo una serie di mappe per escursionisti che coprono l'intero versante spagnolo dei Pirenei (le scale sono comprese tra 1:80.000 e 1:10.000).

Le edizioni C. Cano Garcia pubblicano otto volumi corredati da dettagliatissime mappe tematiche della Spagna centrale e settentrionale.

Infine, chi è interessato potrà acquistare la *Mapa del Camino de Santiago* (1:500.000), pubblicata dalla casa editrice Everest.

Per avere informazioni su tutte le carte citate, vi consigliamo di rivolgervi a:
VEL – La Libreria del Viaggiatore (☎/fax 0342 21 89 52; vel@vel.it; www.vel.it; Via Angelo Custode 3, 23100 Sondrio).

renti hanno abolito i controlli doganali alle frontiere.

Per quanto riguarda i documenti e i visti d'ingresso, questa era la situazione all'epoca delle ricerche compiute per questa guida.

Cittadini o residenti dell'Unione Europea o dell'area di Schengen Visto non richiesto. Pertanto, i cittadini italiani e svizzeri possono entrare e soggiornare in Spagna con la sola carta d'identità valida per l'espatrio o il passaporto. A coloro che sono in possesso di una carta d'identità con il timbro di proroga facciamo presente che alcuni paesi stranieri non ne riconoscono la validità. Al fine di evitare spiacevoli inconvenienti, prima della partenza verificate questa disposizione presso la rappresentanza diplomatica spagnola e – nel caso – procuratevi un altro documento di viaggio idoneo (carta d'identità rilasciata ex novo o passaporto). I ragazzi di età inferiore ai 15 anni devono essere muniti della carta bianca oppure del passaporto personale.

Cittadini o residenti di Australia, Canada, Israele, Giappone, Nuova Zelanda e Stati Uniti Visto non richiesto per una permanenza fino a 90 giorni per motivi turistici.

Altri paesi Verificate presso un'ambasciata o un consolato spagnolo.

Lavoro o studio in Spagna I cittadini europei possono lavorare e studiare liberamente in Spagna; per i cittadini di altri paesi potrebbe essere necessario un visto specifico; per avere ulteriori informazioni in merito, vi consigliamo di mettervi in contatto con un'ambasciata o un consolato spagnolo prima della partenza.

Estensione del visto e residenza

I visti per i paesi dell'area di Schengen non sono estensibili. In particolare, non possono essere richiesti più di due visti nell'arco di 12 mesi e i visti non possono essere rinnovati una volta entrati in territorio spagnolo. I cittadini italiani e degli altri paesi dell'Unione Europea e dell'Islanda, della Norvegia e della Svizzera possono entrare e uscire nel paese a proprio piacimento e non devono essere in possesso della *tarjeta de residencia* (permesso di soggiorno), anche se in teoria dovrebbero fare richiesta di residenza.

I cittadini di altri paesi che vogliano trattenersi in Spagna per più di 90 giorni devono farsi rilasciare il permesso di soggiorno, le cui procedure di emissione – talora piuttosto lunghe – iniziano con la richiesta del visto presso un consolato spagnolo situato nel paese di residenza. Per questo motivo, conviene dare corso alle pratiche con molto anticipo sulla data di partenza prevista.

Dogana

Ricordiamo che gli acquisti in regime di duty free all'interno dei paesi dell'Unione Europea sono stati aboliti e che non vengono applicate tasse sugli articoli importati in Spagna per uso personale. Chi proviene da paesi appartenenti all'Unione Europea può introdurre nel paese da 10 a 20 litri di bevande alcoliche a seconda della gradazione (10 litri se superiore a 22 gradi, 20 litri se inferiore a 22 gradi), 90 litri di vino, 110 litri di birra, 800 sigarette (o 200 sigari) e €10.000 in contanti senza pagare alcuna tassa. Qualsiasi articolo ecceda questo limite deve essere dichiarato. Per ulteriori informazioni, v. i siti www.agenziadogane.it e www.ezv.admin.ch.

Per viaggiare con animali domestici è necessario essere in possesso del passaporto per gli animali da compagnia. Per avere ulteriori informazioni in merito, vi consigliamo di rivolgervi al servizio veterinario della vostra ASL di competenza territoriale e di visitare il sito www.poliziadistato.it, al link 'Per il cittadino'/'Passaporto'/'Il passaporto per gli animali da compagnia'.

Donne in viaggio

Per una donna viaggiare da sola in Spagna è facile come in tutti gli altri paesi del mondo occidentale. Detto questo, al momento di scegliere un albergo in cui soggiornare bisogna sempre prestare molta attenzione. Infatti, le bettole a prezzi stracciati gestite da personale esclusivamente maschile potrebbero essere luoghi molto sconsigliabili dove trascorrere la notte. Di sera le donne sole dovrebbero evitare le strade meno affollate e ricordare che l'autostop – per quanto praticabile – comporta sempre qualche rischio.

Gli uomini spagnoli di età inferiore ai 40 anni, cresciuti nella liberale epoca postfranchista, hanno quasi dimenticato i vecchi stereotipi sessuali, peraltro ancora percepibili se ci si sposta dalla parte settentrionale a quella meridionale del paese o dalle città alle zone rurali.

Il governo socialista di Zapatero ha introdotto misure per promuovere le pari opportunità tra uomini e donne in ambito lavorativo e nel 2008 ha addirittura dato vita a un governo in cui le donne ministro superavano per otto a sette i colleghi maschi. Sempre Zapatero ha, per la prima volta nella storia della Spagna, assegnato a una donna il Ministero della Difesa. Per contro, ancora poche donne raggiungono ruoli di primo piano nelle imprese private e – a parità di qualifica – i loro salari sono inferiori a quelli dei maschi.

Prima di partire, vi consigliamo di consultare il sito italiano www.permesola.com, dove troverete un gran numero di suggerimenti e di notizie curiose sul mondo dei viaggi al femminile.

Elettricità

In Spagna le prese elettriche sono a volte rotonde, ma hanno sempre due fori tondi. La presa raffigurata a p525 viene usata a Gibilterra.

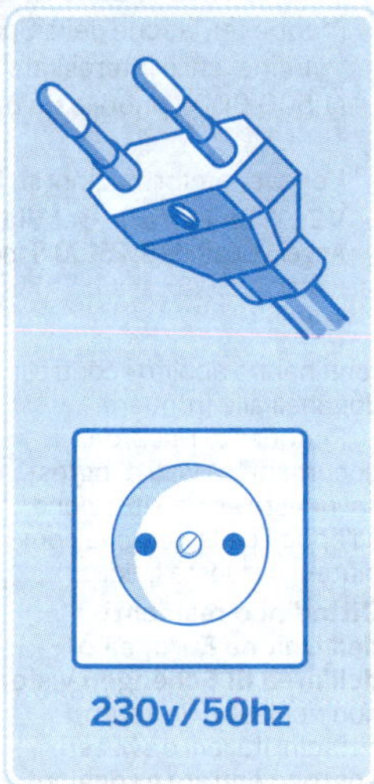

Festività

Le vacanze degli spagnoli si concentrano in due periodi, la Semana Santa (la settimana che precede la Pasqua) e il mese di agosto, durante i quali può essere difficile trovare una camera libera o un posto su un aereo o su un treno. Al contrario, in questi periodi le località più fuori mano sono spesso semideserte.

Nel corso dell'anno, in Spagna si celebrano almeno 14 festività ufficiali (alcune delle quali solo a livello locale). Quando un giorno di festa cade in prossimità del weekend, gli spagnoli approfittano del cosiddetto *puente* (ponte) e quando ci sono più festività a cadenza ravvicinata il ponte si trasforma spesso in *acueducto* (acquedotto). Di seguito riportiamo le feste a carattere nazionale:

Año Nuevo (Capodanno) 1° gennaio

Viernes Santo (Venerdì Santo) marzo/aprile

Fiesta del Trabajo (Festa del Lavoro) 1° maggio

La Asunción (Assunzione di Maria Vergine) 15 agosto

Fiesta Nacional de España (Festa nazionale spagnola) 12 ottobre

La Inmaculada Concepción (Immacolata Concezione) 8 dicembre

Navidad (Natale) 25 dicembre

Oltre a queste, i governi regionali stabiliscono cinque festività e le autorità locali altre due. Le più comuni sono:

Epifanía (Epifania) o **Día de los Reyes Magos** (Festa dei Re Magi) 6 gennaio

Día de San José (Festa di san Giuseppe) 19 marzo

Jueves Santo (Giovedì Santo) marzo/aprile. Non si osserva in Catalogna e a Valencia.

Corpus Christi giugno. Il giovedì successivo all'ottava domenica dopo la Pasqua.

Día de San Juan Bautista (Festa di san Giovanni Battista) 24 giugno

Día de Santiago Apóstol (Festa di san Giacomo Apostolo) 25 luglio

Día de Todos los Santos (Ognissanti) 1° novembre

Día de la Constitución (Festa della Costituzione) 6 dicembre

Informazioni turistiche

Uffici turistici all'estero

Se prima della partenza desiderate richiedere materiale informativo, collegatevi al sito dell'**Ufficio del Turismo spagnolo** (www.spain .info) e cercate le sedi più vicine a voi. Di seguito segnaliamo i riferimenti delle sedi presenti in Italia e in Svizzera:

Italia Milano (call center ☎199 906 082; www.spain .info/it_IT/; Via Broletto 30, 20121 Milano) Roma (call center ☎199 906 082; www.spain.info/it_IT/; Piazza di Spagna 55, 00187 Roma).

Svizzera (call center ☎00 800 10 10 50 50; www.spain. info/fr_CH/; Seefeldstrasse 19, 8008 Zurigo; ⏲9-17 da lunedì a venerdì).

Uffici turistici locali

Tutte le città principali e molte località minori possiedono un'*oficina de turismo* oppure un'*oficina de información turística*. In alcuni capoluoghi di provincia potreste trovarne una dedicata soprattutto alla città e un'altra alla provincia e alla regione. Anche i parchi nazionali e quelli naturali dispongono di uffici turistici che forniscono informazioni utili.

Turespaña (www.spain .info) è il principale ente turistico spagnolo.

Lavoro

I cittadini dell'Unione Europea, della Svizzera, dell'Islanda e della Norvegia possono lavorare in Spagna senza particolari formalità. Nel caso vi venga offerto un contratto, normalmente sarà il vostro datore di lavoro ad assistervi nel disbrigo delle varie pratiche.

I cittadini di tutti gli altri paesi devono invece richiedere in anticipo un permesso di lavoro presso il consolato spagnolo del paese d'origine e – nel caso intendano trattenersi più di 90 giorni – devono procurarsi anche il permesso di soggiorno. Tenete presentre che queste procedure vanno a buon fine molto difficilmente se, al momento di avanzare la richiesta, non si è ancora in possesso di un contratto di lavoro.

Chi lo desidera può cercare piccole occupazioni temporanee come raccoglitori di frutta, mietitori e muratori. In questi ambiti la manodopera proviene quasi sempre dal Marocco e dai paesi dell'Europa orientale, persone disposte ad accontentarsi di salari e di condizioni di lavoro a dir poco pessimi.

Chi conosca bene lo spagnolo e un'altra lingua che abbia una certa diffusione può trovare lavoro come traduttore o interprete.

Un buon sito su cui iniziare la ricerca di un impiego in Spagna è **Think Spain** (www.thinkspain.com).

Per avere una panoramica generale sulle condizioni di vita, sul lavoro e sulle prospettive dei giovani in territorio europeo (e oltre, fino alle metropoli russe), vi consigliamo di dare un'occhiata agli articoli pubblicati su **Cafebabel.com** (www.cafebabel.com/it), una rivista online gestita da una rete di redazioni locali, tra cui le capitali baltiche di Tallinn e di Vilnius.

Ricordiamo infine che visitando il sito **EURES** (http://ec.europa.eu/eures/index.jsp, anche in italiano) della Commissione Europea potrete consultare informazioni utili per trovare lavoro all'estero e notizie sulle condizioni di vita e di lavoro negli altri paesi europei.

Equipaggi di imbarcazioni

Una possibilità potrebbe essere quella di lavorare a bordo di yacht o di navi da crociera. In genere, le oppurtunità migliori si trovano a Palma di Maiorca, seguita da Gibilterra e da Puerto Banús.

Nei mesi estivi i viaggi sono limitati al Mediterraneo, mentre nel periodo compreso tra novembre e gennaio molte imbarcazioni partono alla volta dei Caraibi. Si tratta di un lavoro in genere non pagato e l'unico modo per trovarlo consiste nel chiedere informazioni alla gente che si incontra lungo i moli.

Insegnamento di lingue straniere

Si tratta di una soluzione molto praticata e il possesso di attestati ufficiali rappresenta un aiuto molto valido. Le scuole di lingue sono diffuse in ogni parte del paese e le troverete sulle Pagine Gialle alla voce 'Academias de Idiomas'. Tenete comunque presente che procurarsi un lavoro in questo campo può essere piuttosto difficile se non si è cittadini di un paese dell'Unione Europea e che le scuole di maggior livello richiedono certificazioni ufficiali come il TEFL (Teaching English as a foreign language). Un altro percorso è rappresentato dalle lezioni private, con cui però è molto difficile guadagnarsi da vivere, per lo meno nell'immediato.

Per avere informazioni sulle possibilità di trovare lavoro in questo ambito – sia nelle scuole sia come insegnanti privati – vi consigliamo di rivolgervi ai centri culturali stranieri (British Council, Alliance Française, Istituto Italiano di Cultura e così via), alle librerie che trattano testi in lingue straniere, alle università e alle scuole di lingue. Per consultare l'elenco completo degli Istituti Italiani di Cultura presenti nel mondo, v. il sito www.esteri.it/MAE/IT/Ministero/Rappresentanze/Istituti_Cultura/.

Località di vacanza

Buone possibilità di lavoro sono offerte dalle località della costa mediterranea, specialmente per chi arriva all'inizio della stagione estiva ed è disposto a trattenersi per qualche tempo. Per iniziare la vostra ricerca, vi consigliamo di consultare i giornali in lingua straniera come *Sur in English*, pubblicato sulla Costa del Sol, che riporta annunci per camerieri, cuochi, babysitter, chef, addetti alle pulizie e così via.

Moneta

Per regolare le spese che farete nel corso del vostro viaggio, la soluzione più comoda è sicuramente rappresentata dall'utilizzo di una carta di credito o di una tessera bancomat, con una scorta di contanti per le piccole transazioni e i casi di emergenza. Per ulteriori informazioni sul cambio della valuta e sui prezzi, p2.

Cambiavalute Questi operatori (per individuarli cercate l'insegna con la parola cambio) cambiano sia contanti sia travellers' cheque, sono più veloci e osservano orari più lunghi rispetto alle banche, ma propongono tassi meno vantaggiosi e applicano commissioni più alte.

Carte di credito e tessere bancomat Queste tessere possono essere utilizzate per la maggior parte degli acquisti dietro presentazione – in molti casi – di un documento d'identità. Tra le carte più comunemente accettate meritano di essere citate la Visa, la MasterCard, la American Express (AmEx), la Cirrus, la Maestro, la Plus, la Diners Club e la JCB. Per ricevere informazioni sulle modalità e sui costi di utilizzo della vostra carta di credito potete rivolgervi prima della partenza a uno dei seguenti recapiti in Italia: **AmEx** (☎06 72 282 e poi tasto '0'), **Diners Club** (☎800 39 39 39), **MasterCard** (☎800 870 866) e **Visa** (☎800 819 014). In caso di furto, smarrimento o qualora la vostra carta sia stata trattenuta dallo sportello bancomat potete bloccarne immediatamente l'utilizzo telefonando gratuitamente ai seguenti numeri: **AmEx** (☎902 375 637 o 900 994 426); **Diners Club** (☎901 101 011); **MasterCard** (☎900 971 231) e **Visa** (☎900 991 216, 900 991 124). In attesa di una risposta dalla vostra banca, sappiate che è possibile disporre di denaro in breve tempo attraverso i servizi di posta internazionale www.moneygram.com e www.westernunion.com.

Contanti Quasi tutte le banche e gli istituti di credito immobiliare cambiano il franco svizzero e le altre principali valute estere e applicano tassi più favorevoli rispetto a quelli offerti dai cambiavalute. Informatevi sull'entità della commissione e portatevi dietro un documento d'identità.

Mance I prezzi indicati sui menu dei ristoranti includono sempre il servizio. Nonostante questo, se il trattamento ricevuto è stato soddisfacente la maggior parte dei clienti lascia sempre una mancia. Di solito una mancia del 5% è considerata adeguata e una del 10% generosa. I facchini si ritengono soddisfatti con una moneta da €1, mentre non è necessario dare alcun extra ai tassisti, che comunque non mancheranno di apprezzare un piccolo arrotondamento.

Sportelli bancomat Molte carte di credito e tessere bancomat possono essere utilizzate per ritirare denaro dai *cajeros automáticos* (sportelli bancomat) che espongono i simboli Visa, MasterCard, Cirrus e così via. Tenete comunque presente che di solito sui prelievi all'estero viene applicata una commissione compresa tra l'1,5 e il 2%.

Tasse e rimborsi Come in Italia, anche in Spagna viene applicata l'IVA (*impuesto sobre el valor añadido*). I viaggiatori italiani non hanno diritto ad alcun rimborso sugli acquisti, mentre le persone che risiedono fuori dell'Unione Europea possono ottenere un rimborso IVA del 16% sugli articoli di costo superiore a €90,16 (tenete presente che le merci devono uscire dell'Unione Europea entro il termine di tre mesi). Chiedete al negoziante un modulo per la richiesta di rimborso, dove vanno indicati il prezzo, l'importo dell'IVA pagata e il nome di venditore, e presentate poi il modulo compilato allo sportello rimborsi dell'aeroporto, porto o posto di confine da cui state lasciando l'Unione Europea.

Travellers' cheque Questi titoli possono essere cambiati (dietro il pagamento di una commissione) presso quasi tutte le banche e gli istituti di credito immobiliare. Quelli emessi dalla Visa, dall'AmEx e dalla Travelex sono accettati pressoché ovunque e (di norma) vengono sostituiti senza troppi problemi. Per risparmiare sulle commissioni applicate sui singoli cheque, vi consigliamo di scegliere tagli piuttosto grandi (€100 o più). È fondamentale conservare la ricevuta di emissione e registrare i numeri di ogni assegno (utilizzato e non), tenendo i dati in luogo separato rispetto a quello degli assegni.

Ora

Fuso orario Lo stesso di gran parte dell'Europa occidentale (Italia e Svizzera comprese), ovvero un'ora avanti rispetto al GMT/UTC (ora di Greenwich) con l'ora solare e due ore avanti quando scatta l'ora legale

Ora legale Dall'ultima domenica di marzo all'ultima domenica di ottobre

Regno Unito, Irlanda, Portogallo e Isole Canarie Un'ora indietro rispetto alla Spagna continentale

Marocco Il Marocco segue il GMT/UTC per tutto il corso dell'anno. Per conoscere l'ora in vigore in Marocco, dall'ultima domenica di marzo all'ultima domenica di ottobre bisogna togliere due ore all'ora spagnola e negli altri periodi dell'anno una.

Indicazione dell'ora Anche se nelle situazioni ufficiali si indica l'ora secondo lo schema 0-24, nelle conversazioni quotidiane si fa riferimento alle 12 ore antimeridiane o pomeridiane.

Orari di apertura

In tutti i capitoli di questa guida non sono stati indicati gli orari d'apertura, salvo nei casi in cui differiscano dagli standard citati di seguito e che sono riferiti all'alta stagione (negli altri periodi dell'anno gli orari tendono a venire ridotti). Per conoscere i periodi di alta stagione delle diverse località spagnole, v. i capitoli regionali.

Banche: 8.30-14 lun-ven; alcune anche 16-19 gio e 9-13 sab

Locali notturni: 24 o 1 -5 o 6

Negozi: 10-14 e 16.30-19.30 o 17-20; supermercati e grandi magazzini in genere 10-22 lun-sab

Poste centrali: 8.30-21.30 lun-ven, 8.30-14 sab

Ristoranti: pranzo: 13-16, cena: 20.30-24 o più tardi

Posta

Le poste spagnole, chiamate **Correos** (☎902 197 197; www.correos.es), sono di norma affidabili anche se talora piuttosto lente.

Ricevere posta

Il servizio di fermoposta (*lista de correos*) è disponibile ovunque esista un ufficio postale. La vostra corrispondenza verrà recapitata alla posta centrale della località in questione, salvo diversa indicazione da parte del mittente. Tenete presente che per ritirare la posta dovrete presentare un documento d'identità. Ecco come scrivere l'indirizzo di una lettera spedita a una *lista de correos*:

Mario Rossi
Lista de Correos
28014 Madrid
Spagna

I tempi di consegna sono simili a quelli della posta in uscita dalla Spagna. Tutti gli indirizzi spagnoli hanno un codice di avviamento postale di cinque cifre, utilizzando il quale è possibile ridurre i tempi di consegna.

Spedire posta

I tempi di consegna sono piuttosto variabili, ma in genere la corrispondenza ordinaria per i paesi dell'Europa occidentale giunge a destinazione nel giro di una settimana (a volte anche in tre giorni). Per i paesi dell'America settentrionale occorrono fino a 10 giorni e per l'Australia e la Nuova Zelanda tra 10 giorni e tre settimane.

Tariffe e servizi postali

I francobolli (*sellos*) vengono venduti negli uffici postali e in quasi tutti gli *estancos* (negozi con la scritta 'Tabacos' in lettere gialle su fondo marrone). L'affrancatura per una cartolina o una lettera di peso non superiore a 20 grammi costa €1,07 se indirizzata in un paese europeo e €1,38 per il resto del mondo. Per conoscere le tariffe delle raccomandate *(certificados)* e delle spedizioni in posta celere *(urgente)*, vi consigliamo di visitare il sito www.correos.es (in spagnolo), cliccando su 'Calculador de Tarifas'. Per conoscere le tariffe e le modalità di spedizione delle lettere e dei pacchi dall'Italia e dalla Svizzera, collegatevi ai siti www.poste.it e www.posta.ch. Per avere informazioni su eventuali spedizioni, vi consigliamo di mettervi in contatto con il servizio clienti di **DHL** (www.dhl.it e www.dhl.ch).

Questioni legali

In caso di arresto è possibile disporre dell'assistenza gratuita di un *abogado de oficio* (avvocato d'ufficio), che potrebbe però parlare solo spagnolo. Avete anche diritto a fare una telefonata; tenete presente che chiamando la vostra ambasciata è probabile che questa si limiti a procurarvi un avvocato in grado di esprimersi nella vostra lingua.

In teoria, esiste l'obbligo di essere sempre in possesso della carta d'identità o del passaporto. Tuttavia, dal momento che le possibilità di un controllo dei documenti da parte delle forze dell'ordine sono minime, molti viaggiatori stranieri preferiscono lasciare il passaporto nella cassaforte dell'albergo per evitare rischi di furto o di smarrimento.

La Policía Local o Policía Municipal opera a livello locale per quanto riguarda piccoli reati oppure infrazioni stradali. La **Policía Nacional** (☎091) è la polizia di stato, si occupa dei reati più gravi ed è presente soprattutto nelle grandi città. La Guardia Civil (corpo fondato nel corso del XIX secolo per contrastare il fenomeno del banditismo) è invece collegata all'esercito e si dedica al pattugliamento delle strade e dei confini e a contrastare il terrorismo e la criminalità. Diverse regioni spagnole dispongono di proprie proprie forze di polizia, come i Mossos d'Esquadra in Catalogna e l'Ertaintxa nei Paesi Baschi.

Altre questioni legali:

Droghe La cannabis è considerata legale in Spagna, ma solo per uso personale e in quantità molto ridotta. Il consumo pubblico di qualsiasi droga è illegale. Tenete presente che chi arriva in Spagna dal Marocco – soprattutto se in automobile – viene spesso sottoposto ad accurate perquisizioni.

Età minima per il voto: 18 anni

Età minima per la patente di guida: 18 anni

Età minima per il consumo di alcolici: 18 anni

Età minima per rapporti sessuali consensuali Sia per i rapporti eterosessuali sia per quelli omosessuali l'età minima è 13 anni. Vi sono però specifiche limitazioni nei rapporti tra adulti e minorenni e – nel caso di questi ultimi – i rapporti consensuali legalmente consentiti sono solo quelli con altri minori. I viaggiatori stranieri devono tenere presente che in questo ambito possono essere perseguiti in base alle leggi del proprio paese anche se si trovano all'estero.

Salute

Prevenzione è la parola chiave per chi vuole evitare di avere problemi di salute quando si trova in viaggio. Con qualche preparativo prima della partenza – soprattutto in presenza di patologie già esistenti – è possibile evitare problemi in seguito. Vi consigliamo di controllare che i vostri denti non richiedano cure e, se indossate gli occhiali o le lenti a contatto, portatevene dietro un paio di scorta, oltre alla prescrizione oculistica. Portate i farmaci che dovete assumere nelle loro confezioni originali, insieme a una lettera firmata e datata dal medico in cui vengano descritte le vostre condizioni di salute e le eventuali medicine da assumere, con l'indicazione del principio attivo oltre al nome commerciale del farmaco. Se portate con voi siringhe e aghi, ricordatevi di tenere a portata di mano una prescrizione medica che ne documenti la reale necessità dal punto di vista sanitario. Al momento di pianificare il viaggio potrebbe essere utile rivolgersi a un Centro di Medicina dei Viaggi; questi servizi, di solito dislocati presso i Servizi di Igiene e Medicina Preventiva delle ASL o nei reparti di Malattie Infettive degli ospedali, sono in grado di fornire un gran numero di consigli di comportamento per la sicurezza sanitaria e, se necessario, di praticare le vaccinazioni indicate (v. p531). Informazioni utili

FARMACIA DA VIAGGIO

È bene portarsi dietro una piccola ed essenziale scorta di medicinali, da conservare preferibilmente nel bagaglio a mano, se e per quanto permesso dalle normative di sicurezza. Ecco un elenco di ciò che potrebbe esservi utile:

» **Aspirina®, Tachipirina® o altri antinfiammatori** – per febbre, mal di denti e dolori.

» **Antistaminici** (Clever®, Zirtec®) – utili come decongestionanti per raffreddori allergici, orticaria e allergie. Possono indurre sonnolenza e interagire con l'alcol, quindi vanno usati con cautela; se possibile, prendetene uno che avete già usato.

» **Un prodotto tipo Xamamina® o Transcop®** – per prevenire il mal d'aria, d'auto o di mare.

» **Antidiarroici a base di loperamide** (Imodium®, Dissenten®) – per alleviare i sintomi della diarrea.

» **Antivomito a base di metoclopramide** (Plasil®) – contro la nausea e il vomito.

» **Un antispastico** (Buscopan®) – per eventuali coliche addominali.

» **Antibiotici intestinali** (Normix®, Ciproxin®) – per curare forme serie di diarrea del viaggiatore.

» **Polvere per la preparazione di soluzioni reidratanti** – per il trattamento della diarrea grave, soprattutto nei bambini.

» **Disinfettante, garze e cerotti** – per ferite, tagli e graffi.

» **Una pomata antistaminica** (Fargan®, Polaramin®) – per calmare irritazioni e prurito dovuti a morsi o punture di insetti.

» **Forbici, pinzette e un termometro digitale o a cristalli liquidi** (i termometri a mercurio sono proibiti da alcune compagnie aeree e comunque in disuso per motivi di rispetto ambientale).

» **Repellenti per insetti** (Autan Active® 20% di KBR; OFF! Scudo® 30% di DEET) – per i bambini si consiglia il prodotto con concentrazione minore di KBR o DEET.

» **Creme solari ad alto fattore di protezione**

» **Compresse o soluzioni per sterilizzare l'acqua**

sono presenti anche nei siti governativi **Ministero della Salute** (www.salute.gov.it/), **Safetravel – Conseil médicaux aux voyageurs** (www.safetravel.ch/) e, in lingua inglese, in quelli dell'**Organizzazione Mondiale della Sanità** (www.who.int/ith) e dei **Center for Disease Control and Prevention** (www.cdc.gov), così come nei siti che si occupano nello specifico di viaggi e salute, come il **Centro di Medicina dei Viaggi dell'Ospedale Amedeo di Savoia di Torino** (www.ilgirodelmondo.it) e il **Portale Sanitario Pediatrico dell'Ospedale Bambin Gesù di Roma** (www.ospedalebambinogesu.it/item/1054/vademecumviaggiatore.pdf).

Organizzazione e costi dell'assistenza sanitaria

La Spagna dispone di un eccellente sistema sanitario. Se vi serve un'ambulanza chiamate lo ☎061. In caso di emergenza, andate direttamente al reparto *urgencias* (pronto soccorso) del più vicino ospedale.

Le *farmacias* offrono un valido servizio di consulenza e vendono un vasto assortimento di prodotti da banco. Un sistema di *farmacias de guardia* (farmacie di turno) fa sì che in ogni quartiere ce ne sia almeno una aperta in qualsiasi momento della giornata. Quando una farmacia è chiusa, al suo esterno viene esposto un cartello con il nome e l'indirizzo della farmacia di turno più vicina.

In Spagna i costi dell'assisenza sanitaria sono più bassi rispetto a quelli applicati in altre nazioni europee, ma crescono rapidamente in assenza di un'assicurazione che copra le spese mediche. Se dovete ricorrere alle cure di un pronto soccorso i costi possono variare da zero a €80.

Assicurazione

Per la maggior parte delle prestazioni, anche quelle non urgenti, i cittadini dei paesi membri dell'Unione Europea – così come quelli della Svizzera – hanno diritto all'assistenza sanitaria gratuita (salvo il pagamento dell'eventuale ticket o di un'altra partecipazione alla spesa, che è a diretto carico dell'assistito) nelle strutture pubbliche della Spagna, dietro la presentazione rispettivamente della Tessera Europea di Assicurazione Malattia (TEAM) o della Tessera svizzera d'assicurazione malattie (LAMal).

La TEAM è stata inviata a domicilio a tutti i cittadini italiani assistiti dal Servizio Sanitario Nazionale e ogni componente del nucleo familiare dispone di una propria tessera personale. Tenete presente che la TEAM non copre il rimpatrio in caso di emergenza e le cure private.

Qualora l'assistito non abbia con sé la TEAM e si rendesse comunque necessario pagare le prestazioni mediche, è possibile chiedere il rimborso delle spese sostenute presentando al proprio rientro in Italia la relativa documentazione alla ASL di appartenenza (per ulteriori informazioni in merito, visitate il sito www.salute.gov.it o rivolgetevi alla vostra ASL).

I cittadini degli altri paesi devono controllare se la Spagna e il loro paese di origine hanno stipulato accordi di reciprocità per l'assistenza medica gratuita.

Qualora dobbiate stipulare un'assicurazione sanitaria, cercate una polizza che copra ogni eventualità, anche la peggiore, come un incidente che richieda un immediato rimpatrio in aereo. Prima della partenza informatevi se la vostra assicurazione pagherà le spese mediche direttamente agli operatori sanitari o dovrete anticipare voi i pagamenti per poi chiedere in seguito il rimborso.

Acqua

In Spagna l'acqua del rubinetto è generalmente potabile. In caso di dubbio, chiedete *¿Es potable el agua de grifo?* (È potabile l'acqua del rubinetto?). Non bevete mai l'acqua dei fiumi e dei laghi, che potrebbe contenere batteri o virus e quindi causare diarrea e vomito.

Ipotermia

Nelle zone montuose della Spagna le condizioni climatiche possono essere estremamente variabili in ogni periodo dell'anno. In ogni caso, prendendo adeguate precauzioni è possibile ridurre di molto il rischio di ipotermia. Dal momento che anche in una giornata calda il tempo può cambiare repentinamente, portatevi sempre dietro capi d'abbigliamento caldi e impermeabili e fate in modo che qualcuno sia sempre informato del vostro itinerario.

L'ipotermia è l'abbassamento della temperatura corporea legato a una prolungata permanenza al freddo. La forma acuta può manifestarsi in breve tempo dopo un improvviso calo della temperatura, mentre l'ipotermia cronica è causata da un calo graduale della temperatura nel giro di alcune ore.

L'ipotermia è accompagnata dall'insorgere dei seguenti sintomi: spossatezza, insensibilità cutanea (soprattutto delle dita dei piedi e delle mani), brividi, difficoltà di parola, comportamento irrazionale e violento, letargia, tendenza a barcollare, vista annebbiata e crampi muscolari. Spesso l'irrazionalità si manifesta quando il malato afferma di avere caldo e di volersi svestire.

Per combattere l'ipotermia è innanzitutto necessario mettersi al riparo dal vento e/o dalla pioggia, togliersi gli abiti umidi e indossare vestiti asciutti e caldi. Si consiglia di bere liquidi caldi (evitando accuratamente l'alcol) e di mangiare cibi facilmente digeribili ad alto contenuto energetico. Questi accorgimenti potrebbero essere sufficienti nelle fasi precoci dell'ipotermia, ma se lo stadio è più avanzato è indispensabile distendersi accanto al soggetto colpito in un sacco a pelo caldo al fine di trasmettergli calore. Il paziente non dev'essere massaggiato né fatto sedere accanto al fuoco; se possibile, fategli fare un bagno tiepido. Una diagnosi e una cura precoce dell'ipotermia lieve sono gli unici modi di prevenire lo stadio più grave di questa patologia, che è una condizione critica.

Mal di montagna

Sebbene i Pirenei non raggiungano quote superiori ai 3500 m, chi ha in programma di fare escursioni in montagna deve tenere ben presente che la mancanza di ossigeno ad altitudini oltre i 2500 m può provocare disturbi più o meno seri nella maggior parte delle persone; il mal di montagna vero e proprio si verifica normalmente a 3000-4000 m di quota ed è influenzato dalla rapidità dell'ascesa, dal grado di allenamento, dal fatto di dormire ad alta quota e da eventuali malattie preesistenti. In genere, i sintomi del mal di montagna si sviluppano durante le prime 24 ore trascorse in quota, ma possono manifestarsi anche in seguito, fino a un massimo di tre settimane dopo. Tra i sintomi più lievi si segnalano emicrania, letargia, capogiri, disturbi del sonno e mancanza di appetito. Tra i sintomi più gravi del mal di montagna si segnalano l'affanno, la tosse secca e irritativa (seguita da espettorato spumoso e rosato), forti cefalee, la mancanza di coordinazione e di equilibrio, lo stato confusionale o di incoscienza, il vomito, il comportamento irrazionale e la sonnolenza.

È possibile contrastare i sintomi più lievi riposando alla stessa altitudine fino a quando il malessere scompare, il che si verifica di solito nel giro di uno o due giorni. Per combattere il mal di testa è possibile prendere il paracetamolo o l'aspirina. Tuttavia, se i sintomi persistono o peggiorano è necessario scendere immediatamente; può giovare scendere anche di appena 500 m.

Di seguito riportiamo alcuni consigli utili per per prevenire il mal di montagna.

» Ponete attenzione a una accurata acclimatazione: salite lentamente e concedetevi molti giorni di riposo, se possibile fermatevi ogni 1000 m di dislivello e seguite comunque la regola generale di non salire per oltre 600 m al giorno dopo aver superato i 2500 m di quota.

» Se possibile, dormite a un'altitudine inferiore rispetto a quella massima raggiunta durante la giornata.

» Bevete molti liquidi e monitorate l'idratazione assicurandovi che l'urina sia limpida e abbondante.

» Consumate pasti leggeri e ricchi di carboidrati per immagazzinare più energie possibili.

» Evitate le bevande alcoliche, i sedativi e il tabacco.

» Nelle spedizioni ad alta quota, la prevenzione del mal di montagna è basata anche sull'uso dell'acetazolamide (Diamox®), che va assunto sotto diretto controllo medico.

Morsi e punture

Nella maggior parte dei casi, le punture delle api e delle vespe sono più dolorose che pericolose, anche se in soggetti allergici possono fare insorgere gravi difficoltà respiratorie che rendono necessario l'intervento urgente di un medico (shock anafilattico). In questo caso è utile essere in possesso di una fiala di adrenalina. Una pomata antistaminica (Fargan®, Polaramin®) darà invece sollievo e gli impacchi di ghiaccio ridurranno sia il dolore sia il gonfiore.

Nelle aree boschive prestate molto attenzione alla processionaria, bruchi di colore rossastro che vivono in nidi di colore argento sui pini e li abbandonano in primavera marciando in lunghe file – abitudine da cui deriva il loro nome. Toccando i peli di questi bruchi è possibile rimanere vittime di una reazione cutanea allergica molto urticante.

Le punture di alcuni centopiedi spagnoli sono molto fastidiose, ma mai fatali. La più temibile è la *scolopendra cingulata*, di colore giallo-rossiccio con strisce nere.

Gli scorpioni sono diffusi in ogni parte della Spagna e la loro puntura – per quanto non fatale – può essere estremamente dolorosa.

L'unico serpente velenoso relativamente comune in Spagna è la vipera di Lataste. Questo serpente presenta una testa di forma triangolare, è lungo in media fino a 75 cm e ha colore grigio con un motivo a zigzag. Vive in aree rocciose e asciutte, lontano dai centri abitati. Il suo morso può essere fatale e va immediatamente contrastato inoculando il siero specifico, in dotazione presso gli ospedali pubblici delle principali località.

Per quanto riguarda gli animali marini, meritano di essere ricordate le meduse, animali dai tentacoli urticanti che in genere vivono in branchi molto numerosi; per questo motivo è abbastanza facile individuarle e capire quando non è il momento di entrare in mare.

Vaccinazioni

Per visitare la Spagna non sono richieste vaccinazioni obbligatorie. In ogni caso, indipendentemente dalla destinazione, l'Organizzazione Mondiale della Sanità consiglia ai viaggiatori di vaccinarsi o di controllare la validità delle vaccinazioni effettuate contro l'epatite virale A, l'epatite virale B, la difterite e il tetano. Dal momento che molti vaccini non garantiscono l'immunità fino ad almeno due settimane dopo la somministrazione, vi consigliamo di consultare il vostro medico o un Centro di Medicina dei Viaggi almeno quattro settimane prima della partenza.

Telefono

In Spagna i telefoni pubblici (di colore blu) si trovano un po' ovunque e sono facili da usare per chiamate sia nazionali sia internazionali. Questi telefoni accettano monete, schede telefoniche *(tarjetas telefónicas)* emesse dalla società nazionale dei telefoni (Telefónica) e – in qualche caso – anche alcune carte di credito. Di norma, l'opzione più economica consiste nel chiamare da un computer utilizzando un servizio via internet come Skype.

Numeri telefonici utili

Emergenze ☎112

Informazioni telefoniche internazionali ☎11825 (la chiamata costa €2).

Informazioni telefoniche nazionali ☎11818

Operatore per chiamate internazionali ☎1008 (Europa) o ☎1005 (resto del mondo).

Operatore per chiamate in Spagna ☎1009 (incluse quelle a carico del destinatario).

Prefissi telefonici

I numeri dei telefoni cellulari spagnoli iniziano con il 6. Quelli che iniziano con 900 sono numeri nazionali gratuiti, mentre quelli da 901 a 905 identificano servizi a pagamento di costo variabile. Molto comune è il 902, un numero nazionale legato a tariffe standard. Caratteristiche simili hanno i numeri che iniziano con 800, 803, 806 e 807.

Prefisso internazionale ☎00

Prefisso per la Spagna ☎34

Prefisso locale Nessuno (è incorporato nel numero dell'abbonato)

Prefisso per l'Italia ☎0039 (seguito dall'indicativo della città italiana *con* lo zero iniziale e dal numero desiderato). Verso l'Italia è inoltre attivo il servizio **ItalyDirect** per le chiamate a carico del destinatario o con addebito su carta di credito telefonica; per utilizzarlo bisogna comporre il ☎900 990 391 (costo al minuto €0,36, più una quota fissa di €6 – che si riduce a €2,40 nel caso la chiamata venga effettuata in automatico, ossia senza l'intervento dell'operatore; i prezzi s'intendono comprensivi di IVA).

Prefisso per la Svizzera ☎0041 (seguito dall'indicativo della città svizzera *senza* lo zero iniziale e dal numero dell'abbonato).

Schede telefoniche

Le schede telefoniche prepagate a tariffa ridotta sono convenienti per le chiamate internazionali. Queste tessere possono essere acquistate presso gli *estancos* (tabaccai), i *locutorios* (posti telefonici privati), i giornalai e i negozi di generi alimentari delle grandi città e delle località turistiche. Nelle località più importanti i *locutorios* specializzati in tariffe intercontinentali sono spuntati un po' ovunque; anche in questo caso, informatevi sui costi – di norma le schede telefoniche sono più convenienti, oltreché più facili da usare.

Telefoni cellulari

In Spagna è possibile acquistare SIM card e schede prepagate per il vostro telefono cellulare. Tenete comunque presente che questo può avvenire solo nel caso in cui il vostro telefono non abbia un codice di blocco; informatevi prima di partire. La stipula di un contratto con una compagnia locale può rivelarsi utile solo nel caso in cui abbiate intenzione di trattenervi in Spagna per qualche tempo.

Tutte le compagnie spagnole di telefonia mobile (MoviStar di Telefónica, Orange e Vodafone) propongono tariffe *prepagado*. I negozi di telefonia sono diffusi in ogni parte del paese ed è possibile acquistare le schede anche presso i centri commerciali, i giornalai e i tabaccai.

La Spagna utilizza i sistemi GSM 900/1800 e 3G 2100, compatibili con l'Italia e il resto d'Europa.

Il 1° luglio del 2010 è entrata in vigore una nuova normativa europea che riduce le tariffe del roaming internazionale e introduce misure volte a impedire che i viaggiatori stranieri si trovino a dover pagare somme ingenti. Per avere ulteriori informazioni in merito, vi consigliamo di mettervi in contatto con il vostro operatore.

Tessere sconto

Entrando in un museo chiedete sempre se vengono applicati sconti per studenti, giovani, bambini, anziani o famiglie.

Camping Card International (CCI; www.campingcardinternational.com; in Italia www.federcampeggio.it; €40 per famiglia) Questa tessera può essere utilizzata come documento d'identità per fare il check-in nei campeggi, include l'assicurazione per responsabilità civile nei confronti di terzi e in genere dà diritto a ottenere sconti compresi tra il 5 e il 20%. La Camping Card International può essere acquistata presso le associazioni automobilistiche, le federazioni dei campeggi e i campeggi.

Tessere per viaggiatori senior In molti musei e luoghi d'interesse turistico – e in qualche caso anche sui mezzi pubblici – vengono applicate tariffe scontate alle persone di età superiore ai 60, 63 o 65 anni (a seconda delle località), che talora vengono limitate ai soli cittadini della Comunità Europea.

Tessere per studenti Tessere che provino la condizione di studente quali la International Student Identity Card (www.isic.org; in Italia www.cts.it, €10) danno diritto a ottenere riduzioni (di solito del 50%), ma non sono accettate in tutti i luoghi di interesse.

Tessere per giovani La tessera Euro<26 (www.euro26.org), conosciuta in Spagna come Carnet Joven (e in Italia come Carta Giovani, per ulteriori informazioni in merito, v. www.cartagiovani.it), dà diritto a ottenere riduzioni sui viaggi, sulle tariffe degli ostelli e sui biglietti d'ingresso. La International Youth Travel Card (IYTC; www.istc.org) offre vantaggi analoghi.

Viaggiare in sicurezza

Sebbene la maggior parte dei viaggiatori stranieri si senta del tutto al sicuro in Spagna, il numero di coloro che hanno vissuto esperienze spiacevoli è comunque sufficiente per consigliare di prendere qualche misura precauzionale. Il pericolo maggiore è rappresentato dai piccoli furti che, peraltro, troppo piccoli non sono quando scompaiono il portafoglio, il passaporto, le carte di credito o la macchina fotografica. In ogni caso, vi invitiamo a essere attenti ma non paranoici.

Furti

Il rischio di essere vittime di furti è maggiore nelle località turistiche, nelle grandi città e – in linea generale – al momento dell'arrivo in una nuova località, quando la sensazione di spaesamento fa calare il livello di attenzione ed eventuali bagagli vi

CONSIGLI DI VIAGGIO SUI SITI MINISTERIALI

Per avere informazioni di viaggio aggiornate, vi consigliamo di collegarvi ai siti citati di seguito.

» www.viaggiaresicuri.it, a cura del Ministero degli Affari Esteri italiano in collaborazione con l'ACI (☎06 491 115, numero attivo 24 ore su 24 anche dall'estero)

» www.eda.admin.ch/eda/it/home/travad.html, pagina dei 'Consigli di viaggio' del DFAE (Dipartimento Federale Affari Esteri) della Svizzera

Nel sito gestito dal Ministero degli Affari Esteri italiano **Dove siamo nel mondo** (www.dovesiamonelmondo.it) i cittadini italiani che si recano temporaneamente all'estero possono, se lo desiderano, indicare i dati personali e dare informazioni sul loro soggiorno all'estero per permettere all'Unità di Crisi, in caso di grave emergenza (grandi calamità naturali, attentati terroristici, evacuazioni, eccetera), di intervenire nel modo più efficace per portare soccorso. Queste informazioni vengono cancellate automaticamente due giorni dopo la data della fine del viaggio indicata e sono utilizzate solo in caso di reale necessità.

tengono occupate le mani. Barcellona, Madrid e Siviglia hanno la reputazione peggiore per quanto riguarda i furti e, più raramente, gli scippi.

Qualunque cosa lasciata in spiaggia sparisce in un baleno non appena le si volta le spalle. Di notte e nelle città evitate viuzze e vicoli bui e qualunque altro luogo non vi sembri del tutto sicuro.

In caso di furto, fate denuncia alla polizia. È assai improbabile che il maltolto vi venga restituito, ma la denuncia formale è necessaria ai fini assicurativi. Per evitare le lunghissime code di una *comisaría* (stazione di polizia), potete riferire il fatto via telefono (☎902 102 112) in diverse lingue oppure online nel sito www.policia.es (cliccate su 'Denuncias'). Il giorno successivo potrete recarvi in un qualsiasi posto di polizia per ritirare e firmare la denuncia senza fare code.

Raggiri

Esistono infiniti modi per sottrarre un portamonete. Di norma i ladri più abili operano in gruppo e approfittano della distrazione delle vittime. Tra le tecniche più fantasiose c'è quella della soluzione lattiginosa gettata da un balcone. In un batter d'occhio vi si avvicinerà un tizio per aiutarvi a rimuovere ciò che sembra un escremento di piccione e, mentre siete indaffarati a pulirvi, il contenuto delle vostre tasche prende il volo.

Tenete presente che non tutti i ladri hanno l'aspetto da malintenzionati. Per esempio, prestate molta attenzione a questo vecchio classico: una donna vi offre un fiore come augurio di buona fortuna, voi scambiate qualche frase di cortesia con lei e nel frattempo il vostro portafoglio scompare.

Su alcune autostrade – in particolare la AP7, che dal confine francese arriva a Barcellona – agiscono talora bande di delinquenti. Diffidate di chi tenta di distrarvi nelle aree di sosta e siate cauti se, mentre viaggiate, qualcuno da un'automobile occupata da due o più persone vi fa segno che il vostro veicolo ha un problema. Una volta fermi, mentre uno di loro finge di esaminare insieme a voi la parte posteriore del mezzo, i suoi complici svuotano l'abitacolo. Con le stesse finalità in altri casi viene forata la gomma di un'automobile in sosta, per poi 'aiutare' il guidatore a cambiarla. Di solito le vetture più prese di mira sono le automobili a noleggio e quelle con targhe straniere. Quando vi fermate nelle aree di servizio, cercate di parcheggiare vicino agli edifici e non lasciate in vista oggetti di valore. Se dovete cambiare una gomma e vi viene offerto un aiuto non richiesto, accertatevi che le portiere siano tutte chiuse e non fatevi distrarre.

Anche il parcheggio può comportare qualche piccolo rischio. Nelle zone centrali di alcune città operano parcheggiatori abusivi che agitando freneticamente le braccia vi invitano a dirigervi verso un punto specifico. Se possibile ignorateli e cercate un altro parcheggio, ma se non ci riuscite può essere utile lasciare loro qualche spicciolo per evitare che vi righino o danneggino il veicolo non appena vi siete allontanati. In ogni caso non lasciate niente in vista all'interno dell'automobile e non aprite il bagagliaio per metterci qualcosa dentro.

Terrorismo

Sebbene sia ancora vivo il ricordo dell'attacco terroristico avvenuto nel marzo del 2004 a Madrid (nel corso del quale rimasero uccise 191 persone), il rischio di trovarsi nel posto sbagliato al momento sbagliato non è maggiore in Spagna rispetto ad altri paesi occidentali. Anche le azioni dell'organizzazione terroristica basca ETA (che talora invita i turisti a non visitare la Spagna) sono oggi estremamente rare.

Viaggiatori disabili

La Spagna non è un paese particolarmente attrezzato per i servizi alle persone disabili, ma alcune cose stanno lentamente cambiando. L'abbattimento delle barriere architettoniche nei musei, negli uffici pubblici e negli alberghi delle grandi città rappresenta un cambiamento di mentalità tanto epocale quanto lento. In alcune località i taxi in grado di trasportare anche sedie a rotelle sono definiti 'Eurotaxi'. In molte zone sono presenti alberghi di costruzione recente che ottemperano alla prescrizione di disporre di alcune camere accessibili ai clienti che si spostano sulla sedia a rotelle. In ogni caso, occorre andare molto cauti con gli alberghi che sbandierano il fatto di essere privi di barriere architettoniche, in quanto spesso questo si traduce solo nella presenza di porte di accesso ai bagni e alle camere più larghe del normale e poco altro.

Per raccogliere informazioni di carattere generale prima della partenza, vi consigliamo di collegarvi ai siti web www.mondopossibile.com, www.disabili.com e www.nolimit.it.

Organizzazioni

Accessible Barcelona (☎93 428 52 27; www.accessiblebarcelona.com) Craig Grimes, un paraplegico T6 viaggiatore instancabile, ha creato questo sito dedicato a Barcellona che è sicuramente il più utile per i viaggiatori disabili. Contiene anche parecchie informazioni sulla Catalogna.

Accessible Travel & Leisure (☎01452-729739; www.accessibletravel.co.uk; Avionics House, Naas Lane, Quedgeley, Gloucester GL2 2SN) Questo sito è considerato la più autorevole agenzia di viaggi del Regno Unito rivolta a portatori di handicap.

Madrid Accessible (www.esmadrid.com) Pur non essendo all'altezza di quello di Barcellona, il sito dell'ufficio turistico di Madrid consente di reperire un gran numero di informazioni utili al link 'Accessible Madrid'.

ONCE (☎91 577 37 56; www.once.es; Calle de Prim 3, Madrid) Rivolgendovi a questa associazione spagnola per non vedenti potreste riuscire a procurarvi guide in braille (peraltro non sempre aggiornatissime) di Madrid, Barcellona e diverse altre località.

Viaggiatori omosessuali

In Spagna l'omosessualità è legale e i rapporti tra partner consenzienti – sia etero sia omosessuali – sono legali a partire dall'età di 13 anni. Nel 2005 il primo ministro socialista José Luis Rodríguez Zapatero ha dato una scossa alle fondamenta cattoliche e conservatrici del paese legalizzando i matrimoni tra coppie dello stesso sesso.

In generale il comportamento degli omosessuali è abbastanza discreto, anche se le grandi città come Madrid e Barcellona o località quali Sitges, Torremolinos e Ibiza vantano un panorama omosessuale piuttosto vivace e non troppo nascosto. Sitges è diventata celebre per le sue feste gay e gli omosessuali sono tra i principali protagonisti dell'animato Carnaval che si tiene tra febbraio e marzo. Parate, marce e altri eventi si tengono in diverse città in occasione dell'ultimo sabato di giugno, quando a Madrid ha luogo l'annuale Gay Pride.

Informazioni utili

Oltre ai siti citati di seguito, va ricordato che l'ente del turismo di Barcellona pubblica ogni due anni *Barcelona – The Official Gay and Lesbian Tourist Guide*, mentre il sito dell'Ente del Turismo di Madrid (www.esmadrid.com) contiene un'utile sezione intitolata 'Gay and Lesbian Madrid'.

Chueca (www.chueca.com, in spagnolo) Forum, notizie e recensioni.

Coordinadora Gai-Lesbiana (www.cogailes.org) Questo eccellente sito gestito dalla principale associazione gay e lesbo di Barcellona (con link ad altri siti nazionali) riporta un gran numero di notizie aggiornate sui bar, sulle saune e sugli alberghi.

GayBarcelona (www.gaybarcelona.com) In questo sito troverete notizie, commenti e un'ampia sezione dedicata ai locali, alle saune, ai negozi e ad altri luoghi di interesse di Barcellona e di Sitges.

Gay Madrid 4 U (www.gaymadrid4u.com) Utili informazioni sui bar e sui locali gay.

Guía Gay de España (guia.universogay.com, in spagnolo) Informazioni a livello nazionale.

LesboNet (www.lesbonet.org, in spagnolo) Questo sito per lesbiche contiene contatti, forum e indirizzi.

Night Tours.com (www.nighttours.com/madrid/) Discreta guida alla vita notturna gay di Madrid.

Orgullo Gay (www.orgullogay.org, in spagnolo) Questo sito dedicato soprattutto al Gay Pride contiene link a organizzazioni omosessuali sparse in tutto il paese.

Shangay (www.shangay.com, in spagnolo) Utile per reperire contatti, indirizzi e notizie su diversi eventi. questo sito pubblica anche il bisettimanale *Shanguide*, incentrato soprattutto su Madrid e ricco di indirizzi (anche delle saune e dei locali hardcore) e di annunci. La rivista gemella *Shangay Express* propone articoli più interessanti, indirizzi e annunci. Entrambe queste pubblicazioni sono disponibili presso le librerie gay e i locali gay e gay-friendly.

Organizzazioni

Casal Lambda (☎93 319 55 50; www.lambda.cat; Carrer de Verdaguer i Callis 10). Centro sociale, culturale e d'informazione per gay e lesbiche di Barcellona.

Colectivo de Gais y Lesbianas de Madrid (☎91 522 45 17, 91 523 00 70; www.cogam.es; Calle de la Puebla 9, Madrid) Centro sociale e ufficio informazioni anche telefoniche (☎91 523 00 70; ⏲17-21 lun-ven).

Coordinadora Gai-Lesbiana (☎93 298 00 29; www.cogailes.org; Carrer de Violant d'Hongria 156, Barcellona). Questo centro rappresenta il principale coordinamento per gay e lesbiche di Barcellona e gestisce un servizio di informazioni telefoniche, la Línia Rosa (☎900 60 16 01).

Federación Estatal de Lesbianas, Gays, Transexuales & Bisexuales (Felgt; ☎91 360 46 05; www.felgt.org; 1° piano, Calle de las Infantas 40, Madrid) Questo gruppo di pressione a livello nazionale ha avuto un ruolo decisivo nella campagna per la legalizzazione dei matrimoni gay.

Fundación Triángulo (☎91 593 05 40; www.fundaciontriangulo.es; 1° piano, Calle de Melendez Valdés 52, Madrid) Questa fondazione costituisce un'utile fonte di informazioni in ambito omosessuale e gestisce anche un servizio di informazioni telefoniche, Información LesGai (☎91 44 66 394).

Volontariato

Tra le associazioni di volontariato che operano in Spagna meritano di essere segnalate almeno le seguenti:

Associazione ONG italiane (www.ongitaliane.it) Fornisce un elenco aggiornato delle organizzazioni non governative con progetti attivi in diversi paesi del mondo.

Earthwatch Institute (www.earthwatch.org) In questo sito potrete verificare se durante il vostro viaggio in Spagna sono stati attivati progetti di tutela ambientale.

Global Vision International (www.gvi.co.uk) Questa associazione si dedica a progetti di studio su animali quali balene e delfini o di tutela di specie a rischio di estinzione come l'avvoltoio barbuto in Andalusia.

Go Abroad (www.goabroad.com) In base all'ultimo conteggio, questo sito contiene link a ben 52 progetti spagnoli di volontariato.

Pueblo Inglés (www.puebloingles.com) In diverse località spagnole i volontari di questa associazione conversano in inglese con la gente del posto.

Sunseed Desert Technology (www.sunseed.org.uk) Questo progetto a gestione britannica cerca di creare condizioni di vita sostenibile in zone semiaride e fa capo al villaggio di Los Molinos del Río Agua, nei pressi di Almería.

Transitions Abroad (www.transitionsabroad.com) Questo sito rappresenta un valido punto di partenza per fare ricerche in rete.

trasporti

> **AVVERTENZA**
>
> Facciamo presente al lettore che questa guida è stata tradotta dall'originale Lonely Planet *Spain*; per tale motivo, in questo capitolo potrebbero essere presenti riferimenti a regioni non trattate espressamente nella guida. La scelta ha l'obiettivo di assicurare al viaggiatore una maggiore completezza di informazioni.

IL VIAGGIO

La Spagna è una delle principali mete turistiche europee e dispone di buoni collegamenti aerei, ferroviari e stradali con gli altri paesi del continente. Servizi regolari di traghetti e di aliscafi la collegano al Marocco e sono operativi anche traghetti per l'Italia, il Regno Unito, l'Algeria e le Isole Canarie.

Per informazioni dettagliate sul viaggio per/dall'Italia, v. lettura p538.

Arrivo nel paese

Salvo qualche eccezione, le formalità doganali vengono sbrigate in tempi brevi.

Arrivando da Andorra il vostro veicolo potrebbe essere perquisito dalle autorità doganali spagnole alla ricerca di prodotti di contrabbando destinati a essere rivenduti illegalmente in Spagna. La stessa cosa può accadere entrando in Spagna dal Marocco o dalle enclavi spagnole in Africa settentrionale di Ceuta e di Melilla. In questo caso la ricerca è mirata alla scoperta di sostanze stupefacenti. Aspettatevi di trovare lunghe code a questi posti di frontiera, soprattutto nei mesi estivi.

Dal momento che il piccolo principato di Andorra non fa parte dell'Unione Europea, continuano a essere effettuati i controlli all'ingresso in Spagna (perquisizioni incluse).

Carta d'identità e passaporto

I cittadini dei paesi dell'Unione Europea e della Svizzera possono entrare in Spagna con la sola carta d'identità. Nel caso di stati in cui la carta d'identità non sia in uso (come il Regno Unito), i visitatori stranieri devono essere in possesso di un passaporto valido. Questa regola vale per tutti i cittadini di stati non aderenti all'Unione Europea.

Per ulteriori informazioni sui visti d'ingresso in Spagna, v. p522.

Per legge dovreste sempre portarvi dietro un documento d'identità.

> **LE COSE CAMBIANO...**
>
> Tariffe, orari e offerte speciali cambiano con una certa frequenza; le informazioni fornite in questo capitolo vanno quindi prese come indicazioni di massima, da verificare con un'accurata ricerca personale presso gli uffici delle compagnie di trasporto o affidandosi a un'agenzia di viaggi di fiducia.

Aereo

In Spagna l'alta stagione coincide con le vacanze di fine anno, la settimana di Pasqua e il periodo estivo (più o meno da giugno a settembre), ma può cambiare da zona a zona. In agosto, per esempio, è possibile trovare voli per Madrid a prezzi ragionevoli perché il caldo torrido spinge quasi tutti verso le località marine o montane. Di norma, le tariffe dei voli per la Spagna raggiungono i livelli più bassi tra novembre e marzo, mentre i mesi intermedi sono considerati periodi 'cuscinetto'.

CAMBIAMENTI CLIMATICI E VIAGGI AEREI

Qualsiasi mezzo di trasporto che funzioni con carburanti tradizionali produce anidride carbonica, la causa principale dei cambiamenti climatici indotti dall'uomo. Oggi i viaggi richiedono normalmente trasferimenti in aereo, un mezzo che usa sì, per chilometro percorso per persona, meno carburante rispetto alla maggior parte delle auto, ma percorre distanze più lunghe e rilascia i gas responsabili dell'effetto serra nelle parti alte dell'atmosfera.

Molti siti web mettono a disposizione i 'carbon calculators' (misuratori di anidride carbonica), che consentono ai viaggiatori di calcolare le emissioni di anidride carbonica di cui sono responsabili viaggiando e, per chi lo desideri, la somma di denaro necessaria per compensare l'impatto di tali emissioni attraverso un contributo a iniziative a favore dell'ambiente in tutto il mondo. Lonely Planet provvede alla compensazione di tutti i viaggi effettuati dal suo staff e dagli autori.

Aeroporti e compagnie aeree

Per avere informazioni aggiornate sugli aeroporti spagnoli, vi consigliamo di utilizzare il ben strutturato sito internet o il numero telefonico della **Aena** (☎902 40 47 04; www.aena.es), l'autorità aeroportuale nazionale. In questo sito un menu a tendina consente di accedere alle pagine dedicate a ogni aeroporto dove vengono riportate informazioni pratiche (parcheggio, collegamenti con mezzi pubblici e così via) e i link alle compagnie che utilizzano lo scalo.

L'aeroporto Barajas di Madrid è lo scalo più importante della Spagna (e il quarto d'Europa). Gli altri scali principali sono l'Aeroport del Prat di Barcellona e quelli di Palma di Maiorca, Málaga, Alicante, Girona, Valencia, Ibiza, Siviglia e Bilbao.

Ci sono aeroporti anche a La Coruña, Almería, Santiago del Monte (Asturias), Jerez de la Frontera, Murcia e Reus.

Svizzera

La compagnia **Swiss International Air Lines** (www.swiss.com) garantisce collegamenti da Basilea, Ginevra e Zurigo per **Barcellona**, **Madrid**, **Málaga**, **Palma di Maiorca** e **Valencia**.

Via mare

Servizi regolari di traghetti collegano la Spagna con le Isole Canarie, l'Italia, l'Africa settentrionale (Algeria, Marocco e le enclavi spagnole di Ceuta e di Melilla) e il Regno Unito. La maggior parte di questi collegamenti è gestita dalla compagnia statale spagnola di traghetti **Acciona Trasmediterránea** (☎902 45 46 45; www.trasmediterranea.es). È possibile trasportare veicoli sulle seguenti rotte:

Algeria

Acciona Trasmediterránea collega Almería con Ghazaouet (8 h, 4 traghetti al giorno) dalla fine di giugno alla metà di settembre.

Marocco

Oltre ai servizi citati di seguito, esistono anche traghetti per le enclavi spagnole di Melilla (da Almería e Málaga) e di Ceuta (da Algeciras).

Tangeri-Algeciras (70 min, fino a 8 traghetti al giorno) Gli autobus provenienti da diverse città del Marocco convergono su Tangeri per la traversata fino ad Algeciras, da dove si separano per raggiungere le principali città spagnole.

Tangeri-Barcellona (24 h, 1 traghetto la settimana)

Tangeri-Tarifa (35 min, fino a 8 traghetti al giorno)

Nador-Almería (da 5 a 8 h, fino a 3 traghetti al giorno)

Regno Unito

Dalla metà di marzo alla metà di novembre la compagnia **Brittany Ferries** (☎0871 244 0744; www.brittany-ferries.co.uk) gestisce i seguenti servizi:

Plymouth-Santander (da 24 a 35 h, 1 traghetto la settimana)

Portsmouth-Santander (da 24 a 35 ore, 3 traghetti la settimana)

Via terra

La Spagna confina con la Francia, il Portogallo e Andorra.

Fatta eccezione per alcuni brevi collegamenti tra località situate a cavallo dei tre confini, la **Eurolines** (www.eurolines.com; in Svizzera www.alsa-eggmann.ch) è il principale operatore per quanto concerne i servizi di autobus tra la Spagna e i paesi dell'Europa occidentale e tra la Spagna e il Marocco.

Oltre ai servizi ferroviari che collegano la Spagna con la Francia e il Portogallo, sono disponibili treni diretti tra Zurigo e Barcellona (via Berna, Ginevra, Perpignan e Girona; per ulteriori informazioni, v. il sito www.sbb.ch) e

PER/DALL'ITALIA

Aereo

Principale scalo aereo della Spagna, l'aeroporto di **Madrid** è facilmente raggiungibile dall'Italia grazie ai numerosi voli diretti in partenza da Torino (Iberia – www.iberia.com/it/ – e Ryanair – www.ryanair.com/it), Milano Linate (Alitalia – www.alitalia.com – e Iberia), Milano Malpensa (easyJet – www.easyjet.com/it – Iberia e Lufthansa – www.lufthansa.com), Bergamo (Ryanair), Verona (Ryanair), Venezia (Air Europa – www.aireuropa.com – easyJet e Iberia), Genova (Iberia), Bologna (Iberia e Ryanair), Firenze (Meridiana – www.meridiana.it), Pisa (Iberia e Ryanair), Ancona (Ryanair), Roma Ciampino (Ryanair), Roma Fiumicino (Air Europa, Alitalia, easyJet e Iberia), Napoli (easyJet e Iberia), Bari (Ryanair), Trapani (Ryanair), Alghero (Ryanair) e Cagliari (Ryanair), con buone coincidenze da tutti gli altri aeroporti italiani.

All'epoca delle ricerche compiute per questa guida, l'aeroporto di **Barcellona** era raggiungibile da Torino (Iberia), Milano Linate (Alitalia), Milano Malpensa (easyJet, Lufthansa e Vueling – www.vueling.com/IT/), Bergamo (Ryanair), Verona (Vueling), Venezia (Iberia, Spanair – www.spanair.com – Ryanair e Vueling), Treviso (Ryanair), Bologna (Iberia), Firenze (Meridiana), Pisa (Vueling), Roma Ciampino (Ryanair), Roma Fiumicino (Alitalia e Vueling), Napoli (Spanair e Vueling), Palermo (Vueling) e Cagliari (Ryanair), anche in questo caso con buone coincidenze da diversi scali italiani. Inoltre, sono attualmente operativi diversi collegamenti Ryanair su Barcellona Girona in partenza da Alghero, Bergamo, Bologna, Brindisi, Lamezia Terme, Perugia, Pescara, Pisa, Roma Ciampino, Torino, Trapani, Treviso e Venezia e su Barcellona Reus da Bergamo, Pisa, Treviso e Venezia.

Di seguito riportiamo alcuni dei voli su altre città spagnole:

EasyJet collega **Bilbao** e **Palma di Maiorca** con Milano Malpensa e Roma Fiumicino e **Málaga** con Milano Malpensa.

Ryanair collega **Alicante** e **Málaga** con Bergamo, Bologna, Pisa, Treviso e Venezia, **Granada** con Bergamo e Bologna, **Saragozza** con Bergamo, Bologna e Roma Ciampino, **Santander** con Bergamo, Pisa e Roma Ciampino, **Siviglia** con Bari, Bergamo, Bologna, Cagliari, Palermo, Pisa, Roma Ciampino, Treviso e Venezia e infine **Valencia**, **Valladolid** e **Santiago de Compostela** con Bergamo.

Vueling collega **Ibiza**, **Málaga**, **Maiorca**, **Minorca**, **Siviglia** e **Valencia** con Roma Fiumicino e **Ibiza** e **Valencia** con Milano Malpensa.

Infine, con un cambio di aeromobile a Barcellona o a Madrid è possibile raggiungere con Air Europa, Iberia, Spanair e Vueling anche altre località spagnole, come **La Coruña**, **León**, **Murcia**, **Pamplona**, **San Sebastián**, **Santander**, **Santiago de Compostela**, **Saragozza**, **Valladolid** e **Vigo**.

» Le tariffe possono variare a seconda della stagionalità o in occasione di particolari promozioni aeree offerte in bassa stagione. Per esempio, la tariffa Iberia da Milano/Roma su Madrid parte attualmente da un'offerta supereconomica di €9 per un biglietto a date fisse con validità minima della notte tra sabato e domenica ('Sunday rule'), per arrivare a €803 (Milano)/€1081 (Roma) per un biglietto in Business Class senza alcuna restrizione con validità massima di un anno. A sua volta, la tariffa Alitalia da Roma a Valencia parte attualmente da un minimo di €39 per un biglietto non modificabile con validità minima della notte tra sabato e domenica e massima di un anno, per arrivare a €1114 per un biglietto in Business Class, anche in questo caso senza alcuna restrizione e con validità massima di un anno. Inoltre in determinati periodi dell'anno in bassa stagione Alitalia e Iberia promuovono, in collaborazione con i principali tour operator, particolari pacchetti weekend 'volo+hotel' a prezzi decisamente convenienti. Per finire, vi consigliamo di non trascurare le tariffe 'giovani' o per studenti Alitalia/Iberia e le possibili soluzioni con voli charter su **Alicante**, **Ibiza**, **Málaga**, **Minorca** e **Palma di Maiorca** proposte da tutti i principali tour operator.

» **Alitalia** (numero unico per prenotazioni e informazioni in Italia ☎06 22 22; www.alitalia.com) ha in Spagna un **call center** (☎902 100 323) e due biglietterie a **Barcellona** (☎933 792 562; aeroporto El Prat) e a **Madrid** (☎913 938 259; aeroporto Barajas).

» **Iberia** (☎199 101 191; ⏲9-20 tutti i giorni; www.iberia.com) dispone di uffici aperti al pubblico a **Milano** (fax 02 862 852; Via Albricci 8, 20122 Milano; ⏲9-15 lun-ven) e presso gli scali di Roma Fiumicino, Milano Linate, Milano Malpensa e Venezia.

» Per cercare la disponibilità di tariffe aeree convenienti, vi consigliamo di consultare i siti delle compagnie aeree sia tradizionali sia low cost, la vostra agenzia di viaggi di fiducia o uno dei numerosi motori di ricerca presenti su internet, tra i quali meritano di essere citati www.edreams.it; www.expedia.it; www.infoair.it; www.opodo.it; www.skyscanner.it; www.travelonline.it; www.travelprice.it e www.whichbudget.com/it/.

Autobus

Eurolines Italia (☎0861 55 48 89, 0861 55 40 14; info@baltour.it; www.eurolines.it; Baltour srl, Contrada Piano Delfico, 64100 Teramo) effettua diversi collegamenti settimanali tra l'Italia e la Spagna. Tra parentesi indichiamo le fermate intermedie e le tariffe di sola andata/andata e ritorno praticate in alta stagione sulle corse in partenza dal capolinea.

Roma-Figueres-Girona-Barcellona-Tarragona-Castellón-Valencia-Benidorm-Alicante-Murcia (Firenze, Viareggio e Genova, cambio di autobus a Barcellona; €143/240)

Venezia-Figueres-Girona-Barcellona-Tarragona-Castellón-Valencia-Benidorm-Alicante-Murcia (Mestre, Verona, Brescia, Milano, Torino, Savona e Ventimiglia, cambio di autobus a Barcellona; €143/240)

Roma-Figueres-Girona-Barcellona-Lleida-Saragozza-Madrid (Firenze, Viareggio e Genova, cambio di autobus a Barcellona; €143/240)

Venezia-Figueres-Girona-Barcellona-Lleida-Saragozza-Madrid (Mestre, Verona, Brescia, Milano, Torino, Savona e Ventimiglia, cambio di autobus a Barcellona; €143/240)

Bologna-Girona-Barcellona (Parma, Milano e Torino, cambio di autobus a Marsiglia; €99/165)

Napoli-Girona-Barcellona (Roma, Firenze e Pisa, cambio di autobus a Marsiglia; €125/209)

» L'**Eurolines Pass** consente la libera circolazione nelle principali città europee per una durata di 15 o 30 giorni. In Italia il pass valido per 15 giorni in bassa/media/alta stagione per i giovani di età inferiore ai 26 anni e per i passeggeri di età superiore ai 60 anni costa €175/205/290 e per gli interi €205/240/345, mentre quello valido per 30 giorni costa, per le stesse categorie di viaggiatori, rispettivamente €240/270/375 e €310/330/455. Per ulteriori informazioni in merito, v. il sito della compagnia.

» Sono previste tariffe scontate a seconda delle fasce di età dei viaggiatori; in genere, ai bambini di età compresa tra i quattro e i 12 anni con posto a sedere accompagnati da un adulto viene praticato uno sconto del 50%. È previsto un supplemento per l'altissima stagione, ma prenotando con un certo anticipo è possibile spuntare tariffe più convenienti.

Automobile

Chi lo desidera può raggiungere agevolmente la Spagna in automobile. A seconda della località di partenza, per arrivare a **Barcellona** si può entrare in Francia passando da Ventimiglia, dal valico del Monginevro, oppure attraverso il tunnel del Frejus, proseguendo il viaggio lungo la costa mediterranea francese in direzione di Perpignan. Dopo aver superato il confine tra la Francia e la Spagna si deve percorrere l'autostrada spagnola E15/AP7 fino al capoluogo catalano.

Da Barcellona si può raggiungere **Madrid**, dopo essersi diretti verso **Saragozza** e aver imboccato la A2. Se invece volete recarvi a **Granada**, il tragitto più breve prevede che da Barcellona si prosegua lungo la A7, passando da **Alicante**.

» Alla voce 'Itinerari' del sito **ViaMichelin** (www.viamichelin.com) è possibile programmare facilmente il percorso più indicato dalla propria località di partenza, mentre nel sito di **Autostrade per l'Italia** (www.autostrade.it) si può controllare il traffico in tempo reale e calcolare l'importo del pedaggio. Se invece non avete fretta e preferite viaggiare su strade statali, potreste trovare utile il sito dell'**ANAS** (www.stradeanas.it), selezionando la regione italiana da cui intendete partire.

(continua)

» Per avere informazioni sulle norme di guida vigenti in Spagna, v. Automobile e motocicletta in Trasporti interni. Ricordiamo inoltre che il sito www.viaggiaresicuri.it, a cura dell'ACI in collaborazione con il Ministero degli Affari Esteri, fornisce un gran numero di informazioni utili su documenti e norme di sicurezza. Chi desidera ricevere ulteriori informazioni può rivolgersi alla sede nazionale **ACI Italia** (centralino ☎06 499 81; informazioni per l'estero ☎06 49 11 15; documenti doganali ☎06 4998 2496; www.aci.it; Via Marsala 8, 00185 Roma).

» Ricordate di portarvi dietro il libretto di circolazione, unico documento in grado di provare che la vettura è effettivamente di vostra proprietà. Se siete membri dell'ACI sappiate che sono previste agevolazioni per chi viaggia in Europa; in particolare una tessera con validità annuale denominata ACI Sistema (€69) consente di ricevere assistenza anche all'estero (nei paesi dell'Unione Europea), sia per il veicolo associato sia per il socio e i suoi familiari. È possibile ottenere ulteriori informazioni in merito visitando il sito www.aci.it oppure mettendosi in contatto con la sede ACI più vicina.

Autostop

Per viaggiare facendo autostop conviene rivolgersi all'associazione **Autostop e Pendolari** (info@autostop.it; www.autostop.it). L'inserimento del viaggio online avviene gratuitamente e in tempo reale e una volta iscritti è possibile prendere contatto direttamente con chi cerca/offre passaggi in automobile. A titolo puramente indicativo, il prezzo di un passaggio da Milano a **Barcellona** è pari a €60, mentre per raggiungere **Madrid** si spendono €80.

Bicicletta

Se siete appassionati di cicloturismo, vi consigliamo di mettervi in contatto con la **Federazione Italiana Amici della Bicicletta** (☎/fax 041 92 15 15; info@fiab-onlus.it; www.fiab-onlus.it; Via Col di Lana 9/a, 30171 Mestre).

» Se desiderate viaggiare con la formula 'treno+bici', tenete presente che la bicicletta può essere trasportata nell'apposita sacca portabici o in speciali carrozze attrezzate; per sapere quale modalità dovete utilizzare, vi consigliamo di chiedere informazioni al momento dell'acquisto del biglietto. Informazioni utili sono disponibili anche nel sito delle **Ferrovie dello Stato** (www.ferroviedellostato.it), cliccando su 'Trenitalia', 'Informazioni per chi viaggia' e quindi su 'Viaggiare con auto-moto-bici al seguito'. È inoltre possibile verificare i treni e le coincidenze predisposti per il trasporto delle biciclette nel sito delle **Ferrovie Tedesche** (www.dbitalia.it), cliccando su 'Altre opzioni di ricerca' e selezionando 'Trasporto bicicletta'.

» L'**EuroVelo** (www.ecf.com) è una rete di 12 cicloitinerari che attraversano l'Europa su una lunghezza complessiva di 66.000 km (di cui 45.000 già realizzati) individuati dalla ECF, una federazione di associazioni ciclistiche europee. La Spagna è attraversata dall'EV1 'Atlantic Coast Route'; dall'EV3 'Pilgrims Route' e dall'EV8 'Mediterranean Route'.

tra Milano e Barcellona (via Torino, Perpignan e Girona; v. lettura p538). Per avere informazioni su questi e altri servizi, vi consigliamo di visitare il sito internet della **Renfe** (☎per viaggi internazionali 902 24 34 02; www.renfe.com), le ferrovie dello stato spagnole.

Andorra

Servizi regolari di autobus collegano Andorra all'Estació d'Autobusos de Sants di Barcellona (€21, da 3 h 15 min a 4 h). Sono disponibili anche collegamenti invernali per le stazioni sciistiche e un servizio diretto per/dall'aeroporto.

Francia

AUTOBUS

Eurolines (www.eurolines.fr) ha in operativo mezzi diretti in Spagna provenienti da Parigi e da una ventina di altre località francesi, tra cui collegamenti per Madrid (17 h 45 min), Barcellona (14 h 45 min) e molte altre città. Per i collegamenti principali viene effettuata almeno una partenza al giorno.

AUTOMOBILE E MOTOCICLETTA

La via d'accesso principale alla Spagna dal confine francese è costituita dall'autostrada che si collega con l'AP7 spagnola a pedaggio, scendendo sino a Barcellona e proseguendo poi lungo la costa mediterranea (con una diramazione, la AP2, diretta a Madrid via Saragozza). Oltre a questa, esistono diverse altre strade che collegano

Traghetto

» **Grandi Navi Veloci** (☎in Italia 010 209 4591; www1.gnv.it) è una società di proprietà del gruppo Grimaldi che gestisce un servizio di traghetti veloci e di lusso che effettuano da quattro a cinque collegamenti la settimana tra Genova e **Barcellona**. La traversata dura circa 18 ore. Le tariffe variano notevolmente e dipendono dalla stagione e dall'anticipo con il quale si è acquistato il biglietto. I biglietti sono disponibili sia online sia presso le biglietterie della **Acciona Trasmediterránea** (www.trasmediterranea.es). Alcune navi dirette a Barcellona proseguono poi per Tangeri, in Marocco (circa 26 h; 2 corse la settimana).

» **Grimaldi Ferries** (☎902 531333, in Italia 081 496444; www.grimaldi-lines.com) effettua servizi simili da **Barcellona** a Civitavecchia (circa 20 h 30 min, da 6 a 7 corse la settimana), Livorno (19 h 30 min, da 3 a 4 corse la settimana) e Porto Torres (circa 12 h, da 2 a 5 corse la settimana metà apr-inizio ott) e da **Valencia** a Livorno (da 6 a 11 h, 3 corse la settimana).

» A Barcellona le imbarcazioni di entrambe le compagnie attraccano al Moll de Sant Bertran e tutte sono attrezzate per ospitare veicoli a bordo.

Treno

Tre volte la settimana è attivo un collegamento notturno diretto tra l'Italia e la Spagna: un EuroNight Trenhotel Elipsos collega Milano e **Barcellona** (fermate intermedie: Novara, Torino e Bardonecchia, in territorio italiano, e Figueres e Girona, in territorio spagnolo; circa 14 h). Una volta arrivati nel capoluogo catalano, servendosi della compagnia di trasporti ferroviari spagnola (v. p545) è possibile raggiungere altre località.

» Dal momento che gli orari cambiano due volte l'anno (in corrispondenza della stagione invernale e di quella estiva), al momento della partenza verificate le varie possibilità. Durante la stagione estiva è possibile che il numero e la frequenza dei collegamenti vengano incrementati.

» Le possibilità di viaggiare usufruendo di tariffe scontate e di offerte promozionali sono molte.

» Per avere una panoramica completa dei servizi e delle offerte, vi consigliamo di mettervi in contatto con le **Ferrovie dello Stato** (☎89 20 21; www.ferroviedellostato.it), la **Elipsos** (www.elipsos.com) oppure la vostra agenzia di viaggi di fiducia. Per avere informazioni sugli orari e sulle frequenze dei principali collegamenti ferroviari in Italia e in Europa visitate il sito in italiano delle **Ferrovie Tedesche** (www.dbitalia.it) oppure rivolgetevi alla **Rail Europe Italia – SNCF Groupe** (☎02 295 44 950; fax 02 295 44 955; rei_pubblico@raileurope.eu; www.tgv-europe.it; Via Vitruvio 1 – 2° piano, ang. C.so Buenos Aires, 20124 Milano; ⌚9.30-12.30 e 14-18 lun-ven).

la Francia e Andorra alla Spagna attraverso i Pirenei, così come la strada costiera che va da Biarritz (in Francia) ai Paesi Baschi spagnoli.

TRENO

Le principali linee ferroviarie che collegano la Francia e la Spagna sono due: quella che segue la coste del Mediterraneo e quella che attraversa i Paesi Baschi. A queste si aggiunge una linea secondaria che si inoltra nell'entroterra valicando i Pirenei da Latour-de-Carol a Barcellona.

In aggiunta alle opzioni menzionate più avanti, due o tre treni TGV (alta velocità) collegano la Gare Montparnasse di Parigi a Irún, da dove si può prendere un treno ordinario per i Paesi Baschi e Madrid. Dalla Gare de Lyon di Parigi partono ogni giorno almeno tre TGV, che consentono di raggiungere Barcellona con un cambio a Montpellier o a Narbonne. Per avere ulteriori informazioni sui treni francesi, vi consigliamo di visitare il sito della **SNCF** (www.voyages-sncf.com).

Entro la fine del 2012 dovrebbe essere ultimata la linea ad alta velocità tra Parigi e Madrid.Nel frattempo questi sono le principali linee ferroviarie che collegano la Francia e la Spagna:

Parigi Austerlitz-Madrid Chamartín (posto a sedere/cuccetta €166,50/194,20, 13 h 30 min, 1 treno al giorno) *Trenhotel Francisco de Goya* via Orléans, Blois, Poitiers, Vitoria, Burgos e Valladolid.

Parigi Austerlitz-Barcellona-Estacio de Franca (cuccetta €188, 12 h, 1 treno al giorno) *Trenhotel Joan Miró* via Orléans, Limoges, Figueres e Girona.

Montpellier-Valencia (a partire da €82, da 7 h 45 min a 9 h 45 min, 2 treni al giorno) I treni della Talgo percorrono la costa mediterranea fermando a Girona, Barcellona, Tarragona e Valencia.

Portogallo

AUTOBUS

Avanza (☎in Spagna e Portogallo 902 02 09 99; www.avanzabus.com) ha in operativo due autobus al giorno tra Lisbona e Madrid (€55,25, da 7 h 30 min a 9 h).

Altri autobus si dirigono verso nord e, dopo aver toccato Porto, raggiungono Tui, Santiago de Compostela e La Coruña, in Galizia. A questi

BIGLIETTI INTERNAZIONALI A RIDUZIONE

Una buona fonte di informazione per chi ha deciso di affrontare un viaggio in treno in Europa è costituita dall'**International Rail** (www.internationalrail.com).

Se desiderate utillizzare il treno per giungere e muovervi in Spagna – ed eventualmente proseguire il viaggio verso altre città europee – sappiate che sono disponibili alcuni biglietti a riduzione.

Carta Rail Plus

Questa tessera dà diritto a ottenere lo sconto del 25% sui biglietti internazionali di prima e di seconda classe (fatta eccezione per alcuni treni speciali) ed è valida un anno a partire dalla data di emissione. La Carta Rail Plus può essere richiesta presso le biglietterie internazionali delle principali stazioni ferroviarie e presso le agenzie di viaggi abilitate alla vendita. In Italia viene venduta esclusivamente in combinazione con la Carta Verde (per giovani di età compresa tra i 12 e i 26 anni non compiuti) e la Carta d'Argento (riservata a persone di età superiore ai 60 anni).

InterRail

I biglietti InterRail consentono di viaggiare nei 30 paesi che attualmente aderiscono all'offerta e possono essere acquistati in diverse formule, i cui prezzi variano in base ai giorni di viaggio consentiti, alla durata del viaggio e al paese prescelto. I biglietti Global Pass sono disponibili in quattro tipi: **Global Pass Giovani** (disponibile solo per la seconda classe e riservato ai ragazzi di età compresa tra i 12 e i 25 anni), **Global Pass Adulti** (disponibile sia per la prima sia per la seconda classe), **Global Pass Anziani** (disponibile sia per la prima sia per la seconda classe e riservato alle persone di età superiore ai 60 anni) e **Global Pass Bambini** (disponibile sia per la prima sia per la seconda classe e riservato ai ragazzi di età compresa tra i quattro e gli 11 anni). Le tariffe riportate di seguito si riferiscono rispettivamente a giovani; adulti in seconda classe; adulti in prima classe; anziani in seconda classe; anziani in prima classe; bambini in seconda classe e bambini in prima classe.

Il prezzo del Global Pass utilizzabile per cinque giorni durante 10 giorni di validità è pari a €169/€259/389/239/349/130/195, mentre il Global Pass utilizzabile per 10 giorni nell'arco di 22 giorni di validità costa €249/369/559/339/499/185/280, il Global Pass valido per 15 giorni consecutivi €289/409/619/369/559/205/310, il Global Pass utilizzabile per 22 giorni consecutivi €319/479/719/439/649/240/360 e il Global Pass valido per un mese intero €409/619/929/559/839/310/465.

Il biglietto **InterRail One Country Pass** permette invece di viaggiare nell'arco di un mese in uno solo dei paesi che aderiscono all'offerta, ma in giorni non consecutivi (da un minimo di tre a un massimo di otto). A titolo puramente indicativo, il prezzo di un biglietto per la Spagna per giovani in seconda classe/adulti in seconda classe/adulti in prima classe/bambini in seconda classe/bambini in prima classe è compreso tra €119/175/269/88/135 (tre giorni) e €199/301/459/151/230 (otto giorni).

I biglietti InterRail vengono rilasciati dalle biglietterie delle principali stazioni ferroviarie, dalle agenzie di viaggi specializzate e online nel sito http://italiano.interrailnet.com/enit/, dove troverete anche un gran numero di informazioni in materia.

mezzi si aggiungono diversi autobus locali che passano il confine portoghese partendo da Huelva in Andalusía, Badajoz in Estremadura e Ourense in Galizia.

AUTOMOBILE E MOTOCICLETTA

Da Madrid l'autostrada senza pedaggio A5 attraversa il confine portoghese a Badajoz, proseguendo fino a Lisbona; a essa si aggiungono innumerevoli strade che collegano i due paesi lungo tutto il tracciato di confine.

TRENO

La principale linea ferroviaria che collega il Portogallo alla Spagna è quella che da Lisbona raggiunge Madrid attraversando l'Estremadura.

Lisbona-Madrid (posto a sedere/cuccetta €58,60/83,20, 10 h 30 min, 1 treno al giorno)

Lisbona-Irún (posto a sedere/cuccetta €68,80/96,60, 14 h 30 min, 1 treno al giorno)

TRASPORTI INTERNI

La rete spagnola di trasporti su rotaia o su strada è una delle migliori d'Europa e sono ben poche le località del paese che non riuscirete a raggiungere con i treni o gli autobus. I tentacoli della rete ferroviaria ad alta velocità si stanno espandendo anno dopo anno, così come non mancano i voli interni sulle lunghe distanze e per località difficili da raggiungere via terra.

Aereo

La Spagna può contare su una vasta rete di voli interni gestiti da compagnie locali e da alcune compagnie low-cost straniere, tra le quali meritano di essere citate almeno le seguenti:

Air Berlin (☎902 320 737; www.airberlin.com) Voli da Madrid a Valencia, Palma di Maiorca, Siviglia, Jerez de la Frontera e Asturias

Air Europa (☎902 401 501; www.aireuropa.com) Decine di voli su tratte interne spagnole

easyJet (☎807 260 026; www.easyjet.com) Voli da Madrid e Bilbao a Ibiza

Iberia (☎902 400 500; www.iberia.es) La compagnia di bandiera spagnola e la sua consociata Iberia Regional-Air Nostrum effettuano un gran numero di voli che coprono tutto il territorio nazionale

Ryanair (☎807 220 032; www.ryanair.com) Questa compagnia ha in operativo oltre una decina di voli su tratte interne spagnole

Spanair (☎902 131 415; www.spanair.com) Numerosi voli per diverse località

Vueling (☎807 200 200; www.vueling.com) Gli arei di questa compagnia low cost spagnola raggiungono molte località spagnole.

Autobus

Gli autobus spagnoli raggiungono quasi tutte le località del paese e numerose compagnie gestiscono sia le tratte brevi sia i collegamenti a lunga percorrenza tra le grandi città. In molti casi – soprattutto sulle lunghe distanze – gli autobus sono più convenienti dei treni, ma anche meno confortevoli.

I servizi locali sono capillari, ma spesso poco utili ai viaggiatori stranieri. Infatti, può capitare che le corse siano frequenti nei giorni feriali e, per contro, molto ridotte – se non addirittura assenti – il sabato e la domenica. Le località più piccole sono spesso collegate da un solo autobus al giorno e da nessuno la domenica. Le prenotazioni non sono quasi mai necessarie; per assicurasi un posto è sufficiente arrivare con un po' d'anticipo sull'orario previsto per la partenza.

Sui percorsi serviti dagli autobus di linea (per esempio, Madrid-Toledo) il biglietto che viene venduto è valido per il primo autobus in partenza e *non* può essere usato su uno successivo. In questi casi l'acquisto anticipato non è quasi mai consentito. Per i viaggi più lunghi (come quelli da Madrid per Siviglia e le località balneari) o in alta stagione è invece possibile – anzi consigliabile – acquistare il biglietto con un buon anticipo. Su alcune tratte si può scegliere tra autobus espresso e mezzi locali che fermano in tutte le località che incontrano.

In quasi tutte le grandi città gli autobus partono da una *estación de autobuses*, mentre nelle località di minore importanza il capolinea o la fermata spesso non sono indicati da cartelli e la gente del posto vi dirà dove dirigervi. Di solito è un bar a fungere da punto vendita dei biglietti, anche se in qualche caso è possibile acquistarli direttamente dall'autista.

Gli autobus spagnoli non sono particolarmente costosi. Per fare un esempio, il prezzo dei biglietti di sola andata per la tratta Madrid-Barcellona parte da €29 circa, mentre da Barcellona a Siviglia – uno dei tragitti più lunghi in assoluto (da 15 a 16 h) – si può pagare sino a €89 per tratta.

Ai giovani di età inferiore ai 26 anni consigliamo di verificare sempre la possibilità di ottenere sconti sui biglietti degli autobus a lunga percorrenza. Tenete inoltre presente che in alcuni casi un biglietto di andata e ritorno è più economico rispetto a due di corsa semplice.

Tra le centinaia di autolinee che operano in Spagna quelle con la più ampia gamma di servizi sono:

ALSA (☎902 42 22 42; www.alsa.es) Di gran lunga l'autolinea più importante della Spagna, la ALSA ha in operativo collegamenti con località di tutto il paese, in collaborazione con diverse altre compagnie.

Avanza (☎902 02 09 99; www.avanzabus.com) Gli autobus di questa compagnia partono da Madrid per l'Estremadura, la parte occidentale della Castiglia e León e per Valencia, attraversando la zona orientale di Castiglia-La Mancia (Cuenca). La Avanza opera spesso in collaborazione con altre compagnie.

Socibus e Secorbus (☎902 22 92 92; www.socibus.es) Queste compagnie gestiscono in collaborazione collegamenti tra Madrid e località dell'Andalusia occidentale come Cadice, Córdoba, Huelva e Siviglia.

Automobile e motocicletta

I veicoli che circolano sulle strade spagnole devono avere un adesivo o una targa che indichi chiaramente il paese in cui sono stati immatricolati e il guidatore di un mezzo privato deve sempre essere in grado di fornire i documenti relativi alla proprietà del medesimo. Il triangolo di segnalazione e il giubbotto con fasce riflettenti (da usare in caso di sosta d'emergenza) sono obbligatori.

Assicurazione

Per condurre un veicolo in Spagna – come negli altri paesi europei – è richiesta almeno un'assicurazione auto di responsabilità civile. Agli automobilisti italiani ricordiamo che è accettata l'assicurazione di responsabilità e che la Carta Verde (assicurazione internazionale di responsabilità civile) rilasciata dalle compagnie di assicurazione in Italia è riconosciuta in Spagna come in tutti gli altri paesi dell'Unione Europea. Ricordatevi di chiedere alla vostra compagnia di assicurazioni il modulo europeo per la constatazione amichevole, che permette di semplificare le procedure in caso di incidente. Inoltre, può essere una buona idea stipulare una polizza europea che preveda l'assistenza in caso di guasti.

Le compagnie di autonoleggio forniscono un'assicurazione minima, ma prima di stipularla verificate attentamente i vostri obblighi, a quanto ammonti la franchigia e a quali coperture avete diritto in caso di incidente o di danni al veicolo.

DISTANZE STRADALI (KM)

	Alicante	Badajoz	Barcellona	Bilbao	Córdoba	Granada	A Coruña	León	Madrid	Málaga	Oviedo	Pamplona	San Sebastián	Siviglia	Toledo	Valencia	Valladolid
Badajoz	696																
Barcellona	515	1022															
Bilbao	817	649	620														
Córdoba	525	272	908	795													
Granada	353	438	868	829	166												
A Coruña	1031	772	1118	644	995	1043											
León	755	496	784	359	733	761	334										
Madrid	422	401	621	395	400	434	609	333									
Málaga	482	436	997	939	187	129	1153	877	544								
Oviedo	873	614	902	304	851	885	340	118	451	995							
Pamplona	673	755	437	159	807	841	738	404	407	951	463						
San Sebastián	766	768	529	119	869	903	763	433	469	13	423	92					
Siviglia	609	217	1046	933	138	256	947	671	538	219	789	945	1007				
Toledo	411	368	692	466	320	397	675	392	71	507	510	478	540	458			
Valencia	166	716	349	633	545	519	961	685	352	648	803	501	594	697	372		
Valladolid	615	414	663	280	578	627	455	134	193	737	252	325	354	589	258	545	
Saragozza	498	726	296	324	725	759	833	488	325	869	604	175	268	863	396	326	367

Associazioni automobilistiche

Il **Real Automóvil Club de España** (RACE; ☎902 40 45 45; www.race.es; Calle de Eloy Gonzalo 32, Madrid) è l'associazione automobilistica nazionale. In caso di emergenza potete usufruire del suo servizio di assistenza, ma chiedete comunque alla vostra assicurazione un numero telefonico da usare in caso di necessità.

Carburante e pezzi di ricambio

In Spagna la benzina *(gasolina)* è costosa, anche se non come in molti altri paesi dell'Unione Europea come la Francia, la Germania, l'Italia e il Regno Unito. Le aree di servizio sono gestite da una trentina di società, le più importanti delle quali, la Repsol e la Cepsa, hanno sede nel paese.

Tenete presente che a Gibilterra e ad Andorra la benzina costa rispettivamente il 10 e il 15% in meno. Il prezzo scende addirittura del 35% nelle enclavi nordafricane (esentasse) di Ceuta e di Melilla.

In molte aree di servizio è possibile pagare con la carta di credito.

Documenti di guida

Le patenti di guida rilasciate in Italia e negli altri paesi dell'Unione Europea sono considerate equivalenti a quella spagnola. Nel caso in cui il veicolo utilizzato non fosse di vostra proprietà, potrebbe essere utile procurarsi una 'delega a condurre' autenticata davanti a un notaio.

Chi non dispone di una patente dell'Unione Europea dovrebbe procurarsi un permesso internazionale di guida (International Driving Permit – IDP) di validità compresa tra uno e tre anni a seconda del modello richiesto, emesso dall'associazione automobilistica del proprio paese. Chi risiede in Spagna da almeno un anno può richiedere una patente spagnola.

Noleggio

Per noleggiare un'autovettura in Spagna occorre essere muniti di una patente, avere compiuto 21 anni ed essere titolari di una carta di credito o di debito. Nelle zone in cui sono presenti più agenzie di autonoleggio (come le Isole Baleari) le procedure sono meno burocratiche. In base alle norme vigenti, chi non possieda una patente rilasciata in un paese dell'Unione Europea dovrebbe procurarsi un permesso internazionale (IDP), ma i documenti di guida di paesi come l'Australia, il Canada, gli Stati Uniti e la Nuova Zelanda vengono in genere accettati senza problemi.

Di seguito elenchiamo alcune compagnie di autonoleggio che operano in Spagna:

Avis (☎902 18 08 54; www.avis.es)

Europcar (☎902 10 50 30; www.europcar.es)

Hertz (☎91 749 77 78; www.hertz.es)

National/Atesa (☎902 10 01 01; www.atesa.es)

Pepecar (☎807 41 42 43; www.pepecar.com) Compagnia economica locale.

Norme di circolazione

Età minima per la guida di motociclette e scooter: 16 (80cc in su) o 14 (fino a 50cc). È richiesta la patente.

Età minima per la patente automobilistica: 18

Limiti di velocità: 50 km/h nei centri abitati (in alcuni casi, come nella zona centrale di Barcellona, 30 km/h), 100 km/h sulle strade principali e 120 km/h su *autovías* (superstrade gratuite a doppia carreggiata) e *autopistas* (autostrade a pedaggio). Tenete presente che gli autoveicoli con roulotte al traino non possono superare la velocità di 80 km/h.

Motociclette: I fari devono essere accesi in ogni momento della giornata. Il casco è obbligatorio per tutte le motociclette di cilindrata pari o superiore a 125cc.

Rotatorie: I veicoli in circolazione nelle rotatorie hanno la precedenza su chi deve ancora immettersi.

Senso di circolazione: In Spagna si guida sul lato destro della carreggiata.

Sorpassi: I camionisti spagnoli usano spesso la cortesia di azionare la freccia destra per segnalare che la strada è libera per il sorpasso; se invece a lampeggiare è quella sinistra, significa che, mentre tentate di superarli, sta sopraggiungendo un veicolo in senso contrario.

Tasso alcolemico massimo consentito: 0,05%. Il test con il palloncino è sempre più diffuso e – se risulta positivo – nel giro di 24 ore le autorità possono processare e condannare il colpevole al pagamento di una multa salata e al ritiro della patente. Le contravvenzioni per le violazioni al codice della strada possono arrivare anche a €600 per le infrazioni più gravi. Agli stranieri non residenti in Spagna verrà richiesto di pagare la multa immediatamente (con una riduzione del 30%). Far finta di non capire la lingua è inutile, in quanto il vigile vi presenterà un elenco di infrazioni e di multe redatto in diverse lingue. Se non pagate subito o non trovate uno spagnolo disposto a garantire per voi, il veicolo vi verrà sequestrato.

Autostop

In qualsiasi parte del mondo l'autostop non è mai del tutto sicuro e pertanto non lo consigliamo. Chi decidesse comunque di viaggiare in questo modo sappia che va incontro a rischi potenzialmente seri. È sempre una buona idea fare autostop in due e lasciare detto a qualcuno dove si è diretti.

L'autostop è vietato sia sulle *autopistas* sia sulle *autovías* e lungo le strade principali non è facile trovare un passaggio. Sistematevi nei pressi di un raccordo autostradale, dove le automobili possono fermarsi senza creare pericoli, oppure scegliete strade secondarie (dove però le attese potrebbero essere molto lunghe, dato il minor traffico).

Bicicletta

I miglioramenti apportati negli ultimi decenni alla rete stradale spagnola hanno reso gli spostamenti in bicicletta molto più piacevoli di un tempo, anche se le piste ciclabili sono sempre poco numerose. Esiste un'ampia gamma di possibilità, dagli itinerari pirenaici in mountain bike ai lunghi tragitti che seguono la linea costiera. Tenete presente che è vietato percorrere le *autopistas* (autostrade a pedaggio) in bicicletta. Inoltre, l'atteggiamento degli automobilisti nei confronti di chi pedala non è sempre comprensivo, per cui prestate sempre molta attenzione.

In genere, le grandi città non si prestano troppo a essere percorse in bicicletta; a questa regola fa eccezione Barcellona, dove sono state realizzate (anche se in misura insufficiente) piste ciclabili lungo le vie principali ed esistono diverse possibilità di noleggio.

Se vi stancate di pedalare, sappiate che in molti casi è possibile caricare la bicicletta sui treni. Tutti i treni regionali dispongono di spazi appositi, di solito contrassegnati dal logo di una bicicletta sull'esterno del vagone. Le biciclette sono ammesse anche su quasi tutti i *cercanías* (treni locali che prestano servizio nelle aree metropolitane di Madrid, Barcellona e di altre grandi città). Sui treni a lunga percorrenza esistono invece maggiori restrizioni; di norma affinché la bicicletta (smontata) sia accettata come bagaglio occorre essere in possesso di un biglietto per un posto letto o una cuccetta. Negli altri casi va invece spedita separatamente. Spesso è possibile caricare la bicicletta anche sugli autobus; in genere basta smontare la ruota anteriore.

Il **Cyclists' Touring Club** (CTC; ✆0844 736 8451; www.ctc.org.uk; Parklands, Railton Rd, Guildford, Surrey GU2 9JX) è un'associazione britannica che può aiutarvi a programmare il vostro viaggio in bicicletta e organizza escursioni guidate. La quota di associazione annuale è pari a UK£36 (UK£12 per gli under 18).

Noleggio e acquisto

In Spagna il noleggio delle biciclette non è diffuso come ci si potrebbe aspettare, anche se la situazione sta cambiando, soprattutto per quanto riguarda le mountain bike *(bici todo terreno)* e – in generale – nelle zone più turistiche come l'Andalusia o in località costiere come Barcellona. Sebbene le tariffe siano estremamente variabili, in genere si attestano intorno a circa €10 per un'ora, da €15 a €20 per un giorno e da€50 a €60 per una settimana.

Alcune località come Saragozza e Siviglia hanno varato di recente un sistema di biciclette pubbliche con piazzole automatizzate dove, pagando una modesta cifra di abbonamento, è possibile prendere una bicicletta, utilizzarla per il tempo desiderato e lasciarla in un altro punto attrezzato.

Nei centri maggiori è possibile acquistare biciclette di ogni genere a prezzi in linea con la media europea.

Imbarcazioni

Numerosi traghetti e aliscafi assicurano i collegamenti tra la terraferma (La Península) e le Isole Baleari e le enclavi nordafricane di Ceuta e di Melilla.

La principale compagnia spagnola di traghetti è la **Acciona Trasmediterránea** (✆902 45 46 45; www.trasmediterranea.es), che gestisce sia le lente imbarcazioni con trasporto di automobili sia i mezzi per soli passeggeri come i traghetti ad alta velocità e gli aliscafi. Nel caso dei servizi notturni tra la terraferma e le Isole Baleari è possibile scegliere tra la poltrona e la cabina con posto letto.

Trasporti locali

Quasi tutte le principali città spagnole dispongono di un eccellente sistema di trasporti pubblici, con Madrid e Barcellona che possono contare su una rete di autobus e di metropolitana estesa e molto capillare. In rapporto agli standard europei, i prezzi dei mezzi pubblici spagnoli sono relativamente economici.

Autobus

Le grandi città e i capoluoghi di provincia possono contare su buoni trasporti di superficie. I biglietti di corsa semplice (di solito €1) possono essere acquistati presso i tabaccai o, talora, a bordo dei mezzi. In località come Madrid e Barcellona è tuttavia molto più conveniente acquistare i carnet da 10 corse (per ulteriori informazioni in merito, v. Metropolitana, p547) che consentono di usare sia gli autobus sia la metropolitana e costano sensibilmente meno rispetto alla somma dei biglietti singoli. Questi carnet sono in vendita in tutte le stazioni della metropolitana.

Di norma gli autobus prestano servizio dalle 6 alle 24 e in alcuni casi fino alle 2. Nelle grandi città esiste un servizio notturno su un numero limitato di linee. A Madrid gli autobus notturni si chiamano *búhos* (gufi) e a Barcellona – più prosaicamente – *nitbusos*.

Metropolitana

La metropolitana di Madrid è la più sviluppata del paese, seguita da quella di Barcellona, anch'essa piuttosto valida. Valencia, Bilbao, Siviglia e Palma di Maiorca possono contare su servizi di metropolitana limitati ma comunque utili. I biglietti possono essere acquistati nelle stazioni (sia agli sportelli sia ai distributori automatici) e in alcuni casi presso le edicole e le *estancos* (tabaccherie). I biglietti singoli costano come quelli degli autobus (in genere €1). Molto comodi ed economici per chi si trattenga qualche giorno in una grande città sono i carnet da 10 corse, che a Madrid sono chiamati Metrobús (€9) e a Barcellona T-10 (€7,85). Sono disponibili anche tessere mensili e annuali.

Taxi

Di solito i parcheggi dei taxi si trovano nei pressi delle stazioni ferroviarie e delle stazioni degli autobus (in alternativa esiste un servizio di radiotaxi) e in molte zone del centro delle grandi città. I taxi possono anche essere fermati in strada con un cenno della mano – fate caso se hanno la luce verde accesa o la scritta *libre* sul parabrezza dal lato del passeggero. Nelle località più importanti circolano numerosi taxi, tuttavia in città come Madrid e Barcellona trovarne uno libero il venerdì o il sabato sera potrebbe rivelarsi un'impresa assai ardua. Tenete presente che a bordo di un taxi non sono ammesse più di quattro persone.

La tariffa base diurna (in genere in vigore fino alle 22) va da €1,40 a €2,05. Dopo le 22 il prezzo può salire anche a €3,10 (in alcune città – tra cui Madrid e Barcellona – questo vale anche durante i weekend e i giorni festivi). Da quel momento si paga fino a €1 per chilometro, a seconda del momento della giornata. Sono previsti supplementi per le corse dagli aeroporti e per il trasporto di bagagli. A titolo indicativo, la tariffa per una corsa di durata medio-lunga in una grande città può oscillare da €5 a €8 – una cifra bassissima rispetto agli standard europei – mentre per un viaggio dal centro di Madrid o di Barcellona ai rispettivi aeroporti spenderete una cifra compresa tra €25 e €30, compreso il sovrapprezzo per il bagaglio.

Tram

I tram sono stati eliminati dalle città spagnole diversi decenni fa, ma in alcune località stanno facendo una timida ricomparsa. Barcellona possiede un paio di nuove linee suburbane, che si aggiungono alla Tramvia Blau turistica diretta a Tibidabo. Valencia dispone di un comodo servizio di tram per la spiaggia e anche a Siviglia, Bilbao e Murcia i tram sono stati reintrodotti, per quanto in numero limitato.

Treno

Renfe (☎902 24 02 02; www.renfe.com) è l'ottima rete nazionale che gestisce la maggior parte dei servizi ferroviari spagnoli. Nelle pagine di questa guida vengono menzionate anche alcune piccole reti ferroviarie private.

UN MEMORABILE VIAGGIO IN TRENO NELLA SPAGNA SETTENTRIONALE

I viaggiatori più romantici potrebbero essere attratti da questa lenta e lussuosa avventura vecchio stile tra i suggestivi scenari della Spagna settentrionale.

Il treno **Transcantábrico** (www.eltranscantabrico granlujo.es) viaggia lungo una linea a scartamento ridotto che da Santiago de Compostela costeggia l'Oceano Atlantico toccando, tra le varie località, Oviedo, Bilbao e Santander per terminare il viaggio a San Sebastián (l'ultimo tratto viene percorso in autobus). Il viaggio dura otto giorni, costa a partire da €3500/7100 per letto in cabina doppia/singola e può essere compiuto anche nella direzione opposta. Nel periodo compreso tra maggio e ottobre questo treno effettua due viaggi al mese. La tariffa comprende la visita di diversi luoghi d'interesse che si incontrano lungo il percorso, tra cui il Museo Guggenheim di Bilbao, la Cueva de Altamira, Santillana del Mar e i Lagos de Covadonga nei Picos de Europa. I piatti che vengono serviti nel corso del viaggio sono piacevoli per il palato quanto i paesaggi lo sono per gli occhi. Alcuni pasti vegono consumati a bordo, mentre altri si gustano a terra durante le soste.

Questi treni non viaggiano di notte, un fatto che rende confortevole il sonno a bordo e consente di restare fuori la sera.

Rete ferroviaria

In tutte le stazioni principali troverete depositi bagagli (*consignas*) di solito aperti dalle 6 alle 24. Per depositare un collo presso uno di questi depositi si spende in genere una cifra compresa tra €3 e €4,50 al giorno.

In Spagna esistono diverse categorie di treni: soprattutto quelli a lunga percorrenza (*largo recorrido* o *Grandes Líneas*) sono caratterizzati da una notevole varietà di nomi.

Alaris, Altaria, Alvia, Arco e Avant Treni di media velocità utilizzati su tratte a lunga percorrenza.

Cercanías Treni locali che servono la cintura urbana e le località situate nei dintorni di Madrid, Barcellona e altre 11 città.

Euromed Simili ai treni AVE (v. più avanti), gli Euromed collegano Barcellona a Valencia e ad Alicante.

Regionales Treni che operano all'interno di una regione e di solito fermano in tutte le stazioni.

Talgo e Intercity Treni a lunga percorrenza di velocità medio-bassa.

Tren de Alta Velocidad Española (AVE) Treni ad alta velocità che collegano Madrid a Barcellona, Burgos, Córdoba, Cuenca, Huesca, Lerida, Málaga, Siviglia, Valencia, Valladolid e Saragozza. Esiste anche un servizio Barcellona-Siviglia. Nei prossimi anni dovrebbero essere attivate anche le tratte Madrid-Cadice e Madrid-Bilbao.

Trenhotel Treni notturni dotati di cuccette.

Classi e tariffe

Tutti i treni a lunga percorrenza dispongono della seconda e della prima classe, chiamate rispettivamente *turista* e *preferente*. Tenete presente che la prima classe costa dal 20 al 40% in più della seconda. Su alcuni servizi è disponibile una classe ancora superiore, detta *club*.

Le tariffe variano enormemente a seconda del servizio offerto e dei tempi di percorrenza e – nel caso di treni ad alta velocità come gli AVE – anche del giorno e dell'ora del viaggio. I biglietti degli AVE sono di gran lunga i più cari. Un viaggio di sola andata in seconda classe da Madrid a Barcellona (tratta servita solo da questi treni) può costare fino a €115 (prenotando su internet è possibiler risparmiare qualcosa).

I bambini di età compresa tra i quattro e i 12 anni hanno diritto a una riduzione del 40%, mentre quelli sotto i quattro anni viaggiano gratuitamente, fatta eccezione per i treni ad alta velocità, dove pagano quanto i minori di 12 anni. Acquistando un biglietto di andata e ritorno spesso si risparmia dal 10 al 20%. Gli studenti e i giovani di età non superiore ai 25 anni che possiedono una Euro<26 Card (Carnet Joven in Spagna; per ulteriori informazioni in merito, v. p532) hanno diritto a ottenere sconti compresi tra il 20 e il 25% sulla maggior parte delle tariffe.

Per i viaggi notturni all'interno della Spagna a bordo dei *trenhoteles* vale la pena di spendere qualcosa in più per avere una *litera* (cuccetta in un compartimento a quattro o sei posti) o, se disponibile, un posto letto singolo o doppio in *preferente* o *gran clase*. Il prezzo dipende dalla sistemazione prescelta, dal tipo di treno e dalla durata del viaggio. Le tratte servite da questi treni sono Madrid-La Coruña, Barcellona-Córdoba-Siviglia, Barcellona-Madrid (con proseguimento per Lisbona) e Barcellona-Málaga, alle quali si aggiungono alcuni servizi internazionali.

Prenotazioni

Le prenotazioni sono consigliabili per i viaggi a lunga percorrenza e possono essere effettuate presso le stazioni, gli uffici Renfe, le agenzie di viaggi e via internet. Dai distributori automatici che si trovano in un numero sempre maggiore di stazioni è possibile ritirare i biglietti prenotati online.

guida linguistica

Se volete imparare qualche espressione in più di quelle incluse nel presente capitolo, procuratevi una copia del pratico *Capire e farsi capire in spagnolo*, il manuale di conversazione Lonely Planet che fornisce una serie di frasi utili per le varie situazioni in cui si può trovare un viaggiatore, un piccolo dizionario con i termini più consueti, oltre a una sezione sulla grammatica e la pronuncia. Lo potete trovare nel sito www.lonelyplanetitalia.it/shop/.

Lo spagnolo *(español)* – o, più precisamente, il castigliano *(castellano)* – viene parlato in tutta la Spagna. Tuttavia nel paese vengono parlate altre tre importanti lingue a diffusione regionale: il catalano *(català)*, in uso in Catalogna, nelle Isole Baleari e a Valencia, il galiziano *(galego)*, parlato in Galizia, e il basco *(euskara)*, parlato nei Paesi Baschi e in Navarra.

I nomi spagnoli cambiano a seconda del genere. I nomi femminili di solito terminano in *-a* e quelli maschili in *-o*. In genere, le desinenze degli aggettivi concordano con i nomi di cui sono attributo. In questa guida linguistica troverete entrambe le desinenze separate da una barra, con la forma maschile per prima; per esempio *perdido/a*.

Se un nome o un aggettivo finisce per vocale, il plurale si forma (salvo eccezioni) aggiungendo una *-s* alla fine della parola, mentre se finisce per consonante si aggiunge *-es*.

Conversando con persone conosciute o più giovani ci si rivolge loro usando il *tú* informale anziché la forma di cortesia *Usted*. In questa guida viene utilizzata la forma di cortesia; quando vengono indicate entrambe, la prima è seguita dall'abbreviazione 'form' e la seconda da 'inf'.

SALUTI E CONVERSAZIONE DI BASE

Ciao.	*Hola.*
Arrivederci.	*Adiós.*
Come stai?	*¿Qué tal?*
Bene, grazie.	*Bien, gracias.*
Mi scusi.	*Perdón.*
Mi dispiace.	*Lo siento.*
Sì/No.	*Sí/No.*
Per favore.	*Por favor.*
Grazie.	*Gracias.*
Prego.	*De nada.*

Mi chiamo...
Me llamo...

Come si chiama/ti chiami?
¿Cómo se llama Usted? (form)
¿Cómo te llamas? (inf)

Parli/a (italiano)?
¿Habla (italiano)? (form)
¿Hablas (italiano)? (inf)

(Non) capisco.
Yo (no) entiendo.

ALLOGGIO

Vorrei prenotare una camera.
Quisiera reservar una habitación.

Quanto costa per notte/persona?
¿Cuánto cuesta por noche/persona?

È compresa la prima colazione?
¿Incluye el desayuno?

albergo economico	*hostal*
campeggio	*terreno de cámping*
guesthouse	*pensión*
hotel	*hotel*
ostello della gioventù	*albergue juvenil*

Vorrei una camera...	*Quisiera una habitación...*
singola	*individual*
doppia	*doble*

aria condizionata	*aire acondicionado*
bagno	*baño*
finestra	*ventana*
letto	*cama*

INDICAZIONI

Dov'è...?
¿Dónde está...?

Qual è l'indirizzo?
¿Cuál es la dirección?

Me lo può scrivere, per favore?
¿Puede escribirlo, por favor?

Me lo può indicare (sulla cartina)?
¿Me lo puede indicar (en el mapa)?

accanto a...	*al lado de...*
al semaforo	*en el semáforo*
all'angolo	*en la esquina*
davanti a...	*frente a...*
destra	*derecha*
di fronte a...	*enfrente de...*

Frasi chiave

Di seguito riportiamo alcune semplici frasi che potrete adattare o modificare a seconda delle necessità:

Quando parte (il prossimo volo)?
¿Cuándo sale (el próximo vuelo)?

Dov'è (la stazione)?
¿Dónde está (la estación)?

Dove posso (acquistare un biglietto)?
¿Dónde puedo (comprar un billete)?

Ha (una cartina)?
¿Tiene (un mapa)?

C'è (un bagno)?
¿Hay (servicios)?

Vorrei (un caffè).
Quisiera (un café).

Vorrei (noleggiare un'automobile).
Quisiera (alquilar un coche).

Posso (entrare)?
¿Se puede (entrar)?

Può (aiutarmi), per favore?
¿Puede (ayudarme), por favor?

Ho bisogno (di un permesso)?
¿Necesito (obtener un permiso)?

Cartelli

Abierto	Aperto
Cerrado	Chiuso
Entrada	Ingresso
Hombres	Uomini
Mujeres	Donne
Prohibido	Vietato
Salida	Uscita
Servicios/Aseos	Servizi igienici

dietro...	*detrás de...*
lontano	*lejos*
sempre diritto	*todo recto*
sinistra	*izquierda*
vicino	*cerca*

PASTI E LOCALI

Che cosa consiglia?
¿Qué recomienda?

Che cosa c'è in quel piatto?
¿Que lleva ese plato?

Io non mangio...
Yo no como...

Era buonissimo!
¡Estaba buenísimo!

Ci porti il conto per favore
Nos trae la cuenta por favor

Cin cin
¡Salud!

Vorrei riservare un tavolo per...	*Quisiera reservar una mesa para...*
le (otto)	*las (ocho)*
(due) persone	*(dos) personas*

Parole chiave

antipasti (e aperitivi)	*aperitivos*
bar	*bar*
bicchiere	*vaso*
bottiglia	*botella*
caffè	*café*
caldo	*caliente*
cena	*cena*
cibo	*comida*
cibo vegetariano	*comida vegetariana*
coltello	*cuchillo*
con/senza	*con/sin*
cucchiaio	*cuchara*

forchetta	*tenedor*
(troppo) freddo	*(demasiado) frío*
menu (in italiano)	*menú (en italiano)*
menu per bambini	*menú infantil*
mercato	*mercado*
piatto	*plato*
portata principale	*segundo plato*
pranzo	*comida*
prima colazione	*desayuno*
ristorante	*restaurante*
scodella	*bol*
seggiolone	*trona*
supermercato	*supermercado*

Carne e pesce

agnello	*cordero*
anatra	*pato*
maiale	*cerdo*
manzo	*carne de vaca*
pesce	*pescado*
pollo	*pollo*
tacchino	*pavo*
vitello	*ternera*

Frutta e verdura

albicocca	*albaricoque*
ananas	*piña*
anguria	*sandía*
arancia	*naranja*
asparago	*espárrago*
banana	*plátano*
barbabietola	*remolacha*
carciofo	*alcachofa*
carota	*zanahoria*
cavolo	*col*
cetriolo	*pepino*
ciliegia	*cereza*
cipolla	*cebolla*
fagiolo	*judías*
fragola	*fresa*
frutta	*fruta*
funghi	*champiñónes*
lattuga	*lechuga*
lenticchia	*lentejas*
limone	*limón*
mais	*maíz*
mela	*manzana*
noce	*nuez*
patata	*patata*
peperone (rosso/verde)	*pimiento (rojo/verde)*
pesca	*melocotón*
pisello	*guisante*
pomodoro	*tomate*
prugna	*ciruela*
sedano	*apio*
spinaci	*espinacas*
uva	*uvas*
verdura	*verdura*
zucca	*calabaza*

Altro

aceto	*vinagre*
burro	*mantequilla*
formaggio	*queso*
marmellata	*mermelada*
miele	*miel*
pane	*pan*
olio	*aceite*
pasta	*pasta*
pepe	*pimienta*
riso	*arroz*
sale	*sal*
uovo	*huevo*
zucchero	*azúcar*

Bevande

acqua (minerale)	*agua (mineral)*
birra	*cerveza*
caffè	*café*
latte	*leche*
succo (d'arancia)	*zumo (de naranja)*
tè	*té*
vino (bianco)	*vino (blanco)*
vino (rosso)	*vino (tinto)*

EMERGENZE

Aiuto!	*¡Socorro!*
Andate via!	*¡Vete!*
Chiamate...!	*¡Llame a...!*
la polizia	*la policía*
un medico	*un médico*

Mi sono perso/a.
Estoy perdido/a.

Ho avuto un incidente.
He tenido un accidente.

Sono malato/a.
Estoy enfermo/a.

Mi fa male qui.
Me duele aquí.

Sono allergico/a (agli antibiotici).
Soy alérgico/a (a los antibióticos).

SHOPPING E SERVIZI

Vorrei comprare...
Quisiera comprar...

Sto solo dando un'occhiata.
Sólo estoy mirando.

Posso vederlo?
¿Puedo verlo?

Non mi piace.
No me gusta.

Quanto costa?
¿Cuánto cuesta?

È troppo caro.
Es demasiado caro.

Potrebbe farmi un po' di sconto?
¿Podría bajar un poco el precio?

C'è un errore nel conto.
Hay un error en la cuenta.

bancomat	*cajero automático*
carta di credito	*tarjeta de crédito*
internet bar	*cibercafé*
ufficio postale	*correos*
ufficio turistico	*oficina de turismo*

ORA E DATA

Che ora è?	*¿Qué hora es?*
Sono le (10).	*Son (las diez).*
È (l'una).	*Es (la una)*

mattino	*mañana*
pomeriggio	*tarde*

Forme interrogative

Chi?	*¿Quién?*
Come?	*¿Cómo?*
Cosa?	*¿Qué?*
Dove?	*¿Dónde?*
Perché?	*¿Por qué?*
Quando?	*¿Cuándo?*

Numeri

1	*uno*
2	*dos*
3	*tres*
4	*cuatro*
5	*cinco*
6	*seis*
7	*siete*
8	*ocho*
9	*nueve*
10	*diez*
20	*veinte*
30	*treinta*
40	*cuarenta*
50	*cincuenta*
60	*sesenta*
70	*setenta*
80	*ochenta*
90	*noventa*
100	*cien*
1000	*mil*

sera	*noche*
ieri	*ayer*
oggi	*hoy*
domani	*mañana*

lunedì	*lunes*
martedì	*martes*
mercoledi	*miércoles*
giovedì	*jueves*
venerdì	*viernes*
sabato	*sábado*
domenica	*domingo*

gennaio	*enero*
febbraio	*febrero*
marzo	*marzo*
aprile	*abril*
maggio	*mayo*
giugno	*junio*
luglio	*julio*
agosto	*agosto*
settembre	*septiembre*
ottobre	*octubre*
novembre	*noviembre*
dicembre	*diciembre*

TRASPORTI

Trasporti pubblici

aereo *avión*
autobus *autobús*
imbarcazione *barco*
tram *tranvía*
treno *tren*

primo *primero*
ultimo *último*
prossimo *próximo*

Vorrei andare a...
Quisiera ir a...

Ferma a (Madrid)?
¿Para en (Madrid)?

Che fermata è questa?
¿Cuál es esta parada?

A che ora arriva/parte?
¿A qué hora llega/sale?

Può avvisarmi quando arriviamo a (Siviglia)?
¿Puede avisarme cuando llegamos a (Sevilla)?

Voglio scendere qui.
Quiero bajarme aquí.

un biglietto di... *un billete de...*
- prima classe *primera clase*
- seconda classe *segunda clase*
- sola andata *ida*
- andata e ritorno *ida y vuelta*

biglietteria *taquilla*
in ritardo *retrasado*
marciapiede (binario) *plataforma*
orario *horario*
posto corridoio *asiento de pasillo*
posto finestrino *asiento junto a la ventana*
soppresso *cancelado*
stazione ferroviaria *estación de trenes*

Trasporti privati

Vorrei noleggiare un/una... *Quisiera alquilar...*
- automobile *un coche*
- bicicletta *una bicicleta*
- fuoristrada *un todoterreno*
- motocicletta *una moto*

benzina *gasolina*
casco *casco*
diesel *gasóleo*
meccanico *mecánico*
seggiolino di sicurezza per bambini *asiento de seguridad para niños*
stazione di servizio *gasolinera*

Questa strada porta a...?
¿Se va a... por esta carretera?

(Per quanto tempo) Posso parcheggiare qui?
¿(Por cuánto tiempo) Puedo aparcar aquí?

L'automobile ha avuto un guasto a...
El coche se ha averiado en...

Ho una gomma a terra.
Tengo un pinchazo.

Sono rimasto senza benzina.
Me he quedado sin gasolina.

Salvo diversa indicazione, i termini indicati di seguito sono in castigliano.

abierto – aperto

abogado de oficio – avvocato d'ufficio

absenta – assenzio

acequia – canale d'epoca islamica

aficionado – appassionato

agroturismo – agriturismo; v. anche *turismo rural*

ajuntament – equivalente catalano di *ayuntamiento*

alameda – viale alberato

albergue – rifugio

albergue juvenil – ostello della gioventù

alcalde – sindaco

alcázar – fortezza del periodo musulmano

aljibe – cisterna

altar mayor – altare maggiore

alud – valanga

apartado de correos – casella postale

área de acampada – v. *zona de acampada*

arroyo – ruscello

artesonado – soffitto mudéjar in legno a cassettoni e rosoni

autonomía – comunità o regione autonoma, le 50 *provincias* della Spagna sono raggruppate in 17 regioni di questo tipo

autopista – autostrada a pagamento

autovía – superstrada gratuita

AVE – Tren de Alta Velocidad Española; treno ad alta velocità

ayuntamiento – municipio

azulejo – piastrella smaltata

bailaor – ballerino di flamenco

bailaora – ballerina di flamenco

baile – flamenco (ballo)

balneario – spa

baño completo – bagno completo con servizi igienici, lavandino, doccia e/o vasca da bagno.

barranco – letto di fiume asciutto

barrio – distretto/quartiere (di una città o di un paese)

bici todo terreno (BTT) – mountain bike

bodega – cantina (soprattutto vinicola); anche un'enoteca o un'osteria tradizionale, dove il vino viene spillato direttamente dalle botti

bomberos – vigili del fuoco

bota – botte per lo sherry od otre in pelle animale per il vino

botijo – boccale, di solito in terracotta

buceo – snorkelling; usato anche nel significato di immersione; v. *submarinismo*

búhos – percorsi degli autobus notturni

cabrito – ragazzo

cajero automático – sportello bancomat

cala – piccola baia, insenatura

calle – strada

callejón – vicolo

cama – letto

cambio – resto; anche cambiavalute

caña – piccolo bicchiere di birra

cante jondo – letteralmente 'canto profondo'; canzone dei *gitanos*

capilla – cappella

capilla mayor – cappella che ospita l'altare maggiore di una chiesa

carmen – villa con giardino recintata da mura, tipica di Granada

carnaval – carnevale

carretera – strada statale

carta – menu

casa de huéspedes – guesthouse; v. anche *hospedaje*

casa de pagès – *casa rural* in Catalogna

casa rural – casa di campagna o di paese oppure fattoria con camere in affitto

casco – casco, ma anche termine usato per indicare la parte vecchia di una città; più correttamente *casco antiguo/histórico/viejo*

castellano – castigliano; termine preferito a *español* per indicare la lingua nazionale

castellers – in catalano, costruttori di castelli

Castilla – Castiglia

castillo – castello

castro – villaggio fortificato celtico

català – lingua catalana; persona originaria della Catalogna

catedral – cattedrale

caudillo – titolo di comando del generale Franco; più o meno equivalente al tedesco Führer

caza – caccia

centro de salud – centro sanitario

cercanías – reti ferroviarie locali

cerrado – chiuso

certificado – lettera raccomandata

cervecería – birreria

chato – bicchiere

churrigueresco – stile architettonico barocco molto decorato, battezzato con il nome dei fratelli Alberto e José Churriguera

ciudad – città

claustro – chiostro

CNIG – Centro Nacional de Información Geográfica; realizza cartine di ottimo livello

cofradía – v. *hermandad*

colegiata – chiesa collegiata

coll – *collado* in catalano

collado – passo montano

comarca – distretto, insieme di *municipios*

comedor – sala da pranzo

comisaría – commissariato di polizia

comunidad –spesa fissa di pulizia per gli alloggi in affitto (a volte inclusa nel canone di affitto); comunità

comunidad autónoma – v. *autonomía*

conquistador – conquistatore

consigna – ufficio o armadietto per il deposito bagagli

converso – ebreo convertito al cristianesimo nella Spagna medievale

copa – qualcosa da bere; letteralmente 'bicchiere'

cordillera – catena montuosa

coro – coro; parte di una chiesa, di solito situata nella parte centrale

correos – ufficio postale

cortado – caffè ristretto con un goccio di latte

Cortes – Parlamento nazionale

cruceiro – crocifisso piantato nel terreno; si trova in prossimità di molti incroci in Galizia

cuesta – viottolo, di solito in collina

custodia – ostensorio

día del espectador – 'giornata dello spettatore', giorno in cui il biglietto del cinema è offerto a prezzo ridotto

dolmen – tomba preistorica megalitica

embalse – bacino, lago artificiale

embarcadero – molo o punto di attracco

encierro – corsa dei tori simile a quella di Pamplona; si svolge in molte località spagnole

entrada – ingresso

ermita – eremo o cappella

església – *iglesia* in catalano

estació – *estación* in catalano

estación – stazione

estación de autobuses – stazione degli autobus

estación de esquí – località o stazione sciistica

estación de ferrocarril – stazione ferroviaria

estación marítima – molo dei traghetti, stazione marittima

estanco – tabaccheria

estanque – stagno

estany – lago (in catalano)

Euskadi Ta Askatasuna (ETA) – movimento politico basco; in basco significa 'Terra Basca e Libertà'

extremeño – persona originaria dell'Estremadura

fallas – grandi sculture di cartapesta (oggi spesso in polistirolo) collocate su una base in legno e usate a Valencia per la festa di Las Fallas

feria – fiera; si riferisce sia alle fiere commerciali sia alle fiere di città o di paese con feste e divertimenti della durata di qualche giorno; può anche indicare una corrida o un festival che si svolge per più giorni o settimane

ferrocarril – ferrovia

FEVE – Ferrocarriles de Vía Estrecha; compagnia ferroviaria privata della Spagna settentrionale

fiesta – festival, festività pubblica o festa

flamenco – fenicottero o fiammingo; termine utilizzato anche per indicare la musica e il ballo omonimi

frontón – cortile cinto da mura in cui si gioca la *pelota vasca*

funicular aereo – funicolare o funivia; chiamata anche *teleférico*

fútbol – gioco del calcio

gaditano – abitante di Cadice

gaita – strumento musicale galiziano simile alla cornamusa

gallego o **galego** – galiziano, persona originaria della Galizia

gasolina – benzina

gatos – letteralmente 'gatti'; anche termine colloquiale per *madrileños*

gitanos – membri della popolazione rom (un tempo noti come gitani)

glorieta – grande rotatoria

Gran Vía – arteria principale

GR – (senderos de) Gran Recorrido; ampia rete di sentieri

guardia civil – polizia

hermandad – confraternita che comprende uomini e donne e spesso partecipa a processioni religiose

hórreo – granaio galiziano o asturiano

hospedaje – guesthouse

hostal – albergo economico

huerta – orto, frutteto

iglesia – chiesa

infanta/infante – principessa/principe

ir de tapas – v. *tapear*

IVA – *impuesto sobre el valor añadido* (imposta sul valore aggiunto)

jai-alai – termine basco utilizzato per indicare la *pelota vasca*

jardín – giardino

judería – *barrio* ebraico nella Spagna medievale

levante – oriente

librería – libreria

lidia – arte della corrida

lista de correos – fermoposta

litera – cuccetta o vagone letto

llegada – arrivo

locutorio – centro telefonico privato

lugares colombinos – luoghi di Colombo

madrileño/a – abitante di Madrid

madrugada – le 'ore piccole', dalle 3 circa all'alba

manchego – abitante della Mancia

marcha – azione, vita, 'la scena'
marismas – zone paludose
marisquería – ristorante specializzato in cucina di pesce
medina – parola araba che indica una città o un paese
mercado – mercato
mercat – *mercado* in catalano
meseta – altopiano; in particolare quello della Spagna centrale
mihrab – nicchia di preghiera all'interno di una moschea che indica la direzione in cui si trova la Mecca
mirador – punto panoramico
modernisme – modernismo; stile artistico e architettonico influenzato dall'art nouveau e talora noto come modernismo catalano, il cui massimo esponente fu Antoni Gaudí
modernista – esponente del *modernisme*
monasterio – monastero
morería – antico quartiere islamico di una città
morisco – musulmano convertito (spesso solo in apparenza) al cristianesimo nella Spagna medievale
moro – 'moro' o musulmano (di solito in contesto medievale)
movida – termine simile a *marcha;* in una città una *zona de movida* è il posto in cui si concentrano i locali e le discoteche di tendenza
mozarabi – cristiani che vivevano sotto il dominio islamico nella Spagna medievale
mozarabico – stile architettonico sviluppato dai mozarabi che inserisce nell'architettura cristiana elementi costruttivi propri del mondo islamico
mudéjar – musulmani rimasti nei territori riconquistati dai cristiani; questo termine si riferisce anche allo stile decorativo dell'architettura che utilizzava elementi costruttivi islamici in edifici eretti nella Spagna cristiana
muelle – banchina o molo
municipio – comune, in Spagna unità amministrativa di base
muralla – mura cittadine
murgas – gruppi in costume
museu – *museo* in catalano

nitbus – autobus notturno in catalano

objetos perdidos – ufficio oggetti rinvenuti
oficina de turismo – ufficio turistico; anche *oficina de información turística*

Páginas Amarillas – elenco telefonico, pagine gialle
Pantocrator – Cristo Creatore di tutte le cose o Cristo in Maestà, uno dei simboli fondamentali dell'arte romanica
parador – lussuoso albergo di proprietà dello stato, spesso ospitato all'interno di edifici storici
parque nacional – parco nazionale; zona rigidamente protetta a livello ambientale
parque natural – parco naturale; area ambientale protetta
paseo – promenade o passeggiata
paso – passo di montagna
pasos – immagini portate in processione durante la Semana Santa
pelota vasca – versione basca del pallone elastico, conosciuta in basco anche semplicemente come *pelota* o *jai-alai*
peña – locale di solito frequentato da appassionati di flamenco o da tifosi del Real Madrid o del Barcellona; in alcuni è anche possibile cenare
pensión – piccolo hotel privato
pincho – spuntino
pintxos – tapas basche
plaça – *plaza* in catalano
plateresco – prima fase dell'architettura rinascimentale, caratterizzata da facciate dalle decorazioni molto elaborate
platja – *playa* in catalano
playa – spiaggia
plaza – piazza
plaza de toros – arena
poniente – ovest, ponente
port – *puerto* in catalano
PP – Partido Popular (Partito Popolare)
PR – *(senderos de) Pequeño Recorrido;* sentieri per brevi escursioni
presa – diga
PSOE – Partido Socialista Obrero Español (Partito Socialista Operaio Spagnolo)
pueblo – villaggio
puente – ponte; anche uno o più giorni di vacanza che uniscono una festività pubblica al weekend precedente o successivo
puerta – porta (anche di città)
puerto – porto o passo di montagna
punta – punta o promontorio

RACE – Real Automóvil Club de España
rambla – viale o letto di fiume
rastro – mercato delle pulci, mercatino all'aperto
REAJ – Red Española de Albergues Juveniles, rete spagnola degli ostelli della gioventù, affiliata alla Hostelling International
real – reale
Reconquista – riconquista cristiana delle zone della Penisola Iberica rimaste dall'VIII al XV secolo sotto il dominio islamico
refugi – *refugio* in catalano
refugio – ricovero, capanno o rifugio (soprattutto in montagna)
Renfe – Red Nacional de los Ferrocarriles Españoles; rete ferroviaria spagnola
retablo – pala d'altare

Reyes Católicos – Re Cattolici; Isabella e Ferdinando
ría – estuario
río – fiume
riu – *río* in catalano
rodalies – *cercanías* in catalano
romería – pellegrinaggio o processione
ronda – circonvallazione

sacristía – sacrestia; parte della chiesa in cui sono custoditi paramenti, addobbi sacri e altri oggetti di valore
sagrario – santuario
sala capitular – sala capitolare
salinas – saline
sefarditi – ebrei di origine spagnola
sello – francobollo
Semana Santa – Settimana Santa (che precede la domenica di Pasqua)
serranía – catena montuosa o altipiano
sevillana – danza popolare andalusa
seu – cattedrale (in catalano)
sidra – sidro
sidrería – locale specializzato in sidro
sierra – catena montuosa
s/n – sin número (senza numero), espressione a volte usata negli indirizzi

tablao – locale dove si tengono spettacoli di flamenco per turisti
taifa – piccolo regno musulmano della Spagna medievale
tapear – andare di bar in bar a mangiare le tapas
taquilla – biglietteria
tarjeta de crédito – carta di credito
tarjeta de residencia – carta di residenza
tarjeta telefónica – scheda telefonica
tasca – bar di tapas
techumbre – tetto; più specificamente un genere comune di *armadura*
teleférico – funicolare o funivia; chiamata anche *funicular aereo*
temporada alta/media/baja – alta/media/bassa stagione
terraza – terrazza; caffè con tavolini all'aperto, dehors
terrazas de verano – bar all'aperto con servizio fino a tarda ora
tetería – sala da tè, di solito in stile mediorientale, con sedie e tavolini bassi
tienda – negozio o tenda
tocaor – chitarrista di flamenco (maschio)
tocaora – chitarrista di flamenco (femmina)
topoguías – guide particolareggiate in spagnolo per escursioni a piedi
toreros – toreri
trascoro – divisorio dietro il *coro*
turismo – significa sia turismo sia autosalone; *el turismo* può anche significare 'ufficio turistico'
turismo rural – agriturismo; di solito questa espressione si riferisce a una sistemazione in una *casa rural* che consente di dedicarsi ad attività come le escursioni a piedi o a cavallo

urbanització – *urbanización* in catalano
urbanización – complesso residenziale suburbano
urgencia – emergenza

vall – *valle* in catalano
venta de localidades – biglietteria
villa – cittadina
VO – abbreviazione di versión original; film in lingua straniera con sottotitoli in spagnolo

zarzuela – spettacolo tipicamente spagnolo che fonde teatro, musica e danza

LA NOSTRA STORIA

Un'auto vecchia e sgangherata, pochi dollari in tasca e tanta voglia di avventura. Questo è tutto ciò di cui Tony e Maureen Wheeler hanno avuto bisogno per il viaggio della loro vita – Europa e Asia via terra, destinazione Australia. Hanno viaggiato parecchi mesi, ma alla fine si sono seduti al tavolo della loro cucina e hanno scritto e confezionato la loro prima guida di viaggio, *Across Asia on the Cheap*. In una settimana ne avevano vendute 1500 copie! Era il 1972, era nata Lonely Planet.

Oggi Lonely Planet ha uffici a Melbourne, Londra e Oakland, con più di seicento persone tra staff e autori, e ha partner in diverse nazioni, tra cui, in Europa, Italia, Francia, Germania e Spagna. Alla base del lavoro di tutti c'è ancora la convinzione di Tony che 'una grande guida deve fare tre cose: informare, educare e divertire'.

I NOSTRI AUTORI

Anthony Ham

Autore coordinatore, Madrid, Estremadura Nel 2002 Anthony arrivò a Madrid con un biglietto di sola andata e decise di stabilirvisi. Oggi abita con la moglie madrilena e due figlie in una casa affacciata sulla sua piazza preferita. Ha collaborato a più di 50 guide Lonely Planet, fra cui *Spain* e *Madrid*, e scrive e fotografa per quotidiani e riviste di tutto il mondo. Oltre all'aver riscoperto ex-novo la sua città lavorando a questa guida (Malasaña è diventato il suo *barrio* preferito), ricorda con particolare affetto i momenti trascorsi perdendosi fra le silenziose strade di Albarracin dopo che gli autobus dei viaggi organizzati se ne erano andati.

Stuart Butler

Attività all'aperto, Passioni nazionali I primi contatti con la Spagna negli anni dell'infanzia (le vacanze con la famiglia sulla costa settentrionale, una visita al Parque Nacional de Doñana) hanno lasciato in Stuart impressioni indelebili. Negli anni successivi ha trascorso ogni estate sulle spiagge dei Paesi Baschi finché un giorno si è reso conto di non potersene più staccare. Quando non scrive per Lonely Planet si dedica alla scoperta di onde adatte per il surf lungo coste remote (i risultati di queste ricerca appaiono sulle riviste specializzate). Il suo sito internet è www.oceansurfpu blications.co.uk.

John Noble

Storia John è inglese, ma dal 1995 vive in un villaggio di montagna andaluso. In questo periodo ha viaggiato in lungo e in largo per la Spagna e ha collaborato alle varie edizioni delle guide Lonely Planet *Spain* e *Andalucía*. Adora recarsi in regioni remote come la Galizia e la costa settentrionale rendendosi conto ogni volta della grande varietà di culture, paesaggi e climi del suo paese adottivo. Al tempo stesso però non riesce a rimanere a lungo lontano dai luminosi cieli dell'Andalusia.

Per altre notizie su John:
lonelyplanet.com/members/ewoodrover

Zora O'Neill

Architettura Con alle spalle studi universitari di letteratura arabo-andalusa, appena giunta a Córdoba Zora ha avuto l'impressione di camminare fra le righe di una poesia. Altrettanto affascinante è per lei il crogiolo culturale della Spagna contemporanea, specie per quanto riguarda l'escursionismo, la cucina e l'amatissima architettura. Autrice di guide dal 2003, nel 2009 ha collaborato al volume *Andalucía* e di recente a *Hiking in Spain*. Vive a New York e il suo blog è www.rovinggastronome.com.

Per altre notizie su Zora:
lonelyplanet.com/members/zoraoneill

Josephine Quintero

Castiglia-La Mancia, Murcia Josephine Quintero si è trasferita in Spagna dopo aver trascorso sette anni in Kuwait, dove aveva lavorato come direttrice del *Kuwaiti Digest* fino all'invasione irachena. Trascorsi vent'anni, Josephine è ancora affascinata dai ritmi rilassati della vita andalusa e ama imbattersi in angoli nascosti della Spagna oppure in personaggi tanto straordinari quanto sconosciuti. Lavorando a questo volume, uno dei momenti più memorabili è stato per lei la scoperta di un poco noto ma molto evocativo sito archeologico romano nelle campagne vicino a Cuenca.

Per altre notizie su Josephine:
lonelyplanet.com/members/josephinequintero

Miles Roddis

Valencia e Costa Blanca, Isole Baleari Miles Roddis e la moglie Ingrid vivono da quasi vent'anni in un minuscolo appartamento nel Barrio del Carmen, il più vecchio e vivace quartiere di Valencia. Grande conoscitore dei paesi mediterranei - soprattutto Spagna, Francia e Italia - Miles è autore o coautore di oltre cinquanta guide Lonely Planet fra cui *Walking in Spain, Valencia & the Costa Blanca, Valencia Encounter, Canary Islands* e sei edizioni del libro che state sfogliando.

Brendan Sainsbury

Andalusia Per Brendan la permanenza in Spagna ha significato molte cose fondamentali. Ha conosciuto la sua futura moglie, ha imparato a suonare la chitarra flamenco, ha trovato lavoro come guida turistica e si è reso conto che Granada è la sua citta preferita nel mondo. Ha visitato la Spagna per la prima volta in treno negli anni '80, ci è tornato in bicicletta nel decennio successivo e poi, all'inizio del nuovo secolo, come guida escursionistica in Andalusia. Ha lavorato a questa guida accompagnato dalla moglie e dal figlio di quattro anni.

Per altre notizie su Brendan:
lonelyplanet.com/members/brendansainsbury

dietro le quinte

SCRIVETECI!

Le notizie che riceviamo dai viaggiatori sono per noi molto importanti e ci aiutano a rendere migliori le nostre guide. Ogni suggerimento (positivo o negativo) viene letto e valutato dalla Redazione e comunicato agli autori Lonely Planet. Chi ci scrive vedrà pubblicato il proprio nome tra i ringraziamenti della successiva edizione della guida, e gli autori dei contributi più utili e originali riceveranno un piccolo omaggio. Estratti delle lettere vengono pubblicati sul sito www.lonelyplanetitalia.it o sulla newsletter *Il Mappamondo*.

Per essere aggiornati sulle novità Lonely Planet e sui suggerimenti della comunità dei viaggiatori italiani visitate periodicamente il nostro sito **lonelyplanetitalia.it**.

EDT srl, via Pianezza 17, 10149 Torino
fax (39) 011 2307 034, lettere@edt.it

N.B.: Se desiderate che le vostre informazioni restino esclusivamente in Redazione e non vengano incorporate nei prodotti EDT – guide di viaggio, sito web, prodotti digitali – ricordate di comunicarcelo. Per leggere la nostra politica sulla privacy, visitate il sito www.edt.it/privacy/.

I LETTORI

Ringraziamo i viaggiatori che hanno utilizzato la precedente edizione di questa guida e ci hanno scritto fornendo utili suggerimenti, consigli e aneddoti interessanti:

Leon Alsemgeest, Javier Anton, Mona Arain Crites, Chiara Architta, Manuela Arigoni, Karine Baillet, Reinier Bakels, Lina Bangash, Terri Baumgart, Irene Billeter Sauter, Natalie Bladon, Scott Blake, Lena Bledau, Robert Blom, Miquel Bosch, Marinus Bosters, Mark Brayne, Paul Bristow, Joshua Brower, Birgit Cachet, Paolo Campegiani, Tristan Cano, Nerea Casas, Deep Charan, Alba Codes, Aisling Collins, Stephen Daly, Peter Damm, Juan de Antonio Rubio, Bie De Keulenaer, Desiree de los Reyes, Max De Stefani, Jose Antonio Díaz, Marie Dumonceau, Lisa Duncan, Frank Eisenhuth, Ana Eraso de Castro, Carmen Espinosa Vilar, Kate Evans, Jim Eychaner, Mario Falzon, Lorenzo Fragola, Mandy Gaggero, Caroline Garrido, Antoine Gautier, David Glass, Alison Godlewski, Mercedes Gomez, Isabel Gomis Tatay, Miren Gonzalez, Jim Green, Tom Haesebrouck, Doug Hall, Emma Haller, Jane Hawkins, Keith Hughes, Laura Jörger, Kr Kaffenberger, Alex Klaushofer, Stephan Koetting, Gayle Lanthier, Joe Ledesma, Alan Leigh, Rodrigo Lema, Wade Letts, David Lewis, Eduardo Licciardi, Liliam, Jill Linderwell, James Luce, Vincent Mahon, Laura Manganotti, Zaida Mantis, Maricruz, David Martin, Paqui Martín, Sergi Maya Agusti, Claire McGinley, Martin McNally, Mary Metzger, Zoe Meyer, Adrián Milá, Nicholas Milner, Alba Monedero, Frances Morris, Maureen Moss, Beba Naveira, John Oliden, Carlos Ortiz, Martin Page, Despoina Papadopoulou, Nadia Parbo, Trent Paton, Clive Paul, Nieves Pérez, Susan Permut, Kerstin Pohle, Jamie Poole, David Radin, Jorge Ramos, Paul Rankin, Laura Raurell, Javier Re, Joy Rennie, Amanda Rice, Emilio Robres, Jos Rooijackers, Malcolm Rushan, Mazinka Rutherford, Emma Rutledge, Paul Sampson, Sandra Schmidt, Johannes Schuler, Don Shirley, Mara Smaldone, Art Smith, Michael Sonsini, Mary Stewart, Kerry Strom, Joao Teixeira, Dan Tomas, Tracy Tomlin, Iñigo Ullmann, Elske van Dijk, Dirk van Norren, Rob van Oijen, Cecce ed Enrico Ullmann, Amalia Vidal Vázquez, Vincenzo Vigilante, Paul Wagner, Yvonne Welzen, Thomas Wetzer, Marc Wisselo, Robert Wouterlood, Sana Younis

NOTA DEGLI AUTORI

Anthony Ham

Negli otto anni trascorsi a Madrid sono stato accolto a braccia aperte e aiutato da così tante persone che mi è impossibile menzionarle tutte. Un enorme grazie ai miei splendidi coautori e a Lucy Monie e Joe Bindloss di

Lonely Planet. La mia grande fortuna è stata di incontrare, appena una settimana dopo essere arrivato a Madrid, la mia futura compagna di vita, Marina, che mi ha indissolubilmente legato alla città. Alle mie figlie Carlota e Valentina dico: siete davvero i due più bei doni che ho ricevuto da Madrid.

Stuart Butler

Voglio innanzitutto ringraziare ancora una volta mia moglie Heather per tutto ciò che ha fatto e per la gioia che ci ha dato l'arrivo di nostro figlio Jake. Un grazie va anche a tutti i miei amici nelle regioni basche (in particolare a Olatz) per l'aiuto e i buoni consigli e, nella Valle dell'Ebro, a Imma Masià Idiarte. Infine una menzione particolare per Cristina Joher-Fita di Girona, il cui contributo è stato superiore a ogni richiesta e aspettativa.

John Noble

Un grazie alla gente del nord-ovest per la cordialità, il buonumore e l'affettuosa accoglienza anche durante le peggiori piogge che le Asturie ricordino. È stato un piacere imbattersi (cinque volte!) nel ciclista JP Chamness. Un grazie a tutta l'equipe Lonely Planet, con cui è sempre un piacere lavorare, e a chi, prima di me, si è occupato del nord-ovest spagnolo per le conoscenze e i buoni consigli che mi ha passato. Grazie a Jack per aver fatto bene le mie veci in mia assenza, e a Jack, Izzy e Sarah per il loro sostegno e incoraggiamento!

Zora O'Neill

Grazie a Lucy Monie per avermi dato la possibilità di osservare le immagini degli edifici spagnoli più belli, così come a Heidi Liebes per avermi sostenuto su *fosteritos* e Jean Nouvel. E naturalmente grazie alla redazione di Lonely Planet, in particolare a Barbara Delissen, per aver dato forma alla grande mole di dati.

Josephine Quintero

Un ringraziamento speciale agli uffici turistici di Cuenca, Burgos e Salamanca per la cortesia e la grande collaborazione offerta e a chi, in León, mi ha fatto conoscere luoghi splendidi e fornito impagabili consigli. Un grazie anche a Isabel e Luis per il letto che mi hanno offerto e le informazioni da esperti su Segovia e a Robin per la sua bravura nell'interpretare le cartine e per la bottiglia di vino sempre condivisa alla fine delle lunghe giornate di viaggio. Un enorme *gracias* ad Anthony Ham per essere stato un coordinatore straordinario.

Miles Roddis

Il mio grazie va Ingrid, brava al volante e nella verifica dei dati e a Marcos Puig e Julia per avermi messo a parte dei segreti di Minorca. Grazie anche all'informato e disponibile personale di tanti uffici turistici: Teresa Dolz (Vinaros), Ester e Marisa (Peñiscola), Guillem Monferrer (Vilafranca), Pilar e Vanessa (Morella), Iván (Sant Mateu), Raquel Moreno (Benicàssim), Sylvia (Oropesa), Marta (Castellón), María (Segorbe), Carolina (Elche), Begoña (Novelda), Luis-Ángel Ruiz (Alicante), Carmen (Orihuela), José-Manuel Gomez (Torrevieja), Virginia (Benidorm), Mari-Carmen (Denia), Miguel (Xàbia), Amparo (Alcoy), Manuca (Xàtiva), Laura e Carlos (Ciutadella), Marián (Maó), Rafa (Palma di Maiorca) e Lorena (Ibiza).

QUESTA GUIDA

L'ottava edizione inglese di *Spain*, da cui è tratta la presente edizione italiana *Spagna centrale e meridionale*, è stata compilata da una squadra di autori pieni di passione. Anthony Ham ha coordinato il gruppo composto da Damien Simonis, Miles Roddis, Stuart Butler, John Noble, Josephine Quintero, Brendan Sainsbury e Zora O'Neill, autrice del capitolo Architettura. Anthony, Damien, Miles, Stuart, John e Josephine avevano contribuito anche alle edizioni precedenti, come Sarah Andrews, Arpi Armenakian Shively, Susan Forsyth, Fiona Adams, Mark Armstrong, Fionn Davenport, Tim Nollen, Andrea Schulte-Peevers, Corinne Simcock, Daniel C Schecter, Des Hannigan, Richard Sterling, Elizabeth Swan e la dottssa Caroline Evans.

Traduzione Silvia Cosimini, Rosaria Fiore, Annamaria Macripò, Raffaella Paiola, Lidia Salvati, Carla Sordina Pontara

Edizione italiana a cura di
Cesare Dapino

Responsabile redazione guide Silvia Castelli

Coordinamento
Cristina Enrico

Aggiornamenti e adattamenti Paola Masi
coordinamento Luciana Defedele

Editing, Federico Boggio Merlo, Paola Ramello, Giovanni Tasso

Impaginazione
Giampaolo Bardella, Tiziana Vigna

Rielaborazione copertina e pagine a colori
Sara Gasparini,
supervisione Sara Viola Cabras

Rielaborazione grafica cartine Giudo Mittiga

Produzione Alberto Capano

Ringraziamo per la consulenza

Natura Luca Borghesio e Marco Zucchelli

Salute Dr. Guido Calleri e Dr. Maurizio Dall'Acqua

Viaggio aereo da/per l'Italia
Alberto Fornelli

Cartine disponibili in Italia
Ennio Vanzo – Libreria VEL di Sondrio

Brendan Sainsbury

Mille grazie agli autisti d'autobus, volontari degli uffici turistici, ristoratori, appassionati di flamenco e ai tanti ignari passanti che mi hanno aiutato nel corso delle mie ricerche. Un ringraziamento particolare a Lucy Monie per avermi proposto il lavoro, a Joe Bindloss per avere limato gli spigoli e ad Anthony Ham per il suo sostegno come coordinatore. Un grazie speciale a Toni Vilchez a Siviglia, così come a mia moglie Liz e a mio figlio Kieran (4 anni), che mi hanno fatto compagnia nell'interminabile sequela di bar, autobus, locali e camere d'albergo.

Riconoscimenti

I dati utilizzati per le cartine climatiche sono stati adattati da Peel MC, Finlayson BL & McMahon TA (2007) 'Updated World Map of the Köppen-Geiger Climate Classification', Hydrology and Earth System Sciences, 11, 163344.

Le illustrazioni in 3D relative al Museo del Prado di Madrid, alla Cattedrale di Siviglia, alla Mezquita di Córdoba e all'Alhambra di Granada sono di Javier Zarracina.

Le fotografie del capitolo 'I prodotti della terra' sono di: Archivi Slow Food.

Ringraziamo per la gentile concessione all'utilizzo dei loro contenuti:

indice

J

L

Riferimento cartine in **colore**

M

Riferimento cartine in **colore**

N

O

P

R

Riferimento cartine in **colore**

S

W

X

Z

Finito di stampare presso Stampatre, Torino
nel mese di giugno 2011

Ristampa	Anno
0 1 2 3 4 5 6	2011 12 13 14 15 16

come usare la guida

Questi simboli aiutano a individuare le diverse sezioni:

- Da vedere
- Attività
- Corsi
- Tour
- Feste ed eventi
- Pernottamento
- Pasti
- Locali
- Divertimenti
- Shopping
- Informazioni/trasporti

Questi simboli forniscono le informazioni essenziali per ogni sezione:

- Telefono
- Orari
- Parcheggio
- Vietato fumare
- Aria condizionata
- Internet
- Wi-fi
- Piscina
- Piatti vegetariani
- Menu in inglese
- Per famiglie
- Animali ammessi
- Autobus
- Traghetto
- Metropolitana
- Metropolitana
- London Tube
- Tram
- Treno

Le sezioni sono organizzate secondo le preferenze dell'autore

Attenzione a questi simboli:

TOP Raccomandato dai nostri autori

FREE Non è richiesto alcun pagamento

Opzione verde o ecosostenibile

I nostri autori hanno selezionato queste opzioni in virtù del loro impegno per la sostenibilità – per esempio perché supportano le comunità e i produttori locali, operano in modo rispettoso dell'ambiente o contribuiscono a progetti di tutela ambientale.

Legenda delle cartine

Attrazioni, turismo

- Spiaggia
- Tempio buddhista
- Castello
- Chiesa
- Tempio hindu
- Moschea
- Sinagoga
- Monumento
- Museo/galleria
- Rovine
- Enoteca/vigneto
- Zoo
- Altri luoghi di interesse

Attività, corsi e visite

- Immersioni/snorkelling
- Canoa/kayak
- Piste da sci
- Surf
- Nuoto/piscina
- Passeggiate/trekking
- Windsurf
- Altre attività/corsi/visite

Pernottamento

- Hotel
- Campeggio

Pasti

- Pasti

Locali

- Bar/cocktail bar
- Caffetteria/bar

Divertimenti

- Divertimenti

Shopping

- Shopping

Informazioni

- Ufficio postale
- Informazioni turistiche

Trasporti

- Aeroporto
- Posto di confine
- Autobus
- Funivia/funicolare
- Pista ciclabile
- Traghetto
- Metropolitana
- Monorotaia
- Parcheggio
- S-Bahn
- Taxi
- Treno/ferrovia
- Tram
- Tube
- U-Bahn
- Altri trasporti

Strade

- Autostrada
- Superstrada
- Strada principale
- Strada secondaria
- Strada minore
- Vicolo
- Strada sterrata
- Zona commerciale
- Gradinata
- Tunnel
- Ponte pedonale
- Itinerario a piedi
- Variante itinerario
- Sentiero

Confini

- Internazionali
- Stato/provincia
- Contesi
- Regionali/urbani
- Parco marino
- Dirupo
- Mura

Popolazione

- Capitale (nazione)
- Capitale (stato/provincia)
- Grande città
- Città/villaggio

Geografia

- Rifugio/capanno
- Faro
- Punto panoramico
- Monte/vulcano
- Oasi
- Parco
- Passo
- Area picnic
- Cascate

Idrografia

- Fiume, torrente
- Fiume stagionale
- Palude/mangrovia
- Barriera corallina
- Canale
- Acque
- Lago stagionale/asciutto/salato
- Ghiacciaio

Territorio

- Spiaggia/deserto
- Cimitero (cristiano)
- Cimitero (altro)
- Parco/foresta
- Area sportiva
- Edifici d'interesse
- Principali edifici d'interesse

Lonely Planet Publications
Sede:
Locked Bag 1, Footscray, Victoria 3011, Australia
(61) 03 8379 8000
fax (61) 03 8379 8111
(altri uffici in Gran Bretagna e negli Stati Uniti)
talk2us@lonelyplanet.com.au

EDT srl
17 via Pianezza, 10149 Torino, Italia
(39) 011 5591 811
fax (39) 011 2307 034
edt@edt.it, lonelyplanetitalia.it

Spagna centrale e meridionale
8ª edizione italiana - Giugno 2011
Tradotto dall'edizione originale inglese:
Spain (8th edition, March 2011)

Pubblicato da EDT srl
su autorizzazione di Lonely Planet Publications Pty Ltd
ABN 36 005 607 983

In copertina foto di Robert Harding Travel/Photolibrary:
Vecchi mulini a vento tradizionali, Campo de Criptana,
Castiglia-La Mancia. Le fotografie di questo libro sono state
fornite da Lonely Planet Images: www.lonelyplanetimages.com

ISBN 978-88-6040-760-3

Stampato da Stampatre, Torino (Italia)